| www.dongyangbooks.com |

새로운 도서, 다양한 동양북스 홈페이지에서 만나보세요!

홈페이지 활용하여 외국어 실력 두 배 늘리기!

홈페이지 이렇게 활용해보세요!

1 도서 자료실에서 학습자료 및 MP3 무료 다운로드!

❶ 도서 자료실 클릭
❷ 검색어 입력
❸ MP3, 정답과 해설, 부가자료 등 첨부파일 다운로드

* 원하는 자료가 없는 경우 '요청하기' 클릭!

2 동영상 강의를 어디서나 쉽게! 외국어부터 바둑까지!

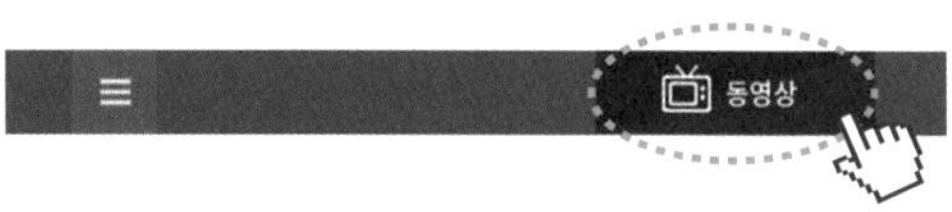

가장 쉬운 독학
중국어 첫걸음
가장 쉬운 독학
일본어 첫걸음

일단 합격

하고 오겠습니다

정반합 新HSK

5급

전략서

동양북스

정반합 新HSK 5급 전략서

초판 2쇄 | 2019년 3월 10일

지 은 이 | 徐丽华, 王琳, 鲁洲
해 설 | 황명주
발 행 인 | 김태웅
편 집 장 | 강석기
마 케 팅 | 나재승
제 작 | 현대순
기획 편집 | 장아름, 김다정, 정지선
디 자 인 | 방혜자, 김효정, 서진희, 강은비

발 행 처 | (주)동양북스
등 록 | 제 2014-000055호(2014년 2월 7일)
주 소 | 서울시 마포구 동교로22길 12(04030)
구입문의 | 전화 (02)337-1737 팩스 (02)334-6624
내용문의 | 전화 (02)337-1762 dybooks2@gmail.com

ISBN 979-11-5768-251-5 14720
ISBN 979-11-5768-233-1 (세트)

徐丽华 主编 2015年

이 도서의 국립중앙도서관 출판예정도서목록(CIP)은 서지정보유통지원시스템 홈페이지(http://seoji.nl.go.kr)와 국가자료공동목록시스템(http://www.nl.go.kr/kolisnet)에서 이용하실 수 있습니다.
(CIP제어번호:CIP2017006054)

머리말

新HSK 시험은 국제한어능력 표준화 시험으로 제 1언어가 중국어가 아닌 수험생이 생활과 학습, 업무상에서 중국어를 사용하여 교제하는 능력을 중점적으로 평가합니다.

이에 수험생들이 시험을 보기 전, 짧은 시간 내에 新HSK 각 급수의 시험 구성과 문제 유형에 익숙해지고, 신속하게 응시 능력과 성적을 향상할 수 있도록《新汉语水平考试大纲》에 의거하여 문제집을 만들게 되었습니다.

정말 **반**드시 **합**격한다

본 교재는 新HSK 1~6급까지 총 6권으로 구성된 시리즈이며, 新HSK 시험을 처음 접하는 학습자일지라도 누구나 쉽게 도전할 수 있도록 구성하였습니다. 또한, 기초를 학습한 후 고득점으로 합격할 수 있게 많은 문제를 다루었습니다.

〈정.반.합. 新HSK〉 시리즈는

1. 시험의 중점 내용 및 문제 풀이 방법 강화

본 책의 집필진은《新汉语水平考试大纲》,《国际汉语能力标准》과《国际汉语教学通用课程大纲》을 참고하여 新HSK의 예제와 기출 문제의 유형적 특징을 심도 있게 연구하였습니다. 이를 통해 수험생은 시험의 출제 의도 및 시험에서 중점적으로 다루는 내용을 파악할 수 있고, 더불어 시험 문제의 풀이 방법까지 제시하여 수험생으로 하여금 더욱 빠르고 정확하게 문제를 풀 수 있도록 하였습니다.

2. 문제 유형 분석 및 높은 적중률

본 책은 수년간의 기출 문제를 바탕으로 시험에 자주 나오는 문제 유형을 꼼꼼히 분석, 실제 시험과 유사한 문제를 집필하였습니다. 이에 수험생은 실제 시험에서도 당황하거나 어려움 없이 시험에 응시할 수 있으며, 이 책의 문제와 실제 시험이 유사하다는 것을 느낄 수 있을 것입니다.

3. 강의용 교재로, 독학용으로도 모두 적합

본 책은 영역별 예제 및 해설, 실전 연습 문제, 영역별 실전 테스트 외 3세트의 모의고사로 구성되어 있어 교사가 학생과 수업하기에도, 학생이 독학으로 시험을 준비하기에도 모두 적합합니다.

新HSK 도전에 두려움을 겪거나 점수가 오르지 않아 어려움을 겪고 있는 모든 분들이 이 책을 통해 고득점으로 합격하기를 희망합니다!

저자 徐丽华、王琳、鲁洲

新HSK 소개

新HSK는 국제 중국어능력 표준화 시험으로, 중국어가 모국어가 아닌 수험생의 생활, 학습과 업무 중 중국어를 이용하여 교제를 진행하는 능력을 중점적으로 측정한다.

1. 구성 및 용도

新HSK는 필기시험과 구술시험으로 나누어지며, 각 시험은 서로 독립되어 있다. 또한, 新HSK는 ① 대학의 신입생 모집 · 분반 · 수업 면제 · 학점 수여, ② 기업의 인재채용 및 양성 · 진급, ③ 중국어 학습자의 중국어 응용 능력 이해 및 향상, ④ 중국어 교육 기관의 교육 성과 파악 등의 참고 기준으로 사용할 수 있다.

필기시험	구술시험
新HSK 6급 (구 고등 HSK에 해당)	HSKK 고급
新HSK 5급 (구 초중등 HSK에 해당)	
新HSK 4급 (구 초중등 HSK에 해당)	HSKK 중급
新HSK 3급 (구 기초 HSK에 해당)	
新HSK 2급 (신설)	HSKK 초급
新HSK 1급 (신설)	

※ 구술시험은 녹음 형식으로 이루어진다.

2. 등급

新HSK 각 등급과 〈국제 중국어 능력 기준〉, 〈유럽 언어 공통 참고규격(CEF)〉의 대응 관계는 아래와 같다.

新HSK	어휘량	국제 중국어 능력 기준	유럽 언어 공통 참고 규격(CEF)
6급	5,000 이상	5급	C2
5급	2,500		C1
4급	1,200	4급	B2
3급	600	3급	B1
2급	300	2급	A2
1급	150	1급	A1

新HSK 1급 매우 간단한 중국어 단어와 문장을 이해하고 사용할 수 있으며, 구체적인 의사소통 요구를 만족시키고 진일보한 중국어 능력을 구비한다.

新HSK 2급 익숙한 일상 화제에 대해 중국어로 간단하고 직접적인 교류를 할 수 있으며, 초급 중국어의 우수 수준이라 할 수 있다.

新HSK 3급 중국어로 일상생활 · 학습 · 업무 등 방면에서 기본 의사소통이 가능하며, 중국에서 여행할 때 대부분의 의사소통이 가능하다.

新HSK 4급 비교적 넓은 영역의 화제에 대해 중국어로 토론할 수 있으며, 원어민과 비교적 유창하게 대화할 수 있다.

新HSK 5급 중국어로 신문과 잡지를 읽고 영화와 TV 프로그램을 감상할 수 있으며, 중국어로 비교적 완전한 연설을 할 수 있다.

新HSK 6급 중국어로 된 정보를 가볍게 듣고 이해할 수 있으며, 구어체 또는 서면어의 형식으로 자신의 견해를 유창하게 표현할 수 있다.

3. 접수

① **인터넷 접수:** HSK 홈페이지(www.hsk.or.kr)에서 접수

② **우편 접수:** 구비서류(응시원서(사진 1장 부착) + 반명함판 사진 1장 + 응시비 입금 영수증)를 동봉하여 HSK한국사무국으로 등기 발송

③ **방문 접수:** 서울공자아카데미에서 접수

[접수 시간] 평 일 - 오전 9시 30분~12시, 오후 1시~5시 30분 / 토요일 - 오전 9시 30분~12시

[준비물] 응시원서, 사진 3장(3×4cm 반명함판 컬러 사진, 최근 6개월 이내 촬영)

4. 시험 당일 준비물

수험표, 2B 연필, 지우개, 신분증

※유효한 신분증:

18세 이상- 주민등록증, 운전면허증, 기간만료 전의 여권, 주민등록증 발급신청 확인서

18세 미만- 기간만료 전의 여권, 청소년증, HSK 신분확인서

주의! 학생증, 사원증, 국민건강보험증, 주민등록등본, 공무원증은 인정되지 않음

5. 성적 조회, 성적표 수령

시험일로부터 1개월 후 중국고시센터 홈페이지(www.hanban.org)에서 개별 성적 조회가 가능하며, 성적표는 시험일로부터 45일 이후 발송된다.

新HSK 5급 소개

1. 新HSK 5급 소개

- **어휘 수 :** 2,500개
- **수　준 :** 중국어로 된 신문과 잡지를 읽고 영화와 TV 프로그램을 감상할 수 있으며, 중국어로 비교적 완전한 연설을 할 수 있다.
- **대　상 :** 매주 2~4시간씩 2년 이상(400시간 이상) 집중적으로 중국어를 학습하고, 2,500개의 상용어휘 및 관련 어법지식을 가지고 있는 학습자를 대상으로 한다.

2. 시험 구성

시험 과목	문제 형식	문항 수		시간
듣기	제1부분	20	45	약 30분
	제2부분	25		
듣기 답안지 작성 시간				5분
독해	제1부분	15	45	45분
	제2부분	10		
	제3부분	20		
쓰기	제1부분	8	10	40분
	제2부분	2		
합계		100		약 120분

※ 총 시험 시간은 125분이다.(개인정보 작성 시간 5분 포함)

3. 영역별 문제 유형

듣기	제1부분 (20문제)	짧은 대화 듣고 질문에 알맞은 보기 고르기 두 사람의 짧은 대화 뒤에 들려주는 질문을 듣고, 시험지에 제시된 4개의 보기 중 알맞은 답을 고른다.(녹음은 한 번 들려준다)
	제2부분 (25문제)	긴 대화/단문 듣고 질문에 알맞은 보기 고르기 4~5문장의 대화에는 각 1문제씩 10문제, 단문에는 각 2~3문제씩 15문제로 구성된다. 대화나 단문을 듣고 시험지에 제시된 4개의 보기 중 알맞은 답을 고른다.(녹음은 한 번 들려준다)

독해	제1부분 (15문제)	빈칸에 알맞은 단어나 문장 고르기 지문마다 몇 개의 빈칸이 있다.(한 지문당 3~4문제) 빈칸에 알맞은 단어나 문장을 4개의 보기에서 고른다.
	제2부분 (10문제)	단문 독해: 내용과 일치하는 보기 고르기 한 문제당 1개의 단문과 4개의 보기가 제시된다. 단문의 내용과 일치하는 보기를 고른다.
	제3부분 (20문제)	장문 독해: 질문에 알맞은 보기 고르기 한 지문당 4문제가 나온다. 지문을 읽고 제시된 문제의 질문에 알맞은 답을 4개의 보기에서 고른다.
쓰기	제1부분 (8문제)	제시된 단어로 문장 완성하기 제시된 몇 개의 단어를 이용하여 하나의 완전한 문장을 만든다.
	제2부분 (2문제)	제시된 단어/사진 보고 작문하기 문제1: 제시된 몇 개의 단어를 모두 사용하여 80자 정도의 단문을 작문한다. 문제2: 제시된 그림이나 사진을 보고 80자 정도의 단문을 작문한다.

4. 성적

성적표는 듣기, 독해, 쓰기 세 영역의 점수 및 총점이 기재되며, 총점이 180점을 넘어야 합격이다.

	만점	점수
듣기	100	
독해	100	
쓰기	100	
총점	300	

※ HSK 성적은 시험일로부터 2년간 유효하다.

이 책의 구성 및 특징

新HSK 시험 형식에 맞춰 듣기, 독해, 쓰기 3개의 영역으로 나뉘어 있으며, '유형 익히기 → 유형 확인 문제 → 실전 연습 → 영역별 실전 테스트'의 순으로 학습할 수 있도록 구성하였습니다.

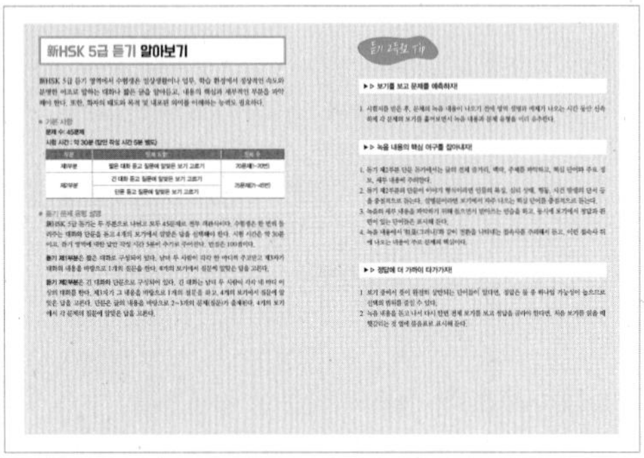

알아보기

영역별로 알아보기를 제시해 HSK의 시험 시간, 문제 수 및 구성을 파악하고 나서, 고득점 Tip으로 문제 푸는 방법을 익힐 수 있습니다.

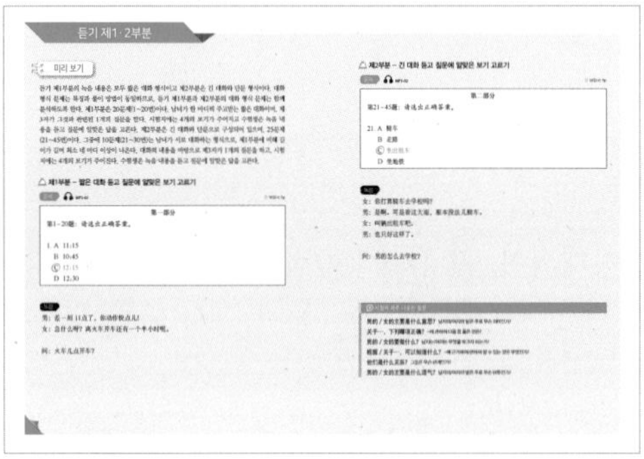

미리보기

미리보기를 통해 앞으로 학습할 문제 유형에 대해 미리 확인할 수 있습니다.

특별 부록

실전 모의고사 1, 2, 3회

실전 모의고사 3회분 제공

단어장 · 문장 쓰기 노트

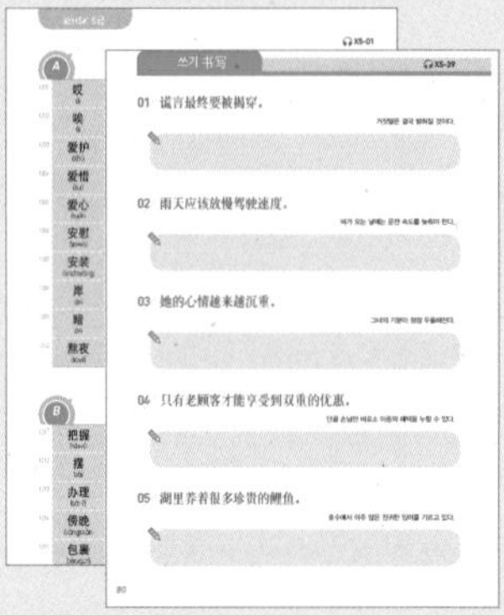

1~5급 단어 2500개 + 문장 쓰기 노트 제공

해설서

다양한 Tip과 자세한 해설 제공

고득점을 향한 3단계

step 1

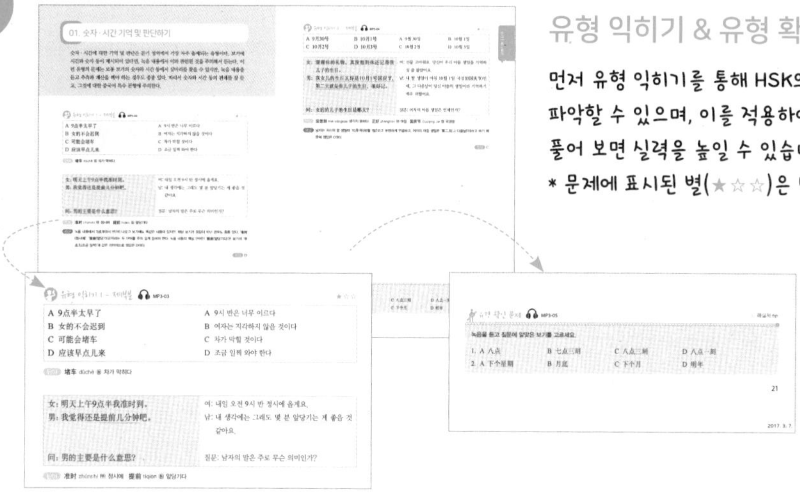

유형 익히기 & 유형 확인 문제

먼저 유형 익히기를 통해 HSK의 초보자도 문제 유형을 파악할 수 있으며, 이를 적용하여 바로 유형 확인 문제를 풀어 보면 실력을 높일 수 있습니다.

* 문제에 표시된 별(★☆☆)은 난이도를 나타냅니다.

① 유형 익히기로 워밍업 하고

⇩

② 유형 확인 문제로 연습하자!

step 2

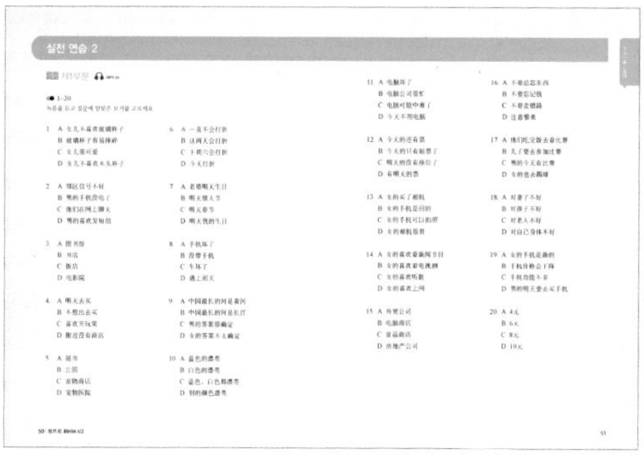

실전 연습

유형 익히기 & 유형 확인 문제를 통해 연습한 내용을 각 부분이 끝나면 실전 연습을 통해 복습할 수 있습니다.

step 3

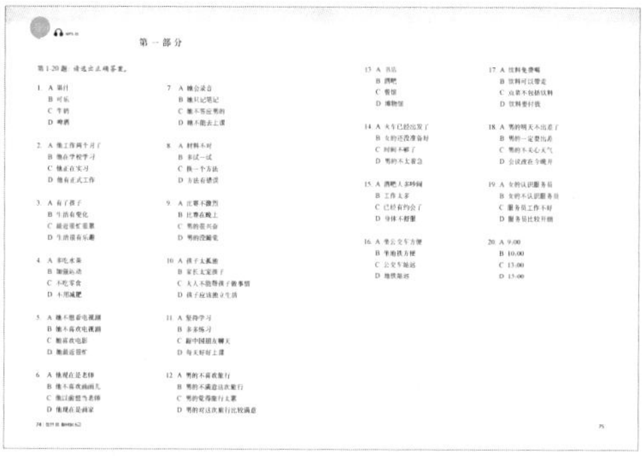

영역별 실전 테스트

듣기, 독해, 쓰기 각 영역의 학습이 끝나면 영역별 실전 테스트를 통해 실력을 점검할 수 있습니다.

차례

新HSK

듣기

5

听力

알아보기

제1 · 2부분

짧은 대화 / 긴 대화 듣고 질문에 알맞은 보기 고르기

제2부분

단문 듣고 질문에 알맞은 보기 고르기

실전 테스트

新HSK 5급 듣기 알아보기

新HSK 5급 듣기 영역에서 수험생은 일상생활이나 업무, 학습 환경에서 정상적인 속도와 분명한 어조로 말하는 대화나 짧은 글을 알아듣고, 내용의 핵심과 세부적인 부분을 파악해야 한다. 또한, 화자의 태도와 목적 및 내포된 의미를 이해하는 능력도 필요하다.

● 기본 사항

문제 수: 45문제

시험 시간 : 약 30분 (답안 작성 시간 5분 별도)

부분	문제 유형	문제 수
제1부분	짧은 대화 듣고 질문에 알맞은 보기 고르기	20문제(1–20번)
제2부분	긴 대화 듣고 질문에 알맞은 보기 고르기	25문제(21–45번)
	단문 듣고 질문에 알맞은 보기 고르기	

● 듣기 문제 유형 설명

新HSK 5급 듣기는 두 부분으로 나뉘고 모두 45문제로 전부 객관식이다. 수험생은 한 번씩 들려주는 대화와 단문을 듣고 4개의 보기에서 알맞은 답을 선택해야 한다. 시험 시간은 약 30분이고, 듣기 영역에 대한 답안 작성 시간 5분이 추가로 주어진다. 만점은 100점이다.

듣기 제1부분은 짧은 대화로 구성되어 있다. 남녀 두 사람이 각각 한 마디씩 주고받고 제3자가 대화의 내용을 바탕으로 1개의 질문을 한다. 4개의 보기에서 질문에 알맞은 답을 고른다.

듣기 제2부분은 긴 대화와 단문으로 구성되어 있다. 긴 대화는 남녀 두 사람이 각각 네 마디 이상의 대화를 한다. 제3자가 그 내용을 바탕으로 1개의 질문을 하고, 4개의 보기에서 질문에 알맞은 답을 고른다. 단문은 글의 내용을 바탕으로 2~3개의 문제(질문)가 출제된다. 4개의 보기에서 각 문제의 질문에 알맞은 답을 고른다.

듣기 고득점 Tip

▶▷ 보기를 보고 문제를 예측하자!

1. 시험지를 받은 후, 문제의 녹음 내용이 나오기 전에 영역 설명과 예제가 나오는 시간 동안 신속하게 각 문제의 보기를 훑어보면서 녹음 내용과 문제 유형을 미리 유추한다.

▶▷ 녹음 내용의 핵심 어구를 잡아내자!

1. 듣기 제2부분 단문 듣기에서는 글의 전체 줄거리, 맥락, 주제를 파악하고, 핵심 단어와 주요 정보, 세부 내용에 주의한다.
2. 듣기 제2부분의 단문이 이야기 형식이라면 인물의 특징, 심리 상태, 행동, 사건 발생의 단서 등을 중점적으로 듣는다. 설명문이라면 보기에서 자주 나오는 핵심 단어를 중점적으로 듣는다.
3. 녹음의 세부 내용을 파악하기 위해 들으면서 받아쓰는 연습을 하고, 동시에 보기에서 정답과 관련이 있는 단어들은 표시해 둔다.
4. 녹음 내용에서 '但是(그러나)'와 같이 전환을 나타내는 접속사를 주의해서 듣고, 이런 접속사 뒤에 나오는 내용이 주로 문제의 핵심이다.

▶▷ 정답에 더 가까이 다가가자!

1. 보기 중에서 뜻이 완전히 상반되는 단어들이 있다면, 정답은 둘 중 하나일 가능성이 높으므로 선택의 범위를 줄일 수 있다.
2. 녹음 내용을 듣고 나서 다시 한번 전체 보기를 보고 정답을 골라야 한다면, 처음 보기를 읽을 때 헷갈리는 것 옆에 물음표로 표시해 둔다.

듣기 听力

제1 · 2부분

짧은 대화 / 긴 대화 듣고 질문에 알맞은 보기 고르기

01. 숫자 · 시간 기억 및 판단하기
02. 위치 · 장소 추측 및 판단하기
03. 인물 관계 · 직업 · 신분 판단하기
04. 관점 · 감정 · 태도 판단하기
05. 행위에 관하여 논리적으로 추리하기
06. 세부 내용 파악 및 기억하기

듣기 제1·2부분

미리 보기

듣기 제1부분의 녹음 내용은 모두 짧은 대화 형식이고 제2부분은 긴 대화와 단문 형식이다. 대화 형식 문제는 특징과 풀이 방법이 동일하므로, 듣기 제1부분과 제2부분의 대화 형식 문제는 함께 분석하도록 한다. 제1부분은 20문제(1~20번)이다. 남녀가 한 마디씩 주고받는 짧은 대화이며, 제3자가 그것과 관련된 1개의 질문을 한다. 시험지에는 4개의 보기가 주어지고 수험생은 녹음 내용을 듣고 질문에 알맞은 답을 고른다. 제2부분은 긴 대화와 단문으로 구성되어 있으며, 25문제(21~45번)이다. 그중에 10문제(21~30번)는 남녀가 서로 대화하는 형식으로, 제1부분에 비해 길이가 길며 최소 네 마디 이상이 나온다. 대화의 내용을 바탕으로 제3자가 1개의 질문을 하고, 시험지에는 4개의 보기가 주어진다. 수험생은 녹음 내용을 듣고 질문에 알맞은 답을 고른다.

제1부분 – 짧은 대화 듣고 질문에 알맞은 보기 고르기

문제 MP3-01 〉〉 해설서 6p

第一部分

第1–20题：请选出正确答案。

1. A 11:15
   B 10:45
   (C) 12:15
   D 12:30

녹음

男：差一刻11点了，你动作快点儿!

女：急什么呀？离火车开车还有一个半小时呢。

问：火车几点开车？

제2부분 – 긴 대화 듣고 질문에 알맞은 보기 고르기

문제 MP3-02

》 해설서 6p

第二部分

第21–45题：请选出正确答案。

21. A 骑车
    B 走路
    Ⓒ 坐出租车
    D 坐地铁

녹음

女：你打算骑车去学校吗?

男：是啊。可是看这大雨，根本没法儿骑车。

女：叫辆出租车吧。

男：也只好这样了。

问：男的怎么去学校?

시험에 자주 나오는 질문

男的 / 女的主要是什么意思? 남자의/여자의 말은 주로 무슨 의미인가?

关于…，下列哪项正确? ~에 관하여 다음 중 옳은 것은?

男的 / 女的要做什么? 남자는/여자는 무엇을 하고자 하는가?

根据 / 关于…，可以知道什么? ~에 근거하여/관하여 알 수 있는 것은 무엇인가?

他们是什么关系? 그들은 무슨 관계인가?

男的 / 女的主要是什么语气? 남자의/여자의 말은 주로 무슨 어투인가?

01. 숫자 · 시간 기억 및 판단하기

숫자 · 시간에 대한 기억 및 판단은 듣기 영역에서 가장 자주 출제되는 유형이다. 보기에 시간과 숫자 등이 제시되어 있다면, 녹음 내용에서 이와 관련된 것을 주의해서 듣는다. 이런 유형의 문제는 보통 보기의 숫자와 시간 등에서 실마리를 찾을 수 있지만, 녹음 내용을 듣고 추측과 계산을 해야 하는 경우도 종종 있다. 따라서 숫자와 시간 등의 관계를 잘 듣고, 그것에 대한 중국어 특수 문형에 주의한다.

유형 익히기 1 – 제1부분 MP3-03 ★☆☆

A 9点半太早了	A 9시 반은 너무 이르다
B 女的不会迟到	B 여자는 지각하지 않을 것이다
C 可能会堵车	C 차가 막힐 것이다
D 应该早点儿来	D 조금 일찍 와야 한다

단어 **堵车** dǔchē 동 차가 막히다

女: 明天上午9点半我准时到。 男: 我觉得还是提前几分钟吧。	여: 내일 오전 9시 반 정시에 올게요. 남: 내 생각에는 그래도 몇 분 앞당기는 게 좋을 것 같아요.
问: 男的主要是什么意思?	질문: 남자의 말은 주로 무슨 의미인가?

단어 **准时** zhǔnshí 부 정시에 | **提前** tíqián 동 앞당기다

해설 녹음 내용에서 '9点半(9시 반)'이 나오고 보기에도 똑같은 내용이 있지만, 해당 보기가 정답이 아닌 경우도 종종 있다. '准时(정시에)', '提前(앞당기다)'이라는 두 단어를 주의 깊게 들어야 한다. 녹음 내용의 핵심 단어인 '提前(앞당기다)'은 보기의 '早点儿(조금 일찍)'과 같은 의미이므로 정답은 D이다.

정답 D

유형 익히기 2 – 제1부분 MP3-04

★☆☆

A 9月30号	B 10月1号	A 9월 30일	B 10월 1일
C 10月2号	D 10月3号	C 10월 2일	D 10월 3일

女：谢谢你的礼物，真没想到你还记得我儿子的生日。 男：我女儿的生日正好是10月1号国庆节，第二天就是你儿子的生日，很好记。 问：女的的儿子的生日是哪天？	여: 선물 고마워요. 당신이 우리 아들 생일을 기억하실 줄 몰랐어요. 남: 내 딸 생일이 마침 10월 1일 국경절(国庆节)인데, 그 다음날이 당신 아들의 생일이라 기억하기 매우 쉬웠어요. 질문: 여자의 아들 생일은 언제인가?

단어 **没想到** méi xiǎngdào 생각지 못하다 | **正好** zhènghǎo 부 마침 | **国庆节** Guóqìng Jié 명 국경절

해설 남자는 자신의 딸 생일이 '10月1号(10월 1일)'라고 분명하게 언급하고, 여자의 아들 생일은 '**第二天**(그 다음날)'이라고 하기 때문에 정답은 C이다.

정답 C

유형 확인 문제 MP3-05

〉〉 해설서 6p

녹음을 듣고 질문에 알맞은 보기를 고르세요.

1. A 八点　B 七点三刻　C 八点三刻　D 八点一刻
2. A 下个星期　B 月底　C 下个月　D 明年

숫자·시간 관련 핵심 단어와 표현 MP3-W01

● 숫자·시간 관련 핵심 단어와 표현

1. 숫자

- ☐ 个 gè 양 개
- ☐ 十 shí 수 십
- ☐ 百 bǎi 수 백
- ☐ 千 qiān 수 천
- ☐ 万 wàn 수 만
- ☐ 亿 yì 수 억

2. 시간

- ☐ 分钟 fēnzhōng 명 분
- ☐ 星期几 xīngqī jǐ 무슨 요일인가
- ☐ 准时 zhǔnshí 부 정시에
- ☐ 提前 tíqián 동 앞당기다
- ☐ 推迟 tuīchí 동 미루다
- ☐ 迟到 chídào 동 지각하다
- ☐ 快 kuài 형 빠르다
- ☐ 慢 màn 형 느리다
- ☐ 耽误 dānwu 동 지체하다
- ☐ 差几分几点 chà jǐ fēn jǐ diǎn 몇 시 몇 분 전
- ☐ 离几点还有几分 lí jǐ diǎn háiyǒu jǐ fēn 몇 시까지 아직 몇 분 더 남아 있다
- ☐ 离…还有几天 lí…háiyǒu jǐ tiān ~까지 아직 며칠 더 남아 있다

3. 순서

- ☐ 第几 dì jǐ 몇 번째
- ☐ 前 qián 명 앞, 전
- ☐ 先 xiān 부 먼저, 앞서
- ☐ 然后 ránhòu 접 그런 후에
- ☐ 接着 jiēzhe 부 이어서
- ☐ 最后 zuìhòu 명 최후

4. 계산

- ☐ 加 jiā 동 더하다
- ☐ 减 jiǎn 동 빼다
- ☐ 乘 chéng 동 곱하다
- ☐ 除 chú 동 나누다
- ☐ 增加 zēngjiā 동 증가하다
- ☐ 增长 zēngzhǎng 동 성장하다
- ☐ 提高 tígāo 동 향상시키다
- ☐ 减少 jiǎnshǎo 동 감소하다
- ☐ 降低 jiàngdī 동 낮추다
- ☐ 总共 zǒnggòng 부 전부
- ☐ 几倍 jǐ bèi 몇 배
- ☐ 一共 yígòng 부 모두

5. 단위

- ☐ 克 kè 양 그램(g)
- ☐ 公斤 gōngjīn 양 킬로그램(kg)
- ☐ 吨 dūn 양 톤(ton)
- ☐ 米 mǐ 양 미터(m)
- ☐ 公里 gōnglǐ 양 킬로미터(km)

● 년 · 월 · 주 · 일의 표현

1. 년(年)

- ☐ 年 nián 명 년
- ☐ 一年 yì nián 1년
- ☐ 半年 bàn nián 반년
- ☐ 一年半 yì nián bàn 1년 반
- ☐ 前年 qiánnián 명 재작년
- ☐ 去年 qùnián 명 작년
- ☐ 今年 jīnnián 명 올해
- ☐ 明年 míngnián 명 내년
- ☐ 后年 hòunián 명 내후년

2. 월(月)

- ☐ 月 yuè 명 월
- ☐ 一个月 yí ge yuè 1개월
- ☐ 半个月 bàn ge yuè 반 개월
- ☐ 上个月 shàng ge yuè 지난달
- ☐ 这个月 zhè ge yuè 이번 달
- ☐ 下个月 xià ge yuè 다음 달

3. 주(周)

- ☐ 周 zhōu 명 주
- ☐ 一个星期 yí ge xīngqī 1주일
- ☐ 上个星期 shàng ge xīngqī 지난주
- ☐ 这个星期 zhè ge xīngqī 이번 주
- ☐ 下个星期 xià ge xīngqī 다음 주

4. 일(日)

- ☐ 天 tiān 명 일
- ☐ 一天 yì tiān 하루
- ☐ 半天 bàn tiān 반나절
- ☐ 一半天 yí bàn tiān 하루 이틀
- ☐ 前天 qiántiān 명 그저께
- ☐ 今天 jīntiān 명 오늘
- ☐ 明天 míngtiān 명 내일
- ☐ 后天 hòutiān 명 모레

02. 위치 · 장소 추측 및 판단하기

위치 · 장소에 대한 추측 및 판단은 듣기 영역에서 출제 비중이 비교적 높은 것으로, 예를 들어 4개의 보기가 모두 장소 관련 단어라면, 장소를 물어보는 질문이 나올 가능성이 높다. 전형적인 질문 형식은 '这段对话最有可能发生在什么地方?(이 대화는 어디에서 일어났을 가능성이 가장 큰가?)'이다. 이런 유형은 녹음 내용에서 어떤 장소를 직접적으로 언급하지 않기 때문에, 대화의 내용과 핵심 단어를 듣고 알맞은 답을 유추해야 한다.

유형 익히기 1 – 제1부분 MP3-06

★☆☆

A 银行	B 餐馆	A 은행	B 식당
C 医院	D 邮局	C 병원	D 우체국

단어 **餐馆** cānguǎn 명 식당 | **邮局** yóujú 명 우체국

男：我们有炒饭、面条、饺子，您要什么？ 女：炒饭吧。我不喜欢面食。	남: 저희는 볶음밥, 국수, 만두가 있습니다. 당신은 무엇을 드시겠습니까? 여: 볶음밥이요. 나는 밀가루 요리를 안 좋아해요.
问：他们最有可能在什么地方？	질문: 그들은 어디에 있을 가능성이 가장 큰가?

단어 **炒饭** chǎofàn 명 볶음밥 | **饺子** jiǎozi 명 교자, 만두 | **面食** miànshí 명 밀가루 요리

해설 녹음 내용의 '炒饭(볶음밥)', '面条(국수)', '饺子(만두)'라는 핵심 단어와 '您要什么?(당신은 무엇을 드시겠습니까?)'는 식당에서 자주 사용하는 표현이다. 따라서 '餐馆(식당)'에서 종업원이 손님에게 주문을 받고 있는 상황이라는 것을 알 수 있으므로 정답은 B이다.

정답 B

유형 익히기 2 – 제2부분 MP3-07 ★☆☆

A 他们在饭店	A 그들은 식당에 있다
B 他们在商店	B 그들은 상점에 있다
C 他们在旅馆	C 그들은 여관에 있다
D 男的想买桌子	D 남자는 테이블을 사고 싶다

단어 旅馆 lǚguǎn 명 여관

女：您好！欢迎光临。请问您几位？	여: 안녕하세요! 어서 오세요. 몇 분이신가요?
男：六位，我们提前预订了。	남: 6명입니다. 우리는 미리 예약했어요.
女：好的，请问先生您贵姓？	여: 네, 성함이 어떻게 되시죠?
男：我姓陈。	남: 저는 진(陈) 씨입니다.
女：陈先生，里面请，靠窗户的那张桌子是给您留的。	여: 진 선생님, 안으로 들어오세요. 창가 쪽 저 테이블이 당신을 위해 남겨 둔 것입니다.
问：根据对话，下列哪项正确？	질문: 대화에 근거하여 다음 중 옳은 것은?

단어 欢迎光临 huānyíng guānglín 어서 오세요 | 提前 tíqián 동 앞당기다 | 预订 yùdìng 동 예약하다 | 里面 lǐmiàn 명 안 | 靠 kào 동 닿다 | 窗户 chuānghu 명 창문 | 留 liú 동 남기다

해설 '欢迎光临(어서 오세요)'은 사용하는 장소가 한정되어 있으며 보통 식당이나 상점, 쇼핑센터에서 많이 사용한다. 일반적으로 식당에서는 예약자의 이름을 묻고 확인한 후, 예약 장소로 안내해 주므로 대화의 전반적인 내용을 통해 그들은 식당에 있음을 알 수 있다. 따라서 정답은 A이다.

정답 A

유형 확인 문제 MP3-08

》 해설서 7p

녹음을 듣고 질문에 알맞은 보기를 고르세요.

1. A 车站 B 学校 C 医院 D 机场
2. A 海边 B 沙漠 C 雪山 D 动物园

위치 · 장소 관련 핵심 단어와 표현 MP3-W02

● 위치 · 장소 관련 핵심 단어와 표현

1. 기차(火车)

- ☐ 旅客 lǚkè 명 여행객
- ☐ 行李 xíngli 명 짐
- ☐ 候车室 hòuchēshì 명 대합실
- ☐ 站台 zhàntái 명 플랫폼
- ☐ 车厢 chēxiāng 명 객실
- ☐ 上铺 shàngpù 명 (기차 침대칸의) 위 침대
- ☐ 下铺 xiàpù 명 (기차 침대칸의) 아래 침대
- ☐ 列车 lièchē 명 열차
- ☐ 站台票 zhàntáipiào 명 입장권
- ☐ 火车票 huǒchēpiào 명 기차표
- ☐ 检票 jiǎnpiào 동 검표하다
- ☐ 车次 chēcì 명 열차 번호
- ☐ 高铁 gāotiě 명 고속 열차(중국 고속 열차의 일종)
- ☐ 动车 dòngchē 명 고속 열차(중국 고속 열차의 일종)

2. 공항(机场)

- ☐ 飞机 fēijī 명 비행기
- ☐ 护照 hùzhào 명 여권
- ☐ 航班 hángbān 명 항공편
- ☐ 机票 jīpiào 명 비행기 표
- ☐ 登机牌 dēngjīpái 명 탑승권
- ☐ 行李 xíngli 명 짐
- ☐ 托运 tuōyùn 동 운송을 위탁하다
- ☐ 起飞 qǐfēi 동 이륙하다

3. 배(轮船)

- ☐ 船票 chuánpiào 명 배 표
- ☐ 航班 hángbān 명 운항편
- ☐ 码头 mǎtou 명 부두
- ☐ 上船 shàngchuán 배에 오르다
- ☐ 下船 xiàchuán 배를 내리다

4. 버스(公共汽车)

- ☐ 公共汽车 gōnggòng qìchē 명 버스
- ☐ 巴士 bāshì 명 버스
- ☐ 司机 sījī 명 기사
- ☐ 售票员 shòupiàoyuán 명 매표원
- ☐ 乘客 chéngkè 명 승객
- ☐ 站 zhàn 명 정류장
- ☐ 车票 chēpiào 명 차표
- ☐ 月票 yuèpiào 명 월 정기권
- ☐ 换车 huànchē 환승하다
- ☐ 几路车 jǐ lù chē 몇 번 노선

5. 지하철(地铁)

- ☐ 站 zhàn 명 정류장
- ☐ 票 piào 명 표
- ☐ 乘 chéng 동 타다

6. 자동차(汽车)

- 卡车 kǎchē 명 트럭
- 出租车 chūzūchē 명 택시
- 高速公路 gāosù gōnglù 명 고속 도로
- 乘 chéng 동 타다
- 运输 yùnshū 동 운송하다

7. 상점(商店) / 슈퍼마켓(超市)

- 售货员 shòuhuòyuán 명 판매원
- 服务员 fúwùyuán 명 종업원
- 收款台 shōukuǎntái 명 카운터
- 样子 yàngzi 명 모양
- 颜色 yánsè 명 색깔
- 大小 dàxiǎo 명 크기
- 价格 jiàgé 명 가격
- 价钱 jiàqian 명 가격
- 现金 xiànjīn 명 현금
- 质量 zhìliàng 명 품질
- 日用品 rìyòngpǐn 명 일용품
- 食品 shípǐn 명 식품
- 顾客 gùkè 명 고객
- 零钱 língqián 명 잔돈
- 购物 gòuwù 동 물품을 구입하다
- 付款 fùkuǎn 동 돈을 지불하다
- 打折 dǎzhé 동 할인하다
- 减价 jiǎnjià 동 값을 내리다
- 便宜 piányi 형 싸다
- 贵 guì 형 비싸다
- 消费 xiāofèi 동 소비하다
- 营业 yíngyè 동 영업하다
- 优惠 yōuhuì 형 우대의

8. 영화관(电影院) / 오페라 극장(歌剧院)

- 影片 yǐngpiàn 명 영화
- 演员 yǎnyuán 명 배우
- 导演 dǎoyǎn 명 감독
- 故事 gùshi 명 이야기
- 电影票 diànyǐngpiào 명 영화표
- 入场 rùchǎng 동 입장하다
- 开演 kāiyǎn 동 (공연을) 시작하다
- 感人 gǎnrén 형 감동시키다

9. 식당(餐馆)

- 服务员 fúwùyuán 명 종업원
- 勺子 sháozi 명 숟가락
- 筷子 kuàizi 명 젓가락
- 盘子 pánzi 명 쟁반
- 碗 wǎn 양 공기, 사발
- 杯子 bēizi 명 잔
- 茶 chá 명 차
- 酒水 jiǔshuǐ 명 음료, 주류
- 饮料 yǐnliào 명 음료
- 菜单 càidān 명 메뉴판
- 买单 mǎidān 명 계산서
- 点菜 diǎncài 요리를 주문하다
- 干杯 gānbēi 동 건배하다
- 结账 jiézhàng 동 계산하다
- 光临 guānglín 동 광림하다

10. 도서관(图书馆)

- ☐ 书 shū 명 책
- ☐ 书架 shūjià 명 책꽂이
- ☐ 管理员 guǎnlǐyuán 명 관리자
- ☐ 借书证 jièshūzhèng 명 도서 대출증
- ☐ 还书 huánshū 책을 반납하다
- ☐ 过期 guòqī 동 기한을 넘기다

11. 우체국(邮局)

- ☐ 信封 xìnfēng 명 편지 봉투
- ☐ 邮票 yóupiào 명 우표
- ☐ 邮编 yóubiān 명 우편 번호('邮政编码'의 약칭)
- ☐ 包裹 bāoguǒ 명 소포
- ☐ 快递 kuàidì 명 특급 우편
- ☐ 寄信 jìxìn 편지를 부치다

12. 은행(银行)

- ☐ 账户 zhànghù 명 계좌
- ☐ 银行卡 yínhángkǎ 명 은행 카드
- ☐ 存款单 cúnkuǎndān 명 입금 명세서
- ☐ 取款单 qǔkuǎndān 명 출금 명세서
- ☐ 汇率 huìlǜ 명 환율
- ☐ 存钱 cúnqián 저금하다, 입금하다
- ☐ 取钱 qǔqián 출금하다
- ☐ 换钱 huànqián 동 환전하다

13. 숙박 시설(住宿)

- ☐ 宾馆 bīnguǎn 명 호텔
- ☐ 饭店 fàndiàn 명 호텔
- ☐ 旅馆 lǚguǎn 명 여관
- ☐ 房间 fángjiān 명 방
- ☐ 登记 dēngjì 동 등록하다

14. 학교(学校)

- ☐ 教室 jiàoshì 명 교실
- ☐ 课 kè 명 수업
- ☐ 年级 niánjí 명 학년
- ☐ 教材 jiàocái 명 교재
- ☐ 黑板 hēibǎn 명 칠판
- ☐ 试卷 shìjuàn 명 시험지
- ☐ 老师 lǎoshī 명 선생님
- ☐ 班主任 bānzhǔrèn 명 담임 교사
- ☐ 校长 xiàozhǎng 명 교장
- ☐ 教授 jiàoshòu 명 교수
- ☐ 讲师 jiǎngshī 명 강사
- ☐ 同学 tóngxué 명 학우
- ☐ 研究生 yánjiūshēng 명 대학원생
- ☐ 作业 zuòyè 명 숙제
- ☐ 讲座 jiǎngzuò 명 강좌
- ☐ 成绩 chéngjì 명 성적
- ☐ 论文 lùnwén 명 논문
- ☐ 课程 kèchéng 명 교육 과정
- ☐ 操场 cāochǎng 명 운동장
- ☐ 宿舍 sùshè 명 기숙사
- ☐ 预习 yùxí 동 예습하다
- ☐ 复习 fùxí 동 복습하다
- ☐ 学习 xuéxí 동 공부하다
- ☐ 教 jiāo 동 가르치다
- ☐ 放假 fàngjià 동 방학하다
- ☐ 辅导 fǔdǎo 동 도우며 지도하다

- 请假 qǐngjià 동 휴가를 신청하다
- 考试 kǎoshì 명동 시험(치다)
- 毕业 bìyè 명동 졸업(하다)

15. 병원(医院)

- 大夫 dàifu 명 의사
- 医生 yīshēng 명 의사
- 护士 hùshi 명 간호사
- 药 yào 명 약
- 内科 nèikē 명 내과
- 外科 wàikē 명 외과
- 手术 shǒushù 명동 수술(하다)
- 救护车 jiùhùchē 명 구급차
- 挂号 guàhào 동 접수시키다
- 诊断 zhěnduàn 동 진단하다
- 治疗 zhìliáo 동 치료하다
- 打针 dǎzhēn 동 주사를 맞다
- 发烧 fāshāo 동 열이 나다
- 过敏 guòmǐn 동 알레르기 반응을 보이다
- 感冒 gǎnmào 명동 감기(걸리다)

16. 회사(公司)

- 工资 gōngzī 명 월급
- 业务 yèwù 명 업무
- 利润 lìrùn 명 이윤
- 会计 kuàijì 명 회계
- 收入 shōurù 명 수입
- 奖金 jiǎngjīn 명 상여금
- 生意 shēngyi 명 장사
- 工厂 gōngchǎng 명 공장
- 总裁 zǒngcái 명 총재
- 经理 jīnglǐ 명 사장
- 老板 lǎobǎn 명 상점 주인
- 秘书 mìshū 명 비서
- 同事 tóngshì 명 동료
- 简历 jiǎnlì 명 이력서
- 上班 shàngbān 동 출근하다
- 下班 xiàbān 동 퇴근하다
- 加班 jiābān 동 초과 근무하다
- 应聘 yìngpìn 동 지원하다
- 招聘 zhāopìn 동 채용하다
- 雇佣 gùyōng 동 고용하다
- 工作 gōngzuò 명동 일(하다)
- 经营 jīngyíng 동 경영하다
- 销售 xiāoshòu 동 판매하다
- 管理 guǎnlǐ 동 관리하다
- 投资 tóuzī 동 투자하다
- 请假 qǐngjià 동 휴가를 신청하다
- 辞职 cízhí 동 사직하다
- 失业 shīyè 동 실업하다
- 破产 pòchǎn 동 파산하다
- 赚 zhuàn 동 (돈을) 벌다

17. 체육관(体育场)

- 运动 yùndòng 명동 운동(하다)
- 比赛 bǐsài 명 경기
- 开幕式 kāimùshì 명 개막식
- 冠军 guànjūn 명 우승
- 篮球 lánqiú 명 농구
- 排球 páiqiú 명 배구
- 羽毛球 yǔmáoqiú 명 배드민턴
- 足球 zúqiú 명 축구

- [ ] 乒乓球 pīngpāngqiú 명 탁구
- [ ] 网球 wǎngqiú 명 테니스
- [ ] 球迷 qiúmí 명 축구팬
- [ ] 游泳 yóuyǒng 명동 수영(하다)
- [ ] 训练 xùnliàn 동 훈련하다

18. 헬스장(健身房)

- [ ] 教练 jiàoliàn 명 코치
- [ ] 健身 jiànshēn 동 신체를 건강하게 하다
- [ ] 锻炼 duànliàn 동 단련하다

03. 인물 관계 · 직업 · 신분 판단하기

녹음 내용에서 특정 인물은 반드시 그와 관련된 신분과 직업을 가지고 있으며 종종 핵심 단어로 그것을 나타내기도 한다. 인물 사이의 관계도 대화 중 일부 단어를 통해 암시하기 때문에, 수험생은 핵심 단어와 대화가 이루어지는 상황에 근거하여 인물 관계를 예상할 수 있다. 또한 대화의 발생 장소, 논의되는 사건, 친밀도를 알 수 있는 어감 등으로도 알맞은 답을 유추할 수 있다.

유형 익히기 1 – 제1부분 MP3-09

★☆☆

A 亲戚	B 邻居	A 친척	B 이웃
C 朋友	D 同事	C 친구	D 동료

단어 亲戚 qīnqi 명 친척

男：您是新搬来的吧？我就住楼上，有事儿就打个招呼。	남: 새로 이사 오신 분이죠? 저는 위층에 살아요. 일이 생기면 부르세요.
女：好的，以后少不了麻烦您。	여: 네, 앞으로 폐 좀 끼치겠습니다.
问：他们是什么关系？	질문: 그들은 어떤 관계인가?

단어 楼上 lóushàng 명 위층 | 打招呼 dǎ zhāohu 부르다, 인사하다 | 少不了 shǎobuliǎo ~하지 않을 수 없다 | 麻烦 máfan 동 폐를 끼치다

해설 녹음 내용의 핵심 표현인 '新搬来的(새로 이사 온 사람)'와 '住楼上(위층에 살다)'을 보면, 두 사람은 '邻居(이웃)' 관계임을 알 수 있으므로 정답은 B이다.

정답 B

유형 익히기 2 – 제1부분 MP3-10 ★★☆

A 记者	B 教练	A 기자	B 코치
C 学生	D 画家	C 학생	D 화가

단어 **记者** jìzhě 명 기자 | **教练** jiàoliàn 명 코치 | **画家** huàjiā 명 화가

女：我刚才在路上碰到您太太了。 男：她要去学校，今天是高考第一天，她得做专题报道。 问：男的的太太最可能是做什么的？	여: 나는 방금 길에서 당신의 아내를 만났어요. 남: 그녀는 학교에 가는 길이에요. 오늘 대입 시험 첫째 날이라 특집 보도를 해야 하거든요. 질문: 남자 아내의 직업은 무엇일 가능성이 가장 큰가?

단어 **碰** pèng 동 만나다 | **太太** tàitai 명 아내 | **高考** gāokǎo 명 중국의 대학 입학 시험('高等学校招生考试'의 약칭) | **专题报道** zhuāntí bàodào 명 특집 보도

해설 녹음 내용의 '学校(학교)'와 '高考(대입 시험)'는 오답을 유도하는 단어들이다. 이것들을 피하고 핵심 단어인 '专题报道(특집 보도)'를 들었다면 쉽게 정답을 고를 수 있다. 남자의 마지막 말을 통해 아내의 직업이 '记者(기자)'라는 것을 알 수 있으므로 정답은 A이다.

정답 A

유형 확인 문제 MP3-11

》 해설서 9p

녹음을 듣고 질문에 알맞은 보기를 고르세요.

1. A 秘书　B 经理　C 工人　D 总裁
2. A 主持　B 观众　C 嘉宾　D 演员

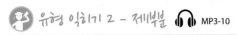

인물 관계 · 직업 관련 핵심 단어

MP3-W03

● 인물 관계 · 직업 관련 핵심 단어

1. 가족 관계

- 爷爷 yéye 명 할아버지
- 爸爸 bàba 명 아빠
- 哥哥 gēge 명 형
- 弟弟 dìdi 명 남동생
- 儿子 érzi 명 아들
- 父母 fùmǔ 명 부모
- 父子 fùzǐ 명 부자
- 母子 mǔzǐ 명 모자
- 兄弟 xiōngdì 명 형제
- 兄妹 xiōngmèi 명 남매
- 奶奶 nǎinai 명 할머니
- 妈妈 māma 명 엄마
- 姐姐 jiějie 명 누나
- 妹妹 mèimei 명 여동생
- 女儿 nǚ'ér 명 딸
- 夫妻 fūqī 명 부부
- 父女 fùnǚ 명 부녀
- 母女 mǔnǚ 명 모녀
- 姐妹 jiěmèi 명 자매
- 姐弟 jiědì 명 남매

2. 사회 관계

- 朋友 péngyou 명 친구
- 邻居 línjū 명 이웃
- 师生 shīshēng 명 교사와 학생
- 售货员与顾客 shòuhuòyuán yǔ gùkè 판매원과 고객
- 同事 tóngshì 명 동료
- 同学 tóngxué 명 학우
- 老板与秘书 lǎobǎn yǔ mìshū 사장과 비서
- 医生与病人 yīshēng yǔ bìngrén 의사와 환자

3. 직업

- 教师 jiàoshī 명 교사
- 记者 jìzhě 명 기자
- 律师 lǜshī 명 변호사
- 服务员 fúwùyuán 명 종업원
- 经理 jīnglǐ 명 사장
- 秘书 mìshū 명 비서
- 护士 hùshi 명 간호사
- 学生 xuésheng 명 학생
- 警察 jǐngchá 명 경찰
- 售票员 shòupiàoyuán 명 매표원
- 营业员 yíngyèyuán 명 판매원
- 老板 lǎobǎn 명 상점 주인
- 医生 yīshēng 명 의사

04. 관점 · 감정 · 태도 판단하기

관점 · 감정 · 태도에 대해 판단하는 유형은 수험생이 화자의 주관적인 입장(긍정적 혹은 부정적), 주관적인 태도(적극적 혹은 소극적), 주관적인 바람과 마음속의 느낀 점을 정확하게 분별할 수 있는지 평가한다.

유형 익히기 1 – 제1부분 MP3-12 ★☆☆

A 吃惊	B 遗憾	A 놀라다	B 유감스럽다
C 兴奋	D 难过	C 흥분하다	D 괴롭다

단어 **吃惊** chījīng 동 놀라다 | **遗憾** yíhàn 형 유감스럽다 | **兴奋** xīngfèn 형 흥분하다

女：你怎么了？这么高兴！ 男：朋友送了我两张今晚足球赛的门票，是我最喜欢的球队的球赛。 问：男的是什么语气？	여: 무슨 일이에요? 이렇게나 기뻐하다니! 남: 친구가 나에게 오늘 저녁 축구 경기 입장권 두 장을 줬어요. 내가 제일 좋아하는 팀의 경기예요. 질문: 남자의 말은 무슨 어투인가?

단어 **门票** ménpiào 명 입장권 | **球队** qiúduì 명 팀 | **语气** yǔqì 명 어투 | **球赛** qiúsài 명 구기 경기

해설 여자는 '这么高兴!(이렇게나 기뻐하다니!)'이라고 남자를 향해 감탄하고 있다. 남자는 좋아하는 축구팀 경기의 입장권을 얻어서 기뻐하는 상황으로, 보기 중 기쁨을 나타내는 단어로 가장 적절한 것은 '兴奋(흥분하다)'이다. 따라서 정답은 C이다.

정답 C

유형 익히기 2 – 제1부분 MP3-13 ★★☆

A 女的不必生气	A 여자는 화낼 필요가 없다
B 男的不喜欢参加婚礼	B 남자는 결혼식에 참석하는 것을 좋아하지 않는다
C 女的喜欢参加婚礼	C 여자는 결혼식에 참석하는 것을 좋아한다
D 男的觉得也很生气	D 남자 역시 매우 화가 난다

단어 不必 búbì 부 ~할 필요 없다 | 婚礼 hūnlǐ 명 결혼식

女：听说马丽和刘明结婚了，他们竟然没有请我们参加他们的婚礼，真气人！ 男：气什么啊！他们是旅行结婚，根本没请客。	여: 마리(马丽)와 리우밍(刘明)이 결혼했다고 들었어요. 뜻밖에도 그들의 결혼식에 우리를 초대하지 않다니, 정말 화나네요! 남: 뭘 화내요! 그들은 결혼식 대신 여행을 가서 아예 손님을 초대하지 않은 거예요.
问：男的是什么意思？	질문: 남자의 말은 무슨 의미인가?

단어 竟然 jìngrán 부 뜻밖에도 | 气人 qìrén 화나게 하다 | 旅行结婚 lǚxíng jiéhūn 명 결혼식과 신혼여행을 여행으로 대신하는 것 [신조어] | 根本 gēnběn 부 아예 | 请客 qǐngkè 동 초대하다

해설 '동사/형용사+什么'는 부정을 나타내는 구어체이므로, '气什么!(뭘 화내는가!)'는 화를 내지 말라는 의미이다. 마리와 리우밍은 결혼식 대신 여행을 가서 손님을 초대하지 않았으므로, 남자는 여자에게 화낼 필요가 없다고 말하고 있다. 따라서 정답은 A이다.

정답 A

플러스 해설

대화 속에서 태도와 느낌에 관한 형용사, 부사 등의 단어와 강조문, 비교문, 반어문 등의 특수 문형을 주의 깊게 들어야 한다.

유형 확인 문제 MP3-14

》 해설서 10p

녹음을 듣고 질문에 알맞은 보기를 고르세요.

1. A 下周末要演出	B 没什么大问题	C 问题很难解决	D 希望得到帮助
2. A 高兴	B 生气	C 激动	D 轻松

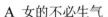

감정 · 느낌 관련 핵심 단어와 특수 문형 MP3-W04

● 감정 · 느낌 관련 핵심 단어

1. 주관적인 입장(긍정적 혹은 부정적)

- ☐ 喜欢 xǐhuan 동형 좋아하다
- ☐ 幸福 xìngfú 형 행복하다
- ☐ 高兴 gāoxìng 동형 기쁘다
- ☐ 快乐 kuàilè 형 즐겁다
- ☐ 满意 mǎnyì 동 만족하다
- ☐ 得意 déyì 형 득의양양하다
- ☐ 自豪 zìháo 형 스스로 긍지를 느낀다
- ☐ 自信 zìxìn 동형 자신하다
- ☐ 激动 jīdòng 동형 감격하다
- ☐ 感激 gǎnjī 동 감격하다
- ☐ 好奇 hàoqí 형 호기심이 많다
- ☐ 爱 ài 동 사랑하다
- ☐ 佩服 pèifú 동 탄복하다
- ☐ 热心 rèxīn 형 친절하다
- ☐ 兴奋 xīngfèn 동형 흥분하다
- ☐ 幸运 xìngyùn 형 운이 좋다
- ☐ 开心 kāixīn 형 즐겁다
- ☐ 愉快 yúkuài 형 유쾌하다
- ☐ 满足 mǎnzú 동 만족시키다
- ☐ 骄傲 jiāo'ào 형 거만하다, 자랑스럽다
- ☐ 轻松 qīngsōng 형 홀가분하다
- ☐ 感动 gǎndòng 동형 감동하다
- ☐ 感谢 gǎnxiè 동 감사하다
- ☐ 奇怪 qíguài 형 이상하다
- ☐ 放心 fàngxīn 동 안심하다
- ☐ 虚心 xūxīn 형 겸손하다
- ☐ 热情 rèqíng 형 친절하다

2. 주관적인 태도(적극적 혹은 소극적)

- ☐ 灰心 huīxīn 형 낙심하다
- ☐ 紧张 jǐnzhāng 형 긴장하다
- ☐ 着急 zháojí 형 조급해하다
- ☐ 担心 dānxīn 동 걱정하다
- ☐ 难过 nánguò 형 괴롭다
- ☐ 伤心 shāngxīn 형 상심하다
- ☐ 愤怒 fènnù 형 분노하다
- ☐ 危险 wēixiǎn 형 위험하다
- ☐ 讨厌 tǎoyàn 동형 싫어하다
- ☐ 发愁 fāchóu 동 근심하다
- ☐ 不耐心 bú nàixīn 참을성이 없다
- ☐ 寂寞 jìmò 형 외롭다
- ☐ 失望 shīwàng 동형 실망하다
- ☐ 慌张 huāngzhāng 형 당황하다
- ☐ 不安 bù'ān 형 불안하다
- ☐ 痛苦 tòngkǔ 형 고통스럽다
- ☐ 难受 nánshòu 형 슬프다
- ☐ 生气 shēngqì 동 화내다
- ☐ 可怕 kěpà 형 두려워하다
- ☐ 恨 hèn 동 원망하다
- ☐ 操心 cāoxīn 동 마음을 쓰다
- ☐ 烦恼 fánnǎo 형 번뇌하다
- ☐ 孤单 gūdān 형 고독하다

3. 주관적인 바람, 마음속의 느낀 점

- ☐ 害羞 hàixiū 형 부끄러워하다
- ☐ 惭愧 cánkuì 형 부끄럽다
- ☐ 后悔 hòuhuǐ 동 후회하다
- ☐ 看不起 kànbuqǐ 동 경시하다
- ☐ 舍不得 shěbude 동 아쉽다
- ☐ 抱歉 bàoqiàn 형 미안해하다
- ☐ 害怕 hàipà 동 두려워하다
- ☐ 不好意思 bù hǎoyìsi 죄송합니다
- ☐ 羡慕 xiànmù 동 부러워하다

● 특수 문형 : 강조문, 비교문, 반어문

1. 강조문

강조문 형식	예문
☐ 居然 jūrán 부 뜻밖에도 ☐ 竟然 jìngrán 부 뜻밖에도 ☐ 就 jiù 부 (강조를 나타냄) ☐ 是 shì 부 (강조를 나타냄) ☐ 可 kě 부 (강조를 나타냄) * 부사를 사용한 강조	他居然不打招呼就走了。 그는 뜻밖에도 인사를 하지 않고 바로 갔다. 那就是孙老师。 그분이 바로 순 선생님이다. 他是买了一本英汉词典。 그는 영한사전 한 권을 샀다.
☐ 连…都/也… lián… dōu/yě… ~조차도 ~하다	连他都知道了。 그조차도 다 알게 되었다.
☐ 是…的 shì…de (이미 이루어진 사실에 대한 강조)	他是昨天来的。 그는 어제 왔다. 他是坐飞机来的。 그는 비행기를 타고 왔다. 他是从北京来的。 그는 베이징에서 왔다.

2. 비교문

비교문 형식	예문
☐ A 比 B + 형용사	玛丽比莲娜高。 마리는 리엔나보다 키가 크다.
☐ A 没有 B + 형용사	莲娜没有玛丽高。 리엔나는 마리만큼 키가 크지 않다.

A 比 B + 형용사 + 得多/수량	哥哥比弟弟大得多。 형은 남동생보다 나이가 훨씬 많다. 哥哥比弟弟大六岁。 형은 남동생보다 6살 많다.
A 比 B + 更 + 형용사	冬天哈尔滨比北京更冷。 겨울에 하얼빈은 베이징보다 더 춥다.
A + 동사 + 得 + 比 + B + 형용사	他说得比我流利。 그는 나보다 유창하게 말한다.

3. 반어문

반어문 형식	예문
(是)…吗? (shì)…ma? ~인가? (긍정형의 강한 부정) (不是)…吗? (búshì)…ma? ~아닌가? (부정형의 강한 긍정)	那是中国菜吗? 그것은 중국 음식이니? (화자는 '중국 음식이 아니다'라고 생각함) 他不是去教室了吗? 그는 교실에 간 게 아니었어? (화자는 '그가 교실에 갔다'라고 생각함)
难道 nándào 부 설마 ~란 말인가? 还 hái 부 (의외라는 어감을 더욱 두드러지게 함) * 문장에서 '应该', '当然'과 같은 의미를 가짐	难道你不知道图书馆在哪里? 너는 설마 도서관이 어디에 있는지 모른다는 말이니?
谁 shéi 대 누구 什么 shénme 대 무슨, 아무 것 哪儿 nǎr 대 어디 怎么 zěnme 대 어떻게, 어째서 为什么 wèishénme 왜, 무엇 때문에 * 위의 의문대명사들을 사용하여 불특정한 것을 가리키며, 어떤 사람과 어떤 일도 예외가 없다는 것을 의미함 * 뒤에 '都'나 '也'를 함께 사용함	谁都认识王老师。(任何人) 누구든 다 왕 선생님을 안다. (어떤 사람) 他什么都知道。(任何事情) 그는 뭐든지 다 안다. (어떤 일) 哪儿都有商店。(任何地方) 어디든 다 상점이 있다. (어떤 장소) 你怎么说都没用。(任何方式) 당신이 어떻게 말해도 소용없다. (어떤 방식)

05. 행위에 관하여 논리적으로 추리하기

녹음 내용을 듣고 화자가 과거에 무엇을 했는지, 지금 무엇을 하고 있는지, 앞으로 무엇을 할지 예상하고 판단해야 한다. 이런 유형에 나오는 4개의 보기는 보통 '동사+목적어'로 구성된 것이다. 사건의 발생 상황과 핵심 단어, 그것이 포함된 문장을 주의 깊게 들어야 한다.

유형 익히기 1 – 제1부분 MP3-15

★☆☆

A 结账	B 见律师	A 계산한다	B 변호사와 상담한다
C 谈合同	D 打电话	C 계약을 협상한다	D 전화 통화를 한다

단어 结账 jiézhàng 동 계산하다 | 律师 lǜshī 명 변호사 | 合同 hétong 명 계약서

男：总算打通了，刚才怎么一直占线？ 女：刚和律师谈合同的事呢，你找我什么事？	남: 겨우 통화됐네요. 방금 어째서 계속 통화 중이었어요? 여: 변호사와 계약에 관해 이야기 나누고 있었어요. 무슨 일로 나를 찾았어요?
问：他们在做什么？	질문: 그들은 무엇을 하고 있는가?

단어 总算 zǒngsuàn 부 겨우 | 打通 dǎtōng 동 연결되다 | 占线 zhànxiàn 동 통화 중이다

해설 4개의 보기는 모두 '동사+목적어' 구조이다. 녹음 내용의 핵심 단어인 '打通(연결되다)', '占线(통화 중이다)'은 모두 '打电话(전화 통화를 하다)'의 상황을 가리킨다. 그리고 질문이 '女的在做什么?(여자는 무엇을 하고 있는가?)'가 아니라, '他们在做什么?(그들은 무엇을 하고 있는가?)'인 것을 정확하게 들었다면 B나 C를 선택하는 실수를 피할 수 있다. 그러므로 정답은 D이다.

정답 D

접속사를 찾아라!

- **전환 관계 접속사** Tip! 접속사 뒤에 오는 내용을 주의해서 듣는다.

  但是 그러나, 그렇지만

- **가정 관계 접속사** Tip! 접속사 뒤에 오는 세부적인 조건과 결과를 주의해서 듣는다.

  如果 만약

- **인과 관계 접속사** Tip! 질문에서 결과보다 원인을 물어보는 경우가 많다.

  因为…所以… ~때문에 그래서~하다

유형 익히기 2 – 세부분 MP3-16 ★★☆

A 开车很熟练了	A 운전이 매우 능숙했다
B 买了一辆新车	B 새 자동차 한 대를 샀다
C 想多练习倒车	C 후진 연습을 많이 하고 싶다
D 还没拿到驾照	D 아직 운전면허증을 따지 못했다

단어 **开车** kāichē 동 운전하다 | **熟练** shúliàn 형 능숙하다 | **倒车** dàochē 동 차를 후진시키다 | **驾照** jiàzhào 명 운전면허증

男：祝贺你，这么快就拿到驾照了。 女：驾照虽然拿到了，但毕竟是新手，一倒车心里就紧张，我得多练练倒车。	남: 축하해요. 이렇게 빨리 운전면허증을 따다니. 여: 운전면허증은 땄지만, 그러나 결국은 초보자인 걸요. 후진만 하면 긴장돼요. 나는 후진 연습을 많이 해야겠어요.
问：关于女的，可以知道什么？	질문: 여자에 관하여 알 수 있는 것은 무엇인가?

단어 **祝贺** zhùhè 동 축하하다 | **毕竟** bìjìng 부 결국 | **新手** xīnshǒu 명 초보자 | **紧张** jǐnzhāng 형 긴장해 있다

해설 녹음 내용의 핵심 단어인 접속사 '但(그러나)'을 들었다면, 그 뒤에 오는 내용을 주의 깊게 들어야 한다. 여자가 마지막에 '我得多练练倒车(나는 후진 연습을 많이 해야겠다)'라고 하므로 정답은 C이다.

정답 C

유형 익히기 3 – 제2부분 MP3-17

★★☆

A 去接她	A 여자를 마중하러 간다
B 收衣服	B 옷을 걷는다
C 打车回家	C 택시를 타고 집에 돌아온다
D 打扫阳台	D 베란다를 청소한다

단어 **接** jiē 동 마중하다 | **阳台** yángtái 명 베란다 | **打车** dǎchē 동 택시를 타다

女：喂，你到家了吗？	여: 여보세요, 당신 집에 도착 했어요?
男：到楼下了，马上到家，怎么了？	남: 아래층이에요. 곧 집에 도착해요. 무슨 일이에요?
女：要下雨了，阳台上还晾着好多衣服，你赶紧收一下。	여: 곧 비가 올 것 같은데, 베란다에 옷이 아직 많이 널려 있어요. 당신이 어서 좀 걷어줘요.
男：好的。你没带伞吧？一会儿打车回来吧。	남: 알았어요, 당신 우산 안 가지고 갔지요? 이따 택시 타고 집에 와요.
问：女的让男的做什么？	질문: 여자는 남자에게 무엇을 하게 하는가?

단어 **楼下** lóuxià 명 아래층 | **晾** liàng 동 널다 | **赶紧** gǎnjǐn 부 어서 | **收** shōu 동 거두다

해설 여자는 곧 비가 올 것 같다며 베란다에 옷이 많이 널려 있다고 한다. 이어서 남자에게 '**你赶紧收一下**(당신이 어서 좀 걷어줘)'라고 하는 것으로 보아, 여자는 남자에게 옷을 걷도록 한다는 것을 알 수 있다. 따라서 정답은 B이다.

정답 B

플러스 해설

녹음 내용이 긴 대화라면 해당 문제의 보기와 일치하는 단어가 대화 중에 나올 수 있으므로, 녹음이 나오기 전에 보기를 먼저 빠르게 훑어본다면 정답을 쉽게 찾을 수 있다.

유형 확인 문제 MP3-18

》 해설서 11p

녹음을 듣고 질문에 알맞은 보기를 고르세요.

1. A 不成功 B 对方很满意 C 价格已经谈好 D 需要降低价格
2. A 很有收获 B 来的专家很少 C 希望能去听讲座 D 希望能学到一些东西
3. A 电脑坏了 B 麦克风坏了 C 麦克风没打开 D 软件不能下载了

시험에 자주 나오는 접속사 MP3-W05

접속사

1. 인과 관계

- 因为…所以… yīnwèi…suǒyǐ… ~때문에 그래서 ~하다
- 由于…于是… yóuyú…yúshì… ~때문에 그래서 ~하다
- 既然…就/那么… jìrán…jiù/nàme… ~된 바에야 ~하다
- 因此 yīncǐ 이로 인하여

2. 연결 관계

- (先)…然后… (xiān)…ránhòu… (먼저)~ 그러고 나서 ~하다
- 于是 yúshì 그래서

  * 앞에서 말한 내용을 이어서 말하거나 앞의 내용에 따른 뒤의 내용을 가리킴

3. 점층 관계

- 不但…而且… búdàn…érqiě… ~뿐만 아니라 게다가 ~하다
- 不仅…还… bùjǐn…hái… ~뿐만 아니라 또한 ~하다

  * 뒤로 갈수록 더욱 발전되어짐

4. 전환 관계

- 虽然…但是… suīrán…dànshì… 비록 ~할지라도 그러나 ~하다

  * '虽然'은 '尽管 jǐnguǎn'으로 바꾸어 쓸 수 있음
  * '但是'는 '但 dàn / 不过 búguò / 然而 rán'ér / 而 ér / 可是 kěshì'로 바꾸어 쓸 수 있음
- 要不/不然/否则 yàobù/bùrán/fǒuzé 그렇지 않으면

  * 뒤 절에서 쓰임
- 却 què 오히려

  * 부사로, 앞에 나온 내용의 반대되는 상황을 가리킴

5. 조건 관계

- 不管…还是… bùguǎn…háishi… ~에도 불구하고 여전히 ~하다

  * '不管'은 '无论 wúlùn'으로, '还是'는 '都 dōu'로 바꾸어 쓸 수 있음
  * 어떤 조건에서도 모두 발생할 수 있는 상황을 가리킴

- [ ] 只有…才… zhǐyǒu…cái… ~해야만 비로소 ~하다
- [ ] 除非…否则… chúfēi…fǒuzé… 오직 ~하여야지 그렇지 않으면 ~하다

* 필수 조건/이전 상황이나 활동 이후 그것의 전제 조건이 되어야 함

- [ ] 只要…就… zhǐyào…jiù… ~하기만 하면 ~하다

* 충분한 조건을 가리킴

6. 가정 관계

- [ ] 即使…也… jíshǐ…yě… 설령 ~하더라도 ~하다
- [ ] 如果…就/那么… rúguǒ…jiù/nàme… 만약 ~라면 ~하다

* 어떤 상황을 가정해 놓고 그 상황에서 어떤 일이 발생할 수 있는지를 의미하지만, 실제로는 발생하지는 않음

7. 목적 관계

- [ ] 为(了)…而… wèi(le)…ér… ~을 위해서 그래서 ~하다

* 어떤 목적을 가지고 일을 하는지 의미함

06. 세부 내용 파악 및 기억하기

이 유형은 녹음 내용에서 문제에 관한 세부 내용을 잘 들어야 한다. 일부 단어에 대한 해석과 설명, 반복적으로 언급되는 단어에 주의한다. 녹음 내용이 나오기 전에 4개의 보기를 먼저 훑어보고, 녹음을 들을 때 보기와 관련된 세부 내용을 파악 및 기억하여 알맞은 답을 고른다.

유형 익히기 1 – 제1부분 MP3-19

★★☆

A 我	B 领导	A 나	B 대표
C 小张	D 小张和我	C 샤오장	D 샤오장과 나

단어 领导 lǐngdǎo 명 대표

男：这次的调查报告是由你来写吗？ 女：领导安排我和小张写，我俩一人负责一部分。 问：调查报告由谁来写？	남: 이번 조사 보고서는 당신이 쓰나요? 여: 대표님께서 저와 샤오장(小张)에게 시키셨어요. 저희 둘이서 각자 일부분씩 맡았습니다. 질문: 조사 보고서는 누가 쓰는가?

단어 调查 diàochá 동 조사하다 | 报告 bàogào 명 보고서 | 由 yóu 개 ~이 | 安排 ānpái 동 안배하다 | 俩 liǎ 수 두 사람 | 负责 fùzé 동 책임지다

해설 녹음 내용의 첫 번째 문장이 바로 질문의 내용이다. 남자는 '你(당신)'에 중점을 두고 질문하지만 정답은 이렇게 간단하지 않다. 여자의 말을 끝까지 들은 후, 질문의 '谁(누구)'라는 세부 내용을 잘 듣고 알맞은 답을 유추해야 한다. 남자의 질문에 대한 대답으로 여자는 '领导安排我和小张写(대표가 나와 샤오장에게 시켰다)'라고 하므로 정답은 D이다.

정답 D

유형 익히기 2 – 제2부분 MP3-20 ★☆☆

A 步行	B 开车	A 걸어서 간다	B 운전한다
C 坐地铁	D 坐公共汽车	C 지하철을 탄다	D 버스를 탄다

단어 **步行** bùxíng 동 걸어서 가다 | **开车** kāichē 동 운전하다

男：看天气预报了吗？明天天气怎么样？	남: 일기 예보 봤어요? 내일 날씨 어때요?
女：有大雾，而且要降温，你明天多穿点儿。	여: 짙은 안개가 끼고 기온이 떨어진대요. 내일 옷 많이 입어요.
男：那你明天上班别开车了。	남: 그럼 당신 내일 출근할 때 운전하지 마세요.
女：不开了，我坐地铁去公司。	여: 안 하려고요. 나는 지하철을 타고 회사에 갈 거예요.
问：女的明天怎么去上班？	질문: 여자는 내일 어떻게 출근하는가?

단어 **天气预报** tiānqì yùbào 명 일기 예보 | **大雾** dàwù 명 짙은 안개 | **降温** jiàngwēn 동 기온이 떨어지다

해설 보기를 먼저 훑어본 후, 녹음 내용을 들을 때 보기와 관련된 내용을 잘 듣고 표시해 둔다. '**别开车**(운전하지 말아라)'라는 세부 내용에 주의해서 함정 보기인 B를 제거하고 정확한 답을 선택해야 한다. 여자가 마지막에 '**我坐地铁去公司**(나는 지하철을 타고 회사에 간다)'라고 하므로 정답은 C이다.

정답 C

유형 익히기 3 – 제2부분 MP3-21 ★★☆

A 去旅游	A 여행을 간다
B 获得国际大奖	B 국제적인 대상을 받는다
C 成为专业摄影师	C 전문 사진사가 된다
D 把五大名山都拍下来	D 5대 명산의 사진을 모두 찍는다

단어 **旅游** lǚyóu 명 여행 | **获得** huòdé 동 얻다 | **国际** guójì 형 국제적인 | **大奖** dàjiǎng 명 대상 | **成为** chéngwéi 동 ~이 되다 | **专业** zhuānyè 명 전문 | **摄影师** shèyǐngshī 명 사진사 | **拍** pāi 동 찍다

女：这些照片是你拍的吗？真漂亮，都可以做明信片了！	여: 이 사진들은 당신이 찍은 거예요? 정말 예쁘다. 전부 엽서로 써도 되겠어요!
男：哪里，我这也就是业余水平。我的愿望是能把中国的五大名山都拍下来。	남: 천만에요. 나는 아직 아마추어 수준인걸요. 내 소원은 중국 5대 명산을 모두 찍는 거예요.
女：你这么喜欢旅游，这个愿望很容易实现的。	여: 당신이 이렇게나 여행을 좋아하니, 이 소원은 아주 쉽게 이루어 지겠어요.
男：对，只是需要些时间。	남: 맞아요. 단지 시간이 조금 필요할 뿐이지요.
问：男的有什么愿望？	질문: 남자는 무슨 소원이 있는가?

단어 **明信片** míngxìnpiàn 명 엽서 | **业余** yèyú 형 아마추어의 | **愿望** yuànwàng 명 소원 | **实现** shíxiàn 동 실현하다 | **只是** zhǐshì 부 단지

해설 보기에 각기 다른 네 가지 방면의 내용이 나오기 때문에, 보기와 관련된 세부 내용을 주의 깊게 들어야 한다. '我的愿望(나의 소원)'과 같은 핵심 단어 뒤에 나오는 내용을 파악한다면 오답을 피할 수 있다. 남자가 '我的愿望是能把中国的五大名山都拍下来(내 소원은 중국 5대 명산을 찍는 것이다)'라고 하므로 정답은 D이다.

정답 D

유형 확인 문제 MP3-22

》 해설서 12p

녹음을 듣고 질문에 알맞은 보기를 고르세요.

1. A 不饿　B 不想换地方　C 对海鲜过敏　D 在讽刺男的
2. A 美术编辑　B 项目管理　C 产品推广　D 市场销售
3. A 年纪不大　B 不会下象棋　C 他父亲爱下象棋　D 60岁开始下象棋

실전 연습 1

제1부분 MP3-23

1–20.
녹음을 듣고 질문에 알맞은 보기를 고르세요.

1. A 1/2
   B 1/3
   C 2/3
   D 全部

2. A 他最近不忙
   B 他记性不好
   C 他想参加唱歌比赛
   D 他是老师

3. A 梳子不太贵
   B 朋友喜欢
   C 梳子不实用
   D 梳子的意义很好

4. A 信用卡可以打折
   B 信用卡很方便
   C 信用卡可以积分换礼品
   D 信用卡买东西很贵

5. A 男的已经买了保险
   B 男的有一个儿子
   C 女的已经买了保险
   D 女的还没有交钱

6. A 儿子迷路了
   B 儿子还没有放学
   C 儿子丢了
   D 儿子在隔壁家玩

7. A 她要减肥
   B 她身体不好
   C 电梯坏了
   D 她喜欢爬楼梯

8. A 买保洁用品
   B 搬家
   C 收拾房间
   D 找保洁公司老板

9. A 这些纸都是空白的
   B 这些纸都没有用了
   C 这些纸还有用
   D 这些纸可以扔掉了

10. A 男的也去超市
    B 超市挺远的
    C 今天天气好
    D 他们要一起走路去超市

11. A 很聪明
B 不知道什么时候有彩虹
C 眼睛很好
D 以前见过彩虹

12. A 让女的回去拿
B 男的帮女的去拿
C 把手机借给女的
D 把充电器借给女的

13. A 这次会送过去
B 下一次是最后一次
C 让男的回家拿
D 不打算送钥匙

14. A 夫妻
B 恋人
C 同学
D 同事

15. A 公司待遇不好
B 女的想照顾妈妈
C 女的早就想辞职了
D 女的想家了

16. A 附近没有中国银行
B 去银行走路要15分钟
C 去银行的路上堵车
D 去银行要15分钟车程

17. A 图书馆职员
B 大学教授
C 图书馆馆长
D 图书馆专家

18. A 他在飞机上
B 他回家吃晚饭
C 他在开车
D 他要出差

19. A 女的喝酒了
B 男的喝酒了
C 男的不会开车
D 女的太累了

20. A 男的不会开车
B 女的不会开车
C 男的没带驾驶证
D 女的没带驾驶证

제2부분

21–30.

녹음을 듣고 질문에 알맞은 보기를 고르세요.

21. A 男的会做菜
B 女的不喜欢西红柿炒鸡蛋
C 没有人知道男的会做菜
D 男的做菜不好吃

22. A 她要出国实习
B 很多人要出国
C 她最近运气不错
D 她不太高兴

23. A 继续抽烟
B 不抽烟
C 去门口
D 去吸烟区

24. A 求帮忙介绍工作
B 跟同学见面
C 他们要去逛街
D 她同学让她来的

25. A 他们要给小李买礼物
B 女的想给小李红包
C 给红包更实惠
D 买礼物不太麻烦

26. A 表演节目
B 说中文
C 跳舞
D 一起做游戏

27. A 上飞机
B 去售票处
C 给老板打电话
D 去检票口

28. A 去中国学习汉语
B 回国去学汉语
C 男的鼓励玛丽学汉语
D 玛丽汉语学得不好

29. A 女的是男的妈妈
B 男的很晚才回家
C 女的觉得开会很正常
D 男的很饿

30. A 看书
B 关门
C 住在图书馆
D 回宿舍

›› 해설서 14p

실전 연습 2

제1부분 MP3-24

1–20.
녹음을 듣고 질문에 알맞은 보기를 고르세요.

1. A 女儿不喜欢玻璃杯子
   B 玻璃杯子容易摔碎
   C 女儿很可爱
   D 女儿不喜欢木头杯子

2. A 郊区信号不好
   B 男的手机没电了
   C 他们在网上聊天
   D 男的喜欢发短信

3. A 图书馆
   B 书店
   C 饭店
   D 电影院

4. A 明天去买
   B 不想出去买
   C 喜欢开玩笑
   D 附近没有商店

5. A 超市
   B 公园
   C 宠物商店
   D 宠物医院

6. A 一直不会打折
   B 这两天会打折
   C 下周六会打折
   D 今天打折

7. A 老婆明天生日
   B 明天情人节
   C 明天春节
   D 明天我的生日

8. A 手机坏了
   B 没带手机
   C 车坏了
   D 遇上雨天

9. A 中国最长的河是黄河
   B 中国最长的河是长江
   C 男的答案很确定
   D 女的答案不太确定

10. A 蓝色的漂亮
    B 白色的漂亮
    C 蓝色、白色都漂亮
    D 别的颜色漂亮

11. A 电脑坏了
B 电脑公司很忙
C 电脑可能中毒了
D 今天不用电脑

12. A 今天的还有票
B 今天的只有站票了
C 明天的没有座位了
D 有明天的票

13. A 女的买了相机
B 女的手机是旧的
C 女的手机可以拍照
D 女的相机很贵

14. A 女的喜欢看新闻节目
B 女的喜欢看电视剧
C 女的喜欢听歌
D 女的喜欢上网

15. A 外贸公司
B 电脑商店
C 食品商店
D 房地产公司

16. A 不要总忘东西
B 不要忘记钱
C 不要走错路
D 注意餐桌

17. A 他们吃完饭去看比赛
B 儿子要去参加比赛
C 男的今天有比赛
D 女的也去踢球

18. A 对妻子不好
B 对孩子不好
C 对老人不好
D 对自己身体不好

19. A 女的手机是新的
B 手机价格会下降
C 手机功能不多
D 男的明天要去买手机

20. A 4元
B 6元
C 8元
D 10元

제2부분

21–30.
녹음을 듣고 질문에 알맞은 보기를 고르세요.

21. A 他说的是假话
B 他很喜欢那个人
C 他觉得那个人工作很努力
D 他觉得那个人不好

22. A 失恋了
B 作业太多了
C 餐馆太吵了
D 蚊子太多了

23. A 女的担心男的影响学习
B 女的是男的妈妈
C 男的认为自己可以管好学习
D 女的没有同意男的竞选班长

24. A 她不喜欢这件衣服
B 她的月工资是一千二
C 这件衣服太贵
D 她没带钱

25. A 女的做菜不好吃
B 女的经常犯错误
C 女的做的菜很咸
D 男的觉得女的做菜很好吃

26. A 男的不想去吃饭了
B 女的认为应该取消约会
C 女的认为他们应该去吃饭
D 今天有人请他们吃饭

27. A 哥哥不想让他去国外留学
B 男的找哥哥帮忙介绍工作
C 男的和哥哥不是亲生的
D 哥哥愿意资助他去留学

28. A 女儿想学英语
B 学法语很容易
C 男的是老师
D 男的会教毛毛法语

29. A 天气预报不可信
B 天气预报说今天会下雨
C 天气预报有时候也不准
D 天气预报一般不会错

30. A 女的想吃减肥药
B 男的赞同女的吃减肥药
C 男的认为广告很可信
D 女的想一个月减二十斤

》해설서 28p

Memo

듣기 제2부분

미리 보기

듣기 제2부분의 녹음 내용은 긴 대화와 단문 형식으로 구성되어 있으며, 25문제(21~45번)이다. 본 단원에서는 단문 형식의 문제에 대해 알아본다. 단문 형식의 문제는 대화 형식에 비해 주어지는 정보량이 많다. 핵심 내용과 풀이법은 앞 단원의 대화 형식 문제와 같은 점이 있기 때문에, 학습을 할 때 대화 형식 문제의 내용을 참고해도 좋다. 이 유형은 한 단문에 2~3개의 문제(질문)가 출제되며 문제마다 4개의 보기가 주어진다. 수험생은 녹음 내용을 듣고 질문에 알맞은 답을 고른다.

제2부분 – 단문 듣고 질문에 알맞은 보기 고르기

문제 MP3-25

》해설서 43p

31. A 香港
    Ⓑ 上海
    C 广州
    D 北京

32. A 飞机正在降落
    B 飞机已经降落了
    Ⓒ 飞机还没起飞
    D 飞机已经起飞了

녹음

第31到32题是根据下面一段对话：

女士们，先生们，欢迎乘坐中国南方航空公司的航班。我们将从北京飞往上海，飞行距离是一千一百公里，空中飞行时间大约是两小时十分钟，飞行高度七千米。为了安全，在飞机起飞和下降过程中请不要使用电脑、电话、游戏机等电子设备。飞机很快就要起飞了，请您坐好，系好安全带。我们将为您提供最周到的服务。谢谢！

31. 飞机要去哪个城市？
32. 根据这段话，可以知道什么？

Memo

듣기 听力

제2부분

단문 듣고 질문에 알맞은 보기 고르기

01. 중심 내용 파악하기
02. 세부 내용 파악과 기억 및 판단하기
03. 관점 · 행동 태도 분석 및 판단하기

듣기 제2부분

미리 보기

듣기 제2부분의 녹음 내용은 긴 대화와 단문 형식으로 구성되어 있으며, 25문제(21~45번)이다. 본 단원에서는 단문 형식의 문제에 대해 알아본다. 단문 형식의 문제는 대화 형식에 비해 주어지는 정보량이 많다. 핵심 내용과 풀이법은 앞 단원의 대화 형식 문제와 같은 점이 있기 때문에, 학습을 할 때 대화 형식 문제의 내용을 참고해도 좋다. 이 유형은 한 단문에 2~3개의 문제(질문)가 출제되며 문제마다 4개의 보기가 주어진다. 수험생은 녹음 내용을 듣고 질문에 알맞은 답을 고른다.

제2부분 – 단문 듣고 질문에 알맞은 보기 고르기

문제 MP3-25

》해설서 43p

31. A 香港
    B 上海
    C 广州
    D 北京

32. A 飞机正在降落
    B 飞机已经降落了
    C 飞机还没起飞
    D 飞机已经起飞了

녹음

第31到32题是根据下面一段对话:

女士们，先生们，欢迎乘坐中国南方航空公司的航班。我们将从北京飞往上海，飞行距离是一千一百公里，空中飞行时间大约是两小时十分钟，飞行高度七千米。为了安全，在飞机起飞和下降过程中请不要使用电脑、电话、游戏机等电子设备。飞机很快就要起飞了，请您坐好，系好安全带。我们将为您提供最周到的服务。谢谢!

31. 飞机要去哪个城市?
32. 根据这段话，可以知道什么?

단문의 내용은 재미있는 이야기, 교훈을 주는 이야기, 개인 독백과 소개, 상황 설명, 지시 등에 관한 것이다. 단문의 종류는 주로 짧은 이야기, 공고문, 설명문, 간단한 논설문이다. 종류에 따라서 수험생이 유의해야 할 사항은 다음과 같다.

✓ 수험생은 신속하게 각 문제의 보기를 먼저 훑어본다.

✓ 이야기일 경우에는?

인물의 특징, 행동, 심리 상태, 사건 발생의 단서 등을 주의 깊게 들어야 한다.

이야기의 서술 방식에는 1인칭 작가 시점과 3인칭 작가 시점이 있다.

녹음 내용을 온전히 이해하지 못했더라도, 자신의 상식에 근거하여 답을 골라도 오답일 확률은 비교적 낮은 편이다.

✓ 공고문, 설명문, 논설문일 경우에는?

녹음 내용에서 보기와 관련하여 들려주는 내용과 여러 번 나오는 핵심 단어 등을 주의 깊게 들어야 한다.

기본적인 육하원칙 '누가', '언제', '어디서', '무엇을', '왜', '어떻게'에 해당하는 내용을 주의 깊게 들어야 한다.

01. 중심 내용 파악하기

단문의 중심 내용을 파악하는 유형은 단문 듣기에서 자주 나오는 것으로, 수험생이 글을 이해했는지, 중심 내용을 파악했는지 평가한다. 단문의 중심 내용은 주로 이치를 설명하거나 관점을 제시한다.

유형 익히기 1 MP3-26

1 ★★★

A 把碎片捡起来	A 부서진 조각을 줍는다
B 感到惋惜	B 안타까워한다
C 看都不看一眼，照样走他的路	C 한 번 쳐다보지도 않은 채 그대로 그의 길을 간다
D 感到很吃惊	D 매우 놀란다

단어 **碎片** suìpiàn 명 부서진 조각 | **捡** jiǎn 동 줍다 | **惋惜** wǎnxī 동 안타까워하다 | **照样** zhàoyàng 동 그대로 하다 | **吃惊** chījīng 동 놀라다

해설 녹음 내용에서 '**却像什么事情都没发生一样，头也不扭一下，看都不看那罐子一眼，照旧赶他的路**(오히려 아무 일도 없었다는 듯 고개도 갸우뚱하지 않고, 그 항아리를 한 번 쳐다보지도 않은 채 종전대로 서둘러 그의 길을 갔다)'라고 항아리를 깨뜨린 뒤 이 사람의 모습을 묘사하고 있다. 따라서 정답은 C이다.

정답 C

✓ 중심 내용 파악

2 ★★★

A 卖罐子的人打碎了一个精美的罐子	A 항아리를 파는 사람이 정교한 항아리를 하나를 깨뜨렸다
B 打碎罐子的人是一个精神不正常的人	B 항아리를 깨뜨린 사람은 제정신이 아닌 사람이다
C 被打碎的罐子是一件艺术品	C 깨진 항아리는 하나의 예술품이다
D 不要去留恋已经失去的东西	D 이미 잃어버린 물건에 미련을 가질 필요가 없다

단어 **罐子** guànzi 명 항아리 | **打碎** dǎsuì 부수다 | **精美** jīngměi 형 정교하다 | **精神** jīngshén 명 정신 | **正常** zhèngcháng 형 정상이다 | **艺术品** yìshùpǐn 명 예술품 | **留恋** liúliàn 동 미련을 가지다 | **失去** shīqù 동 잃어버리다

해설 중심 내용을 묻는 문제로, 마지막 문장에서 항아리를 깨뜨린 사람이 '**罐子已经被摔碎了，何必再去留恋呢?**(항아리가 이미 깨졌는데, 구태여 더 이상 미련을 가질 필요가 있는가?)'라고 반문하며 이치를 따지고 있다. 이 의미는 잃어버린 물건에 미련을 가질 필요가 없다는 것이므로 정답은 D이다.

정답 D

1-2

一天，有一个人提着一个非常精美的罐子赶路，走着走着，一不小心，罐子掉在路边一块大石头上，"啪"的一声，顿时成了碎片。旁边的人看见了，都为这么精美的罐子成了碎片而感到惋惜。可是那个摔破罐子的人，[1]却像什么事情都没发生一样，头也不扭一下，看都不看那罐子一眼，照旧赶他的路。这时过路的人都很吃惊：为什么这个人如此洒脱？多么精美的罐子啊，摔碎了多么可惜呀！甚至有人还怀疑这个人的精神是否正常。 事后，有人问这个打碎罐子的人为什么要这样，这个人说："[2]罐子已经被摔碎了，何必再去留恋呢？"	어느 날, 한 사람이 매우 정교한 항아리를 들고 서둘러 걸어가다가 조심하지 못하고 항아리를 길가의 큰 돌 위에 떨어뜨렸다. '퍽'하는 소리와 함께 순식간에 산산조각이 났다. 옆에 있던 사람은 이렇게나 정교한 항아리가 산산조각 난 것을 보고 안타까워했다. 하지만 항아리를 깨뜨린 그 사람은 [1]오히려 아무 일도 없었다는 듯 고개도 갸우뚱하지 않고, 그 항아리를 한 번 쳐다보지도 않은 채 종전대로 서둘러 그의 길을 갔다. 이때 지나가던 행인은 매우 놀랐다. '이 사람은 어째서 이렇게 대범한 거지? 이토록 정교한 항아리가 깨진 게 얼마나 아까운 일인데!' 심지어 어떤 이는 이 사람이 제정신인지 아닌지 의심하기도 했다. 일이 벌어진 후, 누군가가 이 항아리를 깨뜨린 사람에게 왜 이렇게 했는지 물었다. 이 사람은 "[2]항아리가 이미 깨졌는데, 구태여 더 이상 미련을 가질 필요가 있나요?"라고 말했다.
1. 这个人打碎罐子后怎么样？ 2. 根据这段话，可以知道什么？	1. 이 사람은 항아리를 깨뜨린 후 어떠했는가? 2. 이 글에 근거하여 알 수 있는 것은 무엇인가?

단어 **提** tí 동 들다 | **赶路** gǎnlù 동 서둘러 가다 | **掉** diào 동 떨어뜨리다 | **石头** shítou 명 돌 | **啪** pā 의성 퍽 | **顿时** dùnshí 부 일시에 | **可是** kěshì 접 하지만 | **摔** shuāi 동 떨어져서 부서지다 | **破** pò 동 깨지다 | **却** què 부 오히려 | **发生** fāshēng 동 발생하다 | **扭** niǔ 동 흔들다 | **照旧** zhàojiù 동 종전대로 하다 | **过路** guòlù 동 길을 지나다 | **如此** rúcǐ 대 이와 같다 | **洒脱** sǎtuo 형 대범하다 | **多么** duōme 부 얼마나 | **碎** suì 동 부서지다 | **可惜** kěxī 형 아깝다 | **甚至** shènzhì 접 심지어 | **怀疑** huáiyí 동 의심하다 | **是否** shìfǒu 부 ~인지 아닌지 | **何必** hébì 부 구태여 ~할 필요가 있는가

플러스 해설

이 유형은 수험생이 메모하면서 녹음 내용을 들으면, 문제를 푸는 데 더욱 유리하다. 녹음 내용에서 동일한 단어나 비슷한 주제의 단어가 반복해서 나오는 경우, 이 단어들을 포함한 보기는 단문의 중심 생각을 나타내는 경우가 많으며, 보통 가장 마지막 문장은 전체 내용의 화룡점정을 찍는 역할을 하기 때문에 주의해서 들어야 한다.

유형 확인 문제 MP3-27

》해설서 43p

녹음을 듣고 질문에 알맞은 보기를 고르세요.

[1-3]

1. A 几十只　B 1只　C 2只　D 4只

2. A 羊圈破了个窟窿　B 没有抓住狼　C 没有听邻居的劝告　D 养了几十只羊

3. A 及时采取措施，避免更大的损失　B 狼是羊的敌人
   C 要保持平静的心态，丢了东西不要着急　D 羊圈坏了要及时修理

02. 세부 내용 파악과 기억 및 판단하기

이 유형은 수험생이 중요한 세부 내용을 파악하고 기억하는지를 평가한다. 세부 내용으로는 구체적인 시간, 장소, 인물의 특징, 각종 수치 등이 있다. 이런 유형의 문제를 잘 풀기 위해서는 단문에서 중요한 세부 내용을 파악하고, 들으면서 기억하는 습관을 기르는 것이 관건이다.

유형 익히기 1 MP3-28

세부 내용 파악 및 기억

1 ★★☆

A 书籍	B 报纸	A 서적	B 신문
C 商店	D 医院	C 상점	D 병원

단어 书籍 shūjí 명 서적

해설 이 단문은 공고문의 일종으로, 장소와 시간을 언급하고 가장 짧은 시간 안에 가장 많은 사람들에게 정보를 알려야 하므로 '报纸(신문)'에 게재해야 한다. 그러므로 정답은 B이다.

정답 B

2 ★★☆

A 我们将为社区提供各种免费的便民服务
B 这段话号召我们尊老爱幼
C 活动地点在人民西路和新华街十字路口
D 孤寡老人需要帮助

A 우리는 마을에 각종 무료 대민 봉사 서비스를 제공한다
B 이 글은 우리에게 어른을 공경하고 아이를 사랑하기를 호소한다
C 활동 장소는 인민서로와 신화 사거리이다
D 독거노인은 도움이 필요하다

단어 社区 shèqū 명 단지 | 提供 tígōng 동 제공하다 | 免费 miǎnfèi 동 무료로 하다 | 便民 biànmín 형 대민 봉사하다 | 号召 hàozhào 동 호소하다 | 尊老爱幼 zūnlǎo àiyòu 성 연장자를 존중하고 어린이를 사랑하다 | 活动 huódòng 명 활동 | 地点 dìdiǎn 명 장소 | 十字路口 shízì lùkǒu 명 사거리 | 孤寡老人 gūguǎ lǎorén 명 고독한 노인

해설 질문에서 언급한 '义务活动(봉사 활동)'의 함축된 의미를 이해하는 것이 좋다. 봉사 활동 참가자는 대가 없이 활동에 참여하는 사람을 가리키기 때문에, 이 활동의 수혜자는 무료 봉사를 제공 받는다. 녹음 내용에서 이런 봉사 활동의 의미를 나타내는 문장은 '同时也为社区提供各种免费的便民服务(동시에 마을에 무료 대민 봉사 서비스를 제공한다)'이다. 따라서 보기 중 이와 일치하는 A가 정답이다.

정답 A

3

★★☆

A 孤寡老人	A 독거노인
B 少先队员	B 소년선봉대원
C 提前到达青山社区的人	C 청산 마을에 앞서 도착한 사람
D 有时间或者有一技之长的人	D 시간이 있거나 혹은 재능이 있는 사람

단어 **少先队员** shàoxiān duìyuán 명 소년선봉대원 | **提前** tíqián 동 앞당기다 | **到达** dàodá 동 도착하다 | **一技之长** yíjìzhī cháng 성 장기, 뛰어난 재주

해설 녹음 내용의 '如果您有时间或者有一技之长，欢迎您参加我们的义务活动(만약 당신이 시간이 있거나 혹은 재능이 있으면, 우리 봉사 활동에 참여하는 것을 환영합니다)'이라는 문장에 근거하면, 봉사 활동에 참여할 수 있는 사람은 시간이 있거나 혹은 재능이 있는 사람이므로 정답은 D이다.

정답 D

플러스 해설

녹음 내용의 문장 중 인과, 역접, 조건 등의 관계를 나타내는 복문이 나오면 각별히 주의를 기울여야 하는데, 이런 문장들이 주로 글의 중점적인 내용이기 때문이다.

1-3

尊老爱幼是中华民族的传统美德，九九重阳节又称老人节。 就在这一天，我们将走进青山社区，为社区的孤寡老人带去我们的关怀和慰问，[2]同时也为社区提供各种免费的便民服务，如：免费维修家电、电脑、电话机，量血压，理发，为老人拍照等。[3]如果您有时间或者有一技之长，欢迎您参加我们的义务活动。活动地点：人民东路和新华街十字路口同安通讯店门口。活动时间：2016年10月16日(周六)下午1:00。	어른을 공경하고 아이를 사랑하는 것은 중화민족의 전통 미덕입니다. 9월 9일 중양절(重阳节)은 노인의 날(老人节)로 불리기도 합니다. 바로 이날, 우리는 청산(青山) 마을의 독거노인을 방문하여 보살핌과 위로를 전합니다. [2]동시에 마을에 각종 무료 대민 봉사 서비스를 제공합니다. 예를 들어 가전제품, 컴퓨터, 전화기를 무료로 고쳐 드리고, 혈압을 측정하고, 이발을 해 드리며, 노인을 위해 사진을 찍어 드리는 것 등입니다. [3]만약 당신이 시간이 있거나 혹은 재능이 있으면, 우리 봉사 활동에 참여하는 것을 환영합니다. 활동 장소 : 인민동로와 신화 사거리 동안통신 가게 입구. 활동 시간 : 2016년 10월 16일(토요일) 오후 1시.

1. 这段话有可能会出自哪里? 2. 与“义务活动”意思相一致的是哪一句话? 3. 根据短文，哪些人可以成为义务活动的参加者?	1. 이 글은 어디에서 나올 가능성이 있는가? 2. '봉사 활동'과 의미가 일치하는 말은? 3. 글에 근거하여 어떤 사람들이 봉사 활동의 참여자가 될 수 있는가?

단어 **中华民族** Zhōnghuá Mínzú 명 중화민족 | **传统** chuántǒng 명 전통 | **美德** měidé 명 미덕 | **重阳节** Chóngyáng Jié 명 중양절 | **称** chēng 동 ~라고 부르다 | **关怀** guānhuái 동 관심을 가지고 보살피다 | **慰问** wèiwèn 동 위문하다 | **同时** tóngshí 명 동시 | **维修** wéixiū 동 보수하다 | **家电** jiādiàn 명 가전제품 ('家用电器'의 약칭) | **量血压** liàng xuèyā 혈압을 측정하다 | **理发** lǐfà 동 이발하다 | **拍照** pāizhào 동 사진을 찍다 | **义务** yìwù 형 봉사의 | **通讯** tōngxùn 명 통신 | **门口** ménkǒu 명 입구 | **出自** chūzì 동 ~로부터 나오다 | **与** yǔ 개 ~과 | **一致** yízhì 형 일치하다 | **成为** chéngwéi 동 ~이 되다

유형 확인 문제 MP3-29

≫ 해설서 45p

녹음을 듣고 질문에 알맞은 보기를 고르세요.

[1-2]

1. A 多云转小雨　B 小雨转大雨　C 大雨　D 文中没有说
2. A 18-24℃　B 13-20℃　C 14-20℃　D 13-19℃

[3-4]

3. A 农历八月十五　B 八月十五　C 九月十五　D 七月十五
4. A 月饼来自西方　B 月饼全都是圆的
   C 月饼配上中国茶一起吃，味道就很好　D 只有在中秋节，才可以吃月饼

03. 관점 · 행동 태도 분석 및 판단하기

이 유형은 수험생이 단문의 주된 관점과 기본 정보를 바탕으로 분석 및 추측하여 판단할 수 있는지 평가한다. 화자가 설명하는 내용을 통해 화자가 제시한 문제와 관점, 생각을 밝혀내고 화자의 행동을 바탕으로 화자의 태도를 분석한다.

유형 익히기 I MP3-30

1 ★★☆

A 让他补票	A 그가 표를 다시 사게 한다
B 帮他找车票	B 그가 표를 찾도록 돕는다
C 表示没关系	C 괜찮다고 일러 준다
D 让他一定要找到	D 그가 반드시 표를 찾게 한다

단어 **补票** bǔpiào 동 표를 다시 사다 | **车票** chēpiào 명 차표 | **表示** biǎoshì 동 나타내다

해설 보기를 먼저 훑어보고서 녹음 내용이 차표와 관련될 것을 예상하고, 화자와 승무원 사이의 대화에 주의하여 두 사람의 관계를 파악하도록 한다. 승무원이 '没关系，如果您实在找不到车票，那也没事(괜찮아요. 만약 당신이 정말 차표를 못 찾아도 괜찮습니다)'라고 하는 것으로 보아 정답은 C이다.

정답 C

관점·행동 태도 분석

2 ★★☆

A 车票很贵	A 차표가 매우 비싸다
B 不想麻烦别人	B 다른 사람에게 폐를 끼치고 싶지 않다
C 他知道车票在哪儿	C 그는 차표가 어디 있는지 알고 있다
D 想知道自己要去哪儿	D 자신이 어디로 가는지 알고 싶다

단어 **麻烦** máfan 동 폐를 끼치다

해설 녹음 내용의 마지막 부분에 반전이 있다. 화자가 '我怎么知道自己要去哪儿呢?(내가 어디로 가는지를 어떻게 알 수 있다는 말인가?)'라고 말하는 것으로 보아, 작가가 차표를 찾는 이유는 검표를 위해서가 아니라, 자신의 행선지를 알기 위함이므로 정답은 D이다.

정답 D

1-2

一个很有名的作家坐火车去外地。当火车上的工作人员检查车票时，他翻了每个口袋，也没有找到自己的车票。正好这个工作人员认识他，于是就安慰他说："[1]没关系，如果您实在找不到车票，那也没事。""怎么能没事呢？我必须找到那张车票，不然的话，[2]我怎么知道自己要去哪儿呢？"	한 유명 작가가 기차를 타고 외지로 가고 있었다. 기차 승무원이 차표를 검사할 때, 그는 모든 주머니를 뒤졌지만 자신의 차표를 찾지 못했다. 마침 이 승무원이 그를 알아보고 안심시키며 말했다. "[1]괜찮아요. 만약 당신이 정말 차표를 못 찾아도 괜찮습니다.", "어떻게 괜찮을 수 있죠? 나는 반드시 그 차표를 찾을 겁니다. 아니면 [2]내가 어디로 가는지를 어떻게 알 수 있다는 말이에요?"
1. 作家找不到车票，工作人员是怎么做的？ 2. 作家为什么一定要找到车票？	1. 작가가 차표를 찾지 못하자 승무원은 어떻게 하는가? 2. 작가는 왜 반드시 차표를 찾아야 하는가?

단어 作家 zuòjiā 명 작가 | 外地 wàidì 명 외지 | 当 dāng 개 [바로 그 시간이나 그 장소를 가리킴] | 人员 rényuán 명 인원 | 翻 fān 동 뒤지다 | 口袋 kǒudai 명 주머니 | 正好 zhènghǎo 부 마침 | 于是 yúshì 접 그래서 | 安慰 ānwèi 동 위로하다 | 实在 shízài 부 정말 | 不然 bùrán 접 그렇지 않으면

유형 익히기 2 MP3-31

1 ★★☆

A 他有很多马	A 그는 매우 많은 말을 가지고 있다
B 他知道马会回来	B 그는 말이 돌아올 거라는 것을 알고 있다
C 儿子会把马找回来	C 아들이 말을 되찾아 올 것이다
D 他认为马丢了不一定是坏事	D 그는 말을 잃어버린 것이 반드시 안 좋은 일은 아니라고 여긴다

단어 不一定 bù yídìng 반드시 ~한 것은 아니다

해설 노인이 말을 잃어 버렸을 때 이웃이 위로하자, 노인은 '马丢了一定是坏事吗？(말을 잃어버린 것이 반드시 안 좋은 일인가?)'라고 되물으며, 이어서 '我看不一定(내가 보기에 반드시 그런 것은 아니다)'이라고 말한다. 여기서 '我看(내가 보기에)'은 보기의 '他认为(그는 여긴다)'와 같은 것으로, '马丢了不一定是坏事(말을 잃어버린 것이 반드시 안 좋은 일은 아니다)'라고 하는 D가 정답이다.

정답 D

2

★★☆

A 摔断了腿	A 다리가 부러졌다
B 不会骑马	B 말을 탈 줄 모른다
C 还没有成年	C 아직 성인이 되지 않았다
D 要照顾老人	D 노인을 돌보아야 한다

단어 **摔** shuāi 동 넘어지다 | **断** duàn 동 끊다 | **成年** chéngnián 명 성인

해설 녹음 내용에서 '老人的儿子骑那匹好马时把腿摔断了(노인의 아들이 그 좋은 말을 탈 때, 넘어져서 다리가 부러졌다)'라고 하고, 이어지는 내용에서 전쟁이 일어났다고 한다. 그러나 노인의 아들은 다리가 부러져서 전쟁에 나가지 않고 집에 남아 있었으므로 정답은 A이다.

정답 A

✓ 관점·행동 태도 분석

3

★★☆

A 充满智慧	A 지혜가 충만하다
B 十分天真	B 매우 순진하다
C 有点糊涂	C 조금 어리석다
D 热爱和平	D 평화를 사랑한다

단어 **充满** chōngmǎn 동 충만하다 | **智慧** zhìhuì 명 지혜 | **十分** shífēn 부 매우 | **天真** tiānzhēn 형 순진하다 | **糊涂** hútu 형 어리석다 | **热爱** rè'ài 동 뜨겁게 사랑하다 | **和平** hépíng 명 평화

해설 노인은 '坏事(안 좋은 일)'와 '好事(좋은 일)'가 반드시 판단할 수 있는 것이 아님을 알고 있으며, 녹음 내용의 글은 행복이 불행이 되기도 하고 화가 복이 되기도 한다는 것을 이야기하므로, 노인은 지혜가 있는 사람이라는 것을 알 수 있다. 그러므로 정답은 A이다.

정답 A

1-3

古时候有一个老人。一天，他的一匹马跑到了另一个国家。大家都安慰他，可是他却说："[1]马丢了一定是坏事吗？我看不一定。"果然，不久以后，那匹马带着一匹外国的好马回来了，大家又都跑过来祝贺他。可是老人说："马回来了也不一定是好事啊。"果然，一天早上，[2]老人的儿子骑那匹好马时把腿摔断了。可是，面对大家的	먼 옛날 한 노인이 있었다. 어느 날, 그의 말 한 필이 다른 나라로 도망쳤다. 다들 그를 위로했지만 그는 오히려 "[1]말을 잃어버린 것이 반드시 안 좋은 일인가요? 내가 보기에 반드시 그런 것은 아니오."라고 말했다. 과연 얼마 지나지 않아, 그 말은 외국의 좋은 말 한 필과 되돌아왔고, 사람들은 또 달려와서 그를 축하해 주었다. 하지만 노인은 말했다. "말이 되돌아 온 것이 반드시 좋은 일만은 아니오." 과연

同情，老人还是那句话：“[3]你们怎么能够马上判断出这是好还是坏呢?” 第二年，发生了战争，所有的成年男人都不得不去当兵，大多数都死在了战场上。可是，老人的儿子由于断了一条腿，留在了家里，保住了自己的命。	어느 날 아침, [2]노인의 아들이 그 좋은 말을 탈 때, 넘어져서 다리가 부러졌다. 그러나 사람들의 동정에도 노인은 뜻밖에 그렇게 말했다. “[3]당신들은 이것이 좋은지 안 좋은지 어찌 바로 판단할 수 있단 말이오?” 이듬해, 전쟁이 일어나 모든 성인 남성은 입대를 해야 했고 대다수가 전쟁터에서 죽었다. 하지만 노인의 아들은 다리 한 짝이 부러져서 집에 남아 있게 되었고 자신의 목숨을 유지했다.
1. 老人的马丢了，他为什么不难过? 2. 老人的儿子为什么不去打仗? 3. 老人是个怎样的人?	1. 노인은 말을 잃어버리고 왜 괴로워하지 않았는가? 2. 노인의 아들은 왜 전쟁에 나가지 않았는가? 3. 노인은 어떤 사람인가?

단어 **古时候** gǔshíhòu 명 옛날 | **匹** pǐ 양 필 [말 · 노새 등의 가축을 세는 단위] | **安慰** ānwèi 동 위로하다 | **可是** kěshì 접 그러나 | **却** què 부 오히려 | **丢** diū 동 잃어버리다 | **果然** guǒrán 부 과연 | **祝贺** zhùhè 동 축하하다 | **面对** miànduì 동 직접 대면하다 | **同情** tóngqíng 동 동정하다 | **判断** pànduàn 동 판단하다 | **发生** fāshēng 동 일어나다 | **战争** zhànzhēng 명 전쟁 | **所有** suǒyǒu 형 모든 | **不得不** bùdébù 반드시 ~해야 한다 | **当兵** dāngbīng 입대하다 | **大多数** dàduōshù 명 대다수 | **战场** zhànchǎng 명 전쟁터 | **由于** yóuyú 개 ~때문에 | **留** liú 동 남기다 | **保** bǎo 동 유지하다 | **打仗** dǎzhàng 동 전쟁하다

유형 확인 문제 MP3-32

》 해설서 47p

녹음을 듣고 질문에 알맞은 보기를 고르세요.

[1-3]

1. A 睡眠不良　　B 流感病毒　　C 没有绝对的标准　　D 遗传因素
2. A 9　　B 7　　C 10　　D 11
3. A 身上佩戴金银等物品有利于睡眠　　B 必须在晚上9至11点休息
   C 保证总的睡眠时间　　D 无论如何，都要按时休息

제2부분 MP3-33

31–45.
녹음을 듣고 질문에 알맞은 보기를 고르세요.

31. A 他善于演奏
B 他想见皇帝
C 他想学习
D 他想挣钱

32. A 勤奋练习
B 寻找老师
C 给皇帝讲故事
D 每天假装演奏

33. A 每天练习演奏
B 每天锻炼身体
C 心里非常着急
D 打算说出真相

34. A 荷兰女孩比上海女孩好
B 小伙子妈妈不同意他们的婚事
C 上海的生活不比荷兰好
D 上海的房价很高

35. A 荷兰的比上海的高
B 荷兰的排在世界第九位
C 上海为全球第五位
D 上海的比荷兰的高

36. A 保持体形
B 和医生多沟通
C 多花钱
D 引起子女的注意

37. A 给老人更多的钱
B 给老人更多的关心
C 把老人送进养老院
D 给老人请保姆

38. A 北部地区
B 东南地区
C 南部地区
D 西北地区

39. A 5米
B 6米
C 7米
D 8米

40. A 95%的物种将灭绝
B 北冰洋的所有冰盖将消失
C 陆地大部分将被淹没
D 1亿人处于缺水状态

41. A 鸡蛋
B 白薯和锅
C 鸡蛋和白薯
D 锅

42. A 垃圾袋
B 保鲜膜
C 抹布
D 环保袋

43. A 把食品数量记在心里
B 把购物单贴在冰箱上
C 一次性从冰箱拿很多食物
D 把食物放在冰箱外面

44. A 下雨
B 有雾
C 眼睛不好
D 车灯坏了

45. A 自己的公司
B 自己的车库
C 别人的车库
D 别人的公司

》 해설서 49p

실전 연습 2

제2부분 MP3-34

● 31–45.

녹음을 듣고 질문에 알맞은 보기를 고르세요.

31. A 一块肉
B 一根香肠
C 一根骨头
D 一根木头

32. A 看见了朋友
B 遇到了危险
C 想要去游泳
D 想要水中的骨头

33. A 骄傲
B 贪心
C 自信
D 热情

34. A 洋娃娃
B 钱
C 一封信
D 玩具

35. A 小王的父亲
B 他自己的儿子
C 小王的儿子
D 小王的妻子

36. A 超市门口
B 超市服务台
C 超市食品区
D 超市衣物区

37. A 1小时35分
B 1小时25分
C 1小时15分
D 1小时5分

38. A 女人
B 男人
C 老人
D 小孩

39. A 爱情片、战争片
B 冒险片、偶像剧
C 爱情片、冒险片
D 偶像剧、战争片

40. A 女生不会想象
B 女生不喜欢旅行
C 女生比较“实在”
D 女生没有梦想

41. A 宰予很笨
B 宰予没钱念书
C 孔子讨厌宰予
D 宰予很懒惰

42. A 宰予相貌好，读书也很努力
B 孔子后来对子羽的态度发生了变化
C 宰予大白天不读书
D 宰予长得很丑

43. A 不能偏袒任何一个学生
B 不能以貌取人
C 不能出尔反尔
D 不能歧视长得丑的人

44. A 喜欢看电影
B 收到电影票
C 提前买了票
D 和朋友约会

45. A 父母
B 朋友
C 小偷
D 警察

》 해설서 59p

듣기 听力

실전 테스트

〉〉 해설서 68p

MP3-35

第一部分

第1-20题：请选出正确答案。

1. A 果汁
   B 可乐
   C 牛奶
   D 啤酒

2. A 他工作两个月了
   B 他在学校学习
   C 他正在实习
   D 他有正式工作

3. A 有了孩子
   B 生活有变化
   C 最近很忙很累
   D 生活很有乐趣

4. A 多吃水果
   B 加强运动
   C 不吃零食
   D 不用减肥

5. A 她不想看电视剧
   B 她不喜欢电视剧
   C 她喜欢电影
   D 她最近很忙

6. A 他现在是老师
   B 他不喜欢画画儿
   C 他以前想当老师
   D 他现在是画家

7. A 她会录音
   B 她只记笔记
   C 她不答应男的
   D 她不能去上课

8. A 材料不对
   B 多试一试
   C 换一个方法
   D 方法有错误

9. A 比赛不激烈
   B 比赛在晚上
   C 男的很兴奋
   D 男的没睡觉

10. A 孩子太孤独
    B 家长太宠孩子
    C 大人不能帮孩子做事情
    D 孩子应该独立生活

11. A 坚持学习
    B 多多练习
    C 跟中国朋友聊天
    D 每天好好上课

12. A 男的不喜欢旅行
    B 男的不满意这次旅行
    C 男的觉得旅行太累
    D 男的对这次旅行比较满意

13. A 书店
B 酒吧
C 餐馆
D 博物馆

14. A 火车已经出发了
B 女的还没准备好
C 时间不够了
D 男的不太着急

15. A 酒吧人多吵闹
B 工作太多
C 已经有约会了
D 身体不舒服

16. A 坐公交车方便
B 坐地铁方便
C 公交车站远
D 地铁站远

17. A 饮料免费喝
B 饮料可以带走
C 点菜不包括饮料
D 饮料要付钱

18. A 男的明天不出差了
B 男的一定要出差
C 男的不关心天气
D 会议改在今晚开

19. A 女的认识服务员
B 女的不认识服务员
C 服务员工作不好
D 服务员比较开朗

20. A 9:00
B 10:00
C 13:00
D 15:00

第二部分

第 21-45 题：请选出正确答案。

21. A 第一遍没听清楚
    B 第一遍没听见
    C 不想回答
    D 想要两块蛋糕

22. A 他很认真
    B 他爱学习
    C 他想要玩具
    D 他想得到爸爸的表扬

23. A 男的正要出国
    B 男的经常在家里
    C 他们是夫妻
    D 男的经常出国

24. A 送人
    B 防辐射
    C 美化环境
    D 下午有用

25. A 理发师
    B 服装设计师
    C 环境设计师
    D 杂志编辑

26. A 有新的打算
    B 那里人太多
    C 餐馆太小
    D 饺子味道不好

27. A 他早就结婚了
    B 他打算结婚
    C 他刚刚结婚
    D 他不想结婚

28. A 开关坏了
    B 零件掉了
    C 一直没反应
    D 没插上插头

29. A 病人和医生
    B 学生和家长
    C 学生和老师
    D 普通朋友

30. A 去酒吧喝酒
    B 去酒吧聚会
    C 去酒吧看球赛
    D 去酒吧上夜班

31. A 4万
    B 8万
    C 10万
    D 12万

32. A 比赛减少了
    B 观众更少了
    C 球场内不安全
    D 可能导致交通事故

33. A 加宽道路
B 修一条新路
C 增加一些演出
D 减少比赛次数

34. A 春天
B 夏天
C 秋天
D 冬天

35. A 北方有降雨
B 南方有降雪
C 南方天气晴朗
D 北方有沙尘暴

36. A 水乡
B 江南
C 乌镇
D 古镇

37. A 这里有很多条河流
B 这里的建筑都是新的
C 是一个著名作家的故乡
D 没有人居住在这里

38. A 写一封信
B 吃一顿饭
C 出门请客人
D 在家练习写字

39. A 他不在家
B 他没有写字
C 他不会写字
D 他在画画

40. A 他非常聪明
B 他很谦虚
C 他还是没有文化
D 他知道“万”怎样写

41. A 18岁
B 20岁
C 30岁左右
D 40岁左右

42. A 没钱、没事业
B 人生的最低点
C 不能得到真正的爱
D 最灿烂的时光

43. A 那时的男人最单纯
B 那时的女人最灿烂
C 那时的男人什么也没有
D 那时的女人不会背叛

44. A 小男孩可爱
B 糖果好吃
C 糖果过期了
D 男孩买了很多东西

45. A 他不舒服
B 他害羞
C 他希望老板帮他拿
D 他不喜欢糖果

新HSK
독해

5

阅读

알아보기

제1부분

빈칸에 알맞은 단어나 문장 고르기

제2부분

단문 독해 : 내용과 일치하는 보기 고르기

제3부분

장문 독해 : 질문에 알맞은 보기 고르기

실전 테스트

新HSK 5급 독해 알아보기

新HSK 5급 독해 영역에서는 수험생의 단어 이해 정도 및 사용 능력, 문장 분석 및 요약 능력, 글의 상세한 해석 및 전체 내용을 종합적으로 파악하는 능력, 독해 속도 등을 평가한다. 수험생은 단어와 문장의 의미를 이해하고, 익숙한 주제 및 다양한 내용의 이야기 글, 설명문, 논설문 등의 글을 독해해야 한다.

● 기본 사항

문제 수: 45문제

시험 시간: 45분 (답안 작성 시간 포함)

부분	문제 유형	문제 수
제1부분	빈칸에 알맞은 단어나 문장 고르기	15문제(46–60번)
제2부분	단문 독해 : 내용과 일치하는 보기 고르기	10문제(61–70번)
제3부분	장문 독해 : 질문에 알맞은 보기 고르기	20문제(71–90번)

● 독해 문제 유형 설명

新HSK 5급 독해는 세 부분으로 나뉘고 모두 45문제로 전부 객관식이다. 수험생은 4개의 보기에서 알맞은 답을 선택해야 한다. 시험 시간은 45분이고 만점은 100점이다.

독해 제1부분은 지문의 빈칸에 들어갈 적절한 단어 또는 문장을 4개의 보기에서 고른다. 총 4편의 단문(지문)이 제시되고 각 단문은 3~4개의 빈칸으로 문제가 출제된다.

독해 제2부분은 지문의 내용과 일치하는 것을 4개의 보기에서 고른다. 각 문제에는 한 단락의 단문(지문)이 제시된다.

독해 제3부분은 지문을 읽고 의미를 얼마나 이해했는지 평가하는 문제이다. 총 5편의 장문(지문)이 제시되고, 각 장문에는 4개의 문제가 출제된다. 문제마다 주어지는 4개의 보기에서 각 질문에 가장 알맞은 답을 고른다.

● 주요 평가 내용

① 제1부분은 빈칸의 앞뒤 문장에 근거하여 단어의 이해 정도와 사용 능력, 유의어 변별 능력, 전체 글의 이해 능력 등을 평가한다.

② 제2부분은 글의 맥락을 파악하고 주제를 이해하는 능력, 보기에 나오는 주요 정보와 사실을 글에서 찾아내는 능력, 앞뒤 문장에 따라 핵심 단어의 의미를 추측하는 능력 등을 평가한다.

③ 제3부분은 글 전체를 분석하는 능력, 앞뒤 문장을 통해 단어의 함축적인 의미를 추측하는 능력, 글의 세부 내용을 파악하는 능력, 저자 혹은 글 속 인물의 주관적인 태도를 파악하는 능력, 글의 기본 내용에 근거하여 전개 결과 및 문장이 내포하는 의미를 추측하는 능력 등을 평가한다.

독해 고득점 Tip

▶▷ 제1부분 응시 요령

1. 지문 전체를 빠르게 읽고 기본적인 의미를 이해한다.
2. 빈칸이 포함된 문장을 특히 주의하여 자세히 읽고, 단어와 문장의 의미를 정확하게 파악한다.
3. 빈칸 앞뒤 단어 혹은 주변 단어와의 호응 관계에 주의한다.
4. 단어 변별 능력을 키워 보기들 간의 유의어에 주의한다.
5. 빈칸에 들어가는 단어는 주로 동사, 형용사, 명사 등이고 부사, 접속사인 경우도 있다.
6. 빈칸에 들어가는 문장은 주로 글의 요지를 나타내는 경우가 많다.

▶▷ 제2부분 응시 요령

1. 지문 전체를 빠르게 읽고 기본적인 의미를 이해한다.
2. 보기에서 지문에 쓰인 단어와 일치하는 것이 있는지 파악한다.
3. 보기의 핵심 단어를 파악하여 지문과 전혀 관계없는 내용의 오답은 제외한다.
4. 지문의 문맥을 파악하여 주제와 일치하는 보기를 고른다.
5. 지문의 핵심 문장을 이해하고 이와 의미가 일치하는 보기를 고른다.

▶▷ 제3부분 응시 요령

1. 지문 전체를 빠르게 읽고 기본적인 의미를 이해한다.
2. 보기를 훑어보고 각 문제의 질문과 보기를 정확하게 파악한다.
3. 문제와 관련된 단락과 문장을 자세하게 읽어 보고, 인물, 시간, 장소, 사건, 원인 등의 주요 단서를 파악한다.
4. 지문을 요약하여 읽으며 글의 취지를 파악한다.
5. 중심 내용을 찾으면서 읽는 방법을 통해 지문의 세부적인 정보를 파악하고, 그것과 일치하지 않는 내용의 보기를 제외하면서 가장 알맞은 답을 고른다.
6. 단어의 의미를 묻는 문제의 경우, 지문에서 그 단어가 쓰인 앞뒤 문장을 통해 비슷한 의미를 찾거나 추측하여 해석한다.
7. 한자의 편방을 통해 글자의 의미를 파악하고, 앞뒤 문맥을 통해 문장의 의미를 추측한다.

阅读

독해

제1부분

빈칸에 알맞은 단어나 문장 고르기

01. 빈칸이 포함된 문장 파악하기
02. 빈칸 주변의 단어와 호응 관계 파악하기
03. 유의어 파악하기

독해 제1부분

미리 보기

독해 제1부분은 15문제(46~60번)이며, 지문의 빈칸에 들어갈 적절한 단어 또는 문장을 보기에서 고르는 형식이다. 수험생은 문맥을 정확하게 파악하고 주요 단어의 조합뿐만 아니라, 단어와 문장의 연관성을 파악해야 한다. 지문의 내용은 교훈이나 재미를 주는 주제의 이야기 글과 서술문, 설명문 등이 출제된다.

제1부분 – 빈칸에 알맞은 단어나 문장 고르기

문제

》 해설서 90p

第一部分

第46–60题：请选出正确答案。

46–49.

一天晚上，大老鼠带着一群小老鼠出去找 __46__ 吃。在厨房的垃圾桶里找到了吃剩的饭菜。当老鼠们准备 __47__ 美食的时候，传来了让它们非常害怕的声音，那是一只大花猫的叫声。老鼠们四处逃跑，大花猫紧追不放。有一只小老鼠跑得太慢，被大花猫捉住了。大花猫刚想吃掉小老鼠，突然听到了狗的叫声，大花猫立刻丢下那只小老鼠逃跑了。这时，大老鼠从垃圾桶后走了出来，对小老鼠们说："我早就对你们说，__48__ 一门外语非常重要。这次，__49__ 。"

46. A 消息　(B) 东西　C 办法　D 原料

47. (A) 享受　B 消费　C 吸收　D 保存

48. A 珍惜　(B) 掌握　C 寻找　D 相信

49. (A) 外语救了你们的命　B 食物对我们更重要　C 要有勇气面对困难　D 出门一定要注意安全

독해 제1부분의 단문은 이야기 글이 많이 나오는데, 크게 다음과 같이 분류할 수 있다.

- ✓ 등장인물이 겪는 사건의 흐름에 따라 주로 철학, 재미, 교훈이 있는 고전 등의 우화나 이야기 글이 자주 나온다. 줄거리는 간단하며 시간, 장소, 인물에 관한 내용으로 결말은 종종 예상 밖이거나 반전이 있고 혹은, 이치를 따져 많은 생각을 하게 만든다.
- ✓ 일상에서 생기는 사건이나 자연 현상, 규칙성을 가진 것에 대해 설명하여 논리 관계를 통해 결론을 얻는 글도 있다. 그러나 이런 논설문의 출제 비중은 낮은 편이다.

01. 빈칸이 포함된 문장 파악하기

우선 지문 전체를 빠르게 읽으면서 주요 문맥을 파악한다. 그리고 빈칸이 포함된 문장을 자세하게 읽어 지문 전체에서 갖는 의미를 이해하고, 단어와 문장 사이의 의미 관계를 파악하여 빈칸에 가장 알맞은 보기를 고른다.

유형 익히기 1

1-3

在高速行驶的火车上，有一位老人不小心把刚买的新鞋从窗口掉下去一只，周围的人都觉得很＿＿1＿＿。没想到老人把另一只鞋也从窗口扔了出去。他的行为让周围的人感到很吃惊。这时候，老人笑着＿＿2＿＿说："剩下的那只鞋无论多么好，多么贵，多么适合我穿，可对我来说已经没有一点儿用处了。我把它扔了出去，就有人可能＿＿3＿＿到一双鞋子，说不定他还可以穿呢。"

빠르게 달리는 기차에서 한 노인이 조심하지 않아, 방금 구매한 새 신발 한 짝을 창문 밖으로 떨어뜨리자, 주변 사람 모두 매우 [1]아까워했다. 뜻밖에도 노인은 다른 신발 한 짝도 창문 밖으로 던져 버렸다. 그의 행동은 주변 사람을 매우 놀라게 했다. 이때 노인은 웃으면서 [2]설명하며 말했다. "남은 그 한 짝의 신발이 얼마나 근사하든, 얼마나 비싸든, 얼마나 나한테 잘 어울리든, 나에게는 이미 조금의 쓸모도 없어졌다오. 내가 다른 한 짝을 던져 버린다면, 누군가는 신발 한 켤레를 [3]주울 것이고, 아마 그가 신을 수도 있잖소."

단어 高速 gāosù 형 고속의 | 行驶 xíngshǐ 동 달리다 | 掉 diào 동 떨어뜨리다 | 只 zhī 양 쪽, 짝 [쌍으로 이루어진 것 중 하나를 세는 단위] | 周围 zhōuwéi 명 주변 | 没想到 méi xiǎngdào 뜻밖이다 | 另 lìng 대 다른 | 扔 rēng 동 던지다 | 行为 xíngwéi 명 행동 | 吃惊 chījīng 동 놀라다 | 剩 shèng 동 남다 | 无论 wúlùn 접 ~든지 | 适合 shìhé 동 어울리다 | 可 kě 접 [이어진 단문에서 사건의 전환을 나타냄] | 用处 yòngchu 명 쓸모 | 说不定 shuōbuding 부 아마

문장 파악

1 ★☆☆

A 浪费	B 伤心	A 낭비하다	B 상심하다
C 可惜	D 痛苦	C 아깝다	D 고통스럽다

단어 浪费 làngfèi 동 낭비하다 | 伤心 shāngxīn 형 상심하다 | 可惜 kěxī 형 아깝다 | 痛苦 tòngkǔ 형 고통스럽다

해설 우선 지문 전체를 빠르게 읽으면서 주요 내용을 이해하고 빈칸이 포함된 문장을 자세하게 읽어 본다. 한 노인이 조심하지 않아 새 신발 한 짝을 창 밖으로 떨어뜨리자, 주변 사람들이 모두 이를 아까워하는 상황이므로, 보기에서 빈칸에 가장 적절한 단어는 '可惜(아깝다)'이다. 따라서 정답은 C이다.

B. '伤心(상심하다)'은 불행하거나 원하지 않는 일이 발생하여 마음이 아픈 것을 의미한다.

정답 C

2

★☆☆

A 解释	B 理解	A 설명하다	B 이해하다
C 建议	D 思考	C 건의하다	D 사고하다

단어 **解释** jiěshì 동 설명하다 | **理解** lǐjiě 동 이해하다 | **建议** jiànyì 동 건의하다 | **思考** sīkǎo 동 사고하다

해설 우선 보기를 먼저 훑어본 후, 빈칸 앞뒤 단어와의 호응 관계에 주의해야 한다. '笑着(웃으면서)+解释(설명하다)'와 '建议(건의하며)+说(말하다)'는 가능하나, '笑着(웃으면서)+理解(이해하다)'와 '思考(사고하며)+说(말하다)'는 불가능하기 때문에 '理解(이해하다)'와 '思考(사고하다)'는 정답에서 제외된다. 나머지 '解释(설명하다)'와 '建议(건의하다)'는 빈칸 앞뒤 단어와의 조합에는 문제가 없으나, 두 단어의 용법을 보면, '解释(설명하다)'는 '(원인과 이유를) 설명하다'라는 의미이고, '建议(건의하다)'의 의미는 '(단체, 지도자, 다른 사람에게 자신의 주장을) 건의하다'이다. 지문에서는 노인이 다른 신발 한 짝도 창 밖으로 던진 이유를 '설명하는 것'이므로 정답은 A이다.

정답 A

문장 파악

3

★☆☆

A 捡	B 选	A 줍다	B 선택하다
C 买	D 换	C 사다	D 교환하다

단어 **捡** jiǎn 동 줍다 | **选** xuǎn 동 선택하다 | **买** mǎi 동 사다 | **换** huàn 동 교환하다

해설 빈칸은 술어 자리로, 동사인 4개의 보기 단어 모두 부사 '可能(아마도)'과 결과보어 '到' 사이에 놓을 수 있다. 그러나 4개의 단어 뜻이 각기 다르므로 지문의 내용에 근거하여 답을 유추하면 빈칸에 가장 알맞은 것은 '捡(줍다)'이다. 그러므로 정답은 A이다.

정답 A

유형 확인 문제

》 해설서 91p

지문을 읽고 빈칸에 알맞은 보기를 고르세요.

[1-4]

有不少人喜欢打篮球，但很少有人会想一想为什么篮球架是现在的高度——3.05米。普通人向上伸手的高度一般可以 ___1___ 2米以上，3.05米正是人们跳一跳够得着的高度。如果篮球架太低，普通人伸手就能够到，那么这项运动就会因为太 ___2___ 而失去吸引力。 ___3___ ，人们也会因为它太难而失去对它的兴趣。正是因为现在的高度给了人们努力的机会和成功的希望，才使得篮球 ___4___ 一项世界性的体育运动。

1. A 发生	B 达到	C 构成	D 实现
2. A 重要	B 精彩	C 容易	D 普遍
3. A 篮球场太大	B 如果喜欢打篮球	C 假如不会打篮球	D 如果篮球架太高
4. A 成为	B 作为	C 属于	D 具有

02. 빈칸 주변의 단어와 호응 관계 파악하기

우선 지문 전체를 빠르게 읽으면서 주요 문맥을 파악한다. 그리고 빈칸 앞뒤 혹은 주변의 단어와 보기의 호응 관계를 살펴보고, 빈칸에 가장 알맞은 단어나 문장을 보기에서 고른다.

유형 익히기 1

1-4

高速公路虽然便捷，可是高速公路也能催眠，“高速催眠”往往 __1__ 着高速公路上的安全。在高速公路上行驶，由于交通情况单一，线形变化少，驾驶员的手脚操作量少，而且沿途风景单调，会直接导致驾驶员大脑接受的刺激少，__2__，意识水平下降，从而出现昏昏欲睡的“高速催眠”现象。有调查显示，在高速公路上开车，驾驶员打瞌睡的频率是每40千米一次。__3__，在车速达到每小时80千米以上时，最容易发生“高速催眠”现象。行车速度越快，人的注意力就越容易 __4__，越容易累。

고속 도로는 빠르고 편리하지만 잠이 오게 할 수도 있다. ‘고속 도로 최면’은 때때로 고속 도로의 안전을 [1]위협한다. 고속 도로에서 달리면 교통 상황이 단일하고 선형의 변화가 적으며 운전자 손발의 조작량이 적다. 게다가 길가의 풍경이 단조롭기 때문에 운전자의 대뇌가 받는 자극이 적고, [2]쉽게 반응이 느려지며 의식 정도가 떨어질 수 있다. 따라서 몽롱하면서 졸음에 빠지는 ‘고속 도로 최면’ 현상이 나타나는 것이다. 한 조사에서 보여 주길, 고속 도로를 운전할 때 운전자가 조는 빈도는 40km에 한 번이라고 한다. [3]보통, 자동차의 속도가 시속 80km 이상에 이를 때 ‘고속 도로 최면’ 현상이 가장 발생하기 쉽다. 주행 속도가 빨라지고, 사람의 주의력이 쉽게 [4]집중될수록, 더 쉽게 피곤해진다.

단어 高速公路 gāosù gōnglù 명 고속 도로 | 便捷 biànjié 형 빠르고 편리하다 | 可是 kěshì 접 그러나 | 催眠 cuīmián 동 잠이 오게 하다 명 최면 | 往往 wǎngwǎng 부 때때로 | 安全 ānquán 명 안전 | 行驶 xíngshǐ 동 달리다 | 由于 yóuyú 접 ~때문에 | 交通 jiāotōng 명 교통 | 情况 qíngkuàng 명 상황 | 单一 dānyī 형 단일하다 | 线形 xiànxíng 명 선형 | 变化 biànhuà 명 변화 | 驾驶员 jiàshǐyuán 명 운전사 | 手脚 shǒujiǎo 명 손발 | 操作量 cāozuòliàng 명 조작량 | 沿途 yántú 명 길가 | 风景 fēngjǐng 명 풍경 | 单调 dāndiào 형 단조롭다 | 直接 zhíjiē 형 직접적인 | 导致 dǎozhì 동 야기하다 | 大脑 dànǎo 명 대뇌 | 接受 jiēshòu 동 받아들이다 | 刺激 cìjī 명 자극 | 意识 yìshí 명 의식 | 下降 xiàjiàng 동 떨어지다 | 从而 cóng'ér 접 따라서 | 出现 chūxiàn 동 나타나다 | 昏昏欲睡 hūnhūn yùshuì 성 몽롱하고 졸리다 | 现象 xiànxiàng 명 현상 | 调查 diàochá 명 조사 | 显示 xiǎnshì 동 내보이다 | 打瞌睡 dǎ kēshuì 졸다 | 频率 pínlǜ 명 빈도 | 千米 qiānmǐ 양 킬로미터(km) | 车速 chēsù 명 자동차의 속도 | 达到 dádào 동 이르다 | 发生 fāshēng 동 발생하다 | 行车 xíngchē 동 운전하다 | 速度 sùdù 명 속도 | 注意力 zhùyìlì 명 주의력

호응 관계 파악

1 ★★☆

A 危险	B 危害	A 위험하다	B 손상시키다
C 威胁	D 恶化	C 위협하다	D 악화시키다

단어 **危险** wēixiǎn 형 위험하다 | **危害** wēihài 동 손상시키다 | **威胁** wēixié 동 위협하다 | **恶化** èhuà 동 악화시키다

해설 빈칸은 술어 자리로 '"高速催眠" 往往________着高速公路上的安全('고속 도로 최면'은 때때로 고속 도로의 안전을________)'이라고 한다. 의미상 '安全(안전)'을 목적어로 가질 수 있는 것은 보기 중 '威胁(위협하다)'이다. 그러므로 정답은 C이다.

B. '危害'는 '손상시키다', '해를 끼치다'라는 뜻으로 '안전에 해를 끼친다'는 말은 의미상 맞지 않다.

D. '恶化'는 '악화되다', '악화시키다'라는 뜻으로 '病情恶化(병세가 악화되다)', '恶化关系(관계를 악화시키다)' 등과 같은 단어 조합으로 자주 사용된다. 따라서 '安全(안전)'을 목적어로 가지기에는 적절하지 않다.

정답 C

2 ★☆☆

A 容易情绪愉悦	A 쉽게 기분이 즐거워진다
B 于是精神饱满	B 그래서 정신이 충만해진다
C 容易反应迟钝	C 쉽게 반응이 느려진다
D 于是身心轻松	D 그래서 심신이 가벼워진다

단어 **情绪** qíngxù 명 기분 | **愉悦** yúyuè 형 즐겁다 | **于是** yúshì 접 그래서 | **精神** jīngshén 명 정신 | **饱满** bǎomǎn 형 충만하다 | **反应** fǎnyìng 명 반응 | **迟钝** chídùn 형 느리다 | **身心** shēnxīn 명 심신 | **轻** qīng 형 가볍다

해설 빈칸이 포함된 문장은 고속 도로에서 최면 현상이 나타나는 원인을 나열한 내용으로, '沿途风景单调，会直接导致驾驶员大脑接受的刺激少，________，意识水平下降(길가의 풍경이 단조롭기 때문에 운전자의 대뇌가 받는 자극이 적고, ________의식 정도가 떨어질 수 있다)'이라고 한다. 앞뒤 문맥상 반응이 느려진다는 내용이 가장 적절하므로 정답은 C이다.

정답 C

3 ★☆☆

A 通常	B 总是	A 보통	B 결국
C 老是	D 每次	C 언제나	D 매번

단어 **通常** tōngcháng 부 보통 | **总是** zǒngshì 부 결국 | **老是** lǎoshì 부 언제나 | **每次** měicì 매번

해설 빈칸은 문장의 가장 앞에서 문장 전체를 수식하는 부사어 자리이다. 조사 결과를 설명하는 내용으로 빈칸 다음에 '在车速达到每小时80千米以上时，最容易发生 "高速催眠" 现象(자동차의 속도가 시속 80km 이상에 이를 때 '고속 도로 최면' 현상이 가장 발생하기 쉽다)'이라고 하는 것은 조사에 따른 일반적인 결과이므로, 보기에서 '通常(보통)'이 의미상 빈칸에 가장 적절하다. 따라서 정답은 A이다.

정답 A

호응 관계 파악

4 ★★☆

A 集合	B 集中	A 집합하다	B 집중하다
C 汇聚	D 凝结	C 한데 모으다	D 응결하다

단어 **集合** jíhé 동 집합하다 | **集中** jízhōng 동 집중하다 | **汇聚** huìjù 동 한데 모으다 | **凝结** níngjié 동 응결하다

해설 빈칸은 '注意力(주의력)'와 호응하는 술어 자리이다. '行车速度越快，人的注意力就越容易_______，越容易累(주행 속도가 빨라지고, 사람의 주의력이 쉽게_______, 더 쉽게 피곤해진다)'라는 문장에서 '注意力(주의력)'는 보기의 '集中(집중하다)'과 의미상 서로 호응한다. 또한, '集中'은 '집중하다', '집중시키다', '모으다'라는 뜻으로 인력, 자금, 병력 등의 구체적인 대상이나, 정신과 집중력 같은 추상적인 대상에도 사용한다. 따라서 정답은 B이다.

A. '集合(집합하다)'는 주로 자료를 모으거나 사람을 집합시키는 것을 의미한다.

C. '汇聚(한데 모으다)'는 주로 물건을 한데 모으는 것을 의미한다.

정답 B

유형 확인 문제

》 해설서 92p

지문을 읽고 빈칸에 알맞은 보기를 고르세요.

[1-4]

大多数长寿的人都很懂得自律，这似乎和心态平和、随意的人寿命长的说法是对立的，其实并不 __1__ 。自律并不意味着自我虐待，自律的意思是一个人自行 __2__ 他的生活，并有规律地每天都做某些事。有人每天散步1.5千米而长寿，是因为他把这件事 __3__ 生活中必不可少的一部分，天天这么做。有人就相反，一连六天不出门，第七天觉得愧疚，一下子走了10千米——这样不懂得自律，即使走得再多， __4__ 。

1. A 统一	B 矛盾	C 反面	D 斗争
2. A 安排	B 享受	C 面对	D 安顿
3. A 理解	B 认为	C 看作	D 承认
4. A 也无益于长寿	B 也有利于长寿	C 就无益于长寿	D 还是能有利于长寿

03. 유의어 파악하기

우선 지문 전체를 빠르게 읽으면서 주요 문맥을 파악한다. 그리고 보기 사이에 유의어가 있는지 살펴본 후 빈칸에 가장 적절한 보기를 고르면 된다. 이 유형은 단어의 변별력을 키우는 것이 중요하다.

유형 익히기 1

1-3

丈夫开车送妻子去商场买东西。他本来想把车停在 ___1___ ，但是停车费要10元，于是他就开着车 ___2___ 广场转。一名交警看见这辆车，觉得很奇怪，跑到车旁问："你好！你是不是需要什么帮助？怎么 ___3___ 地在这绕圈？"这位丈夫说："停车费比油钱还贵呢！"	남편은 운전해서 아내를 쇼핑센터에서 쇼핑을 하게 데려다 주었다. 그는 원래 자동차를 [1]주차장에 세우려고 했지만, 주차비가 10위안이라 자동차를 몰고 광장을 [2]에워싸고 맴돌았다. 한 교통경찰이 이 자동차를 보고 아주 이상하게 여겨 차 옆으로 달려와서 물었다. "안녕하세요! 무슨 도움이 필요하신 거 아닌가요? 어째서 [3]계속 여기에서 주위를 돌고 계십니까?" 이 남편은 말했다. "주차비가 기름값보다 더 비싸잖아요."

단어 商场 shāngchǎng 명 쇼핑센터 | 本来 běnlái 부 원래 | 停 tíng 동 세우다 | 停车费 tíngchēfèi 명 주차비 | 于是 yúshì 접 그래서 | 广场 guǎngchǎng 명 광장 | 转 zhuǎn 동 돌다, 회전하다 | 交警 jiāojǐng 명 교통경찰 | 绕 rào 동 돌다 | 圈 quān 명 주위 | 油 yóu 명 기름

1 ★☆☆

A 人行道	B 商场	A 인도	B 쇼핑센터
C 停车场	D 马路	C 주차장	D 큰길

단어 人行道 rénxíngdào 명 인도 | 商场 shāngchǎng 명 쇼핑센터 | 停车场 tíngchēchǎng 명 주차장 | 马路 mǎlù 명 큰길

해설 빈칸은 개사 '在(~에)' 뒤의 장소명사 자리로 '他本来想把车停在______，但是停车费要10元(그는 원래 자동차를 ______에 세우려고 했지만, 주차비가 10위안이다)'이라고 한다. 그래서 그는 자동차를 세우지 않고 주위를 계속해서 맴돌고 있으므로, 주차비 때문에 원래 자동차를 세우고자 했던 '停车场(주차장)'에 차를 세우지 않는 상황임을 알 수 있다. 따라서 정답은 C이다.

정답 C

2

★☆☆

A 绕着	B 沿着	A 에워싸다	B ~를 따라
C 赶着	D 追着	C 뒤쫓다	D 쫓아가다

단어 绕 rào 동 돌다 | 沿 yán 개 ~를 따라 | 赶 gǎn 동 뒤쫓다 | 追 zhuī 동 쫓아가다

해설 빈칸은 술어 자리로 '于是他就开着车______广场转(그래서 그는 자동차를 몰고 광장을______맴돌았다)'이라고 한다. 이는 광장 주위를 에워싸고 맴도는 모습을 묘사한 것이므로 정답은 A이다.

정답 A

유의어 파악

3

★★☆

A 往往	B 不停	A 자주	B 계속해서
C 常常	D 一向	C 늘	D 줄곧

단어 往往 wǎngwǎng 부 자주 | 不停 bùtíng 계속해서 | 常常 chángcháng 부 늘 | 一向 yíxiàng 부 줄곧

해설 빈칸은 부사 자리이다. 그가 광장 주변에서 맴도는 것을 경찰이 이상하게 여기고 '怎么______地在这绕圈?(어째서 ______ 여기에서 주위를 돌고 있는가?)'이라고 묻는다. 남편은 자동차를 멈추지 않고 계속해서 돌고 있는 상황이므로 정답은 B이다. D. '一向(줄곧)'은 과거부터 지금까지, 지난번부터 지금까지를 가리키는 부사이다.

정답 B

유형 확인 문제

》해설서 94p

지문을 읽고 빈칸에 알맞은 보기를 고르세요.

[1-4]

一个小镇上有一家理发店，由于理发师非常懒惰，态度也不认真，这家店的生意自然就很差，平时几乎没什么客人。一天，一个作家去理发，理发师和平时一样，不认真对待，不出意料，作家的____1____很糟糕，可是他看了镜子以后，并没有生气，反而还非常____2____地给了理发师双倍的钱。理发师感到十分惊喜，心想这个客人，以后一定要好好招待。一个月以后，作家____3____去理发了。理发师微笑着，仔细地为作家剪头发。这次，作家对发型也很满意，还赞美了理发师的技术，然后就向门口走去。理发师连忙拦住他，说："先生，____4____。"作家继续往门外走，说道："上次来的时候我已经一起给你了。"

1. A 心情　B 表情　C 态度　D 发型

2. A 无奈　B 伤心　C 满意　D 谦虚

3. A 再　B 又　C 还要　D 将要

4. A 这次就给你免费理发　B 你真是一个好人
   C 谢谢你的夸奖啊　D 你还没有付钱呢

실전 연습 1

제1부분

● 46–60.
지문을 읽고 빈칸에 알맞은 보기를 고르세요.

46–48.

有一个秋天，北京大学新学期__46__了，一个外地来的学生背着大包小包走进了校园，感觉实在太累了，就把包放在路边。这时，正好一位老人走来，这个学生就__47__老人帮自己看一下包，而自己则轻装去办理手续。老人爽快地答应了。近一个小时过去了，学生才回来，老人还在尽职尽责地看守。谢过老人，两人分别！几日后是开学典礼，这位年轻的学子惊讶地发现，主席台上坐着那天替自己看行李的老人。听了介绍才知道他是北京大学副校长季羡林。这位学生的心情很复杂，每个听过这件事的人都强烈地__48__到：好的道德才是最高的学问。

46. A 结束　　B 开端　　C 开始　　D 起来
47. A 邀请　　B 恳求　　C 希望　　D 劳驾
48. A 感应　　B 认可　　C 想　　D 感受

49–52.

一天，一群爱车的人在___49___自己的车。第一个人说："我不仅人长得帅，车也好，每次开车经过美女身边的时候，都能使她们投来喜爱和羡慕的目光。"第二个人说："我的车外观___50___，速度非常快。每次我开车经过美女身边的时候，都会引起她们的尖叫。"第三个人平静地说："每次，我的车经过一群美女身边的时候，不管这些美女平时看上去多么安静，都会一边疯狂地___51___着我的车，一边拼命地呼唤，有的不追到绝对不停下来。"其他人都惊呆了，非常羡慕第三个人，于是说："___52___？"第三个人听了，笑了笑说："我开的是公共汽车。"

49. A 提醒　B 谈论　C 商量　D 说话

50. A 实际　B 时尚　C 时代　D 安全

51. A 跑　B 看　C 追　D 叫

52. A 你开的一定是公共汽车吧　B 你开的一定是世界顶级跑车吧
C 你开车的技术一定很好吧　D 你的车一定有不少广告吧

53–56.

水利学家说森林是绿色的水库；___53___学家说森林是绿色的银行；人类学家说森林是人类的乐园；生物学家说森林是生命的摇篮；艺术家说森林是大自然的美容师。森林对我们的好处更多。树木可以吸收空气中的二氧化碳，同时吸附空气中的灰尘，起着净化空气的作用。天气太热，___54___；雨水太多，它们能保持水土不流失。森林是许多动物无法___55___的家园，森林可以为各种动物提供食物、氧气，降低环境的噪音，有些树种甚至可以杀死空气中的病菌，保护动物的___56___。

53. A 美术　B 经济　C 化学　D 数学

54. A 它们能形成小河　B 它们能制造雨水
C 它们能降低温度　D 它们能提高温度

55. A 保持　B 带走　C 放下　D 离开

56. A 健康　B 呼吸　C 财产　D 食物

57–60.

一个老婆婆，有 __57__ 能干的儿子，可是她还是天天为他们担心。下雨的时候，她愁眉苦脸地说："这天气真 __58__ ，我的大儿子是卖草帽的，下雨天一定没有生意了。"天晴的时候，她也愁眉苦脸，对别人说："我的小儿子是做 __59__ 的，这样的天气，怎么会有生意呢？"她的老头子跟她正好相反。下雨的时候，为做雨伞的小儿子高兴；天晴的时候，为大儿子高兴。 __60__ ，就造成了两种完全不一样的生活心态。

57. A 一个　　B 两对　　C 两个　　D 四个

58. A 糟糕　　B 伤心　　C 抱歉　　D 不错

59. A 鞋子　　B 雨伞　　C 棉衣　　D 车子

60. A 不同的天气，一样的状况　　B 不同的天气，不同的态度
C 一样的天气，一样的状况　　D 一样的天气，不一样的态度

》해설서 97p

실전 연습 2

제1부분

● 46–60.
지문을 읽고 빈칸에 알맞은 보기를 고르세요.

46–48.

一天，乌鸦叼着一块肉，在树枝上慢慢地吃着。狐狸看见后，直流口水，它想了一个鬼主意，便说:“乌鸦，你唱起歌来真__46__，唱上几句给我听听吧!”乌鸦一句话也不说，乐滋滋地吃完了那块肉。吃完肉，乌鸦想到狐狸__47__欺骗自己的情景，心里想这次一定要好好捉弄一下狐狸，便说:“你别着急，那边的水池里有一只跟你长得一样的狐狸，它那里有很多很多的肉，我的这一块就是从它那里叼来的呢!”狐狸以为是真的，急忙来到水池边，看见水池里果然有一只和自己长得一模一样的狐狸，它一心想着与那只狐狸抢肉吃，便一下子跳进水池……。结果，这只馋嘴的狐狸__48__。

46. A 难听　　B 热闹　　C 好听　　D 调皮
47. A 曾经　　B 刚才　　C 从前　　D 以前
48. A 拿到了食物　　B 学会了游泳
    C 再也没有出来　　D 也唱起歌来

49–52.

一个伟大的老画家在湖边画画儿，有两个外国青年坐在离他不远的地方。其中一个女青年走过来看着他的画，并谈了自己的看法。老画家 __49__ 地倾听着，并按照她的指点认真地修改，之后，有礼貌地向她致谢。第二天，在一艘船上，老画家 __50__ 碰到了这位外国姑娘。外国姑娘对他说："先生，您是住在这里的人，肯定认识一位有名的老画家，听说他也在这艘船上，请您指给我看看。""小姐，您想 __51__ 他吗?""喔，我非常景仰他，非常想见到他!""哦，小姐，您已认识他了。因为昨天上午您给他上了一堂绘画课。"这位外国姑娘惊讶地睁大了眼睛。她哪里想到，昨天那位虚心听取她指点的老者，竟是 __52__ !

49. A 骄傲　　B 自豪　　C 虚心　　D 沉默

50. A 还　　B 又　　C 也　　D 再

51. A 说一说　　B 聊一聊　　C 见一见　　D 听一听

52. A 世界闻名的画家　　B 她每天寻找的人
　　C 会画画的老年人　　D 这里的船长

53–56.

世界乒乓球运动员的水平越来越高，可是乒乓球太小，旋转太快，有时 __53__ 来不及看清楚。为了 __54__ 乒乓球的观赏性，国际乒乓球联合会计划将乒乓球的直径增大。可到底要增大多少呢？有关科研人员做了一个 __55__ 。实验结论是直径大的球，速度慢于直径小的球，旋转弱于直径小的球。最后，世界乒联决定，乒乓球比赛将使用直径40毫米、重量2.7克的大球， __56__ 直径38毫米的小球。

53. A 彻底　　B 根本　　C 本来　　D 原来

54. A 减少　　B 缩小　　C 增加　　D 扩大

55. A 实验　　B 事实　　C 表演　　D 体验

56. A 取得　　B 代替　　C 接受　　D 消灭

57–60.

4-6岁的孩子正处于行为＿57＿的时期。这个时期正好也是想象力突然发展的开始，孩子会把看到的东西看成是自己的，并且模仿。这是孩子发展中的一种＿58＿的自然现象，父母不要干涉孩子，让孩子自己去体验和感受。遇到需要配合的时候，父母配合一下就可以了。比如有的女孩子会模仿电影电视里的漂亮姐姐，而且去模仿她哭，每天＿59＿要哭很多次。当她当着大人的面哭或者趴在大人身上哭时，成人要安慰她，＿60＿，这样就等于肯定了孩子的发展，对孩子是有利的。

57. A 记录　B 抄写　C 模仿　D 认识

58. A 特殊　B 奇怪　C 关键　D 自然

59. A 一定　B 可能　C 必要　D 必须

60. A 并配合她的情绪　B 并给她讲道理
C 结合她的优点和缺点　D 给她很多吃的东西

》해설서 103p

阅读

독해

제2부분

단문 독해 : 내용과 일치하는 보기 고르기

01. 주제문과 핵심 문장 찾아내기
02. 보기의 핵심 단어 찾아내기

독해 제2부분

미리 보기

독해 제2부분은 10문제(61~70번)이며, 지문의 내용과 일치하는 것을 보기에서 고르는 형식이다. 각 문제에는 한 단락의 단문(지문)이 보기와 함께 제시되며, 글의 제재는 주로 어떤 상황에 대한 소개, 사건, 일반적인 상식 등이다.

제2부분 – 단문 독해 : 내용과 일치하는 보기 고르기

문제

》 해설서 111p

第二部分

第61-70题：请选出与试题内容一致的一项。

61. 有的人选择很长时间才锻炼一次，一次坚持三四个小时，表面上流了很多汗，其实这样对身体并不好。相反，每天抽出5分钟锻炼要比一个月或几个月疯狂运动一次好。因为锻炼身体是个慢慢适应的过程，要由小到大、由易到难，逐渐进行。虽然短时间、高强度的锻炼也能对身体产生一定的影响，但一旦停止锻炼，这种良好的影响作用会很快消失。

A 减肥要注意锻炼身体
B 每天锻炼身体更科学
C 短时间锻炼身体没有好处
D 锻炼身体要选择时间

독해 제2부분 문제를 풀 때, 다음과 같은 방법을 사용하도록 한다.

- ✓ 지문 전체를 빠르게 읽어 글의 주요 문맥을 이해하되, 모르는 글자에 시간을 지체해서는 안 된다. 다음으로, 보기 중 핵심 단어를 파악하여 지문의 단어와 비교해 본다. 마지막으로, 보기의 핵심 단어와 의미가 일치하는 것을 지문에서 찾은 후, 그것이 포함된 문장의 의미가 보기와 일치하는지 확인한다.
- ✓ 보기의 핵심 단어와 완전히 일치하는 단어가 지문에 없거나 많을 경우에는 첫째, 지문에서 보기의 핵심 단어와 의미가 비슷한 단어 혹은 문장을 찾아 알맞은 답을 고른다. 둘째, 보기의 핵심 단어가 지문 중에 두 개의 문장에서 나온다면 두 문장의 의미를 파악하고 비교하여 알맞은 답을 고른다. 셋째, 지문의 내용을 요약하거나 종합하여 알맞은 답을 고른다.
- ✓ 지문과 보기를 읽고 보기와 일치하는 문장이 지문에 있다면, 이 보기는 보통 정답이 된다.
- ✓ 지문에서 내용의 전환을 나타내는 단어 뒤에 오는 문장에 주의한다. 이 문장은 정답을 고르는 데 도움이 되기 때문이다.

01. 주제문과 핵심 문장 찾아내기

우선 지문 전체를 빠르게 읽으면서 기본적인 내용과 문맥을 파악한다. 지문의 주제문이나 핵심 문장과 일치하는 보기를 선택하거나, 보기와 일치하는 문장을 지문에서 찾아 알맞은 답을 고른다.

유형 익히기 1 ★☆☆

在衣食住行中，“食”和人们的生活关系最密切。各地气候不同，生长的植物不同，做食物的材料当然也不同，风俗、习惯也大不一样。中国的南方产大米，所以南方人喜欢吃米饭。与此相反，北方产麦子，所以北方人喜欢吃饺子、面条。

의식주행 가운데 '식'은 사람들의 생활과 관계가 가장 밀접하다. 각 지역은 기후가 달라서 자라는 식물이 다르고, 음식을 만드는 재료도 당연히 다르며, 풍속과 습관 역시 많이 다르다. 중국의 남방은 쌀을 생산해서 남방인은 쌀밥 먹는 것을 좋아한다. 이와 반대로 북방은 밀을 생산해서 북방인은 만두와 국수를 먹는 것을 좋아한다.

A 北方人喜欢吃米饭
B 饺子是用大米做成的
C 南北方的风俗差不多
D 南北方食物各有特点

A 북방인은 쌀밥 먹는 것을 좋아한다
B 만두는 쌀로 만든 것이다
C 남방과 북방의 풍속은 비슷하다
D 남방과 북방의 음식은 각각의 특징이 있다

단어 **衣食住行** yīshí zhùxíng 성 의복 · 식사 · 주거 · 생활, 인간의 기본적인 생활 요소 | **生活** shēnghuó 명 생활 | **密切** mìqiè 형 밀접하다 | **各地** gèdì 명 각지 | **气候** qìhòu 명 기후 | **生长** shēngzhǎng 동 자라다 | **植物** zhíwù 명 식물 | **食物** shíwù 명 음식물 | **材料** cáiliào 명 재료 | **风俗** fēngsú 명 풍속 | **产** chǎn 동 생산하다 | **大米** dàmǐ 명 쌀 | **与此相反** yǔcǐ xiāngfǎn 이와 반대로 | **麦子** màizi 명 밀 | **饺子** jiǎozi 명 교자, 만두 | **差不多** chàbuduō 형 비슷하다 | **各** gè 부 각각 | **特点** tèdiǎn 명 특징

해설 지문의 내용을 빠르게 읽고 보기를 본다. D의 '南北方食物各有特点(남방과 북방의 음식은 각각의 특징이 있다)'이라는 내용은 비록 지문에서 직접적으로 언급되지는 않지만, 마지막 두 문장인 '中国的南方产大米，所以南方人喜欢吃米饭。与此相反，北方产麦子，所以北方人喜欢吃饺子、面条(중국의 남방은 쌀을 생산해서 남방인은 쌀밥 먹는 것을 좋아하다. 이와 반대로 북방은 밀을 생산해서 북방인은 만두과 국수를 먹는 것을 좋아하다)'를 통해서 '大米(쌀)'는 남방, '饺子(만두)'와 '面条(국수)'는 북방 음식에 속하며, 각기 다른 특징을 가졌다는 것을 알 수 있다. 그러므로 정답은 D이다.

정답 D

플러스 해설

독해 제2부분에 출제되는 지문은 대부분 설명문이나 일반적인 상식과 관련된 글이다. 설명문은 첫 번째 문장에서 종종 글의 주제나 중심 내용을 보여 주고, 일반적인 상식과 관련된 글은 주로 예전에 알고 있었던 것이나, 연구 성과를 설명한 후에 새로 나온 최신 연구 성과를 설명하는 특징이 있기 때문에, 글의 주제는 가장 마지막에 나올 수도 있다. 이야기 글의 출제 비중은 비교적 낮은 편이다.

유형 익히기 2

★★☆

一个人走在路上，看到前面立着一块牌子，上面写着：“此路不通。”可是那条路看起来好像没什么问题，而且前面的风景又非常美，于是那人决定继续往前走。拐了一个弯儿，他发现道路被一堆土堵住了，他不得不往回走。走到刚才的路口时，看见那块牌子背后写着另一句话：“相信了吗?”	한 사람이 길을 걷다가 앞에 팻말이 세워져 있는 것을 보았다. 위에는 쓰여져 있었다. '통행금지'. 하지만 그 길은 아무 문제가 없어 보였고, 앞의 풍경도 굉장히 아름다웠다. 그래서 그 사람은 계속 앞으로 걸어가기로 결정했다. 한 모퉁이를 돌았을 때, 그는 길이 흙무더기에 막혀 있는 것을 발견하고 어쩔 수 없이 되돌아 갔다. 방금 걸어왔던 길목에 도착했을 때, 그 팻말 뒷면에는 다른 말이 쓰여져 있는 것을 보았다. '믿었습니까?'
A 牌子两面都写着字 B “此路不通”是假的 C 那条路堵车堵得很厉害 D 那个人在路上看到两块牌子	A 팻말의 양면에 모두 글자가 쓰여져 있다 B '통행금지'는 거짓이다 C 그 길은 차가 굉장히 막힌다 D 그 사람은 길에서 두 개의 팻말을 보았다

단어 牌子 páizi 명 팻말 | 此路不通 cǐlù bùtōng 명 통행금지 | 可是 kěshì 접 하지만 | 好像 hǎoxiàng 부 마치 ~과 같다 | 风景 fēngjǐng 명 풍경 | 于是 yúshì 접 그래서 | 继续 jìxù 명 계속 | 拐 guǎi 동 꺾어 돌다 | 弯儿 wānr 명 모퉁이 | 道路 dàolù 명 길 | 堆 duī 양 무더기 | 堵 dǔ 동 틀어막다 | 不得不 bùdébù 어쩔 수 없이 | 路口 lùkǒu 명 길목 | 背后 bèihòu 명 뒷면 | 另 lìng 대 다른 | 假 jiǎ 형 거짓의 | 堵车 dǔchē 동 차가 막히다 | 厉害 lìhai 형 굉장하다

해설 지문은 이야기 글로, 첫 번째와 마지막 문장을 종합한 내용과 의미가 일치하는 보기를 고르면 된다. 처음에 '看到前面立着一块牌子，上面写着(앞에 팻말이 세워져 있는 것을 보았다. 위에는 쓰여져 있었다)'라고 하고, 마지막에 '看见那块牌子背后写着另一句话(그 팻말 뒷면에는 다른 말이 쓰여져 있는 것을 보았다)'라고 한다. 이를 종합하면 보기의 '牌子两面都写着字(팻말의 양면에 모두 글자가 쓰여져 있다)'와 내용이 일치하는 것을 알 수 있다. 따라서 정답은 A이다.

정답 A

내용의 전환을 나타내는 단어를 찾아내자!

지문에서 내용의 전환을 나타내는 단어가 나올 경우, 이 단어는 문제의 핵심 포인트가 되어 정답을 고르는 데 도움이 되기도 한다. 그러므로 그 다음에 이어지는 문장에 주의하여 문제를 풀도록 한다.

유형 익히기 3

★★☆

世博会举办期间，若参展方组织者无明确规定，主办方鼓励参观者在世博园区内拍照和摄像。但如果参展方组织者明确规定不能拍照摄像，参观者需遵守这些规定。除此之外，主办方对参观者的拍照摄像行为没有任何限制。	엑스포 개최 기간에 만약 참가측 기획자의 명확한 규정이 없으면, 주최측은 관람자에게 엑스포 구역 안에서 사진 및 동영상 촬영을 권장한다. 그러나 만약 참가측 기획자가 사진 및 동영상 촬영 불가를 명확하게 규정한다면, 관람자는 이 규정들을 준수해야 한다. 이것을 제외하고, 주최측은 관람자의 사진 및 동영상 촬영 행위에 대해서 어떠한 제약도 없다.
A 世博园区的各个地方都能拍照 B 只有指定的地方才能摄像 C 主办方的规定是最终参考标准 D 一切应以参展方组织者的规定为标准	A 엑스포 구역 곳곳에서 모두 사진을 찍을 수 있다 B 지정된 장소에서만 비로소 촬영할 수 있다 C 주최측의 규정이 최종 참고 기준이다 D 모든 것은 참가측 기획자의 규정을 기준으로 삼아야 한다

단어 世博会 Shìbóhuì 명 엑스포 ['世界博览会'의 약칭] | 举办 jǔbàn 동 개최하다 | 期间 qījiān 명 기간 | 若 ruò 접 만약 | 参展 cānzhǎn 동 전시회에 참가하다 | 方 fāng 명 편, 측 | 组织 zǔzhī 동 조직하다 | 明确 míngquè 형 명확하다 | 规定 guīdìng 명 규정 | 主办 zhǔbàn 동 주최하다 | 鼓励 gǔlì 동 격려하다 | 参观 cānguān 동 참관하다 | 园区 yuánqū 명 구역 | 拍照 pāizhào 동 사진을 찍다 | 摄像 shèxiàng 동 촬영하다 | 遵守 zūnshǒu 동 준수하다 | 除此之外 chúcǐ zhīwài 이것을 제외하고 | 行为 xíngwéi 명 행위 | 任何 rènhé 대 어떠한 | 限制 xiànzhì 명 제약 | 指定 zhǐdìng 동 지정하다 | 最终 zuìzhōng 명 최종 | 参考 cānkǎo 명 참고 | 标准 biāozhǔn 명 기준 | 一切 yíqiè 대 일체 | 以…为… yǐ…wéi… ~을 ~로 삼다

해설 지문에서 내용의 전환을 나타내는 '但(그러나)' 다음에 나오는 문장을 주의해서 본다. '如果参展方组织者明确规定不能拍照摄像，参观者需遵守这些规定(만약 참가측 기획자가 사진 및 동영상 촬영 불가를 명확하게 규정한다면, 관람자는 이 규정들을 준수해야 한다)'이라고 하는데, 이것은 참가측 기획자의 규정을 따라야 한다는 의미이므로 정답은 D이다.

A. 지문의 첫 문장에서 '若(만약)'라는 가정 관계 접속사를 사용한 문장에 근거하면, 참가측 기획자의 명확한 규정이 없어야만 엑스포 구역 안에서 사진을 찍을 수 있다.

정답 D

Tip

가정 관계 접속사

단어	뜻	예문
如果	만약, 만일	如果你有什么问题，请随时来找我。 만약 무슨 문제가 있으면, 언제든지 나를 찾아오세요.
要是		这件事情要是我妈知道了，一定会生气的。 이 일은 만약 내 어머니가 알게 되면, 틀림없이 화를 낼 것이다.
假如		假如后天不下雨，我一定去。 만약 모레 비가 안 오면, 나는 반드시 가겠다.
假若		假若遇见这种人，你该怎么办？ 만약 이런 사람을 만나면, 당신은 어떻게 하겠는가?
若(是)		他若是不来，咱们就找他去。 그가 만약 안 오면, 우리는 그를 찾으러 가자.

유형 확인 문제

〉〉 해설서 111p

지문을 읽고 내용과 일치하는 보기를 고르세요.

1. 大部分眼病患者不能正确使用眼药。日本一家公司调查显示，超过90%的被调查者不知道“点眼药后不应眨眼”这一常识。点完眼药后正确的做法是暂时闭眼，轻按眼角，防止药水流到鼻子和喉咙里。

   A 10%的人不知道如何使用眼药
   B 点完眼药后应该立即眨眼以便药水迅速流入眼内
   C 点完眼药要睁开眼睛以防药水流到鼻子里
   D 大多数眼病患者没有掌握点眼药的正确做法

2. 鲜嫩的瓜果蔬菜，生着吃比煮熟了吃更有营养，不少人可能都这么想。但专家的最新研究结果却对此观点提出了挑战。他们发现，至少对西红柿来说，熟吃比生吃总体营养价值要高。

   A 西红柿不好吃
   B 西红柿熟吃更有营养
   C 老人应该多吃西红柿
   D 专家主张生吃西红柿

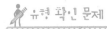

02. 보기의 핵심 단어 찾아내기

우선 지문 전체를 빠르게 읽으면서 기본적인 내용과 문맥을 파악한다. 다음으로 보기의 핵심 단어를 찾아 지문에서 이것과 일치하거나 비슷한 단어를 찾는다. 핵심 단어가 포함된 문장의 의미를 파악하면 보기의 내용과 일치하는지 확인하고, 지문의 내용과 관계없는 오답을 제거하여 알맞은 답을 고른다.

유형 익히기 1

★★☆

中医认为，春夏养阳，秋冬养阴，因此秋天应该多吃一些温热的食物，西瓜属于寒凉食物，具有消暑利尿的作用，所以不适合在秋天吃，秋天还像夏天一样吃西瓜，容易吃坏肚子。秋天应该多吃葡萄、山楂、苹果、藕、番茄等温热食物。如果真的想吃西瓜，不要冰镇，一次也不要吃得太多。

중의학에서는 봄과 여름에는 양(阳)을 보강하고, 가을과 겨울에는 음(阴)을 보강한다고 여긴다. 그래서 가을에는 따뜻한 음식들을 많이 먹어야 한다. 수박은 차가운 음식에 속하며 더위를 식혀 주고 배뇨가 잘 되게 하는 작용이 있으므로, 가을에 먹기에는 적합하지 않다. 가을에 여름처럼 수박을 먹으면 배탈이 나기 쉽다. 가을에는 포도, 산사, 사과, 연근, 토마토 등의 따뜻한 음식을 많이 먹어야 한다. 만약 수박이 정말 먹고 싶다면, 차갑게 하지 말고 한번에 너무 많이 먹어서도 안 된다.

A 中医认为秋冬养阴，要吃寒凉的食物
B 中医认为春夏养阳，要吃温热的食物
C 中医认为西瓜属于寒凉食物，不能吃得太多
D 中医认为葡萄、山楂等属于温热食物

A 중의학에서는 가을과 겨울에 음을 보강한다고 여기므로 차가운 음식을 먹어야 한다
B 중의학에서는 봄과 여름에 양을 보강한다고 여기므로 따뜻한 음식을 먹어야 한다
C 중의학에서 수박은 차가운 음식에 속한다고 여기므로 너무 많이 먹어서는 안 된다
D 중의학에서 포도, 산사 등은 따뜻한 음식에 속한다고 여긴다

단어 中医 Zhōngyī 명 중국 전통 의학 | 养 yǎng 동 기르다 | 因此 yīncǐ 접 그래서 | 温热 wēnrè 형 따뜻하다 | 食物 shíwù 명 음식물 | 属于 shǔyú 동 ~에 속하다 | 寒凉 hánliáng 동 서늘하고 차갑다 | 具有 jùyǒu 동 가지다 | 消暑 xiāoshǔ 동 더위를 가시게 하다 | 利尿 lìniào 동 배뇨가 잘 되게 하다 | 作用 zuòyòng 명 작용 | 适合 shìhé 동 적합하다 | 肚子 dùzi 명 배(복부) | 葡萄 pútáo 명 포도 | 山楂 shānzhā 명 산사나무의 열매 | 藕 ǒu 명 연근 | 番茄 fānqié 명 토마토 | 冰镇 bīngzhèn 동 차게 하다

해설 지문 전체를 빠르게 읽으면서 기본적인 의미를 이해하고 모르는 단어에 시간을 지체해서는 안 된다. 보기의 핵심 단어가 포함된 문장을 지문에서 찾고, 그것의 의미가 보기와 일치하는지 확인한다. D의 '中医认为葡萄、山楂等属于温热食物(중의학에서 포도, 산사 등은 따뜻한 음식에 속한다고 여긴다)'에서 쓰인 핵심 단어 '葡萄(포도)', '山楂(산사)', '温热(따뜻하다)'는 지문의 '秋天应该多吃葡萄、山楂、苹果、藕、番茄等温热食物(가을에는 포도, 산사, 사과, 연근, 토마토 등의 따뜻한 음식을 많이 먹어야 한다)'에서 똑같이 언급하고, 문장의 의미도 일치하므로 정답은 D이다.

A. '中医认为秋冬养阴，要吃寒凉的食物(중의학에서는 가을과 겨울에 음을 보강한다고 여기므로 차가운 음식을 먹어야 한다)'의 핵심 단어인 '寒凉(서늘하고 차갑다)'과 지문의 '秋冬养阴，因此秋天应该多吃一些温热的食物(가을과 겨울에는 음을 보강한다. 그래서 가을에는 따뜻한 음식들을 많이 먹어야 한다)'에서 쓰인 '温热(따뜻하다)'는 일치하지 않기 때문에 정답이 될 수 없다.

C. 수박은 차가운 음식이라서 많이 먹으면 안 되는 것이 아니라, 수박은 차가운 음식에 속하여 가을에 먹기에 적합하지 않다는 것이 정확하다.

정답 D

유형 익히기 2

★★☆

10年前，高中生恋爱是早恋；5年前，初中生恋爱是早恋；现在呢，连幼儿园、小学生也似乎开始卿卿我我、谈情说爱。<u>但是他们所谓的"爱"与恋爱完全是两码事，是美丽纯洁的</u>。或许有的小学生可能早熟，带有朦胧的"爱情"成分，作为老师和家长要尊重和保护他们，同时也要进行必要的引导。	10년 전에는 고등학생의 연애가 조기 연애였고, 5년 전은 중학생의 연애가 조기 연애였다. 지금은 유치원생과 초등학생 조차도 마치 남녀가 매우 친근하게 이야기를 나누기 시작하며 사랑을 속삭이는 것 같다. <u>하지만 그들의 '사랑'이라는 것은 연애와는 완전히 별개의 일로 아름답고 순결한 것이다</u>. 어쩌면 어떤 초등학생은 아마도 조숙하여 어렴풋한 '사랑'의 요소를 가지고 있다. 선생님과 학부모로서 그들을 존중하고 보호해 주어야 하며, 아울러 필요한 안내도 해 주어야 한다.
A 幼儿园的小朋友也开始谈恋爱了 B 小孩子的爱和喜欢其实是很单纯的 C 小学生谈恋爱没有爱情成分 D 老师和家长要鼓励孩子谈恋爱	A 유치원의 어린 아이들 역시 연애를 하기 시작했다 B 아이의 사랑과 좋아하는 감정은 사실 매우 단순한 것이다 C 초등학생이 하는 연애에는 사랑의 요소가 없다 D 선생님과 학부모는 아이가 연애를 하도록 격려해야 한다

단어 **高中生** gāozhōngshēng 명 고등학생 | **恋爱** liàn'ài 명 연애 | **早恋** zǎoliàn 동 이른 나이에 연애하다 | **初中生** chūzhōngshēng 명 중학생 | **连** lián 개 ~조차도 | **幼儿园** yòu'éryuán 명 유치원 | **小学生** xiǎoxuéshēng 명 초등학생 | **似乎** sìhū 부 마치 | **卿卿我我** qīngqīng wǒwǒ 성 남녀가 매우 친근하게 이야기를 나누는 모양 | **谈情说爱** tánqíng shuōài 성 사랑을 속삭이다 | **所谓** suǒwèi 형 ~라는 것은 | **完全** wánquán 부 완전히 | **两码事** liǎngmǎshì 서로 별개의 일 | **美丽** měilì 형 아름답다 | **纯洁** chúnjié 형 순결하다 | **或许** huòxǔ 부 어쩌면 | **早熟** zǎoshú 형 조숙하다 | **朦胧** ménglóng 형 어렴풋하다 | **爱情** àiqíng 명 남녀 간의 사랑 | **成分** chéngfèn 명 요소 | **作为** zuòwéi 개 ~의 신분으로서 | **家长** jiāzhǎng 명 학부모 | **尊重** zūnzhòng 동 존중하다 | **保护** bǎohù 동 보호하다 | **同时** tóngshí 접 아울러 |

进行 jìnxíng 동 진행하다 | 必要 bìyào 형 필요로 하다 | 引导 yǐndǎo 동 안내하다 | 谈恋爱 tán liàn'ài 연애하다 | 单纯 dānchún 형 단순하다 | 鼓励 gǔlì 동 격려하다

해설 보기에서는 '어린 아이'를 가리키는 핵심 단어를 다양하게 표현한다. 지문에서 '小学生(초등학생)'이 처음 보이는 '连幼儿园、小学生也似乎开始卿卿我我、谈情说爱(유치원생과 초등학생 조차도 마치 남녀가 매우 친근하게 이야기를 나누기 시작하며 사랑을 속삭이는 것 같다)'라는 문장을 읽고, 그 다음 문장인 '但是他们所谓的"爱"与恋爱完全是两码事，是美丽纯洁的(하지만 그들의 '사랑'이라는 것은 연애와는 완전히 별개의 일로 아름답고 순결한 것이다)'를 보면, 여기서 가리키는 '他们(그들)'이 유치원생과 초등학생임을 알 수 있다. 즉, 어린 아이의 사랑은 연애와는 다르며 순수한 것으로, 비교적 단순한 차원의 사랑이라는 것이다. 이 문장에서 쓰인 '美丽纯洁(아름답고 순결하다)'는 B의 '很单纯(매우 단순하다)'과 일맥상통하는 의미이므로 정답은 B이다.

A. 유치원생의 '爱(사랑)'는 '恋爱(연애)'와 별개의 일이라고 하므로 정답이 될 수 없다.

정답 B

유형 확인 문제

›› 해설서 113p

지문을 읽고 내용과 일치하는 보기를 고르세요.

1. "中水"指各种排水经处理后，达到规定的水质标准，可在生活、市政、环境等范围内使用的非饮用水。"中水"一词于20世纪80年代初在中国出现，现已被业内人士乃至缺水城市、地区的部分民众认知。开始时称"中水道"，来源于日本，因其净水设施介于上水道和下水道之间。

A "中水道"一词由日本人发明
B "中水"是饮用水中的下等品
C "中水"一词近几年才在中国出现
D "中水道"是指运送中水的管道

실전 연습 1

제2부분

61–70.
지문을 읽고 내용과 일치하는 보기를 고르세요.

61. 一个人乘公交车经常掉钱包。一天上车前，他把厚厚的一叠纸折好放进信封，下车后发现信封被偷了。第二天，他刚上车不久，觉得腰间多了一块东西，摸出来一看，是昨天的那个信封，信封上写着：请不要开这样的玩笑，影响我正常工作，谢谢！

A 写字的人是个好心人
B 写字的最可能是小偷
C 信封里装的都是钱
D 这两个人彼此很熟悉

62. 买鱼的时候，我对老板说来条精神点的，小贩抓起一条翻着身子快死的鱼。我忙说："慢着，这条都要死了，你再给我换一条。"老板不太高兴："这哪是死的，它是在练仰泳。"说着把鱼扔进了水里，可鱼又肚皮朝上翻了过来。我说："怎么样，不行了吧？"小贩点点头，说："算了吧，还是给你来条自由泳的吧。"

A 翻身的鱼最新鲜
B 鱼的游泳很吸引人
C 买鱼的人想要鲜活的鱼
D 鱼常常练习游泳

63. 一位女士在公园乘凉，发现一位画画的年轻人一直注视着她，于是她摆了一个极自然的姿势，一动不动地站着，以方便他作画。大约20分钟后，画家向女士走来，很不好意思地问她准备什么时候离开。女士说："你别担心，我有时间，你尽管画吧！"年轻人红着脸说："小姐，很抱歉，你挡住了我的视线，没法画下去了。"

A 年轻人喜欢这位女士
B 女士长得非常漂亮
C 年轻人想要女士离开
D 女士要求年轻人画她

64. 新生儿爱睡觉，但他们并不只是在熟睡中做着美梦，他们还在大量地吸收信息。在对26个刚出生10到73小时的新生儿的试验中，研究者发现，新生儿睡眠过程中，一直处于半清醒状态，因而可以在睡眠中学习。

A 新生儿一直睡觉
B 新生儿做梦时间长
C 新生儿边睡边学习
D 新生儿喜欢学习

65. 联合国专家指出，全球鱼资源大幅减少，如果不能大幅减少捕鱼船，同时设立多个鱼类保护区，人类很可能在2050年面临无鱼可捕的噩梦。也就是说，如果目前形势继续发展下去，40年后人类将无法再进行商业捕捞。

A 40年后鱼类消失
B 人类不能再捕鱼了
C 捕鱼船是违法的
D 鱼资源处境危险

66. 常常遇到一些女孩用“兰”字作名，为什么要用“兰”作名呢？兰是一种草，开的花特别香，看起来柔弱，但生命力极强，因此人们爱用“兰”为女孩子命名，希望她们像兰草一样温柔美貌，健康成长。

A 兰草只象征坚强
B 名字有“兰”就温柔
C 女孩子都喜欢兰草
D 兰草能代表美丽、健康

67. 一直以来，医学上将37摄氏度设定为人体的正常体温，然而，科学家在最新的研究中指出，37摄氏度只是区别病态与否的分界线，而在偏低一点的体温情况下，人的健康状况会更好，寿命也会延长。

A 低温有助于长寿
B 以前的科学研究错了
C 37摄氏度以上一定生病了
D 健康的人体温都偏低

68. 睡觉看起来很平静，可是我们的大脑会在这个过程中进行复杂的活动。一项新的研究显示，睡眠除了可以让大脑休息之外，在睡觉时用科学方法刺激大脑，还有助于提高记忆力。

A 我们的大脑需要休息
B 睡觉时大脑受刺激会促进记忆
C 科学家常常研究睡觉
D 大脑需要受到刺激

69. 许多人认为，强烈的暖色调光线能通过产生强烈刺激起到最有效的提神效果。而科学家在最新的研究中发现，在夜间使用蓝色灯光最利于提神。根据这项研究，办公室里白色光线的台灯该换了。

A 夜间蓝光提神效果最好

B 其他颜色的光不好

C 研究结果不真实

D 暖色光线最能提神

70. 吃完海鲜以后，用餐桌上的醋洗手，能去除海鲜的味道，不影响下一道菜的品尝。比如在广东，人们吃虾的时候，往往会端上一碗醋，这可不是用来和虾一起吃的，而是为剥虾的手服务的。

A 海鲜要用醋洗干净

B 吃虾的同时不能吃醋

C 吃完海鲜后用醋洗手

D 广东人吃虾最特别

〉〉 해설서 113p

실전 연습 2

제2부분

61–70.
지문을 읽고 내용과 일치하는 보기를 고르세요.

61. 学习外国语言有很多方法，听歌、看电影是常见的一种。可是一般随便听听歌词、对话，这样效果不是很明显。有经验的人认为，只有达到脱离歌词、字幕，尝试去听懂，才能真正在听的过程中提高外语听力水平。

A 学外语多听歌、看电影
B 脱离字幕才能提高听力
C 学外语的方法很有限
D 有经验的人都看电影

62. 现在的年轻人消费观念比以前开放许多，喜欢花钱，也舍得花钱，就是不热衷于存钱。很多年轻的上班族，领到一个月的工资，每个月都会用光，没有什么结余下来的钱，这样的人，往往被称作“月光族”。

A 年轻人存钱很正常
B 年轻人买东西太浪费
C “月光族”一般晚上购物
D “月光族”消费观开放

63. “宅”在中文里表示“家”的意思。所以，现在人们把那些休闲时间喜欢待在家里、房间里，而不喜欢出门活动的人称为“宅男”“宅女”。喜欢待在家里的他们，做什么事情能不出门就不出门，甚至买东西也选择网上解决。

A “宅男”永远不出门
B “宅女”每天网上购物
C “宅男”爱待在家里
D “宅女”是一种流行

64. 水墨画是中国画中的一种绘画形式，以水和墨汁为颜料，颜色也只有黑和白。可就是水和墨汁不同比例的组合，创造出千变万化的层次感，用深浅的差别来画出不同的景物，令欣赏的人称赞不已。

A 水墨画不是中国画
B 水墨画注重水、墨的比例
C 中国画只有黑白两色
D 水墨画不受人们的喜爱

65. 网络购物越来越流行，网络商店不仅商品齐全，最吸引顾客的是网络商店的价格比商场里的要低，受到很多人的追捧。网络商店不需要商场租金，这为卖方省下了一大笔费用，这样一来，商品价格自然也就能降下来了。

A 商场的东西比较齐全
B 网络租金比商场便宜
C 商场购物不受欢迎
D 网络购物深受喜爱

66. 孩子极端地喜爱某一种颜色，他的个性往往越突出，这种个性常常是他优点和缺点的爆发点。找准了这个爆发点，父母对孩子的引导也会有更加明确的方向。比如，热爱绿色和蓝色的小朋友都有回避竞争的倾向，父母就应该适当鼓励孩子参加竞赛。

A 孩子喜爱的颜色能反映个性
B 父母一定知道怎样教育孩子
C 孩子一般不喜欢参加比赛
D 只有颜色能反映优点和缺点

67. 中国是全世界发现的恐龙属种数量最多的国家。以时间来看，从2亿年前到6500万年前，在中国发现的化石标本组成了近乎完整无缺的恐龙演化史；从恐龙学的分类看，两大目，五大类，数十个科群的恐龙，在中国都能找到其中的代表化石。

A 中国的恐龙化石是完美的
B 中国发现的恐龙化石种类丰富
C 中国有所有种类的恐龙化石
D 恐龙在6500万年前消失了

68. 手机能上网以后，带来方便的同时，也引发了一系列的问题。比如病毒就是很多手机上网用户会遇到的麻烦。不能上网的手机一般不会有病毒，而上网以后，手机收到病毒侵害的可能性就很大，严重的还会导致重要资料信息被窃取。

A 手机带来的问题比好处多
B 手机病毒危害着每一个人
C 手机病毒会导致信息丢失
D 手机一上网就会有病毒

69. 足球是世界上最受欢迎的体育运动之一，它代表着力量、速度、技巧、娱乐和激情。足球运动对场地的要求很简单，只要有空地和一个球就可以了。正规比赛需要11个队员，这样能够使更多人参与其中，更重要的是，这项集体运动建立了队员之间团结互助的精神。

A 世界上每个人都热爱足球
B 足球是一项需要团结的运动
C 足球场地要经过仔细选择
D 足球对队员的要求比较高

70. 中国画马的人不少，最有名的还要数徐悲鸿大师。他用中国画的形式画马，其中却融入了西方画素描的特点，把西方美术强调真实的方法运用到马的描绘中，使马的身体在活动的状态下显得更加真实，有活力。

A 徐悲鸿是素描绘画大师

B 徐悲鸿画马注重观察

C 徐悲鸿的马结合了中西特点

D 在中国只有徐悲鸿能画马

〉〉 해설서 120p

阅读

독해

제3부분

장문 독해 : 질문에 알맞은 보기 고르기

독해 제3부분

미리 보기

독해 제3부분은 20문제(71~90번)이며, 지문을 읽고 의미를 얼마나 이해했는지 평가한다. 총 5편의 장문(지문)에 각각 4개의 문제가 출제되고, 지문의 내용에 근거하여 각 문제의 질문에 가장 알맞은 보기를 고르는 형식이다. 문제는 단어 해석, 문장에 대한 이해, 사건의 원인 분석, 주요 내용 요약 등에 관한 것이다. 그러므로 지문의 중심 문장을 파악하는 것 외에 단어의 뜻과 세부 내용도 이해해야 한다.

제3부분 – 장문 독해 : 질문에 알맞은 보기 고르기

문제

》 해설서 126p

第三部分

第71-90题：请选出正确答案。

71－74.

有位老太太请了个清洁工到家里做家务。

清洁工来到老太太家，看到她丈夫双目失明，非常同情他们夫妇。可是男主人生活乐观，清洁工在那里工作了几天，他们谈得很开心。工作结束后，清洁工要求支付的工资比原来谈好的价钱少了很多。

那位老太太问清洁工：“你怎么要这么少？”

清洁工回答说：“我跟你先生在一起觉得很快乐，他对人生的态度，使我觉得自己的情况还不算最坏。减去的那一部分，算是我对他表示一点谢意，因为他让我对生活和工作有了新的看法！”

清洁工的这番话让这位老太太感动得落泪，因为这位慷慨的清洁工，自己只有一只手。

生活态度对每个人来说都非常重要。虽然我们无法改变人生，但我们可以改变人生观，虽然我们无法改变环境，但我们可以改变态度，可以调整对生活的态度来适应一切的环境。

71. 清洁工为什么同情老太太夫妇?

A 他们的生活没有意思
B 老太太的丈夫过得不幸福
C 老太太的丈夫的眼睛看不到东西
D 老太太的丈夫不能工作

72. 清洁工有什么收获?

A 赚了很多钱
B 学到了乐观
C 认识了一个重要的人
D 交了一位好朋友

73. 为什么清洁工收了很少的钱?

A 工作很少
B 不喜欢钱
C 他们是朋友
D 为了表示感谢

74. 文章主要谈了什么?

A 生活的态度
B 金钱不重要
C 人要相互帮助
D 我们要慷慨

지문은 주로 이야기 글이나 설명문, 논설문 등으로 사진도 함께 출제되지만 新HSK 1, 2, 3급처럼 명확한 힌트를 제시하지는 않는다. 지문의 내용은 보통 참신하고 현대 생활과 밀접한 관계가 있는 것으로 서면어(书面语)의 특징이 뚜렷하다.

독해 제3부분에서는 주로 수험생의 독해 속도와 지문에 대한 이해, 분석 능력, 단어, 어법 등의 종합적인 지식에 대해 전면적으로 평가한다. 이러한 평가 내용에 맞추어 수험생은 다음의 내용을 유의하도록 한다.

- ✓ 수험생은 80초에 한 문제씩 풀어야 하며 속독, 범독, 추측하며 읽는 방법 등의 독해 요령을 통해 글의 문맥과 구조를 파악한다.
- ✓ 글에서 서술하는 주요 사건과 정보를 이해하여 알맞은 답을 고른다.
- ✓ 문장 독해와 함께 각 문제의 유형을 이해해야 하는데, 글의 세부 내용을 묻는 유형, 글의 주제를 묻는 유형, 글의 논리 관계를 파악하는 유형, 단어의 의미를 묻는 유형 등이 있다.

01. 글의 세부 내용 파악하기

독해 제3부분의 기본적인 문제 유형으로 출제 비중이 가장 높다. 글의 세부 내용은 주로 지문에서 언급되는 원인, 결과, 숫자, 시간, 장소, 인물, 사건 등에 관한 것이다.

시험에 자주 나오는 질문

根据上文，下列哪项是正确的？ 위 글에 근거하여 다음 중 옳은 것은?

关于…，下列哪项是不正确的？ ~에 관하여 다음 중 옳지 않은 것은?

关于…，可以知道什么？ ~에 관하여 알 수 있는 것은 무엇인가?

유형 익히기 1

1-4

一天夜里，已经很晚了，一对年老的夫妻走进一家旅馆，他们想要一个房间。服务员回答说："对不起，我们旅馆已经客满了，一间空房也没有剩下。" 看着这对老人很累的样子，服务员又说："[1]让我来想想办法。" 好心的服务员将这对老人带到一个房间，说："[1]也许它不是最好的，但现在我只能做到这样了。" 老人见眼前其实是一间整洁又干净的屋子，就愉快地住了下来。

第二天，当他们来交钱的时候，服务员却对他们说："[2]不用了，因为我只不过是把自己的屋子借给你们住了一晚。祝你们旅途愉快！" [3]原来服务员自己一晚没睡。两位老人十分感动，老人说："孩子，你是我见到过的最好的旅店经营人，我们会感谢你的。" 服务员笑了笑说："这算不了什么。" 他送两位老人出了门，转身接着忙自己的事，把这件事情忘了个一干二净。没想到过了几天，服务员接到了一封信，里

어느 날 저녁, 이미 굉장히 늦은 시간에 연로한 부부가 한 호텔에 걸어 들어왔다. 그들은 방 하나를 원했는데, 종업원은 "죄송합니다. 저희 호텔은 이미 만실이라서 남는 방이 하나도 없습니다"라고 대답했다. 매우 피곤한 모습의 이 노인들을 보며 종업원은 다시 말했다. "[1]제가 방법을 생각해 볼게요." 착한 종업원은 곧 이 노인들을 데리고 한 방으로 갔고 "[1]아마 가장 좋은 방은 아니지만, 지금은 제가 이렇게 밖에 할 수 없네요."라고 말했다. 노인이 보니 눈앞의 방은 사실 단정하고 깨끗한 방이여서 즐겁게 머물렀다.

다음 날, 그들이 돈을 지불하려고 할 때 종업원은 오히려 그들에게 "[2]괜찮습니다. 저는 다만 제 방을 두 분이 머물게 하룻밤 빌려 드린 것에 불과합니다. 즐거운 여행이 되시길 바라요!"라고 말했다. [3]알고 보니 종업원 자신은 밤새 잠을 자지 못했던 것이다. 두 노인은 매우 감동하며 말했다. "젊은이, 당신은 내가 보았던 중 가장 좋은 호텔 매니저일세. 우리는 자네에게 감사할 것이네." 종업원은 웃으며 말했

面有一张去另外一个城市的机票并有一段简单的留言，请他去做另一份工作。

他到了那个城市，按信中所说的路线来到一个地方，抬头一看，一家高级大酒店出现在他的眼前。原来，那个深夜他接待的是这家酒店的老板和他的妻子。[4]老人请他来做这家大酒店的经理，相信他会管理好这家大酒店。

다. "별 거 아닙니다." 그는 두 노인을 보내고 이어서 바쁘게 자기 업무를 보았고, 이 일을 모조리 잊어버렸다. 뜻밖에도 며칠 뒤, 종업원은 편지 한 통을 받았다. 안에는 다른 도시로 가는 비행기 표 한 장과 또 그를 다른 일에 스카우트하고 싶다는 간단한 메시지가 있었다.

그는 그 도시에 도착하여 편지에서 언급한 노선을 따라 한 장소에 도착했다. 고개를 들어 보니 한 고급의 큰 호텔이 그의 눈앞에 나타났다. 알고 보니, 깊은 밤 그가 접대한 사람들이 이 호텔의 사장과 그의 부인이었던 것이다. [4]노인은 그를 이 큰 호텔의 매니저로 스카우트하였고, 그가 이 호텔을 잘 관리해 줄 것이라고 믿었다.

단어 年老 niánlǎo 형 연로하다 | 夫妻 fūqī 명 부부 | 旅馆 lǚguǎn 명 여관 | 客满 kèmǎn 만원이다 | 空房 kōngfáng 명 빈방 | 剩 shèng 동 남다 | 样子 yàngzi 명 모습 | 好心 hǎoxīn 명 좋은 마음 | 也许 yěxǔ 부 아마도 | 整洁 zhěngjié 형 단정하고 깨끗하다 | 屋子 wūzi 명 방 | 愉快 yúkuài 형 즐겁다 | 当 dāng 개 [바로 그 시간이나 그 장소를 가리킴] | 交 jiāo 동 내다 | 却 què 부 오히려 | 只不过 zhǐbúguò 부 다만 ~에 불과하다 | 旅途 lǚtú 명 여정 | 原来 yuánlái 부 알고 보니 | 十分 shífēn 부 매우 | 感动 gǎndòng 동 감동하다 | 旅店 lǚdiàn 명 여관 | 经营人 jīngyíngrén 명 매니저 | 感谢 gǎnxiè 동 고맙다 | 不了 buliǎo ~할 수 없다 [동사의 뒤에 쓰여 동작을 완료할 수 없음을 강조함] | 出门 chūmén 동 집을 나서다 | 转身 zhuǎnshēn 동 몸을 돌리다 | 接着 jiēzhe 부 이어서 | 一干二净 yìgān èrjìng 성 깨끗이, 모조리 | 没想到 méi xiǎngdào 뜻밖이다 | 另外 lìngwài 대 다른 | 机票 jīpiào 명 비행기 표 | 并 bìng 접 또, 게다가 | 留言 liúyán 명 메시지 | 另 lìng 대 다른 | 份 fèn 양 [일을 세는 단위] | 按 àn 개 ~에 따라서 | 路线 lùxiàn 명 노선 | 抬头 táitóu 동 머리를 들다 | 高级 gāojí 형 고급의 | 酒店 jiǔdiàn 명 호텔 | 出现 chūxiàn 동 나타나다 | 深夜 shēnyè 명 깊은 밤 | 接待 jiēdài 동 접대하다 | 老板 lǎobǎn 명 사장 | 经理 jīnglǐ 명 매니저 | 管理 guǎnlǐ 동 관리하다

1

★☆☆

根据上文，可以知道服务员：

A 有同情心
B 工作很轻松
C 开始时态度不好
D 忘了还有一间房

위 글에 근거하여 종업원에 대해 알 수 있는 것은:

A 동정심이 있다
B 일이 매우 수월하다
C 처음에 태도가 좋지 않다
D 방 하나가 남아 있다는 것을 잊어버렸다

단어 同情心 tóngqíngxīn 명 동정심 | 轻松 qīngsōng 형 수월하다 | 态度 tàidu 명 태도

해설 첫 번째 단락에 착한 종업원의 행동이 잘 묘사되어 있다. '让我想想办法(내가 방법을 생각해 보겠다)', '也许它不是最好的, 但现在我只能做到这样了(아마 가장 좋은 방은 아니지만, 지금은 내가 이렇게 밖에 할 수 없다)'라는 종업원의 말과 연로한 부부에게 방을 하나 마련해 주는 행동으로 보아, 이 종업원은 '同情心(동정심)'이 있음을 알 수 있으므로 정답은 A이다.

정답 A

세부 내용 파악

2

★☆☆

两位老人住的房间：	두 노인이 묵은 방은:
A 很大	A 매우 크다
B 是最好的	B 가장 좋은 것이다
C 费用很高	C 비용이 매우 높다
D 是服务员的	D 종업원의 것이다

단어 **费用** fèiyòng 명 비용

해설 문제를 풀기 전에 우선 질문과 관련된 단락을 찾아야 한다. 두 번째 단락에서 직접적으로 정답을 명시하고 있다. 연로한 부부가 종업원에게 돈을 지불하려고 하자 종업원은 '**不用了，因为我只不过是把自己的屋子借给你们住了一晚**(괜찮다. 나는 다만 내 방을 두 사람이 머물게 하룻밤 빌려준 것에 불과하다)'이라고 한다. 그러므로 정답은 D이다.

정답 D

세부 내용 파악

3

★☆☆

那天晚上，服务员：	그날 저녁 종업원은:
A 没有睡觉	A 잠을 못 잤다
B 睡得很好	B 매우 잘 잤다
C 一直陪着老人	C 줄곧 노인을 모셨다
D 去给老人买机票	D 노인에게 줄 비행기 표를 사러 간다

단어 **陪** péi 동 모시다

해설 두 번째 단락에서 '**原来服务员自己一晚没睡**(알고 보니 종업원 자신은 밤새 잠을 자지 못했다)'라는 사실을 알 수 있으므로 정답은 A이다.

정답 A

4 ★☆☆

两位老人是怎么感谢服务员的?	두 노인은 종업원에게 어떻게 감사했는가?
A 送给他一家酒店	A 그에게 호텔 하나를 준다
B 让他去别的城市旅行	B 그를 다른 도시로 여행을 보내 준다
C 请他管理自己的酒店	C 그에게 자신의 호텔을 관리하도록 한다
D 请他来自己的酒店参观	D 그에게 자신의 호텔을 참관시켜 준다

단어 **旅行** lǚxíng 동 여행하다 | **参观** cānguān 동 참관하다

해설 두 노인은 자신들에게 선의를 베푼 종업원에게 감사의 표시를 한다. 마지막 단락에서 '**老人请他来做这家大酒店的经理**(노인은 그를 이 큰 호텔의 매니저로 스카우트하였다)'라고 하므로 정답은 C이다.

정답 C

플러스 해설

수험생은 보통 지문에서 곧바로 문제의 정답을 찾거나 보기와 비슷한 문장을 찾을 수 있다. 지문을 읽기 전에 반드시 제시된 문제의 질문과 보기를 확인한 후 핵심 단어를 찾는다. 또한, 지문에서 질문과 일치하는 문장 및 어구를 찾고, 그 주변의 문장을 읽으면서 문제를 푸는 방식으로 알맞은 답을 고른다.

02. 글의 주제와 논리 관계 파악하기

글의 주제를 물어보는 문제 유형은 수험생이 글의 주제 또는 저자나 문장 속 인물의 관점과 견해를 이해하고 파악하는지를 평가한다. 대다수의 주제를 나타내는 문장은 주로 지문의 앞부분이나 마지막 부분에 있으므로, 각 단락의 주제문을 찾아내는 것은 전체 지문을 이해하는 데 굉장히 중요한 역할을 한다.

논리 관계를 파악하는 문제 유형은 독해 제3부분에서 난이도가 가장 높은 것으로, 주로 수험생의 추론 및 판단 능력을 평가한다. 예를 들어, '위 글에 근거하여 알 수 있는 것은 무엇인가?' 등의 질문에 해당하는 문제이다. 논리 관계를 파악하는 과정에서 수험생은 질문에서 요구하고 제시하는 것과 관련된 단서를 지문에서 정확하게 찾아야 한다.

시험에 자주 나오는 질문

这上文主要谈了什么? 이 글이 주로 이야기하는 것은 무엇인가?

上文主要想告诉我们什么? 위 글이 우리에게 주로 말하고자 하는 것은 무엇인가?

上文主要介绍的是什么? 위 글이 주로 소개하고자 하는 것은 무엇인가?

作者认为…? 저자는 ~라고 여기는가?

下列哪项最适合做上文标题? 다음 중 윗글의 제목으로 가장 적절한 것은?

根据第2段，可以知道什么? 두 번째 단락에 근거하여 알 수 있는 것은 무엇인가?

주제문을 찾아내자!

설명문이나 무언가를 논증하는 글이라면 주제문은 보통 앞에 나오고, 간추린 글이나 추리하는 내용의 글이라면 주제문은 마지막에 나온다. 어떤 관점에 반박하는 글은 주제문이 중간에 나오기도 하며, 특히 '但是(그러나)', '可是(그러나)' 등과 같은 내용의 전환을 나타내는 단어 뒤에 나오는 경우가 많다. 글의 주제는 항상 특정 단락이나 구문에서 나오는 것은 아니며, 각 단락에서 종합적으로 나타나는 경우도 있다.

단어와 어감에 주의하자!

글의 핵심 내용을 자세하게 분석하고 관련 시간, 전개 방향, 인과 관계 등의 논리 관계를 파악하여 종합적인 추론을 통해 정답을 골라야 한다. 이런 유형은 지문에서 답을 직접적으로 언급하지는 않지만, 지문에 사용된 단어와 어감에서 정답의 의미를 내포하고 있다.

1-4

大多数的人永远都嫌自己不够有钱。然而社会学家发现，当人们真正有钱之后，又会抱怨自己没有足够的时间。[1]从很多例子可以看出，越是有钱的人越没有时间，而穷人和那些失业的人，每天闲得难受。

人们追求财富，目的是为了让生活过得更好，可奇怪的是，人们一旦有了钱，反而更忙碌，更无法舒舒服服地过日子。

[2]当生活不富裕的时候，很多人都想过"等我有了钱以后就可以怎么样怎么样"。在人们的想象中，"有钱"代表自由、独立、随心所欲——夏天可以到海边度假，冬天可以到山上去滑雪。

然而，[3]当人们果真富有了，却发现自己根本无法去实现这些梦想——理由永远只有一个:"没时间!"不少高收入的人，几乎都是工作狂。

看来，"有钱"和"有闲"永远难以两全。难怪有人说:"[4]当你年轻、没钱时，希望能用时间去换金钱；当你有钱后，却很难再用金钱买回时间。"

대다수의 사람은 자신이 돈이 충분하지 못한 것에 언제나 불만스럽게 생각한다. 하지만 사회학자는 사람들이 정말로 부유해지고 나서, 자신에게 충분한 시간이 없다고 또 원망할 것임을 발견한다. [1]굉장히 많은 사례에서 볼 수 있듯이 돈이 많은 사람일수록 시간이 없지만, 가난한 사람과 그러한 실업자들은 매일 견딜 수 없을 정도로 한가하다.

사람들은 부를 추구한다. 목적은 생활을 더 윤택하게 보내기 위해서이다. 하지만 이상한 것은 사람들은 일단 돈이 많아지면, 오히려 더 바빠지고 더 편안한 나날을 지낼 수 없다.

[2]생활이 부유하지 않을 때, 많은 사람은 모두 '내가 돈이 많아진 후에는 뭐든지 할 수 있어'라고 생각한다. 사람들의 상상에서 '돈이 많다'는 것은 자유, 독립, 하고 싶은 대로 하는 것을 대표한다. 여름에는 해변에서 휴가를 보내고, 겨울에는 산에 가서 스키를 타는 것이다.

하지만 [3]사람들은 정말 부유해지고 나서 오히려 자신은 전혀 이러한 꿈을 실현할 수 없다는 것을 발견한다. 이유는 영원히 단 하나이다. '시간이 없다!' 많은 고수입자는 거의 모두 일벌레이다.

보아하니 '돈이 많다'와 '여유가 있다'는 영원히 양쪽 모두 만족하기 어렵다. 과연 어떤 이가 "[4]당신이 젊고 돈이 없었을 때, 시간을 써서 돈으로 바꾸고자 했지만, 당신이 돈이 많아진 후에는 오히려 돈을 써서 시간을 다시 사 오기는 어렵다."라고 말하는 것도 당연하다.

단어 **大多数** dàduōshù 명 대다수 | **永远** yǒngyuǎn 부 언제나 | **嫌** xián 동 불만스럽게 생각하다 | **不够** búgòu 동 불충분하다 | **有钱** yǒuqián 돈이 많다, 부유하다 | **然而** rán'ér 접 하지만 | **社会学家** shèhuì xuéjiā 명 사회학자 | **当** dāng 개 [바로 그 시간이나 그 장소를 가리킴] | **真正** zhēnzhèng 부 정말로 | **抱怨** bàoyuàn 동 원망하다 | **足够** zúgòu 형 충분하다 | **例子** lìzi 명 예, 보기 | **而** ér 접 그러나 | **穷人** qióngrén 명 가난뱅이 | **失业** shīyè 동 실업하다 | **闲** xián 형 한가하다 | **难受** nánshòu 형 견딜 수 없다 | **追求** zhuīqiú 동 추구하다 | **财富** cáifù 명 부 | **目的** mùdì 명 목적 | **生活** shēnghuó 명 생활 | **可** kě 접 [이어진 단문에서 사건의 전환을 나타냄] | **奇怪** qíguài 형 이상하다 | **一旦** yídàn 명 일단 | **反而** fǎn'ér 접 오히려 | **忙碌** mánglù 형 바쁘다 | **无法** wúfǎ 동 ~할 수 없다 | **舒舒服服** shūshu fúfú 형 편안하다

| 日子 rìzi 명 날 | 富裕 fùyù 형 부유하다 | 想象 xiǎngxiàng 명 상상 | 代表 dàibiǎo 동 대표하다 | 自由 zìyóu 명 자유 | 独立 dúlì 명 독립 | 随心所欲 suíxīn suǒyù 성 하고 싶은 대로 하다 | 海边 hǎibian 명 해변 | 度假 dùjià 동 휴가를 보내다 | 滑雪 huáxuě 동 스키를 타다 | 果真 guǒzhēn 부 과연 | 富有 fùyǒu 형 부유하다 | 却 què 부 오히려 | 根本 gēnběn 부 전혀 | 实现 shíxiàn 동 실현하다 | 梦想 mèngxiǎng 명 꿈 | 理由 lǐyóu 명 이유 | 收入 shōurù 명 수입 | 工作狂 gōngzuòkuáng 명 일벌레 | 看来 kànlái 동 보아하니 ~하다 | 闲 xián 명 여가 | 难以 nányǐ 부 ~하기 어렵다 | 两全 liǎngquán 동 양쪽 모두 만족하다 | 难怪 nánguài 부 과연 | 金钱 jīnqián 명 돈

1

★☆☆

社会学家有什么发现?	사회학자는 무엇을 발견하는가?
A 穷人都喜欢工作	A 가난한 사람은 모두 일을 좋아한다
B 越有钱越没时间	B 돈이 많을수록 시간이 없다
C 人们生活越来越闲	C 사람들의 생활이 점점 한가해진다
D 有时间的人最有钱	D 시간이 있는 사람이 가장 돈이 많다

단어 闲 xián 형 한가하다

해설 질문의 핵심 단어인 '社会学家(사회학자)'가 쓰인 첫 번째 단락에서 알맞은 답을 찾을 수 있다. 사회학자가 발견한 사실로 '从很多例子可以看出，越是有钱的人越没有时间(굉장히 많은 사례에서 볼 수 있듯이 돈이 많은 사람일수록 시간이 없다)'이라고 하므로 정답은 B이다.

정답 B

2

★★☆

人们在没钱的时候想的是什么?	사람들이 돈이 없을 때 생각하는 것은 무엇인가?
A 有了钱怎么用	A 돈이 많아지면 어떻게 사용하는가
B 用金钱买回时间	B 돈을 써서 시간을 되사온다
C 怎样得到更多的钱	C 어떻게 더 많은 돈을 얻는가
D 忙的日子是什么样的	D 바쁜 나날은 어떠한 것인가

해설 질문의 핵심 단어인 '没钱的时候(돈이 없을 때)'와 세 번째 단락의 '当生活不富裕的时候(생활이 부유하지 않을 때)'는 동일한 상황을 가리킨다. 따라서 지문에서 그 뒷부분을 읽어 보면 '很多人都想过 "等我有了钱以后就可以怎么样怎么样"(많은 사람은 모두 '내가 돈이 많아진 후에는 뭐든지 할 수 있어'라고 생각한다)'이라고 한다. 이로 보아 사람들은 돈이 없을 때, 돈이 많아진 상황을 생각하는 것이므로 정답은 A이다.

정답 A

3 ★☆☆

为什么人们富裕后却不能实现梦想?	왜 사람들은 부유해진 후에 오히려 꿈을 실현할 수 없는가?
A 不愿工作了	A 일하기를 바라지 않는다
B 时间太紧张	B 시간이 너무 부족하다
C 身体不好了	C 몸이 안 좋아진다
D 不再年轻了	D 더 이상 젊지 않다

단어 愿 yuàn 동 바라다 | 紧张 jǐnzhāng 형 부족하다

해설 질문의 핵심 단어인 '梦想(꿈)'이 쓰인 단락을 찾는다. 네 번째 단락에서 '当人们果真富有了，却发现自己根本无法去实现这些梦想——理由永远只有一个："没时间!"(사람들은 정말 부유해지고 나서 오히려 자신은 전혀 이러한 꿈을 실현할 수 없다는 것을 발견한다. 이유는 영원히 단 하나이다. '시간이 없다!')'이라고 하므로 정답은 B이다.

정답 B

글의 주제와 논리 관계 파악

4 ★☆☆

上文主要谈了什么?	위 글이 주로 이야기하는 것은 무엇인가?
A 穷人和富人	A 가난한 사람과 부유한 사람
B 时间和金钱	B 시간과 돈
C 理想和现实	C 이상과 현실
D 闲人和忙人	D 한가한 사람과 바쁜 사람

단어 理想 lǐxiǎng 명 이상 | 现实 xiànshí 명 현실

해설 글을 분석하고 요약해야 하는 문제로 이 지문의 주된 내용은 시간과 돈에 관한 것이다. 마지막 단락의 '当你年轻、没钱时，希望能用时间去换金钱；当你有钱后，却很难再用金钱买回时间(당신이 젊고 돈이 없었을 때, 시간을 써서 돈으로 바꾸고자 했지만, 당신이 돈이 많아진 후에는 오히려 돈을 써서 시간을 다시 사 오기는 어렵다)'이라는 내용은 지문의 내용을 더 명확하게 설명해 준다. 그러므로 정답은 B이다.

정답 B

플러스 해설

우선 지문을 빠르게 읽어 보면서 기본적인 내용을 이해한 후, 보기를 훑어보고 질문을 이해한다. 다음으로 지문에서 각 문제의 질문과 관련된 단락을 자세하게 읽는다.

유형 확인 문제

》해설서 127p

지문을 읽고 질문에 알맞은 보기를 고르세요.

[1-4]

美国新泽西州一所小学的校长戴维斯先生，为遵守对学生的承诺，傍晚爬上校舍屋顶度过了一个寒冷的夜晚。此前，他曾对学生说，如果他们在几个月内读完一万本书，他可以任由学生处置作为对学生的奖励。学生提前完成读书任务，他们选择的奖励是，让他在屋顶睡一个晚上。

这些孩子想出的处置校长的法子也太绝了，典型的捉弄人！可你不得不承认，这个法子很有创意，从捉弄人中透出了孩子们的顽皮可爱。我猜测，屋子附近的墙外，肯定有不少孩子睁着大眼睛在偷着乐呢！

尽管当天天气很冷，戴维斯仍然很坦然地主动带了帐篷和一些装备，自己爬上屋顶，睡了一夜。事后还说冷得值，如果这样能鼓励学生们阅读，他下次还会照做。

1. 校长由学生处置的条件是什么？

A 学生一个月内读完两万本书
B 学生天天上课不迟到
C 学生必须去做志愿者
D 学生几个月内读完一万本书

2. 为什么校长要去屋顶睡觉？

A 因为他喜欢看星星
B 因为他喜欢在屋顶上
C 因为他想体验野外生活
D 因为他要遵守对学生的承诺

3. 文章最后一句话是什么意思？

A 校长再也不想去屋顶睡觉了
B 校长不会再让学生去读书了
C 学生们会读更多的书
D 学生们想谁在屋顶上

4. 下面哪项最适合做本文的题目？

A 睡屋顶的校长
B 喜欢捉弄人的学生
C 让学生阅读的好方法
D 特殊的教育

03. 단어의 의미 파악하기

질문에서 언급하는 단어의 뜻은 대부분 지문의 내용과 관련이 있으며, 글의 전체 배경과 밀접한 관계를 가진다. 수험생의 단어와 구문에 대한 의미 파악 정도와 일정 수준의 난이도가 있는 문장을 독해하는 데 그 단어를 얼마나 활용할 수 있는지를 평가한다. 주로 일부 고정 격식, 일상 용어, 속담, 성어, 관용어, 다의어, 동의어 등이 있다.

시험에 자주 나오는 질문

第3段中画线词语的意思是什么? 세 번째 단락의 밑줄 친 단어의 의미는 무엇인가?

第4段中"…"是什么意思? 네 번째 단락의 '~'은 무슨 의미인가?

유형 익히기 1

1-4

世界上有三种丈夫:

[1, 3]第一种是不闻不问的丈夫。在你把一件衣服穿了两年之后，他总算注意到了:"亲爱的，这是件新衣服吧?"讨论这种丈夫没有什么意义，我们就随便他吧。至少他有一个优点: [3]能够让你自由地打扮。

第二种是理想的丈夫。对你穿的衣服真正感兴趣，并会提出建议。他能理解时尚，领会时尚，喜欢谈论时尚，知道什么最适合你，以及你最需要什么，他赞美你胜过赞美其他女人。[2]如果你碰到这样一个男人，一定要把他抓住——他可是极为稀有的，很难遇到。

第三种是管得太多的丈夫。他比你自己还清楚你适合穿什么，他决定你现在穿的衣服样式是好还是不好，他决定你应该去哪家商店买衣服。有时候，这种男人的选择会跟上目前的时代，不过大多数时候，

세계에는 세 가지 유형의 남편이 있다.

[1, 3]첫 번째 유형은 듣지도 묻지도 않는 남편이다. 당신이 옷을 2년 동안 입은 후에야 마침내 그는 주의를 기울인다. "자기야, 이거 새 옷이지?" 이런 남편을 논하는 것은 아무런 의미가 없고 그냥 우리 마음대로 하면 된다. 적어도 그는 장점이 하나 있는데, [3]당신이 자유롭게 꾸밀 수 있다는 것이다.

두 번째 유형은 이상적인 남편이다. 당신이 입는 옷에 진정으로 흥미를 느끼고 제안을 하기도 할 것이다. 그는 유행을 이해하고 파악할 수 있으며 유행에 대해 얘기하는 것을 좋아한다. 당신에게 가장 잘 어울리는 것과 당신에게 가장 필요한 것이 무엇인지 알고, 다른 여성을 칭찬하는 것에 능가하여 당신을 칭찬한다. [2]만약 당신이 이런 남자를 만난다면 반드시 그를 붙잡아야 한다. 그는 극히 드물며 매우 만나기 어렵기 때문이다.

세 번째 유형은 과도하게 관여하는 남편이다. 그는 당신 자신보다 당신에게 어울리는 옷이 무엇인지

[4]他都受他母亲衣着的影响，所以他的眼光——说得客气一点——至少停留在20年以前。	더 잘 이해한다. 그는 당신이 현재 입고 있는 옷 스타일이 좋은지 안 좋은지 결정하고, 당신이 어느 가게에 가서 옷을 사야 하는지 결정한다. 어떤 때는 이런 남자의 선택이 현재의 시대를 따르는 것일 수도 있다. 그러나 대다수에서, [4]그는 모두 그의 어머니 옷차림에 영향을 받은 것이므로, 그의 안목은 조금 예의를 차려서 말하면 최소한 20년 전에 머물러 있다.

단어 不闻不问 bùwén búwèn 성 듣지도 묻지도 않다 | 总算 zǒngsuàn 부 마침내 | 注意 zhùyì 동 주의하다 | 亲爱的 qīn'àide 자기야 [연인을 부르는 호칭] | 讨论 tǎolùn 동 토론하다 | 意义 yìyì 명 의미 | 随便 suíbiàn 동 마음대로 하다 | 至少 zhìshǎo 부 최소한 | 优点 yōudiǎn 명 장점 | 自由 zìyóu 형 자유롭다 | 打扮 dǎban 동 꾸미다 | 理想 lǐxiǎng 형 이상적이다 | 真正 zhēnzhèng 부 진짜로 | 并 bìng 접 게다가 | 提 tí 동 제기하다 | 建议 jiànyì 명 제안 | 理解 lǐjiě 동 이해하다 | 时尚 shíshàng 명 유행 | 领会 lǐnghuì 동 파악하다 | 谈论 tánlùn 동 논의하다 | 适合 shìhé 동 어울리다 | 以及 yǐjí 접 및, 그리고 | 赞美 zànměi 동 찬미하다 | 胜 shèng 동 능가하다 | 碰 pèng 동 만나다 | 抓 zhuā 동 붙잡다 | 可 kě 부 [평서문에 쓰여 강조를 나타냄] | 极为 jíwéi 부 극히 | 稀有 xīyǒu 형 드물다 | 遇 yù 동 만나다 | 管 guǎn 동 관여하다 | 样式 yàngshì 명 스타일 | 跟 gēn 동 뒤따르다 | 目前 mùqián 명 현재 | 时代 shídài 명 시대 | 不过 búguò 접 그러나 | 大多数 dàduōshù 명 대다수 | 母亲 mǔqīn 명 어머니 | 衣着 yīzhuó 명 복장, 옷차림 | 眼光 yǎnguāng 명 안목 | 客气 kèqi 형 예의를 차리다 | 停留 tíngliú 동 머물다

1

★☆☆

第一种丈夫：	첫 번째 유형의 남편은:
A 常给妻子买新衣服	A 자주 아내에게 새 옷을 사 준다
B 很少注意到妻子的衣服	B 아내의 옷에 거의 주의를 기울이지 않는다
C 不太喜欢妻子穿新衣服	C 아내가 새 옷 입는 것을 그다지 좋아하지 않는다
D 对妻子的衣服有很多要求	D 아내의 옷에 대해 요구가 매우 많다

해설 지문에서 '첫 번째 유형의 남편'에 대한 특징을 분명하게 언급하고, 문제의 질문에서 '첫 번째 유형의 남편'이라고 범위를 한정시킨다. 따라서 첫 번째 유형의 남편에 초점을 맞추어 독해 범위를 줄일 수 있다. 초반에 '**第一种是不闻不问的丈夫。在你把一件衣服穿了两年之后，他总算注意到了**(첫 번째 유형은 듣지도 묻지도 않는 남편이다. 당신이 옷을 2년 동안 입은 후에야 마침내 그는 주의를 기울인다)'라고 하므로 정답은 B이다.

정답 B

2

★☆☆

第3段中画线词语“稀有”最可能是什么意思?		세 번째 단락의 밑줄 친 단어 '희유'는 무슨 의미일 가능성이 가장 큰가?	
A 适合	B 真实	A 어울리다	B 진실하다
C 非常少	D 容易找到	C 매우 적다	D 쉽게 찾는다

단어 **真实** zhēnshí 형 진실하다

해설 우선 지문에서 '稀有(드물다)'라는 단어가 쓰인 문장을 찾는다. '如果你碰到这样一个男人，一定要把他抓住——他可是极为稀有的，很难遇到(만약 당신이 이런 남자를 만난다면 반드시 그를 붙잡아야 한다. 그는 극히 드물며 매우 만나기 어렵기 때문이다)'라는 문장에서 쓰인 '稀有(드물다)'와 '很难遇到(매우 만나기 어렵다)' 모두 두 번째 유형의 남편을 설명하는 단어로, 의미가 서로 비슷하기 때문에 정답을 유추할 수 있다. 따라서 정답은 C이다.

정답 C

3

★☆☆

以下所说哪一项不是第二种丈夫的优点?	다음에서 말하는 것 중 두 번째 유형 남편의 장점이 아닌 것은?
A 对你的穿衣提出建议	A 당신의 옷을 입는 것에 대해 제안을 한다
B 懂得时尚，并且知道你的需要	B 유행을 이해하고 게다가 당신의 요구를 알고 있다
C 赞美你胜过其他女人	C 다른 여성을 능가하여 당신을 칭찬한다
D 让你自由地打扮自己	D 당신이 자유롭게 자신을 꾸미게 한다

단어 **以下** yǐxià 명 아래의 말 | **懂得** dǒngde 동 이해하다 | **并且** bìngqiě 접 게다가

해설 지문에서 두 번째 유형의 남편에 대한 특징을 분명하게 언급하고, 문제의 질문에서 두 번째 유형의 남편이라고 짚어 가리키므로 독해의 범위를 줄일 수 있다. A, B, C의 내용은 모두 두 번째 유형의 남편에 대한 설명과 명확하게 일치한다. 그러나 D에서 쓰인 '让你自由地打扮(당신이 자유롭게 꾸미게 하다)'은 지문 두 번째 단락의 마지막 부분에서 일치하는 문장을 찾을 수 있다. 두 번째 단락의 내용은 첫 번째 유형의 남편에 대한 설명이므로 정답은 D이다.

정답 D

4

★☆☆

第三种丈夫在哪方面受到母亲的影响?	세 번째 유형의 남편은 어느 방면에서 어머니의 영향을 받았는가?
A 性格	A 성격
B 穿衣打扮	B 옷을 입는 것과 차림새
C 交际方式	C 교제 방식
D 处理问题的方式	D 문제를 처리하는 방식

단어 **性格** xìnggé 명 성격 | **打扮** dǎban 명 차림새 | **交际** jiāojì 동 교제하다 | **方式** fāngshì 명 방식 | **处理** chǔlǐ 동 처리하다

해설 질문의 핵심 단어 중 하나인 '影响(영향)'이 포함된 문장을 지문에서 찾는다. 네 번째 단락에서 '**他都受他母亲衣着的影响，所以他的眼光——说得客气一点——至少停留在20年以前**(그는 모두 그의 어머니 옷차림에 영향을 받은 것이므로, 그의 안목은 조금 예의를 차려 말하면 최소한 20년 전에 머물러 있다)'이라고 하므로 정답은 B이다.

정답 B

유형 확인 문제

》 해설서 129p

지문을 읽고 질문에 알맞은 보기를 고르세요.

[1-4]

朋友买了一辆新车。周末，我和他一起去试车。为了测试车的性能，我们把车开得很快。"我这辆车虽然不怎么有名，但速度也和那些好车差不多了吧。"朋友高兴地说。这时，前面的车突然停了，朋友急忙刹车，可是车滑行了好长一段路才停下来，差一点儿撞到那辆车。我和朋友都吓出了一身冷汗。"现在，我终于明白 一般车和好车的区别了！"朋友说。

其实，好车和一般车都可以开得很快，但它们在停车速度上却有很大的差别，好车可以更快地停下来。人生不也是这样吗？优秀的人不仅工作起来很有效率，他们也更懂得如何迅速地停下来。对于一件没有前途的事情，尽快地停下来才是最好的选择。

1. 作者和朋友为什么会很害怕？

A 车开得太快了　　B 车停不下来了
C 车撞到了前面的车　　D 车没能很快地停下来

2. 作者的朋友明白了好车：

A 更省油　　B 能开得更快
C 能停得更快　　D 能开得更稳

3. 作者认为优秀的人：

A 有更好的前途　　B 有更好的工作
C 工作的效果更好　　D 更明白如何迅速放弃

4. 作者的朋友一开始认为他的新车：

A 和好车差很多　　B 很有名
C 性能应该挺不错的　　D 开的速度比好车快

실전 연습 1

제3부분

● 71–90.
지문을 읽고 질문에 알맞은 보기를 고르세요.

71–74.

跟一位韩国朋友初次见面，我说：“韩国的书制作很精美！”我说的是肺腑之言，韩文版的《面包树上的女人》印刷得很漂亮。这位韩国朋友听到我的赞美，一边鞠躬一边说：“真的吗？谢谢你！”他那副开心的样子，好像书是他制作的。

我说：“近年韩国的电影很不错！”他听到了，谦虚地说：“是的！大家都很努力！”我说：“韩国的泡面很好吃！尤其有个‘辛’字的那种泡面，香港人都很喜欢吃。”他听见了，乐不可支，说：“真是太客气了！太客气了！”不知情的人，会以为他是泡面生产商。

负责翻译的他的朋友终于忍不住取笑他：“你不要老是以为整个韩国都是你的！”

韩国人很爱国，很团结，只要你称赞韩国任何一样东西，他们也认为你在称赞他们整个民族。他们以自己的民族为荣，绝不自私。假如我说：“韩国的女人很漂亮。”他大概也会说：“太谢谢你了！”好像韩国的女人都是他的。

这种精神，我们什么时候会有？

71. 第2段画线词语“乐不可支”是什么意思？

A 很高兴	B 不知道如何是好
C 骄傲自满	D 欣慰

72. 关于韩国朋友的身份，下面哪项是正确的？

A 导演	B 出版社人员
C 文章未提及	D 泡面生产商

73. 作者对韩国人的态度是怎样的?

A 鄙视　　B 敬佩

C 中立　　D 怨恨

74. 对文章最后一句话的理解，下面哪项是错误的?

A 我们要向韩国人学习

B 我们要有民族自豪感

C 我们要认为国家的东西都是我们的，都是可以随便用的

D 我们至今没有这种精神

75–78.

一天，一个年轻人开着一辆小轿车在路上行驶。忽然，一辆面包车从后面追上来，车上的老司机伸出手朝后面指了指，说:“后面……”话没说完就呼啸而过。

年轻人一看，非常气愤，心里想:“一辆小小的面包车也敢跟我比!”于是，一踩油门，超过了面包车。想不到过了几分钟，老司机又追了上来。“年轻人，后……”同样，话音未落便飞驰而过。“还敢嘲笑我!”年轻人再度加足马力，又超越了面包车。不过，没过多久，老司机又追了上来，并在前方停了下来。

年轻人更加火了，停下车质问老司机:“老同志，你到底想干吗?”老司机探出头，笑眯眯地朝年轻人说:“后……后……后备箱没关。”年轻人回头一看，不好意思地低下了头。

75. 老司机开车的速度和年轻人比起来:

A 一样　　B 快一点

C 慢一点　　D 快很多

76. 年轻人很气愤是因为:

A 被追上不服气　　B 自己的车不好

C 汽油快没了　　D 听不见老司机的话

77. 老司机为什么把车停下来?

A 他生气了　　B 要跟年轻人吵架

C 有事提醒年轻人　　D 想请年轻人帮忙

78. 年轻人的车怎么了?

A 跑得太快了　　B 车子坏了

C 后备箱没关　　D 车漏油了

79–82.

近日，广州市对广州不同阶层的20世纪70、80、90年代出生的青年，做了一次生活态度大调查。调查结果显示，这三个年代出生的青年在对重大问题的生活态度和心理特质上都呈现出较为明显的差别。

就拿工作观来说。“80后”非常抵制加班，高达67%的受访者肯定不会为了工作牺牲节假日休息时间，只有20%的受访者偶尔会把没有完成的工作带回家。

“70后”堪称“职场拼命三郎”，56%的受访者表示绝对听从老板命令，71%的受访者经常把没完成的工作带回家，48%的人一定会为了工作牺牲节假日休息时间，而且不计较加班酬劳。

张先生是某知名外企的销售职员，他所在的销售团队一共有19个人，其中7人是“80后”，12人是“70后”。他感觉与“70后”同事最大的差别是:“要加班时，他们会爽快地说‘没问题’，我们就急着编各种不能加班的借口。”

张先生认为，加班和小时候被老师留下来一样，“总之是发生在坏孩子身上的事，都令人感到羞愧”。他觉得:“要加班就是你工作时间内做得不够好。”同为“80后”的罗先生则认为，加班不是一种健康的值得提倡的生活方式。“以是不是加班来评价员工是不是敬业爱岗，是一种不正确的评价方式。”

然而，“70后”程先生却觉得，“70后”对加班不那么抵触，甚至愿意主动加班，是因为有更强的责任心和集体感。

79. 70、80 两个年代的年轻人：

A 观念差别不大　　B 只有工作观差别大

C 能够很好地相互理解　　D 很多方面的心态都不同

80. 哪项符合“80 后”的工作观?

A 工作是最重要的　　B 休息时间也要工作

C 不能放弃休息时间　　D 工资多一定会加班

81. 下面哪项正确?

A “80 后”为不加班找借口
B “80 后”看重加班工资
C “70 后”为了工资加班
D “70 后”喜欢说“没问题”

82. “80 后”认为加班表示:

A 有责任心的行为
B 能得到更多工资
C 工作效率不高
D 非常热爱工作

83 – 86.

小时候，我是学校乐团里5个拉小提琴的同学中最差的，同样拉一首曲子，老师很少表扬我。一次，学校要举办乐器比赛，我暗下决心，一定要用一个学期的时间，好好努力，争取拿到前三名。

可是说来容易，做起来难。在家里拉琴，哥哥说声音太难听、太吵，会影响他学习。我受到打击，抱着琴就跑出去了。我跑到了一个小树林里，这里没有其他人，没人表扬我，也没人批评我。就这样，每天放学以后，我都来到小树林拉琴。我拉了一个星期，第八天，我拉完琴以后，听见背后有人在鼓掌。我转过头去，是一个老爷爷，他对我笑了笑，点了点头，在我离开之前，转身走了。后来，每天我拉琴的时候，老爷爷都在不远处的椅子上听，结束以后，都为我鼓掌，然后离去。一天天坚持下来，我觉得自己有了进步，至少我拉的曲子有人喜欢听。期末乐器比赛的时候，我得了第二名。

第二天，我依旧去小树林拉琴，这次，还没等老爷爷转身离开，我就拉住他，准备告诉老爷爷这个好消息。我开口说："老爷爷，谢谢您！我昨天得奖了！"老爷爷脸上还是微笑，然后指了指耳朵，摇摇手，原来，他根本就听不见。

太多时候，要感谢那些鼓励过我们的掌声，它们轻轻帮我们打开了另一个世界。

83. "我"练琴得到了谁的支持？

A 老师　　B 哥哥
C 老爷爷　　D 没有人

84. "我"觉得小树林有什么好处？

A 没人批评　　B 没人表扬
C 没有人在意"我"　　D 以上都不是

85. 老爷爷为什么天天来听“我”练琴?

A 他觉得好听　　B 他要鼓励“我”

C 小树林是他的　　D 他是“我”的老师

86.“我”认为人生很多时候需要:

A 勤奋　　B 独立

C 鼓励　　D 坚持

87–90.

晋代书法家王献之从小跟书法家父亲王羲之学写字。有一次，他要父亲传授习字的秘诀，王羲之指着院里的十八口水缸说：“秘诀就在这些水缸中，你把这些水缸中的水写完就知道了。”

王献之不服气，认为自己年龄虽小，可是字已经写得很不错了。他下决心再练一段时间，在父亲面前显示一下自己的才能。他天天模仿父亲的字体，几个简单的笔画，练习了两年，才把自己写的字给父亲看。父亲笑了笑没有说话。王献之又练了两年各种各样复杂的笔画，然后给父亲看，父亲还是笑了笑。

王献之这才开始练完整的字，足足又练了四年，才把写的字捧给父亲看。王羲之看后，在儿子写的“大”字下面加了一点，成了“太”字。母亲看了王献之写的字，叹了口气说：“儿子练字练了三千日，只有这一点是像你父亲写的！”王献之听了，这才彻底服气了。从此，他更加下功夫练习写字了。

87. 王羲之指着水缸表示：

A 水缸里有秘诀　　B 要大量练习
C 用水缸装墨水　　D 水缸是老师

88. 王献之一开始是什么情绪？

A 谦虚　　B 严肃
C 骄傲　　D 快乐

89. 王献之是个怎样的学生？

A 头脑聪明的　　B 能坚持的
C 贪玩的　　D 懒惰的

90. 从母亲的话中，王献之明白了什么？

A 自己已经和父亲一样好了　　B 自己和父亲还有很大差距
C 母亲的话是最正确的　　D 父亲写的“太”是最好的

》 해설서 131p

실전 연습 2

제3부분

71–90.

지문을 읽고 질문에 알맞은 보기를 고르세요.

71–74.

研究表明，当今世界上的多数国家，男性都比女性寿命短。大多数男人不愿谈论自己的健康问题，而且经常拖着不去看病。在现代生活中，社会环境、企业环境和竞争激烈等现实，往往使男性处于亚健康状态；人际关系紧张，家庭生活出现的不协调，也使男性生理、心理问题层出不穷。

当然，男性一些不良的生活习惯也会损害身体健康，如吸烟、酗酒对身体的许多器官都有严重的不良影响。缺少锻炼也是非常重要的一个方面，很多男性不愿把时间"浪费"在锻炼上。

因此，男性朋友要特别注意以下几个问题：消除不良精神状态，即要时常进行自我调节，适当多参加各种娱乐、运动等，及时消除与发泄不良情绪，让自己保持乐观向上的精神状态；改变不良生活方式，即戒烟少酒，生活起居要有规律，少熬夜，保证充足、高质量的睡眠；调节饮食，重视补水，减少应酬，没有十分必要参加的宴会请尽量不参加。

71. 男性的寿命为什么比女性的寿命短？

A 因为男性的生理条件没有女性的好

B 因为男性脾气暴躁

C 因为男性不太注意自己的健康问题

D 因为男性比女性脆弱

72. 下列哪项不属于引起男性健康问题的因素？

A 家庭生活　　B 人际关系

C 竞争环境　　D 女性的示威

73. 根据上文，下面哪项是错误的？

A 大多数男性关注自己的健康　　B 男性比女性寿命短

C 很多男性处于亚健康状态　　D 很多男性不锻炼身体

74. 关于男性的健康问题，下面哪项是正确的？

A 男性的健康问题关系不大

B 男性并不怎么注意自己的健康问题

C 很多机构对男性的关注较多

D 男性的健康问题应由女性负责

75–78.

小王去一家大公司面试，和他一起去的还有其他三个人：小李、小周、小陈。当他们到了面试公司一楼大厅时，看见门口有一个通知："请×××公司面试人员走到20楼进行面试"。

他们四个一起向电梯口走去，却见电梯口写着："请面试人员走左边楼梯到20楼面试，谢谢!"小李说："真是的，面试还要这么为难我们，反正没人知道我们是来面试的，我们就坐电梯，他们也不知道！走楼梯到20楼人都会累死，哪还有精神面试。"小周和小陈都赞同。但小王却有些犹豫，后来还是决定走楼梯。小李他们三个都走进了电梯，小王走向楼梯。

小王一边上楼一边想，20楼还真难爬上去呀，但当他走到二楼时，上面牌子上写着："×××公司面试人员请进!"小王很顺利地应聘成功。而坐电梯到20楼的小李、小周和小陈从电梯一出来，就被告之他们都没有通过面试！原来，当初设置指示牌的是人事部经理，他是在考验应聘人员的诚实度。

75. 关于通知，正确的是：

A 通知是假的　　B 通知是个考验
C 只有小王看见　　D 通知是个玩笑

76. 三个人为什么乘电梯？

A 不相信通知内容　　B 偷懒怕累
C 他们放弃了面试　　D 他们身体不太好

77. 坐电梯为什么不能面试？

A 20 楼没有面试官　　B 坐电梯不符合礼仪
C 坐电梯不符合要求　　D 他们忘记了在二楼面试

78. 小王是个怎样的人？

A 诚实　　B 急躁
C 聪明　　D 专心

79–82.

王教授研究了一辈子的化学，以培养高质量人才而闻名学界。

这一天，研究生到他的工作室面试。“欢迎各位，感谢你们选择了我，这是我的荣幸。”王教授先发表了讲话，“我要先考考大家。”考试？几个年轻人都考到博士了，怕别的也不能怕考试，个个都准备给导师留下好印象。

王教授随手拉开一个抽屉，拿了个打火机，抽出一根烟点着。“问题是这样的，”王教授拿着打火机，“在不打开抽屉的前提下，怎么样才能把这个打火机放进抽屉里？”学生都呆住了。王教授喝起茶水，半个小时后，没人发言，又过去了20多分钟，学生们放弃了，请求王教授给出答案，因为他们认为这极有可能与王教授的新课题有关。

看了看大家，王教授有点儿失望。“答案很简单，那就是——这是不可能的。没有想到吗？以为我在利用宝贵的时间和你们开玩笑吗？”王教授严肃地说，“不错，你们是已经掌握了很多知识，也能解决一些高难度的问题，但是，你们忘记了一种能力，一种敢于否定的能力。而这种能力，是一个科研人员不可缺少的基本素质。”说完，他离开了工作室。工作室内一片安静。

对待生活、工作、学习中的问题，不要被自己的学识限制了思维，其实越简单的问题越易被困惑。

79. 最初，研究生认为考试：

A 难度很大　　B 和王教授的研究有关

C 没什么好怕的　　D 一定有好成绩

80. 王教授抽烟最可能是因为：

A 他用抽烟的时间等人　　B 他想展示考试的内容

C 他平时抽烟就很多　　D 他抽烟让自己清醒

81. 王教授的问题是考查:

A 研究生的否定能力
B 研究生的专业知识
C 研究生的忍耐能力
D 研究生的聪明程度

82. 文章认为人们解决问题应该具备:

A 博士学位
B 研究的能力
C 学习的能力
D 清醒的思维

83–86.

很多人称清晨喝杯咖啡后，才能神清气爽地开始工作。但最近研究人员发现，咖啡中的咖啡因带来的“兴奋效应”很可能只是人们的心理作用而已。

研究中，379名志愿者被要求在16个小时之内不得服用任何咖啡因饮料，16个小时之后一组开始饮用咖啡饮料，另一组以为自己饮用的也是咖啡饮料，而实际上没有。结果显示，两组志愿者的警觉兴奋程度并没有多大区别。

但是为什么人们在清晨一杯咖啡后感觉确实不太一样？研究人员称，原因很可能是这杯咖啡扭转了一夜没有咖啡因供给所带来的“疲惫效应”。

此项研究中，大约一半的志愿者不喝或者饮用很少量的咖啡饮料，而另一半志愿者过去饮用此饮料较多。研究显示曾饮用较多咖啡因饮料的人在饮用了假咖啡因饮料后，警觉度下降、更多人头痛，以前很少饮用咖啡因饮料的人则没有这些现象。

在补充了咖啡因之后，出现不适症状的人群得以恢复，但灵敏度并没有比其他人高多少，所以“咖啡因只能将人体机能带回到正常状态而已”。

据研究人员称，此项发现不仅适用于爱喝咖啡者，同样适用于清晨一杯茶才能使其投入工作的人群。

83. 研究认为咖啡的提神作用：

A 有时存在　　B 总是存在
C 根本不存在　　D 很可能不存在

84. 喝了咖啡的志愿者：

A 精神不好　　B 常常想睡
C 兴奋程度高　　D 兴奋程度正常

85. 符合“疲惫效应”的道理的是:

A 喝咖啡使人疲惫
B 不喝咖啡容易疲惫
C 常喝咖啡就不会疲惫
D 疲惫了才能喝咖啡

86. 最新研究想说明什么?

A 咖啡要少喝
B 咖啡提神不真实
C 咖啡因效应与心理作用有关
D 咖啡没有茶好处多

87–90.

坐在驾驶室里全神贯注地看着前方，不时看一下后视镜，从后视镜里可以看到我们走过的路。坐在人生的驾驶室里，全神贯注望着未来。不时回过头来看一下过去，从过去中可以看到我们走过的人生。

后视镜是重要的，没了它的驾驶过程让人心慌。过去也是重要的，没有了它的人生让人空洞。

但是，如果只看着后视镜，不看前方，更让人心慌，来自前方的冲撞比后面的冲撞要猛烈得多；如果只看过去，不看未来，更让人空洞，未来的障碍比过去的障碍更真实，更值得提防。只看着后视镜驾驶，一定会出车祸；只看着过去的生活，一定会把人逼疯。

回忆是后视镜里的公路，真真实实，却在一步一步离我远去。前面的路很长，人生还有希望。回忆还是偶尔看看，能使我们从中吸取一些必要的经验，可是毕竟我们不能活在回忆中，正如我们不能只看着后视镜驾驶一样。

87. 文章用后视镜里的风景比喻什么？

A 我们过去的生活　　B 我们欣赏的景色
C 接下去的人生　　D 我们遇见的人

88. 人生的后视镜有什么作用？

A 分辨好人和坏人　　B 躲开人生的阻碍
C 没有什么大作用　　D 吸取必要的经验

89. 文章认为开车时应该怎样？

A 时刻注视后面　　B 只看前面就可以了
C 躲过困难就可以了　　D 前后都要看看

90. 文章认为，最重要的是什么？

A 过去的经验　　B 经过的阻碍
C 前方的道路　　D 美好的回忆

》 해설서 143p

Memo

读
阅
독해

실전 테스트

≫ 해설서 155p

第一部分

第46-50题：请选出正确答案。

46–48.

有很多减肥的人都选择不吃晚饭，难道吃晚饭真的会发胖吗？这 __46__ 是广大减肥者对饮食最大的误解了。晚饭可以提供夜间休息时所需的 __47__ ，晚上不进食，对睡眠质量会产生影响。如果没有高质量的睡眠，怎么可能健康？ __48__ ，重要的是注意一天的饮食总量所含的脂肪和热量，不能忽视体育活动的重要性。

46. A 害怕　B 恐怖　C 恐怕　D 担心
47. A 能力　B 能量　C 力量　D 水分
48. A 想知道怎样健康　B 想拥有好的身材　C 想明白生活的乐趣　D 想变成运动健将

49–52.

女儿刚刚上大学一年级时，有一次在给家里写的信里谈到了我的老本行——天文学。信里说："爸，您总以为从前您给我 __49__ 星座时我不用心听，但前天晚上，我和一个普通朋友散步，我把北斗七星和猎户座 __50__ 给他看了，您一定很开心吧？"我在回信中说："的确很 __51__ 。前天夜里，我和你妈妈散步时也看到北斗七星了，但是我们并没有看见猎户座，因为每年这个时候，猎户座 __52__ 到凌晨一点才出现。"

49. A 解释　B 了解　C 告诉　D 批评
50. A 摸　B 指　C 拍　D 说
51. A 郁闷　B 忧伤　C 开心　D 平静
52. A 即将　B 就要　C 快要　D 才会

53–56.

昨天早晨，儿子跑来求我说："爸爸，给我买一个新的玩具车吧。"我一摆手，说："买了会 ___53___ 学习。"儿子见我不答应，觉得被泼了冷水，抱怨说："爸爸真小气！那我自己 ___54___ 。"昨晚我一下班回家，就打开电视，退后几步，一下子就重重地坐到了沙发上，只听见"咯吱"一声，吓得我马上从沙发上弹起来。我回头掀开沙发垫子一看，儿子的 ___55___ 已经变成两半了。儿子一见，就着急地说："爸爸， ___56___ ！"一旁的老婆笑着说："你是早就盼着你爸爸这一坐了吧。"

53. A 帮助　B 影响　C 破坏　D 消失

54. A 存钱　B 找妈妈　C 想办法　D 做一个

55. A 书本　B 书包　C 电话　D 玩具

56. A 您要赔我一个新的　B 您要给妈妈钱　C 您要把它修好　D 您马上把它扔掉

57–60.

有人问经济学家："小孩在班级里排到20名。我们想要他考到前几名。他倒是挺努力，很少看电视，但效果不是太 ___57___ 。我们很头疼，到底要不要给他树立目标呢？还是随他自己 ___58___ 算了？"经济学家给他讲了一个笑话。经济学家与物理学家在林中散步，忽然碰到一只大黑熊，经济学家见到这个景象，面色马上苍白，扭头就跑，物理学家说："别跑了，我们跑不过黑熊的。"而经济学家一边狂奔，一边回头说："这我知道，虽然我跑不过黑熊， ___59___ 。"经济学家的建议是目标应该树立，但是要树立 ___60___ 的、可以达到的目标。

57. A 明白　B 明显　C 显然　D 著名

58. A 挥洒　B 传播　C 发挥　D 发散

59. A 但我能跑过你　B 我想跑过黑熊　C 我追不上你　D 我一定能活下来

60. A 远大　B 理想　C 合法　D 合理

第二部分

第 61-70 题：请选出与试题内容一致的一项。

61. 赛龙舟，是端午节的主要习俗。相传最初的时候，爱国的屈原投江自杀，许多人划船追赶着去救他。他们争先恐后，追了很长的一段路。之后每年五月初五人们以划龙舟纪念屈原。借划龙舟驱散江中的鱼群，以免鱼吃掉屈原的身体。

A 端午节是庆祝比赛的节日
B 端午节是纪念屈原的节日
C 最初人们划船是为了追赶鱼
D 屈原最后被人们救活了

62. 每天，中国首都北京的天安门前都有很多人观看升国旗仪式。可是每天升旗的时间都不一样。天安门广场国旗的升旗时间，是根据北京的日出时间确定的，也就是说，天安门广场的国旗每天都是和太阳一起升起来的。

A 升旗时间每天都差不多
B 观看升旗的观众少就会取消仪式
C 太阳升起的时间决定升旗时间
D 阴天的时候是不升国旗的

63. 大城市比小城市工资高，城市化发展程度也高，即使这样，也吸引不了许多刚毕业的大学生留下来。大城市在总体建设上虽然好，可是竞争太激烈，物价水平也高，对于一个刚毕业的学生来说，在大城市辛苦地工作挣钱，却不能获得住在小城市生活的幸福感。

A 大城市能吸引许多毕业生
B 大城市的生活消费比较低
C 小城市的工资不能满足消费
D 小城市生活压力比大城市小

64. 绿豆汤是中国家庭夏季常见的饮料，小小的绿豆对身体的好处不少。可是有关专家同时也提醒，虽然绿豆有益，可不是每个人的体质都适合吃绿豆，而且吃绿豆也不是越多越好，相反，吃了过多的绿豆反而会对健康不利。

A 绿豆只有夏天才能吃

B 绿豆适合不同年龄的人

C 绿豆有益，可是要适量吃

D 专家认为其实绿豆并不好

65. 餐桌上的玉米可以穿到身上，这不得不说是服装材料的一大进步。化学材料制成的面料对皮肤造成的影响令人担忧，而玉米纤维制成的面料更加健康环保，而且吸湿排汗，容易清洗，穿着舒适。植物材料的种种优点，令其在服装界有良好的发展前景。

A 衣服材料都是植物做成的

B 化学材料不环保，可是安全

C 玉米纤维制成的面料容易坏

D 植物材料做的衣服环保健康

66. 娱乐节目在近年来的电视节目中取得了很不错的成绩，原因是简单的娱乐节目能缓解人们平时的工作压力。可是有一些学者担心，娱乐节目大幅增多，会影响一些有思想深度的节目的播出时间，使这些有社会意义的节目失去观众。

A 娱乐节目能使压力消失

B 喜欢看娱乐节目的观众并不多

C 娱乐节目使一些节目失去观众

D 有思想的节目已经没有人看了

67. 网络种菜游戏本来是一种调节人们生活的有趣的方式，可是不正当地对待就会造成相反的结果。有的人过分注重游戏的输赢、得失，上班时间依然沉迷种菜游戏，甚至影响晚上休息。这样一来，网络游戏反而成了正常生活的困扰。

A 网络游戏是生活的大部分
B 网络游戏有益处也有害处
C 网络游戏是每个人的生活困扰
D 网络游戏最适合晚上玩

68. 很多人要在实际生活中与电脑辐射保持一定距离有困难。例如有多台电脑的办公室，前后、左右都不能与电脑保持合适的距离。还有些人，每天操作电脑的时间不可能控制在3小时以内。在这样的情况下，唯一的办法是穿防护服，戴防护帽，但是，做到这样的可能性也不大。

A 远离电脑辐射不容易
B 办公室不应该放电脑
C 使用电脑是件麻烦的事情
D 应该提倡减少电脑的使用

69. 中国的一个少数民族——苗族的银饰品非常精美，每一件首饰都是艺术品，可是对苗族人来说，它们的价值超越了艺术品。在苗族古老的文化中，苗族人相信，“银”这种金属是能够保护他们的金属，能为他们带走不幸和灾难，带来平安和幸福。

A 苗族人都精通艺术品制作
B 苗族人刚刚流行戴银饰
C 银是苗族人保护自己的物品
D 只有戴了银饰才能幸运

70. 恋爱中的情侣们，往往喜欢在独立的空间或幽暗的环境里，不希望被其他人打扰。如果有一个人在他们周围，情侣们就会有被打扰的感觉，谈恋爱的气氛也许就消失了，这样的人，我们把他比喻成“电灯泡”。

A 谈恋爱的人会喜欢“电灯泡”

B “电灯泡”是制作台灯的配件

C 情侣们不希望身边有“电灯泡”

D 情侣们不喜欢开灯

第三部分

第71-90题：请选出正确答案。

71–74.

调查显示，小企业活力足，业务发展很快，经常面临人手不足的局面，人才招聘成为企业人力资源管理的重中之重，超过七成的企业将人才招聘列为企业人力资源管理的重心。

判断一个人是否适合负责招聘工作，可以从以下几个方面来评判：是否具有心理学和人力资源知识，是否具有丰富的生活阅历和工作经验，是否具有专业知识，是否能够察言观色和准确判断。另外，负责招聘的人一般应为性格开朗、情绪稳定、心理素质良好的人。

筛选适合企业需求的人选：

小企业要想节约招聘成本，就要严格按照企业需求职位的条件选择人。其中包括任职资格和胜任能力。

建立企业人才后备库：

招聘是现在小企业采用较多的人员补充方式。就现阶段而言，小企业仍以用人为主，培养不是企业的重点。企业培训需要时间、资金投入，代价大，也需要相关专业支持才能展开培训工作，比如素质模型、考核结果、培养方式的选择等，这会增加企业的经营压力。小企业不具备培养人才的条件和实力，这就需要企业对外来竞聘人才资源充分利用。

71. 给本文取一个合适的题目，是什么？

A 小企业的发展情况　　B 小企业怎样招聘人才

C 企业招聘时机　　D 企业人才的重要性

72. 下面哪项不是招聘人员应该具备的素质？

A 心理知识　　B 人生阅历

C 察言观色、判断力准确　　D 任何性格都可以

73. 为什么小企业喜欢招聘人才？

A 小企业喜欢变化
B 人才市场大
C 节约成本、时间
D 小企业人手过多

74. 什么是“伯乐”？

A 可以发现好马的人
B 善于招聘人才的人
C 一个人的名字
D 小企业中好的经历

75–78.

从前，有一个人很穷，一个商人觉得他很可怜，很想帮助他。于是，商人给了他一些钱，又为穷人买了一头健壮的耕牛。穷人很感激商人，发誓要辛勤劳作，改变穷苦面貌。

可是，商人离开不久，穷人就把那些钱花光了，日子过得比以前更艰难。穷人想，我不如卖了这头牛，再买回几只羊。杀其中的一只，剩下的用来生小羊，那么就可以渡过难关，日子照样可以很富足。

因此，他卖了牛，买了羊，等他吃掉两只羊后，也没见大羊生出小羊来。穷人很着急，他想不如把羊卖了，换成鸡，鸡生蛋的速度要快一些。可是，还没等鸡生下几个蛋，穷人已经把鸡杀得差不多了。当穷人只剩下最后一只鸡时，他想不如把鸡卖了，打一壶酒回来，还能享受一下呢。

75. 商人给穷人提供了什么帮助？

A 一些钱　　B 一头耕牛
C 几只羊　　D 一些钱和一头耕牛

76. 商人离开不久，穷人怎么了？

A 花光了钱　　B 过得比以前富足
C 辛勤劳作　　D 热爱生活

77. 下列哪样东西不是穷人自己买的？

A 牛　　B 羊
C 鸡　　D 酒

78. 这个故事的主要意思是什么？

A 只要得到了富人的帮助，我们的生活就会变好
B 要学会做生意，那样日子才能富足
C 人不能懒惰，一定要靠自己的劳动致富
D 做人要懂得知足

79–82.

当你走进市场，看到形形色色的食品，是不是不知该如何下手？就外观而言，有美有丑；就口味来讲，有好有差。另外，还有大小之分。但是选购食品不要以美丑、口味为标准，否则可能会错过很多健康食品。

先说外观吧。以韭菜为例，不少人喜欢挑长得“漂亮”的，而对叶子发黄的、外貌“丑陋”的则不屑一顾。但是正是这些“不屑一顾”的才是健康成长的韭菜的本来面目。而那些“漂亮”的大多是经过种植者“精心”培养出来的，最常采用的办法就是借助于农药。所以那些看上去好看的韭菜往往不利于身体健康。

再说香蕉，人们多喜欢皮色干净的产品，看不上那些黑斑累累、丑陋不堪的品种。其实，你又看走眼了。据日本科学家研究，香蕉的最大贡献在于含有具有抗癌作用的成分，这些成分在那些越是成熟、表皮上黑斑越多的香蕉中蕴藏越多。换言之，香蕉越丑越能抗癌。

食物的“个头”也有奥妙。人们去市场，总喜欢挑大个的。却不知时下的“大个”，意味着不安全。一些水果、蔬菜加了生长素、催熟剂，长得又快又大，很讨你的喜欢。如果长期食用这些蔬菜，会导致生长素、催熟剂在体内日积月累，埋下隐患。因此，面对那些外观超常、怪异的食物，如特别大的菜、鱼或鸡等，我们还是小心谨慎为好。

79. 根据上文，关于韭菜，正确的选项是：

A 叶子油绿的韭菜营养比较好

B 长得漂亮的韭菜常常被打了农药

C 叶子发黄的韭菜有害身体健康

D 丑陋的韭菜吃了没什么好处

80. 作者认为香蕉最好的地方在于：

A 营养丰富　　B 调理肠胃

C 具有抗癌成分　　D 可以装饰房间

81. 根据文章第 4 段，下列哪项是正确的?

A 自然生长的蔬菜比较健康

B 使用生长激素的食物味道更加鲜美

C 由于技术的提高，很多动植物变得越来越肥大

D 用了催熟剂的水果水分更加充足

82. 这篇文章主要是讲什么?

A 挑选食物时不要被它的外表所迷惑

B 要多吃含有抗癌作用的食物

C 长得丑陋的食物往往很难吃

D 长得娇小的食物非常安全

83–86.

南美洲有一种奇特的植物——卷柏。说它奇特，是因为它会走。为什么植物会走呢？这是生存的需要。卷柏的生存需要充足的水分，当水分不充足的时候，它就会自己把根从土壤里拔出来，让整个身体缩卷成圆球状。由于体轻，只要稍有一点儿风，它就随风在地面上滚动。一旦滚到水分充足的地方，圆球就会迅速地打开，根重新钻到土壤里，暂时安居下来。当水分又一次不足时，它会继续游走寻找充足的水源。

难道卷柏不走就生存不了了吗？为此，一位植物学家对卷柏做了这样一个实验。用木板圈出一块空地，把一棵游走的卷柏放入空地上水分最充足的地方。不久，卷柏便扎根生存下来。几天后，当此处水分减少的时候，卷柏便抽出根须，卷起身子准备换地方。可实验者隔绝一切可能将它移走的条件。不久，实验者看到了一个有意思的现象，卷柏又重新扎根生存在了那里，而且在几次又将根拔出，几次又动不了的情况下，便再也不动了。实验还发现，此时卷柏的根已深深地扎入泥土，而且长势比任何一段时间都好，可能是它发现了扎根越深，水分越充分。

生活中我们有很多人也像卷柏一样，为了寻找一个好工作，频繁地跳槽。可我觉得，这个世界上根本就找不到最适合自己的工作。在这种情况下，学会适应，也许就是生存最基本、最重要的本领了。

83. 为什么说卷柏是奇特的？

A 因为它会随风滚走
B 因为它的叶子很特别
C 因为它会跑
D 因为它的生命需要充足的水分

84. 关于实验，下列哪项是正确的？

A 实验中，卷柏被迫不能走
B 由于没有了充足的水分，卷柏死了
C 卷柏不能适应环境
D 根扎得越深，水分越少

85. 卷柏指什么人？

A 常常换工作的人
B 喜新厌旧的人
C 没有耐心的人
D 崇尚金钱的人

86. 最后一段话是什么意思?

A 为了得到更好的待遇，我们要不断地换工作

B 只有学会适应，才能活得更好

C 世界上本来就没有最适合自己的工作，因此随便找份工作就行了

D 好工作是不能强求的

87–90.

梅兰芳(1894－1961)，1894年生于北京，他出生于京剧世家，10岁登台在北京广和楼演出《天仙配》,演花旦，1911年北京各界举行京剧演员评选活动，梅兰芳名列第三。1913年，他首次到上海演出，演出了《彩楼配》《玉堂春》《穆柯寨》等戏，初来上海就风靡了整个江南。他吸收了上海戏曲、新式舞台、灯光、化妆、服装设计等改良成分，返京后创演时装新戏《孽海波澜》。第二年再次来沪，演出了《五花洞》《真假潘金莲》《贵妃醉酒》等拿手好戏，一连唱了34天。

回京后，梅兰芳继续排演新戏《嫦娥奔月》《春香闹学》《黛玉葬花》等。1916年第三次来沪，连唱45天。1918年后，移居上海，这是他戏剧艺术的顶峰时代。他的戏曲综合了各种表演方式，形成独具一格的梅派。梅兰芳大量排演新剧目，在京剧唱腔、念白、舞蹈、音乐、服装上均进行了独树一帜的艺术创新，被称为梅派大师。

87. 梅兰芳家里是做什么的?

A 做生意　　B 开药店

C 当老师　　D 唱戏

88. “风靡”在文章中是什么意思?

A 风很大　　B 不受欢迎

C 影响　　D 很受欢迎

89. 梅兰芳对戏剧的贡献是什么?

A 唱得好　　B 演出很多

C 影响很大　　D 对戏剧的创新

90. 关于梅兰芳，下面哪项是错误的?

A 梅兰芳活了 67 岁　　B 梅兰芳在上海很受欢迎

C 梅兰芳一直住在上海　　D 梅兰芳对京剧贡献很大

新HSK
쓰기
5

书写

알아보기

제1부분

제시된 단어로 문장 완성하기

제2부분(1)

제시된 단어 보고 작문하기

제2부분(2)

제시된 사진 보고 작문하기

실전 테스트

新HSK 5급 쓰기 알아보기

新HSK 5급 쓰기 영역에서는 제시된 단어를 중국어의 정확한 어순에 맞게 배열하여 문장을 완성하고, 적절하고 자연스러우며 구조가 정확한 짧은 글도 작문해야 한다. 또한, 제시된 사진에 대한 자신의 관점을 묘사, 설명, 해설하고 매끄러운 문장으로 적절하게 표현할 수 있어야 한다.

● 기본 사항

문제 수: 10문제

시험 시간 : 40분 (답안 작성 시간 포함)

부분	문제 유형	문제 수
제1부분	제시된 단어로 문장 완성하기	8문제(91–98번)
제2부분	제시된 단어 보고 작문하기(80자 내외)	2문제(99–100번)
	제시된 사진 보고 작문하기(80자 내외)	

● 쓰기 문제 유형 설명

新HSK 5급 쓰기는 두 부분으로 나뉘고 모두 10문제로 전부 서술형이다. 시험 시간은 40분이고 만점은 100점이다.

쓰기 제1부분은 제시된 단어를 배열하여 문장을 완성하는 것이다. 각 문제마다 임의로 나열된 몇 개의 단어가 있는데, 해당 단어를 어순에 맞게 배열하여 하나의 완전하고 정확한 문장을 완성해야 한다.

쓰기 제2부분의 99번 문제는 제시된 5개의 단어를 전부 사용하여 한 편의 짧은 글을 작문하는 것이고, 100번 문제는 사진을 보고 짧은 글을 작문하는 것이다.

쓰기 고득점 Tip

▶▷ 제1부분 응시 요령

뒤의(p.170) '쓰기 기본 어법' 내용을 참고하도록 한다.

▶▷ 제2부분 응시 요령

1. 99번 문제에 제시되는 단어로는 주로 명사, 형용사, 동사가 나오며, 학업이나 일상생활에 관한 주제를 떠올려 짧은 글을 작문해야 한다.
2. 100번 문제는 사진을 보고 대략적인 내용을 떠올려 짧은 글을 작문해야 한다.
3. 시험 시간을 효율적으로 배분하고, 긴장하거나 준비가 미흡하여 고득점을 받지 못하는 상황을 피하기 위해 미리 구상하는 시간, 초고 작성 시간, 답안 작성 시간을 분배하는 연습을 많이 해야 한다.
4. 이야기가 탄탄하고 단어의 조합이 매끄러우며, 복잡한 문형 및 수식어와 단어를 잘 활용할수록 더욱 높은 점수를 받을 수 있다.
5. 한자와 문장 부호 등에 오류가 없는지 더욱 세심하게 검토해 문장의 정확성을 높인다.
6. 작문은 오랜 시간 꾸준하게 노력해야만 실력이 향상될 수 있다.

▶▷ 정확한 한자와 문장 부호 쓰기

수험생은 시험 문제를 보고 직접 한자를 써야 한다. 비슷하게 생긴 한자라도 점의 위치, 획의 방향 등에 따라 전혀 다른 한자가 되므로, 답안지에 답안을 작성하고 난 후 다시 한번 한자가 정확한지 확인한다. 또한, 정확한 문장 부호 사용에도 주의해야 한다.

- 가장 기본적인 평서문에는 마침표(。)를 쓴다.
- 의문문에는 물음표(?)를 쓴다. 문장 끝에 '了吗', '吗', '吧', '呢' 등이 있으면 의문문일 가능성이 있음을 염두해 둔다.
- 감탄문에는 느낌표(!)를 쓴다. 문장 끝에 어기조사 '啊'나, 문장 가운데 부사 '多么', '真', '太' 등과 같은 단어들이 있으면 감탄문일 가능성이 있음을 염두해 둔다.
- 명령문은 어기의 경중에 따라 마침표를 사용할지 느낌표를 사용할지를 선택한다.

뒤의(p.176) '쓰기 원고지 작성법' 내용을 참고하도록 한다.

쓰기 기본 어법

1. 중국어의 문장 성분과 품사

중국어에서 문장 성분이 되는 품사에는 주로 대명사, 명사, 동사, 형용사, 부사, 수사, 양사 등이 있다. 중국어의 부사는 오직 부사어만 될 수 있는 것을 제외하고, 다른 품사들은 모두 여러 가지 성분을 겸할 수 있다. 쓰기 제1부분의 문제를 잘 풀기 위해서는 중국어 문장의 기본 구조, 문장 성분과 품사와의 대응 관계, 특수 문형 등을 잘 이해해야 한다.

문장 성분

주어 술어 목적어 보어 부사어 관형어

문장 성분과 품사의 대응 관계

주어	대명사, 명사
술어	동사, 형용사
목적어	대명사, 명사
보어	동사, 형용사
부사어	부사, 조동사, 개사, 형용사
관형어	대명사, 명사, 동사, 형용사

2. 중국어의 기본 구조

(1) 기본 구조와 문장 필수 성분

주어 + 술어 예 你好! / 大家唱。

주어 + 술어 + 목적어 예 我爱你。/ 我们学习汉语。

(2) 기본 구조와 문장 수식 성분

① **관형어**는 주어나 목적어 앞에 위치하고, 사이에 구조조사 '的'를 사용하여 연결하기도 한다.

관형어 + 주어 + 술어 + 관형어 + 목적어

예 我的好朋友给我一本新书。

② **부사어**는 술어 앞에 위치하고, 사이에 구조조사 '地'를 사용하여 연결하기도 한다.

주어 + 부사어 + 술어 + 목적어

예 我们非常喜欢王老师。
他高兴地回到了家。

부사어는 일반적으로 주어 뒤, 술어 앞에 위치하지만, 주어 앞에 위치해 문장 전체를 수식하기도 한다.

부사어 + 주어 + 술어 + 목적어

예 来中国以前我不会说汉语。

③ **보어**는 술어 뒤에 위치하여 술어인 동사나 형용사에 대한 보충 설명을 한다. 사이에 구조조사 '得'를 사용하여 연결하기도 한다.

주어 + 술어 + 보어

예 他们跑上去。
他走得很快。
同学们兴奋得跳了起来。

3. 중국어의 특수 문형

(1) '是…的' 강조문

이 문형은 동작이 이미 발생했거나 완료된 것으로, 동작의 발생 시간, 장소, 방식, 수단, 목적, 동작의 주체 등을 강조할 때 사용한다. 이때 '是'는 생략할 수 있지만, 부정문이나 주어가 지시대명사인 문장에서는 생략할 수 없다.

• 기본 구조

주어 + 是 + 강조 내용 + 동사 + 的

예 她是昨天到中国的。 ▶ 동작의 발생 시간을 강조
他是坐飞机来的。 ▶ 동작의 방식을 강조
她是在我们学校学汉语的。 ▶ 동작의 발생 장소를 강조

• 관련 용법

① 동사의 목적어가 있다면 '的'는 목적어 뒤에 위치한다.
예 我是去年开始学习汉语的。

② 목적어를 강조한다면 '的'는 목적어 앞에 위치할 수 있다.
예 我中午是吃的面条。 ▶ 점심 때 밥이 아닌 면을 먹었다는 사실을 강조

③ 동사가 동목구조로 이루어진 이합동사라면 '的'는 이합동사 사이에 위치할 수 있다.
예 他们是上个月结的婚。

④ 동사의 목적어가 장소명사라면 목적어는 '的' 앞뒤에 모두 위치할 수 있다.
예 我是七点半到学校的。 or 我是七点半到的学校。

⑤ 부정형은 '不是…的'이며 '没'나 '没有'는 사용할 수 없고, '是'도 생략할 수 없다.
예 他不是坐车来的学生。

(2) 비교문

서로 비교하는 두 개의 대상이 동시에 출현할 때, 일반적으로 개사 '比'를 사용하여 비교 대상의 다른 점을 설명한다.

• 기본 구조

A 比 B + 술어
예 今天比昨天更热。

• 관련 용법

① 술어로는 보통 형용사, 형용사구, 혹은 동사구가 사용된다. 부사 '更'이나 '还'를 형용사 술어 앞에 사용하여 비교 정도를 나타낼 수 있다.

예 小李比那个两米高的运动员更高。

② 술어 뒤에 보어 '多了/得多', '一点/一些' 혹은 구체적인 수량을 나타내는 보어나 목적어를 사용할 수 있다. 이때, 술어 앞에 '更'이나 '还'는 사용할 수 없다.

예 他现在的汉语比以前好多了。
哥哥比弟弟大两岁。

③ 부정형은 '没有'를 많이 사용한다.

예 这件衣服比那件漂亮。 ▶ 긍정
那件衣服没有这件漂亮。 ▶ 부정

'不'를 사용하여 부정을 하면, 두 가지 의미를 가진다.

예 他不比我高。 ▶ 그는 나보다 키가 작다. / 그는 나만큼 키가 크다.

(3) 把자문

'把자문'은 개사 '把'를 사용하여 목적어를 동사 술어 앞으로 도치시켜 부사어로 만드는 문형이다. '把자문'은 목적어에 대한 술어의 영향이나 그에 의해 발생되는 어떠한 결과를 더욱 강조한다.

• 기본 구조

주어 + 把 + 목적어 + 동사 + 기타 성분

예 你把玩具收拾一下吧。

• 관련 용법

① 기타 성분에는 여러 형식이 있으며 주로 결과보어, 개사구보어, 방향보어, 정도보어 등이 있다.

예 他把门关上了。 ▶ 결과보어
请把画挂在墙上。 ▶ 개사구보어
那个孩子把垃圾倒进去了。 ▶ 방향보어
那位小说家把这次火灾写得太逼真了。 ▶ 정도보어

② 조동사, 부정부사 등은 '把' 앞에 위치한다.

예 你要把作业做完。
他没把房间打扫干净。

③ '把'의 목적어는 청자가 듣고 이해할 수 있는 구체적인 것으로, 동작의 목적어가 분명해야 한다.

예 把一本书给我。(X)
把那本书给我。(O)

④ '把자문'의 동사 술어는 반드시 목적어를 가지는 것이어야 하며, '是', '有', '知道', '觉得', '来', '爱', '发生' 등의 인지, 감각, 심리 활동을 나타내는 동사는 '把자문'에 사용할 수 없다.

(4) 被자문

'被자문'은 동작의 객체가 주체의 영향을 받아서 어떤 결과가 나타났음을 설명하는 것으로, '~에게 ~당하다'라는 의미이다. 개사 '被'(혹은 '叫', '让' 등)를 사용하여 동작의 주체를 이끌어 내며, 주어가 동작의 객체, 목적어가 동작의 주체가 된다.

• 기본 구조

주어 + 被 + 목적어 + 동사 (+ 기타 성분)

예 玩具被他摔坏了。

• 관련 용법

① 동작의 주체(목적어)를 말할 필요가 없을 때, 목적어는 생략할 수 있다.

예 中国足球队被淘汰了。

② '为…所…'에서 파생된 문형도 있다.

주어 + 被/为 + 목적어 + 所 + 동사

예 这件事已经被人们所忘记。

③ 조동사, 부정부사 등은 '被' 앞에 위치한다.

예 这个秘密不能被任何其他人知道。

(5) 존현문

존현문은 사람이나 사물의 존재, 출현, 소실 등을 나타낸다.

• 기본 구조

주어(장소, 방위사) + 동사 + 목적어

• 관련 용법

① 동사 뒤에 보통 '着'를 쓰고 '了'를 사용할 때도 있으며, 인물과 환경 등을 묘사하는 데 쓰인다.

예 墙上挂着一幅画。
他穿着一件皮大衣。
桌子上放了一本书。

4. 중국어의 보어 성분

보어는 중국어에서 비교적 특수한 문장 성분으로, 주로 술어 뒤에 놓여 동사나 형용사에 대한 보충 설명을 한다.

<table>
<tr><th>종류</th><th>의미</th><th>긍정형 예문</th><th>부정형 예문</th><th>'得'의 유무</th></tr>
<tr><td>결과보어</td><td>동작의 결과를 표현</td><td>写完</td><td>没(有)写完</td><td>없음</td></tr>
<tr><td rowspan="2">정도보어</td><td rowspan="2">정도를 표현</td><td>吃得很多</td><td>吃得不多</td><td rowspan="2">있음
('极了'는 없음)</td></tr>
<tr><td>好得很
好极了</td><td>없음</td></tr>
<tr><td>정태보어</td><td>동작이나
상태를 표현</td><td>高兴得跳起来
吵得我头疼</td><td>없음</td><td>있음</td></tr>
<tr><td rowspan="4">방향보어</td><td rowspan="4">동작의 방향을 표현</td><td>回去
回宿舍去</td><td rowspan="4">'没(有)'를
사용하여 부정함

가정문이나
조건문은 '不'를
사용하여 부정함</td><td rowspan="4">없음</td></tr>
<tr><td>走进来
走进教室来</td></tr>
<tr><td>拿来
拿一本书来
拿来一本书</td></tr>
<tr><td>拿出来
拿一本书出来
拿出一本书来
拿出来一本书</td></tr>
<tr><td rowspan="2">수량보어</td><td>동작의 횟수를 표현</td><td>看一次
看他一次</td><td rowspan="2">없음</td><td rowspan="2">없음</td></tr>
<tr><td>동작이 지속된
시간을 표현</td><td>等了二十分钟
等了他二十分钟
等他等了二十分钟</td></tr>
<tr><td>가능보어</td><td>결과의 가능
여부를 표현</td><td>听得懂
爬得上
吃得了</td><td>听不懂
爬不上
吃不了</td><td>긍정일 때는 있음,
부정일 때는 없음</td></tr>
</table>

쓰기 원고지 작성법

쓰기 제2부분의 답안은 중국어 문장의 유연성 및 문장 부호 사용법 등 기본적인 작문 규칙을 이해하는지도 본다. 그러므로 원고지 형식에 맞춰 답안을 작성하는 연습을 해야 한다. 다음에 정리된 원고지 작성법을 익히고, 연습을 통해 글자수에 대한 감 또한 익힐 수 있도록 한다.

1. 작문은 80자 내외로 해야 한다. 新HSK 5급 쓰기 제2부분 답안지의 원고지 규격은 가로 16칸, 세로 7칸으로 총 112칸이다. 원고지의 5행까지가 80자이므로 5행 이상 쓸 수 있도록 연습한다.

2. 단락의 첫 번째 문장은 두 칸을 띄우고 시작한다.

╳	╳	随	着	科	学	技	术	的	发	展	，	人	们	的	生
活	水	平	也	越	来	越	提	高	了	。					

3. 한자와 알파벳 대문자는 한 칸에 한 글자씩, 알파벳 소문자와 숫자는 한 칸에 두 글자씩 쓴다.

20	16	年	10	月	9	号	≷		1	%	≷	99	%		
A	B	C	D	≷		ab	cd								

4. 문장 부호는 한 칸에 하나씩 쓰는 것이 원칙이다. 마침표(。), 쉼표(，), 모점(、), 느낌표(！), 물음표(？), 쌍점(：), 쌍반점(；)은 한 칸에 하나씩 쓰고, 따옴표(" ")는 앞뒤 부호를 각각 한 칸에 하나씩 쓴다. 원고지에서 쓰이는 문장 부호의 위치는 다음의 예시를 참고한다.

。	，	、	！	？	：	；	"	"

하지만 따옴표(" ")는 앞뒤에 다른 문장 부호가 있을 경우, 그 문장 부호와 함께 한 칸에 쓰고, 줄임표(……)와 줄표(——)는 두 칸에 나누어 쓴다. 원고지에서 쓰이는 문장 부호의 위치는 다음의 예시를 참고한다.

："	？"	—	—	…	…

5. 행의 마지막 칸에서 문장이 끝났다면, 문장 부호는 다음 행으로 넘기지 않고 마지막 글자와 함께 한 칸에 쓴다.

╳	╳	上	周	六	我	去	服	装	店	买	了	一	条	裙	子。

6. 원고지 답안 작성 예시

		每	个	人	都	会	有	犯	错	误	的	时	候	，	尤
其	是	还	不	懂	事	的	小	孩	子	。	在	面	对	错	误
时	，	最	关	键	的	是	要	学	会	虚	心	接	受	批	评
及	时	积	极	地	改	正	。	从	错	误	中	积	累	教	训
和	经	验	，	只	有	这	样	，	孩	子	们	才	能	够	健
康	茁	壮	的	成	长	。									

7. 쓰기 제2부분 원고지 작성 문제는 문장 부호도 한 글자로 판단하여 채점하므로, 정확하게 사용하여 감점되지 않도록 한다. 중국어의 문장 부호 종류는 다음과 같다.

句号 마침표	。	평서문의 맨 끝에서 문장이 끝남을 나타낸다. 가운데가 까맣게 채워지지 않으니 주의해야 한다.
逗号 쉼표	，	문장 속에서 쉼을 나타내며 주절과 종속절 등의 절을 구분한다.
顿号 모점	、	문장 속에서 병렬 관계의 단어 혹은 구를 나열할 때 사용한다.
叹号 느낌표	！	감탄문이나 명령문, 반어문의 끝에서 감탄, 놀람, 명령, 질책 등의 어기를 나타낸다.
问号 물음표	？	의문문이나 반어문 끝에 쓰여 의문의 어기를 나타낸다.
冒号 쌍점	：	문장을 인용하거나 부연 설명을 할 때 사용한다.
分号 쌍반점	；	병렬 혹은 대비되는 두 개 이상의 구나 문장을 나열할 때 사용한다.
引号 따옴표	“ ”	사람의 말을 직접 인용하는 대화체일 때 사용한다.
省略号 줄임표	……	단어를 생략하거나 말을 다하지 않고 줄일 때 사용한다.
破折号 줄표	——	구나 문장의 내용을 보충 설명할 때 사용한다.

书写

쓰기

제1부분

제시된 단어로 문장 완성하기

쓰기 제1부분

미리 보기

쓰기 제1부분은 8문제(91~98번)이며, 각 문제에 제시된 단어를 사용하여 하나의 문장을 완성하는 것이다. 구체적으로, 제시된 단어를 배열하여 중국어 어순에 맞는 문장을 만들고 적당한 문장 부호를 써야 한다. 그러므로 중국어 문장의 기본 구조, 문장 성분과 품사와의 대응 관계, 특수 문형 등을 잘 이해하고 있어야 한다.

제1부분 – 제시된 단어로 문장 완성하기

문제

〉〉 해설서 181p

第一部分

第91-98题：完成句子。

列如：发表　　这篇论文　　什么时候　　是　　的

　　这篇论文是什么时候发表的?

91. 水　　请　　那杯　　给我　　把

답안

三、书写
91. 请把那杯水给我。

답안지에 옮겨 적을 때 틀리지 않도록 주의하세요!

01. 품사와 문장 성분 파악하기

수험생은 제시된 단어를 보고 어떤 특성을 갖고 있는지 잘 살펴본다. 단어의 품사를 확인하고 그것이 문장에서 어떤 성분을 갖는지 파악해야 한다.

유형 익히기 1

★☆☆

真　香　妈妈　菜　做的	
정답 妈妈做的菜真香。	어머니가 만든 음식은 정말 맛있다.

단어 香 xiāng 형 맛있다

해설 **1. 술어 찾기 :** 형용사 '香'은 '(음식이) 맛있다'라는 뜻으로 문장의 술어 자리에 배치한다.

2. 주어 찾기 : 형용사 '香(맛있다)'은 목적어를 가질 수 없으며, 맛있는 대상은 '菜(요리)'이므로 명사 '菜(요리)'가 이 문장의 주어가 된다.

3. 관형어와 부사어 찾기 : '妈妈做的(어머니가 만든)'는 관형어로 뒤에 오는 명사 '菜(요리)'를 수식하고, 정도부사 '真(정말)'은 부사어로 술어 앞에 배치한다.

妈妈做的	菜	真	香。
관형어	주어	부사어	술어

유형 익히기 2

★★☆

良好的　　她　　教育　　受过	
정답 她受过良好的教育。	그녀는 좋은 교육을 받았다.

단어 良好 liánghǎo 형 좋다 | 教育 jiàoyù 명 교육 | 受 shòu 동 받다

해설 **1. 술어 찾기 :** 동태조사 '过'와 함께 쓰인 '受(받다)'가 이 문장의 술어가 된다.

2. 주어와 목적어 찾기 : 무언가를 받을 수 있는 주체인 인칭대명사 '她(그녀)'가 주어이고, 명사 '教育(교육)'는 목적어가 된다.

3. 관형어와 부사어 찾기 : 구조조사 '的'와 함께 쓰인 '良好的(좋은)'는 목적어인 '教育(교육)'를 수식하는 관형어이다.

她	受过	良好的	教育。
주어	술어	관형어	목적어

플러스 해설

'受(받다)'는 이 문장에서 '接受(받다)', '得到(얻다)'의 의미로 사용되었으며, 주로 '受欢迎(환영을 받다)', '受训练(훈련을 받다)' 등의 조합으로 자주 쓰인다.

유형 확인 문제

》 해설서 181p

제시된 단어로 어순에 맞는 문장을 완성하세요.

1. 大笑　　忍不住　　起来　　他

→ ______________________________

2. 至今　　收入水平　　老百姓的　　仍然　　非常低

→ ______________________________

02. 조합할 수 있는 단어 먼저 배치하기

제시된 단어가 너무 많아서 한번에 어순을 파악할 수 없다면, 우선 함께 배치할 수 있는 단어를 조합한 후에 조합된 부분을 다시 배치한다.

유형 익히기 1

★★☆

想	礼物	回	我	带	这些	把	去	国

정답 我想把这些礼物带回国去。 나는 이 선물들을 가지고 귀국하고 싶다.

단어 礼物 lǐwù 명 선물 | 带 dài 동 가지다 | 把 ba 개 ~을

해설 1. **술어와 보어 찾기 :** 이 문장은 '把자문'으로 목적어와 술어의 위치가 기본 어순과 다르다는 것을 이해하고 있어야 한다. 핵심 동사인 '带(가지다)'를 술어로 배치하고, '回去'로 묶어 복합방향보어 형태로 술어 뒤에 붙여서 '带回去(가지고 가다)'로 조합한다.

2. **주어와 목적어 찾기 :** 주어는 인칭대명사 '我(나)'이며, '礼物(선물)'와 '国(나라)' 두 개의 명사가 남는다. '国(나라)'는 '把'의 목적어가 될 수 없기 때문에 '礼物(선물)'가 '把'의 목적어가 되고, '国(나라)'는 술어 '带(가지다)'의 목적어가 된다. 그리고 '国(나라)'는 장소를 나타내는 목적어이므로 복합방향보어의 가운데에 위치시켜서 '带回国去(가지고 귀국하다)'를 만든다.

3. **부사어 찾기 :** '这些(이것들)'는 '礼物(선물)'를 수식해 줄 수 있기 때문에 '把'와 함께 조합하여 '把这些礼物(이 선물들을)'를 만든다. 조동사인 '想(~하고 싶다)'은 반드시 개사 '把' 앞에 위치해야 한다.

我	想把这些礼物	带	回国去。
주어	부사어	술어	보어

유형 익히기 2

★★☆

市场　　公司　　派　　去　　小王　　调查	
답안 公司派小王去调查市场。	회사는 샤오왕(小王)을 시장 조사하러 가도록 파견했다.

단어 **市场** shìchǎng 명 시장 | **派** pài 동 파견하다 | **调查** diàochá 동 조사하다

해설 **1. 술어 찾기 :** 한 문장에 동사가 여러 개 나온다면, 동작의 순서대로 단어를 나열하면 된다. 사역동사 '派(파견하다)'는 술어1, 일반동사 '去(가다)'는 술어2로 동작이 일어나는 순서에 따라 술어 자리에 배치한다.

2. 주어와 목적어 찾기 : 회사가 사람을 파견하는 것이므로 사역동사 '派(파견하다)'의 주어는 '公司(회사)'이고, 목적어는 사람인 '小王(샤오왕)'이다. '小王(샤오왕)'은 술어1의 목적어이면서 술어2의 주어를 겸하므로, 이 문장은 겸어(小王)가 존재하는 겸어문이 된다. 그리고 나머지 단어들로 '**调查市场**(시장을 조사하다)'을 조합하여 술어2의 목적어 자리에 배치한다.

公司	派	小王	去	调查市场。
주어1	술어1	목적어1		
		주어2	술어2	목적어2

유형 확인 문제

≫ 해설서 182p

제시된 단어로 어순에 맞는 문장을 완성하세요.

1. 情绪　　听音乐　　可以　　缓解　　紧张的

→ ______________________________

2. 请　　看　　朋友　　晚上　　电影　　我

→ ______________________________

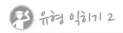

03. '的', '地', '得', '了', '着', '过' 주의하기

구조조사 '的', '地', '得'와 동태조사 '了', '着', '过' 등의 조사는 단어를 조합하여 문장을 만들 때, 실마리를 제공하여 문장 구조를 재빨리 파악하는 데 도움이 되므로 주의하도록 한다.

유형 익히기 1

★☆☆

正　她　音乐　着　听	
정답 她正听着音乐。	그녀는 마침 음악을 듣고 있다.

단어 正 zhèng 뷔 마침 | 音乐 yīnyuè 명 음악

해설 **1. 술어 찾기 :** 제시된 단어 중에 유일한 동사인 '听(듣다)'을 술어 자리에 배치하고, 상태의 지속을 나타내는 동태조사 '着'를 동사 바로 뒤에 위치시킨다.

2. 주어와 목적어 찾기 : '听(듣다)'의 동작을 할 수 있는 인칭대명사 '她(그녀)'는 주어가 되고, 명사 '音乐(음악)'는 '听(듣다)'의 목적어가 되므로 술어 뒤에 배치한다.

3. 부사어 찾기 : 부사 '正(마침)'은 동작의 진행을 나타내는 부사어로 술어 앞에 배치한다.

她	正	听着	音乐。
주어	부사어	술어	목적어

유형 확인 문제

≫ 해설서 183p

제시된 단어로 어순에 맞는 문장을 완성하세요.

1. 油画　一幅　挂　墙上　着
→ ______________________

2. 水煮鱼　很　老王的　做得　地道
→ ______________________

04. '是…的', '着', '把', '被', '比'의 특수 문형 주의하기

특수 문형에는 상징적 단어가 있다. 만약 시험 문제에 '是…的', '着', '把', '被', '比' 등의 상징적 단어가 출제된다면 우선 관련 문형의 기본 구조를 생각한 후, 나머지 단어들의 품사와 의미를 고려하여 기본 구조에 맞게 배치한다.

유형 익히기 1

★★☆

撞　被　他　汽车　倒了	
정답 他被汽车撞倒了。	그는 자동차에 부딪혀 넘어졌다.

단어 撞 zhuàng 동 부딪치다 | 被 bèi 개 ~에게 ~당하다 | 倒 dǎo 동 넘어지다

해설 **1. 술어와 보어 찾기 :** 상징적 단어인 '被'를 기준으로 문제를 풀어야 한다. '被자문'의 기본 구조는 '주어(동작의 객체)+被+목적어(동작의 주체)+동사 (+기타 성분)'이다. 어기조사 '了'가 붙어있는 '倒了(넘어졌다)'가 이 문장의 보어이므로 기타 성분 자리에 배치하고, 동사 '撞(부딪치다)'은 술어가 된다.

2. 주어와 부사어 찾기 : 주어는 동작의 객체인 인칭대명사 '他(그)'이며, 명사 '汽车(자동차)'는 '被' 뒤에 오는 목적어(동작의 주체)가 된다. 그리고 '被汽车(자동차에게 당하다)'는 술어 앞에서 술어를 수식하는 부사어 역할을 한다.

他	被汽车	撞	倒	了。
주어	부사어	술어	보어	

유형 익히기 2

★★☆

回到　　小李　　才　　直到　　家　　深夜	
정답 小李直到深夜才回到家。	샤오리(小李)는 깊은 밤이 되어서야 비로소 집에 도착했다.

단어 才 cái 부 비로소 | 直到 zhídào 동 쭉 ~에 이르다 | 深夜 shēnyè 명 깊은 밤

해설 **1. 술어 찾기 :** 이 문제는 '시간+才+동사' 구조를 이용할 수 있다. '回到(도착했다)'는 동사 '回' 뒤에 결과보어 '到' 가 결합된 구조이므로 '回'는 이 문장의 술어가 된다.

2. 주어와 목적어 찾기 : '回到(도착했다)'의 주체는 사람이기 때문에 주어는 '小李(샤오리)'가 되고, 명사 '家(집)'가 목적어가 된다.

3. 부사어 찾기 : '直到(쭉 ~에 이르다)' 뒤에는 반드시 시간 표현이 나와야 하기 때문에 '深夜(깊은 밤)'와 함께 써서 '直到深夜(깊은 밤이 되다)'로 조합을 만들고, 시간 표현 뒤에 동작이 늦게 발생함을 나타내는 부사 '才(비로소)'를 배치한다. 그리고 이것들은 모두 술어 앞에서 술어를 꾸며 주는 부사어 역할을 한다.

小李	直到深夜才	回	到	家。
주어	부사어	술어	보어	목적어

쓰기 | 제1부분

유형 확인 문제

》 해설서 184p

제시된 단어로 어순에 맞는 문장을 완성하세요.

1. 摔　　玩具　　被　　了　　坏

→ ______________________________

2. 去年　　是　　认识　　我们俩　　的

→ ______________________________

실전 연습 1

제1부분

91-98.
제시된 단어로 어순에 맞는 문장을 완성하세요.

91. 全国比赛的　　刚刚　　她丈夫　　冠军　　获得了

92. 心理专家说　　小孩　　特别　　老年人　　像

93. 客人　　送　　负责　　我　　把　　回家

94. 改变　　容易　　并不　　多年的　　习惯

95. 一个人　　自己的　　应该　　工作　　热爱

96. 浪费　　电脑游戏上　　在　　不能　　时间　　太多

97. 优美的　　屋里　　传出　　歌声

98. 我　　戒指　　生日礼物　　当作　　买了

›› 해설서 185p

실전 연습 2

제1부분

91-98.
제시된 단어로 어순에 맞는 문장을 완성하세요.

91. 论文的　完成　吗　了　材料

92. 越来越　排队的　多　超市　学生

93. 缺少　办公室　绿色植物　好像　一些

94. 竟然　一个人　他　出门　了　旅行

95. 灯光　这条街　相当　吸引人　晚上的

96. 她的电影　我　从头到尾　把　一遍　看了

97. 晚会　姐姐　才　结束后　出现

98. 别　最好　跑步　饭后　在

》해설서 189p

쓰기 书写

제2부분(1)

제시된 단어 보고 작문하기

01. 단어에서 문장으로, 문장에서 글로 완성하기
02. 전체 내용을 구상하고 단어로 보충하기

쓰기 제2부분(1)

미리 보기

쓰기 제2부분은 2문제(99~100번)로 99번과 100번 문제의 유형이 다르다. 99번 문제는 제시된 5개의 단어를 전부 사용하여 80자 내외의 짧은 글을 작문하는 것으로 수험생의 중국어 단어, 어법 등에 대한 지식과 응용 능력을 평가한다. 제시된 단어로 정확한 문장을 만들어야 할 뿐만 아니라, 이러한 문장들을 매끄럽고 정확하게 연결하여 이야기가 있는 짧은 글을 작문해야 한다.

제2부분(1) – 제시된 단어 보고 작문하기(99번 문제)

문제

>> 해설서 193p

第二部分

第99-100题：写短文。

제시된 단어는 모두 사용해야 하고, 순서는 바뀌어도 무관합니다.

99. 请结合下列词语（要全部使用，顺序不分先后），写一篇80字左右的短文。

工作　　成绩　　环境　　适应　　沟通

모범 답안

99.

		来	到	新	公	司	三	个	月	了	，	我	已	经	逐	
渐	适	应	了	新	的	环	境	。	我	能	够	很	好	地	跟	
同	事	沟	通	，	工	作	非	常	顺	利	，	心	情	非	常	48
愉	快	，	我	喜	欢	这	份	工	作	。	在	同	事	的	帮	
助	下	，	我	一	定	会	取	得	不	错	的	成	绩	。		80

답안지에 옮겨 적을 때 틀리지 않도록 주의하세요!

01. 단어에서 문장으로, 문장에서 글로 완성하기

쓰기 제2부분의 99번 문제는 두 가지 작문 방법이 있다. 상황에 따라 하나 혹은 두 가지 모두 사용하면 된다. 첫 번째 방법은 작은 단위로 큰 단위를 구성해 나가는 방법이다. 문제에 제시된 단어를 사용하여 문장을 만든 후, 연관되는 문장끼리 접속사 등으로 자연스럽게 연결하여 짧은 글을 완성한다.

유형 익히기 1

★★☆

寒假　　期待　　景色　　堆　　刺激

모범 답안

　　我非常期待寒假的到来，因为那个时候我们国家常常会下雪，我可以回国欣赏雪后美丽的景色。除此以外，我还能跟朋友们一起堆雪人、打雪仗。打雪仗既刺激又有趣，它能让我回忆起童年无忧无虑的时光。

나는 겨울 방학이 오는 것이 매우 기대된다. 왜냐하면 그때 우리 나라에는 눈이 자주 내려서 나는 귀국하면 눈이 온 뒤의 아름다운 풍경을 감상할 수 있기 때문이다. 이 외에도 나는 친구들과 함께 눈사람을 만들고 눈싸움을 할 수도 있다. 눈싸움은 자극적이면서 재미있고, 나에게 아무 걱정 없던 어린 시절을 떠올리게 할 수 있다.

단어 **寒假** hánjià 명 겨울 방학 | **期待** qīdài 동 기대하다 | **景色** jǐngsè 명 풍경 | **堆** duī 동 쌓이다 | **刺激** cìjī 동 자극하다 | **到来** dàolái 동 도래하다 | **欣赏** xīnshǎng 동 감상하다 | **美丽** měilì 형 아름답다 | **除此以外** chúcǐ yǐwài 이것 이 외에 | **雪人** xuěrén 명 눈사람 | **雪仗** xuězhàng 명 눈싸움 | **既** jì 접 ~할 뿐만 아니라 | **有趣** yǒuqù 형 재미있다 | **回忆** huíyì 동 회상하다 | **童年** tóngnián 명 어린 시절 | **无忧无虑** wúyōu wúlǜ 성 아무런 근심이 없다 | **时光** shíguāng 명 시절

해설 **1. 단어의 뜻과 품사 파악하기**

2. 단어 조합하기

- 寒假 : 寒假快要到了(곧 겨울 방학이다)
- 期待 : 期待寒假(겨울 방학을 기대하다)
- 景色 : 下雪后的景色(눈이 내린 후의 풍경) / 欣赏景色(풍경을 감상하다)
- 堆 : 一起堆雪人 (함께 눈사람을 만들다)
- 刺激 : 打雪仗很刺激(눈싸움은 매우 자극적이다)

3. 주제와 글의 종류 정하기

- 주제 : 我非常期待寒假(나는 겨울 방학이 매우 기대된다)
- 서술문(원인–과정–결과) or 논설문(문제 제기–문제 분석–해결 방법)

4. 답안 윤곽 잡기(서술문)

- 원인 : 寒假快要到了 / 期待寒假
- 과정 : 常常下雪 / 下雪后的景色 / 欣赏景色 / 一起堆雪人 / 打雪仗很刺激
- 결과 : 回忆童年的时光 / 无忧无虑的时光

5. 문형 활용하기

- 既…又… ~할 뿐만 아니라 ~하다
- 除此以外 이것 이 외에
- 无忧无虑 성 아무런 근심이 없다

6. 문장에서 글로 완성하기

문장을 만들 때 각 문장의 내용이 연관성을 가지도록 하고, 간단하게 글의 소재와 전개 방향을 구상 한 후에 접속사를 사용하여 각 문장을 연결한다. 마지막에 문장과 단락을 정리하고 내용을 풍부하게 보충하면 통일성이 있고 매끄러운 짧은 글을 완성할 수 있다.

我非常期待寒假的到来，因为那个时候我们国家常常会下雪，我可以回国欣赏雪后美丽的景色。除此以外，我还能跟朋友们一起堆雪人、打雪仗。打雪仗既刺激又有趣，它能让我回忆起童年无忧无虑的时光。

플러스 해설

문제에 제시된 단어를 사용하여 각각 하나의 문장을 만들 때, 문장끼리 의미가 통하는 맥락이어야 마지막에 하나의 짧은 글로 쉽게 연결할 수 있다.

유형 확인 문제

〉〉 해설서 193p

제시된 단어로 짧은 글을 완성하세요.

1. 元旦　放松　礼物　表演　善良

02. 전체 내용을 구상하고 단어로 보충하기

쓰기 제2부분 99번 문제의 두 가지 작문 방법 중에 두 번째는 한 개 혹은 몇 개의 단어를 위주로 글의 전체 내용을 구상한 후, 나머지 단어들로 보충해 나가는 것이다. 수험생의 비교적 튼튼한 서면어(书面语) 구사력과 문장 조직 능력이 필요하고, 일정 수준의 상상력과 관찰력 같은 사고 능력을 요구한다.

유형 익히기 1

★★☆

胡同　　专业　　费用　　教练　　收获

모범 답안

　　为了打好太极拳，我报名参加了
一个培训班。这个班的**教练**很**专业**，
他不仅教我如何打好太极拳，还教我
很多中国文化的知识及做人的道理。
虽然**费用**很高，但是我觉得**收获**很大。
回家以后，我还把学到的内容教给**胡**
同里的邻居们。

태극권을 잘하기 위해서 나는 학원에 등록했다. 이 학원의 코치는 매우 전문적이라서, 그는 나에게 어떻게 태극권을 잘할 수 있는지를 가르쳐 줄 뿐만 아니라, 중국문화에 대한 지식과 사람의 도리를 가르쳐 주기도 한다. 비록 비용은 굉장히 비싸지만 성과는 매우 크다고 생각한다. 나는 또 집에 돌아온 후에 배운 내용을 골목 안의 이웃들에게 가르쳐 준다.

단어 **胡同** hútòng 명 골목 | **专业** zhuānyè 형 전문적이다 | **费用** fèiyòng 명 비용 | **教练** jiàoliàn 명 코치 | **收获** shōuhuò 명 성과 | **太极拳** tàijíquán 명 태극권 | **报名** bàomíng 동 등록하다 | **培训班** péixùnbān 명 학원 | **不仅** bùjǐn 접 ~뿐만 아니라 | **如何** rúhé 대 어떻게 | **知识** zhīshi 명 지식 | **及** jí 접 ~과 | **道理** dàolǐ 명 도리 | **内容** nèiróng 명 내용

해설 **1. 단어의 뜻과 품사 파악하기**

만약 문제에 제시된 '**胡同**(골목)'이라는 단어가 익숙하지 않거나 어떻게 사용해야 할지 모른다면, '**胡同**(골목)'을 제외하고 나머지 단어들을 사용하여 먼저 대략적인 맥락을 잡아 전체적인 내용을 구상한 후에 내용을 보충한다.

2. 단어 조합하기

- 胡同 : 胡同里的邻居们(골목 안의 이웃들) / 胡同旁边(골목 옆)
- 专业 / 教练 : 教练很专业(코치는 매우 전문적이다)
- 费用 : 费用很高(비용이 매우 비싸다)
- 收获 : 收获很大(성과는 매우 크다)

3. 주제와 글의 종류 정하기

- 주제 : 打好太极拳(태극권을 잘하다)
- 서술문(원인-과정-결과) or 논설문(문제 제기-문제 분석-해결 방법)

4. 답안 윤곽 잡기(서술문)

- 원인 : 打好太极拳 / 报名参加培训班
- 과정 : 教练很专业 / 教我如何打好太极拳 / 教我中国文化的知识 / 教我做人的道理
- 결과 : 费用很高 / 收获很大 / 把学到的内容教给胡同里的邻居们

5. 문형 활용하기

- 为了… ~을 하기 위하여
- 不仅…还… ~뿐만 아니라 또한 ~하다
- 虽然…但是… 비록 ~할지라도 그러나 ~하다

6. 문장에서 글로 완성하기

为了打好太极拳，我报名参加了一个培训班。这个班的教练很专业，他不仅教我如何打好太极拳，还教我很多中国文化的知识及做人的道理。虽然费用很高，但是我觉得收获很大。回家以后，我还把学到的内容教给胡同里的邻居们。

플러스 해설

어떤 문제는 각 단어가 서로 연관성이 없어서 글의 주제를 잡기 어렵거나, 모르는 단어가 제시될 경우도 있다. 그럴 때는 우선 연관성이 있고 익숙한 한 개 혹은 몇 개의 단어를 골라서 글의 전체 내용을 구상한 후에, 나머지 단어들로 보충해 나간다.

유형 확인 문제

》 해설서 194p

제시된 단어로 짧은 글을 완성하세요.

1. 技术　发展　分享　购物　甚至

실전 연습 1

제2부분(1)

99.

제시된 단어로 짧은 글을 완성하세요.

99. 丰富　演出　京剧　好奇　鼓掌

〉〉 해설서 196p

실전 연습 2

제2부분(1)

99.

제시된 단어로 짧은 글을 완성하세요.

99. 公共汽车　年纪　位子　主动　热心

〉〉 해설서 197p

Memo

书写

쓰기

제2부분(2)

제시된 사진 보고 작문하기

01. 사진의 주된 단서 파악 및 주제 정하기
02. 글의 종류 정하기
03. 작문의 순서 지키기

쓰기 제2부분(2)

미리 보기

쓰기 제2부분은 2문제(99~100번)로 99번과 100번 문제의 유형이 다르다. 100번 문제는 제시된 사진을 보고 80자 내외의 짧은 글을 작문해야 한다. 수험생은 제시된 사진을 바탕으로 자신의 상상력을 발휘하여 작문하는데, 어떠한 단어도 제시되지 않으므로 비교적 자유롭게 글을 쓸 수 있다. 하지만 스스로 적절한 단어를 선택하여 문장을 만들고 작문하는 능력을 평가하기 때문에, 단순히 글을 쓰는 게 아니라 사진의 함의를 파악하여 최고의 중국어 실력을 발휘해야 한다.

제2부분(2) – 제시된 사진 보고 작문하기(100번 문제)

문제

》 해설서 198p

100. 请结合这张图片写一篇80字左右的短文。

모범 답안

100.

		吸	烟	是	一	种	对	人	对	己	都	不	利	的	坏
习	惯	。	长	期	吸	烟	会	导	致	很	多	疾	病	，	也
会	给	吸	烟	者	的	生	活	带	来	很	大	的	不	便	。
除	了	损	害	自	己	的	健	康	以	外	，	吸	烟	还	会
影	响	他	人	的	健	康	。	为	了	让	我	们	的	身	体
更	加	健	康	，	生	活	更	美	好	，	请	不	要	吸	烟!

답안지에 옮겨 적을 때 틀리지 않도록 주의하세요!

시험에 자주 나오는 사진 주제

1. 환경 보호

환경 보호, 지구 보호

환경 보호, 합리적인 자원 이용

2. 표지 광고

주차 금지

물 절약

3. 일상생활

자전거를 이용한 신체 단련

생일 축하

4. 업무

업무 토론

국제 협력

01. 사진의 주된 단서 파악 및 주제 정하기

사진을 관찰하여 동작이 발생할 수 있는 장소, 환경, 원인 등을 생각한다. 만약 인물이 나왔다면 인물의 동작을 더 자세하게 관찰하여 신분을 추측하고, 물건이나 풍경이 나왔다면 그것의 특징과 관련 환경 및 그것이 사람에게 미칠 수 있는 영향 등을 생각한다.

유형 익히기 1

★★☆

모범 답안

　　晚饭的时候，小王让他的女朋友
小丽闭上眼睛，说要给她个惊喜。当
小丽睁开眼睛，发现小王单膝跪在地
上，手里拿着一枚精美的钻戒，向她
求婚。小丽被这一情景感动得热泪盈
眶，当场决定嫁给小王。

저녁 식사 때 샤오왕(小王)은 그의 여자 친구 샤오리(小丽)에게 눈을 감게 하고 깜짝 선물이 있다고 말했다. 바로 그 때 샤오리가 눈을 뜨니, 샤오왕이 한쪽 무릎을 꿇고 손에 아름다운 다이아몬드 반지 한 개를 든 채 그녀에게 청혼하고 있었다. 샤오리는 이 광경에 감동하여 눈물이 그렁그렁했고, 그 자리에서 샤오왕에게 시집을 가기로 결정했다.

단어 闭 bì 통 닫다 | 惊喜 jīngxǐ 형 놀라고도 기뻐하다 | 当 dāng 개 [바로 그 시간이나 그 장소를 가리킴] | 睁 zhēng 통 크게 뜨다 | 单 dān 형 하나의 | 膝 xī 명 무릎 | 跪 guì 통 꿇다 | 枚 méi 양 [주로 비교적 작은 조각으로 된 사물을 세는 단위] | 精美 jīngměi 형 정교하다 | 钻戒 zuànjiè 명 다이아몬드 반지 | 求婚 qiúhūn 통 청혼하다 | 情景 qíngjǐng 명 광경 | 感动 gǎndòng 통 감동하다 | 热泪盈眶 rèlèi yíngkuàng 성 뜨거운 눈물이 눈에 그렁그렁하다 | 当场 dāngchǎng 부 그 자리에서 | 嫁 jià 통 시집 가다

해설 **1. 사진 보고 주제와 글의 종류 정하기**

사진은 남자가 여자에게 청혼을 하는 모습으로 이런 문제는 인물의 동작, 표정, 환경 등을 파악해야 한다. 우선 특정한 모습을 생각한 후, 구체적인 인물의 동작을 묘사한다.

- 주제 : 求婚(청혼하다)
- 서술문(원인–과정–결과) or 논설문(문제 제기–문제 분석–해결 방법)

2. 관련 단어 조합하기

闭上眼睛(눈을 감다) / 睁开眼睛(눈을 뜨다) / 单膝跪在地上(한쪽 무릎을 바닥에 꿇다) / 拿着钻戒(다이아몬드 반지를 들고 있다) / 向她求婚(그녀에게 청혼하다)

3. 답안 윤곽 잡기(서술문)

- 원인 : 小王让小丽闭上眼睛 / 给她个惊喜
- 과정 : 小丽睁开眼睛 / 小王单膝跪在地上 / 拿着钻戒 / 向她求婚
- 결과 : 感动得热泪盈眶 / 决定嫁给小王

4. 문형 활용하기

- 주어(동작의 객체) + 被 + 목적어(동작의 주체) + 동사 (+ 기타 성분)
- 热泪盈眶 ⓢ 뜨거운 눈물이 눈에 그렁그렁하다, 매우 감격하다

5. 문장에서 글로 완성하기

晚饭的时候，小王让他的女朋友小丽闭上眼睛，说要给她个惊喜。当小丽睁开眼睛，发现小王单膝跪在地上，手里拿着一枚精美的钻戒，向她求婚。小丽被这一情景感动得热泪盈眶，当场决定嫁给小王。

02. 글의 종류 정하기

일반적으로 쓰기 제2부분의 100번 문제는 사진에 적합한 글의 종류를 정하고, 그 글의 종류에 어울리는 구사력을 발휘해야 한다. 99번 문제에서는 주로 서술문을 요구한다면, 100번 문제는 설명문을 요구하는 경우가 많다. 절대적인 것은 아니기 때문에 수험생은 문제에서 제시된 사진의 내용에 맞게 적절한 글의 종류를 선택하면 된다.

유형 익히기 1

★★☆

모범 답안

为了保护环境，政府禁止人们在这里钓鱼。鱼类资源对这里的环境起着非常重要的作用，如果鱼的数量减少的话，这里的生物链就会遭到破坏，导致河水的污染。只有执行这一规定才能保护周边优美的环境。

환경을 보호하기 위해 정부는 사람들이 이곳에서 낚시하는 것을 금지했다. 어류 자원은 이곳 환경에 대단히 중요한 역할을 한다. 물고기의 수가 줄어든다면, 이곳의 생태계는 파괴되어 강물의 오염을 야기할 것이다. 이러한 규정을 집행해야만 비로소 주변의 아름다운 환경을 보호할 수 있다.

단어 **保护** bǎohù 동 보호하다 | **政府** zhèngfǔ 명 정부 | **禁止** jìnzhǐ 동 금지하다 | **钓鱼** diàoyú 동 낚시하다 | **鱼类** yúlèi 명 어류 | **资源** zīyuán 명 자원 | **起作用** qǐ zuòyòng 역할을 하다 | **数量** shùliàng 명 수량 | **减少** jiǎnshǎo 동 줄다 | **生物链** shēngwùliàn 명 생물학적 사슬 | **遭** zāo 동 당하다 | **破坏** pòhuài 동 파괴하다 | **导致** dǎozhì 동 야기하다 | **河水** héshuǐ 명 강물 | **污染** wūrǎn 명 오염 | **执行** zhíxíng 동 집행하다 | **规定** guīdìng 명 규정 | **周边** zhōubiān 명 주변 | **优美** yōuměi 형 우아하고 아름답다

해설 **1. 사진 보고 주제와 글의 종류 정하기**

표지판이 제시된 문제는 보통 사진이 단순하고 주제가 뚜렷하다. 논설문 형태로 작문한다면, 먼저 이 표지판을 사용하는 이유에 대해서 설명한 후, 야기되는 결과나 영향에 대해 서술하고 마지막으로 자신의 관점을 쓴다.

- 주제 : 为了保护环境，政府禁止钓鱼(환경을 보호하기 위해 정부는 낚시를 금지하다)
- 서술문(원인–과정–결과) or 논설문(문제 제기–문제 분석–해결 방법)

2. 관련 단어 조합하기

保护环境(환경을 보호하다) / 政府禁止钓鱼(정부는 낚시를 금지하다) / 鱼类资源(어류 자원) / 起作用(역할을 하다) / 数量减少(수량이 줄다) / 生物链(생물학적 사슬) / 遭到破坏(파괴를 당하다) / 导致污染(오염을 야기하다) / 执行规定(규정을 집행하다) / 优美的环境(아름다운 환경)

3. 답안 윤곽 잡기(논설문)

- 문제 제기 : 为了保护环境 / 政府禁止钓鱼
- 문제 분석 : 鱼类资源 / 起重要的作用 / 鱼的数量减少 / 生物链遭到破坏 / 导致污染
- 해결 방법 : 执行规定 / 保护环境 / 优美的环境

4. 문형 활용하기

- 为了⋯ ~을 하기 위하여
- 如果⋯的话，就⋯ 만약 ~라면, ~하다
- 只有⋯才⋯ ~해야만 ~하다

5. 문장에서 글로 완성하기

为了保护环境，政府禁止人们在这里钓鱼。鱼类资源对这里的环境起着非常重要的作用，如果鱼的数量减少的话，这里的生物链就会遭到破坏，导致河水的污染。只有执行这一规定才能保护周边优美的环境。

유형 확인 문제

〉〉 해설서 198p

제시된 사진을 보고 짧은 글을 완성하세요.

1.

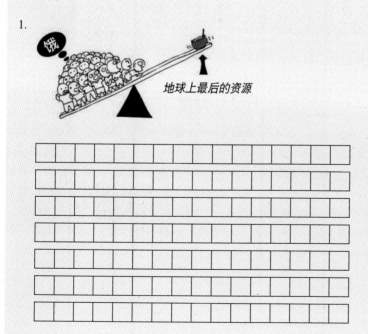

03. 작문의 순서 지키기

작문의 순서로 첫 번째는 주제와 글의 종류를 결정한 후에 내용을 상상하여 단락을 늘이고, 마지막으로 간단하게 결론을 써서 한 편의 짧은 글을 완성한다.

유형 익히기 1

★★★

모범 답안

　　环境污染和能源短缺问题日益威胁着人类的生存。我们要养成将日常生活中的垃圾进行分类的良好习惯。这样做有利于美化环境、提高资源的利用率，为自身和子孙后代创造一个干净舒适的生存空间，实现人与自然和谐相处的美好愿望。

환경 오염과 에너지원 부족 문제는 나날이 인류의 생존을 위협하고 있다. 우리는 일상생활에서 쓰레기를 분류해서 버리는 좋은 습관을 길러야 한다. 이렇게 하면 아름다운 환경을 조성하고 자원의 이용률을 높이는 데 도움이 된다. 자신과 후손에게 깨끗하고 쾌적한 생존 공간을 만들어 주기 위해서, 사람과 자연이 조화롭게 공존하는 아름다운 소망을 실현해야 한다.

단어 污染 wūrǎn 동 오염시키다 | 能源 néngyuán 명 에너지원 | 短缺 duǎnquē 동 부족하다 | 日益 rìyì 부 나날이 | 威胁 wēixié 동 위협하다 | 人类 rénlèi 명 인류 | 生存 shēngcún 명 생존 | 养成 yǎngchéng 동 길러지다 | 日常 rìcháng 형 일상의 | 垃圾 lājī 명 쓰레기 | 进行 jìnxíng 동 진행하다 | 分类 fēnlèi 동 분류하다 | 良好 liánghǎo 형 좋다 | 有利于 yǒulìyǔ ~에 이롭다 | 美化 měihuà 동 아름답게 꾸미다 | 资源 zīyuán 명 자원 | 利用率 lìyònglǜ 명 이용률 | 自身 zìshēn 대 자신 | 子孙 zǐsūn 명 자손 | 后代 hòudài 명 후대 | 创造 chuàngzào 동 만들다 | 舒适 shūshì 형 쾌적하다 | 空间 kōngjiān 명 공간 | 实现 shíxiàn 동 실현하다 | 与 yǔ 접 ~과 | 自然 zìrán 명 자연 | 和谐 héxié 형 조화롭다 | 相处 xiāngchǔ 동 함께 살다 | 美好 měihǎo 형 아름답다 | 愿望 yuànwàng 명 소망

해설 사진은 사람들이 쓰레기 분리수거를 해야 한다는 내용으로 다음의 몇 가지 작문 방법이 있다.

❶ 환경 개선과 자원 절약을 위해서 우리는 쓰레기 분리수거를 해야 한다. ▶ 목적형

❷ 환경 오염과 에너지원 부족 문제가 이미 사회 전체의 중요한 쟁점이 되었다. ▶ 문제형

❸ 정부는 현재 쓰레기 분리수거 정책을 시행하고 있다. ▶ 설명형

작문 방법과 글의 종류를 결정하고 단락을 확장해 나가면 된다. 논설문은 다양한 시각으로 주제를 설명할 수 있는데, 자주 사용하는 방법은 긍정 혹은 부정에 관한 예를 들어 논증하는 것이다.

❶ 긍정 : 쓰레기 분리수거는 자원의 합리적인 재활용에 유리하다.

❷ 부정 : 쓰레기를 무질서하게 버리는 것은 이미 우리의 생활 환경에 심각한 영향을 끼치고 있다.

❸ 긍정 부정 : 쓰레기 분리수거는 우리에게 조금 귀찮게 느껴질 수 있지만, 작은 습관을 바꾸면 우리의 생활 환경을 개선할 수 있으므로 매우 가치가 있는 일이다.

결론은 대체적으로 '이 정책이 가져올 영향이나 시사점에 대해서 논한다'는 내용으로 작성한다.

❶ 이 정책은 환경 미화, 자원 절약뿐만 아니라 후대에 더 깨끗한 생활 환경을 물려줄 수 있다.

❷ 이렇게 하면 사람들의 환경 보호의 책임 의식이 제고되어 '지구는 우리의 집이다, 환경 보호는 우리에게 달려 있다'라는 조화로운 분위기를 조성할 수 있다.

1. 사진 보고 주제와 글의 종류 정하기

- 주제 : 环境污染和能源短缺问题(환경 오염과 에너지원 부족 문제)
- 서술문(원인–과정–결과) or 논설문(문제 제기–문제 분석–해결 방법)

2. 관련 단어 조합하기

环境污染(환경 오염) / 能源短缺问题(에너지원 부족 문제) / 日益威胁(나날이 위협하다) / 人类的生存(인류의 생존) / 进行分类(분류를 진행하다) / 养成习惯(습관을 기르다) / 美化环境(환경을 아름답게 꾸미다) / 提高利用率(이용률을 높이다) / 创造生存空间(생존 공간을 만들다) / 和谐相处(조화롭게 함께 살다) / 实现愿望(소망을 실현하다)

3. 답안 윤곽 잡기(논설문)

- 문제 제기 : 环境污染 / 能源短缺问题 / 日益威胁 / 人类的生存
- 문제 분석 : 日常生活中的垃圾 / 进行分类 / 养成习惯 / 美化环境 / 提高资源的利用率
- 해결 방법 : 创造生存空间 / 和谐相处 / 实现愿望

4. 문형 활용하기

- 将 + 목적어 + 술어 + 기타 성분

5. 문장에서 글로 완성하기

环境污染和能源短缺问题日益威胁着人类的生存。我们要养成将日常生活中的垃圾进行分类的良好习惯。这样做有利于美化环境、提高资源的利用率，为自身和子孙后代创造一个干净舒适的生存空间，实现人与自然和谐相处的美好愿望。

실전 연습 1

제2부분(2)

● 100.
제시된 사진을 보고 짧은 글을 완성하세요.

100. 

》 해설서 200p

실전 연습 2

제2부분(2)

100.
제시된 사진을 보고 짧은 글을 완성하세요.

100. 

›› 해설서 201p

书写

쓰기

실전 테스트

》 해설서 202p

第一部分

第 91-98 题: 完成句子。

例如: 发表　　这篇论文　　什么时候　　是　　的

这篇论文是什么时候发表的?

91. 每年　　放风筝的人　　春天　　多　　可　　了

92. 这盆刚买的花　　哪个位置　　比较　　合适　　放到　　呢

93. 最　　受不了　　让人　　的　　是　　来来往往的　　车子

94. 请　　可乐　　一杯　　给我　　加冰块的

95. 没有　　我　　零钱　　现在　　多余　　的

96. 宫保鸡丁　　中国菜　　我　　是　　最喜欢的

97. 您　　不在　　拨打的　　服务区　　用户

98. 要　　我　　最新的　　一份　　时刻表

第二部分

第99-100题：写短文。

99. 请结合下列词语（要全部使用，顺序不分先后），写一篇80字左右的短文。

考试　　迟到　　准备　　幸运　　紧张

100. 请结合这张图片写一篇80字左右的短文。

国家汉办/孔子学院总部
Hanban/Confucius Institute Headquarters

新 汉 语 水 平 考 试
Chinese Proficiency Test

HSK（五级）成绩报告
HSK (Level 5) Examination Score Report

姓名：________________
Name

性别：________ 国籍：________________
Gender Nationality

考试时间：____________ 年 ________ 月 ________ 日
Examination Date Year Month Day

编号：________________
No.

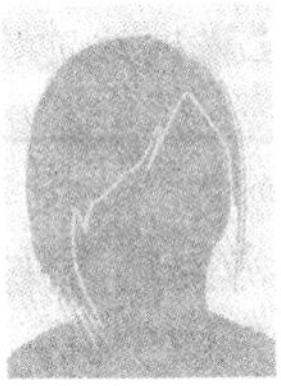

	满分（Full Score）	你的分数（Your Score）
听力（Listening）	100	
阅读（Reading）	100	
书写（Writing）	100	
总分（Total Score）	300	

总分180分为合格（Passing Score：180）

主 任
Director

国家汉办
Hanban

HANBAN

中国 • 北京
Beijing • China

新 汉 语 水 平 考 试
HSK（五级）答题卡

수험표 상의 이름 기재하기

❶ 姓名	洪吉童 [중국어]	
	HONG GIL DONG [영어]	

수험번호 쓰고 마킹하기

❷ 序号		
	2	[0] [1] [2] [3] [4] [5] [6] [7] [8] [9]
	7	[0] [1] [2] [3] [4] [5] [6] [7] [8] [9]
	4	[0] [1] [2] [3] [4] [5] [6] [7] [8] [9]
	6	[0] [1] [2] [3] [4] [5] [6] [7] [8] [9]
	3	[0] [1] [2] [3] [4] [5] [6] [7] [8] [9]

나이 쓰고 마킹하기

❸ 年龄		
	2	[0] [1] [2] [3] [4] [5] [6] [7] [8] [9]
	3	[0] [1] [2] [3] [4] [5] [6] [7] [8] [9]

국적 코드번호 쓰고 마킹하기

❹ 国籍		
	5	[0] [1] [2] [3] [4] [5] [6] [7] [8] [9]
	2	[0] [1] [2] [3] [4] [5] [6] [7] [8] [9]
	3	[0] [1] [2] [3] [4] [5] [6] [7] [8] [9]

성별 마킹하기

❺ 性别	男 [1]	女 [2]

고사장 번호 쓰고 마킹하기

❻ 考点		
	5	[0] [1] [2] [3] [4] [5] [6] [7] [8] [9]
	0	[0] [1] [2] [3] [4] [5] [6] [7] [8] [9]
	3	[0] [1] [2] [3] [4] [5] [6] [7] [8] [9]

❼ 你是华裔吗？ huáyì 화교

是 [1] 不是 [2]

부모님이 모두 중국인이면 [1]에, 아니면 [2]에 마킹하기

❽ 学习汉语的时间： ← 중국어 학습시간 마킹하기

1年以下 [1] 1年－2年 [2] 2年－3年 [3] 3年－4年 [4] 4年以上 [5]

❾ 注意 请用 2B 铅笔这样写： ▬ → 2B 연필로 정확하게 마킹하기

❿ 一 听力 듣기

답안 번호 순서 주의하기

1. [A] [B] [C] [D]	6. [A] [B] [C] [D]	11. [A] [B] [C] [D]	16. [A] [B] [C] [D]	21. [A] [B] [C] [D]
2. [A] [B] [C] [D]	7. [A] [B] [C] [D]	12. [A] [B] [C] [D]	17. [A] [B] [C] [D]	22. [A] [B] [C] [D]
3. [A] [B] [C] [D]	8. [A] [B] [C] [D]	13. [A] [B] [C] [D]	18. [A] [B] [C] [D]	23. [A] [B] [C] [D]
4. [A] [B] [C] [D]	9. [A] [B] [C] [D]	14. [A] [B] [C] [D]	19. [A] [B] [C] [D]	24. [A] [B] [C] [D]
5. [A] [B] [C] [D]	10. [A] [B] [C] [D]	15. [A] [B] [C] [D]	20. [A] [B] [C] [D]	25. [A] [B] [C] [D]
26. [A] [B] [C] [D]	31. [A] [B] [C] [D]	36. [A] [B] [C] [D]	41. [A] [B] [C] [D]	
27. [A] [B] [C] [D]	32. [A] [B] [C] [D]	37. [A] [B] [C] [D]	42. [A] [B] [C] [D]	
28. [A] [B] [C] [D]	33. [A] [B] [C] [D]	38. [A] [B] [C] [D]	43. [A] [B] [C] [D]	
29. [A] [B] [C] [D]	34. [A] [B] [C] [D]	39. [A] [B] [C] [D]	44. [A] [B] [C] [D]	
30. [A] [B] [C] [D]	35. [A] [B] [C] [D]	40. [A] [B] [C] [D]	45. [A] [B] [C] [D]	

⓫ 二 阅读 독해

46. [A] [B] [C] [D]	51. [A] [B] [C] [D]	56. [A] [B] [C] [D]	61. [A] [B] [C] [D]	66. [A] [B] [C] [D]
47. [A] [B] [C] [D]	52. [A] [B] [C] [D]	57. [A] [B] [C] [D]	62. [A] [B] [C] [D]	67. [A] [B] [C] [D]
48. [A] [B] [C] [D]	53. [A] [B] [C] [D]	58. [A] [B] [C] [D]	63. [A] [B] [C] [D]	68. [A] [B] [C] [D]
49. [A] [B] [C] [D]	54. [A] [B] [C] [D]	59. [A] [B] [C] [D]	64. [A] [B] [C] [D]	69. [A] [B] [C] [D]
50. [A] [B] [C] [D]	55. [A] [B] [C] [D]	60. [A] [B] [C] [D]	65. [A] [B] [C] [D]	70. [A] [B] [C] [D]
71. [A] [B] [C] [D]	76. [A] [B] [C] [D]	81. [A] [B] [C] [D]	86. [A] [B] [C] [D]	
72. [A] [B] [C] [D]	77. [A] [B] [C] [D]	82. [A] [B] [C] [D]	87. [A] [B] [C] [D]	
73. [A] [B] [C] [D]	78. [A] [B] [C] [D]	83. [A] [B] [C] [D]	88. [A] [B] [C] [D]	
74. [A] [B] [C] [D]	79. [A] [B] [C] [D]	84. [A] [B] [C] [D]	89. [A] [B] [C] [D]	
75. [A] [B] [C] [D]	80. [A] [B] [C] [D]	85. [A] [B] [C] [D]	90. [A] [B] [C] [D]	

⓬ 三 书写 쓰기

91. 邻居对附近的森林非常熟悉。

[91–98번] 제부분: 제시된 단어로 문장 완성하기

92.

93.

94.

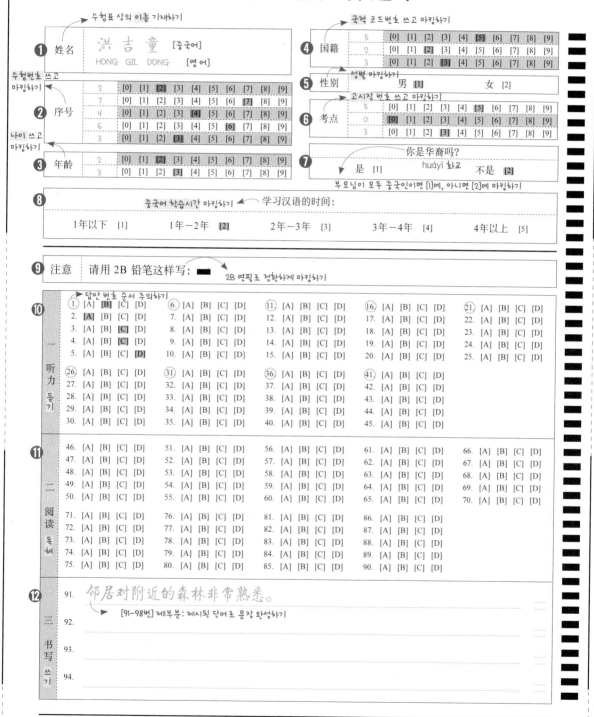

95.

96.

97.

98.

99. [99번] 제2부분: 제시된 단어 보고 작문하기

我每次去学校都要经过一个不太大的广场。

100. [100번] 제2부분: 제시된 사진 보고 작문하기

我这两天有点着凉了。

新HSK 5급

정답 및 녹음 스크립트

정답

듣기 听力

제1·2부분

01

1. D 2. C

02

1. A 2. A

03

1. A 2. C

04

1. B 2. B

05

1. D 2. A 3. C

06

1. C 2. A 3. C

실전 연습 1

1. C	2. C	3. D	4. C	5. D
6. D	7. A	8. C	9. C	10. B
11. B	12. D	13. A	14. D	15. B
16. D	17. A	18. C	19. A	20. D
21. A	22. A	23. B	24. A	25. A
26. A	27. D	28. C	29. C	30. A

실전 연습 2

1. B	2. A	3. B	4. A	5. D
6. C	7. A	8. A	9. D	10. C
11. C	12. D	13. C	14. C	15. B
16. A	17. C	18. A	19. B	20. C
21. D	22. C	23. D	24. C	25. D
26. B	27. D	28. C	29. C	30. A

제2부분

01

1. C 2. C 3. A

02

1. A 2. D 3. A 4. C

03

1. A 2. B 3. C

실전 연습 1

31. D	32. D	33. C	34. D	35. A
36. D	37. B	38. C	39. C	40. D
41. C	42. B	43. B	44. B	45. C

실전 연습 2

31. C	32. D	33. B	34. D	35. B
36. C	37. A	38. B	39. B	40. C
41. D	42. C	43. B	44. B	45. C

실전 테스트

제1부분

1. B	2. C	3. D	4. C	5. D
6. C	7. A	8. B	9. A	10. D
11. D	12. D	13. C	14. D	15. D
16. B	17. A	18. B	19. A	20. B

제2부분

21. D	22. C	23. D	24. B	25. B
26. B	27. A	28. D	29. C	30. C
31. D	32. D	33. C	34. A	35. D
36. C	37. C	38. A	39. C	40. C
41. B	42. D	43. C	44. A	45. C

독해 阅读

제1부분

01

1. B 2. C 3. D 4. A

02

1. B 2. A 3. C 4. A

03

1. D 2. C 3. B 4. D

실전 연습 1

46. C	47. B	48. D	49. B	50. B
51. C	52. B	53. B	54. C	55. D
56. A	57. C	58. A	59. B	60. D

실전 연습 2

46. C 47. B 48. C 49. C 50. B
51. C 52. A 53. B 54. C 55. A
56. B 57. C 58. A 59. B 60. A

제2부분

01

1. D 2. B

02

1. A

실전 연습 1

61. B 62. C 63. C 64. C 65. D
66. D 67. D 68. B 69. A 70. C

실전 연습 2

61. B 62. D 63. C 64. B 65. D
66. A 67. B 68. C 69. B 70. C

제3부분

02

1. D 2. D 3. C 4. D

03

1. D 2. C 3. D 4. C

실전 연습 1

71. A 72. C 73. B 74. C 75. D
76. A 77. C 78. C 79. D 80. C
81. A 82. C 83. C 84. C 85. B
86. C 87. B 88. C 89. B 90. B

실전 연습 2

71. C 72. D 73. A 74. B 75. B
76. B 77. C 78. A 79. C 80. B
81. A 82. D 83. D 84. D 85. C
86. C 87. A 88. D 89. D 90. C

실전 테스트

제1부분

46. C 47. B 48. B 49. A 50. B
51. C 52. C 53. B 54. C 55. D
56. A 57. B 58. C 59. A 60. D

제2부분

61. B 62. C 63. D 64. C 65. D
66. C 67. B 68. A 69. C 70. C

제3부분

71. B 72. D 73. C 74. B 75. D
76. A 77. A 78. C 79. B 80. C
81. A 82. A 83. A 84. A 85. A
86. B 87. D 88. D 89. D 90. C

쓰기 书写

제1부분

01

1. 他忍不住大笑起来。
2. 老百姓的收入水平至今仍然非常低。

02

1. 听音乐可以缓解紧张的情绪。
2. 我请朋友晚上看电影。

03

1. 墙上挂着一幅油画。
2. 老王的水煮鱼做得很地道。

04

1. 玩具被摔坏了。
2. 我们俩是去年认识的。

실전 연습 1

91. 她丈夫刚刚获得了全国比赛的冠军。
92. 心理专家说老年人特别像小孩。
93. 我负责把客人送回家。
94. 多年的习惯并不容易改变。
95. 一个人应该热爱自己的工作。
96. 在电脑游戏上不能浪费太多时间。
97. 屋里传出优美的歌声。
98. 我买了戒指当作生日礼物。

실전 연습 2

91. 论文的材料完成了吗?
92. 超市排队的学生越来越多。
93. 办公室好像缺少一些绿色植物。
94. 他竟然一个人出门旅行了。
95. 这条街晚上的灯光相当吸引人。
96. 我把她的电影从头到尾看了一遍。
97. 晚会结束后姐姐才出现。
98. 最好别在饭后跑步。

제2부분(1)

01

1. 元旦马上就要到了，学校要组织一场元旦晚会，我们班准备表演一个节目。由于时间紧张，所以我们一刻也不放松。因为我们打算把这个节目送给我们善良、可爱的老师们，这肯定是送给他们最好的新年礼物。

02

1. 科学技术的飞速发展极大地便利了我们的生活。我们可以通过网络和世界各地的人们分享各种信息和人生的经验。很多人甚至足不出户就能通过网上购物买到以前需要出国才能买到的东西。

실전 연습 1

99. 我第一次来中国的时候，朋友就带我去看京剧表演。我一直对这种中国传统戏剧抱有一种好奇感。这次演出让我终于有机会了解这一历史悠久、内容丰富的戏剧。演出结束时，我和大家一起热烈地鼓掌致谢。

실전 연습 2

99. 今天的公共汽车特别挤。这时上来一位年纪很大的乘客，他的腿脚不太方便，可是车上没有一个空座位。正在这时，有一位年轻人从座位上站起来，主动把自己的位子让给了那位乘客。他那热心的行为赢得了大家的好评。

제2부분(2)

02

1. 资源的合理利用是当今世界普遍关心的一个问题。人口增长过快及人类生活方式的改变使得地球上的资源越来越有限，这给我们敲响了警钟。因此我们要在生活中节约和合理利用资源。

실전 연습 1

100. 随着科技的发展，人们获取信息的方式越来越丰富。很多人通过网络了解时事新闻。但是也有一部分人仍然保留着看报的习惯，他们认为报上的新闻并不是最重要的，饭后看报的生活方式才是他们乐于享受的。

실전 연습 2

100. 国际合作对企业的发展非常重要。很多大企业通过跨国采购和销售来降低成本、增加产品竞争力。当然，实现这一目标需要很多国际化的人才，因此很多企业加强对员工的培训，使他们能适应复杂多变的国际谈判环境。

실전 테스트

제1부분

91. 每年春天放风筝的人可多了。
92. 这盆刚买的花放到哪个位置比较合适呢?
93. 最让人受不了的是来来往往的车子。
94. 请给我一杯加冰块的可乐。
95. 现在我没有多余的零钱。
96. 宫保鸡丁是我最喜欢的中国菜。
97. 您拔打的用户不在服务区。
98. 我要一份最新的时刻表。

제2부분

99. 为了准备考试，我昨晚很晚才睡。早上醒来发现自己睡过了头。我赶紧跑步去考场，心想这次可惨了。幸运的是，虽然我迟到了一会儿，老师还是让我参加了考试。我紧张得心都快跳出来了，最终我还是顺利地完成了考试。

100. 现在，轮滑运动在中国很流行，许多小孩子都喜欢这一新的运动项目。这项运动不但可以锻炼身体，还可以锻炼孩子们的胆量。通过练习轮滑，孩子们可以长得更高，变得更勇敢。这些都有利于他们今后的成长。

녹음 스크립트

제1·2부분

01

1. 女: 现在几点了? 球赛怎么还不开始?
   男: 差一刻钟八点，咱们还得等三十分钟。
   问: 球赛几点开始?

2. 男: 您的作品什么时候能跟读者见面呢?
   女: 应该很快了，我已经修改完并交给出版社了，下个月就能出版。
   问: 这本书什么时候能出版?

02

1. 男: 车快开了，我要上车了。
   女: 好，祝你一路平安。到了以后给我来电话。
   问: 他们最可能在哪儿?

2. 男: 你怎么变得这么黑? 出去玩儿了几天，我都快认不出你了。
   女: 都是在海滩上晒的。晒伤了，疼死了。
   男: 既然疼，你还晒? 当时没感觉吗?
   女: 当时只觉得太阳晒得挺舒服的。
   问: 女的去哪里玩儿了?

03

1. 男: 小王，我这两天的日程安排好了吗?
   女: 经理您放心，早就安排好了，明天面试新员工，后天跟王总裁谈合同。
   问: 女的最可能是做什么的?

2. 女: 节目要开始了，你准备好了吗?
   男: 马上就好，你看我的领带系得怎么样?
   女: 你又不是主持人，不用这么紧张。
   男: 虽说是嘉宾，但也不能太随便吧? 下面有那么多观众呢!
   问: 男的是来做什么的?

04

1. 女: 小刘，你们的合唱练得怎么样了? 下周末要演出了。
   男: 您放心，我们每个星期三下午都在学校集中练习呢。
   问: 男的是什么意思?

2. 女: 你怎么进来的?
   男: 你的门没锁，我一推就进来了。
   女: 难道你不知道进来之前应该先敲门吗?
   男: 对不起，我有急事，所以忘了。
   问: 关于男的到来，女的是什么态度?

05

1. 女: 关于产品的价格，对方是什么意见?
   男: 价格是关键，如果我们不降低价格，他们恐怕就会放弃和我们合作。
   问: 关于这次合作，下面哪项正确?

2. 女: 上午的讲座你去听了吗?
   男: 去了，很多专家的观点都很独特，我觉得自己学到了很多东西。
   问: 男的主要是什么意思?

3. 男: 你帮我看看怎么录不了音了。
   女: 是吗? 我看看。这个软件应该是很好用的。
   男: 是啊，我昨天用还没问题。
   女: 怪不得录不了，你的麦克风还没打开呢。
   问: 根据对话，可以知道什么?

06

1. 男: 肚子该饿了吧? 附近有一个吃海鲜的地方，很有名，要不我们去那儿吃?
   女: 不好意思，我对海鲜过敏，我们换一个地方吧。
   问: 关于女的，可以知道什么?

2. 男: 这个项目下个月中旬一定要全部完成，有什么问题吗？
女: 没什么大问题，但是能不能给我们增加一个美编？那样会更有保证。
男: 增加美术编辑人员可以，但是要注意多沟通，要提高工作效率。
女: 明白，谢谢您。
问: 女的需要哪方面的人员？

3. 女: 您下象棋下了多少年了？
男: 我这辈子都在跟象棋打交道，算起来得超过六十年了吧。
女: 真厉害！您是怎么爱上下象棋的呢？
男: 我父亲象棋下得很好，我从小就看他跟别人下棋，慢慢就迷上了。
问: 关于男的，下列哪项正确？

실전 연습 1

1. 男: 你们班汉语考试考得不错吧？
女: 哪里，三分之一都没有通过呢。
问: 班里多少人通过了汉语考试？

2. 男: 唱歌比赛报名什么时候结束？最近忙，我都快把这事儿忘了。
女: 昨天刚结束，你快找找老师，说不定还能报名呢。
问: 关于男的，可以知道什么？

3. 女: 朋友要结婚了，你说我送什么好呢？
男: 送梳子吧，不太贵，又实用，再说梳子还有白头到老的意思。
问: 男的为什么建议送梳子？

4. 男: 我用信用卡买衣服，可以打折吗？
女: 对不起，信用卡不能打折，但是可以积分，如果积分多了的话，会有礼品赠送。
问: 根据对话，可以知道什么？

5. 女: 我要给儿子买一份保险，一会儿去银行交钱。
男: 给小孩子买保险很划算，我也打算给女儿买一份。
问: 根据对话，可以知道什么？

6. 女: 儿子怎么还没回来？是不是迷路了？
男: 放心吧，他丢不了，他放学后在隔壁家玩儿呢。
问: 儿子为什么还没回家？

7. 男: 你怎么不坐电梯？难道电梯坏了？
女: 没有，医生说我太胖了，叫我减肥。
问: 女的是什么意思？

8. 女: 你好，保洁公司。
男: 你好，我想找个保洁员，周六帮我收拾一下房子。
问: 男的想做什么？

9. 男: 把这些废纸都扔了吧，放着也没用。
女: 怎么没用了？另一面都是空白的，还可以用呢。
问: 女的是什么意思？

10. 女: 你开车送我去超市吧。
男: 天气挺好的，走路去吧，再说路也不远。走吧，我陪你去。
问: 根据对话，哪项是不正确的？

11. 男: 你看，那是彩虹吗？
女: 怎么可能呢？没下雨哪里来的彩虹？
问: 女的认为男的怎么样？

12. 女: 完了，我的充电器忘在家里了。
男: 别担心，我的手机跟你的一样，你可以用我的。
问: 男的是什么意思？

13. 男: 喂，亲爱的，我把钥匙忘在家里了。
女: 又要我送到你办公室? 这是最后一次了啊!
问: 女的是什么意思?

14. 女: 下班了，我还有个约会，先走了。明天见!
男: 明天周六，我可不想来办公室，还是下周见吧!
问: 男的和女的是什么关系?

15. 男: 你怎么突然辞职了呢? 公司待遇不好吗?
女: 那倒不是，我妈这几天病得厉害，我想回去照顾她。
问: 根据对话，可以知道什么?

16. 女: 请问附近有中国银行吗?
男: 有是有，如果不堵车的话，打车要15分钟路程。
问: 男的是什么意思?

17. 男: 听说你爸爸是大学教授，他是教什么的啊?
女: 他只是在图书馆上班，哪里是什么教授啊。
问: 女的的爸爸是什么职业?

18. 男: 亲爱的，我现在要去机场接人，晚饭不回家吃了。现在在开车，就不和你多说了。
女: 好的，知道了。路上小心。
问: 关于男的，可以知道什么?

19. 女: 还是我来开车吧，你太累了。
男: 那可不行，你忘了，酒后不能开车。
问: 根据对话，可以知道什么?

20. 男: 小张，你会开车吗? 我想让你帮我把车开回去。
女: 会是会，可是没带驾驶证。
问: 根据对话，可以知道什么?

21. 女: 听说你会做菜?
男: 你不信? 尝尝我做的西红柿炒鸡蛋。
女: 我尝尝，你还别说，味道真不错。
男: 可不是? 没骗你吧。
问: 根据对话，下面哪项是正确的?

22. 男: 林丽，告诉你一个好消息。
女: 什么好消息，是不是我可以出国实习了?
男: 是的啊，我们班就你一个人被批准了。
女: 太好了，终于可以去国外看看了。
问: 关于女的，可以知道什么?

23. 女: 先生，不好意思，这儿不能抽烟。
男: 哦，对不起。那你们这里有抽烟区吗?
女: 对不起，要抽烟只能去门口了，我们的吸烟区正在装修。
男: 好吧，我还是不抽了吧。
问: 根据对话，男的接下来会干什么?

24. 男: 你去找你同学了?
女: 去了。
男: 他答应帮你找工作了吗?
女: 看在同窗好友的情分上，他答应了。
问: 女的为什么去找她的同学?

25. 女: 小李结婚，你送他什么礼物啊?
男: 我还没想好，你呢?
女: 我想送他一套景德镇的茶具，你觉得能拿得出手吗?
男: 同事之间意思一下就行了，当然拿得出手了。
问: 根据对话，你能知道什么?

26. 男: 下面请露西为大家表演一个节目。
女: 不行，不行，我什么都不会。
男: 听说你中文歌唱得不错。
女: 别说唱了，我连讲都讲不好呢。
问: 男的让女的干什么?

27. 女: 这都半个小时了，老板怎么还不来?
男: 是啊，再不来都要登机了。
女: 要不咱们去检票口看看。
男: 好吧，说不定他在那儿等着我们呢。
问: 他们接下来要做什么?

28. 男: 玛丽，听说你可以回国当汉语教师了，恭喜你啊!
女: 我还得感谢你呢。
男: 感谢我? 为什么?
女: 要不是你当初鼓励我学习汉语，我也不会学得那么认真，更不会有这个机会啊。
问: 根据对话，正确的是哪项?

29. 女: 我的宝贝儿子，你怎么这么晚才回来?
男: 别提了，老师又下课晚了，别的班级的人都走光了我们班才放学。
女: 下次我跟你们学校反映反映。饿了吧? 快吃饭吧。
男: 嗯，我都快饿死了。
问: 根据对话，以下错误的是哪项?

30. 男: 十点了，再不走图书馆要关门了。
女: 再等一下，我再看一会儿。
男: 怎么的，你要睡在这儿吗?
女: 还有一页，我看完就走。
问: 女的要干什么?

실전 연습 2

1. 男: 这个杯子挺可爱的，给你女儿买一个吧?
女: 她太小了，玻璃的很容易摔碎，还是木头的好。
问: 根据对话，可以知道什么?

2. 女: 什么? 你说什么? 你那边信号不太好。
男: 是的，我在郊区，给我发短信吧。
问: 根据对话，可以知道什么?

3. 男: 服务员，你们这里有《孔子》吗?
女: 昨天刚卖完，你明天再过来，我们今天赶紧去进货。
问: 他们最可能在哪里?

4. 女: 牙膏用完了，你得赶紧出去买一支。
男: 开玩笑，现在这么晚了，上哪儿买呀? 我看还是明天吧。
问: 男的是什么意思?

5. 男: 我的狗不知道怎么了，今天特别没精神。
女: 去那边检查一下，估计是生病了。
问: 女的建议男的去哪儿?

6. 女: 这件衣服打折吗?
男: 不好意思，这两天不打折。下周六才有打折活动。
问: 根据对话，可以知道什么?

7. 男: 我老婆明天生日，我一定要给她一个惊喜。
女: 你可真是个好丈夫，那么你有什么计划了吗?
问: 男的为什么要给老婆一个惊喜?

8. 女: 今天真是倒霉，下这么大雨，车也坏了，还忘了带手机。
男: 没事的，下班后，我送你回家。
问: 关于女的，哪件事情没有发生?

9. 男: 中国最长的河是黄河吧?
女: 是吗? 我怎么觉得是长江呢? 我也不知道对不对。
问: 根据对话，可以知道什么?

10. 女: 爸爸，你觉得我穿蓝裙子漂亮，还是穿白的漂亮?
男: 你是爸爸的女儿，怎么穿都漂亮。
问: 爸爸的意见是什么?

11. 男: 我的电脑最近很慢，不知道怎么了。
女: 是不是中病毒了啊？那赶快叫电脑公司的人来修吧，我们今天要用电脑。
问: 女的是什么意思？

12. 女: 你好，我想买今天最早到上海的车票。
男: 不好意思，已经没有了，只有明天的，可以吗？
问: 关于车票，可以知道什么？

13. 男: 这张照片不错，你什么时候买的相机？
女: 没有，这是我用新手机拍的。
问: 关于女的，可以知道什么？

14. 男: 你平时在家做什么啊？
女: 也没什么，就看看新闻或者电视剧，有时也上上网。
问: 关于女的，哪项是没有提到的？

15. 男: 你的杀毒软件过期了，要重新购买。
女: 不会吧，上个月刚从你们店里买的。
问: 根据对话，男的在哪里工作？

16. 女: 我的钱包放在哪里了？你看见了吗？
男: 就在餐桌上。老是忘东西，以后要注意了。
问: 男的让女的注意什么？

17. 男: 今天我有足球比赛，晚饭别等我回来了。
女: 不行，我还打算带儿子去给你加油呢，比赛结束一起吃饭。
问: 根据对话，可以知道什么？

18. 女: 抽烟对孩子、老人都不好，你快戒了吧。
男: 是啊，对自己也不好，我一定戒。
问: 男的戒烟，哪个原因没有提到？

19. 男: 你的手机真不错，功能这么多，我明天就去买一个。
女: 别这么着急，过两个月，就会降价。
问: 女的为什么让男的不要着急？

20. 女: 这香蕉怎么卖？
男: 本来要10元一斤，这么晚了，这些都卖给你，8折。
问: 香蕉多少钱一斤？

21. 女: 小刘，前两天我给你们公司推荐的那个人怎么样啊？
男: 你想听真话还是假话？
女: 那还用说，当然是真话了。
男: 他啊，工作很懒散，还老是和别人搭讪。
问: 关于男的，下面哪项是正确的？

22. 男: 你今天怎么那么没精神？都有黑眼圈了，做业也不用那么拼命吧？
女: 我昨晚没睡好。
男: 失眠了？
女: 还不是我家旁边那个餐馆，一天到晚吵吵闹闹的。
问: 女的为什么没睡好？

23. 男: 妈，你为什么反对我竞选班长？
女: 我倒不是反对你当班长，我是担心你班级事务太多，影响学习。
男: 不会的，我会两者兼顾的。
女: 好吧，那随便你。
问: 根据对话，下面哪项是错误的？

24. 男: 这衣服多漂亮啊，你买一件吧。
女: 太贵了，我买不起。
男: 不是才一千二吗？
女: 对你来说是小菜一碟，可那是我半个月的工资啊。
问: 关于女的，下面哪项是正确的？

25. 女：我做的菜怎么没人吃啊？
男：还说呢，你尝尝，咸死了。
女：糟了，我把盐当成糖了。
男：反正也不是头一回了。
问：根据对话，下面哪项是错误的？

26. 女：雨太大了，咱们先找个地方避避雨吧，等雨停了再走。
男：叫我说，咱们还是回去吧，改天再去。
女：这叫什么话？人家今天请我们吃饭，我们能不去吗？
男：可这雨一时半会儿也停不了。
问：根据对话，下面哪项是错误的？

27. 女：你去找你哥哥了吗？
男：去了。
女：他说愿意资助你去国外留学吗？
男：毕竟是亲兄弟嘛，他总不能眼睁睁地看着我在国外挨饿吧！
问：关于男的，可以知道什么？

28. 女：王老师，我女儿毛毛想学法语，请您帮忙找个老师。
男：没问题，不过你得告诉她，学法语可不能三分钟热度，而是需要坚持不懈的。
女：我会告诉她的。
男：那就好。
问：根据对话，下面哪项是正确的？

29. 女：我好像又感冒了。
男：大下雨天的，你穿得那么少，能不感冒吗？
女：说的也是，不过我昨天听天气预报，明明说今天没有雨呀。
男：马有失蹄，更何况天气预报呢。
问：男的是什么意思？

30. 女：听说这种减肥药很有效，我想试试。
男：我劝你还是别买了。
女：为什么？不是说一个月能减十斤吗？
男：广告说的你也信啊。
问：根据对话，下面哪项是正确的？

제2부분

01

1-3.

从前有一个牧民，养了几十只羊，白天放牧，晚上赶进一个羊圈内。

一天早晨，这个牧民去放羊，发现羊少了一只。原来羊圈破了个窟窿，夜间有狼从窟窿里钻了进来，把一只羊叼走了。

邻居劝告他说："赶快把羊圈修一修，堵上那个窟窿吧。"

他说："羊已经丢了，还去修羊圈干什么呢？"他没有接受邻居的劝告。

第二天早上，他去放羊，发现又少了一只羊。原来狼又从窟窿里钻进羊圈，又叼走了一只羊。

这位牧民很后悔没有接受邻居的劝告，及时采取补救措施。于是，他赶紧堵上那个窟窿，又从整体进行加固，把羊圈修得严严实实的。

从此，这个牧民的羊就再也没有被狼叼走过。

1. 狼一共叼走了几只羊？
2. 牧民为什么后悔？
3. 这个故事给我们什么启示？

02

1-2.

观众朋友们晚上好，下面播放13号至15号的全省天气情况。今天夜间到明天白天，全省天气多云转小雨，18到24℃，微风三到四级。14号小雨转大雨，14到20℃，微风二到三级。15号大雨，13到19℃，微风二到三级。空气质量状况良。近期有寒流经过，降温幅度较大，提醒各位观众出行在外注意增添衣服，谨防感冒。

1. 13号的天气怎么样？
2. 15号的温度是多少？

3-4.

每年农历八月十五，是中国传统的中秋佳节。这天是一年秋季的中期，所以被称为中秋。一年当中月亮在这一天又圆又亮，在中秋佳节人们赏月、吃月饼。通常月饼的形状是圆形或者正方形的，月饼的尺寸大概是八厘米宽，两三厘米厚，月饼馅通常会有蛋黄、豆沙、枣泥等。月饼吃起来感觉会很甜，所以不能多吃，吃一点点月饼再配上一杯中国茶，这种感觉是非常好的。

3. 中国的传统节日中秋节在什么时候？
4. 关于中秋节的月饼，我们可以知道什么？

03

1-3.

每个人都要保证充足的睡眠。睡眠不良和免疫系统功能下降有关。因此，要保证每天能有充足睡眠，使人体机能很好地抵抗流感病毒。

需要多少睡眠时间才合适？虽然没有绝对的标准，但无论如何，保证总的睡眠时间是绝对必要的——每天7至8小时睡眠时间，这是关于睡眠最重要的金科玉律。值得注意的是，能取得较好睡眠质量的入睡时间是晚上9至11点。

1. 免疫系统功能下降的原因可能会是什么？
2. 每天保证多少睡眠时间是必要的？
3. 关于睡眠最重要的是什么？

실전 연습 1

31-33.

以前有个皇帝爱听很多人一起演奏，每次演奏都叫上300个人。有个叫南郭的人听说了，觉得这是个挣钱的好机会，于是就对皇帝说，自己是演奏大师，要求加入演奏，皇帝马上就答应了。其实南郭根本不会演奏，每次都是假装很投入。由于演出的人很多，根本没有人能听出来南郭根本不会演奏。于是他每天都能领到赏钱。

可是后来皇帝死了，他的儿子成为新皇帝。新皇帝喜欢听单独的演奏，要求每个人回去练习，然后分别演奏给他听。其他人都回去努力练习了，只有南郭先生走来走去没有练习，他非常着急，觉得这下谎言一定会被揭穿，最后他只能偷偷地溜走了。

31. 南郭为什么请求加入演奏？
32. 南郭加入演奏以后，做了什么？
33. 南郭知道新皇帝的要求后，怎么样？

34-35.

小兰和一个荷兰小伙子好上了，对方甚至为了她到上海来工作，并一口答应买房结婚。不过小伙子没料到上海房价如此贵，只好选择先交首期再按揭买房，这让小兰一家很不满。婚事就此拖延，最后不了了之。荷兰小伙子怎么也没弄明白，上海的房子怎么比阿姆斯特丹贵那么多呢？阿姆斯特丹的房价跟米兰差不多，每平方米折合人民币不到3万元，而差不多的房子，在上海就要6万元以上。所以荷兰小伙子在如此高的房价面前，只能舍弃上海美女了。

荷兰2008年人均GDP为38618美元，居全球第十位，而上海人均GDP是9830美元，还排不上名次。

34. 荷兰小伙子为什么舍弃小兰？
35. 关于2008年的人均GDP，下面说法正确的是哪项？

36-37.

目前年龄在60-80岁的老人，大多数对如今的生活较为满意，努力延长寿命，想多享受生活。这是一些老人不断买保健药品的主要原因。

但是，老人不停地买保健药品的行为里面除了有自己照顾自己的因素外，还有另一方面的原因，那就是希望借此获得子女的关注，以此获取子女更多的陪伴和照顾。在这种情况下，如果子女单纯通过反对或劝说的方式让老人不要买保健品，效果则会适得其反。让老人停止买药，最根本的办法就是给老人最贴心的支持和关怀，让老人从心理上不再依靠保健品，而是依靠子女。

36. 老人不停地买保健品除了是想自己照顾自己以外，还有什么原因？
37. 让老人停止乱买保健品的最根本方法是什么？

38-40.

根据科学家的测算，如果按照当前的温室气体排放速度，20年内就会达到升温2摄氏度这一地球生态警戒线，这将导致许多灾难性后果。

如果气温上升1摄氏度，那个被称为美国大粮仓的南部地区，将从“粮仓”变为大沙漠，从而将人们逼出这一地区。如今全球最热的撒哈拉沙漠可能会变得湿润起来，阿尔卑斯山的冰雪也将全部融化。澳大利亚大堡礁的珊瑚将会全部死亡。

如果气温上升2摄氏度的话，地球上将出现大面积的农作物歉收、水资源枯竭、水平面上升等恶果。格陵兰岛的冰盖将彻底融化，从而使得全球海洋的水平面上升7米。三分之一的动植物种群将会因为天气变化而灭绝。1亿人处于缺水状态，同时世界上绝大多数的珊瑚将会消失。

气温上升3摄氏度是地球的一个重大“拐点”，因为地球气温一旦上升3摄氏度，就意味着全球变暖的趋势将彻底失控，人类再也无力介入地球气温的变化。

气温上升4摄氏度，对于地球的大部分地区来说都是灾难。此时，北冰洋所有的冰盖全部消失，北极成了一片浩瀚的海洋，北极熊和其他在低温环境中生活的动物将彻底灭绝。南极的冰盖也将受到很大影响。

一旦全球气温上升5摄氏度到6摄氏度，陆地大部分将被淹没，动植物无法适应新的环境，因此将有95%的物种灭绝，地球就面临着一场与史前大灭绝一样的劫难。

38. 美国的大粮仓位于哪个地区？
39. 如果气温上升2摄氏度，全球海平面将上升几米？
40. 气温上升2摄氏度，将会出现什么情况？

41-43.

日本的家庭主妇煮饭时可以一举多得。先把米淘好，按照标准的指定线放够水，然后放进一个鸡蛋，另外再用锡纸包好一个白薯。这样一来，等饭煮好了，煮鸡蛋和蒸白薯一起出锅，既省电又一举多得。

酒店一般都有女人用的浴帽，这个拿回家可以代替保鲜膜。因为浴帽的周边是靠松紧带系好的，如果把新鲜的蔬菜放进一个盆里，然后用浴帽盖好，储存到冰箱里头，由于松紧带会有点缝隙，因此它恰好可以让食物透气保鲜。

第三个实例有点儿神。我们出门买菜都会拿到一张购物清单，这个一般都是收款机自动打出来的。这张看上去十分普通的购物清单拿回家可以派上很大的用场。日本家庭主妇是这样介绍的：“我把购物清单贴在冰箱上，每次用完了肉呀鱼呀，我都会用笔划掉，比如今天用了洋白菜，我就会在购物清单上的洋白菜上画一道黑。鱼用完了，我就会在鱼上划一道。”“这样做有什么好处呢？”我好奇地问。她笑了：“这样可以减少打开冰箱的次数，可以省好多电呀。”

我不得不佩服日本主妇的绝顶智慧。

41. 日本主妇煮饭的同时还把什么也煮好了？
42. 日本女人把浴帽拿回家做什么？
43. 日本主妇是怎么减少打开冰箱的次数的？

44-45.

有一天，路上的雾非常大，小李开着车，看不清前面的路，可有要紧事要办。怎么办呢？这时，他看见前面一辆车的灯光，于是就跟着它走，可是走了一段时间，前面的车不走了，小李等了一会儿，有点不耐烦了，下车就喊：“前面的车为什么不走？”

前面的人说：“我到家了。”小李一看人家已经到车库了。

44. 小李为什么看不见路？
45. 小李到了哪里？

실전 연습 2

31-33.

一只叫作阿勇的狗有一天走到街上，找到了一根美味、可口的骨头。它觉得自己运气很不错，打算把这根骨头带回去慢慢品尝。阿勇紧紧地咬着骨头，睁大眼睛，好像非常担心随时会有大狗过来跟它抢夺骨头似的。它走到了一座桥上，如果它继续往前通过这座桥就好了。可是阿勇停住了脚步，从桥上往桥下看看河水。它竟然看见河里也有一只狗咬着一根骨头。阿勇很想要那根骨头，于是“汪汪”地叫起来。就在这个时候，骨头从嘴巴里掉了下来，沉到水底去了。这时它才反应过来，因为自己的贪心，它弄丢了一顿美味的晚餐。

31. 故事中的狗找到了什么?
32. 为什么它张开了嘴巴?
33. 故事告诉我们要防止哪种心理?

34-35.

小王在外地做事，托他的一位同乡带一件精巧又昂贵的玩具回家。

同乡问:“这东西带给谁呢?”

小王认为自己的儿子长得伶俐聪明，是全村最可爱的孩子，就得意地说:“带给我们村里最可爱的孩子。”

同乡点点头，拿起东西走了。

过了几个月，小王回到家里，知道他的儿子并没有收到同乡带回来的玩具，便跑去问那个同乡:“我托你带的玩具，怎么没有带给我的儿子?”

那同乡说:“你不是说带给全村最可爱的孩子吗? 我认为我的儿子是全村最可爱的孩子，所以把玩具给了我的儿子啦!”

34. 小王让同乡带什么东西回家?
35. 同乡把东西给谁了?

36-37.

各位顾客朋友，现在是北京时间21:25，欢迎各位光临大华广场龙华超市。现有一顾客朋友在超市内食品购买区捡到一个钱包，内有现金若干，请失主速到超市服务台认领。请注意，超市的营业时间为上午9点至晚上11点，请失主听到广播后速到服务台认领。谢谢您的合作!

36. 钱包是在哪里丢的?
37. 离超市关门还有多少时间?

38-40.

医学上早就发现，男生比较喜欢抽象思维，而女生则恰恰相反。

男人开车，一边左转右转，一边回忆前面转过的路，计算自己的方向；女生则不同，她们更重视的是眼前，因为过去的已经过去了，下面的还不知道。

男人记地方，常会说过了哪个路口，数几个红绿灯，向哪儿转。如果约在十字路口碰面，男人常说正东北角还是西南角。女人则可能抱怨:“去你的东南西北! 只要告诉我那里有什么大楼，旁边有什么明显的商店就成了。”

连看电影，男生女生都不一样。中学男生特爱看外层空间冒险的电影，中学女生却已经开始着迷写实的偶像剧。

至于中年，男女差异更大。男士常有童心，好奇，四十岁了还爱看战争科幻片。但如果你问女士，她们八成爱看写实的东西。科幻片要她想象，她想不出来。写实的东西能令她感同身受，哭得一把鼻涕一把泪。

以前对男女的差异，我搞不懂，活了大半辈子才渐渐明白，女人对抽象的东西不感兴趣，女人必须“实在”，因为养孩子和柴米油盐比什么都实在。而男人天生爱冒险，爱远行。

38. 医学上发现，喜欢抽象思维的是哪类人?
39. 中学男生和女生各喜欢看什么电影?
40. 为什么女生喜欢看写实的东西?

41-43.

孔子有许许多多学生，其中有一个名叫宰予的，能说会道。他开始时给孔子的印象不错，但后来渐渐地露出了真面目：他十分懒惰，大白天不读书听讲，躺在床上睡大觉。为此，孔子骂他是“朽木不可雕”。孔子的另一个学生，叫子羽，是鲁国人，比孔子小三十九岁。子羽的体态和相貌很丑陋，想要侍奉孔子。孔子开始时认为他资质低下，不会成才。但他从师学习后，就致力于修身实践，处事光明正大，不走邪路；不是为了公事，从不去会见公卿大夫。后来，子羽游历到长江，跟随他的学生有三百人，声誉很高，各诸侯国都传诵他的名字。孔子听说了这件事，感慨地说：“以后再也不能以貌取人了啊。”

41. 为什么孔子骂宰予“朽木不可雕”？
42. 关于宰予和子羽，理解正确的是哪项？
43. 这个故事传递的是什么道理？

44-45.

一对刚结婚的夫妻，收到很多礼物。其中有一个信封，里面有两张电影票和一张小纸条，上面写了5个字：“猜猜我是谁。”这对夫妻想了很久也没有猜出来。他们决定，既然朋友热心，送来电影票，今天晚上就去看电影吧。当他们回到家的时候，发现家里贵重的东西被偷了，桌上还有一张纸条，写着：“猜出我是谁了吧！”

44. 夫妻俩为什么会去看电影？
45. 根据短文，送信封的人是谁？

실전 테스트

1. 男：我们有果汁、可乐，你要什么？
   女：可乐吧，加冰。我不喜欢果汁。
   问：女的要了什么？

2. 女：听说你最近工作了，公司怎么样？
   男：没有，那只是学校安排的实习，只有两个月，不是正式工作。
   问：男的是什么意思？

3. 女：有了孩子以后，我的生活就改变了，天天都很忙很累。
   男：是啊，照顾孩子是很辛苦的，但是也有乐趣。
   问：关于女的生活，哪项不正确？

4. 女：我要减肥！明天开始，我只吃水果，还要运动。
   男：你呀，只要平时不吃零食，就可以了。
   问：男的建议女的做什么？

5. 男：最近有个电视剧，名字叫《手机》，挺好看的。
   女：唉，我哪有时间看电视剧啊，能看个电影就不错了。
   问：关于女的，可以知道什么？

6. 女：你喜欢当老师吗？好像你们家都是老师。
   男：以前想当老师，现在我喜欢画画儿，希望将来能当画家吧。
   问：关于男的，可以知道什么？

7. 男：今天我有点事，不能来上课了，明天我找你借笔记吧。
   女：没问题。笔记可能不全，我会录音的，放心吧。
   问：女的是什么意思？

8. 女：老师，那个化学实验，我试了很多遍，也没做好。
   男：别灰心，再试试，按照我说的方法做，不会有问题。
   问：男的是什么意思？

9. 男：昨晚的比赛太精彩了，直到最后一刻，才分出胜负。
女：你一定没有睡觉吧，你的眼睛都红了。
问：下面哪项是不正确的？

10. 女：现在的小孩儿太不独立了，什么事情都要父母帮他们做。
男：可不是嘛。家长做得也不对，应该让孩子多锻炼一下。
问：男的是什么意思？

11. 男：你的汉语怎么这么好啊？有什么好方法？
女：哪里哪里，主要是坚持，多多练习，跟中国朋友多聊天。
问：哪种方法没有被提到？

12. 女：你对这次旅行有什么意见？
男：行程很不错，酒店很舒服，吃得也很好，尤其是导游非常热情。
问：关于对话，可以知道什么？

13. 男：这是什么？可以吃吗？简直是个艺术品！
女：这是我们这里最有名的一道菜，是根据中国画做的。
问：他们可能在哪里？

14. 女：快点，快点，火车快进站了，抓紧时间。
男：等一下，还有十五分钟呢，我的票怎么找不到了？
问：根据对话，可以知道什么？

15. 男：晚上有时间吗？听说有个酒吧很不错，一起去吧？
女：真不好意思，我刚出差回来，身体也不太舒服。
问：女的为什么不去酒吧？

16. 女：请问，这里附近有公交车到火车站吗？
男：有，不过坐地铁更方便。
问：男的是什么意思？

17. 男：你们的饮料免费吗？
女：是的，先生，只要你在这里点菜就可以了。
问：根据对话，可以知道什么？

18. 女：明天你还出差吗？听说明天有大雨。
男：我明天有个重要的会议要参加，下雨也要到啊。你帮我看看今晚的飞机吧。
问：根据对话，可以知道什么？

19. 男：刚才那个服务员跟你打招呼了，你们认识？
女：是的，我经常来，她服务也好。
问：根据对话，可以知道什么？

20. 女：飞机不是9:00到吗？客户怎么现在还没出来？
男：他们还要等行李，估计还要等一个小时吧。
问：根据对话，客户最可能什么时候出来？

21. 女：儿子，你想吃一块蛋糕吗？
男：妈妈，你能再问我一遍吗？
女：你已经听清楚了，为什么非要我问你两遍呢？
男：因为我想吃两块。
问：男孩儿为什么要妈妈问两遍？

22. 女：电动玩具和100分，你选哪一样？
男：100分！
女：不错，爱学习，有上进心。
男：我爸爸说如果我考了100分，就送我电动玩具。
问：根据对话，男孩儿为什么选择100分？

23. 女：你拿着行李，是要出门吗？
男：不是，这是刚从国外回来。
女：老是听你出国，我看你在飞机上的时间，比在家里还多。
男：可不是嘛，这点，我妻子已经有意见了。
问：根据对话，可以知道什么？

24. 男：小周，麻烦你帮我去买一盆花。
女：没问题，买什么品种呢？
男：不要太大的，听说有种植物能防辐射。我想放在电脑旁。
女：行，我今天下午给你买回来。
问：男的为什么买花？

25. 女：你们设计衣服，一定要关注时尚吗？
男：关注时尚是我的工作需要，可是还有更重要的事情。
女：是什么呢？
男：创造时尚。设计师的工作不是模仿，而是创造。
问：根据对话，男的最可能是做什么工作的？

26. 男：那家饺子馆新开的，我们去尝尝？
女：还是别提了，昨天小王和他女朋友刚去过，回来后悔极了。
男：为什么呀？
女：人太多，排队等了整整一个小时。
问：女的为什么反对去饺子馆？

27. 女：你和女朋友这么多年，应该打算结婚了。
男：我们早就结婚了，她是我老婆。
女：那我怎么不知道呀？
男：我们当时觉得摆酒席太麻烦，就省了。
问：关于男的结婚，可以知道什么？

28. 男：洗衣机是不是坏了？怎么弄开关都没有反应。
女：不可能！我早上刚用过。
男：不信你看看，是不是零件掉了？
女：你瞧，你连插头都没插上，它当然不工作啦。
问：洗衣机出了什么问题？

29. 女：有个年轻女士，叫陈欢，你认识吗？
男：哦，认识，怎么啦？你怎么知道她？
女：今天她带儿子来看病，说是您的学生，还说见过我。
男：哦，对，我记得她以前来我们家吃过一次饭。
问：根据对话，年轻女士和男的是什么关系？

30. 男：今晚我不回家了，我去酒吧看球赛。
女：什么？看球赛还要去酒吧？家里不能看吗？
男：我是为了不影响你休息，而且朋友们都约好了。
女：好的，那你早点儿回来。
问：今晚男的要做什么？

31-33.

有家体育场为满足球迷看球的需要，把球场内观众的座位从八万个增加到了十二万个。观看球赛的人多了，体育场的收入也增多了。但是这也带来了一个严重的问题：球场周围的路只能供十万人通行。对于十二万的观众来说远远不够。这样，有重大比赛时，就有可能因为交通堵塞而发生事故。

于是，有人提出把道路加宽，但这至少需要四千万元，体育场一时还拿不出这么多钱。体育场于是鼓励大家出主意，想办法来解决这个问题。人们提出了各种各样的办法，最后，体育场采用了一位音乐家的建议：在比赛结束时，增加一些吸引人的演出，这样有些人会因为要观看演出而多留一会儿，观众在不同的时间离场，交通问题也就解决了。

31. 体育场现在有多少个座位?
32. 体育场增加座位带来了什么问题?
33. 这个问题最后是怎么解决的?

34-35.

各位观众，今天是2017年3月24日，现在播送未来24小时天气预报。春天已经到来，天气逐渐变暖，可还是有来自北方的冷空气会在今明两天光临我国。为了您的健康，请不要过早脱下冬天的衣服。北方明天大部分为晴天，风力六级，伴随轻微的沙尘暴天气，出行的人们请做好相应的防护工作。南方大部分地区有降雨，请做好相应准备。

34. 根据语段，现在是什么季节?
35. 根据语段，下面哪项是正确的?

36-37.

各位亲爱的旅客，大家好！我是今天的导游。20分钟以后，我们就会到达今天的旅游目的地，著名的江南水乡——乌镇。乌镇是一个具有六千年历史的古镇。一条河流贯穿整个乌镇，水是这里的街道，游客可以坐船游览，而河的两岸就是房屋建筑，有各种商店，有当地居民的房子，也有很多博物馆，它们都保持了中国古代建筑的风格。乌镇还是中国著名作家茅盾的故乡。请大家游览的时候不要走散，希望大家今天的旅行愉快!

36. 他们要去的地方叫什么名字?
37. 关于这个地方，可以知道些什么?

38-40.

古时候，有个没有文化的有钱人，他不希望儿子也像他这样没有文化，于是就请了个教书先生来教他儿子认字。他儿子见老师写“一”就是一画，“二”就是二画，“三”就是三画，他就跑去跟他父亲说：“爸爸，我会写字了，请你叫老师走吧!”有钱人听了很高兴，老师只来了两天，他儿子就学会写字了。他把工钱付给老师，让他回家去了。

第三天，有钱人想请一个姓万的朋友来家里吃饭，就让儿子帮忙写一封信给他。他儿子从早上一直写到中午也没有写好，有钱人觉得奇怪，就去看了看，只发现他儿子在纸上画了好多横线，就问他儿子什么意思。他儿子一边擦头上的汗，一边埋怨道：“爸，这人姓什么不好，偏偏姓万，害得我从早上到现在才画了500画!”

38. 第三天，父亲叫儿子做什么事情?
39. 儿子为什么到中午也没有写好一个字?
40. 关于儿子，可以知道什么?

41-43.

什么时候的爱情最珍贵呢？18岁的时候，我们大多数人还不懂真正的爱情；28岁，爱情就会变得贪心。我觉得，20岁的爱情是最珍贵的。20岁，男人思想单纯，女人的爱情青涩又甜蜜，这个时候，两颗心如果能够产生一次碰撞，那将会得到一份最珍贵的爱情。

20岁，男人没有事业，对女人，只能用爱的真心来呼唤；20岁，女人是一朵最最灿烂的红玫瑰，能对心爱的男人充满热情。这时候的爱，是真正的爱，没有任何其他不干净的东西。

记得书上有一句话：“男人要永远感谢他20多岁的时候，曾经陪在他身边的女人，因为20多岁的男人处在人生最低点，没钱，没事业；而20岁却是一个女人最灿烂的时光。”

41. 文章认为，什么时候的爱情最珍贵?
42. 文章认为，20岁对女人来说是一段怎样的时光?
43. 男人为什么要感谢20岁时陪在他身边的女人?

44-45.

有个小男孩儿，有一天妈妈带着他到杂货店去买东西，老板看到这个小孩儿长得非常可爱，就打开一罐糖果，要小男孩儿自己拿一把糖果。但是这个男孩儿却没有任何动作。几次的邀请之后，老板亲自抓了一大把糖果放进他的口袋中。回到家中，母亲好奇地问小男孩儿，为什么没有自己去抓糖果而要老板抓呢？小男孩儿回答很妙："因为我的手比较小呀！而老板的手比较大，所以他拿的一定比我拿的多很多！"

44. 老板为什么要送给小男孩儿糖果？
45. 为什么小男孩儿不自己去拿糖果？

新 汉 语 水 平 考 试
HSK（五级）答题卡

姓名											
序号		[0]	[1]	[2]	[3]	[4]	[5]	[6]	[7]	[8]	[9]
		[0]	[1]	[2]	[3]	[4]	[5]	[6]	[7]	[8]	[9]
		[0]	[1]	[2]	[3]	[4]	[5]	[6]	[7]	[8]	[9]
		[0]	[1]	[2]	[3]	[4]	[5]	[6]	[7]	[8]	[9]
		[0]	[1]	[2]	[3]	[4]	[5]	[6]	[7]	[8]	[9]
年龄		[0]	[1]	[2]	[3]	[4]	[5]	[6]	[7]	[8]	[9]
		[0]	[1]	[2]	[3]	[4]	[5]	[6]	[7]	[8]	[9]

国籍		[0]	[1]	[2]	[3]	[4]	[5]	[6]	[7]	[8]	[9]
		[0]	[1]	[2]	[3]	[4]	[5]	[6]	[7]	[8]	[9]
		[0]	[1]	[2]	[3]	[4]	[5]	[6]	[7]	[8]	[9]
性别	男 [1]	女 [2]									
考点		[0]	[1]	[2]	[3]	[4]	[5]	[6]	[7]	[8]	[9]
		[0]	[1]	[2]	[3]	[4]	[5]	[6]	[7]	[8]	[9]
		[0]	[1]	[2]	[3]	[4]	[5]	[6]	[7]	[8]	[9]

你是华裔吗?

是 [1]　　不是 [2]

学习汉语的时间:

1年以下 [1]　　1年—2年 [2]　　2年—3年 [3]　　3年—4年 [4]　　4年以上 [5]

注意　请用 2B 铅笔这样写: ▬

一、听力

1. [A] [B] [C] [D]	6. [A] [B] [C] [D]	11. [A] [B] [C] [D]	16. [A] [B] [C] [D]	21. [A] [B] [C] [D]
2. [A] [B] [C] [D]	7. [A] [B] [C] [D]	12. [A] [B] [C] [D]	17. [A] [B] [C] [D]	22. [A] [B] [C] [D]
3. [A] [B] [C] [D]	8. [A] [B] [C] [D]	13. [A] [B] [C] [D]	18. [A] [B] [C] [D]	23. [A] [B] [C] [D]
4. [A] [B] [C] [D]	9. [A] [B] [C] [D]	14. [A] [B] [C] [D]	19. [A] [B] [C] [D]	24. [A] [B] [C] [D]
5. [A] [B] [C] [D]	10. [A] [B] [C] [D]	15. [A] [B] [C] [D]	20. [A] [B] [C] [D]	25. [A] [B] [C] [D]
26. [A] [B] [C] [D]	31. [A] [B] [C] [D]	36. [A] [B] [C] [D]	41. [A] [B] [C] [D]	
27. [A] [B] [C] [D]	32. [A] [B] [C] [D]	37. [A] [B] [C] [D]	42. [A] [B] [C] [D]	
28. [A] [B] [C] [D]	33. [A] [B] [C] [D]	38. [A] [B] [C] [D]	43. [A] [B] [C] [D]	
29. [A] [B] [C] [D]	34. [A] [B] [C] [D]	39. [A] [B] [C] [D]	44. [A] [B] [C] [D]	
30. [A] [B] [C] [D]	35. [A] [B] [C] [D]	40. [A] [B] [C] [D]	45. [A] [B] [C] [D]	

二、阅读

46. [A] [B] [C] [D]	51. [A] [B] [C] [D]	56. [A] [B] [C] [D]	61. [A] [B] [C] [D]	66. [A] [B] [C] [D]
47. [A] [B] [C] [D]	52. [A] [B] [C] [D]	57. [A] [B] [C] [D]	62. [A] [B] [C] [D]	67. [A] [B] [C] [D]
48. [A] [B] [C] [D]	53. [A] [B] [C] [D]	58. [A] [B] [C] [D]	63. [A] [B] [C] [D]	68. [A] [B] [C] [D]
49. [A] [B] [C] [D]	54. [A] [B] [C] [D]	59. [A] [B] [C] [D]	64. [A] [B] [C] [D]	69. [A] [B] [C] [D]
50. [A] [B] [C] [D]	55. [A] [B] [C] [D]	60. [A] [B] [C] [D]	65. [A] [B] [C] [D]	70. [A] [B] [C] [D]
71. [A] [B] [C] [D]	76. [A] [B] [C] [D]	81. [A] [B] [C] [D]	86. [A] [B] [C] [D]	
72. [A] [B] [C] [D]	77. [A] [B] [C] [D]	82. [A] [B] [C] [D]	87. [A] [B] [C] [D]	
73. [A] [B] [C] [D]	78. [A] [B] [C] [D]	83. [A] [B] [C] [D]	88. [A] [B] [C] [D]	
74. [A] [B] [C] [D]	79. [A] [B] [C] [D]	84. [A] [B] [C] [D]	89. [A] [B] [C] [D]	
75. [A] [B] [C] [D]	80. [A] [B] [C] [D]	85. [A] [B] [C] [D]	90. [A] [B] [C] [D]	

三、书写

91.

92.

93.

94.

95.

96.

97.

98.

99.

100.

新汉语水平考试
HSK（五级）答题卡

姓名		
序号		[0] [1] [2] [3] [4] [5] [6] [7] [8] [9]
		[0] [1] [2] [3] [4] [5] [6] [7] [8] [9]
		[0] [1] [2] [3] [4] [5] [6] [7] [8] [9]
		[0] [1] [2] [3] [4] [5] [6] [7] [8] [9]
		[0] [1] [2] [3] [4] [5] [6] [7] [8] [9]
年龄		[0] [1] [2] [3] [4] [5] [6] [7] [8] [9]
		[0] [1] [2] [3] [4] [5] [6] [7] [8] [9]

国籍		[0] [1] [2] [3] [4] [5] [6] [7] [8] [9]
		[0] [1] [2] [3] [4] [5] [6] [7] [8] [9]
		[0] [1] [2] [3] [4] [5] [6] [7] [8] [9]
性别	男 [1]	女 [2]
考点		[0] [1] [2] [3] [4] [5] [6] [7] [8] [9]
		[0] [1] [2] [3] [4] [5] [6] [7] [8] [9]
		[0] [1] [2] [3] [4] [5] [6] [7] [8] [9]

你是华裔吗？

是 [1]　　不是 [2]

学习汉语的时间：

1年以下 [1]　　1年—2年 [2]　　2年—3年 [3]　　3年—4年 [4]　　4年以上 [5]

注意　请用 2B 铅笔这样写：

一、听力

1. [A] [B] [C] [D]	6. [A] [B] [C] [D]	11. [A] [B] [C] [D]	16. [A] [B] [C] [D]	21. [A] [B] [C] [D]
2. [A] [B] [C] [D]	7. [A] [B] [C] [D]	12. [A] [B] [C] [D]	17. [A] [B] [C] [D]	22. [A] [B] [C] [D]
3. [A] [B] [C] [D]	8. [A] [B] [C] [D]	13. [A] [B] [C] [D]	18. [A] [B] [C] [D]	23. [A] [B] [C] [D]
4. [A] [B] [C] [D]	9. [A] [B] [C] [D]	14. [A] [B] [C] [D]	19. [A] [B] [C] [D]	24. [A] [B] [C] [D]
5. [A] [B] [C] [D]	10. [A] [B] [C] [D]	15. [A] [B] [C] [D]	20. [A] [B] [C] [D]	25. [A] [B] [C] [D]
26. [A] [B] [C] [D]	31. [A] [B] [C] [D]	36. [A] [B] [C] [D]	41. [A] [B] [C] [D]	
27. [A] [B] [C] [D]	32. [A] [B] [C] [D]	37. [A] [B] [C] [D]	42. [A] [B] [C] [D]	
28. [A] [B] [C] [D]	33. [A] [B] [C] [D]	38. [A] [B] [C] [D]	43. [A] [B] [C] [D]	
29. [A] [B] [C] [D]	34. [A] [B] [C] [D]	39. [A] [B] [C] [D]	44. [A] [B] [C] [D]	
30. [A] [B] [C] [D]	35. [A] [B] [C] [D]	40. [A] [B] [C] [D]	45. [A] [B] [C] [D]	

二、阅读

46. [A] [B] [C] [D]	51. [A] [B] [C] [D]	56. [A] [B] [C] [D]	61. [A] [B] [C] [D]	66. [A] [B] [C] [D]
47. [A] [B] [C] [D]	52. [A] [B] [C] [D]	57. [A] [B] [C] [D]	62. [A] [B] [C] [D]	67. [A] [B] [C] [D]
48. [A] [B] [C] [D]	53. [A] [B] [C] [D]	58. [A] [B] [C] [D]	63. [A] [B] [C] [D]	68. [A] [B] [C] [D]
49. [A] [B] [C] [D]	54. [A] [B] [C] [D]	59. [A] [B] [C] [D]	64. [A] [B] [C] [D]	69. [A] [B] [C] [D]
50. [A] [B] [C] [D]	55. [A] [B] [C] [D]	60. [A] [B] [C] [D]	65. [A] [B] [C] [D]	70. [A] [B] [C] [D]
71. [A] [B] [C] [D]	76. [A] [B] [C] [D]	81. [A] [B] [C] [D]	86. [A] [B] [C] [D]	
72. [A] [B] [C] [D]	77. [A] [B] [C] [D]	82. [A] [B] [C] [D]	87. [A] [B] [C] [D]	
73. [A] [B] [C] [D]	78. [A] [B] [C] [D]	83. [A] [B] [C] [D]	88. [A] [B] [C] [D]	
74. [A] [B] [C] [D]	79. [A] [B] [C] [D]	84. [A] [B] [C] [D]	89. [A] [B] [C] [D]	
75. [A] [B] [C] [D]	80. [A] [B] [C] [D]	85. [A] [B] [C] [D]	90. [A] [B] [C] [D]	

三、书写

91.

92.

93.

94.

95.

96.

97.

98.

99.

100.

新HSK

실전 모의고사

5급

동양북스

일단 합격 하고 오겠습니다

정반합 新HSK

5급

실전 모의고사

동양북스

新HSK 5급

실전 모의고사 1, 2, 3회

≫ 실전 모의고사 1회 해설서 210p
≫ 실전 모의고사 2회 해설서 262p
≫ 실전 모의고사 3회 해설서 317p

주의사항

★ 新HSK 5급의 총 시험 시간은 약 125분(응시자 개인정보 작성 시간 5분 포함)이다.

★ 듣기 영역에 대한 답안은 듣기 시험 종료 후, 별도로 주어지는 시간(5분) 안에 답안지에 작성한다.

★ 독해와 쓰기 영역에 대한 답안은 해당 영역 시험 시간에 바로 답안지에 작성한다.

* 정답 및 녹음 스크립트 74p

新汉语水平考试
HSK(五级)
全真模拟题 1

注 意

一、 HSK（五级）分三部分：

1．听力(45题，约30分钟)

2．阅读(45题，45分钟)

3．书写(10题，40分钟)

二、 听力结束后，有5分钟填写答题卡。

三、 全部考试约125分钟(含考生填写个人信息时间5分钟)。

中国 北京 XXXX/XXXXXX 编制

一、听 力

第 一 部 分

第1-20题：请选出正确答案。

1. A 车是女的
   B 车是老王的
   C 车坏了
   D 车被老王借走了

2. A 她家装修
   B 楼上装修
   C 她家声音大
   D 她精神一直不好

3. A 不想去
   B 只想工作
   C 工作后再去
   D 马上去

4. A 5:00
   B 5:30
   C 6:00
   D 6:30

5. A 医院
   B 教室
   C 酒店
   D 警察局

6. A 下午不下雨
   B 下午可能下雨
   C 不用带伞
   D 不用看天气预报

7. A 不喜欢吃辣的
   B 不喜欢四川菜
   C 不想吃辣的
   D 嗓子不舒服

8. A 妹妹年龄很小
   B 妹妹不喜欢工作
   C 妹妹爱开玩笑
   D 妹妹喜欢读书

9. A 早上
   B 中午
   C 下午
   D 夜里

10. A 化妆浪费时间
    B 女人都化妆
    C 有的女人喜欢化妆
    D 她从来不化妆

11. A 没有票了
B 需要赶紧预定
C 今晚还有电影票
D 电影不好看

12. A 校长
B 老师
C 图书销售
D 图书采购

13. A 旅游
B 购物
C 看比赛
D 拍照片

14. A 家里
B 餐馆
C 休息室
D 商场

15. A 27
B 23
C 40
D 50

16. A 价格实惠
B 价格很合理
C 以后要涨价
D 以后不会变

17. A 昨天骑车下班
B 昨天没有下班
C 昨天车坏了
D 昨天没有骑车回家

18. A 辞职了
B 不属于这个公司
C 在休息
D 出差了

19. A 同事
B 同学
C 夫妻
D 男女朋友

20. A 运动
B 睡觉
C 工作
D 做饭

第二部分

第21-45题：请选出正确答案。

21. A 儿子回家
    B 什么都不满意
    C 儿子没有结婚
    D 儿子不高兴

22. A 打另一个电话
    B 发电子邮件
    C 看网站
    D 去健身

23. A 赞成
    B 反对
    C 好奇
    D 冷漠

24. A 去上海工作
    B 去上海看世博会
    C 去上海开酒店
    D 去上海看朋友

25. A 身体很健康
    B 不喜欢听歌
    C 没去看话剧
    D 喜欢话剧

26. A 她会忘记
    B 她要去北京
    C 她工作很忙
    D 她请假了

27. A 效果很好
    B 效果很糟糕
    C 广告太夸张
    D 广告和产品一样好

28. A 现在污染太多
    B 价格便宜
    C 能去南极
    D 能凉快下来

29. A 牛奶
    B 面包
    C 牛奶和面包
    D 沙拉和鸡蛋

30. A 男的想自己租房子
    B 男的有房子
    C 女的要卖房子
    D 男的要和别人合租房子

31. A 想跟妈妈出门
B 想跟爸爸出门
C 想吃猪肉
D 想让妈妈生气

32. A 很慌张
B 很遗憾
C 很高兴
D 很惊喜

33. A 做父母要勤劳
B 做父母要严肃
C 做父母要守信用
D 做父母要哄小孩

34. A 说时间
B 说空间
C 说食物
D 说人物

35. A 不愿意上课
B 不愿意说英语
C 不愿意说给妈妈听
D 不愿意迟到

36. A 电话里
B 电视台
C 杂志社
D 电台

37. A 历史建筑的优点
B 现代建筑的优点
C 两者的平衡发展
D 两者怎样斗争

38. A 山挡住了他们全家出行的道路
B 搬山上的泥土用来铺路
C 这是两座没有树木的山
D 愚公喜欢带着全家人劳动

39. A 他认为这两座山特别不方便
B 他一直反对愚公的行动
C 他帮助愚公挖山
D 他是一个自以为聪明的人

40. A 愚公家的门前有一座山
B 愚公的朋友也来帮助他挖山
C 愚公一家把山搬掉了
D 只要有坚强的毅力，任何事情都能成功

41. A 家里只有两个人
B 只有两个小孩
C 只有两位长辈
D 不要孩子

42. A 不喜欢孩子
B 孩子不听话
C 为了健康
D 孩子带来很多问题

43. A 不生孩子影响国家

B 生孩子不利于生理健康

C 不生孩子会影响家庭

D 女性对生孩子感到压力

44. A 南方

B 东方

C 西方

D 北方

45. A 它们喜欢游泳

B 它们喜欢玩水

C 为了休息

D 为了维持体温

二、阅 读

第 一 部 分

第46-60题：请选出正确答案。

46-48.

开学不久，他收到一笔500元钱的稿费，__46__把这笔钱寄回乡下老家。为了不让父母多想，他在汇款人姓名这一栏写上"真心帮助你的陌生人"。回去的路上，他想到家里能买种子、农药和化肥了，父母能松一口气了，心中不禁一阵__47__。不到半个月，传达室又送来了一张500元钱的汇款单，原来钱是家里寄来的，上面写着：__48__。

46. A 决心　　B 认定　　C 决定　　D 肯定
47. A 轻松　　B 放松　　C 轻视　　D 放弃
48. A 不要为家里担心　　B 谢谢
    C 感谢好心人　　D 这不是我的钱

49-52.

一位女士对一位陌生人笑了笑，陌生人感觉很好，让他想起了过去与一位朋友的__49__，于是他给这位朋友写了一__50__信。朋友看到信后很高兴，用完午餐后给了服务生很多小费。服务生惊喜万分，就用小费买了彩票并且中奖了，他把一部分钱给了街上的流浪汉。流浪汉非常__51__，因为他已经好几天没吃东西了。吃过东西，在回家的路上他看见一只小狗，就把它抱回自己的小房间取暖。当晚房子着火了，小狗大叫直到叫醒了房子里所有的人，大家得救了。被小狗叫起的孩子中有一个后来当了总统。所有这一切都因为一个__52__的微笑。

49. A 友好　　B 友谊　　C 友爱　　D 爱情
50. A 张　　B 封　　C 个　　D 打
51. A 感激　　B 感受　　C 感悟　　D 感想
52. A 复杂　　B 独有　　C 牵强　　D 简单

53-56.

魏文王问名医扁鹊:“你们家兄弟三人，都精于医术，__53__哪一位最好呢?”扁鹊答:“长兄最好，中兄次之，我最差。”文王再问:“那么为什么你最出名呢?”扁鹊答:“长兄治病，是治于病情__54__之前。一般人不知道他__55__能铲除病因，所以名气无法传出；中兄治病，是治于病情初起时。一般人以为他只能治小病,所以名气只及乡里；而我是治于病情__56__时。一般人都看到我做大手术，所以以为我的医术高明，名气因此响遍全国。”

53. A 最终　B 终于　C 到底　D 但是
54. A 发生　B 发展　C 劳作　D 发作
55. A 事先　B 以前　C 从前　D 后来
56. A 严肃　B 严格　C 严厉　D 严重

57-60.

气候与人的性格__57__有很大的关系。研究__58__，生活在热带地区的人，为了躲避酷暑，在室外活动的时间比较多，所以那里的人性格比较容易激动。居住在寒冷地带的人，因为室外活动不多，大部分时间在一个不太大的空间里与别人朝夕相处，养成了能__59__自己的情绪，具有较强的耐心和忍耐力，比如生活在北极的爱斯基摩人，被人们__60__“世界上永不发怒的人”。

57. A 造成　B 组成　C 构成　D 形成
58. A 发明　B 结果　C 发现　D 发觉
59. A 管理　B 阻止　C 限制　D 控制
60. A 称呼　B 称为　C 叫　D 冠名

第二部分

第61-70题：请选出与试题内容一致的一项。

61. 夏天，很多人都选择撑一把伞来抵挡太阳的紫外线。很多人都会选一把深色的伞出门，特别是黑色，因为一般人觉得黑色能挡住阳光，也一定能挡住紫外线。可事实却是：能够反射紫外线的白色，才是炎炎夏日的最好选择。

A 一般人的选择是正确的
B 白色比黑色更能挡住紫外线
C 夏天，阳光中紫外线最多
D 挡住阳光，就一定能挡住紫外线

62. 一位市民向自来水公司反映，挖马路的推土机把他们家门前的水管弄裂了，漏掉了许多水。自来水公司里领导安慰市民说："不必担心，水也不会漏掉，都记在你下个月的账单里了。"

A 领导帮助市民解决了问题
B 一位市民把水管弄裂了
C 自来水公司节约用水
D 市民下个月要多交水费

63. 当明星是很多人小时候的梦想，如果真正当了明星，就要面对不得不一大堆困扰。比如说明星的私人生活吧，往往平常人做的小事，如果在明星身上发生，就有可能被放大，被大家观察、评论。

A 当明星什么都好
B 明星不做平常人做的事情
C 明星的私人生活往往被议论
D 私人空间只有明星才有

64. 中国的房子有很多样式，屋顶也有所不同。一般在北方，屋顶都是平的，因为北方冬天冷，平顶可以收集更多的热量。而南方的屋顶一般都是三角形，因为南方雨水多，这样的屋顶可以使雨水从房顶流下来。

A 北方气候多雨

B 平顶能够储存水分

C 南方北方的房顶都一样

D 雨水能顺着三角形的屋顶流下来

65. 梅花是中国画中经常出现的题材，也是很多古代诗人喜欢的植物。因为梅花在寒冷的冬天开放，而且香气宜人，人们认为梅花代表了一种不畏惧困境，在困难的条件下依然保持自己品格的精神。

A 梅花代表了一种坚强的品质

B 梅花因为香气而受欢迎

C 中国画和诗歌里的植物只有梅花

D 梅花非常孤独

66. 经常受伤的人都知道，一般伤口开始发痒，就代表着伤口就快愈合了。在伤口愈合的过程中，皮肤表层的神经末梢也逐渐恢复，“发痒”的信号就是由它们传达的。所以一旦能感觉到伤口发痒，就说明伤口快愈合了。

A 神经末梢发送“痒”的信号

B 伤口愈合以后开始发痒

C 神经末梢能马上恢复

D 发痒一定表示伤口愈合

67. 每年农历九月九日是中国的“重阳节”。重阳节有登高望远，思念亲人的习俗。可是最初的重阳节源于一个救人的传说故事，当初，人们一起登高、爬上山顶，不是为了在高处欣赏风景，而是为了和亲人们远离灾难。

A 重阳节的天气适合爬山
B 重阳节人们一起表达喜悦之情
C 重阳节爬山最初是为了逃难
D 古代重阳节登上不准看风景

68. 一个销售员在推销他们公司的锅:“我们公司的新产品，炒菜、煮饭样样行，它由一种最新的材料制成，重量轻，而且怎么摔也不会破。”为了证明自己说的是事实，他当众把锅往地上一摔，锅从中间破成两半，销售员立即捡起破掉的锅，说:“大家请看，这就是锅的内部构造。”

A 销售员故意把锅摔破
B 这个锅质量非常好
C 销售员原来就计划好解释内部构造
D 销售员的宣传很失败

69. 把马桶和餐厅结合在一起，不免令人反感。不过最近，“马桶餐厅”在一些城市开张，而且受到了很多年轻人的青睐，不仅这里的装修模仿卫生间的样子，甚至餐厅用来装食物的餐具也模仿了马桶的样子。

A 马桶餐厅其实就是洗手间
B 餐厅的东西都有洗手间的特色
C 很多人对马桶餐厅反感
D 年轻人喜欢马桶

70. 恋爱中的情侣们，往往喜欢在独立的空间里或幽暗的环境里，不希望被其他人打扰。如果有一个人在他们周围，情侣们就会有被打扰的感觉，谈恋爱的气氛也许就消失了，这样的人，我们把他比喻成“电灯泡”。

A 谈恋爱的人会喜欢“电灯泡”

B “电灯泡”是制作电灯的材料

C 情侣们不希望身边有“电灯泡”

D 情侣们不喜欢开灯

第三部分

第71-90题：请选出正确答案。

71-74.

有一个小职员正赶着去开会，离会议开始只有二十分钟了，于是，小职员截住了一辆出租车，他对司机说："我赶时间，拜托你走最短的路！"司机问道："先生，是走最短的路，还是走最快的路？"小职员好奇地问："最短的路不是最快的吗？"司机说："当然不是，现在是繁忙时间，最短的路都会交通堵塞。你要是赶时间的话便得绕道走，虽然多走一点儿路，但这却是最快的方法。"

结果，小职员选择走最快的路。途中他看见不远处有一条街道堵塞得水泄不通，司机解释说那条正是最短的路。最终，小职员赶上了会议，还升了职当部门主任。人总喜欢走捷径，以为走捷径可以用最少的精力最快到达目的地，但是捷径并不好走，有时不但荆棘满途，而且充满危险。

71. 为什么小职员要走短路？

A 他认为走短路最快　　B 计程车太贵

C 开会的地点在短路上　　D 司机不愿意走长路

72. 司机选择绕道走的原因是什么？

A 更省油　　B 短路不熟悉

C 挣的钱比短路多　　D 短路很堵车

73. 为什么捷径并不好走？

A 车一定会很多　　B 路程太短

C 捷径一般都不正确　　D 有时困难很大

74. 本文告诉我们一个什么道理？

A 捷径车很多　　B 最短的路都会交通堵塞

C 捷径不一定是最快成功的路　　D 捷径路程很短

75-78.

在长期的进化中，很多动物学会了巧妙用水，其节水“智慧”令人类惊叹。生活在非洲地区半沙漠地带的弯角大羚羊善于节约有限的水分。为此，它们错时饮水，只在黄昏和夜间进食，最大限度地吸取食物中的水分。因为晚上草的水分含量会增加20倍。晚上空气的湿度较大，所以大羚羊会不停地深呼吸，吸收水分，补偿白天呼出气体时带出的过多水分。

骆驼能在驼峰里储存40公斤左右的脂肪，缺水的时候，这些脂肪会慢慢分解成所需的营养和水分。骆驼还能在10分钟内喝下100多升水，把大量的水储存在胃里。骆驼在节水方面很有智谋，它排出的水极少，它不轻易张开嘴巴，这样可以保持口腔的湿润，减少水分散失。这些本领使骆驼在沙漠中8天不喝水也不会渴死。

75. 文章主要讲的是什么?

A 羚羊的优点　　B 骆驼的优点

C 动物怎样节水　　D 动物进化的成果

76. 第1段中的画线部分“错时”指的是什么?

A 在不对的时间做事情　　B 在不同的时间做事情

C 只在晚上做事情　　D 只在白天做事情

77. 为什么羚羊要晚上饮食?

A 晚上没有敌人追赶　　B 晚上草的水分很多

C 白天羚羊在睡觉　　D 白天的没有水分

78. 骆驼8天不喝水也不会死，不是因为:

A 喝进去的水多　　B 排出来的水少

C 脂肪马上分解成水分　　D 不经常张开嘴巴

79-82.

朋友去南方做事，把他在山中的房子交给我留守。朋友是个勤快的人，院子里常常收拾得干干净净。而我很懒，除了偶尔扫扫随风飘进院子的落叶，那些自己长出来的草，我从来不去拔它们。

初春时，院子里冒出了一簇叶子尖尖的、薄薄的小草，夏天开花了。我采了一朵和几片叶子，去山下找一位研究植物的朋友。朋友一看，连忙恭喜我说："你发财了！这是兰花的稀有品种，在花市上值几十万呢！"我马上打电话告诉了在南方的朋友，他听了也愣了，轻轻地说，其实那株兰花每年都会发芽，只不过把它当成普通的野草，每年春天刚发芽，就把头给剪掉了。

现实生活中，我们总是拔掉没来得及开花的野草，不给他们证明自己的时间。给每一株草开花的时间，给每一个人证明价值的机会，将给人生带来更多美丽的意外。

79. "我"怎样整理院子？

A 天天拔草　　B 经常采花
C 偶尔扫落叶　　D 从来不管

80. 为什么去找研究植物的朋友？

A 我找到珍贵的兰花很高兴　　B 我对这株花不了解
C 我觉得我要发财了　　D 去告诉朋友开花了

81. 南方的朋友愣住了，是因为：

A 伤心　　B 反对
C 惊讶　　D 紧张

82. 作者认为，哪个是对的？

A 不应该清理院子　　B 应该给一个人证明自己的时间
C 种花会有意外的收获　　D 从没有人错过人生的机会

83-86.

2010年上海世博会设立的“生命阳光馆”是世博会159年来首个残疾人馆，人们希望通过这样的方式，提高全社会对残疾人能力和贡献的认识，思考如何帮助残疾人解决生存、发展等方面的困难和问题。

生命阳光馆位于上海世博会园区主题馆中，面积1200平方米。馆外超大的彩色屏幕，播放全景动画《走到一起来》。这寓意地球上的生命不分物种、不分地域、不分性别和谐相处，在阳光的普照下，走到一起来，走进世博会。

开馆以后，来自全国的400多名残疾人将向参观者展示各类才艺。盲人、聋哑人等在这里担任志愿者，为参观者提供引导、讲解等服务。残疾人士对世博会有着温暖而美好的回忆，其中最感人的事例就是：美国盲人女作家海伦·凯勒以抚摸的方式参观了1893年芝加哥世博会。后来，她在《假如给我三天光明》的传世名篇中深情地写道：如果给我三天光明，我要把最宝贵的第三天留给博物馆。

83. 为什么要建生命阳光馆？

A 残疾人提议　　B 让社会关心残疾人

C 丰富大家的知识　　D 让残疾人走到一起

84. 关于生命阳光馆，哪项是正确的？

A 可以观看到黑白动画　　B 里面有太阳

C 里面展示很多不同的生物　　D 可以在世博会主题馆内找到

85. 在2010世博会，不可能看到的是什么？

A 美国盲人女作家海伦·凯勒　　B 残疾人的才艺表演

C 残疾人引导员　　D 残疾人讲解员

86. 盲人女作家是怎样参观世博会的？

A 用耳朵听　　B 用手摸

C 用鼻子闻　　D 用眼睛看

87- 90.

在很多人的观念里，一套属于自己的房子是人生的必备品。年轻人开始工作以后，考虑到要独立居住，接下来要结婚、生孩子，最大的愿望可能就是首先有一套自己的房子。可是对于大多数年轻人来说，刚踏入社会不久,就拥有存款买房子，那是不现实的。那么到底租房好还是买房好?

赞成租房子的人们认为，年轻人应该根据自己的收入安排自己的生活条件，暂时租房子，经济压力比较小，还能用钱干点别的事情。另一方面，年轻人容易换工作，租房子更加适合变动的状态。

赞成买房子的人则认为，以后房价一定还会上涨，等着以后有了存款再买房子，还不如先向银行贷款，早点买下房子，省的以后“花冤枉钱”。而且，租房子，房子毕竟还是别人的，很不稳定，有了自己的房子，才觉得有安全感。

87. 文章认为年轻人工作以后，首要的愿望是什么?

A 自己独立居住　　B 结婚
C 生孩子　　D 有自己的房子

88. 为什么年轻人买房子不现实?

A 没有足够的存款　　B 工作时间不够长
C 工作不够努力　　D 对社会认识不深

89. 租房子有什么优势?

A 能够更快地换工作　　B 完全不用担心钱的问题
C 更能适应工作变动　　D 有安全感

90. 根据文章内容，“花冤枉钱”是什么意思?

A 比原来少花一些钱　　B 用银行的钱
C 比原来多花一些钱　　D 用自己的钱

三、书 写

第 一 部 分

第91-98题：完成句子。

例如：发表　　这篇论文　　什么时候　　是　　的

这篇论文是什么时候发表的？

91. 要　　谎言　　揭穿　　被　　最终

92. 放慢　　雨天　　应该　　速度　　驾驶

93. 越来越　　她的　　沉重　　心情

94. 才能　　老顾客　　优惠　　享受到　　双重的　　只有

95. 湖里　　鲤鱼　　珍贵的　　养着　　很多

96. 怎么样　　呢　　究竟　　要我　　你

97. 说明书　　安装　　按照　　进行

98. 有效　　不见得　　也　　书上的　　方法

第二部分

第99-100题：写短文。

99. 请结合下列词语(要全部使用，顺序不分选后)，写一篇80字左右的短文。

跑步　　紧张　　终点　　坚持　　等待

100. 请结合这张图片写一篇80字左右的短文。

新汉语水平考试

HSK(五级)

全真模拟题 2

注　意

一、 HSK（五级）分三部分:

　　1．听力(45题，约30分钟)

　　2．阅读(45题，45分钟)

　　3．书写(10题，40分钟)

二、 听力结束后，有5分钟填写答题卡。

三、 全部考试约125分钟(含考生填写个人信息时间5分钟)。

中国　北京　　　　XXXX/XXXXXX　编制

一、听 力

第 一 部 分

第1-20题：请选出正确答案。

1. A 林伟会去男的家里玩儿
   B 女的找到了一份工作
   C 女的没有时间
   D 林伟不能去男的家里玩儿

2. A 要建新的公路
   B 噪音是没有办法的事情
   C 女的问题很快就会解决
   D 他厌噪音

3. A 兴奋
   B 失望
   C 难过
   D 无所谓

4. A 先要写完作业
   B 很喜欢学习
   C 不想出去打球
   D 想玩游戏

5. A 考中文系研究生
   B 读中文学校
   C 经济学的
   D 申请学校

6. A 小李还没到电影院
   B 小李在电影院工作
   C 小李的电话关机了
   D 小李要看电视剧

7. A 女的很喜欢演讲
   B 男的参加演讲了
   C 他们是师生关系
   D 男的帮助女的完成演讲

8. A 报案
   B 回家找钱包
   C 买钱包
   D 打电话

9. A 今天的演出票还有
   B 明天有票
   C 今天的票不多了
   D 这几天都没有票

10. A 鞋店
    B 商场
    C 餐厅
    D 邮局

11. A 女的从不借书给别人
B 男的没有把书还给女的
C 女的已经看完了
D 女的把书送给男的了

12. A 男的会拉小提琴
B 男的不会拉小提琴
C 女的喜欢男的拉小提琴
D 男的不喜欢小提琴

13. A 不想去展览会
B 还有时间去展览会
C 和男的一起去展览会
D 展览会一直会有

14. A 女的
B 小张
C 不借给别人
D 别人

15. A 男的要去洗衣店拿衣服
B 女的忘了去拿衣服
C 女的没办法去洗衣店
D 男的没有车

16. A 女的不想去医院
B 男的不舒服，要去医院
C 男的打算陪女的去医院
D 女的心情不好

17. A 小李很有名
B 小李很小气
C 小李没有送礼物给女的
D 女的打算送礼物给小李

18. A 天气很冷
B 天气变化很大
C 他很热
D 他又冷又热

19. A 女的去理发店了
B 男的想要去理发店
C 女的换了理发店
D 男的想要换个理发师

20. A 不想见妹妹
B 不想再等了
C 很想见到妹妹
D 去接妹妹

第 二 部 分

第21-45题：请选出正确答案。

21. A 不学中国历史
B 去历史博物馆
C 选中国历史课
D 和女的一起去听中国历史课

22. A 男的要去女的公司
B 女的应该离开公司去培训
C 男的想要去培训
D 女的公司不错

23. A 她没有借书证
B 她必须先还书
C 她的借书证是别人的
D 这些书只能在图书馆看

24. A 服装店
B 超市
C 餐厅
D 公司

25. A 她要去旅游
B 她没有很多钱
C 她不想吃饭
D 她是一名专职教师

26. A 明天就把词典还给他
B 现在不用把词典还给他
C 星期天之后他要用词典
D 他要把词典送给女的

27. A 教师
B 学生
C 公司职员
D 司机

28. A 不喜欢篮球
B 想要努力学习
C 他更喜欢学习
D 他打得不好

29. A 赞成
B 反对
C 讨厌
D 无所谓

30. A 女的要给男的妈妈买化妆品
B 男的觉得化妆品不太好
C 他们俩是夫妻
D 女的不想买这个化妆品

31. A 要去玩耍
B 要去摘桃子吃
C 要去找兔子
D 它们住在小岛

32. A 狐狸太重了
B 猴子不会游泳
C 独木桥太窄了
D 它们吵架了

33. A 因为桃子是坏的
B 因为狐狸回不来了
C 因为狐狸很可爱
D 因为猴子不想吃桃子了

34. A 70年
B 73年
C 75年
D 78年

35. A 散文家
B 小说家
C 翻译家
D 哲学家

36. A 10元
B 50元
C 100元
D 200元

37. A 年轻人
B 小偷
C 妇女自己
D 警察

38. A 校长给他们涨工资
B 校长让他们休息
C 他们觉得很光荣
D 学生很喜欢他们

39. A 教最笨的三个班
B 教最优秀的学生
C 把最优秀的学生分成三个班
D 把三个班学生带出去

40. A 100名学生是最优秀的
B 三位老师是全校最优秀的
C 老师和学生都很聪明
D 每个人都可以成为最好的

41. A 常常洗地毯
B 很懒惰
C 菜做得不好
D 很爱说话

42. A 对面太太衣服洗不干净
B 窗户上有污渍
C 对面太太很懒惰
D 视力不太好

43. A 会两门语言的
B 会四门语言的
C 又老又丑的
D 都一样

44. A 它会八门语言
B 它年纪最小
C 它聪明
D 它被叫老板

45. A 会两门语言的，售价四百元
B 会语言的鹦鹉，售价都一样
C 老鹦鹉毛色暗淡散乱，标价八百元
D 老鹦鹉会八门语言

二、阅 读

第 一 部 分

第46-60题：请选出正确答案。

46-48.

中国有一位很有名的教育家——孔子。孔子有三千个学生，__46__七十二个学生成了有名的人。孔子的教学方法很好，他要求学生们学习的__47__能够学会联想。孔子曾经对他的学生说：我上课的时候，举出一个例子，你们应该要能灵活地推想到另外三个例子，这就是__48__。

46. A 其中　B 其余　C 很多　D 有的
47. A 时期　B 时代　C 时候　D 时刻
48. A 说三道四　B 熟能生巧　C 举一反三　D 三心二意

49-52.

很久以前，有一个国王，他__49__着一个富裕的国家。有一次，他到一个很远的地方去旅行。回到王宫后，他不停地抱怨脚非常疼。他以前从未走过那么长的路，更何况他所走的路又非常难走。于是，__50__的国王向天下发布诏令，让百姓用皮铺好每条道路。很__51__，这要用掉无数张牛皮，花费巨额的金钱。这时，一位大臣冒着被国王训斥的危险进言道："国王，你为什么要花那么多金钱呢？__52__听了大臣的话，国王很惊讶，但他思考了一下，接受了大臣的建议，也为国家节省了巨额的金钱。

49. A 统治　B 统一　C 修理　D 整理
50. A 高兴　B 难过　C 好看　D 愤怒
51. A 明白　B 明晰　C 明显　D 明确
52. A 您可以不再出远门啊　B 您可以坐在车上去旅行啊
    C 您何不找一条平坦道路呢　D 您何不用牛皮做鞋子穿呢

53-56.

几年前，中国的网站没有什么收入，有的甚至是亏钱的。各种网站为了__53__自己的影响力，都花了很多钱，用各种办法来吸引大家的注意。于是，网站上几乎所有的东西都是免费的，从电子邮箱到下载音乐再到下载电影，这些都是“免费的午餐”。但是现在可不一样了，各种网站开始__54__这些免费午餐，用它们来__55__钱。以前免费的服务现在只能先付费才能得到了。由于人们已经长时间习惯了这些服务，上网已成为很多人生活中很重要的一部分，因此他们__56__花钱得到这些服务。

53.	A 扩展	B 扩大	C 扩充	D 发展
54.	A 取缔	B 消灭	C 除去	D 取消
55.	A 拿	B 得	C 赚	D 吸
56.	A 不见得	B 不耐烦	C 不要紧	D 不得不

57-60.

一提到被子，我们首先想到的是白色。白色看起来干净整洁，还有催眠的作用。虽然也有其他颜色的被子，但大多数都是很浅的颜色。这是为什么呢？__57__道理很简单，想象一下，如果盖深红色的被子睡觉，血压__58__升高，精神也紧张起来，还怎么睡觉呢？__59__，被子不能使用令人清醒的颜色。此外，被子上最好不要有太多图案和花纹，以单色为佳。有人说，睡觉时都闭着眼睛，被子的颜色能有什么影响呢？其实不然，肌肤对色彩同样有__60__，和我们用眼睛看是一样的效果。

57.	A 其实	B 其次	C 虽然	D 确实
58.	A 不仅	B 不会	C 不断	D 继续
59.	A 于是	B 终于	C 然而	D 因此
60.	A 感受	B 感觉	C 感想	D 感动

第 二 部 分

第61-70题：请选出与试题内容一致的一项。

61. 健康专家指出，听音乐最好在夜间9-11点，此时是身体免疫系统调节时间，听古典音乐等平静的音乐能使心情平和，让免疫系统的调节更好地完成。

A 听流行音乐最有益身心健康
B 古典音乐能使人心情平和
C 音乐只有在晚上听才有用处
D 只有听音乐才能让人放松

62. 中国现在就处于“变化期”，这个时代问题很多，中国人对待事物等过于浮躁、敏感。从股市热、楼市热，期待一夜暴富、一夜成名，害怕失去青春，社会价值观和世界观大大改变。

A 中国每个人都处于“变化期”
B 中国人做事很细心
C 很多东西在中国很流行
D 中国人的处事态度一直没有变化

63. 在韩国，作为长期投资，土地等固定资产仍是最受欢迎的选择。调查显示，选择山林、土地的占33.1%，选择公寓住宅的占28.4%，选择商业街和办公楼的占20.6%；相反，选择股票等投资的只占5.3%。

A 韩国人都喜欢炒股票
B 固定资产投资在韩国很受欢迎
C 韩国人对公寓住宅的投资比重最大
D 韩国人对固定资产的投资都是短期的

64. 随着毕业生的不断增长，有关部门不断推出鼓励大学生资助创业的政策。一些专家和毕业生总结出创业的六大绝招：第一招，自信；第二招，创新；第三招，求实；第四招，知识；第五招，艰苦奋斗；第六招，获取风险投资的重要能力。

A 国家不支持大学生自己创业
B 大学生创业需要很多金钱的支持
C 创业需要大学生拥有很多优秀品质
D 大学毕业生人数与往年一样

65. 蘑菇是一种鲜美可口的菌类。全世界可供食用的蘑菇有500多种，在中国也有300种左右。人类食用蘑菇的历史已有5000多年，因为它含有丰富的蛋白质，营养价值高，又因它对不少疾病有一定疗效，故被成为“健康食品”。

A 在中国有500多种蘑菇可食用
B 蘑菇含有和肉相同的元素
C 蘑菇对治病并没有什么帮助
D 5000年前，人类已经开始食用蘑菇了

66. 经常过分饱食者，很少有长寿的。相反，生活有规律，适当节食，却有很多高寿的人。国外有人通过动物实验也证实，节食能延长寿命。因为过分饱食者，容易造成消化不良，导致急、慢性胃肠疾病。摄入的热量过多，剩余部分可转变成脂肪，堆积体内，引起肥胖。

A 吃得过饱的人往往能够长寿
B 过分饱食者的肠胃容易生病
C 吃得过饱的人摄入的热量全都转化成了脂肪
D 节食会使人的寿命减少

67. 广东人爱旅行的多，爱旅行的女人更多。在不少关于广东游客的调查中显示，女人的比例要高于男人。和其他地方的女人相比，广东女人更爱把钱花在吃喝旅行上，对买衣打扮虽然也关注，但绝不会如上海女人那样精致。在旅行中，穿得花枝招展的女性多半不是广东人，而全套专业冲锋衣裤，脚踩登山鞋，头围方巾的女人很可能来自广东。

A 广东的女人不懂得如何打扮自己
B 上海女人更喜欢把钱花在吃喝旅行上
C 广东的女人比广东的男人更喜欢旅游
D 旅行中打扮得很专业的女人很可能是上海人

68. 丹麦一年的旅游季节通常由4月开始，气候回暖，日光时间也慢慢增长，一直到10月左右，游客才会又开始减少。综合来看，5月和6月是最适合的时节，也是田园风光最美的时候。7、8月的丹麦会有许多的露天音乐会、街头活动，博物馆以及景点的开放时间几乎都会延长到晚间，缺点是游客太多。

A 7、8月份是最适合去丹麦旅游的时节
B 7、8月份去丹麦的人很多
C 丹麦的旅游季节一般是从3月开始
D 去丹麦的旅游的人都是热爱生活的人

69. 每年的热门专业，英语都能占据一席之地，但根据麦可思等报告数据显示，英语成为继法学之后失业率第二高的热门专业。高校盲目招生，用人市场供过于求，加上熟练掌握英语的毕业生越来越多，使英语专业学生在求职过程中并不占据优势。

A 英语专业已不像以前那么好就业
B 英语是失业率最高的热门专业
C 现在很多人都不学英语了
D 法学专业很冷门

70. 这个时代的年轻人，有千万个梦想和同一个梦中情人——大都市。他们心目中的大都市，通常被称为一线城市。人人都想成为一线城市体面的一份子，在城中扎下根来，获得幸福、尊严与好未来，即使他们碰到大都市的残酷与冷血。

A 年轻人都喜欢安静的生活

B 年轻人喜欢在大城市拼搏

C 年轻人期待大城市会给他们幸福和尊严

D 一线城市是现代生活最理想的去处

第 三 部 分

第71-90题：请选出正确答案。

71-74.

在一个大花园里有一间小屋子，屋里住着一个盲人。他把所有的时间都用来照料这个花园，虽然他的眼睛看不见，花园却管理得非常好。无论春天、夏天或者秋天，花园里总是一片花海。

一个过路人非常惊奇地问道："你这样做是为了什么呢？你根本就看不见这些美丽的花呀！"盲人笑了，他说："我可以告诉你四个理由：第一，我喜欢我的工作；第二，我可以抚摸我的花；第三，我可以闻到它们的香味；至于第四个理由则是你！

"我？但是你本来不认识我啊！"路人说。

"是的，我是不认识你，但是我知道有一些像你一样的人会在某个时间从这儿经过，这些人会因为看到我美丽的花园而心情愉快，而我也因此能有机会和你在这儿谈这件事。"

71. 下列哪项不是盲人管理花园的理由？

A 因为他喜欢种花 B 虽然他看不见花，但他能感受花

C 他想得到路人的感谢 D 他可以闻到花的香味

72. 盲人和过路人是什么关系？

A 老朋友 B 曾经的邻居

C 陌生人 D 战友

73. 本文中画出来的"这件事"指的是什么？

A 他想和别人做朋友 B 他很善良

C 他很喜欢养花 D 他为什么养花

74. 这篇文章告诉我们什么道理?

A 盲人是最善良的人

B 只有先帮助别人，别人才会帮助你

C 善良的人自己也会得到回报

D 陌生人之间是没有任何感情可言的

75-78.

美国通用电气公司的总裁杰克·韦尔奇，是20世纪最伟大的CEO之一，被誉为“经理人中的骄傲”。在一次全球500强经理人员大会上，他与同行们进行了一次精彩的对话交流。

有人说：“请您用一句话说出通用公司成功的最重要的原因。”他回答：“是用人的成功。”

有人说：“请您用一句话来概括高层管理者最重要的职责。”他回答：“是把世界各地最优秀的人才招到自己的身边。”

有人说：“请您用一句话来概括自己最重要的工作。”他回答：“把50%以上的工作时间花在选人用人上。”

有人说：“请您用一句话说出自己最大的兴趣。”他回答：“是发现、使用、爱护和培养人才。”

有人说：“请您总结一个最重要的用人规律。”他回答：“一般来说，在一个组织中，有20%的人是最好的，70%的人是一般的，10%的人是最差的。一个善于用人的领导者，必须随时掌握那20%和10%的人的姓名和职位，以便实施准确的措施，进而带动中间的70%。”

有人说：“请您用一句话来概括自己的领导艺术。”他回答：“让合适的人做合适的工作。”

75. 通用公司成功的最重要的原因是什么?

A 员工的忠诚　　B 设施的先进

C 用人的成功　　D 管理的完善

76. 杰克·韦尔奇最重要的工作是什么?

A 浏览文件　　B 观察市场

C 培养人才　　D 学习知识

77. 关于杰克·韦尔奇所说的用人规律，哪项是错误的?

A 密切关注20%的人

B 通过20%的和10%的人来带动70%的人

C 把重点放在70%的人身上

D 重视10%的人

78. 下列哪项最适合做本文的标题?

A 用人的艺术　　B 总裁的秘诀

C 向人才看齐　　D 用人规律的运用

79-82.

她爱他，但不能下决心嫁给他。似乎，嫁给他有些不甘心，因为他只是一个教书匠，除非买彩票中大奖，否则不可能给她非常富足的生活。他知道她的想法，也并不要求她什么，只是一如既往地爱着她、呵护她。

他们上下班正好可以乘同一路公交车，没有特殊情况，他便会来等她，然后一起坐公交车回家。她总是磨磨蹭蹭到最后才离开办公室，她不希望别人看到她的男朋友不是开车来接她，而是接她去乘公交车。他心里明白，但不计较。

那天，她因为连着忙了几天，很累，上了公交车后不一会儿就困得摇摇晃晃地打起了瞌睡。他尽量把身子站稳，一手抓着吊环，一手揽着她的腰，让她把她的头靠在他的肩上，以便她睡得更安稳。过了几站，有了两个座位，他扶着她坐下，她靠在他的肩上继续睡。这一觉睡得真香，等她一觉醒来，车已过了他们要下的那个站。她委屈又生气地问他："你也睡着了？怎么坐过站了都不知道？坐车都能坐过站，还能指望你什么？"他宽厚地笑笑。她愈发生气地嚷道："我讨厌你总是傻笑，连吵架都吵不起来，这日子太闷了!"

正在她无理取闹的时候，后座一位老妇人说道："姑娘，你可冤枉你男朋友了。他可没睡觉。售货员问他下不下车，他说你这几天很累，好不容易睡着了，就让你好好睡一会儿。他连动都不舍得动一下儿，这么体贴的男朋友，你还不珍惜!"

她脸红了，到站，他们下了车，跑到对面再往回坐。她的手被他握着，她第一次觉得，有一个可以踏实地依靠一生的肩膀，才是最重要的，这和坐的是公交车还是汽车无关。

79. 她为什么不能下决心嫁给他？

A 因为她还喜欢着另一个人　　B 因为他不爱她

C 因为他的收入少　　D 因为她还不想结婚

80. 他们怎么会坐过站的？

A 他们两个都睡着了　　B 他们喜欢坐公交车

C 她喜欢看窗外的风景　　D 他不想打扰她睡觉

81. 他对她的态度是什么样的?

A 难以忍受
B 不耐烦
C 爱护关心
D 无法沟通

82. 这件事以后，她会怎么做?

A 跟他分手
B 决定嫁给他
C 更加讨厌他
D 再也不跟他一起坐公交车

83-86.

他是一位出色的化工专家，也是一位功绩显著的化工实业家。早在1920年前后，他就参与创建了亚洲第一座化工厂。后来，他还冒着生命危险，独自创建了永明漆厂，研制生产了著名的“永明牌”等漆料。

但是，令所有人感到惊讶的是，他这样一位爱国志士，却干出了一件让人“不可思议”的事——1934年，他的爱妻因病不治去世。他在极度悲伤的情况下为妻子举行了一场追悼会，并遍发通告，在通告中写下了这样一句令人难以置信的话：“来人悼念，一律只收现金。”在当时，谁家若有丧事，亲朋好友几乎不可能送钱，他却出人意料地喊出了“一律只收现金”的口号！这无疑是遭人耻笑的事情。但是，很多人考虑到他为人正直，因此还是准备了现金。对于油漆大王如此“出格”的举动，所有的亲朋好友都背后在议论。直到他做了一件事后，人们才明白，并对他赞不绝口。

原来，他并不是爱财之人，而是用收来的现金加上个人的积蓄，以亡妻的名字命名，开办了一家幼儿园，免费让他那个厂的职工的子女进入学习。

他就是苏州化学家陈调甫。他在爱妻去世的悲痛中，仍不忘发展教育、造福他人的做法，不禁让人由衷地敬佩。

83. 关于陈调甫，哪项是错的？

A 他创建了世界第一座化工厂　B 他艰难地创建了永明漆厂

C 他拥有爱国热情和实干的精神　D 他为祖国的化工事业做出了卓越的贡献

84. 本文中的“出格”是什么意思？

A 不同寻常　B 古怪

C 艰难　D 疯狂

85. 陈调甫为什么要收现金？

A 给亡妻买东西　B 喜欢钱

C 积聚钱财给孩子们买吃的　D 建幼儿园

86. 陈调甫开办幼儿园的目的是什么？

A 让大家把孩子送过来　B 免费让孩子来玩

C 给自己的孩子一个温暖的家　D 让厂里职工的子女免费学习

87- 90.

我工作的一所学校在郊区，学校通往城里的公交车不是特别好坐，人总是很多。有一次我和一名学生进城，上车的时候，车里的人很少，学生却一定要拉我到最后一排去坐，我很诧异，问她说：“前面有位置，为什么我们要坐最后呢？”她眨眨眼睛，悄悄地对我说：“这趟车人特别多，我敢保证，我们坐在前排的话，迟早都是要站起来给别人让座的，坐后排，就没事了。看着这个诚实的孩子，我很吃惊，没想到坐公交车居然有这样的讲究。

后来有一天，我和一位叫汉克的留学生去办事，也坐公交车，大概要坐三站路，很近。我上车后准备坐前排的，但是汉克拉着我就坐到后排去了。我想起那位学生，然后很悲哀地想，汉克该不会这么快就知道了往后坐的道理了吧！

我提醒汉克说：“我们只坐三站就到了，为什么不坐前排呢？”汉克很吃惊地看着我说：“难道我们先上公交车的人不应该先坐后排吗？”我疑惑了，我问：“为什么先上来的就要坐后排呢？”汉克说：“在我们英国，先上公交车的人都是从后排坐起的，因为这样可以方便后面的人上车啊！”我顿时没有话说了。

回去之后，我找了一个在伦敦生活过的教授一问，教授笑着告诉我：“没错，是这样的，这是他们遵守的规矩，这样可以让车厢不那么拥挤。”

我听着听着，渐渐感觉美好起来。末了，教授笑着问我：“这下你知道为什么伦敦人开着巴士来北京迎奥运了吧？”我猛地恍然大悟，很肯定地回答说：“一定是因为巴士里藏着他们国家美好友爱和谐的文化。”

87. 文中第一段中的学生为什么要拉着“我”到后排去坐？

A 为了不让座

B 为了不晕车

C 为了更舒适

D 为了看更美的风景

88. 汉克为什么要拉着“我”去后排坐？

A 为了宽敞的后排

B 为了方便后上的乘客

C 为了方便说话

D 为了下车的方便

89. 关于伦敦的公交车情况，哪项是错的?

A 伦敦人乘公交车肯定先去坐后排的座位

B 伦敦人乘公交车会有意识地去方便后上的乘客

C 伦敦人遵守他们的规矩是为了不让车厢拥挤

D 伦敦的公交车有前后等级之分

90. 伦敦人为什么要开着巴士迎奥运?

A 因为巴士是伦敦人发明的　　B 因为巴士代表着伦敦

C 因为巴士蕴含着伦敦的文化　　D 因为巴士很有观众缘

三、书 写

第 一 部 分

第91-98题：完成句子。

例如：发表　这篇论文　什么时候　是　的

这篇论文是什么时候发表的？

91. 连　被　误会　他　了　都

92. 成为　世界　能　为什么　美国　强国

93. 这　可　累　奶奶　把　坏　了

94. 才　成绩　怎么　提高　呢　学习　能

95. 流传着　上　一个　说法　小镇　一直

96. 派　林经理　老板　环境　考察　投资　去

97. 今天的　灿烂　特别　阳光

98. 同学们　积极　脑筋　请　开动

第二部分

第99-100题：写短文。

99. 请结合下列词语(要全部使用，顺序不分选后)，写一篇80字左右的短文。

晚上　　月亮　　盼望　　感受　　跳舞

100. 请结合这张图片写一篇80字左右的短文。

新汉语水平考试
HSK(五级)
全真模拟题 3

注　意

一、HSK（五级）分三部分：

　　1．听力(45题，约30分钟)

　　2．阅读(45题，45分钟)

　　3．书写(10题，40分钟)

二、听力结束后，有5分钟填写答题卡。

三、全部考试约125分钟(含考生填写个人信息时间5分钟)。

中国　北京　　　　XXXX/XXXXXX　编制

一、听 力

第 一 部 分

第1-20题：请选出正确答案。

1. A 会计
   B 教师
   C 医生
   D 司机

2. A 颜色鲜艳不对
   B 颜色鲜艳挺好
   C 老人爱颜色鲜艳
   D 小孩爱颜色鲜艳

3. A 报名
   B 交学费
   C 参加考试
   D 通过考试

4. A 广州
   B 苏州
   C 杭州
   D 温州

5. A 空调坏了
   B 今天停电了
   C 女的不同意开空调
   D 男的不觉得热

6. A 3人
   B 4人
   C 5人
   D 6人

7. A 车坏了
   B 男的累了
   C 女的累了
   D 他们要旅游

8. A 不懂电脑
   B 不够细心
   C 不喜欢马
   D 不喜欢老虎

9. A 去买保险
   B 去上班
   C 去买药
   D 去医院

10. A 男的不浇花
    B 男的不在家
    C 女的喜欢花
    D 男的常常忘事情

11. A 男的换手机了
B 女的没有邮箱
C 男的没有邮箱
D 女的手机坏了

12. A 老师
B 律师
C 销售员
D 理发师

13. A 寺庙很新
B 寺庙很破
C 下午去寺庙
D 寺庙有150年历史了

14. A 床上
B 卧室
C 客厅
D 餐厅

15. A 男的很会做饭
B 西红柿炒鸡蛋不好吃
C 男的菜做得不错
D 菜太甜了

16. A 女的没带现金
B 商场不能用信用卡
C 使用信用卡，还送礼品
D 使用信用卡送现金

17. A 已经做好决定
B 爸爸在食品公司上班
C 想去电脑公司
D 已经上班了

18. A 爱情小说不真实
B 爱情小说不感人
C 爱情小说不浪漫
D 爱情小说看不懂

19. A 笔
B 笔记本
C 台式电脑
D 笔记本电脑

20. A 应聘很顺利
B 男的很幸运
C 男的摔倒了
D 面试在下午

第二部分

第21-45题：请选出正确答案。

21. A 价格便宜
B 鲜花有活力
C 鲜花要换水
D 鲜花能经常换

22. A 要求汇款3000元
B 只发给了男的
C 短信是骗人的
D 短信是女的发的

23. A 诗歌
B 电影
C 电视剧
D 话剧

24. A 公园最近不能跑步
B 男的一个人去跑步
C 老李家离男的家很远
D 女的天天去公园跑步

25. A 养狗太麻烦
B 他怕高大的狗
C 没有人照顾狗
D 女的不会养狗

26. A 男的没有看过电影
B 女的没有看过电影
C 他们一起去看电影
D 现在是上午十一点

27. A 收看的人不多
B 参加的人不多
C 参加的人已经结婚了
D 参加的年轻人比较多

28. A 骑自行车
B 开汽车
C 坐出租车
D 坐公共汽车

29. A 比较省钱
B 妻子的要求
C 女的给男的建议
D 对身体没有伤害

30. A 作家
B 记者
C 评论家
D 书店老板

31. A 他们没有见过蛇
B 他们给贵族帮忙
C 他们要争一壶酒
D 他们没有喝过酒

32. A 他看见了蛇的脚
B 别人都画上了脚
C 他觉得没脚的蛇是错的
D 他觉得有脚的蛇好看

33. A 他不喜欢喝酒
B 他给蛇画上了脚
C 他没有告诉别人
D 奖品被人抢走了

34. A 南非之旅
B 足球之夜
C 世界杯比赛
D 世界杯开幕式

35. A 《晚间体育新闻》暂停
B 《体育人生》今天播出
C 《篮球欣赏》暂停
D 世界杯比赛持续四小时

36. A 5天
B 6天
C 7天
D 8天

37. A 一等奖去海南旅行
B 二等奖现金300元
C 三等奖双人旅行
D 四等奖一份小礼物

38. A 不太好
B 非常好
C 只是一般
D 熟练而已

39. A 他拿着东西
B 他觉得不奇怪
C 他没有看清楚
D 他射箭也很好

40. A 他认为自己很厉害
B 他认为值得被赞美
C 这只不过是因为熟练
D 这让他觉得非常自豪

41. A 厨师
B 司机
C 飞行员
D 乘务员

42. A 大笑
B 遗憾
C 在乎
D 失望

43. A 他以后来救人
B 他害怕
C 他想回家
D 他自私

44. A 他饿了
B 他珍惜食物
C 他在偷吃
D 粥很好吃

45. A 不能相信别人说的话
B 不能偷吃食物
C 在确认事实之前不要轻易误会别人
D 不能浪费食物

二、阅 读

第 一 部 分

第46-60题：请选出正确答案。

46-48.

新鲜牛奶的保质期一般为七天，有的时候，我们买了牛奶，却__46__喝完，牛奶就过期了。直接扔掉太__47__，其实过期牛奶还有许多其他的用处。比如，过期的牛奶加一点清水，可以拿来擦皮鞋，不但可以利用将要变成__48__的牛奶，而且还可以使皮鞋干净发亮，不开裂，同时也节省了鞋油。再比如，严重过期的牛奶还可以用来浇花，对一些花来说，过期牛奶是非常有营养的。

46. A 来得及　B 来不及　C 来得快　D 来得慢
47. A 珍贵　B 珍惜　C 可惜　D 可爱
48. A 宝贝　B 新鲜　C 垃圾　D 自来水

49-52.

一天，三个心理医生相约一起散步。第一个心理医生说："能跟你们成为朋友，我感到特别高兴。人们经常来找我为他们解决__49__问题，但我自己内心也有很多严重的心理问题，却找不到人倾诉。"另外两个医生说："我们也有同感，__50__这样，我们为什么不说出心里的秘密，相互倾诉一下呢？""我先说，"第一个心理医生说，"我有__51__强迫症，一到商店就无法控制自己买东西，因此我欠下了很多钱。"第二个心理医生说："我的问题更严重，我对毒品产生了依赖，因此我找我的病人购买毒品。"第三个说："请别怪我，我知道这是我的不对，但我怎么努力都__52__改变，我最大的问题就是一定要说出秘密。"

49. A 皮肤　B 观念　C 心理　D 生活
50. A 因为　B 既然　C 虽然　D 由于
51. A 购物　B 散步　C 存钱　D 收钱
52. A 一般　B 一定　C 无法　D 必须

53-56.

世界上有很多动物都有一种特别的习惯——晚上是站着睡觉的，马就是其中一种。__53__夜里什么时候去看马，它始终站着，闭着眼睛。其实这个特性是继承了野马的生活习性。野马生活在广阔的草原，不仅是人类捕猎的目标，也是一些动物捕杀的对象，它不像牛羊，可以用头上的角和敌人进行斗争，__54__它们只能用奔跑的办法来躲避敌人的伤害。站着睡觉，能使野马保持警惕，万一有敌人到来，它们就能做出最快速的反应，__55__。现在我们养的马都经过了人类的训练，没有人类和其他动物的__56__，可是这些马是从野马进化而来的，所以也保留了野马站着睡觉的习性。

53. A 尽管　B 无论　C 如果　D 即使
54. A 怪不得　B 来不及　C 所以　D 没想到
55. A 从而保护孩子　B 从而认出敌人
C 从而面对战斗　D 从而逃避伤害
56. A 帮助　B 威胁　C 迫使　D 使得

57-60.

宋朝有一位皇帝，常常出一些题目让画家们画。有一回，他让画家们画出深山里的寺庙。这下画家们__57__，他们有的把寺庙画在高高的山上，有的呢，把寺庙画在丛林深处，有的寺庙__58__，有的只有一个角。皇帝看来看去，都不怎么满意。正当他感到__59__的时候，他的眼睛突然被一幅画吸引了。那幅画上到底画着什么呢？那位高明的画家__60__没有画寺庙，画的是深山之间一股泉水从高处飞流而下，一个年老的和尚正在泉边装水呢。

57. A 忙开了　B 累坏了　C 乐疯了　D 愁死了
58. A 整齐　B 完整　C 完美　D 完好
59. A 伤心　B 失败　C 着急　D 失望
60. A 彻底　B 根本　C 本来　D 根据

第二部分

第61-70题：请选出与试题内容一致的一项。

61. 在商场上要获得成功，首先要学会处理自己的金钱，明白金钱得来不易，一定要好好地爱惜它、保管它，切忌花天酒地，花个精光。因为金钱本身也好像有灵性似的，你不理会、不爱惜它时，它会无情地和你分手。

A 花钱要大方，有多少花多少

B 只有爱惜金钱，才能得到金钱的回报

C 金钱得来不易，要爱惜它、保管它

D 金钱是万能的，要想尽一切办法赚钱

62. 我接触的出国的中国作家，完全依赖汉语，连一句外语都不会说，而以前那些作家的外语都不错，张爱玲、林语堂、胡适都能用外语写作。另外，有些中国人看不起中国文化和中国文学。

A 以前的中国作家的外语水平很高

B 中国人很喜欢自己的中国文化

C 现在的中国作家外语很厉害

D 外国人看不起中国文化

63. 研究人员发现，在英国，养猫者比养狗者的学历高。这是因为狗比猫更黏人，主人需要投入大量的时间和精力去照顾它们。而高学历、高收入阶层的人工作相对繁忙，没有足够的时间花在遛狗上，不如养猫来得省心。

A 养狗者的学历比不上养猫者的学历

B 养狗者不需要花太多的精力去照顾狗

C 高学历高收入的人往往会选择养狗

D 猫比狗更依赖主人

64. 猕猴桃又叫奇异果、长寿果、猴子梨等，它的表皮有很多毛，形、色均如桃。它不仅酸甜可口，而且有很高的营养和医疗价值，所以被推崇为“世界水果之王”。在世界各地，猕猴桃及其制品不仅是老人、儿童、体弱多病者的良好滋补品,而且备受航空、航海、高原和高温工作人员的喜爱，因其富含维生素C、葡萄糖、果糖以及蛋白质等。

A 猕猴桃的表皮非常光滑
B 猕猴桃在中国很受欢迎
C 猕猴桃富含很多营养成分
D 猕猴桃长相很奇特

65. 在中国，很多城市正在进入老龄化，老年人的生活品质正越来越受到关注。老人们要学会发展自己的兴趣爱好，趁自己还走得动的时候多出去走走，拓展自己的社交圈子，也可以学习使用电脑，通过网络获得各种资讯等。

A 老人们应该待在家里颐养天年
B 老年人应该通过网络加强与外面的沟通
C 电脑并不适合老年人使用
D 老年人的生活品质正在逐年下降

66. 安徒生的故居位于素有“乞丐城”之称的贫民区的一条街道上。1905年，为纪念安徒生诞辰100周年，人们在这里建起了安徒生博物馆，之后博物馆又经过两次扩建。虽然他的出生地简朴，但在这里才能最近距离地感受这位童话大师的生活点滴和他的贡献。

A 距离安徒生出世已有一百多年的时间了
B 安徒生的家乡很富裕
C 安徒生博物馆总共扩建过两次
D 安徒生是一位著名的哲学家

67. 拍打头部这个动作，多数时候的意义是，表示对某件事突然有了新的认识，如果说刚才还陷入困境，现在则走出迷雾，找到了处理事情的办法。拍打的部位如果是后脑勺，表明这种人敬业；拍打脑部只是放松一下自己；时时拍打前额的人是个直肠子，有什么说什么，不怕得罪人。

A 拍打头部是非常愚蠢的行为
B 拍打后脑勺的人非常懒惰
C 拍打脑部的人非常直爽
D 拍打前额的人不喜欢拍马屁

68. 人类和地球上其他生物有一种相互依存的生态关系。然而，这一良性关系有被破坏的趋势。去年，世界自然保护联盟对全球约4.8万种和人类依存关系较大的一些生物展开调查，结果发现约有1.7万种生物存在灭绝危险。该组织表示，人类超越正常范围的活动是加速物种危机的最大推力。

A 人类不需要依靠其他生物
B 已有1.7万种生物灭绝
C 人类的活动加速了物种的灭绝
D 生物可以不依靠人类自己活下去

69. 医师建议吃番茄，它可以对抗癌症，保护心脏健康，还能促进免疫能力。不过，关于番茄你还必须知道两件事，一是番茄越红的越好，因为这种番茄含有更多抗氧化番茄红素；二是烹煮过后的番茄对人体更有好处，因为如此一来，身体更容易吸收番茄红素。

A 吃番茄有益健康
B 番茄越红，价值越低
C 吃生番茄对人体更有益
D 番茄是蔬菜中营养最好的

70. 我身边那些习惯了中国大马路上随手拦车的“打的族”们，出国之后却清一色成了公共交通的忠实簇拥者。这个转变至少说明几个问题：中国客的安全意识很强，在对国外出租行业不了解的前提下，始终保持着敬而远之的心态，绝对不会轻易试水；中国客的节约观念根深蒂固，绝大部分出国旅行的人不是跟团就是自助大巴或者公车，一般不用打的。

A 中国人在国外旅行很谨慎
B 在中国，打的的人很少
C 中国人在国外很豪放，给人一种很“浪费”的感觉
D 中国人对国外的出租行业很了解

第 三 部 分

第71-90题：请选出正确答案。

71-74.

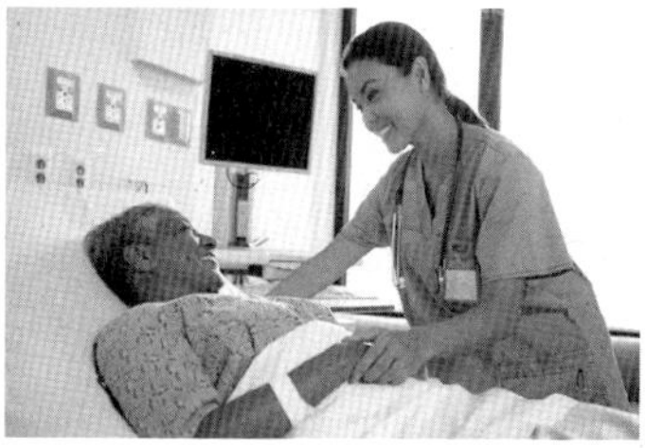

在护士节前后，许多报刊上有护士的照片。同为年轻女子，护士的照片与模特、演员、歌星乃至工人、学生的照片不同，后者多半是笑着的，以笑为美。而护士则正好相反，护士的照片也有笑的，但最美的是不笑的。不笑的护士恬静而神圣，显出惊人的美。

护士不笑是不是因为她要面对太多的痛楚与苦难？最近认识一位刚从医学院毕业的女孩，当她告诉我即将走上工作岗位，我问她是否都准备好了的时候，这个十七八岁的女孩说出了令我肃然起敬的话。她说当然，作为一名护士，她不仅要照顾病人，她还要准备受伤。她说在实习时曾因为手指受伤出血而大惊小怪，快要退休的护士长帮她处理完伤口后，伸出自己伤痕累累的手让她看。护士长指着手上的小疤痕说，这些是为病人注射时，被针尖误伤或者被药瓶碎片划伤的。

说着这些，女孩下意识地抚摸自己白白的手。她没有笑，但她很美。

71. 护士最美的是什么时候？

A 大笑的时候　　B 不笑的时候

C 微笑的时候　　D 工作的时候

72. 为什么女孩的话令“我”肃然起敬？

A 女孩说话的声音很好听　　B 女孩已经做好了死的准备

C 女孩准备受伤　　D 女孩说的话很有道理

73. 下列哪项最适合形容护士？

A 辛勤的园丁　　B 绿衣使者

C 白衣天使　　D 勤劳的女孩

74. 为什么这个女孩说“作为一名护士，不仅要照顾病人，还要准备受伤”？

A 做护士很危险　　B 她很粗心

C 给病人注射时，有可能被误伤　　D 她很年轻，技术不好

75-78.

父亲抽烟有些年头了，他最近咳嗽得越来越厉害，母亲给我使了个眼色，我便埋怨父亲说："别抽烟了。你看我都要高考了，你每次吸烟我都没法专心看书!"

父亲是最疼我的，一听我这话，无奈地说："好吧，那我戒烟吧。"

可是，第四天，挑战来了。父亲的一位老朋友来看他，我给叔叔点上烟后，就把烟盒紧紧抓在手里，叔叔吸了两口，才发现父亲没点烟。他很好奇地问："老刘，你戒烟了?"父亲笑着点了点头。可我分明看见他的喉咙动了动。

晚上复习完功课，经过父母房间时，听见他们还在说话，妈妈说："我也知道难为你了，你这辈子也没啥爱好，就喜欢抽烟，可为了孩子上大学……"听着母亲的话，我笑了笑。

高考成绩下来，我考上了一所有名的大学，父母非常高兴。转眼就开学了，父亲帮我整理好了行李，再三叮嘱我路上要小心。他小心翼翼地说："本来我和你妈也想到你的学校去看看，可我们都老啦，路上受不了，你就一个人去吧!"其实我知道爸妈是因为家里条件不好，他们才不去的。

车快要开了，我偷偷地从早就准备好的袋子里掏出一盒烟，拆开递给父亲一支。父亲显然被这个礼物给弄懵了，愣了老半天才接过去，放在鼻端深深地闻了一下，接着转身擦了一下眼睛。

75. 父亲的爱好是什么?

A 读书　　B 吸烟
C 聊天　　D 工作

76. 父亲和母亲为什么没有陪"我"去大学?

A 他们都老了　　B 他们不喜欢坐火车
C 他们很忙　　D 他们没有钱

77. 父亲最后哭的原因是什么?

A 孩子要读大学了　　B 孩子能理解他的爱好了
C 孩子的孝心让他感动了　　D 孩子要走了

78. 这篇文章主要描述的是什么情感?

A 母子之情　　B 友情

C 爱情　　D 父子之情

79-82.

现代的阅读正在发生变化，电子媒体似乎取代了一切，跳跃的文字，不断出现的画面，它会影响我们的思考吗？一个有关电视的实验，让我们这些在电视下成长的人忧虑。加拿大的两位科学家将观看电视的人的大脑神经与测试仪器连在一起，得出结论电视主要是在和我们的身体而不是内心对话。因此，对于习惯电视画面的孩子来说，阅读纸质媒体是痛苦的，几乎令他们无法忍受——印刷媒体无法适应他们目光跳动的习惯。

电视使我们肤浅，为了迎合我们短暂的注意力，电视节目必须抛开深度。电视是一种口语化的媒体，更接近我们的日常生活，也更琐碎。除此之外，计算机培养了我们新的阅读习惯。这是世界上空前强大的图书馆，你可以找到各种各样的资料，比我们更小的孩子将依靠它们提供的资料成长。

我们不得不承认那些阅读纸质书的习惯可能被抛弃。尽管我们可能依旧在昏黄的灯光下，躺在床上，拿着一本印刷精美的书，去享受纸质文字的快乐，但是，这幅动人的图景是不是会一去不复返呢？而我们的孩子更会怎么样呢？他们还会好好读书，欣赏古典名著吗？

79. 为什么我们喜欢从电视上获得知识？

A 我们的生活很无聊　　B 我们不喜欢思考

C 电子媒体取代纸质媒体　　D 最近不好找古典名著

80. 根据上文，下面哪项是错误的？

A 电子书比纸质书更方便

B 电视更加口语化

C 电视使我们肤浅

D 电视更接近我们的日常生活

81. 最后一段画出来的“抛弃”是什么意思？

A 丢掉　　B 扔

C 放松　　D 延续

82. 这篇文章主要讲的是什么?

A 我们应该多看电视了解国家大事

B 多看纸质书有益于我们的思考

C 我们的孩子必须学习如何上网

D 电视、电脑正在改变我们的阅读习惯

83-86.

说起林徽因，让人们津津乐道的更多的是她的情感世界。其实，她还有很多事情令人敬佩。

她自小随父游历欧洲，有着良好的中西方文化素养，成为一位新派诗人的代表。她一生写过几十首诗，她的诗曾一度引起文学界的关注。

但在文学界崭露头角的她，从小对建筑就有一份独到的热爱，因此远赴美国学习建筑学，并且在父亲的安排下与梁启超之子梁思成结合，婚后即随夫赴欧洲考察建筑。这让她不仅具有文学家的浪漫气质，也不乏建筑家的审美眼光。作为中国建筑学开创者之一，林徽因大部分时间都伴随着梁思成考察不计其数的荒郊野地里的民宅古寺，流下了不朽的传世之作——中华人民共和国国徽和人民英雄纪念碑(她是主要的设计者之一)。

83. 第1段画线词语“津津乐道”是什么意思?

A 东西好吃　　B 愿意谈论

C 很高兴　　D 随处可见

84. 林徽因在哪方面有成就?

A 文学　　B 建筑

C 文学和建筑　　D 爱情

85. 对于林徽因的描述，下面哪项是正确的?

A 诗人和建筑学家　　B 音乐爱好者和诗人

C 爱情至上者和浪漫的女人　　D 听父亲命令的女儿和浪漫的女诗人

86. 下面哪个词语适合描述林徽因?

A 贤惠　　B 豪放

C 才华横溢　　D 多愁善感

87-90.

“二战”结束后，英国皇家空军统计了在战争中失事的战斗机和牺牲的飞行员以及飞机失事的原因和地点。其结果令人震惊——夺走生命最多的不是敌人猛烈的炮火，也不是大自然的狂风暴雨，而是飞行员的操作失误。更令人费解的是，事故发生最频繁的时段，不是在激烈的交火中，也不是在紧急撤退时，而是在完成任务归来着陆前的几分钟。

心理学家对这个结果丝毫不惊讶，他们说这是典型的心理现象。在高度紧张过后，一旦外界刺激消失，人类心理会产生“几乎不可抑制的放松倾向。”飞行员在枪林弹雨里精神高度集中，虽然外界环境恶劣，但由于大脑正处于极度兴奋状态，反而不容易出现纰漏。

在返航途中，飞行员精神越来越放松，当他终于看到熟悉的地方，自己的飞机离跑道越来越近时，他顿时有了安全感。然而，恰恰是这一瞬间的放松，酿成大祸。因此，人们管这种状态叫“虚假安全”。

在人生的路上，当你通过重重困难，成功近在咫尺时，千万别因放松警惕而放慢你的步伐。记住，没有取得的成功，不是你的成功。

87. 造成飞机失事的最大原因是什么?

A 恶劣的天气　　B 敌人的进攻

C 猛烈的炮火　　D 飞行员的操作失误

88. 飞机发生事故最多的时段是什么时候?

A 起飞的时候　　B 和敌人战斗的时候

C 被敌人打退的时候　　D 完成任务返回的时候

89. 第2段画线词语“纰漏”意思相近的词是什么?

A 错误　　B 瑕疵

C 兴奋　　D 精神

90. 什么叫作“虚假安全”？

A 飞行员在飞行的过程中容易产生幻觉

B 飞行员在完成任务返航的时候以为马上就能成功

C 飞行员在和敌人战斗的时候以为把敌人歼灭就安全了

D 飞行员在起飞的时候觉得自己只要飞得慢就是安全的

三、书 写

第 一 部 分

第91-98题：完成句子。

例如：发表　　这篇论文　　什么时候　　是　　的

这篇论文是什么时候发表的？

91. 想要的　　您　　卖　　了　　饮料　　完

92. 被　　外婆的房间　　打扫得　　总是　　非常干净

93. 通过　　方式　　解决　　交流的　　他们之间的　　矛盾

94. 过来　　这班公交车　　哪里　　开　　从　　的

95. 把　　门　　我　　帮　　关上

96. 保证　　坚持　　获得成功　　是　　最为重要的

97. 打交道　　翻译人员　　常常　　与　　要　　外国人

98. 堵车　　路上　　不少　　耽误了　　时间

第 二 部 分

第 99-100题：写短文。

99. 请结合下列词语(要全部使用，顺序不分先后)，写一篇80字左右的短文。

翻译　　火车站　　明白　　耐心　　感谢

100. 请结合这张图片写一篇80字左右的短文。

新HSK 5급

정답 및 녹음 스크립트

〈제1회〉 정답

一、听力

第一部分

1. D	2. B	3. C	4. C	5. A
6. B	7. D	8. A	9. D	10. C
11. B	12. D	13. D	14. B	15. D
16. C	17. D	18. D	19. D	20. B

第二部分

21. C	22. C	23. A	24. B	25. D
26. B	27. C	28. D	29. D	30. D
31. A	32. A	33. C	34. A	35. D
36. B	37. C	38. A	39. D	40. D
41. D	42. D	43. B	44. A	45. D

二、阅读

第一部分

46. C	47. A	48. A	49. B	50. B
51. A	52. D	53. C	54. D	55. A
56. D	57. D	58. C	59. D	60. B

第二部分

61. B	62. D	63. C	64. D	65. A
66. A	67. C	68. D	69. B	70. C

第三部分

71. A	72. D	73. D	74. C	75. C
76. B	77. B	78. C	79. C	80. B
81. C	82. B	83. B	84. D	85. A
86. B	87. D	88. A	89. C	90. C

三、书写

第一部分

91. 谎言最终要被揭穿。
92. 雨天应该放慢驾驶速度。
93. 她的心情越来越沉重。
94. 只有老顾客才能享受到双重的优惠。
95. 湖里养着很多珍贵的鲤鱼。
96. 你究竟要我怎么样呢?
97. 按照说明书进行安装。
98. 书上的方法也不见得有效。

第二部分

（模范答案）

99. 上周，我参加了学校举行的跑步比赛。刚开始我非常紧张，害怕自己坚持不下来。但是在终点等待我的同学们为我加油，我一直坚持下来了。通过这次跑步比赛，我得到了很大的锻炼。

100. 现在地球的污染越来越多，树木也越来越少，我们一定要好好爱护树木，每年要种一些树。要不然我们的环境就会越来越差，地球就会越来越不安全。因此，我们每个人都有责任多种树、保护环境、保护我们的地球。

〈제2회〉 정답

一、听力

第一部分

1. D	2. C	3. A	4. A	5. C
6. A	7. D	8. B	9. B	10. B
11. C	12. A	13. B	14. B	15. C
16. C	17. B	18. B	19. A	20. C

第二部分

21. C	22. D	23. B	24. A	25. B
26. B	27. B	28. B	29. A	30. A
31. B	32. C	33. B	34. C	35. D
36. C	37. A	38. C	39. B	40. D
41. B	42. B	43. C	44. D	45. C

二、阅读

第一部分

46. A	47. C	48. C	49. A	50. D
51. C	52. D	53. B	54. D	55. C
56. D	57. A	58. C	59. D	60. B

第二部分

61. B	62. A	63. B	64. C	65. D
66. B	67. C	68. B	69. A	70. C

第三部分

71. C	72. C	73. D	74. C	75. C
76. C	77. B	78. A	79. C	80. D
81. C	82. B	83. A	84. A	85. D
86. D	87. A	88. B	89. D	90. C

三、书写

第一部分

91. 连他都被误会了。
92. 美国为什么能成为世界强国?
93. 这可把奶奶累坏了。
94. 怎么才能提高学习成绩呢?
95. 小镇上一直流传着一个说法。
96. 老板派林经理去考察投资环境。
97. 今天的阳光特别灿烂。
98. 请同学们积极开动脑筋。

第二部分

（模范答案）

99. 今天是中秋节，晚上月亮又大又圆。每年这个时候，我都是一个人在中国。我盼望着自己能够早日回国，感受爸爸妈妈的爱，我经常想起他们，想起我们在一起跳舞的样子，我很想念他们，我也很爱他们。

100. 现在，我们的地球压力很大，人越来越多，车也越来越多，地球环境越来越不好。因此，我们要爱护环境，节约用水，从身边的小事做起，这样我们的地球才会变得更加美好。

〈제3회〉 정답

一、听力

第一部分

1. B	2. B	3. D	4. A	5. B
6. C	7. B	8. B	9. D	10. D
11. D	12. C	13. C	14. C	15. C
16. C	17. C	18. A	19. D	20. C

第二部分

21. B	22. C	23. C	24. A	25. C
26. B	27. D	28. C	29. D	30. B
31. C	32. C	33. B	34. C	35. C
36. B	37. D	38. B	39. B	40. C
41. C	42. A	43. A	44. B	45. C

二、阅读

第一部分

46. B	47. C	48. C	49. C	50. B
51. A	52. C	53. B	54. C	55. D
56. B	57. A	58. B	59. D	60. B

第二部分

61. C	62. A	63. A	64. C	65. B
66. C	67. D	68. C	69. A	70. A

第三部分

71. B	72. D	73. C	74. C	75. B
76. D	77. C	78. D	79. C	80. A
81. A	82. D	83. B	84. C	85. A
86. C	87. D	88. D	89. A	90. B

三、书写

第一部分

91. 您想要的饮料卖完了。
92. 外婆的房间总是被打扫得非常干净。
93. 他们之间的矛盾通过交流的方式解决。
94. 这班公交车从哪里开过来的?
95. 帮我把门关上。
96. 坚持是获得成功最为重要的保证。
97. 翻译人员常常要与外国人打交道。
98. 路上堵车耽误了不少时间。

第二部分

(模范答案)

99. 昨天我去火车站买票,因为不会说中文,所以售票员不明白我在说什么。正在这时,旁边的一位大学生走过来很耐心地帮我翻译。我很感谢他,因为在他的帮助下,我买到了火车票。

100. 抽烟是一种害人害己的不良习惯。烟草中含有大量有害物质,长时间抽烟会引发各类疾病。抽烟时散发的烟雾也会危害他人的健康。为了自己和他人的健康,杜绝吸烟,还生命一片纯洁的天空。

〈제1회〉 녹음 스크립트

（音乐，30 秒，渐弱）

大家好！欢迎参加 HSK(五级)考试。
大家好！欢迎参加 HSK(五级)考试。
大家好！欢迎参加 HSK(五级)考试。

HSK(五级)听力考试分两部分，共45题。
请大家注意，听力考试现在开始。

第 一 部 分

第1到20题，请选出正确答案。现在开始第1题：

1. 女：我能借你的自行车用用吗？
   男：真不巧，刚被老王借走了，他急着去银行办事。
   问：关于自行车，可以知道什么？

2. 男：你最近精神不太好，怎么了？
   女：最近我家楼上装修，声音太大，所以我睡得不是很好。
   问：女的为什么睡不好？

3. 女：听说商场打折，这个周末我们逛街去吧！
   男：好是好，可是要等我完成工作。
   问：男的是什么意思？

4. 男：今天下午五点半，我在你的公司楼下等你。
   女：今天估计要加班了，你再晚半个小时再来吧。
   问：他们几点见面？

5. 女：根据检查结果，你不需要住院，但不能喝酒了。
男：好的，我一定戒酒。
问：他们的对话可能发生在哪里？

6. 男：外面天气这么好，下午一定不会下雨，不必带伞了吧。
女：我相信天气预报，我还是带伞吧。
问：女的认为什么是对的？

7. 女：你不是喜欢吃辣的吗？今天中午我们吃四川菜吧。
男：我也想去，可今天嗓子不舒服，不敢吃辣的。
问：关于男的，可以知道什么？

8. 男：你的妹妹现在在哪里工作？
女：你开什么玩笑，我的妹妹才上小学呢。
问：女的是什么意思？

9. 女：昨晚有足球比赛，你是不是一夜没睡啊？
男：当然，有我支持的球队，不睡觉也要看。
问：男的什么时候看电视？

10. 男：听说你们女人出门要化一个小时妆，是吗？
女：不完全是这样，比如我，平时一般不化妆。
问：女的是什么意思？

11. 女：晚上我想看电影，不知道还有没有票。
男：听说是很火的电影，你得赶紧打电话订。
问：男的主要想对女的说什么？

12. 男：您不是老师吗？怎么来参加图书展览？
女：我是在学校工作，可是我在图书馆当采购员。
问：女的做的是什么工作？

13. 女：下个月我打算去杭州旅游！
男：叫上我吧，最近有个关于杭州的摄影比赛，我想去那里拍照。
问：男的主要想去杭州做什么？

14. 男：服务员，我们的菜好了吗？很长时间了。
女：好的，我马上去厨房说一下。
问：他们说话的地点最可能是哪里？

15. 女：我27岁生女儿，现在她都23岁了，我也老了。
男：哪里，您看起来最多就40岁。
问：女的今年多大？

16. 男：我想买房子，可是房价实在太高了。
女：说的也是，可是现在不买，以后还会上涨。
问：关于房子的价格，可以知道什么？

17. 女：今天你怎么走路上班？你的自行车坏了吗？
男：没有，昨天下雨，我把车停在办公室了。
问：关于男的，可以知道什么？

18. 男：小赵好几天没来上班了，她辞职了吗？
女：没有，公司有个项目，派她去外地了。
问：关于小赵，可以知道什么？

19. 女：如果要我嫁给你，你要答应我一个条件。
男：我知道，你想让我做家务，没问题。
问：男的和女的是什么关系？

20. 男：我明天早上要运动半个小时，你也一起来吗？
女：我还是愿意多睡半个小时，最近实在太累了。
问：女的明天早上想做什么？

第二部分

第21到45题，请选出正确答案。现在开始第21题：

21. 女：春节回家，你的父母见到你一定很高兴吧？
男：高兴是高兴，可是有一件事情他们不满意。
女：是什么呢？
男：他们希望我早点结婚，好让他们放心。
问：男的的父母有什么不满意？

22. 男：喂，您好，这里是健身中心，请问有什么可以帮您？
女：你好，请问你们有舞蹈班吗？我想学习舞蹈。
男：有的，我们的舞蹈班有很多，你可以看一下我们的网站。
女：好的，我马上了解一下，然后联系你们。
问：女的接下去要干什么？

23. 女：老李，好久不见，最近忙什么呢？
男：我打算开一个玩具店，最近正在联系。
女：听说玩具的生意很不错，有眼光。
男：谢谢，以后商店开张，还请多捧场。
问：女的对玩具店是什么看法？

24. 男：世博会五月份开幕，到时候我们去看吧。
女：那时候人太多了吧，还是过一段时间再去吧。
男：说的也是，要不七月暑假时再去。
女：行，这两天咱们把具体日期定下来，再定酒店。
问：男的想去干什么？

25. 女：昨天我去看话剧了，非常好看。
男：你不是生病了吗？怎么还能去看话剧？
女：没办法，谁叫我是戏剧迷呢。

男：我只知道你喜欢听歌，没想到还喜欢话剧呢。
问：关于女的，哪项是正确的？

26. 男：明天的会议请准时参加，早上八点开始。
女：啊？你刚才安排我明天早上去北京。
男：哦，对了，不好意思，我忘了。
女：没事。
问：女的为什么不去开会？

27. 女：你觉得这款产品效果怎么样？
男：广告不错，但效果不如广告说得好。
女：现在的广告都太夸张，我都不敢相信了。
男：是啊，不是看了广告我也不会去买。
问：男的觉得产品怎么样？

28. 男：我觉得今年夏天特别热。
女：现在污染太多，全球变暖。
男：我可真想去南极，那里到处是冰雪。
女：那你干脆买一台冰箱钻进去算了。
问：女的为什么建议买冰箱？

29. 女：明天早上我们吃什么呀？
男：还是老样子吧，面包、牛奶。
女：天天吃这些，换点花样吧。
男：那蔬菜沙拉加鸡蛋好了。
问：明天早上他们吃什么？

30. 女：你想租这套房子吗？
男：是的，我和另外一个朋友要一起合租。
女：好的，但是我的房子不能吸烟，不准养宠物。
男：好的，知道了。
问：根据对话，可以知道什么？

第31-33题是根据下面一段话：

有一个人叫曾子，一天他的妻子要出门，他的小儿子拉着妈妈的衣服又哭又闹，一定要跟着去。妻子没办法，就弯下腰哄他说："宝贝，回去吧，妈妈回家来就杀猪给你吃。"小儿子这才不闹了。

妻子回到家，看见丈夫正在磨刀，准备杀猪的。这时妻子慌了，连忙跑上去拉住曾子说："你疯啦！我是故意骗小孩子的。没有必要真的杀一头猪。"曾子严肃地说："怎么能欺骗小孩子呢？小孩子什么也不懂，只会学父母的样子，现在你欺骗孩子，就是在叫孩子以后去欺骗别人，做妈妈不讲信用，就得不到孩子的信任。"说完，曾子转身杀猪去了。

31. 小儿子为什么又哭又闹？

32. 曾子的妻子看见曾子准备杀猪，什么反应？

33. 曾子认为什么是对的？

第34-35题是根据下面一段话：

8岁的女儿今天有英语课，回家的路上，我问她，今天英语课学了什么内容，她说："今天老师教我们怎样说时间，还教我们怎样说'迟到'。"于是，我问她："那么你能用英语说一说'今天我迟到了'吗？"她说不会。我很生气，问她为什么不好好上课，她回答说："如果我跟老师说，那不就变成我迟到了吗？"

34. 女儿今天的英语课有什么内容？

35. 为什么女儿不会说"今天我迟到了"？

第36-37题是根据下面一段话：

电视机前的观众朋友们，晚上好，欢迎收看今天的《社会论坛》栏目，现在，随着城市的不断发展，一些历史建筑和现代建筑之间的矛盾越来越突出，那么我们应该怎样化解矛盾，如何使城市建设平衡发展呢？今天我们非常荣幸地请到了城市规划工程师——李清先生和我们一起谈谈这个问题。

36. 这段话最可能发生在哪里？

37. 他们将要讨论什么话题？

第38-40题是根据下面一段话：

传说古时候，有一位叫愚公的老人，他家门前有两座大山，一座叫太行山，一座叫王屋山。全家人每次出门都被这两座大山阻挡。一天，他对家里人说："这两座大山，挡住了我们，我准备修一条通向南方的大道，大家看怎么样？"大家都表示赞成。第二天，愚公带着一家人开始挖山了，但愚公一家搬山的工具只有锄头和背篓，一个月干下来，大山看起来跟原来没有什么两样。有个名叫智叟的老人听到这件事后，特地赶来劝愚公说："你这样做太不聪明了，你年纪这么大了，怎么能把这两座山挖平呢？"愚公回答说："我虽然快要死了，但是我还有儿子。儿子死了，还有孙子，子子孙孙可以一直挖下去。山上的石头搬一点少一点，不会再增高了，为什么搬不走呢？"自以为聪明的智叟听了，也无话可说了。愚公带领一家人，不论夏天还是冬天，每天起早贪黑挖山不止。玉帝被愚公的精神感动，派了两个神仙帮他们把两座山搬走了。从此，他们外出非常方便了。

38. 愚公为什么要搬山？

39. 关于智叟，哪项是正确的？

40. 从这个故事可以知道什么？

第41-43题是根据下面一段话：

如今的社会中，年轻夫妇越来越流行"丁克家庭"，即不要小孩子。不少女性拒绝生孩子，很多国家非常担心，一方面如果很多家庭不要孩子，国家就没有劳动力，另一方面，女性不生孩子也不利于健康。

那么为什么很多女性不愿意要孩子呢？主要有三个原因。一是因为很多女性对生育具有恐惧症；二是要了孩子会占用很多时间，不能与丈夫保持两人的自由；三是现代社会生活压力很大，很多女性认为不能给孩子创造很好的条件，干脆就不要了。

然而，这些观点是不对的。生育对女性来说是最重要的事情，这不仅关系着国家、家庭，也关系着自己的生理健康。

41. "丁克家庭"是指什么样的家庭？

42. 很多女性为什么不要孩子？

43. 关于女性生育问题，哪项是错的？

第44-45题是根据下面一段话：

暑假，明明和爸爸一起到中国的南方去旅行，一路上明明高兴地看着窗外迷人的景色。广阔的田野上，到处是水田，农民伯伯正在忙着为水稻除去杂草，还经常看到许多水牛浸在水里，自由自在地游泳。明明问爸爸："为什么水牛喜欢浸在水里呢？"爸爸指着几头正在游泳的水牛说："它的祖先生活在很热很热的热带和亚热带，那些地区气温特别高，而水牛的皮又特别厚，汗腺不发达，不能利用出汗来维持正常的体温，所以就把身体浸在水里，来散发一部分热量，维持正常的体温。久而久之，就形成了水牛喜欢水的习惯。"

44. 明明和爸爸去了中国的哪里旅行？

45. 水牛为什么喜欢浸在水里？

听力考试现在结束。

〈제2회〉 녹음 스크립트

（音乐，30 秒，渐弱）

大家好！欢迎参加 HSK（五级）考试。
大家好！欢迎参加 HSK（五级）考试。
大家好！欢迎参加 HSK（五级）考试。

HSK（五级）听力考试分两部分，共45题。
请大家注意，听力考试现在开始。

第 一 部 分

第1到20题，请选出正确答案。现在开始第1题：

1. 男：我想让林伟来我家玩儿，但是他说没时间。
   女：他最近刚找了一份工作。
   问：女的主要意思是什么？

2. 女：我家附近噪音太大了，简直没办法住。
   男：是挺麻烦的，不过新的公路就要开通了，你家附近就清净了。
   问：男的主要意思是什么？

3. 男：我听说商场的衣服在打折。
   女：太好了，终于打折了！
   问：女的是什么语气？

4. 女：小陈会和我们一起去打球吗？
   男：只要做完作业就可以了。
   问：关于小陈，可以知道什么？

5. 男：我打算明年考中文系的研究生。

女：什么学校？我打算考经济学的。

问：女的打算做什么？

6. 女：小李一直占线，到底怎么回事？电影快开始了。

男：如果再联系不上他，就算了吧。

问：女的为什么要联系小李？

7. 男：你的这次演讲很不错！

女：多谢，多亏了老师您的帮助！

问：根据对话，可以知道什么？

8. 女：如果我回家再找不到钱包，就只好去报案了。

男：别急，你回家看看再说。

问：女的接下来要做什么？

9. 男：你好，两张今天演出的票。

女：对不起，票已经卖完了。明天的，您要吗？

问：女的主要意思是什么？

10. 女：你好，请问几楼是卖鞋的？

男：您上二楼就能找到了。

问：根据对话，他们最有可能在哪里？

11. 男：小林，这是你借给我的书，不好意思，我现在才还给你。

女：没关系，反正我也看完了。

问：根据对话，可以知道什么？

12. 女：我听说你小提琴拉得很好。

男：别提了，好多年不练了。

问：关于男的，可以知道什么？

13. 男：你有没有去看这次的展览会？
女：还没有，听说这个展览会一直开到6月底。
问：女的主要意思是什么？

14. 女：你看完这本书之后能借给我吗？
男：不好意思，我已经约好把它借给小张了。
问：男的把这本书会借给谁？

15. 男：别忘了去洗衣店把我的衣服拿回来。
女：我记着呢，只是我的车坏了，走不了。
问：根据对话，下列正确的是什么？

16. 女：我还是觉得不舒服，怎么办呢！
男：要不我陪你去一下医院吧。
问：根据对话，可以知道什么？

17. 男：你能相信吗？小李居然送了这么一份大礼给你。
女：是啊，要知道他小气可是出了名的。
问：关于小李，可以知道什么？

18. 女：今年的天气跟往年比大不一样了。
男：对啊，一会儿冷一会儿热的。
问：男的主要意思是什么？

19. 男：你的新发型不错嘛，你换了个理发店？
女：没有，还是老地方，只是换了个理发师而已。
问：根据对话，可以知道什么？

20. 女：你妹妹到了吗？
男：还没，我都等不及了，都快三个月没见到她了。
问：男的主要意思是什么？

第二部分

第21到45题，请选出正确答案。现在开始第21题：

21. 男：下学期有中国历史课，不知道有没有意思？
女：这个课很值得上的，中国历史很有意思。
男：是吗？那肯定能学到很多知识。
女：那当然。
问：男的会怎么做？

22. 女：老板说如果我出去培训，公司可以给我负责一切费用。
男：那可真不错，这是你们公司的福利吗？
女：算是吧，现在只有一部分公司会这样做。
男：你可真幸运。
问：男的主要意思是什么？

23. 男：对不起，这些书你不能借。
女：为什么？
男：你还有超期的书还没有还，所以现在你还不能借别的书。
女：哦，好的，我会尽快还的。
问：女的为什么不能借书？

24. 女：请问这件衣服有大一点的吗？
男：我看一下，不好意思，没有了。这个款式您喜欢吗？
女：我不喜欢这种款式，我去别的地方看看吧。
男：好的，您慢走。
问：他们最有可能在什么地方？

25. 男：听说你要去旅游？
女：还旅游呢，我都没钱吃饭了。
男：你不是在兼职当老师吗？

女：那点钱怎么够!
问：关于女的，可以知道什么?

26. 女：不好意思，你词典我今天又忘带了。
男：没关系，星期天之前给我就可以。
女：那我明天一定带过来吧！
男：好的。
问：男的主要意思是什么?

27. 男：今天我有很多课，还有很多作业，快忙死了。
女：呵呵，汉语比较难，要好好学，过一段时间你会习惯的。
男：看来你已经很适应了。
女：还好，已经在这里两年了嘛。
问：他们是做什么的?

28. 女：你退出篮球队了？篮球不是你的生命吗?
男：我的确很喜欢，不过快毕业考试了，要好好学习了。
女：原来如此，那可要抓紧了。
男：对啊，先把学习搞好再说。
问：男的为什么不打篮球了?

29. 男：说真的，我不喜欢女生吸烟。
女：难道只有男生才可以吸烟吗?
男：我觉得女生不雅观。
女：你这是男女不平等的言论。
问：女的对女生吸烟的态度是什么?

30. 男：你不觉得这个化妆品太贵了吗？我妈肯定用不惯。
女：说心里话，是有点贵。
男：那就别买了。
女：你妈可是我未来的婆婆，贵就贵点吧。
问：根据对话，下列哪项是正确的?

第31-33题是根据下面一段话：

河的中央有一个小岛，岛上长着一株桃树，树上结满了桃子。狐狸想吃桃子，可是过不了河。猴子想吃桃子，也过不了河。

狐狸便和猴子商量，一起想办法架桥过去，摘下桃子，各分一半。狐狸和猴子一同花了很大力气，去扛了一根木头来，从这边架到河的小洲上，成了一座独木桥。这座桥太窄了，两个不能同时走，只能一个一个过去。

狐狸对猴子说："让我先过去，你再过去吧!"狐狸走过去了。狐狸想独自一个人吃桃子，便故意把木头推到河中去了。接着，狐狸哈哈笑起来，说："猴子，请你回去吧，你吃不到桃子了!"

猴子非常生气，可是它也马上笑起来说："哈哈！你能够吃到桃子，可是你永远回不来啦!"

狐狸听了非常着急，没有办法，只好苦苦哀求猴子："猴子，我们是好朋友，请你替我想个法子让我回去吧!"

31. 它们为什么要去小岛?

32. 它们为什么只能一个一个过去?

33. 猴子为什么也大笑起来?

第34-35题是根据下面一段话：

1999年2月28日21时，中国"文坛祖母"冰心老人去世，享年99岁。冰心坚持写作了七十五年，是新文学运动的元老。她开创了多种"冰心体"的文学样式，进行了文学现代化的实践。她还是中国第一代儿童文学作家，是著名的中国现代小说家、散文家、诗人、翻译家。她的译作都是文学翻译精品，她的文学影响超越国界。冰心的纯真、坚定、勇敢和正直，使她在国内外广大读者中享有崇高的威望，受到普遍的爱戴。萧乾说，80年代的冰心，是中国知识分子良知的光辉代表。

34. 冰心写作写了几年?

35. 下列哪项不是冰心的职业?

第36-37题是根据下面一段话：

有个妇女丢了手提包，一个年轻人捡到并还给了她。"真奇怪!"妇女边查看钱包边说，"我钱包里只有一张百元钱，现在却变成10张10元的了!"年轻人说："是这样的，上次我捡到一位阿姨的钱包，可她竟然没有零钱给我感谢费!"

36. 妇女的包里有多少钱?

37. 妇女钱包里的钱是谁换了?

第38-40题是根据下面一段话：

开学初，一位校长把三位教师叫进办公室，对他们说："根据你们过去的教学表现，你们是本校最优秀的老师。因此，我们特意挑选了100名全校最聪明的学生组成三个班让你们执教。这些学生比其他孩子都聪明，希望你们能让他们取得更好的成绩。"三位老师都高兴地表示一定尽力。

一年之后，这三个班的学生成绩果然排在整个学区的前列。

这时，校长告诉了老师真相：这些学生其实和其他学生一样，都是很普通的学生。老师们没想到会是这样，都认为自己的教学水平确实高。

这时校长又告诉他们另一个真相，那就是，他们也不是被特意挑选出的全校最优秀的教师，也是随便选的普通老师。

38. 三位教师为什么很高兴?

39. 校长给了三位教师什么任务?

40. 根据这段话，下面哪项是正确的?

第41-42题是根据下面一段话：

有个太太多年来不断抱怨对面的太太很懒惰，"那个女人的衣服永远洗不干净，看，她晾在外院子里的衣服，总是有斑点，我真的不知道，她怎么连洗衣服都洗成那个样子……"直到有一天，有个朋友到她家，才发现不是对面的太太衣服洗不干净。细心的朋友拿了一块抹布，把这个太太的窗户上的污渍抹掉，说："看，这不就干净了吗?"

41. 这个太太抱怨对面的太太什么?

42. 为什么这位太太看到对面太太晾的衣服永远有斑点?

第43-45题是根据下面一段话：

有一个人去买鹦鹉，看到一只鹦鹉前面标着：此鹦鹉会两门语言，售价二百元。另一只鹦鹉前则标着：此鹦鹉会四门语言，售价四百元。该买哪只呢？两只都毛色光鲜，非常灵活可爱。这人转啊转，拿不定主意。结果突然发现一只老掉牙的鹦鹉，毛色暗淡散乱，标价八百元。这人赶紧将老板叫来问："这只鹦鹉是不是会说八门语言？"店主说："不。"这人奇怪了："那为什么它又老又丑，又没有能力，会值这个数呢？"店主回答："因为另外两只鹦鹉叫这只鹦鹉老板。"

43. 哪只鹦鹉的价格最贵？

44. 老鹦鹉为什么值钱？

45. 根据对话，下列哪项正确？

听力考试现在结束。

〈제3회〉 녹음 스크립트

（音乐，30 秒，渐弱）

大家好！欢迎参加 HSK（五级）考试。
大家好！欢迎参加 HSK（五级）考试。
大家好！欢迎参加 HSK（五级）考试。

HSK（五级）听力考试分两部分，共45题。
请大家注意，听力考试现在开始。

第 一 部 分

第1到20题，请选出正确答案。现在开始第1题：

1. 男：今天下午我要去给学生补课，你自己去买菜吧。
   女：知道了，快走吧，你都快迟到了。
   问：根据对话，男的是做什么工作的？

2. 女：现在的小姑娘穿衣服，颜色都非常鲜艳。
   男：这是时尚，符合年轻人性格，我看也不错。
   问：男的是什么意思？

3. 男：你好，我想参加你们的篮球俱乐部，可以吗？
   女：当然欢迎，这个周末我们有测试，只要通过就能加入。
   问：怎样才能加入俱乐部？

4. 女：这次你去杭州，给我带几条丝绸的裙子吧。
   男：你搞错了，我不是去杭州，是去广州。
   问：男的要去哪里？

5. 男：太热了，开空调可以吗？
女：这么热的天，当然同意开空调，可今天停电啊。
问：根据对话，可以知道什么？

6. 女：明天天气很好，我们一家三口出去郊游，怎么样？
男：好主意，再叫上小李他们两口子吧。
问：一共有几个人去郊游？

7. 男：我看我们找个酒店住一晚上吧，开了一天的车太累了。
女：当然可以，你开车时间太长了，休息一晚上再走吧。
问：他们为什么要找酒店住？

8. 女：这些数据好像不太对，你再仔细看看。
男：哎！真不好意思，都怪我，这次太马虎了！
问：根据对话，男的怎么样？

9. 男：我感冒了，吃了很多药，但是现在还没有好转。
女：你感冒太严重了，应该马上去医院，那样比较保险。
问：男的接下来最可能做什么？

10. 女：我不在家，你不要忘了给家里的花浇水。
男：最近记性不好，你到时候给我发短信提醒我吧。
问：根据对话，可以知道什么？

11. 男：好久不见！你换号码了吗？我一直没你的消息啊。
女：真对不起，我的手机坏了，我把邮箱给你吧！
问：男的为什么没有女的的消息？

12. 女：你的朋友口才这么好，我想他不是老师，就是主持人吧！
男：错啦，他是卖东西的，天天推销商品，口才能不好吗？
问：根据对话，男的的朋友是什么职业？

13. 男：导游，那座漂亮的建筑是什么？
女：那就是我们下午要参观的寺庙，它有1500年的历史了。
问：根据对话，可以知道什么？

14. 女：我的围巾呢？我记得昨天放在卧室的，怎么不见了？
男：女儿早上帮你拿出来了，在客厅沙发上放着呢。
问：围巾在哪里？

15. 男：怎么样？这可是我第一次做西红柿炒鸡蛋，你尝尝看。
女：不错，就是盐放太多了，第一次做成这样已经相当不错了。
问：根据对话，可以知道什么？

16. 女：我的现金不够了，能用信用卡吗？
男：当然可以，用信用卡还可以送您小礼品呢。
问：根据对话，可以知道什么？

17. 男：我听说，你已经决定去食品公司上班了。
女：我还没决定呢。我爸希望我去食品公司，可我还是想去电脑公司。
问：关于女的，可以知道什么？

18. 女：我最爱看爱情小说，故事太浪漫了，很感人。
男：那些都是假的，要我说，还是武侠小说好看。
问：男的是什么意思？

19. 男：你的新笔记本电脑可真漂亮，用起来怎么样呢？
女：这个还不好说，我刚买两天，很多东西还没用过。
问：女的新买了什么？

20. 女：你今天上午的应聘还顺利吗？
男：别提了，糟透了，面试的时候，我不小心摔了一跤。
问：根据对话，下面哪项是正确的？

第 二 部 分

第21到45题，请选出正确答案。现在开始第21题：

21. 女：等一会儿我们经过花店的时候，我要买束鲜花。
男：买假的花也一样嘛，而且不会枯，还不用换水。
女：鲜花是有生命的，有活力。
男：说的也对，就是养花比较麻烦。
问：女的为什么喜欢鲜花？

22. 男：今天收到一个短信，要我给一个银行账户汇一万元钱。
女：是不是还说让你三天之内汇到？
男：是呀，你怎么知道？你也收到了吗？
女：对，这是骗人的短信，可千万别相信！
问：关于这个短信，可以知道什么？

23. 女：新版电视剧《红楼梦》，你看过吗？
男：什么？《红楼梦》有新版的电视剧了吗？
女：是呀，我觉得很好看，听说是个女导演拍的。
男：哦，是李少红，你一说导演，我就知道了。
问：对话中说的《红楼梦》是什么？

24. 男：好久没有运动了，我今天约了隔壁的老李一起去公园跑步。
女：老李一定也很久没有运动了。
男：说的没错，你怎么知道？
女：公园两个月以前开始重新建造，关闭了，现在还没弄好呢。
问：根据对话，可以知道什么？

25. 女：我想买一条高大一点的狗，养在家里热闹热闹。你同意吗？
男：恐怕不能，我觉得现在养狗不适合你。两个月以后我们出国，谁来照顾它呀！

女：对啊，我把这事儿给忘了。

男：你要是真喜欢，出国回来再养，也不迟。

问：男的为什么反对养狗？

26. 男：这部科幻电影特别好看，我还想再看一遍。

女：我听说很不错，想去看看，什么时候去？到时候别忘了叫上我。

男：要不现在就去吧？

女：那就对不起了，现在都晚上11点了，要去看，你自己一个人去吧。

问：根据对话，下面哪项是正确的？

27. 女：现在在电视上找男女朋友的节目可流行了。

男：这叫电视相亲。年轻人通过简短的介绍了解对方，如果双方觉得不错，就开始约会。要不你也去试试？

女：看电视可以，上电视节目我可接受不了。

男：看来你还是比较传统的女性嘛。

问：关于电视相亲，可以知道什么？

28. 男：明天我要去做身体检查，可是不知道路怎么走。你知道吗？

女：我也没去过，不过我这儿有他们的名片，你可以带上。

男：谢谢了，我再去问一问怎么坐公共汽车。

女：虽然我没去过，不过听说那里比较远，没有公共汽车到达，要打的。

问：男的明天会怎么去做身体检查？

29. 女：你们新家装修好了吗？什么时候邀请我们去玩儿呢？

男：一个月以后一定可以完成了，两个月以后我们就打算搬家了，到时候一定叫你们。

女：这么快？装修材料有气味，对身体不好，你们怎么不等几个月再搬家呢？

男：没问题，当初我们也想到这个问题，所以用的都是环保材料。

问：为什么男的用环保材料？

30. 男：你知道吗？我的同事说，这本书的作者是一个年轻的家庭主妇。

女：啊！太出乎意料了，我还以为是个50岁以上的人呢。我非常喜欢她的文章，就是从来没有看过她本人是什么样子。

男：下个月，我要去采访她，可以给你带一本她的签名书。

女：那真是太好了，我先在这里谢谢你了！

问：根据对话，可以知道男的的职业是什么？

第31-33题是根据下面一段话：

古时候有一个贵族，请了很多人来家里帮忙，事后，他把一壶酒分给前来帮忙的客人喝。客人们互相商量说："这壶酒大家都来喝是不够的。这样吧，咱们来比赛，各自在地上画一条蛇，谁先画好，谁就喝这壶酒。"有一个人最先把蛇画好了。他端起酒壶正要喝，发觉周围的人都没有画好。他以为自己画错了，于是左手拿着酒壶，右手继续画，在原来的蛇上又画上了四只脚。可是没等他把脚画完，另一个人已经把蛇画好了。那人把壶抢过去，说："蛇本来是没有脚的，你怎么能给它画上脚呢？"说完，拿过酒壶，就把壶中的酒喝了下去。那个给蛇画上脚的人就这样失去本来已经得到的酒。

31. 这些人为什么要进行比赛？

32. 为什么那个人给蛇画上了脚？

33. 最先把蛇画好的人为什么没有得到奖品？

第34-35题是根据下面一段话：

各位观众，现在报送一个通知。本台体育频道今天晚上21:00因直播南非世界杯比赛，原定的节目将推迟播出。原定在21:00开始的《晚间体育新闻》将推迟到24:00播出，原定于21:40播出的《体育人生》将在明天早上10:00播出，原定于22:30播出的《篮球欣赏》将暂停播出，给您带来的不便敬请谅解。欢迎您收看我台的世界杯直播和其他节目，谢谢！

34. 因为什么节目，要推迟其他节目的播出时间？

35. 根据语段，可以知道什么？

第36-37题是根据下面一段话：

各位亲爱的顾客，欢迎光临花容百货公司。为了庆祝花容百货开业5周年，我公司将在6月25日到6月30日进行各种优惠活动。凡是在此期间在花容百货消费的顾客就有机会参加我们的抽奖活动，百分之百有奖。一等奖双人双飞法国10日游，二等奖海南双人5日游，三等奖现金300元，四等奖花容小礼物一份。欢迎您的光临。

36. 优惠活动持续几天？

37. 关于奖品，可以知道什么？

第38-40题是根据下面一段话：

有一个人射箭很厉害，当时没有人比得上他，于是他非常骄傲。有一次，他在表演射箭的本领，射出十支箭，每次都能射中八九支，周围的人看了都大声鼓掌。有个卖油的老头儿也在旁边看，可是他对于这种射箭的技术，只是微微地点头。射箭的人问老头儿："难道我的射箭技术不好吗？"老头儿说："这没有什么别的技巧，只不过是熟练而已。"

射箭的人不服气。于是老头儿拿出一个中间有小孔的铜板，放在油壶上，取出一勺油，慢慢地把油从小孔倒入装油的壶里。油从小孔进入，一点儿也没有滴在壶外面。周围的人连连赞叹，老头儿说："我也没有什么特殊的技巧，只不过是熟练而已。"

38. 射箭的人觉得自己的技术怎么样？

39. 老头儿为什么只是微微点头，没有鼓掌？

40. 老头儿对自己的技术怎样评价？

第41-43题是根据下面一段话：

电视台有一天采访一名小朋友，问他说："你长大后想当什么呀？"这个小朋友天真地回答："嗯……我要当飞机的驾驶员！"主持人接着问："如果有一天，你的飞机飞到太平洋上空所有引擎都熄火了，你会怎么办？"小朋友想了想："我会先告诉坐在飞机上的人绑好安全带，然后我挂上我的降落伞跳出去。"在场的大人都笑得东倒西歪，觉得这个孩子太自私了，没想到，这个孩子哭了出来。于是主持人问他说："为什么你要这么做？"小孩儿的答案透露了这个孩子真挚的想法："我要去拿燃料，我还要回来救他们！"

41. 小朋友长大想当什么?

42. 听到小朋友的回答，在场的大人都有什么反应?

43. 小朋友为什么要自己逃出去?

第44-45题是根据下面一段话:

孔子的一位学生在煮粥的时候，发现有脏的东西掉进锅里去了。他连忙用汤匙把它捞起来，正想把它倒掉时，忽然想到，一粥一饭都来之不易啊，于是便把它吃了。刚巧孔子走进厨房，以为他在偷吃食物，便教训了那位负责煮食的同学。经过解释，大家才知道原因。孔子很感慨地说:“我亲眼看见的事情也不确实，何况是听别人说的呢?”

44. 孔子的学生为什么吃了倒掉的粥?

45. 这个故事说明了什么道理?

听力考试现在结束。

• 목표 점수 ____________점

• 목표 점수 달성일 _____년 ___월 ___일

祝你考试成功!

시험 잘 보세요!

新 汉 语 水 平 考 试
HSK（五级）答题卡

姓名	

序号										
	[0]	[1]	[2]	[3]	[4]	[5]	[6]	[7]	[8]	[9]
	[0]	[1]	[2]	[3]	[4]	[5]	[6]	[7]	[8]	[9]
	[0]	[1]	[2]	[3]	[4]	[5]	[6]	[7]	[8]	[9]
	[0]	[1]	[2]	[3]	[4]	[5]	[6]	[7]	[8]	[9]
	[0]	[1]	[2]	[3]	[4]	[5]	[6]	[7]	[8]	[9]

年龄										
	[0]	[1]	[2]	[3]	[4]	[5]	[6]	[7]	[8]	[9]
	[0]	[1]	[2]	[3]	[4]	[5]	[6]	[7]	[8]	[9]

国籍										
	[0]	[1]	[2]	[3]	[4]	[5]	[6]	[7]	[8]	[9]
	[0]	[1]	[2]	[3]	[4]	[5]	[6]	[7]	[8]	[9]
	[0]	[1]	[2]	[3]	[4]	[5]	[6]	[7]	[8]	[9]

性别	男 [1]	女 [2]

考点										
	[0]	[1]	[2]	[3]	[4]	[5]	[6]	[7]	[8]	[9]
	[0]	[1]	[2]	[3]	[4]	[5]	[6]	[7]	[8]	[9]
	[0]	[1]	[2]	[3]	[4]	[5]	[6]	[7]	[8]	[9]

你是华裔吗?

是 [1]　　不是 [2]

学习汉语的时间:

1年以下 [1]　　1年—2年 [2]　　2年—3年 [3]　　3年—4年 [4]　　4年以上 [5]

注意　请用 2B 铅笔这样写: ▬

一 听力

1. [A] [B] [C] [D]	6. [A] [B] [C] [D]	11. [A] [B] [C] [D]	16. [A] [B] [C] [D]	21. [A] [B] [C] [D]
2. [A] [B] [C] [D]	7. [A] [B] [C] [D]	12. [A] [B] [C] [D]	17. [A] [B] [C] [D]	22. [A] [B] [C] [D]
3. [A] [B] [C] [D]	8. [A] [B] [C] [D]	13. [A] [B] [C] [D]	18. [A] [B] [C] [D]	23. [A] [B] [C] [D]
4. [A] [B] [C] [D]	9. [A] [B] [C] [D]	14. [A] [B] [C] [D]	19. [A] [B] [C] [D]	24. [A] [B] [C] [D]
5. [A] [B] [C] [D]	10. [A] [B] [C] [D]	15. [A] [B] [C] [D]	20. [A] [B] [C] [D]	25. [A] [B] [C] [D]
26. [A] [B] [C] [D]	31. [A] [B] [C] [D]	36. [A] [B] [C] [D]	41. [A] [B] [C] [D]	
27. [A] [B] [C] [D]	32. [A] [B] [C] [D]	37. [A] [B] [C] [D]	42. [A] [B] [C] [D]	
28. [A] [B] [C] [D]	33. [A] [B] [C] [D]	38. [A] [B] [C] [D]	43. [A] [B] [C] [D]	
29. [A] [B] [C] [D]	34. [A] [B] [C] [D]	39. [A] [B] [C] [D]	44. [A] [B] [C] [D]	
30. [A] [B] [C] [D]	35. [A] [B] [C] [D]	40. [A] [B] [C] [D]	45. [A] [B] [C] [D]	

二 阅读

46. [A] [B] [C] [D]	51. [A] [B] [C] [D]	56. [A] [B] [C] [D]	61. [A] [B] [C] [D]	66. [A] [B] [C] [D]
47. [A] [B] [C] [D]	52. [A] [B] [C] [D]	57. [A] [B] [C] [D]	62. [A] [B] [C] [D]	67. [A] [B] [C] [D]
48. [A] [B] [C] [D]	53. [A] [B] [C] [D]	58. [A] [B] [C] [D]	63. [A] [B] [C] [D]	68. [A] [B] [C] [D]
49. [A] [B] [C] [D]	54. [A] [B] [C] [D]	59. [A] [B] [C] [D]	64. [A] [B] [C] [D]	69. [A] [B] [C] [D]
50. [A] [B] [C] [D]	55. [A] [B] [C] [D]	60. [A] [B] [C] [D]	65. [A] [B] [C] [D]	70. [A] [B] [C] [D]
71. [A] [B] [C] [D]	76. [A] [B] [C] [D]	81. [A] [B] [C] [D]	86. [A] [B] [C] [D]	
72. [A] [B] [C] [D]	77. [A] [B] [C] [D]	82. [A] [B] [C] [D]	87. [A] [B] [C] [D]	
73. [A] [B] [C] [D]	78. [A] [B] [C] [D]	83. [A] [B] [C] [D]	88. [A] [B] [C] [D]	
74. [A] [B] [C] [D]	79. [A] [B] [C] [D]	84. [A] [B] [C] [D]	89. [A] [B] [C] [D]	
75. [A] [B] [C] [D]	80. [A] [B] [C] [D]	85. [A] [B] [C] [D]	90. [A] [B] [C] [D]	

三 书写

91. ……………………………………

92. ……………………………………

93. ……………………………………

94. ……………………………………

95.

96.

97.

98.

99.

100.

新汉语水平考试
HSK（五级）答题卡

姓名		
序号		[0] [1] [2] [3] [4] [5] [6] [7] [8] [9]
		[0] [1] [2] [3] [4] [5] [6] [7] [8] [9]
		[0] [1] [2] [3] [4] [5] [6] [7] [8] [9]
		[0] [1] [2] [3] [4] [5] [6] [7] [8] [9]
		[0] [1] [2] [3] [4] [5] [6] [7] [8] [9]
年龄		[0] [1] [2] [3] [4] [5] [6] [7] [8] [9]
		[0] [1] [2] [3] [4] [5] [6] [7] [8] [9]

国籍		[0] [1] [2] [3] [4] [5] [6] [7] [8] [9]
		[0] [1] [2] [3] [4] [5] [6] [7] [8] [9]
		[0] [1] [2] [3] [4] [5] [6] [7] [8] [9]
性别	男 [1]	女 [2]
考点		[0] [1] [2] [3] [4] [5] [6] [7] [8] [9]
		[0] [1] [2] [3] [4] [5] [6] [7] [8] [9]
		[0] [1] [2] [3] [4] [5] [6] [7] [8] [9]

你是华裔吗?

是 [1]　　不是 [2]

学习汉语的时间:

1年以下 [1]　　1年—2年 [2]　　2年—3年 [3]　　3年—4年 [4]　　4年以上 [5]

注意　请用 2B 铅笔这样写: ▬

一 听力

1. [A] [B] [C] [D]	6. [A] [B] [C] [D]	11. [A] [B] [C] [D]	16. [A] [B] [C] [D]	21. [A] [B] [C] [D]
2. [A] [B] [C] [D]	7. [A] [B] [C] [D]	12. [A] [B] [C] [D]	17. [A] [B] [C] [D]	22. [A] [B] [C] [D]
3. [A] [B] [C] [D]	8. [A] [B] [C] [D]	13. [A] [B] [C] [D]	18. [A] [B] [C] [D]	23. [A] [B] [C] [D]
4. [A] [B] [C] [D]	9. [A] [B] [C] [D]	14. [A] [B] [C] [D]	19. [A] [B] [C] [D]	24. [A] [B] [C] [D]
5. [A] [B] [C] [D]	10. [A] [B] [C] [D]	15. [A] [B] [C] [D]	20. [A] [B] [C] [D]	25. [A] [B] [C] [D]
26. [A] [B] [C] [D]	31. [A] [B] [C] [D]	36. [A] [B] [C] [D]	41. [A] [B] [C] [D]	
27. [A] [B] [C] [D]	32. [A] [B] [C] [D]	37. [A] [B] [C] [D]	42. [A] [B] [C] [D]	
28. [A] [B] [C] [D]	33. [A] [B] [C] [D]	38. [A] [B] [C] [D]	43. [A] [B] [C] [D]	
29. [A] [B] [C] [D]	34. [A] [B] [C] [D]	39. [A] [B] [C] [D]	44. [A] [B] [C] [D]	
30. [A] [B] [C] [D]	35. [A] [B] [C] [D]	40. [A] [B] [C] [D]	45. [A] [B] [C] [D]	

二 阅读

46. [A] [B] [C] [D]	51. [A] [B] [C] [D]	56. [A] [B] [C] [D]	61. [A] [B] [C] [D]	66. [A] [B] [C] [D]
47. [A] [B] [C] [D]	52. [A] [B] [C] [D]	57. [A] [B] [C] [D]	62. [A] [B] [C] [D]	67. [A] [B] [C] [D]
48. [A] [B] [C] [D]	53. [A] [B] [C] [D]	58. [A] [B] [C] [D]	63. [A] [B] [C] [D]	68. [A] [B] [C] [D]
49. [A] [B] [C] [D]	54. [A] [B] [C] [D]	59. [A] [B] [C] [D]	64. [A] [B] [C] [D]	69. [A] [B] [C] [D]
50. [A] [B] [C] [D]	55. [A] [B] [C] [D]	60. [A] [B] [C] [D]	65. [A] [B] [C] [D]	70. [A] [B] [C] [D]
71. [A] [B] [C] [D]	76. [A] [B] [C] [D]	81. [A] [B] [C] [D]	86. [A] [B] [C] [D]	
72. [A] [B] [C] [D]	77. [A] [B] [C] [D]	82. [A] [B] [C] [D]	87. [A] [B] [C] [D]	
73. [A] [B] [C] [D]	78. [A] [B] [C] [D]	83. [A] [B] [C] [D]	88. [A] [B] [C] [D]	
74. [A] [B] [C] [D]	79. [A] [B] [C] [D]	84. [A] [B] [C] [D]	89. [A] [B] [C] [D]	
75. [A] [B] [C] [D]	80. [A] [B] [C] [D]	85. [A] [B] [C] [D]	90. [A] [B] [C] [D]	

三 书写

91.

92.

93.

94.

95.

96.

97.

98.

99.

100.

新汉语水平考试
HSK（五级）答题卡

姓名	

国籍	[0] [1] [2] [3] [4] [5] [6] [7] [8] [9]
	[0] [1] [2] [3] [4] [5] [6] [7] [8] [9]
	[0] [1] [2] [3] [4] [5] [6] [7] [8] [9]

序号	[0] [1] [2] [3] [4] [5] [6] [7] [8] [9]
	[0] [1] [2] [3] [4] [5] [6] [7] [8] [9]
	[0] [1] [2] [3] [4] [5] [6] [7] [8] [9]
	[0] [1] [2] [3] [4] [5] [6] [7] [8] [9]
	[0] [1] [2] [3] [4] [5] [6] [7] [8] [9]

性别	男 [1]	女 [2]

考点	[0] [1] [2] [3] [4] [5] [6] [7] [8] [9]
	[0] [1] [2] [3] [4] [5] [6] [7] [8] [9]
	[0] [1] [2] [3] [4] [5] [6] [7] [8] [9]

年龄	[0] [1] [2] [3] [4] [5] [6] [7] [8] [9]
	[0] [1] [2] [3] [4] [5] [6] [7] [8] [9]

你是华裔吗?

是 [1]　　不是 [2]

学习汉语的时间:

1年以下 [1]　　1年－2年 [2]　　2年－3年 [3]　　3年－4年 [4]　　4年以上 [5]

注意　请用 2B 铅笔这样写: ▬

一、听力

1. [A] [B] [C] [D]	6. [A] [B] [C] [D]	11. [A] [B] [C] [D]	16. [A] [B] [C] [D]	21. [A] [B] [C] [D]
2. [A] [B] [C] [D]	7. [A] [B] [C] [D]	12. [A] [B] [C] [D]	17. [A] [B] [C] [D]	22. [A] [B] [C] [D]
3. [A] [B] [C] [D]	8. [A] [B] [C] [D]	13. [A] [B] [C] [D]	18. [A] [B] [C] [D]	23. [A] [B] [C] [D]
4. [A] [B] [C] [D]	9. [A] [B] [C] [D]	14. [A] [B] [C] [D]	19. [A] [B] [C] [D]	24. [A] [B] [C] [D]
5. [A] [B] [C] [D]	10. [A] [B] [C] [D]	15. [A] [B] [C] [D]	20. [A] [B] [C] [D]	25. [A] [B] [C] [D]
26. [A] [B] [C] [D]	31. [A] [B] [C] [D]	36. [A] [B] [C] [D]	41. [A] [B] [C] [D]	
27. [A] [B] [C] [D]	32. [A] [B] [C] [D]	37. [A] [B] [C] [D]	42. [A] [B] [C] [D]	
28. [A] [B] [C] [D]	33. [A] [B] [C] [D]	38. [A] [B] [C] [D]	43. [A] [B] [C] [D]	
29. [A] [B] [C] [D]	34. [A] [B] [C] [D]	39. [A] [B] [C] [D]	44. [A] [B] [C] [D]	
30. [A] [B] [C] [D]	35. [A] [B] [C] [D]	40. [A] [B] [C] [D]	45. [A] [B] [C] [D]	

二、阅读

46. [A] [B] [C] [D]	51. [A] [B] [C] [D]	56. [A] [B] [C] [D]	61. [A] [B] [C] [D]	66. [A] [B] [C] [D]
47. [A] [B] [C] [D]	52. [A] [B] [C] [D]	57. [A] [B] [C] [D]	62. [A] [B] [C] [D]	67. [A] [B] [C] [D]
48. [A] [B] [C] [D]	53. [A] [B] [C] [D]	58. [A] [B] [C] [D]	63. [A] [B] [C] [D]	68. [A] [B] [C] [D]
49. [A] [B] [C] [D]	54. [A] [B] [C] [D]	59. [A] [B] [C] [D]	64. [A] [B] [C] [D]	69. [A] [B] [C] [D]
50. [A] [B] [C] [D]	55. [A] [B] [C] [D]	60. [A] [B] [C] [D]	65. [A] [B] [C] [D]	70. [A] [B] [C] [D]
71. [A] [B] [C] [D]	76. [A] [B] [C] [D]	81. [A] [B] [C] [D]	86. [A] [B] [C] [D]	
72. [A] [B] [C] [D]	77. [A] [B] [C] [D]	82. [A] [B] [C] [D]	87. [A] [B] [C] [D]	
73. [A] [B] [C] [D]	78. [A] [B] [C] [D]	83. [A] [B] [C] [D]	88. [A] [B] [C] [D]	
74. [A] [B] [C] [D]	79. [A] [B] [C] [D]	84. [A] [B] [C] [D]	89. [A] [B] [C] [D]	
75. [A] [B] [C] [D]	80. [A] [B] [C] [D]	85. [A] [B] [C] [D]	90. [A] [B] [C] [D]	

三、书写

91. ______________________________

92. ______________________________

93. ______________________________

94. ______________________________

95.

96.

97.

98.

99.

100.

新 汉 语 水 平 考 试
HSK（五级）答题卡

姓名	

序号		[0] [1] [2] [3] [4] [5] [6] [7] [8] [9]
		[0] [1] [2] [3] [4] [5] [6] [7] [8] [9]
		[0] [1] [2] [3] [4] [5] [6] [7] [8] [9]
		[0] [1] [2] [3] [4] [5] [6] [7] [8] [9]
		[0] [1] [2] [3] [4] [5] [6] [7] [8] [9]

年龄		[0] [1] [2] [3] [4] [5] [6] [7] [8] [9]
		[0] [1] [2] [3] [4] [5] [6] [7] [8] [9]

国籍		[0] [1] [2] [3] [4] [5] [6] [7] [8] [9]
		[0] [1] [2] [3] [4] [5] [6] [7] [8] [9]
		[0] [1] [2] [3] [4] [5] [6] [7] [8] [9]

性别	男 [1]	女 [2]

考点		[0] [1] [2] [3] [4] [5] [6] [7] [8] [9]
		[0] [1] [2] [3] [4] [5] [6] [7] [8] [9]
		[0] [1] [2] [3] [4] [5] [6] [7] [8] [9]

你是华裔吗?

是 [1] 不是 [2]

学习汉语的时间:

1年以下 [1] 1年－2年 [2] 2年－3年 [3] 3年－4年 [4] 4年以上 [5]

注意 请用 2B 铅笔这样写: ▬

一、听力

1. [A] [B] [C] [D]	6. [A] [B] [C] [D]	11. [A] [B] [C] [D]	16. [A] [B] [C] [D]	21. [A] [B] [C] [D]
2. [A] [B] [C] [D]	7. [A] [B] [C] [D]	12. [A] [B] [C] [D]	17. [A] [B] [C] [D]	22. [A] [B] [C] [D]
3. [A] [B] [C] [D]	8. [A] [B] [C] [D]	13. [A] [B] [C] [D]	18. [A] [B] [C] [D]	23. [A] [B] [C] [D]
4. [A] [B] [C] [D]	9. [A] [B] [C] [D]	14. [A] [B] [C] [D]	19. [A] [B] [C] [D]	24. [A] [B] [C] [D]
5. [A] [B] [C] [D]	10. [A] [B] [C] [D]	15. [A] [B] [C] [D]	20. [A] [B] [C] [D]	25. [A] [B] [C] [D]
26. [A] [B] [C] [D]	31. [A] [B] [C] [D]	36. [A] [B] [C] [D]	41. [A] [B] [C] [D]	
27. [A] [B] [C] [D]	32. [A] [B] [C] [D]	37. [A] [B] [C] [D]	42. [A] [B] [C] [D]	
28. [A] [B] [C] [D]	33. [A] [B] [C] [D]	38. [A] [B] [C] [D]	43. [A] [B] [C] [D]	
29. [A] [B] [C] [D]	34. [A] [B] [C] [D]	39. [A] [B] [C] [D]	44. [A] [B] [C] [D]	
30. [A] [B] [C] [D]	35. [A] [B] [C] [D]	40. [A] [B] [C] [D]	45. [A] [B] [C] [D]	

二、阅读

46. [A] [B] [C] [D]	51. [A] [B] [C] [D]	56. [A] [B] [C] [D]	61. [A] [B] [C] [D]	66. [A] [B] [C] [D]
47. [A] [B] [C] [D]	52. [A] [B] [C] [D]	57. [A] [B] [C] [D]	62. [A] [B] [C] [D]	67. [A] [B] [C] [D]
48. [A] [B] [C] [D]	53. [A] [B] [C] [D]	58. [A] [B] [C] [D]	63. [A] [B] [C] [D]	68. [A] [B] [C] [D]
49. [A] [B] [C] [D]	54. [A] [B] [C] [D]	59. [A] [B] [C] [D]	64. [A] [B] [C] [D]	69. [A] [B] [C] [D]
50. [A] [B] [C] [D]	55. [A] [B] [C] [D]	60. [A] [B] [C] [D]	65. [A] [B] [C] [D]	70. [A] [B] [C] [D]
71. [A] [B] [C] [D]	76. [A] [B] [C] [D]	81. [A] [B] [C] [D]	86. [A] [B] [C] [D]	
72. [A] [B] [C] [D]	77. [A] [B] [C] [D]	82. [A] [B] [C] [D]	87. [A] [B] [C] [D]	
73. [A] [B] [C] [D]	78. [A] [B] [C] [D]	83. [A] [B] [C] [D]	88. [A] [B] [C] [D]	
74. [A] [B] [C] [D]	79. [A] [B] [C] [D]	84. [A] [B] [C] [D]	89. [A] [B] [C] [D]	
75. [A] [B] [C] [D]	80. [A] [B] [C] [D]	85. [A] [B] [C] [D]	90. [A] [B] [C] [D]	

三、书写

91. ______________________________

92. ______________________________

93. ______________________________

94. ______________________________

95.

96.

97.

98.

99.

100.

일단 합격
하고 오겠습니다

정반합 新HSK

徐丽华, 王琳, 鲁洲 지음 | 황명주 해설

해설서

부록 新HSK 1~5급 필수 단어장 · 문장 쓰기 노트+MP3 CD

5급

동양북스

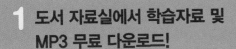

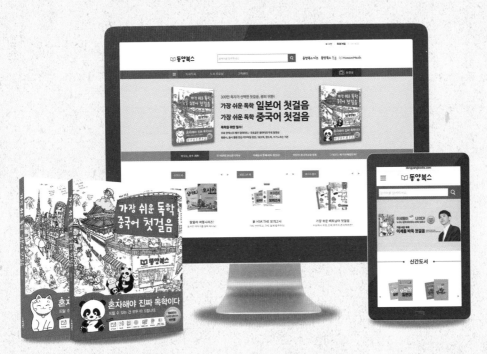

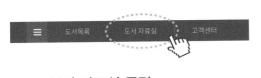

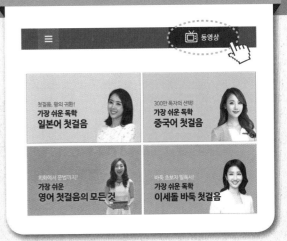

일단 합격 하고 오겠습니다

정반합 新HSK 5급

해설서

동양북스

정반합 新HSK 5급 해설서

초판 2쇄 | 2019년 3월 10일

지 은 이 | 徐丽华, 王琳, 鲁洲
해　　설 | 황명주
발 행 인 | 김태웅
편 집 장 | 강석기
마 케 팅 | 나재승
제　　작 | 현대순
기획 편집 | 장아름, 김다정, 정지선
디 자 인 | 방혜자, 김효정, 서진희, 강은비

발 행 처 | (주)동양북스
등　　록 | 제 2014-000055호(2014년 2월 7일)
주　　소 | 서울시 마포구 동교로22길 12(04030)
구입문의 | 전화 (02)337-1737　팩스 (02)334-6624
내용문의 | 전화 (02)337-1762　dybooks2@gmail.com

ISBN 979-11-5768-251-5 14720
ISBN 979-11-5768-233-1 (세트)

徐丽华 主编 2015年

이 도서의 국립중앙도서관 출판예정도서목록(CIP)은 서지정보유통지원시스템 홈페이지(http://seoji.nl.go.kr)와 국가자료공동목록시스템(http://www.nl.go.kr/kolisnet)에서 이용하실 수 있습니다.
(CIP제어번호:CIP2017006054)

차례

新HSK 5급

해설서

미리 보기 해석

제1부분 MP3-01

》 전략서 18p

1.	1.
男：差一刻11点了，你动作快点儿！ 女：急什么呀？离火车开车还有一个半小时呢。	남: 11시 15분 전이에요. 서둘러요! 여: 뭐가 그리 급해요? 기차 출발까지 아직 1시간 반이나 남았는데.
问：火车几点开车？ A 11:15　B 10:45 C 12:15　D 12:30	질문: 기차는 몇 시에 출발하는가? A 11:15　B 10:45 C 12:15　D 12:30

제2부분 MP3-02

》 전략서 19p

21.	21.
女：你打算骑车去学校吗？ 男：是啊。可是看这大雨，根本没法儿骑车。 女：叫辆出租车吧。 男：也只好这样了。	여: 너는 자전거를 타고 학교에 갈 거야? 남: 네, 그런데 비가 많이 오는 걸 보니, 자전거를 아예 탈 수 없겠어요. 여: 택시를 부르렴. 남: 그렇게 할 수밖에 없겠네요.
问：男的怎么去学校？ A 骑车　B 走路 C 坐出租车　D 坐地铁	질문: 남자는 어떻게 학교에 가는가? A 자전거를 탄다　B 걷는다 C 택시를 탄다　D 지하철을 탄다

01. 숫자 · 시간 기억 및 판단하기

유형 확인 문제 MP3-05

》 전략서 21p

정답 1 D　2 C

1 ★★☆

女：现在几点了？球赛怎么还不开始？ 男：差一刻钟八点，咱们还得等三十分钟。	여: 지금 몇 시예요? 축구 경기는 왜 아직 시작하지 않는 거죠? 남: 8시 15분 전이에요. 우리는 아직 30분을 기다려야 해요.

问：球赛几点开始？		질문: 축구 경기는 몇 시에 시작하는가?	
A 八点	B 七点三刻	A 8시	B 7시 45분
C 八点三刻	D 八点一刻	C 8시 45분	D 8시 15분

단어 球赛 qiúsài 명 구기 경기 | 一刻 yíkè 수량 15분

해설 시간을 계산해야 하는 문제로, '差一刻钟八点(8시 15분 전이다)'이라는 말을 통해 현재 시간이 7시 45분인 것을 알 수 있다. B에 7시 45분이 제시되었지만, 질문은 현재 시간을 물어보는 것이 아니므로 정답이 아니다. 남자가 '咱们还得等三十分钟(우리는 아직 30분을 기다려야 한다)'이라고 하므로 정답은 D이다.

2 ★☆☆

男：您的作品什么时候能跟读者见面呢？
女：应该很快了，我已经修改完并交给出版社了，下个月就能出版。

问：这本书什么时候能出版？
A 下个星期　B 月底
C 下个月　D 明年

남: 당신의 작품은 언제 독자들과 만나 볼 수 있을까요?
여: 곧 나올 거예요. 저는 이미 수정을 끝내고 출판사에 제출했어요. 다음 달에 출판될 수 있을 겁니다.

질문: 이 책은 언제 출판될 수 있는가?
A 다음 주　B 월말
C 다음 달　D 내년

단어 作品 zuòpǐn 명 작품 | 读者 dúzhě 명 독자 | 修改 xiūgǎi 동 수정하다 | 并 bìng 접 그리고 | 交 jiāo 동 제출하다 | 出版社 chūbǎnshè 명 출판사 | 出版 chūbǎn 동 출판하다

해설 보기를 통해 시점을 묻는 문제라는 것을 예상할 수 있다. 그러므로 녹음 내용에 나오는 시간 관련 단어를 주의 깊게 듣고, '요일', '주', '월' 등의 표현 방식을 이해하고 있다면 알맞은 답을 찾을 수 있다. 여자가 마지막에 '下个月就能出版(다음 달에 출판될 수 있다)'이라고 하므로 정답은 C이다.

02. 위치 · 장소 추측 및 판단하기

유형 확인 문제 MP3-08

》 전략서 25p

정답 1 A　2 A

1 ★☆☆

男：车快开了，我要上车了。
女：好，祝你一路平安。到了以后给我来电话。

问：他们最可能在哪儿？
A 车站　B 学校
C 医院　D 机场

남: 차가 곧 출발해요. 나는 어서 타야겠어요.
여: 네, 가시는 길에 평안하길 빌어요. 도착해서 저한테 전화해 주시고요.

질문: 그들은 어디에 있을 가능성이 가장 큰가?
A 터미널　B 학교
C 병원　D 공항

단어 一路平安 yílù píng'ān 성 가시는 길에 평안하시길 빕니다 | 车站 chēzhàn 명 터미널, 정류장

해설 4개의 보기는 모두 장소와 관련된 단어이다. '祝你一路平安(가는 길에 평안하시길 빕니다)'은 헤어질 때 하는 인사로, 보통 터미널이나 공항에서 쓰인다. 또한, 녹음의 '车快开了(차가 곧 출발한다)'와 '上车(타다)'는 일반적으로 터미널에서 쓰이는 단어이므로 정답은 A이다.

D. 비행기가 출발하는 상황을 나타낼 때는 '开(출발하다)'가 아닌, '起(상승하다)'를 쓰기 때문에 '机场(공항)'은 정답이 될 수 없다.

2 ★☆☆	
男：你怎么变得这么黑？出去玩儿了几天，我都快认不出你了。	남: 당신 피부가 왜 이렇게 검게 변한 거예요? 며칠 놀러 갔다 왔는데, 나는 당신을 못 알아 볼 뻔 했어요.
女：都是在海滩上晒的。晒伤了，疼死了。	여: 전부 해변 모래사장에서 햇볕을 쬔 거예요. 햇볕에 타서 아파 죽겠어요.
男：既然疼，你还晒？当时没感觉吗？	남: 아픈데도 계속 햇볕을 쬔 거예요? 그때 아무런 느낌 없었어요?
女：当时只觉得太阳晒得挺舒服的。	여: 그때는 일광욕하는 게 마냥 편하다고 생각했죠.
问：女的去哪里玩儿了？	질문: 여자는 어디에 놀러 갔는가?
A 海边　B 沙漠	A 해변　B 사막
C 雪山　D 动物园	C 설산　D 동물원

단어 **海滩** hǎitān 명 해변의 모래사장 | **晒** shài 동 햇볕을 쬐다 | **伤** shāng 동 다치다 | **既然** jìrán 접 이미 이렇게 된 바에야 | **当时** dāngshí 명 그때 | **感觉** gǎnjué 명 느낌 | **挺** tǐng 부 매우 | **舒服** shūfu 형 편안하다 | **海边** hǎibian 명 해변 | **沙漠** shāmò 명 사막 | **雪山** xuěshān 명 설산 | **动物园** dòngwùyuán 명 동물원

해설 4개의 보기는 모두 장소와 관련된 단어이다. 남자는 여자의 '出去玩儿了几天(며칠 놀러 갔다 왔다)'이라는 사실을 언급한다. 그리고 여자의 말에서 핵심 단어인 '海滩(해변의 모래사장)'을 듣고 이곳에서 햇볕에 탔다는 것을 알 수 있다. 녹음 내용에서 주제에 관한 모든 단어를 주의 깊게 듣는 것이 중요하다. 따라서 정답은 A이다.

Tip '疼死了(아파 죽겠다)'의 '死了(~해 죽겠다)'는 정도보어로, 형용사 '疼(아프다)' 뒤에 쓰여 정도의 심함을 나타낸다.

03. 인물 관계 · 직업 · 신분 판단하기

유형 확인 문제 MP3-11

》 전략서 32p

정답 1 A 2 C

1 ★☆☆

男：小王，我这两天的日程安排好了吗？
女：经理您放心，早就安排好了，明天面试新员工，后天跟王总裁谈合同。

问：女的最可能是做什么的？
A 秘书 B 经理
C 工人 D 总裁

남: 샤오왕(小王), 요 며칠 동안의 내 일정이 준비됐나요?
여: 사장님, 안심하세요. 이미 다 준비해 놨습니다. 내일은 신입사원 면접이고, 모레는 왕 회장님과 계약 협상이 있습니다.

질문: 여자의 직업은 무엇일 가능성이 가장 큰가?
A 비서 B 사장
C 노동자 D 회장

단어 日程 rìchéng 명 일정 | 安排 ānpái 동 준비하다 | 经理 jīnglǐ 명 사장 | 面试 miànshì 동 면접시험 보다 | 员工 yuángōng 명 직원 | 总裁 zǒngcái 명 회장 | 谈 tán 동 논하다 | 合同 hétong 명 계약서 | 秘书 mìshū 명 비서 | 工人 gōngrén 명 노동자

해설 남녀의 신분을 파악하는 문제이다. 녹음 내용의 핵심 단어인 '日程(일정)'과 '安排(준비하다)'를 통해 남자와 여자는 사장과 비서 관계임을 알 수 있으므로 정답은 A이다.

2 ★★☆

女：节目要开始了，你准备好了吗？
男：马上就好，你看我的领带系得怎么样？
女：你又不是主持人，不用这么紧张。
男：虽说是嘉宾，但也不能太随便吧？下面有那么多观众呢！

问：男的是来做什么的？
A 主持 B 观众
C 嘉宾 D 演员

여: 프로그램이 곧 시작됩니다. 준비가 다 되셨나요?
남: 곧 끝나요. 제 넥타이 맨 것이 어떤지 봐 주시겠어요?
여: 당신은 사회자도 아닌데, 이렇게나 긴장할 필요 없어요.
남: 비록 게스트이지만, 너무 편한 대로 할 수는 없잖아요? 밑에 그렇게나 많은 관객이 있는데요!

질문: 남자는 무엇을 하러 온 것인가?
A 사회 B 관객
C 게스트 D 배우

단어 领带 lǐngdài 명 넥타이 | 系 jì 동 매다 | 主持人 zhǔchírén 명 사회자 | 紧张 jǐnzhāng 형 긴장해 있다 | 嘉宾 jiābīn 명 게스트 | 随便 suíbiàn 동 편한 대로 하다 | 观众 guānzhòng 명 관중 | 主持 zhǔchí 동 사회를 보다 | 演员 yǎnyuán 명 배우

해설 신분과 관련된 보기 중에서 알맞은 답을 선택하기 위해, 녹음 내용의 핵심 문장인 '你又不是主持人(당신은 사회자도 아니다)'과 '虽说是嘉宾(비록 게스트이지만)'을 파악해야 한다. 두 문장에 근거하면 남자는 게스트로 프로그램에 참석했다는 것을 알 수 있으므로 정답은 C이다.

04. 관점 · 감정 · 태도 판단하기

유형 확인 문제 MP3-14

》 전략서 35p

정답 1 B 2 B

1 ★☆☆

女：小刘，你们的合唱练得怎么样了？下周末要演出了。	여: 샤오리우(小刘), 너희 합창 연습은 어떠니? 다음 주 주말이 바로 공연인데.
男：您放心，我们每个星期三下午都在学校集中练习呢。	남: 안심하세요. 저희는 매주 수요일 오후 학교에서 집중적으로 연습하고 있습니다.
问：男的是什么意思？	질문: 남자의 말은 무슨 의미인가?
A 下周末要演出	A 다음 주 주말에 공연해야 한다
B 没什么大问题	B 별다른 큰 문제가 없다
C 问题很难解决	C 문제를 해결하기 너무 어렵다
D 希望得到帮助	D 도움 받기를 희망한다

단어 **合唱** héchàng 명 합창 | **演出** yǎnchū 동 공연하다 | **集中** jízhōng 동 집중하다

해설 '您放心(당신은 안심하세요)'이라는 말은 남자의 태도를 보여 주는 것으로, 자신감에 찬 남자의 어투로 미루어 보아, 어려움이나 문제가 없다는 것을 알 수 있다. 그러므로 정답은 B이다.

2 ★★☆

女：你怎么进来的？	여: 당신 어떻게 들어왔어요?
男：你的门没锁，我一推就进来了。	남: 문이 안 잠겨있어서, 나는 문을 밀고 들어왔어요.
女：难道你不知道进来之前应该先敲门吗？	여: 설마 들어오기 전에 먼저 노크를 해야 한다는 걸 모르는 거예요?
男：对不起，我有急事，所以忘了。	남: 미안해요. 내가 급한 일이 있어서 깜박했어요.
问：关于男的到来，女的是什么态度？	질문: 남자가 온 것에 관하여 여자는 무슨 태도인가?
A 高兴　　B 生气	A 기쁘다　　B 화나다
C 激动　　D 轻松	C 감격하다　　D 홀가분하다

단어 **锁** suǒ 동 잠그다 | **推** tuī 동 밀다 | **难道** nándào 부 설마 ~란 말인가? | **敲门** qiāomén 노크하다 | **急事** jíshì 명 급한 일 | **到来** dàolái 동 닥쳐오다 | **态度** tàidu 명 태도 | **激动** jīdòng 형 감격하다 | **轻松** qīngsōng 형 홀가분하다

해설 여자는 '难道你不知道进来之前应该先敲门吗?(설마 당신은 들어오기 전에 먼저 노크를 해야 한다는 걸 모르는 것인가?)'라고 한다. '难道…吗?(설마 ~란 말인가?)'는 반어문으로서, 이것의 함축된 의미는 실제 단어와 상반된다. 따라서 여자의 말은 들어오기 전에 노크를 해야 한다는 의미로, 남자가 그렇게 하지 않아서 기분이 언짢다는 것을 짐작할 수 있다. 그러므로 정답은 B이다.

05. 행위에 관하여 논리적으로 추리하기

유형 확인 문제 MP3-18

》 전략서 41p

정답 1 D 2 A 3 C

1 ★★☆

女：关于产品的价格，对方是什么意见？
男：价格是关键，如果我们不降低价格，他们恐怕就会放弃和我们合作。

问：关于这次合作，下面哪项正确？
A 不成功
B 对方很满意
C 价格已经谈好
D 需要降低价格

여: 상품의 가격에 관하여 상대방 의견은 어떤가요?
남: 가격이 관건이에요. 만약 우리가 가격을 내리지 않으면, 그들은 아마 우리와의 협력을 포기할 거예요.

질문: 이번 협력에 관하여 다음 중 옳은 것은?
A 성공하지 못했다
B 상대방이 매우 만족한다
C 가격은 이미 협상되었다
D 가격을 낮출 필요가 있다

단어 **产品** chǎnpǐn 명 상품 | **价格** jiàgé 명 가격 | **对方** duìfāng 명 상대방 | **意见** yìjiàn 명 의견 | **关键** guānjiàn 명 관건 | **降低** jiàngdī 동 내리다 | **恐怕** kǒngpà 부 아마 ~일 것이다 | **放弃** fàngqì 동 포기하다 | **合作** hézuò 동 협력하다 | **成功** chénggōng 동 성공하다 | **谈** tán 동 말하다

해설 녹음 내용의 핵심 단어인 '如果(만약)'를 들었다면, 이것이 포함된 문장이 의미하는 바에 더욱 주의해야 한다. '如果我们不降低价格，他们恐怕就会放弃和我们合作(만약 우리가 가격을 내리지 않으면, 그들은 아마 우리와의 협력을 포기할 것이다)'라고 하는 것으로 보아 정답은 D이다.

2 ★☆☆

女：上午的讲座你去听了吗？
男：去了，很多专家的观点都很独特，我觉得自己学到了很多东西。

问：男的主要是什么意思？
A 很有收获
B 来的专家很少
C 希望能去听讲座
D 希望能学到一些东西

여: 당신은 오전 강의를 들으러 갔나요?
남: 갔어요. 여러 전문가의 견해가 전부 매우 독특했어요. 제 자신이 많은 지식을 습득한 것 같아요.

질문: 남자의 말은 주로 무슨 의미인가?
A 성과가 매우 많다
B 참가한 전문가가 매우 적다
C 강의를 들으러 갈 수 있기를 바란다
D 지식들을 습득할 수 있기를 바란다

단어 **讲座** jiǎngzuò 명 강의 | **专家** zhuānjiā 명 전문가 | **观点** guāndiǎn 명 견해 | **独特** dútè 형 독특하다 | **收获** shōuhuò 동 성과

해설 보기를 통해 녹음 내용이 '专家(전문가)', '讲座(강의)', '学习(학습)' 등과 관련된 내용임을 예상할 수 있다. '学到了很多东西(많은 지식을 습득했다)'라는 말은 남자가 많은 것을 배웠음을 의미하기 때문에 정답은 A이다.

3 ★★☆

男：你帮我看看怎么录不了音了。 女：是吗？我看看。这个软件应该是很好用的。 男：是啊，我昨天用还没问题。 女：怪不得录不了，你的麦克风还没打开呢。	남: 어째서 녹음이 안 되는지 좀 봐 줄래요? 여: 그래요? 내가 한번 볼게요. 이 소프트웨어는 성능이 매우 좋은 건데. 남: 맞아요. 내가 어제 사용할 때만 해도 문제 없었어요. 여: 어쩐지 녹음이 안 되더라니. 당신 마이크가 아직 켜져 있지 않잖아요.
问：根据对话，可以知道什么？ A 电脑坏了 B 麦克风坏了 C 麦克风没打开 D 软件不能下载了	질문: 대화에 근거하여 알 수 있는 것은 무엇인가? A 컴퓨터가 고장 났다 B 마이크가 고장 났다 C 마이크가 켜져 있지 않다 D 소프트웨어를 다운로드 받을 수 없었다

단어 录音 lùyīn 동 녹음하다 | 不了 bùliǎo ~할 수 없다 [동사의 뒤에 쓰여 동작을 완료할 수 없음을 강조함] | 软件 ruǎnjiàn 명 소프트웨어 | 好用 hǎoyòng 성능이 좋다 | 怪不得 guàibude 부 어쩐지 | 麦克风 màikèfēng 명 마이크 | 打开 dǎkāi 동 켜다 | 下载 xiàzài 동 다운로드하다

해설 긴 대화 형식일 경우, 녹음 내용을 듣기 전에 재빨리 보기를 먼저 훑어본다. 다음으로 보기의 내용과 관련된 단어를 주의 깊게 듣는다. 여자가 마지막에 '麦克风还没打开呢(마이크가 아직 켜져 있지 않다)'라고 하므로 정답은 C이다.

06. 세부 내용 파악 및 기억하기

유형 확인 문제 MP3-22

》 전략서 46p

정답 1 C 2 A 3 C

1 ★★☆

男：肚子该饿了吧？附近有一个吃海鲜的地方，很有名，要不我们去那儿吃？ 女：不好意思，我对海鲜过敏，我们换一个地方吧。	남: 배고프죠? 근처에 해산물을 먹는 곳이 하나 있어요. 매우 유명한데, 안 그러면 우리 거기 가서 먹을까요? 여: 미안해요. 나는 해산물에 알레르기 반응을 보여서요. 우리 다른 곳으로 가요.
问：关于女的，可以知道什么？ A 不饿 B 不想换地方 C 对海鲜过敏 D 在讽刺男的	질문: 여자에 관하여 알 수 있는 것은 무엇인가? A 배가 고프지 않다 B 장소를 바꾸고 싶지 않다 C 해산물에 알레르기 반응을 보인다 D 남자를 풍자하고 있다

단어 肚子 dùzi 명 배(복부) | 海鲜 hǎixiān 명 해산물 | 要不 yàobù 접 그렇지 않으면, 안 그러면 | 不好意思 bù hǎoyìsi 죄송합니다 | 过敏 guòmǐn 동 알레르기 반응을 보이다 | 讽刺 fěngcì 동 풍자하다

해설 보기를 먼저 보고 난 후, 녹음 내용을 들을 때 보기와 관련된 세부 내용을 주의 깊게 듣는다. 그리고 녹음 내용과 일치하는 보기를 선택하면 된다. 여자의 '我对海鲜过敏(나는 해산물에 알레르기 반응을 보인다)'이라는 문장은 C의 '对海鲜过敏(해산물에 알레르기 반응을 보인다)'과 일치하므로 정답은 C이다.

2 ★★☆

男：这个项目下个月中旬一定要全部完成，有什么问题吗？
女：没什么大问题，但是能不能给我们增加一个美编？那样会更有保证。
男：增加美术编辑人员可以，但是要注意多沟通，要提高工作效率。
女：明白，谢谢您。

问：女的需要哪方面的人员？
A 美术编辑　B 项目管理
C 产品推广　D 市场销售

남: 이 프로젝트는 다음 달 중순에는 반드시 전부 완성해야 합니다. 별다른 문제 있으신가요?
여: 별다른 큰 문제는 없습니다. 다만 아트디렉터 한 명을 충원해 주실 수 있나요? 그러면 더 확실히 책임질 수 있습니다.
남: 아트디렉터 인원을 충원하는 것은 가능하지만, 많이 소통하는 것에 주의해야 하고 업무 효율을 높여야 해요.
여: 알겠습니다. 감사합니다.

질문: 여자는 어느 방면의 인원이 필요한가?
A 아트디렉터　B 프로젝트 관리
C 제품 보급　D 시장 마케팅

단어 项目 xiàngmù 명 프로젝트 | 中旬 zhōngxún 명 중순 | 全部 quánbù 명 전부 | 增加 zēngjiā 동 더하다 | 美编 měibiān 명 아트디렉터 ['美术编辑'의 약칭] | 保证 bǎozhèng 동 확실히 책임지다 | 人员 rényuán 명 인원 | 注意 zhùyì 동 주의하다 | 沟通 gōutōng 동 소통하다 | 效率 xiàolǜ 명 효율 | 方面 fāngmiàn 명 방면 | 管理 guǎnlǐ 명 관리 | 产品 chǎnpǐn 명 제품 | 推广 tuīguǎng 동 널리 보급하다 | 市场 shìchǎng 명 시장 | 销售 xiāoshòu 명 마케팅

해설 '美编'은 '美术编辑(아트디렉터)'의 약칭이다. 모르는 단어가 나와 당황하여서 뒷부분 듣기에 영향을 끼쳐서는 안 된다. 이런 약칭이 나올 경우, 난이도 조절을 위해서 관련 설명이 함께 나오므로 주의하여 듣도록 한다. 뒷부분에 남자가 '美术编辑(아트디렉터)'라고 구체적으로 언급하므로, 여자가 필요로 하는 사람은 아트디렉터라는 것을 알 수 있다. 따라서 정답은 A이다.

3 ★★☆

女：您下象棋下了多少年了？
男：我这辈子都在跟象棋打交道，算起来得超过六十年了吧。
女：真厉害！您是怎么爱上下象棋的呢？
男：我父亲象棋下得很好，我从小就看他跟别人下棋，慢慢就迷上了。

问：关于男的，下列哪项正确？
A 年纪不大
B 不会下象棋
C 他父亲爱下象棋
D 60岁开始下象棋

여: 당신은 장기를 둔 지 얼마나 되셨나요?
남: 저는 일생을 전부 장기와 함께 했습니다. 계산해 보면 60년이 넘었겠네요.
여: 정말 대단하세요! 당신은 어떻게 장기 두는 것을 좋아하게 되셨나요?
남: 제 아버지께서 장기를 매우 잘 두셨어요. 어릴 때부터 그가 다른 사람과 장기 두는 것을 보면서, 차츰 빠지게 됐죠.

질문: 남자에 관하여 다음 중 옳은 것은?
A 나이가 많지 않다
B 장기를 둘 줄 모른다
C 그의 아버지는 장기 두기를 좋아한다
D 60세에 장기를 두기 시작한다

단어 下象棋 xià xiàngqí 장기를 두다 | 这辈子 zhèbèizi 명 일생 | 打交道 dǎ jiāodao 접촉하다 | 超过 chāoguò 동 넘다 | 厉害 lìhai 형 대단하다 | 爱上 àishàng 좋아하게 되다 | 父亲 fùqīn 명 아버지 | 从小 cóngxiǎo 부 어릴 때부터 | 迷 mí 동 빠지다 | 年纪 nianji 명 나이

해설 4개의 보기를 통해 녹음 내용은 장기와 나이에 관한 것임을 예상할 수 있다. 남자는 두 번째 대답에서 '我父亲象棋下得很好(내 아버지는 장기를 매우 잘 두었다)'라고 하며, 어릴 때부터 아버지를 보면서 장기에 빠지게 되었다고 한다. 따라서 남자 아버지는 장기 두기를 좋아한다는 것을 알 수 있으므로 정답은 C이다.

》 전략서 47p

정답

제1부분	1 C	2 C	3 D	4 C	5 D
	6 D	7 A	8 C	9 C	10 B
	11 B	12 D	13 A	14 D	15 B
	16 D	17 A	18 C	19 A	20 D
제2부분	21 A	22 A	23 B	24 A	25 A
	26 A	27 D	28 C	29 C	30 A

1 ★★☆

男：你们班汉语考试考得不错吧？
女：哪里，三分之一都没有通过呢。

问：班里多少人通过了汉语考试？
A 1/2　B 1/3
C 2/3　D 全部

남: 너희 반 중국어 시험 잘 봤지?
여: 아니야. 1/3이 모두 통과하지 못했는 걸.

질문: 반에서 몇 사람이 중국어 시험에 통과했는가?
A 1/2　B 1/3
C 2/3　D 전부

단어 **通过** tōngguò 동 통과하다 | **全部** quánbù 명 전부

해설 보기는 모두 숫자이므로 녹음 내용에서 숫자가 나오는 표현을 주의해서 듣는다. '三分之一都没有通过呢(1/3이 모두 통과하지 못했다)'라는 말은, 2/3의 학생은 통과했다는 의미이므로 정답은 C이다.

2 ★★☆

男：唱歌比赛报名什么时候结束？最近忙，我都快把这事儿忘了。
女：昨天刚结束，你快找找老师，说不定还能报名呢。

问：关于男的，可以知道什么？
A 他最近不忙
B 他记性不好
C 他想参加唱歌比赛
D 他是老师

남: 노래 대회 등록이 언제 마감이에요? 내가 요즘 바빠서 이 일을 잊고 있었네요.
여: 어제 막 끝났어요. 빨리 선생님을 찾아가 봐요. 아마 아직 지원할 수 있을 거예요.

질문: 남자에 관하여 알 수 있는 것은 무엇인가?
A 그는 최근에 바쁘지 않다
B 그는 기억력이 좋지 않다
C 그는 노래 대회에 참가하고 싶다
D 그는 선생님이다

단어 **报名** bàomíng 동 등록하다 | **刚** gāng 부 막 | **说不定** shuōbudìng 부 아마 | **记性** jìxing 명 기억력

해설 '唱歌比赛报名什么时候结束?(노래 대회 등록이 언제 마감인가?)'라는 남자의 질문에 여자는 어제 끝났지만, '说不定还能报名呢(아마 아직 지원할 수 있을 것이다)'라고 대답하므로, 남자는 노래 대회에 참가하고 싶어 한다는 것을 짐작할 수 있다. 그러므로 정답은 C이다.

Tip '说不定'은 부사로 쓰이면 '아마', '짐작컨대'라는 뜻으로, 부사 '恐怕(아마 ~일 것이다)', '也许(아마도)', 조동사 '可能(아마도)' 등과 같은 뜻으로 쓰인다.

3 ★★☆

女：朋友要结婚了，你说我送什么好呢？
男：送梳子吧，不太贵，又实用，再说梳子还有白头到老的意思。

问：男的为什么建议送梳子？
A 梳子不太贵
B 朋友喜欢
C 梳子不实用
D 梳子的意义很好

여: 친구가 곧 결혼하는데, 어떤 선물을 주는 게 좋을까요?
남: 빗을 주는 게 좋겠어요. 그다지 비싸지 않고 또 실용적이잖아요. 게다가 빗은 백년해로의 의미도 있어요.

질문: 남자는 왜 빗을 선물하라고 제안하는가?
A 빗은 그다지 비싸지 않다
B 친구가 좋아한다
C 빗은 실용적이지 않다
D 빗의 의미가 매우 좋다

단어 梳子 shūzi 명 빗 | 实用 shíyòng 형 실용적이다 | 再说 zàishuō 접 게다가 | 白头到老 báitóu dàolǎo 백년해로 | 建议 jiànyì 동 제안하다 | 意义 yìyì 명 의미

해설 여자의 첫마디인 '朋友要结婚了(친구가 곧 결혼한다)'에서 쓰인 '要…了'는 '곧 ~하다'라는 의미이다. 곧 결혼하는 친구의 선물로 무엇이 좋을지 묻는 여자에게 남자는 빗이 비싸지 않고 실용적이라고 한다. 또한, 남자가 언급한 '白头到老(백년해로)'는 결혼하는 사람에게 전하는 말이므로 정답으로 가장 적절한 것은 D이다.

4 ★★☆

男：我用信用卡买衣服，可以打折吗？
女：对不起，信用卡不能打折，但是可以积分，如果积分多了的话，会有礼品赠送。

问：根据对话，可以知道什么？
A 信用卡可以打折
B 信用卡很方便
C 信用卡可以积分换礼品
D 信用卡买东西很贵

남: 신용카드로 옷을 사면 할인이 되나요?
여: 죄송합니다. 신용카드는 할인이 안 됩니다. 하지만 포인트 적립은 가능합니다. 만약 포인트를 많이 쌓으면 선물을 증정해 드립니다.

질문: 대화에 근거하여 알 수 있는 것은 무엇인가?
A 신용카드는 할인이 된다
B 신용카드는 매우 편리하다
C 신용카드는 포인트를 쌓아서 선물로 교환할 수 있다
D 신용카드로 물건을 사면 아주 비싸다

단어 打折 dǎzhé 동 할인하다 | 积分 jīfēn 동 포인트 적립하다 | 礼品 lǐpǐn 명 선물 | 赠送 zèngsòng 동 증정하다

해설 신용카드로 옷을 사면 할인이 되냐는 남자의 질문에 여자는 할인은 안 되지만, 포인트 적립은 된다고 한다. 이어서 '如果积分多了的话，会有礼品赠送(만약 포인트를 많이 쌓으면 선물을 증정해 준다)'이라고 하는데, 여기서 쓰인 '有礼品赠送(선물을 증정해 준다)'은 C의 '换礼品(선물로 교환하다)'과 통하는 의미이므로 정답은 C이다.

Tip 자주 나오는 쇼핑 관련 표현

付款 fùkuǎn 돈을 지불하다 (= 付钱 fùqián)
付现金 fù xiànjīn 현금을 지불하다
刷卡 shuākǎ 카드로 결제하다
礼品赠送 lǐpǐn zèngsòng 선물을 증정하다
对…很满意 duì…hěn mǎnyì ~에 매우 만족하다
对…很合适 duì…hěn héshì ~에 매우 어울리다
试试 shìshi 입어 보다, 신어 보다
试衣间 shìyījiān 탈의실
优惠活动 yōuhuì huódòng 할인 행사 (= 打折活动 dǎzhé huódòng)

5 ★★☆

女：我要给儿子买一份保险，一会儿去银行交钱。
男：给小孩子买保险很划算，我也打算给女儿买一份。

问：根据对话，可以知道什么？
A 男的已经买了保险
B 男的有一个儿子
C 女的已经买了保险
D 女的还没有交钱

여: 아들에게 보험을 하나 가입해 주려고, 이따가 은행에 가서 돈을 낼 거예요.
남: 아이에게 보험을 가입해 주면 매우 이득을 보는 것이니, 나도 딸에게 하나 들어줘야겠어요.

질문: 대화에 근거하여 알 수 있는 것은 무엇인가?
A 남자는 이미 보험에 가입했다
B 남자는 아들이 한 명 있다
C 여자는 이미 보험에 가입했다
D 여자는 아직 돈을 내지 않았다

단어 份 fèn 양 [보험을 세는 단위] | 保险 bǎoxiǎn 명 보험 | 交 jiāo 동 내다 | 划算 huásuàn 수지가 맞다

해설 여자가 '我要给儿子买一份保险，一会儿去银行交钱(나는 아들에게 보험을 하나 가입해 주려고, 이따가 은행에 가서 돈을 낼 것이다)'이라고 하는 것을 보아, 아직 돈을 지불하지 않았음을 알 수 있다. 그러므로 정답은 D이다.

Tip '보험에 가입하다'는 '买保险', '(加)入保险', '上保险', '办理保险', '参加保险' 등과 같이 바꿔 쓸 수 있는 표현이 많으므로 미리 알아 두도록 한다.

6 ★★☆

女：儿子怎么还没回来？是不是迷路了？
男：放心吧，他丢不了，他放学后在隔壁家玩儿呢。

问：儿子为什么还没回家？
A 儿子迷路了
B 儿子还没有放学
C 儿子丢了
D 儿子在隔壁家玩

여: 아들이 어째서 아직 돌아오지 않는 거죠? 길을 잃은 걸까요?
남: 안심해요. 걔가 잃어버릴 리 없어요. 수업을 마치고 나서 이웃집에서 놀고 있어요.

질문: 아들은 왜 아직 집에 돌아오지 않았는가?
A 아들은 길을 잃었다
B 아들은 아직 수업을 마치지 않았다
C 아들은 잃어버렸다
D 아들은 이웃집에서 놀고 있다

단어 迷路 mílù 동 길을 잃다 | 丢 diū 동 잃어버리다 | 不了 bùliǎo ~할 수 없다 [동사의 뒤에 쓰여 동작을 완료할 수 없음을 강조함] | 放学 fàngxué 동 수업을 마치다 | 隔壁 gébì 명 이웃

해설 여자는 아들이 아직 돌아오지 않아서 길은 잃었을까봐 걱정하지만, 남자는 '他放学后在隔壁家玩儿呢(그는 수업을 마치고 나서 이웃집에서 놀고 있다)'라고 하며 여자를 안심시킨다. 초반에 나온 길을 잃었다는 여자의 말에 혼동을 해서는 안 된다. 그러므로 정답은 D이다.

7 ★★☆

男：你怎么不坐电梯？难道电梯坏了？ 女：没有，医生说我太胖了，叫我减肥。	남: 당신은 왜 엘리베이터를 타지 않죠? 설마 고장 났어요? 여: 아니요. 의사선생님께서 내가 살이 많이 쪘다고 다이어트를 시켰어요.
问：女的是什么意思？ A 她要减肥 B 她身体不好 C 电梯坏了 D 她喜欢爬楼梯	질문: 여자의 말은 무슨 의미인가? A 그녀는 다이어트를 하려고 한다 B 그녀는 몸이 좋지 않다 C 엘리베이터가 고장 났다 D 그녀는 계단 오르는 것을 좋아한다

단어 电梯 diàntī 명 엘리베이터 | 难道 nándào 부 설마 ~란 말인가? | 减肥 jiǎnféi 동 다이어트하다 | 楼梯 lóutī 명 계단

해설 남자의 질문에 여자는 '医生说我太胖了，叫我减肥(의사선생님이 내가 살이 많이 쪘다고 나에게 다이어트를 시켰다)'라고 한다. 엘리베이터가 고장 났냐는 남자의 질문에 혼동하여 답을 C로 선택하지 않도록 한다. 그러므로 정답은 A이다.

8 ★★☆

女：你好，保洁公司。 男：你好，我想找个保洁员，周六帮我收拾一下房子。	여: 안녕하세요. 청소 업체입니다. 남: 안녕하세요. 청소부 한 명을 찾고 싶어요. 토요일에 저희 집 청소를 좀 해 주었으면 합니다.
问：男的想做什么？ A 买保洁用品　　B 搬家 C 收拾房间　　D 找保洁公司老板	질문: 남자는 무엇을 하고 싶어 하는가? A 청소 도구 구매하기　　B 이사하기 C 집 청소하기　　D 청소 업체 사장 찾기

단어 保洁 bǎojié 동 청결을 유지하다 | 保洁公司 bǎojié gōngsī 명 청소 업체 | 保洁员 bǎojiéyuán 명 청소부 | 收拾 shōushi 동 정리하다 | 房子 fángzi 명 집 | 用品 yòngpǐn 명 용품 | 搬家 bānjiā 동 이사하다

해설 남자는 청소 업체에 청소부 한 명을 찾고 싶다고 하면서 '周六帮我收拾一下房子(토요일에 우리 집 청소를 좀 해 주었으면 한다)'라고 하므로, 남자가 하고 싶어 하는 것은 '收拾房间(집 청소하기)'임을 알 수 있다. 청소부를 구한다고 해서 이사를 한다고 생각하면 안 된다. 그러므로 정답은 C이다.

9 ★★☆

男：把这些废纸都扔了吧，放着也没用。 女：怎么没用了？另一面都是空白的，还可以用呢。 问：女的是什么意思？ A 这些纸都是空白的 B 这些纸都没有用了 C 这些纸还有用 D 这些纸可以扔掉了	남: 이 폐지들 다 버립시다. 놔둬봤자 아무 쓸모가 없어요. 여: 어째서 쓸모가 없죠? 다른 한 면은 공백이잖아요. 아직 쓸 수 있어요. 질문: 여자의 말은 무슨 의미인가? A 이 종이들은 모두 공백이다 B 이 종이들은 모두 쓸모가 없다 C 이 종이들은 아직 쓸모가 있다 D 이 종이들은 버려도 된다

단어 **废纸** fèizhǐ 명 폐지 | **扔** rēng 동 내버리다 | **没用** méiyòng 쓸모 없다 | **另** lìng 대 다른 | **一面** yímiàn 명 한 면 | **空白** kòngbái 명 공백 | **掉** diào 동 ~해 버리다

해설 폐지는 쓸모 없으니 버리자는 남자의 말에 여자는 '**另一面都是空白的，还可以用呢**(다른 한 면은 공백이다. 아직 쓸 수 있다)'라고 하므로 정답은 C이다.

10 ★☆☆

女：你开车送我去超市吧。 男：天气挺好的，走路去吧，再说路也不远。走吧，我陪你去。 问：根据对话，哪项是不正确的？ A 男的也去超市 B 超市挺远的 C 今天天气好 D 他们要一起走路去超市	여: 운전해서 날 슈퍼마켓에 좀 데려다 줘요. 남: 날씨가 정말 좋은데, 걸어서 가요. 게다가 멀지도 않잖아요. 갑시다. 내가 당신과 같이 갈게요. 질문: 대화에 근거하여 다음 중 옳지 않은 것은? A 남자도 슈퍼마켓에 간다 B 슈퍼마켓은 매우 멀다 C 오늘 날씨가 매우 좋다 D 그들은 함께 걸어서 슈퍼마켓에 가려고 한다

단어 **再说** zàishuō 접 게다가 | **陪** péi 동 동반하다

해설 옳지 않은 것을 고르는 문제로, 자동차로 슈퍼마켓에 데려다 달라는 여자의 부탁에 남자는 날씨가 좋고, '**再说路也不远**(게다가 멀지도 않다)'이라고 한다. 따라서 보기 중에서 녹음 내용과 일치하지 않는 것은 '**超市挺远的**(슈퍼마켓은 매우 멀다)'이므로 정답은 B이다.

11 ★★★

男：你看，那是彩虹吗？ 女：怎么可能呢？没下雨哪里来的彩虹？ 问：女的认为男的怎么样？ A 很聪明 B 不知道什么时候有彩虹 C 眼睛很好 D 以前见过彩虹	남: 봐요. 저거 무지개예요? 여: 어떻게 가능하지? 비가 오지 않았는데 어디서 무지개가 뜬다는 말이죠? 질문: 여자는 남자가 어떻다고 여기는가? A 매우 똑똑하다 B 무지개가 언제 생기는지 모른다 C 눈이 매우 좋다 D 예전에 무지개를 본 적이 있다

단어 **彩虹** cǎihóng 명 무지개

해설 남자가 저것이 무지개냐고 묻는 질문에 여자는 '怎么可能呢? 没下雨哪里来的彩虹?(어떻게 가능한가? 비가 오지 않았는데 어디서 무지개가 뜬다는 말인가?)'이라고 반문하며 부정의 의사를 표현한다. 이로 보아 여자는 남자가 무지개가 언제 생기는지 모른다고 여기고 있음을 짐작할 수 있다. 따라서 정답은 B이다.

12 ★★☆

女：完了，我的充电器忘在家里了。
男：别担心，我的手机跟你的一样，你可以用我的。

问：男的是什么意思？
A 让女的回去拿
B 男的帮女的去拿
C 把手机借给女的
D 把充电器借给女的

여: 끝났어요. 내 충전기를 깜빡하고 집에 두고 왔어요.
남: 걱정 마세요. 내 휴대 전화는 당신 것과 똑같으니, 내 것을 쓰면 돼요.

질문: 남자의 말은 무슨 의미인가?
A 여자에게 돌아가서 가져오게 한다
B 남자가 여자를 도와 가져온다
C 휴대 전화를 여자에게 빌려준다
D 충전기를 여자에게 빌려준다

단어 **充电器** chōngdiànqì 명 충전기

해설 충전기를 집에 두고 왔다는 여자의 말에 남자는 '我的手机跟你的一样，你可以用我的(내 휴대 전화는 당신 것과 똑같으니, 당신은 내 것을 쓰면 된다)'라고 한다. 이로 보아 남자가 여자에게 자신의 충전기를 빌려줄 것임을 알 수 있으므로 정답은 D이다.

Tip
跟…一样 ~와 같다
예 我的手机款式跟你的一样。내 휴대 전화 모델은 네 것과 같다.

13 ★★☆

男：喂，亲爱的，我把钥匙忘在家里了。
女：又要我送到你办公室？这是最后一次了啊！

问：女的是什么意思？
A 这次会送过去
B 下一次是最后一次
C 让男的回家拿
D 不打算送钥匙

남: 여보세요. 자기야, 나 열쇠를 깜빡하고 집에 두고 왔어.
여: 나더러 또 사무실로 보내 달라고? 이번이 마지막이야!

질문: 여자의 말은 무슨 의미인가?
A 이번은 보내 줄 것이다
B 다음번이 마지막이다
C 남자에게 집에 돌아가서 가져오게 한다
D 열쇠를 보내지 않을 것이다

단어 **亲爱的** qīn'àide 자기야 [연인을 부르는 호칭] | **钥匙** yàoshi 명 열쇠

해설 남자가 열쇠를 집에 두고 왔다고 하자, 여자는 또 사무실로 보내 달라는 거냐고 물으며 '这是最后一次了啊!(이번이 마지막이다!)'라고 한다. 이 말을 잘 들었다면 쉽게 답을 찾을 수 있다. 따라서 정답은 A이다.

14 ★☆☆

女：下班了，我还有个约会，先走了。明天见！ 男：明天周六，我可不想来办公室，还是下周见吧！	여: 퇴근할게요. 난 또 약속이 있어서 먼저 갑니다. 내일 봐요! 남: 내일은 토요일이에요. 나는 사무실에 정말 오고 싶지 않은 걸요. 다음 주에 봐요!
问：男的和女的是什么关系？ A 夫妻　B 恋人 C 同学　D 同事	질문: 남자와 여자는 무슨 관계인가? A 부부　B 연인 C 학우　D 동료

단어 **约会** yuēhuì 명 약속 | **可** kě 부 [평서문에 쓰여 강조를 나타냄] | **夫妻** fūqī 명 부부 | **恋人** liànrén 명 연인

해설 보기를 보면 인물의 관계를 묻는 문제라는 것을 알 수 있다. 여자가 '下班了(퇴근한다)'라고 말하고 내일 보자고 하니, 남자가 내일은 토요일인데 '我可不想来办公室(나는 사무실에 정말 오고 싶지 않다)'라고 한다. 이어서 다음 주에 보자고 인사하는 두 사람의 대화 내용으로 보아, 그들은 매일 사무실에서 만나는 '同事(동료)' 관계임을 짐작할 수 있다. 그러므로 정답은 D이다.

15 ★★☆

男：你怎么突然辞职了呢？公司待遇不好吗？ 女：那倒不是，我妈这几天病得厉害，我想回去照顾她。	남: 당신 어째서 갑자기 직장을 그만둔 거예요? 회사의 대우가 좋지 않나요? 여: 그게 아니라, 어머니가 요즘 병이 심해지셔서, 제가 가서 돌봐 드리려고요.
问：根据对话，可以知道什么？ A 公司待遇不好 B 女的想照顾妈妈 C 女的早就想辞职了 D 女的想家了	질문: 대화에 근거하여 알 수 있는 것은 무엇인가? A 회사의 대우가 좋지 않다 B 여자는 어머니를 돌보려고 한다 C 여자는 진작에 직장을 그만두고 싶었다 D 여자는 집을 그리워한다

단어 **辞职** cízhí 동 직장을 그만두다 | **待遇** dàiyù 명 대우 | **倒** dào 부 [어조를 완화시켜 줌] | **厉害** lìhai 형 심각하다

해설 어째서 직장을 그만둔 것이냐는 남자의 질문에 여자는 '我妈这几天病得厉害，我想回去照顾她(내 어머니가 요즘 병이 심해져서, 내가 가서 그녀를 돌봐 주려고 한다)'라고 대답하므로 이와 일치하는 보기를 고르면 된다. 또한, 회사의 대우가 좋지 않냐는 질문에 여자는 아니라고 하므로 A를 선택하지 않도록 주의해야 한다. 그러므로 정답은 B이다.

16 ★★☆

女：请问附近有中国银行吗？ 男：有是有，如果不堵车的话，打车要15分钟路程。	여: 실례지만 근처에 중국은행이 있나요? 남: 있기는 있어요. 차가 막히지 않는다면, 택시로 15분 거리예요.
问：男的是什么意思？ A 附近没有中国银行 B 去银行走路要15分钟	질문: 남자의 말은 무슨 의미인가? A 근처에 중국은행이 없다 B 은행은 걸어서 15분이 걸린다

C 去银行的路上堵车	C 은행에 가는 길은 차가 막힌다
D 去银行要15分钟车程	D 은행은 차로 15분 거리이다

단어 **堵车** dǔchē 동 차가 막히다 | **打车** dǎchē 동 택시를 타다 | **路程** lùchéng 명 소요 거리 | **车程** chēchéng 명 주행 거리

해설 근처에 중국은행이 있냐는 여자의 질문에 남자는 차가 막히지 않으면 택시로 15분 거리에 있다고 한다. 여기서 쓰인 '**打车要15分钟路程**(택시로 15분 거리이다)'을 잘 들었다면 쉽게 답을 찾을 수 있다. D의 '**去银行要15分钟车程**(은행은 차로 15분 거리이다)'에는 '**打车**(택시를 타다)'라는 단어를 쓰지 않았지만, '**车程**(주행 거리)'은 자동차의 주행 거리를 가리키므로 정답은 D이다.

17 ★★☆

男：听说你爸爸是大学教授，他是教什么的啊？ 女：他只是在图书馆上班，哪里是什么教授啊。	남: 듣자 하니 당신 아버지는 대학 교수라고 하던데, 무엇을 가르치세요? 여: 그는 단지 도서관에서 일하시는 것뿐이에요. 무슨 교수예요.
问：女的的爸爸是什么职业？ A 图书馆职员　　B 大学教授 C 图书馆馆长　　D 图书馆专家	질문: 여자 아버지의 직업은 무엇인가? A 도서관 직원　　B 대학 교수 C 도서관 관장　　D 도서관 전문가

단어 **教授** jiàoshòu 명 교수 | **只是** zhǐshì 부 단지 | **职业** zhíyè 명 직업 | **职员** zhíyuán 명 직원 | **馆长** guǎnzhǎng 명 관장 | **专家** zhuānjiā 명 전문가

해설 아버지가 대학 교수냐는 남자의 질문에 여자는 '**他只是在图书馆上班**(그는 단지 도서관에서 일하는 것뿐이다)'이라고 하는 것으로 보아, 여자의 아버지는 도서관 직원임을 알 수 있고 구체적인 직책은 녹음 내용에서 언급하지 않았다. 따라서 정답은 A이다.

B. 여자는 마지막에 '**哪里是什么教授啊**(무슨 교수인가)'라고 한다. '**哪里**(어디)'는 반어문에 쓰여 부정의 의미를 나타내므로, 여자의 아버지는 교수가 아니라는 사실을 알 수 있다.

18 ★★☆

男：亲爱的，我现在要去机场接人，晚饭不回家吃了。现在在开车，就不和你多说了。 女：好的，知道了。路上小心。	남: 자기야, 나 지금 공항에 마중 나가야 해서 저녁밥은 집에 가서 못 먹겠어. 지금 운전 중이라 당신과 길게 얘기 못해. 여: 응, 알겠어. 길 조심해.
问：关于男的，可以知道什么？ A 他在飞机上 B 他回家吃晚饭 C 他在开车 D 他要出差	질문: 남자에 관하여 알 수 있는 것은 무엇인가? A 그는 비행기에 타고 있다 B 그는 집에 가서 저녁밥을 먹는다 C 그는 운전 중이다 D 그는 출장을 가려고 한다

단어 **亲爱的** qīn'àide 자기야 [연인을 부르는 호칭] | **出差** chūchāi 동 출장 가다

해설 남자는 공항에 마중 나가는 길이라 저녁밥은 집에서 못 먹겠다고 말하고, '**现在在开车**(지금 운전 중이다)'라고 하며 길게 얘기하지 못한다고 한다. 그러므로 정답은 C이다.

19 ★★☆	
女：还是我来开车吧，你太累了。 男：那可不行，你忘了，酒后不能开车。 问：根据对话，可以知道什么？ A 女的喝酒了 B 男的喝酒了 C 男的不会开车 D 女的太累了	여: 내가 운전하는 게 좋겠어요. 당신 너무 피곤하잖아요. 남: 그건 정말 안 돼요. 당신 잊었군요. 술을 마신 후에는 운전하면 안 돼요. 질문: 대화에 근거하여 알 수 있는 것은 무엇인가? A 여자는 술을 마셨다 B 남자는 술을 마셨다 C 남자는 운전할 줄 모른다 D 여자는 매우 피곤하다

단어 **可** kě 부 [평서문에 쓰여 강조를 나타냄] | **不行** bùxíng 동 안 된다

해설 여자가 자신이 운전하겠다고 하자, 남자는 '**酒后不能开车**(술을 마신 후에는 운전하면 안 된다)'라고 하는 것으로 보아, 여자는 술을 마셨다는 사실을 알 수 있다. 그러므로 정답은 A이다.

20 ★★☆	
男：小张，你会开车吗？我想让你帮我把车开回去。 女：会是会，可是没带驾驶证。 问：根据对话，可以知道什么？ A 男的不会开车 B 女的不会开车 C 男的没带驾驶证 D 女的没带驾驶证	남: 샤오장(小张), 당신 운전할 줄 알아요? 나 대신 차를 운전해서 갔으면 해요. 여: 할 수는 있으나, 운전면허증을 안 가지고 있어요. 질문: 대화에 근거하여 알 수 있는 것은 무엇인가? A 남자는 운전할 줄 모른다 B 여자는 운전할 줄 모른다 C 남자는 운전면허증을 안 가지고 있다 D 여자는 운전면허증을 안 가지고 있다

단어 **可是** kěshì 접 그러나 | **驾驶证** jiàshǐzhèng 명 운전면허증

해설 운전할 수 있냐는 남자의 질문에 여자는 '**可是没带驾驶证**(운전면허증을 안 가지고 있다)'이라고 대답한다. 따라서 정답은 D이다.

B. '**会是会**(할 수는 있다)'라는 대답으로 보아 여자는 운전을 할 수 있다.

Tip

자주 나오는 운전 관련 표현

驾驶 jiàshǐ 운전하다 (= **开车** kāichē)
驾驶证 jiàshǐzhèng 운전면허증
轮流开 lúnliú kāi 교대로 운전하다
酒后开车 jiǔhòu kāichē 음주운전하다
疲劳驾驶 píláo jiàshǐ 졸음운전
系安全带 jì ānquándài 안전띠를 매다
交通事故 jiāotōng shìgù 교통사고
赔偿损失 péicháng sǔnshī 손해를 배상하다
让保险公司处理 ràng bǎoxiǎn gōngsī chǔlǐ 보험 회사가 처리하게 하다
要求保险公司赔偿 yāoqiú bǎoxiǎn gōngsī péicháng 보험 회사에 배상을 청구하다

21 ★★☆

女：听说你会做菜？ 男：你不信？尝尝我做的西红柿炒鸡蛋。 女：我尝尝，你还别说，味道真不错。 男：可不是？没骗你吧。	여: 듣자 하니 당신은 요리를 잘한다고 하던데요? 남: 못 믿겠어요? 내가 만든 토마토 달걀 볶음 한번 먹어 봐요. 여: 나는 먹어 봤어요. 당신이 말할 필요도 없이 맛이 정말 훌륭해요. 남: 그렇죠? 당신을 속이지 않았어요.
问：根据对话，下面哪项是正确的？ A 男的会做菜 B 女的不喜欢西红柿炒鸡蛋 C 没有人知道男的会做菜 D 男的做菜不好吃	질문: 대화에 근거하여 다음 중 옳은 것은? A 남자는 요리를 잘한다 B 여자는 토마토 달걀 볶음을 좋아하지 않는다 C 남자가 요리를 잘하는 것은 아무도 모른다 D 남자가 한 요리는 맛이 없다

단어 尝 cháng 동 맛보다 | 西红柿炒鸡蛋 xīhóngshì chǎo jīdàn 명 토마토 달걀 볶음 | 味道 wèidao 명 맛 | 可不是 kě búshì 부 그렇다 | 骗 piàn 동 속이다

해설 남자가 만든 토마토 달걀 볶음을 먹고 여자는 '你还别说，味道真不错(네가 말할 필요도 없이 맛이 정말 훌륭하다)'라고 한다. 여기서 '别说'는 '말하지 마라'는 부정의 의미가 아니라, '말할 필요도 없다'라는 긍정의 의미이므로 혼동하지 않도록 주의해야 한다. 따라서 정답은 A이다.

Tip
'可不是(그렇다)'는 다른 사람의 말에 찬성이나 긍정을 나타내는 반어적 표현이다. '不是(아니다)'가 쓰였다고 해서 부정의 의미로 이해해서는 안 된다.

22 ★★☆

男：林丽，告诉你一个好消息。 女：什么好消息，是不是我可以出国实习了？ 男：是的啊，我们班就你一个人被批准了。 女：太好了，终于可以去国外看看了。	남: 린리(林丽), 너에게 좋은 소식 하나 알려 줄게. 여: 무슨 좋은 소식이길래. 내가 해외로 인턴을 갈 수 있게 된 거야? 남: 그래. 우리 반에서 딱 너 한 명만 승인됐어. 여: 정말 잘됐다. 드디어 해외에 나가 볼 수 있게 됐어.
问：关于女的，可以知道什么？ A 她要出国实习 B 很多人要出国 C 她最近运气不错 D 她不太高兴	질문: 여자에 관하여 알 수 있는 것은 무엇인가? A 그녀는 해외로 인턴을 가고자 한다 B 매우 많은 사람이 해외로 나가고자 한다 C 그녀는 최근에 운이 아주 좋다 D 그녀는 그다지 기쁘지 않다

단어 消息 xiāoxi 명 소식 | 实习 shíxí 동 실습하다, 인턴하다 | 批准 pīzhǔn 동 승인하다 | 运气 yùnqi 명 운

해설 여자가 '是不是我可以出国实习了？(내가 해외로 인턴을 갈 수 있게 된 것인가?)'라고 물어보니, 남자는 '是的啊(그렇다)'라고 긍정하므로, 여자는 해외로 인턴을 가려고 한다는 사실을 알 수 있다. 따라서 정답은 A이다.

Tip
범위를 나타내는 부사
只 zhǐ / 光 guāng / 就 jiù / 仅(仅) jǐn(jǐn) / 单 dān 단지, 다만

23 ★★☆

女：先生，不好意思，这儿不能抽烟。
男：哦，对不起。那你们这里有抽烟区吗？
女：对不起，要抽烟只能去门口了，我们的吸烟区正在装修。
男：好吧，我还是不抽了吧。

问：根据对话，男的接下来会干什么？
A 继续抽烟
B 不抽烟
C 去门口
D 去吸烟区

여: 선생님, 죄송하지만 여기서 담배를 피우시면 안 됩니다.
남: 아, 죄송합니다. 그럼 여기 흡연 구역이 있나요?
여: 죄송합니다. 담배는 입구에 가야만 피울 수 있어요. 저희 흡연 구역이 지금 수리 중이라서요.
남: 네, 피우지 않는 게 낫겠네요.

질문: 대화에 근거하여 남자는 이어서 무엇을 할 것인가?
A 계속 담배를 피운다
B 담배를 피우지 않는다
C 입구에 간다
D 흡연 구역으로 간다

단어 **不好意思** bù hǎoyìsi 죄송합니다 | **抽烟** chōuyān 동 담배를 피우다 | **吸烟区** xīyānqū 명 흡연 구역 | **装修** zhuāngxiū 동 장식하고 꾸미다 | **继续** jìxù 명 계속

해설 흡연 구역이 수리 중이라 입구에 가서 피워야 한다는 여자의 말에 남자는 '我还是不抽了吧(나는 피우지 않는 게 낫겠다)'라고 한다. 따라서 남자는 이어서 담배를 피우지 않을 것이라고 짐작할 수 있으므로 정답은 B이다.

24 ★★☆

男：你去找你同学了？
女：去了。
男：他答应帮你找工作了吗？
女：看在同窗好友的情分上，他答应了。

问：女的为什么去找她的同学？
A 求帮忙介绍工作
B 跟同学见面
C 他们要去逛街
D 她同学让她来的

남: 너 학교 동창을 찾아갔었어?
여: 갔었어.
남: 그가 네 일자리 찾는 걸 도와준다고 대답했어?
여: 같은 학교를 나온 정을 봐서, 그는 동의했어.

질문: 여자는 왜 그녀의 학교 동창을 찾아갔는가?
A 일자리 소개를 도와달라고 부탁한다
B 동창과 만난다
C 그들은 쇼핑을 하려고 한다
D 그녀의 학교 동창이 그녀에게 오라고 한다

단어 **答应** dāying 동 대답하다, 동의하다 | **同窗好友** tóngchuāng hǎoyǒu 명 한 학교를 나온 친한 친구 | **情分** qíngfèn 명 정 | **求** qiú 동 부탁하다 | **逛街** guàngjiē 동 거리를 거닐다, 쇼핑하다

해설 '他答应帮你找工作了吗?(그가 네 일자리 찾는 것을 도와준다고 대답했는가?)'라는 남자의 질문에 여자는 '他答应了(그는 동의했다)'라고 대답한다. 이로 보아 여자는 자신의 일자리를 부탁하고자 동창을 찾아간 것이므로 정답은 A이다.

25 ★☆☆

女：小李结婚，你送他什么礼物啊？ 男：我还没想好，你呢？ 女：我想送他一套景德镇的茶具，你觉得能拿得出手吗？ 男：同事之间意思一下就行了，当然拿得出手了。 问：根据对话，你能知道什么？ A 他们要给小李买礼物 B 女的想给小李红包 C 给红包更实惠 D 买礼物不太麻烦	여: 샤오리(小李)가 결혼하는데, 당신은 어떤 선물을 줄 거예요? 남: 나는 아직 결정하지 못했어요. 당신은요? 여: 나는 징더전(景德镇) 다기 한 세트를 선물하고 싶은데, 당신 생각에는 주기에 괜찮겠어요? 남: 동료 사이에 조그만 성의만 표시하면 돼요. 당연히 주기에 괜찮죠. 질문: 대화에 근거하여 당신이 알 수 있는 것은 무엇인가? A 그들은 샤오리에게 선물을 사 주려고 한다 B 여자는 샤오리에게 축의금을 주고 싶다 C 축의금을 주는 것이 더 실속 있다 D 선물을 사는 것은 그다지 번거롭지 않다

단어 套 tào 양 세트 | 景德镇 Jǐngdézhèn 명 징더전 [지명. 장시(江西)성에 있는 도시 이름으로 도자기 산지로 유명함] | 茶具 chájù 명 다기 | 意思 yìsi 동 조그만 성의를 표시하다 | 红包 hóngbāo 명 (축의금 등을 넣은) 붉은 종이봉투 | 实惠 shíhuì 형 실속 있다 | 麻烦 máfan 형 번거롭다

해설 여자가 '我想送他一套景德镇的茶具，你觉得能拿得出手吗?(나는 징더전 다기 한 세트를 선물하고 싶은데, 당신 생각에는 주기에 괜찮겠는가?)'라고 묻자, 남자는 '意思一下就行了，当然拿得出手了(조그만 성의만 표시하면 된다. 당연히 주기에 괜찮다)'라고 한다. 따라서 그들은 샤오리에게 결혼 선물을 사 주려고 한다는 것을 짐작할 수 있으므로 정답은 A이다.

Tip '拿得出手'는 '(남에게 보이거나 선물하기에) 내놓을 만하다', '내세울 만하다'라는 의미이다.

26 ★★☆

男：下面请露西为大家表演一个节目。 女：不行，不行，我什么都不会。 男：听说你中文歌唱得不错。 女：别说唱了，我连讲都讲不好呢。 问：男的让女的干什么？ A 表演节目　　B 说中文 C 跳舞　　D 一起做游戏	남: 다음으로 루시(露西)가 여러분에게 공연을 하나 보여 드립니다. 여: 안 돼요. 안 돼. 저는 아무것도 못해요. 남: 듣자 하니 당신은 중국어 노래를 잘한다고 하던데요. 여: 노래는 말할 것도 없고, 저는 말 조차도 잘 못하는 걸요. 질문: 남자는 여자에게 무엇을 하게 하는가? A 공연 연기하기　　B 중국어 말하기 C 춤추기　　D 함께 게임하기

단어 表演 biǎoyǎn 동 연기하다 | 不行 bùxíng 동 안 된다 | 连 lián 개 ~조차도

해설 행동을 묻는 문제로 남자는 관중에게 '请露西为大家表演一个节目(루시가 여러분에게 공연을 하나 보여 드립니다)'라고 한다. A의 '表演节目(공연 연기하기)'는 남자가 한 말의 '表演一个节目(공연을 하나 연기하다)'와 일치하므로 정답은 A이다.
B. 남자는 여자에게 '中文歌(중국어 노래)'를 부탁한 것이지, 중국어로 말하기를 시킨 것이 아니다.

27 ★★☆	
女：这都半个小时了，老板怎么还不来？ 男：是啊，再不来都要登机了。 女：要不咱们去检票口看看。 男：好吧，说不定他在那儿等着我们呢。	여: 벌써 30분이나 됐는데, 사장님은 왜 아직 안 오시죠? 남: 그러게요. 더 이상 오지 않으면 모두 비행기에 탑승해야 해요. 여: 아니면 우리 개찰구에 가 봐요. 남: 그래요. 아마 그곳에서 우리를 기다리고 계실지도 모르니까요.
问：他们接下来要做什么？ A 上飞机　　B 去售票处 C 给老板打电话　　D 去检票口	질문: 그들은 이어서 무엇을 하고자 하는가? A 비행기를 탄다　　B 매표소에 간다 C 사장에게 전화한다　　D 개찰구에 간다

단어 **老板** lǎobǎn 명 사장 | **登机** dēngjī 비행기에 탑승하다 | **要不** yàobù 접 안 그러면 | **检票口** jiǎnpiàokǒu 명 개찰구 | **说不定** shuōbúdìng 부 아마 | **售票处** shòupiàochù 명 매표소

해설 보기를 먼저 훑어보면 행동을 묻는 문제라는 것을 알 수 있다. 사장이 오지 않아 '检票口(개찰구)'로 가 보자는 여자의 말에 남자는 '好吧(그러자)'라고 동의하므로, 그들은 이어서 개찰구로 갈 것임을 짐작할 수 있다. 따라서 정답은 D이다.

28 ★★☆	
男：玛丽，听说你可以回国当汉语教师了，恭喜你啊！ 女：我还得感谢你呢。 男：感谢我？为什么？ 女：要不是你当初鼓励我学习汉语，我也不会学得那么认真，更不会有这个机会啊。	남: 마리(玛丽), 듣자 하니 당신은 귀국해서 중국어 선생님을 하게 되었다던데, 축하해요! 여: 내가 당신한테 감사해야지요. 남: 나한테 감사하다고요? 왜요? 여: 당신이 애초에 내가 중국어 공부하는 것을 격려해 주지 않았다면, 나는 그렇게 열심히 공부할 수도 없었을 거예요. 이런 기회는 더욱 없었을 것이고요.
问：根据对话，正确的是哪项？ A 去中国学习汉语 B 回国去学汉语 C 男的鼓励玛丽学汉语 D 玛丽汉语学得不好	질문: 대화에 근거하여 다음 중 옳은 것은? A 중국에 가서 중국어를 공부한다 B 귀국해서 중국어를 공부한다 C 남자는 마리가 중국어 공부하는 것을 격려한다 D 마리는 중국어 공부를 잘 못한다

단어 **当** dāng 동 ~이 되다 | **恭喜** gōngxǐ 동 축하하다 | **感谢** gǎnxiè 동 감사하다 | **要不是** yàobúshì 접 ~이 아니라면 | **当初** dāngchū 명 애초 | **鼓励** gǔlì 동 격려하다

해설 남자의 축하에 여자가 '要不是你当初鼓励我学习汉语，我也不会学得那么认真(당신이 애초에 내가 중국어 공부하는 것을 격려해 주지 않았다면, 나는 그렇게 열심히 공부할 수도 없었을 것이다)'이라고 하므로 정답은 C이다.

29 ★★☆

女：我的宝贝儿子，你怎么这么晚才回来？ 男：别提了，老师又下课晚了，别的班级的人都走光了我们班才放学。 女：下次我跟你们学校反映反映。饿了吧？快吃饭吧。 男：嗯，我都快饿死了。 问：根据对话，以下错误的是哪项？ A 女的是男的妈妈 B 男的很晚才回家 C 女的觉得开会很正常 D 男的很饿	여：우리 귀염둥이 아들, 어째서 이렇게 늦게서야 온 거니? 남：말도 마세요. 선생님께서 또 수업을 늦게 끝내셨어요. 다른 반 친구는 모두 다 가고 우리 반만 이제서야 끝났다니까요. 여：다음번에 내가 너희 학교에 이야기해 보마. 배고프지? 어서 밥 먹으렴. 남：네, 배고파 죽겠어요. 질문：대화에 근거하여 다음 중 잘못된 것은? A 여자는 남자의 엄마이다 B 남자는 아주 늦게서야 집에 돌아왔다 C 여자는 회의를 여는 것이 매우 정상이라고 생각한다 D 남자는 매우 배가 고프다

단어 宝贝 bǎobèi 명 귀염둥이 | 别提 biétí 동 말도 마라 | 班级 bānjí 명 반 | 光 guāng 형 하나도 남아 있지 않다 | 放学 fàngxué 동 수업을 마치다 | 反映 fǎnyìng 동 보고하다 | 开会 kāihuì 동 회의를 열다 | 正常 zhèngcháng 형 정상이다

해설 여자가 '我的宝贝儿子，你怎么这么晚才回来?(우리 귀염둥이 아들, 너는 어째서 이렇게 늦게서야 온 것인가?)'라고 하는 것으로 보아, 아들과 엄마의 대화 내용으로 남자가 늦게 집에 돌아왔음을 짐작 할 수 있다. 또한, 남자의 마지막 말을 통해서 지금 매우 배가 고프다는 것을 알 수 있으므로, 보기 중 녹음 내용과 다른 것은 '女的觉得开会很正常(여자는 회의를 여는 것이 매우 정상이라고 생각한다)'이다. 따라서 정답은 C이다.

30 ★★☆

男：十点了，再不走图书馆要关门了。 女：再等一下，我再看一会儿。 男：怎么的，你要睡在这儿吗？ 女：还有一页，我看完就走。 问：女的要干什么？ A 看书　　B 关门 C 住在图书馆　　D 回宿舍	남：10시인데, 나가지 않으면 도서관은 곧 문을 닫을 거야. 여：좀 더 기다려 줘. 나 잠시만 더 볼게. 남：어째서, 너 여기서 자려고? 여：한 페이지 남았어. 다 보면 바로 가자. 질문：여자는 무엇을 하고자 하는가? A 책을 본다　　B 문을 닫는다 C 도서관에 산다　　D 기숙사로 돌아간다

단어 再不 zàibu 접 그렇지 않으면 | 页 yè 양 페이지 [양면을 인쇄한 책의 한 쪽을 세는 단위] | 宿舍 sùshè 명 기숙사

해설 남자가 도서관이 곧 문을 닫는다고 재촉하지만, 여자는 '还有一页，我看完就走(한 페이지 남았다. 내가 다 보면 바로 가자)'라고 하는 것으로 보아, 여자는 도서관에서 책을 보려고 한다는 것을 알 수 있다. 따라서 정답은 A이다.

Tip
'要…了'는 '곧 ~하다', '머지않아 ~하다'라는 의미로, 곧 발생할 미래의 일을 언급할 때 쓰이는 표현이다.
예 天要亮了。날이 곧 밝아 온다.

실전 연습 2 – 제1 · 2부분 MP3-24

》 전략서 50p

정답

제1부분	1 B	2 A	3 B	4 A	5 D
	6 C	7 A	8 A	9 D	10 C
	11 C	12 D	13 C	14 C	15 B
	16 A	17 C	18 A	19 B	20 C
제2부분	21 D	22 C	23 D	24 C	25 D
	26 B	27 D	28 C	29 C	30 A

1 ★★☆

男：这个杯子挺可爱的，给你女儿买一个吧？
女：她太小了，玻璃的很容易摔碎，还是木头的好。

问：根据对话，可以知道什么？
A 女儿不喜欢玻璃杯子
B 玻璃杯子容易摔碎
C 女儿很可爱
D 女儿不喜欢木头杯子

남: 이 컵 정말 귀엽네요. 당신 딸에게 하나 사 줄까요?
여: 딸이 너무 어려요. 유리로 된 것은 떨어져서 깨지기 아주 쉬우니, 나무로 된 것이 나을 것 같아요.

질문: 대화에 근거하여 알 수 있는 것은 무엇인가?
A 딸은 유리컵을 좋아하지 않는다
B 유리컵은 떨어져서 깨지기 쉽다
C 딸은 매우 귀엽다
D 딸은 나무컵을 좋아하지 않는다

단어 **玻璃** bōli 명 유리 | **摔** shuāi 동 떨어져 부서지다 | **碎** suì 동 깨지다 | **木头** mùtou 명 나무

해설 남자가 유리컵을 여자의 딸에게 사 준다고 하자, 여자는 '玻璃的很容易摔碎(유리로 된 것은 떨어져서 깨지기 아주 쉽다)'라고 하며 나무로 된 것이 낫다고 한다. 그러므로 정답은 B이다.

2 ★★☆

女：什么？你说什么？你那边信号不太好。
男：是的，我在郊区，给我发短信吧。

问：根据对话，可以知道什么？
A 郊区信号不好
B 男的手机没电了
C 他们在网上聊天
D 男的喜欢发短信

여: 네? 뭐라고요? 당신 거기 신호가 그다지 좋지 않아요.
남: 네, 내가 지금 교외에 있어서요. 나에게 문자 메시지를 보내 주세요.

질문: 대화에 근거하여 알 수 있는 것은 무엇인가?
A 교외의 신호는 좋지 않다
B 남자의 휴대 전화는 배터리가 없다
C 그들은 인터넷에서 채팅한다
D 남자는 문자 메시지 보내는 것을 좋아한다

단어 **信号** xìnhào 명 신호 | **郊区** jiāoqū 명 교외 지역 | **短信** duǎnxìn 명 문자 메시지

해설 여자가 '你那边信号不太好(당신 거기 신호가 그다지 좋지 않다)'라고 하자, 남자는 '我在郊区(나는 지금 교외에 있다)'라고 자신의 위치를 말한다. 그래서 여자한테 말하길 자신에게 문자 메시지를 보내라고 한다. 이를 모두 종합하면 '郊区信号不好(교외의 신호는 좋지 않다)'라는 사실을 알 수 있으므로 정답은 A이다.

3 ★★☆

男：服务员，你们这里有《孔子》吗？ 女：昨天刚卖完，你明天再过来，我们今天赶紧去进货。 问：他们最可能在哪里？ A 图书馆　　B 书店 C 饭店　　D 电影院	남: 저기요, 여기에 〈공자〉있나요? 여: 어제 막 모두 판매되었어요. 내일 다시 오세요. 오늘 서둘러 가서 물건을 들여 놓을게요. 질문: 그들은 어디에 있을 가능성이 가장 큰가? A 도서관　　B 서점 C 식당　　D 영화관

단어 **孔子** Kǒngzǐ 명 공자 [인명, 중국 춘추 시대의 사상가 · 교육가 · 정치가 및 유가 학설의 창시자] | **刚** gāng 부 막 | **赶紧** gǎnjǐn 부 서둘러 | **进货** jìnhuò 동 물품이 들어오다

해설 녹음 내용을 듣기 전에 보기를 먼저 보면, 장소를 묻는 문제라는 것을 알 수 있다. 남자가 〈공자〉라는 책이 있는지 묻자, 여자는 '刚卖完(막 모두 판매되었다)'이라고 대답한다. 이를 통해 그들이 있는 곳은 책을 파는 '书店(서점)'이라는 것을 짐작할 수 있으므로 정답은 B이다.

4 ★★☆

女：牙膏用完了，你得赶紧出去买一支。 男：开玩笑，现在这么晚了，上哪儿买呀？我看还是明天吧。 问：男的是什么意思？ A 明天去买 B 不想出去买 C 喜欢开玩笑 D 附近没有商店	여: 치약을 다 썼어요. 당신이 빨리 가서 하나 사다 줘요. 남: 농담이겠지. 지금 이렇게 늦었는데 어디 가서 사요? 내가 보기에는 내일이 좋겠어요. 질문: 남자의 말은 무슨 의미인가? A 내일 사러 간다 B 사러 가고 싶지 않다 C 농담하기를 좋아한다 D 근처에 상점이 없다

단어 **牙膏** yágāo 명 치약 | **赶紧** gǎnjǐn 부 재빨리 | **支** zhī 양 자루, 개피 [막대 모양의 물건을 세는 단위] | **开玩笑** kāi wánxiào 농담하다

해설 치약을 사 달라는 여자의 말에 남자는 지금 시간이 늦어서 치약을 살 수 있는 곳이 없으니, '我看还是明天吧(내가 보기에는 내일이 좋겠다)'라고 하고, 사러 가고 싶지 않다는 말은 하지 않았다. 따라서 '明天去买(내일 사러 간다)'라는 A가 정답이다.

5 ★★☆	
男：我的狗不知道怎么了，今天特别没精神。 女：去那边检查一下，估计是生病了。 问：女的建议男的去哪儿？ A 超市　　B 公园 C 宠物商店　　D 宠物医院	남: 우리 강아지가 어떻게 된 일인지, 오늘 특히나 기력이 없어요. 여: 거기 가서 검사를 한번 해 봐요. 병이 난 것 같아요. 질문: 여자는 남자에게 어디에 가라고 제안하는가? A 슈퍼마켓　　B 공원 C 애견 가게　　D 동물 병원

단어 **精神** jīngshen 명 기력 | **估计** gūjì 동 추측하다 | **宠物** chǒngwù 명 애완동물

해설 자신의 '狗(강아지)'가 기력이 없어 보인다는 남자의 말에 여자는 병이 난 것 같으니 '去那边检查一下(거기 가서 검사를 한번 해 보아라)'라고 한다. 강아지가 아픈 것이니 '宠物医院(동물 병원)'에 가서 검사하라고 제안한 것임을 짐작할 수 있다. 그러므로 보기에서 질문에 가장 적절한 정답은 D이다.

6 ★★☆	
女：这件衣服打折吗？ 男：不好意思，这两天不打折。下周六才有打折活动。 问：根据对话，可以知道什么？ A 一直不会打折 B 这两天会打折 C 下周六会打折 D 今天打折	여: 이 옷 할인하나요? 남: 죄송합니다. 요 며칠은 할인하지 않고, 다음 주 토요일이 되어야 할인 행사가 있어요. 질문: 대화에 근거하여 알 수 있는 것은 무엇인가? A 계속 할인하지 않을 것이다 B 요 며칠 할인을 할 것이다 C 다음 주 토요일에 할인을 할 것이다 D 오늘 할인한다

단어 **打折** dǎzhé 동 할인하다 | **不好意思** bù hǎoyìsi 죄송합니다 | **活动** huódòng 명 행사

해설 여자의 질문에 남자는 요 며칠은 할인하지 않고 '下周六才有打折活动(다음 주 토요일이 되어야 할인 행사가 있다)'이라고 하므로 정답은 C이다.

7 ★☆☆	
男：我老婆明天生日，我一定要给她一个惊喜。 女：你可真是个好丈夫，那么你有什么计划了吗？ 问：男的为什么要给老婆一个惊喜？ A 老婆明天生日 B 明天情人节 C 明天春节 D 明天我的生日	남: 내 아내는 내일이 생일이에요. 나는 그녀에게 꼭 깜짝 파티를 해 줄 거예요. 여: 당신은 정말 좋은 남편이군요. 그럼 무슨 계획이 있어요? 질문: 남자는 왜 아내에게 깜짝 파티를 해 주고자 하는가? A 아내는 내일이 생일이다 B 내일은 밸런타인데이이다 C 내일은 춘절이다 D 내일은 자신의 생일이다

단어 **老婆** lǎopo 명 아내 | **惊喜** jīngxǐ 형 놀라고도 기뻐하다 | **可** kě 부 [평서문에 쓰여 강조를 나타냄] | **计划** jìhuà 명 계획 | **情人节** QíngrénJié 명 밸런타인데이 | **春节** Chūnjié 명 춘절, 설

해설 남자는 첫마디에서 '我老婆明天生日(내 아내는 내일이 생일이다)'라고 하고, 이어서 '我一定要给她一个惊喜(나는 그녀에게 꼭 깜짝 파티를 해 줄 것이다)'라고 한다. 남자가 아내에게 깜짝 파티를 해 주고자 하는 이유는 내일이 아내의 생일이기 때문이므로 정답은 A이다.

8 ★★☆

女：今天真是倒霉，下这么大雨，车也坏了，还忘了带手机。
男：没事的，下班后，我送你回家。

问：关于女的，哪件事情没有发生？
A 手机坏了
B 没带手机
C 车坏了
D 遇上雨天

여: 오늘은 정말 운이 없어요. 비가 이렇게 많이 내리는데 자동차도 고장 나고, 휴대 전화를 가지고 오는 것도 잊었어요.
남: 괜찮아요. 퇴근하고 내가 집에 데려다 줄게요.

질문: 여자에 관하여 다음 중 일어나지 않은 일은?
A 휴대 전화가 고장 났다
B 휴대 전화를 가지고 있지 않다
C 자동차가 고장 났다
D 비가 오는 날을 만났다

단어 **倒霉** dǎoméi 형 불운하다 | **遇** yù 동 만나다 | **雨天** yǔtiān 명 비가 오는 날씨

해설 일어나지 않은 일을 고르는 문제로, 여자는 비가 많이 내리는데 자동차도 고장 나고 휴대 전화도 가지고 오지 않았다고 한다. 여기서 '车也坏了(자동차도 고장 났다)'라고 하지만, '手机坏了(휴대 전화가 고장 났다)'라는 말은 언급하지 않으므로 정답은 A이다.

9 ★☆☆

男：中国最长的河是黄河吧？
女：是吗？我怎么觉得是长江呢？我也不知道对不对。

问：根据对话，可以知道什么？
A 中国最长的河是黄河
B 中国最长的河是长江
C 男的答案很确定
D 女的答案不太确定

남: 중국에서 가장 긴 강이 황허(黄河)죠?
여: 그래요? 나는 어째서 창장(长江)일 것 같죠? 나도 맞는지 안 맞는지 모르겠어요.

질문: 대화에 근거하여 알 수 있는 것은 무엇인가?
A 중국에서 가장 긴 강은 황허이다
B 중국에서 가장 긴 강은 창장이다
C 남자의 답은 매우 명확하다
D 여자의 답은 그다지 명확하지 않다

단어 **黄河** Huánghé 명 황허 [지명] | **长江** Chángjiāng 명 창장 또는 양쯔강 [지명] | **答案** dá'àn 명 답 | **确定** quèdìng 형 명확하다

해설 중국에서 가장 긴 강이 황허냐는 남자의 질문에 여자는 '我也不知道对不对(나도 맞는지 안 맞는지 모르겠다)'라고 하므로, 여자의 답이 명확하지 않다는 것을 알 수 있다. 따라서 정답은 D이다.

10 ★★☆	
女：爸爸，你觉得我穿蓝裙子漂亮，还是穿白的漂亮？ 男：你是爸爸的女儿，怎么穿都漂亮。 问：爸爸的意见是什么？ A 蓝色的漂亮 B 白色的漂亮 C 蓝色、白色都漂亮 D 别的颜色漂亮	여: 아빠, 제가 파랑 치마 입는 게 예뻐요? 흰 치마 입는 게 예뻐요? 남: 너는 아빠의 딸이니, 어떻게 입어도 다 예쁘지. 질문: 아빠의 의견은 무엇인가? A 파란색이 예쁘다 B 흰색이 예쁘다 C 파란색, 흰색 모두 예쁘다 D 다른 색이 예쁘다

단어 **意见** yìjiàn 명 의견

해설 여자의 질문에 남자가 '**怎么穿都漂亮**(어떻게 입어도 다 예쁘다)'이라고 대답한 것은, 자기 딸이니 어떤 색의 옷을 입어도 예쁘다는 의미이므로 정답은 C이다.

Tip 怎么 A 都 B 어떻게 A하더라도 다 B하다 예 **怎么搭配都好。** 어떻게 코디하더라도 다 좋다.

11 ★★☆	
男：我的电脑最近很慢，不知道怎么了。 女：是不是中病毒了啊？那赶快叫电脑公司的人来修吧，我们今天要用电脑。 问：女的是什么意思？ A 电脑坏了 B 电脑公司很忙 C 电脑可能中毒了 D 今天不用电脑	남: 내 컴퓨터가 요즘 매우 느린데, 어떻게 된 것인지 모르겠어요. 여: 바이러스에 걸린 거 아니에요? 그럼 빨리 컴퓨터 업체 직원을 불러서 수리해요. 우리는 오늘 컴퓨터를 써야 해요. 질문: 여자의 말은 무슨 의미인가? A 컴퓨터가 고장 났다 B 컴퓨터 회사는 매우 바쁘다 C 컴퓨터는 아마도 바이러스에 걸렸다 D 오늘은 컴퓨터를 사용하지 않는다

단어 **病毒** bìngdú 명 바이러스 | **赶快** gǎnkuài 부 재빨리 | **修** xiū 동 수리하다

해설 요즘 컴퓨터가 느리다는 남자의 말에 여자는 '**是不是中病毒了啊?**(바이러스에 걸린 것이 아닌가?)'라고 하며 컴퓨터를 수리하라고 한다. '**中病毒**(바이러스에 걸리다)'는 C의 '**中毒**(바이러스에 걸리다)'로 바뀌어 출제된 것이므로 정답은 C이다.
A. 컴퓨터가 느려서 수리하라는 것이지, 고장이 난 것은 아니다.

Tip

자주 나오는 컴퓨터 관련 표현

下载 xiàzài 다운로드하다	上传 shàngchuán 업로드하다
程序 chéngxù 프로그램	软件 ruǎnjiàn 소프트웨어
安装软件 ānzhuāng ruǎnjiàn 소프트웨어를 설치하다	搜索 sōusuǒ 검색하다
网络 wǎngluò 인터넷	数据 shùjù 데이터
文件 wénjiàn 문서	病毒 bìngdú 바이러스
删除文件 shānchú wénjiàn 문서를 삭제하다	杀毒软件 shādú ruǎnjiàn 백신 프로그램
网站 wǎngzhàn 웹 사이트	网址 wǎngzhǐ 웹 사이트 주소

12 ★☆☆

女：你好，我想买今天最早到上海的车票。 男：不好意思，已经没有了，只有明天的，可以吗？	여：안녕하세요. 오늘 가장 일찍 상하이(上海)에 도착하는 차표를 사고 싶은데요. 남：죄송합니다. 이미 없습니다. 내일 것만 있는데, 괜찮나요?
问：关于车票，可以知道什么？ A 今天的还有票 B 今天的只有站票了 C 明天的没有座位了 D 有明天的票	질문: 차표에 관하여 알 수 있는 것은 무엇인가? A 오늘 것은 아직 표가 있다 B 오늘 것은 입석표밖에 없다 C 내일 것은 좌석이 없다 D 내일 표가 있다

단어 车票 chēpiào 명 차표 | 不好意思 bù hǎoyìsi 죄송합니다 | 站票 zhànpiào 명 입석표 | 座位 zuòwèi 명 좌석

해설 녹음 내용을 듣기 전에 보기를 먼저 훑어보면, 차표를 구하는 상황이 나올 것을 예상할 수 있다. 여자는 오늘 가장 일찍 상하이에 도착하는 차표를 원하지만, 남자는 '已经没有了，只有明天的(이미 없다. 내일 것만 있다)'라고 한다. 따라서 '有明天的票(내일 표가 있다)'라는 D가 정답이다.

13 ★☆☆

男：这张照片不错，你什么时候买的相机？ 女：没有，这是我用新手机拍的。	남：이 사진 멋지네요. 언제 산 사진기예요? 여：아니에요. 이건 내가 새 휴대 전화로 찍은 거예요.
问：关于女的，可以知道什么？ A 女的买了相机 B 女的手机是旧的 C 女的手机可以拍照 D 女的相机很贵	질문: 여자에 관하여 알 수 있는 것은 무엇인가? A 여자는 사진기를 샀다 B 여자의 휴대 전화는 오래된 것이다 C 여자의 휴대 전화는 사진 촬영이 가능하다 D 여자의 사진기는 매우 비싸다

단어 相机 xiàngjī 명 사진기 | 拍 pāi 동 찍다 | 拍照 pāizhào 동 사진을 찍다

해설 언제 산 사진기냐고 묻는 남자의 질문에 여자는 '这是我用新手机拍的(이것은 내가 새 휴대 전화로 찍은 것이다)'라고 한다. 이로 보아 여자의 휴대 전화는 사진 촬영이 가능하다는 것을 알 수 있으므로 정답은 C이다.
A. 언제 산 사진기냐고 묻는 남자의 질문에 여자는 '没有(아니다)'라고 부정하므로 A는 정답이 아니다.

14 ★☆☆

男：你平时在家做什么啊？ 女：也没什么，就看看新闻或者电视剧，有时也上上网。	남：당신은 평소에 집에서 뭘 하나요? 여：별것도 없어요. 뉴스나 드라마를 보고, 때로는 인터넷도 해요.
问：关于女的，哪项是没有提到的？ A 女的喜欢看新闻节目 B 女的喜欢看电视剧 C 女的喜欢听歌 D 女的喜欢上网	질문: 여자에 관하여 다음 중 언급하지 않은 것은? A 여자는 뉴스 프로그램 보는 것을 좋아한다 B 여자는 드라마 보는 것을 좋아한다 C 여자는 노래 듣는 것을 좋아한다 D 여자는 인터넷 하는 것을 좋아한다

단어 平时 píngshí 명 평소 | 新闻 xīnwén 명 뉴스 | 有时 yǒushí 부 때로

해설 평소 집에서 무엇을 하냐는 남자의 질문에 여자는 '就看看新闻或者电视剧，有时也上上网(뉴스나 드라마를 보고, 때로는 인터넷도 한다)'이라고 한다. 노래를 듣는 것에 대해서는 언급하지 않으므로 정답은 C이다.

15 ★★☆	
男：你的杀毒软件过期了，要重新购买。 女：不会吧，上个月刚从你们店里买的。	남: 당신의 백신 프로그램 기한이 지났어요. 새로 구매해야 해요. 여: 그럴 리가요. 지난 달에 막 당신들 가게에서 구매했는걸요.
问：根据对话，男的在哪里工作？ A 外贸公司　B 电脑商店 C 食品商店　D 房地产公司	질문: 대화에 근거하여 남자는 어디에서 일하는가? A 무역회사　B 컴퓨터 가게 C 식품 가게　D 부동산회사

단어 杀毒软件 shādú ruǎnjiàn 명 백신 프로그램 | 过期 guòqī 동 기한을 넘기다 | 重新 chóngxīn 부 새로 | 购买 gòumǎi 동 구매하다 | 刚 gāng 부 막 | 外贸 wàimào 명 대외 무역 | 食品 shípǐn 명 식품 | 房地产 fángdìchǎn 명 부동산

해설 보기를 보면 장소를 묻는 문제라는 것을 알 수 있다. 녹음 내용의 핵심 단어는 컴퓨터의 '杀毒软件(백신 프로그램)'이다. 남자가 백신 프로그램을 새로 구매해야 한다고 하자, 여자는 '上个月刚从你们店里买的(지난 달에 막 당신들 가게에서 구매했다)'라고 한다. 이로 보아 남자가 일하는 곳은 컴퓨터의 백신 프로그램을 파는 컴퓨터 가게임을 짐작할 수 있으므로 정답은 B이다.

16 ★★☆	
女：我的钱包放在哪里了？你看见了吗？ 男：就在餐桌上。老是忘东西，以后要注意了。	여: 내 지갑을 어디에 놔뒀지? 당신 봤어요? 남: 식탁에 있잖아요. 항상 물건을 소홀히 하네요. 앞으로 주의해요.
问：男的让女的注意什么？ A 不要总忘东西 B 不要忘记钱 C 不要走错路 D 注意餐桌	질문: 남자가 여자에게 주의하게 한 것은 무엇인가? A 물건을 늘 소홀히 하지 마라 B 돈을 소홀히 하지 마라 C 잘못된 길로 가지 마라 D 식탁을 주의해라

단어 钱包 qiánbāo 명 지갑 | 餐桌 cānzhuō 명 식탁 | 老是 lǎoshì 부 항상 | 总 zǒng 부 줄곧

해설 여자가 지갑을 찾자, 남자는 여자가 물건을 소홀히 하는 것에 대해 주의를 주고 있다. 녹음 내용의 '老是忘东西(항상 물건을 소홀히 하다)'와 A의 '总忘东西(물건을 늘 소홀히 하다)'가 같은 의미라는 것을 파악해야 한다. 따라서 정답은 A이다.

17 ★★☆

男：今天我有足球比赛，晚饭别等我回来了。
女：不行，我还打算带儿子去给你加油呢，比赛结束一起吃饭。

问：根据对话，可以知道什么？
A 他们吃完饭去看比赛
B 儿子要去参加比赛
C 男的今天有比赛
D 女的也去踢球

남: 나 오늘 축구 경기가 있어요. 저녁밥은 내가 돌아올 때까지 기다리지 말아요.
여: 안 돼요. 아들을 데리고 당신을 응원하러 갈 거예요. 경기 끝나고 같이 밥 먹어요.

질문: 대화에 근거하여 알 수 있는 것은 무엇인가?
A 그들은 밥을 다 먹고 축구 경기를 보러 간다
B 아들은 경기에 참가하고자 한다
C 남자는 오늘 경기가 있다
D 여자도 축구를 하러 간다

단어 不行 bùxíng 동 안 된다 | 加油 jiāyóu 동 응원하다

해설 남자는 '今天我有足球比赛(나는 오늘 축구 경기가 있다)'라고 하며, 기다리지 말고 저녁밥을 먹으라고 여자에게 당부하고 있다. 따라서 정답은 C이다.

18 ★☆☆

女：抽烟对孩子、老人都不好，你快戒了吧。
男：是啊，对自己也不好，我一定戒。

问：男的戒烟，哪个原因没有提到？
A 对妻子不好
B 对孩子不好
C 对老人不好
D 对自己身体不好

여: 흡연은 아이와 노인에게 모두 안 좋으니, 당신은 빨리 끊으세요.
남: 네, 나 자신에게도 안 좋아요. 꼭 끊을게요.

질문: 남자의 금연 원인으로 언급하지 않은 것은?
A 아내에게 안 좋다
B 아이에게 안 좋다
C 노인에게 안 좋다
D 자신의 몸에 안 좋다

단어 抽烟 chōuyān 동 흡연하다 | 戒 jiè 동 끊다 | 戒烟 jièyān 동 금연하다 | 原因 yuányīn 명 원인

해설 '抽烟对孩子、老人都不好(흡연은 아이와 노인에게 모두 안 좋다)'라는 여자의 말에, 남자는 '对自己也不好(나 자신에게도 안 좋다)'라고 한다. 녹음 내용에서 '对妻子不好(아내에게 안 좋다)'라는 것은 언급하지 않으므로 정답은 A이다.

Tip **'~에 좋다', '~에 이롭다'는 표현**

표현	의미	예문
对…很好 (= 对…很有好处)	~에 매우 좋다	散步对身体很好。 산책은 몸에 매우 좋다.
(有)利于…	~에 이롭다	散步有利于消化。 산책은 소화에 이롭다.
有助于…	~에 도움이 되다	吃巧克力有助于改善情绪。 초콜릿은 기분을 전환하는데 도움이 된다.
对…不好	~에 좋지 않다	抽烟对身体不好。 흡연은 몸에 좋지 않다.
不利于…	~에 이롭지 않다	抽烟不利于健康。 흡연은 건강에 이롭지 않다.

19 ★★☆	
男：你的手机真不错，功能这么多，我明天就去买一个。 女：别这么着急，过两个月，就会降价。 问：女的为什么让男的不要着急？ A 女的手机是新的 B 手机价格会下降 C 手机功能不多 D 男的明天要去买手机	남: 당신 휴대 전화 정말 멋지네요. 기능이 이렇게나 많다니, 나도 내일 가서 하나 사야겠어요. 여: 이렇게 조급해 마세요. 두 달이 지나면 가격이 떨어질 거예요. 질문: 여자는 왜 남자에게 조급해하지 말라고 하는가? A 여자의 휴대 전화는 새것이다 B 휴대 전화 가격은 내려갈 것이다 C 휴대 전화 기능이 많지 않다 D 남자는 내일 휴대 전화를 사러 가고자 한다

단어 **功能** gōngnéng 명 기능 | **降价** jiàngjià 동 가격을 낮추다

해설 남자가 내일 휴대 전화를 사러 갈 것이라고 얘기한 것은 맞지만, 여자는 '**过两个月，就会降价**(두 달이 지나면 가격이 떨어질 것이다)'라고 한다. 그래서 남자에게 '**别这么着急**(이렇게 조급해 말라)'라고 한 것이므로 정답은 B이다.

Tip

자주 나오는 가격 관련 표현

上涨 shàngzhǎng 오르다	**落价** luòjià 가격이 떨어지다
砍价 kǎnjià 에누리하다, 흥정하다	**讨价还价** tǎojià huánjià 흥정하다
高出一倍 gāochū yībèi 배로 높이다	**报价** bàojià 가격을 제시하다

20 ★★☆	
女：这香蕉怎么卖？ 男：本来要10元一斤，这么晚了，这些都卖给你，8折。 问：香蕉多少钱一斤？ A 4元　　B 6元 C 8元　　D 10元	여: 이 바나나 어떻게 팔아요? 남: 원래는 한 근에 10위안인데, 이렇게나 늦었으니 당신한테 이것들 전부 20% 할인해 드릴게요. 질문: 바나나는 한 근에 얼마인가? A 4위안　　B 6위안 C 8위안　　D 10위안

단어 **本来** běnlái 부 원래 | **折** zhé 동 할인하다

해설 녹음 내용에서 언급되는 숫자를 잘 듣고 계산을 해야 하는 문제이다. 바나나는 '**本来要10元一斤**(원래는 한 근에 10위안이다)'이라고 하지만, 시간이 늦어 '8折(20% 할인하다)'를 해 준다고 하므로 한 근에 '8元(8위안)'임을 알 수 있다. 그러므로 정답은 C이다.

21 ★★☆

女：小刘，前两天我给你们公司推荐的那个人怎么样啊？
男：你想听真话还是假话？
女：那还用说，当然是真话了。
男：他啊，工作很懒散，还老是和别人搭讪。

问：关于男的，下面哪项是正确的？
A 他说的是假话
B 他很喜欢那个人
C 他觉得那个人工作很努力
D 他觉得那个人不好

여: 샤오리우(小刘), 얼마 전에 내가 당신 회사에 추천해 준 그 사람 어때요?
남: 솔직한 대답을 듣고 싶어요, 아니면 빈말을 원해요?
여: 말할 것도 없이, 당연히 솔직한 대답이죠.
남: 그는 말이에요. 업무적으로 너무 나태하고, 또 늘 다른 사람에게 말을 걸어요.

질문: 남자에 관하여 다음 중 옳은 것은?
A 그가 말한 것은 거짓말이다
B 그는 그 사람을 매우 좋아한다
C 그는 그 사람이 열심히 일한다고 생각한다
D 그는 그 사람이 좋지 않다고 생각한다

단어 推荐 tuījiàn 동 추천하다 | 真话 zhēnhuà 명 참말 | 假话 jiǎhuà 명 거짓말 | 懒散 lǎnsǎn 형 나태하고 산만하다 | 老是 lǎoshì 부 늘 | 搭讪 dāshàn 동 말을 걸다

해설 여자가 추천해 준 사람에 대해 남자는 '工作很懒散，还老是和别人搭讪(업무적으로 너무 나태하고, 또 늘 다른 사람에게 말을 건다)'이라고 한다. 여기서 '懒散(나태하고 산만하다)'과 '搭讪(말을 걸다)'은 그 사람에 대한 부정적인 평가이므로 정답은 D이다.

Tip '那还用说'는 '그렇고 말고', '말할 것도 없다'라는 의미로 동의와 찬성을 나타내는 반어적 표현이다. 듣기 영역에서 반어적 표현을 사용하여 수험생을 헷갈리게 할 수 있으므로, 이런 표현들을 미리 익혀 두도록 한다.

22 ★★☆

男：你今天怎么那么没精神？都有黑眼圈了，做作业也不用那么拼命吧？
女：我昨晚没睡好。
男：失眠了？
女：还不是我家旁边那个餐馆，一天到晚吵吵闹闹的。

问：女的为什么没睡好？
A 失恋了
B 作业太多了
C 餐馆太吵了
D 蚊子太多了

남: 너 오늘 어째서 그렇게 힘이 없어? 다크서클도 생겼네. 과제를 그렇게 필사적으로 할 필요 없잖아?
여: 어젯밤에 잠을 잘 못 잤어.
남: 불면증이야?
여: 우리 집 옆에 그 식당말이야, 하루 종일 저녁까지 너무 시끄러워.

질문: 여자는 왜 잠을 잘 못 잤는가?
A 실연했다
B 과제가 너무 많았다
C 식당이 너무 시끄러웠다
D 모기가 너무 많았다

단어 精神 jīngshen 명 기력 | 黑眼圈 hēiyǎnquān 명 다크서클 | 拼命 pīnmìng 동 필사적으로 하다 | 失眠 shīmián 동 불면증에 걸리다 | 餐馆 cānguǎn 명 식당 | 吵吵闹闹 chǎochao nàonào 형 시끄럽게 떠들다 | 失恋 shīliàn 동 실연하다 | 吵 chǎo 형 시끄럽다 | 蚊子 wénzi 명 모기

해설 불면증이냐는 남자의 질문에 여자는 '还不是我家旁边那个餐馆，一天到晚吵吵闹闹的(우리 집 옆에 그 식당말이야, 하루 종일 저녁까지 너무 시끄럽다)'라고 한다. '吵吵闹闹'는 형용사인 '吵闹(시끄럽다)'를 중첩하여 정도의 심함을 나타낸 것이다. 따라서 정답은 C이다.

23 ★★☆	
男：妈，你为什么反对我竞选班长？ 女：我倒不是反对你当班长，我是担心你班级事务太多，影响学习。 男：不会的，我会两者兼顾的。 女：好吧，那随便你。 问：根据对话，下面哪项是错误的？ A 女的担心男的影响学习 B 女的是男的妈妈 C 男的认为自己可以管好学习 D 女的没有同意男的竞选班长	남: 어머니, 제가 반장 선거에 나가는 것을 왜 반대하세요? 여: 네가 반장이 되는 것을 반대하는 게 아니라, 학급 일이 너무 많아 공부에 영향을 줄까 봐 걱정하는 거란다. 남: 그럴 리 없어요. 저는 두 가지를 동시에 해낼 수 있어요. 여: 좋다. 그럼 네 뜻대로 하렴. 질문: 대화에 근거하여 다음 중 잘못된 것은? A 여자는 남자의 공부에 영향을 줄까 봐 걱정한다 B 여자는 남자의 엄마이다 C 남자는 자신이 공부를 잘 해낼 수 있다고 생각한다 D 여자는 남자가 반장 선거에 나가는 것에 동의하지 않는다

단어 **反对** fǎnduì 동 반대하다 | **竞选** jìngxuǎn 동 선거에 입후보하다 | **班长** bānzhǎng 명 반장 | **倒** dào 부 [어조를 완화시켜 줌] | **班级** bānjí 명 학급 | **事务** shìwù 명 일 | **兼顾** jiāngù 동 동시에 돌보다 | **随便** suíbiàn 부 마음대로 | **管** guǎn 동 관리하다

해설 남자가 '**妈，你为什么反对我竞选班长?**(어머니, 당신은 제가 반장 선거에 나가는 것을 왜 반대하세요?)'이라고 묻자, 여자는 반장이 되는 것을 반대하는 게 아니라, 학급 일이 많아서 공부에 영향을 줄까 봐 걱정하는 것이라고 한다. 이로 보아 여자는 남자의 엄마이며 아들이 반장 선거에 나가는 것을 반기지 않음을 짐작할 수 있다. 또한, 남자가 '**我会两者兼顾的**(나는 두 가지를 동시에 해낼 수 있다)'라고 하자, 엄마는 결국에 '**好吧，那随便你**(좋다. 그럼 네 뜻대로 해라)'라고 동의하므로 정답은 D이다.

24 ★★☆	
男：这衣服多漂亮啊，你买一件吧。 女：太贵了，我买不起。 男：不是才一千二吗？ 女：对你来说是小菜一碟，可那是我半个月的工资啊。 问：关于女的，下面哪项是正确的？ A 她不喜欢这件衣服 B 她的月工资是一千二 C 这件衣服太贵 D 她没带钱	남: 이 옷 정말 예쁘다. 너 한 벌 사. 여: 너무 비싸서, 나는 살 수 없어. 남: 겨우 1200위안 아니야? 여: 너에게는 별 거 아니겠지만, 그건 내 보름 동안의 급여인걸. 질문: 여자에 관하여 다음 중 옳은 것은? A 그녀는 이 옷을 좋아하지 않는다 B 그녀의 월급은 1200위안이다 C 이 옷은 너무 비싸다 D 그녀는 돈을 가지고 있지 않다

단어 **买不起** mǎibuqǐ 살 수 없다 | **小菜一碟** xiǎocài yì dié 아주 쉬운 일, 식은 죽 먹기 | **可** kě 접 [이어진 단문에서 사건의 전환을 나타냄] | **工资** gōngzī 명 월급

해설 남자가 옷을 사라고 제안하자 여자는 '**太贵了，我买不起**(너무 비싸서, 나는 살 수 없다)'라고 한다. 여기서 쓰인 '**买不起**'는 '(너무 비싸서) 살 수 없다'는 의미이므로 옷이 비싸다는 것을 짐작할 수 있다. 따라서 정답은 C이다.

Tip 경제적인 여건 때문에 무엇을 할 수 없을 때, 동사 뒤에 가능보어의 부정인 '不起'를 사용하여 표현한다. 예를 들어 '买不起(돈이 없어서, 너무 비싸서) 살 수 없다', '吃不起(돈이 없어서, 너무 비싸서) 먹을 수 없다' 등이 있다. 단, '看不起'는 '업신 여기다', '무시하다'라는 의미이므로 구분하여 알아 두도록 한다.

25 ★★☆

女：我做的菜怎么没人吃啊？
男：还说呢，你尝尝，咸死了。
女：糟了，我把盐当成糖了。
男：反正也不是头一回了。

问：根据对话，下面哪项是错误的？
A 女的做菜不好吃
B 女的经常犯错误
C 女的做的菜很咸
D 男的觉得女的做菜很好吃

여: 내가 만든 요리를 왜 아무도 안 먹는 거죠?
남: 말이라고 해요. 당신이 맛 좀 봐봐요. 너무 짜요.
여: 망했다. 소금이 설탕인 줄 알았어요.
남: 어쨌든 처음도 아니잖아요.

질문: 대화에 근거하여 다음 중 잘못된 것은?
A 여자가 한 요리는 맛이 없다
B 여자는 자주 실수를 한다
C 여자가 한 요리는 매우 짜다
D 남자는 여자가 한 요리가 매우 맛있다고 생각한다

단어 尝 cháng 동 맛보다 | 咸 xián 형 짜다 | 糟 zāo 형 망치다 | 盐 yán 명 소금 | 当成 dàngchéng ~로 여기다 | 糖 táng 명 설탕 | 反正 fǎnzhèng 부 어쨌든 | 头一回 tóu yì huí 첫 회 | 犯 fàn 동 저지르다 | 错误 cuòwù 명 착오, 잘못

해설 여자의 요리를 맛보고 나서 남자는 '咸死了(너무 짜다)'라고 하고, 또 '也不是头一回了(처음도 아니다)'라고 말한 것으로 보아, 남자는 여자의 요리가 짜다고 생각한다. 즉, 맛있다고 생각하는 것은 아니므로 정답은 D이다.

Tip
- 把 A 当成 B A를 B로 여기다
  예 您把宝玉当成宝，而我把不贪当成宝。당신은 보옥을 보물로 여기지만, 나는 탐하지 않는 것을 보물로 여긴다.
- '咸死了'는 형용사 '咸(짜다)' 뒤에 정도의 심함을 나타내는 정도보어 '死了(~해 죽겠다)'를 사용하여 '너무 짜다', '짜 죽겠다'라는 의미가 된다. 동일한 의미로 '咸透了(너무 짜다)'를 쓰기도 한다.

26 ★★☆

女：雨太大了，咱们先找个地方避避雨吧，等雨停了再走。
男：叫我说，咱们还是回去吧，改天再去。
女：这叫什么话？人家今天请我们吃饭，我们能不去吗？
男：可这雨一时半会儿也停不了。

问：根据对话，下面哪项是错误的？
A 男的不想去吃饭了
B 女的认为应该取消约会
C 女的认为他们应该去吃饭
D 今天有人请他们吃饭

여: 비가 정말 많이 오네. 우리 우선 비 피할 곳을 찾고, 비가 그친 후에 다시 가요.
남: 내 생각에는 우리 그냥 돌아가는 게 좋겠어요. 나중에 다시 가요.
여: 이게 무슨 말이에요? 사람들이 오늘 우리를 식사에 초대해 줬는데, 가지 않을 수 있어요?
남: 하지만 이 비는 금방 그칠 것 같지 않아요.

질문: 대화에 근거하여 다음 중 잘못된 것은?
A 남자는 식사하러 가고 싶지 않다
B 여자는 약속을 취소해야 한다고 생각한다
C 여자는 그들이 식사하러 가야 한다고 생각한다.
D 오늘 누군가 그들을 식사에 초대했다

단어 避 bì 동 피하다 | 停 tíng 동 멈추다 | 改天 gǎitiān 명 나중 | 人家 rénjiā 명 어떤 사람 | 可 kě 접 [이어진 단문에서 사건의 전환을 나타냄] | 一时半会儿 yìshí bàn huìr 잠깐 동안, 금방 | 不了 bùliǎo ~할 수 없다 [동사의 뒤에 쓰여 동작을 완료할 수 없음을 강조함] | 取消 qǔxiāo 동 취소하다 | 约会 yuēhuì 명 약속

해설 비가 많이 와서 오늘은 돌아가고 나중에 다시 가자는 남자의 말에 여자는 '这叫什么话? 人家今天请我们吃饭, 我们能不去吗?(이게 무슨 말인가? 사람들이 오늘 우리를 식사에 초대해 줬는데, 우리가 가지 않을 수 있는가?)'라고 반문하면서 식사에 참석하는 약속을 꼭 지켜야 한다는 의지를 표현하다. 따라서 정답은 B이다.

A. 남자는 여자에게 돌아가는 게 좋겠다며 나중에 다시 가자고 하는 것으로 보아, 식사하러 가고 싶지 않다는 것을 짐작할 수 있다.

Tip

- 等 A 再 B A한 후에 다시 B하다
  예 等他到了再开始讨论。그가 도착한 후에 다시 토론을 시작하다.
- '能不…吗?'는 '~하지 않을 수 있는가?'라는 반어적 표현으로, '~해야 한다'라는 의미이다.
  예 能不去参加吗? 참가하러 가지 않을 수 있는가? ▶ 참가하러 가야 한다

27 ★★☆

女: 你去找你哥哥了吗?	여: 당신 형 찾아가 봤어요?
男: 去了。	남: 갔었어요.
女: 他说愿意资助你去国外留学吗?	여: 그는 당신이 외국 유학을 가는 데 경제적으로 도와주는 것에 동의해요?
男: 毕竟是亲兄弟嘛, 他总不能眼睁睁地看着我在国外挨饿吧!	남: 어쨌든 친형제니까, 그는 내가 외국에서 굶고 있는 걸 내내 뻔히 눈뜨고 보고만 있을 수는 없을 거예요!
问: 关于男的, 可以知道什么?	질문: 남자에 관하여 알 수 있는 것은 무엇인가?
A 哥哥不想让他去国外留学	A 형은 그를 외국 유학 보내고 싶어 하지 않는다
B 男的找哥哥帮忙介绍工作	B 남자는 형을 찾아가 일자리를 소개해 달라고 한다
C 男的和哥哥不是亲生的	C 남자와 형은 친형제가 아니다
D 哥哥愿意资助他去留学	D 형은 그가 유학 가는데 경제적으로 도와주는 것에 동의한다

단어 愿意 yuànyì 동 동의하다 | 资助 zīzhù 동 (재물로) 돕다 | 毕竟 bìjìng 부 어쨌든 | 亲兄弟 qīnxiōngdì 명 친형제 | 总 zǒng 부 내내 | 眼睁睁 yǎnzhēngzhēng 형 눈을 뻔히 뜨고 쳐다보는 모양 | 挨饿 áiè 동 굶주리다

해설 남자가 '毕竟是亲兄弟嘛, 他总不能眼睁睁地看着我在国外挨饿吧!(어쨌든 친형제니까, 그는 내가 외국에서 굶고 있는 걸 내내 뻔히 눈뜨고 보고만 있을 수는 없을 것이다!)'라고 하는 것으로 미루어 보아, 남자와 형은 친형제이며 유학 비용 때문에 남자는 형을 찾아 갔다는 것을 알 수 있다. 또한, 형이 모르는 척을 하지 못한다는 것은 경제적으로 도와주려 한다는 의미이므로 정답은 D이다.

28 ★☆☆

女：王老师，我女儿毛毛想学法语，请您帮忙找个老师。	여: 왕(王) 선생님, 제 딸 마오마오(毛毛)가 불어를 배우고 싶어 하는데, 당신이 선생님 좀 찾아봐 주세요.
男：没问题，不过你得告诉她，学法语可不能三分钟热度，而是需要坚持不懈的。	남: 문제 없어요. 하지만 그녀에게 말해야 해요. 불어 공부는 일시적인 열정으로 할 수 있는 게 아니라, 꾸준히 해야 한다는 것을요.
女：我会告诉她的。	여: 딸에게 말해 줄게요.
男：那就好。	남: 그럼 알겠습니다.
问：根据对话，下面哪项是正确的？ A 女儿想学英语 B 学法语很容易 C 男的是老师 D 男的会教毛毛法语	질문: 대화에 근거하여 다음 중 옳은 것은? A 딸은 영어를 배우고 싶다 B 불어를 배우는 것은 매우 쉽다 C 남자는 선생님이다 D 남자는 마오마오에게 불어를 가르칠 것이다

단어 法语 Fǎyǔ 명 프랑스어 | 不过 búguò 접 하지만 | 可 kě 부 [평서문에 쓰여 강조를 나타냄] | 三分钟热度 sānfēnzhōng rèdù 3분간의 열기, 일시적인 열정 | 坚持不懈 jiānchí búxiè 성 조금도 느슨해지지 않고 끝까지 견지하다

해설 여자는 남자에게 '王老师, 我女儿毛毛想学法语, 请您帮忙找个老师(왕 선생님, 제 딸 마오마오가 불어를 배우고 싶어 하는데, 당신이 선생님 좀 찾아봐 주세요)'라고 말하는 것으로 보아, 남자는 선생님이라는 것을 알 수 있다. 그러므로 정답은 C이다.

B. 남자는 '学法语可不能三分钟热度, 而是需要坚持不懈的(불어 공부는 일시적인 열정으로 할 수 있는 게 아니라, 꾸준히 해야 하는 것이다)'라고 한다. 여기서 '三分钟热度(일시적인 열정)'라는 표현과 '坚持不懈(조금도 느슨해지지 않고 끝까지 견지하다)'라는 성어를 잘 알아 들었다면, 불어 공부가 쉽지 않다는 것을 짐작할 수 있다.

29 ★★☆

女：我好像又感冒了。	여: 나 또 감기에 걸린 것 같아요.
男：大下雨天的，你穿得那么少，能不感冒吗？	남: 비가 많이 내리는 날인데, 당신은 그렇게 얇게 입었으니 감기에 안 걸릴 수 있겠어요?
女：说的也是，不过我昨天听天气预报，明明说今天没有雨呀。	여: 그러게 말이에요. 하지만 어제 일기 예보에서 듣기로는 오늘 분명히 비가 안 온다고 했어요.
男：马有失蹄，更何况天气预报呢。	남: 원숭이도 나무에서 떨어질 때가 있는데, 하물며 일기 예보는 어떻겠어요.
问：男的是什么意思？ A 天气预报不可信 B 天气预报说今天会下雨 C 天气预报有时候也不准 D 天气预报一般不会错	질문: 남자의 말은 무슨 의미인가? A 일기 예보는 믿을 만하지 않다 B 일기 예보에서 오늘 비가 올 것이라고 한다 C 일기 예보는 간혹 정확하지 않다 D 일기 예보는 보통 틀리지 않는다

단어 好像 hǎoxiàng 부 마치 ~과 같다 | 不过 búguò 접 하지만 | 天气预报 tiānqì yùbào 명 일기 예보 | 明明 míngmíng 부 분명히 | 马有失蹄 mǎyǒu shītí 원숭이도 나무에서 떨어질 때가 있다 | 何况 hékuàng 접 하물며 | 可信 kěxìn 형 믿을 만하다 | 有时 yǒushí 부 간혹 | 不准 bùzhǔn 정확하지 않다

해설 남자가 '马有失蹄，更何况天气预报呢(원숭이도 나무에서 떨어질 때가 있는데, 하물며 일기 예보는 어떻겠는가)'라고 하는 것으로 보아, 일기 예보도 간혹 정확하지 않음을 짐작할 수 있다. 그러므로 정답은 C이다.

30 ★☆☆

女：听说这种减肥药很有效，我想试试。 男：我劝你还是别买了。 女：为什么？不是说一个月能减十斤吗？ 男：广告说的你也信啊。	여: 이 다이어트 약은 효과가 정말 좋다고 하던데, 나는 시도해 보고 싶어요. 남: 나는 당신한테 사지 말라고 권하고 싶어요. 여: 왜요? 한 달에 5kg을 뺄 수 있는 거 아니에요? 남: 광고에서 하는 말을 당신도 믿는 거군요.
问：根据对话，下面哪项是正确的？ A 女的想吃减肥药 B 男的赞同女的吃减肥药 C 男的认为广告很可信 D 女的想一个月减二十斤	질문: 대화에 근거하여 다음 중 옳은 것은? A 여자는 다이어트 약을 먹고 싶다 B 남자는 여자가 다이어트 약을 먹는 것에 찬성한다 C 남자는 광고가 아주 믿을 만하다고 여긴다 D 여자는 한 달에 10kg을 빼고 싶다

단어 减肥 jiǎnféi 동 살을 빼다 | 有效 yǒuxiào 형 효과가 있다 | 劝 quàn 동 권하다 | 广告 guǎnggào 명 광고 | 赞同 zàntóng 동 찬성하다 | 可信 kěxìn 형 믿을 만하다

해설 여자는 다이어트 약의 효과가 좋다고 듣고서 '我想试试(나는 시도해 보고 싶다)'라고 한다. 그러므로 녹음 내용과 일치하는 것은 '女的想吃减肥药(여자는 다이어트 약을 먹고 싶다)'이므로 정답은 A이다.

미리 보기 해석

제2부분 MP3-25

〉〉 전략서 56p

31 – 32.

女士们，先生们，欢迎乘坐中国南方航空公司的航班。我们将从北京飞往上海，飞行距离是一千一百公里，空中飞行时间大约是两小时十分钟，飞行高度七千米。为了安全，在飞机起飞和下降过程中请不要使用电脑、电话、游戏机等电子设备。飞机很快就要起飞了，请您坐好，系好安全带。我们将为您提供最周到的服务。谢谢!

31. 飞机要去哪个城市?
   A 香港
   B 上海
   C 广州
   D 北京

32. 根据这段话，可以知道什么?
   A 飞机正在降落
   B 飞机已经降落了
   C 飞机还没起飞
   D 飞机已经起飞了

31 – 32.

승객 여러분, 안녕하십니까. 중국 남방 항공사의 비행기에 탑승하신 것을 환영합니다. 저희는 북경(北京)에서 상하이(上海)까지 가는 항공편으로 비행 거리는 1,100km입니다. 비행 시간은 약 2시간 10분이며 비행 고도는 7,000m입니다. 안전을 위해 비행기 이착륙 시 컴퓨터, 전화기, 게임기 등의 전자 제품 사용을 삼가 주십시오. 비행기가 곧 이륙하오니 자리에 앉아 주시고 안전띠를 매어 주십시오. 저희는 여러분을 위해 가장 세심한 서비스를 제공하겠습니다. 감사합니다!

31. 비행기는 어느 도시로 가는가?
   A 홍콩
   B 상하이
   C 광저우
   D 베이징

32. 이 글에 근거하여 알 수 있는 것은 무엇인가?
   A 비행기는 현재 착륙 중이다
   B 비행기는 이미 착륙했다
   C 비행기는 아직 이륙하지 않았다
   D 비행기는 이미 이륙했다

01. 중심 내용 파악하기

유형 확인 문제 MP3-27

〉〉 전략서 60p

정답　1 C　2 C　3 A

1-3

从前有一个牧民，养了几十只羊，白天放牧，晚上赶进一个羊圈内。

一天早晨，这个牧民去放羊，发现羊少了一只。原来羊圈破了个窟窿，[1]夜间有狼从窟窿里钻了进来，把一只羊叼走了。

邻居劝告他说："赶快把羊圈修一修，堵上那个窟窿吧。"

他说："羊已经丢了，还去修羊圈干什么呢？"他没有接受邻居的劝告。

第二天早上，他去放羊，发现又少了一只羊。[1]原来狼又从窟窿里钻进羊圈，又叼走了一只羊。

[2]这位牧民很后悔没有接受邻居的劝告，及时采取补救措施。于是，他赶紧堵上那个窟窿，又从整体进行加固，把羊圈修得严严实实的。

从此，这个牧民的羊就再也没有被狼叼走过。

옛날에 한 유목민이 있었다. 몇 십 마리의 양을 키웠는데, 낮에는 방목했다가 저녁에는 하나의 양우리 안에 몰아 넣었다.

어느 날 새벽, 이 유목민이 양을 방목하러 갔다가 양 한 마리가 적어진 것을 발견했다. 알고 보니 양우리에 구멍이 하나 생겼는데, [1]밤사이 늑대가 구멍을 뚫고 들어와 양 한 마리를 물어 간 것이다.

이웃이 그에게 충고했다. "어서 양우리를 수리하도록 해요. 그 구멍을 막아야죠"

그는 말했다. "양은 이미 잃어버렸는데, 가서 양우리를 고쳐봤자 뭐해요?" 그는 이웃의 충고를 받아들이지 않았다.

이튿날 아침, 그는 양을 방목하러 갔다가 또 양 한 마리가 적어진 것을 발견했다. [1]알고 보니 늑대가 또 구멍을 뚫고 양우리로 들어와, 또 양 한 마리를 물고 간 것이다.

[2]이 유목민은 이웃의 충고를 받아들이지 않은 것을 매우 후회하고 곧바로 조치를 취했다. 그래서 그는 서둘러 그 구멍을 막았고, 또 전체적으로 보강하여 양우리를 튼튼하게 수리했다.

이후, 이 유목민의 양은 더 이상 늑대에게 물려 가지 않았다.

단어 从前 cóngqián 명 옛날 | 牧民 mùmín 명 유목민 | 养 yǎng 동 기르다 | 只 zhī 양 마리 [주로 날짐승이나 길짐승을 세는 단위] | 白天 báitiān 명 낮 | 放牧 fàngmù 동 방목하다 | 赶 gǎn 동 몰아 내다 | 羊圈 yángjuàn 명 양우리 | 早晨 zǎochen 명 새벽 | 放羊 fàngyáng 동 양을 방목하다 | 原来 yuánlái 부 알고 보니 | 破 pò 동 파손되다 | 窟窿 kūlong 명 구멍 | 夜间 yèjiān 명 밤사이 | 狼 láng 명 늑대 | 钻 zuān 동 뚫다 | 叼 diāo 동 입에 물다 | 劝告 quàngào 명 충고 | 赶快 gǎnkuài 부 어서 | 修 xiū 동 수리하다 | 堵 dǔ 동 막다 | 接受 jiēshòu 동 받아들이다 | 后悔 hòuhuǐ 동 후회하다 | 及时 jíshí 부 곧바로 | 采取 cǎiqǔ 동 (조치를) 취하다, 채택하다 | 补救 bǔjiù 동 보완하다 | 措施 cuòshī 명 조치 | 于是 yúshì 접 그래서 | 赶紧 gǎnjǐn 부 서둘러 | 整体 zhěngtǐ 명 전체 | 进行 jìnxíng 동 진행하다 | 加固 jiāgù 동 보강하다 | 严严实实 yányan shíshí 형 빈틈없다 | 从此 cóngcǐ 부 이후로

1 ★★☆

狼一共叼走了几只羊？

A 几十只　　B 1只
C 2只　　D 4只

늑대는 모두 몇 마리의 양을 물어 갔는가?

A 몇 십 마리　　B 한 마리
C 두 마리　　D 네 마리

해설 두 번째 단락에서 '夜间有狼从窟窿里钻了进来，把一只羊叼走了(밤사이 늑대가 구멍을 뚫고 들어와 양 한 마리를 물어 갔다)'라고 하고, 다섯 번째 단락에서 '原来狼又从窟窿里钻进羊圈，又叼走了一只羊(알고 보니 늑대가 또 구멍을 뚫고 양우리로 들어와, 또 양 한 마리를 물고 간 것이다)'이라고 한다. 종합하면 늑대는 모두 두 마리의 양을 물고 간 것이므로 정답은 C이다.

2 ★★☆

牧民为什么后悔?	유목민은 왜 후회했는가?
A 羊圈破了个窟窿	A 양우리에 구멍이 생겼다
B 没有抓住狼	B 늑대를 못 잡았다
C 没有听邻居的劝告	C 이웃의 충고를 듣지 않았다
D 养了几十只羊	D 몇 십 마리의 양을 키웠다

단어 抓 zhuā 동 붙잡다

해설 처음 양을 늑대가 물고 가자 이웃이 유목민에게 양우리를 고치라고 충고하지만, 유목민은 그렇게 하지 않아 또다시 양 한 마리를 잃었다. 여섯 번째 단락에서 '这位牧民很后悔没有接受邻居的劝告，及时采取补救措施(이 유목민은 이웃의 충고를 받아들이지 않은 것을 매우 후회하고 곧바로 조치를 취했다)'라고 하므로 정답은 C이다.

3 ★★☆

这个故事给我们什么启示?	이 이야기는 우리에게 무엇을 시사하는가?
A 及时采取措施，避免更大的损失	A 곧바로 조치를 취해 더 큰 손해를 면한다
B 狼是羊的敌人	B 늑대는 양의 천적이다
C 要保持平静的心态，丢了东西不要着急	C 평정심을 유지하여 물건을 잃어버려도 조급해해서는 안 된다
D 羊圈坏了要及时修理	D 양우리가 망가지면 곧바로 수리해야 한다

단어 启示 qǐshì 동 시사하다 | 避免 bìmiǎn 동 면하다 | 损失 sǔnshī 명 손해 | 敌人 dírén 명 적 | 保持 bǎochí 동 유지하다 | 平静 píngjìng 형 평온하다 | 心态 xīntài 명 심리 상태 | 修理 xiūlǐ 동 수리하다

해설 녹음 내용은 우화의 일부로, 이 문제는 단문의 중심 내용을 묻는 문제이다. 처음 늑대가 양을 물고 갔을 때 유목민은 이웃의 충고를 듣지 않았고, 또다시 늑대가 양을 물고 가자 이웃의 충고를 듣지 않은 것을 후회한다. 그러므로 이 우화의 중심 내용은 바로 '及时采取措施，避免更大的损失(곧바로 조치를 취해 더 큰 손해를 면한다)'라는 A가 정답이다.

02. 세부 내용 파악과 기억 및 판단하기

유형 확인 문제 MP3-29

》 전략서 63p

정답 1 A 2 D 3 A 4 C

1－2

观众朋友们晚上好，下面播放13号至15号的全省天气情况。[1]今天夜间到明天白天，全省天气多云转小雨，18到24℃，微风三到四级。14号小雨转大雨，14到20℃，微风二到三级。[2]15号大雨，13到19℃，微风二到三级。空气质量状况良。近期有寒流经过，降温幅度较大，提醒各位观众出行在外注意增添衣服，谨防感冒。

여러분, 안녕하십니까. 다음으로 13~15일까지의 전국 날씨를 알려 드리겠습니다. [1]오늘 밤사이에서 내일 낮까지 전국적으로 구름이 많이 끼다가 약간의 비가 내리겠고, 섭씨 18~24도이며 미풍은 3~4급입니다. 14일에는 약간의 비가 큰 비로 이어지겠고, 섭씨 14~20도이며 미풍은 2~3급입니다. [2]15일에는 비가 많이 내리겠고, 섭씨 13~19도이며 미풍은 2~3급입니다. 대기 질의 상태는 양호합니다. 최근 차가운 기류가 지나가 온도가 큰 폭으로 떨어지오니, 모두 외출 시 옷을 두껍게 입고 감기에 유의하시기 바랍니다.

단어 **观众** guānzhòng 명 시청자 | **播放** bōfàng 동 방송하다 | **至** zhì 동 이르다 | **情况** qíngkuàng 명 상황 | **夜间** yèjiān 명 밤사이 | **白天** báitiān 명 낮 | **转** zhuàn 동 바뀌다 | **微风** wēifēng 명 미풍 | **级** jí 명 등급 | **空气** kōngqì 명 공기 | **质量** zhìliàng 명 질 | **状况** zhuàngkuàng 명 상태 | **良** liáng 형 좋다 | **寒流** hánliú 명 차가운 기류 | **降** jiàng 동 내리다 | **幅度** fúdù 명 폭 | **提醒** tíxǐng 동 일깨우다 | **各位** gèwèi 여러분 | **出行** chūxíng 동 외출하다 | **注意** zhùyì 동 주의하다 | **增添** zēngtiān 동 더하다 | **谨防** jǐnfáng 동 조심하여 예방하다

1 ★★★

13号的天气怎么样?	13일의 날씨는 어떠한가?
A 多云转小雨	A 구름이 많이 끼다가 약간의 비가 내린다
B 小雨转大雨	B 약간의 비가 내리다가 큰 비가 내린다
C 大雨	C 큰 비가 내린다
D 文中没有说	D 글에서 언급하지 않는다

해설 일기 예보 녹음 내용을 들을 때는 먼저 시간에 주의해야 하며, 다음으로 날씨 상황(맑음, 흐림, 비 오는 날, 강수량, 구름의 양, 바람의 세기, 온도, 공기의 질)을 간략하게 메모해 두도록 한다. 녹음 내용에서는 13일, 14일, 15일의 날씨를 알려 주고 있다. 그러나 구체적인 날짜는 14일과 15일만 언급할 뿐, 13일은 언급하지 않고 '今天(오늘)'이라는 단어를 사용한다. 이 부분에 특히 주의해야 한다. '今天夜间到明天白天, 全省天气多云转小雨(오늘 밤사이에서 내일 낮까지 전국적으로 구름이 많이 끼다가 약간의 비가 내린다)'라고 하므로 정답은 A이다.

2 ★★★

15号的温度是多少?		15일의 온도는 몇 도인가?	
A 18-24℃	B 13-20℃	A 섭씨 18~24도	B 섭씨 13~20도
C 14-20℃	D 13-19℃	C 섭씨 14~20도	D 섭씨 13~19도

단어 **温度** wēndù 명 온도

해설 녹음 내용을 들을 때, 메모하는 습관을 기른다면 빠르게 지나가는 단서들을 놓치지 않을 것이다. '15号大雨, 13到19℃(15일에는 비가 많이 내리겠고, 섭씨 13~19도이다)'라고 한다. 따라서 정답은 D이다.

3 – 4

[3]每年农历八月十五，是中国传统的中秋佳节。这天是一年秋季的中期，所以被称为中秋。一年当中月亮在这一天又圆又亮，在中秋佳节人们赏月、吃月饼。通常月饼的形状是圆形或者正方形的，月饼的尺寸大概是八厘米宽，两三厘米厚，月饼馅通常会有蛋黄、豆沙、枣泥等。月饼吃起来感觉会很甜，所以不能多吃，[4]吃一点点月饼再配上一杯中国茶，这种感觉是非常好的。

[3]매년 음력 8월 15일은 중국의 전통 중추 가절(中秋佳节)이다. 이날은 가을의 중간 시기이기 때문에 중추(中秋)라고 불린다. 1년 가운데에 달은 이날에 가장 둥글고 밝으며, 중추 가절에 사람들은 달을 감상하고 월병을 먹는다. 보통 월병의 모양은 동그라미 혹은 정사각형이며 사이즈는 대개 8cm 너비이고, 2~3cm 두께이다. 월병의 소는 보통 노른자위, 팥소, 대추소 등이다. 월병은 매우 달기 때문에 많이 먹지는 못하며, [4]약간의 월병에 한 잔의 중국 차를 곁들여 먹는, 이런 느낌은 매우 좋다.

단어 农历 nónglì 명 음력 | 传统 chuántǒng 명 전통 | 中秋佳节 Zhōngqiū jiājié 명 중추 가절 ['中秋节'와 같은 말] | 秋季 qiūjì 명 가을 | 中期 zhōngqī 명 중기 | 称 chēng 동 ~라고 부르다 | 当中 dāngzhōng 명 그 가운데 | 月亮 yuèliang 명 달 | 圆 yuán 형 둥글다 | 亮 liàng 형 밝다 | 赏 shǎng 동 감상하다 | 月饼 yuèbǐng 명 월병 | 通常 tōngcháng 부 보통 | 形状 xíngzhuàng 명 형상 | 正方形 zhèngfāngxíng 명 정사각형 | 馅 xiàn 명 (떡이나 만두 등에 넣는) 소 | 尺寸 chǐcun 명 사이즈 | 大概 dàgài 부 대개 | 厘米 límǐ 양 센티미터(cm) | 宽 kuān 명 너비 | 厚 hòu 명 두께 | 蛋黄 dànhuáng 명 노른자위 | 豆沙 dòushā 명 팥소 | 枣泥 zǎoní 명 대추소 | 配 pèi 동 어울리다

3 ★★☆	
中国的传统节日中秋节在什么时候?	중국의 전통 명절인 중추절은 언제인가?
A 农历八月十五　　B 八月十五	A 음력 8월 15일　　B 8월 15일
C 九月十五　　D 七月十五	C 9월 15일　　D 7월 15일

해설 설명문 성격의 글로 중심 내용은 중추절과 월병에 관한 내용이다. 또한, 시간이나 시점 관련 문제는 정답을 선택할 때 주의를 기울여야 한다. 녹음 내용의 초반에서 '每年农历八月十五，是中国传统的中秋佳节(매년 음력 8월 15일은 중국의 전통 중추 가절이다)'를 들었다면 쉽게 정답을 고를 수 있다. 따라서 정답은 A이다.

4 ★★☆	
关于中秋节的月饼，我们可以知道什么?	중추절 월병에 관하여 우리가 알 수 있는 것은 무엇인가?
A 月饼来自西方	A 월병은 서방에서 왔다
B 月饼全都是圆的	B 월병은 전부 둥근 것이다
C 月饼配上中国茶一起吃，味道就很好	C 월병에 중국 차를 함께 곁들여 먹으면 맛이 매우 좋다
D 只有在中秋节，才可以吃月饼	D 중추절에만 비로소 월병을 먹을 수 있다

단어 来自 láizì 동 ~부터 오다 | 西方 xīfāng 명 서방 | 味道 wèidao 명 맛

해설 녹음 내용을 들으면서 세부적인 내용에 주의를 기울이도록 한다. 보기를 먼저 훑어보면 월병 관련 문제임을 짐작할 수 있다. 따라서 월병의 특징과 관련된 내용들을 들으면서 간단하게 메모해 두는 것이 좋다. A와 D는 녹음에서 언급되지 않은 내용이고, 월병은 동그라미와 정사각형 모양이 있다고 하므로 B 역시 정답에서 제외되기 때문에, 설령 녹음 내용을 이해하지 못했다고 할지라도 정답이 C임을 알 수 있다. 또한, 마지막에 '吃一点点月饼再配上一杯中国茶，这种感觉是非常好的(약간의 월병에 한 잔의 중국 차를 곁들여 먹는, 이런 느낌은 매우 좋다)'라고 하므로 정답은 C이다.

Tip
只有…才… ~해야지만 비로소 ~이다
예 只有奋斗学习，才能取得好成绩。열심히 공부해야지만, 비로소 좋은 성적을 거둘 수 있다.

03. 관점 · 행동 태도 분석 및 판단하기

유형 확인 문제 MP3-32

〉〉 전략서 67p

정답 1 A　2 B　3 C

1 – 3

每个人都要保证充足的睡眠。[1]睡眠不良和免疫系统功能下降有关。因此，要保证每天能有充足睡眠，使人体机能很好地抵抗流感病毒。 需要多少睡眠时间才合适？虽然没有绝对的标准，[2, 3]但无论如何，保证总的睡眠时间是绝对必要的——每天7至8小时睡眠时间，这是关于睡眠最重要的金科玉律。值得注意的是，能取得较好睡眠质量的入睡时间是晚上9至11点。	모든 사람은 충분히 수면을 확보해야 한다. [1]수면이 좋지 않은 것과 면역 체계 기능의 저하는 관계가 있다. 그래서 매일 충분한 수면을 취하면 인체 기능이 유행성 감기 바이러스에 잘 저항할 수 있게 한다. 몇 시간의 수면 시간이 비로소 적당할까? 절대적인 기준은 없지만, [2, 3]그러나 어떻게 해서든 매일 7~8시간의 전반적인 수면 시간을 확보하는 것이 무조건 필요하며, 이는 수면에서 가장 중요하게 지켜야 할 규칙이다. 비교적 질 좋은 수면을 취할 수 있는 잠드는 시간은 밤 9~11시라는 점은 주의할 필요성이 있다.

단어 保证 bǎozhèng 동 확실히 책임지다 | 充足 chōngzú 형 충분하다 | 睡眠 shuìmián 명 수면 | 不良 bùliáng 형 좋지 않다 | 免疫系统 miǎnyì xìtǒng 명 면역 체계 | 功能 gōngnéng 명 기능 | 下降 xiàjiàng 동 낮아지다 | 因此 yīncǐ 접 그래서 | 使 shǐ 동 ~하게 하다 | 人体 réntǐ 명 인체 | 机能 jīnéng 명 기능 | 抵抗 dǐkàng 동 저항하다 | 流感 liúgǎn 명 유행성 감기 | 病毒 bìngdú 명 바이러스 | 合适 héshì 형 적합하다 | 绝对 juéduì 형 무조건적인 | 标准 biāozhǔn 명 기준 | 无论如何 wúlùn rúhé 어떻게 해서든지 | 总 zǒng 형 전반적인 | 必要 bìyào 형 필요로 하다 | 至 zhì 동 이르다 | 金科玉律 jīnkē yùlǜ 성 반드시 지켜야 하며 변경할 수 없는 법칙이나 규정 | 值得 zhídé 동 ~할 가치가 있다 | 质量 zhìliàng 명 질 | 入睡 rùshuì 동 잠들다

1 ★★☆

免疫系统功能下降的原因可能会是什么？ A 睡眠不良 B 流感病毒 C 没有绝对的标准 D 遗传因素	면역 체계 기능이 저하되는 원인은 아마도 무엇인가? A 수면이 좋지 않다 B 유행성 감기 바이러스 C 무조건적인 기준은 없다 D 유전적 요소

단어 原因 yuányīn 명 원인 | 遗传 yíchuán 동 유전하다 | 因素 yīnsù 명 요소

해설 이 단문에서는 각 단락의 첫 번째 문장이 그 단락의 중심 내용이며, 그 뒤에 오는 문장들은 중심 내용을 구체적으로 설명한다. 화자의 관점은 충분한 수면을 취해야 한다는 것이다. 첫 번째 단락에서 '睡眠不良和免疫系统功能下降有关(수면이 좋지 않은 것과 면역 체계 기능의 저하는 관계가 있다)'이라고 하므로 정답은 A이다.

2 ★★☆

每天保证多少睡眠时间是必要的？ A 9 　 B 7 C 10 　 D 11	매일 몇 시간의 수면 시간을 확보하는 것이 필요한가? A 9 　 B 7 C 10 　 D 11

해설 녹음 내용을 들을 때 숫자에 주의를 기울인다면 쉽게 정답을 찾을 수 있다. 두 번째 단락에서 '保证总的睡眠时间是绝对必要的——每天7至8小时睡眠时间(매일 7~8시간의 전반적인 수면 시간을 확보하는 것이 무조건 필요하다)'이라고 하므로 정답은 B이다.

3 ★★☆

关于睡眠最重要的是什么?	수면에 관하여 가장 중요한 것은 무엇인가?
A 身上佩戴金银等物品有利于睡眠	A 몸에 금과 은 등의 물품을 착용하면 수면에 이롭다
B 必须在晚上9至11点休息	B 반드시 밤 9~11시에 쉬어야 한다
C 保证总的睡眠时间	C 전반적인 수면 시간을 확보해야 한다
D 无论如何，都要按时休息	D 어떻게 해서든 제때에 쉬어야 한다

단어 **佩戴** pèidài 동 차다 | **物品** wùpǐn 명 물품 | **有利于** yǒulìyú ~에 이롭다 | **按时** ànshí 부 제때에

해설 녹음 내용에서 '비록', '그러나'와 같은 접속사가 나올 경우, 화자의 관점과 의견은 일반적으로 이러한 접속사 뒤에 나온다. 따라서 두 번째 단락의 '**但无论如何**(그러나 어떻게 해서든)' 다음의 내용에 주의해야 한다. 이어서 화자는 '**保证总的睡眠时间是绝对必要的**(전반적인 수면 시간을 확보하는 것이 무조건 필요하다)'라고 하고, 또한 '**这是关于睡眠最重要的金科玉律**(이는 수면에서 가장 중요하게 지켜야 할 규칙이다)'라고 한다. 그러므로 정답은 C이다.

실전 연습 1 – 제2부분 MP3-33

〉〉 전략서 68p

정답				
31 D	32 D	33 C	34 D	35 A
36 D	37 B	38 C	39 C	40 D
41 C	42 B	43 B	44 B	45 C

31 – 33

以前有个皇帝爱听很多人一起演奏，每次演奏都叫上300个人。有个叫南郭的人听说了，[31]觉得这是个挣钱的好机会，于是就对皇帝说，自己是演奏大师，要求加入演奏，皇帝马上就答应了。[32]其实南郭根本不会演奏，每次都是假装很投入。由于演出的人很多，根本没有人能听出来南郭根本不会演奏。于是他每天都能领到赏钱。

可是后来皇帝死了，他的儿子成为新皇帝。新皇帝喜欢听单独的演奏，要求每个人回去练习，然后分别演奏给他听。其他人都回去努力练习了，只有南郭先生走来走去没有练习，[33]他非常着急，觉得这下谎言一定会被揭穿，最后他只能偷偷地溜走了。

옛날에 굉장히 많은 사람이 함께하는 연주를 듣기 좋아하는 황제가 있었다. 매번 연주할 때마다 300명을 불러 모았다. 난궈(南郭)라고 불리는 한 사람이 듣고서는 [31]돈을 벌 수 있는 좋은 기회라고 생각했다. 그래서 황제에게 자신은 연주의 대가이며 연주에 참여하기를 요구했고 황제는 바로 승낙했다. [32]사실 난궈는 전혀 연주를 할 줄 몰랐고, 매번 모두 몰두하는 시늉을 했다. 연주하는 사람이 워낙 많았기 때문에, 난궈가 전혀 연주를 못한다는 것을 아무도 알 수 없었다. 그래서 그는 매일 상금을 받을 수 있었다.

그러나 후에 황제가 죽고, 그의 아들이 새 황제가 되었다. 새 황제는 개인 연주를 듣기 좋아하여 모든 사람이 돌아가 연습을 하고 나서, 그에게 각각 연주를 들려 주기를 요구했다. 다른 사람들은 모두 돌아가 열심히 연습했으나, 난궈 선생은 돌아다니기만 할 뿐 연습은 하지 않았다. [33]그는 이번에 거짓말이 반드시 들통날 거라는 생각에 매우 조급했다. 결국 그는 남몰래 도망칠 수밖에 없었다.

단어 **皇帝** huángdì 명 황제 | **演奏** yǎnzòu 동 연주하다 | **挣钱** zhèngqián 돈을 벌다 | **于是** yúshì 접 그래서 | **大师** dàshī 명 대가 | **加入** jiārù 동 참여하다 | **答应** dāying 동 승낙하다 | **根本** gēnběn 부 전혀 | **假装** jiǎzhuāng 동 ~체하다 | **投入** tóurù 형 몰두하다 | **由于** yóuyú 접 ~때문에 | **演出** yǎnchū 동 공연하다 | **领** lǐng 동 받다 | **赏钱** shǎngqian 명 상금 | **可是** kěshì 접 그러나 | **成为** chéngwéi 동 ~이 되다 | **单独** dāndú 부 단독으로 | **分别** fēnbié 부 각각 | **谎言** huǎngyán 명 거짓말 | **揭穿** jiēchuān 동 폭로하다 | **偷偷** tōutōu 부 남몰래 | **溜走** liūzǒu 몰래 달아나다

31 ★★☆	
南郭为什么请求加入演奏?	난궈는 왜 연주에 참여하기를 요청했는가?
A 他善于演奏	A 그는 연주를 잘 한다
B 他想见皇帝	B 그는 황제를 만나고 싶다
C 他想学习	C 그는 공부를 하고 싶다
D 他想挣钱	D 그는 돈을 벌고 싶다

단어 **请求** qǐngqiú 동 요청하다 | **善于** shànyú 동 ~를 잘하다

해설 첫 번째 단락에서 난궈는 황제가 단체 연주를 좋아하여 매번 300명의 연주자를 불러 모은다는 것을 듣고서, '**觉得这是个挣钱的好机会**(돈을 벌 수 있는 좋은 기회라고 생각했다)'라고 한다. 그래서 황제에게 자신은 연주의 대가라고 속이고 연주에 참여하기를 요구한다. 따라서 난궈가 연주에 참여하고자 한 이유로 가장 적절한 D가 정답이다.

32 ★★☆	
南郭加入演奏以后，做了什么?	난궈는 연주에 참여한 이후, 무엇을 했는가?
A 勤奋练习	A 열심히 연습한다
B 寻找老师	B 선생님을 찾는다
C 给皇帝讲故事	C 황제에게 이야기를 들려준다
D 每天假装演奏	D 매일 연주하는 시늉을 한다

단어 **勤奋** qínfèn 형 열심히하다 | **寻找** xúnzhǎo 동 찾다

해설 첫 번째 단락에서 '**其实南郭根本不会演奏，每次都是假装很投入**(사실 난궈는 전혀 연주를 할 줄 몰랐고, 매번 모두 몰두하는 시늉을 했다)'라고 한다. '**假装**'은 '~체하다'라는 뜻으로, 보기 중 이와 일치하는 내용은 '**每天假装演奏**(매일 연주하는 시늉을 한다)'이므로 정답은 D이다.

33 ★★☆	
南郭知道新皇帝的要求后，怎么样?	난궈는 새 황제의 요구를 알고 어땠는가?
A 每天练习演奏	A 매일 연주를 연습한다
B 每天锻炼身体	B 매일 신체를 단련한다
C 心里非常着急	C 마음이 몹시 조급하다
D 打算说出真相	D 진실을 말할 것이다

단어 **心里** xīnli 명 마음 | **真相** zhēnxiàng 명 실상

해설 새 황제의 요구로 다른 사람들은 모두 개인 연주 연습을 열심히 하지만, 난궈는 돌아다니기만 하고 연습은 하지 않는다. 그 이유로, 두 번째 단락에서 '他非常着急，觉得这下谎言一定会被揭穿(그는 이번에 거짓말이 반드시 들통날 거라는 생각에 매우 조급했다)'이라고 하므로 정답은 C이다.

34－35

小兰和一个荷兰小伙子好上了，对方甚至为了她到上海来工作，并一口答应买房结婚。不过小伙子没料到上海房价如此贵，只好选择先交首期再按揭买房，这让小兰一家很不满。婚事就此拖延，最后不了了之。荷兰小伙子怎么也没弄明白，[34]上海的房子怎么比阿姆斯特丹贵那么多呢？阿姆斯特丹的房价跟米兰差不多，每平方米折合人民币不到3万元，而差不多的房子，在上海就要6万元以上。[34]所以荷兰小伙子在如此高的房价面前，只能舍弃上海美女了。

[35]荷兰2008年人均GDP为38618美元，居全球第十位，而上海人均GDP是9830美元，还排不上名次。

샤오란(小兰)은 한 네덜란드(荷兰) 청년과 사랑에 빠졌다. 상대방은 심지어 그녀를 위해 상하이(上海)에 와서 일을 하고, 두말없이 집을 사서 결혼하는 것에 동의했다. 하지만 청년은 상하이의 집값이 이렇게 비쌀 것이라고 예상하지 못했고, 어쩔 수 없이 초기 금액만 납부한 후에 담보 대출로 집을 샀다. 이는 샤오란의 가족에게 불만을 가지게 했고, 혼사는 이대로 연기되다가 최후에는 흐지부지되었다. 네덜란드 청년은 도무지 이해할 수 없었다. [34]상하이의 집이 어째서 암스테르담(阿姆斯特丹)보다 그렇게나 훨씬 비싼걸까? 암스테르담의 집값은 밀라노(米兰)와 비슷하다. $1m^2$ 당 런민비 3만 위안에 이르지 못하는 금액에 상당하지만, 비슷한 집이 상하이에서는 6만 위안이 넘는다. [34]그래서 네덜란드 청년은 이렇게 높은 집값 앞에서, 상하이의 아름다운 여인을 포기할 수 밖에 없었다.

[35]네덜란드의 2008년 1인당 평균 GDP는 38,618달러로 전 세계 10위이다. 하지만 상하이의 1인당 평균 GDP는 9,830달러로 여전히 순위에 들지 못했다.

단어 荷兰 Hélán 명 네덜란드 | 小伙子 xiǎohuǒzi 명 청년 | 对方 duìfāng 명 상대방 | 甚至 shènzhì 접 심지어 | 上海 Shànghǎi 명 상하이 [지명] | 一口 yìkǒu 부 두말없이 | 答应 dāying 동 동의하다 | 不过 búguò 접 하지만 | 料 liào 동 예상하다 | 房价 fángjià 명 집값 | 如此 rúcǐ 대 이러하다 | 只好 zhǐhǎo 부 어쩔 수 없이 | 交 jiāo 동 내다 | 首期 shǒuqī 명 첫 지불 금액 | 按揭 ànjiē 명 담보 대출 | 不满 bùmǎn 형 불만이다 | 婚事 hūnshì 명 혼사 | 就此 jiùcǐ 부 이것으로 | 拖延 tuōyán 동 연기하다 | 不了了之 bùliǎo liǎozhī 성 중간에서 흐지부지 그만두다 | 弄 nòng 동 하다 | 阿姆斯特丹 Āmǔsītèdān 명 암스테르담 [지명] | 米兰 Mǐlán 명 밀라노 [지명] | 差不多 chàbuduō 형 비슷하다 | 平方米 píngfāngmǐ 양 제곱미터(m^2) | 折合 zhéhé 동 상당하다 | 人民币 Rénmínbì 명 런민비 [중국의 화폐] | 而 ér 접 그러나 | 面前 miànqián 명 앞 | 舍弃 shěqì 동 포기하다 | 人均 rénjūn 명 1인당 평균 | 美元 Měiyuán 명 미국 달러 | 居 jū 동 ~을 차지하다 | 全球 quánqiú 명 전 세계 | 排 pái 동 배열하다 | 不上 búshàng 접미 ~못하다 | 名次 míngcì 명 순위

34 ★★☆

荷兰小伙子为什么舍弃小兰？
A 荷兰女孩比上海女孩好
B 小伙子妈妈不同意他们的婚事
C 上海的生活不比荷兰好
D 上海的房价很高

네덜란드 청년은 왜 샤오란을 포기했는가?
A 네덜란드 여성이 상하이 여성보다 좋다
B 청년의 엄마가 그들의 혼사에 찬성하지 않는다
C 상하이의 생활이 네덜란드보다 좋지 않다
D 상하이의 집값이 너무 높다

단어 生活 shēnghuó 명 생활

해설 '上海的房子怎么比阿姆斯特丹贵那么多呢?(상하이의 집이 어째서 암스테르담보다 그렇게나 훨씬 비싼걸까?)'라고 반문하며, 이어서 첫 번째 단락의 마지막 문장에서 '所以荷兰小伙子在如此高的房价面前，只能舍弃上海美女了(그래서 네덜란드 청년은 이렇게 높은 집값 앞에서, 상하이의 아름다운 여인을 포기할 수 밖에 없었다)'라고 한다. 이로 미루어 보아, 네덜란드 청년은 여자를 사랑하지만 상하이의 집값이 너무 높은 이유 때문에 포기했다는 것을 알 수 있으므로 정답은 D이다.

Tip '只能'은 '~할 수밖에 없다'라는 뜻이므로, '只能舍弃'는 '(아쉽지만) 포기할 수밖에 없다'라는 의미이다.

35 ★★☆	
关于2008年的人均GDP，下面说法正确的是哪项?	2008년 1인당 평균 GDP에 관하여, 다음 견해 중 옳은 것은?
A 荷兰的比上海的高	A 네덜란드는 상해보다 높다
B 荷兰的排在世界第九位	B 네덜란드는 세계 9위이다
C 上海为全球第五位	C 상하이는 전 세계 5위이다
D 上海的比荷兰的高	D 상하이는 네덜란드보다 높다

해설 두 번째 단락에서 '荷兰2008年人均GDP为38618美元，居全球第十位，而上海人均GDP是9830美元，还排不上名次(네덜란드의 2008년 1인당 평균 GDP는 38,618달러로 전 세계 10위이다. 하지만 상하이의 1인당 평균 GDP는 9,830달러로 여전히 순위에 오르지 못했다)'라고 한다. 따라서 정답은 A이다.

36 – 37

目前年龄在60-80岁的老人，大多数对如今的生活较为满意，努力延长寿命，想多享受生活。这是一些老人不断买保健药品的主要原因。 但是，[36]老人不停地买保健药品的行为里面除了有自己照顾自己的因素外，还有另一方面的原因，那就是希望借此获得子女的关注，以此获取子女更多的陪伴和照顾。在这种情况下，如果子女单纯通过反对或劝说的方式让老人不要买保健品，效果则会适得其反。[37]让老人停止买药，最根本的办法就是给老人最贴心的支持和关怀，让老人从心理上不再依靠保健品，而是依靠子女。	현재 60~80세 연령의 노인은 대다수가 지금의 생활에 만족하는 편이다. 수명 연장을 위해 노력하며 삶을 많이 즐기고 싶어 한다. 이는 몇몇 노인이 건강 보조 약품을 끊임없이 구매하는 주요한 원인이다. 그러나 [36]노인이 건강 보조 약품을 끊임없이 구매하는 행동의 내면에는 자신을 돌보는 원인 외에 다른 방면의 원인이 있다. 그것은 바로 이 기회를 빌려 자녀의 관심을 받기 바라는 것이다. 이로써 자녀와 더 많이 함께하고 보살핌을 받는다. 이런 상황에서 만약 자녀가 단순한 반대 혹은 설득하는 방식으로 노인에게 건강 보조품을 사지 못하도록 한다면, 오히려 역효과를 불러올 것이다. [37]노인이 약품 구매를 멈추도록 하는 가장 근본적인 방법은 노인을 살뜰히 챙기고 돌보며, 노인이 심리적으로 더는 건강 보조품이 아닌 자녀에게 의지하도록 하는 것이다.

단어 **目前** mùqián 명 지금 | **年龄** niánlíng 명 연령 | **大多数** dàduōshù 명 대다수 | **如今** rújīn 명 지금 | **生活** shēnghuó 명 생활 | **较为** jiàowéi 부 비교적 | **延长** yáncháng 동 연장하다 | **寿命** shòumìng 명 목숨 | **享受** xiǎngshòu 동 즐기다 | **不断** búduàn 부 끊임없이 | **保健药品** bǎojiàn yàopǐn 명 건강 보조 약품 | **原因** yuányīn 명 원인 | **停** tíng 동 멈추다 | **行为** xíngwéi 명 행동 | **因素** yīnsù 명 원인 | **另** lìng 대 다른 | **方面** fāngmiàn 명 방면 | **借此** jiècǐ 이 기회를 빌리다 | **获得** huòdé 동 획득하다 | **关注** guānzhù 명 관심 | **以** yǐ 개 ~로써 | **获取** huòqǔ 동 취득하다 | **陪伴** péibàn 동 함께하다 | **情况** qíngkuàng 명 상황 | **单纯** dānchún 형 단순하다 | **通过** tōngguò 개 ~를 통해 | **反对** fǎnduì 동 반대하다 |

劝说 quànshuō 동 설득하다 | **方式** fāngshì 명 방식 | **效果** xiàoguǒ 명 효과 | **则** zé 접 오히려 | **适得其反** shìdé qífǎn 성 결과가 바라는 것과 정반대가 되다 | **停止** tíngzhǐ 동 멈추다 | **根本** gēnběn 명 근본 | **贴心** tiēxīn 형 가장 친하다 | **支持** zhīchí 동 지지하다 | **关怀** guānhuái 동 관심을 가지고 보살피다 | **心理** xīnlǐ 명 심리 | **依靠** yīkào 동 의지하다

36 ★★☆	
老人不停地买保健品除了是想自己照顾自己以外，还有什么原因?	노인이 건강 보조품을 끊임없이 구매하는 것은 자신을 돌보고 싶어 하는 것 외에, 또 무슨 원인이 있는가?
A 保持体形	A 체형을 유지한다
B 和医生多沟通	B 의사와 자주 소통한다
C 多花钱	C 돈을 많이 쓴다
D 引起子女的注意	D 자녀의 주의를 끈다

단어 **保持** bǎochí 명 유지하다 | **体形** tǐxíng 명 체형 | **沟通** gōutōng 동 소통하다 | **花钱** huāqián 돈을 쓰다 | **引起** yǐnqǐ 동 끌다 | **注意** zhùyì 명 주의

해설 두 번째 단락에서 '除了…外(~외에)', '还有(그리고)' 문형을 사용하여 '老人不停地买保健药品的行为里面除了有自己照顾自己的因素外，还有另一方面的原因，那就是希望借此获得子女的关注(노인이 건강 보조 약품을 끊임없이 구매하는 행동의 내면에는 자신을 돌보는 원인 외에 다른 방면의 원인이 있다. 그것은 바로 이 기회를 빌려 자녀의 관심을 받기 바라는 것이다)'라고 한다. 여기서 쓰인 '获得子女的关注(자녀의 관심을 받는다)'라는 내용은 D의 '引起子女的注意(자녀의 주의를 끈다)'와 일치하므로 정답은 D이다.

Tip
获得关注(관심을 받다) = 引起关注(관심을 끌다) = 引起注意(주의를 끌다)

37 ★★☆	
让老人停止乱买保健品的最根本方法是什么?	노인에게 건강 보조품의 무분별한 구매를 멈추도록 하는 가장 근본적인 방법은 무엇인가?
A 给老人更多的钱	A 노인에게 더 많은 돈을 드린다
B 给老人更多的关心	B 노인에게 더 많은 관심을 준다
C 把老人送进养老院	C 노인을 양로원에 보내 준다
D 给老人请保姆	D 노인에게 요양 보호인을 고용해 준다

단어 **乱** luàn 부 제멋대로 | **方法** fāngfǎ 명 방법 | **关心** guānxīn 명 관심 | **养老院** yǎnglǎoyuàn 명 양로원 | **保姆** bǎomǔ 명 보모

해설 두 번째 단락에서 '让老人停止买药，最根本的办法就是给老人最贴心的支持和关怀(노인이 약품 구매를 멈추도록 하는 가장 근본적인 방법은 노인을 살뜰히 챙기고 돌보는 것이다)'라고 한다. 여기서 쓰인 '给老人最贴心的支持和关怀(노인을 살뜰히 챙기고 돌보는 것이다)'라는 내용은 B의 '给老人更多的关心(노인에게 더 많은 관심을 준다)'과 일치하므로 정답은 B이다.

38 – 40

根据科学家的测算，如果按照当前的温室气体排放速度，20年内就会达到升温2摄氏度这一地球生态警戒线，这将导致许多灾难性后果。

如果气温上升1摄氏度，[38]那个被称为美国大粮仓的南部地区，将从“粮仓”变为大沙漠，从而将人们逼出这一地区。如今全球最热的撒哈拉沙漠可能会变得湿润起来，阿尔卑斯山的冰雪也将全部融化。澳大利亚大堡礁的珊瑚将会全部死亡。

如果气温上升2摄氏度的话，地球上将出现大面积的农作物歉收、水资源枯竭、水平面上升等恶果。[39]格陵兰岛的冰盖将彻底融化，从而使得全球海洋的水平面上升7米。三分之一的动植物种群将会因为天气变化而灭绝。[40]1亿人处于缺水状态，同时世界上绝大多数的珊瑚将会消失。

气温上升3摄氏度是地球的一个重大“拐点”，因为地球气温一旦上升3摄氏度，就意味着全球变暖的趋势将彻底失控，人类再也无力介入地球气温的变化。

气温上升4摄氏度，对于地球的大部分地区来说都是灾难。此时，北冰洋所有的冰盖全部消失，北极成了一片浩瀚的海洋，北极熊和其他在低温环境中生活的动物将彻底灭绝。南极的冰盖也将受到很大影响。

一旦全球气温上升5摄氏度到6摄氏度，陆地大部分将被淹没，动植物无法适应新的环境，因此将有95%的物种灭绝，地球就面临着一场与史前大灭绝一样的劫难。

과학자의 계산에 근거하여, 만약 현재 온실가스의 배출 속도 대로라면 20년 안에 기온이 섭씨 2도가 상승하는 지구 생태계 경계선에 도달할 것이고, 이는 매우 많은 파멸적인 결과를 야기할 것이다.

만약 기온이 섭씨 1도가 상승한다면, [38]미국의 대규모 곡창 지대라 불리는 남부지역이 '곡창 지대'에서 큰 사막으로 변하고, 사람들을 더 이상 이 지역에서 살지 못하도록 위협할 것이다. 오늘날 전 세계에서 가장 더운 사하라(撒哈拉) 사막이 습해지기 시작하고, 알프스(阿尔卑斯)산의 얼음과 눈도 전부 녹을 것이다. 호주(澳大利亚) 대보초의 산호는 전부 죽게 될 것이다.

만약 기온이 섭씨 2도가 상승한다면, 지구 대규모 농작물의 흉작, 수자원 고갈, 해수면 상승 등의 나쁜 결과가 나타날 것이다. [39]그린란드(格陵兰岛)의 빙하가 완전히 녹으면 전 세계 해양의 해수면이 7m 상승한다. 1/3의 동식물 개체군은 기후 변화로 인해 멸종하게 될 것이다. [40]1억 명이 물 부족 상태에 처하고, 또한 전 세계 대다수의 산호가 사라지게 될 것이다.

기온이 섭씨 3도가 상승하는 것은 지구의 중대한 '변환점'이다. 왜냐하면 지구의 기온이 일단 3도가 상승하면, 전 세계의 온난화 추세가 완전히 통제력을 잃어서 인류는 지구의 기온 변화에 더 이상 개입하는 능력이 없어진다.

기온이 섭씨 4도가 상승하면, 지구 대부분 지역에 재난이 발생한다. 이때 북극해의 모든 빙하가 전부 사라져 북극은 광활한 하나의 바다가 되고, 북극곰과 기타 저온 환경에서 사는 동물이 완전히 멸종되며, 남극의 얼음도 큰 영향을 받게 될 것이다.

일단 전 세계의 기온이 섭씨 5~6도가 상승하면, 육지 대부분이 물에 잠기게 될 것이고 동식물은 새로운 환경에 적응할 수 없다. 이로 인해서 95%의 종들이 멸종하게 되고, 지구는 선사 시대의 대멸종과 같은 재난을 직면하게 될 것이다.

단어 **科学家** kēxuéjiā 명 과학자 | **测算** cèsuàn 동 추산하다 | **按照** ànzhào 개 ~에 따라 | **当前** dāngqián 명 현재 | **温室气体** wēnshì qìtǐ 명 온실가스 | **排放** páifàng 동 배출하다 | **速度** sùdù 명 속도 | **达到** dádào 동 도달하다 | **升温** shēngwēn 동 온도가 상승하다 | **摄氏度** shèshìdù 명 섭씨(온도) | **地球** dìqiú 명 지구 | **生态** shēngtài 명 생태 | **警戒线** jǐngjièxiàn 명 경계선 | **导致** dǎozhì 동 야기하다 | **许多** xǔduō 형 매우 많다 | **灾难** zāinàn 명 재난 | **后果** hòuguǒ 명 결과 | **上升** shàngshēng 동 상승하다 | **称** chēng 동 ~라고 부르다 | **美国** Měiguó 명 미국 | **粮仓** liángcāng 명 곡식 저장 창고 | **南部** nánbù 명 남부 | **地区** dìqū 명 지역 | **沙漠** shāmò 명 사막 | **从而** cóng'ér 접 따라서 | **逼** bī 동 위협하다 | **全球** quánqiú 명 전 세계 | **撒哈拉沙漠** Sāhālā shāmò 명 사하라 사막 [지명] | **湿润** shīrùn 형 습윤하다 | **阿尔卑斯山** Ā'ěrbēisī shān 명 알프스 산 [지명] | **冰雪** bīngxuě 명 얼음과 눈 | **全部** quánbù 명 전부 | **融化** rónghuà 동 녹다 | **澳大利亚** Àodàlìyà 명 호주 | **大堡礁** Dàbǎojiāo 명 대보초 [지명, 호주에 있는 세계에서 가장 큰 산호초 군락] | **珊瑚** shānhú 명 산호 | **死亡** sǐwáng 동 죽다 | **气温** qìwēn 명 기온 | **出现** chūxiàn 동 나타나다 | **面积** miànjī 명 면적 | **农作物** nóngzuòwù 명 농작물 | **歉收** qiànshōu 동 흉작이다 | **水资源** shuǐzīyuán 명 수자원 | **枯竭** kūjié 형 고갈되

다 | **水平面** shuǐpíngmiàn 명 해수면 | **恶果** èguǒ 명 나쁜 결말 | **格陵兰岛** Gélínglán dǎo 명 그린란드 [지명] | **冰盖** bīnggài 명 대지에 덮인 두꺼운 얼음 | **彻底** chèdǐ 형 철저하다 | **使得** shǐde 동 ~하게 하다 | **海洋** hǎiyáng 명 해양 | **动植物** dòngzhíwù 명 동식물 | **种群** zhǒngqún 명 개체군 | **而** ér 접 그리고 | **灭绝** mièjué 동 절멸하다 | **亿** yì 수 억 | **处于** chǔyú 동 처하다 | **缺** quē 동 부족하다 | **状态** zhuàngtài 명 상태 | **同时** tóngshí 접 또한 | **绝大多数** juédà duōshù 절대 다수 | **消失** xiāoshī 동 사라지다 | **重大** zhòngdà 형 중대하다 | **拐点** guǎidiǎn 명 변환점 | **一旦** yídàn 명 일단 | **意味着** yìwèizhe 동 의미하다 | **趋势** qūshì 명 추세 | **失控** shīkòng 동 통제력을 잃다 | **人类** rénlèi 명 인류 | **介入** jièrù 동 개입하다 | **对于** duìyú 개 ~에 대해 | **大部分** dàbùfen 명 대부분 | **灾难** zāinàn 명 재난 | **此时** cǐshí 명 이때 | **北冰洋** běibīngyáng 명 북극해 | **北极** běijí 명 북극 | **浩瀚** hàohàn 형 광활하다 | **熊** xióng 명 곰 | **低温** dīwēn 명 저온 | **生活** shēnghuó 동 살다 | **南极** nánjí 명 남극 | **受到** shòudào 동 받다 | **陆地** lùdì 명 육지 | **淹没** yānmò 동 잠기다 | **无法** wúfǎ 동 방법이 없다 | **适应** shìyìng 동 적응하다 | **因此** yīncǐ 접 이로 인해서 | **物种** wùzhǒng 명 종 [생물] | **面临** miànlín 동 직면하다 | **与** yǔ 개 ~과 | **史前** shǐqián 명 선사 시대 | **劫难** jiénàn 명 재난

38 ★☆☆	
美国的大粮仓位于哪个地区?	미국의 대규모 곡창 지대는 어느 지역에 위치하는가?
A 北部地区　　B 东南地区	A 북부 지역　　B 동남 지역
C 南部地区　　D 西北地区	C 남부 지역　　D 서북 지역

단어 **位于** wèiyú 동 ~에 위치하다

해설 온실가스 배출로 인해 초래될 재난에 대한 내용을 언급하면서, 두 번째 단락에서 '**那个被称为美国大粮仓的南部地区，将从"粮仓"变为大沙漠**(미국의 대규모 곡창 지대라 불리는 남부지역이 '곡창 지대'에서 큰 사막으로 변한다)'라고 한다. 따라서 정답은 C이다.

39 ★★☆	
如果气温上升2摄氏度，全球海平面将上升几米?	만약 기온이 섭씨 2도가 상승한다면, 전 세계의 해수면은 몇 미터가 상승할 것인가?
A 5米　　B 6米	A 5m　　B 6m
C 7米　　D 8米	C 7m　　D 8m

해설 세 번째 단락에서 기온이 섭씨 2도가 상승하면 초래될 악영향에 대해 나열하고 나서, '**格陵兰岛的冰盖将彻底融化，从而使得全球海洋的水平面上升7米**(그린란드의 빙하가 완전히 녹으면 전 세계 해양의 해수면이 7m 상승한다)'라고 한다. 따라서 정답은 C이다.

40 ★★☆	
气温上升2摄氏度，将会出现什么情况?	기온이 섭씨 2도가 상승하면, 어떤 상황이 나타날 것인가?
A 95%的物种将灭绝	A 95%의 종이 멸종될 것이다
B 北冰洋的所有冰盖将消失	B 북극해의 모든 빙하가 사라질 것이다
C 陆地大部分将被淹没	C 육지 대부분이 물에 잠길 것이다
D 1亿人处于缺水状态	D 1억 명이 물 부족 상태에 처한다

단어 **情况** qíngkuàng 명 상황

해설 세 번째 단락에서 기온이 섭씨 2도가 상승하면 '1亿人处于缺水状态(1억 명이 물 부족 상태에 처한다)'라고 한다. 따라서 정답은 D이다.

Tip 단문 듣기에서 각 단락의 제시되는 사건들이 모두 다를 때, 간략히 필기를 하면서 내용과 특징을 기억하는 것이 관건이다.

41 – 43

日本的家庭主妇煮饭时可以一举多得。[41]先把米淘好，按照标准的指定线放够水，然后放进一个鸡蛋，另外再用锡纸包好一个白薯。这样一来，等饭煮好了，煮鸡蛋和蒸白薯一起出锅，既省电又一举多得。

[42]酒店一般都有女人用的浴帽，这个拿回家可以代替保鲜膜。因为浴帽的周边是靠松紧带系好的，如果把新鲜的蔬菜放进一个盆里，然后用浴帽盖好，储存到冰箱里头，由于松紧带会有点缝隙，因此它恰好可以让食物透气保鲜。

第三个实例有点儿神。我们出门买菜都会拿到一张购物清单，这个一般都是收款机自动打出来的。这张看上去十分普通的购物清单拿回家可以派上很大的用场。日本家庭主妇是这样介绍的："[43]我把购物清单贴在冰箱上，每次用完了肉呀鱼呀，我都会用笔划掉，比如今天用了洋白菜，我就会在购物清单上的洋白菜上画一道黑。鱼用完了，我就会在鱼上划一道。""这样做有什么好处呢？"我好奇地问。她笑了："[43]这样可以减少打开冰箱的次数，可以省好多电呀。"

我不得不佩服日本主妇的绝顶智慧。

일본의 가정주부는 밥을 지을 때, 한번에 여러 가지를 할 수 있다. [41]우선 쌀을 다 씻고 기준의 지정선에 따라 물을 넣고 나서 달걀을 하나 넣는다. 이 외에 또 은박지를 사용해 고구마 하나를 감싼다. 이렇게 해서 밥이 다 되기를 기다렸다가 삶은 달걀과 찐 고구마를 함께 솥에서 꺼내는데, 전기를 절약하면서 또 한번에 여러 가지를 할 수 있다.

[42]호텔은 대부분 여성용 샤워캡이 있는데, 이것을 집에 가지고 오면 랩을 대체할 수 있다. 샤워캡 주위는 고무줄로 잘 매여있기 때문에, 만약 신선한 채소를 한 소쿠리에 넣고 나서 샤워캡을 사용해 잘 덮어 냉장고 안에 두면 고무줄로 인한 약간의 틈이 생긴다. 그래서 그것이 바로 음식물에 공기를 통하게 하여 신선도를 유지할 수 있다.

세 번째 실례는 조금 기이하다. 우리는 밖에서 장을 볼 때 영수증 한 장을 가져오는데, 이것은 보통 포스기에서 자동으로 나온 것이다. 보기에 아주 평범한 이 구매 영수증을 집에 가져가면 아주 유용하게 쓸 수 있다. 일본의 가정주부는 이렇게 소개한다. "[43]저는 구매 영수증을 냉장고에 붙여 놓고, 매번 고기나 생선을 다 쓰면 펜으로 삭제해요. 예를 들어, 오늘 양배추를 썼으면, 저는 구매 영수증의 양배추에 검은 선을 한 줄 긋죠. 생선을 다 썼으면 생선에 한 줄을 긋고요.", "이렇게 하면 어떤 좋은 점이 있나요?" 나는 호기심 가득한 채 물었다. 그녀는 웃으면서 "[43]이렇게 하면 냉장고의 문 여는 횟수를 줄일 수 있어서 전기를 많이 아낄 수 있거든요."라고 했다.

나는 일본 주부의 뛰어난 지혜에 감탄하지 않을 수 없었다.

단어 日本 Rìběn 명 일본 | 家庭主妇 jiātíng zhǔfù 명 가정주부 | 煮 zhǔ 동 삶다 | 一举 yìjǔ 부 일거에 | 得 dé 동 얻다 | 淘 táo 동 물로 씻어 내다 | 按照 ànzhào 개 ~에 따라 | 标准 biāozhǔn 명 기준 | 指定 zhǐdìng 동 지정하다 | 够 gòu 동 도달하다 | 另外 lìngwài 접 이 외에 | 锡纸 xīzhǐ 명 은종이 | 白薯 báishǔ 명 고구마 | 一来 yìlái ~게 하다 | 蒸 zhēng 동 찌다 | 锅 guō 명 솥 | 既 jì 접 ~할 뿐만 아니라 | 省 shěng 동 절약하다 | 浴帽 yùmào 명 샤워캡 | 代替 dàitì 동 대체하다 | 保鲜膜 bǎoxiānmó 명 랩 | 周边 zhōubiān 명 주위 | 靠 kào 동 닿다 | 松紧带 sōngjǐndài 명 고무줄 | 系 jì 동 매다 | 蔬菜 shūcài 명 채소 | 盆 pén 명 양푼 | 盖 gài 동 덮다 | 储存 chǔcún 동 저장하여 두다 | 里头 lǐtou 명 안 | 由于 yóuyú 접 ~로 인하여 | 缝隙 fèngxì 명 틈 | 因此 yīncǐ 접 그래서 | 恰好 qiàhǎo 부 바로 | 食物 shíwù 명 음식물 | 透气 tòuqì 동 공기를 통하게 하다 | 保鲜 bǎoxiān 동 신선도를 유지하다 | 实例 shílì 명 실례 | 神 shén 형 기이하다 | 出门 chūmén 동 외출하다 | 购物 gòuwù 동 물품을 구입하다 | 清单 qīngdān 명 명세서 | 收款机 shōukuǎnjī 명 금전 등

록기, 포스기 | **自动** zìdòng 형 자동으로 | **十分** shífēn 부 아주 | **派用场** pài yòngchǎng 유용하게 쓰다 | **贴** tiē 동 붙이다 | **划掉** huádiào 삭제하다 | **比如** bǐrú 동 예를 들다 | **洋白菜** yángbáicài 명 양배추 | **道** dào 양 줄기, 가닥 | **划** huà 동 긋다 | **好处** hǎochu 명 좋은 점 | **好奇** hàoqí 형 호기심을 갖다 | **减少** jiǎnshǎo 동 줄이다 | **次数** cìshù 명 횟수 | **不得不** bùdébù 어쩔 수 없이 | **佩服** pèifú 동 감탄하다 | **绝顶** juédǐng 명 최고봉 | **智慧** zhìhuì 명 지혜

41 ★★☆

日本主妇煮饭的同时还把什么也煮好了?	일본 주부는 밥을 짓는 동시에 무엇을 다 삶았는가?
A 鸡蛋　B 白薯和锅	A 달걀　B 고구마와 솥
C 鸡蛋和白薯　D 锅	C 달걀과 고구마　D 솥

단어 **同时** tóngshí 명 동시

해설 첫 번째 단락에서 '先把米淘好, 按照标准的指定线放够水, 然后放进一个鸡蛋, 另外再用锡纸包好一个白薯(우선 쌀을 다 씻고 기준의 지정선에 따라 물을 넣고 나서 달걀을 하나 넣는다. 이 외에 또 은박지를 사용해 고구마 하나를 감싼다)'라고 한다. 여기서 '鸡蛋(달걀)'과 '白薯(고구마)'를 알아 들었다면 보기를 보고 쉽게 답을 찾을 수 있다. 따라서 정답은 C이다.

42 ★★★

日本女人把浴帽拿回家做什么?	일본 여성은 샤워캡을 집으로 가져가서 무엇을 하는가?
A 垃圾袋　B 保鲜膜	A 쓰레기 봉투　B 랩
C 抹布　D 环保袋	C 행주　D 에코백

단어 **垃圾袋** lājīdài 명 쓰레기 봉투 | **抹布** mābù 명 행주, 걸레 | **环保袋** huánbǎodài 명 에코백

해설 두 번째 단락에서 '酒店一般都有女人用的浴帽, 这个拿回家可以代替保鲜膜(호텔은 대부분 여성용 샤워캡이 있는데, 이것을 집에 가지고 오면 랩을 대체할 수 있다)'라고 한다. 여기서 '代替保鲜膜(랩을 대체하다)'라는 내용을 들었다면 질문에 알맞은 답을 고를 수 있다. 따라서 정답은 B이다.

43 ★★☆

日本主妇是怎么减少打开冰箱的次数的?	일본 주부는 냉장고 여는 횟수를 어떻게 줄이는가?
A 把食品数量记在心里	A 식품의 수량을 마음속으로 기억한다
B 把购物单贴在冰箱上	B 구매 영수증을 냉장고에 붙인다
C 一次性从冰箱拿很多食物	C 한번에 냉장고에서 매우 많은 음식물을 꺼낸다
D 把食物放在冰箱外面	D 음식물을 냉장고 밖에 둔다

단어 **数量** shùliàng 명 수량 | **购物单** gòuwùdān 명 구매 영수증 | **一次性** yícìxìng 형 단번에

해설 세번째 단락에서 여자는 '我把购物清单贴在冰箱上, 每次用完了肉呀鱼呀, 我都会用笔划掉(나는 구매 영수증을 냉장고에 붙여 놓고, 매번 고기나 생선을 다 쓰면 펜으로 삭제한다)'라고 한다. 이어서 화자가 질문을 하니, '这样可以减少打开冰箱的次数(이렇게 하면 냉장고의 문 여는 횟수를 줄일 수 있다)'라고 대답한다. 물품 구매 내역이 적힌 영수증을 냉장고에 붙이고, 다 사용한 음식물을 삭제함으로서 문 여는 횟수를 줄이는 것이다. 따라서 정답은 B이다.

Tip '用…划掉'는 '~를 사용하여 삭제하다'라는 의미로, '用…(来) + 술어(~를 사용하여 ~하다)', '通过…(来) + 술어(~를 통해 ~하다)'는 자주 쓰이는 표현이다. 익혀 두면 문장을 이해하기 훨씬 수월하므로 외워 두도록 한다.

44 – 45

[44]有一天，路上的雾非常大，小李开着车，看不清前面的路，可有要紧事要办。怎么办呢？这时，他看见前面一辆车的灯光，于是就跟着它走，可是走了一段时间，前面的车不走了，小李等了一会儿，有点不耐烦了，下车就喊："前面的车为什么不走？"

前面的人说："我到家了。" [45]小李一看人家已经到车库了。

[44]길에 안개가 자욱한 어느 날, 샤오리(小李)는 자동차를 운전하고 있었는데, 앞의 길이 잘 보이지 않았다. 그러나 처리해야 하는 중요한 일이 있었다. 어떻게 해야 하나? 이때, 그는 앞 차량의 불빛을 보고서 그것을 따라갔다. 그러나 어느 정도 가다 보니 앞의 차가 움직이지 않았다. 샤오리는 잠시 기다리다가 좀 참지 못하고 차에서 내려 "앞 차는 왜 안 가는 겁니까?"라고 소리를 질렀다.

앞 사람이 "저는 집에 도착했어요."라고 말했다. [45]샤오리는 그 사람이 이미 차고에 도착한 것을 보았다.

단어 雾 wù 명 안개 | 可 kě 접 [이어진 단문에서 사건의 전환을 나타냄] | 要紧 yàojǐn 형 중요하다 | 办 bàn 동 처리하다 | 灯光 dēngguāng 명 불빛 | 于是 yúshì 접 그래서 | 跟着 gēnzhe 동 따라가다 | 可是 kěshì 접 그러나 | 不耐烦 bú nàifán 못 참다 | 喊 hǎn 동 소리치다 | 人家 rénjiā 대 어떤 사람 | 车库 chēkù 명 차고

44 ★★☆

小李为什么看不见路？

A 下雨　　B 有雾

C 眼睛不好　　D 车灯坏了

샤오리는 왜 길을 볼 수 없었는가?

A 비가 온다　　B 안개가 끼다

C 눈이 안 좋다　　D 자동차 전조등이 고장 났다

단어 车灯 chēdēng 명 자동차의 전조등

해설 초반에 '路上的雾非常大(길에 안개가 자욱하다)'와 '看不清前面的路(앞의 길이 잘 보이지 않는다)'라고 한다. 따라서 샤오리는 안개로 인해 길을 잘 볼 수 없었으므로 정답은 B이다.

45 ★★☆

小李到了哪里？

A 自己的公司　　B 自己的车库

C 别人的车库　　D 别人的公司

샤오리는 어디에 도착했는가?

A 자신의 회사　　B 자신의 차고

C 다른 사람의 차고　　D 다른 사람의 회사

해설 두 번째 단락의 마지막 문장에서 '小李一看人家已经到车库了(샤오리는 그 사람이 이미 차고에 도착한 것을 보았다)'라고 한다. 여기서 '人家'는 타인을 가리키는 것으로, 보기 중에 '别人(다른 사람)'과 같은 뜻으로 사용되었다. 그러므로 '别人的车库(다른 사람의 차고)'라는 C가 정답이다.

정답				
31 C	32 D	33 B	34 D	35 B
36 C	37 A	38 B	39 B	40 C
41 D	42 C	43 B	44 B	45 C

31 – 33

一只叫作阿勇的狗有一天走到街上，[31]找到了一根美味、可口的骨头。它觉得自己运气很不错，打算把这根骨头带回去慢慢品尝。阿勇紧紧地咬着骨头，睁大眼睛，好像非常担心随时会有大狗过来跟它抢夺骨头似的。它走到了一座桥上，如果它继续往前通过这座桥就好了。可是阿勇停住了脚步，从桥上往桥下看看河水。它竟然看见河里也有一只狗咬着一根骨头。[32]阿勇很想要那根骨头，于是"汪汪"地叫起来。就在这个时候，骨头从嘴巴里掉了下来，沉到水底去了。这时它才反应过来，[33]因为自己的贪心，它弄丢了一顿美味的晚餐。

아용(阿勇)이라 불리는 개 한 마리가 어느 날 길을 가다가 [31]먹음직스럽고 맛있는 뼈다귀 한 개를 발견했다. 개는 스스로 운이 매우 좋다고 여기고, 이 뼈다귀를 가지고 가서 천천히 음미하려 했다. 아용은 뼈다귀를 꽉 물고 눈을 크게 떴다. 마치 언제든지 큰 개가 와서 아용에게 뼈를 빼앗아 갈까 봐 무척 걱정하는 것 같았다. 개는 한 다리 위에 이르렀다. 만약 아용이 계속 전진하여 이 다리를 통과하기만 하면 좋았겠으나, 아용은 걸음을 멈추고 다리 위에서 아래의 강물을 내려다 보았다. 뜻밖에도 강에 또 다른 개 한 마리가 뼈다귀 한 개를 물고 있는 것을 보았다. [32]아용은 그 뼈다귀가 몹시 탐이 나서 "멍멍"하고 짖기 시작했다. 바로 그 때, 주둥이에 있던 뼈다귀가 떨어져 물밑에 가라 앉았다. 이때 아용은 비로소 깨달았다. [33]자신의 탐욕 때문에 맛있는 한 끼 저녁 식사를 잃은 것이다.

단어 叫作 jiàozuò 동 ~라고 불리다 | 根 gēn 양 개, 가닥 [가늘고 긴 것을 세는 단위] | 美味 měiwèi 명 좋은 맛 | 可口 kěkǒu 형 맛있다 | 骨头 gǔtou 명 뼈다귀 | 运气 yùnqi 명 운 | 品尝 pǐncháng 동 맛보다 | 紧紧 jǐnjǐn 형 꼭 끼다 | 咬 yǎo 동 깨물다 | 睁 zhēng 동 크게 뜨다 | 好像 hǎoxiàng 부 마치 ~과 같다 | 随时 suíshí 부 언제든지 | 抢夺 qiǎngduó 동 빼앗다 | 似的 shìde 조 ~와 같다 | 座 zuò 양 좌, 동, 채 [부피가 크거나 고정된 물체를 세는 단위] | 桥 qiáo 명 다리, 교량 | 继续 jìxù 명 계속 | 通过 tōngguò 동 통과하다 | 可是 kěshì 접 그러나 | 停 tíng 동 멈추다 | 脚步 jiǎobù 명 걸음 | 竟然 jìngrán 부 뜻밖에도 | 于是 yúshì 접 그래서 | 汪汪 wāngwāng 의성 멍멍 [개 짖는 소리] | 嘴巴 zuǐba 명 주둥이 | 掉 diào 동 떨구다 | 沉 chén 동 가라앉다 | 水底 shuǐdǐ 명 물밑 | 反应 fǎnyìng 동 반응하다 | 贪心 tānxīn 명 탐욕 | 弄丢 nòngdiū 잃어버리다 | 顿 dùn 양 번, 끼 [식사 · 질책 · 권고 등을 세는 단위] | 晚餐 wǎncān 명 저녁 식사

31 ★★☆

故事中的狗找到了什么？

A 一块肉　　B 一根香肠
C 一根骨头　　D 一根木头

이야기의 개가 찾은 것은 무엇인가?

A 고기 한 덩이　　B 소시지 한 개
C 뼈다귀 한 개　　D 나무 한 토막

단어 块 kuài 양 덩이 [덩이로 된 물건을 세는 단위] | 香肠 xiāngcháng 명 소시지 | 木头 mùtou 명 나무, 목재

해설 첫 번째 문장에서 개가 길을 가다가 '找到了一根美味、可口的骨头(먹음직스럽고 맛있는 뼈다귀 한 개를 발견했다)'라고 하므로 정답은 C이다.

32 ★★☆	
为什么它张开了嘴巴？	개는 왜 주둥이를 벌렸는가?
A 看见了朋友	A 친구를 보았다
B 遇到了危险	B 위험에 봉착했다
C 想要去游泳	C 수영하러 가고 싶다
D 想要水中的骨头	D 물 속의 뼈다귀를 가지고 싶다

단어 张 zhāng 동 열다 | 遇到 yùdào 봉착하다 | 危险 wēixiǎn 명 위험

해설 녹음 내용에서 '阿勇很想要那根骨头，于是"汪汪"地叫起来(아용은 그 뼈다귀가 몹시 탐이 나서 "멍멍"하고 짖기 시작했다)'라고 한다. 개가 주둥이를 벌린 이유는 물 속의 뼈다귀를 가지고 싶어서 소리내어 짖었기 때문이므로 정답은 D이다.

33 ★★☆			
故事告诉我们要防止哪种心理？		이야기는 우리에게 어떤 심리를 경계해야 한다고 알려주는가?	
A 骄傲	B 贪心	A 거만함	B 탐욕
C 自信	D 热情	C 자신감	D 열정

단어 防止 fángzhǐ 동 경계하다 | 心理 xīnlǐ 명 심리 | 骄傲 jiāoào 동 거만하다 | 自信 zìxìn 명 자신감 | 热情 rèqíng 명 열정

해설 녹음 내용에서 '因为自己的贪心，它弄丢了一顿美味的晚餐(자신의 탐욕 때문에 맛있는 한 끼 저녁 식사를 잃었다)'이라고 한다. 여기서 '贪心(탐욕)'을 직접적으로 언급하고 있으므로 정답은 B이다.

34 – 35

小王在外地做事，[34]托他的一位同乡带一件精巧又昂贵的玩具回家。

同乡问："这东西带给谁呢？"

小王认为自己的儿子长得伶俐聪明，是全村最可爱的孩子，就得意地说："带给我们村里最可爱的孩子。"

同乡点点头，拿起东西走了。

过了几个月，小王回到家里，知道他的儿子并没有收到同乡带回来的玩具，便跑去问那个同乡："我托你带的玩具，怎么没有带给我的儿子？"

那同乡说："你不是说带给全村最可爱的孩子吗？我认为我的儿子是全村最可爱的孩子，所以[35]把玩具给了我的儿子啦！"

샤오왕(小王)이 외지에서 일을 하며, [34]그와 한 고향인 사람에게 정교하고 값비싼 장난감을 하나 가지고 집에 돌아가 달라고 부탁했다.

고향 사람이 물었다. "이거 누구에게 가져다 줄까요?"

샤오왕은 자신의 아들이 영리하고 총명하게 생겼으며, 온 마을에서 가장 귀여운 아이라고 생각했다. 그는 득의양양하게 말했다. "우리 마을에서 가장 귀여운 아이에게 가져다 주세요."

고향 사람은 고개를 끄덕이며 장난감을 가지고 갔다.

몇 달이 지나고 샤오왕이 집에 돌아왔는데, 그의 아들이 고향 사람이 가져간 장난감을 받지 못했다는 것을 알고서 바로 달려가 그 고향 사람에게 물었다. "내가 당신에게 가져가 달라고 부탁한 장난감을 어째서 내 아들에게 가져다 주지 않은 건가요?"

그 고향 사람이 말했다. "당신이 온 마을에서 가장 귀여운 아이에게 가져다 주라고 말하지 않았나요? 나는 우리 아들이 온 마을에서 가장 귀엽다고 생각해서 [35]장난감을 내 아들에게 줬어요!"

단어 **外地** wàidì 명 외지 | **托** tuō 동 부탁하다 | **同乡** tóngxiāng 명 한 고향 | **精巧** jīngqiǎo 형 정교하다 | **昂贵** ángguì 형 비싸다 | **玩具** wánjù 명 장난감 | **伶俐** línglì 형 영리하다 | **村** cūn 명 마을 | **得意** déyì 형 득의하다 | **点头** diǎntóu 동 고개를 끄덕이다 | **收** shōu 동 받다 | **便** biàn 부 바로

34 ★★☆

小王让同乡带什么东西回家?	샤오왕이 고향 사람에게 무엇을 가지고 집에 돌아가 달라고 했는가?
A 洋娃娃　B 钱	A 외국 인형　B 돈
C 一封信　D 玩具	C 편지 한 통　D 장난감

단어 **洋娃娃** yángwáwa 명 외국 인형

해설 첫 번째 단락에서 '**托他的一位同乡带一件精巧又昂贵的玩具回家**(그와 한 고향인 사람에게 정교하고 값비싼 장난감을 하나 가지고 집에 돌아가 달라고 부탁했다)'라고 한다. 여기서 '**玩具**(장난감)'를 직접적으로 언급하고 있으므로 정답은 D이다.

35 ★★☆

同乡把东西给谁了?	고향 사람은 장난감을 누구에게 주었는가?
A 小王的父亲　B 他自己的儿子	A 샤오왕의 아버지　B 자신의 아들
C 小王的儿子　D 小王的妻子	C 샤오왕의 아들　D 샤오왕의 아내

단어 **父亲** fùqīn 명 아버지

해설 샤오왕은 자신의 아들이 온 마을에서 가장 귀엽다고 생각하고 고향 사람에게 장난감 전달을 부탁했지만, 고향 사람은 자신의 아들이 가장 귀엽다고 생각했다. 그래서 마지막 단락에서 고향 사람은 '**把玩具给了我的儿子啦!**(장난감을 내 아들에게 줬다!)'라고 한다. 따라서 정답은 B이다.

36 – 37

各位顾客朋友，[37]现在是北京时间21：25，欢迎各位光临大华广场龙华超市。现有一顾客朋友[36]在超市内食品购买区捡到一个钱包，内有现金若干，请失主速到超市服务台认领。请注意，[37]超市的营业时间为上午9点至晚上11点，请失主听到广播后速到服务台认领。谢谢您的合作!	고객 여러분, [37]지금은 베이징(北京) 시간으로 21시 25분입니다. 대화 광장의 용화 마트에 오신 여러분을 환영합니다. 현재 한 고객께서 [36]마트 내 식품 판매 구역에서 지갑을 한 개 주웠습니다. 안에는 약간의 현금이 들어있습니다. 잃어버린 주인은 속히 마트의 안내소로 와서 찾아가기 바랍니다. 주목해 주세요. [37]마트의 영업 시간은 오전 9시부터 밤 11시까지입니다. 지갑을 잃어버린 주인은 방송을 들으면 속히 안내소로 와서 찾아가기 바랍니다. 여러분의 협조에 감사드립니다!

단어 **各位** gèwèi 여러분 | **顾客** gùkè 명 고객 | **北京** Běijīng 명 베이징 [지명] | **光临** guānglín 동 광림하시다 | **广场** guǎngchǎng 명 광장 | **食品** shípǐn 명 식품 | **购买** gòumǎi 동 사다 | **区** qū 명 구역 | **捡** jiǎn 동 줍다 | **钱包** qiánbāo 명 지갑 | **现金** xiànjīn 명 현금 | **若干** ruògān 대 약간 | **失主** shīzhǔ 명 분실자 | **速** sù 형 신속하다 | **服务台** fúwùtái 명 안내소 | **认领** rènlǐng 동 찾아가다 | **营业** yíngyè 명 영업 | **至** zhì 동 이르다 | **广播** guǎngbō 명 방송 프로그램 | **合作** hézuò 명 협력

36 ★☆☆	
钱包是在哪里丢的?	지갑은 어디에서 잃어버린 것인가?
A 超市门口　　B 超市服务台	A 마트 입구　　B 마트 안내소
C 超市食品区　　D 超市衣物区	C 마트 식품 구역　　D 마트 의류 구역

단어 丢 diū 통 잃어버리다

해설 장소를 묻는 문제로 녹음의 내용은 마트 내 안내 방송이다. '在超市内食品购买区捡到一个钱包(마트 내 식품 판매 구역에서 지갑을 한 개 주웠다)'라고 하며, 이어서 '请失主速到超市服务台认领(잃어버린 주인은 속히 마트의 안내소로 와서 찾아가기 바란다)'이라고 방송한다. 고객이 지갑을 주웠던 곳, 즉 지갑의 주인이 잃어버린 곳은 식품 판매 구역이고, 그 지갑을 찾으러 가야 하는 곳은 마트의 안내소이다. 그러므로 정답은 C이다.

37 ★★☆	
离超市关门还有多少时间?	마트의 영업 종료까지는 몇 시간이 남았는가?
A 1小时35分　　B 1小时25分	A 1시간 35분　　B 1시간 25분
C 1小时15分　　D 1小时5分	C 1시간 15분　　D 1시간 5분

단어 关门 guānmén 통 영업을 마치다

해설 녹음 내용을 잘 듣고 시간을 계산해야 하는 문제이다. 초반에 '现在是北京时间21 : 25(지금은 베이징 시간으로 21시 25분이다)'이라고 현재 시간을 언급하고, 마지막 부분에서 '超市的营业时间为上午9点至晚上11点(마트의 영업 시간은 오전 9시부터 밤 11시까지이다)'이라고 한다. 따라서 영업 종료까지 '1小时35分(1시간 35분)'이 남았다는 것을 알 수 있으므로 정답은 A이다.

Tip 시간을 묻는 문제는 계산을 통해 풀어야 하는 경우가 있으므로, 녹음 내용에서 나오는 숫자와 시간은 메모를 하면서 들으면 도움이 된다.

38 – 40

[38]医学上早就发现，男生比较喜欢抽象思维，而女生则恰恰相反。

男人开车，一边左转右转，一边回忆前面转过的路，计算自己的方向；女生则不同，她们更重视的是眼前，因为过去的已经过去了，下面的还不知道。

男人记地方，常会说过了哪个路口，数几个红绿灯，向哪儿转。如果约在十字路口碰面，男人常说正东北角还是西南角。女人则可能抱怨："去你的东南西北！只要告诉我那里有什么大楼，旁边有什么明显的商店就成了。"

连看电影，男生女生都不一样。[39]中学男生特爱看外层空间冒险的电影，中学女生却已经开始着迷写实的偶像剧。

至于中年，男女差异更大。男士常有童心，好

[38]의학적으로 일찍이 발견하길, 남자는 비교적 추상적인 사고를 좋아하기만 여자는 이와 정반대라고 한다.

남자는 운전할 때 좌우로 방향을 틀면서 앞에 돌아왔던 길을 떠올리며 자신의 방향을 계산한다. 여자는 오히려 다른데, 그녀들이 중시하는 것은 눈앞이다. 왜냐하면 지나온 것은 이미 지나갔고, 앞으로는 아직 모르기 때문이다.

남자는 장소를 기억하기 위해 어떤 길을 자주 말할 것이며, 신호등이 몇 개인지 세고, 어딘가를 향해 회전한다. 만약 사거리에서 만나기로 약속했다면, 남자는 동북쪽 아니면 서남쪽을 자주 말한다. 여자는 오히려 원망할 것이다. '동서남북 타령은 그만하고! 거기에 어떤 빌딩이 있는지, 옆에 어떤 눈에 띄는 상점이 있는지만 알려 주면 돼'

영화를 보는 것조차도 남자와 여자는 전부 다르다.

奇，四十岁了还爱看战争科幻片。但如果你问女士，她们八成爱看写实的东西。科幻片要她想象，她想不出来。写实的东西能令她感同身受，哭得一把鼻涕一把泪。

以前对男女的差异，我搞不懂，活了大半辈子才渐渐明白，女人对抽象的东西不感兴趣，女人必须“实在”，[40]因为养孩子和柴米油盐比什么都实在。而男人天生爱冒险，爱远行。

[39]중학교 남학생은 우주 공간을 모험하는 영화를 굉장히 즐겨 보지만, 중학교 여학생은 반대로 현실적인 청춘 드라마에 빠지기 시작한다.

중년이 되면 남녀의 차이는 더욱 크다. 남성은 늘 동심과 호기심으로 가득하고, 40세가 되어서도 전쟁이나 공상 과학 영화를 즐겨 본다. 하지만 만약 당신이 여성에게 묻는다면, 그녀들의 80%가 여성들은 현실적인 내용을 즐겨 본다고 할 것이다. 공상 과학 영화는 그녀의 상상력을 요구하지만, 그녀는 상상해 낼 수 없다. 현실적인 내용은 그녀에게 공감대를 형성하게 하여서 눈물 콧물을 흘리며 우는 것이다.

과거 나는 남녀에 대한 차이를 이해하지 못했다. 반평생을 살아서야 서서히 점차 이해한다. 여자는 추상적인 것에 흥미를 느끼지 못하고, 반드시 '현실적'이어야 한다. [40]왜냐하면 아이를 키우고 먹고 사는 것은 무엇보다도 현실적이기 때문이다. 그러나 남자는 선천적으로 모험을 좋아하고 먼 길을 가기 좋아한다.

단어 医学 yīxué 명 의학 | 抽象思维 chōuxiàng sīwéi 명 추상적 사고 | 则 zé 접 오히려 | 恰恰 qiàqià 부 꼭 | 相反 xiāngfǎn 동 상반되다 | 转 zhuàn 동 회전하다 | 回忆 huíyì 동 회상하다 | 计算 jìsuàn 동 계산하다 | 方向 fāngxiàng 명 방향 | 重视 zhòngshì 동 중시하다 | 眼前 yǎnqián 명 눈앞 | 路口 lùkǒu 명 교차로 | 红绿灯 hónglǜdēng 명 신호등 | 约 yuē 동 약속하다 | 碰面 pèngmiàn 동 만나다 | 抱怨 bàoyuàn 동 원망하다 | 只要 zhǐyào 접 ~하기만 하면 | 大楼 dàlóu 명 빌딩 | 明显 míngxiǎn 형 분명하다 | 连 lián 개 ~조차도 | 外层空间 wàicéng kōngjiān 명 우주 공간 | 冒险 màoxiǎn 동 모험하다 | 却 què 부 오히려 | 迷 mí 동 빠지다 | 写实 xiěshí 명 사실 | 偶像剧 ǒuxiàngjù 명 청춘 드라마 | 至于 zhìyú 개 ~으로 말하면 | 中年 zhōngnián 명 중년 | 差异 chāyì 명 차이 | 童心 tóngxīn 명 동심 | 好奇 hàoqí 형 호기심을 갖다 | 战争 zhànzhēng 명 전쟁 | 科幻片 kēhuànpiàn 명 공상 과학 영화 | 八成 bāchéng 수 8할 | 想象 xiǎngxiàng 동 상상하다 | 令 lìng 동 ~하게 하다 | 感同身受 gǎntóng shēnshòu 성 직접 은혜를 입은 것처럼 감사하게 생각하다 | 把 bǎ 양 줌, 움큼 | 鼻涕 bítì 명 콧물 | 泪 lèi 명 눈물 | 搞 gǎo 동 하다 | 半辈子 bànbèizi 명 반평생 | 渐渐 jiànjiàn 부 점차 | 抽象 chōuxiàng 동 추상하다 | 实在 shízai 형 진실하다 | 柴米油盐 cháimǐ yóuyán 명 생활 필수품 | 而 ér 접 그러나 | 天生 tiānshēng 형 타고난 | 远行 yuǎnxíng 동 먼 길을 가다

38 ★★☆

医学上发现，喜欢抽象思维的是哪类人？

A 女人　　B 男人
C 老人　　D 小孩

의학적으로 발견하길, 추상적인 사고를 좋아하는 것은 누구인가?

A 여자　　B 남자
C 노인　　D 어린이

단어 类 lèi 명 부류

해설 첫 번째 단락에서 '医学上早就发现，男生比较喜欢抽象思维，而女生则恰恰相反(의학적으로 일찍이 발견하길, 남자는 비교적 추상적인 사고를 좋아하기만 여자는 이와 정반대라고 한다)'이라고 하므로 정답은 B이다.

39 ★★☆	
中学男生和女生各喜欢看什么电影?	중학교 남학생과 여학생은 각각 어떤 영화를 보기 좋아하는가?
A 爱情片、战争片	A 로맨틱 영화, 전쟁 영화
B 冒险片、偶像剧	B 모험 영화, 청춘 드라마
C 爱情片、冒险片	C 로맨틱 영화, 모험 영화
D 偶像剧、战争片	D 청춘 드라마, 전쟁 영화

단어 **各** gè 부 각각 | **爱情** àiqíng 명 애정 | **片** piàn 명 영화

해설 녹음 내용을 듣기 전에 보기를 먼저 보았다면, 보기에 제시된 단어가 들리는 부분이 정답과 관련된 내용임을 짐작할 수 있다. 세 번째 단락에서 남학생과 여학생은 영화를 보는 것도 다르다고 하며, 이어서 '**中学男生特爱看外层空间冒险的电影，中学女生却已经开始着迷写实的偶像剧**(중학교 남학생은 우주 공간을 모험하는 영화를 굉장히 즐겨 보지만, 중학교 여학생은 반대로 현실적인 청춘 드라마에 빠지기 시작한다)'라고 한다. 따라서 정답은 B이다.

40 ★★☆	
为什么女生喜欢看写实的东西?	왜 여자는 현실적인 내용을 보기 좋아하는가?
A 女生不会想象	A 여자는 상상을 할 줄 모른다
B 女生不喜欢旅行	B 여자는 여행을 좋아하지 않는다
C 女生比较"实在"	C 여자는 비교적 '현실적'이다
D 女生没有梦想	D 여자는 꿈이 없다

단어 **旅行** lǚxíng 동 여행하다 | **梦想** mèngxiǎng 명 꿈

해설 마지막 단락에서 여자가 현실적인 내용을 좋아하는 이유에 대해 '**因为养孩子和柴米油盐比什么都实在**(왜냐하면 아이를 키우고 먹고 사는 것은 무엇보다도 현실적이기 때문이다)'라고 하므로 정답은 C이다.

41 – 43

孔子有许许多多学生，其中有一个名叫宰予的，能说会道。他开始时给孔子的印象不错，但后来渐渐地露出了真面目：[41]他十分懒惰，[42]大白天不读书听讲，躺在床上睡大觉。为此，孔子骂他是"朽木不可雕"。孔子的另一个学生，叫子羽，是鲁国人，比孔子小三十九岁。子羽的体态和相貌很丑陋，想要侍奉孔子。孔子开始时认为他资质低下，不会成才。但他从师学习后，就致力于修身实践，处事光明正大，不走邪路；不是为了公事，从不去会见公卿大夫。后来，子羽游历到长江，跟随他的学生有三百人，声誉很高，各诸侯国都传诵他的名字。孔子听说了这件事，感慨地说："[43]以后再也不能以貌取人了啊。"

공자(孔子)는 매우 많은 제자가 있었다. 그중 짜이위(宰予)라는 한 제자가 있었는데 말솜씨가 아주 좋았다. 그가 처음 공자에게 준 인상은 매우 좋았지만, 이후 점점 진면목이 드러났다. [41]그는 아주 게으르며 [42]대낮에는 수업을 안 듣고 공부도 하지 않고, 침상에 드러누워 잠을 잤다. 그런 까닭에 공자는 '썩은 나무는 조각할 수 없다'며 그를 꾸짖었다. 공자의 다른 한 제자는 쯔위(子羽)라고 노나라(鲁国) 사람이었다. 공자보다 39세나 어렸다. 쯔위는 자태와 용모가 아주 못생겼으며, 공자를 모시고 싶어 했다. 공자는 처음에 그가 자질이 떨어져 인재가 될 수 없을 거라 여겼다. 하지만 그는 스승으로 모시고 공부를 시작한 후부터 수양과 실천에 힘쓰고 공명정대하게 일을 처리하며 그릇된 길로 들어서지 않았다. 공무를 위한 게 아니면 조정의 고관과 대부를 만나러 가지 않았다.

	후에 쯔위는 여러 곳을 돌아다니다가 창장(长江)에 정착하였고 그를 따르는 제자가 300명에 달했다. 명성은 드높았고 각 제후국 사람들이 그의 이름을 칭송하였다. 공자는 이 소식을 듣고 감개하며 말했다. "[43]이후에 더 이상 용모로 사람의 품성을 평가해서는 안 되겠구나."

단어 孔子 Kǒngzǐ 명 공자 [인명, 중국 춘추 시대의 사상가 · 교육가 · 정치가 및 유가 학설의 창시자] | 许多 xǔduō 형 매우 많다 | 其中 qízhōng 명 그중 | 能说会道 néngshuō huìdào 성 말솜씨가 좋다 | 印象 yìnxiàng 명 인상 | 渐渐 jiànjiàn 부 점점 | 露 lù 동 드러내다 | 真面目 zhēnmiànmù 명 진면목 | 十分 shífēn 부 아주 | 懒惰 lǎnduò 형 게으르다 | 躺 tǎng 동 드러눕다 | 为此 wèicǐ 그런 까닭에 | 骂 mà 동 꾸짖다 | 朽木不可雕 xiǔmù bùkě diāo 성 썩은 나무는 조각할 수 없다 | 另 lìng 대 다른 | 鲁 Lǔ 명 노나라 [주(周)대의 나라 이름] | 体态 tǐtài 명 자태 | 相貌 xiàngmào 명 용모 | 丑陋 chǒulòu 형 못생겼다 | 侍奉 shìfèng 동 모시다 | 资质 zīzhì 명 자질 | 低下 dīxià 형 떨어지다 | 成才 chéngcái 동 인재가 되다 | 从师 cóngshī 동 스승으로 모시다 | 致力于 zhìlìyú ~에 힘쓰다 | 修身 xiūshēn 동 수양하다 | 实践 shíjiàn 동 실천하다 | 处事 chǔshì 동 일을 처리하다 | 光明正大 guāngmíng zhèngdà 성 공명정대하다 | 邪路 xiélù 명 그릇된 길 | 公事 gōngshì 명 공무 | 公卿 gōngqīng 명 고관 | 大夫 dàfū 명 대부 [고대의 관직 또는 작위 이름] | 游历 yóulì 동 여러 곳을 돌아다니다 | 长江 Chángjiāng 명 창장 또는 양쯔강 [지명] | 跟随 gēnsuí 동 따르다 | 声誉 shēngyù 명 명성 | 诸侯国 zhūhóuguó 명 제후국 | 传诵 chuánsòng 동 널리 전파되어 사람들이 칭송하다 | 感慨 gǎnkǎi 동 감개하다 | 以貌取人 yǐmào qǔrén 성 용모로 사람의 품성 · 능력을 평가하다

41 ★★☆

为什么孔子骂宰予"朽木不可雕"?	왜 공자는 짜이위를 '수목불가조'라고 꾸짖었는가?
A 宰予很笨	A 짜이위는 매우 멍청하다
B 宰予没钱念书	B 짜이위는 공부할 돈이 없다
C 孔子讨厌宰予	C 공자는 짜이위를 싫어한다
D 宰予很懒惰	D 짜이위 아주 게으르다

단어 笨 bèn 형 멍청하다 | 念书 niànshū 동 공부하다 | 讨厌 tǎoyàn 형 싫어하다

해설 녹음 내용의 초반에서 언급하기를, 짜이위가 처음 공자에게 준 인상은 좋았으나 이후 점점 진면목이 드러났다고 한다. 이어서 '他十分懒惰(그는 아주 게으르다)'라고 그의 태도를 설명한다. 이런 짜이위의 태도 때문에 공자는 '为此，孔子骂他是"朽木不可雕"(그런 까닭에 공자는 '썩은 나무는 조각할 수 없다'며 그를 꾸짖었다)'라고 하므로 '懒惰(게으르다)'라는 단어를 동일하게 사용한 D가 정답이다.

42 ★★☆

关于宰予和子羽，理解正确的是哪项?	짜이위와 쯔위에 관하여 다음 중 바르게 이해한 것은?
A 宰予相貌好，读书也很努力	A 짜이위는 용모가 좋고 공부도 매우 열심히 한다
B 孔子后来对子羽的态度发生了变化	B 공자는 이후 쯔위를 대하는 태도에 변화가 생겼다
C 宰予大白天不读书	C 짜이위는 대낮에 공부를 하지 않는다
D 宰予长得很丑	D 짜이위는 매우 못생겼다

단어 理解 lǐjiě 동 이해하다 | 读书 dúshū 동 공부하다 | 态度 tàidu 명 태도 | 丑 chǒu 형 못생기다

해설 녹음 내용에서 짜이위는 '大白天不读书听讲(대낮에는 수업을 안 듣고 공부도 하지 않았다)'이라고 한다. 따라서 정답은 C이다.

B. 쯔위는 성실한 태도로 공자의 제자가 되어 수양하였다. 후에 공자는 쯔위의 제자가 많아지고 사람들이 그를 칭송한다는 것을 듣고 '以后再也不能以貌取人了啊(이후에 더 이상 용모로 사람의 품성을 평가해서는 안 되겠다)'라고 감개하며 말한다. 이로 보아 공자는 쯔위를 통해 외모로 사람을 평가하면 안 된다는 사실을 깨달은 것이지, 쯔위를 대하는 태도에 변화가 생긴 것은 아니다.

43 ★★☆

这个故事传递的是什么道理?

A 不能偏袒任何一个学生

B 不能以貌取人

C 不能出尔反尔

D 不能歧视长得丑的人

이 이야기가 전하는 이치는 무엇인가?

A 어느 한 학생을 두둔해서는 안 된다

B 용모로 사람의 품성을 평가해서는 안 된다

C 언행의 앞뒤가 맞지 않아서는 안 된다

D 못생긴 사람을 경시해서는 안 된다

단어 传递 chuándì 동 전하다 | 道理 dàolǐ 명 이치 | 偏袒 piāntǎn 동 두둔하다 | 任何 rènhé 대 어느 | 出尔反尔 chū'ěr fǎn'ěr 성 언행의 앞뒤가 맞지 않다 | 歧视 qíshì 동 경시하다

해설 이 이야기는 짜이위는 말솜씨가 좋고 쯔위는 용모가 못생겼다고 하며, 각각의 외모와는 반대되는 두 사람의 서로 다른 태도를 말하고 있다. 그리고 마지막 문장에서 공자는 '以后再也不能以貌取人了啊(이후에 더 이상 용모로 사람의 품성을 평가해서는 안 되겠다)'라고 말한다. 이로 미루어 보아, 이 이야기가 전하고자 하는 이치로 '以貌取人(용모로 사람의 품성 · 능력을 평가하다)'을 보기에서 직접적으로 언급한 B가 정답이다.

44 – 45

一对刚结婚的夫妻，收到很多礼物。其中有一个信封，里面有两张电影票和一张小纸条，上面写了5个字："猜猜我是谁。"这对夫妻想了很久也没有猜出来。[44]他们决定，既然朋友热心，送来电影票，今天晚上就去看电影吧。当他们回到家的时候，[45]发现家里贵重的东西被偷了，桌上还有一张纸条，写着："猜出我是谁了吧!"

막 결혼한 한 쌍의 부부는 매우 많은 선물을 받았다. 그중에는 봉투가 하나 있었는데, 안에는 영화표 두 장과 종이 쪽지 한 장이 있었다. 쪽지에는 '내가 누군지 맞춰 봐'라고 쓰여 있었고, 이 부부는 아주 오랫동안 생각했으나 맞추지 못했다. [44]그들은 친구가 좋은 마음에 영화표를 보내온 것인 만큼, 오늘 밤에 바로 영화를 보러 가기로 결정했다. 그들이 집으로 돌아왔을 때, [45]집안의 귀중품을 모두 도둑맞은 것을 발견했다. 탁자 위에는 '내가 누군지 알겠지!'라고 쓰여진 종이 쪽지 한 장이 또 있었다.

단어 对 duì 양 짝, 쌍 | 刚 gāng 부 막 | 夫妻 fūqī 명 부부 | 收 shōu 동 받다 | 其中 qízhōng 명 그중 | 信封 xìnfēng 명 봉투 | 纸条 zhǐtiáo 명 종이 쪽지 | 猜 cāi 동 알아맞히다 | 既然 jìrán 접 ~만큼 | 热心 rèxīn 형 친절하다 | 当 dāng 개 [바로 그 시간이나 그 장소를 가리킴] | 贵重 guìzhòng 형 귀중하다 | 偷 tōu 동 도둑질하다

44 ★★☆

夫妻俩为什么会去看电影?	부부는 왜 영화를 보러 갔는가?
A 喜欢看电影	A 영화 보는 것을 좋아한다
B 收到电影票	B 영화표를 받았다
C 提前买了票	C 미리 영화표를 샀다
D 和朋友约会	D 친구와 만날 약속을 했다

단어 俩 liǎ 수 두 사람 | 提前 tíqián 동 앞당기다 | 约会 yuēhuì 동 만날 약속을 하다

해설 막 결혼한 부부가 받은 선물 중에는 봉투가 하나 있었는데 '里面有两张电影票(안에는 영화표 두 장이 있다)'라고 한다. 그래서 부부는 '他们决定，既然朋友热心，送来电影票，今天晚上就去看电影吧(그들은 친구가 좋은 마음에 영화표를 보내온 것인 만큼, 오늘 밤에 바로 영화를 보러 가기로 결정했다)'라고 하므로 정답은 B이다.

45 ★★☆

根据短文，送信封的人是谁?		글에 근거하여 봉투를 보낸 사람은 누구인가?	
A 父母	B 朋友	A 부모	B 친구
C 小偷	D 警察	C 도둑	D 경찰

단어 小偷 xiǎotōu 명 도둑 | 警察 jǐngchá 명 경찰

해설 부부는 처음에 봉투에 들어 있던 영화표와 종이 쪽지를 친구가 보낸 것이라고 생각했으나, 귀중품을 도둑맞고 나서 남겨진 또 다른 종이 쪽지에 '猜出我是谁了吧!(내가 누군지 알겠지!)'라고 적혀져 있었다. 이로 보아 영화표와 쪽지가 든 봉투는 '小偷(도둑)'가 보낸 것임을 알 수 있으므로 정답은 C이다.

듣기 听力 실전 테스트 MP3-35

》 전략서 74p

정답

제1부분	1 B	2 C	3 D	4 C	5 D
	6 C	7 A	8 B	9 A	10 D
	11 D	12 D	13 C	14 D	15 D
	16 B	17 A	18 B	19 A	20 B
제2부분	21 D	22 C	23 D	24 B	25 B
	26 B	27 A	28 D	29 C	30 C
	31 D	32 D	33 C	34 A	35 D
	36 C	37 C	38 A	39 C	40 C
	41 B	42 D	43 C	44 A	45 C

듣기 听力 제1부분

1 ★☆☆

男：我们有果汁、可乐，你要什么？ 女：可乐吧，加冰。我不喜欢果汁。 问：女的要了什么？ A 果汁　　B 可乐 C 牛奶　　D 啤酒	남: 저희는 과일 주스와 콜라가 있어요. 무엇을 원하십니까? 여: 콜라요. 얼음 추가해 주세요. 저는 과일 주스를 안 좋아해서요. 질문: 여자는 무엇을 원했는가? A 과일 주스　　B 콜라 C 우유　　D 맥주

단어 **果汁** guǒzhī 명 과일 주스

해설 과일 주스와 콜라 중에 무엇을 원하냐는 남자의 질문에 여자는 '可乐(콜라)'를 선택하므로 정답은 B이다.

2 ★★☆	
女：听说你最近工作了，公司怎么样？ 男：没有，那只是学校安排的实习，只有两个月，不是正式工作。	여: 듣자 하니 너 최근에 일한다던데, 회사는 어때? 남: 아니야. 그건 단지 학교에서 준비해 준 실습이야. 2개월만 하는 거고, 정식으로 일하는 건 아니야.
问：男的是什么意思？ A 他工作两个月了 B 他在学校学习 C 他正在实习 D 他有正式工作	질문: 남자의 말은 무슨 의미인가? A 그는 일한지 2개월 되었다 B 그는 학교에서 공부한다 C 그는 지금 실습 중이다 D 그는 정식으로 일한다

단어 **安排** ānpái 동 준비하다 | **实习** shíxí 동 실습하다 | **正式** zhèngshì 형 정식의

해설 최근에 일하냐는 여자의 질문에 남자는 부정하면서 '**那只是学校安排的实习**(그건 단지 학교에서 준비해 준 실습이다)'라고 하므로 정답은 C이다.

3 ★★☆	
女：有了孩子以后，我的生活就改变了，天天都很忙很累。 男：是啊，照顾孩子是很辛苦的，但是也有乐趣。	여: 아이가 생긴 뒤로 내 생활이 바뀌었어요. 매일 정말 바쁘고 너무 피곤해요. 남: 맞아요. 아이를 돌보는 일은 정말 고된 일이에요. 하지만 즐거움도 있어요.
问：关于女的生活，哪项不正确？ A 有了孩子 B 生活有变化 C 最近很忙很累 D 生活很有乐趣	질문: 여자의 생활에 관하여 다음 중 옳지 않은 것은? A 아이가 생겼다 B 생활에 변화가 있다 C 최근 정말 바쁘고 너무 피곤하다 D 생활이 매우 즐겁다

단어 **生活** shēnghuó 명 생활 | **改变** gǎibiàn 동 바뀌다 | **辛苦** xīnkǔ 형 고되다 | **乐趣** lèqù 명 즐거움

해설 여자에 관한 설명으로 옳지 않은 것을 고르는 문제로, 아이가 생긴 뒤로 매일 바쁘고 피곤하다는 여자에게 남자는 '**但是也有乐趣**(하지만 즐거움도 있다)'라고 한다. D의 내용은 여자에 관한 설명이 아니라, 남자가 힘들어하는 여자를 위로하는 말이므로 정답은 D이다.

4 ★★☆	
女：我要减肥！明天开始，我只吃水果，还要运动。 男：你呀，只要平时不吃零食，就可以了。	여: 나 다이어트할 거예요! 내일부터 시작해서 과일만 먹고 운동할 거예요. 남: 당신은요, 평소에 간식만 안 먹으면 돼요.
问：男的建议女的做什么？ A 多吃水果 B 加强运动 C 不吃零食 D 不用减肥	질문: 남자는 여자에게 무엇을 하라고 제안하는가? A 과일을 많이 먹는다 B 운동을 강화한다 C 간식을 안 먹는다 D 다이어트할 필요가 없다

단어 减肥 jiǎnféi 동 살을 빼다 | 只要 zhǐyào 접 ~하기만 하면 | 平时 píngshí 명 평소 | 零食 língshí 명 간식 | 加强 jiāqiáng 동 강화하다

해설 과일만 먹고 운동한다는 여자의 말에 남자는 '只要平时不吃零食，就可以了(평소에 간식만 안 먹으면 된다)'라고 한다. 여기서 '只要…就…(~하기만 하면 ~하다)'를 잘 알아 들었다면 알맞은 답을 고를 수 있다. 따라서 정답은 C이다.

5 ★★☆	
男：最近有个电视剧，名字叫《手机》，挺好看的。 女：唉，我哪有时间看电视剧啊，能看个电影就不错了。	남: 요즘 〈휴대 전화〉라는 드라마 정말 재미있어요. 여: 후, 내가 드라마 볼 시간이 어디 있겠어요. 영화라도 하나 볼 수 있으면 좋은 거죠.
问：关于女的，可以知道什么？ A 她不想看电视剧 B 她不喜欢电视剧 C 她喜欢电影 D 她最近很忙	질문: 여자에 관하여 알 수 있는 것은 무엇인가? A 그녀는 드라마를 보고 싶지 않다 B 그녀는 드라마를 좋아하지 않는다 C 그녀는 영화를 좋아한다 D 그녀는 요즘 매우 바쁘다

단어 挺 tǐng 부 매우 | 唉 āi 감 (탄식하는 소리로) 후, 에그

해설 여자는 '我哪有时间看电视剧啊(내가 드라마 볼 시간이 어디 있겠는가)'라고 반어적으로 말하고 있으므로, 드라마 볼 시간도 없이 바쁘다는 것을 짐작할 수 있다. 따라서 정답은 D이다.

6 ★★☆	
女：你喜欢当老师吗？好像你们家都是老师。 男：以前想当老师，现在我喜欢画画儿，希望将来能当画家吧。	여: 너는 선생님이 되는 게 좋아? 너희 가족은 모두 선생님인 것 같은데. 남: 예전에는 선생님이 되고 싶었는데, 지금은 그림 그리는 게 좋아서 장래에는 화가가 될 수 있으면 좋겠어.
问：关于男的，可以知道什么？ A 他现在是老师 B 他不喜欢画画儿 C 他以前想当老师 D 他现在是画家	질문: 남자에 관하여 알 수 있는 것은 무엇인가? A 그는 현재 선생님이다 B 그는 그림 그리는 것을 좋아하지 않는다 C 그는 예전에 선생님이 되고 싶었다 D 그는 현재 화가이다

단어 当 dāng 동 ~이 되다 | 好像 hǎoxiàng 부 마치 ~과 같다 | 画儿 huàr 명 그림 | 将来 jiānglái 명 장래 | 画家 huàjiā 명 화가

해설 선생님이 되고 싶냐는 여자의 질문에 남자는 '以前想当老师(예전에는 선생님이 되고 싶었다)'라고 하면서 지금은 화가가 되고 싶다고 한다. 그러므로 정답은 C이다.

7 ★★☆	
男：今天我有点事，不能来上课了，明天我找你借笔记吧。 女：没问题。笔记可能不全，我会录音的，放心吧。 问：女的是什么意思? A 她会录音 B 她只记笔记 C 她不答应男的 D 她不能去上课	남: 오늘 내가 일이 좀 있어서 수업을 못 가게 되었어. 내일 너한테 필기한 것을 빌리러 찾아갈게. 여: 문제 없어. 필기는 완벽하지 않겠지만, 녹음을 할테니 안심해. 질문: 여자의 말은 무슨 의미인가? A 그녀는 녹음을 할 것이다 B 그녀는 필기만 한다 C 그녀는 남자에게 승낙하지 않는다 D 그녀는 수업을 갈 수 없다

단어 **笔记** bǐjì 명 필기 | **全** quán 형 모두 갖추다 | **录音** lùyīn 동 녹음하다 | **答应** dāying 동 승낙하다

해설 남자가 여자에게 필기한 것을 빌려달라고 하니, 필기는 완벽하지 않더라도 '**我会录音的**(나는 녹음을 할 것이다)'라고 하므로 정답은 A이다.

8 ★☆☆	
女：老师，那个化学实验，我试了很多遍，也没做好。 男：别灰心，再试试，按照我说的方法做，不会有问题。 问：男的是什么意思? A 材料不对 B 多试一试 C 换一个方法 D 方法有错误	여: 선생님, 그 화학실험 제가 매우 여러 번 시도해 봤는데도 잘 안 돼요. 남: 낙담하지 말고 다시 시도해 보렴. 내가 말한 방법대로 하면 문제 없을 거야. 질문: 남자의 말은 무슨 의미인가? A 재료가 맞지 않다 B 많이 시도하다 C 방법 하나를 바꾸다 D 방법에 착오가 있다

단어 **化学** huàxué 명 화학 | **实验** shíyàn 명 실험 | **遍** biàn 양 번, 회 [한 동작의 처음부터 끝까지의 전 과정을 가리킴] | **灰心** huīxīn 동 낙담하다 | **按照** ànzhào 개 ~에 따라 | **方法** fāngfǎ 명 방법 | **材料** cáiliào 명 재료 | **错误** cuòwù 명 착오

해설 남자는 첫마디에서 '**别灰心，再试试**(낙담하지 말고 다시 시도해 보아라)'라고 하므로, 보기 중 남자가 한 말의 의미와 가장 가까운 것은 '**多试一试**(많이 시도하다)'이다. 따라서 정답은 B이다.
C. 남자는 자신이 말한 방법대로 다시 시도해 보라고 제안한 것이지, 구체적으로 실험의 한 방법을 바꾸라고 한 것은 아니다.

9 ★★☆	
男：昨晚的比赛太精彩了，直到最后一刻，才分出胜负。 女：你一定没有睡觉吧，你的眼睛都红了。 问：下面哪项是不正确的? A 比赛不激烈 B 比赛在晚上 C 男的很兴奋 D 男的没睡觉	남: 어제 저녁 경기는 정말 훌륭했어요. 마지막 순간에 이르러서야 겨우 승패가 결정났다니까요. 여: 당신 분명 잠을 못 잤겠네요. 눈이 빨개졌는 걸요. 질문: 다음 중 옳지 않은 것은? A 경기는 치열하지 않았다 B 경기는 저녁에 있었다 C 남자는 매우 흥분했다 D 남자는 잠을 자지 못했다

단어 **精彩** jīngcǎi 형 훌륭하다 | **直到** zhídào 동 쭉 ~에 이르다 | **胜负** shèngfù 명 승패 | **激烈** jīliè 형 치열하다 | **兴奋** xīngfèn 형 흥분하다

해설 보기 중에서 옳지 않은 것을 고르는 문제로, 남자는 '**昨晚的比赛太精彩了**(어제 저녁 경기는 정말 훌륭했다)'라고 하고, 이어서 '**直到最后一刻，才分出胜负**(마지막 순간에 이르러서야 겨우 승패가 결정났다)'라고 하는 것으로 보아, 경기가 매우 치열했음을 알 수 있다. 그러므로 정답은 A이다.

C. 남자의 어투와 경기가 훌륭했다고 칭찬하는 것으로 보아, 남자는 경기를 보고 흥분했음을 짐작할 수 있다.

10 ★★☆

女：现在的小孩儿太不独立了，什么事情都要父母帮他们做。
男：可不是嘛。家长做得也不对，应该让孩子多锻炼一下。

问：男的是什么意思？
A 孩子太孤独
B 家长太宠孩子
C 大人不能帮孩子做事情
D 孩子应该独立生活

여: 요즘 아이는 너무 독립적이지 못해요. 무슨 일이든 부모가 그들이 하도록 도와 주어야 하잖아요.
남: 그렇고 말고요. 부모도 잘못하는 거지. 아이를 많이 단련시켜야 해요.

질문: 남자의 말은 무슨 의미인가?
A 아이는 너무 외롭다
B 부모는 아이를 너무 편애한다
C 어른은 아이가 하는 일을 도와서는 안 된다
D 아이는 독립적으로 살아야 한다

단어 **独立** dúlì 동 독립하다 | **可不是** kě búshì 부 그렇고 말고 | **家长** jiāzhǎng 명 학부모 | **孤独** gūdú 형 외롭다 | **宠** chǒng 동 편애하다 | **生活** shēnghuó 동 살다

해설 여자는 첫마디에서 '**现在的小孩儿太不独立了**(요즘 아이는 너무 독립적이지 못하다)'라고 한다. 이에 남자는 '**应该让孩子多锻炼一下**(아이를 많이 단련시켜야 한다)'라고 하며 아이의 독립적인 자세에 대한 자신의 생각을 말하고 있다. 따라서 아이는 독립적으로 살아야 한다는 D가 정답이다.

11 ★☆☆

男：你的汉语怎么这么好啊？有什么好方法？
女：哪里哪里，主要是坚持，多多练习，跟中国朋友多聊天。

问：哪种方法没有被提到？
A 坚持学习
B 多多练习
C 跟中国朋友聊天
D 每天好好上课

남: 당신은 중국어를 어쩌면 이렇게 잘해요? 무슨 좋은 방법이라도 있어요?
여: 천만에요. 주된 것은 꾸준히 하는 거예요. 많이 연습하고 중국 친구와 많이 이야기를 나눠요.

질문: 다음 중 언급되지 않은 방법은?
A 꾸준히 공부한다
B 많이 연습한다
C 중국 친구와 이야기를 나눈다
D 매일 열심히 수업을 듣는다

단어 **方法** fāngfǎ 명 방법 | **坚持** jiānchí 동 견지하다

해설 여자는 중국어를 잘할 수 있는 방법으로 '**主要是坚持，多多练习，跟中国朋友多聊天**(주된 것은 꾸준히 하는 것이다. 많이 연습하고 중국 친구와 많이 이야기를 나눈다)'이라고 하므로 A, B, C의 방법은 모두 언급되었다. 그러나 '**每天好好上课**(매일 열심히 수업을 듣는다)'는 언급되지 않았으므로 정답은 D이다.

12 ★☆☆

女：你对这次旅行有什么意见？
男：行程很不错，酒店很舒服，吃得也很好，尤其是导游非常热情。

问：关于对话，可以知道什么？
A 男的不喜欢旅行
B 男的不满意这次旅行
C 男的觉得旅行太累
D 男的对这次旅行比较满意

여: 당신 이번 여행 어땠어요?
남: 여정이 정말 좋았어요. 호텔도 무척 편안했고 먹는 것도 매우 좋았어요. 특히 가이드가 굉장히 친절했어요.

질문: 대화에 근거하여 알 수 있는 것은 무엇인가?
A 남자는 여행을 좋아하지 않는다
B 남자는 이번 여행에 만족하지 않는다
C 남자는 여행이 매우 피곤하다고 생각한다
D 남자는 이번 여행에 만족하는 편이다

단어 **意见** yìjiàn 명 견해 | **行程** xíngchéng 명 여정 | **尤其** yóuqí 부 특히 | **导游** dǎoyóu 명 가이드

해설 여행이 어떠했냐는 여자의 질문에 남자는 '行程很不错(여정이 정말 좋았다)'라고 하며 호텔과 음식, 가이드 모두 좋았다는 긍정적인 평가를 하고 있으므로, 여행에 매우 만족했음을 알 수 있다. 그러므로 정답은 D이다.

13 ★★☆

男：这是什么？可以吃吗？简直是个艺术品！
女：这是我们这里最有名的一道菜，是根据中国画做的。

问：他们可能在哪里？
A 书店　　B 酒吧
C 餐馆　　D 博物馆

남: 이게 뭐예요? 먹어도 돼요? 정말 하나의 예술품 같아요!
여: 이건 여기에서 가장 유명한 음식이에요. 중국 그림에 근거하여 만든 것입니다.

질문: 그들은 어디에 있을 가능성이 있는가?
A 서점　　B 술집
C 식당　　D 박물관

단어 **简直** jiǎnzhí 부 정말로 | **艺术品** yìshùpǐn 명 예술품 | **酒吧** jiǔbā 명 술집 | **餐馆** cānguǎn 명 식당 | **博物馆** bówùguǎn 명 박물관

해설 보기를 먼저 훑어보면 장소를 묻는 문제라는 것을 짐작할 수 있다. 남자의 질문에 여자는 '这是我们这里最有名的一道菜(이건 여기에서 가장 유명한 음식이다)'라고 소개한다. 이를 통해 대화가 일어나는 장소는 '餐馆(식당)'이라는 것을 알 수 있으므로 정답은 C이다.

14 ★★☆

女：快点，快点，火车快进站了，抓紧时间。
男：等一下，还有十五分钟呢，我的票怎么找不到了？

问：根据对话，可以知道什么？
A 火车已经出发了
B 女的还没准备好
C 时间不够了
D 男的不太着急

여: 빨리요, 빨리. 기차가 곧 역에 들어와요. 서둘러야 해요.
남: 좀 기다려 봐요. 아직 15분 남았어요. 내 표가 어째서 안 보이지?

질문: 대화에 근거하여 알 수 있는 것은 무엇인가?
A 기차는 이미 출발했다
B 여자는 아직 준비를 다 하지 못했다
C 시간이 모자라다
D 남자는 그다지 급하지 않다

단어 **抓紧** zhuājǐn 동 서둘러 하다 | **出发** chūfā 동 출발하다 | **不够** búgòu 동 모자라다

해설 여자가 조급해하며 서두르자 남자는 '**还有十五分钟呢**(아직 15분 남았다)'라고 말하는 것으로 보아, 그다지 급하지 않음을 알 수 있으므로 정답은 D이다.

15 ★☆☆	
男：晚上有时间吗？听说有个酒吧很不错，一起去吧？ 女：真不好意思，我刚出差回来，身体也不太舒服。	남: 저녁에 시간 있어요? 한 술집이 꽤 괜찮다던데, 같이 갈래요? 여: 정말 미안해요. 나는 방금 출장을 다녀온 데다 몸도 그다지 좋지 않네요.
问：女的为什么不去酒吧？ A 酒吧人多吵闹 B 工作太多 C 已经有约会了 D 身体不舒服	질문: 여자는 왜 술집에 가지 않는가? A 술집은 사람이 많고 시끄럽다 B 일이 너무 많다 C 이미 약속이 있다 D 몸이 안 좋다

단어 **酒吧** jiǔbā 명 술집 | **不好意思** bù hǎoyìsi 죄송합니다 | **刚** gāng 부 방금 | **出差** chūchāi 동 출장 가다 | **吵闹** chǎonào 형 시끄럽다 | **约会** yuēhuì 명 약속

해설 술집에 가자는 남자의 말에 여자는 '**我刚出差回来，身体也不太舒服**(나는 방금 출장을 다녀온 데다 몸도 그다지 좋지 않다)'라고 하는 것으로 보아, 몸이 안 좋아서 남자와 함께 술집에 가지 않는다는 것을 알 수 있다. 그러므로 정답은 D이다.

16 ★☆☆	
女：请问，这里附近有公交车到火车站吗？ 男：有，不过坐地铁更方便。	여: 말씀 좀 여쭐게요. 여기 근처에 기차역까지 가는 버스가 있나요? 남: 있어요. 그런데 지하철을 타는 게 더 편리해요.
问：男的是什么意思？ A 坐公交车方便 B 坐地铁方便 C 公交车站远 D 地铁站远	질문: 남자의 말은 무슨 의미인가? A 버스를 타는 것이 편리하다 B 지하철 타는 것이 편리하다 C 버스 정류장은 멀다 D 지하철역은 멀다

단어 **公交车** gōngjiāochē 명 버스 | **不过** búguò 접 그런데

해설 기차역에 가는 버스가 있냐는 여자의 질문에 남자는 '**坐地铁更方便**(지하철을 타는 것이 더 편리하다)'이라고 한다. 보기 중에서 이와 일치하는 것은 '**坐地铁方便**(지하철 타는 것이 편리하다)'이므로 정답은 B이다.

17 ★☆☆

男：你们的饮料免费吗？	남: 여기 음료는 무료인가요?
女：是的，先生，只要你在这里点菜就可以了。	여: 네, 선생님. 여기서 요리를 주문하기만 하면 됩니다.
问：根据对话，可以知道什么？	질문: 대화에 근거하여 알 수 있는 것은 무엇인가?
A 饮料免费喝	A 음료는 무료이다
B 饮料可以带走	B 음료를 가지고 갈 수 있다
C 点菜不包括饮料	C 요리 주문에 음료는 포함되지 않는다
D 饮料要付钱	D 음료는 돈을 지불해야 한다

단어 **免费** miǎnfèi 동 무료로 하다 | **只要** zhǐyào 접 ~하기만 하면 | **点菜** diǎncài 요리를 주문하다 | **包括** bāokuò 동 포함하다 | **付钱** fùqián 돈을 지불하다

해설 남자의 '**你们的饮料免费吗?**(여기 음료는 무료인가?)'라는 질문에 여자는 '**是的**(그렇다)'라고 대답한다. 또한, '**只要你在这里点菜就可以了**(당신이 여기서 요리를 주문하기만 하면 된다)'라는 말은 요리를 주문하면 음료는 무료라는 의미이므로 정답은 A이다.

Tip

只要…就… ~하기만 하면 ~하다

예 只要努力，就能取得成功。노력하기만 하면 성공할 수 있다.

18 ★☆☆

女：明天你还出差吗？听说明天有大雨。	여: 당신 내일 또 출장 가세요? 듣자 하니 내일 비가 많이 온대요.
男：我明天有个重要的会议要参加，下雨也要到啊。你帮我看看今晚的飞机吧。	남: 내일 참석해야 하는 중요한 회의가 있어서 비가 와도 도착해야 해요. 당신이 오늘 저녁의 비행기 좀 알아봐 주세요.
问：根据对话，可以知道什么？	질문: 대화에 근거하여 알 수 있는 것은 무엇인가?
A 男的明天不出差了	A 남자는 내일 출장을 가지 않는다
B 男的一定要出差	B 남자는 반드시 출장을 가야 한다
C 男的不关心天气	C 남자는 날씨에 관심이 없다
D 会议改在今晚开	D 회의는 오늘 저녁에 하는 것으로 바뀌었다

단어 **出差** chūchāi 동 출장 가다

해설 출장을 가냐는 여자의 질문에 남자는 '**我明天有个重要的会议要参加**(나는 내일 참석해야 하는 중요한 회의가 있다)'라고 하며 비가 와도 도착해야 된다고 한다. 따라서 남자는 꼭 출장을 가야 한다는 사실을 알 수 있으므로 정답은 B이다.

19 ★☆☆

男：刚才那个服务员跟你打招呼了，你们认识？ 女：是的，我经常来，她服务也好。	남: 방금 저 종업원이 당신한테 인사를 하던데, 당신들은 아는 사이예요? 여: 맞아요. 나는 자주 오거든요. 그녀는 서비스도 매우 좋아요.
问：根据对话，可以知道什么？ A 女的认识服务员 B 女的不认识服务员 C 服务员工作不好 D 服务员比较开朗	질문: 대화에 근거하여 알 수 있는 것은 무엇인가? A 여자는 종업원을 알고 있다 B 여자는 종업원을 모른다 C 종업원은 일을 잘하지 못한다 D 종업원은 명랑한 편이다

단어 **打招呼** dǎ zhāohu 인사하다 | **开朗** kāilǎng 형 명랑하다

해설 남자는 종업원이 여자에게 인사하는 것을 보고 '**你们认识？**(당신들은 아는 사이인가?)'라고 질문한다. 여자는 '**是的**(맞다)'라고 대답하므로 종업원을 알고 있다는 사실을 알 수 있다. 그러므로 정답은 A이다.

C. 여자는 그 종업원에 대해 서비스가 좋다고 하므로, 일을 잘하지 못한다는 것은 적절하지 않다.

D. 종업원이 인사하는 것만 보고 명랑한 편이라고 판단할 수 없다.

20 ★☆☆

女：飞机不是9:00到吗？客户怎么现在还没出来？ 男：他们还要等行李，估计还要等一个小时吧。	여: 비행기는 9시 도착 아닌가요? 바이어는 왜 지금까지도 안 나오죠? 남: 그들은 아직 짐을 기다리고 있어요. 아마 1시간은 더 기다려야 할 거예요.
问：根据对话，客户最可能什么时候出来？ A 9:00　　B 10:00 C 13:00　　D 15:00	질문: 대화에 근거하여 바이어는 언제 나올 가능성이 가장 큰가? A 9:00　　B 10:00 C 13:00　　D 15:00

단어 **客户** kèhù 명 바이어 | **行李** xíngli 명 짐 | **估计** gūjì 동 추측하다

해설 '**飞机不是9：00到吗？**(비행기는 9시 도착 아닌가?)'라는 여자의 질문은 비행기가 9시에 도착한다는 의미이고, 이어서 왜 지금까지 안나오냐는 말을 통해 현재가 9시보다 시간이 지났음을 짐작할 수 있다. 그러나 남자는 바이어들이 아직 짐을 기다리고 있어서 '**估计还要等一个小时**(아마 1시간은 더 기다려야 할 것이다)'라고 하므로, 손님은 9시에서 1시간 뒤인 대략 10시 정도에 나온다는 것을 알 수 있다. 그러므로 정답은 B이다.

Tip 가격이나 시간이 나오는 문제는 종종 계산을 해서 답을 찾아야 하는 경우가 있으므로, 녹음 내용의 숫자와 술어를 잘 듣고 메모를 해서 정답을 고를 수 있도록 한다.

21 ★★☆

女：儿子，你想吃一块蛋糕吗？	여: 아들, 케이크 한 조각 먹을래?
男：妈妈，你能再问我一遍吗？	남: 엄마, 저한테 한 번만 더 물어봐 주실 수 있어요?
女：你已经听清楚了，为什么非要我问你两遍呢？	여: 이미 분명히 들었으면서, 왜 꼭 내가 너한테 두 번 물어봐야 하니?
男：因为我想吃两块。	남: 저는 두 조각을 먹고 싶어서요.
问：男孩儿为什么要妈妈问两遍？	질문: 남자아이는 왜 엄마에게 두 번 물어봐 달라고 하는가?
A 第一遍没听清楚	A 처음에 분명히 못 들었다
B 第一遍没听见	B 처음에 못 들었다
C 不想回答	C 대답하고 싶지 않다
D 想要两块蛋糕	D 두 조각의 케이크를 원한다

단어 **遍** biàn 양 번, 회 [한 동작의 처음부터 끝날 때까지의 전 과정을 가리킴] | **非要** fēiyào 부 꼭, 반드시

해설 처음 엄마의 질문에 아들은 한 번 더 물어봐 달라고 한다. 엄마는 의아해하며 왜 두 번 물어봐야 하냐고 하자, 아들은 '**因为我想吃两块**(나는 두 조각을 먹고 싶기 때문이다)'라고 한다. 따라서 정답은 D이다.

22 ★★☆

女：电动玩具和100分，你选哪一样？	여: 전동 장난감과 100점 중에서 너는 어느 것을 고를거니?
男：100分！	남: 100점이요!
女：不错，爱学习，有上进心。	여: 좋아. 공부를 좋아하고 성취욕이 있구나.
男：我爸爸说如果我考了100分，就送我电动玩具。	남: 아빠는 제가 시험을 쳐서 100점을 받으면, 전동 장난감을 선물해 준다고 하셨거든요.
问：根据对话，男孩儿为什么选择100分？	질문: 대화에 근거하여 남자아이는 왜 100점을 골랐는가?
A 他很认真	A 그는 매우 열심히 한다
B 他爱学习	B 그는 공부를 좋아한다
C 他想要玩具	C 그는 장난감을 원한다
D 他想得到爸爸的表扬	D 그는 아빠의 칭찬을 받고 싶다

단어 **电动** diàndòng 명 전동 | **玩具** wánjù 명 장난감 | **选** xuǎn 동 고르다 | **样** yàng 양 종류, 형태 | **上进心** shàngjìnxīn 명 성취욕 | **表扬** biǎoyáng 동 칭찬하다

해설 남자아이가 장난감과 100점 중에 100점을 선택한 것에 대해 여자가 칭찬하자, '**我爸爸说如果我考了100分，就送我电动玩具**(아빠는 내가 시험을 쳐서 100점을 받으면, 전동 장난감을 나에게 선물해 준다고 했다)'라고 한다. 이로 보아 남자아이는 장난감을 갖고 싶어 한다는 사실을 알 수 있으므로 정답은 C이다.

23 ★☆☆

女：你拿着行李，是要出门吗？
男：不是，这是刚从国外回来。
女：老是听你出国，我看你在飞机上的时间，比在家里还多。
男：可不是嘛，这点，我妻子已经有意见了。

问：根据对话，可以知道什么？
A 男的正要出国
B 男的经常在家里
C 他们是夫妻
D 男的经常出国

여: 짐을 들고 있는데, 외출하려는 거예요?
남: 아니요. 방금 해외에서 돌아온 겁니다.
여: 당신은 항상 외국에 나간다고 들었어요. 제가 보기에 당신은 비행기에서 보내는 시간이 집보다 더 많은 것 같아요.
남: 그렇죠. 이점은 내 아내가 이미 불만을 갖고 있어요.

질문: 대화에 근거하여 알 수 있는 것은 무엇인가?
A 남자는 마침 출국하려던 참이다
B 남자는 늘 집에 있다
C 그들은 부부이다
D 남자는 자주 출국한다

단어 行李 xíngli 명 짐 | 出门 chūmén 동 외출하다 | 刚 gāng 부 방금 | 老是 lǎoshì 부 항상 | 可不是 kě búshì 부 그렇다 | 意见 yìjiàn 명 불만 | 正 zhèng 부 마침 | 夫妻 fūqī 명 부부

해설 '老是听你出国(당신은 항상 외국에 나간다고 들었다)'라는 여자의 말에 남자는 '可不是嘛(그렇다)'라고 긍정하므로, 이에 근거하여 남자는 자주 출국한다는 것을 알 수 있다. 따라서 정답은 D이다.

C. 남자는 자기가 외국에 자주 나가는 것이 아내의 불만이라고 하기 때문에, 대화하는 두 사람은 부부가 아니다.

Tip '可不是(그렇고 말고, 그렇다)'는 찬성이나 동의를 나타내는 반어적 표현이다.

24 ★★☆

男：小周，麻烦你帮我去买一盆花。
女：没问题，买什么品种呢？
男：不要太大的，听说有种植物能防辐射。我想放在电脑旁。
女：行，我今天下午给你买回来。

问：男的为什么买花？
A 送人　　B 防辐射
C 美化环境　　D 下午有用

남: 샤오저우(小周), 번거롭겠지만 가서 화분 하나만 사다 줄래요?
여: 문제 없어요. 어떤 품종으로 살까요?
남: 너무 큰 것은 말고, 전자파를 막아주는 식물이 있다더라고요. 나는 컴퓨터 옆에 놓고 싶어요.
여: 알겠어요. 내가 오늘 오후에 사 와서 줄게요.

질문: 남자는 왜 꽃을 사는가?
A 선물한다　　B 전자파를 막는다
C 환경을 미화한다　　D 오후에 유용하다

단어 麻烦 máfan 동 번거롭게 하다 | 盆 pén 양 [대야 · 화분 등으로 담는 수량을 세는 단위] | 品种 pǐnzhǒng 명 품종 | 植物 zhíwù 명 식물 | 防 fáng 동 막다 | 辐射 fúshè 명 전자파 | 美化 měihuà 동 미화하다 | 有用 yǒuyòng 동 유용하다

해설 '买什么品种呢?(어떤 품종으로 살까?)'라는 여자의 질문에 남자는 '听说有种植物能防辐射。我想放在电脑旁(전자파를 막아주는 식물이 있다고 한다. 나는 컴퓨터 옆에 놓고 싶다)'이라고 한다. 따라서 남자는 전자파를 막기 위해 화분을 산다는 것을 알 수 있으므로 정답은 B이다.

25 ★★☆

女：你们设计衣服，一定要关注时尚吗？ 男：关注时尚是我的工作需要，可是还有更重要的事情。 女：是什么呢？ 男：创造时尚。设计师的工作不是模仿，而是创造。	여: 당신들은 옷을 디자인하는데, 반드시 유행에 관심을 가져야 하나요? 남: 유행에 관심을 가지는 것은 제 일에 필요합니다. 하지만 더 중요한 일이 있어요. 여: 무엇인가요? 남: 유행을 창조하는 거예요. 디자이너의 일은 모방이 아니라 창조입니다.
问：根据对话，男的最可能是做什么工作的？ A 理发师　B 服装设计师 C 环境设计师　D 杂志编辑	질문: 대화에 근거하여 남자는 무슨 일을 할 가능성이 가장 큰가? A 이발사　B 의상 디자이너 C 환경 디자이너　D 잡지 편집자

단어 设计 shèjì 동 디자인하다 | 关注 guānzhù 동 관심을 가지다 | 时尚 shíshàng 명 유행 | 可是 kěshì 접 그러나 | 创造 chuàngzào 동 창조하다 | 设计师 shèjìshī 명 디자이너 | 模仿 mófǎng 동 모방하다 | 理发师 lǐfàshī 명 이발사 | 服装 fúzhuāng 명 의상 | 杂志 zázhì 명 잡지 | 编辑 biānjí 명 편집자

해설 녹음 내용을 듣기 전에 보기를 먼저 훑어보면, 직업을 물어보는 문제라는 것을 알 수 있다. 여자의 '你们设计衣服，一定要关注时尚吗?(당신들은 옷을 디자인하는데, 반드시 유행에 관심을 가져야 하는가?)'라는 말과, 남자의 '设计师的工作不是模仿(디자이너의 일은 모방이 아니다)'이라는 말을 통해 남자가 하는 일을 알 수 있다. 따라서 정답은 B이다.

Tip

'유행'을 나타내는 단어

时尚 shíshàng / 时髦 shímáo / 流行 liúxíng / 风靡 fēngmí

26 ★☆☆

男：那家饺子馆新开的，我们去尝尝？ 女：还是别提了，昨天小王和他女朋友刚去过，回来后悔极了。 男：为什么呀？ 女：人太多，排队等了整整一个小时。	남: 저 만두 가게는 새로 개업한 곳이에요. 우리 가서 먹어 볼래요? 여: 말도 마요. 어제 샤오왕(天小)이 그의 여자친구와 바로 갔었는데, 돌아와서 아주 후회했어요. 남: 왜요? 여: 사람이 너무 많아서 꼬박 한 시간 동안 줄을 서서 기다렸대요.
问：女的为什么反对去饺子馆？ A 有新的打算 B 那里人太多 C 餐馆太小 D 饺子味道不好	질문: 여자는 왜 만두 가게에 가는 것을 반대하는가? A 새로운 계획이 있다 B 그곳은 사람이 너무 많다 C 식당이 너무 작다 D 만두가 맛이 없다

단어 饺子 jiǎozi 명 만두, 교자 | 尝 cháng 동 맛보다 | 别提 biétí 동 말도 마라 | 刚 gāng 부 바로 | 后悔 hòuhuǐ 동 후회하다 | 排队 páiduì 동 줄을 서다 | 整整 zhěngzhěng 부 꼬박

해설 만두 가게에 다녀 온 친구들이 후회한 이유를 여자는 '人太多(사람이 너무 많다)'라고 한다. 따라서 새로 개업한 만두 가게의 사람이 너무 많아서 여자는 그곳에 가는 것을 반대하므로 정답은 B이다.

Tip '后悔极了(아주 후회했다)'는 동사 '后悔(후회하다)' 뒤에 정도보어 '极了'를 사용하여, 문장에서 술어의 의미를 강조한다. 이밖에 '술어 + 정도보어' 구조에 쓰이는 정도보어는 '多了', '死了', '坏了', '透了', '远了' 등이 있다.

27 ★★☆

女：你和女朋友这么多年，应该打算结婚了。
男：我们早就结婚了，她是我老婆。
女：那我怎么不知道呀？
男：我们当时觉得摆酒席太麻烦，就省了。

问：关于男的结婚，可以知道什么？
A 他早就结婚了
B 他打算结婚
C 他刚刚结婚
D 他不想结婚

여: 너와 네 여자친구는 이렇게나 오래됐으니, 결혼할 계획이겠구나.
남: 우리는 벌써 결혼했어. 그녀는 내 아내야.
여: 그렇다면 나는 왜 몰랐지?
남: 우리는 당시 축하 자리를 마련하는 게 너무 번거로운 것 같아서 생략했어.

질문: 남자의 결혼에 관하여 알 수 있는 것은 무엇인가?
A 그는 일찍이 결혼했다
B 그는 결혼할 계획이다
C 그는 막 결혼을 했다
D 그는 결혼하고 싶지 않다

단어 **老婆** lǎopo 명 아내 | **当时** dāngshí 명 당시 | **摆** bǎi 동 내보이다 | **酒席** jiǔxí 명 술자리, 연석 | **麻烦** máfan 형 번거롭다 | **省** shěng 동 생략하다 | **刚刚** gānggang 부 막

해설 '你和女朋友这么多年，应该打算结婚了(너와 네 여자친구는 이렇게나 오래됐으니, 결혼할 계획이겠다)'라는 여자의 말에 남자는 '我们早就结婚了(우리는 벌써 결혼했다)'라고 한다. 따라서 정답은 A이다.

28 ★★☆

男：洗衣机是不是坏了？怎么弄开关都没有反应。
女：不可能！我早上刚用过。
男：不信你看看，是不是零件掉了？
女：你瞧，你连插头都没插上，它当然不工作啦。

问：洗衣机出了什么问题？
A 开关坏了
B 零件掉了
C 一直没反应
D 没插上插头

남: 세탁기가 고장 난 거 아니에요? 어째서 스위치를 눌러도 반응이 없는 거지.
여: 그럴 리 없어요! 내가 아침에 막 썼어요.
남: 못 믿겠으면 당신이 봐봐요. 부품이 떨어졌나?
여: 봐요. 플러그 조차도 안 꽂았으니 세탁기가 당연히 작동이 안 되죠.

질문: 세탁기에 어떤 문제가 생겼는가?
A 스위치가 고장 났다
B 부품이 떨어졌다
C 줄곧 반응하지 않는다
D 플러그를 꽂지 않았다

단어 **洗衣机** xǐyījī 명 세탁기 | **弄** nòng 동 하다 | **开关** kāiguān 명 스위치 | **反应** fǎnyìng 명 반응 | **不可能** bù kěnéng ~할 리 없다 | **刚** gāng 부 막 | **零件** língjiàn 명 부속품 | **掉** diào 동 떨어지다 | **瞧** qiáo 동 보다 | **连** lián 개 ~조차도 | **插头** chātóu 명 플러그 | **插** chā 동 꽂다

해설 남자가 스위치를 눌러도 세탁기가 반응이 없다고 하자, 여자는 마지막 말에서 '你连插头都没插上，它当然不工作啦(당신은 플러그 조차도 안 꽂았으니 세탁기가 당연히 작동이 안 된다)'라고 하므로 정답은 D이다.

29 ★★☆

女：有个年轻女士，叫陈欢，你认识吗？	여: 당신은 천환(陈欢)이라는 한 젊은 여자를 아세요?
男：哦，认识，怎么啦？你怎么知道她？	남: 네, 알아요. 무슨 일이죠? 당신이 그녀를 어떻게 알아요?
女：今天她带儿子来看病，说是您的学生，还说见过我。	여: 오늘 그녀가 아들을 데리고 문병을 왔어요. 당신의 학생이라면서 저를 본 적이 있다고 했어요.
男：哦，对，我记得她以前来我们家吃过一次饭。	남: 아, 맞아요. 내가 기억하기로 그녀는 예전에 우리 집에 와서 밥을 한 번 먹었어요.
问：根据对话，年轻女士和男的是什么关系？	질문: 대화에 근거하여 젊은 여자와 남자는 어떤 관계인가?
A 病人和医生　B 学生和家长	A 환자와 의사　B 학생과 학부모
C 学生和老师　D 普通朋友	C 학생과 선생님　D 평범한 친구

단어 **看病** kànbìng 동 문병하다 | **家长** jiāzhǎng 명 학부모 | **普通** pǔtōng 형 평범하다

해설 신분 관계를 묻는 문제로, 녹음 내용에서 여자는 남자에게 '**说是您的学生**(당신의 학생이라고 합니다)'이라고 하며 한 젊은 여자가 문병을 왔었다고 한다. 이로 미루어 보아 남자는 젊은 여자의 선생님이다. 즉, 두 사람의 관계는 '**学生和老师**(학생과 선생님)'라는 것을 알 수 있으므로 정답은 C이다.

30 ★☆☆

男：今晚我不回家了，我去酒吧看球赛。	남: 오늘 밤에 나는 집에 돌아가지 않고, 술집에 가서 축구 경기를 볼 거예요.
女：什么？看球赛还要去酒吧？家里不能看吗？	여: 뭐라고요? 축구 경기 보는데 술집에 가야 해요? 집에서는 볼 수 없어요?
男：我是为了不影响你休息，而且朋友们都约好了。	남: 난 당신이 쉬는데 방해하지 않기 위해서예요. 게다가 친구들과 이미 약속을 다 해놨다고요.
女：好的，那你早点儿回来。	여: 알겠어요. 그럼 일찍 돌아와요.
问：今晚男的要做什么？	질문: 오늘 밤에 남자는 무엇을 하고자 하는가?
A 去酒吧喝酒	A 술집에 가서 술을 마신다
B 去酒吧聚会	B 술집에 가서 모임을 가진다
C 去酒吧看球赛	C 술집에 가서 축구 경기를 본다
D 去酒吧上夜班	D 술집에 가서 야근을 한다

단어 **酒吧** jiǔbā 명 술집 | **球赛** qiúsài 명 구기 경기 | **约** yuē 동 약속하다 | **聚会** jùhuì 명 모임, 회합 | **夜班** yèbān 명 야근

해설 남자는 첫마디에서 '**今晚我不回家了，我去酒吧看球赛**(오늘 밤에 나는 집에 돌아가지 않고, 나는 술집에 가서 축구 경기를 본다)'라고 한다. 초반에 남자의 말을 듣지 못했더라도 여자의 '**看球赛还要去酒吧?**(축구 경기를 보는데 술집에 가야 하는가?)'라는 질문에, 남자의 '**朋友们都约好了**(친구들과 이미 약속을 다 해 놓았다)'라는 대답을 듣고 답을 찾을 수 있다. 남자는 오늘 밤에 술집에 가서 축구 경기를 볼 것임을 알 수 있으므로 정답은 C이다.

31 – 33

有家体育场为满足球迷看球的需要，[31]把球场内观众的座位从八万个增加到了十二万个。观看球赛的人多了，体育场的收入也增多了。但是这也带来了一个严重的问题：球场周围的路只能供十万人通行。对于十二万的观众来说远远不够。这样，[32]有重大比赛时，就有可能因为交通堵塞而发生事故。

于是，有人提出把道路加宽，但这至少需要四千万元，体育场一时还拿不出这么多钱。体育场于是鼓励大家出主意，想办法来解决这个问题。人们提出了各种各样的办法，最后，体育场采用了一位音乐家的建议：[33]在比赛结束时，增加一些吸引人的演出，这样有些人会因为要观看演出而多留一会儿，观众在不同的时间离场，交通问题也就解决了。

어떤 경기장은 축구팬의 관람 수요를 만족시키기 위해 [31]구장 내 관중석을 8만 개에서 12만 개로 늘렸다. 축구 경기를 관람하는 사람이 많아지면서 경기장의 수입도 증가 했지만, 이는 심각한 문제를 야기하기도 했다. 구장 주변의 길에는 총 10만 명만 통행이 가능하므로 12만 명의 관중으로 말하자면 크게 부족하다. 이렇게 되면 [32]중요 경기가 있을 때는 교통이 막혀서 사고가 발생할 수 있다.

그리하여 어떤 사람은 도로를 넓히자고 제안했으나, 이는 최소한 4천만 위안이 필요하고, 경기장은 짧은 시간에 이렇게나 막대한 비용을 조달할 수 없다. 경기장은 그래서 모두의 아이디어를 모아 이 문제를 해결할 방법을 생각했다. 사람들은 다양한 방법을 제안했는데, 맨 마지막에 경기장은 한 음악가의 제안을 선택했다. [33]경기가 끝날 때 사람의 이목을 끄는 공연들을 추가하는 것이다. 이렇게 하면 일부 사람은 공연을 보기 위해 경기장에 잠시 머무를 것이고, 관중은 동일하지 않은 시간에 경기장을 떠나게 되어 교통 문제도 해결된다.

단어 **体育场** tǐyùchǎng 명 운동장, 스타디움 | **满足** mǎnzú 동 만족시키다 | **球迷** qiúmí 명 축구팬 | **球场** qiúchǎng 명 구장 | **观众** guānzhòng 명 관중 | **座位** zuòwèi 명 좌석 | **增加** zēngjiā 동 늘리다 | **观看** guānkàn 동 관람하다 | **球赛** qiúsài 명 구기 경기 | **收入** shōurù 명 수입 | **增多** zēngduō 동 증가하다 | **严重** yánzhòng 형 심각하다 | **周围** zhōuwéi 명 주변 | **供** gōng 동 공급하다 | **通行** tōngxíng 동 통행하다 | **对于** duìyú 개 ~에 대해 | **远远** yuǎnyuǎn 크게 | **不够** búgòu 동 부족하다 | **重大** zhòngdà 형 중대하다 | **交通** jiāotōng 명 교통 | **堵塞** dǔsè 동 막히다 | **而** ér 접 그리고 | **发生** fāshēng 동 발생하다 | **事故** shìgù 명 사고 | **于是** yúshì 접 그리하여 | **提出** tíchū 동 제기하다 | **宽** kuān 명 너비 | **至少** zhìshǎo 부 최소한 | **一时** yìshí 명 짧은 시간 | **鼓励** gǔlì 동 장려하다 | **主意** zhǔyi 명 아이디어 | **各种各样** gèzhǒng gèyàng 성 여러 종류 | **采用** cǎiyòng 동 채택하다 | **音乐家** yīnyuèjiā 명 음악가 | **建议** jiànyì 명 제안 | **吸引** xīyǐn 동 유인하다 | **演出** yǎnchū 명 공연 | **留** liú 동 머무르다

31 ★★☆

体育场现在有多少个座位?

A 4万　　B 8万
C 10万　　D 12万

경기장에는 지금 몇 개의 좌석이 있는가?

A 4만　　B 8만
C 10만　　D 12만

해설 보기를 먼저 훑어볼 때 문제와 숫자를 연관지어 예측하고, 녹음 내용을 들을 때 들리는 숫자를 메모하도록 한다. 숫자 문제는 여러 개의 헷갈리는 보기들이 있을 수 있다. 초반에 '把球场内观众的座位从八万个增加到了十二万个(구장 내 관중석을 8만 개에서 12만 개로 늘렸다)'라는 문장에서 '八万(8만)', '十二万(12만)'을 잘 듣고 메모해 둔다. 그리고 '增加到了(~까지 늘렸다)'라는 핵심 단어를 듣고 유추하여 알맞은 답을 선택한다. 경기장의 좌석을 12만 개로 늘렸으므로 정답은 D이다.

32 ★★☆

体育场增加座位带来了什么问题?
A 比赛减少了
B 观众更少了
C 球场内不安全
D 可能导致交通事故

경기장에 좌석을 늘린 것은 어떤 문제를 야기했는가?
A 경기가 줄었다
B 관중이 더 줄었다
C 경기장 안은 안전하지 않다
D 교통사고를 야기할 수도 있다

단어 减少 jiǎnshǎo 동 줄다 | 安全 ānquán 형 안전하다 | 导致 dǎozhì 동 야기하다 | 交通事故 jiāotōng shìgù 명 교통사고

해설 경기장에 좌석을 늘려서 발생하는 문제에 주목한다. 첫 번째 단락의 마지막 문장에서 '有重大比赛时，就有可能因为交通堵塞而发生事故(중요 경기가 있을 때는 교통이 막혀서 사고가 발생할 수 있다)'라고 하므로 정답은 D이다.

33 ★★☆

这个问题最后是怎么解决的?
A 加宽道路
B 修一条新路
C 增加一些演出
D 减少比赛次数

이 문제는 최후에 어떻게 해결되었는가?
A 도로를 넓히다
B 새로운 길 하나를 만든다
C 공연들을 추가한다
D 경기 횟수를 줄인다

단어 修 xiū 동 건설하다 | 次数 cìshù 명 횟수

해설 녹음 내용은 설명문의 일종으로, 중점적인 문제는 경기장에 중요한 경기가 있을 때 교통체증으로 큰 사고가 발생하는 것을 어떻게 해결할 것인가이다. 두 번째 단락 초반에 몇 가지 해결 방법들을 언급하지만, 그 방법들로는 문제를 해결할 수 없었고 두 번째 단락의 후반부에서 최종 해결 방법이 나온다. '在比赛结束时，增加一些吸引人的演出(경기가 끝날 때 사람의 이목을 끄는 공연들을 추가한다)'라고 하므로 정답은 C이다.

34 – 35

各位观众，今天是2017年3月24日，现在播送未来24小时天气预报。[34]春天已经到来，天气逐渐变暖，可还是有来自北方的冷空气会在今明两天光临我国。为了您的健康，请不要过早脱下冬天的衣服。[35]北方明天大部分为晴天，风力六级，伴随轻微的沙尘暴天气，出行的人们请做好相应的防护工作。南方大部分地区有降雨，请做好相应准备。

시청자 여러분, 오늘은 2017년 3월 24일입니다. 곧 다가오는 24시간 동안의 일기 예보를 말씀드리겠습니다. [34]벌써 봄이 찾아와 날씨가 점점 따뜻해지고 있습니다. 하지만 여전히 북쪽에서 오는 찬 공기가 오늘과 내일 이틀간 우리나라에 불어 오겠습니다. 건강을 위해 너무 빨리 겨울 옷을 넣어 두지 마세요. [35]북쪽은 내일 대부분 맑고 풍력은 6급이며 가벼운 황사를 동반합니다. 외출하는 분들은 적절한 보호를 하세요. 남쪽 대부분 지역에서는 비가 내리니 적절한 준비를 하시기 바랍니다.

단어 各位 gèwèi 여러분 | 观众 guānzhòng 명 시청자 | 播送 bōsòng 동 방송하다 | 未来 wèilái 형 곧 다가오는 | 天气预报 tiānqì yùbào 명 일기 예보 | 逐渐 zhújiàn 부 점점 | 可 kě 접 [이어지는 단문에서 사건의 전환을 나타냄] | 来自 láizì 동 ~부터 오다 | 光临 guānglín 동 왕림하다 | 过早 guòzǎo 너무 이르다 | 脱 tuō 동 벗다 | 大部分 dàbùfen 명 대부분 | 晴天 qíngtiān 명 맑은 날씨 | 风力 fēnglì 명 풍력 | 伴随 bànsuí 동 동행하다 | 轻微 qīngwēi 형 경미하다 | 沙尘暴 shāchénbào 명 황사 현상 | 相应 xiāngyìng 형 적절하다 | 防护 fánghù 동 방호하다 | 地区 dìqū 명 지역

34 ★☆☆

根据语段，现在是什么季节？
A 春天　B 夏天
C 秋天　D 冬天

글에 근거하여 지금은 무슨 계절인가?
A 봄　B 여름
C 가을　D 겨울

해설 녹음 내용에서 '春天已经到来(벌써 봄이 왔다)'라고 하는 것으로 보아, 지금은 '春天(봄)'이라는 것을 알 수 있다. 그러므로 정답은 A이다.

35 ★★☆

根据语段，下面哪项是正确的？
A 北方有降雨
B 南方有降雪
C 南方天气晴朗
D 北方有沙尘暴

글에 근거하여 다음 중 옳은 것은?
A 북쪽에 비가 내린다
B 남쪽에 눈이 내린다
C 남쪽의 날씨는 쾌청하다
D 북쪽에 황사 현상이 있다

단어 晴朗 qínglǎng 형 쾌청하다

해설 북쪽의 날씨를 언급한 부분에서 '北方明天大部分为晴天，风力六级，伴随轻微的沙尘暴天气(북쪽은 내일 대부분 맑고 풍력은 6급이며 가벼운 황사를 동반한다)'라고 하므로 정답은 D이다.

36 – 37

各位亲爱的旅客，大家好！我是今天的导游。20分钟以后，[36]我们就会到达今天的旅游目的地，著名的江南水乡——乌镇。乌镇是一个具有六千年历史的古镇。一条河流贯穿整个乌镇，水是这里的街道，游客可以坐船游览，而河的两岸就是房屋建筑，有各种商店，有当地居民的房子，也有很多博物馆，它们都保持了中国古代建筑的风格。[37]乌镇还是中国著名作家茅盾的故乡。请大家游览的时候不要走散，希望大家今天的旅行愉快！

친애하는 관광객 여러분, 안녕하십니까! 저는 오늘의 가이드입니다. 20분 후, [36]우리는 오늘의 여행 목적지인 유명한 강남 수향인 오진(乌镇)에 도착할 것입니다. 오진은 6천 년의 역사를 간직하고 있는 오래된 마을입니다. 하나의 강줄기가 온 오진을 관통하며, 물은 이곳의 큰길이 되어서 관광객은 배를 타고 유람할 수 있습니다. 그리고 강의 양안에는 주택 건축물과 각종 상점, 현지 주민이 사는 집을 비롯하여 다수의 박물관도 있으며, 그것들은 모두 중국 고대의 건축 풍격을 지키고 있습니다. [37]게다가 오진은 중국의 유명한 작가 모순(茅盾)의 고향이기도 합니다. 구경하실 때 흩어지면 안 됩니다. 여러분의 오늘 여행이 유쾌하길 바랍니다!

단어 各位 gèwèi 여러분 | 亲爱 qīn'ài 형 친애하다 | 旅客 lǚkè 명 관광객 | 导游 dǎoyóu 명 가이드 | 到达 dàodá 동 도착하다 | 目的地 mùdìdì 명 목적지 | 著名 zhùmíng 동 유명하다 | 乌镇 Wūzhèn 명 오진 [지명] | 具有 jùyǒu 동 가지다 | 古镇 gǔzhèn 명 오래된 마을 | 河流 héliú 명 강 | 贯穿 guànchuān 동 관통하다 | 整个 zhěnggè 형 온 | 游客 yóukè 명 관광객 | 游览 yóulǎn 동 유람하다 | 而 ér 접 그리고 | 两岸 liǎng'àn 명 양안 | 房屋 fángwū 명 주택 | 建筑 jiànzhù 명 건축물 | 当地 dāngdì 명 현지 | 居民 jūmín 명 주민 | 博物馆 bówùguǎn 명 박물관 | 保持 bǎochí 동 지키다 | 古代 gǔdài 명 고대 | 风格 fēnggé 명 풍격 | 作家 zuòjiā 명 작가 | 故乡 gùxiāng 명 고향 | 走散 zǒusàn 사방으로 흩어지다 | 旅行 lǚxíng 명 여행 | 愉快 yúkuài 형 유쾌하다

36 ★★☆

他们要去的地方叫什么名字?	그들이 가려는 곳의 이름은 무엇인가?
A 水乡　B 江南	A 수향　B 강남
C 乌镇　D 古镇	C 오진　D 고전

해설 가이드는 관광객에게 '我们就会到达今天的旅游目的地，著名的江南水乡——乌镇(우리는 오늘의 여행 목적지인 유명한 강남 수향인 오진에 도착할 것이다)'이라고 하므로, 그들이 가려는 곳은 '乌镇(오진)'임을 알 수 있다. 따라서 정답은 C이다.

37 ★★☆

关于这个地方，可以知道些什么?	이 지역에 관하여 알 수 있는 것은 무엇인가?
A 这里有很多条河流	A 이곳에는 많은 강이 있다
B 这里的建筑都是新的	B 이곳의 건축물은 모두 새것이다
C 是一个著名作家的故乡	C 한 유명 작가의 고향이다
D 没有人居住在这里	D 아무도 이곳에 거주하지 않는다

단어 居住 jūzhù 동 거주하다

해설 가이드는 오진에 대하여 여러 내용을 소개하면서 마지막으로 '乌镇还是中国著名作家茅盾的故乡(게다가 오진은 중국의 유명한 작가 모순의 고향이기도 하다)'이라고 한다. 따라서 정답은 C이다.

38 – 40

古时候，有个没有文化的有钱人，他不希望儿子也像他这样没有文化，于是就请了个教书先生来教他儿子认字。他儿子见老师写"一"就是一画，"二"就是二画，"三"就是三画，他就跑去跟他父亲说："爸爸，我会写字了，请你叫老师走吧!"有钱人听了很高兴，老师只来了两天，他儿子就学会写字了。他把工钱付给老师，让他回家去了。

第三天，有钱人想请一个姓万的朋友来家里吃饭，[38]就让儿子帮忙写一封信给他。他儿子从早上一直写到中午也没有写好，有钱人觉得奇怪，就去看了看，只发现他儿子在纸上画了好多横线，就问他儿子什么意思。他儿子一边擦头上的汗，一边埋怨道："[39, 40]爸，这人姓什么不好，偏偏姓万，害得我从早上到现在才画了500画!"

아주 먼 옛날, 일자무식인 한 부자가 있었다. 그는 아들이 그처럼 이렇게 무식하지 않길 바라서, 글을 가르치는 스승 한 분에게 아들에게 글자를 가르치도록 청하였다. 아들은 스승이 '一'을 쓴 것을 보고 줄 하나를 그었고, '二'를 쓰면 줄 두 개를, '三'을 쓰면 줄 세 개를 그었다. 아들은 바로 아버지에게 달려가 "아버지, 저 이제 글자를 쓸 수 있어요. 스승님을 돌려보내 주세요!"라고 말했다. 부자는 스승이 온 지 이틀 만에 아들이 글자 쓰는 것을 익혔다는 사실을 듣고 대단히 기뻤다. 그는 스승에게 품삯을 주고 그를 집으로 돌려 보냈다.

3일 째 되던 날, 부자는 '万'씨 성의 친구를 식사에 초대하고 싶어서 [38]아들에게 친구에게 줄 편지를 쓰게 했다. 그의 아들은 아침 일찍부터 정오까지 써도 다 쓰지 못했다. 부자는 이상하게 생각하여 보러 갔다. 종이에 수많은 가로줄만 계속 긋고 있는 아들을 발견하고는 부자가 아들에게 무슨 뜻인지 물었다. 아들은 이마의 땀을 닦으면서 불평하며 말했다. "[39, 40]아버지, 이분의 성은 좋지 않아요. 하필 성이 '万'이라니, 아침부터 지금까지 겨우 500줄 밖에 못 그었다고요!"

단어 于是 yúshì 접 그래서 | 教书 jiāoshū 동 글을 가르치다 | 父亲 fùqīn 명 아버지 | 工钱 gōngqian 명 품삯 | 付 fù 동 지불하다 | 横线 héngxiàn 명 가로줄 | 擦 cā 동 닦다 | 汗 hàn 명 땀 | 埋怨 mányuàn 동 불평하다 | 道 dào 동 말하다 | 偏偏 piānpiān 부 하필 | 害 hài 동 해를 끼치다

38 ★★☆

第三天，父亲叫儿子做什么事情?	3일 째 되던 날, 아버지는 아들을 불러 무슨 일을 하는가?
A 写一封信	A 편지를 쓴다
B 吃一顿饭	B 밥을 한 끼 먹는다
C 出门请客人	C 외출해서 손님을 접대한다
D 在家练习写字	D 집에서 글자 쓰는 것을 연습한다

단어 顿 dùn 양 번, 끼 [식사 · 질책 · 권고 등을 세는 단위] | 出门 chūmén 동 외출하다

해설 두 번째 단락에서 3일째 되던 날, 부자는 '万'씨 성의 친구를 식사에 초대하고자 한다. 그래서 부자는 '就让儿子帮忙写一封信给他(아들에게 친구에게 줄 편지를 쓰게 했다)'라고 하므로 정답은 A이다.

39 ★★☆

儿子为什么到中午也没有写好一个字?	아들은 왜 정오까지 한 글자도 다 쓰지 못했는가?
A 他不在家	A 그는 집에 없다
B 他没有写字	B 그는 글자를 쓰지 않는다
C 他不会写字	C 그는 글자를 쓸 줄 모른다
D 他在画画	D 그는 그림을 그리고 있다

해설 녹음 내용의 마지막에 반전이 있다. 종이에 가로줄만 계속 긋고 있던 아들이 불평하길 '爸，这人姓什么不好，偏偏姓万，害得我从早上到现在才画了500画!(아버지, 이분의 성은 좋지 않다. 하필 성이 '万'이라니, 나는 아침부터 지금까지 겨우 500줄 밖에 못 그었다!)'라고 한다. 이로 미루어 보아 '一' 자를 만 개까지 긋고자 한 것이므로, 아들은 '万' 자, 즉 글자를 쓸 줄 모른다는 사실을 알 수 있다. 따라서 정답은 C이다.

40 ★★☆

关于儿子，可以知道什么?	아들에 관하여 알 수 있는 것은 무엇인가?
A 他非常聪明	A 그는 매우 똑똑하다
B 他很谦虚	B 그는 매우 겸손하다
C 他还是没有文化	C 그는 여전히 무식하다
D 他知道"万"怎样写	D 그는 '万'을 어떻게 쓰는지 알고 있다

단어 聪明 cōngming 형 똑똑하다 | 谦虚 qiānxū 형 겸손하다

해설 녹음 내용의 마지막에 나오는 아들의 말을 들었다면 알맞은 답을 찾을 수 있다. 아들이 글자를 쓰지 않고 가로줄만 만 개를 그으려고 한 것으로 보아, 글자를 쓸 줄 모른다는 것을 알 수 있다. 따라서 아들은 글을 배우지 못하고 여전히 무식한 상태이므로 정답은 C이다.

41 – 43

什么时候的爱情最珍贵呢？18岁的时候，我们大多数人还不懂真正的爱情；28岁，爱情就会变得贪心。[41]我觉得，20岁的爱情是最珍贵的。20岁，男人思想单纯，女人的爱情青涩又甜蜜，这个时候，两颗心如果能够产生一次碰撞，那将会得到一份最珍贵的爱情。

20岁，男人没有事业，对女人，只能用爱的真心来呼唤；20岁，女人是一朵最最灿烂的红玫瑰，能对心爱的男人充满热情。这时候的爱，是真正的爱，没有任何其他不干净的东西。

记得书上有一句话："男人要永远感谢他20多岁的时候，曾经陪在他身边的女人，[43]因为20多岁的男人处在人生最低点，没钱，没事业；[42]而20岁却是一个女人最灿烂的时光。"

어느 때의 사랑이 가장 귀중할까? 18세 때에 우리 대다수의 사람은 아직 진정한 사랑을 알지 못하고, 28세에는 사랑이 곧 욕심으로 변할 것이다. [41]나는 20세의 사랑이 가장 귀중하다고 생각한다. 20세 남자의 생각은 단순하고 여자의 사랑은 풋풋하고 또 달콤하다. 이때 두 감정이 한 번 부딪칠 수 있다면, 장차 가장 귀중한 사랑을 얻을 수 있을 것이다.

20세 남자는 일이 없고, 사랑의 진심 어린 외침으로만 여자를 대할 수 있다. 20세 여자는 가장 찬란한 붉은 장미와 같아서 진심으로 사랑하는 남자에게 열정이 충만할 수 있다. 이때의 사랑은 진정한 사랑으로 어떠한 불순물도 없다.

책의 어느 한 구절을 기억한다. '남자는 20대에 일찍이 그의 곁에 있어 준 여자에게 영원히 감사해야 한다. [43]왜냐하면 20대 남자는 돈이 없고, 일이 없는 인생의 최저점에 처해 있기 때문이다. [42]그러나 20세의 여자는 반대로 가장 찬란한 시기이다.'

단어 **爱情** àiqíng 명 남녀 간의 사랑 | **珍贵** zhēnguì 형 귀중하다 | **真正** zhēnzhèng 형 진정한 | **贪心** tānxīn 명 탐욕 | **思想** sīxiǎng 명 생각 | **单纯** dānchún 형 단순하다 | **青涩** qīngsè 형 풋풋하다 | **甜蜜** tiánmì 형 달콤하다 | **颗** kē 양 알 [둥글고 작은 알맹이 모양과 같은 것을 세는 단위] | **产生** chǎnshēng 동 생기다 | **碰撞** pèngzhuàng 동 부딪치다 | **份** fèn 양 [모양 · 상태 등을 세는 단위] | **事业** shìyè 명 사업 | **真心** zhēnxīn 명 진심 | **呼唤** hūhuàn 동 외치다 | **朵** duǒ 양 송이 [꽃 · 구름이나 그와 비슷한 물건을 세는 단위] | **灿烂** cànlàn 형 찬란하다 | **红玫瑰** hóngméiguī 명 붉은 장미 | **心爱** xīn'ài 형 진심으로 사랑하다 | **充满** chōngmǎn 동 충만하다 | **任何** rènhé 대 어떠한 | **永远** yǒngyuǎn 부 영원히 | **感谢** gǎnxiè 동 고맙게 여기다 | **曾经** céngjīng 부 일찍이 | **陪** péi 동 동반하다 | **身边** shēnbiān 명 곁 | **处** chǔ 동 처하다 | **人生** rénshēng 명 인생 | **而** ér 접 그러나 | **却** què 부 반대로 | **时光** shíguāng 명 시기

41 ★★☆

文章认为，什么时候的爱情最珍贵？

A 18岁　B 20岁　C 30岁左右　D 40岁左右

글에서 어느 때의 사랑이 가장 귀중하다고 여기는가?

A 18세　B 20세　C 30세 내외　D 40세 내외

단어 **左右** zuǒyòu 명 내외

해설 첫 번째 단락에서 화자가 '我觉得，20岁的爱情是最珍贵的(나는 20세의 사랑이 가장 귀중하다고 생각한다)'라고 하므로 정답은 B이다.

42 ★★☆	
文章认为，20岁对女人来说是一段怎样的时光？	글에서 20세의 여자는 어떠한 시기라고 여기는가?
A 没钱、没事业	A 돈이 없고 일이 없다
B 人生的最低点	B 인생의 최저점
C 不能得到真正的爱	C 진정한 사랑을 얻을 수 없다
D 最灿烂的时光	D 가장 찬란한 시기

해설 세 번째 단락의 가장 마지막 문장에서 화자는 '而20岁却是一个女人最灿烂的时光(그러나 20세의 여자는 반대로 가장 찬란한 시기이다)'이라고 하므로, '最灿烂的时光(가장 찬란한 시기)'을 직접적으로 언급한 D가 정답이다.

43 ★★☆	
男人为什么要感谢20岁时陪在他身边的女人？	남자는 왜 20세에 그의 곁에 있어 준 여자에게 감사해야 하는가?
A 那时的男人最单纯	A 그때의 남자는 가장 단순하다
B 那时的女人最灿烂	B 그때의 여자는 가장 찬란하다
C 那时的男人什么也没有	C 그때의 남자는 아무것도 없다
D 那时的女人不会背叛	D 그때의 여자는 배신하지 않을 것이다

단어 **背叛** bèipàn 동 배신하다

해설 마지막 단락에서 화자는 남자가 20대에 곁에 있어 준 여자에게 감사해야 한다고 말하며 이어서 그 이유를 언급한다. '因为20多岁的男人处在人生最低点，没钱，没事业(왜냐하면 20대 남자는 돈이 없고, 일이 없는 인생의 최저점에 처해 있기 때문이다)'라고 하므로 정답은 C이다.

44 – 45	
有个小男孩儿，有一天妈妈带着他到杂货店去买东西，[44]老板看到这个小孩儿长得非常可爱，就打开一罐糖果，要小男孩儿自己拿一把糖果。但是这个男孩儿却没有任何动作。几次的邀请之后，老板亲自抓了一大把糖果放进他的口袋中。回到家中，母亲好奇地问小男孩儿，为什么没有自己去抓糖果而要老板抓呢？小男孩儿回答很妙："[45]因为我的手比较小呀！而老板的手比较大，所以他拿的一定比我拿的多很多！"	한 남자아이가 있었다. 어느 날 엄마가 그를 데리고 잡화점에 물건을 사러 갔는데, [44]사장이 이 아이가 매우 귀엽게 생긴 것을 보고, 사탕 단지 하나를 열어 남자아이 스스로 사탕 한 움큼을 가져가게 했다. 하지만 이 남자아이는 오히려 어떠한 움직임도 없었다. 몇 번 더 요청한 후, 사장이 직접 사탕을 크게 한 움큼 쥐어서 그의 주머니로 넣었다. 집에 돌아가는 길에 엄마가 궁금해 하며 남자아이에게 '왜 스스로 사탕을 쥐지 않고, 사장님이 쥐도록 했니?'라고 물었다. 남자아이의 대답은 매우 놀라웠다. "[45]왜냐하면 제 손이 비교적 작으니까요! 그러나 사장님의 손은 비교적 커서 그가 쥐는 것이 분명 내가 쥐는 것보다 훨씬 많아요!"

단어 **杂货店** záhuòdiàn 명 잡화점 | **老板** lǎobǎn 명 상점 주인 | **罐** guàn 명 단지 | **糖果** tángguǒ 명 사탕 | **把** bǎ 양 줌, 움큼 | **却** què 부 오히려 | **任何** rènhé 대 어떠한 | **动作** dòngzuò 명 움직임 | **邀请** yāoqǐng 동 초청하다 | **亲自** qīnzì 부 직접 | **抓** zhuā 동 꽉 쥐다 | **口袋** kǒudai 명 주머니 | **母亲** mǔqīn 명 어머니 | **好奇** hàoqí 형 궁금하게 생각하다 | **而** ér 접 그러나 | **妙** miào 형 현묘하다

44 ★☆☆	
老板为什么要送给小男孩儿糖果?	사장은 왜 남자아이에게 사탕을 주고자 했는가?
A 小男孩可爱	A 남자아이가 귀엽다
B 糖果好吃	B 사탕이 맛있다
C 糖果过期了	C 사탕은 기한이 지났다
D 男孩买了很多东西	D 남자아이가 굉장히 많은 물건을 샀다

단어 **过期** guòqī 동 기한을 넘기다

해설 녹음 내용의 초반에 '**老板看到这个小孩儿长得非常可爱，就打开一罐糖果，要小男孩儿自己拿一把糖果**(사장님이 이 아이가 매우 귀엽게 생긴 것을 보고, 사탕 단지 하나를 열어 남자아이 스스로 사탕을 한 움큼 가져가게 했다)'라고 한다. 여기서 '**这个小孩儿长得非常可爱**(이 아이가 매우 귀엽게 생기다)'를 잘 들었다면 쉽게 정답을 찾을 수 있다. 따라서 정답은 A이다.

45 ★★☆	
为什么小男孩儿不自己去拿糖果?	왜 남자아이는 스스로 사탕을 가져가지 않았는가?
A 他不舒服	A 그는 불편했다
B 他害羞	B 그는 부끄러웠다
C 他希望老板帮他拿	C 그는 사장이 그를 도와 쥐기를 바랐다
D 他不喜欢糖果	D 그는 사탕을 좋아하지 않는다

단어 **害羞** hàixiū 동 부끄러워하다

해설 녹음 내용의 마지막 부분에서 엄마는 남자아이에게 왜 스스로 사탕을 쥐지 않았냐고 물어본다. 이에 아들은 '**因为我的手比较小呀！而老板的手比较大，所以他拿的一定比我拿的多很多！**(왜냐하면 내 손이 비교적 작다! 그러나 사장의 손은 비교적 커서 그가 쥐는 것이 분명 내가 쥐는 것보다 훨씬 많다!)'라고 하는 것으로 보아, 남자아이는 더 많은 사탕을 가져가고 싶어서 사장이 사탕을 쥐어 주기를 바랐다. 그래서 스스로 사탕을 가져가지 않은 것이므로 정답은 C이다.

미리 보기 해석

제1부분

》 전략서 84p

46-49.

一天晚上，大老鼠带着一群小老鼠出去找[46]东西吃。在厨房的垃圾桶里找到了吃剩的饭菜。当老鼠们准备[47]享受美食的时候，传来了让它们非常害怕的声音，那是一只大花猫的叫声。老鼠们四处逃跑，大花猫紧追不放。有一只小老鼠跑得太慢，被大花猫捉住了。大花猫刚想吃掉小老鼠，突然听到了狗的叫声，大花猫立刻丢下那只小老鼠逃跑了。这时，大老鼠从垃圾桶后走了出来，对小老鼠们说："我早就对你们说，[48]掌握一门外语非常重要。这次，[49]外语救了你们的命。"

46-49.

어느 날 저녁, 큰 쥐가 한 무리의 작은 쥐들을 데리고 먹을 [46]음식을 찾아 나섰는데, 주방의 쓰레기통 안에서 먹다 남은 밥과 반찬을 발견했다. 쥐들이 맛있는 음식을 [47]즐기고자 준비할 때, 그들을 아주 두렵게 하는 소리가 들려왔다. 그것은 큰 얼룩 고양이의 울음소리였다. 쥐들은 사방으로 흩어져 도망갔고 큰 얼룩 고양이는 이를 놓치지 않으려고 바짝 뒤쫓았다. 어떤 한 작은 쥐는 너무 느리게 달려서 큰 얼룩 고양이에게 잡혔다. 큰 얼룩 고양이가 작은 쥐를 막 먹어 버리려고 하는데, 갑자기 개의 짖는 소리가 들렸다. 큰 얼룩 고양이는 금세 그 작은 쥐를 놓쳤고 쥐는 도망쳐버렸다. 이때, 큰 쥐가 쓰레기통 뒤에서 걸어 나와 작은 쥐들에게 말했다. "내가 일찍이 너희에게 말했지. 외국어를 [48]터득하는 것이 매우 중요하다고. 이번에 [49]외국어가 너희 목숨을 구했어."

46. A 消息　B 东西
C 办法　D 原料

47. A 享受　B 消费
C 吸收　D 保存

48. A 珍惜　B 掌握
C 寻找　D 相信

49. A 外语救了你们的命
B 食物对我们更重要
C 要有勇气面对困难
D 出门一定要注意安全

46. A 소식　B 음식
C 방법　D 원료

47. A 즐기다　B 소비하다
C 흡수하다　D 보존하다

48. A 아끼다　B 터득하다
C 찾다　D 믿다

49. A 외국어가 너희 목숨을 구했다
B 음식이 우리에게 더 중요하다
C 용기를 가지고 어려움에 맞서야 한다
D 외출할 때는 반드시 안전에 주의해야 한다

01. 빈칸이 포함된 문장 파악하기

유형 확인 문제

〉〉 전략서 86p

정답 1 B 2 C 3 D 4 A

1 – 4

有不少人喜欢打篮球，但很少有人会想一想为什么篮球架是现在的高度——3.05米。普通人向上伸手的高度一般可以[1]达到2米以上，3.05米正是人们跳一跳够得着的高度。如果篮球架太低，普通人伸手就能够到，那么这项运动就会因为太[2]容易而失去吸引力。[3]如果篮球架太高，人们也会因为它太难而失去对它的兴趣。正是因为现在的高度给了人们努力的机会和成功的希望，才使得篮球[4]成为一项世界性的体育运动。

많은 사람이 농구하는 것을 좋아하지만, 농구대의 현재 높이가 왜 3.05m인지 생각해 본 사람은 매우 드물 것이다. 보통 사람이 위를 향해 손을 뻗은 높이는 보통 2m 이상 [1]도달할 수 있고, 3.05m는 사람들이 뛰었을 때 꼭 닿는 높이다. 만약 농구대가 아주 낮다면, 보통 사람은 손을 뻗어 닿을 수 있다. 그렇다면 이 운동은 너무 [2]쉬워서 매력을 잃게 될 것이다. [3]만약 농구대가 아주 높다면, 사람들은 너무 어려워서 그것에 흥미를 잃을 수도 있다. 현재의 높이는 사람들에게 노력의 기회와 성공의 희망을 주기 때문에, 비로소 농구가 세계적인 스포츠가 [4]된 것이다.

단어 篮球架 lánqiújià 명 농구대 | 高度 gāodù 명 높이 | 米 mǐ 양 미터(m) | 普通人 pǔtōngrén 명 보통 사람 | 伸手 shēnshǒu 동 손을 뻗다 | 正 zhèng 부 꼭 | 够得着 gòudezháo 닿다 | 低 dī 형 낮다 | 项 xiàng 양 항목 | 而 ér 접 [목적 또는 원인 등을 나타내는 성분을 연결시킴] | 失去 shīqù 동 잃다 | 吸引力 xīyǐnlì 명 매력 | 成功 chénggōng 명 성공 | 使得 shǐde 동 ~하게 하다 | 体育运动 tǐyù yùndòng 명 스포츠

1 ★★☆

A 发生	B 达到	A 발생하다	B 도달하다
C 构成	D 实现	C 구성하다	D 실현하다

단어 发生 fāshēng 동 발생하다 | 达到 dádào 동 도달하다 | 构成 gòuchéng 동 구성하다 | 实现 shíxiàn 동 실현하다

해설 보기의 단어는 모두 동사로, 빈칸은 문장에 적절한 술어를 찾는 문제이다. 빈칸 뒤의 목적어가 '2米以上(2m 이상)'이므로 수량 혹은 정도 표현을 목적어로 가질 수 있는 동사 술어는 '达到(도달하다)'밖에 없다. 따라서 정답은 B이다.

2 ★☆☆

A 重要	B 精彩	A 중요하다	B 뛰어나다
C 容易	D 普遍	C 쉽다	D 보편적이다

단어 重要 zhòngyào 형 중요하다 | 精彩 jīngcǎi 형 뛰어나다 | 容易 róngyì 형 쉽다 | 普遍 pǔbiàn 형 보편적이다

해설 보기의 단어는 모두 형용사이지만 뜻은 전부 다르다. 지문의 '如果篮球架太低，普通人伸手就能够到(만약 농구대가 아주 낮다면, 보통 사람은 손을 뻗어 닿을 수 있다)'라는 문장을 읽어 보면, 의미상 빈칸에 가장 적절한 단어는 '容易(쉽다)'라는 것을 알 수 있다. 그러므로 정답은 C이다.

3 ★☆☆

A 篮球场太大	A 농구장이 너무 커서
B 如果喜欢打篮球	B 만약 농구하는 것을 좋아한다면
C 假如不会打篮球	C 만약 농구를 할 줄 모른다면
D 如果篮球架太高	D 만약 농구대가 아주 높다면

단어 **篮球场** lánqiúchǎng 명 농구장 | **假如** jiǎrú 접 만약

해설 빈칸 다음의 문장을 읽어 보면, 빈칸이 포함된 문장과 다음 문장이 복문임을 알 수 있다. 농구대의 높이와 사람들이 농구를 좋아하는 이유에 대한 관련성을 두 가지 가설로 설명한다. 첫 번째 가설은 '**如果篮球架太低，普通人伸手就能够到，那么这项运动就会因为太容易而失去吸引力**(만약 농구대가 아주 낮다면, 보통 사람은 손을 뻗어 닿을 수 있다. 그렇다면 이 운동은 너무 쉬워서 매력을 잃게 될 것이다)'이고, 두 번째 가설은 '______，**人们也会因为它太难而失去对它的兴趣**(______, 사람들은 너무 어려워서 그것에 흥미를 잃을 수도 있다)'이므로 '낮다'는 것에 반대인 '높다'라는 의미가 포함된 내용이 빈칸에 들어가야 한다. 따라서 정답은 D이다.

4 ★★☆

A 成为	B 作为	A ~이 되다	B ~로 여기다
C 属于	D 具有	C ~에 속하다	D 가지다

단어 **成为** chéngwéi 동 ~이 되다 | **作为** zuòwéi 동 ~로 여기다 | **属于** shǔyú 동 ~에 속하다 | **具有** jùyǒu 동 가지다

해설 빈칸은 술어 자리로 A의 '成为(~이 되다)'와 B의 '作为(~로 여기다)'는 형태가 비슷하지만 뜻이 다르다. 빈칸이 포함된 문장인 '**正是因为现在的高度给了人们努力的机会和成功的希望，才使得篮球______一项世界性的体育运动**(현재의 높이는 사람들에게 노력의 기회와 성공의 희망을 주기 때문에, 비로소 농구가 세계적인 스포츠가 ______것이다)'을 읽어 보면, 의미상 가장 적절한 단어는 '成为(~이 되다)'이다. 그러므로 정답은 A이다.

02. 빈칸 주변의 단어와 호응 관계 파악하기

유형 확인 문제

》 전략서 89p

정답 1 B 2 A 3 C 4 A

1 – 4

大多数长寿的人都很懂得自律，这似乎和心态平和、随意的人寿命长的说法是对立的，其实并不[1]矛盾。自律并不意味着自我虐待，自律的意思是一个人自行[2]安排他的生活，并有规律地每天都做某些事。有人每天散步1.5千米而长寿，是因为他把这件事[3]看作生活中必不可少的一部分，天天这么做。有人就相反，一连六天不出门，第七天觉得愧疚，一下子走了10千米——这样不懂得自律，即使走得再多，[4]也无益于长寿。

대다수의 장수한 사람은 모두 스스로 절제하는 것을 매우 잘 알고 있다. 이는 마치 심리 상태가 안정되고 뜻대로 살아가는 사람의 수명이 길다는 의견과 대립되는 것 같으나, 실제로는 결코 [1]모순되지 않는다. 스스로 절제한다는 것은 결코 자신을 학대한다는 의미가 아니라, 한 사람이 스스로 그의 생활을 [2]계획하고 아울러 매일 규칙적으로 일부의 일을 하는 것이다. 누군가가 매일 1.5km를 산책해서 장수한다는 것은, 그가 이 일을 생활의 필수적인 일부분으로 [3]간주하여 매일 이렇게 하기 때

문이다. 어떤 이는 반대로 6일 연속 집 밖에 나가지 않다가 7일째 되는 날 양심의 가책을 느끼고 단시간에 10km를 걷는다. 이는 스스로 절제한다는 것을 이해하지 못한 것이다. 설령 더 많이 걷는다고 해도 [4]장수에는 도움이 안 된다.

단어 大多数 dàduōshù 명 대다수 | 长寿 chángshòu 형 장수하다 | 懂得 dǒngde 동 알다 | 自律 zìlǜ 동 스스로 억제하다, 자신을 단속하다 | 似乎 sìhū 부 마치 | 心态 xīntài 명 심리 상태 | 平和 pínghé 형 안정되다 | 随意 suíyì 동 뜻대로 하다 | 寿命 shòumìng 명 수명 | 说法 shuōfa 명 의견 | 对立 duìlì 동 대립되다 | 并不 bìngbù 결코 ~하지 않다 | 意味着 yìwèizhe 동 의미하다 | 自我 zìwǒ 명 자기 자신 | 虐待 nüèdài 동 학대하다 | 自行 zìxíng 부 스스로 | 生活 shēnghuó 명 생활 | 并 bìng 접 아울러 | 规律 guīlǜ 형 규칙적이다 | 某些 mǒuxiē 일부 | 散步 sànbù 동 산책하다 | 千米 qiānmǐ 양 킬로미터(km) | 而 ér 접 [시간 또는 방식을 나타내는 성분을 연결시킴] | 必不可少 bìbù kěshǎo 성 필수적이다 | 一部分 yíbùfen 명 일부분 | 相反 xiāngfǎn 동 반대되다 | 一连 yìlián 부 연이어 | 出门 chūmén 동 외출하다 | 愧疚 kuìjiù 형 부끄럽고 양심의 가책을 느끼다 | 一下子 yíxiàzi 부 단시간에 | 即使 jíshǐ 접 설령 ~하더라도

1 ★★☆

A 统一	B 矛盾	A 통일하다	B 모순되다
C 反面	D 斗争	C 소극적이다	D 투쟁하다

단어 统一 tǒngyī 동 통일하다 | 矛盾 máodùn 동 모순되다 | 反面 fǎnmiàn 형 소극적이다 | 斗争 dòuzhēng 동 투쟁하다

해설 빈칸은 술어 자리로 빈칸 앞부분의 내용을 먼저 살펴볼 필요가 있다. 스스로 절제할 줄 아는 사람이 장수한다는 의견과 뜻대로 살아가는 사람의 수명이 길다는 의견이 대립된다고 한다. 그러나 다음 문장에서 '其实并不______(실제로는 결코______않는다)'라고 앞의 내용을 부정한다. 이는 두 의견이 대립되지 않음을 의미하므로, 의미상 빈칸에 가장 어울리는 것은 '矛盾(모순적이다)'이다. 따라서 정답은 B이다.

2 ★☆☆

A 安排	B 享受	A 계획하다	B 즐기다
C 面对	D 安顿	C 직면하다	D 안착하다

단어 安排 ānpái 동 계획하다 | 享受 xiǎngshòu 동 즐기다 | 面对 miànduì 동 직면하다 | 安顿 āndùn 동 안착하다

해설 빈칸은 '生活(생활)'를 목적어로 가지는 술어 자리이다. 빈칸이 포함된 문장을 보면 '自律的意思是一个人自行_______他的生活，并有规律地每天都做某些事(스스로 절제한다는 것은 결코 자신을 학대한다는 의미가 아니라, 한 사람이 스스로 그의 생활을______아울러 매일 규칙적으로 일부의 일을 하는 것이다)'라고 한다. 스스로 생활을 계획하고 규칙적으로 일한다는 내용이므로 의미상 빈칸에는 '安排(계획하다)'를 쓰는 것이 가장 적절하다. 그러므로 정답은 A이다.

B. '享受生活(생활을 즐기다)'도 자주 나오는 단어 조합이지만, 지문에서는 자기 절제에 대해서 이야기하므로 알맞은 답이 될 수 없다.

독해 | 阅读

3 ★★☆

A 理解	B 认为	A 이해하다	B 여기다
C 看作	D 承认	C ~로 간주하다	D 인정하다

단어 **理解** lǐjiě 동 이해하다 | **认为** rènwéi 동 여기다 | **看作** kànzuò 동 ~로 간주하다 | **承认** chéngrèn 동 인정하다

해설 빈칸은 술어 자리로 '把자문'을 사용한 문장이다. '把 A 看作 B(A를 B로 간주하다)'라는 구조를 잘 익혔다면 쉽게 풀 수 있다. 빈칸이 포함된 문장을 풀이하면 '他＋把＋这件事＋______＋生活中必不可少的一部分(그가 이 일을 생활의 필수적인 일부분으로______)'이 된다. 따라서 빈칸에는 적절한 동사 술어가 와야하므로, 정답은 C이다.

Tip
把 A 作为/当作/看作 B　A를 B로 간주하다
예 人们把熊猫作为代表中国的动物。사람들은 판다를 중국을 대표하는 동물로 간주한다.

4 ★★☆

A 也无益于长寿	A 장수에는 도움이 안 된다
B 也有利于长寿	B 장수에는 도움이 된다
C 就无益于长寿	C 장수에 도움이 안 된다
D 还是能有利于长寿	D 그래도 장수에 도움이 될 수 있다

단어 **无益于** wúyìyú ~에 이롭지 않다 | **有利于** yǒulìyú ~에 이롭다

해설 빈칸 앞뒤의 문맥을 정확하게 파악해야 한다. '即使 A 也 B(설령 A하더라도 B하다)'의 호응 관계를 이해했다면, 부사 '也'가 사용된 보기 A와 B 둘 중에 하나가 정답이라는 것을 알 수 있다. 지문에서 '这样不懂得自律(이는 스스로 절제한다는 것을 이해하지 못한 것이다)' 뒤에 부정적인 내용이 오는 것을 예상했다면, 문맥상 '也无益于长寿(장수에는 도움이 안 된다)'가 빈칸에 가장 적절하다. 따라서 정답은 A이다.

03. 유의어 파악하기

유형 확인 문제

〉〉 전략서 91p

정답　1 D　2 C　3 B　4 D

1 – 4

　　一个小镇上有一家理发店，由于理发师非常懒惰，态度也不认真，这家店的生意自然就很差，平时几乎没什么客人。一天，一个作家去理发，理发师和平时一样，不认真对待，不出意料，作家的[1]发型很糟糕，可是他看了镜子以后，并没有生气，反而还非常[2]满意地给了理发师双倍的钱。理发师感到十分惊喜，心想这个客人，以后一定要好好招待。一个月以后，作家[3]又去理发

한 작은 마을에 이발소가 하나 있었다. 이발사는 매우 게으르고 태도도 불성실했기 때문에, 이 이발소는 당연히 장사가 잘 되지 않았고 평소에는 거의 손님이 없었다. 어느 날, 한 작가가 이발을 하러 갔다. 이발사는 평소처럼 불성실하게 대했다. 예상을 벗어나지 않고, 작가의 [1]머리 모양은 아주 엉망이었지만, 그는 거울을 보고 나서 화를 내지 않고 오히려 굉장히 [2]만족하여 이발사에게 두 배의 돈을 주었다. 이발사는 매우 놀라고도 기뻐서 이 손

了。理发师微笑着，仔细地为作家剪头发。这次，作家对发型也很满意，还赞美了理发师的技术，然后就向门口走去。理发师连忙拦住他，说："先生，[4]你还没有付钱呢。"作家继续往门外走，说道："上次来的时候我已经一起给你了。"	님에게 나중에는 꼭 친절히 대접해야겠다고 마음속으로 생각했다. 한 달 후, 작가가 [3]또 이발을 하러 갔다. 이발사는 미소를 지으며 세심하게 작가의 머리카락을 잘라 주었다. 이때 작가는 머리 모양에 역시나 매우 만족해 하며, 이발사의 기술을 칭찬하고는 입구를 향해 걸어갔다. 이발사가 급히 그를 막아서며 말했다. "선생님, [4]당신은 아직 돈을 지불하지 않았습니다." 작가는 계속 문밖으로 걸어가며 말했다. "지난번에 왔을 때, 내가 이미 당신에게 같이 드렸잖소."

단어 小镇 xiǎozhèn 명 작은 마을 | 理发店 lǐfàdiàn 명 이발소 | 由于 yóuyú 접 ~때문에 | 理发师 lǐfàshī 명 이발사 | 懒惰 lǎnduò 형 게으르다 | 态度 tàidu 명 태도 | 认真 rènzhēn 형 성실하다 | 生意 shēngyi 명 장사 | 自然 zìrán 부 당연 | 平时 píngshí 명 평소 | 几乎 jīhū 부 거의 | 作家 zuòjiā 명 작가 | 理发 lǐfà 동 이발하다 | 对待 duìdài 동 대하다 | 意料 yìliào 명 예상 | 糟糕 zāogāo 형 엉망이 되다 | 可是 kěshì 접 그러나 | 镜子 jìngzi 명 거울 | 反而 fǎn'ér 접 오히려 | 倍 bèi 명 배 | 十分 shífēn 부 매우 | 惊喜 jīngxǐ 형 놀라고도 기뻐하다 | 心想 xīnxiǎng 마음속으로 생각하다 | 招待 zhāodài 동 대접하다 | 微笑 wēixiào 동 미소 짓다 | 仔细 zǐxì 형 세심하다 | 剪 jiǎn 동 자르다 | 发型 fàxíng 명 머리 모양 | 赞美 zànměi 동 찬미하다, 칭찬하다 | 技术 jìshù 명 기술 | 门口 ménkǒu 명 입구 | 连忙 liánmáng 부 급히 | 拦住 lánzhù 꽉 막다 | 继续 jìxù 명 계속

1 ★☆☆

A 心情	B 表情	A 기분	B 표정
C 态度	D 发型	C 태도	D 머리 모양

단어 心情 xīnqíng 명 기분 | 表情 biǎoqíng 명 표정 | 态度 tàidu 명 태도 | 发型 fàxíng 명 머리 모양

해설 빈칸은 주어 자리로 게으르고 태도도 불성실한 이발사가 평소처럼 자기 일에 불성실하게 임해서, '不出意料，作家的______很糟糕(예상을 벗어나지 않고, 작가의______은 엉망이었다)'라고 한다. 이로 보아 작가의 머리 모양이 엉망이라는 내용임을 알 수 있다. 따라서 보기 중에서 문장의 주어로 가장 적절한 명사는 '发型(머리 모양)'이므로 정답은 D이다.

Tip 不出意料 vs 出人意料

不出意料	出人意料
'예상에서 벗어나지 않는다'라는 의미로, 부사 '果然(과연)'과 같은 뜻이다.	'예상에서 벗어나다'라는 의미로, '出乎意料(예상에서 벗어나다)', '没想到(생각지도 못하다)', '意想不到(예기치 못하다)'와 같은 뜻이다. 또한, 부사 '竟然(뜻밖에도)', '居然(뜻밖에)'과 함께 시험에 자주 출제된다.

2 ★☆☆			
A 无奈	B 伤心	A 어찌할 도리가 없다	B 상심하다
C 满意	D 谦虚	C 만족하다	D 겸손하다

단어 **无奈** wúnài 동 어찌할 도리가 없다 | **伤心** shāngxīn 형 상심하다 | **满意** mǎnyì 동 만족하다 | **谦虚** qiānxū 형 겸손하다

해설 빈칸은 술어를 수식하는 부사어 자리로 머리 모양이 엉망이지만 작가는 화를 내지 않고 '**反而还非常______地给了理发师双倍的钱**(오히려 굉장히______이발사에게 두 배의 돈을 주었다)'이라고 한다. 여기서 '**反而**(오히려)'은 앞의 내용과 상반되는 상황을 이끌고 있으므로, 엉망이지만 작가는 오히려 긍정적인 태도로 돈을 지불하였음을 알 수 있다. 따라서 의미상 빈칸에 가장 적절한 것은 '**满意**(만족하다)'이므로 정답은 C이다.

3 ★★☆			
A 再	B 又	A 다시	B 또
C 还要	D 将要	C 아직 필요하다	D 장차 ~하려 하다

단어 **再** zài 부 다시 | **又** yòu 부 또 | **还要** háiyào 아직 필요하다 | **将要** jiāngyào 부 장차 ~하려 하다

해설 빈칸은 부사 자리로 한 달 후, '**作家______去理发了**(작가가______이발을 하러 갔다)'라고 한다. 예전에 갔었고 한 달 뒤에 또 가는 것이므로, 보기 중에서 과거의 동작이 반복하여 또 발생함을 나타내는 부사 '**又**(또)'가 빈칸에 가장 적절하다. 그러므로 정답은 B이다.

Tip

부사 '又'와 '再'

	뜻	설명	예문
又	또, 거듭	과거 동작의 반복을 나타내며, 조동사 앞에 쓸 수 있다.	我又出错了，总给你带来麻烦。 제가 또 실수를 했어요. 늘 당신에게 번거롭게 하네요.
再	다시, 재차	미래 동작의 반복을 나타내며, 조동사 앞에 쓸 수 없다. (주로 명령문이나 청유문에 많이 쓰임)	再把碗筷放下去。 다시 밥공기와 젓가락을 놓아주세요.

4 ★★☆	
A 这次就给你免费理发	A 이번에는 당신에게 무료로 이발해 주겠다
B 你真是一个好人	B 당신은 정말 좋은 사람이다
C 谢谢你的夸奖啊	C 칭찬해 주어서 감사하다
D 你还没有付钱呢	D 당신은 아직 돈을 지불하지 않았다

단어 **免费** miǎnfèi 동 무료로 하다 | **夸奖** kuājiǎng 동 칭찬하다 | **付钱** fùqián 돈을 지불하다

해설 지문의 마지막 부분의 내용으로 작가는 이발사에게 이발 기술을 칭찬하며 문밖을 나서자, 이발사가 급히 막아서며 작가에게 말한다. 이에 작가는 '**上次来的时候我已经一起给你了**(지난번에 왔을 때, 내가 이미 당신에게 같이 줬다)'라고 말하는 것으로 보아, 이발사가 작가에게 돈을 지불하라고 했다는 것을 짐작할 수 있다. 따라서 정답은 D이다.

>> 전략서 92p

정답					
	46 C	47 B	48 D	49 B	50 B
	51 C	52 B	53 B	54 C	55 D
	56 A	57 C	58 A	59 B	60 D

46 – 48

有一个秋天，北京大学新学期[46]开始了，一个外地来的学生背着大包小包走进了校园，感觉实在太累了，就把包放在路边。这时，正好一位老人走来，这个学生就[47]恳求老人帮自己看一下包，而自己则轻装去办理手续。老人爽快地答应了。近一个小时过去了，学生才回来，老人还在尽职尽责地看守。谢过老人，两人分别！几日后是开学典礼，这位年轻的学子惊讶地发现，主席台上坐着那天替自己看行李的老人。听了介绍才知道他是北京大学副校长季羡林。这位学生的心情很复杂，每个听过这件事的人都强烈地[48]感受到：好的道德才是最高的学问。

어느 한 가을, 베이징(北京) 대학의 새 학기가 [46]시작되었다. 외지에서 온 한 학생이 크고 작은 가방을 매고 캠퍼스로 들어오다가 너무 힘이 들어서 가방을 길가에 내려놓았다. 이때 마침 한 노인이 걸어왔고, 이 학생은 노인에게 가방을 좀 봐 달라고 [47]간절히 부탁하고서, 자기는 곧 간편한 복장으로 수속을 처리하러 갔다. 노인은 흔쾌히 승낙했다. 한 시간 가까이 지나고 나서야 학생은 돌아왔고, 노인은 여전히 책임감 있게 지키고 있었다. 노인에게 고마움을 전하고 두 사람은 헤어졌다! 며칠 뒤, 개학식에서 이 젊은 학생은 그날 자신을 위해 짐을 봐 주던 노인이 연단에 앉아 있는 것을 발견하고 크게 놀랐다. 소개를 듣고 나서야 그가 베이징 대학의 부총장인 리시엔린(季羡林)이라는 것을 알게 되었다. 이 학생은 마음이 매우 복잡했다. 이 얘기를 들은 모든 사람은 전부 강렬하게 [48]느꼈다. 훌륭한 도덕이야말로 최고의 학문이라는 것을.

단어 北京大学 Běijīng dàxué 명 베이징 대학 | 学期 xuéqī 명 학기 | 外地 wàidì 명 외지 | 背 bēi 동 짊어지다 | 校园 xiàoyuán 명 캠퍼스 | 感觉 gǎnjué 동 느끼다 | 实在 shízài 부 정말, 참으로 | 正好 zhènghǎo 부 마침 | 而 ér 접 그리고 | 则 zé 부 곧 | 轻装 qīngzhuāng 명 간편한 복장 | 办理 bànlǐ 동 처리하다 | 手续 shǒuxù 명 수속 | 爽快 shuǎngkuai 형 시원시원하다, 호쾌하다 | 答应 dāying 동 승낙하다 | 尽职 jìnzhí 동 직무를 다하다 | 尽责 jìnzé 동 책임을 다하다 | 看守 kānshǒu 지키다 | 分别 fēnbié 동 헤어지다 | 典礼 diǎnlǐ 명 식, 행사 | 学子 xuézǐ 명 학생 | 惊讶 jīngyà 형 놀랍다 | 主席台 zhǔxítái 명 연단 | 替 tì 개 ~을 위하여 | 副校长 fùxiàozhǎng 명 부총장 | 心情 xīnqíng 명 마음 | 复杂 fùzá 형 복잡하다 | 强烈 qiángliè 형 강렬하다 | 道德 dàodé 명 도덕 | 学问 xuéwen 명 학문

46 ★★☆

A 结束	B 开端	A 끝나다	B 발단하다
C 开始	D 起来	C 시작하다	D 일어나다

단어 结束 jiéshù 동 끝나다 | 开端 kāiduān 동 발단하다 | 开始 kāishǐ 동 시작하다 | 起来 qǐlai 동 일어나다

해설 빈칸 앞에는 주어, 뒤에는 동태조사 '了'가 있으므로 빈칸은 술어 자리이다. 주어가 '新学期(새 학기)'이므로 의미상 가장 적절한 것은 '开始(시작하다)'임을 알 수 있다. 따라서 정답은 C이다.

B. '开端'은 '(어떠한 일이나 사건이 생기는) 발단이 되다', '발단하다'라는 뜻이므로 정답으로 적절하지 않다.

47 ★★☆			
A 邀请	B 恳求	A 초청하다	B 간절히 부탁하다
C 希望	D 劳驾	C 희망하다	D 죄송합니다

단어 **邀请** yāoqǐng 동 초청하다 | **恳求** kěnqiú 동 간절히 부탁하다 | **希望** xīwàng 동 희망하다 | **劳驾** láojià 동 죄송합니다

해설 빈칸은 술어 자리로 빈칸이 포함된 문장을 살펴보면, '这个学生就______老人帮自己看一下包，而自己则轻装去办理手续(이 학생은 노인에게 가방을 좀 봐 달라고______. 자기는 곧 간편한 복장으로 수속을 처리하러 갔다)'라고 한다. 의미상 가장 적절한 것은 '恳求(간절히 부탁하다)'이므로 정답은 B이다.

Tip

부탁 · 초청 · 희망 관련 자주 나오는 단어 조합

恳求帮助 kěnqiú bāngzhù 도움을 간청하다
再三恳求 zàisān kěnqiú 재차 간청하다
拒绝邀请 jùjué yāoqǐng 초청을 거절하다
邀请客人 yāoqǐng kèrén 손님을 초청하다
希望和平 xīwàng hépíng 평화를 희망하다
慌忙恳求 huāngmáng kěnqiú 황급히 간청하다
接受邀请 jiēshòu yāoqǐng 초청을 받아들이다
辞退邀请 cítuì yāoqǐng 초청을 사절하다
希望出席 xīwàng chūxí 참석해 주기를 희망하다

48 ★★☆			
A 感应	B 认可	A 반응하다	B 승낙하다
C 想	D 感受	C 생각하다	D 느끼다

단어 **感应** gǎnyìng 동 반응하다 | **认可** rènkě 동 승낙하다 | **想** xiǎng 동 생각하다 | **感受** gǎnshòu 동 느끼다

해설 빈칸은 술어 자리로 지문에서 말하고자 하는 바는, 한 사건을 통해 사람들이 '好的道德才是最高的学问(훌륭한 도덕이야말로 최고의 학문이다)'임을 느꼈다는 것이다. 빈칸에는 '마음으로 깨닫고 느끼는 것'을 의미하는 '感受(느끼다)'가 가장 적절하므로 정답은 D이다.

49 – 52

一天，一群爱车的人在[49]谈论自己的车。第一个人说："我不仅人长得帅，车也好，每次开车经过美女身边的时候，都能使她们投来喜爱和羡慕的目光。"第二个人说："我的车外观[50]时尚，速度非常快。每次我开车经过美女身边的时候，都会引起她们的尖叫。"第三个人平静地说："每次，我的车经过一群美女身边的时候，不管这些美女平时看上去多么安静，都会一边疯狂地[51]追着我的车，一边拼命地呼唤，有的不追到绝对不停下来。"其他人都惊呆了，非常羡慕第三个人，于是说："[52]你开的一定是世界顶级跑车吧？"第三个人听了，笑了笑说："我开的是公共汽车。"

어느 날, 한 무리의 자동차 애호가가 자신의 자동차에 대해 [49]이야기했다. 첫 번째 사람이 말했다. "나는 잘생겼을 뿐만 아니라 자동차도 좋습니다. 자동차를 몰고 아름다운 여성의 옆을 지날 때마다, 그녀들이 모두 나에게 좋아하고 부러워하는 시선을 보내게 할 수 있지요." 두 번째 사람이 말했다. "내 자동차의 외관은 [50]유행하는 것이고 속도가 엄청 빠릅니다. 자동차를 몰고 아름다운 여성의 옆을 지날 때마다, 그녀들의 환호성을 이끌어 낼 수 있지요." 세 번째 사람이 차분하게 말했다. "매번 내 자동차를 몰고 아름다운 한 무리의 여성 옆을 지날 때마다, 이 아름다운 여성들이 평소에 얼마나 얌전해 보이는 것과 관계없이, 모두 미친 듯이 내 자동차를 [51]쫓아오면서 온 힘을 다해 소리칩니다. 어떤 이는 못 쫓아와도 절대 멈추지 않지요." 다른 사람들은 모두 놀라 어리둥절했고,

	세 번째 사람을 매우 부러워했다. 그래서 말했다. "[52]당신이 운전하는 것은 분명 세계 최고급 스포츠카이겠죠?" 세 번째 사람이 듣고서는 웃으면서 말했다. "제가 운전하는 것은 버스입니다."

단어 群 qún 양 무리, 떼 | 不仅 bùjǐn 접 ~뿐만 아니라 | 帅 shuài 형 잘생기다 | 经过 jīngguò 동 지나다 | 身边 shēnbiān 명 곁 | 使 shǐ 동 ~하게 하다 | 投 tóu 동 던지다 | 喜爱 xǐ'ài 동 좋아하다 | 羡慕 xiànmù 동 부러워하다 | 目光 mùguāng 명 시선 | 外观 wàiguān 명 외관 | 速度 sùdù 명 속도 | 引起 yǐnqǐ 동 불러 일으키다 | 尖叫 jiānjiào 비명을 지르다 | 平静 píngjìng 형 차분하다 | 不管 bùguǎn 접 ~에 관계없이 | 平时 píngshí 명 평소 | 多么 duōme 부 얼마나 | 疯狂 fēngkuáng 형 미친 듯이 날뛰다 | 拼命 pīnmìng 동 온 힘을 다하다 | 呼唤 hūhuàn 동 소리치다 | 追 zhuī 동 뒤쫓다 | 绝对 juéduì 부 절대로 | 不停 bùtíng 계속해서 | 惊呆 jīngdāi 동 놀라 얼이 빠지다 | 于是 yúshì 접 그래서

49 ★★☆

A 提醒	B 谈论	A 일깨우다	B 이야기하다
C 商量	D 说话	C 상의하다	D 말하다

단어 提醒 tíxǐng 동 일깨우다 | 谈论 tánlùn 동 담론하다, 이야기하다 | 商量 shāngliang 동 상의하다 | 说话 shuōhuà 동 말하다

해설 빈칸은 뒤에 목적어를 가지는 술어 자리이다. '一群爱车的人在______自己的车(한 무리의 자동차 애호가가 자신의 자동차에 대해______)'라는 내용에서 의미상 빈칸에 가장 적절한 것은 '谈论(이야기하다)'이므로 정답은 B이다.
D. 의미상으로는 답이 될 수 있으나, 이합동사이기 때문에 목적어를 가질 수 없으므로 정답이 될 수 없다.

50 ★★☆

A 实际	B 时尚	A 현실적이다	B 유행하다
C 时代	D 安全	C 시대	D 안전하다

단어 实际 shíjì 형 현실적이다 | 时尚 shíshàng 형 유행하다 | 时代 shídài 명 시대 | 安全 ānquán 형 안전하다

해설 빈칸은 술어 자리로, 두 번째 사람은 '我的车外观______, 速度非常快(내 자동차의 외관은______것이고 속도가 엄청 빠르다)'라고 자기 자동차의 장점에 대해 열거하고 있다. 이 문장의 주어 '外观(외관)'과 어울리는 정답은 형용사 술어 '时尚(유행)'이다. 그러므로 정답은 B이다.

51 ★★☆

A 跑	B 看	A 달리다	B 보다
C 追	D 叫	C 쫓아가다	D 부르다

단어 跑 pǎo 동 달리다 | 看 kàn 동 보다 | 追 zhuī 동 쫓아가다 | 叫 jiào 동 부르다

해설 빈칸은 술어 자리이다. 세 번째 사람은 '都会一边疯狂地______着我的车, 一边拼命地呼唤, 有的不追到绝对不停下来(모두 미친 듯이 내 자동차를______온 힘을 다해 소리친다. 어떤 이는 못 쫓아와도 절대 멈추지 않는다)'라고 하고, 마지막에 '我开的是公共汽车(내가 운전하는 것은 버스이다)'라고 말한다. 이것으로 미루어 보아, 여자들은 버스를 타기 위해 그것을 쫓으면서 소리를 지르는 것임을 알 수 있다. 그러므로 정답은 C이다.

독해 | 阅读

52 ★★☆

A 你开的一定是公共汽车吧	A 당신이 운전하는 것은 분명 버스이겠다
B 你开的一定是世界顶级跑车吧	B 당신이 운전하는 것은 분명 세계 최고급 스포츠카이겠다
C 你开车的技术一定很好吧	C 당신의 자동차 운전 기술은 분명 매우 좋겠다
D 你的车一定有不少广告吧	D 당신의 자동차는 분명 광고를 많이 하겠다

단어 **顶级** dǐngjí 형 최고급의 | **跑车** pǎochē 명 스포츠카 | **技术** jìshù 명 기술 | **广告** guǎnggào 명 광고

해설 세 번째 사람은 여자들이 자신의 차를 쫓으면서 소리를 지르고, 그들이 쫓아오지 못해도 멈추지 않는다고 한다. 이것을 들은 다른 사람들은 놀라며 '**非常羡慕第三个人，于是说**(세 번째 사람을 매우 부러워했다. 그래서 말했다)'라고 한다. 이어서 빈칸에 올 질문에 대한 대답으로 세 번째 사람이 '**我开的是公共汽车**(내가 운전하는 것은 버스이다)'라고 한 것을 미루어 보아, 빈칸은 차의 종류를 묻는 내용임 알 수 있다. 따라서 정답은 B이다.

A. 문맥상 세 번째 사람의 말은 예상치 못했던 대답이므로 A의 질문은 적절하지 않다.

53 – 56

水利学家说森林是绿色的水库；[53]经济学家说森林是绿色的银行；人类学家说森林是人类的乐园；生物学家说森林是生命的摇篮；艺术家说森林是大自然的美容师。森林对我们的好处更多。树木可以吸收空气中的二氧化碳，同时吸附空气中的灰尘，起着净化空气的作用。天气太热，[54]它们能降低温度；雨水太多，它们能保持水土不流失。森林是许多动物无法[55]离开的家园，森林可以为各种动物提供食物、氧气，降低环境的噪音，有些树种甚至可以杀死空气中的病菌，保护动物的[56]健康。

수리학자는 말하기를 숲은 친환경 댐이라고 한다. [53]경제학자는 말하기를 숲은 친환경 은행이라고 한다. 인류학자는 말하기를 숲은 인류의 낙원이라고 한다. 생물학자는 말하기를 숲은 생명의 요람이라고 한다. 예술가는 말하기를 숲은 대자연의 미용사라고 한다. 숲이 우리에게 주는 이로움은 더 많다. 나무는 공기 중의 이산화 탄소를 흡수할 수 있고, 아울러 공기 중의 먼지를 흡착하면서 공기 정화 작용을 한다. 날씨가 너무 더우면 [54]그것들은 온도를 내릴 수 있고, 빗물이 너무 많으면 그것들은 수분과 토양이 유실되지 않도록 유지한다. 숲은 많은 동물이 [55]떠날 수 없는 고향이다. 숲은 각종 동물에게 먹을 것과 산소를 제공해 줄 수 있으며, 환경 소음을 낮추어 준다. 일부 나무들은 심지어 공기 중의 병균을 죽여 동물의 [56]건강을 보호한다.

단어 **水利** shuǐlì 명 수리 | **学家** xuéjiā 명 학자 | **森林** sēnlín 명 숲 | **绿色** lǜsè 형 친환경의 | **水库** shuǐkù 명 댐 | **人类** rénlèi 명 인류 | **乐园** lèyuán 명 낙원 | **生物** shēngwù 명 생물 | **生命** shēngmìng 명 생명 | **摇篮** yáolán 명 요람 | **艺术家** yìshùjiā 명 예술가 | **大自然** dàzìrán 명 대자연 | **美容师** měiróngshī 명 미용사 | **好处** hǎochù 명 이로운 점 | **树木** shùmù 명 나무 | **吸收** xīshōu 동 흡수하다 | **空气** kōngqì 명 공기 | **二氧化碳** èryǎnghuà tàn 명 이산화 탄소 | **同时** tóngshí 접 아울러 | **吸附** xīfù 동 흡착하다 | **灰尘** huīchén 명 먼지 | **起作用** qǐ zuòyòng 작용을 하다 | **净化** jìnghuà 동 정화하다 | **雨水** yǔshuǐ 명 빗물 | **保持** bǎochí 동 유지하다 | **水土** shuǐtǔ 명 수분과 토양 | **流失** liúshī 동 유실되다 | **许多** xǔduō 형 매우 많다 | **无法** wúfǎ 동 ~할 수 없다 | **家园** jiāyuán 명 가정 | **提供** tígōng 동 제공하다 | **食物** shíwù 명 음식물 | **氧气** yǎngqì 명 산소 | **降低** jiàngdī 동 낮추다 | **噪音** zàoyīn 명 소음 | **树种** shùzhǒng 명 수종, 나무의 종류 | **甚至** shènzhì 접 심지어 | **杀死** shāsǐ 동 죽이다 | **病菌** bìngjūn 명 병균 | **保护** bǎohù 동 보호하다

53 ★★☆			
A 美术	B 经济	A 미술	B 경제
C 化学	D 数学	C 화학	D 수학

단어 美术 měishù 명 미술 | 经济 jīngjì 명 경제 | 化学 huàxué 명 화학 | 数学 shùxué 명 수학

해설 지문에서 수리학자는 '森林是绿色的水库(숲은 친환경 댐이다)'라 하고, 인류학자는 '森林是人类的乐园(숲은 인류의 낙원이다)'이라 하며, 예술가는 '森林是大自然的美容师(숲은 대자연의 미용사이다)'라고 한다. 이로 미루어 보아, '森林是绿色的银行(숲은 친환경 은행이다)'이라고 말하는 사람은 경제학자가 가장 적절하다. 그러므로 정답은 B이다.

54 ★★☆	
A 它们能形成小河	A 그것들은 시냇물을 형성할 수 있다
B 它们能制造雨水	B 그것들은 빗물을 만들 수 있다
C 它们能降低温度	C 그것들은 온도를 내릴 수 있다
D 它们能提高温度	D 그것들은 온도를 높일 수 있다

단어 形成 xíngchéng 동 형성하다 | 小河 xiǎohé 명 시냇물 | 制造 zhìzào 동 만들다 | 温度 wēndù 명 온도 | 提高 tígāo 동 높이다

해설 빈칸이 포함된 문장의 앞뒤에서 숲의 이로움에 대해 말한다. 그리고 빈칸 다음 문장에서 '雨水太多，它们能保持水土不流失(빗물이 너무 많으면 그것들은 수분과 토양이 유실되지 않도록 유지한다)'라고 하는 것으로 보아, 빈칸 앞의 '天气太热(날씨가 너무 더우면)' 다음에는 그 결과를 설명하는 내용이 나와야 한다. 보기 중에서 날씨가 더울 때 숲이 줄 수 있는 이로움으로 적절한 것은 '它们能降低温度(그것들은 온도를 내릴 수 있다)'이다. 따라서 정답은 C이다.

55 ★★☆			
A 保持	B 带走	A 유지하다	B 가지고 가다
C 放下	D 离开	C 내려놓다	D 떠나다

단어 保持 bǎochí 동 유지하다 | 带走 dàizǒu 가지고 가다 | 放下 fàngxià 내려놓다 | 离开 líkāi 동 떠나다

해설 빈칸이 포함된 다음 문장에서 '森林可以为各种动物提供食物、氧气，降低环境的噪音(숲은 각종 동물에게 먹을 것과 산소를 제공해 줄 수 있으며, 환경 소음을 낮추어 준다)'이라고 하며 숲이 동물에게 주는 이로움을 나열한다. 이는 동물들이 숲을 떠날 수 없는 이유를 말하는 것이므로, 의미상 빈칸에 가장 적절한 것은 '离开(떠나다)'이다. 그러므로 정답은 D이다.

Tip 빈칸 앞에 쓰인 '无法'는 '~할 수 없다', '~할 방법이 없다'는 뜻으로, 술어 앞에서 '不能(~할 수 없다)'과 같은 의미로 쓰인다.

56 ★★☆

A 健康	B 呼吸	A 건강	B 호흡
C 财产	D 食物	C 재산	D 음식물

단어 **健康** jiànkāng 명 건강 | **呼吸** hūxī 명 호흡 | **财产** cáichǎn 명 재산 | **食物** shíwù 명 음식물

해설 빈칸은 목적어 자리로, 앞부분에서 숲이 동물에게 주는 이로움에 대해서 말하면서 '有些树种甚至可以杀死空气中的病菌, 保护动物的______(일부 나무들은 심지어 공기 중의 병균을 죽여 동물의______을 보호한다)'라고 한다. 의미상 동물의 '健康(건강)'을 보호한다는 내용이 가장 적절하므로 정답은 A이다.

57 – 60

一个老婆婆，有[57]两个能干的儿子，可是她还是天天为他们担心。下雨的时候，她愁眉苦脸地说："这天气真[58]糟糕，我的大儿子是卖草帽的，下雨天一定没有生意了。"天晴的时候，她也愁眉苦脸，对别人说："我的小儿子是做[59]雨伞的，这样的天气，怎么会有生意呢？"她的老头子跟她正好相反。下雨的时候，为做雨伞的小儿子高兴；天晴的时候，为大儿子高兴。[60]一样的天气，不一样的态度，就造成了两种完全不一样的生活心态。

한 할머니는 [57]두 명의 유능한 아들이 있었지만, 그녀는 여전히 매일 그들 때문에 걱정했다. 비가 올 때면 그녀는 수심에 찬 얼굴로 말했다. "날씨가 정말 [58]안 좋네. 내 큰아들은 밀짚모자를 파는데, 비가 오는 날에는 분명 장사가 잘 안 될 텐데." 날씨가 화창할 때, 그녀는 역시 수심에 찬 얼굴로 다른 사람에게 말했다. "내 작은아들은 [59]우산을 만들어요. 이런 날씨에 어떻게 장사를 할 수 있겠어요?" 그녀의 남편은 그녀와 정반대이다. 비가 올 때면 우산을 만드는 작은아들 때문에 기뻐했고, 날씨가 화창할 때는 큰아들 때문에 기뻐했다. [60]같은 날씨, 다른 태도는 완전히 다른 두 종류의 생활의 마음가짐을 만든다.

단어 **老婆婆** lǎopópo 명 할머니 | **能干** nénggàn 형 유능하다 | **可是** kěshì 접 그러나 | **愁眉苦脸** chóuméi kǔliǎn 성 수심에 찬 얼굴 | **草帽** cǎomào 명 밀짚모자 | **生意** shēngyi 명 장사 | **老头子** lǎotóuzi 명 영감, 임자 [아내의 남편에 대한 호칭] | **正好** zhènghǎo 부 마침 | **相反** xiāngfǎn 동 반대되다 | **造成** zàochéng 동 만들다 | **完全** wánquán 부 완전히 | **生活** shēnghuó 명 생활 | **心态** xīntài 명 심리 상태

57 ★☆☆

A 一个	B 两对	A 한 명	B 두 쌍
C 两个	D 四个	C 두 명	D 네 명

해설 빈칸이 포함된 문장인 '有______能干的儿子(______의 유능한 아들이 있었다)'에서 빈칸은 아들을 세는 '수사+양사' 순서로 단어가 들어가야 하는 자리이다. 지문에서 할머니의 큰아들과 작은아들에 대해 이야기하고 있으므로, 아들이 두 명이라는 것을 알 수 있다. 따라서 정답은 C이다.
B. '两对(두 쌍)'에서 '对'는 쌍을 가리키는 단위이다.

58 ★☆☆			
A 糟糕	B 伤心	A 안 좋다	B 상심하다
C 抱歉	D 不错	C 미안해하다	D 좋다

단어 **糟糕** zāogāo 형 엉망이 되다 | **伤心** shāngxīn 형 상심하다 | **抱歉** bàoqiàn 형 미안해하다 | **不错** búcuò 형 좋다

해설 빈칸 앞에 '真(정말)'이라는 정도부사가 있는 것으로 보아, 빈칸은 형용사 술어 자리임을 알 수 있다. 앞에서 '下雨的时候，她愁眉苦脸地说(비가 올 때면 그녀는 수심에 찬 얼굴로 말했다)'라고 한다. 비가 오는 날, 즉 날씨가 좋지 않을 때 할머니는 밀짚모자를 파는 큰아들의 장사가 잘 되지 않음을 걱정하고 있으므로 정답은 A이다.

59 ★☆☆			
A 鞋子	B 雨伞	A 신발	B 우산
C 棉衣	D 车子	C 솜옷	D 차

단어 **鞋子** xiézi 명 신발 | **雨伞** yǔsǎn 명 우산 | **棉衣** miányī 명 솜옷 | **车子** chēzi 명 차, 승용차

해설 할머니는 맑은 날에도 수심에 찬 얼굴로 '我的小儿子是做______的，这样的天气，怎么会有生意呢?(내 작은아들은 ______을 만든다. 이런 날씨에 어떻게 장사를 할 수 있겠는가?)'라고 하며 걱정하는 것으로 보아, 작은아들은 맑은 날 잘 팔리지 않는 물건을 만든다는 것을 짐작할 수 있다. 따라서 빈칸에 가장 적절한 것은 '雨伞(우산)'이므로 정답은 B이다.

60 ★★☆	
A 不同的天气，一样的状况	A 다른 날씨, 같은 상황
B 不同的天气，不同的态度	B 다른 날씨, 다른 태도
C 一样的天气，一样的状况	C 같은 날씨, 같은 상황
D 一样的天气，不一样的态度	D 같은 날씨, 다른 태도

단어 **状况** zhuàngkuàng 명 상황 | **态度** tàidu 명 태도

해설 지문에서 '她的老头子跟她正好相反(그녀의 남편은 그녀와 정반대이다)'이라고 한다. 남편은 비가 오면 우산을 만드는 작은아들 때문에 기뻐했고, 화창하면 밀짚모자를 파는 큰아들 때문에 기뻐했다. 그리고 지문의 마지막에서 '造成了两种完全不一样的生活心态(완전히 다른 두 종류의 생활의 마음가짐을 만든다)'라고 한다. 이처럼 빈칸의 앞뒤 내용을 살펴보았을 때, 가장 적절한 것은 '一样的天气，不一样的态度(같은 날씨, 다른 태도)'이므로 정답은 D이다.

실전 연습 2 – 제1부분

≫ 전략서 95p

정답					
	46 C	47 B	48 C	49 C	50 B
	51 C	52 A	53 B	54 C	55 A
	56 B	57 C	58 A	59 B	60 A

46 – 48

一天，乌鸦叼着一块肉，在树枝上慢慢地吃着。狐狸看见后，直流口水，它想了一个鬼主意，便说："乌鸦，你唱起歌来真[46]好听，唱上几句给我听听吧！"乌鸦一句话也不说，乐滋滋地吃完了那块肉。吃完肉，乌鸦想到狐狸[47]刚才欺骗自己的情景，心里想这次一定要好好捉弄一下狐狸，便说："你别着急，那边的水池里有一只跟你长得一样的狐狸，它那里有很多很多的肉，我的这一块就是从它那里叼来的呢！"狐狸以为是真的，急忙来到水池边，看见水池里果然有一只和自己长得一模一样的狐狸，它一心想着与那只狐狸抢肉吃，便一下子跳进水池……。结果，这只馋嘴的狐狸[48]再也没有出来。

어느 날, 까마귀가 고기 한 덩이를 입에 물고서 나뭇가지 위에서 천천히 먹고 있었다. 여우가 보고 나서 곧장 군침을 흘리며 나쁜 꾀를 내어 말했다. "까마귀야, 네가 노래를 부르면 참으로 [46]듣기 좋던데, 몇 소절을 나에게 좀 들려줘!" 까마귀는 한마디도 하지 않고, 만족스럽게 그 고기를 다 먹었다. 고기를 다 먹고 까마귀는 여우가 [47]방금 자신을 속이려던 모습이 생각났고, 이번에는 반드시 여우를 놀려 주어야겠다고 마음속으로 생각하고서 말했다. "조급해 마. 저기 저수지에 너와 똑같이 생긴 여우 한 마리가 있는데, 거기에는 고기가 아주 많이 있어. 내 이 한 덩이도 거기에서 물어 온 거야!" 여우는 진짜인 줄 알고 황급히 저수지로 갔다. 저수지 속을 보니 과연 자신과 똑같이 생긴 여우 한 마리가 있었다. 그것의 온 마음은 그 여우의 고기를 뺏어 먹을 생각뿐이었고, 바로 저수지로 단숨에 뛰어 들어갔다. 끝내 이 식탐 많은 여우는 [48]더 이상 나타나지 못했다.

단어 **乌鸦** wūyā 명 까마귀 | **叼** diāo 동 입에 물다 | **树枝** shùzhī 명 나뭇가지 | **狐狸** húli 명 여우 | **直** zhí 부 곧장 | **口水** kǒushuǐ 명 침, 타액 | **鬼主意** guǐzhǔyi 명 나쁜 꾀 | **便** biàn 부 곧, 바로 | **乐滋滋** lèzīzī 형 만족하여 즐거워하는 모양 | **欺骗** qīpiàn 동 속이다 | **情景** qíngjǐng 명 모습 | **捉弄** zhuōnòng 동 놀리다 | **水池** shuǐchí 명 못, 저수지 | **以为** yǐwéi 동 여기다 | **急忙** jímáng 부 황급히 | **果然** guǒrán 부 과연 | **一模一样** yìmú yíyàng 성 모양이 완전히 같다 | **一心** yìxīn 명 한마음, 전심 | **抢** qiǎng 동 빼앗다 | **一下子** yíxiàzi 부 단시간에 | **结果** jiéguǒ 부 결국 | **馋嘴** chánzuǐ 형 식탐하다

46 ★☆☆

A 难听	B 热闹	A 듣기 거북하다	B 떠들썩하다
C 好听	D 调皮	C 듣기 좋다	D 장난스럽다

단어 **难听** nántīng 형 듣기 거북하다 | **热闹** rènao 형 떠들썩하다 | **好听** hǎotīng 형 듣기 좋다 | **调皮** tiáopí 형 장난스럽다

해설 빈칸 앞에 정도부사 '真(참으로)'이 있으므로 빈칸은 형용사 술어 자리이다. 여우가 까마귀를 속이기 위해 '唱上几句给我听听吧!(몇 소절을 나에게 좀 들려줘!)'라고 하기 전에, '你唱起歌来真______(네가 노래를 부르면 참으로______)'라고 아부하며 속이는 상황이므로, 의미상 빈칸에 가장 적절한 것은 '好听(듣기 좋다)'이다. 따라서 정답은 C이다.

47 ★☆☆

A 曾经	B 刚才	A 일찍이	B 방금
C 从前	D 以前	C 옛날	D 이전

단어 **曾经** céngjīng 부 일찍이 | **刚才** gāngcái 명 방금 | **从前** cóngqián 명 옛날, 이전 | **以前** yǐqián 명 이전, 과거

해설 지문에서 '吃完肉，乌鸦想到狐狸______欺骗自己的情景(고기를 다 먹고 까마귀는 여우가______자신을 속이려던 모습이 생각났다)'이라고 한다. 여우가 까마귀를 속이려고 한 것은 고기를 다 먹기 전, 방금 일어난 일이므로 의미상 빈칸에 적절한 단어는 '刚才(방금)'이다. 따라서 정답은 B이다.

Tip '以前'과 '从前'은 모두 특정한 시간의 언급 없이 단독으로 '이전'이라는 뜻으로 쓸 수 있는 공통점이 있다. 그러나 '以前'은 시간 표현과 함께 쓸 수 있는 반면에, '从前'은 함께 쓸 수 없다는 차이점이 있다. 그러므로 두 단어를 구분하여 알아 두도록 한다.

	시간 표현 없이 단독으로 쓰이는 경우	시간 표현이 함께 쓰이는 경우
以前	我以前在这里住过。(O) 나는 이전에 여기에서 살았다.	2006年以前我一直住在中国。(O) 2006년 이전에 나는 계속 중국에서 살았다.
从前	我从前在这里住过。(O) 나는 이전에 여기에서 살았다.	2006年从前我一直住在中国。(X)

48 ★☆☆

A 拿到了食物
B 学会了游泳
C 再也没有出来
D 也唱起歌来

A 먹을 것을 손에 넣었다
B 수영하는 것을 습득했다
C 더 이상 나타나지 못했다
D 노래도 불렀다

단어 **食物** shíwù 명 음식물 | **学会** xuéhuì 동 습득하다

해설 빈칸이 포함된 문장은 저수지 속에 보이는 여우의 고기를 빼앗아 먹기 위해 물속에 뛰어든 여우가 결국 어떻게 되었는지 결론을 말하는 내용이다. 저수지의 물에 식탐 많은 여우 자신의 모습이 비친 것으로, 문맥의 흐름상 가장 적절한 것은 보기의 '再也没有出来(더 이상 나타나지 못했다)'이다. 그러므로 정답은 C이다.

49 – 52

一个伟大的老画家在湖边画画儿，有两个外国青年坐在离他不远的地方。其中一个女青年走过来看着他的画，并谈了自己的看法。老画家[49]虚心地倾听着，并按照她的指点认真地修改，之后，有礼貌地向她致谢。第二天，在一艘船上，老画家[50]又碰到了这位外国姑娘。外国姑娘对他说："先生，您是住在这里的人，肯定认识一位有名的老画家，听说他也在这艘船上，请您指给我看看。""小姐，您想[51]见一见他吗?""喔，我非常景仰他，非常想见到他!""哦，小姐，您已认识他了。因为昨天上午您给他上了一堂绘画课。"这位外国姑娘惊讶地睁大了眼睛。她哪里想到，昨天那位虚心听取她指点的老者，竟是[52]世界闻名的画家!

한 위대한 노화가가 호숫가에서 그림을 그리고 있었고, 두 외국 젊은이가 그에게서 멀지 않은 곳에 앉아 있었다. 그중 한 젊은 여성이 다가와 그의 그림을 보며 자신의 견해를 이야기했다. 노화가는 [49]겸손하게 경청하였고, 그녀가 지적해 준 대로 따라서 꼼꼼하게 수정했다. 그 후, 예의를 갖추어 그녀에게 감사를 표시했다. 이튿날, 한 배에서 노화가는 이 외국 아가씨를 [50]또 마주쳤다. 외국 아가씨는 그에게 말했다. "선생님, 당신은 여기에 사시는 분이니까, 틀림없이 유명한 한 노화가를 아시겠군요. 그도 이 배에 있다는데 당신이 저한테 좀 알려 주세요.", "아가씨, 당신은 그를 [51]만나 보고 싶어요?", "오, 저는 그를 굉장히 존경합니다. 그분을 꼭 뵙고 싶어요!", "아하, 아가씨, 당신은 이미 그를 알고 있어요. 왜냐하면 어제 오전에 당신이 그에게 회화 수업을 해 주었거든요." 이 외국 아가씨는 놀라서 눈을 크게 떴다. 그녀가 어디 예상이나 했겠는가. 어제 겸손히 그녀가 지적해 주는 것을 귀담아듣던 그 노인이 뜻밖에 [52]세계적으로 유명한 화가였다는 것을!

단어 伟大 wěidà 형 위대하다 | 画家 huàjiā 명 화가 | 湖边 húbiān 명 호숫가 | 其中 qízhōng 명 그중 | 谈 tán 동 이야기하다 | 看法 kànfǎ 명 견해 | 倾听 qīngtīng 동 경청하다 | 按照 ànzhào 개 ~에 따라 | 并 bìng 접 그리고 | 指点 zhǐdiǎn 동 지적해 주다 | 修改 xiūgǎi 동 수정하다 | 之后 zhīhòu 명 그 후 | 礼貌 lǐmào 형 예의 바르다 | 致谢 zhìxiè 동 감사드리다 | 艘 sōu 양 척 [선박을 세는 단위] | 碰 pèng 동 만나다 | 姑娘 gūniang 명 아가씨 | 肯定 kěndìng 부 틀림없이 | 指 zhǐ 동 가리키다 | 景仰 jǐngyǎng 동 경앙하다 | 堂 táng 양 시간 [수업의 횟수를 세는 단위] | 绘画 huìhuà 명 회화 | 惊讶 jīngyà 형 놀랍다 | 睁 zhēng 동 크게 뜨다 | 虚心 xūxīn 형 겸손하다 | 听取 tīngqǔ 동 귀담아듣다 | 老者 lǎozhě 명 노인 | 竟 jìng 부 뜻밖에

49 ★★☆			
A 骄傲	B 自豪	A 거만하다	B 자랑스럽다
C 虚心	D 沉默	C 겸손하다	D 과묵하다

단어 骄傲 jiāo'ào 형 거만하다 | 自豪 zìháo 형 자랑스럽다 | 虚心 xūxīn 형 겸손하다 | 沉默 chénmò 형 과묵하다

해설 빈칸이 포함된 문장의 앞에서 '一个女青年走过来看着他的画，并谈了自己的看法(한 젊은 여성이 다가와 그의 그림을 보며 자신의 견해를 이야기했다)'라고 하고, 뒤 문장에서는 노화가가 '按照她的指点认真地修改(그녀가 지적해 준 대로 따라서 꼼꼼하게 수정했다)'라고 한다. 그리고 빈칸이 포함된 문장의 술어 '倾听(경청하다)' 앞의 구조조사 '地'는 경청하는 모습을 묘사하며 술어를 꾸며 주는 부사어 역할을 한다. 따라서 의미상 노화가의 태도에 대한 묘사로 빈칸에 가장 적절한 것은 '虚心(겸손하다)'이므로 정답은 C이다.

50 ★☆☆			
A 还	B 又	A 게다가	B 또
C 也	D 再	C 역시	D 다시

단어 还 hái 부 게다가, 또 | 又 yòu 부 또, 거듭 | 也 yě 부 ~도, 역시 | 再 zài 부 다시, 재차

해설 빈칸은 부사 자리로, '第二天，在一艘船上，老画家______碰到了这位外国姑娘(이튿날, 한 배에서 노화가는 이 외국 아가씨를______마주쳤다)'이라고 한 것은 만난 적이 있는 사람을 또 다시 만난 상황이다. 보기 중에서 과거에 발생했던 동작이나 상황이 또 발생함을 나타내는 '又(또)'가 빈칸에 가장 적절하므로 정답은 B이다.

Tip
부사 '还', '又', '再'

	뜻	설명	예문
还	게다가, 또	미래 동작과 상황의 지속을 나타내며, 조동사 앞에 쓸 수 있다.	你还想吃什么？ 당신은 또 무엇을 먹고 싶은가요?
又	또, 거듭	과거 동작의 반복을 나타내며, 조동사 앞에 쓸 수 있다.	我又出错了，总给你带来麻烦。 제가 또 실수를 했어요. 늘 당신에게 번거롭게 하네요.
再	다시, 재차	미래 동작의 반복을 나타내며, 조동사 앞에 쓸 수 없다.(주로 명령문이나 청유문에 많이 쓰임)	再把碗筷放下去。 다시 밥공기와 젓가락을 놓아주세요.

51 ★☆☆

A 说一说	B 聊一聊	A 말해 보다	B 이야기해 보다
C 见一见	D 听一听	C 만나 보다	D 들어 보다

단어 说 shuō 동 말하다 | 聊 liáo 동 한담하다 | 见 jiàn 동 만나다 | 听 tīng 동 듣다

해설 빈칸은 술어 자리이다. 여자가 유명한 노화가가 어디에 있는지 알려 달라고 하자, 노화가는 '您想______他吗?(당신은 그를 ______ 싶은가?)'라고 묻는다. 이에 여자는 '我非常景仰他, 非常想见到他!(나는 그를 굉장히 존경한다. 그분을 꼭 뵙고 싶다!)'라고 대답하는 것으로 보아, 노화가는 여자에게 그를 만나 보고 싶은지 물어보았음을 짐작할 수 있다. 그러므로 정답은 C이다.

52 ★☆☆

A 世界闻名的画家	A 세계적으로 유명한 화가
B 她每天寻找的人	B 그녀가 매일 찾는 사람
C 会画画的老年人	C 그림을 잘 그리는 노인
D 这里的船长	D 이곳의 선장

단어 闻名 wénmíng 형 유명하다 | 寻找 xúnzhǎo 동 찾다 | 船长 chuánzhǎng 명 선장

해설 빈칸의 내용은 전체적인 글의 흐름과 일치해야 한다. 외국 아가씨는 유명한 노화가를 존경한다고 말한다. 그리고 지문의 마지막에서 '昨天那位虚心听取她指点的老者, 竟是______!(어제 겸손히 그녀가 지적해 주는 것을 귀담아듣던 그 노인이 뜻밖에 ______였다는 것을!)'라고 한다. 빈칸 앞에 쓰인 부사 '竟(뜻밖에)' 뒤에는 예상치 못했던 내용이 와야 한다. 따라서 어제 겸손하게 여자의 의견을 경청하던 노인이 '世界闻名的画家(세계적으로 유명한 화가)'임을 말하는 것이므로 문맥상 정답은 A이다.

B. 외국 아가씨는 유명한 노화가를 존경하여 만나고 싶었을 뿐이지, 매일 그를 찾고 있었다는 것은 지문에서 유추할 수 없는 내용이다.

53 – 56

世界乒乓球运动员的水平越来越高，可是乒乓球太小，旋转太快，有时[53]根本来不及看清楚。为了[54]增加乒乓球的观赏性，国际乒乓球联合会计划将乒乓球的直径增大。可到底要增大多少呢？有关科研人员做了一个[55]实验。实验结论是直径大的球，速度慢于直径小的球，旋转弱于直径小的球。最后，世界乒联决定，乒乓球比赛将使用直径40毫米、重量2.7克的大球，[56]代替直径38毫米的小球。

세계 탁구 선수의 수준은 점점 높아지고 있다. 그러나 탁구공이 너무 작고 회전이 아주 빨라서 [53]전혀 제대로 보이지 않을 때가 있다. 탁구의 관람성을 [54]늘리기 위해, 국제 탁구 연합회는 탁구공의 직경을 늘리기로 계획했다. 도대체 얼마나 늘려야 하는 걸까? 관련 과학 연구원은 한 가지 [55]실험을 했다. 실험의 결론은 직경이 큰 공은 직경이 작은 공보다 속도가 느리고, 회전이 약하다는 것이다. 최후에 국제 탁구 연합회는 탁구 경기에서 직경 40mm, 중량 2.7g의 큰 공을 사용하여, 직경 38mm의 작은 공을 [56]대체하기로 결정했다.

단어 乒乓球 pīngpāngqiú 명 탁구 | 可是 kěshì 접 그러나 | 旋转 xuánzhuǎn 명 회전 | 来不及 láibují 동 미치지 못하다 | 观赏 guānshǎng 동 감상하다 | 国际 guójì 명 국제 | 联合会 liánhéhuì 명 연합회 | 计划 jìhuà 동 계획하다 | 直径 zhíjìng 명 직경 | 增大 zēngdà 동 늘리다 | 可 kě 부 [반문의 어기를 강하게 함] | 到底 dàodǐ 부 도대체 | 实验 shíyàn 명 실험 | 结论 jiélùn 명 결론 | 速度 sùdù 명 속도 | 于 yú 개 ~보다 | 弱 ruò 형 약하다 | 最后 zuìhòu 명 최후 | 乒联 Pīnglián 명 탁구 연합회 ['乒乓球联合会'의 약칭] | 使用 shǐyòng 동 사용하다 | 毫米 háomǐ 양 밀리미터(mm) | 重量 zhòngliàng 명 중량 | 克 kè 양 그램(g)

53 ★★☆			
A 彻底	B 根本	A 철저하다	B 전혀
C 本来	D 原来	C 본래	D 알고 보니

단어 彻底 chèdǐ 형 철저하다 | 根本 gēnběn 부 전혀 | 本来 běnlái 부 본래 | 原来 yuánlái 부 알고 보니, 원래

해설 빈칸은 부사어 자리로, '旋转太快，有时_____来不及看清楚(회전이 아주 빨라서_____제대로 보이지 않을 때가 있다)'라고 한다. 의미상 '来不及(미치지 못하다)' 앞에 올 수 있는 알맞은 단어는 '根本(전혀)'이다. '根本(전혀)'은 주로 부정부사 '不' 혹은' 没'와 함께 쓰여 '전혀 ~가 아니다'라는 의미를 나타낸다. 그러므로 정답은 B이다.

Tip

'本来'와 '原来'의 차이점

'本来'와 '原来'는 형용사로 '본래의', '원래의'라는 뜻이며, 부사로는 '본래', '원래'라는 뜻이다. 구체적으로 '本来'는 부사로 '(어떤 이치에 근거하여) 당연히 ~해야 한다'라는 의미를 내포하고 있으며, '原来'는 부사로 '알고 보니 ~하다'라는 의미를 내포한다. 그러므로 두 단어의 의미를 잘 파악하여 문맥에 맞게 사용해야 한다.

54 ★★☆			
A 减少	B 缩小	A 줄이다	B 축소하다
C 增加	D 扩大	C 늘리다	D 확대하다

단어 减少 jiǎnshǎo 동 줄이다 | 缩小 suōxiǎo 동 축소하다 | 增加 zēngjiā 동 늘리다 | 扩大 kuòdà 동 확대하다

해설 빈칸은 '观赏性(관람성)'을 목적어로 가지는 술어 자리이다. 뒤 문장에서 '国际乒乓球联合会计划将乒乓球的直径增大(국제 탁구 연합회는 탁구공의 직경을 늘리기로 계획했다)'라고 한 것으로 보아, '观赏性(관람성)'을 높이기 위함임을 알 수 있으므로 보기 중에서 빈칸에 가장 적절한 것은 '增加(늘리다)'이다. 따라서 정답은 C이다.

D. '扩大'는 '(범위나 규모를) 넓히다', '확대하다'는 뜻이므로 의미상 빈칸에 어울리지 않는다.

55 ★★☆			
A 实验	B 事实	A 실험	B 사실
C 表演	D 体验	C 공연	D 체험

단어 实验 shíyàn 명 실험 | 事实 shìshí 명 사실 | 表演 biǎoyǎn 명 공연 | 体验 tǐyàn 명 체험

해설 빈칸은 '做(하다)'를 술어로 가지는 목적어 자리이다. '有关科研人员做了一个_____(관련 과학 연구원은 한 가지 _____을 했다)'라고 하고, 바로 다음 문장에서 그 실험의 결론에 대해서 말하므로 연구원은 '实验(실험)'을 했다고 짐작할 수 있다. 그러므로 정답은 A이다.

56 ★★☆

A 取得	B 代替	A 취득하다	B 대체하다
C 接受	D 消灭	C 받아들이다	D 없어지다

단어 取得 qǔdé 동 취득하다 | 代替 dàitì 동 대체하다 | 接受 jiēshòu 동 받아들이다 | 消灭 xiāomiè 동 없어지다

해설 빈칸은 술어 자리로, 빈칸이 포함된 문장 앞의 내용을 살펴보면 직경이 큰 탁구공을 사용하여 직경이 작은 것을 '代替(대체하다)'한다는 내용이다. 따라서 정답은 B이다.

57 – 60

4-6岁的孩子正处于行为[57]模仿的时期。这个时期正好也是想象力突然发展的开始，孩子会把看到的东西看成是自己的，并且模仿。这是孩子发展中的一种[58]特殊的自然现象，父母不要干涉孩子，让孩子自己去体验和感受。遇到需要配合的时候，父母配合一下就可以了。比如有的女孩子会模仿电影电视里的漂亮姐姐，而且去模仿她哭，每天[59]可能要哭很多次。当她当着大人的面哭或者趴在大人身上哭时，成人要安慰她，[60]并配合她的情绪，这样就等于肯定了孩子的发展，对孩子是有利的。

4~6세의 아이는 행위를 [57]모방하는 시기이다. 이 시기에는 마침 상상력도 갑자기 발전하기 시작하여, 아이는 본 것을 자신의 것으로 여기고 모방한다. 이것은 아이의 발전 중 일종의 [58]특수한 자연적인 현상이다. 부모는 아이를 간섭하지 말고, 아이 스스로 체험하고 느끼게 해야 한다. 협동이 필요할 때 부모가 협동만 좀 해 주면 된다. 예를 들어 어떤 여자 아이가 영화와 텔레비전 속 아름다운 여성을 모방하고, 게다가 그녀가 우는 것을 따라 매일 [59]아마도 여러 차례 울 것이다. 아이가 어른 앞에서 울거나 혹은 어른에게 기대어 울 때, 어른은 그녀를 위로해야 하고, [60]게다가 그녀의 기분을 맞춰 준다. 이렇게 하는 것이 아이의 발전을 인정하는 것과 같으며 아이에게 이로운 것이다.

단어 处于 chǔyú 동 처하다 | 行为 xíngwéi 명 행위 | 时期 shíqī 명 시기 | 正好 zhènghǎo 부 마침 | 想象力 xiǎngxiànglì 명 상상력 | 发展 fāzhǎn 동 발전하다 | 看成 kànchéng ~로 여기다 | 并且 bìngqiě 접 게다가 | 模仿 mófǎng 동 모방하다 | 现象 xiànxiàng 명 현상 | 干涉 gānshè 동 간섭하다 | 体验 tǐyàn 동 체험하다 | 感受 gǎnshòu 동 느끼다 | 遇 yù 동 만나다 | 需要 xūyào 동 필요하다 | 配合 pèihé 동 협동하다, 호응하다 | 比如 bǐrú 동 예를 들다 | 当 dāng 개 [바로 그 시간이나 그 장소를 가리킴] | 当 dāng 동 ~을 마주 대하다 | 大人 dàren 명 어른 | 趴 pā 동 기대다 | 成人 chéngrén 명 어른 | 安慰 ānwèi 동 위로하다 | 等于 děngyú 동 ~와 같다 | 肯定 kěndìng 동 인정하다 | 有利 yǒulì 형 이롭다

57 ★★☆

A 记录	B 抄写	A 기록하다	B 필사하다
C 模仿	D 认识	C 모방하다	D 인식하다

단어 记录 jìlù 동 기록하다 | 抄写 chāoxiě 동 필사하다 | 模仿 mófǎng 동 모방하다 | 认识 rènshi 동 인식하다

해설 빈칸 앞에는 술어 '处于(처하다)', 빈칸 뒤에는 목적어 '时期(시기)'가 있다. 따라서 빈칸은 목적어를 수식하는 관형어 자리이다. 빈칸이 포함된 문장의 다음에서 '孩子会把看到的东西看成是自己的，并且模仿(아이는 본 것을 자신의 것으로 여기고 모방한다)'이라고 하는 것으로 미루어 보아, 4~6세 아이들은 행위를 모방하는 시기에 놓여 있음을 알 수 있다. 따라서 정답은 C이다.

58 ★☆☆

A 特殊	B 奇怪	A 특수하다	B 이상하다
C 关键	D 自然	C 매우 중요한	D 자연스럽다

단어 **特殊** tèshū 형 특수하다 | **奇怪** qíguài 형 이상하다 | **关键** guānjiàn 형 매우 중요한 | **自然** zìran 형 자연스럽다

해설 문장의 목적어인 '自然现象(자연적인 현상)'을 수식해 주는 관형어를 찾는 문제로, 모방하는 것은 '这是孩子发展中的一种______的自然现象(이것은 아이의 발전 중 일종의______자연적인 현상이다)'이라고 한다. 따라서 의미상 빈칸에 가장 적절한 것은 '特殊(특수하다)'이므로 정답은 A이다.

59 ★☆☆

A 一定	B 可能	A 반드시	B 아마도
C 必要	D 必须	C 필요로 하다	D 꼭

단어 **一定** yídìng 부 반드시 | **可能** kěnéng 부 아마도 | **必要** bìyào 형 필요로 하다 | **必须** bìxū 부 꼭

해설 빈칸은 조동사 앞에 오는 부사를 찾는 문제이다. '去模仿她哭，每天______要哭很多次(그녀가 우는 것을 따라 매일______여러 차례 울 것이다)'라고 하는데, 여기서 '哭很多次(여러 차례 울다)'는 반드시 해야 하는 것이 아니므로 A, C, D 모두 오답이다. 보기 중에서 의미상 빈칸에 적절한 것은 '可能(아마도)'이므로 정답은 B이다.

60 ★★☆

A 并配合她的情绪	A 게다가 그녀의 기분을 맞춰 준다
B 并给她讲道理	B 게다가 그녀에게 이치를 설명한다
C 结合她的优点和缺点	C 그녀의 장점과 단점을 결합한다
D 给她很多吃的东西	D 그녀에게 먹을 것을 많이 준다

단어 **并** bìng 접 게다가 | **情绪** qíngxù 명 기분 | **道理** dàolǐ 동 이치 | **结合** jiéhé 동 결합하다 | **优点** yōudiǎn 명 장점 | **缺点** quēdiǎn 명 단점

해설 앞서 나온 내용을 살펴보면, '遇到需要配合的时候，父母配合一下就可以了(협동이 필요할 때 부모가 협동만 좀 해 주면 된다)'라고 하며, 이어서 그 예로 아이가 울면 위로해야 한다고 설명한다. '配合'는 '협동하다', '호응하다'라는 뜻으로 '并配合她的情绪(게다가 그녀의 기분을 맞춰 준다)'가 문맥상 가장 적절하므로 정답은 A이다.

미리 보기 해석

제2부분

>> 전략서 100p

61. 有的人选择很长时间才锻炼一次，一次坚持三四个小时，表面上流了很多汗，其实这样对身体并不好。相反，每天抽出5分钟锻炼要比一个月或几个月疯狂运动一次好。因为锻炼身体是个慢慢适应的过程，要由小到大、由易到难，逐渐进行。虽然短时间、高强度的锻炼也能对身体产生一定的影响，但一旦停止锻炼，这种良好的影响作用会很快消失。

A 减肥要注意锻炼身体
B 每天锻炼身体更科学
C 短时间锻炼身体没有好处
D 锻炼身体要选择时间

61. 어떤 사람은 오랫동안 운동을 겨우 한 번 하는데, 한 번 할 때 서너 시간을 지속한다. 겉으로는 땀이 많이 나는 것 같지만, 사실 이렇게 하는 것은 몸에 결코 좋지 않다. 반대로, 매일 5분씩 시간을 내서 운동하는 것은 한 달 혹은 몇 달에 미친 듯이 한 번 운동하는 것보다 좋다. 왜냐하면 운동하는 것은 천천히 적응하는 과정이기 때문에 작은 것에서부터 큰 것으로, 쉬운 것에서부터 어려운 것으로, 차츰 진행해야 한다. 짧은 시간과 높은 강도로 운동하는 것도 건강에 어느 정도 영향을 미칠 수 있지만, 일단 운동을 중단하면 이런 좋은 영향의 작용은 매우 빨리 사라질 것이다.

A 다이어트는 운동하는 것에 주의해야 한다
B 매일 운동하는 것이 더 과학적이다
C 짧은 시간 운동하는 것은 장점이 없다
D 운동하는 것은 시간을 선택해야 한다

01. 주제문과 핵심 문장 찾아내기

유형 확인 문제

>> 전략서 104p

정답 1 D 2 B

1 ★☆☆

大部分眼病患者不能正确使用眼药。日本一家公司调查显示，超过90%的被调查者不知道“点眼药后不应眨眼”这一常识。点完眼药后正确的做法是暂时闭眼，轻按眼角，防止药水流到鼻子和喉咙里。

A 10%的人不知道如何使用眼药
B 点完眼药后应该立即眨眼以便药水迅速流入眼内

대부분 눈병 환자는 안약을 올바르게 사용하지 못한다. 일본 한 회사의 조사에서 보여 주길, 90%를 초과하는 피조사자가 '안약을 넣은 후 눈을 깜박이면 안 된다'는 이 상식을 몰랐다. 안약을 다 넣은 후 올바른 방법은 잠시 눈을 감고 눈가를 가볍게 눌러 주는 것으로, 물약이 코나 목구멍으로 흘러가는 것을 방지하기 위함이다.

A 10%의 사람은 안약을 어떻게 사용하는지 모른다
B 안약을 다 넣은 후 물약이 눈 안에 빨리 흘러 들어가도록 즉시 눈을 깜박여야 한다

C 点完眼药要睁开眼睛以防药水流到鼻子里 D 大多数眼病患者没有掌握点眼药的正确做法	C 안약을 다 넣고 물약이 코로 흘러가는 것을 막기 위해 눈을 크게 떠야 한다 D 대다수 눈병 환자는 안약을 넣는 올바른 방법을 파악하지 못한다

단어 大部分 dàbùfen 명 대부분 | 眼病 yǎnbìng 명 눈병 | 患者 huànzhě 명 환자 | 正确 zhèngquè 형 올바르다 | 使用 shǐyòng 동 사용하다 | 眼药 yǎnyào 명 안약 | 调查 diàochá 명 조사 | 显示 xiǎnshì 동 내보이다 | 超过 chāoguò 동 초과하다 | 被调查者 bèi diàocházhě 명 피조사자 | 点 diǎn 동 한 방울씩 떨어뜨리다 | 眨眼 zhǎyǎn 동 눈을 깜박거리다 | 常识 chángshí 명 상식 | 暂时 zànshí 명 잠시 | 闭眼 bìyǎn 동 눈을 감다 | 轻 qīng 형 가볍다 | 按 àn 동 누르다 | 眼角 yǎnjiǎo 명 눈가 | 防止 fángzhǐ 동 방지하다 | 药水 yàoshuǐ 명 물약 | 鼻子 bízi 명 코 | 喉咙 hóulóng 명 목구멍 | 如何 rúhé 대 어떻게 | 立即 lìjí 부 즉시 | 以便 yǐbiàn 접 ~하기 위하여 | 迅速 xùnsù 형 신속하다 | 流入 liúrù 동 흘러들다 | 睁 zhēng 동 크게 뜨다 | 大多数 dàduōshù 명 대다수 | 掌握 zhǎngwò 동 파악하다

해설 첫 번째 문장에서 '大部分眼病患者不能正确使用眼药(대부분 눈병 환자는 안약을 올바르게 사용하지 못한다)'라고 하므로, 보기 중에서 이것과 일치하는 것은 D의 '大多数眼病患者没有掌握点眼药的正确做法(대다수 눈병 환자는 안약을 넣는 올바른 방법을 파악하지 못한다)'이다. 지문의 '不能正确使用眼药(안약을 올바르게 사용하지 못한다)'를 D의 '没有掌握点眼药的正确做法(안약을 넣는 올바른 방법을 파악하지 못한다)'로 바꾸어 표현했다는 사실을 알아 차렸다면 쉽게 정답을 찾을 수 있다. 따라서 정답은 D이다.

2 ★★☆

鲜嫩的瓜果蔬菜，生着吃比煮熟了吃更有营养，不少人可能都这么想。但专家的最新研究结果却对此观点提出了挑战。他们发现，至少对西红柿来说，熟吃比生吃总体营养价值要高。	부드러운 과일과 채소는 생것으로 먹는 것이 익혀 먹는 것 보다 훨씬 영양이 있다라고 적지 않은 사람이 아마도 모두 이렇게 생각할 것이다. 하지만 전문가의 최신 연구 결과는 도리어 이 관점에 이의를 제기했다. 그들은 최소 토마토 만큼은 익혀 먹는 것이 생것으로 먹는 것보다 전체 영양가가 높다는 것을 발견했다.
A 西红柿不好吃 B 西红柿熟吃更有营养 C 老人应该多吃西红柿 D 专家主张生吃西红柿	A 토마토는 맛이 없다 B 토마토는 익혀 먹는 것이 더욱 영양이 있다 C 노인은 토마토를 많이 먹어야 한다 D 전문가는 토마토를 생것으로 먹는 것을 주장한다

단어 鲜嫩 xiānnèn 형 부드럽다 | 瓜果 guāguǒ 명 과일 | 蔬菜 shūcài 명 채소 | 煮熟 zhǔshú 동 익히다 | 营养 yíngyǎng 명 영양 | 专家 zhuānjiā 명 전문가 | 研究 yánjiū 명 연구 | 结果 jiéguǒ 명 결과 | 却 què 부 도리어 | 观点 guāndiǎn 명 관점 | 提 tí 동 제기하다 | 挑战 tiǎozhàn 명 도전 | 至少 zhìshǎo 부 최소한 | 西红柿 xīhóngshì 명 토마토 | 总体 zǒngtǐ 명 전체 | 营养价值 yíngyǎng jiàzhí 명 영양가 | 主张 zhǔzhāng 동 주장하다

해설 지문을 읽을 때 전환을 나타내는 핵심 단어 '但(그러나)'에 주의한다. 정답과 관련된 내용은 보통 이러한 핵심 단어 뒤에 나오는 경우가 많기 때문이다. B의 내용은 지문의 '他们发现，至少对西红柿来说，熟吃比生吃总体营养价值要高(그들은 최소 토마토 만큼은 익혀 먹는 것이 생것으로 먹는 것보다 전체 영양가가 높다는 것을 발견했다)'와 일치한다. 따라서 정답은 B이다.

D. 전문가는 토마토를 익혀 먹는 것이 생것으로 먹는 것보다 영양가가 높다는 사실을 연구를 통해 발견했다. 이는 토마토를 생것으로 먹기를 주장한다는 말은 아니므로 정답이 될 수 없다.

유형 확인 문제

>> 전략서 107p

정답 1 A

1 ★★☆

"中水"指各种排水经处理后，达到规定的水质标准，可在生活、市政、环境等范围内使用的非饮用水。"中水"一词于20世纪80年代初在中国出现，现已被业内人士乃至缺水城市、地区的部分民众认知。开始时称"中水道"，来源于日本，因其净水设施介于上水道和下水道之间。

'중수'는 각종 배수처리를 거친 후, 규정된 수질 기준에 도달하면 생활, 도시 행정, 환경 등의 범위 내에서 사용되는 비음용수를 가리킨다. '중수'라는 단어는 20세기의 80년대 초 중국에 출현해서, 현재는 이미 업계 관계자를 비롯하여 심지어 물 부족 도시 및 지역의 일부 주민들도 인지하고 있다. 처음에는 '중수도'라고 불렀고 일본에서 유래되었는데, 그 정수 시설이 상수도와 하수도 사이에 있었기 때문이다.

A "中水道"一词由日本人发明
B "中水"是饮用水中的下等品
C "中水"一词近几年才在中国出现
D "中水道"是指运送中水的管道

A '중수도'라는 단어는 일본인이 발명했다
B '중수'는 음용수 중에 하등품이다
C '중수'라는 단어는 최근 몇 년 사이에 비로소 중국에 출현했다
D '중수도'는 중수를 수송하는 파이프라인을 가리킨다

단어 中水 zhōngshuǐ 명 중수 | 指 zhǐ 동 가리키다 | 排水 páishuǐ 명 배수 | 经 jīng 동 거치다 | 处理 chǔlǐ 동 처리하다 | 达到 dádào 동 도달하다 | 规定 guīdìng 동 규정하다 | 水质 shuǐzhì 명 수질 | 标准 biāozhǔn 명 기준 | 可 kě 조동 ~할 수 있다 | 生活 shēnghuó 명 생활 | 市政 shìzhèng 명 도시 행정 | 范围 fànwéi 명 범위 | 使用 shǐyòng 동 사용하다 | 非饮用水 fēi yǐnyòngshuǐ 명 비음용수 | 世纪 shìjì 명 세기 | 年代 niándài 명 연대 | 出现 chūxiàn 동 출현하다 | 业内人士 yènèi rénshì 명 업계 관계자 | 乃至 nǎizhì 접 심지어 | 缺 quē 동 부족하다 | 地区 dìqū 명 지역 | 部分 bùfen 명 일부 | 民众 mínzhòng 명 민중 | 认知 rènzhī 동 인지하다 | 称 chēng 동 부르다 | 来源 láiyuán 동 유래하다 | 净水 jìngshuǐ 명 정수 | 设施 shèshī 명 시설 | 介于 jièyú ~의 사이에 있다 | 上水道 shàngshuǐdào 명 상수도 | 下水道 xiàshuǐdào 명 하수도 | 发明 fāmíng 동 발명하다 | 下等品 xiàděngpǐn 명 하등품 | 运送 yùnsòng 동 수송하다 | 管道 guǎndào 명 파이프라인

해설 보기의 핵심 단어인 '中水(중수)'와 '中水道(중수도)'가 쓰인 문장들을 지문에서 찾는다. 지문 마지막 부분의 '开始时称"中水道"，来源于日本(처음에는 '중수도'라고 불렀고 일본에서 유래되었다)'에서 쓰인 '来源于日本(일본에서 유래되었다)'은 A의 '由日本人发明(일본인이 발명했다)'과 같은 의미이므로 지문의 내용과 일치하는 정답은 A이다.

실전 연습 1 – 제2부분

>> 전략서 108p

정답

61 B	62 C	63 C	64 C	65 D
66 D	67 D	68 B	69 A	70 C

61 ★★☆

一个人乘公交车经常掉钱包。一天上车前，他把厚厚的一叠纸折好放进信封，下车后发现信封被偷了。第二天，他刚上车不久，觉得腰间多了一块东西，摸出来一看，是昨天的那个信封，信封上写着：请不要开这样的玩笑，影响我正常工作，谢谢！

A 写字的人是个好心人
B 写字的最可能是小偷
C 信封里装的都是钱
D 这两个人彼此很熟悉

한 사람은 버스에 타면 자주 지갑을 잃어버렸다. 하루는 차에 타기 전, 그는 두꺼운 종이 한 묶음을 접어 편지 봉투 속에 넣었는데, 차에서 내린 후 편지 봉투를 도둑맞았다는 것을 발견했다. 이튿날 그가 막 버스에 올라타고 얼마 지나지 않아, 허리 부분에 한 장의 무언가가 있는 것을 느꼈다. 꺼내어 살펴보니 어제의 그 편지 봉투였다. 편지 봉투에는 '이런 농담은 하지 마십시오. 제 정상적인 근무에 영향을 끼칩니다. 감사합니다!'라고 쓰여져 있었다.

A 글을 쓴 사람은 착한 사람이다
B 글을 쓴 사람은 아마 좀도둑일 것이다
C 편지 봉투 속에 담겨 있는 것은 전부 돈이다
D 이 두 사람은 서로 매우 잘 알고 있다

단어 **乘** chéng 동 타다 | **公交车** gōngjiāochē 명 버스 | **掉** diào 동 잃어버리다 | **钱包** qiánbāo 명 지갑 | **叠** dié 양 묶음, 단 [넓고 얇은 물건을 겹치거나 포갠 것을 세는 단위] | **折** zhé 동 접다 | **信封** xìnfēng 명 편지 봉투 | **偷** tōu 동 도둑질하다 | **腰间** yāojiān 명 허리 부분 | **块** kuài 양 조각, 장 [조각이나 납작한 물건을 세는 단위] | **摸出** mōchu 꺼내다 | **开玩笑** kāi wánxiào 농담을 하다 | **正常** zhèngcháng 형 정상적인 | **好心** hǎoxīn 명 좋은 마음 | **小偷** xiǎotōu 명 좀도둑 | **装** zhuāng 동 담다 | **彼此** bǐcǐ 대 서로 | **熟悉** shúxī 형 잘 알다

해설 마지막 문장에서 '**信封上写着：请不要开这样的玩笑，影响我正常工作，谢谢!**(편지 봉투에는 '이런 농담은 하지 말아라. 내 정상적인 근무에 영향을 끼친다. 감사하다!'라고 쓰여져 있었다)'라고 한다. 이는 도둑이 봉투 안에 있는 것이 두툼한 돈인 줄 알고 훔쳤다가 속았다는 걸 알고 나서 한 말이다. 여기서 '**正常工作**(정상적인 근무)'는 버스에서 지갑을 훔치는 일을 가리키는 것이므로, 편지 봉투에 글을 쓴 사람은 좀도둑일 것이라고 짐작할 수 있다. 따라서 정답은 B이다.

62 ★★☆

买鱼的时候，我对老板说来条精神点的，小贩抓起一条翻着身子快死的鱼。我忙说："慢着，这条都要死了，你再给我换一条。"老板不太高兴："这哪是死的，它是在练仰泳。"说着把鱼扔进了水里，可鱼又肚皮朝上翻了过来。我说："怎么样，不行了吧？"小贩点点头，说："算了吧，还是给你来条自由泳的吧。"

A 翻身的鱼最新鲜
B 鱼的游泳很吸引人
C 买鱼的人想要鲜活的鱼
D 鱼常常练习游泳

생선을 살 때, 나는 주인에게 좀 싱싱한 것으로 달라고 말했다. 주인이 몸을 뒤집으며 거의 죽어가는 생선 한 마리를 꺼내자 나는 서둘러 말했다. "잠깐, 이것은 곧 죽을 것 같은데요. 다른 생선으로 바꿔 주세요." 주인은 그리 기쁘지 않게 "이게 어디가 죽을 것 같다는 거요? 이것은 배영 연습을 하고 있는 거예요"라고 말하며 생선을 물속에 던져 넣었다. 그러나 생선은 또 뱃가죽을 위로 향하게 뒤집었다. 내가 "어때요, 안 되겠죠?"라고 말하니 주인은 고개를 끄덕이며 말했다. "됐소. 당신한테는 자유형하는 생선을 주는 게 좋겠네요."

A 몸이 뒤집힌 생선이 가장 신선하다
B 생선의 수영은 사람을 매우 매료시킨다
C 생선을 사는 사람은 싱싱한 생선을 원한다
D 생선은 자주 수영 연습을 한다

단어 老板 lǎobǎn 명 상점 주인 | 条 tiáo 양 마리 [동물 · 식물과 관련된 것을 세는 단위] | 精神 jīngshen 형 활기차다 | 小贩 xiǎofàn 명 소상인 | 抓 zhuā 동 꽉 쥐다 | 翻 fān 동 뒤집다 | 身子 shēnzi 명 몸 | 慢着 mànzhe 가만!, 잠깐! | 仰泳 yǎngyǒng 명 배영 | 扔 rēng 동 던지다 | 可 kě 접 [이어진 단문에서 사건의 전환을 나타냄] | 肚皮 dùpí 명 뱃가죽 | 朝 cháo 개 ~을 향하여 | 不行 bùxíng 동 안 된다 | 点头 diǎntóu 동 고개를 끄덕이다 | 自由泳 zìyóuyǒng 명 자유형 | 新鲜 xīnxiān 형 신선하다 | 吸引 xīyǐn 동 매료시키다 | 鲜活 xiānhuó 형 싱싱하다

해설 저자는 생선을 사고자 생선 가게 사장에게 '精神点的(좀 싱싱한 것)'로 달라고 한다. 여기서 '精神点的(좀 싱싱한 것)'는 C의 '买鱼的人想要鲜活的鱼(생선을 사는 사람은 싱싱한 생선을 원한다)'에서 쓰인 '鲜活的鱼(싱싱한 생선)'를 일컫는 것이다. 따라서 정답은 C이다.

63 ★★☆

一位女士在公园乘凉，发现一位画画的年轻人一直注视着她，于是她摆了一个极自然的姿势，一动不动地站着，以方便他作画。大约20分钟后，画家向女士走来，很不好意思地问她准备什么时候离开。女士说："你别担心，我有时间，你尽管画吧！"年轻人红着脸说："小姐，很抱歉，你挡住了我的视线，没法画下去了。"

A 年轻人喜欢这位女士
B 女士长得非常漂亮
C 年轻人想要女士离开
D 女士要求年轻人画她

한 숙녀가 공원에서 더위를 피하여 바람을 쐬다가, 그림을 그리는 한 젊은이가 줄곧 그녀를 주시하고 있다는 걸 발견했다. 그래서 그녀는 그가 그림을 그리기 편하도록 매우 자연스러운 자세를 보이며 꼼짝하지 않고 서 있었다. 대략 20분 정도 후에, 화가가 숙녀에게 다가와 매우 미안해하며 그녀에게 언제 떠날 예정인지 물었다. 숙녀는 "걱정 마세요. 저 시간 있어요. 당신은 얼마든지 그리세요!"라고 말했다. 젊은이는 빨개진 얼굴로 "아가씨, 정말 죄송하지만 당신이 제 시선을 가리고 있어서 계속 그릴 수가 없네요."라고 말했다.

A 젊은이는 이 숙녀를 좋아한다
B 숙녀는 매우 예쁘게 생겼다
C 젊은이는 숙녀가 떠나기를 원한다
D 숙녀는 젊은이에게 그녀를 그려 달라고 요청한다

단어 女士 nǚshì 명 숙녀 | 乘凉 chéngliáng 동 더위를 피하여 시원한 바람을 쐬다 | 年轻人 niánqīngrén 명 젊은이 | 注视 zhùshì 동 주시하다 | 于是 yúshì 접 그래서 | 摆 bǎi 동 내보이다 | 极 jí 부 매우 | 自然 zìrán 형 자연스럽다 | 姿势 zīshì 명 자세 | 一动不动 yídòng bùdòng 성 꼼짝하지 않다 | 以 yǐ 접 ~하기 위하여 | 大约 dàyuē 부 대략 | 画家 huàjiā 명 화가 | 不好意思 bù hǎoyìsi 죄송합니다 | 尽管 jǐnguǎn 부 얼마든지 | 抱歉 bàoqiàn 형 죄송합니다 | 挡 dǎng 동 가리다 | 视线 shìxiàn 명 시선 | 没法 méifǎ 동 방법이 없다

해설 마지막 문장에서 젊은이는 '小姐，很抱歉，你挡住了我的视线，没法画下去了(아가씨, 정말 미안하지만 당신이 내 시선을 가리고 있어서 계속 그릴 수가 없다)'라고 말한다. 이로 미루어 보아, 여자는 젊은이가 자신을 그린다고 생각했지만, 젊은이는 여자가 그 자리에서 떠나길 바라는 것이므로 정답은 C이다.

64 ★★☆	
新生儿爱睡觉，但他们并不只是在熟睡中做着美梦，他们还在大量地吸收信息。在对26个刚出生10到73小时的新生儿的试验中，研究者发现，新生儿睡眠过程中，一直处于半清醒状态，因而可以在睡眠中学习。	신생아는 곧잘 잠을 잔다. 그러나 그들이 깊이 잠들면서 결코 단지 좋은 꿈만 꾸는 것은 아니다. 그들은 다량의 정보도 흡수한다. 막 태어난지 10~73시간이 된 신생아 26명에 대한 실험에서 연구자는 발견했다. 신생아는 수면 과정 중에 줄곧 반 수면 상태에 놓여 있다. 그런 까닭에 수면 중에 학습을 할 수 있다는 것이다.
A 新生儿一直睡觉 B 新生儿做梦时间长 C 新生儿边睡边学习 D 新生儿喜欢学习	A 신생아는 줄곧 잠을 잔다 B 신생아는 꿈을 꾸는 시간이 길다 C 신생아는 자면서 학습한다 D 신생아는 학습하는 것을 좋아한다

단어 新生儿 xīnshēng'ér 명 신생아 | 并不 bìngbù 결코 ~하지 않다 | 只是 zhǐshì 부 단지 | 熟睡 shúshuì 동 깊이 잠들다 | 做梦 zuòmèng 동 꿈을 꾸다 | 美梦 měimèng 명 좋은 꿈 | 大量 dàliàng 형 다량의 | 吸收 xīshōu 동 흡수하다 | 信息 xìnxī 명 정보 | 出生 chūshēng 동 출생하다 | 试验 shìyàn 동 실험하다 | 研究者 yánjiūzhě 명 연구자 | 睡眠 shuìmián 명 수면 | 过程 guòchéng 명 과정 | 处于 chǔyú 동 놓이다 | 清醒 qīngxǐng 동 또렷하다 | 状态 zhuàngtài 명 상태 | 因而 yīn'ér 접 그런 까닭에

해설 보기의 핵심 단어 '新生儿(신생아)'이 쓰인 문장들을 지문에서 찾는다. 실험에서 연구원이 발견한 내용을 설명하는 문장에서 '新生儿睡眠过程中，一直处于半清醒状态，因而可以在睡眠中学习(신생아는 수면 과정 중에 줄곧 반 수면 상태에 놓여 있다. 그런 까닭에 수면 중에 학습을 할 수 있다)'라고 한다. 보기 중 이와 일치하는 것은 '新生儿边睡边学习(신생아는 자면서 학습한다)'이므로 정답은 C이다.

65 ★★☆	
联合国专家指出，全球鱼资源大幅减少，如果不能大幅减少捕鱼船，同时设立多个鱼类保护区，人类很可能在2050年面临无鱼可捕的噩梦。也就是说，如果目前形势继续发展下去，40年后人类将无法再进行商业捕捞。	유엔(UN)의 전문가가 지적하길, 전 세계의 물고기 자원이 대폭 줄어서, 만약 어선을 크게 감축시키지 않고 아울러 여러 어류 보호 구역을 설립하지 않으면, 인류는 2050년에 잡을 수 있는 물고기가 없는 악몽에 직면할 것이라고 한다. 바꾸어 말하면, 만약 지금의 정세가 계속 발전해 간다면, 40년 후에 인류는 더 이상 상업 어획을 진행할 수 없을 것이다.
A 40年后鱼类消失 B 人类不能再捕鱼了 C 捕鱼船是违法的 D 鱼资源处境危险	A 40년 후에 어류는 사라진다 B 인류는 더 이상 어획할 수 없다 C 어선은 위법이다 D 물고기 자원은 상황이 위험하다

단어 联合国 Liánhéguó 명 유엔(UN), 국제 연합 | 专家 zhuānjiā 명 전문가 | 指 zhǐ 동 지적하다 | 资源 zīyuán 명 자원 | 大幅 dàfú 형 대폭의 | 减少 jiǎnshǎo 동 줄다 | 捕鱼船 bǔyúchuán 명 어선 | 同时 tóngshí 접 아울러 | 设立 shèlì 동 설립하다 | 鱼类 yúlèi 명 어류 | 保护区 bǎohùqū 명 보호 구역 | 人类 rénlèi 명 인류 | 面临 miànlín 동 직면하다 | 无 wú 동 없다 | 捕 bǔ 동 잡다 | 可 ke 조동 ~할 수 있다 | 噩梦 èmèng 명 악몽 | 也就是说 yě jiùshì shuō 바꾸어 말하면 ~이다 | 目前 mùqián 명 지금 | 形势 xíngshì 명 정세 | 继续 jìxù 명 계속 | 发展 fāzhǎn 동 발전하다 | 无法 wúfǎ 동 ~할 수 없다 | 进行 jìnxíng 동 진행하다 | 商业 shāngyè 명 상업 | 捕捞 bǔlāo 명 어획 | 消失 xiāoshī 동 사라지다 | 违法 wéifǎ 동 위법하다 | 处境 chǔjìng 명 상황 | 危险 wēixiǎn 명 위험

해설 지문은 유엔(UN) 전문가가 말한 내용으로, 물고기 자원이 줄어드는 것에 대한 대책과 그것이 지켜지지 않으면 발생할 위험성에 대한 내용이다. 구체적으로, 현재 어류 자원 상황의 어려움으로 '全球鱼资源大幅减少(전 세계의 물고지 자원이 대폭 줄다)'를 언급한다. 이를 바꾸어 말하면 보기의 '鱼资源处境危险(물고기 자원은 상황이 위험하다)'과 일치하므로 정답은 D이다.

A. 지문에서 40년 후에 인류는 더 이상 상업 어획을 진행할 수 없을 거라고 한 것이지, 40년 후에 어류가 사라졌다고 한 것은 아니다.

66 ★☆☆

常常遇到一些女孩用"兰"字作名，为什么要用"兰"作名呢？兰是一种草，开的花特别香，看起来柔弱，但生命力极强，因此人们爱用"兰"为女孩子命名，希望她们像兰草一样温柔美貌，健康成长。

우리는 몇몇 여자아이에게 '난(兰)' 자를 사용하여 이름을 짓는 것을 종종 본다. 어째서 '난'을 사용하여 이름을 짓는 것일까? 난은 풀의 일종으로, 활짝 핀 꽃은 아주 향기롭다. 연약해 보이지만 생명력이 아주 강한데, 이 때문에 사람들은 '난'을 즐겨 사용하여 여자아이의 이름으로 짓고, 그녀들이 난초처럼 온화하고 외모가 아름다우며 건강하게 자라기를 바란다.

A 兰草只象征坚强
B 名字有"兰"就温柔
C 女孩子都喜欢兰草
D 兰草能代表美丽、健康

A 난초는 꿋꿋함만 상징한다
B 이름에 '난'이 있으면 온화하다
C 여자아이는 모두 난초를 좋아한다
D 난초는 아름다움과 건강을 대표할 수 있다

단어 遇 yù 동 만나다 | 香 xiāng 형 향기롭다 | 柔弱 róuruò 형 연약하다 | 生命力 shēngmìnglì 명 생명력 | 极 jí 부 아주 | 因此 yīncǐ 접 이 때문에 | 命名 mìngmíng 동 이름 짓다 | 兰草 láncǎo 명 난초 | 温柔 wēnróu 형 부드럽고 상냥하다 | 美貌 měimào 형 외모가 아름답다 | 成长 chéngzhǎng 동 자라다 | 象征 xiàngzhēng 동 상징하다 | 坚强 jiānqiáng 형 꿋꿋하다 | 代表 dàibiǎo 동 대표하다 | 美丽 měilì 형 아름답다

해설 지문은 '兰(난)' 자를 사용하여 이름을 짓는 이유를 설명하는 내용으로, 마지막 문장인 '希望她们像兰草一样温柔美貌，健康成长(그녀들이 난초처럼 온화하고 외모가 아름다우며 건강하게 자라기를 바란다)'에서 정답을 찾을 수 있다. 이 내용은 보기의 '兰草能代表美丽、健康(난초는 아름다움과 건강을 대표할 수 있다)'으로 바꾸어 말할 수 있으므로 정답은 D이다.

67 ★★☆

一直以来，医学上将37摄氏度设定为人体的正常体温，然而，科学家在最新的研究中指出，37摄氏度只是区别病态与否的分界线，而在偏低一点的体温情况下，人的健康状况会更好，寿命也会延长。

지금껏 의학적으로 섭씨 37도를 인체의 정상 체온으로 규정했다. 그러나 과학자들이 최신 연구에서 지적하길, 섭씨 37도는 병적 상태 여부의 구분을 판별하는 경계선일 뿐이며, 체온이 약간 낮은 편이 사람의 건강 상태에 더 좋고 수명도 길어질 수 있다고 한다.

A 低温有助于长寿
B 以前的科学研究错了
C 37摄氏度以上一定生病了
D 健康的人体温都偏低

A 저체온은 장수에 도움이 된다
B 이전의 과학 연구는 틀렸다
C 섭씨 37도 이상은 반드시 병이 난다
D 건강한 사람의 체온은 모두 낮은 편이다

단어 以来 yǐlái 명 동안 | 摄氏度 shèshìdù 명 섭씨(온도) | 设定 shèdìng 동 규정을 세우다 | 人体 réntǐ 명 인체 | 正常 zhèngcháng 형 정상적인 | 体温 tǐwēn 명 체온 | 然而 rán'ér 접 그러나 | 研究 yánjiū 명 연구 | 指 zhǐ 동 지적하다 | 只是 zhǐshì 부 단지 | 区别 qūbié 동 판별하다 | 病态 bìngtài 명 병적 상태 | 与否 yǔfǒu 명 여부 | 界线 jièxiàn 명 경계선 | 而 ér 접 그리고 | 偏 piān 형 치우치다 | 低 dī 형 낮다 | 情况 qíngkuàng 명 상황 | 状况 zhuàngkuàng 명 상태 | 寿命 shòumìng 명 수명 | 延长 yáncháng 동 연장하다 | 低温 dīwēn 명 저온 | 有助于 yǒuzhùyú ~에 도움이 되다 | 长寿 chángshòu 명 장수

해설 지문에서 정상 체온은 섭씨 37도로 규정해 놓았지만 최신 연구에서 이 온도는 병적 상태를 판별하는 기준일 뿐이며, '在偏低一点的体温情况下，人的健康状况会更好(체온이 약간 낮은 편이 사람의 건강 상태에 더 좋다)'라고 한다. 이 내용을 바꾸어 말하면 보기의 '健康的人体温都偏低(건강한 사람의 체온은 모두 낮은 편이다)'와 일치한다고 볼 수 있다. 따라서 정답은 D이다.

A. 지문의 마지막 문장에서 체온이 약간 낮은 편이 수명도 길어질 수 있다고 추측하고 있으므로, 저제온이 장수에 도움이 된다고 확정할 수는 없다.

B. 지문의 내용만 보고 이전의 과학 연구가 틀렸다고 판단할 수 없다.

68 ★★☆

睡觉看起来很平静，可是我们的大脑会在这个过程中进行复杂的活动。一项新的研究显示，睡眠除了可以让大脑休息之外，在睡觉时用科学方法刺激大脑，还有助于提高记忆力。

A 我们的大脑需要休息
B 睡觉时大脑受刺激会促进记忆
C 科学家常常研究睡觉
D 大脑需要受到刺激

잠을 자는 것은 매우 평온해 보이지만, 우리의 대뇌는 이 과정에서 복잡한 활동을 진행할 수 있다. 한 새로운 연구에서 보여 주길, 잠은 대뇌를 쉬게 하는 것 외에, 잠을 잘 때 과학적인 방법을 사용해 대뇌를 자극한다. 또한, 기억력을 향상시키는 데 도움이 된다.

A 우리의 대뇌는 휴식이 필요하다
B 잠을 잘 때 대뇌는 자극을 받아 기억을 촉진시킬 수 있다
C 과학자는 자주 잠 자는 것을 연구한다
D 대뇌는 자극 받을 필요가 있다

단어 平静 píngjìng 형 평온하다 | 可是 kěshì 접 그러나 | 大脑 dànǎo 명 대뇌 | 过程 guòchéng 명 과정 | 进行 jìnxíng 동 진행하다 | 复杂 fùzá 형 복잡하다 | 活动 huódòng 명 활동 | 项 xiàng 양 항목 | 研究 yánjiū 명 연구 | 显示 xiǎnshì 동 내보이다 | 睡眠 shuìmián 명 잠 | 方法 fāngfǎ 명 방법 | 刺激 cìjī 동 자극하다 | 有助于 yǒuzhùyú ~에 도움이 되다 | 提高 tígāo 동 향상시키다 | 记忆力 jìyìlì 명 기억력 | 促进 cùjìn 동 촉진시키다 | 记忆 jìyì 명 기억 | 受到 shòudào 동 받다

해설 지문의 '睡觉时用科学方法刺激大脑，还有助于提高记忆力(잠을 잘 때 과학적인 방법을 사용해 대뇌를 자극한다. 또한, 기억력을 향상시키는 데 도움이 된다)'라고 한 문장에서 쓰인 '刺激大脑(대뇌를 자극하다)'는 B의 '大脑受刺激(대뇌는 자극을 받는다)'로, '提高记忆力(기억력을 향상시키다)'는 '促进记忆(기억을 촉진시키다)'로 바뀌어 출제되었다. 따라서 정답은 B이다.

69 ★★☆

许多人认为，强烈的暖色调光线能通过产生强烈刺激起到最有效的提神效果。而科学家在最新的研究中发现，在夜间使用蓝色灯光最利于提神。根据这项研究，办公室里白色光线的台灯该换了。

매우 많은 사람이 강렬하고 따뜻한 색조의 빛은 강한 자극을 나타내는 것을 통해 가장 유효하게 정신을 맑게 하는 효과를 줄 수 있다고 여긴다. 그러나 과학자가 최신 연구에서 발견하길, 야간에 파란색 조명을 사용하는 것이 정신을 맑게 하는 데 가장 이롭다고 한다. 이 연구에 근거하면, 사무실의 백색 빛 탁상용 스탠드는 교체해야 마땅하다.

A 夜间蓝光提神效果最好	A 야간에 파란색 빛이 정신을 맑게 하는 효과가 가장 좋다
B 其他颜色的光不好	B 다른 색의 빛은 좋지 않다
C 研究结果不真实	C 연구 결과는 사실이 아니다
D 暖色光线最能提神	D 따뜻한 색의 빛이 가장 정신을 맑게 할 수 있다

단어 许多 xǔduō 형 매우 많다 | 强烈 qiángliè 형 강렬하다 | 色调 sèdiào 명 색조 | 光线 guāngxiàn 명 빛 | 通过 tōngguò 개 ~을 통해 | 产生 chǎnshēng 동 나타나다 | 刺激 cìjī 명 자극 | 有效 yǒuxiào 형 유효하다 | 提神 tíshén 동 정신을 차리게 하다 | 效果 xiàoguǒ 명 효과 | 而 ér 접 그러나 | 研究 yánjiū 명 연구 | 夜间 yèjiān 명 야간 | 使用 shǐyòng 동 사용하다 | 蓝色 lánsè 명 파란색 | 灯光 dēngguāng 명 조명 | 利于 lìyú ~에 이롭다 | 项 xiàng 양 항목 | 办公室 bàngōngshì 명 사무실 | 台灯 táidēng 명 탁상용 스탠드 | 结果 jiéguǒ 명 결과 | 真实 zhēnshí 형 진실하다

해설 지문의 초반에서 '强烈的暖色调光线能通过产生强烈刺激起到最有效的提神效果(강렬하고 따뜻한 색조의 빛은 강한 자극을 나타내는 것을 통해 가장 유효하게 정신을 맑게 하는 효과를 줄 수 있다)'라고 하지만, 새로운 연구에서 '在夜间使用蓝色灯光最利于提神(야간에 파란색 조명을 사용하는 것이 정신을 맑게 하는 데 가장 이롭다)'이라고 한다. 여기서 쓰인 '最利于提神(정신을 맑게 하는 데 가장 이롭다)'이라는 표현은 A에서 '提神效果最好(정신을 맑게 하는 효과가 가장 좋다)'로 바뀌어 사용되었다. 따라서 정답은 A이다.

70 ★★☆

吃完海鲜以后，用餐桌上的醋洗手，能去除海鲜的味道，不影响下一道菜的品尝。比如在广东，人们吃虾的时候，往往会端上一碗醋，这可不是用来和虾一起吃的，而是为剥虾的手服务的。	해산물을 다 먹고 난 후, 식탁에 있는 식초로 손을 씻으면 해산물 냄새를 제거할 수 있고, 다음 음식을 맛보는 것에도 영향을 주지 않는다. 예를 들어 광둥(广东)에서는 사람들이 새우를 먹을 때, 종종 식초 한 사발을 내놓을 것이다. 이것은 새우와 함께 먹는 것에 사용하는 게 아니고, 새우 껍질을 벗긴 손을 위해 서비스하는 것이다.
A 海鲜要用醋洗干净	A 해산물은 식초를 사용하여 깨끗하게 씻어야 한다
B 吃虾的同时不能吃醋	B 새우를 먹는 동시에 식초를 먹으면 안 된다
C 吃完海鲜后用醋洗手	C 해산물을 다 먹은 후 식초로 손을 씻는다
D 广东人吃虾最特别	D 광둥 사람은 가장 특별하게 새우를 먹는다

단어 海鲜 hǎixiān 명 해산물 | 餐桌 cānzhuō 명 식탁 | 醋 cù 명 식초 | 洗手 xǐshǒu 동 손을 씻다 | 去除 qùchú 동 제거하다 | 味道 wèidao 명 냄새 | 品尝 pǐncháng 동 맛보다 | 比如 bǐrú 동 예를 들다 | 广东 Guǎngdōng 명 광동성 [지명] | 虾 xiā 명 새우 | 往往 wǎngwǎng 부 종종 | 端 duān 동 내놓다 | 可 kě 부 [평서문에 쓰여 강조를 나타냄] | 剥 bāo 동 벗기다 | 服务 fúwù 동 서비스하다 | 同时 tóngshí 명 동시

해설 지문 첫 번째 문장의 '吃完海鲜以后，用餐桌上的醋洗手，能去除海鲜的味道，不影响下一道菜的品尝(해산물을 다 먹고 난 후, 식탁에 있는 식초로 손을 씻으면 해산물 냄새를 제거할 수 있고, 다음 음식을 맛보는 것에도 영향을 주지 않는다)'이라는 내용은 보기의 '吃完海鲜后用醋洗手(해산물을 다 먹은 후 식초로 손을 씻는다)'라는 내용과 일치하므로 정답은 C이다.

정답					
	61 B	62 D	63 C	64 B	65 D
	66 A	67 B	68 C	69 B	70 C

61 ★★☆

学习外国语言有很多方法，听歌、看电影是常见的一种。可是一般随便听听歌词、对话，这样效果不是很明显。有经验的人认为，只有达到脱离歌词、字幕，尝试去听懂，才能真正在听的过程中提高外语听力水平。

외국어를 공부하는 방법은 매우 많다. 노래 듣기와 영화 감상이 흔히 보는 종류이다. 그러나 보통 아무렇게나 노래 가사와 대화를 듣는데, 이렇게 하면 효과가 아주 뚜렷하지 않다. 경험이 있는 사람은 가사와 자막을 벗어나 듣고 이해할 수 있어야 비로소 정말로 듣는 과정에서 외국어 듣기 실력의 수준을 높일 수 있다고 여긴다.

A 学外语多听歌、看电影
B 脱离字幕才能提高听力
C 学外语的方法很有限
D 有经验的人都看电影

A 외국어 공부는 노래를 많이 듣고 영화를 많이 봐야 한다
B 자막에서 벗어나야 비로소 듣기 실력을 높일 수 있다
C 외국어를 공부하는 방법은 매우 한계가 있다
D 경험이 있는 사람은 모두 영화를 본다

단어 语言 yǔyán 명 언어 | 方法 fāngfǎ 명 방법 | 常见 chángjiàn 흔히 보는 | 可是 kěshì 접 그러나 | 随便 suíbiàn 부 아무렇게나 | 歌词 gēcí 명 가사 | 对话 duìhuà 명 대화 | 效果 xiàoguǒ 명 효과 | 明显 míngxiǎn 형 뚜렷하다 | 经验 jīngyàn 명 경험 | 达到 dádào 동 이르다 | 脱离 tuōlí 동 벗어나다 | 字幕 zìmù 명 자막 | 尝试 chángshì 동 시도해 보다 | 听懂 tīngdǒng 알아듣다 | 真正 zhēnzhèng 부 정말로 | 过程 guòchéng 명 과정 | 提高 tígāo 동 높이다 | 有限 yǒuxiàn 형 한계가 있다

해설 지문에서 '只有达到脱离歌词、字幕，尝试去听懂，才能真正在听的过程中提高外语听力水平(가사와 자막을 벗어나 듣고 이해할 수 있어야 비로소 정말로 듣는 과정에서 외국어 듣기 실력의 수준을 높일 수 있다)'이라고 한다. 이 내용은 보기의 '脱离字幕才能提高听力(자막에서 벗어나야 비로소 듣기 실력을 높일 수 있다)'와 일치하므로 정답은 B이다.

62 ★★☆

现在的年轻人消费观念比以前开放许多，喜欢花钱，也舍得花钱，就是不热衷于存钱。很多年轻的上班族，领到一个月的工资，每个月都会用光，没有什么结余下来的钱，这样的人，往往被称作"月光族"。

오늘날 젊은이의 소비 관념은 과거보다 매우 많이 개방적이다. 돈 쓰기를 좋아하고 아까워하지도 않아서, 저축하는 데 열의가 없다. 많은 젊은 직장인들은 한 달치 임금을 받으면, 매달 모조리 써 버리고 남는 돈이 없다. 이런 사람을 흔히 '월광족'이라고 부른다.

A 年轻人存钱很正常
B 年轻人买东西太浪费
C "月光族"一般晚上购物
D "月光族"消费观开放

A 젊은이가 저축하는 것은 매우 정상적이다
B 젊은이는 물건을 사는 데 너무 낭비한다
C '월광족'은 일반적으로 밤에 물건을 산다
D '월광족'의 소비관은 개방적이다

단어 年轻人 niánqīngrén 명 젊은이 | 消费 xiāofèi 동 소비하다 | 观念 guānniàn 명 관념 | 开放 kāifàng 형 개방적이다 | 许多 xǔduō 형 매우 많다 | 花钱 huāqián 돈을 쓰다 | 舍得 shěde 동 아까워하지 않다 | 热衷 rèzhōng 동 열중하다 | 存钱 cúnqián 저금하다 | 上班族 shàngbānzú 명 직장인 | 领 lǐng 동 받다 | 工资 gōngzī 명 임금 | 光 guāng 형 하나

도 남아 있지 않다 | 结余 jiéyú 동 결산하고 남다 | 往往 wǎngwǎng 부 흔히 | 月光族 yuèguāngzú 명 월광족 | 正常 zhèngcháng 형 정상적인 | 浪费 làngfèi 동 낭비하다 | 购物 gòuwù 동 물품을 구입하다

해설 지문의 첫 번째 문장에서 '年轻人消费观念比以前开放许多(젊은이의 소비 관념은 과거보다 매우 많이 개방적이다)'라고 하고, 마지막 문장에서 '往往被称作 "月光族"(흔히 '월광족'이라고 부른다)'라고 한다. 이는 개방적인 소비 관념을 가진 젊은이들을 흔히 '월광족'이라고 부른다는 것으로, 이 두 문장을 합치면 보기의 '"月光族" 消费观开放('월광족'의 소비관은 개방적이다)'과 일치한다. 따라서 정답은 D이다.

Tip '热衷'은 '간절히 바라다', '열중하다'라는 뜻으로, 지문에서 쓰인 '不热衷于'는 '~에 열의가 없다'라는 의미이다.

63 ★★☆

"宅"在中文里表示"家"的意思。所以，现在人们把那些休闲时间喜欢待在家里、房间里，而不喜欢出门活动的人称为"宅男""宅女"。喜欢待在家里的他们，做什么事情能不出门就不出门，甚至买东西也选择网上解决。

A "宅男"永远不出门
B "宅女"每天网上购物
C "宅男"爱待在家里
D "宅女"是一种流行

'주택'은 중국어에서 '집'의 의미를 나타낸다. 그래서 오늘날 사람들은 그러한 여가 시간에 집과 방에서 머무는 것을 좋아하고, 외출하여 활동하는 것을 싫어하는 사람을 '집돌이', '집순이'라고 부른다. 집에서 머물기 좋아하는 그들은 어떤 일을 하든 외출하지 않을 수 있다면 외출하지 않고, 물건을 구매하는 것 조차도 인터넷으로 해결하는 것을 선택한다.

A '집돌이'는 영원히 외출하지 않는다
B '집순이'는 매일 인터넷으로 물건을 구매한다
C '집돌이'는 집에 머물기를 좋아한다
D '집순이'는 일종의 유행이다

단어 宅 zhái 명 주택 | 表示 biǎoshì 동 나타내다 | 休闲 xiūxián 동 한가하게 지내다 | 待 dāi 동 머물다 | 而 ér 접 그리고 | 出门 chūmén 동 외출하다 | 活动 huódòng 명 활동 | 称 chēng 동 ~라고 부르다 | 甚至 shènzhì 접 ~조차도 | 解决 jiějué 동 해결하다 | 永远 yǒngyuǎn 부 영원히 | 购物 gònwù 동 물품을 구입하다 | 流行 liúxíng 명 유행

해설 보기의 핵심 단어인 '宅男(집돌이)', '宅女(집순이)'가 포함된 문장을 찾아 주의해서 본다. 지문에서 '休闲时间喜欢待在家里、房间里，而不喜欢出门活动的人称为 "宅男" "宅女"(여가 시간에 집과 방에서 머무는 것을 좋아하고, 외출하여 활동하는 것을 싫어하는 사람을 '집돌이', '집순이'라고 부른다)'라고 하는데, 이를 바꾸어 말하면 보기의 '"宅男" 爱待在家里('집돌이'는 집에 머물기를 좋아한다)'라는 내용과 일치하므로 정답은 C이다.

64 ★★★

水墨画是中国画中的一种绘画形式，以水和墨汁为颜料，颜色也只有黑和白。可就是水和墨汁不同比例的组合，创造出千变万化的层次感，用深浅的差别来画出不同的景物，令欣赏的人称赞不已。

A 水墨画不是中国画
B 水墨画注重水、墨的比例
C 中国画只有黑白两色
D 水墨画不受人们的喜爱

수묵화는 중국화 중에서 일종의 회화 형식이다. 물과 먹물을 색의 재료로 써서 색도 흑백만 있다. 그러나 물과 먹물을 다른 비율로 조합하면 변화무쌍한 볼륨감을 만들어 낸다. 깊이의 차이를 사용하여 다른 경치를 그려내어, 감상하는 사람에게 감탄을 그치지 않게 한다.

A 수묵화는 중국화가 아니다
B 수묵화는 물과 먹의 비율을 중시한다
C 중국화는 흑백 두 가지 색만 있다
D 수묵화는 사람들에게 인기가 없다

단어 水墨画 shuǐmòhuà 명 수묵화 | 绘画 huìhuà 명 회화 | 形式 xíngshì 명 형식 | 墨汁 mòzhī 명 먹물 | 颜料 yánliào 명 물감 | 可 kě 접 [이어진 단문에서 사건의 전환을 나타냄] | 比例 bǐlì 명 비율 | 组合 zǔhé 명 조합 | 创造 chuàngzào 동 만들다 | 千变万化 qiānbiàn wànhuà 성 변화무쌍하다 | 层次 céngcì 명 단계 | 深浅 shēnqiǎn 명 깊이 | 差别 chābié 명 차이 | 景物 jǐngwù 명 경치 | 令 lìng 동 ~하게 하다 | 欣赏 xīnshǎng 동 감상하다 | 称赞 chēngzàn 동 칭찬하다 | 不已 bùyǐ 동 그치지 않다 | 注重 zhùzhòng 동 중시하다 | 喜爱 xǐ'ài 동 애호하다

해설 지문에서 전환 관계를 나타내는 접속사 '可(그러나)' 뒤의 내용에 주의한다. 수묵화는 '就是水和墨汁不同比例的组合，创造出千变万化的层次感(물과 먹물을 다른 비율로 조합하면 변화무쌍한 볼륨감을 만들어 낸다)'이라고 한다. 이는 보기의 '水墨画注重水、墨的比例(수묵화는 물과 먹의 비율을 중시한다)'라고도 말할 수 있으므로 정답은 B이다.

C. '물과 먹물을 다른 비율로 조합하면 변화무쌍한 볼륨감을 만들어 낸다'라고 하므로 흑백 두 가지 색만 있는 것은 아니다.

Tip

• 以…为… ~을 ~로 삼다(생각하다)

예 他以失败为教训。그는 실패를 교훈으로 삼는다.

• 用…来+술어 ~을 사용하여 (술어)하다

예 思想是用语言来表达的。사상은 언어를 사용하여 표현한다.

65 ★☆☆

网络购物越来越流行，网络商店不仅商品齐全，最吸引顾客的是网络商店的价格比商场里的要低，受到很多人的追捧。网络商店不需要商场租金，这为卖方省下了一大笔费用，这样一来，商品价格自然也就能降下来了。	인터넷 쇼핑이 점차 유행하면서 인터넷 쇼핑몰은 상품도 완비하고 있을 뿐만 아니라, 고객을 가장 매료시키는 것은 인터넷 쇼핑몰의 가격이 쇼핑센터보다 저렴해서 많은 사람에게 인기가 있다는 것이다. 인터넷 쇼핑몰은 쇼핑센터의 임대료가 필요 없는데, 이 때문에 판매자는 큰 비용을 절약하게 된다. 이렇게 하면 상품의 가격도 당연히 내릴 수 있다.
A 商场的东西比较齐全 B 网络租金比商场便宜 C 商场购物不受欢迎 D 网络购物深受喜爱	A 쇼핑센터의 물건은 완비된 편이다 B 인터넷 임대료가 쇼핑센터보다 저렴하다 C 쇼핑센터의 쇼핑은 인기가 없다 D 인터넷 쇼핑은 매우 인기가 있다

단어 网络购物 wǎngluò gòuwù 명 인터넷 쇼핑 | 流行 liúxíng 동 유행하다 | 网络商店 wǎngluò shāngdiàn 명 인터넷 쇼핑몰 | 不仅 bùjǐn 접 ~뿐만 아니라 | 商品 shāngpǐn 명 상품 | 齐全 qíquán 형 완비하다 | 吸引 xīyǐn 동 매료시키다 | 顾客 gùkè 명 고객 | 价格 jiàgé 명 가격 | 商场 shāngchǎng 명 쇼핑센터 | 低 dī 형 낮다 | 受到 shòudào 동 받다 | 追捧 zhuīpěng 동 사랑을 받다 | 租金 zūjīn 명 임대료 | 卖方 màifāng 명 판매측 | 省 shěng 동 절약하다 | 大笔 dàbǐ 형 거액의 | 费用 fèiyòng 명 비용 | 自然 zìrán 부 당연 | 降 jiàng 동 내리다 | 深 shēn 형 깊다 | 喜爱 xǐ'ài 동 애호하다

해설 지문의 첫 번째 문장에서 '网络购物越来越流行(인터넷 쇼핑이 점차 유행한다)'이라고 한다. '流行(유행하다)'은 D에서 쓰인 '深受喜爱(매우 있기가 있다)'와 일맥상통하는 의미이므로 정답은 D이다.

C. 인터넷 쇼핑몰의 가격이 쇼핑센터보다 저렴하여 인기가 많다는 것이지, 쇼핑센터의 쇼핑이 인기가 없다는 내용은 언급되지 않았다.

Tip

受欢迎 shòu huānyíng / 受喜爱 shòu xǐ'ài 인기가 있다

66 ★☆☆

孩子极端地喜爱某一种颜色，他的个性往往越突出，这种个性常常是他优点和缺点的爆发点。找准了这个爆发点，父母对孩子的引导也会有更加明确的方向。比如，热爱绿色和蓝色的小朋友都有回避竞争的倾向，父母就应该适当鼓励孩子参加竞赛。

아이가 어떤 색을 몹시 좋아할 경우, 그의 개성은 종종 돋보이는 것을 뛰어넘는다. 이러한 개성은 자주 그의 장점과 단점의 증폭점이 된다. 이 증폭점을 제대로 찾으면, 자식에 대한 부모의 인도도 명확한 방향이 더욱 더해질 수 있다. 예를 들어, 녹색이나 청색을 좋아하는 아이는 전부 경쟁을 회피하려는 경향이 있어서, 부모는 아이가 시합에 참가하도록 적절하게 격려해야 한다.

A 孩子喜爱的颜色能反映个性
B 父母一定知道怎样教育孩子
C 孩子一般不喜欢参加比赛
D 只有颜色能反映优点和缺点

A 아이가 좋아하는 색은 개성을 반영할 수 있다
B 부모는 분명히 어떻게 아이를 교육하는지 알고 있다
C 아이는 보통 시합에 참가하는 것을 좋아하지 않는다
D 색만이 장점과 단점을 반영할 수 있다

단어 **极端** jíduān 부 몹시 | **某** mǒu 대 어떤 것 | **个性** gèxìng 명 개성 | **往往** wǎngwǎng 부 종종 | **突出** tūchū 형 돋보이다 | **优点** yōudiǎn 명 장점 | **缺点** quēdiǎn 명 단점 | **爆发** bàofā 동 폭발하다 | **准** zhǔn 형 정확하다 | **引导** yǐndǎo 동 인도하다 | **明确** míngquè 형 명확하다 | **方向** fāngxiàng 명 방향 | **比如** bǐrú 동 예를 들다 | **热爱** rè'ài 형 열렬히 사랑하다 | **回避** huíbì 동 회피하다 | **竞争** jìngzhēng 동 경쟁하다 | **倾向** qīngxiàng 명 경향 | **适当** shìdàng 형 적절하다 | **鼓励** gǔlì 동 격려하다 | **竞赛** jìngsài 명 시합 | **反映** fǎnyìng 동 반영하다 | **教育** jiàoyù 동 교육하다

해설 지문의 첫 번째 문장에서 '孩子极端地喜爱某一种颜色，他的个性往往越突出(아이가 어떤 색을 몹시 좋아할 경우, 그의 개성은 종종 돋보이는 것을 뛰어넘는다)'라고 하고서, 뒷부분에 예를 들어 '热爱绿色和蓝色的小朋友都有回避竞争的倾向(녹색이나 청색을 좋아하는 아이는 전부 경쟁을 회피하려는 경향이 있다)'이라고 설명한다. 이를 종합하면 보기의 '孩子喜爱的颜色能反映个性(아이가 좋아하는 색은 개성을 반영할 수 있다)'이라는 내용과 일치하므로 정답은 A이다.

67 ★★☆

中国是全世界发现的恐龙属种数量最多的国家。以时间来看，从2亿年前到6500万年前，在中国发现的化石标本组成了近乎完整无缺的恐龙演化史；从恐龙学的分类看，两大目，五大类，数十个科群的恐龙，在中国都能找到其中的代表化石。

중국은 세계에서 발견된 공룡 개체군의 수량이 가장 많은 국가이다. 시간으로 살펴보면, 2억 년 전에서 6500만 년 전까지의 중국에서 발견된 화석 표본은 완전무결에 가깝게 공룡의 진화 역사를 구성한다. 공룡학 분류에서 보면 두 개의 큰 항목, 다섯 개의 큰 부류, 수십 개 과와 무리로, 중국에서는 그중의 대표 화석을 모두 찾을 수 있다.

A 中国的恐龙化石是完美的
B 中国发现的恐龙化石种类丰富
C 中国有所有种类的恐龙化石
D 恐龙在6500万年前消失了

A 중국의 공룡 화석은 완전하여 결함이 없다
B 중국에서 발견된 공룡 화석의 종류는 풍부하다
C 중국은 모든 종류의 공룡 화석이 있다
D 공룡은 6500만 전에 사라졌다

단어 **恐龙** kǒnglóng 명 공룡 | **属种** shǔzhǒng 명 개체군 | **数量** shùliàng 명 수량 | **以** yǐ 개 ~을 가지고 | **亿** yì 수 억 | **化石** huàshí 명 화석 | **标本** biāoběn 명 표본 | **组成** zǔchéng 동 구성하다 | **近乎** jìnhū 동 ~에 가깝다 | **完整** wánzhěng 형 완전하다 | **无缺** wúquē 형 무결하다 | **演化** yǎnhuà 명 진화 | **分类** fēnlèi 명 분류 | **科** kē 명 과 [생물학상의 분류 명목] | **群** qún 명 무리, 떼 | **其中** qízhōng 명 그중 | **代表** dàibiǎo 명 대표 | **完美** wánměi 형 완전하여 결함이 없다 | **种类** zhǒnglèi 명 종류 | **丰富** fēngfù 형 풍부하다 | **所有** suǒyǒu 형 모든 | **消失** xiāoshī 동 사라지다

해설 지문의 첫 번째 문장에서 '中国是全世界发现的恐龙属种数量最多的国家(중국은 세계에서 발견된 공룡 개체군의 수량이 가장 많은 국가이다)'라고 한다. 공룡의 개체군이 많다는 것은 보기의 '中国发现的恐龙化石种类丰富(중국에서 발견된 공룡 화석의 종류는 풍부하다)'라는 표현으로 나타낼 수 있다. 따라서 정답은 B이다.

A. '중국에서 발견된 화석 표본은 완전무결에 가깝게 공룡의 진화 역사를 구성한다'라고 하므로, 정확하게 '完美(완전하여 결함이 없다)'라는 의미로 볼 수 없다.

68 ★★☆

手机能上网以后，带来方便的同时，也引发了一系列的问题。比如病毒就是很多手机上网用户会遇到的麻烦。不能上网的手机一般不会有病毒，而上网以后，手机收到病毒侵害的可能性就很大，严重的还会导致重要资料信息被窃取。

휴대 전화로 인터넷을 할 수 있게 된 이후, 편리함을 가져온 동시에 일련의 문제도 일으켰다. 예를 들어 바이러스는 굉장히 많은 휴대 전화 인터넷 사용자가 마주칠 수 있는 골칫거리이다. 인터넷에 접속할 수 없는 휴대 전화는 보통 바이러스가 있을 수 없다. 하지만 인터넷에 접속한 뒤로 휴대 전화가 받는 바이러스 침해 가능성이 매우 커지며, 심각하면 중요한 자료와 정보를 도둑맞을 수도 있다.

A 手机带来的问题比好处多
B 手机病毒危害着每一个人
C 手机病毒会导致信息丢失
D 手机一上网就会有病毒

A 휴대 전화가 가져온 문제는 장점보다 많다
B 휴대 전화 바이러스는 모든 사람에게 해를 끼친다
C 휴대 전화 바이러스는 정보 분실을 야기할 수 있다
D 휴대 전화는 인터넷에 접속하자마자 바이러스가 생긴다

단어 带来 dàilái 가져오다 | 同时 tóngshí 명 동시 | 引发 yǐnfā 동 일으키다 | 一系列 yíxìliè 형 일련의 | 比如 bǐrú 동 예를 들다 | 病毒 bìngdú 명 바이러스 | 用户 yònghù 명 사용자 | 遇 yù 동 만나다 | 麻烦 máfan 명 골칫거리 | 而 ér 접 하지만 | 收 shōu 동 받다 | 侵害 qīnhài 동 침해하다 | 严重 yánzhòng 형 심각하다 | 导致 dǎozhì 동 야기하다 | 资料 zīliào 명 자료 | 信息 xìnxī 명 정보 | 窃取 qièqǔ 동 훔치다 | 好处 hǎochù 명 장점 | 危害 wēihài 동 해를 끼치다 | 丢失 diūshī 동 분실하다

해설 지문에서 '上网以后，手机收到病毒侵害的可能性就很大，严重的还会导致重要资料信息被窃取(인터넷에 접속한 뒤로 휴대 전화가 받는 바이러스 침해 가능성이 매우 커지며, 심각하면 중요한 자료와 정보를 도둑맞을 수도 있다)'라고 한다. 여기서 쓰인 '资料信息被窃取(정보와 자료를 도둑맞다)'는 C에서 쓰인 '信息丢失(정보 분실)'를 가리키므로 정답은 C이다.

69 ★☆☆

足球是世界上最受欢迎的体育运动之一，它代表着力量、速度、技巧、娱乐和激情。足球运动对场地的要求很简单，只要有空地和一个球就可以了。正规比赛需要11个队员，这样能够使更多人参与其中，更重要的是，这项集体运动建立了队员之间团结互助的精神。

축구는 세계에서 가장 인기있는 스포츠 가운데 하나로, 그것은 힘, 속도, 기교, 오락과 열정을 대표한다. 축구는 장소에 대한 요구가 매우 간단하다. 공터와 공 한 개만 있으면 된다. 정규 시합은 11명의 팀원이 필요한데, 이렇게 하면 더 많은 사람들을 그중에 참여하게 할 수 있고, 더욱 중요한 것은 이러한 단체 스포츠는 팀원 사이의 결속과 서로 돕는 정신을 형성하는 것이다.

A 世界上每个人都热爱足球	A 세계 모든 사람은 전부 축구를 좋아한다
B 足球是一项需要团结的运动	B 축구는 결속이 필요한 스포츠이다
C 足球场地要经过仔细选择	C 축구 장소는 세심한 선택을 거쳐야 한다
D 足球对队员的要求比较高	D 축구는 팀원에 대한 요구가 높은 편이다

단어 代表 dàibiǎo 동 대표하다 | 力量 lìliàng 명 힘 | 速度 sùdù 명 속도 | 技巧 jìqiǎo 명 기교 | 娱乐 yúlè 명 오락 | 激情 jīqíng 명 열정 | 场地 chǎngdì 명 장소 | 只要 zhǐyào 접 ~하기만 하면 | 正规 zhèngguī 형 정규의 | 队员 duìyuán 명 팀원 | 使 shǐ 동 ~하게 하다 | 参与 cānyù 동 참여하다 | 其中 qízhōng 명 그중 | 项 xiàng 양 항목 | 集体 jítǐ 명 단체 | 建立 jiànlì 동 형성하다 | 团结 tuánjié 명 결속 | 互助 hùzhù 동 서로 돕다 | 精神 jīngshén 명 정신 | 热爱 rè'ài 동 열렬히 사랑하다 | 经过 jīngguò 동 거치다 | 仔细 zǐxì 형 세심하다

해설 지문의 '更重要的是(더 중요한 것은)' 다음 내용에 주의한다. '这项集体运动建立了队员之间团结互助的精神(이러한 단체 스포츠는 팀원 사이의 결속과 서로 돕는 정신을 형성하는 것이다)'이라고 하는데, 이는 보기의 '足球是一项需要团结的运动(축구는 결속이 필요한 스포츠이다)'이라고 바꾸어 표현할 수 있으므로 정답은 B이다.

70 ★★☆

中国画马的人不少，最有名的还要数徐悲鸿大师。他用中国画的形式画马，其中却融入了西方画素描的特点，把西方美术强调真实的方法运用到马的描绘中，使马的身体在活动的状态下显得更加真实，有活力。	중국은 말을 그리는 사람이 많은데, 가장 유명한 사람 중에서도 손꼽자면 서비훙(徐悲鸿) 대가이다. 그는 중국화 형식을 사용하여 말을 그렸는데, 그중에는 오히려 서양화 소묘의 특징이 녹아 들어 있다. 서양 미술이 강조하는 사실주의 기법을 응용하여 말을 묘사한 것에는, 말의 신체가 움직이는 상태에서 더욱 사실적이고 생동감있게 보이게 한다.
A 徐悲鸿是素描绘画大师 B 徐悲鸿画马注重观察 C 徐悲鸿的马结合了中西特点 D 在中国只有徐悲鸿能画马	A 서비훙은 소묘 회화의 대가이다 B 서비훙은 말을 그릴 때 관찰을 중시한다 C 서비훙의 말은 중국과 서양의 특징을 결합했다 D 중국에서 서비훙만 말을 그릴 수 있다

단어 数 shǔ 동 손꼽다 | 大师 dàshī 명 대가 | 形式 xíngshì 명 형식 | 其中 qízhōng 명 그중 | 融入 róngrù 동 융합되어 들어가다 | 素描 sùmiáo 명 소묘 | 特点 tèdiǎn 명 특징 | 美术 měishù 명 미술 | 强调 qiángdiào 동 강조하다 | 真实 zhēnshí 형 진실하다 | 方法 fāngfǎ 명 방법 | 运用 yùnyòng 동 응용하다 | 描绘 miáohuì 동 묘사하다 | 活动 huódòng 동 움직이다 | 状态 zhuàngtài 명 상태 | 使 shǐ 동 ~하게 하다 | 显得 xiǎnde 동 ~하게 보이다 | 活力 huólì 명 생기가 넘치는 힘 | 注重 zhùzhòng 동 중시하다 | 观察 guānchá 명 관찰 | 结合 jiéhé 동 결합하다

해설 중국의 말을 그리는 화가인 서비훙에 대한 내용으로, 지문에서 '他用中国画的形式画马，其中却融入了西方画素描的特点(그는 중국화 형식을 사용하여 말을 그렸는데, 그중에는 오히려 서양화 소묘의 특징이 녹아 들어 있다)'이라고 한다. 여기서 쓰인 '融入了(녹아 들어 있다)'의 의미는 C의 '结合了(결합했다)'와 일맥상통한 것이므로 지문의 내용과 일치하는 정답은 C이다.

미리 보기 해석

제3부분

》 전략서 118p

71-74.

有位老太太请了个清洁工到家里做家务。

清洁工来到老太太家，看到她丈夫双目失明，非常同情他们夫妇。可是男主人生活乐观，清洁工在那里工作了几天，他们谈得很开心。工作结束后，清洁工要求支付的工资比原来谈好的价钱少了很多。

那位老太太问清洁工："你怎么要这么少？"

清洁工回答说："我跟你先生在一起觉得很快乐，他对人生的态度，使我觉得自己的情况还不算最坏。减去的那一部分，算是我对他表示一点谢意，因为他让我对生活和工作有了新的看法！"

清洁工的这番话让这位老太太感动得落泪，因为这位慷慨的清洁工，自己只有一只手。

生活态度对每个人来说都非常重要。虽然我们无法改变人生，但我们可以改变人生观，虽然我们无法改变环境，但我们可以改变态度，可以调整对生活的态度来适应一切的环境。

71-74.

어떤 노부인이 청소부를 한 명 불러 집안일을 하게 했다.

청소부는 노부인의 집에 와서 그녀의 남편이 두 눈을 실명한 것을 보고, 그들 부부를 매우 동정하게 되었다. 하지만 남자 주인은 즐겁게 생활했고, 청소부가 거기에서 일했던 며칠 동안 그들은 굉장히 즐겁게 대화를 나누었다. 일을 마친 후, 청소부는 원래 얘기되었던 금액보다 훨씬 적은 금액을 요구했다.

그 노부인이 청소부에게 물었다. "왜 이렇게나 적게 요구하나요?"

청소부는 대답했다. "저는 그분과 같이 있었던 것이 굉장히 즐거웠다고 생각합니다. 그의 인생에 대한 태도는 제 상황이 최악이 아니라고 여기게 해 주었습니다. 줄어든 그 일부분은 그에 대한 작은 감사의 표시라고 생각해 주십시오. 그분은 제가 생활과 일에 대해 새로운 견해를 가지도록 해 주었기 때문입니다!"

청소부의 이 말로 인해 노부인은 감동을 받아 눈물을 흘렸다. 왜냐하면 이 관대한 청소부는 자신도 손이 하나만 있었기 때문이다.

생활 태도는 모든 사람에게 매우 중요하다. 비록 우리가 인생을 바꿀 수는 없지만 인생관은 바꿀 수 있고, 우리가 환경을 바꿀 수는 없지만 태도는 바꿀 수 있다. 생활에 대한 태도를 조정할 수 있다면 모든 환경에 적응할 수 있다.

71. 清洁工为什么同情老太太夫妇?
   A 他们的生活没有意思
   B 老太太的丈夫过得不幸福
   C 老太太的丈夫的眼睛看不到东西
   D 老太太的丈夫不能工作

71. 청소부는 왜 노부인 부부를 동정하는가?
   A 그들의 생활은 재미가 없다
   B 노부인의 남편은 불행하게 산다
   C 노부인 남편의 눈은 사물을 볼 수 없다
   D 노부인의 남편은 일을 할 수 없다

72. 清洁工有什么收获?
   A 赚了很多钱
   B 学到了乐观
   C 认识了一个重要的人
   D 交了一位好朋友

72. 청소부는 무슨 수확이 있었는가?
   A 매우 많은 돈을 벌었다
   B 긍정을 배웠다
   C 중요한 한 사람을 알았다
   D 좋은 친구 한 명을 사귀었다

73. 为什么清洁工收了很少的钱？
A 工作很少
B 不喜欢钱
C 他们是朋友
D 为了表示感谢

74. 文章主要谈了什么？
A 生活的态度
B 金钱不重要
C 人要相互帮助
D 我们要慷慨

73. 왜 청소부는 아주 적은 돈을 받았는가？
A 일이 매우 적다
B 돈을 좋아하지 않는다
C 그들은 친구이다
D 고마움을 표시하게 위해서

74. 글은 주로 무엇을 이야기하는가?
A 생활의 태도
B 돈은 중요하지 않다
C 사람은 서로 도와야 한다
D 우리는 관대해야 한다

02. 글의 주제와 논리 관계 파악하기

유형 확인 문제

》 전략서 128p

정답 1 D 2 D 3 C 4 D

1－4

美国新泽西州一所小学的校长戴维斯先生，[2]为遵守对学生的承诺，傍晚爬上校舍屋顶度过了一个寒冷的夜晚。此前，他曾对学生说，如果[1]他们在几个月内读完一万本书，他可以任由学生处置作为对学生的奖励。学生提前完成读书任务，[2]他们选择的奖励是，让他在屋顶睡一个晚上。

这些孩子想出的处置校长的法子也太绝了，典型的捉弄人！可你不得不承认，这个法子很有创意，从捉弄人中透出了孩子们的顽皮可爱。我猜测，屋子附近的墙外，肯定有不少孩子睁着大眼睛在偷着乐呢！

尽管当天天气很冷，戴维斯仍然很坦然地主动带了帐篷和一些装备，自己爬上屋顶，睡了一夜。事后还说冷得值，如果[3]这样能鼓励学生们阅读，他下次还会照做。

미국 뉴저지(新泽西) 주의 한 초등학교 교장인 데이비스(戴维斯) 선생은 [2]학생들에게 한 약속을 지키기 위해 저녁 무렵 학교 건물 옥상에 올라가 추운 하룻밤을 보냈다. 이전에 그는 일찌이 학생들에게 말하길, 만약 [1]그들이 몇 개월 안에 1만 권의 책을 다 읽으면, 그는 학생들이 마음대로 처리하게 하는 것을 그들에게 주는 상으로 삼았다. 학생들은 책 읽는 임무를 앞당겨서 완수했고, [2]그들이 고른 상은 교장이 옥상에서 하룻밤을 자는 것이었다.

이 아이들이 생각해 낸 교장을 처리하는 방법은 역시나 굉장히 기가 막힌다. 전형적인 사람 골리기라니! 그러나 당신은 어쩔 수 없이 이 방법이 아주 기발하다는 것에 동의할 것이다. 사람을 골려 먹는 것에서 아이들의 장난끼 넘치는 귀여운 모습이 나타난다. 내가 추측하기로는 방 근처 벽에서 틀림없이 많은 아이들이 눈을 크게 뜨고 몰래 즐겼을 것이다!

비록 당일 날씨가 대단히 추웠더라도, 데이비스는 여전히 아주 거리낄 것 없이 자발적으로 텐트와 일부 장비를 가지고 스스로 옥상으로 올라가 하룻밤을 잤다. 이 일이 있고 나서 가치있는 추위였다며, 만약 [3]이렇게 해서 학생들의 독서를 북돋을 수 있다면, 그는 다음 번에도 그대로 할 것이라고 말했다.

단어 美国 Měiguó 명 미국 | 新泽西州 Xīnzéxī zhōu 명 뉴저지(New Jersey) 주 [지명] | 所 suǒ 양 개, 하나 [학교 · 병원을 세는 단위] | 遵守 zūnshǒu 동 지키다 | 承诺 chéngnuò 명 승낙 | 傍晚 bàngwǎn 명 저녁 무렵 | 校舍 xiàoshè 명 학교의 건물 | 屋顶 wūdǐng 명 옥상 | 度过 dùguò 동 보내다 | 寒冷 hánlěng 형 춥고 차다 | 夜晚 yèwǎn 명 밤 | 此前 cǐqián 명 이전 | 以…为… yǐ…wèi… ~을 ~로 삼다 | 任由 rènyóu 마음대로 하게 하다 | 处置 chǔzhì 동 처리하다 | 作为 zuòwéi 동 ~로 여기다 | 奖励 jiǎnglì 명 상 | 提前 tíqián 동 앞당기다 | 任务 rènwu 명 임무 | 想出 xiǎngchū 생각해 내다 | 法子 fǎzi 명 방법 | 绝 jué 형 기가 막히다 | 典型 diǎnxíng 형 전형적인 | 捉弄 zhuōnòng 동 골리다 | 可 kě 접 [이어진 단문에서 사건의 전환을 나타냄] | 不得不 bùdébù 어쩔 수 없이 | 承认 chéngrèn 동 동의하다 | 创意 chuàngyì 명 독창적인 견해 | 透 tòu 동 나타내다 | 顽皮 wánpí 형 장난이 심하다 | 猜测 cāicè 동 추측하다 | 屋子 wūzi 명 방 | 墙 qiáng 명 벽 | 肯定 kěndìng 부 틀림없이 | 睁 zhēng 동 크게 뜨다 | 偷 tōu 동 몰래하다 | 乐 lè 형 즐겁다 | 尽管 jǐnguǎn 접 비록 ~라 하더라도 | 当天 dàngtiān 명 당일 | 仍然 réngrán 부 여전히 | 坦然 tǎnrán 형 마음에 거리낄 것이 없다 | 主动 zhǔdòng 형 자발적인 | 帐篷 zhàngpeng 명 텐트 | 装备 zhuāngbèi 명 장비 | 事后 shìhòu 명 일이 발생한 후 | 值 zhí 형 ~할 가치가 있다 | 鼓励 gǔlì 동 북돋우다 | 阅读 yuèdú 동 열독하다 | 照 zhào 개 ~에 근거하여

1 ★☆☆

校长由学生处置的条件是什么?	교장이 학생들로 하여금 처리하게 하는 조건은 무엇인가?
A 学生一个月内读完两万本书	A 학생들이 1개월 안에 2만 권의 책을 다 읽는다
B 学生天天上课不迟到	B 학생들이 매일 수업에 지각하지 않는다
C 学生必须去做志愿者	C 학생들은 반드시 자원 봉사활동을 하러 가야 한다
D 学生几个月内读完一万本书	D 학생들이 몇 개월 안에 1만 권의 책을 다 읽는다

단어 做志愿者 zuò zhìyuànzhě 자원 봉사활동을 하다

해설 첫 번째 단락에서 교장은 '他们在几个月内读完一万本书(그들이 몇 개월 안에 1만 권의 책을 다 읽는다)'라면 학생들이 교장에게 마음대로 할 수 있도록 허락했다. 주어만 바뀌고 '几个月内读完一万本书(몇 개월 안에 책 1만 권의 책을 다 읽는다)'라는 표현이 그대로 쓰인 D가 정답이다.

2 ★☆☆

为什么校长要去屋顶睡觉?	왜 교장은 옥상에 가서 잠을 자야 하는가?
A 因为他喜欢看星星	A 그는 별 보는 것을 좋아하기 때문이다
B 因为他喜欢在屋顶上	B 그는 옥상에 있는 것을 좋아하기 때문이다
C 因为他想体验野外生活	C 그는 야외 생활을 체험해 보고 싶었기 때문이다
D 因为他要遵守对学生的承诺	D 그는 학생들에게 한 약속을 지켜야 하기 때문이다

단어 体验 tǐyàn 동 체험하다 | 野外 yěwài 명 야외 | 生活 shēnghuó 명 생활

해설 첫번째 단락에서 '为遵守对学生的承诺(학생들에게 한 약속을 지키기 위해)'라고 한다. 또한, 학생들이 1만 권의 책을 다 읽고 나서, '他们选择的奖励是，让他在屋顶睡一个晚上(그들이 고른 상은 교장이 옥상에서 하룻밤을 자는 것이다)'이라고 하므로, 이를 조합해 보면 교장이 옥상에서 잠을 자야 하는 이유는 '因为他要遵守对学生的承诺(그는 학생들에게 한 약속을 지켜야 하기 때문이다)'이다. 따라서 정답은 D이다.

3 ★★☆

文章最后一句话是什么意思?
A 校长再也不想去屋顶睡觉了
B 校长不会再让学生去读书了
C 学生们会读更多的书
D 学生们想谁在屋顶上

글의 가장 마지막 말은 무슨 의미인가?
A 교장은 더 이상 옥상에 가서 자고 싶지 않다
B 교장은 또 학생에게 책을 읽게 하지 않을 것이다
C 학생들이 더 많은 책을 읽을 것이다
D 학생들은 누가 옥상에 있는지 생각한다

해설 논리 관계를 파악하는 문제이다. 교장은 학생들이 책 읽는 임무를 완수하면 그들이 생각하는 상을 받기로 했고, 학생들은 예정보다 앞당겨서 그 임무를 완수한다. 그래서 교장은 학생들의 장난 가득한 소원대로 옥상에서 하룻밤을 보낸다. 지문의 마지막 문장에서 교장이 '**这样能鼓励学生们阅读，他下次还会照做**(이렇게 해서 학생들의 독서를 북돋을 수 있다면, 그는 다음 번에도 그대로 할 것이다)'라고 하는 것으로 보아, 그는 학생들이 더 많은 책을 읽을 것이라고 생각한다고 볼 수 있다. 따라서 정답은 C이다.

4 ★☆☆

下面哪项最适合做本文的题目?
A 睡屋顶的校长
B 喜欢捉弄人的学生
C 让学生阅读的好方法
D 特殊的教育

다음 중 글의 제목으로 가장 적절한 것은?
A 옥상에서 자는 교장
B 사람을 골리기 좋아하는 학생들
C 학생들에게 독서하게 하는 좋은 방법
D 특별한 교육

단어 **适合** shìhé 동 적절하다 | **题目** tímù 명 제목 | **方法** fāngfǎ 명 방법 | **特殊** tèshū 형 특별하다 | **教育** jiàoyù 명 교육

해설 지문의 전체적인 내용을 보면 교장은 학생들의 장난을 다 받아 주면서 그들의 독서량을 늘리고자 한다. 이는 학생들에 대한 특별한 교육을 말하고 있는 것이므로, 보기 중에서 '**特殊的教育**(특별한 교육)'가 이 글의 제목으로 가장 적절하다. 또한, A, B, C 모두 지문의 내용과 다르지 않지만, 전체적인 내용을 아우르는 제목은 될 수 없으므로 알맞은 답이 될 수 없다. 따라서 정답은 D이다.

03. 단어의 의미 파악하기

유형 확인 문제

》 전략서 132p

정답 1 D　2 C　3 D　4 C

1-4

朋友买了一辆新车。周末，我和他一起去试车。为了测试车的性能，我们把车开得很快。"[4]我这辆车虽然不怎么有名，但速度也和那些好车差不多了吧。"朋友高兴地说。这时，前面的车突然停了，[1]朋友急忙刹车，可是车滑行了好长一段路才停下来，差一点儿撞到那辆车。我和朋友都吓出了一身冷汗。"现在，我终于明白一般车和好车

친구가 새 자동차 한 대를 샀다. 주말에 나는 그와 함께 가서 시운전을 해 보았다. 자동차의 성능을 테스트하기 위해 우리는 자동차를 매우 빠르게 운전했다. "[4]내 이 자동차는 비록 그렇게 유명하지는 않아도, 속도는 그런 좋은 자동차들과 큰 차이가 없을 거야."라고 친구가 기쁘게 말했다. 이때, 앞차가 갑자기 멈추었다. [1]친구는 황급히 브레이크를 밟았지만, 자동차는 길에서 한참을 미

的区别了!"朋友说。 其实，好车和一般车都可以开得很快，但它们在停车速度上却有很大的差别，[2]好车可以更快地停下来。人生不也是这样吗？[3]优秀的人不仅工作起来很有效率，他们也更懂得如何迅速地停下来。对于一件没有前途的事情，尽快地停下来才是最好的选择。	끄러지고서야 겨우 멈추었고, 하마터면 그 자동차와 충돌할 뻔했다. 나와 친구는 모두 놀라서 온몸에 식은땀이 났다. "이제 나는 일반 자동차와 좋은 자동차의 차이를 마침내 확실하게 알았어!"라고 친구가 말했다. 사실 좋은 자동차와 일반 자동차 모두 빨리 달릴 수는 있지만, 그것들이 멈추는 속도에는 오히려 굉장히 큰 차이가 있어서 [2]좋은 자동차는 더 빠르게 멈출 수 있다. 인생도 이렇지 않을까? [3]뛰어난 사람은 일을 굉장히 효율적으로 할 뿐만 아니라, 그들은 어떻게 신속히 멈출지도 더 잘 알고 있다. 전망이 없는 일에 대해서는 최대한 빨리 멈추는 것이야말로 가장 좋은 선택이다.

단어 **试车** shìchē 동 시운전하다 | **测试** cèshì 동 테스트하다 | **性能** xìngnéng 명 성능 | **不怎么** bù zěnme 그리 좋지 않다 | **速度** sùdù 명 속도 | **差不多** chàbuduō 형 큰 차이가 없다 | **停** tíng 동 멈추다 | **急忙** jímáng 부 황급히 | **刹车** shāchē 동 브레이크를 걸다 | **可是** kěshì 접 그러나 | **滑行** huáxíng 동 미끄러지며 움직이다 | **差一点儿** chà yìdiǎnr 부 하마터면 | **撞** zhuàng 동 부딪치다 | **吓** xià 동 놀라다 | **冷汗** lěnghàn 명 식은땀 | **区别** qūbié 명 차이 | **却** què 부 오히려 | **差别** chābié 명 차이 | **优秀** yōuxiù 형 아주 뛰어나다 | **不仅** bùjǐn 접 ~뿐만 아니라 | **效率** xiàolǜ 명 효율 | **懂得** dǒngde 동 알다 | **如何** rúhé 대 어떻게 | **迅速** xùnsù 형 신속하다 | **对于** duìyú 개 ~에 대해 | **前途** qiántú 명 전망 | **尽快** jǐnkuài 부 되도록 빨리

1 ★★☆

作者和朋友为什么会很害怕?	저자와 친구는 왜 굉장히 두려워했는가?
A 车开得太快了	A 자동차가 너무 빨리 달렸다
B 车停不下来了	B 자동차가 멈추지 않았다
C 车撞到了前面的车	C 자동차가 앞차와 충돌했다
D 车没能很快地停下来	D 자동차가 빠르게 멈출 수 없었다

단어 **害怕** hàipà 동 두려워하다

해설 문제의 핵심 단어를 찾고 지문에서 그와 같거나 비슷한 단어, 그리고 관련이 있는 내용을 찾은 후 보기와 비교하여 정답을 찾는다. 지문에서 '**吓出了一身冷汗**(놀라서 온몸에 식은땀이 났다)'이라는 내용은 질문의 핵심 단어인 '**害怕**(두려워하다)'의 결과로서, 원인은 '**吓出了一身冷汗**(놀라서 온몸에 식은땀이 났다)'의 앞에 있는 내용을 보면 알 수 있다. '**朋友急忙刹车，可是车滑行了好长一段路才停下来**(친구는 황급히 브레이크를 밟았지만, 자동차는 길에서 한참을 미끄러지고서야 겨우 멈추었다)'라고 하기 때문에 보기의 '**车没能很快地停下来**(자동차가 빠르게 멈출 수 없었다)'라는 D가 정답이다.

2 ★☆☆

作者的朋友明白了好车:	저자의 친구가 알게 된 좋은 자동차는:
A 更省油	A 기름을 더 절약한다
B 能开得更快	B 더 빨리 운전할 수 있다
C 能停得更快	C 더 빨리 멈출 수 있다
D 能开得更稳	D 더 안정적으로 운전할 수 있다

단어 **省** shěng 동 절약하다 | **稳** wěn 형 안정되다

해설 지문의 처음과 끝에서 질문의 핵심 단어인 '**好车**(좋은 자동차)'가 쓰인 문장을 통해 알맞은 답을 찾을 수 있다. 첫 번째 단락에서 하나의 이야기가 나오지만 최종 결론은 없고, 두 번째 단락에서 첫 번째 단락의 결론을 언급한다. 저자의 친구는 '**好车可以更快地停下来**(좋은 자동차는 더 빠르게 멈출 수 있다)'라고 하기 때문에 정답은 C이다.

3 ★★☆	
作者认为优秀的人：	저자가 생각하는 뛰어난 사람은:
A 有更好的前途	A 더 좋은 전망이 있다
B 有更好的工作	B 더 좋은 직업이 있다
C 工作的效果更好	C 일의 효과가 더 좋다
D 更明白如何迅速放弃	D 어떻게 신속히 포기하는지 더 잘 알고 있다

단어 **效果** xiàoguǒ 명 효과 | **放弃** fàngqì 동 포기하다

해설 논리 관계를 파악하는 문제로 지문에서는 구체적인 상황을 통해 이치를 설명한다. 좋은 차가 빨리 멈춘다고 하면서, 저자는 '**优秀的人不仅工作起来很有效率，他们也更懂得如何迅速地停下来**(뛰어난 사람은 일을 굉장히 효율적으로 할 뿐만 아니라, 그들은 어떻게 신속히 멈출지도 더 잘 알고 있다)'라고 하는데, 여기서 쓰인 '**停**(멈추다)'이 D에서 '**放弃**(포기하다)'로 바뀌어 표현되었다. 따라서 정답은 D이다.

4 ★★☆	
作者的朋友一开始认为他的新车：	저자의 친구가 처음에 생각하는 그의 새로운 자동차는:
A 和好车差很多	A 좋은 자동차와 차이가 크다
B 很有名	B 매우 유명하다
C 性能应该挺不错的	C 성능이 반드시 매우 좋을 것이다
D 开的速度比好车快	D 운전하는 속도가 좋은 자동차보다 빠르다

단어 **挺** tǐng 부 매우

해설 지문의 내용과 비교하여 잘못된 보기들을 삭제하는 방법으로 문제를 풀 수 있다. 지문에서 저자의 친구는 '**我这辆车虽然不怎么有名，但速度也和那些好车差不多了吧**(내 이 자동차는 비록 그렇게 유명하지는 않아도, 속도는 그런 좋은 자동차들과 큰 차이가 없을 것이다)'라고 한다. 이 한마디를 통해 A, B, D의 내용이 모두 잘못되었다는 것을 판단할 수 있다. 따라서 오답을 삭제하고 남는 C가 정답이다.

실전 연습 1 – 제3부분

》 전략서 133p

정답					
	71 A	72 C	73 B	74 C	75 D
	76 A	77 C	78 C	79 D	80 C
	81 A	82 C	83 C	84 C	85 B
	86 C	87 B	88 C	89 B	90 B

71 – 74

跟一位韩国朋友初次见面，我说："韩国的书制作很精美！"我说的是肺腑之言，韩文版的《面包树上的女人》印刷得很漂亮。这位韩国朋友听到我的赞美，一边鞠躬一边说："真的吗？谢谢你！"他那副开心的样子，好像书是他制作的。

我说："近年韩国的电影很不错！"他听到了，谦虚地说："是的！大家都很努力！"我说："韩国的泡面很好吃！尤其有个'辛'字的那种泡面，香港人都很喜欢吃。"他听见了，[71]乐不可支，说："真是太客气了！太客气了！"不知情的人，会以为他是泡面生产商。

负责翻译的他的朋友终于忍不住取笑他："你不要老是以为整个韩国都是你的！"

韩国人很爱国，很团结，只要你称赞韩国任何一样东西，他们也认为你在称赞他们整个民族。[73]他们以自己的民族为荣，绝不自私。假如我说："韩国的女人很漂亮。"他大概也会说："太谢谢你了！"好像韩国的女人都是他的。

[73, 74]这种精神，我们什么时候会有？

한 한국 친구를 처음 만났을 때, 내가 말했다. "한국은 책을 제작하는 게 아주 정교해요!" 내가 한 말은 마음속에서 우러나온 말로, 한국어판 〈빵나무 위의 여인〉은 정말 멋지게 인쇄되었다. 이 한국 친구는 나의 칭찬을 듣고서 허리를 굽히며 "진짜요? 감사합니다!"라고 말했다. 그의 좋아하는 모습은 마치 그가 만든 책인 것 같았다.

내가 "최근 몇 년 동안의 한국 영화가 정말 재미있더라고요!"라고 말했더니, 그가 듣고서 "맞아요! 다들 엄청 노력해요!"라고 겸손하게 말했다. 내가 "한국 라면은 정말 맛있어요. 특히 '신' 자가 있는 그 라면이요. 홍콩 사람이 굉장히 즐겨 먹어요."라고 말했더니, 그는 듣고서 [71]매우 기뻐하며 "별말씀을요! 천만에요!"라고 말했다. 사정을 모르는 사람은 그가 라면 생산업체 사람이라고 여겼을 것이다.

통역을 맡은 그의 친구가 결국 참지 못하고 그를 놀렸다. "너는 언제나 온 한국이 모두 네것이라고 여기지 마!"

한국인은 나라를 굉장히 사랑하며 결속을 잘한다. 당신이 한국의 어떤 것에 대해 칭찬을 하기만 하면, 그들은 당신이 자신의 민족 전체를 칭찬한 것으로 생각하기도 한다. [73]그들은 자기 민족을 영광스럽게 생각하며, 결코 이기적이지 않다. 만약 내가 "한국 여성는 아주 아름다워요"라고 말하면, 그는 아마도 "정말 감사합니다!"라고 말할 것이다. 마치 한국 여성이 모두 그의 것인 것처럼.

[73, 74]우리는 언제쯤 이런 정신을 가질 수 있을까?

단어 初次 chūcì 명 처음 | 制作 zhìzuò 동 제작하다 | 精美 jīngměi 형 정교하다 | 肺腑之言 fèifǔ zhī yán 명 마음속에서 우러나는 참된 말 | 版 bǎn 명 인쇄판 | 印刷 yìnshuā 동 인쇄하다 | 赞美 zànměi 동 찬미하다 | 鞠躬 jūgōng 동 허리를 굽혀 절하다 | 副 fù 양 [얼굴 표정에 쓰임] | 样子 yàngzi 명 모습 | 好像 hǎoxiàng 부 마치 ~과 같다 | 近年 jìnnián 명 최근 몇 년 | 谦虚 qiānxū 형 겸손하다 | 泡面 pàomiàn 명 인스턴트 라면 | 尤其 yóuqí 부 특히 | 香港人 Xiānggǎngrén 명 홍콩 사람 | 乐不可支 lèbù kězhī 성 기뻐서 어쩔 줄을 모르다 | 不知情 bùzhīqíng 사정을 모르다 | 以为 yǐwéi 동 여기다 | 生产 shēngchǎn 동 생산하다 | 负责 fùzé 동 책임지다 | 翻译 fānyì 동 통역하다 | 忍不住 rěnbúzhù 참지 못하다 | 取笑 qǔxiào 동 놀리다 | 老是 lǎoshi 부 언제나 | 整个 zhěnggè 형 온 | 团结 tuánjié 동 결속하다 | 只要 zhǐyào 접 ~하기만 하면 | 称赞 chēngzàn 동 칭찬하다 | 任何 rènhé 대 어떠한 | 民族 mínzú 명 민족 | 以…为… yǐ…wéi… ~을 ~로 삼다 | 荣 róng 형 영광스럽다 | 绝 jué 부 결코 | 自私 zìsī 형 이기적이다 | 假如 jiǎrú 접 만약 | 大概 dàgài 부 아마도 | 精神 jīngshén 명 정신

71 ★★☆

第2段画线词语"乐不可支"是什么意思？

A 很高兴
B 不知道如何是好
C 骄傲自满
D 欣慰

두 번째 단락에서 밑줄 친 단어 '락부가지'는 무슨 의미인가?

A 매우 기쁘다
B 어떤 게 좋은지 모르겠다
C 교만하고 스스로 흡족하게 여기다
D 기쁘고 안심이 되다

단어 如何 rúhé 대 어떤 | 骄傲自满 jiāo'ào zìmǎn 성 교만하고 스스로 흡족하게 여기다 | 欣慰 xīnwèi 형 기쁘고 안심이 되다

해설 두 번째 단락에서 저자가 한국 라면이 맛있다고 칭찬하자, 그 한국 친구는 '乐不可支, 说: "真是太客气了! 太客气了!"(매우 기뻐하며 "별말씀을요! 천만에요!"라고 말했다)'라고 한다. '乐不可支'는 '기뻐서 어쩔 줄을 모르다'라는 의미의 성어이지만, 이를 모른다고 해도 이어서 나오는 '太客气了!(천만에요!)'가 칭찬을 들었을 때 하는 대답이라는 것을 파악하면 알맞은 답을 고를 수 있다. 칭찬을 들은 한국 친구는 '很高兴(매우 기쁘다)'이라는 기분으로 대답했을 가능성이 높으므로 정답은 A이다.

72 ★★☆

关于韩国朋友的身份，下面哪项是正确的?		한국 친구의 신분에 관하여 다음 중 옳은 것은?	
A 导演	B 出版社人员	A 감독	B 출판계 인사
C 文章未提及	D 泡面生产商	C 글에서 언급하지 않음	D 라면 생산업체 사람

단어 身份 shēnfen 명 신분 | 导演 dǎoyǎn 명 감독 | 出版社 chūbǎnshè 명 출판사 | 人员 rényuán 명 인원 | 文章 wénzhāng 명 글 | 未 wèi 부 ~이 아니다 | 提及 tíjí 동 언급하다

해설 첫 번째 단락에서 한 한국 친구라고만 소개하고, 이어서 저자는 그 한국 친구에게 한국의 책과 영화, 라면을 칭찬한다. 그러나 그 한국 친구가 해당 업종에 종사하는 것은 아니므로 A, B, D는 알맞은 답이 될 수 없다. 지문의 어디에도 한국 친구의 신분을 언급 한 적이 없으므로 정답은 C이다.

73 ★★☆

作者对韩国人的态度是怎样的?		저자의 한국인에 대한 태도는 어떠한가?	
A 鄙视	B 敬佩	A 무시하다	B 감탄하다
C 中立	D 怨恨	C 중립을 지키다	D 미워하다

단어 态度 tàidu 명 태도 | 鄙视 bǐshì 동 무시하다 | 敬佩 jìngpèi 동 감탄하다 | 中立 zhōnglì 동 중립을 지키다 | 怨恨 yuànhèn 동 미워하다

해설 네 번째 단락에서 저자는 '他们以自己的民族为荣, 绝不自私(그들은 자기 민족을 영광스럽게 생각하며, 결코 이기적이지 않다)'라고 한다. 또한, 마지막 단락에서 '这种精神, 我们什么时候会有?(우리는 언제쯤 이런 정신을 가질 수 있을까?)'라고 의문을 던지는 것으로 미루어 보아, 저자는 한국 친구의 이러한 정신을 칭찬하고 있음을 알 수 있다. 그러므로 보기 중에서 저자의 태도를 나타내는 단어로 가장 적절한 것은 '敬佩(감탄하다)'이므로 정답은 B이다.

74 ★★☆

对文章最后一句话的理解，下面哪项是错误的?	글의 가장 마지막 말에 대한 이해로, 다음 중 잘못된 것은?
A 我们要向韩国人学习	A 우리는 한국인에게 배워야 한다
B 我们要有民族自豪感	B 우리는 민족적 자긍심을 가져야 한다
C 我们要认为国家的东西都是我们的，都是可以随便用的	C 우리는 국가의 것은 모두 우리의 것이라고 여기고, 마음대로 사용해도 된다
D 我们至今没有这种精神	D 우리는 지금까지 이러한 정신이 없었다

단어 理解 lǐjiě 동 이해하다 | 自豪感 zìháogǎn 명 자긍심 | 随便 suíbiàn 부 마음대로 | 至今 zhìjīn 부 지금까지

해설 마지막에 '这种精神, 我们什么时候会有?(우리는 언제쯤 이런 정신을 가질 수 있을까?)'라고 의문을 던지는 것은, 한국인의 이러한 정신을 칭찬하고 감탄하는 동시에 우리도 이러한 정신을 가져야한다는 의미이므로 A, B, D 모두 그 의미와 일맥상통한다. 그러나 C의 '我们要认为国家的东西都是我们的, 都是可以随便用的(우리는 국가의 것은 모두 우리의 것이라고 여기고, 마음대로 사용해도 된다)'라는 내용은 지문에서 전혀 보이지 않으므로 정답은 C이다.

75－78

一天，一个年轻人开着一辆小轿车在路上行驶。忽然，一辆面包车从后面追上来，车上的老司机伸出手朝后面指了指，说："后面……" [75]话没说完就呼啸而过。

[76]年轻人一看，非常气愤，心里想："一辆小小的面包车也敢跟我比！"于是，一踩油门，超过了面包车。想不到过了几分钟，老司机又追了上来。"年轻人，后……"同样，话音未落便飞驰而过。"还敢嘲笑我！"年轻人再度加足马力，又超越了面包车。不过，没过多久，老司机又追了上来，并在前方停了下来。

年轻人更加火了，停下车质问老司机："老同志，你到底想干吗？"老司机探出头，笑眯眯地朝年轻人说："[77, 78]后……后……后备箱没关。"年轻人回头一看，不好意思地低下了头。

어느 날, 한 젊은이가 길에서 소형 자동차를 몰고 달리고 있었다. 갑자기 승합차 한 대가 뒤에서 쫓아오더니, 차에서 나이든 운전자가 손을 뻗어 뒤쪽을 가리키며 말했는데, "뒤..."라는 [75]말이 끝나기도 전에 쌩하고 지나가 버렸다.

[76]젊은이는 보고서 매우 화가 나서 속으로 생각했다. '조그마한 승합차가 감히 나와 겨루자고!' 그리하여 가속 페달을 밟아 승합차를 추월했다. 예상치 못하게 몇 분이 지난 후, 나이든 운전자가 또 쫓아오는 것이었다. "젊은이, 트..." 다름없이 말이 떨어지지도 않았는데 바로 질주하여 지나가 버렸다. '또 감히 나를 조롱하다니!' 젊은이는 다시 발에 힘을 더해 또 승합차를 추월했다. 그런데 얼마 지나지 않아, 나이든 운전자가 또 쫓아와 앞에 멈춰 섰다.

젊은이는 더욱 화가 나 자동차를 세우고 내려서 나이든 운전자에게 캐물었다. "이봐요, 당신 도대체 뭘 하려고 하는 거죠?" 나이든 운전자는 머리를 내밀고 빙그레 웃으며 젊은이를 향해 말했다. "[77, 78]트...트...트렁크가 닫히지 않았어요." 젊은이는 고개를 돌려 보고서는 부끄러워하며 머리를 푹 숙였다.

단어 **年轻人** niánqīngrén 명 젊은이 | **小轿车** xiǎojiàochē 명 소형 자동차 | **行驶** xíngshǐ 동 달리다 | **忽然** hūrán 부 갑자기 | **面包车** miànbāochē 명 승합차 | **追** zhuī 동 뒤쫓다 | **伸手** shēnshǒu 동 손을 뻗다 | **朝** cháo 개 ~을 향하여 | **指** zhǐ 동 가리키다 | **呼啸** hūxiào 동 씽 하는 소리를 내다 | **而** ér 접 그리고 | **气愤** qìfèn 동 화내다 | **敢** gǎn 부 감히 | **于是** yúshì 접 그리하여 | **踩** cǎi 동 밟다 | **油门** yóumén 명 가속 페달 | **超过** chāoguò 동 추월하다 | **同样** tóngyàng 형 다름없다 | **话音** huàyīn 명 말소리 | **未** wèi 부 아직 ~하지 않다 | **便** biàn 부 바로 | **飞驰** fēichí 동 질주하다 | **嘲笑** cháoxiào 동 조롱하다 | **再度** zàidù 부 다시 | **马力** mǎlì 명 힘 | **超越** chāoyuè 동 추월하다 | **停** tíng 동 멈추다 | **更加** gèngjiā 부 더욱 | **火** huǒ 동 화를 내다 | **质问** zhìwèn 동 캐묻다 | **同志** tóngzhì 명 동지, 동무 | **到底** dàodǐ 부 도대체 | **探** tàn 동 앞으로 내밀다 | **笑眯眯** xiàomīmī 형 빙그레 웃다 | **后备箱** hòubèixiāng 명 트렁크 | **回头** huítóu 동 고개를 돌리다 | **不好意思** bù hǎoyìsi 부끄럽다 | **低头** dītóu 동 머리를 숙이다

75 ★★★

老司机开车的速度和年轻人比起来：

A 一样　　B 快一点

C 慢一点　　D 快很多

나이든 운전자의 운전 속도는 젊은이와 비교해서:

A 같다　　B 조금 빠르다

C 조금 느리다　　D 훨씬 빠르다

단어 **速度** sùdù 명 속도

해설 첫 번째 단락에서 나이든 운전자가 젊은이의 자동차를 쫓으면서 뒤쪽을 가리키며 무슨 말을 하지만, '话没说完就呼啸而过(말이 끝나기도 전에 쌩하고 지나가 버렸다)'라고 한다. 여기서 '呼啸而过'는 '매우 빠른 속도로 지나가다'라는 의미이므로, 나이든 운전자의 운전 속도는 젊은이에 비해 훨씬 빠르다는 것을 알 수 있으므로 정답은 D이다.

Tip

和…比起来 ~와 비교하면

例 和南方人比起来北方人更大方。남방인과 비교하면 북방인은 더 시원시원하다.

76 ★★☆	
年轻人很气愤是因为：	젊은이가 매우 화가 난 이유는:
A 被追上不服气	A 따라 잡힌 것이 아니꼽다
B 自己的车不好	B 자신의 자동차가 좋지 않다
C 汽油快没了	C 휘발유가 곧 떨어진다
D 听不见老司机的话	D 나이든 운전자의 말이 들리지 않는다

단어 不服气 bù fúqì 승복하지 않다, 아니꼽다 | 汽油 qìyóu 명 휘발유

해설 두 번째 단락에서 '年轻人一看，非常气愤，心里想："一辆小小的面包车也敢跟我比！"(젊은이는 보고서 매우 화가 나서 속으로 생각했다. '조그마한 승합차가 감히 나와 겨루자고!')'라고 하는 것으로 보아, 젊은이는 승합차한테 따라잡힌 것을 인정할 수 없어서 화가 난 것임을 알 수 있다. 이는 보기의 '被追上不服气(따라 잡힌 것이 아니꼽다)'라고 표현할 수 있으므로 정답은 A이다.

77 ★★☆	
老司机为什么把车停下来？	나이든 운전자는 왜 자동차를 멈춰 세웠는가?
A 他生气了	A 그는 화가 났다
B 要跟年轻人吵架	B 젊은이와 말다툼을 하려고 한다
C 有事提醒年轻人	C 젊은이에게 알려 줄 일이 있다
D 想请年轻人帮忙	D 젊은이에게 도움을 청하고자 한다

단어 吵架 chǎojià 동 말다툼하다 | 提醒 tíxǐng 동 일깨우다

해설 마지막 단락에서 나이든 운전자는 젊은이에게 '后……后……后备箱没关(트...트...트렁크가 닫히지 않았다)'이라고 말한다. 운전자는 젊은이에게 트렁크가 열려 있는 것을 알려 주려고 쫓아온 것임을 알 수 있으므로 정답은 C이다.

78 ★★☆	
年轻人的车怎么了？	젊은이의 자동차는 어떠한가?
A 跑得太快了	A 너무 빠르게 달렸다
B 车子坏了	B 자동차가 고장 났다
C 后备箱没关	C 트렁크가 닫히지 않았다
D 车漏油了	D 자동차의 기름이 샜다

단어 漏 lòu 동 새다

해설 마지막 단락에서 나이든 운전자가 젊은이에게 '后备箱没关(트렁크가 닫히지 않았다)'이라고 한다. 그러므로 젊은이 자동차는 트렁크가 닫히지 않았다는 것을 알 수 있으므로 정답은 C이다.

79 – 82

近日，广州市对广州不同阶层的20世纪70、80、90年代出生的青年，做了一次生活态度大调查。调查结果显示，[79]这三个年代出生的青年在对重大问题的生活态度和心理特质上都呈现出较为明显的差别。

就拿工作观来说。"80后"非常抵制加班，[80]高达67%的受访者肯定不会为了工作牺牲节假日休息时间，只有20%的受访者偶尔会把没有完成的工作带回家。

"70后"堪称"职场拼命三郎"，56%的受访者表示绝对听从老板命令，71%的受访者经常把没完成的工作带回家，48%的人一定会为了工作牺牲节假日休息时间，而且不计较加班酬劳。

张先生是某知名外企的销售职员，他所在的销售团队一共有19个人，其中7人是"80后"，12人是"70后"。他感觉与"70后"同事最大的差别是："[81]要加班时，他们会爽快地说'没问题'，我们就急着编各种不能加班的借口。"

张先生认为，加班和小时候被老师留下来一样，"总之是发生在坏孩子身上的事，都令人感到羞愧"。他觉得："[82]要加班就是你工作时间内做得不够好。"[81]同为"80后"的罗先生则认为，加班不是一种健康的值得提倡的生活方式。"以是不是加班来评价员工是不是敬业爱岗，是一种不正确的评价方式。"

然而，"70后"程先生却觉得，"70后"对加班不那么抵触，甚至愿意主动加班，是因为有更强的责任心和集体感。

최근 광주(广州) 시는 광주 여러 계층의 20세기 70, 80, 90년대에 태어난 청년의 생활 태도에 대한 대규모 조사를 했다. 조사 결과에서 보여 주길, [79]이 세 연대에 태어난 청년은 중대한 문제에 대한 생활 태도와 심리적 특징에 비교적 확연한 차이를 나타냈다.

업무관으로 말해 보자면, '80년대 후'생은 초과 근무에 굉장히 거부감을 보였다. [80]67%에 달하는 응답자가 일을 위해 휴일의 쉬는 시간을 희생하지 않을 것이라고 하며, 20%의 응답자만이 끝내지 못한 일을 간혹 집에 가지고 갈 것이라고 한다.

'70년대 후'생은 '직장에 목을 메는 세대'라고 할 수 있다. 56%의 응답자가 사장의 명령을 절대적으로 따른다고 하며, 71%의 응답자는 끝내지 못한 일을 자주 집에 가지고 가고, 48%의 사람은 일을 위해 반드시 휴일의 쉬는 시간을 희생할 것이고, 게다가 초과 근무 수당에 연연하지 않는다고 한다.

장(张) 씨는 모 유명 외국계 기업의 영업 직원이다. 그가 있는 영업팀은 총 19명이며, 그중 7명이 '80년대 후'생, 12명이 '70년대 후'생이다. 그가 생각하는 '70년대 후'생의 동료와 가장 큰 차이점은 이것이다. "[81]초과 근무를 해야 할 때, 그들은 흔쾌히 '문제 없습니다'라고 대답하고, 우리는 초과 근무를 할 수 없는 각종 핑계를 지어내기 바쁩니다."

장 씨는 초과 근무와 어렸을 때 선생님에 의해 남겨진 것이 같다고 생각한다. "어쨌든 나쁜 아이에게 생기는 일이에요. 사람을 부끄럽게 만들거든요." 그는 "[82]초과 근무를 해야 하는 것은 당신이 업무 시간 안에 일을 잘하지 못했다는 거예요."라고 생각한다. 같은 '80년대 후'생의 나(罗) 씨는 오히려 초과 근무는 장려할만한 건강한 생활 방식이 아니라고 생각한다. "초과 근무 여부로 직원이 직장에 애착을 갖고 일에 최선을 다 하는지를 평가하는 것은 정확하지 않은 평가 방식입니다."

그러나 '70년대 후'생인 정(程) 씨는 반대로, '70년대 후'생은 초과 근무에 그렇게 거부감을 느끼지는 않으며 자발적으로 초과 근무를 바라기까지도 하는데, 이유는 책임감과 집단의식이 더욱 강하기 때문이라고 생각한다.

단어 **近日** jìnrì 명 최근 | **广州** Guǎngzhōu 명 광저우 [지명] | **阶层** jiēcéng 명 계층 | **世纪** shìjì 명 세기 | **年代** niándài 명 연대 | **生活** shēnghuó 명 생활 | **态度** tàidu 명 태도 | **调查** diàochá 동 조사하다 | **结果** jiéguǒ 명 결과 | **显示** xiǎnshì 동 내보이다 | **重大** zhòngdà 형 중대하다 | **心理** xīnlǐ 명 심리 | **特质** tèzhì 명 특질 | **呈现** chéngxiàn 동 나타내다 | **明显** míngxiǎn 형 뚜렷하다 | **差别** chābié 명 차이 | **工作观** gōngzuòguān 명 업무관 | **抵制** dǐzhì 동 거부하다 | **加班** jiābān 동 초과 근무를 하다 | **达** dá 동 이르다 | **受访者** shòufǎngzhě 명 응답자 | **肯定** kěndìng 부 확실히 | **牺牲** xīshēng 동 희생하다 | **节假日** jiéjiàrì 명 명절과 휴일 | **偶尔** ǒu'ěr 부 간혹 | **堪** kān 동 ~할 수 있다 | **称** chēng 동 ~라고 부르다 | **职场** zhíchǎng 명 직장 | **拼命** pīnmìng 동 필사적으로 하다 | **表示** biǎoshì 동 나타내다 | **绝对** juéduì 형 절대적인 | **听**

从 tīngcóng 동 따르다 | 老板 lǎobǎn 명 사장 | 命令 mìnglìng 명 명령 | 计较 jìjiào 동 염두에 두다 | 酬劳 chóuláo 명 보수, 수당 | 某 mǒu 대 아무, 모 | 知名 zhīmíng 형 저명한 | 外企 wàiqǐ 명 외국계 기업 ['外商投资企业'의 약칭] | 销售 xiāoshòu 동 판매하다 | 职员 zhíyuán 명 직원 | 所 suǒ 명 장소, 곳 | 团队 tuánduì 명 팀 | 其中 qízhōng 명 그중 | 与 yǔ 개 ~와 | 差别 chābié 명 차이 | 爽快 shuǎngkuai 형 호쾌하다 | 急 jí 동 서두르다 | 编 biān 동 짓다 | 借口 jièkǒu 명 핑계 | 留 liú 동 머무르다 | 总之 zǒngzhī 접 어쨌든 | 发生 fāshēng 동 생기다 | 令 lìng 동 ~하게 하다 | 羞愧 xiūkuì 형 부끄럽다 | 则 zé 접 오히려 | 值得 zhídé 동 ~할 만하다 | 提倡 tíchàng 동 제창하다 | 方式 fāngshì 명 방식 | 以 yǐ 개 ~로써 | 评价 píngjià 동 평가하다 | 员工 yuángōng 명 종업원 | 敬业 jìngyè 동 자기의 일에 최선을 다하다 | 爱岗 àigǎng 동 직장에 애착을 갖다 | 正确 zhèngquè 형 정확하다 | 然而 rán'ér 접 그러나 | 却 què 부 반대로 | 抵触 dǐchù 동 대립되다 | 甚至 shènzhì 접 ~까지도 | 主动 zhǔdòng 형 자발적인 | 责任心 zérènxīn 명 책임감 | 集体感 jítǐgǎn 명 집단의식

79 ★★☆

70、80两个年代的年轻人: A 观念差别不大 B 只有工作观差别大 C 能够很好地相互理解 D 很多方面的心态都不同	70, 80년 두 연대의 젊은이는: A 관념의 차이가 크지 않다 B 업무관의 차이만 크다 C 서로를 잘 이해할 수 있다 D 여러 방면의 심리 상태가 모두 다르다

단어 年轻人 niánqīngrén 명 젊은이 | 观念 guānniàn 명 관념 | 相互 xiānghù 부 서로 | 理解 lǐjiě 동 이해하다 | 方面 fāngmiàn 명 방면 | 心态 xīntài 명 심리 상태

해설 첫 번째 단락에서 70, 80, 90년대에 태어난 청년에 대해 언급하며 '这三个年代出生的青年在对重大问题的生活态度和心理特质上都呈现出较为明显的差别(이 세 연대에 태어난 청년은 중대한 문제에 대한 생활 태도와 심리적 특징에 비교적 확연한 차이를 나타냈다)'라고 한다. 여기서 쓰인 '心理特质(심리적 특징)'를 D에서 '心态(심리 상태)'로 바꾸어 표현한 것으로, 70, 80년대에 태어난 젊은이의 차이를 바르게 설명한 D가 정답이다.

80 ★★☆

哪项符合"80后"的工作观? A 工作是最重要的 B 休息时间也要工作 C 不能放弃休息时间 D 工资多一定会加班	다음 중 '80년대 후'생의 업무관에 부합하는 것은? A 일이 가장 중요한 것이다 B 쉬는 시간 역시 일을 해야 한다 C 쉬는 시간을 포기할 수 없다 D 급여가 많으면 반드시 초과 근무를 할 것이다

단어 符合 fúhé 동 부합하다 | 放弃 fàngqì 동 포기하다 | 工资 gōngzī 명 월급

해설 질문의 핵심 단어인 '工作观(업무관)'이 언급된 단락을 찾는다. 두 번째 단락에서 80년대 이후에 태어난 청년은 '高达67%的受访者肯定不会为了工作牺牲节假日休息时间(67%에 달하는 응답자가 일을 위해 휴일의 쉬는 시간을 희생하지 않을 것이라고 한다)'이라고 한다. 이는 업무 때문에 쉬는 시간을 포기하지 않겠다는 것을 의미하므로 정답은 C이다.

81 ★★★

下面哪项正确?	다음 중 옳은 것은?
A “80后”为不加班找借口	A ‘80년대 후’생은 초과 근무를 하지 않기 위해 핑계를 찾는다
B “80后”看重加班工资	B ‘80년대 후’생은 초과 근무 수당을 중시한다
C “70后”为了工资加班	C ‘70년대 후’생은 월급을 위해 초과 근무를 한다
D “70后”喜欢说“没问题”	D ‘70년대 후’생은 ‘문제 없다’라고 말하기를 좋아한다

단어 看重 kànzhòng 동 중시하다

해설 네 번째 단락에서 장 씨가 생각하는 70년대 이후에 태어난 동료와의 차이점을 ‘要加班时，他们会爽快地说‘没问题’，我们就急着编各种不能加班的借口(초과 근무를 해야 할 때, 그들은 흔쾌히 ‘문제 없습니다’라고 대답하고, 우리는 초과 근무를 할 수 없는 각종 핑계를 지어내기 바쁘다)’라는 말을 통해 언급한다. 따라서 정답은 A이다.

D. ‘70년대후’생은 ‘문제 없다’라고 흔쾌히 대답하는 것이지, 그렇게 말하기 좋아하는 것은 아니다.

82 ★★☆

“80后”认为加班表示:	‘80년대 후’생이 생각하는 추가 근무가 나타내는 것은:
A 有责任心的行为	A 책임감 있는 행동
B 能得到更多工资	B 월급을 더 많이 받을 수 있다
C 工作效率不高	C 업무 효율이 높지 않다
D 非常热爱工作	D 일을 매우 사랑한다

단어 行为 xíngwéi 명 행동 | 效率 xiàolǜ 명 효율 | 热爱 rè'ài 동 뜨겁게 사랑하다

해설 다섯 번째 단락에서 초과 근무에 대한 80년대 이후에 태어난 장 씨의 생각을 계속 언급한다. ‘要加班就是你工作时间内做得不够好(초과 근무를 해야 하는 것은 당신이 업무 시간 안에 일을 잘하지 못했다는 것이다)’라고 하는데, 여기서 쓰인 ‘做得不够好(일을 잘하지 못하다)’는 ‘工作效率不高(업무 효율이 높지 않다)’와 같은 맥락이므로, 정답은 C이다.

83 – 86

小时候，我是学校乐团里5个拉小提琴的同学中最差的，同样拉一首曲子，老师很少表扬我。一次，学校要举办乐器比赛，我暗下决心，一定要用一个学期的时间，好好努力，争取拿到前三名。

可是说来容易，做起来难。在家里拉琴，哥哥说声音太难听、太吵，会影响他学习。我受到打击，抱着琴就跑出去了。我跑到了一个小树林里，[84]这里没有其他人，没人表扬我，也没人批评我。就这样，每天放学以后，我都来到小树林拉琴。我拉了一个星期，第八天，[83]我拉完琴以后,听见背后有人在鼓掌。我转过头去，是一个老爷爷，他对我笑了笑，点了点头，在我离开之前，

어렸을 때, 나는 학교 악단에서 바이올린을 연주하는 멤버 5명 가운데 가장 실력이 형편없었다. 같은 곡을 연주해도 선생님은 나를 거의 칭찬하지 않았다. 한 번은 학교에서 악기 연주 대회를 개최한다고 해서 나는 몰래 결심했다. 반드시 한 학기 동안 열심히 노력해서 전체 3등을 하겠다고 말이다.

하지만 말이 쉽지 하기는 어려웠다. 집에서 바이올린을 연주하는데, 형은 소리가 귀에 거슬리고 너무 시끄럽다고 공부에 영향을 끼칠 거라고 했다. 나는 기가 꺾여 바이올린을 안고서 집을 뛰쳐나갔다. 나는 달려서 한 작은 숲 속에 이르렀다. [84]이곳에는 아무도 없었고, 나를 칭찬하는 사람도 비판하는 사람도 없었다. 그래서 매일 학교를 마친 후, 나는 작은 숲에 와서 바이올린을 연주했

转身走了。后来，每天我拉琴的时候，老爷爷都在不远处的椅子上听，[85]结束以后，都为我鼓掌，然后离去。一天天坚持下来，我觉得自己有了进步，至少我拉的曲子有人喜欢听。期末乐器比赛的时候，我得了第二名。

第二天，我依旧去小树林拉琴，这次，还没等老爷爷转身离开，我就拉住他，准备告诉老爷爷这个好消息。我开口说："老爷爷，谢谢您！我昨天得奖了！"老爷爷脸上还是微笑，然后指了指耳朵，摇摇手，[85]原来，他根本就听不见。

太多时候，[86]要感谢那些鼓励过我们的掌声，它们轻轻帮我们打开了另一个世界。

다. 일주일을 연주하고 나서 8일째 되는 날, [83]내가 바이올린 연주를 마치자 뒤에서 누군가 박수를 치는 소리가 들렸다. 고개를 돌려 보니 한 할아버지였다. 그는 나를 보고 웃으면서 고개를 끄덕였고, 내가 떠나기 전에 몸을 돌려 가 버렸다. 그 뒤 매일 내가 바이올린을 연주할 때, 할아버지는 멀지 않은 곳의 의자에서 듣고서는 [85]연주가 끝나면 나를 위해 박수를 쳐주고 나서 떠나셨다. 매일 연습을 이어갔고 나는 내가 진보했다고 생각했다. 적어도 내가 연주한 곡을 누군가가 듣기 좋아하니까. 학기 말의 악기 연주 대회에서 나는 2등을 했다.

이튿날, 나는 여전히 바이올린을 연주하러 작은 숲에 갔다. 이번에는 할아버지가 몸을 돌려 떠나기 전에 그를 잡아서 이 좋은 소식을 알리려고 준비했다. 나는 말했다. "할아버지, 감사합니다! 제가 어제 상을 받았어요!" 할아버지는 얼굴에 여전히 미소를 띠고 나서 귀를 가리키며 손을 흔들었다. [85]알고 보니 그는 아예 듣지 못했다.

굉장히 많은 경우, [86]우리를 격려해 주었던 그런 박수 소리에 감사해야 한다. 그것들은 우리를 가만히 도와서 또 다른 세계를 열어 주었다.

단어 乐团 yuètuán 명 악단 | 拉 lā 동 켜다, 연주하다 | 小提琴 xiǎotíqín 명 바이올린 | 差 chà 동 모자라다 | 同样 tóngyàng 형 같다 | 首 shǒu 양 수 [시(詩)·사(詞)·노래 등을 세는 단위] | 曲子 qǔzi 명 곡 | 表扬 biǎoyáng 동 칭찬하다 | 举办 jǔbàn 동 개최하다 | 乐器 yuèqì 명 악기 | 暗 àn 부 몰래 | 决心 juéxīn 명 결심 | 学期 xuéqī 명 학기 | 争取 zhēngqǔ 동 쟁취하다 | 可是 kěshì 접 그러나 | 吵 chǎo 형 시끄럽다 | 打击 dǎjī 동 타격을 주다 | 抱 bào 동 안다 | 树林 shùlín 명 숲 | 批评 pīpíng 동 비판하다 | 放学 fàngxué 동 수업을 마치다 | 鼓掌 gǔzhǎng 동 박수치다 | 转头 zhuǎntóu 머리를 돌리다 | 点头 diǎntóu 동 고개를 끄덕이다 | 转身 zhuǎnshēn 동 몸을 돌리다 | 远处 yuǎnchù 명 먼 곳 | 坚持 jiānchí 동 견지하다 | 进步 jìnbù 명 진보 | 至少 zhìshǎo 부 적어도 | 期末 qīmò 명 학기 말 | 得 dé 동 얻다 | 依旧 yījiù 부 여전히 | 拉 lā 동 당기다 | 消息 xiāoxi 명 소식 | 开口 kāikǒu 동 입을 열다 | 奖 jiǎng 명 상 | 微笑 wēixiào 동 미소짓다 | 指 zhǐ 동 가리키다 | 耳朵 ěrduo 명 귀 | 摇手 yáoshǒu 동 손을 가로 젓다 | 原来 yuánlái 부 알고 보니 | 根本 gēnběn 부 아예 | 感谢 gǎnxiè 동 감사하다 | 鼓励 gǔlì 동 격려하다 | 掌声 zhǎngshēng 명 박수 소리 | 轻轻 qīngqīng 부 가만히 | 另 lìng 대 다른

83 ★☆☆

"我"练琴得到了谁的支持？

A 老师　　B 哥哥
C 老爷爷　　D 没有人

'나'는 바이올린을 연습하면서 누구의 응원을 받았는가?

A 선생님　　B 형
C 할아버지　　D 아무도 없다

단어 支持 zhīchí 동 지지하다

해설 두 번째 단락에서 8일째 되는 날 '我拉完琴以后，听见背后有人在鼓掌。我转过头去，是一个老爷爷(내가 바이올린 연주를 마치자 뒤에서 누군가 박수를 치는 소리가 들렸다. 고개를 돌려 보니 한 할아버지였다)'라고 하므로, 모르는 한 '老爷爷(할아버지)'의 응원을 받았다는 것을 알 수 있다. 따라서 정답은 C이다.

84 ★★☆	
"我"觉得小树林有什么好处?	'나'는 작은 숲은 무슨 장점이 있다고 생각하는가?
A 没人批评	A 비판하는 사람이 없다
B 没人表扬	B 칭찬하는 사람이 없다
C 没有人在意"我"	C '나'를 신경 쓰는 사람이 없다
D 以上都不是	D 위의 보기는 전부 아니다

단어 **好处** hǎochù 명 장점 | **在意** zàiyì 동 신경 쓰다

해설 두 번째 단락에서 숲에는 '这里没有其他人，没人表扬我，也没人批评我(이곳에는 아무도 없었고, 나를 칭찬하는 사람도 비판하는 사람도 없었다)'라고 한다. 이것은 숲에 저자의 연주를 신경 쓰는 사람이 없다는 것의 의미하므로 정답은 C이다.

A, B. 비판하거나 칭찬하는 사람이 없다는 내용도 지문에서 언급하지만, 이는 저자가 숲에서 연주하는 장점의 예로 든 것이지 근본적으로 저자가 생각하는 바는 아니므로 A와 B는 정답이 될 수 없다.

85 ★★☆	
老爷爷为什么天天来听"我"练琴?	할아버지는 왜 매일 와서 '나'의 바이올린 연습을 들었는가?
A 他觉得好听	A 그는 듣기 좋다고 생각한다
B 他要鼓励"我"	B 그는 '나'를 격려해 주고자 한다
C 小树林是他的	C 작은 숲은 그의 것이다
D 他是"我"的老师	D 그는 '나'의 선생님이다

해설 두 번째 단락에서 '结束以后，都为我鼓掌，然后离去(연주가 끝나면 나를 위해 박수를 쳐주고 나서 떠났다)'라고 하며, 세번째 단락의 마지막에서 '原来，他根本就听不见(알고 보니 그는 아예 듣지 못했다)'이라고 한다. 이로 미루어 보아, 할아버지는 듣지 못하는 장애가 있지만, 매일 와서 저자를 격려하기 위해 박수를 쳐주고 떠났다는 것을 알 수 있다. 따라서 정답은 B이다.

86 ★★☆			
"我"认为人生很多时候需要:		'나'는 인생의 많은 경우에 필요하다고 여기는 것은 :	
A 勤奋	B 独立	A 근면한 것	B 독립하는 것
C 鼓励	D 坚持	C 격려하는 것	D 꾸준히 하는 것

단어 **勤奋** qínfèn 형 근면하다 | **独立** dúlì 동 독립하다

해설 마지막 단락에서 저자가 '要感谢那些鼓励过我们的掌声，它们轻轻帮我们打开了另一个世界(우리를 격려해 주었던 그런 박수 소리에 감사해야 한다. 그것들은 우리를 가만히 도와서 또 다른 세계를 열어 주었다)'라고 하는 것으로 미루어 보아, 저자는 인생에서 '鼓励(격려하는 것)'가 필요하다고 여긴다는 것을 알 수 있다. 따라서 정답은 C이다.

87 – 90

晋代书法家王献之从小跟书法家父亲王羲之学写字。有一次，他要父亲传授习字的秘诀，王羲之指着院里的十八口水缸说："[87]秘诀就在这些水缸中，你把这些水缸中的水写完就知道了。"

[88]王献之不服气，认为自己年龄虽小，可是字已经写得很不错了。他下决心再练一段时间，在父亲面前显示一下自己的才能。他天天模仿父亲的字体，几个简单的笔画，[89]练习了两年，才把自己写的字给父亲看。父亲笑了笑没有说话。王献之又练了两年各种各样复杂的笔画，然后给父亲看，父亲还是笑了笑。

王献之这才开始练完整的字，[89]足足又练了四年，才把写的字捧给父亲看。王羲之看后，在儿子写的"大"字下面加了一点，成了"太"字。母亲看了王献之写的字，叹了口气说："[90]儿子练字练了三千日，只有这一点是像你父亲写的!"王献之听了，这才彻底服气了。从此，[89, 90]他更加下功夫练习写字了。

진(晋)대의 서예가 왕헌지(王献之)는 어린 시절부터 서예가인 아버지 왕의지(王羲之)에게 글자 쓰는 것을 배웠다. 한번은 그가 아버지에게 글자를 연습하는 비결을 전수해 달라고 하니, 왕의지는 정원에 있던 18개의 물 항아리를 가리키며 "[87]비결은 이 물 항아리들 가운데에 있단다. 네가 저 물 항아리들의 물로 다 쓰면 알게 될 것이다."라고 말했다.

[88]왕헌지는 승복하지 않고 자기가 어리긴 하지만 글자를 꽤 잘 쓴다고 생각했다. 그는 한동안 연습을 더 하고, 아버지 앞에서 자신의 재능을 펼쳐 보이겠다고 결심했다. 그는 매일 아버지의 글자체와 간단한 필획 몇 개를 모방했다. [89]2년 간 연습하고 나서야 자신이 쓴 글자를 아버지에게 보여 드렸다. 아버지는 웃으며 말이 없었다. 왕헌지는 또 2년 간 여러 복잡한 필획들을 연습하고 나서 아버지에게 보여 드렸고, 아버지는 여전히 웃기만 하셨다.

왕헌지는 이번에야 비로소 완전한 글자를 연습하기 시작했다. [89]4년을 꼬박 또 연습하고서야 쓴 글자를 아버지께 바쳐서 보여 드렸다. 왕의지는 보고서 아들이 쓴 '大(대)' 자 아래에 점을 하나 더해 '太(태)' 자를 만들었다. 어머니는 왕헌지가 쓴 글자를 보고 한숨을 쉬며 말했다. "[90]아들이 삼천일 동안 글자 연습을 했는데 겨우 이 점 하나만이 네 아버지가 쓴 것과 닮았구나!" 왕헌지는 듣고서, 이제서야 철저히 승복했다. 그로부터 [89, 90]그는 더욱 더 열심히 글자 쓰기를 연습했다.

단어 晋 Jìn 명 진나라 [주(周)대의 나라 이름] | 书法家 shūfǎjiā 명 서예가 | 从小 cóngxiǎo 부 어린 시절부터 | 父亲 fùqīn 명 아버지 | 传授 chuánshòu 동 전수하다 | 习字 xízì 동 글자를 연습하다 | 秘诀 mìjué 명 비결 | 指 zhǐ 동 가리키다 | 口 kǒu 양 [입구가 있거나 날이 있는 물건을 세는 단위] | 水缸 shuǐgāng 명 물 항아리 | 不服气 bù fúqì 승복하지 않다 | 年龄 niánlíng 명 나이 | 可是 kěshì 접 그러나 | 决心 juéxīn 명 결심 | 显示 xiǎnshì 동 내보이다 | 才能 cáinéng 명 재능 | 模仿 mófǎng 동 모방하다 | 字体 zìtǐ 명 글자체 | 笔画 bǐhuà 명 필획 | 各种各样 gèzhǒng gèyàng 성 여러 종류 | 复杂 fùzá 형 복잡하다 | 完整 wánzhěng 형 완전하다 | 足足 zúzú 부 꼬박 | 捧 pěng 동 두 손으로 받쳐 들다 | 母亲 mǔqīn 명 어머니 | 叹 tàn 동 한숨 쉬다 | 口气 kǒuqì 명 입김 | 彻底 chèdǐ 형 철저하다 | 服气 fúqi 동 진심으로 탄복하다 | 从此 cóngcǐ 부 그로부터 | 更加 gèngjiā 부 더욱 | 下功夫 xià gōngfu 공들이다

87 ★★☆

王羲之指着水缸表示:

A 水缸里有秘诀

B 要大量练习

C 用水缸装墨水

D 水缸是老师

왕의지가 물 항아리를 가리켜 나타낸 것은:

A 물 항아리 안에 비결이 있다

B 많은 연습을 해야 한다

C 물 항아리를 사용해 먹물을 담는다

D 물 항아리는 선생님이다

단어 表示 biǎoshì 동 나타내다 | 大量 dàliàng 형 대량의 | 装 zhuāng 동 담다 | 墨水 mòshuǐ 명 먹물

해설 질문의 '王羲之指着水缸(왕의자가 물 항아리를 가리키다)'이 쓰인 문장을 지문에서 찾아, 그 뒤에 이어지는 왕의지의 말에 주의한다. 첫 번째 단락에서 왕헌지가 글자를 연습하는 비결을 알려 달라고 하자 왕의지는 물 항아리를 가리키며, '秘诀就在这些水缸中，你把这些水缸中的水写完就知道了(비결은 이 물 항아리들 가운데에 있다. 네가 저 물 항아리들의 물로 다 쓰면 알게 될 것이다)'라고 한다. 이는 곧 물 항아리의 물을 사용하여 글자 쓰는 연습을 많이 하면 알 수 있다는 의미이므로 정답은 B이다.

88 ★★☆	
王献之一开始是什么情绪? A 谦虚　　B 严肃 C 骄傲　　D 快乐	왕헌지는 처음에 무슨 감정이었는가? A 겸손함　　B 엄숙함 C 거만함　　D 즐거움

단어 情绪 qíngxù 명 감정 | 谦虚 qiānxū 형 겸손하다 | 严肃 yánsù 형 엄숙하다 | 骄傲 jiāo'ào 형 거만하다

해설 두 번째 단락에서 '王献之不服气，认为自己年龄虽小，可是字已经写得很不错了(왕헌지는 승복하지 않고 자기가 어리긴 하지만 글자를 꽤 잘 쓴다고 생각했다)'라고 한다. 이런 왕헌지의 생각을 통해 초반에 그는 '骄傲(거만하다)'했음을 알 수 있다. 따라서 정답은 C이다.

89 ★★☆	
王献之是个怎样的学生? A 头脑聪明的 B 能坚持的 C 贪玩的 D 懒惰的	왕헌지는 어떤 학생인가? A 두뇌가 명석하다 B 꾸준히 할 수 있다 C 노는 데만 열중한다 D 게으르다

단어 头脑 tóunǎo 명 두뇌 | 聪明 cōngming 형 똑똑하다 | 坚持 jiānchí 동 견지하다 | 贪玩 tānwán 노는 데만 열중하다 | 懒惰 lǎnduò 형 게으르다

해설 두 번째 단락에서 왕헌지는 '练习了两年(2년 간 연습했다)'이라고 하고 아버지를 찾아 갔으나 인정을 받지 못하자, 세 번째 단락에서 '足足又练了四年(4년을 꼬박 또 연습했다)'이라고 한다. 또한, 마지막 단락의 어머니 말씀에서 깨달음을 얻고 '他更加下功夫练习写字了(그는 더욱더 열심히 글자 쓰기를 연습했다)'라고 한다. 이로 미루어 보아, 왕헌지는 포기하지 않고 목표한 바를 얻을 때까지 계속해서 꾸준히 할 줄 아는 학생이라는 것을 짐작할 수 있으므로 정답은 B이다.

90 ★★☆	
从母亲的话中，王献之明白了什么? A 自己已经和父亲一样好了 B 自己和父亲还有很大差距 C 母亲的话是最正确的 D 父亲写的"太"是最好的	어머니의 말에서, 왕헌지는 무엇을 알았는가? A 자신은 이미 아버지와 똑같이 잘한다 B 자신과 아버지는 아직 아주 큰 격차가 있다 C 어머니의 말이 가장 정확한 것이다 D 아버지가 쓴 '太(태)'가 가장 좋은 것이다

단어 差距 chājù 명 격차 | 正确 zhèngquè 형 정확하다

해설 마지막 단락의 내용으로, 어머니는 남편이 찍은 점을 아들이 찍은 줄 알고 '儿子练字练了三千日，只有这一点是像你父亲写的!(아들이 삼천일 동안 글자 연습을 했는데 겨우 이 점 하나만이 네 아버지가 쓴 것과 닮았다!)'라고 말한 것에, 왕헌지는 '这才彻底服气了(이제서야 철저히 승복했다)'라고 하고서, '他更加下功夫练习写字了(그는 더욱더 열심히 글자 쓰기를 연습했다)'라고 한다. 즉, 왕헌지는 아버지의 수준을 따라가려면 아직 많이 모자라다는 사실을 깨달은 것이다. 따라서 정답은 B이다.

실전 연습 2 – 제3부분

›› 전략서 141p

정답

71 C	72 D	73 A	74 B	75 B
76 B	77 C	78 A	79 C	80 B
81 A	82 D	83 D	84 D	85 C
86 C	87 A	88 D	89 D	90 C

71 – 74

研究表明，当今世界上的多数国家，男性都比女性寿命短。[71, 73]大多数男人不愿谈论自己的健康问题，而且经常拖着不去看病。在现代生活中，[72]社会环境、企业环境和竞争激烈等现实，往往使男性处于亚健康状态；[72]人际关系紧张，家庭生活出现的不协调，也使男性生理、心理问题层出不穷。

当然，男性一些不良的生活习惯也会损害身体健康，如吸烟、酗酒对身体的许多器官都有严重的不良影响。缺少锻炼也是非常重要的一个方面，很多男性不愿把时间"浪费"在锻炼上。

因此，男性朋友要特别注意以下几个问题：消除不良精神状态，即要时常进行自我调节，适当多参加各种娱乐、运动等，及时消除与发泄不良情绪，让自己保持乐观向上的精神状态；改变不良生活方式，即戒烟少酒，生活起居要有规律，少熬夜，保证充足、高质量的睡眠；调节饮食，重视补水，减少应酬，没有十分必要参加的宴会请尽量不参加。

연구 결과에 따르면, 세계 다수의 국가에서 남성이 여성보다 모두 수명이 짧다고 한다. [71, 73]대다수 남자는 자신의 건강 문제를 거론하기 꺼려하며, 게다가 병원에 가서 진료하는 것을 항상 미룬다. 현대 생활에서 [72]사회 환경과 기업 환경, 경쟁 과열 등의 현실은 종종 남성을 병은 없지만 건강하지 못한 상태에 처하게 한다. [72]각박한 대인 관계, 가정 생활에서 출현하는 불협화음도 남성의 생리적, 심리적 문제를 끊임없이 나타나게 한다.

물론 남성의 일부 좋지 못한 생활 습관도 몸의 건강을 해칠 것이다. 흡연, 폭음과 같은 것은 몸의 매우 많은 기관에 심각한 나쁜 영향을 끼친다. 운동 부족 역시 대단히 중요한 한 방면으로, 굉장히 많은 남성이 운동하는 데 시간을 '허비'하기 바라지 않는다.

그래서 남성들은 다음의 몇 가지 문제에 특히 주의해야 한다. 불량한 정신 상태를 해소한다. 항상 자기 조절을 해야 하더라도 각종 오락과 스포츠 등에 적절히 참가하여 신속히 좋지 않은 정서를 해소하고, 스스로 항상 낙관적으로 발전하는 정신 상태를 유지한다. 좋지 않은 생활 방식을 바꾸고 금연과 술을 적에 마시더라도 일상생활에는 규칙이 있어야 한다. 밤새는 것을 적게 하고, 충분하고 높은 질의 수면을 취한다. 음식을 조절하고 수분 보충을 중시하며, 접대를 줄이고 불필요한 모임은 되도록 참가하지 않는다.

단어 研究 yánjiū 동 연구하다 | 表明 biǎomíng 동 표명하다 | 当今 dāngjīn 명 현재 | 多数 duōshù 명 다수 | 男性 nánxìng 명 남성 | 女性 nǚxìng 명 여성 | 寿命 shòumìng 명 수명 | 大多数 dàduōshù 명 대다수 | 男人 nánrén 명 남자 | 愿 yuàn 동 바라다 | 谈论 tánlùn 동 논의하다 | 拖 tuō 동 미루다 | 看病 kànbìng 동 진료하다 | 现代 xiàndài 명 현대 | 生活 shēnghuó 명 생활 | 社会 shèhuì 명 사회 | 企业 qǐyè 명 기업 | 竞争 jìngzhēng 동 경쟁하다 | 激烈 jīliè 형 치열하다 | 现实 xiànshí 명 현실 | 往往 wǎngwǎng 부 종종 | 使 shǐ 동 ~하게 하다 | 处于 chǔyú 동 처하다 | 亚健康 yàjiànkāng 명 병은 없지만 몸이 좋지 않은 상태 | 状态 zhuàngtài 명 상태 | 人际关系 rénjì guānxì 명 대인 관계 | 紧张 jǐnzhāng 형 긴박하다 | 家庭 jiātíng 명 가정 | 出现 chūxiàn 동 출현하다 | 协调 xiétiáo 형 조화롭다 | 生理 shēnglǐ 명 생리 | 心理 xīnlǐ 명 심리 | 层出不穷 céngchū bùqióng 성 끊임없이 나타나다 | 当然 dāngrán 부 물론 | 不良 bùliáng 형 좋지 않다 | 习惯 xíguàn 명 습관 | 损害 sǔnhài 동 해치다 | 如 rú 동 ~와 같다 | 吸烟 xīyān 동 흡연하다 | 酗酒 xùjiǔ 동 무절제하게 술을 마시다 | 许多 xǔduō 형 매우 많다 | 器官 qìguān 명 기관 | 严重 yánzhòng 형 심각하다 | 缺少 quēshǎo 동 부족하다 | 方面 fāngmiàn 명 방면 | 浪费 làngfèi 동 허비하다 | 因此 yīncǐ 접 그래서 | 消除 xiāochú 동 해소하다 | 精神 jīngshén 명 정신 | 即 jí 접 설령 ~하더라도 | 时常 shícháng 부 항상 | 进行 jìnxíng 동 진행하다 | 自我调节 zìwǒ tiáojié 명 자기 조절 | 适当 shìdàng 동 적절하다 | 娱乐 yúlè 명 오락 | 及时 jíshí 부 신속히 | 与 yǔ 개 ~와 | 发泄 fāxiè 동 해소하다 | 情绪 qíngxù 명 정서 | 保持 bǎochí 동 유지하다 | 乐观 lèguān 형 낙관적이다 | 改变 gǎibiàn 동 바꾸다 | 方式 fāngshì 명 방식 | 戒烟 jièyān 금연하다 | 起居 qǐjū 명 일상생활 | 规律 guīlǜ 명 규칙 | 熬夜 áoyè 동 밤새다 | 保证 bǎozhèng 동 보증하다 | 充足 chōngzú 형 충분하다 | 质量 zhìliàng 명 질 | 睡眠 shuìmián 명 수면 | 调节 tiáojié 동 조절하다 | 饮食 yǐnshí 명 음식 | 重视 zhòngshì 동 중시하다 | 减少 jiǎnshǎo 동 감소하다 | 应酬 yìngchou 동 접대하다 | 十分 shífēn 부 매우 | 必要 bìyào 형 필요로 하다 | 宴会 yànhuì 명 연회 | 尽量 jǐnliàng 부 되도록

71 ★★☆

男性的寿命为什么比女性的寿命短?	남성의 수명은 왜 여성의 수명보다 짧은가?
A 因为男性的生理条件没有女性的好	A 남성의 생리적 조건이 여성의 것보다 좋지 않기 때문이다
B 因为男性脾气暴躁	B 남성은 성격이 급하기 때문이다
C 因为男性不太注意自己的健康问题	C 남성은 자신의 건강 문제에 그다지 주의하지 않기 때문이다
D 因为男性比女性脆弱	D 남성은 여성보다 연약하기 때문이다

단어 条件 tiáojiàn 명 조건 | 脾气 píqi 명 성격 | 暴躁 bàozào 형 급하다 | 脆弱 cuìruò 형 연약하다

해설 문제의 질문과 일맥상통하는 문장인 '男性都比女性寿命短(남성이 여성보다 모두 수명이 짧다)'을 첫 번째 단락에서 찾을 수 있다. 이어지는 내용에서 '大多数男人不愿谈论自己的健康问题，而且经常拖着不去看病(대다수 남자는 자신의 건강 문제를 거론하기 꺼려하며, 게다가 병원에 가서 진료하는 것을 항상 미룬다)'이라고 남성의 수명이 여성보다 짧은 이유를 설명한다. 이로 보아 남성은 자신의 건강에 주의하지 않는 것이므로 정답은 C이다.

72 ★☆☆

下列哪项不属于引起男性健康问题的因素?	다음 중 남성의 건강 문제를 일으키는 요소에 속하지 않는 것은?
A 家庭生活　　B 人际关系	A 가정 생활　　B 대인 관계
C 竞争环境　　D 女性的示威	C 경쟁 환경　　D 여성의 시위

단어 属于 shǔyú 동 ~에 속하다 | 引起 yǐnqǐ 동 일으키다 | 因素 yīnsù 명 요소 | 示威 shìwēi 명 시위

해설 지문의 내용과 보기를 비교하여, 지문에서 이미 언급된 보기들을 삭제하는 방법으로 문제를 풀 수 있다. 첫 번째 단락에서 남성의 건강을 해치는 요소로 '①社会环境、企业环境和竞争激烈(사회 환경과 기업 환경, 경쟁 과열), ②人际关系紧张(각박한 대인 관계), ③家庭生活出现的不协调(가정 생활에서 출현하는 불협화음)'를 예로 든다. 보기 중 이에 속하지 않는 것은 '女性的示威(여성의 시위)'이므로 정답은 D이다.

73 ★★☆	
根据上文，下面哪项是错误的？	위 글에 근거하여 다음 중 잘못된 것은?
A 大多数男性关注自己的健康	A 대다수 남성은 자신의 건강에 관심을 가진다
B 男性比女性寿命短	B 남성은 여성보다 수명이 짧다
C 很多男性处于亚健康状态	C 매우 많은 남성은 병은 없지만 건강하지 못한 상태에 처한다
D 很多男性不锻炼身体	D 매우 많은 남성은 운동을 안 한다

단어 关注 guānzhù 동 관심을 가지다

해설 첫 번째 단락에서 '大多数男人不愿谈论自己的健康问题，而且经常拖着不去看病(대다수 남자는 자신의 건강 문제를 거론하기 꺼려하며, 게다가 병원에 가서 진료하는 것을 항상 미룬다)'이라고 한다. 이로 보아 대다수 남성은 자신의 건강에 관심을 가지거나 주의하지 않는 것이므로 A는 지문의 내용과 다르다. 따라서 정답은 A이다.

74 ★★☆	
关于男性的健康问题，下面哪项是正确的？	남성의 건강 문제에 관하여 다음 중 옳은 것은?
A 男性的健康问题关系不大	A 남성의 건강 문제는 관계가 크지 않다
B 男性并不怎么注意自己的健康问题	B 남성은 자신의 건강 문제에 별로 주의하지 않는다
C 很多机构对男性的关注较多	C 매우 많은 기관에서 남성에 대한 관심이 많은 편이다
D 男性的健康问题应由女性负责	D 남성의 건강 문제는 여성이 책임져야 한다

단어 不怎么 bù zěnme 별로 | 机构 jīgòu 명 기구 | 由 yóu 개 ~로 인하여 | 负责 fùzé 동 책임지다

해설 지문은 남성이 자신의 건강 문제에 주의하지 않는다는 내용으로 그 원인과 해결 방법을 소개한다. 따라서 보기 중 남성의 건강 문제 관한 설명으로 알맞은 것은 '男性并不怎么注意自己的健康问题(남성은 자신의 건강 문제에 별로 주의하지 않는다)'이므로 정답은 B이다.

A. 남성의 건강을 해치는 요소는 여러 가지가 있으므로, 관계가 크다는 것을 알 수 있다.

75 – 78

小王去一家大公司面试，和他一起去的还有其他三个人：小李、小周、小陈。当他们到了面试公司一楼大厅时，看见门口有一个通知："[77]请×××公司面试人员走到20楼进行面试"。

他们四个一起向电梯口走去，却见电梯口写着："请面试人员走左边楼梯到20楼面试，谢谢！"小李说："真是的，面试还要这么为难我们，反正没人知道我们是来面试的，我们就坐电梯，他们也不知道！[76]走楼梯到20楼人都会累死，哪还有精神面试。"小周和小陈都赞同。但小王却有些犹豫，后来还是决定走楼梯。[77]小李他们三个都走进了电梯，小王走向楼梯。

[78]小王一边上楼一边想，20楼还真难爬上去呀，但当他走到二楼时，上面牌子上写着："×××公司面试人员请进！"小王很顺利地应聘成功。而坐电梯到20楼的小李、小周和小陈从电梯一出来，就被告之他们都没有通过面试！原来，[75]当初设置指示牌的是人事部经理，他是在考验应聘人员的诚实度。

샤오왕(小王)이 대기업에 면접을 보러 갔는데, 그와 함께 간 다른 세 명의 사람이 더 있었다. 샤오리(小李), 샤오저우(小周), 샤오천(小陈)이다. 그들이 면접 볼 회사 1층 로비에 도착했을 때, 입구에 한 통지가 있는 것을 보았다. "[77]XXX회사 면접자는 20층까지 걸어와서 면접을 보세요"

그들 네 명은 함께 엘리베이터 입구로 걸어갔지만, 엘리베이터 입구에는 "면접자는 왼쪽 계단으로 20층까지 걸어와서 면접을 보세요. 감사합니다!"라고 쓰여져 있었다. 샤오리가 말했다. "정말. 면접이 이렇게나 우리를 힘들게 하네. 어차피 우리가 면접 보러 온 줄 아는 사람은 없으니까, 우리 엘리베이터를 탑시다. 그들도 몰라요! [76]계단으로 걸어서 20층까지 가면 힘들어 죽을 텐데, 면접 볼 기력이 어디 있겠어요." 샤오저우와 샤오천도 찬성했다. 하지만 샤오왕은 오히려 조금 망설이다가, 나중에는 계단으로 걸어가는 것이 좋겠다고 결정했다. [77]샤오리를 포함한 그들 세 명은 모두 엘리베이터로 걸어 들어갔고, 샤오왕은 계단을 향해 걸어갔다.

[78]샤오왕은 위층으로 올라가면서 20층까지 걸어 올라가는 게 정말 어려울 거라고 생각했다. 하지만 그가 2층에 도착했을 때, 앞의 팻말에 "XXX회사 면접자는 들어오세요"라고 쓰여져 있었다. 샤오왕은 매우 순조롭게 취업에 성공했다. 하지만 엘리베이터를 타고 20층에 도착한 샤오리, 샤오저우, 샤오천은 엘리베이터에서 내리자마자 모두 면접에 통과하지 못했다는 통보를 받았다. 알고 보니 [75]애초에 표지판을 설치한 사람은 인사부 책임자로, 그는 지원자의 성실도를 시험한 것이다.

단어 面试 miànshì 동 면접시험 보다 | 当 dāng 개 [바로 그 시간이나 그 장소를 가리킴] | 大厅 dàtīng 명 로비 | 通知 tōngzhī 명 통지 | 人员 rényuán 명 인원 | 进行 jìnxíng 동 진행하다 | 电梯 diàntī 명 엘리베이터 | 楼梯 lóutī 명 계단 | 为难 wéinán 동 힘들게 하다 | 反正 fǎnzhèng 부 어차피 | 精神 jīngshen 명 기력 | 赞同 zàntóng 동 찬성하다 | 却 què 부 오히려 | 犹豫 yóuyù 형 망설이다 | 牌子 páizi 명 팻말 | 顺利 shùnlì 형 순조롭다 | 应聘 yìngpìn 동 지원하다 | 成功 chénggōng 동 성공하다 | 而 ér 접 하지만 | 通过 tōngguò 동 통과되다 | 原来 yuánlái 부 알고 보니 | 当初 dāngchū 명 애초 | 设置 shèzhì 동 설치하다 | 指示牌 zhǐshìpái 명 표지판 | 人事部 rénshìbù 명 인사부 | 考验 kǎoyàn 동 시험하다

75 ★★☆

关于通知，正确的是：

A 通知是假的

B 通知是个考验

C 只有小王看见

D 通知是个玩笑

통지에 관하여 옳은 것은:

A 통지는 거짓이다

B 통지는 하나의 시험이다

C 샤오왕만 봤다

D 통지는 하나의 농담이다

단어 假 jiǎ 형 거짓의 | 玩笑 wánxiào 명 농담

해설 마지막 단락의 내용을 보면, 샤오왕이 통지에 적힌대로 20층까지 가고자 계단을 오르지만, 겨우 2층에서 면접자는 들어오라는 팻말을 보게 된다. 그리고 마지막 단락의 마지막 문장에서 '**当初设置指示牌的是人事部经理，他是在考验应聘人员的诚实度**(애초에 표지판을 설치한 사람은 인사부 책임자로, 그는 지원자의 성실도를 시험한 것이다)'라고 하므로, 회사 입구에 있던 통지는 지원자의 성실도를 시험한 것임을 알 수 있다. 따라서 정답은 B이다.

76 ★★★	
三个人为什么乘电梯?	세 사람은 왜 엘리베이터를 탔는가?
A 不相信通知内容	A 통지 내용을 믿지 않는다
B 偷懒怕累	B 게으르고 피곤할 것을 염려한다
C 他们放弃了面试	C 그들은 면접을 포기했다
D 他们身体不太好	D 그들은 몸이 그다지 좋지 않다

단어 **乘** chéng 동 타다 | **内容** nèiróng 명 내용 | **偷懒** tōulǎn 동 게으름을 피우다 | **放弃** fàngqì 동 포기하다

해설 두 번째 단락에서 샤오리는 통지를 보고 엘리베이터를 타고 가자고 하면서 '**走楼梯到20楼人都会累死**(계단으로 걸어서 20층까지 가면 힘들어 죽을 것이다)'라고 한다. 샤오왕을 제외하고 이에 찬성한 나머지 두 사람과 샤오리는 모두 엘리베이터를 탔으므로, 세 사람은 '**偷懒怕累**(게으르고 피곤할 것을 염려한다)'라는 사실을 알 수 있다. 따라서 정답은 B이다.

77 ★★☆	
坐电梯为什么不能面试?	엘리베이터를 타면 왜 면접을 볼 수 없는가?
A 20楼没有面试官	A 20층에는 면접관이 없다
B 坐电梯不符合礼仪	B 엘리베이터를 타는 것은 예의에 맞지 않다
C 坐电梯不符合要求	C 엘리베이터를 타는 것은 요구에 맞지 않다
D 他们忘记了在二楼面试	D 그들은 2층에서 면접을 본다는 것을 잊어버렸다

단어 **面试官** miànshìguān 명 면접관 | **符合** fúhé 동 맞다 | **礼仪** lǐyí 명 예의

해설 통지를 통해 지원자들에게 20층까지 올라오라고 한 것은 인사부 책임자의 성실도 시험이었는데, 샤오리, 샤오저우, 샤오천은 몸이 피곤할 것이 싫어서 통지대로 하지 않고 엘리베이터를 탔다. 이는 회사가 원하는 요구에 맞지 않는 것이었으며, 실제 면접은 2층에서 이루어졌다. 따라서 정답은 C이다.

A. 엘리베이터를 타고 20층에 간 지원자들은 면접에 통과하지 못했지만, 거기에 면접관이 없었다는 내용은 지문에서 언급되지 않았다.

78 ★★☆			
小王是个怎样的人?		샤오왕은 어떤 사람인가?	
A 诚实	B 急躁	A 성실하다	B 조급하다
C 聪明	D 专心	C 똑똑하다	D 전념하다

단어 **诚实** chéngshí 형 성실하다 | **急躁** jízào 형 조급하다 | **聪明** cōngming 형 똑똑하다 | **专心** zhuānxīn 형 전념하다

해설 마지막 단락의 첫 번째 문장에서 '**小王一边上楼一边想，20楼还真难爬上去呀**(샤오왕은 위층으로 올라가면서 20층까지 걸어 올라가는 게 정말 어려울 거라고 생각했다)'라고 한다. 그러나 샤오왕이 포기하지 않고 계단으로 올라가고자 결정한 것을 보면, 성실한 사람임을 짐작할 수 있다. 따라서 정답은 A이다.

79 – 82

王教授研究了一辈子的化学，以培养高质量人才而闻名学界。

这一天，研究生到他的工作室面试。"欢迎各位，感谢你们选择了我，这是我的荣幸。"王教授先发表了讲话，"我要先考考大家。"考试？[79]几个年轻人都考到博士了，怕别的也不能怕考试，个个都准备给导师留下好印象。

王教授随手拉开一个抽屉，[80]拿了个打火机，抽出一根烟点着。"问题是这样的，"王教授拿着打火机，"在不打开抽屉的前提下，怎么样才能把这个打火机放进抽屉里？"学生都呆住了。王教授喝起茶水，半个小时后，没人发言，又过去了20多分钟，学生们放弃了，请求王教授给出答案，因为他们认为这极有可能与王教授的新课题有关。

看了看大家，王教授有点儿失望。"答案很简单，那就是——这是不可能的。没有想到吗？以为我在利用宝贵的时间和你们开玩笑吗？"王教授严肃地说，"不错，[81]你们是已经掌握了很多知识，也能解决一些高难度的问题，但是，你们忘记了一种能力，一种敢于否定的能力。而这种能力，是一个科研人员不可缺少的基本素质。"说完，他离开了工作室。工作室内一片安静。

[82]对待生活、工作、学习中的问题，不要被自己的学识限制了思维，其实越简单的问题越易被困惑。

왕(王) 교수는 한평생 화학을 연구하였고, 우수한 인재를 양성하는 것으로 학계에 이름을 알렸다.

어느 날, 연구생이 그의 사무실에 와서 면접을 봤다. "환영합니다, 여러분. 여러분이 나를 선택해 주어서 매우 감사하며, 이는 제 영광입니다." 왕 교수는 우선 연설을 했다. "저는 우선 여러분을 시험해 보려고 합니다." 시험? [79]몇 명의 젊은이는 모두 박사 시험까지 봐서, 다른 것은 무서워도 시험은 무섭지 않았다. 모두 지도 교수에게 좋은 인상을 남길 준비가 되어 있었다.

왕 교수는 한 서랍을 열어 [80]라이터를 꺼내고 담배 한 개비를 꺼내 불을 붙였다. "문제는 이런 것입니다." 왕 교수는 라이터를 들고 "서랍을 열지 않는다는 전제하에서, 어떻게 이 라이터를 서랍 안에 넣을 수 있을까요?" 학생들은 모두 멍해졌다. 왕 교수는 차를 마시기 시작했다. 30분이 지나도 아무도 말을 하지 않았고, 다시 20분이 지나 학생들은 포기하고 왕 교수에게 답을 알려 달라고 했다. 그들은 이 문제가 왕 교수의 새로운 과제와 관련이 있을 거라고 생각했기 때문이다.

모두를 보고 왕 교수는 조금 실망했다. "답은 굉장히 간단합니다. 그것은 바로 이게 불가능하다는 거죠. 생각하지 못했나요? 제가 귀중한 시간을 이용해서 여러분과 농담을 한다고 생각하셨나요?" 왕 교수는 엄숙하게 "맞아요. [81]여러분은 이미 많은 지식이 있고 어려운 문제들도 풀 수 있죠. 하지만 여러분은 하나의 능력을 잊고 있습니다. 용감하게 부정하는 능력이죠. 그리고 이런 능력은 과학 연구자에게 없어서는 안 되는 기본 자질입니다."라고 말했다. 말을 끝낸 후, 그는 사무실을 떠났다. 사무실 안은 정적이 흘렀다.

[82]생활, 일, 학업 문제에 대처할 때, 자신의 학식에 의해 사고를 제한해서는 안 된다. 사실 간단한 문제일수록 더욱 쉽게 당혹스러울 수 있다.

단어 **教授** jiàoshòu 명 교수 | **研究** yánjiū 명 연구하다 | **一辈子** yíbèizi 명 한평생 | **化学** huàxué 명 화학 | **以** yǐ 개 ~로써 | **培养** péiyǎng 동 양성하다 | **质量** zhìliàng 명 질 | **人才** réncái 명 인재 | **而** ér 접 [목적 또는 원인 등을 나타내는 성분을 연결시킴] | **闻名** wénmíng 형 유명하다 | **学界** xuéjiè 명 학계 | **研究生** yánjiūshēng 명 연구생 | **工作室** gōngzuòshì 명 작업실 | **面试** miànshì 동 면접시험 보다 | **各位** gèwèi 여러분 | **感谢** gǎnxiè 동 감사하다 | **荣幸** róngxìng 형 매우 영광스럽다 | **发表** fābiǎo 동 발표하다 | **讲话** jiǎnghuà 명 연설 | **年轻人** niánqīngrén 명 젊은이 | **博士** bóshì 명 박사 | **导师** dǎoshī 명 지도 교수 | **留** liú 동 남기다 | **印象** yìnxiàng 명 인상 | **随手** suíshǒu 동 ~하는 김에 ~하다 | **拉** lā 동 당기다 | **抽屉** chōuti 명 서랍 | **打火机** dǎhuǒjī 명 라이터 | **根** gēn 양 개, 가닥 [가늘고 긴 것을 세는 단위] | **烟** yān 명 담배 | **点着** diǎnzháo 불을 붙이다 | **前提** qiántí 명 전제 | **呆** dāi 형 멍하다 | **发言** fāyán 동 발언하다 | **放弃** fàngqì 동 포기하다 | **请求** qǐngqiú 동 요청하다 | **答案** dá'àn 명 답 | **与** yǔ 개 ~와 | **课题** kètí 명 과제 | **失望** shīwàng 동 실망하다 | **以为** yǐwéi 동 생각하다 | **利用** lìyòng 동 이용하다 | **宝贵** bǎoguì 형 귀중한 | **开玩笑** kāi wánxiào 농담하다 | **严肃** yánsù 형 엄숙하다 | **掌握** zhǎngwò 동 숙달하다 | **知识** zhīshi 명 지식 | **难度** nándù 명 난이도 | **能力** nénglì 명 능력 | **而** ér 접 그리고 | **敢于** gǎnyú 형 용감하게도 ~하다 | **否定** fǒudìng 동 부정하다 | **科研人员** kēyán rényuán 명 과학

연구원 | **不可缺少** bùkě quēshǎo 성 없어서는 안 된다, 필수불가결하다 | **基本** jīběn 형 기본의 | **素质** sùzhì 명 자질 | **一片** yípiàn 명 전체 | **对待** duìdài 동 대처하다 | **生活** shēnghuó 명 생활 | **学识** xuéshí 명 학식 | **限制** xiànzhì 동 제한하다 | **思维** sīwéi 명 사유 | **易** yì 형 쉽다 | **困惑** kùnhuò 형 당혹하다

79 ★★☆

最初，研究生认为考试：	처음 연구생이 시험에 대해 생각하기를:
A 难度很大	A 난이도가 매우 높다
B 和王教授的研究有关	B 왕 교수의 연구와 관련이 있다
C 没什么好怕的	C 무서울 것이 없다
D 一定有好成绩	D 반드시 좋은 성적을 받을 것이다

단어 **最初** zuìchū 명 처음

해설 두 번째 단락에서 '几个年轻人都考到博士了，怕别的也不能怕考试(몇 명의 젊은이는 모두 박사 시험까지 봐서, 다른 것은 무서워도 시험은 무섭지 않았다)'라고 하는 것으로 미루어 보아, 시험이 무섭지 않았음을 알 수 있다. 따라서 정답은 C이다.

80 ★★☆

王教授抽烟最可能是因为：	왕 교수가 담배를 핀 가장 큰 원인은:
A 他用抽烟的时间等人	A 그는 담배 피우는 시간을 이용하여 사람을 기다린다
B 他想展示考试的内容	B 그는 시험 내용을 보여 주고 싶다
C 他平时抽烟就很多	C 그는 평소에 담배를 많이 피운다
D 他抽烟让自己清醒	D 그는 담배를 피워 스스로 정신을 차리게 한다

단어 **展示** zhǎnshì 동 드러내다 | **内容** nèiróng 명 내용 | **平时** píngshí 명 평소 | **清醒** qīngxǐng 동 정신이 들다

해설 질문의 핵심 단어인 '抽烟(담배를 피우다)'이 사용된 단락을 지문에서 찾는다. 세 번째 단락에서 왕 교수는 '拿了个打火机，抽出一根烟点着。"问题是这样的，"(라이터를 꺼내고 담배 한 개비를 꺼내 불을 붙였다. "문제는 이런 것이다.")'라고 한다. 이로 미루어 보아, 교수는 학생들에게 시험 문제를 보여 주기 위하여 담배를 피웠음을 알 수 있다. 따라서 정답은 B이다.

81 ★★☆

王教授的问题是考查：	왕 교수의 문제가 시험하는 것은:
A 研究生的否定能力	A 연구생의 부정하는 능력
B 研究生的专业知识	B 연구생의 전공 지식
C 研究生的忍耐能力	C 연구생의 인내하는 능력
D 研究生的聪明程度	D 연구생의 똑똑한 정도

단어 **考查** kǎochá 동 검사하다 | **专业** zhuānyè 명 전공 | **忍耐** rěnnài 동 인내하다 | **程度** chéngdù 명 정도

해설 네 번째 단락에서 교수는 학생들이 답을 맞추지 못하는 것을 보고 실망하며 설명하길, '你们是已经掌握了很多知识，也能解决一些高难度的问题，但是，你们忘记了一种能力，一种敢于否定的能力(여러분은 이미 많은 지식이 있고 어려운 문제들도 풀 수 있다. 하지만 여러분은 하나의 능력을 잊고 있다. 용감하게 부정하는 능력이다)'라고 한다. 이로 보아, 왕 교수는 학생들에게 부정하는 능력을 알려 주고자 하는 것이므로 정답은 A이다.

82 ★★☆

文章认为人们解决问题应该具备：

A 博士学位　　B 研究的能力
C 学习的能力　　D 清醒的思维

글에서 여기는 사람들이 문제를 해결하기 위해 갖추어야 할 것은:

A 박사 학위　　B 연구 능력
C 학습 능력　　D 깨우치는 사고방식

단어 **具备** jùbèi 동 갖추다 | **学位** xuéwèi 명 학위

해설 마지막 단락에서 '对待生活、工作、学习中的问题，不要被自己的学识限制了思维(생활, 일, 학업 문제에 대처할 때, 자신의 학식에 의해 사고를 제한해서는 안 된다)'라고 하는 것으로 미루어 보아, 질문에 알맞은 정답은 D이다.

83 – 86

很多人称清晨喝杯咖啡后，才能神清气爽地开始工作。但最近研究人员发现，[83, 86]咖啡中的咖啡因带来的“兴奋效应”很可能只是人们的心理作用而已。

研究中，379名志愿者被要求在16个小时之内不得服用任何咖啡因饮料，16个小时之后一组开始饮用咖啡饮料，另一组以为自己饮用的也是咖啡饮料，而实际上没有。[84]结果显示，两组志愿者的警觉兴奋程度并没有多大区别。

但是为什么人们在清晨一杯咖啡后感觉确实不太一样？研究人员称，[85]原因很可能是这杯咖啡扭转了一夜没有咖啡因供给所带来的“疲惫效应”。

此项研究中，大约一半的志愿者不喝或者饮用很少量的咖啡饮料，而另一半志愿者过去饮用此饮料较多。研究显示曾饮用较多咖啡因饮料的人在饮用了假咖啡因饮料后，警觉度下降、更多人头痛，以前很少饮用咖啡因饮料的人则没有这些现象。

在补充了咖啡因之后，出现不适症状的人群得以恢复，但灵敏度并没有比其他人高多少，所以“咖啡因只能将人体机能带回到正常状态而已”。

据研究人员称，此项发现不仅适用于爱喝咖啡者，同样适用于清晨一杯茶才能使其投入工作的人群。

많은 사람이 이른 아침에 커피를 마셔야 비로소 맑은 정신과 상쾌한 기분으로 일을 시작할 수 있다고 말한다. 하지만 최근 연구원이 [83, 86]커피의 카페인이 가져오는 '각성 효과'는 어쩌면 단지 사람들의 심리 작용일 뿐이라는 것을 발견했다.

연구에서 379명의 지원자에게 16시간 동안 어떠한 카페인 음료도 복용하지 못하게 했다. 16시간 후에 한 그룹은 커피 음료를 마시기 시작했고, 다른 한 그룹은 자기가 마신 것도 커피 음료라고 여겼지만, 그러나 사실상 아니었다. [84]그 결과, 두 그룹의 지원자 모두 각성 정도에 큰 차이가 없는 것으로 나타났다.

하지만 왜 사람들은 이른 아침에 한 잔의 커피 후 확실히 다르다고 느낄까? 연구원은 말하길 [85]원인은 아마도 이 커피가 밤 동안 카페인이 공급되지 않아 가져오는 '피로 효과'를 바꿔 주기 때문이라고 한다.

이 연구에서 대략 절반의 지원자는 안 마시거나 매우 소량의 커피 음료를 마셨고, 다른 절반의 지원자는 과거 이 음료를 비교적 많이 마셨다. 연구가 보여 주길, 일찍이 카페인 음료를 비교적 많이 마신 사람은 가짜 카페인 음료를 마신 후 각성 정도가 떨어지고, 더욱 많은 사람이 두통을 느꼈다. 이전에 카페인 음료를 매우 적게 마신 사람은 오히려 이러한 현상이 없었다.

카페인을 보충한 후, 불편한 증상을 보인 사람들은 회복할 수 있었지만 예민한 정도는 다른 사람보다 약간 높았다. 그래서 '카페인은 인체기능을 정상 상태로 되돌려 줄 수 있을 뿐이다.'

연구원의 말에 따르면, 이 발견은 커피를 즐겨 마시는 사람들뿐만 아니라, 마찬가지로 이른 아침에 한 잔의 차로 비로소 일을 할 수 있는 사람들에게도 적용된다고 한다.

단어 称 chēng 동 말하다 | 清晨 qīngchén 명 이른 아침 | 神清气爽 shénqīng qìshuǎng 성 정신이 맑고 기분이 상쾌하다 | 研究 yánjiū 명 연구 | 人员 rényuán 명 인원 | 咖啡因 kāfēiyīn 명 카페인 | 兴奋效应 Xīngfèn xiàoyìng 명 각성 효과 | 心理 xīnlǐ 명 심리 | 作用 zuòyòng 명 작용 | 而已 éryǐ 조 ~뿐이다 | 志愿者 zhìyuànzhě 명 지원자 | 不得 bùdé 조동 ~해서는 안 된다 | 服用 fúyòng 동 복용하다 | 任何 rènhé 대 어떠한 | 组 zǔ 명 조, 그룹 | 以为 yǐwéi 동 여기다 | 而 ér 접 그러나 | 实际 shíjì 명 사실 | 结果 jiéguǒ 명 결과 | 显示 xiǎnshì 동 내보이다 | 警觉 jǐngjué 동 각성하다 | 兴奋 xīngfèn 형 흥분하다 | 程度 chéngdù 명 정도 | 区别 qūbié 명 차이 | 确实 quèshí 부 확실히 | 原因 yuányīn 명 원인 | 扭转 niǔzhuǎn 동 바꾸다 | 供给 gōngjǐ 동 공급하다 | 疲惫 píbèi 형 대단히 피곤하다 | 效应 xiàoyìng 명 효과 | 项 xiàng 양 항목 | 大约 dàyuē 부 대략 | 而 ér 접 그리고 | 另 lìng 대 다른 | 下降 xiàjiàng 동 떨어지다 | 头痛 tóutòng 명 두통 | 则 zé 접 오히려 | 现象 xiànxiàng 명 현상 | 补充 bǔchōng 동 보충하다 | 不适 búshì 형 불편하다 | 症状 zhèngzhuàng 명 증상 | 人群 rénqún 명 무리 | 得以 déyǐ 동 ~할 수 있다 | 恢复 huīfù 동 회복하다 | 灵敏 língmǐn 형 예민하다 | 人体 réntǐ 명 인체 | 机能 jīnéng 명 기능 | 正常 zhèngcháng 형 정상적인 | 状态 zhuàngtài 명 상태 | 据 jù 개 ~에 따르면 | 不仅 bùjǐn 접 ~뿐만 아니라 | 适用 shìyòng 동 적용하다 | 同样 tóngyàng 형 마찬가지이다 | 使 shǐ 동 ~하게 하다 | 投入 tóurù 동 들어가다

83 ★★☆

研究认为咖啡的提神作用:	연구원은 여기기를 커피의 각성 작용은:
A 有时存在	A 가끔 존재한다
B 总是存在	B 언제나 존재한다
C 根本不存在	C 아예 존재하지 않는다
D 很可能不存在	D 아마도 존재하지 않을 것이다

단어 提神 tíshén 동 정신을 차리게 하다 | 存在 cúnzài 동 존재하다 | 总是 zǒngshì 부 언제나 | 根本 gēnběn 부 아예

해설 첫 번째 단락에서 '咖啡中的咖啡因带来的"兴奋效应"很可能只是人们的心理作用而已(커피의 카페인이 가져오는 '각성 효과'는 어쩌면 단지 사람들의 심리 작용일 뿐이다)'라고 한다. 여기서 쓰인 '只是…而已'는 '단지 ~일 뿐이다'라는 의미로, 각성 효과, 즉 흥분 효과는 심리적인 것이라고 연구원은 추측하고 있다. 따라서 정답은 D이다.

C. 지문에서 '很可能(어쩌면)'이라는 표현을 사용하여 추측의 어감으로 말하므로, 아예 존재하지 않는다는 것은 정답으로 적절하지 않다.

84 ★★☆

喝了咖啡的志愿者:	커피를 마신 지원자는:
A 精神不好	A 정신이 좋지 않다
B 常常想睡	B 자주 졸린다
C 兴奋程度高	C 흥분 정도가 높다
D 兴奋程度正常	D 흥분 정도가 정상이다

단어 精神 jīngshén 명 정신

해설 두 번째 단락은 커피 음료를 마신 그룹과 커피 음료라고 생각하고 다른 음료를 마신 그룹을 실험한 내용이다. 그리고 '结果显示，两组志愿者的警觉兴奋程度并没有多大区别(그 결과, 두 그룹의 지원자 모두 각성 정도에 큰 차이가 없는 것으로 나타났다)'라고 하는 것으로 보아, 커피 음료를 마시는 것에 관계없이 흥분 정도는 정상임을 알 수 있다. 그러므로 정답은 D이다.

85 ★★★	
符合"疲惫效应"的道理的是:	'피로 효과'에 부합하는 법칙은:
A 喝咖啡使人疲惫	A 커피를 마시면 사람을 피곤하게 한다
B 不喝咖啡容易疲惫	B 커피를 마시지 않으면 쉽게 피곤해진다
C 常喝咖啡就不会疲惫	C 자주 커피를 마시면 피곤해지지 않을 것이다
D 疲惫了才能喝咖啡	D 피곤해져야 비로소 커피를 마실 수 있다

단어 **道理** dàolǐ 명 법칙

해설 질문의 핵심 단어인 '疲惫效应(피로효과)'이 포함된 지문 속 문장에서 정답을 유추할 수 있다. 세 번째 단락에서 사람들이 이른 아침에 커피를 마시고 나서 왜 다르다고 느끼는지 의문을 제기하고, 그 대답으로 '**原因很可能是这杯咖啡扭转了一夜没有咖啡因供给所带来的"疲惫效应"**(원인은 아마도 이 커피가 밤 동안 카페인이 공급되지 않아 가져오는 '피로 효과'를 바꿔 주기 때문이다)'이라고 한다. 이것으로 보아, 밤에 잠을 자는 동안 카페인이 없어서 나타나는 피로감을 아침에 마시는 커피의 카페인이 바꿔 준다는 것을 알 수 있다. 즉, 수시로 카페인을 공급하면 피곤해지지 않는다는 의미이므로 정답은 C이다

86 ★★☆	
最新研究想说明什么?	최신 연구는 무엇을 설명하고자 하는가?
A 咖啡要少喝	A 커피는 적게 마셔야 한다
B 咖啡提神不真实	B 커피의 각성 작용은 진실이 아니다
C 咖啡因效应与心理作用有关	C 카페인 효과는 심리 작용과 관련이 있다
D 咖啡没有茶好处多	D 커피는 차보다 장점이 많지 않다

단어 **说明** shuōmíng 동 설명하다 | **真实** zhēnshí 형 진실하다 | **好处** hǎochù 명 장점

해설 첫 번째 단락에서 쉽게 정답을 찾을 수 있다. 최근 연구원은 '**咖啡中的咖啡因带来的"兴奋效应"很可能只是人们的心理作用而已**(커피의 카페인이 가져오는 '각성 효과'는 어쩌면 단지 사람들의 심리 작용일 뿐이다)'라고 하고, 이어서 연구를 통해 그 사실을 입증하는 근거를 제시하고 있다. 따라서 최신 연구는 '**咖啡因效应与心理作用有关**(카페인 효과는 심리 작용과 관련이 있다)'이라는 내용을 설명하고 있으므로 정답은 C이다.

87 – 90

坐在驾驶室里全神贯注地看着前方，不时看一下后视镜，[87]从后视镜里可以看到我们走过的路。坐在人生的驾驶室里，全神贯注望着未来。不时回过头来看一下过去，[87]从过去中可以看到我们走过的人生。 [89]后视镜是重要的，没了它的驾驶过程让人心慌。过去也是重要的，没有了它的人生让人空洞。 但是，[89]如果只看着后视镜，不看前方，更让人心慌，来自前方的冲撞比后面的冲撞要猛烈得多；如果只看过去，不看未来，更让人空洞，未来的障碍比过去的障碍更真实，更值得提防。只看着后视镜驾驶，一定会出车祸；只看着过去的	운전석에 앉으면 온정신을 집중하여 전방을 보고 종종 뒷거울을 보면, [87]뒷거울 속에서 우리가 걸어온 길을 볼 수 있다. 인생의 운전석에 앉으면 온정신을 집중하여 미래를 바라본다. 가끔 과거를 좀 뒤돌아 보면 [87]과거에서 우리가 걸어온 인생을 볼 수 있다. [89]뒷거울은 매우 중요하다. 그것이 없는 운전은 사람을 당황스럽게 한다. 과거도 매우 중요하다. 그것이 없는 인생은 사람을 공허하게 한다. 하지만 [89]만약 뒷거울만 보고 전방을 보지 않는다면 더 사람을 당황스럽게 한다. 전방으로부터 오는 충돌이 후방으로부터 오는 충돌보다 더 거세다. 만약 과거만 보고 미래를 보지 않는다면, 더 사람을 공허하게 한다. 미래의 장애물이 과거의 장애물보다 더 사실적이고 경계해야 한

生活，一定会把人逼疯。 回忆是后视镜里的公路，真真实实，却在一步一步离我远去。[90]前面的路很长，人生还有希望。[88]回忆还是偶尔看看，能使我们从中吸取一些必要的经验，可是毕竟[90]我们不能活在回忆中，正如我们不能只看着后视镜驾驶一样。	다. 뒷거울만 보고 운전한다면 반드시 차 사고가 날 것이다. 과거만 보는 생활은 반드시 사람을 실성하게 할 것이다. 추억은 뒷거울 속의 도로이다. 실제이지만 우리와 한 발 한 발 멀어져 간다. [90]앞쪽의 길은 매우 길어서 인생에는 아직 희망이 있다. [88]추억은 가끔씩 돌아보고 우리는 그 가운데서 필요한 경험들을 흡수할 수 있다. 그러나 결국 [90]우리가 추억 속에서 살아갈 수 없는 것은, 우리가 뒷거울만 보고 운전할 수 없는 것과 꼭 같다.

단어 驾驶室 jiàshǐshì 명 운전석 | 全神贯注 quánshén guànzhù 성 온정신을 집중시키다 | 前方 qiánfāng 명 전방 | 不时 bùshí 부 종종 | 后视镜 hòushìjìng 명 뒷거울 | 人生 rénshēng 명 인생 | 望 wàng 동 바라보다 | 未来 wèilái 명 미래 | 回头 huítóu 동 뒤돌아보다 | 过程 guòchéng 명 과정 | 心慌 xīnhuāng 형 당황하다 | 空洞 kōngdòng 형 공허하다 | 来自 láizì 동 ~부터 오다 | 冲撞 chōngzhuàng 동 충돌하다 | 猛烈 měngliè 형 거세다 | 障碍 zhàng'ài 명 장애물 | 真实 zhēnshí 형 진실하다 | 值得 zhídé 동 ~할 만하다 | 提防 dīfang 동 경계하다 | 驾驶 jiàshǐ 동 운전하다 | 车祸 chēhuò 명 차 사고 | 生活 shēnghuó 명 생활 | 逼疯 bīfēng 동 실성하게 하다 | 回忆 huíyì 명 추억 | 公路 gōnglù 명 도로 | 却 què 부 오히려 | 偶尔 ǒu'ěr 부 가끔 | 使 shǐ 동 ~하게 하다 | 从中 cóngzhōng 부 그 가운데서 | 吸取 xīqǔ 동 흡수하다 | 必要 bìyào 형 필요로 하다 | 经验 jīngyàn 명 경험 | 可是 kěshì 접 그러나 | 毕竟 bìjìng 부 결국 | 正如 zhèngrú ~과 꼭 같다

87 ★★☆	
文章用后视镜里的风景比喻什么?	글에서 뒷거울 속의 풍경을 무엇에 비유하는가?
A 我们过去的生活	A 우리의 과거 생활
B 我们欣赏的景色	B 우리가 감상하는 풍경
C 接下去的人生	C 앞으로의 인생
D 我们遇见的人	D 우리가 우연히 만난 사람

단어 风景 fēngjǐng 명 풍경 | 比喻 bǐyù 동 비유하다 | 欣赏 xīnshǎng 동 감상하다 | 景色 jǐngsè 명 풍경 | 遇见 yùjiàn 동 우연히 만나다

해설 첫 번째 단락에서 '从后视镜里可以看到我们走过的路(뒷거울 속에서 우리가 걸어온 길을 볼 수 있다)'라고 하고, 마지막 문장에서 '从过去中可以看到我们走过的人生(과거에서 우리가 걸어온 인생을 볼 수 있다)'이라고 한다. 따라서 뒷거울 속의 풍경은 우리가 걸어온 길, 즉 '我们过去的生活(우리의 과거 생활)'를 가리키는 것이므로 정답은 A이다.

88 ★★☆	
人生的后视镜有什么作用?	인생의 뒷거울은 무슨 작용을 하는가?
A 分辨好人和坏人	A 좋은 사람과 나쁜 사람을 구분한다
B 躲开人生的阻碍	B 인생의 장애물을 피한다
C 没有什么大作用	C 아무 큰 작용이 없다
D 吸取必要的经验	D 필요한 경험을 흡수한다

단어 作用 zuòyòng 명 작용 | 分辨 fēnbiàn 동 구분하다 | 躲 duǒ 동 피하다 | 阻碍 zǔ'ài 명 장애물

해설 마지막 단락에서 '回忆还是偶尔看看，能使我们从中吸取一些必要的经验(추억은 가끔씩 돌아보고 우리는 그 가운데서 필요한 경험들을 흡수할 수 있다)'이라고 한다. 뒷거울에서 우리는 과거, 즉 추억을 볼 수 있으므로 인생의 뒷거울에서 '吸取必要的经验(필요한 경험을 흡수한다)'이라는 것을 알 수 있다. 따라서 정답은 D이다.

89 ★★☆	
文章认为开车时应该怎样？	글에서 운전할 때는 어떻게 해야 한다고 여기는가?
A 时刻注视后面	A 항상 후방을 주시한다
B 只看前面就可以了	B 앞쪽만 봐도 된다
C 躲过困难就可以了	C 어려움을 피하면 된다
D 前后都要看看	D 전후 모두 봐야 한다

단어 时刻 shíkè 부 항상 | 注视 zhùshì 동 주시하다 | 躲 duǒ 동 피하다 | 困难 kùnnan 명 어려움

해설 두 번째 단락에서 '后视镜是重要的，没了它的驾驶过程让人心慌(뒷거울은 매우 중요하다. 그것이 없는 운전은 사람을 당황스럽게 한다)'이라고 하고, 이어서 세 번째 단락에서 '如果只看着后视镜，不看前方，更让人心慌(만약 뒷거울만 보고 전방을 보지 않는다면 더 사람을 당황스럽게 한다)'이라고 한다. 이로 미루어 보아, 운전할 때는 '前后都要看看(전후 모두 봐야 한다)'이라는 내용이 질문에 대한 답으로 가장 적절하므로 정답은 D이다.

90 ★★☆			
文章认为，最重要的是什么？		글에서 가장 중요하다고 여기는 것은 무엇인가?	
A 过去的经验	B 经过的阻碍	A 과거의 경험	B 지나온 장애물
C 前方的道路	D 美好的回忆	C 전방의 도로	D 아름다운 추억

단어 经过 jīngguò 동 지나다 | 道路 dàolù 명 도로 | 美好 měihǎo 형 아름답다

해설 마지막 단락에서 '前面的路很长，人生还有希望(앞쪽의 길은 매우 길어서 인생에는 아직 희망이 있다)'이라고 하고, 마지막 문장에서 '我们不能活在回忆中，正如我们不能只看着后视镜驾驶一样(우리가 추억 속에서 살아갈 수 없는 것은, 우리가 뒷거울만 보고 운전할 수 없는 것과 꼭 같다)'이라고 하는 것으로 보아, 과거보다는 인생에서 중요한 것은 '前方的道路(전방의 도로)'라는 것을 알 수 있다. 따라서 정답은 C이다.

실전 테스트

》 전략서 152p

정답

제1부분	46 C	47 B	48 B	49 A	50 B
	51 C	52 C	53 B	54 C	55 D
	56 A	57 B	58 C	59 A	60 D
제2부분	61 B	62 C	63 D	64 C	65 D
	66 C	67 B	68 A	69 C	70 C
제3부분	71 B	72 D	73 C	74 B	75 D
	76 A	77 A	78 C	79 B	80 C
	81 A	82 A	83 A	84 A	85 A
	86 B	87 D	88 D	89 D	90 C

독해 阅读 제1부분

46 – 48

有很多减肥的人都选择不吃晚饭，难道吃晚饭真的会发胖吗？这[46]恐怕是广大减肥者对饮食最大的误解了。晚饭可以提供夜间休息时所需的[47]能量，晚上不进食，对睡眠质量会产生影响。如果没有高质量的睡眠，怎么可能健康？[48]想拥有好的身材，重要的是注意一天的饮食总量所含的脂肪和热量，不能忽视体育活动的重要性。

다이어트를 하는 많은 사람은 모두 저녁 식사를 하지 않는 것을 선택한다. 설마 저녁 식사를 한다고 해서 정말 살이 찌겠는가? 이는 [46]아마 대다수 다이어트를 하는 사람의 음식에 대한 가장 큰 오해일 것이다. 저녁 식사는 밤사이 휴식을 취할 때 필요한 [47]에너지를 제공할 수 있다. 저녁에 식사를 하지 않으면 수면의 질에 영향을 미칠 것이다. 만약 질 좋은 수면을 취하지 못한다면, 어떻게 건강할 수 있겠는가? [48]좋은 몸매를 가지고 싶다면, 중요한 것은 하루에 섭취하는 모든 음식에 함유된 지방과 열량에 주의하고, 체육 활동의 중요성을 소홀히 해서는 안 된다.

단어 减肥 jiǎnféi 동 살을 빼다 | 难道 nándào 부 설마 ~란 말인가? | 发胖 fāpàng 동 살찌다 | 广大 guǎngdà 형 많다 | 饮食 yǐnshí 명 음식 | 误解 wùjiě 동 오해하다 | 提供 tígōng 동 제공하다 | 夜间 yèjiān 명 밤사이 | 所需 suǒxū 필요한 바의 | 进食 jìnshí 동 식사하다 | 睡眠 shuìmián 명 수면 | 质量 zhìliàng 명 질 | 产生 chǎnshēng 동 생기다 | 注意 zhùyì 동 주의하다 | 总量 zǒngliàng 명 총량 | 含 hán 동 함유하다 | 脂肪 zhīfáng 명 지방 | 热量 rèliàng 명 열량 | 忽视 hūshì 동 소홀히 하다 | 活动 huódòng 명 활동 | 重要性 zhòngyàoxìng 명 중요성

46 ★☆☆			
A 害怕	B 恐怖	A 두려워하다	B 무섭다
C 恐怕	D 担心	C 아마 ~일 것이다	D 걱정하다

단어 **害怕** hàipà 동 두려워하다 | **恐怖** kǒngbù 형 무섭다 | **恐怕** kǒngpà 부 아마 ~일 것이다 | **担心** dānxīn 동 걱정하다

해설 빈칸은 주어 '这(이것)'와 술어 '是(~이다)' 사이에 위치하는 부사어 자리이다. 앞 문장의 '**难道吃晚饭真的会发胖吗？**(설마 저녁 식사를 한다고 해서 정말 살이 찌겠는가?)'는 살이 찌지 않는다는 반어적 표현이다. 또한, '**这______是广大减肥者对饮食最大的误解了**(이는______대다수 다이어트를 하는 사람의 음식에 대한 가장 큰 오해일 것이다)'라고 말하는 것으로 보아, 뒤에 부정적인 의미를 가지고 나오는 부사 '**恐怕**(아마 ~일 것이다)'가 빈칸에 가장 적절하므로 정답은 C이다.

47 ★★☆			
A 能力	B 能量	A 능력	B 에너지
C 力量	D 水分	C 힘	D 수분

단어 **能力** nénglì 명 능력 | **能量** néngliàng 명 에너지 | **力量** lìliang 명 힘 | **水分** shuǐfèn 명 수분

해설 빈칸은 목적어 자리로, '**晚饭可以提供夜间休息时所需的______**(저녁 식사는 밤사이 휴식을 취할 때 필요한______를 제공할 수 있다)'라고 하는 것으로 보아, 의미상 빈칸에 가장 적절한 단어는 '**能量**(에너지)'이다. 휴식할 때 필요한 것은 힘이나 능력이 아니다. 따라서 정답은 B이다.

48 ★★☆	
A 想知道怎样健康	A 어떻게 건강한지를 알고 싶다
B 想拥有好的身材	B 좋은 몸매를 가지고 싶다
C 想明白生活的乐趣	C 생활의 즐거움을 알고 싶다
D 想变成运动健将	D 스포츠 영웅이 되고 싶다

단어 **拥有** yōngyǒu 동 가지다 | **身材** shēncái 명 몸매 | **生活** shēnghuó 명 생활 | **乐趣** lèqù 명 즐거움 | **变成** biànchéng ~이 되다 | **运动健将** yùndòng jiànjiàng 명 스포츠 영웅

해설 빈칸에 들어갈 적절한 문장을 고르는 것으로, 빈칸 앞과 뒷부분의 내용을 잘 살펴봐야 한다. 먼저 앞부분에서 '**这恐怕是广大减肥者对饮食最大的误解了**(이는 아마 대다수 다이어트를 하는 사람의 음식에 대한 가장 큰 오해일 것이다)'라고 하고, 뒷부분에서는 '**重要的是注意一天的饮食总量所含的脂肪和热量，不能忽视体育活动的重要性**(중요한 것은 하루에 섭취하는 모든 음식에 함유된 지방과 열량에 주의하고, 체육 활동의 중요성을 소홀히 해서는 안 된다)'이라고 한다. 다이어트를 하는 사람이 지방과 열량, 체육 활동에 주의하는 것은 몸매를 유지하기 위함이므로, 보기 중에서 빈칸에 적절한 것은 '**想拥有好的身材**(좋은 몸매를 가지고 싶다)'이다. 따라서 정답은 B이다.

A. 빈칸 앞 문장에서 '**没有高质量的睡眠**(질 좋은 수면을 취하지 못하다)'이라고 해서 A를 선택하면 안 된다. 글에서 말하고자 하는 바는 저녁을 먹으면 살이 찐다는 오해에 대한 것이지, 수면의 질이 건강에 영향을 미친다는 내용이 아니기 때문이다.

49 – 52

女儿刚刚上大学一年级时，有一次在给家里写的信里谈到了我的老本行——天文学。信里说："爸，您总以为从前您给我[49]解释星座时我不用心听，但前天晚上，我和一个普通朋友散步，我把北斗七星和猎户座[50]指给他看了，您一定很开心吧？"我在回信中说："的确很[51]开心。前天夜里，我和你妈妈散步时也看到北斗七星了，但是我们并没有看见猎户座，因为每年这个时候，猎户座[52]快要到凌晨一点才出现。"

딸이 이제 막 대학교 1학년이 되었을 때, 한번은 집에 쓴 편지에 내 오랜 본업인 천문학에 관해 언급했었다. 편지에서 '아버지, 당신은 이전에 저에게 별자리를 [49]설명할 때, 제가 주의를 기울여 듣지 않는다고 언제나 여기셨죠. 하지만 그저께 저녁, 저는 한 친구와 산책을 하다가 제가 북두칠성과 오리온자리를 [50]가리켜 그에게 보여 줬어요. 당신은 분명 매우 기쁘시겠죠?'라고 말했다. 나는 답장에서 '정말 [51]기쁘단다. 그저께 저녁, 나와 네 엄마가 산책을 할 때도 북두칠성을 봤지만, 우리는 오리온자리는 전혀 보지 못했단다. 왜냐하면 매년 이맘때 오리온자리는 [52]곧 새벽녘 한 시가 되어서야 나타나거든.'이라고 말했다.

단어 刚刚 gānggāng 副 막 | 本行 běnháng 명 본업 | 天文学 tiānwénxué 명 천문학 | 总 zǒng 副 언제나 | 以为 yǐwéi 동 여기다 | 从前 cóngqián 명 이전 | 星座 xīngzuò 명 별자리 | 用心 yòngxīn 동 주의를 기울이다 | 前天 qiántiān 명 그저께 | 散步 sànbù 동 산책하다 | 北斗七星 běidǒu qīxīng 명 북두칠성 | 猎户座 lièhùzuò 명 오리온자리 | 回信 huíxìn 동 답장하다 | 的确 díquè 副 확실히 | 并 bìng 副 전혀 | 凌晨 língchén 명 새벽녘 | 出现 chūxiàn 동 나타나다

49 ★☆☆

A 解释	B 了解	A 설명하다	B 이해하다
C 告诉	D 批评	C 알리다	D 꾸짖다

단어 解释 jiěshì 동 설명하다 | 了解 liǎojiě 동 이해하다 | 告诉 gàosu 동 알리다 | 批评 pīpíng 동 꾸짖다

해설 빈칸은 술어 자리로, 빈칸 앞뒤의 단어를 우리말 순서로 풀이하면 '给我(나에게) 星座(별자리)를 ~하다'라는 의미이다. 문장 전체를 살펴보면, '您总以为从前您给我______星座时我不用心听(당신은 이전에 나에게 별자리를______때, 내가 주의를 기울여 듣지 않는다고 언제나 여겼다)'이라는 내용이므로, 보기 중에서 의미상 빈칸에 가장 적절한 것은 '解释(설명하다)'이다. 따라서 정답은 A이다.

Tip

의미상으로 C의 '告诉(알리다)'가 정답이라고 생각할 수 있으나, 어법적으로 '告诉(알리다)'는 두 개의 목적어를 가지는 동사이다. 첫 번째 목적어는 '사람', 두 번째 목적어는 '알리고자 하는 정보'가 와야 하며, 문장에서 '告诉(알리다)'가 정답이 되려면 '告诉(알리다)+我(나)+星座(별자리)'의 어순이어야 한다.

50 ★☆☆

A 摸	B 指	A 어루만지다	B 가리키다
C 拍	D 说	C 치다	D 말하다

단어 摸 mō 동 어루만지다 | 指 zhǐ 동 가리키다 | 拍 pāi 동 치다 | 说 shuō 동 말하다

해설 빈칸이 포함된 문장은 '把자문'으로 빈칸은 동사 술어 자리이다. 어순은 '我(나)+把(~를)+北斗七星和猎户座(북두칠성과 오리온자리)+동사+给他看了(그에게 보여 주었다)'가 되므로, 의미상 북두칠성과 오리온자리를 그에게 보여 주려고 '指(가리키다)'라는 행위를 했음을 알 수 있다. 그러므로 정답은 B이다.

51 ★☆☆

A 郁闷	B 忧伤	A 우울하다	B 근심하고 슬퍼하다
C 开心	D 平静	C 기쁘다	D 평온하다

단어 **郁闷** yùmèn 형 우울하다 | **忧伤** yōushāng 형 근심하고 슬퍼하다 | **开心** kāixīn 형 기쁘다 | **平静** píngjìng 형 평온하다

해설 빈칸은 정도부사 '很(매우)' 뒤의 술어 자리이다. 딸이 아버지가 설명해 준 것을 친구에게 알려 줬다고 자랑하며, '您一定很开心吧?(당신은 분명 매우 기쁘시겠죠?)'라고 편지에서 말하자, 아버지는 답장에 '的确很______(정말______)'라고 한다. '的确'는 '확실히', '분명히'라는 뜻으로 정도부사 '很(매우)' 앞에서 의미를 더욱 강조하는 어기부사이며, 아버지 역시 '开心(기쁘다)'이라는 감정을 강조하는 것이므로 정답은 C이다.

52 ★★★

A 即将	B 就要	A 곧	B 머지않아
C 快要	D 才会	C 곧 ~하다	D 비로소 ~할 수 있다

단어 **即将** jíjiāng 부 곧 | **就要** jiùyào 머지않아 | **快要** kuàiyào 부 곧 ~하다 | **才会** cáihuì 비로소 ~할 수 있다

해설 빈칸은 부사 자리로, '猎户座______到凌晨一点才出现(오리온자리는______새벽녘 한 시가 되어서야 나타난다)'이라고 한다. 이 문장은 '곧 새벽 한 시가 되다'라는 의미가 되어야 한다. C의 '快要(곧 ~하다)'는 뒤에 시간 표현을 가지고 나오므로 빈칸에 적절한 것은 '快要(곧 ~하다)'이다. 따라서 정답은 C이다.

A. '即将(곧)'은 뒤에 시간 표현을 쓰지 않으며, 주로 '即将到达(곧 도달하다)', '即将到来(곧 도래하다)'와 같이 임박함을 나타낼 때 사용한다.

B. '就要(머지않아)'는 앞에 시간 표현을 쓰고, '快要(곧 ~하다)'는 앞에 시간 표현을 쓸 수 없다.

53 – 56

昨天早晨，儿子跑来求我说："爸爸，给我买一个新的玩具车吧。"我一摆手，说："买了会[53]影响学习。"儿子见我不答应，觉得被泼了冷水，抱怨说："爸爸真小气！那我自己[54]想办法。"昨晚我一下班回家，就打开电视，退后几步，一下子就重重地坐到了沙发上，只听见"咯吱"一声，吓得我马上从沙发上弹起来。我回头掀开沙发垫子一看，儿子的[55]玩具已经变成两半了。儿子一见，就着急地说："爸爸，[56]您要赔我一个新的！"一旁的老婆笑着说："你是早就盼着你爸爸这一坐了吧。"

어제 이른 아침, 아들이 뛰어와 나에게 부탁하며 말했다. "아빠, 새 장난감 자동차 하나 사 주세요." 나는 손을 내저으며 "사면 공부에 [53]영향을 줄 수 있어."라고 말했다. 아들은 내가 허락하지 않는 것을 보고는 김이 새더니 원망하며 "아빠는 정말 인색해요! 그럼 제가 스스로 [54]방법을 생각할게요."라고 말했다. 어제 저녁 퇴근 후 집에 돌아오자마자 텔레비전을 틀고 몇 걸음 뒤로 물러나 단숨에 소파 위에 털썩 앉았다. '삐걱'대는 소리를 듣고 놀란 나머지 바로 소파에서 일어났다. 나는 고개를 돌려 소파 방석을 들어 보니 아들의 [55]장난감은 이미 두 동강이 나 있었다. 아들이 이를 보자마자 다급하게 말했다. "아빠, [56]아빠는 나에게 새것으로 보상해 주어야 해요!" 옆에 있던 아내가 웃으며 "너 진작에 네 아빠가 여기 앉기를 바랐구나."라고 말했다.

단어 **早晨** zǎochen 명 이른 아침 | **求** qiú 동 부탁하다 | **玩具车** wánjùchē 명 장난감 자동차 | **摆手** bǎishǒu 동 손을 내젓다 | **答应** dāying 동 허락하다 | **泼冷水** pō lěngshuǐ 흥을 깨다 | **抱怨** bàoyuàn 동 원망하다 | **小气** xiǎoqi 형 인색하다 | **打开** dǎkāi 동 틀다 | **退后** tuìhòu 뒤로 물러서다 | **步** bù 명 걸음 | **一下子** yíxiàzi 부 단시간에 | **重重** zhòngzhòng 형 묵

직하다 | 沙发 shāfā 명 소파 | 咯吱 gēzhī 의성 삐걱 | 吓 xià 동 놀라다 | 弹 tán 동 튕기다 | 回头 huítóu 동 고개를 돌리다 | 掀 xiān 동 들어 올리다 | 垫子 diànzi 명 방석 | 变成 biànchéng ~이 되다 | 两半 liǎngbàn 명 반 | 一旁 yìpáng 명 옆 | 老婆 lǎopo 명 아내 | 盼 pàn 동 바라다

53 ★☆☆

A 帮助	B 影响	A 돕다	B 영향을 주다
C 破坏	D 消失	C 파괴하다	D 사라지다

단어 帮助 bāngzhù 동 돕다 | 影响 yǐngxiǎng 동 영향을 주다 | 破坏 pòhuài 동 파괴하다 | 消失 xiāoshī 동 사라지다

해설 빈칸은 술어 자리로, 아이가 장난감을 사달라고 하자 아빠가 '我一摆手，说(나는 손을 내저으며 말했다)'라고 하므로 아이의 부탁을 거절했다는 것을 알 수 있다. 이어서 '买了会______学习(사면 공부에______수 있다)'라고 하므로, 장남감을 사면 공부에 '影响(영향을 주다)'한다는 내용이 의미상 빈칸에 가장 적절하다. 그러므로 정답은 B이다.

54 ★☆☆

A 存钱	B 找妈妈	A 저금하다	B 엄마를 찾다
C 想办法	D 做一个	C 방법을 생각하다	D 한 가지를 하다

단어 存钱 cúnqián 저금하다

해설 아빠가 새 장난감 사 주는 것을 거절하자, 아들은 인색하다고 말하며 '那我自己______(그럼 내가 스스로______)'라고 한다. 빈칸은 술어와 목적어 자리로, 이어지는 내용은 아빠가 새로운 장난감 자동차를 사 주도록 만들기 위해 아들이 꾀를 부리는 것이므로, '想办法(방법을 생각하다)'가 문맥상 빈칸에 가장 적절하다. 따라서 정답은 C이다.

55 ★☆☆

A 书本	B 书包	A 책	B 책가방
C 电话	D 玩具	C 전화	D 장난감

단어 书本 shūběn 명 책 | 书包 shūbāo 명 책가방 | 电话 diànhuà 명 전화 | 玩具 wánjù 명 장난감

해설 빈칸은 주어 자리로, 아빠가 소파 위에 털썩 앉아서 소파 밑에 있던 '儿子的______已经变成两半了(아들의______은 이미 두 동강이 나 있었다)'라고 한다. 지문은 아들이 새로운 장난감을 원한다는 내용이므로, 아들의 물건이 될 수 있는 것은 '玩具(장난감)'이다. 그러므로 정답은 D이다.

56 ★★☆

A 您要赔我一个新的	A 당신은 나에게 새것으로 보상해 주어야 한다
B 您要给妈妈钱	B 당신은 엄마에게 돈을 주어야 한다
C 您要把它修好	C 당신은 그것을 수리해야 한다
D 您马上把它扔掉	D 당신은 바로 그것을 버려야 한다

단어 赔 péi 동 보상하다 | 扔掉 rēngdiào 버리다

해설 빈칸의 앞뒤 문맥을 살펴보고 적절한 문장을 골라야 한다. 아빠가 장난감을 두 동강 내서 아들은 다급하게 말한다. 그리고 엄마가 웃으면서 '你是早就盼着你爸爸这一坐了吧(너 진작에 네 아빠가 여기 앉기를 바란 것이다)'라고 하는 것으로 보아, 아들은 처음에 원했던 새 장난감을 얻어 내기 위해 스스로 방법을 찾은 것임을 알 수 있다. 따라서 문맥상 빈칸에 가장 적절한 것은 '您要赔我一个新的(당신은 나에게 새것으로 보상해 주어야 한다)'이므로 정답은 A이다.

57 – 60

有人问经济学家:"小孩在班级里排到20名。我们想要他考到前几名。他倒是挺努力，很少看电视，但效果不是太[57]明显。我们很头疼，到底要不要给他树立目标呢？还是随他自己[58]发挥算了?"经济学家给他讲了一个笑话。经济学家与物理学家在林中散步，忽然碰到一只大黑熊，经济学家见到这个景象，面色马上苍白，扭头就跑，物理学家说:"别跑了，我们跑不过黑熊的。"而经济学家一边狂奔，一边回头说:"这我知道，虽然我跑不过黑熊，[59]但我能跑过你。"经济学家的建议是目标应该树立，但是要树立[60]合理的、可以达到的目标。

어떤 이가 경제학자에게 물었다. "아이가 반에서 20등이에요. 우리는 그가 시험에서 상위권 성적을 받았으면 해요. 그는 의외로 정말 열심히 하고 텔레비전도 거의 안 봅니다. 그러나 효과가 그리 [57]뚜렷하지 않네요. 우리는 너무 골치가 아픕니다. 아무래도 그에게 목표를 세워줘야 하나요? 아니면 그 스스로가 마음대로 [58]발휘하도록 해야 하나요?" 경제학자는 그에게 재미있는 이야기 하나를 들려주었다. 경제학자와 물리학자가 숲에서 산책을 하다가 갑자기 큰 반달가슴곰 한 마리를 만났다. 경제학자는 이 상황을 보고는 안색이 곧바로 창백해지면서 몸을 돌려 냅다 도망쳤다. 물리학자는 "도망치지 마세요. 우리는 반달가슴곰을 앞지를 수 없어요."라고 말했다. 하지만 경제학자는 미친 듯이 도망가면서 고개를 돌려 "이건 나도 알아요. 비록 내가 반달가슴곰보다 빠르진 않아요. [59]그러나 나는 당신을 앞지를 수 있어요."라고 말했다. 경제학자의 제안은 목표는 반드시 세워야 하지만, [60]합리적이고 달성할 수 있는 목표를 세워야 한다는 것이다.

단어 经济学家 jīngjì xuéjiā 명 경제학자 | 班级 bānjí 명 반 | 排 pái 동 배열하다 | 倒是 dàoshì 부 의외로 | 挺 tǐng 부 매우 | 效果 xiàoguǒ 명 효과 | 头疼 tóuténg 형 골치가 아프다 | 到底 dàodǐ 부 아무래도 | 树立 shùlì 동 세우다 | 目标 mùbiāo 명 목표 | 随 suí 동 마음대로 하게 하다 | 笑话 xiàohua 명 우스운 이야기 | 物理学家 wùlǐ xuéjiā 명 물리학자 | 散步 sànbù 동 산책하다 | 忽然 hūrán 부 갑자기 | 碰 pèng 동 만나다 | 黑熊 hēixióng 명 반달가슴곰 | 景象 jǐngxiàng 명 상황 | 面色 miànsè 명 안색 | 苍白 cāngbái 형 창백하다 | 扭头 niǔtóu 동 몸을 돌리다 | 而 ér 접 하지만 | 狂奔 kuángbēn 동 미친 듯이 달리다 | 回头 huítóu 동 고개를 돌리다 | 建议 jiànyì 명 제안 | 达到 dádào 동 달성하다

57 ★★★

A 明白	B 明显	A 알기 쉽다	B 뚜렷하다
C 显然	D 著名	C 명백하다	D 유명하다

단어 明白 míngbai 형 알기쉽다 | 明显 míngxiǎn 형 뚜렷하다 | 显然 xiǎnrán 형 명백하다 | 著名 zhùmíng 형 유명하다

해설 빈칸은 술어 자리로, 아이가 열심히 하고 텔레비전도 적게 보는데 '但效果不是太______(그러나 효과가 그리______않다)'라고 말한다. '但(그러나)' 다음에는 앞의 내용에서 전환되는 내용이 나와야 하므로, 의미상 가장 적절한 것은 B의 '明显(뚜렷하다)'이다. 따라서 정답은 B이다.

C. '显然(명백하다)'은 상황이나 이치가 명백함을 나타내며, 주로 술어 앞에서 술어를 꾸며 주는 부사어로 자주 쓰인다.

58 ★★☆			
A 挥洒	B 传播	A 거리낌 없다	B 전파하다
C 发挥	D 发散	C 발휘하다	D 발산하다

단어 **挥洒** huīsǎ 동 거리낌 없이 붓질하다 | **传播** chuánbō 동 전파하다 | **发挥** fāhuī 동 발휘하다 | **发散** fāsàn 동 발산하다

해설 빈칸은 술어 자리로, 아이에게 목표를 설정해 주어야 할지 '**还是随他自己_____算了?**(아니면 그 스스로가 마음대로 _____해야 하는가?)'할지 묻고 있다. 아이가 스스로 실력을 '**发挥**(발휘하다)'하는 것이 의미상 빈칸에 가장 적절하다. 따라서 정답은 C이다.

A. '(글을 쓰거나 그림을 그릴 때) 거리낌 없이 붓질하다'라는 뜻이다.

B. '(정보나 뉴스를) 전파하다'라는 뜻이다.

D. '(빛이나 열 혹은 감정을) 발산하다'라는 뜻이다.

59 ★★☆	
A 但我能跑过你	A 그러나 나는 당신을 앞지를 수 있다
B 我想跑过黑熊	B 나는 반달가슴곰을 앞지르고 싶다
C 我追不上你	C 나는 당신을 따라잡지 못한다
D 我一定能活下来	D 나는 반드시 살아남을 수 있다

단어 **追** zhuī 동 따라잡다 | **不上** búshàng 접미 ~못하다

해설 빈칸에 적절한 문장을 찾는 문제로, 빈칸 앞뒤 문맥을 잘 살펴보아야 한다. 빈칸의 앞 절에서 '**虽然**(비록 ~하지만)'이 나왔으므로, 뒤 절에서 전환을 나타내는 접속사 '**可是**(그러나)', '**但是**(그러나)', '**不过**(그러나)', '**然而**(그러나)'이나 혹은 부사 '**却**(오히려)'를 단서로 찾을 수 있다. 보기 중에서 '**但**(그러나)'을 사용한 '**但我能跑过你**(그러나 나는 당신을 앞지를 수 있다)'가 문맥상 가장 적절하므로 정답은 A이다.

60 ★★★			
A 远大	B 理想	A 원대하다	B 이상적이다
C 合法	D 合理	C 합법적이다	D 합리적이다

단어 **远大** yuǎndà 형 원대하다 | **理想** lǐxiǎng 형 이상적이다 | **合法** héfǎ 형 합법적이다 | **合理** hélǐ 형 합리적이다

해설 빈칸은 형용사 술어 자리로, 경제학자의 제안은 '**目标应该树立，但是要树立_____的、可以达到的目标**(목표는 반드시 세워야 하지만, _____ 달성할 수 있는 목표를 세워야 한다)'라는 것이다. 지문에서 비유한 이야기에서 물리학자는 물리적인 속도를 생각하여 곰보다 빨리 뛸 수 없다고 말하지만, 경제학자는 곰보다 빨리 뛸 수는 없지만 당신보다 빨리 뛸 수는 있다라고 한다. 이는 상대방보다 빨리 뛰어 본인은 곰에게 잡히지 않을 것이라는 매우 합리적인 생각임을 알 수 있으므로, 보기 중에서 의미상 빈칸에 가장 적절한 것은 '**合理**(합리적이다)'이다. 따라서 정답은 D이다.

61 ★★☆

赛龙舟，是端午节的主要习俗。相传最初的时候，爱国的屈原投江自杀，许多人划船追赶着去救他。他们争先恐后，追了很长的一段路。之后每年五月初五人们以划龙舟纪念屈原。借划龙舟驱散江中的鱼群，以免鱼吃掉屈原的身体。	용선 경기는 단오절(端午节)의 주요 풍속이다. 최초에 전해져 오기를, 애국적인 굴원(屈原)이 강에 몸을 던져 스스로 목숨을 끊자, 많은 사람이 배를 저어 그를 구하러 쫓아갔다고 한다. 그들은 앞다투어 기나긴 길을 뒤쫓았다. 이후 매년 5월 초닷샛날에 사람들은 용선을 저어서 굴원을 기념한다. 용선을 저어 물고기가 굴원의 신체를 먹지 않도록 고기떼를 쫓아내는 것이다.
A 端午节是庆祝比赛的节日 B 端午节是纪念屈原的节日 C 最初人们划船是为了追赶鱼 D 屈原最后被人们救活了	A 단오절은 경기를 경축하는 명절이다 B 단오절은 굴원을 기념하는 명절이다 C 최초에 사람들이 배를 저은 것은 물고기를 쫓기 위한 것이다 D 굴원은 최후에 사람들에게 구출되었다

단어 **赛龙舟** Sàilóngzhōu 명 용머리로 뱃머리를 장식하고 벌이는 배 경주 [중국 민간의 전통 운동으로, 주로 단오절을 전후하여 거행함] | **端午节** Duānwǔ Jié 명 단오절 | **习俗** xísú 명 습관과 풍속 | **相传** xiāngchuán 동 ~라고 전해 오다 | **最初** zuìchū 명 최초 | **屈原** Qū Yuán 명 굴원 [인명, 중국 전국 시대 초(楚)나라의 시인] | **投** tóu 동 던지다 | **自杀** zìshā 동 자살하다 | **许多** xǔduō 형 매우 많다 | **划船** huáchuán 배를 젓다 | **追赶** zhuīgǎn 동 쫓아가다 | **救** jiù 동 구하다 | **争先恐后** zhēngxiān kǒnghòu 성 뒤질세라 앞을 다투다 | **追** zhuī 동 뒤쫓다 | **以** yǐ 개 ~로써 | **纪念** jìniàn 동 기념하다 | **驱散** qūsàn 동 쫓아내다 | **以免** yǐmiǎn 접 ~하지 않도록 | **掉** diào 동 ~해 버리다 | **庆祝** qìngzhù 동 경축하다 | **救活** jiùhuó 생명을 구하다

해설 지문에서 매년 5월 초닷샛날(단오절)에 '人们以划龙舟纪念屈原(사람들은 용선을 저어서 굴원을 기념한다)'이라고 한다. 따라서 단오절은 굴원을 기념하는 명절이므로 정답은 B이다.

C. 최초에 사람들이 배를 저은 것은 자살한 굴원을 구하러 가기 위한 이유였다.

D. 굴원은 강에 몸을 던져 스스로 목숨을 끊었으므로 사람들에게 구출되지 못했음을 알 수 있다.

62 ★★☆

每天，中国首都北京的天安门前都有很多人观看升国旗仪式。可是每天升旗的时间都不一样。天安门广场国旗的升旗时间，是根据北京的日出时间确定的，也就是说，天安门广场的国旗每天都是和太阳一起升起来的。	매일 중국의 수도 베이징(北京)의 천안문(天安门) 앞에서는 매우 많은 사람이 국기 게양식을 구경한다. 그러나 매일 국기를 게양하는 시간은 모두 다르다. 천안문 광장의 국기 게양 시간은 베이징의 일출 시간에 따라 확정하는 것이다. 다시 말해, 천안문 광장의 국기는 매일 태양과 함께 떠오르는 것이다.
A 升旗时间每天都差不多 B 观看升旗的观众少就会取消仪式 C 太阳升起的时间决定升旗时间 D 阴天的时候是不升国旗的	A 국기 게양 시간은 매일 모두 비슷하다 B 국기 게양을 구경하는 관중이 적으면 의식이 취소될 것이다 C 태양이 뜨는 시간이 국기 게양 시간을 결정한다 D 흐린 날은 국기를 게양하지 않는다

단어 北京 Běijing 명 베이징 [지명] | 天安门 Tiān'ānmén 명 천안문 | 首都 shǒudū 명 수도 | 观看 guānkàn 동 보다 | 升 shēng 동 올리다 | 国旗 guóqí 명 국기 | 仪式 yíshì 명 의식 | 可是 kěshì 접 그러나 | 广场 guǎngchǎng 명 광장 | 升旗 shēngqí 동 국기를 게양하다 | 日出 rìchū 명 일출 | 确定 quèdìng 동 확정하다 | 差不多 chàbuduō 형 비슷하다 | 观众 guānzhòng 명 관중 | 取消 qǔxiāo 동 취소하다 | 阴天 yīntiān 명 흐린 날씨

해설 지문에서 '天安门广场国旗的升旗时间，是根据北京的日出时间确定的(천안문 광장의 국기 게양 시간은 베이징의 일출 시간에 따라 확정하는 것이다)'라고 한다. 여기서 쓰인 '日出时间(일출 시간)'은 C의 '太阳升起的时间(태양이 뜨는 시간)'과 같은 의미이므로, 지문의 내용과 일치하는 C가 정답이다.

63 ★★☆

大城市比小城市工资高，城市化发展程度也高，即使这样，也吸引不了许多刚毕业的大学生留下来。大城市在总体建设上虽然好，可是竞争太激烈，物价水平也高，对于一个刚毕业的学生来说，在大城市辛苦地工作挣钱，却不能获得住在小城市生活的幸福感。

A 大城市能吸引许多毕业生
B 大城市的生活消费比较低
C 小城市的工资不能满足消费
D 小城市生活压力比大城市小

대도시는 소도시보다 임금이 높고 도시화 발전 정도도 높다. 설령 이렇다 할지라도, 막 졸업한 수많은 대학생이 남아 있도록 끌어당길 수는 없다. 대도시는 전체적인 인프라가 좋지만, 경쟁이 너무 치열하고 물가도 높아서 이제 막 졸업한 학생에게는 대도시에서 고되게 일해 돈을 벌어도 소도시에서 사는 생활의 행복감을 얻을 수 없다.

A 대도시는 수많은 졸업생을 수용할 수 있다
B 대도시의 생활 소비는 낮은 편이다
C 소도시의 임금으로는 소비를 만족시킬 수 없다
D 소도시 생활의 부담은 대도시보다 작다

단어 工资 gōngzī 명 임금 | 发展 fāzhǎn 동 발전하다 | 程度 chéngdù 명 정도 | 即使 jíshǐ 접 설령 ~하더라도 | 吸引 xīyǐn 동 흡인하다 | 不了 bùliǎo ~할 수 없다 [동사 뒤에 쓰여 동작을 완료할 수 없음을 강조함] | 许多 xǔduō 형 매우 많다 | 留 liú 동 머무르다 | 总体 zǒngtǐ 명 전체 | 建设 jiànshè 동 건설하다 | 可是 kěshì 접 그러나 | 竞争 jìngzhēng 명 경쟁 | 激烈 jīliè 형 치열하다 | 物价 wùjià 명 물가 | 辛苦 xīnkǔ 형 고되다 | 挣钱 zhèngqián 돈을 벌다 | 却 què 부 오히려 | 获得 huòdé 동 얻다 | 生活 shēnghuó 명 생활 | 幸福 xìngfú 명 행복 | 消费 xiāofèi 명 소비 | 满足 mǎnzú 동 만족시키다 | 压力 yālì 명 과도한 부담

해설 지문의 마지막 문장에서 정답을 유추할 수 있다. 막 졸업한 대학생들은 '在大城市辛苦地工作挣钱，却不能获得住在小城市生活的幸福感(대도시에서 고되게 일해 돈을 벌어도 소도시에서 사는 생활의 행복감을 얻을 수 없다)'이라고 한다. 이는 소도시의 생활이 대도시보다 부담이 작다는 의미이므로 정답은 D이다.

64 ★★☆

绿豆汤是中国家庭夏季常见的饮料，小小的绿豆对身体的好处不少。可是有关专家同时也提醒，虽然绿豆有益，可不是每个人的体质都适合吃绿豆，而且吃绿豆也不是越多越好，相反，吃了过多的绿豆反而会对健康不利。

녹두탕은 중국 가정에서 여름철 가장 흔히 보는 음료로, 아주 작은 녹두는 몸에 좋은 장점이 많다. 그러나 관련 전문가는 동시에 경고한다. 녹두가 유익하더라도, 모든 사람의 체질이 녹두를 먹기에 적합한 것은 아니다. 게다가 녹두를 많이 먹을수록 좋은 것이 아니며, 반대로 녹두를 과도하게 섭취하면 오히려 건강에 이롭지 않을 것이다.

A 绿豆只有夏天才能吃
B 绿豆适合不同年龄的人
C 绿豆有益，可是要适量吃
D 专家认为其实绿豆并不好

A 녹두는 여름에만 비로소 먹을 수 있다
B 녹두는 모든 연령의 사람에게 맞다
C 녹두는 유익하지만, 적당량을 섭취해야 한다
D 전문가는 사실 녹두가 결코 좋지 않다고 여긴다

단어 家庭 jiātíng 명 가정 | 夏季 xiàjì 명 하계 | 常见 chángjiàn 흔히 보는 | 好处 hǎochù 명 장점 | 可是 kěshì 접 그러나 | 专家 zhuānjiā 명 전문가 | 同时 tóngshí 명 동시 | 提醒 tíxǐng 동 경고하다 | 有益 yǒuyì 동 유익하다 | 可 kě 부 [평서문에 쓰여 강조를 나타냄] | 体质 tǐzhì 명 체질 | 适合 shìhé 동 알맞다 | 相反 xiāngfǎn 접 반대로 | 反而 fǎn'ér 부 오히려 | 利 lì 동 이롭다 | 年龄 niánlíng 명 연령 | 适量 shìliàng 형 적당량이다 | 并不 bìngbù 결코 ~하지 않다

해설 지문에서 나오는 여러 접속사들 다음에 나오는 내용에 주의한다. 녹두는 유익하지만 모든 사람의 체질에 맞는 것은 아니며, '吃绿豆也不是越多越好，相反，吃了过多的绿豆反而会对健康不利(녹두를 많이 먹을수록 좋은 것이 아니며, 반대로 녹두를 과도하게 섭취하면 오히려 건강에 이롭지 않을 것이다)'라고 한다. 즉, 적당량을 섭취해야 한다는 말이므로 정답은 C이다.

65 ★★☆

餐桌上的玉米可以穿到身上，这不得不说是服装材料的一大进步。化学材料制成的面料对皮肤造成的影响令人担忧，而玉米纤维制成的面料更加健康环保，而且吸湿排汗，容易清洗，穿着舒适。植物材料的种种优点，令其在服装界有良好的发展前景。

식탁의 옥수수를 몸에 입을 수 있다. 이는 의상 원료의 큰 진보라고 말할 수밖에 없다. 화학 원료로 만든 옷감이 피부에 미치는 영향 때문에 우려가 되는 반면, 옥수수 섬유로 만든 옷감은 더욱 건강하고 친환경적이며, 땀을 흡수하고 배출하며 세탁이 용이하고 입으면 편하다. 식물성 재료의 여러 가지 장점으로 의류업계에는 아주 좋은 발전 전망이 있다.

A 衣服材料都是植物做成的
B 化学材料不环保，可是安全
C 玉米纤维制成的面料容易坏
D 植物材料做的衣服环保健康

A 옷의 재료는 모두 식물로 만든 것이다
B 화학 재료는 친환경적이지 않지만 안전하다
C 옥수수 섬유로 만든 옷감은 쉽게 망가진다
D 식물성 원료로 만든 옷은 친환경적이며 건강하다

단어 餐桌 cānzhuō 명 식탁 | 玉米 yùmǐ 명 옥수수 | 不得不 bùdébù 어쩔 수 없이 | 服装 fúzhuāng 명 의상 | 进步 jìnbù 명 진보 | 化学 huàxué 명 화학 | 材料 cáiliào 명 원료 | 面料 miànliào 명 옷감 | 皮肤 pífū 명 피부 | 造成 zàochéng 동 형성하다 | 担忧 dānyōu 동 우려하다 | 而 ér 접 그러나 | 纤维 xiānwéi 명 섬유 | 更加 gèngjiā 부 더욱 | 环保 huánbǎo 명 환경보호 ['环境保护'의 준말] | 吸湿 xīshī 동 흡습하다 | 排汗 páihàn 땀을 흘리다 | 清洗 qīngxǐ 동 깨끗하게 씻다 | 舒适 shūshì 형 편안하다 | 植物 zhíwù 명 식물 | 种种 zhǒngzhǒng 명 여러 가지 | 优点 yōudiǎn 명 장점 | 良好 liánghǎo 형 좋다 | 发展 fāzhǎn 명 발전 | 前景 qiánjǐng 명 전망 | 可是 kěshì 접 그러나 | 安全 ānquán 형 안전하다

해설 지문에서 '玉米纤维制成的面料更加健康环保(옥수수 섬유로 만든 옷감은 더욱 건강하고 친환경적이다)'라고 한다. 옥수수는 식물의 일종이므로 보기에서 이와 일치하는 것은 '植物材料做的衣服环保健康(식물성 원료로 만든 옷은 친환경적이며 건강하다)'이다. 따라서 정답은 D이다.

66 ★★☆

娱乐节目在近年来的电视节目中取得了很不错的成绩，原因是简单的娱乐节目能缓解人们平时的工作压力。可是有一些学者担心，娱乐节目大幅增多，会影响一些有思想深度的节目的播出时间，使这些有社会意义的节目失去观众。	오락 프로그램은 최근 몇 년의 텔레비전 프로그램 가운데 매우 좋은 성적을 거두었다. 원인은 단순한 오락 프로그램이 사람들의 평소 업무 스트레스를 완화해 줄 수 있기 때문이다. 그러나 일부 학자는 오락 프로그램이 대폭 증가하면 사상적 깊이가 있는 프로그램들의 방송 시간에 영향을 줄 수 있어, 이런 사회적으로 의의가 있는 프로그램들의 시청자를 잃게 한다고 우려한다.
A 娱乐节目能使压力消失 B 喜欢看娱乐节目的观众并不多 C 娱乐节目使一些节目失去观众 D 有思想的节目已经没有人看了	A 오락 프로그램은 스트레스를 없앨 수 있다 B 오락 프로그램 시청을 좋아하는 시청자는 결코 많지 않다 C 오락 프로그램으로 인해 일부 프로그램은 시청자를 잃는다 D 사상이 있는 프로그램은 이미 시청하는 사람이 없다

단어 **娱乐节目** yúlè jiémù 명 오락 프로그램 | **近年** jìnnián 명 최근 몇 년 | **取得** qǔdé 동 얻다 | **原因** yuányīn 명 원인 | **缓解** huǎnjiě 동 완화시키다 | **平时** píngshí 명 평소 | **压力** yālì 명 스트레스 | **可是** kěshì 접 그러나 | **大幅** dàfú 형 대폭적인 | **增多** zēngduō 동 증가하다 | **思想** sīxiǎng 명 사상 | **深度** shēndù 명 깊이 | **播** bō 동 방송하다 | **使** shǐ 동 ~하게 하다 | **社会** shèhuì 명 사회 | **意义** yìyì 명 의의 | **失去** shīqù 동 잃다 | **观众** guānzhòng 명 시청자 | **消失** xiāoshī 동 사라지다 | **并不** bìngbù 결코 ~하지 않다

해설 지문의 중간에서 '可是(그러나)'라는 전환을 나타내는 단어가 보이므로, 그 뒤에 나오는 내용에 주의한다. 마지막 문장에서 오락 프로그램이 계속해서 증가하면 '使这些有社会意义的节目失去观众(이런 사회적으로 의의가 있는 프로그램들의 시청자를 잃게 한다)'이라고 한다. 여기서 가리키는 '社会意义的节目(사회적으로 의의가 있는 프로그램)'는 C의 '一些节目(일부 프로그램)'에 포함될 수 있다. 따라서 지문의 내용과 일치하는 정답은 C이다.

A. 오락 프로그램은 사람들의 스트레스를 완화해 줄 수 있는 것이지, 없애는 것은 아니다.

67 ★★☆

网络种菜游戏本来是一种调节人们生活的有趣的方式，可是不正当地对待就会造成相反的结果。有的人过分注重游戏的输赢、得失，上班时间依然沉迷种菜游戏，甚至影响晚上休息。这样一来，网络游戏反而成了正常生活的困扰。	인터넷 채소 심기 게임(Sky High Farm)은 본래 일종의 사람들의 생활을 조절하는 재미있는 방식이다. 그러나 정당하지 않게 다루면 상반되는 결과를 초래할 수 있다. 어떤 사람은 지나치게 게임의 승패와 득실을 중시하여 출근 시간에도 여전히 채소 심기 게임에 깊이 빠져 있다. 심지어 밤에 휴식을 취할 때도 영향을 준다. 이렇게 되면 인터넷 게임은 오히려 정상적인 생활에 지장을 주게 된다.
A 网络游戏是生活的大部分 B 网络游戏有益处也有害处 C 网络游戏是每个人的生活困扰 D 网络游戏最适合晚上玩	A 인터넷 게임은 생활의 대부분이다 B 인터넷 게임은 장점도 있고 단점도 있다 C 인터넷 게임은 모든 사람의 생활에 지장을 준다 D 인터넷 게임은 저녁에 하는 것이 가장 적합하다

단어 网络 wǎngluò 명 인터넷 | 种菜 zhòngcài 채소를 심다 | 本来 běnlái 부 본래 | 调节 tiáojié 동 조절하다 | 生活 shēnghuó 명 생활 | 有趣 yǒuqù 형 재미있다 | 方式 fāngshì 명 방식 | 可是 kěshì 접 그러나 | 正当 zhèngdàng 형 정당하다 | 对待 duìdài 동 다루다 | 造成 zàochéng 동 초래하다 | 相反 xiāngfǎn 동 반대되다 | 结果 jiéguǒ 명 결과 | 过分 guòfèn 동 지나치다 | 注重 zhùzhòng 동 중시하다 | 输赢 shūyíng 명 승패 | 得失 déshī 명 득실 | 依然 yīrán 부 여전히 | 沉迷 chénmí 동 깊이 빠지다 | 甚至 shènzhì 접 심지어 | 反而 fǎn'ér 부 오히려 | 正常 zhèngcháng 형 정상적인 | 困扰 kùnrǎo 동 괴롭히다 | 大部分 dàbùfen 명 대부분 | 益处 yìchu 명 장점 | 害处 hàichu 명 결점 | 适合 shìhé 동 적합하다

해설 첫 번째 문장에서 '网络种菜游戏本来是一种调节人们生活的有趣的方式(인터넷 채소 심기 게임은 본래 일종의 사람들의 생활을 조절하는 재미있는 방식이다)'라고 장점을 언급하고, 바로 '可是不正当地对待就会造成相反的结果(그러나 정당하지 않게 다루면 상반되는 결과를 초래할 수 있다)'라고 한다. 이어서는 인터넷 채소 심기 게임의 단점에 대해 나열한다. 이를 종합해 보면, 인터넷 채소 심기 게임은 장점도 있고 단점도 있다는 말이므로 정답은 B이다.

68 ★★★

很多人要在实际生活中与电脑辐射保持一定距离有困难。例如有多台电脑的办公室，前后、左右都不能与电脑保持合适的距离。还有些人，每天操作电脑的时间不可能控制在3小时以内。在这样的情况下，唯一的办法是穿防护服，戴防护帽，但是，做到这样的可能性也不大。

많은 사람이 실제 생활에서 컴퓨터 전자파와 일정 거리를 유지하기에는 어려움이 있다. 예를 들어, 많은 컴퓨터가 있는 사무실에서는 앞뒤, 좌우로 모두 컴퓨터와 적당한 거리를 유지할 수 없다. 또 어떤 사람은 매일 컴퓨터 조작 시간을 3시간 이내로 규제할 수 없다. 이런 상황에서 유일한 방법은 보호복과 보호모자를 착용하는 것이지만, 이렇게 할 가능성도 크지 않다.

A 远离电脑辐射不容易
B 办公室不应该放电脑
C 使用电脑是件麻烦的事情
D 应该提倡减少电脑的使用

A 컴퓨터 전자파를 멀리하는 것은 쉽지 않다
B 사무실에 컴퓨터를 놓아 두어서는 안 된다
C 컴퓨터를 사용하는 것은 귀찮은 일이다
D 컴퓨터 사용 감소를 제창해야 한다

단어 实际 shíjì 명 실제 | 生活 shēnghuó 명 생활 | 辐射 fúshè 명 전자파 | 保持 bǎochí 동 유지하다 | 一定 yídìng 형 일정한 | 距离 jùlí 명 거리 | 困难 kùnnan 명 어려움 | 例如 lìrú 동 예를 들다 | 台 tái 양 대 [기계 · 차량 · 설비 등을 세는 단위] | 合适 héshì 형 적당하다 | 操作 cāozuò 동 조작하다 | 控制 kòngzhì 동 규제하다 | 情况 qíngkuàng 명 상황 | 唯一 wéiyī 형 유일한 | 防护服 fánghùfú 명 방호복 | 戴 dài 동 착용하다 | 可能性 kěnéngxìng 명 가능성 | 麻烦 máfan 형 귀찮다 | 提倡 tíchàng 동 제창하다 | 减少 jiǎnshǎo 동 감소하다 | 使用 shǐyòng 명 사용

해설 지문의 첫 번째 문장에서 쉽게 정답을 찾을 수 있다. '很多人要在实际生活中与电脑辐射保持一定距离有困难(많은 사람이 실제 생활에서 컴퓨터 전자파와 일정 거리를 유지하기에는 어려움이 있다)'이라는 문장은 보기의 '远离电脑辐射不容易(컴퓨터 전자파를 멀리하는 것은 쉽지 않다)'라는 내용과 일치한다. 따라서 정답은 A이다.

69 ★★☆

中国的一个少数民族——苗族的银饰品非常精美，每一件首饰都是艺术品，可是对苗族人来说，它们的价值超越了艺术品。在苗族古老的文化中，苗族人相信，"银"这种金属是能够保护他们的金属，能为他们带走不幸和灾难，带来平安和幸福。

중국의 한 소수 민족인 묘족(苗族)의 은 장신구는 대단히 정교하며 모든 장신구가 다 예술품이다. 그러나 묘족 사람에게 그것들의 가치는 예술품을 뛰어 넘었다. 묘족의 오랜 문화에서 묘족 사람은 '은'이라는 이 금속이 그들을 보호할 수 있는 금속이며, 그들의 불행과 재난을 가져가고 평안과 행복을 가져올 수 있다고 믿는다.

A 苗族人都精通艺术品制作 B 苗族人刚刚流行戴银饰 C 银是苗族人保护自己的物品 D 只有戴了银饰才能幸运	A 묘족 사람은 모두 예술품 제작에 정통하다 B 묘족 사람에게 은 장신구를 착용하는 것은 막 유행하기 시작한다 C 은은 묘족 사람이 자기를 보호하는 물품이다 D 은 장신구를 착용해야만 비로소 운이 좋을 수 있다

단어 少数民族 shǎoshù mínzú 명 소수 민족 | 苗族 Miáozú 명 묘족 [중국 소수 민족의 하나] | 银 yín 명 은 | 饰品 shìpǐn 명 장신구 | 精美 jīngměi 형 정교하다 | 首饰 shǒushi 명 장신구 | 艺术品 yìshùpǐn 명 예술품 | 可是 kěshì 접 그러나 | 价值 jiàzhí 명 가치 | 超越 chāoyuè 동 넘어서다 | 古老 gǔlǎo 형 오래 되다 | 金属 jīnshǔ 명 금속 | 保护 bǎohù 동 보호하다 | 不幸 búxìng 명 불행 | 灾难 zāinàn 명 재난 | 平安 píng'ān 명 평안 | 幸福 xìngfú 명 행복 | 精通 jīngtōng 동 정통하다 | 制作 zhìzuò 동 제작하다 | 流行 liúxíng 동 유행하다 | 戴 dài 동 착용하다 | 银饰 yínshì 명 은 장신구 | 物品 wùpǐn 명 물품 | 幸运 xìngyùn 형 운이 좋다

해설 지문에서 '"银" 这种金属是能够保护他们的金属('은'이라는 이 금속이 그들을 보호할 수 있는 금속이다)'라고 하므로, 보기에서 이와 일치하는 내용은 '银是苗族人保护自己的物品(은은 묘족 사람이 자기를 보호하는 물품이다)'이다. 따라서 정답은 C이다.

A. 묘족의 은 장신구가 정교한 것은 맞지만, 묘족 사람 모두가 예술품 제조에 정통하다는 내용은 언급되지 않았다.

70 ★★☆

恋爱中的情侣们，往往喜欢在独立的空间或幽暗的环境里，不希望被其他人打扰。如果有一个人在他们周围，情侣们就会有被打扰的感觉，谈恋爱的气氛也许就消失了，这样的人，我们把他比喻成"电灯泡"。	연애 중인 연인들은 종종 독립적인 공간이나 어두운 환경 안에 있는 것을 좋아하며, 다른 사람에게 방해를 받기 바라지 않는다. 만약 한 사람이 그들 주위에 있으면 연인들은 방해받는 느낌이 들 것이고, 연애하는 분위기도 어쩌면 사라져 버린다. 이런 사람을 우리는 '전구(훼방꾼)'에 비유한다.
A 谈恋爱的人会喜欢"电灯泡" B "电灯泡"是制作台灯的配件 C 情侣们不希望身边有"电灯泡" D 情侣们不喜欢开灯	A 연애하는 사람은 '전구(훼방꾼)'를 좋아할 것이다 B '전구(훼방꾼)'는 탁상용 스탠드를 제작하는 부품이다 C 연인들은 '전구(훼방꾼)'가 곁에 있는 것을 바라지 않는다 D 연인들은 전등 켜는 것을 좋아하지 않는다

단어 恋爱 liàn'ài 동 연애하다 | 情侣 qínglǚ 명 연인 | 往往 wǎngwǎng 부 종종 | 独立 dúlì 동 독립하다 | 空间 kōngjiān 명 공간 | 幽暗 yōu'àn 형 어둡다 | 打扰 dǎrǎo 동 방해하다 | 周围 zhōuwéi 명 주위 | 感觉 gǎnjué 명 느낌 | 谈恋爱 tán liàn'ài 연애하다 | 气氛 qìfēn 명 분위기 | 也许 yěxǔ 부 어쩌면 | 消失 xiāoshī 동 사라지다 | 比喻 bǐyù 동 비유하다 | 电灯泡 diàndēngpào 명 전구, 훼방꾼 | 制作 zhìzuò 동 제작하다 | 台灯 táidēng 명 탁상용 스탠드 | 配件 pèijiàn 명 부속품

해설 지문에서 연인들은 '不希望被其他人打扰(다른 사람에게 방해를 받기 바라지 않는다)'라고 한다. 이어서 연인들 주위에서 분위기를 해치는 사람은 '这样的人，我们把他比喻成 "电灯泡"(이런 사람을 우리는 '전구(훼방꾼)'에 비유한다)'라고 한다. 이를 종합해 보면 '情侣们不希望身边有 "电灯泡"(연인들은 '전구(훼방꾼)'가 곁에 있는 것을 바라지 않는다)'라는 말이므로 정답은 C이다.

71 – 74

调查显示，小企业活力足，业务发展很快，经常面临人手不足的局面，[71]人才招聘成为企业人力资源管理的重中之重，超过七成的企业将人才招聘列为企业人力资源管理的重心。

判断一个人是否适合负责招聘工作，可以从以下几个方面来评判：[72]是否具有心理学和人力资源知识，是否具有丰富的生活阅历和工作经验，是否具有专业知识，是否能够察言观色和准确判断。另外，负责招聘的人一般[72]应为性格开朗、情绪稳定、心理素质良好的人。

筛选适合企业需求的人选：

小企业要想节约招聘成本，就要严格按照企业需求职位的条件选择人。其中包括任职资格和胜任能力。

建立企业人才后备库：

招聘是现在小企业采用较多的人员补充方式。就现阶段而言，小企业仍以用人为主，培养不是企业的重点。[73]企业培训需要时间、资金投入，代价大，也需要相关专业支持才能展开培训工作，比如素质模型、考核结果、培养方式的选择等，这会增加企业的经营压力。[73]小企业不具备培养人才的条件和实力，这就需要企业对外来竞聘人才资源充分利用。

조사에서 보여 주길, 충분한 힘이 있고 업무 발전이 매우 빠른 소기업은 언제나 인력난에 직면한다. [71]인재 채용은 기업의 인력 자원 관리에 가장 중요한 것으로, 70%가 넘는 기업에서 인재 채용은 기업 인력 관리의 중심에 속한다.

한 사람이 채용 일을 담당하기에 적합한지 판단하기 위해서는 다음의 몇 가지 방면으로 판정할 수 있다. [72]심리학 및 인력 자원 지식을 가졌는가, 풍부한 생활 경험과 업무 경험을 가졌는가, 전문적인 지식을 가졌는가, 사람의 의중을 파악하고 정확하게 판단할 수 있는가이다. 이 밖에 채용 담당자는 보통 [72]성격이 쾌활하고 정서적으로 안정적이며 심리적 소양이 좋은 사람이어야 한다.

기업의 필요에 부합하는 후보자 선별:

소기업은 채용 자본을 절감하고자 하므로, 기업이 필요로하는 직무 조건에 엄격히 따라서 사람을 선택해야 한다. 그중에는 직무를 맡아도 되는 자격과 감당할 수 있는 능력을 포함한다.

기업의 예비 인력풀 구축:

채용은 현재 소기업이 비교적 많이 채택하는 인원 보충 방식이다. 현 단계에서 말하자면 소기업은 여전히 인재 임용 위주이고, 양성은 기업의 중점 요소가 아니다. [73]기업의 양성은 시간과 자금 투입이 필요하며 대가가 크다. 또한, 관련 있는 전문적 지원이 있어야 비로소 양성 업무를 전개할 수 있다. 예를 들어 역량 모형, 심사 결과, 양성 방식의 선택 등이다. 이는 기업의 경영 부담을 가중시킬 수 있다. [73]소기업은 인재 양성의 조건과 실력을 갖추고 있지 않으므로, 이것은 기업이 외부에서 경쟁을 통해 채용한 인재 자원을 충분히 활용하는 것이 필요하다.

단어 调查 diàochá 명 조사 | 显示 xiǎnshì 동 내보이다 | 企业 qǐyè 명 기업 | 活力 huólì 명 활력 | 足 zú 형 충분하다 | 业务 yèwù 명 업무 | 发展 fāzhǎn 동 발전하다 | 面临 miànlín 동 직면하다 | 人手 rénshǒu 명 일손 | 不足 bùzú 형 부족하다 | 局面 júmiàn 명 국면 | 人才 réncái 명 인재 | 招聘 zhāopìn 동 채용하다 | 成为 chéngwéi 동 ~이 되다 | 人力 rénlì 명 인력 | 资源 zīyuán 명 자원 | 管理 guǎnlǐ 동 관리하다 | 超过 chāoguò 동 초과하다 | 成 chéng 양 10분의 1 | 列为 lièwéi 속하다 | 重心 zhòngxīn 명 중심 | 判断 pànduàn 동 판단하다 | 是否 shìfǒu 부 ~인지 아닌지 | 适合 shìhé 동 적합하다 | 负责 fùzé 동 책임지다 | 方面 fāngmiàn 명 방면 | 评判 píngpàn 동 판정하다 | 具有 jùyǒu 동 가지다 | 心理学 xīnlǐxué 명 심리학 | 知识 zhīshi 명 지식 | 丰富 fēngfù 형 풍부하다 | 生活 shēnghuó 명 생활 | 阅历 yuèlì 명 경험 | 经验 jīngyàn 명 경험 | 专业 zhuānyè 명 전문 | 察言观色 cháyán guānsè 성 사람의 말투와 안색을 살펴 그의 심중을 헤아리다 | 准确 zhǔnquè 형 정확하다 | 另外 lìngwài 접 이 밖에 | 应 yīng 동 마땅히 ~해야 한다 | 性格 xìnggé 명 성격 | 开朗 kāilǎng 형 쾌활하다 | 情绪 qíngxù 명 정서 | 稳定 wěndìng 형 안정되다 | 心理 xīnlǐ 명 심리 | 素质 sùzhì 명 소양, 역량 | 良好 liánghǎo 형 좋다 | 筛选 shāixuǎn 동 선별하다 | 需求 xūqiú 명 필요 | 人选 rénxuǎn 명 후보자 | 节约 jiéyuē 동 절약하다 | 成本 chéngběn 명 자본금 | 严格 yángé 형 엄격하다 | 按照 ànzhào 개 ~에 따라 | 职位 zhíwèi 명 직위 | 条件 tiáojiàn

명 조건 | 其中 qízhōng 명 그중 | 包括 bāokuò 동 포함하다 | 任职 rènzhí 동 직무를 맡다 | 资格 zīgé 명 자격 | 胜任 shèngrèn 동 감당할 수 있다 | 能力 nénglì 명 능력 | 建立 jiànlì 동 세우다 | 人才库 réncáikù 명 인력풀 | 采用 cǎiyòng 동 채용하다 | 人员 rényuán 명 인원 | 补充 bǔchōng 동 보충하다 | 方式 fāngshì 명 방식 | 阶段 jiēduàn 명 단계 | 而言 éryán ~에 대해 말하면 | 仍 réng 부 여전히 | 用人 yòngren 동 인재를 임용하다 | 以…为主 yǐ…wéizhǔ ~을 위주로 하다 | 培养 péiyǎng 동 양성하다 | 重点 zhòngdiǎn 명 중점 | 培训 péixùn 동 양성하다 | 资金 zījīn 명 자금 | 投入 tóurù 동 투입하다 | 代价 dàijià 명 대가 | 相关 xiāngguān 동 상관되다 | 支持 zhīchí 동 지지하다 | 展开 zhǎnkāi 동 전개하다 | 比如 bǐrú 동 예를 들다 | 模型 móxíng 명 모형 | 考核 kǎohé 명 심사 | 结果 jiéguǒ 명 결과 | 方式 fāngshì 명 방식 | 增加 zēngjiā 동 증가하다 | 经营 jīngyíng 동 경영하다 | 压力 yālì 명 과중한 부담 | 具备 jùbèi 동 갖추다 | 实力 shílì 명 실력 | 对外 duìwài 대외적으로 관계를 맺다 | 竞聘 jìngpìn 동 경쟁을 통하여 초빙하다 | 充分 chōngfèn 형 충분하다 | 利用 lìyòng 동 이용하다

71 ★★★

给本文取一个合适的题目，是什么?	이 글의 제목으로 알맞은 것은 무엇인가?
A 小企业的发展情况	A 소기업의 발전 상황
B 小企业怎样招聘人才	B 소기업은 어떻게 인재를 채용하는가
C 企业招聘时机	C 기업의 채용 시기
D 企业人才的重要性	D 기업 인재의 중요성

단어 合适 héshì 동 알맞다 | 情况 qíngkuàng 명 상황 | 时机 shíjī 명 시기 | 重要性 zhōngyàoxìng 명 중요성

해설 제목은 글의 전체적인 내용을 포괄할 수 있어야 한다. 첫 번째 단락에서 '人才招聘成为企业人力资源管理的重中之重(인재 채용은 기업의 인력 자원 관리에 가장 중요한 것이다)'이라고 하고, 이어서 인재 채용의 방법과 조건, 채용 상황 등을 소기업을 중심으로 설명한다. 따라서 보기에서 글의 제목으로 가장 적절한 것은 '小企业怎样招聘人才(소기업은 어떻게 인재를 채용하는가)'이므로 정답은 B이다.

72 ★☆☆

下面哪项不是招聘人员应该具备的素质?	다음 중 채용 담당자가 갖추어야 할 소양이 아닌 것은?
A 心理知识	A 심리 지식
B 人生阅历	B 인생 경험
C 察言观色、判断力准确	C 사람의 의중을 파악하고, 판단력이 정확해야 한다
D 任何性格都可以	D 어떤 성격이든 다 가능하다

단어 准确 zhǔnquè 형 정확하다 | 任何 rènhé 대 어떠한

해설 두 번째 단락에서 채용 담당자가 갖추어야 할 소양들을 언급한다. 그 소망들은 '①是否具有心理学和人力资源知识(심리학 및 인력 자원 지식을 가졌는가), ②是否具有丰富的生活阅历和工作经验(풍부한 생활 경험과 업무 경험을 가졌는가), ③是否具有专业知识(전문적인 지식을 가졌는가), ④是否能够察言观色和准确判断(사람의 의중을 파악하고 정확하게 판단할 수 있는가), ⑤应为性格开朗、情绪稳定、心理素质良好的人(성격이 쾌활하고 정서적으로 안정적이며 심리적 소양이 좋은 사람이어야 한다)'이다. 지문에서 A, B, C의 내용은 모두 언급하지만, '任何性格都可以(어떤 성격이든 다 가능하다)'라고는 하지 않으므로 정답은 D이다.

73 ★★☆

为什么小企业喜欢招聘人才？	왜 소기업은 인재 채용을 선호하는가?
A 小企业喜欢变化	A 소기업은 변화를 좋아한다
B 人才市场大	B 인재 시장이 크다
C 节约成本、时间	C 자본과 시간을 절약한다
D 小企业人手过多	D 소기업은 일손이 너무 많다

단어 **市场** shìchǎng 명 시장 | **过多** guòduō 너무 많다

해설 마지막 단락에서 '**企业培训需要时间、资金投入，代价大**(기업의 양성은 시간과 자금 투입이 필요하며 대가가 크다)'라고 한다. 또한, 마지막 문장에서 '**小企业不具备培养人才的条件和实力，这就需要企业对外来竞聘人才资源充分利用**(소기업은 인재 양성의 조건과 실력을 갖추고 있지 않으므로, 이것은 기업이 외부에서 경쟁을 통해 채용한 인재 자원을 충분히 활용하는 것이 필요하다)'이라고 소기업이 인재 채용을 선호하는 이유를 말한다. 이를 종합해 보면 '**节约成本、时间**(자본과 시간을 절약한다)'이 정답으로 가장 적절하므로 정답은 C이다.

74 ★★★

什么是"伯乐"？	'백락'은 무엇인가?
A 可以发现好马的人	A 좋은 말을 발견할 수 있는 사람
B 善于招聘人才的人	B 인재 채용을 잘하는 사람
C 一个人的名字	C 한 사람의 이름
D 小企业中好的经历	D 소기업에서의 좋은 경력

단어 **伯乐** Bólè 명 백락 [인명, 춘추시대 진나라 사람으로 훌륭한 말을 잘 가려낸 것으로 유명함], 인재를 잘 알아보고 등용하는 사람 | **善于** shànyú 동 ~를 잘하다 | **经历** jīnglì 명 경력

해설 질문에서 처음 등장하는 '**伯乐**(백락)'라는 단어를 모르더라도 지문의 전체적은 내용을 이해하고, 보기를 보았다면 정답을 고를 수 있다. 두 번째 단락에서 기업의 채용 담당자에게 필요한 소양에 대해서 언급한다. 그리고 지문의 전체적인 내용은 기업의 인재 채용과 양성에 관한 것으로, 보기에서 이와 관련된 것은 B뿐이다. 따라서 정답은 B이다.

A, C. '**伯乐**(백락)'에 대한 설명으로 잘못된 것은 아니다. 그러나 A와 C는 '**伯乐**(백락)'라는 단어의 실제 의미를 언급한 것으로, 지문의 내용을 비유하거나 간접적으로 나타낸 것이 아니므로 정답이 될 수 없다.

D. 보기에 '**小企业**(소기업)'라는 단어가 언급되지만, 지문은 '소기업에서의 좋은 경력'에 대해서 이야기하는 글이 아니다.

75 – 78

从前，有一个人很穷，一个商人觉得他很可怜，很想帮助他。于是，[75, 77]商人给了他一些钱，又为穷人买了一头健壮的耕牛。穷人很感激商人，发誓要辛勤劳作，改变穷苦面貌。

可是，[76]商人离开不久，穷人就把那些钱花光了，日子过得比以前更艰难。穷人想，我不如卖了这头牛，再买回几只羊。杀其中的一只，剩下的用来生小羊，那么就可以渡过难关，日子照样可以很富足。

옛날에 아주 가난한 한 사람 있었다. 한 상인은 그를 매우 불쌍하게 여겨서 그를 꼭 돕고자 했다. 그래서 [75, 77]상인은 그에게 약간의 돈을 주었고, 또 건장한 경작용 소 한 마리를 사 주었다. 가난한 사람은 상인에게 굉장히 감사해하며, 열심히 일해서 가난한 상황을 변화시킬 것을 맹세했다.

하지만 [76]상인이 떠난지 얼마 지나지 않아, 가난한 사람은 그 돈들을 다 써 버렸고 전보다 더 힘든 나날을 보냈다. 가난한 사람은 이 소를 팔아서 다시 양을 몇 마리

因此，他卖了牛，[77]买了羊，等他吃掉两只羊后，也没见大羊生出小羊来。穷人很着急，他想不如把羊卖了，[77]换成鸡，鸡生蛋的速度要快一些。可是，还没等鸡生下几个蛋，穷人已经把鸡杀得差不多了。当穷人只剩下最后一只鸡时，他想不如把鸡卖了，[77]打一壶酒回来，还能享受一下呢。

사는 편이 나을 거라고 생각했다. 그중 한 마리는 도살하고 남은 것으로 새끼 양을 낳는 데 쓰면, 난관을 극복할 수 있고 생활은 변함없이 아주 풍족할 수 있다고 생각했다.

그래서 그는 소를 팔고 [77]양을 샀다. 그가 양 두 마리를 다 잡아먹을 때까지 큰 양이 새끼 양을 낳는 것을 보지 못했다. 가난한 사람은 매우 조급해졌다. 그는 양을 팔고 [77]닭으로 바꾸면, 닭이 달걀을 낳는 속도가 좀 더 빨라서 나을 거라고 생각했다. 하지만 닭이 몇 개의 달걀을 낳기도 전에 가난한 사람은 벌써 닭을 대부분 도살해 버렸다. 그는 마지막으로 한 마리 닭만 남게 되자, 닭을 팔아 [77]술을 한 주전자 하는 편이 낫다고 생각했다. 그나마 좀 즐길 수 있으니까 말이다.

단어 从前 cóngqián 명 옛날 | 穷 qióng 형 가난하다 | 商人 shāngrén 명 상인 | 可怜 kělián 형 불쌍하다 | 于是 yúshì 접 그래서 | 穷人 qióngrén 명 가난뱅이 | 头 tóu 양 마리, 필 [가축을 세는 단위] | 健壮 jiànzhuàng 형 건장하다 | 耕牛 gēngniú 명 경작용 소 | 感激 gǎnjī 동 감격하다 | 发誓 fāshì 동 맹세하다 | 辛勤 xīnqín 형 부지런하다 | 劳作 láozuò 동 일하다 | 改变 gǎibiàn 동 변하다 | 穷苦 qióngkǔ 형 빈곤하다 | 面貌 miànmào 명 상황 | 可是 kěshì 부 하지만 | 花光 huāguāng 전부 써 버리다 | 日子 rìzi 명 날 | 艰难 jiānnán 형 힘들다 | 不如 bùrú 동 ~하는 편이 낫다 | 杀 shā 동 죽이다 | 其中 qízhōng 명 그중 | 剩 shèng 동 남다 | 渡过 dùguò 동 겪다 | 难关 nánguān 명 난관 | 照样 zhàoyàng 부 변함없이 | 富足 fùzú 형 넉넉하다 | 因此 yīncǐ 접 그래서 | 掉 diào 동 ~해 버리다 | 速度 sùdù 명 속도 | 差不多 chàbuduō 형 대부분의 | 当 dāng 개 [바로 그 시간이나 그 장소를 가리킴] | 壶 hú 명 주전자 | 享受 xiǎngshòu 동 즐기다

75 ★☆☆

商人给穷人提供了什么帮助?

A 一些钱
B 一头耕牛
C 几只羊
D 一些钱和一头耕牛

상인은 가난한 사람에게 어떤 도움을 주었는가?

A 약간의 돈
B 경작용 소 한 마리
C 양 몇 마리
D 약간의 돈과 경작용 소 한 마리

단어 提供 tígōng 동 제공하다

해설 질문의 핵심 단어인 '帮助(도움)'가 쓰인 단락을 지문에서 찾는다. 첫 번째 단락에서 '商人给了他一些钱，又为穷人买了一头健壮的耕牛(상인은 그에게 약간의 돈을 주었고, 또 건장한 경작용 소 한 마리를 사 주었다)'라고 하므로 정답은 D이다.

76 ★☆☆

商人离开不久，穷人怎么了?

A 花光了钱
B 过得比以前富足
C 辛勤劳作
D 热爱生活

상인이 떠난지 얼마 지나지 않아, 가난한 사람은 어떠한가?

A 돈을 다 써 버렸다
B 전보다 더 풍족하게 보낸다
C 부지런히 일한다
D 생활을 사랑한다

단어 热爱 rè'ài 동 열렬히 사랑하다 | 生活 shēnghuó 명 생활

해설 질문의 '商人离开不久(상인이 떠난지 얼마 지나지 않다)'는 지문에서 그대로 사용되었다. 따라서 이 문장에 뒤이어 나오는 내용을 보면 정답을 고를 수 있다. 두 번째 단락에서 '商人离开不久，穷人就把那些钱花光了(상인이 떠난지 얼마 지나지 않아, 가난한 사람은 그 돈들을 다 써 버렸다)'라고 하므로 정답은 A이다.

77 ★☆☆

下列哪样东西不是穷人自己买的?	다음 중 가난한 사람이 사지 않은 것은 무엇인가?
A 牛　　B 羊	A 소　　B 양
C 鸡　　D 酒	C 닭　　D 술

해설 세 번째 단락을 보면 가난한 사람이 사고 팔았던 것이 무엇인지 차례대로 알 수 있다. 처음에 그는 소를 팔아 '买了羊(양을 샀다)'이라고 하고, 양을 팔고 '换成鸡(닭으로 바꾸다)'라고 한다. 마지막으로 닭을 팔아 '打一壶酒回来(술을 한 주전자 하다)'라고 하는 것으로 보아, 가난한 사람은 처음에 상인에게 받은 소를 팔아 양, 닭, 술의 순서로 구매했다. 따라서 가난한 사람이 사지 않은 것은 '牛(소)'이므로 정답은 A이다.

78 ★★☆

这个故事的主要意思是什么?	이 이야기의 주요한 의미는 무엇인가?
A 只要得到了富人的帮助，我们的生活就会变好	A 부자의 도움을 받기만 하면, 우리의 생활은 좋게 변할 것이다
B 要学会做生意，那样日子才能富足	B 장사하는 법을 습득해야, 그런 생활만이 풍족할 수 있다
C 人不能懒惰，一定要靠自己的劳动致富	C 사람은 게으르면 안 되고, 반드시 자신의 노동을 통해 부유해져야 한다
D 做人要懂得知足	D 사람은 만족할 줄 알아야 한다

단어 **只要** zhǐyào 접 ~하기만 하면 | **富人** fùrén 명 부자 | **学会** xuéhuì 동 습득하다 | **生意** shēngyi 명 장사 | **懒惰** lǎnduò 형 게으르다 | **靠** kào 동 기대다 | **劳动** láodòng 명 노동 | **致富** zhìfù 동 부유해지다 | **知足** zhīzú 동 만족스럽게 여기다

해설 지문의 전반적인 내용을 통해 우리가 알 수 있는 것은, 가난한 사람은 처음의 맹세대로 상인에게 받은 소를 이용해서 밭을 일구어 스스로 노동을 하지 않고, 그 소를 팔아 양, 닭, 술을 사서 풍족한 생활을 누리고자 했다. 이로 보아 이 이야기의 주요한 의미로 가장 적절한 것은 '人不能懒惰，一定要靠自己的劳动致富(사람은 게으르면 안 되고, 반드시 자신의 노동을 통해 부유해져야 한다)'이다. 따라서 정답은 C이다.

79 – 82

当你走进市场，看到形形色色的食品，是不是不知该如何下手? 就外观而言，有美有丑；就口味来讲，有好有差。另外，还有大小之分。但是选购食品不要以美丑、口味为标准，否则可能会错过很多健康食品。	당신은 시장에 들어서면 형형색색의 식품을 보게 된다. 어떻게 손을 대야 할지 모르지 않는가? 외관으로 말하자면 예쁜 것과 못생긴 것이 있고, 맛으로 말하자면 맛있는 것과 맛없는 것이 있다. 이 밖에 크기로도 분류할 수 있다. 하지만 식품을 골라서 사는 것은 외관과 맛을 기준으로 삼아서는 안 된다. 그렇지 않으면 많은 건강한 식품들을 놓칠 것이다.
先说外观吧。以韭菜为例，不少人喜欢挑长得"漂亮"的，而对叶子发黄的、外貌"丑陋"的则不屑一顾。但是正是这些"不屑一顾"的才	먼저 외관에 대해 말해 보자. 부추를 예로 들어, 적지

是健康成长的韭菜的本来面目。而那些“[79]漂亮”的大多是经过种植者“精心”培养出来的，最常采用的办法就是借助于农药。所以那些看上去好看的韭菜往往不利于身体健康。

再说香蕉，人们多喜欢皮色干净的产品，看不上那些黑斑累累、丑陋不堪的品种。其实，你又看走眼了。[80]据日本科学家研究，香蕉的最大贡献在于含有具有抗癌作用的成分，这些成分在那些越是成熟、表皮上黑斑越多的香蕉中蕴藏越多。换言之，香蕉越丑越能抗癌。

食物的“个头”也有奥妙。人们去市场，总喜欢挑大个的。却不知时下的“大个”，意味着不安全。[81]一些水果、蔬菜加了生长素、催熟剂，长得又快又大，很讨你的喜欢。[81]如果长期食用这些蔬菜，会导致生长素、催熟剂在体内日积月累，埋下隐患。因此，[82]面对那些外观超常、怪异的食物，如特别大的菜、鱼或鸡等，我们还是小心谨慎为好。

않은 사람이 '예쁘게' 생긴 것은 선택하기 좋아하지만, 잎이 누렇게 되고 생김새가 '못생긴' 것에는 오히려 눈길도 주지 않는다. 하지만 바로 이런 '눈길도 주지 않는' 것이 비로소 건강하게 자란 부추의 본래 생김새이다. 그리고 그런 '[79]예쁜 것'은 대다수 농부가 '정성을 들여' 키워서 나온 것으로, 가장 자주 이용되는 방법이 농약의 도움을 빌리는 것이다. 그래서 그런 보기에 좋은 부추는 흔히 몸의 건강에 이롭지 않다.

바나나에 대해서도 말해 보자. 사람들은 껍질 색이 깨끗한 생산품을 많이 좋아한다. 검은 반점들이 많고, 못생김이 심한 그런 품종은 마음에 안 들어 한다. 사실 당신은 또 잘못 보았다. [80]일본 과학자의 연구에 따르면, 바나나의 가장 큰 공헌은 항암 작용 성분을 함유하고 있다는 점이다. 이런 성분은 바나나가 익었을 수록, 껍질에 검은 반점이 많은 바나나일수록 가지고 있는 게 많다. 바꿔 말하면, 바나나 못생길수록 항암 효과가 크다는 것이다.

식품의 '크기' 역시 신기하다. 사람들은 시장에 가서 언제나 크기가 큰 것을 선택하기 좋아한다. 그러나 오늘날 '크기가 큰 것'은 안전하지 않음을 의미한다는 것은 모른다. [81]일부 과일과 채소에 성장 호르몬과 촉진제를 주입하면 빠르고 크게 자라서 당신의 환심을 살 것이다. [81]만약 장기간 이런 채소들을 먹으면 성장 호르몬과 촉진제가 체내에 날마다 조금씩 쌓여서 병이 생길 수 있다. 그래서 [82]유난히 큰 채소와 생선 혹은 닭고기 등과 같은 그런 외관이 보통 것보다 월등히 좋고 기이한 식품을 마주할 때는 조심스럽고 신중하게 판단하는 것이 좋다.

단어 当 dāng 개 [바로 그 시간이나 그 장소를 가리킴] | 市场 shìchǎng 명 시장 | 形形色色 xíngxíng sèsè 형 형형색색의 | 食品 shípǐn 명 식품 | 如何 rúhé 대 어떻게 | 下手 xiàshǒu 동 손을 대다 | 外观 wàiguān 명 외관 | 而言 éryán ~에 대해 말하자면 | 丑 chǒu 형 못생기다 | 口味 kǒuwèi 명 맛 | 另外 lìngwài 접 이 밖에 | 大小 dàxiǎo 명 크기 | 选购 xuǎngòu 동 골라서 사다 | 以…为… yǐ…wéi… ~을 ~로 삼다 | 标准 biāozhǔn 명 기준 | 否则 fǒuzé 접 만약 그렇지 않으면 | 韭菜 jiǔcài 명 부추 | 例 lì 명 예 | 挑 tiāo 동 선택하다 | 而 ér 접 그러나 | 叶子 yèzi 명 잎 | 发黄 fāhuáng 누렇게 되다 | 外貌 wàimào 명 생김새 | 丑陋 chǒulòu 형 못생기다 | 则 zé 접 오히려 | 不屑 búxiè 동 하찮게 여기다 | 顾 gù 동 뒤돌아보다 | 成长 chéngzhǎng 동 성장하다 | 本来 běnlái 형 본래의 | 面目 miànmù 명 생김새 | 而 ér 접 그리고 | 种植者 zhòngzhízhě 명 소작인 | 精心 jīngxīn 형 정성을 들이다 | 培养 péiyǎng 동 기르다 | 采用 cǎiyòng 동 채택되다 | 借助 jièzhù 동 도움을 빌다 | 于 yú 개 ~에 | 农药 nóngyào 명 농약 | 往往 wǎngwǎng 부 흔히 | 利于 lìyú ~에 이롭다 | 再说 zàishuō 동 다시 한 번 말하다 | 皮 pí 명 껍질 | 产品 chǎnpǐn 명 생산품 | 看不上 kàn búshàng 마음에 안 들다 | 黑斑 hēibān 명 검은 반점 | 累累 léiléi 형 주렁주렁하다 | 不堪 bùkān 형 몹시 심하다 | 品种 pǐnzhǒng 명 품종 | 走眼 zǒuyǎn 동 잘못 보다 | 据 jù 개 ~에 따르면 | 日本 Rìběn 명 일본 | 科学家 kēxuéjiā 명 과학자 | 研究 yánjiū 동 연구하다 | 贡献 gòngxiàn 동 공헌하다 | 在于 zàiyú 동 ~에 있다 | 含有 hányǒu 동 함유하다 | 具有 jùyǒu 동 가지다 | 抗癌 kàng'ái 명 항암 | 作用 zuòyòng 동 작용하다 | 成分 chéngfèn 명 성분 | 成熟 chéngshú 형 익다 | 表皮 biǎopí 명 표피 | 蕴藏 yùncáng 동 잠재하다 | 换言之 huànyánzhī 바꾸어 말하면 | 食物 shíwù 명 음식물 | 个头 gètóu 명 크기 | 奥妙 àomiào 형 오묘하다 | 总 zǒng 부 언제나 | 却 què 부 그러나 | 时下 shíxià 명 오늘날 | 意味着 yìwèizhe 동 의미하다 | 安全 ānquán 형 안전하다 | 蔬菜 shūcài 명 채소 | 生长素 shēngzhǎngsù 명 성장 호르몬 | 催熟剂 cuīshújì 명

촉진제 | 讨 tǎo 동 사다 | 长期 chángqī 명 장기간 | 食用 shíyòng 동 식용하다 | 导致 dǎozhì 동 야기하다 | 日积月累 rìjī yuèlěi 성 날마다 조금씩 쌓이다 | 埋 mái 동 숨기다 | 隐患 yǐnhuàn 명 잠복해 있는 병 | 因此 yīncǐ 접 그래서 | 面对 miàndui 동 마주 대하다 | 超常 chāocháng 동 보통이 넘다 | 怪异 guàiyì 형 기이하다 | 如 rú 동 ~과 같다 | 小心谨慎 xiǎoxīn jǐnshèn 성 매우 조심스럽고 신중하다

79 ★★★	
根据上文，关于韭菜，正确的选项是：	위 글에 근거하여 부추에 관해 옳은 것은:
A 叶子油绿的韭菜营养比较好	A 잎이 윤기 나는 녹색인 부추의 영양이 비교적 좋다
B 长得漂亮的韭菜常常被打了农药	B 예쁘게 생긴 부추는 농약을 자주 친 것이다
C 叶子发黄的韭菜有害身体健康	C 잎이 누렇게 된 부추는 몸의 건강에 해롭다
D 丑陋的韭菜吃了没什么好处	D 못생긴 부추는 먹어도 별다른 장점이 없다

단어 油绿 yóulǜ 형 번지르르한 짙은 녹색의 | 营养 yíngyǎng 명 영양 | 有害 yǒuhài 동 해롭다 | 好处 hǎochù 명 장점

해설 질문의 핵심 단어인 '韭菜(부추)'가 나오는 단락을 찾는다. 두 번째 단락의 첫 부분에서 '以韭菜为例(부추를 예로 들다)'라고 한다. 그리고 어어지는 내용에서 '"漂亮"的大多是经过种植者"精心"培养出来的，最常采用的办法就是借助于农药('예쁜 것'은 대다수 농부가 '정성을 들여' 키워서 나온 것으로, 가장 자주 이용되는 방법이 농약의 도움을 빌리는 것이다)'라고 한다. 따라서 지문에서 언급한 부추에 대한 설명으로 옳은 것은 B이므로, 정답은 B이다.

80 ★★☆	
作者认为香蕉最好的地方在于：	저자가 여기는 바나나의 가장 좋은 부분은:
A 营养丰富	A 영양이 풍부하다
B 调理肠胃	B 소화 기관을 관리한다
C 具有抗癌成分	C 항암 성분을 가지고 있다
D 可以装饰房间	D 방을 장식할 수 있다

단어 丰富 fēngfù 형 풍부하다 | 调理 tiáolǐ 동 관리하다 | 肠胃 chángwèi 명 소화 기관 | 装饰 zhuāngshì 동 장식하다

해설 질문의 핵심 단어인 '香蕉(바나나)'가 나오는 단락을 찾는다. 세 번째 단락에서 처음 '再说香蕉(바나나에 대해서도 말해 보자)'라고 시작한다. 그리고 '据日本科学家研究，香蕉的最大贡献在于含有具有抗癌作用的成分(일본 과학자의 연구에 따르면, 바나나의 가장 큰 공헌은 항암 작용 성분을 함유하고 있다는 점이다)'이라고 바나나의 장점에 대해 언급하므로 정답은 C이다.

81 ★★★	
根据文章第4段，下列哪项是正确的？	글의 네 번째 단락에 근거하여 다음 중 옳은 것은?
A 自然生长的蔬菜比较健康	A 자연적으로 자란 채소가 비교적 건강하다
B 使用生长激素的食物味道更加鲜美	B 성장 호르몬을 사용한 식품의 맛이 더욱 좋다
C 由于技术的提高，很多动植物变得越来越肥大	C 기술의 발달로 인해 굉장히 많은 동식물이 점점 비대하게 변한다
D 用了催熟剂的水果水分更加充足	D 촉진제를 사용한 과일은 수분이 더욱 충분하다

단어 自然 zìrán 형 자연의 | 生长 shēngzhǎng 동 자라다 | 使用 shǐyòng 동 사용하다 | 激素 jīsù 명 호르몬 | 味道 wèidao 명 맛 | 更加 gèngjiā 부 더욱 | 鲜美 xiānměi 형 맛이 좋다 | 由于 yóuyú 개 ~로 인하여 | 技术 jìshù 명 기술 | 动植物 dòngzhíwù 명 동식물 | 肥大 féidà 형 비대하다 | 水分 shuǐfèn 명 수분 | 充足 chōngzú 형 충분하다

해설 네 번째 단락에서는 식품의 크기와 그것의 유해성에 대해 언급한다. '一些水果、蔬菜加了生长素、催熟剂，长得又快又大(일부 과일과 채소에 성장 호르몬과 촉진제를 주입하면 빠르고 크게 자란다)'라고 한다. 이어서 '如果长期食用这些蔬菜，会导致生长素、催熟剂在体内日积月累，埋下隐患(만약 장기간 이런 채소들을 먹으면 성장 호르몬과 촉진제가 체내에 날마다 조금씩 쌓여서 병이 생길 수 있다)'이라고 한다. 바꾸어 말하면 인공적으로 키운 채소가 아닌, 자연적으로 자란 채소가 건강에 좋다는 의미이므로 정답은 A이다.

C. 지문은 사람이 먹는 과일과 채소, 즉 식품에 관한 것으로 '动植物(동식물)'에 관한 내용이 아니다. 또한, 인공적으로 식물을 크고 예쁘게 키울 수도 있는 것이지, 비대하게 '변해 가는 것'은 아니다.

82 ★★☆

这篇文章主要是讲什么?	이 글에서 주로 말하고자 하는 것은 무엇인가?
A 挑选食物时不要被它的外表所迷惑	A 식품을 고를 때 그것의 겉모습에 현혹되어서는 안 된다
B 要多吃含有抗癌作用的食物	B 항암 작용을 하는 식품을 많이 먹어야 한다
C 长得丑陋的食物往往很难吃	C 못생긴 식품은 종종 굉장히 맛이 없다
D 长得娇小的食物非常安全	D 조그만 식품은 매우 안전하다

단어 外表 wàibiǎo 명 겉모습 | 所 suǒ 조 ~되다 | 迷惑 míhuò 동 현혹되다 | 难吃 nánchī 맛이 없다 | 娇小 jiāoxiǎo 형 여리고 작다

해설 마지막 단락에서 '面对那些外观超常、怪异的食物，如特别大的菜、鱼或鸡等，我们还是小心谨慎为好(유난히 큰 채소와 생선 혹은 닭고기 등과 같은 그런 외관이 보통 것보다 월등히 좋고 기이한 식품을 마주 할 때는 조심스럽고 신중하게 판단하는 것이 좋다)'라고 하는 것으로 미루어 보아, 이 글은 식품을 고를 때 생김새를 보고 고르지 않도록 주의하라는 내용이므로 정답은 A이다.

83 – 86

南美洲有一种奇特的植物——卷柏。[83]说它奇特，是因为它会走。为什么植物会走呢？这是生存的需要。卷柏的生存需要充足的水分，当水分不充足的时候，它就会自己把根从土壤里拔出来，让整个身体缩卷成圆球状。由于体轻，只要稍有一点儿风，[83]它就随风在地面上滚动。一旦滚到水分充足的地方，圆球就会迅速地打开，根重新钻到土壤里，暂时安居下来。当水分又一次不足时，它会继续游走寻找充足的水源。

难道卷柏不走就生存不了了吗？为此，一位植物学家对卷柏做了这样一个实验。用木板圈出一块空地，把一棵游走的卷柏放入空地上水分最充足的地方。不久，卷柏便扎根生存下来。几天后，当此处水分减少的时候，卷柏便抽出根须，卷起身子准备换地方。可[84]实验者隔绝一切可能将它移走的条件。不久，实验者看到了一个有意思的现象，卷柏又重新扎根生存在了那里，而且在几次又将根拔出，几次又动不了的情况下，便再也不动

남아메리카에 부처손(卷柏)이라는 한 독특한 식물이 있다. [83]그것이 독특하다고 한 이유는 걸을 수 있기 때문이다. 어떻게 식물이 걸을 수 있을까? 이는 생존에 필요하기 때문이다. 부처손의 생존에는 충분한 수분이 필요하다. 수분이 충분하지 않을 때, 그것은 자신의 뿌리를 토양에서 뽑아 몸 전체를 움츠려 말아서 원형 상태로 만든다. 몸이 가벼워졌기 때문에 바람이 조금만 불어도 [83]그것은 바람을 따라 땅 위를 구른다. 일단 굴러서 수분이 많은 곳에 도착하면 원형의 상태가 신속히 펴질 것이다. 뿌리는 다시 토양 안으로 뚫고 들어가 잠시 안거하게 된다. 수분이 또 다시 부족해질 때, 그것은 계속 돌아다니며 충분한 수원을 찾을 것이다.

설마 부처손은 움직이지 않으면 생존할 수 없는 것인가? 이를 위해, 한 식물학자가 부처손에 대해 한 가지 실험을 했다. 목판에 테두리를 둘러 빈 땅을 만들고, 돌아다니는 부처손 한 그루를 빈 땅에서 수분이 가장 충분한 곳에 두었다. 오래 지나지 않아 부처손은 바로 뿌리를 내려 생존했다. 며칠 후, 여기에 수분이 감소할 때, 부처손

了。实验还发现，此时卷柏的根已深深地扎入泥土，而且长势比任何一段时间都好，可能是它发现了扎根越深，水分越充分。 [85]生活中我们有很多人也像卷柏一样，为了寻找一个好工作，频繁地跳槽。可我觉得，这个世界上根本就找不到最适合自己的工作。[86]在这种情况下，学会适应，也许就是生存最基本、最重要的本领了。	은 뿌리를 빼내어 몸을 말아 올려 장소를 바꾸려고 준비했다. 하지만 [84]실험자는 부처손이 이동할 수 있는 모든 조건을 차단시켰다. 얼마 후, 실험자는 한 재미있는 현상을 보았다. 부처손은 생존해 살고 있는 그곳에 또 다시 뿌리를 내렸고, 게다가 몇 번이나 또 뿌리를 뽑더니, 몇 차례 또 움직이지 못하는 상황이 되자 더 이상 움직이지 않았다. 실험에서 이때 부처손의 뿌리는 이미 깊숙이 흙에 박혀 있고, 게다가 자라는 기세가 어떤 때보다 전부 좋은 것도 발견했다. 아마 그것은 뿌리를 깊숙이 내릴 수록 수분이 충분하다는 것을 발견한 것 같았다. [85]일상에서 우리 중 많은 사람이 부처손처럼 좋은 직업를 찾기 위해서 빈번히 직업을 바꾼다. 하지만 나는 이 세상에서 자신에게 가장 적합한 일은 아예 찾을 수 없다고 생각한다. [86]이런 상황에서 적응하는 법을 습득하는 것이 어쩌면 생존의 가장 기본적이고 가장 중요한 능력일 것이다.

단어 南美洲 Nánměizhōu 명 남아메리카 ['南亚美利加州'의 약칭] | 奇特 qítè 형 독특하다 | 植物 zhíwù 명 식물 | 卷柏 Juǎnbó 명 부처손(Selaginella tamariscina) [식물의 일종] | 生存 shēngcún 동 생존하다 | 充足 chōngzú 형 충분하다 | 水分 shuǐfèn 명 수분 | 当 dāng 개 [바로 그 시간이나 그 장소를 가리킴] | 根 gēn 명 뿌리 | 土壤 tǔrǎng 명 토양 | 拔 bá 동 뽑다 | 整个 zhěnggè 형 온 | 缩 suō 동 움츠리다 | 卷 juǎn 동 말다 | 状 zhuàng 명 상태 | 由于 yóuyú 접 ~때문에 | 轻 qīng 형 가볍다 | 只要 zhǐyào 접 ~하기만 하면 | 稍 shāo 부 조금 | 随 suí 동 따르다 | 滚动 gǔndòng 동 구르다 | 一旦 yídàn 부 일단 | 滚 gǔn 동 구르다 | 迅速 xùnsù 형 신속하다 | 重新 chóngxīn 부 다시 | 钻 zuān 동 뚫다 | 暂时 zànshí 명 잠시 | 安居 ānjū 동 안거하다 | 不足 bùzú 동 부족하다 | 继续 jìxù 명 계속 | 寻找 xúnzhǎo 동 찾다 | 水源 shuǐyuán 명 수원 | 难道 nándào 부 설마 ~란 말인가? | 不了 bùliǎo ~할 수 없다 [동사의 뒤에 쓰여 동작을 완료할 수 없음을 강조함] | 为此 wèicǐ 이 때문에 | 实验 shíyàn 명 실험 | 木板 mùbǎn 명 목판 | 圈 quān 동 동그라미를 그리다 | 空地 kòngdì 명 빈 땅 | 棵 kē 양 그루 [식물을 세는 단위] | 便 biàn 부 바로 | 扎根 zhāgēn 동 뿌리를 내리다 | 此处 cǐchù 명 여기 | 减少 jiǎnshǎo 동 감소하다 | 抽 chōu 동 빼내다 | 根须 gēnxū 명 뿌리털 | 身子 shēnzi 명 몸 | 可 kě 접 [이어진 단문에서 사건의 전환을 나타냄] | 隔绝 géjué 동 차단하다 | 一切 yíqiè 대 모든 | 移 yí 동 이동하다 | 条件 tiáojiàn 명 조건 | 现象 xiànxiàng 명 현상 | 情况 qíngkuàng 명 상황 | 此时 cǐshí 명 이때 | 深深 shēnshēn 형 매우 깊다 | 泥土 nítǔ 명 흙 | 长势 zhǎngshì 명 생장하는 기세 | 任何 rènhé 대 어떠한 | 生活 shēnghuó 명 생활 | 频繁 pínfán 형 빈번하다 | 跳槽 tiàocáo 동 직업을 바꾸다 | 根本 gēnběn 부 아예 | 适合 shìhé 동 적합하다 | 学会 xuéhuì 동 습득하다 | 适应 shìyìng 동 적응하다 | 也许 yěxǔ 부 어쩌면 | 基本 jīběn 형 기본적인 | 本领 běnlǐng 명 능력

83 ★★☆

为什么说卷柏是奇特的?	왜 부처손을 독특하다고 말하는가?
A 因为它会随风滚走	A 그것은 바람을 따라 굴러다닐 수 있기 때문이다
B 因为它的叶子很特别	B 그것의 잎이 매우 특이하기 때문이다
C 因为它会跑	C 그것은 달릴 수 있기 때문이다
D 因为它的生命需要充足的水分	D 그것의 생명에는 충분한 수분이 필요하기 때문이다

단어 叶子 yèzi 명 잎 | 生命 shēngmìng 명 생명

해설 질문의 핵심 단어인 '奇特(독특하다)'가 쓰인 문장을 지문에서 찾는다. 첫 번째 단락의 가장 처음에 부처손이라는 독특한 식물이 있다고 소개한다. 이어서 '说它奇特，是因为它会走(그것이 독특하다고 한 이유는 걸을 수 있기 때문이다)'라고 하며, 그 걸을 수 있는 방법으로 '它就随风在地面上滚动(그것은 바람을 따라 땅 위를 구른다)'이라고 설명한다. 따라서 이를 모두 종합하면 정답은 A이다.

84 ★★☆	
关于实验，下列哪项是正确的？	실험에 관하여 다음 중 옳은 것은?
A 实验中，卷柏被迫不能走	A 실험에서 부처손은 걸을 수 없도록 강요당한다
B 由于没有了充足的水分，卷柏死了	B 충분한 수분이 없었기 때문에 부처손은 죽었다
C 卷柏不能适应环境	C 부처손은 환경에 적응할 수 없다
D 根扎得越深，水分越少	D 뿌리를 깊게 내릴수록 수분은 적다

단어 **被迫** bèipò 동 강요당하다

해설 지문에서 '实验(실험)'에 관한 내용이 언급된 단락을 찾는다. 두 번째 단락에서 실험 중에 수분이 감소했을 때, '实验者隔绝一切可能将它移走的条件(실험자는 부처손이 이동할 수 있는 모든 조건을 차단시켰다)'이라고 하므로, 보기 중에서 지문의 내용으로 옳은 것은 '实验中，卷柏被迫不能走(실험에서 부처손은 걸을 수 없도록 강요당한다)'이다. 따라서 정답은 A이다.

85 ★★★	
卷柏指什么人？	부처손은 어떤 사람을 가리키는가?
A 常常换工作的人	A 직업을 자주 바꾸는 사람
B 喜新厌旧的人	B 새로운 것을 좋아하고 옛것을 싫어하는 사람
C 没有耐心的人	C 참을성이 없는 사람
D 崇尚金钱的人	D 돈을 숭상하는 사람

단어 **指** zhǐ 동 가리키다 | **喜新厌旧** xǐxīn yànjiù 성 새로운 것을 좋아하고 옛것을 싫어하다 | **耐心** nàixīn 명 참을성 | **崇尚** chóngshàng 동 숭상하다 | **金钱** jīnqián 명 돈

해설 마지막 단락에서 '生活中我们有很多人也像卷柏一样，为了寻找一个好工作，频繁地跳槽(일상에서 우리 중 많은 사람이 부처손처럼 좋은 직업를 찾기 위해서 빈번히 직업을 바꾼다)'라고 직접적으로 비유한다. 즉, 부처손은 '常常换工作的人(직업을 자주 바꾸는 사람)'을 가리키는 것이므로 정답은 A이다.

B. 부처손은 수분이 필요해서 이동하는 것이지, 기존의 자리가 싫어서 떠나는 것이 아니다.

86 ★★★	
最后一段话是什么意思？	가장 마지막 문장에서 말하는 것은 무슨 의미인가?
A 为了得到更好的待遇，我们要不断地换工作	A 더 좋은 대우를 받기 위해서 우리는 끊임없이 직업을 바꿔야 한다
B 只有学会适应，才能活得更好	B 적응하는 법을 습득해야만 더 잘 살 수 있다
C 世界上本来就没有最适合自己的工作，因此随便找份工作就行了	C 세상에는 원래 자신에게 가장 적합한 직업이 없기 때문에, 아무렇게나 직업을 찾으면 된다
D 好工作是不能强求的	D 좋은 직업은 강요할 수 없는 것이다

단어 待遇 dàiyù 명 대우 | 不断 búduàn 동 끊임없다 | 本来 běnlái 부 원래 | 随便 suíbiàn 부 아무렇게나 | 份 fèn 양 [일을 세는 단위] | 强求 qiǎngqiú 동 강요하다

해설 마지막 문장의 말은 '在这种情况下，学会适应，也许就是生存最基本、最重要的本领了(이런 상황에서 적응하는 법을 습득하는 것이 어쩌면 생존의 가장 기본적이고 가장 중요한 능력일 것이다)'로, 이 내용과 일치하는 것을 고르면 된다. B의 '只有学会适应，才能活得更好(적응하는 법을 습득야만 더 잘 살 수 있다)'라는 것이 마지막 문장의 의미라고 해석할 수 있으므로 정답은 B이다.

87－90

梅兰芳（1894－1961），1894年生于北京，[87]他出生于京剧世家，10岁登台在北京广和楼演出《天仙配》，演花旦，1911年北京各界举行京剧演员评选活动，梅兰芳名列第三。1913年，他首次到上海演出，演出了《彩楼配》《玉堂春》《穆柯寨》等戏，[88]初来上海就风靡了整个江南。他吸收了上海戏曲、新式舞台、灯光、化妆、服装设计等改良成分，返京后创演时装新戏《孽海波澜》。第二年再次来沪，演出了《五花洞》《真假潘金莲》《贵妃醉酒》等拿手好戏，一连唱了34天。

回京后，梅兰芳继续排演新戏《嫦娥奔月》《春香闹学》《黛玉葬花》等。1916年第三次来沪，连唱45天。[90]1918年后，移居上海，这是他戏剧艺术的顶峰时代。他的戏曲综合了各种表演方式，形成独具一格的梅派。梅兰芳大量排演新剧目，在京剧唱腔、念白、舞蹈、音乐、服装上[89]均进行了独树一帜的艺术创新，被称为梅派大师。

매란방(梅兰芳, 1894~1961)은 1894년 베이징(北京) 출생으로 [87]그는 경극 명문가에서 태어났다. 10살 때 그는 당시 베이징 광화루(广和楼)에서 공연한 〈친선배〉에 등단하여 화단(花旦)을 연기했다. 1911년 베이징 각계에서 거행된 경극 배우 선발 대회에서 매란방은 3위를 했다. 1913년, 그는 처음으로 상하이(上海)에 입성하여 〈채루배〉, 〈옥당춘〉, 〈목가채〉 등의 극을 공연하고 [88]처음 상하이에 오자마자 강남(江南) 전체를 휩쓸었다. 그는 상하이의 중국 전통극, 신식 무대, 조명, 화장, 의상 디자인 등 혁신 요소를 받아들이고서 베이징으로 돌아가 최신 스타일의 새로운 극인 〈얼해파란〉을 창작하고 공연했다. 이듬해 다시 상하이로 가서 〈오화동〉, 〈진가반금련〉, 〈귀비취주〉 등의 뛰어난 극에서 연기를 했고, 연이어 35일을 공연했다.

베이징에 돌아온 후, 매란방은 계속 〈항아분월〉, 〈춘향료학〉, 〈대옥장화〉 등의 새로운 극의 무대 연습을 했다. 1916년 세 번째로 상하이에 가서 연이어 45일을 공연하고, [90]1918년 이후 상하이로 거처를 옮겼다. 이는 그의 희극 예술 최고봉의 시기였다. 그의 중국 전통극은 각종 공연 방식을 종합하여, 독자적으로 하나의 품격을 갖춘 매파(梅派)를 형성했다. 매란방은 무수한 새로운 연극의 무대 연습을 했고 경극의 곡조, 대사, 춤, 음악, 의상에서 [89]모든 것을 혼자서 한 파를 형성한 예술의 창조를 진행하여 매파의 대가라고 불렀다.

단어 生于 shēngyú 개 ~에서 태어나다 | 北京 Běijīng 명 베이징 [지명] | 出生 chūshēng 동 태어나다 | 京剧 jīngjù 명 경극 [중국 주요 전통극의 하나] | 世家 shìjiā 명 명문 | 登台 dēngtái 동 등단하다 | 演出 yǎnchū 동 공연하다 | 花旦 Huādàn 명 화단 [중국 전통극의 말괄량이 여자 배역] | 各界 gèjiè 명 각계 | 举行 jǔxíng 동 거행하다 | 活动 huódòng 명 행사 | 演员 yǎnyuán 명 배우 | 评选 píngxuǎn 동 평가하여 선발하다 | 列 liè 동 배열하다 | 上海 Shànghǎi 명 상하이 [지명] | 戏 xì 명 극 | 风靡 fēngmǐ 동 휩쓸다 | 整个 zhěnggè 형 온 | 江南 Jiāngnán 명 강남 [지명, 중국의 창장(长江) 이남 지역] | 吸收 xīshōu 동 받아들이다 | 戏曲 xìqǔ 명 중국 전통극 | 新式 xīnshì 명 신식 | 舞台 wǔtái 명 무대 | 灯光 dēngguāng 명 조명 | 化妆 huàzhuāng 동 화장하다 | 服装 fúzhuāng 명 의상 | 设计 shèjì 명 디자인 | 改良 gǎiliáng 명 혁신 | 成分 chéngfèn 명 요소 | 返 fǎn 동 돌아오다 | 京 Jīng 명 베이징 [지명, 베이징의 별칭] | 创演 chuàngyǎn 창작하고 공연하다 | 时装 shízhuāng 명 유행복 | 沪 Hù 명 호 [지명, 상하이의 별칭] | 拿手 náshǒu 형 뛰어나다 | 一连 yìlián 부 연이어 | 继续 jìxù 명 계속 | 排演 páiyǎn 동 무대 연습을 하다 | 移居 yíjū 동 거처를 옮기다 | 戏剧 xìjù 명 희극 | 艺术 yìshù 명

예술 | **顶峰** dǐngfēng 명 정상, 최고봉 | **时代** shídài 명 시기 | **综合** zōnghé 동 종합하다 | **表演** biǎoyǎn 동 공연하다 | **方式** fāngshì 명 방식 | **形成** xíngchéng 동 형성하다 | **独具** dújù 독자적으로 갖추다 | **派** pài 명 파 | **大量** dàliàng 형 대량의 | **剧目** jùmù 명 상연 목록 | **唱腔** chàngqiāng 명 (중국 전통극의) 노래 곡조 | **念白** niànbái 명 (중국 전통극의) 대사 | **舞蹈** wǔdǎo 명 춤 | **均** jūn 부 모두 | **进行** jìnxíng 동 진행하다 | **独树一帜** dúshù yízhì 성 독자적으로 한 파를 형성하다 | **创新** chuàngxīn 명 창조성 | **称** chēng 동 ~라고 부르다 | **大师** dàshī 명 대사

87 ★★☆	
梅兰芳家里是做什么的?	매란방의 집안은 무엇을 하는가?
A 做生意	A 장사를 한다
B 开药店	B 약국을 한다
C 当老师	C 선생님이다
D 唱戏	D 중국 전통극을 공연한다

단어 **生意** shēngyi 명 장사 | **药店** yàodiàn 명 약국 | **当** dāng 동 ~이 되다 | **唱戏** chàngxì 동 중국 전통극을 공연하다

해설 첫 번째 단락에서 '他出生于京剧世家(그는 경극 명문가에서 태어났다)'라고 한다. 따라서 그의 집안은 '唱戏(중국 전통극을 공연한다)'를 한다고 짐작할 수 있으므로 정답은 D이다.

88 ★★★	
"风靡"在文章中是什么意思?	'휩쓸다'는 글에서 무슨 의미인가?
A 风很大　　B 不受欢迎	A 바람이 거세다　　B 인기가 없다
C 影响　　D 很受欢迎	C 영향을 주다　　D 인기가 많다

단어 **受欢迎** shòu huānyíng 인기가 있다, 환영을 받다

해설 첫 번째 단락에서 '初来上海就风靡了整个江南(처음 상하이에 오자마자 강남 전체를 휩쓸었다)'이라고 한다. 여기서 쓰인 '风靡'는 '휩쓸다', '유행하다'라는 뜻으로, 강남 지역에서 매우 인기가 있었음을 의미한다. 따라서 정답은 D이다.

89 ★★☆	
梅兰芳对戏剧的贡献是什么?	매란방이 희극에 공헌한 것은 무엇인가?
A 唱得好	A 노래를 잘했다
B 演出很多	B 굉장히 많이 공연했다
C 影响很大	C 영향력이 매우 컸다
D 对戏剧的创新	D 희극의 창조

단어 **贡献** gòngxiàn 명 공헌

해설 두 번째 단락에서 '均进行了独树一帜的艺术创新，被称为梅派大师(모든 것을 혼자서 한 파를 형성한 예술의 창조를 진행하여 매파의 대가라고 불렸다)'라고 하므로, 매란방은 기존의 희극에서 새로운 형태의 희극 예술을 창조했음을 알 수 있다. D의 '对戏剧的创新(희극의 창조)'은 지문에서 쓰인 '创新(창조)'을 그대로 사용하여 매란방이 공헌한 바를 정확하게 나타냈다. 따라서 정답은 D이다.

90 ★★★	
关于梅兰芳，下面哪项是错误的？	매란방에 관하여 다음 중 잘못된 것은?
A 梅兰芳活了67岁	A 매란방은 67세까지 살았다
B 梅兰芳在上海很受欢迎	B 매란방은 상하이에서 인기가 많았다
C 梅兰芳一直住在上海	C 매란방은 상하이에서 계속 살았다
D 梅兰芳对京剧贡献很大	D 매란방은 경극에 한 공헌이 크다

해설 북경에서 태어난 그가 두 번째 단락에서 '1918**年后，移居上海**(1918년 이후 상하이로 거처를 옮겼다)'라고 하므로, '**梅兰芳一直住在上海**(매란방은 상하이에서 계속 살았다)'는 잘못된 내용이다. 따라서 정답은 C이다.

A. 지문의 가장 처음에 나온 생애(1894~1961)를 통해 나이를 계산하면 매란방은 중국 나이로 67세까지 살았다.

미리 보기 해석

제1부분

》 전략서 180p

91. 水　请　那杯　给我　把 请把那杯水给我。	91. 그 물을 나에게 주세요.

01. 품사와 문장 성분 파악하기

유형 확인 문제

》 전략서 182p

정답 1 他忍不住大笑起来。　2 老百姓的收入水平至今仍然非常低。

1 ★★☆

大笑　忍不住　起来　他

정답 他忍不住大笑起来。	그는 참지 못하고 크게 웃기 시작한다.

단어 忍不住 rěnbúzhù 참을 수 없다

해설 **1. 술어와 보어 찾기 :** 동사 '笑(웃다)'가 이 문장의 술어이고, 부사 '大(크게)'는 '笑(웃다)'를 수식하는 부사어이다. 동작이나 상황의 시작 또는 계속됨을 나타내는 방향보어 '起来'는 '笑(웃다)'의 보어로 쓰여 동작의 시작을 나타내므로 술어 뒤에 배치한다.

2. 주어 찾기 : '笑(웃다)'의 주체는 '他(그)'이므로 인칭대명사 '他(그)'는 이 문장의 주어가 된다.

3. 부사어 찾기 : 이 문장에서 '忍不住(참을 수 없다)'의 문장 성분은 부사어로, 술어 앞에서 술어를 수식한다. 따라서 '주어+부사어+술어+보어'의 중국어의 문장 구조에 맞추어 나열하면 된다.

他	忍不住大	笑	起来。
주어	부사어	술어	보어

2 ★★☆

至今　收入水平　老百姓的　仍然　非常低

정답 老百姓的收入水平至今仍然非常低。	국민의 소득 수준은 지금까지 여전히 매우 낮다.

단어 至今 zhìjīn 부 지금까지 | 收入 shōurù 명 소득 | 水平 shuǐpíng 명 수준 | 老百姓 lǎobǎixìng 명 국민, 백성 | 仍然 réngrán 부 여전히 | 低 dī 형 낮다

해설 **1. 술어 찾기 :** '非常低(매우 낮다)'는 '정도부사+형용사' 구조이므로, 형용사 술어 '低(낮다)'는 '非常(매우)'과 함께 술어 자리에 배치한다.

2. **주어 찾기 :** 술어가 '低(낮다)'이므로 의미상 '收入水平(소득 수준)'이 주어가 된다.

3. **관형어와 부사어 찾기 :** '老百姓的(국민의)'는 의미상 '收入水平(소득 수준)' 앞에서 주어를 수식하는 관형어가 된다. 부사 '至今'은 '(예전부터) 지금까지'라는 뜻이고, 부사 '仍然(여전히)'은 '원래의 상황이 바뀌지 않은 상태'를 가리킨다. 단어의 뜻에 근거하여 '至今(지금까지)'은 '仍然(여전히)' 앞에 위치하며, 이 둘은 연달아 쓰이는 경우가 많다. 따라서 '至今仍然(지금까지 여전히)'으로 조합하여 술어 앞의 부사어 자리에 배치한다.

老百姓的	收入水平	至今仍然非常	低。
관형어	주어	부사어	술어

02. 조합할 수 있는 단어 먼저 배치하기

유형 확인 문제

》 전략서 184p

정답 1 听音乐可以缓解紧张的情绪。 2 我请朋友晚上看电影。

1 ★★☆

情绪　听音乐　可以　缓解　紧张的

정답 听音乐可以缓解紧张的情绪。 음악을 듣는 것은 긴장감을 완화할 수 있다.

단어 情绪 qíngxù 명 기분, 정서 | 音乐 yīnyuè 명 음악 | 缓解 huǎnjiě 동 완화하다 | 紧张 jǐnzhāng 형 긴장해 있다

해설 1. **술어 찾기 :** 동사 '缓解'는 '완화하다'라는 뜻으로 이 문장의 술어가 된다.

2. **주어와 목적어 찾기 :** 술어 '缓解(완화하다)'의 목적어로 명사 '情绪(기분)'를 써서 '缓解情绪(기분을 완화하다)'로 조합할 수 있다. 또한, '听音乐(음악을 듣는 것)'는 기분을 완화하는 행위이므로 이 문장의 주어가 된다.

3. **관형어와 부사어 찾기 :** '紧张的(긴장한)'는 의미상 '情绪(기분)' 앞에서 목적어를 수식하는 관형어가 되고, 조동사 '可以(~할 수 있다)'는 술어인 '缓解(완화하다)' 앞에 위치하여 부사어 역할을 한다.

听音乐	可以	缓解	紧张的	情绪。
주어	부사어	술어	관형어	목적어

2 ★★☆

请　看　朋友　晚上　电影　我

정답 我请朋友晚上看电影。 나는 저녁에 영화를 보자고 친구를 불렀다.

해설 1. **술어 찾기 :** 이 문장은 겸어문으로, 동사 '请(청하다)'과 '看(보다)'은 각각의 주어와 목적어를 가지는 술어로 쓰인다. 동작의 순서에 따라 나열하여 사역동사인 '请(초청하다)'을 술어1, '看(보다)'은 술어2의 자리에 배치한다. 겸어문의 구조는 '주어1+술어1+겸어(목적어1/주어2)+술어2+목적어2'이다.

2. **주어와 목적어 찾기 :** 술어1 '请(청하다)'의 목적어 '朋友(친구)'는 술어2 '看(보다)'의 주어가 되기도 하므로, '朋友(친구)'가 바로 이 문장의 겸어이다. 또한, 초청하는 주체는 '我(나)'이므로 '我(나)'가 주어1이 되고, '电影(영화)'은 술어2의 목적어2가 된다.

3. **부사어 찾기 :** '晚上(저녁)'은 시간명사로 영화를 보는 시간을 가리킨다. 따라서 '看(보다)' 앞에서 술어를 수식하는 부사어 역할을 한다.

我	请	朋友	晚上	看	电影。
주어1	술어1	목적어1 주어2	부사어	술어2	목적어2

Tip

겸어문에서 술어1로 자주 쓰이는 사역 · 요청 · 심리동사

사역동사	让 ràng ~하게 하다 / 叫 jiào ~하게 하다 / 使 shǐ ~하게 하다 / 令 lìng ~하게 하다 / 请 qǐng 청하다 / 派 pài 파견하다 / 促使 cùshǐ ~하도록 재촉하다 / 批准 pīzhǔn 허가하다
요청동사	要求 yāoqiú 요구하다 / 建议 jiànyì 제안하다 / 通知 tōngzhī 통지하다 / 提醒 tíxǐng 일깨우다 / 答应 dāying 대답하다 / 吩咐 fēnfù 분부하다 / 推荐 tuījiàn 추천하다
심리동사	喜欢 xǐhuan 좋아하다 / 讨厌 tǎoyàn 싫어하다 / 原谅 yuánliàng 용서하다 / 批评 pīpíng 꾸짖다 / 表扬 biǎoyáng 칭찬하다 / 羡慕 xiànmù 부러워하다 / 鼓励 gǔlì 격려하다 / 称赞 chēngzàn 칭찬하다 / 怪 guài 꾸짖다 / 恨 hèn 원망하다 / 嫌 xián 싫어하다

03. '的', '地', '得', '了', '着', '过' 주의하기

유형 확인 문제

》 전략서 185p

정답 1 墙上挂着一幅油画。　　2 老王的水煮鱼做得很地道。

1 ★★☆

油画　　一幅　　挂　　墙上　　着

정답 墙上挂着一幅油画。　　벽에 유화 한 폭이 걸려 있다.

단어 油画 yóuhuà 명 유화 | 幅 fú 양 폭 [옷감 · 종이 · 그림 등을 세는 단위] | 挂 guà 동 걸다 | 墙 qiáng 명 벽

해설 **1. 술어 찾기 :** 이 문장은 '동사+着' 형태의 존현문에 관한 것으로, '주어(장소)+동사+着+목적어(사물/사람을 가리키는 단어나 어구)' 구조를 이용하여 나열할 수 있다. 그러므로 동사 '挂(걸다)'와 상태의 지속을 나타내는 구조조사 '着'를 술어 자리에 배치한다.

2. 주어와 목적어 찾기 : 존현문은 시간과 장소에 관한 내용을 주어 자리에 배치하므로, 장소를 나타내는 '墙上(벽 위)'이 이 문장의 주어가 되고 목적어는 명사 '油画(유화)'이다.

3. 관형어 찾기 : '一幅(한 폭)'는 '수사+양사' 구조로 양사 '幅(폭)'는 '油画(유화)'를 세는 단위이다. 따라서 '一幅(한 폭)'는 목적어 '油画(유화)'를 수식하는 관형어 자리에 배치한다.

墙上	挂着	一幅	油画。
주어	술어	관형어	목적어

Tip

존현문에 자주 쓰이는 동사

존재 (동사+着)	有 yǒu 있다 / 是 shì ~이다 / 贴着 tiēzhe 붙여져 있다 / 放着 fàngzhe 놓여 있다 / 挂着 guàzhe 걸려 있다 / 站着 zhànzhe 서 있다 / 停着 tíngzhe 세워져 있다 / 写着 xiězhe 쓰여 있다 / 坐着 zuòzhe 앉아 있다 / 堆着 duīzhe 쌓여 있다 / 躲着 duǒzhe 숨어 있다 / 踩着 cǎizhe 밟고 있다
출현 (동사+了)	来了 láile 왔다 / 出现了 chūxiànle 나타났다 / 发生了 fāshēngle 발생했다 / 产生了 chǎnshēngle 생겼다 / 传来了 chuánláile 전해 내려왔다 / 跑过来 pǎoguòlái 달려오다
소실 (동사+了)	走了 zǒule 갔다 / 搬走了 bānzǒule 옮겨 갔다 / 开走了 kāizǒule (자동차가) 떠나갔다 / 飞走了 fēizǒule 날아갔다

2 ★★☆	
水煮鱼　　很　　老王的　　做得　　地道	
정답 老王的水煮鱼做得很地道。	라오왕(老王)이 만든 수이주위(水煮鱼)는 아주 정통이다.

단어 **水煮鱼** shuǐzhǔyú 명 수이주위 [중국의 삶은 생선 요리] | **地道** dìdao 형 정통의

해설 **1. 술어와 보어 찾기 :** '동사+得'의 형태인 '做得'는 '만든 정도가 ~하다'라는 의미로 뒤에 정도보어를 가진다. 따라서 동사 '做(만들다)'와 함께 쓰인 '做得'를 이 문장의 술어 자리에, 정도부사 '很(아주)'과 형용사 '地道(정통의)'를 함께 술어 뒤의 보어 자리에 배치한다.

2. 주어 찾기 : 의미상 '水煮鱼(수이주위)'가 주어이고, '老王的(라오왕의)'는 주어를 수식하는 관형어가 된다.

老王的	水煮鱼	做得	很地道。
관형어	주어	술어	보어

04. '是…的', '着', '把', '被', '比'의 특수 문형 주의하기

유형 확인 문제

〉〉 전략서 187p

정답	1 玩具被摔坏了。	2 我们俩是去年认识的。

1 ★★☆	
摔　　玩具　　被　　了　　坏	
정답 玩具被摔坏了。	장난감이 떨어져서 망가졌다.

단어 **摔** shuāi 동 떨어져 부서지다 | **玩具** wánjù 명 장난감 | **被** bèi 개 ~에게 ~당하다 | **坏** huài 형 망가지다

해설 **1. 술어와 보어 찾기 :** 동사 '摔(떨어져 부서지다)'가 이 문장의 술어가 되고, 형용사 '坏(망가지다)'는 술어 뒤의 결과보어 자리에 배치할 수 있다. 또한, '깨지다', '부서지다'라는 의미의 '摔坏'로 함께 자주 사용한다. 어기조사 '了'는 결과보어 '坏(망가지다)' 뒤에 위치한다.

2. 주어와 부사어 찾기 : 제시된 단어에서 '被'를 보고 '被자문'의 구조를 떠올릴 수 있어야 한다. 이 문장의 '被자문'은 동작의 주체인 목적어가 생략되었으므로, '주어(동작의 객체)+被+동사 (+기타 성분)' 구조이다. '摔(떨어져 부서지다)'의 주체는 '玩具(장난감)'가 되고, '被'는 술어 앞에서 술어를 수식하는 부사어가 된다.

玩具	被	摔	坏	了。
주어	부사어	술어	보어	

Tip

'被자문'에서 동작의 주체(목적어)를 누구인지 모두가 알거나, 혹은 아무도 모르는 대상일 경우에는 생략이 가능하다. 따라서 동작의 주체에 해당하는 목적어가 생략되면, '被(~에게 ~당하다)'는 뒤에 오는 술어를 바로 수식할 수 있다.

2 ★★☆

去年　是　认识　我们俩　的

정답 我们俩是去年认识的。 | 우리 두 사람은 작년에 알게 된 사이이다.

단어 **俩** liǎ 수 두 사람

해설 **1. 술어 찾기 :** '是…的' 강조문으로 동사 '是'는 술어가 될 수 없으므로, 동사 '认识(알다)'가 이 문장의 술어가 된다. '是…的' 강조문은 '주어+是+강조 내용+동사+的' 구조이다.

2. 주어 찾기 : '认识(알다)'의 주체인 '我们俩(우리 두 사람)'를 주어 자리에 배치한다.

3. 부사어 찾기 : '是…的' 강조문은 '是'와 '的' 사이에 오는 동작의 발생 시간, 장소, 수단, 방식, 목적 등의 내용을 강조한다. 따라서 이 문장은 동사 술어 '认识(알다)' 앞에 동작의 발생 시간을 나타내는 '去年(작년)'을 강조하기 위한 것이므로, 시간명사 '去年(작년)'을 부사어 자리에 배치한다.

我们俩	是	去年	认识	的。
주어	(강조)	부사어	술어	(강조)

실전 연습 1 – 제1부분

〉〉 전략서 188p

정답
91 她丈夫刚刚获得了全国比赛的冠军。
92 心理专家说老年人特别像小孩。
93 我负责把客人送回家。
94 多年的习惯并不容易改变。
95 一个人应该热爱自己的工作。
96 在电脑游戏上不能浪费太多时间。
97 屋里传出优美的歌声。
98 我买了戒指当作生日礼物。

91 ★★☆

全国比赛的　刚刚　她丈夫　冠军　获得了

정답 她丈夫刚刚获得了全国比赛的冠军。 | 그녀의 남편이 막 전국 시합에서 우승을 했다.

단어 **全国** quánguó 명 전국 | **比赛** bǐsài 명 시합 | **刚刚** gānggāng 부 막 | **冠军** guànjūn 명 우승 | **获得** huòdé 동 획득하다, 얻다

해설 **1. 술어 찾기 :** 동태조사 '了'와 함께 쓰인 동사 '获得(획득하다)'가 이 문장의 술어가 된다. '获得'는 '얻다', '획득하다'라는 뜻으로 뒤에 목적어를 가질 수 있다.

2. 주어와 목적어 찾기 : '获得(획득하다)'는 목적어 '冠军(우승)'과 조합되며, 의미상 '她丈夫(그녀의 남편)'가 이 문장의 주어가 된다. 그러므로 문장의 뼈대인 주술목을 배열하면 '她丈夫获得了冠军(그녀의 남편이 우승을 했다)'이 된다.

3. 관형어와 부사어 찾기 : '刚刚(막)'은 부사로 술어 앞에서 술어를 꾸며 주는 부사어 역할을 하며, '全国比赛的(전국 시합)'에서 구조조사 '的'는 뒤에 오는 명사를 수식하므로 목적어 '冠军(우승)'을 꾸며 주는 관형어 자리에 배치할 수 있다.

她丈夫	刚刚	获得了	全国比赛的	冠军。
주어	부사어	술어	관형어	목적어

92 ★★☆

心理专家说　小孩　特别　老年人　像

정답 心理专家说老年人特别像小孩。 | 심리 전문가는 노인이 어린이와 특히 닮았다고 말한다.

단어 心理 xīnlǐ 명 심리 | 专家 zhuānjiā 명 전문가 | 特别 tèbié 부 특히 | 老年人 lǎoniánrén 명 노인 | 像 xiàng 동 닮다

해설 1. **술어 찾기 :** 동사 '说(말하다)'와 '像(닮다)'은 각각 순서대로 이 문장의 술어가 된다.

2. **주어와 목적어 찾기 :** 술어 '说(말하다)'의 주어는 '心理专家(심리 전문가)'로 주어와 술어를 결합하면 '심리 전문가가 말하다'라는 의미가 되고, '说(말하다)'는 뒤에 나오는 문장 전체를 목적어로 가진다. 그리고 의미상으로 술어 '像(닮다)'의 목적어는 '小孩(어린이)', 주어는 '老年人(노인)'이다.

3. **부사어와 찾기 :** 부사 '特别(특히)'는 술어 '像(닮다)' 앞에 쓰여 '특히 닮다'라는 의미가 되고, 술어를 수식하는 부사어 역할을 한다.

心理专家	说	老年人	特别	像	小孩。
주어	술어	주어	부사어	술어	목적어
		목적어			

93 ★★☆

客人　送　负责　我　把　回家

정답 我负责把客人送回家。 | 나는 손님을 집으로 돌아가도록 배웅하는 것을 책임진다.

단어 客人 kèrén 명 손님 | 负责 fùzé 동 책임지다 | 把 bǎ 개 ~을

해설 1. **술어 찾기 :** 동사 '送(배웅하다)' 과 '负责(책임지다)'가 술어가 될 수 있는데, 의미상 '배웅을 책임지다'가 옳으므로, '负责送客人'으로 배열한다.

2. **주어와 목적어 자리 배치 :** 동사 '送(배웅하다)'의 목적어는 '客人(손님)'이다. 하지만 이 문제는 '把자문'이므로 '把' 뒤에 목적어 '客人(손님)'을 전치시켜 문장을 이어 갈 수 있다.

3. **부사어와 보어 자리 배치 :** '把자문'은 술어 뒤 반드시 기타성분이 와야 한다. 기타성분으로 '送(배웅하다)'뒤에 동사 '回家(집으로 돌아가다)'를 배치하여 '把客人送回家(손님을 집으로 돌아가도록 배웅하다)'를 만들 수 있다.

我	负责	把客人	送	回家。
주어	술어	부사어	술어	보어

Tip

'把자문'의 기타 성분

'주어+把+목적어+동사+기타 성분' 구조의 기타 성분으로는 정도보어, 결과보어, 방향보어, 수량보어, 가능보어, 了, 着, 过 등을 쓸 수 있다.

94 ★★☆

改变　容易　并不　多年的　习惯

정답 多年的习惯并不容易改变。 | 다년간의 습관은 결코 고치기 쉽지 않다.

단어 改变 gǎibiàn 동 고치다 | 容易 róngyì 형 쉽다 | 并不 bìngbù 결코 ~하지 않다 | 习惯 xíguàn 명 습관

해설 1. **술어 찾기 :** 동사 '改变'은 '고치다'라는 뜻으로 이 문장의 술어가 된다.

2. **주어 찾기 :** '改变(고치다)'은 주로 '改变习惯(습관을 고치다)'으로 자주 조합하여 사용하지만, 이 문장에서는 그렇게 조합되지 않는다. 따라서 명사 '习惯(습관)'은 목적어가 아닌 주어가 된다.

3. **관형어와 부사어 찾기 :** 의미상 '多年的(다년간의)'는 주어 '习惯(습관)'을 수식하는 관형어가 된다. '并不(결코 ~하지 않다)'는 '容易(쉽다)'와 결합하여 '결코 ~하기 쉽지 않다'라는 의미로, 술어 앞에서 술어를 수식하는 부사어 역할을 한다.

多年的	习惯	并不容易	改变。
관형어	주어	부사어	술어

Tip **'容易'와 '不容易'**

표현	의미	설명	예문
容易＋술어	~하기 쉽다	술어를 수식하는 부사어 역할	孩子很容易受到父母的影响。 아이는 부모의 영향을 받기 매우 쉽다.
不容易＋술어	~하기 쉽지 않다 ~하기 어렵다	술어를 수식하는 부사어 역할	第一印象很不容易改变。 첫인상은 매우 바뀌기 어렵다.

95 ★★☆

一个人　　自己的　　应该　　工作　　热爱

정답 一个人应该热爱自己的工作。　사람은 마땅히 자신의 일을 좋아해야 한다.

단어 **自己** zìjǐ 대 자신 | **应该** yīnggāi 조동 마땅히 ~해야 한다 | **热爱** rè'ài 동 뜨겁게 사랑하다

해설 1. **술어 찾기 :** 동사 '热爱'는 '뜨겁게 사랑하다'라는 뜻으로 이 문장의 술어가 되고 목적어를 가질 수 있다.

2. **주어와 목적어 찾기 :** '热爱(뜨겁게 사랑하다)'의 주어는 의미상 '一个人(한 사람)'이고, 목적어는 명사 '工作(일)'이다.

3. **관형어와 부사어 찾기 :** '应该'는 '마땅히 ~해야 한다'라는 조동사로 술어 앞에서 술어를 수식하는 부사어 역할을 하며, '自己的(자기의)'는 구조조사 '的'가 함께 쓰였으므로 명사를 수식한다. 따라서 목적어인 '工作(일)'를 수식하는 관형어 자리에 배치한다.

一个人	应该	热爱	自己的	工作。
주어	부사어	술어	관형어	목적어

96 ★★☆

浪费　　电脑游戏上　　在　　不能　　时间　　太多

정답 在电脑游戏上不能浪费太多时间。　컴퓨터 게임에 너무 많은 시간을 낭비해서는 안 된다.

단어 **浪费** làngfèi 동 낭비하다 | **游戏** yóuxì 명 게임

해설 1. **술어와 목적어 찾기 :** 동사 '浪费(낭비하다)'는 이 문장의 술어로 목적어인 '时间(시간)'과 조합하여 '浪费时间(시간을 낭비하다)'으로 자주 쓰인다.

2. **관형어와 부사어 찾기 :** 전체적인 범위를 한정시켜 주는 '在…上'은 문장의 가장 앞에서 문장 전체를 수식해 주는 부사어 역할을 하며, '不能' 역시 술어 앞에서 '~해서는 안 된다'라는 의미의 부사어로 쓰인다. '太多(너무 많다)'는 '时间(시간)'을 수식하는 관형어가 된다.

在电脑游戏上	不能	浪费	太多	时间。
부사어1	부사어2	술어	관형어	목적어

97 ★★☆

优美的　屋里　传出　歌声

정답 屋里传出优美的歌声。 | 방 안에서 우아하고 아름다운 노랫소리가 퍼져 나온다.

단어 优美 yōuměi 형 우아하고 아름답다 | 屋里 wūli 명 방 안 | 传 chuán 동 퍼지다 | 歌声 gēshēng 명 노랫소리

해설 **1. 술어 찾기 :** 이 문장은 존현문으로 동사 '传'은 '전파하다', '퍼지다'라는 뜻의 술어이고, 방향보어 '出'와 함께 쓰여 '퍼져 나오다'라는 의미가 된다.

2. 주어와 목적어 찾기 : 주어는 명사 '屋里(방 안)'이고 전파될 수 있는 '歌声(노랫소리)'이 목적어가 된다.

3. 관형어 찾기 : '优美的(우아하고 아름다운)'는 형용사인 '优美(우아하고 아름답다)'와 구조조사 '的'가 함께 쓰여 명사를 수식하는 관형어가 되므로, 의미상 '歌声(노랫소리)'을 수식하는 것이 적절하다.

屋里	传出	优美的	歌声。
주어	술어	관형어	목적어

Tip

존현문의 특징

1. 장소와 시간 등에 관한 표현이 주어 자리에 온다.
2. 존재 · 출현 · 소실을 의미하는 동사가 술어 자리에 온다.
3. 존현문에 자주 쓰이는 동사(보통 동사 뒤에 동태조사 '着'와 '了'를 붙임)

존재	有 / 是 / 贴着 / 放着 / 挂着 / 站着 / 停着 / 写着 / 坐着 / 堆着 / 躲着 / 踩着
출현	来了 / 出现了 / 发生了 / 产生了 / 传来了 / 跑过来
소실	走了 / 搬走了 / 开走了 / 飞走了

4. 장소와 시간 표현 앞에는 개사를 쓸 수 없다.

예 在天空出现了一道彩虹。(X)

天空出现了一道彩虹。(O) 하늘에 무지개가 떴다.

98 ★★☆

我　戒指　生日礼物　当作　买了

정답 我买了戒指当作生日礼物。 | 나는 생일 선물로 반지를 샀다.

단어 戒指 jièzhi 명 반지 | 礼物 lǐwù 명 선물 | 当作 dàngzuò 동 ~로 여기다

해설 **1. 술어와 목적어 찾기 :** 이 문장은 연동문으로 술어1 '买(사다)'는 뒤에 사물명사 목적어 '戒指(반지)'와 함께 조합할 수 있고, 술어2 '当作(~로 여기다)'는 목적어 '生日礼物(생일 선물)'와 조합할 수 있다.

2. 주어 찾기 : 주어는 인칭대명사 '我(나)'이다. 연동문은 동작의 연속적인 발생을 나타내므로 '买了戒指(반지를 샀다)'에 이어서 '当作生日礼物(생일 선물로 여기다)'의 순서로 나열할 수 있다.

我	买了	戒指	当作	生日礼物。
주어	술어1	목적어1	술어2	목적어2

연동문의 활용

1. 연동문은 '주어+술어1+(목적어1)+술어2+(목적어2)'의 구조이다.

예 我　坐　公交车　去　商场。 나는 버스를 타고 백화점에 간다.
　주어　술어1　목적어1　술어2　목적어2

2. '술어1'과 '술어2'는 다음의 의미를 갖는다.

- 연속 발생 : '술어1'하고 '술어2'하다

예 他　陪　妻子　参观　博物馆。 그는 아내를 데리고 박물관을 참관한다.
　주어　술어1　목적어1　술어2　목적어2

- 동작의 목적 : '술어2'하러 '술어1'하다

예 他　来　这儿　参加　考试。 그는 시험에 참가하러 이곳에 왔다.
　주어　술어1　목적어1　술어2　목적어2

- 수단이나 방식 : '술어1'로 '술어2'하다

예 我　坐　出租车　上班。 나는 택시를 타고 출근한다.
　주어　술어1　목적어　술어2

실전 연습 2 – 제1부분　　　　　　　　　　　　　　　》 전략서 189p

정답
91 论文的材料完成了吗?
92 超市排队的学生越来越多。
93 办公室好像缺少一些绿色植物。
94 他竟然一个人出门旅行了。
95 这条街晚上的灯光相当吸引人。
96 我把她的电影从头到尾看了一遍。
97 晚会结束后姐姐才出现。
98 最好别在饭后跑步。

91 ★★☆

论文的　　　完成　　　吗　　　了　　　材料

정답 论文的材料完成了吗?　　　　　　　논문 자료는 완성했는가?

단어 论文 lùnwén 몡 논문 | 完成 wánchéng 동 완성하다 | 材料 cáiliào 몡 자료

해설 1. **술어 찾기** : 동사 '完成(완성하다)'이 이 문장의 술어가 되고, 어기조사 '了'와 '吗'는 함께 쓰여 완성 여부를 물어보는 의문문을 만든다.

2. **주어 찾기** : 명사 '材料(자료)'는 주어가 되고, 구조조사 '的'와 함께 쓰인 '论文的(논문의)'는 주어 앞에서 주어를 수식하는 관형어 역할을 한다.

论文的	材料	完成	了吗?
관형어	주어	술어

92 ★★☆

越来越　　排队的　　多　　超市　　学生

정답 超市排队的学生越来越多。	슈퍼마켓에 줄을 서는 학생이 점점 많아진다.

단어 **排队** páiduì 동 줄을 서다 | **超市** chāoshì 명 슈퍼마켓 ['**超级市场**'의 약칭]

해설 **1. 주어와 술어 찾기 :** 형용사 '多(많다)'가 유일하게 이 문장의 술어가 될 수 있다. 형용사는 목적어를 가지지 않으므로 의미상으로 명사 '学生(학생)'이 주어가 되고, 이를 조합하면 '学生多(학생이 많다)'라는 주술구조가 된다.

2. 관형어와 부사어 찾기 : '越来越'는 '점점'이라는 뜻으로 형용사 술어 앞에서 부사어 역할을 한다. '排队(줄을 서다)'는 구조조사 '的'와 함께 쓰였으므로 명사 '学生(학생)'을 수식한다. 장소명사 '超市(슈퍼마켓)'는 '排队(줄을 서다)' 앞에 배치해 '슈퍼마켓에 줄을 서다'라는 의미가 된다.

超市排队的	学生	越来越	多。
관형어	주어	부사어	술어

93 ★★☆

缺少　　办公室　　绿色植物　　好像　　一些

정답 办公室好像缺少一些绿色植物。	사무실에는 녹색 식물이 조금 부족한 것 같다.

단어 **缺少** quēshǎo 동 부족하다 | **办公室** bàngōngshì 명 사무실 | **绿色植物** lǜsè zhíwù 명 녹색 식물 | **好像** hǎoxiàng 부 마치 ~과 같다

해설 **1. 술어 찾기 :** 동사 '缺少'는 '부족하다'라는 뜻으로 이 문장의 술어가 된다.

2. 주어와 목적어 찾기 : 의미상으로 명사 '办公室(사무실)'가 주어, '绿色植物(녹색 식물)'가 목적어가 된다.

3. 부사어와 보어 찾기 : 부사 '好像(마치 ~과 같다)'은 술어 앞에서 술어를 수식하는 부사어 역할을 하며, '一些(조금)'는 술어 뒤에서 수량보어의 역할을 한다.

办公室	好像	缺少	一些	绿色植物。
주어	부사어	술어	보어	목적어

94 ★★☆

竟然　　一个人　　他　　出门　　了　　旅行

정답 他竟然一个人出门旅行了。	그는 뜻밖에도 혼자서 여행을 갔다.

단어 **竟然** jìngrán 부 뜻밖에도 | **出门** chūmén 동 집을 떠나 멀리 가다 | **旅行** lǚxíng 동 여행하다

해설 **1. 술어 찾기 :** 동사 '出门(집을 떠나 멀리 가다)'과 '旅行(여행하다)'은 주로 함께 쓰이므로, 이를 조합하면 '出门旅行'이 되어 이 문장에서는 '집을 떠나 여행하다'라는 의미의 술어가 된다. '了'는 동태조사로 술어 뒤에 배치한다.

2. 주어와 목적어 찾기 : '旅行(여행하다)'은 목적어를 가지지 못하는 이합동사이고, 여행을 하는 주체는 '他(그)'이므로 이 문장의 주어는 인칭대명사 '他(그)'가 된다.

3. **부사어 찾기 :** 이 문장에서 '一个人'은 '单独(혼자서)'와 같은 의미로, 술어인 '出门旅行(집을 떠나 여행하다)'을 꾸며 주는 부사어 역할을 한다. 또한, 어기부사 '竟然'은 '뜻밖에도'라는 뜻으로 예상치 못한 상황을 나타낸다. 이는 단순히 '여행하는 것'을 수식하는 것이 아니라 '혼자서 여행하는 것'을 수식하므로 '一个人(혼자서)' 앞에 배치할 수 있다.

他	竟然	一个人	出门旅行了。
주어	부사어	부사어	술어

95 ★★★

灯光　　这条街　　相当　　吸引人　　晚上的

정답 这条街晚上的灯光相当吸引人。 | 이 길의 저녁 불빛은 상당히 사람을 매료시킨다.

단어 **灯光** dēngguāng 명 불빛 | **条** tiáo 양 가닥, 갈래 [지형 · 구조물과 관련된 것 등의 가늘고 긴 것을 세는 단위] | **相当** xiāngdāng 부 상당히 | **吸引** xīyǐn 동 매료시키다

해설 1. **술어 찾기 :** 동사 '吸引'은 '매료시키다'라는 뜻으로 이 문장의 술어이다.

2. **주어와 목적어 찾기 :** '吸引(매료시키다)'은 목적어인 '人(사람)'과 함께 사용되어 '사람을 매료시키다'라는 의미가 되고, 사람을 매료시키는 주체 '灯光(불빛)'이 주어가 된다. 따라서 주술목 기본 구조는 '灯光吸引人(불빛은 사람을 매료시킨다)'이다.

3. **관형어와 부사어 찾기 :** 구조조사 '的'는 명사 앞에서 명사를 수식하므로 '晚上的(저녁의)'는 주어인 '灯光(불빛)'을 수식하는 관형어가 된다. '这条街(이 길)'도 '晚上的(저녁에)' 앞에서 함께 관형어 역할을 한다. '相当'은 '상당히'라는 뜻의 부사이므로 술어를 수식하는 부사어가 된다.

这条街晚上的	灯光	相当	吸引	人。
관형어	주어	부사어	술어	목적어

96 ★★☆

她的电影　　我　　从头到尾　　把　　一遍　　看了

정답 我把她的电影从头到尾看了一遍。 | 나는 그녀의 영화를 처음부터 끝까지 한 번 보았다.

단어 **从头到尾** cóngtóu dàowěi 처음부터 끝까지 | **把** bǎ 개 ~를 | **遍** biàn 양 번, 차례 [한 동작의 처음부터 끝까지의 전 과정을 가리키는 단위]

해설 1. **술어 찾기 :** 동태조사 '了'가 함께 쓰인 동사 '看(보다)'이 이 문장의 술어가 된다.

2. **주어와 목적어 찾기 :** '看(보다)'의 주체는 '我(나)'이며 목적어는 '她的电影(그녀의 영화)'이다. 그러나 이 문장은 '把자문'을 활용한 것으로, 목적어인 '她的电影(그녀의 영화)'은 '把'와 함께 쓰여 부사어가 되므로 술어 앞에 배치한다.

3. **부사어와 보어 찾기 :** '把她的电影(그녀의 영화를)'은 술어 앞에서 술어를 수식하는 부사어1이 되고, '从头到尾(처음부터 끝까지)'는 술어를 수식하는 부사어2가 된다. '一遍(한 번)'은 술어 뒤에서 동작의 양을 보충 설명해 주는 동량보어의 역할을 한다.

我	把她的电影	从头到尾	看了	一遍。
주어	부사어1	부사어2	술어	보어

97 ★★☆

晚会　　姐姐　　才　　结束后　　出现

정답 晚会结束后姐姐才出现。 | 모임이 끝나고 나서야 비로소 언니가 나타났다.

단어 **才** cái 부 ~에야 비로소 | **结束** jiéshù 동 끝나다 | **出现** chūxiàn 동 나타나다

해설 **1. 술어 찾기 :** 동사 '出现'은 '나타나다'라는 뜻으로 이 문장의 술어이다.

2. 주어 찾기 : '出现(나타나다)'의 주체는 '姐姐(언니, 누나)'이므로, '姐姐(언니, 누나)'는 이 문장의 주어가 된다.

3. 부사어 찾기 : 부사 '才(~에야 비로소)'는 부사어로 술어 앞에서 술어를 수식한다. 또한, '才(~에야 비로소)'는 '出现(나타나다)' 앞에서 시간의 늦음을 나타내어, '모임이 끝나고 나서야 나타났다'라는 의미로 문장을 만들어야 한다. 그러므로 '晚会(모임, 파티)'와 '结束后(끝난 후)'는 순서대로 '晚会结束后(모음이 끝난 후)'로 나열하여 '姐姐才出现(비로소 언니가 나타났다)' 앞에 위치시킨다. '晚会结束后(모음이 끝난 후)'는 뒤에 오는 문장 전체를 수식하는 부사어 역할을 한다.

晚会结束后	姐姐	才	出现。
부사어	주어	부사어	술어

98 ★★☆

别　　最好　　跑步　　饭后　　在

정답 最好别在饭后跑步。 | 식후에는 뛰지 않는 것이 가장 좋다.

단어 **最好** zuìhǎo 부 가장 좋다

해설 **1. 술어 찾기 :** 동사 '跑步'는 '달리다'라는 뜻으로 이 문장의 술어이다.

2. 부사어 찾기 : 개사 '在(~에)'는 '饭后(식후)'와 함께 조합하여 개사구 '在饭后(식후에)'를 만들 수 있다. '别(~하지 마라)'는 부정부사로 개사구 앞에 위치한다. '最好(가장 좋다)'는 뒤에 나오는 문장 전체를 수식하는 부사어이므로 이 문장의 가장 앞에 배치한다.

最好别在饭后	跑步。
부사어	술어

Tip

부정부사 앞에 자주 쓰이는 부사

- 并 bìng 결코 예 我并不是这个意思。나는 결코 이 뜻이 아니다.
- 从来 cónglái 여태껏 예 他从来不迟到。그는 여태껏 지각하지 않았다.
- 根本 gēnběn 전혀, 도무지 예 那个孩子根本不懂事。그 아이는 도무지 철이 없다.
- 几乎 jīhū 거의 예 我几乎没吃。 나는 거의 안 먹었다.
- 仍然 réngrán 여전히 예 他仍然不太喜欢开车。그는 여전히 운전하는 것을 별로 좋아하지 않는다.
- 简直 jiǎnzhí 정말로 예 我简直不知道该说什么才好。나는 정말로 무엇을 말해야 좋을지 모르겠다.
- 千万 qiānwàn 제발, 절대로 예 你千万别告诉他。당신은 절대로 그에게 알리지 말아라.

미리 보기 해석

제2부분

〉〉 전략서 192p

99. 工作　成绩　环境　适应　沟通

来到新公司三个月了，我已经逐
渐适应了新的环境。我能够很好地跟
同事沟通，工作非常顺利，心情非常
愉快，我喜欢这份工作。在同事的帮
助下，我一定会取得不错的成绩。

99.

새로운 회사에 온 지 3개월이 되었고, 나는 벌써 새로운 환경에 점차 적응하였다. 나는 동료와 잘 소통할 수 있고, 일도 매우 순조로워서 기분이 아주 좋다. 나는 이 일을 좋아한다. 동료의 도움 아래 반드시 좋은 성과를 얻을 것이다.

01. 단어에서 문장으로, 문장에서 글로 완성하기

유형 확인 문제

〉〉 전략서 194p

1 ★★☆

元旦　放松　礼物　表演　善良

모범 답안

元旦马上就要到了，学校要组织
一场元旦晚会，我们班准备表演一个
节目。由于时间紧张，所以我们一刻
也不放松。因为我们打算把这个节目
送给我们善良、可爱的老师们，这肯
定是送给他们最好的新年礼物。

곧 설날이 된다. 학교에서 한 차례 설날 행사를 기획해서 우리 반은 하나의 프로그램을 공연하기로 준비했다. 시간이 촉박해서 잠시도 긴장을 풀지 않았다. 우리는 이 프로그램을 착하고 귀여우신 선생님들께 보여 드릴 계획이기 때문에, 이것은 틀림없이 그들에게 주는 가장 좋은 새해 선물일 것이다.

단어 元旦 yuándàn 명 설날, 양력 1월 1일 | 放松 fàngsōng 동 정신적 긴장을 풀다 | 礼物 lǐwù 명 선물 | 表演 biǎoyǎn 동 공연하다 | 善良 shànliáng 형 착하다 | 组织 zǔzhī 동 조직하다 | 场 chǎng 양 번, 차례 [문예·오락·체육 활동 등을 세는 단위] | 由于 yóuyú 개 ~때문에 | 紧张 jǐnzhāng 형 긴박하다 | 一刻 yíkè 수량 잠시 | 肯定 kěndìng 부 틀림없이

해설 **1. 단어의 뜻과 품사 파악하기**

2. 단어 조합하기

- 元旦 : 迎接元旦(설날을 맞이하다) / 元旦就要到了(곧 설날이 된다)
- 放松 : 心态放松(마음이 느스러지다) / 放松警惕(경계를 풀다) / 放松心情(마음을 편하게 하다)
- 礼物 : 新年礼物(새해 선물) / 送礼物(선물을 주다) / 生日礼物(생일 선물) / 珍贵礼物(진귀한 선물)
- 表演 : 表演节目(프로그램을 공연하다) / 模拟表演(모의 공연) / 表演一下(한번 공연해 보다) / 完美的表演(완벽한 공연)
- 善良 : 本性善良(본성은 선량하다) / 善良的人(선량한 사람) / 品德善良(품성이 선량하다) / 心地善良(마음씨가 선량하다)

3. 주제와 글의 종류 정하기

- 주제 : 新年礼物(새해 선물)
- 서술문(원인–과정–결과) or 논설문(문제 제기–문제 분석–해결 방법)

4. 답안 윤곽 잡기(서술문)

- 원인 : 元旦就要到了 / 学校组织元旦晚会
- 과정 : 准备表演节目 / 时间紧张 / 一刻也不放松 / 我们打算把这个节目送给老师们
- 결과 : 最好的新年礼物

5. 문형 활용하기

- 由于…所以… ~때문에 그래서 ~하다
- 一刻也不 잠시도 ~하지 않다
- 주어+把+목적어+동사+기타 성분

6. 문장에서 글로 완성하기

元旦马上就要到了，学校要组织一场元旦晚会，我们班准备表演一个节目。由于时间紧张，所以我们一刻也不放松。因为我们打算把这个节目送给我们善良、可爱的老师们，这肯定是送给他们最好的新年礼物。

02. 전체 내용을 구상하고 단어로 보충하기

유형 확인 문제

》 전략서 196p

1 ★★☆

技术　　发展　　分享　　购物　　甚至

모범 답안

		科	学	技	术	的	飞	速	发	展	极	大	地
便	利												

科学技术的飞速发展极大地便利了我们的生活。我们可以通过网络和世界各地的人们分享各种信息和人生的经验。很多人甚至足不出户就能通过网上购物买到以前需要出国才能买到的东西。

과학 기술의 급속한 발전은 우리 생활을 더할 나위 없이 편리하게 해 주었다. 우리는 인터넷을 통해 세계 각지의 사람들과 다양한 정보와 인생 경험을 나눌 수 있다. 많은 사람은 심지어 집에서 떠나지 않고, 온라인 쇼핑을 통해 예전에는 외국을 나가야만 구매할 수 있었던 물건을 살 수 있다.

단어 技术 jìshù 명 기술 | 发展 fāzhǎn 명 발전 | 分享 fēnxiǎng 동 함께 나누다 | 购物 gòuwù 동 쇼핑하다 | 甚至 shènzhì 접 심지어 | 科学 kēxué 명 과학 | 飞速 fēisù 부 매우 빠르다 | 极大 jídà 한껏, 최대 한도로 | 便利 biànlì 동 편리하게 하다 | 生活 shēnghuó 명 생활 | 通过 tōngguò 개 ~을 통해 | 网络 wǎngluò 명 인터넷 | 各地 gèdì 명 각지 | 信息 xìnxī 명 정보 | 人生 rénshēng 명 인생 | 经验 jīngyàn 명 경험 | 足不出户 zúbù chūhù 성 집에서 떠나지 않다 | 网上购物 wǎngshàng gòuwù 명 온라인 쇼핑 | 出国 chūguó 동 출국하다

해설 **1. 단어의 뜻과 품사 파악하기**

제시된 단어를 보고 '기술의 발전으로 쇼핑의 편리함을 누릴 수 있게 되었다'라는 맥락의 짧은 글을 구상할 수 있다. 다음으로 미리 구상한 내용에 어울리는 단어 조합을 떠올리고, 이를 사용하여 문장을 만들어 연결하면 된다.

2. 단어 조합하기

- 技术 : 科学技术(과학 기술) / 先进技术(선진 기술) / 应用技术(기술을 응용하다) / 专门技术(전문적인 기술)
- 发展 : 飞速发展(급속한 발전) / 发展经济(경제를 발전시키다) / 发展很快(발전이 매우 빠르다) / 逐渐发展(점차 발전하다)
- 分享 : 分享经验(경험을 함께 나누다) / 分享友情(우정을 함께 나누다)
- 购物 : 网上购物(온라인 쇼핑) / 购物中心(쇼핑센터) / 购物很便利(쇼핑은 매우 편리하다)
- 甚至 : 甚至就能通过网上购物买到东西(심지어 온라인 쇼핑을 통해 물건을 살 수 있다)

3. 주제와 글의 종류 정하기

- 주제 : 科学技术的发展(과학 기술의 발전)
- 서술문(원인–과정–결과) or 논설문(문제 제기–문제 분석–해결 방법)

4. 답안 윤곽 잡기(논설문)

- 문제 제기 : 科学技术的发展 / 便利了生活
- 문제 분석 : 通过网络和各地的人们分享信息和经验
- 해결 방법 : 甚至就能通过网上购物买到东西

5. 문형 활용하기

- 才能 ~에야 비로소 ~할 수 있다
- 足不出户 성 집에서 떠나지 않다, 두문불출이다

6. 문장에서 글로 완성하기

科学技术的飞速发展极大地便利了我们的生活。我们可以通过网络和世界各地的人们分享各种信息和人生的经验。很多人甚至足不出户就能通过网上购物买到以前需要出国才能买到的东西。

쓰기 | 书写

》 전략서 197p

99 ★★☆

丰富　　演出　　京剧　　好奇　　鼓掌

모범 답안

我第一次来中国的时候，朋友就
带我去看京剧表演。我一直对这种中
国传统戏剧抱有一种好奇感。这次演
出让我终于有机会了解这一历史悠久、
内容丰富的戏剧。演出结束时，我和
大家一起热烈地鼓掌致谢。

내가 처음 중국에 왔을 때, 친구는 나를 데리고 가서 경극 공연을 보여 주었다. 나는 줄곧 이러한 중국 전통 희극에 대해 일종의 호기심을 가지고 있었다. 이번 공연은 나에게 마침내 이 유구한 역사와 풍부한 내용의 희극을 이해하는 기회를 가지게 했다. 공연이 끝났을 때, 나와 사람들은 모두 열렬하게 박수를 보내어 감사의 뜻을 나타냈다.

단어 丰富 fēngfù 형 풍부하다 | 演出 yǎnchū 명 공연 | 京剧 jīngjù 명 경극 [중국 주요 전통극의 하나] | 好奇 hàoqí 형 호기심을 갖다 | 鼓掌 gǔzhǎng 동 박수하다 | 表演 biǎoyǎn 명 공연 | 传统 chuántǒng 명 전통 | 戏剧 xìjù 명 희극 | 抱 bào 동 마음에 품다 | 悠久 yōujiǔ 형 유구하다 | 内容 nèiróng 명 내용 | 热烈 rèliè 형 열렬하다 | 致谢 zhìxiè 동 감사의 뜻을 나타내다

해설 **1. 단어의 뜻과 품사 파악하기**

2. 단어 조합하기

- 丰富 : 内容丰富(내용이 풍부하다) / 经验丰富(경험이 풍부하다) / 知识丰富(지식이 풍부하다)
- 演出 : 演出结束(공연이 끝나다) / 上台演出(무대에 올라 공연하다 = 登台演出)
- 京剧 : 京剧表演(경극 공연) / 对京剧很感兴趣(경극에 매우 관심이 있다)
- 好奇 : 对京剧抱有好奇感(경극에 호기심을 가지다) / 感到好奇(호기심을 가지다) / 好奇心强(호기심이 강하다)
- 鼓掌 : 热烈地鼓掌(열렬히 박수를 보내다) / 向…鼓掌(~에게 박수를 보내다)

3. 주제와 글의 종류 정하기

- 주제 : 看京剧表演(경극 공연을 보다)
- 서술문(원인 – 과정–결과) or 논설문(문제 제기 – 문제 분석–해결 방법)

4. 답안 윤곽 잡기(서술문)

- 원인 : 第一次来中国 / 看京剧表演
- 과정 : 对中国传统戏剧抱有好奇感 / 了解戏剧 / 历史悠久 / 内容丰富
- 결과 : 演出结束 / 热烈地鼓掌

5. 문형 활용하기

- 对…有/抱有＋好奇感　~에 호기심을 가지다

6. 문장에서 글로 완성하기

我第一次来中国的时候，朋友就带我去看京剧表演。我一直对这种中国传统戏剧抱有一种好奇感。这次演出让我终于有机会了解这一历史悠久、内容丰富的戏剧。演出结束时，我和大家一起热烈地鼓掌致谢。

99 ★★☆

公共汽车　　年纪　　位子　　主动　　热心

모범 답안

		今	天	的	公	共	汽	车	特	别	挤	。	这	时	上
来	一	位	年	纪	很	大	的	乘	客	，	他	的	腿	脚	不
太	方	便	，	可	是	车	上	没	有	一	个	空	座	位	。
正	在	这	时	，	有	一	位	年	轻	人	从	座	位	上	站
起	来	，	主	动	把	自	己	的	位	子	让	给	了	那	位
乘	客	。	他	那	热	心	的	行	为	赢	得	了	大	家	的
好	评	。													

오늘 버스는 유달리 붐볐다. 이때 연세가 아주 많은 한 승객이 탔다. 그는 다리가 그다지 편하지 않았지만, 버스 안에는 빈 좌석이 하나도 없었다. 그러던 중, 한 젊은이가 자리에서 일어나 자발적으로 자기의 자리를 그 승객에게 양보했다. 그의 그 친절한 행동은 사람들의 호평을 받았다.

단어 公共汽车 gōnggòng qìchē 명 버스 | 年纪 niánji 명 나이 | 位子 wèizi 명 자리 | 主动 zhǔdòng 형 자발적인 | 热心 rèxīn 동 친절하다 | 挤 jǐ 동 붐비다 | 乘客 chéngkè 명 승객 | 腿脚 tuǐjiǎo 명 다리와 발, 다리 | 可是 kěshì 접 그러나 | 空 kōng 형 비다 | 座位 zuòwèi 명 좌석 | 年轻人 niánqīngrén 명 젊은이 | 让 ràng 동 양보하다 | 行为 xíngwéi 명 행동 | 赢得 yíngdé 동 얻다 | 好评 hǎopíng 명 호평

해설 **1. 단어의 뜻과 품사 파악하기**

제시된 단어를 보고 '버스에 나이가 많은 승객이 타서 누군가가 자발적으로 자리를 양보했다'라는 맥락의 짧은 글을 구상할 수 있다. 다음으로 미리 구상한 내용에 어울리는 단어 조합을 떠올리고, 이를 사용하여 문장을 만들어 이야기를 구성한다.

2. 단어 조합하기

- 公共汽车 : 乘坐公共汽车(버스를 타다) / 公共汽车很挤(버스가 매우 붐비다)
- 年纪 : 年纪大(나이가 많다) / 年纪小(나이가 어리다)
- 位子 : 没有位子(자리가 없다) / 让位子(자리를 양보하다)
- 主动 : 主动让位子(자발적으로 자리를 양보하다) / 主动作用(주동적인 역할)
- 热心 : 热心的行为(친절한 행동) / 热心人(친절한 사람) / 热心地帮助(친절하게 돕다)

3. 주제와 글의 종류 정하기

- 주제 : 让位子(자리를 양보하다)
- 서술문(원인–과정–결과) or 논설문(문제 제기–문제 분석–해결 방법)

4. 답안 윤곽 잡기(서술문)

- 원인 : 公共汽车特别挤
- 과정 : 年纪大的乘客 / 腿脚不方便 / 没有空座位 / 年轻人从座位上站起来 / 主动让位子
- 결과 : 热心的行为 / 赢得好评

5. 문형 활용하기

- 주어＋把＋목적어＋동사＋기타 성분

6. 문장에서 글로 완성하기

今天的公共汽车特别挤。这时上来一位年纪很大的乘客，他的腿脚不太方便，可是车上没有一个空座位。正在这时，有一位年轻人从座位上站起来，主动把自己的位子让给了那位乘客。他那热心的行为赢得了大家的好评。

쓰기 书写 제2부분(2)

미리 보기 해석

제2부분

》 전략서 202p

100.

		吸	烟	是	一	种	对	人	对	己	都	不	利	的	坏
习	惯	。	长	期	吸	烟	会	导	致	很	多	疾	病	，	也
会	给	吸	烟	者	的	生	活	带	来	很	大	的	不	便	。
除	了	损	害	自	己	的	健	康	以	外	，	吸	烟	还	会
影	响	他	人	的	健	康	。	为	了	让	我	们	的	身	体
更	加	健	康	，	生	活	更	美	好	，	请	不	要	吸	烟!

흡연은 일종의 타인에게도 자기에게도 이롭지 않은 나쁜 습관이다. 오랜 기간 흡연을 할 경우 많은 질병을 야기할 수 있으며, 흡연자의 생활에 큰 불편함도 가져올 수 있다. 자신의 건강을 해치는 것 외에도 흡연은 타인의 건강에까지 영향을 미친다. 우리 몸이 더 건강하고, 생활이 더 아름답도록 흡연을 하지 말자!

02. 글의 종류 정하기

유형 확인 문제

》 전략서 207p

1 ★★★

모범 답안

		资	源	的	合	理	利	用	是	当	今	世	界	普	遍
关	心	的	一	个	问	题	。	人	口	增	长	过	快	及	人
类	生	活	方	式	的	改	变	使	得	地	球	上	的	资	源
越	来	越	有	限	，	这	给	我	们	敲	响	了	警	钟	。
因	此	我	们	要	在	生	活	中	节	约	和	合	理	利	用
资	源	。													

자원의 합리적인 이용은 오늘날 세계에서 보편적으로 관심을 가지는 한 문제이다. 인구의 급증과 인류 생활 방식의 변화는 지구상의 자원을 점점 한계에 다다르게 하고 있으며, 이것이 우리에게 경종을 울렸다. 그러므로 우리는 생활에서 자원을 절약하고 합리적으로 이용해야 한다.

단어 资源 zīyuán 명 자원 | 合理 hélǐ 형 합리적이다 | 利用 lìyòng 동 이용하다 | 当今 dāngjīn 명 오늘날 | 普遍 pǔbiàn 형 보편적인 | 人口 rénkǒu 명 인구 | 增长 zēngzhǎng 동 증가하다 | 过快 guòkuài 지나치게 빠르다 | 及 jí 접 ~과 | 人类 rénlèi 명 인류 | 生活 shēnghuó 명 생활 | 方式 fāngshì 명 방식 | 改变 gǎibiàn 동 변하다 | 使得 shǐde 동 ~로 하여금 ~하게 하다 | 地球 dìqiú 명 지구 | 有限 yǒuxiàn 형 한계가 있다 | 敲警钟 qiāo jǐngzhōng 경종을 울리다 | 响 xiǎng 동 울리다 | 因此 yīncǐ 접 그러므로 | 节约 jiéyuē 동 절약하다

해설 **1. 사진 보고 주제와 글의 종류 정하기**

- 주제 : 资源的合理利用(자원의 합리적인 이용)
- 서술문(원인–과정–결과) or 논설문(문제 제기–문제 분석–해결 방법)

2. 관련 단어 조합하기

合理利用(합리적인 이용) / 普遍关心(보편적인 관심) / 人口增长(인구 증가) / 生活方式(생활 방식) / 有限的资源(유한한 자원) / 越来越有限(점점 한계에 다다르다) / 敲响警钟(경종을 울리다) / 节约资源(자원을 절약하다)

3. 답안 윤곽 잡기(논설문)

- 문제 제기 : 资源的合理利用是普遍关心的问题
- 문제 분석 : 人口增长过快 / 生活方式的改变 / 资源越来越有限 / 给我们敲响了警钟
- 해결 방법 : 节约和合理利用资源

4. 문형 활용하기

- 越来越 점점, 더욱 더

5. 문장에서 글로 완성하기

资源的合理利用是当今世界普遍关心的一个问题。人口增长过快及人类生活方式的改变使得地球上的资源越来越有限，这给我们敲响了警钟。因此我们要在生活中节约和合理利用资源。

쓰기 | 书写

》 전략서 210p

100 ★★☆

모범 답안

		随	着	科	技	的	发	展	，	人	们	获	取	信	息
的	方	式	越	来	越	丰	富	。	很	多	人	通	过	网	络
了	解	时	事	新	闻	。	但	是	也	有	一	部	分	人	仍
然	保	留	着	看	报	的	习	惯	，	他	们	认	为	报	上
的	新	闻	并	不	是	最	重	要	的	，	饭	后	看	报	的
生	活	方	式	才	是	他	们	乐	于	享	受	的	。		

과학 기술의 발전에 따라, 사람들이 정보를 취득하는 방식은 점점 풍부해지고 있다. 많은 사람이 인터넷을 통해 시사 뉴스를 이해한다. 그러나 일부 사람은 여전히 신문 보는 습관을 유지하고 있다. 그들은 결코 신문에 실린 뉴스가 가장 중요한 것이 아니라, 식후에 신문을 보는 생활 방식이야말로 비로소 그들이 기꺼이 누리는 것이라고 생각한다.

단어 **随着** suízhe 개 ~에 따라 | **科技** kējì 명 과학 기술 | **发展** fāzhǎn 명 발전 | **获取** huòqǔ 동 취득하다 | **信息** xìnxī 명 정보 | **方式** fāngshì 명 방식 | **丰富** fēngfù 형 풍부하다 | **通过** tōngguò 개 ~을 통해 | **网络** wǎngluò 명 인터넷 | **时事** shíshì 명 시사 | **仍然** réngrán 부 여전히 | **保留** bǎoliú 동 유지하다 | **报** bào 명 신문 | **并不** bìngbù 결코 ~하지 않다 | **生活** shēnghuó 명 생활 | **乐于** lèyú 동 기꺼이 하다 | **享受** xiǎngshòu 동 누리다

해설 **1. 사진 보고 주제와 글의 종류 정하기**

- 주제 : 获取信息的方式: 看报(정보를 취득하는 방식 : 신문 보기)
- 서술문(원인–과정–결과) or 논설문(문제 제기–문제 분석–해결 방법)

2. 관련 단어 조합하기

科技的发展(과학 기술의 발전) / 获取信息(정보를 취득하다) / 方式丰富(방식이 풍부하다) / 通过网络(인터넷을 통해) / 了解新闻(뉴스를 이해하다) / 保留看报的习惯(신문 보는 습관을 유지하다) / 饭后看报(식후 신문을 보다) / 生活方式(생활 방식) / 乐于享受(기꺼이 누리다)

3. 답안 윤곽 잡기(논설문)

- 문제 제기 : 科技的发展 / 获取信息的方式丰富
- 문제 분석 : 通过网络了解新闻 / 保留看报的习惯 / 报上的新闻并不是重要的
- 해결 방법 : 饭后看报的生活方式 / 乐于享受

4. 문형 활용하기

- 越来越 점점, 더욱 더

5. 문장에서 글로 완성하기

随着科技的发展，人们获取信息的方式越来越丰富。很多人通过网络了解时事新闻。但是也有一部分人仍然保留着看报的习惯，他们认为报上的新闻并不是最重要的，饭后看报的生活方式才是他们乐于享受的。

100 ★★★

모범 답안

		国	际	合	作	对	企	业	的	发	展	非	常	重	要。
很	多	大	企	业	通	过	跨	国	采	购	和	销	售	来	降
低	成	本	、	增	加	产	品	竞	争	力	。	当	然	，	实
现	这	一	目	标	需	要	很	多	国	际	化	的	人	才	，
因	此	很	多	企	业	加	强	对	员	工	的	培	训	，	使
他	们	能	适	应	复	杂	多	变	的	国	际	谈	判	环	境。

국제 협력은 기업 발전에 대단히 중요하다. 아주 많은 대기업이 해외 구매와 판매를 통해 원가를 낮추고 제품 경쟁력을 높인다. 물론 이 목표를 실현하는 것에는 굉장히 많은 글로벌 인재가 필요하다. 이 때문에 많은 기업은 직원 양성을 강화하여, 그들이 복잡하고 변화가 많은 글로벌 협상 환경에 적응할 수 있도록 한다.

단어 国际 guójì 명 국제 | 合作 hézuò 명 협력 | 企业 qǐyè 명 기업 | 发展 fāzhǎn 명 발전 | 通过 tōngguò 개 ~을 통해 | 跨国 kuàguó 국경선을 뛰어넘다 | 采购 cǎigòu 동 구매하다 | 销售 xiāoshòu 동 판매하다 | 降低 jiàngdī 동 낮추다 | 成本 chéngběn 명 원가 | 增加 zēngjiā 동 증가하다 | 产品 chǎnpǐn 명 제품 | 竞争力 jìngzhēnglì 명 경쟁력 | 实现 shíxiàn 동 실현하다 | 目标 mùbiāo 명 목표 | 因此 yīncǐ 접 이 때문에 | 加强 jiāqiáng 동 강화하다 | 培训 péixùn 동 양성하다 | 使 shǐ 동 ~하게 하다 | 适应 shìyìng 동 적응하다 | 复杂 fùzá 형 복잡하다 | 谈判 tánpàn 명 협상

해설 **1. 사진 보고 주제와 글의 종류 정하기**

- 주제 : 国际合作, 需要人才(국제 협력, 인제가 필요하다)
- 서술문(원인–과정–결과) or 논설문(문제 제기–문제 분석–해결 방법)

2. 관련 단어 조합하기

国际合作(국제 협력) / 跨国采购和销售(해외 구매와 판매) / 降低成本(원가를 낮추다) / 增加产品竞争力(제품의 경쟁력을 높이다) / 实现目标(목표를 실현하다) / 需要人才(인재가 필요하다) / 加强培训(양성을 강화하다) / 适应环境(환경에 적응하다) / 复杂多变(복잡하고 변화가 많다) / 国际谈判(국제 협상)

3. 답안 윤곽 잡기(논설문)

- 문제 제기 : 国际合作对企业的发展非常重要
- 문제 분석 : 跨国采购和销售 / 降低成本 / 增加产品竞争力 / 需要人才
- 해결 방법 : 加强培训 / 适应复杂多变的国际谈判环境

4. 문형 활용하기

- 对…重要 ~에 중요하다

5. 문장에서 글로 완성하기

国际合作对企业的发展非常重要。很多大企业通过跨国采购和销售来降低成本、增加产品竞争力。当然，实现这一目标需要很多国际化的人才，因此很多企业加强对员工的培训，使他们能适应复杂多变的国际谈判环境。

쓰기 书写 실전 테스트

〉〉 전략서 214p

정답

제1부분

91 每年春天放风筝的人可多了。

92 这盆刚买的花放到哪个位置比较合适呢?

93 最让人受不了的是来来往往的车子。

94 请给我一杯加冰块的可乐。

95 现在我没有多余的零钱。

96 宫保鸡丁是我最喜欢的中国菜。

97 您拔打的用户不在服务区。

98 我要一份最新的时刻表。

제2부분

99 为了准备考试，我昨晚很晚才睡。早上醒来发现自己睡过了头。我赶紧跑步去考场，心想这次可惨了。幸运的是，虽然我迟到了一会儿，老师还是让我参加了考试。我紧张得心都快跳出来了，最终我还是顺利地完成了考试。

100 现在，轮滑运动在中国很流行，许多小孩子都喜欢这一新的运动项目。这项运动不但可以锻炼身体，还可以锻炼孩子们的胆量。通过练习轮滑，孩子们可以长得更高，变得更勇敢。这些都有利于他们今后的成长。

쓰기 书写 제1부분

91 ★★☆

每年　放风筝的人　春天　多　可　了

정답 每年春天放风筝的人可多了。	매년 봄에는 연을 날리는 사람이 매우 많다.

단어 **放风筝** fàng fēngzheng 연을 날리다 | **风筝** fēngzheng 명 연 | **可** kě 부 [평서문에 쓰여 강조를 나타냄]

해설 **1. 술어 찾기 :** 형용사 '多'는 '많다'라는 뜻으로 이 문장의 술어이고, '了'는 어기조사로 문장 끝에 위치한다.

2. 주어 찾기 : 술어 '多(많다)'의 주체는 '人(사람)'이므로 '人(사람)'이 이 문장의 주어가 된다.

3. 관형어와 부사어 찾기 : '可'는 술어인 '多(많다)' 앞에서 강조의 어기를 나타내고, '放风筝的(연을 날리는)'는 주어인 '人(사람)'을 꾸며 주는 관형어가 된다. 또한, 시간명사 '每年春天(매년 봄)'은 문장 전체를 수식해 주는 부사어 역할을 한다.

每年春天	放风筝的	人	可	多	了。
부사어	관형어	주어	부사어	술어	

92 ★★☆

这盆刚买的花　哪个位置　比较　合适　放到　呢

정답 这盆刚买的花放到哪个位置比较合适呢?	방금 산 이 꽃은 어느 위치에 놓는 것이 비교적 적당하겠는가?

단어 盆 pén 양 [대야 · 화분 등으로 담는 수량을 세는 단위] | 刚 gāng 부 방금 | 位置 wèizhi 명 위치 | 比较 bǐjiào 부 비교적 | 合适 héshì 형 적당하다 | 放 fàng 동 놓다

해설 **1. 술어와 목적어 찾기 :** 결과보어 '到'와 함께 쓰인 동사 '放(놓다)'은 이 문장의 술어가 된다. '放到(~에 놓다)'는 뒤에 장소명사를 목적어로 가지므로 '放到哪个位置?(어느 위치에 놓는가?)'의 순서로 배열할 수 있다. 그리고 나머지 단어 중에 술어가 될 수 있는 것은 형용사 '合适(적당하다)'이므로 '合适(적당하다)'가 이 문장의 또 다른 술어가 된다.

2. 주어 찾기 : 의미상 '放到(~에 놓다)'의 주어는 '花(꽃)'이므로 '这盆刚买的花放到哪个位置?(방금 산 이 꽃은 어느 위치에 놓는가?)' 순서로 배열할 수 있다. 그리고 이 문장 전체는 술어 '合适(적당하다)'의 주어가 된다.

3. 관형어와 부사어 찾기 : '合适(적당하다)'는 의미상 정도부사 '比较(비교적)'와 함께 쓰이고, 이때 '比较(비교적)'는 술어를 수식하는 부사어 역할을 한다. 그리고 '这盆刚买的(방금 산 이 화분)'는 주어인 '花(꽃)'를 수식하는 관형어이고, '呢'는 의문을 나타내는 어기조사로 문장의 가장 마지막에 배치한다.

这盆刚买的	花	放到	哪个位置	比较	合适	呢?
관형어	주어	술어	목적어	부사어	술어	
주어						

93 ★★☆

最　受不了　让人　的　是　来来往往的　车子

정답 最让人受不了的是来来往往的车子。	가장 사람을 못 견디게 하는 것은 오고 가는 자동차이다.

단어 受不了 shòubuliǎo 견딜 수 없다 | 来往 láiwǎng 동 오고 가다 | 车子 chēzi 명 자동차

해설 **1. 술어 찾기 :** 이 문장의 술어는 동사 '是(~이다)'이고, 여기서 '是(~이다)'는 'A 是 B(A는 B이다)'의 형태로 쓰였다. 이때 A와 B는 동격이 되어야 한다.

2. 주어와 목적어 찾기 : 사역동사 '让'은 '~하게 하다'라는 뜻으로 의미상 '让人受不了(사람을 못 견디게 하다)' 순서로 쓰는 것이 가장 자연스럽다. '的'는 '让人受不了(사람을 못 견디게 하다)' 뒤에서 구를 명사화시키는 역할을 한다. '是(~이다)' 앞뒤의 주어와 목적어는 동격이어야 하므로, 의미상으로 주어는 '让人受不了的(사람을 못 견디게 하는 것)', 목적어는 '车子(자동차)'가 되어 두 개가 동격을 이룬다. 이때, '最(가장)'는 '让' 앞에 놓여야 문맥상 옳은 문장이 된다.

3. 관형어 찾기 : 부사 '最(가장)'는 문장 전체를 수식하는 부사어, '来来往往的(오고 가는)'는 '车子(자동차)'를 수식하는 관형어가 된다.

最让人受不了的	是	来来往往的	车子。
주어	술어	관형어	목적어

94 ★★☆

请　　可乐　　一杯　　给我　　加冰块的

정답 请给我一杯加冰块的可乐。　얼음을 넣은 콜라 한 잔 주세요.

단어 **可乐** kělè 명 콜라 | **冰块** bīngkuài 명 얼음덩이

해설 **1. 주어와 술어 찾기 :** '请(부탁하다)'은 자주 주어를 생략할 수 있으며, 주어는 '请(부탁하다)' 앞에 나올 수도 있다. 이 문장은 주어가 생략된 문제로, '请(부탁하다)' 뒤에 술어 '给(주다)'가 나온다.

2. 목적어 찾기 : 술어 '给(주다)'는 목적어를 두 개 가지는 쌍빈동사로 첫 번째 목적어는 사람 '我(나)', 두 번째 목적어는 사물 '可乐(콜라)'이다.

3. 관형어 찾기 : '一杯(한 잔)'와 '加冰块的(얼음을 넣은)'는 명사 '可乐(콜라)'를 수식하는 관형어 역할을 한다. 이때 배열순서는 的 관형어가 묘사성 의미를 갖고 있으므로 바로 '可乐(콜라)'를 수식한다.

请	给	我	一杯	加冰块的	可乐。
请	술어	목적어1	관형어1	관형어2	목적어2

Tip

관형어의 배열 순서

1. 구조조사 '的'를 사용한 관형어가 묘사나 설명을 하는 내용이면, 뒤에 오는 명사를 바로 수식한다.

예 两张去北京的火车票　베이징으로 가는 기차표 두 장
一个美丽的小城市　아름다운 한 작은 도시

2. 구조조사 '的'를 사용한 관형어가 소유나 소속을 나타내면, 양사 관형어까지 포함하여 수식한다.

예 我的这台电脑　나의 이 컴퓨터
他的那辆车　그의 그 자동차

95 ★★☆

没有　　我　　零钱　　现在　　多余　　的

정답 现在我没有多余的零钱。　지금 나는 남아 있는 용돈이 없다.

단어 **零钱** língqián 명 잔돈, 용돈 | **多余** duōyú 형 여분의

해설 **1. 술어와 목적어 찾기 :** 이 문장의 술어가 되는 동사 '没有(없다)'는 목적어 '零钱(용돈)'과 조합하여 '没有零钱(용돈이 없다)'을 만들 수 있다.

2. 주어 찾기 : 술어의 주체, 즉 용돈이 없는 주체는 '我(나)'이므로 인칭대명사 '我(나)'가 이 문장의 주어가 된다.

3. 관형어와 부사어 찾기 : 형용사 '多余(여분의)'는 구조조사 '的'와 함께 사용하여 목적어 '零钱(용돈)'을 수식하는 관형어가 되고, 시간명사 '现在(지금)'는 주어 앞에서 문장 전체를 수식하는 부사어 역할을 한다.

现在	我	没有	多余的	零钱。
부사어	주어	술어	관형어	목적어

96 ★☆☆

宫保鸡丁　　中国菜　　我　　是　　最喜欢的

정답 宫保鸡丁是我最喜欢的中国菜。　궁바오지딩은 내가 가장 좋아하는 중국 요리이다.

단어 宫保鸡丁 gōngbǎo jīdīng 명 궁바오지딩 [닭고기에 견과류를 넣어 볶은 중국 요리]

해설 1. **주어 · 술어 · 목적어 찾기 :** 이 문장에서 동사 '是(~이다)'는 술어이고, 'A 是 B(A는 B이다)' 형태로 쓰였으므로 A(주어)와 B(목적어)는 동격이 되어야 한다. 그러므로 '宫保鸡丁(궁바오지딩)'과 '中国菜(중국 요리)'는 각각 주어와 목적어가 된다. 이 때, 구체적인 요리 이름인 '宫保鸡丁(궁바오지딩)'이 주어이다.

2. **관형어와 찾기 :** 의미상으로 '我(나)'와 '最喜欢的(가장 좋아하는)'는 순서대로 '中国菜(중국 요리)'를 수식하는 관형어가 된다.

宫保鸡丁	是	我最喜欢的	中国菜。
주어	술어	관형어	목적어

97 ★★☆

您　　不在　　拨打的　　服务区　　用户

정답 您拨打的用户不在服务区。　당신이 전화한 사용자는 서비스 지역에 없습니다.

단어 拨打 bōdǎ 동 전화를 걸다 | 服务区 fúwùqū 명 서비스 지역 | 用户 yònghù 명 사용자

해설 1. **술어 찾기 :** 동사 '在(~에 있다)'는 이 문장의 술어가 되고, 뒤에 장소를 목적어로 가진다.

2. **주어와 목적어 찾기 :** '在(~에 있다)'의 장소 목적어는 '服务区(서비스 지역)'이고, 명사 '用户(사용자)'는 주어가 된다.

3. **관형어 찾기 :** '拨打(전화를 걸다)'는 구조조사 '的'와 함께 쓰였으므로 주어 '用户(사용자)'를 수식하는 관형어 역할을 하며, '您(당신)'은 '拨打(전화를 걸다)'의 주체이므로 그 앞에 위치한다.

您拨打的	用户	不在	服务区。
관형어	주어	술어	목적어

98 ★★☆

要　　我　　最新的　　一份　　时刻表

정답 我要一份最新的时刻表。　나는 최신 시간표 한 부가 필요하다.

단어 份 fèn 양 부, 권 [신문 · 잡지 · 문건 등을 세는 단위] | 时刻表 shíkèbiǎo 명 시간표

해설 1. **술어 찾기 :** 동사 '要'는 '필요하다'라는 뜻으로 이 문장의 술어이다.

2. **주어와 목적어 찾기 :** 의미상 '要(필요하다)'의 주체는 '我(나)'이고 목적어는 '时刻表(시간표)'이다.

3. **관형어 찾기 :** '一份(한 부)'과 '最新的(최신의)'는 모두 '时刻表(시간표)'를 수식하는 관형어이고, '的'를 사용한 관형어인 '最新的(최신의)'는 뒤에 나오는 목적어 '时刻表(시간표)'를 설명하는 내용이므로 목적어 바로 앞에서 수식한다. 따라서 '一份(한 부)'은 '最新的(최신의)' 앞에 위치한다.

我	要	一份最新的	时刻表。
주어	술어	관형어	목적어

99 ★★☆

考试　　迟到　　准备　　幸运　　紧张

모범 답안

		为	了	准	备	考	试	，	我	昨	晚	很	晚	才	睡。
早	上	醒	来	发	现	自	己	睡	过	了	头	。	我	赶	紧
跑	步	去	考	场	，	心	想	这	次	可	惨	了	。	幸	运
的	是	，	虽	然	我	迟	到	了	一	会	儿	，	老	师	还
是	让	我	参	加	了	考	试	。	我	紧	张	得	心	都	快
跳	出	来	了	，	最	终	我	还	是	顺	利	地	完	成	了
考	试	。													

시험을 준비하기 위해서 나는 어젯밤에 매우 늦게야 잠을 잤다. 아침에 깨서 내가 늦잠 잔 것을 알아차리고, 황급히 달려서 시험장으로 갔다. 마음속으로 이번은 정말 끔찍하다고 생각했다. 운이 좋게도 비록 조금 지각했지만, 선생님께서는 그래도 시험에 응시하게 해 주셨다. 긴장해서 심장이 곧 튀어나올 것 같았지만, 결국 나는 순조롭게 시험을 마쳤다.

단어 **考试** kǎoshì 명 시험 | **迟到** chídào 동 지각하다 | **准备** zhǔnbèi 동 준비하다 | **幸运** xìngyùn 형 운이 좋다 | **紧张** jǐnzhāng 형 긴장해 있다 | **醒** xǐng 동 잠에서 깨다 | **睡过头** shuì guòtóu 늦잠을 자다 | **赶紧** gǎnjǐn 부 황급히 | **考场** kǎochǎng 명 시험장 | **心想** xīnxiǎng 마음속으로 생각하다 | **可** kě 부 [평서문에 쓰여 강조를 나타냄] | **惨** cǎn 형 끔찍하다 | **跳** tiào 동 뛰다 | **最终** zuìzhōng 명 최후, 결국 | **顺利** shùnlì 형 순조롭다

해설 **1. 단어의 뜻과 품사 파악하기**

2. 단어 조합하기

- 考试 : 准备考试(시험을 준비하다) / 参加考试(시험에 응시하다) / 完成考试(시험을 끝내다)
- 迟到 : 迟到一会儿(조금 지각하다) / 别迟到(지각하지 말아라) / 经常迟到(항상 지각하다)
- 准备 : 准备考试(시험을 준비하다) / 准备材料(재료를 준비하다)
- 幸运 : 非常幸运(매우 운이 좋다) / 幸运的是(운이 좋은 것은)
- 紧张 : 非常紧张(매우 긴장하다) / 紧张得心都快跳出来了(긴장해서 심장이 곧 튀어나올 것 같다)

3. 주제와 글의 종류 정하기

- 주제 : 考试迟到一会儿(시험에 조금 지각하다)
- 서술문(원인–과정–결과) or 논설문(문제 제기–문제 분석–해결 방법)

4. 답안 윤곽 잡기(서술문)

- 원인 : 为了准备考试 / 很晚才睡 / 醒来发现 / 睡过头
- 과정 : 赶紧跑步 / 幸运的是 / 迟到一会儿 / 让我参加考试
- 결과 : 紧张得心都快跳出来了 / 顺利地完成考试

5. 문형 활용하기

- 为了…　~을 하기 위하여
- 虽然…还是…　비록 ~이지만 그래도 ~하다

6. 문장에서 글로 완성하기

为了准备考试，我昨晚很晚才睡。早上醒来发现自己睡过了头。我赶紧跑步去考场，心想这次可惨了。幸运的是，虽然我迟到了一会儿，老师还是让我参加了考试。我紧张得心都快跳出来了，最终我还是顺利地完成了考试。

100 ★★★

모범 답안

		现	在	，	轮	滑	运	动	在	中	国	很	流	行	，
许	多	小	孩	子	都	喜	欢	这	一	新	的	运	动	项	目。
这	项	运	动	不	但	可	以	锻	炼	身	体	，	还	可	以
锻	炼	孩	子	们	的	胆	量	。	通	过	练	习	轮	滑	，
孩	子	们	可	以	长	得	更	高	，	变	得	更	勇	敢	。
这	些	都	有	利	于	他	们	今	后	的	成	长	。		

현재 인라인스케이트 운동은 중국에서 굉장히 유행이며, 많은 아이들은 모두 이 새로운 운동 종목을 좋아한다. 이 운동은 신체를 단련시킬 수 있을 뿐만 아니라, 아이들의 담력을 단련시킬 수도 있다. 인라인스케이트 연습을 통해 아이들은 키가 더 클 수 있고 더 용감해질 수 있다. 이것들은 모두 그들의 앞으로의 성장에 이롭다.

단어 轮滑 lúnhuá 명 인라인스케이트 | 流行 liúxíng 동 유행하다 | 许多 xǔduō 형 매우 많다 | 项目 xiàngmù 명 종목 | 项 xiàng 양 항목, 조항 | 胆量 dǎnliàng 명 담력 | 通过 tōngguò 개 ~을 통해 | 勇敢 yǒnggǎn 형 용감하다 | 有利于 yǒulìyúyǔ ~에 이롭다 | 今后 jīnhòu 명 앞으로 | 成长 chéngzhǎng 동 성장하다

해설 **1. 사진 보고 주제와 글의 종류 정하기**

• 주제 : 轮滑运动的好处(인라인스케이트 운동의 장점)

• 서술문(원인–과정–결과) or 논설문(문제 제기–문제 분석–해결 방법)

2. 관련 단어 조합하기

轮滑运动(인라인스케이트 운동) / 很流行(굉장히 유행하다) / 运动项目(운동 종목) / 锻炼身体(신체를 단련하다) / 锻炼胆量(담력을 단련하다) / 通过练习轮滑(인라인스케이트 연습을 통해) / 长得更高(키가 더 크다) / 变得勇敢(용감하게 변하다) / 有利于成长(성장에 이롭다)

3. 답안 윤곽 잡기(논설문)

• 문제 제기 : 轮滑运动 / 很流行 / 小孩子都喜欢这一运动项目

• 문제 분석 : 锻炼身体 / 锻炼胆量 / 通过练习轮滑 / 长得更高 / 变得勇敢

• 해결 방법 : 有利于成长

4. 문형 활용하기

• 不但…还… ~뿐만 아니라 또 ~하다

5. 문장에서 글로 완성하기

现在，轮滑运动在中国很流行，许多小孩子都喜欢这一新的运动项目。这项运动不但可以锻炼身体，还可以锻炼孩子们的胆量。通过练习轮滑，孩子们可以长得更高，变得更勇敢。这些都有利于他们今后的成长。

新HSK 5급

실전 모의고사 1, 2, 3회

정답 및 해설

실전 모의고사 1

〉〉 모의고사 6p

듣기 听力

제1부분

1 D	2 B	3 C	4 C	5 A
6 B	7 D	8 A	9 D	10 C
11 B	12 D	13 D	14 B	15 D
16 C	17 D	18 D	19 D	20 B

제2부분

21 C	22 C	23 A	24 B	25 D
26 B	27 C	28 D	29 D	30 D
31 A	32 A	33 C	34 A	35 D
36 B	37 C	38 A	39 D	40 D
41 D	42 D	43 B	44 A	45 D

독해 阅读

제1부분

46 C	47 A	48 A	49 B	50 B
51 A	52 D	53 C	54 D	55 A
56 D	57 D	58 C	59 D	60 B

제2부분

61 B	62 D	63 C	64 D	65 A
66 A	67 C	68 D	69 B	70 C

제3부분

71 A	72 D	73 D	74 C	75 C
76 B	77 B	78 C	79 C	80 B
81 C	82 B	83 B	84 D	85 A
86 B	87 D	88 A	89 C	90 C

쓰기 书写

제1부분

91 谎言最终要被揭穿。

92 雨天应该放慢驾驶速度。

93 她的心情越来越沉重。

94 只有老顾客才能享受到双重的优惠。

95 湖里养着很多珍贵的鲤鱼。

96 你究竟要我怎么样呢?

97 按照说明书进行安装。

98 书上的方法也不见得有效。

제2부분

99 上周，我参加了学校举行的跑步比赛。刚开始我非常紧张，害怕自己坚持不下来。但是在终点等待我的同学们为我加油，我一直坚持下来了。通过这次跑步比赛，我得到了很大的锻炼。

100 现在地球的污染越来越多，树木也越来越少，我们一定要好好爱护树木，每年要种一些树。要不然我们的环境就会越来越差，地球就会越来越不安全。因此，我们每个人都有责任多种树、保护环境、保护我们的地球。

듣기 听力 제1부분

1 ★☆☆

女：我能借你的自行车用用吗？
男：真不巧，刚被老王借走了，他急着去银行办事。

问：关于自行车，可以知道什么？
A 车是女的
B 车是老王的
C 车坏了
D 车被老王借走了

여: 당신 자전거 좀 빌려 쓸 수 있을까요?
남: 때를 못 맞췄네요. 방금 라오왕(老王)이 빌려 갔어요. 업무를 보러 은행에 급히 가더라고요.

질문: 자전거에 관하여 알 수 있는 것은 무엇인가?
A 자전거는 여자의 것이다
B 자전거는 라오왕의 것이다
C 자전거는 고장 났다
D 자전거는 라오왕이 빌려 갔다

단어 不巧 bùqiǎo 형 때가 좋지 않다 | 刚 gāng 부 방금 | 办事 bànshì 동 업무를 보다

해설 여자가 남자에게 자전거를 빌려 쓸 수 있는지 묻자, 남자는 '刚被老王借走了(방금 라오왕이 빌려 갔다)'라고 한다. 여기서 '被자문'을 잘 듣고 그 의미를 정확히 이해해야 한다. 보기의 '车'는 '자동차'가 아닌, '자전거'를 뜻한다. 녹음 내용의 표현을 그대로 사용한 '车被老王借走了(자전거는 라오왕이 빌려 갔다)'가 알맞은 답이 되므로, 정답은 D이다.

2 ★☆☆

男：你最近精神不太好，怎么了？
女：最近我家楼上装修，声音太大，所以我睡得不是很好。

问：女的为什么睡不好？
A 她家装修
B 楼上装修
C 她家声音大
D 她精神一直不好

남: 당신 요즘 기력이 별로 좋지 않던데, 무슨 일이에요?
여: 요즘 우리 집 위층에 인테리어 공사를 하는데, 소음이 너무 커서 잠을 잘 자지 못해요.

질문: 여자는 왜 잠을 잘 자지 못하는가?
A 그녀의 집은 인테리어 공사를 한다
B 위층에서 인테리어 공사를 한다
C 그녀의 집은 소음이 크다
D 그녀는 줄곧 기력이 좋지 않다

단어 精神 jīngshen 명 기력 | 楼上 lóushàng 명 위층 | 装修 zhuāngxiū 동 인테리어 공사를 하다

해설 요즘 기력이 좋아 보이지 않다는 남자의 말에, 여자는 '我家楼上装修，声音太大，所以我睡得不是很好(우리 집 위층에 인테리어 공사를 하는데, 소음이 너무 커서 잠을 잘 자지 못한다)'라고 한다. 그러므로 정답은 B이다.
C. '她家声音大(그녀의 집은 소음이 크다)'는 큰 소음을 내는 곳이 그녀의 집이라는 의미이다. 소음은 그녀의 집에서 나는 것이 아니라 위층에서 나는 것이므로 답이 될 수 없다.

Tip

정도보어를 이끄는 구조조사 '得'

정도보어를 이끄는 구조조사 '得'는 술어 뒤에 쓰여서 술어의 정도를 나타낸다.

예 我	睡	得	不是很好。	나는 잠을 잘 자지 못한다.
주어	술어	구조조사	정도보어	

3 ★☆☆	
女：听说商场打折，这个周末我们逛街去吧！ 男：好是好，可是要等我完成工作。	여: 듣자 하니 백화점에 세일을 한다더라고요. 이번 주말에 우리 쇼핑하러 가요! 남: 좋긴 좋지만, 내가 일을 다 마칠 때까지 기다려야 해요.
问：男的是什么意思？ A 不想去 B 只想工作 C 工作后再去 D 马上去	질문: 남자의 말은 무슨 의미인가? A 가고 싶지 않다 B 일만 하고 싶다 C 일을 마친 후에 간다 D 즉시 간다

단어 **商场** shāngchǎng 명 백화점 | **打折** dǎzhé 동 할인하다 | **逛街** guàngjiē 동 쇼핑하다

해설 주말에 쇼핑하러 가자고 제안하는 여자에게, 남자는 '**好是好，可是要等我完成工作**(좋긴 좋지만, 내가 일을 다 마칠 때까지 기다려야 한다)'라고 대답한다. 여기에 쓰인 'A 是 A，可是 B(A하긴 A하지만, B하다)'를 들었다면, 일을 다 마치고 간다는 것을 알 수 있다. 따라서 정답은 C이다.

Tip

'A 是 A，可是 B'는 'A하긴 A하지만, B하다'라는 의미이다. 이 문형은 역접 관계의 접속사 '**可是**' 뒤에 정말로 하고 싶은 말이 나오므로, 뒷부분을 주의해서 듣는다.

예 **这件衣服漂亮是漂亮，可是有点儿贵。** 이 옷은 예쁘기는 예쁘지만, 조금 비싸다.

4 ★★☆	
男：今天下午五点半，我在你的公司楼下等你。 女：今天估计要加班了，你再晚半个小时再来吧。	남: 오늘 오후 5시 반에 내가 당신 회사 건물 아래에서 기다릴게요. 여: 오늘 아마 야근을 해야 할 것 같아요. 당신 30분만 더 늦게 와요.
问：他们几点见面？ A 5:00　　B 5:30 C 6:00　　D 6:30	질문: 그들은 몇 시에 만나는가? A 5:00　　B 5:30 C 6:00　　D 6:30

단어 **楼下** lóuxià 명 건물 아래 | **估计** gūjì 동 추측하다 | **加班** jiābān 동 야근하다

해설 보기를 먼저 훑어보면 시간을 묻는 문제라는 것을 알 수 있으므로, 녹음 내용에서 언급하는 시간을 잘 듣고서 필기를 하여 문제를 풀도록 한다. '**今天下午五点半**(오늘 오후 5시 반)'에 기다리겠다는 남자의 말에, 여자는 야근을 해야 할 것 같아서 '**你再晚半个小时再来吧**(당신 30분만 더 늦게 와라)'라고 한다. 따라서 그들은 오후 5시 반에서 30분 뒤인 6시에 만난다는 것을 알 수 있으므로 정답은 C이다.

5 ★☆☆	
女：根据检查结果，你不需要住院，但不能喝酒了。	여: 검사결과에 따르면, 당신은 입원하실 필요가 없어요. 하지만 술은 드시면 안 됩니다.
男：好的，我一定戒酒。	남: 네, 반드시 술을 끊겠습니다.
问：他们的对话可能发生在哪里？	질문: 그들의 대화는 어디에서 일어났을 가능성이 큰가?
A 医院　B 教室	A 병원　B 교실
C 酒店　D 警察局	C 호텔　D 경찰서

단어 结果 jiéguǒ 명 결과 | 住院 zhùyuàn 동 입원하다 | 戒酒 jièjiǔ 술을 끊다 | 酒店 jiǔdiàn 명 호텔 | 警察局 jǐngchájú 명 경찰서

해설 녹음 내용에서 '检查结果(검사결과)', '住院(입원하다)'이라는 단어를 들었다면, '医院(병원)'에서 일어나는 대화라는 것을 쉽게 알 수 있다. 또한, 입원할 필요가 없고, 술을 마시면 안 된다고 하는 여자의 말로 미루어 보아 의사가 환자에게 병원의 검사결과를 전하는 상황인 것도 알 수 있다. 그러므로 정답은 A이다.

Tip

'不能…了'는 '~해서는 안 된다'라는 의미로 '别…了(~하지 마라)'와 같은 의미이다.

예 你不能抽烟了。 당신은 흡연을 해서는 안 된다.

예 这里不能停车了。 이곳에 주차를 해서는 안 된다.

6 ★★☆	
男：外面天气这么好，下午一定不会下雨，不必带伞了吧。	남: 밖에 날씨가 이렇게나 좋은데, 오후에는 분명 비가 오지 않을 거예요. 우산을 가져갈 필요 없어요.
女：我相信天气预报，我还是带伞吧。	여: 나는 일기 예보를 믿어요. 나는 그래도 우산을 가지고 갈게요.
问：女的认为什么是对的？	질문: 여자는 무엇이 옳다고 여기는가?
A 下午不下雨	A 오후에는 비가 안 온다
B 下午可能下雨	B 오후에는 아마 비가 올 것이다
C 不用带伞	C 우산을 가져갈 필요가 없다
D 不用看天气预报	D 일기 예보를 볼 필요가 없다

단어 天气预报 tiānqì yùbào 명 일기 예보 | 不必 búbì 부 ~할 필요 없다

해설 남자는 오후에 비가 오지 않을 것이라고 하지만, 여자는 '我相信天气预报，我还是带伞吧(나는 일기 예보를 믿는다. 나는 그래도 우산을 가지고 가겠다)'라고 한다. 이는 비가 올 것이니 우산을 가지고 가자는 의미이므로 정답은 B이다.

Tip

'不必'는 부사로 '~할 필요 없다'라는 의미로, '不需要' 혹은 '不用'과 바꿔 쓸 수 있다.

예 你不必担心那件事。 당신은 그 일을 걱정할 필요가 없다.

7 ★★☆	
女：你不是喜欢吃辣的吗？今天中午我们吃四川菜吧。 男：我也想去，可今天嗓子不舒服，不敢吃辣的。 问：关于男的，可以知道什么？ A 不喜欢吃辣的 B 不喜欢四川菜 C 不想吃辣的 D 嗓子不舒服	여: 당신 매운 음식 먹는 것을 좋아하지 않나요? 오늘 점심에 우리 쓰촨(四川) 요리 먹어요. 남: 나도 가고 싶지만 오늘 목이 아파서 감히 매운 것을 못 먹겠어요. 질문: 남자에 관하여 알 수 있는 것은 무엇인가? A 매운 것을 안 좋아한다 B 쓰촨 요리를 안 좋아한다 C 매운 것을 먹고 싶지 않다 D 목이 아프다

단어 **辣** là 형 맵다 | **四川菜** Sìchuāncài 명 쓰촨 요리 | **可** kě 접 [이어진 단문에서 사건의 전환을 나타냄] | **嗓子** sǎngzi 명 목(구멍) | **不舒服** bù shūfu 아프다 | **不敢** bùgǎn 동 감히 ~하지 못하다

해설 점심에 쓰촨 요리를 먹으러 가자는 여자의 말에 남자는 '今天嗓子不舒服(오늘 목이 아프다)'라고 하는 것으로 보아, 남자는 현재 목이 아픈 상태이므로 정답은 D이다.

A, B. 남자는 '我也想去(나도 가고 싶다)'라고 했으므로 매운맛이 특징인 쓰촨 요리를 안 좋아하는 것은 아니다.

C. 남자는 목이 아파서 매운 것을 먹지 못할 뿐, 먹고 싶어 하지 않는 것은 아니다.

Tip '不是…吗?'는 '~가 아닌가?'라는 의미로, '是(~이다)'의 반어적 표현이다.

예 不是喜欢吃辣的吗？ 매운 음식 먹는 것을 좋아하지 않는가? ▶ 喜欢吃辣的。 매운 음식 먹는 것을 좋아한다.

예 不是中国人吗？ 중국인이 아닌가? ▶ 是中国人。 중국인이다.

8 ★☆☆	
男：你的妹妹现在在哪里工作？ 女：你开什么玩笑，我的妹妹才上小学呢。 问：女的是什么意思？ A 妹妹年龄很小 B 妹妹不喜欢工作 C 妹妹爱开玩笑 D 妹妹喜欢读书	남: 당신의 여동생은 지금 어디에서 일하나요? 여: 당신 무슨 농담을 하는 거예요. 내 여동생은 이제 겨우 초등학교에 입학했는 걸요. 질문: 여자의 말은 무슨 의미인가? A 여동생의 나이는 매우 어리다 B 여동생은 일을 좋아하지 않는다 C 여동생은 농담하는 것을 좋아한다 D 여동생을 공부하는 것을 좋아한다

단어 **开玩笑** kāi wánxiào 농담하다 | **年龄** niánlíng 명 나이 | **读书** dúshū 동 공부하다

해설 여동생이 어디에서 일하냐는 남자의 질문에 여자는 '我的妹妹才上小学呢(내 여동생은 이제 겨우 초등학교에 입학했다)'라고 하는 것으로 미루어 보아, 여자의 여동생은 아직 어리다는 것을 알 수 있다. 여기서 쓰인 '才(겨우)'는 수량이 적거나 정도가 낮음을 나타내는 표현이다. 따라서 정답은 A이다.

9 ★☆☆

女：昨晚有足球比赛，你是不是一夜没睡啊？ 男：当然，有我支持的球队，不睡觉也要看。	여: 어젯밤에 축구 경기가 있었잖아요. 밤새 잠을 자지 않았죠? 남: 당연하죠. 내가 응원하는 팀이 있으니, 잠을 안 자더라도 봐야죠.
问：男的什么时候看电视？ A 早上　B 中午 C 下午　D 夜里	질문: 남자는 언제 텔레비전을 보았는가? A 아침　B 정오 C 오후　D 밤

단어 **支持** zhīchí 동 지지하다 | **球队** qiúduì 명 팀 | **夜里** yèli 명 밤

해설 여자가 '**昨晚有足球比赛**(어젯밤에 축구 경기가 있었다)'라고 말하고, 남자는 '**不睡觉也要看**(잠을 안 자더라도 봐야 한다)'이라고 하는 것으로 보아, 남자는 '**夜里**(밤)'에 텔레비전을 봤다는 사실을 알 수 있으므로 정답은 D이다.

10 ★★☆

男：听说你们女人出门要化一个小时妆，是吗？ 女：不完全是这样，比如我，平时一般不化妆。	남: 듣자 하니, 당신 여자들은 외출하면 한 시간 동안 화장을 한다던데, 그래요? 여: 전부 이렇지는 않아요. 예를 들어 나는 평소에는 보통 화장을 하지 않아요.
问：女的是什么意思？ A 化妆浪费时间 B 女人都化妆 C 有的女人喜欢化妆 D 她从来不化妆	질문: 여자의 말은 무슨 의미인가? A 화장하는 것은 시간 낭비이다 B 여자는 모두 화장을 한다 C 어떤 여자는 화장하는 것을 좋아한다 D 그녀는 여태껏 화장을 한 적이 없다

단어 **出门** chūmén 동 외출하다 | **化妆** huàzhuāng 동 화장하다 | **完全** wánquán 부 전부 | **比如** bǐrú 동 예를 들다 | **平时** píngshí 명 평소 | **浪费** làngfèi 동 낭비하다 | **从来** cónglái 부 여태껏

해설 '**你们女人出门要化一个小时妆，是吗？**(당신 여자들은 외출하면 한 시간 동안 화장을 한다고 한다. 그런가?)'라는 남자의 물음에 여자는 '**不完全是这样**(전부 이렇지는 않다)'이라고 부분 부정을 한다. 여자의 말에서 '**这样**(이렇다)'은 '여자들은 외출하면 한 시간 동안 화장을 한다'를 말하므로, '어떤(**有的**) 여자는 한 시간 동안 화장을 하고, 어떤(**有的**) 여자는 아니다'라는 의미이다. 이는 '**有的女人喜欢化妆**(어떤 여자는 화장하는 것을 좋아한다)'이라고 바꾸어 표현할 수 있다. 따라서 정답은 C이다.

11 ★★☆

女：晚上我想看电影，不知道还有没有票。 男：听说是很火的电影，你得赶紧打电话订。	여: 밤에 나는 영화를 보고 싶은데, 아직 표가 있는지 없는지 모르겠네요. 남: 듣자 하니, 아주 인기가 많은 영화래요. 당신 서둘러 전화해서 예매해야 해요.
问：男的主要想对女的说什么？ A 没有票了 B 需要赶紧预订 C 今晚还有电影票 D 电影不好看	질문: 남자가 여자에게 주로 무엇을 말하고자 하는가? A 표가 없다 B 서둘러 예매해야 한다 C 오늘 밤에는 아직 영화 표가 있다 D 영화는 재미없다

단어 火 huǒ 형 인기가 있다 | 赶紧 gǎnjǐn 부 서둘러 | 订 dìng 동 예매하다 | 预订 yùdìng 동 예매하다

해설 영화 표가 아직 있는지 없는지 모르겠다는 여자에게 남자는 '你得赶紧打电话订(당신은 서둘러 전화해서 예매해야 한다)'이라고 대답하는 것으로 보아 정답은 B이다.

A, C. 여자의 말에 남자는 서둘러 전화를 해서 예매를 하라고만 했지, 표가 없다(A)거나 오늘 밤에 아직 영화 표가 있다(C)고 확실하게 대답하지 않았다.

12 ★★☆

男：您不是老师吗？怎么来参加图书展览？ 女：我是在学校工作，可是我在图书馆当采购员。	남: 당신은 선생님이 아닌가요? 도서 전시회에는 어떻게 참석하게 된 거예요? 여: 저는 학교에서 일하고 있어요. 하지만 도서관에서 구매 담당 직원으로 일합니다.
问：女的做的是什么工作？ A 校长　　B 老师 C 图书销售　　D 图书采购	질문: 여자는 무슨 일을 하는가? A 교장　　B 선생 C 도서 판매　　D 도서 구매

단어 展览 zhǎnlǎn 명 전시회 | 当 dāng 동 담당하다 | 采购 cǎigòu 명 구매하다 | 销售 xiāoshòu 명 판매

해설 도서 전시회에 어떻게 참석하게 했냐는 남자의 질문에, 여자가 '我在图书馆当采购员(도서관에서 구매 담당 직원으로 일한다)'이라고 대답하는 것으로 보아, 여자는 선생님이 아니라 도서관에서 '图书采购(도서 구매)'라는 일을 한다는 것을 알 수 있다. 따라서 정답은 D이다.

13 ★☆☆

女：下个月我打算去杭州旅游！ 男：叫上我吧，最近有个关于杭州的摄影比赛，我想去那里拍照。	여: 다음 달에 나는 항저우(杭州)로 여행을 가려고 해요! 남: 나도 불러 줘요. 최근에 항저우에 관한 사진 경연 대회가 있는데, 나는 거기에 가서 사진을 찍고 싶어요.
问：男的主要想去杭州做什么？ A 旅游　　B 购物 C 看比赛　　D 拍照片	질문: 남자는 항저우에 가서 주로 무엇을 하고 싶어 하는가? A 여행　　B 쇼핑 C 경연 대회 보기　　D 사진 찍기

단어 杭州 Hángzhōu 명 항저우 [지명] | 摄影 shèyǐng 동 사진을 찍다 | 拍照 pāizhào 동 사진을 찍다 | 购物 gòuwù 동 쇼핑하다

해설 항저우로 여행을 갈 계획이라는 여자의 말에, 남자는 사진 경연 대회가 있어서 '我想去那里拍照(나는 거기에 가서 사진을 찍고 싶다)'라고 한다. 여기서 '拍照(사진을 찍다)'는 보기의 '拍照片(사진을 찍다)'과 바꾸어 쓸 수 있으므로, 정답은 D이다.

14 ★☆☆

男：服务员，我们的菜好了吗？很长时间了。	남: 여기요, 우리 요리 다 되었나요? 시간이 꽤 되었어요.
女：好的，我马上去厨房说一下。	여: 네, 제가 바로 주방에 가서 말하겠습니다.
问：他们说话的地点最可能是哪里？	질문: 그들이 대화를 하는 장소는 어디일 가능성이 가장 큰가?
A 家里　B 餐馆	A 집　B 식당
C 休息室　D 商场	C 휴게실　D 쇼핑센터

단어 厨房 chúfáng 명 주방 | 餐馆 cānguǎn 명 식당 | 休息室 xiūxishì 명 휴게실 | 商场 shāngchǎng 명 쇼핑센터

해설 보기를 먼저 훑어보면 장소를 묻는 문제라는 것을 알 수 있다. 남자는 종업원을 부르며 '服务员，我们的菜好了吗?(여기요, 우리 요리 다 되었는가?)'라고 묻자, 여자는 '我马上去厨房说一下(내가 바로 주방에 가서 말하겠다)'라고 대답한다. 핵심 단어인 '服务员(종업원)', '菜(요리)', '厨房(주방)'만 듣고도 장소를 유추할 수 있다. 따라서 대화가 이루어지는 장소는 '餐馆(식당)'이므로 정답은 B이다.

15 ★★☆

女：我27岁生女儿，现在她都23岁了，我也老了。	여: 내가 27살에 딸을 낳았는데, 지금 딸이 23살이에요. 나도 늙었네요.
男：哪里，您看起来最多就40岁。	남: 천만에요. 당신은 많아야 40살로 보여요.
问：女的今年多大？	질문: 여자는 올해 몇 살인가?
A 27　B 23	A 27　B 23
C 40　D 50	C 40　D 50

단어 看起来 kànqǐlái 보기에 ~하다 | 最多 zuìduō 많아야, 기껏해야

해설 보기에 숫자가 나오는 문제는 필기를 하면서 녹음 내용을 듣는 것이 좋다. 여자는 '我27岁生女儿，现在她都23岁了(내가 27살에 딸을 낳았는데, 지금 딸이 23살이다)'라고 하므로, 계산해 보면 여자는 현재 50살이라는 것을 알 수 있다. 그러므로 정답은 D이다.

Tip

겸손의 표현

哪里(哪里) nǎli(nǎli) 천만에요
哪儿的话 nǎr de huà 별말씀을요
过奖了 guòjiǎng le 과찬이십니다
不敢当 bù gǎndāng 천만의 말씀입니다

16 ★★☆

男：我想买房子，可是房价实在太高了。 女：说的也是，可是现在不买，以后还会上涨。 问：关于房子的价格，可以知道什么？ A 价格实惠 B 价格很合理 C 以后要涨价 D 以后不会变	남: 나는 집을 사고 싶지만, 집값이 정말 너무 비싸요. 여: 그러게 말이에요. 하지만 지금 안 사면 나중에 더 오를 거예요. 질문: 집값에 관하여 알 수 있는 것은 무엇인가? A 가격이 실속 있다 B 가격이 매우 합리적이다 C 나중에 가격이 오를 것이다 D 앞으로 변하지 않을 것이다

단어 **房子** fángzi 명 집 | **房价** fángjià 명 집값 | **实在** shízài 부 정말 | **上涨** shàngzhǎng 동 (수위 · 물가 등이) 오르다 | **价格** jiàgé 명 가격 | **实惠** shíhuì 형 실속 있다 | **合理** hélǐ 형 합리적이다 | **涨价** zhǎngjià 동 가격이 오르다

해설 집값이 비싸다는 남자의 말에 여자는 동의를 표현하지만, 이어서 '可是现在不买，以后还会上涨(하지만 지금 안 사면 나중에 더 오를 것이다)'이라고 한다. 여기서 쓰인 '上涨'은 '(수위 · 물가 등이) 오르다'라는 뜻으로, C의 '涨价(가격이 오르다)'와 바꾸어 쓸 수 있다. 따라서 정답은 C이다.

Tip

찬성 · 동의를 나타내는 표현

说的也是 shuōde yě shì 그러게 말이야
可也是 kě yě shì 그렇고 말고
那还用说 nà hái yòng shuō 말할 것도 없지
可不是嘛 kě búshì ma 그러게 말이야

17 ★★☆

女：今天你怎么走路上班？你的自行车坏了吗？ 男：没有，昨天下雨，我把车停在办公室了。 问：关于男的，可以知道什么？ A 昨天骑车下班 B 昨天没有下班 C 昨天车坏了 D 昨天没有骑车回家	여: 오늘 당신은 어째서 걸어서 출근해요? 당신 자전거가 고장 났어요? 남: 아니에요. 어제 비가 와서 나는 자전거를 사무실에 세워 두었어요. 질문: 남자에 관하여 알 수 있는 것은 무엇인가? A 어제 자전거를 타고 퇴근했다 B 어제 퇴근하지 않았다 C 어제 자전거가 고장 났다 D 어제 자전거를 타고 집에 돌아가지 않았다

단어 **停** tíng 동 세우다

해설 자전거가 고장 났냐는 여자의 질문에 남자는 '昨天下雨，我把车停在办公室了(어제 비가 와서 나는 자전거를 사무실에 세워 두었다)'라고 하는 것으로 보아, 어제는 자전거를 타고 집에 돌아가지 않았음을 알 수 있다. 따라서 정답은 D이다.

18 ★★☆

男：小赵好几天没来上班了，她辞职了吗？ 女：没有，公司有个项目，派她去外地了。	남: 샤오자오(小赵)가 며칠이나 출근을 안 했어요. 그녀는 회사를 그만뒀나요? 여: 아니에요. 회사에 프로젝트가 하나 있어서 그녀를 외지로 파견 보냈어요.

问：关于小赵，可以知道什么？	질문: 샤오자오에 관하여 알 수 있는 것은 무엇인가?
A 辞职了	A 회사를 그만두었다
B 不属于这个公司	B 이 회사 소속이 아니다
C 在休息	C 쉬고 있다
D 出差了	D 출장을 갔다

단어 辞职 cízhí 동 회사를 그만두다 | 项目 xiàngmù 명 프로젝트 | 派 pài 동 파견하다 | 外地 wàidì 명 외지 | 属于 shǔyú 동 ~에 속하다 | 出差 chūchāi 동 출장 가다

해설 샤오자오가 회사를 그만뒀는지 묻는 남자의 질문에 여자는 '没有(아니다)'라고 부정하며, 프로젝트가 있어서 '派她去外地了(그녀를 외지로 파견 보냈다)'라고 한다. 여기서 '파견하다'라는 뜻의 '派'를 알아들었다면 쉽게 정답을 찾을 수 있다. 회사가 파견 보내서 샤오자오는 출장을 간 것이므로 정답은 D이다.

19 ★★☆

女：如果要我嫁给你，你要答应我一个条件。 男：我知道，你想让我做家务，没问题。	여: 만약 내가 당신에게 시집가길 원한다면, 당신은 내 조건 하나에 동의해야 해요. 남: 알아요, 당신은 내가 집안일을 했으면 하는군요. 문제없어요.
问：男的和女的是什么关系？	질문: 남자와 여자는 무슨 관계인가?
A 同事　　B 同学 C 夫妻　　D 男女朋友	A 동료　　B 학우 C 부부　　D 연인

단어 嫁 jià 동 시집 가다 | 答应 dāying 동 동의하다 | 条件 tiáojiàn 명 조건 | 家务 jiāwù 명 집안일 | 夫妻 fūqī 명 부부

해설 인물 관계를 묻는 문제로, 여자는 '如果要我嫁给你(만약 내가 당신에게 시집가길 원한다면)'라고 하고 남자에게 원하는 조건이 있다고 한다. 이로 미루어 보아 아직 결혼 전, 즉 결혼을 앞둔 '男女朋友(연인)' 사이에 오가는 대화임을 알 수 있으므로 정답은 D이다.

20 ★★☆

男：我明天早上要运动半个小时，你也一起来吗？ 女：我还是愿意多睡半个小时，最近实在太累了。	남: 나는 내일 아침에 30분 동안 운동을 할 건데, 당신도 함께할래요? 여: 나는 그래도 30분 더 자고 싶어요. 요즘에 정말 너무 피곤해요.
问：女的明天早上想做什么？	질문: 여자는 내일 아침에 무엇을 하고자 하는가?
A 运动　　B 睡觉 C 工作　　D 做饭	A 운동하기　　B 잠자기 C 일하기　　D 밥 짓기

단어 实在 shízài 부 정말

해설 내일 아침에 함께 운동할 것인지 묻는 남자의 말에 여자는 '我还是愿意多睡半个小时(나는 그래도 30분 더 자고 싶다)'라고 하는 것으로 보아, 여자는 내일 아침에 잠을 더 잘 것임을 짐작할 수 있다. 따라서 정답은 B이다.

21 ★★☆

女：春节回家，你的父母见到你一定很高兴吧？
男：高兴是高兴，可是有一件事情他们不满意。
女：是什么呢？
男：他们希望我早点结婚，好让他们放心。

问：男的的父母有什么不满意？
A 儿子回家
B 什么都不满意
C 儿子没有结婚
D 儿子不高兴

여: 춘절(春节)에 집에 가면, 당신 부모님께서 당신을 보고 분명 무척 기뻐하시겠죠?
남: 기뻐하시긴 하지만, 만족하지 못하는 일이 한 가지 있어요.
여: 뭔데요?
남: 부모님은 내가 어서 결혼하기를 바라세요. 그들이 마음을 놓을 수 있게 말이에요.

질문: 남자의 부모님은 무슨 불만이 있는가?
A 아들이 집에 돌아온다
B 무엇이든 전부 다 만족하지 않는다
C 아들이 결혼하지 않았다
D 아들이 기쁘지 않다

단어 **春节** Chūnjié 명 춘절

해설 남자는 부모님이 본인에게 불만족스러워하는 일이 있다며, 마지막 말에서 '他们希望我早点结婚(그들은 내가 어서 결혼하기를 바란다)'이라고 한다. '希望(바라다)'과 '早点(좀 일찍)'은 아직 일어나지 않은 일에 대해 희망하거나 권유를 할 때 사용하는 표현이므로 남자는 아직 결혼을 하지 않았음을 알 수 있다. 따라서 정답은 C이다.

22 ★★☆

男：喂，您好，这里是健身中心，请问有什么可以帮您？
女：你好，请问你们有舞蹈班吗？我想学习舞蹈。
男：有的，我们的舞蹈班有很多，你可以看一下我们的网站。
女：好的，我马上了解一下，然后联系你们。

问：女的接下去要干什么？
A 打另一个电话
B 发电子邮件
C 看网站
D 去健身

남: 여보세요, 안녕하세요. 여기는 헬스클럽입니다. 무엇을 도와드릴까요?
여: 안녕하세요. 거기 댄스 수업이 있나요? 저는 댄스를 배우고 싶어서요.
남: 있어요. 댄스 수업이 아주 많으니, 저희 웹 사이트를 한번 보시면 됩니다.
여: 네, 바로 알아보고 나서 연락할게요.

질문: 여자는 이어서 무엇을 할 것인가?
A 다른 곳에 전화를 건다
B 이메일을 보낸다
C 웹 사이트를 본다
D 헬스를 하러 간다

단어 **健身中心** jiànshēn zhōngxīn 명 헬스클럽 | **帮** bāng 동 돕다 | **舞蹈** wǔdǎo 명 춤 | **网站** wǎngzhàn 명 웹 사이트 | **联系** liánxì 동 연락하다 | **另** lìng 대 다른

해설 녹음 내용은 통화상의 대화이다. 여자가 헬스클럽에 전화를 걸어 댄스 수업이 있는지 문의하자, 남자는 수업이 많다고 하면서 '你可以看一下我们的网站(당신은 우리 웹 사이트를 한번 보면 된다)'이라고 한다. 이에 여자는 '我马上了解一下，然后联系你们(나는 바로 알아보고 나서 연락하겠다)'이라고 대답하므로, 여자가 이어서 할 일은 '看网站(웹 사이트를 본다)'이라는 것을 알 수 있다. 여자의 마지막 말에서 '联系(연락하다)'가 나오지만, 접속사 '然后(그 다음에)' 뒤에 나오는 단어는 앞의 동작을 먼저 한 후에, 이어지는 행동을 의미하는 것이므로 헷갈리지 않도록 한다. 따라서 정답은 C이다.

23 ★★☆

女：老李，好久不见，最近忙什么呢？
男：我打算开一个玩具店，最近正在联系。
女：听说玩具的生意很不错，有眼光。
男：谢谢，以后商店开张，还请多捧场。

问：女的对玩具店是什么看法？
A 赞成 B 反对
C 好奇 D 冷漠

여: 라오리(老李), 오랜만이에요. 요즘 뭐 때문에 바쁜 거예요?
남: 나는 장난감 가게를 열 계획이라, 요즘 알아보는 중이에요.
여: 듣기로는 장난감 장사가 정말 괜찮다던데, 안목이 있네요.
남: 고마워요. 나중에 가게 개업하면 자주 찾아줘요.

질문: 여자의 장난감 가게에 대한 견해는 무엇인가?
A 찬성하다 B 반대하다
C 호기심을 갖다 D 냉담하다

단어 **玩具** wánjù 명 장난감 | **联系** liánxì 동 연락하다 | **生意** shēngyi 명 장사 | **眼光** yǎnguāng 명 안목 | **开张** kāizhāng 동 개업하다 | **捧场** pěngchǎng 동 성원해 주다 | **赞成** zànchéng 동 찬성하다 | **反对** fǎnduì 동 반대하다 | **好奇** hàoqí 형 호기심을 갖다 | **冷漠** lěngmò 형 냉담하다

해설 장난감 가게를 열 것이라는 남자의 말에 여자는 '**听说玩具的生意很不错，有眼光**(듣기로는 장난감 장사가 정말 괜찮다던데, 안목이 있다)'이라고 긍정적인 반응을 보인다. 이로 미루어 보아 여자는 남자가 가게는 여는 것에 '**赞成**(찬성하다)'의 견해를 갖고 있음을 알 수 있다. 따라서 정답은 A이다.

24 ★★☆

男：世博会五月份开幕，到时候我们去看吧。
女：那时候人太多了吧，还是过一段时间再去吧。
男：说的也是，要不七月暑假时再去。
女：行，这两天咱们把具体日期定下来，再定酒店。

问：男的想去干什么？
A 去上海工作
B 去上海看世博会
C 去上海开酒店
D 去上海看朋友

남: 엑스포가 5월에 개막해요. 그때 되면 우리 보러 가요.
여: 그때는 사람이 너무 많잖아요, 그래도 시간이 좀 지나고 나서 가요.
남: 그 말도 맞아요. 아니면 7월 여름 방학 때 가요.
여: 그래요. 요 며칠 우리 구체적인 날짜를 정하고 나서 호텔을 예약합시다.

질문: 남자는 무엇을 하러 가고 싶어 하는가?
A 상하이(上海)에 일하러 간다
B 상하이에 엑스포를 보러 간다
C 상하이에 호텔을 개업하러 간다
D 상하이에 친구를 보러 간다

단어 **世博会** Shìbóhuì 명 엑스포 ['世界博览会'의 약칭] | **月份** yuèfèn 명 (특정한) 월 | **开幕** kāimù 동 개막하다 | **到时候** dào shíhou 그때 되면 | **要不** yàobù 접 아니면 | **暑假** shǔjià 명 여름 방학 | **具体** jùtǐ 형 구체적이다 | **日期** rìqī 명 날짜 | **定** dìng 동 정하다 | **酒店** jiǔdiàn 명 호텔 | **上海** Shànghǎi 명 상하이 [지명]

해설 남자는 첫마디에서 여자에게 '**世博会五月份开幕，到时候我们去看吧**(엑스포가 5월에 개막한다. 그때 우리 보러 가자)'라고 한다. 따라서 남자는 엑스포를 보러 상하이에 가고 싶어 한다는 것을 알 수 있으므로 정답은 B이다.

Tip
중국 상하이에서 2010년 5월 1일부터 10월 31일까지 '**城市，让生活更美好!**(Better City, Better Life)'라는 주제로 엑스포가 개최되었다. 비록 대화에서 '**上海**(상하이)'를 직접 언급하지 않았지만, 특정 보기가 아닌 네 개의 보기 모두에서 '**上海**(상하이)'를 언급했으므로 정답을 고르는 데는 문제가 없다.

25 ★★☆

女：昨天我去看话剧了，非常好看。 男：你不是生病了吗？怎么还能去看话剧？ 女：没办法，谁叫我是戏剧迷呢。 男：我只知道你喜欢听歌，没想到还喜欢话剧呢。	여: 어제 나는 연극을 보러 갔었는데, 정말 재미있었어요. 남: 당신 아픈거 아니었어요? 어떻게 연극까지 보러 갈 수 있었어요? 여: 방법이 없어요. 누구는 나를 연극광이라고 부르던데요. 남: 나는 당신이 노래 듣는 걸 좋아하는 것만 알고 있었지, 연극도 좋아할 줄은 생각지 못했어요.
问：关于女的，哪项是正确的？ A 身体很健康 B 不喜欢听歌 C 没去看话剧 D 喜欢话剧	질문: 여자에 관하여 다음 중 옳은 것은? A 몸이 매우 건강하다 B 노래 듣는 것을 좋아하지 않는다 C 연극을 보러 가지 않았다 D 연극을 좋아한다

단어 **话剧** huàjù 명 연극 | **戏剧** xìjù 명 연극 | **迷** mí 명 애호가 | **没想到** méi xiǎngdào 생각지 못하다

해설 여자는 '**谁叫我是戏剧迷呢**(누구는 나를 연극광이라고 부르더라)'라고 한다. '**迷**'는 '팬', '애호가'라는 뜻으로, 무언가를 아주 좋아하는 사람을 가리키므로 보기의 '**喜欢**(좋아하다)'과 상응한다. 뒤이어 남자도 '**没想到还喜欢话剧呢**(연극도 좋아할 줄은 생각지 못했다)'라고 말하는 것으로 보아, 여자가 연극을 좋아한다는 사실을 알 수 있다. 따라서 정답은 D이다.

26 ★★☆

男：明天的会议请准时参加，早上八点开始。 女：啊？你刚才安排我明天早上去北京。 男：哦，对了，不好意思，我忘了。 女：没事。	남: 내일 회의에 정시에 참석해 주세요. 아침 8시에 시작합니다. 여: 네? 방금 저를 내일 아침에 베이징(北京)에 가는 것으로 배치하셨는데요. 남: 아, 맞아요. 미안합니다. 제가 깜박했네요. 여: 괜찮습니다.
问：女的为什么不去开会？ A 她会忘记 B 她要去北京 C 她工作很忙 D 她请假了	질문: 여자는 왜 회의에 가지 않는가? A 그녀는 잊어버릴 것이다 B 그녀는 베이징에 가야 한다 C 그녀는 일이 매우 바쁘다 D 그녀는 휴가를 냈다

단어 **准时** zhǔnshí 형 정시에 | **安排** ānpái 동 배치하다 | **北京** Běijīng 명 베이징 [지명] | **不好意思** bù hǎoyìsi 죄송합니다

해설 내일 회의에 정시에 참석하라는 남자의 말에 여자는 '**你刚才安排我明天早上去北京**(당신은 방금 나를 내일 아침에 베이징에 가는 것으로 배치했다)'이라고 한다. 이로 미루어 보아, 여자는 내일 베이징에 가야 해서 회의에 참석하지 못한다는 것을 알 수 있다. 따라서 정답은 B이다.

27 ★★☆

女：你觉得这款产品效果怎么样？
男：广告不错，但效果不如广告说得好。
女：现在的广告都太夸张，我都不敢相信了。
男：是啊，不是看了广告我也不会去买。

问：男的觉得产品怎么样？
A 效果很好
B 效果很糟糕
C 广告太夸张
D 广告和产品一样好

여: 당신 생각에 이 제품은 효과가 어떤가요?
남: 광고는 좋지만, 효과는 광고에서 말한 것만큼 좋지 않네요.
여: 요즘 광고는 모두 너무 과장돼서, 감히 믿지 못하겠어요.
남: 맞아요. 광고를 안 봤으면 저도 사러 가지 않았을 거예요.

질문: 남자는 제품이 어떻다고 생각하는가?
A 효과가 매우 좋다
B 효과가 매우 안 좋다
C 광고가 매우 과장되다
D 광고와 제품은 똑같이 좋다

단어 **款** kuǎn 양 유형 | **产品** chǎnpǐn 명 제품 | **效果** xiàoguǒ 명 효과 | **广告** guǎnggào 명 광고 | **不如** bùrú 동 ~만 못하다 | **夸张** kuāzhāng 동 과장하다 | **不敢** bùgǎn 동 감히 ~하지 못하다 | **糟糕** zāogāo 형 엉망이다

해설 여자는 '现在的广告都太夸张(요즘 광고는 모두 너무 과장되다)'이라고 한다. 이에 남자는 '是啊(맞다)'라고 동의하므로, 보기에서 남자가 제품에 대해서 생각하는 바는 '广告太夸张(광고가 매우 과장되다)'이므로 정답은 C이다.
B. 남자는 제품이 광고와 비교하여 그만큼 효과가 좋은 것은 아니라고 하였을 뿐, 제품 자체의 효과가 안 좋다고 한 것은 아니다.

28 ★★☆

男：我觉得今年夏天特别热。
女：现在污染太多，全球变暖。
男：我可真想去南极，那里到处是冰雪。
女：那你干脆买一台冰箱钻进去算了。

问：女的为什么建议买冰箱？
A 现在污染太多
B 价格便宜
C 能去南极
D 能凉快下来

남: 올해 여름은 유달리 더운 것 같아요.
여: 요즘 오염이 너무 심해서, 지구온난화예요.
남: 나는 정말 남극에 가고 싶어요. 거기는 곳곳이 얼음과 눈이잖아요.
여: 그럼 아예 냉장고를 한 대 사서 들어가면 되겠네요.

질문: 여자는 왜 냉장고를 사라고 제안하는가?
A 요즘 오염이 너무 심하다
B 가격이 저렴하다
C 남극에 갈 수 있다
D 시원해질 수 있다

단어 **污染** wūrǎn 명 오염 | **全球变暖** quánqiú biànnuǎn 명 지구 온난화 | **可** kě 부 [평서문에 쓰여 강조를 나타냄] | **南极** nánjí 명 남극 | **到处** dàochù 명 곳곳 | **冰雪** bīngxuě 명 얼음과 눈 | **干脆** gāncuì 부 아예 | **台** tái 양 대 [기계 · 차량 · 설비 등을 세는 단위] | **钻** zuān 동 들어가다 | **价格** jiàgé 명 가격 | **凉快** liángkuai 동 시원하게 하다

해설 남자가 '我可真想去南极，那里到处是冰雪(나는 정말 남극에 가고 싶다. 거기는 곳곳이 얼음과 눈이다)'라고 말하는 이유는 날씨가 너무 더워서 시원한 것을 원하기 때문이다. 그래서 여자는 남자에게 냉장고를 사서 안에 들어가라고 하는데, 이는 냉장고는 안이 시원하기 때문에, 더위를 피하고 싶은 남자에게 농담을 하는 것이다. 그러므로 정답은 D이다.

29 ★★☆

女：明天早上我们吃什么呀？
男：还是老样子吧，面包、牛奶。
女：天天吃这些，换点花样吧。
男：那蔬菜沙拉加鸡蛋好了。

问：明天早上他们吃什么？
A 牛奶　　B 面包
C 牛奶和面包　　D 沙拉和鸡蛋

여: 내일 아침에 우리 뭐 먹을까요?
남: 항상 먹던 대로 빵과 우유요.
여: 매일 이것들을 먹잖아요. 종류를 좀 바꿔 봐요.
남: 그럼 야채 샐러드에 달걀을 넣어 먹으면 되겠네요.

질문: 내일 아침 그들은 무엇을 먹는가?
A 우유　　B 빵
C 우유와 빵　　D 샐러드와 달걀

단어 老样子 lǎoyàngzi 옛 모양 | 花样 huāyàng 명 종류 | 蔬菜 shūcài 명 야채 | 沙拉 shālā 명 샐러드

해설 보기를 먼저 훑어보면 음식의 종류를 묻는 문제라는 것을 알 수 있다. 항상 먹던 대로 빵과 우유를 먹자는 남자의 말에, 여자는 '换点花样吧(종류를 좀 바꿔 보자)'라고 하기 때문에 A, B, C는 모두 답이 될 수 없다. 이에 남자는 '那蔬菜沙拉加鸡蛋好了(그럼 야채 샐러드에 달걀을 넣어 먹으면 되겠다)'라고 하는 것으로 보아, 그들은 최종적으로 내일 아침에 '沙拉和鸡蛋(샐러드와 달걀)'을 먹을 것임을 알 수 있다. 따라서 정답은 D이다.

Tip '老样子'는 '종래의 방식', '옛 모양'이라는 뜻으로, '照常(평소대로 하다)'과 같은 의미이다.

30 ★★☆

女：你想租这套房子吗？
男：是的，我和另外一个朋友要一起合租。
女：好的，但是我的房子不能吸烟、不准养宠物。
男：好的，知道了。

问：根据对话，可以知道什么？
A 男的想自己租房子
B 男的有房子
C 女的要卖房子
D 男的要和别人合租房子

여: 당신은 이 집을 임차하실 건가요?
남: 네, 저와 다른 친구 한 명이 공동 임차할 거예요.
여: 그래요. 하지만 저의 집에서는 담배를 피우면 안되고 애완동물을 기르면 안돼요.
남: 네, 알겠습니다.

질문: 대화에 근거하여 알 수 있는 것은 무엇인가?
A 남자는 혼자 집을 임차하고 싶다
B 남자는 집이 있다
C 여자는 집을 팔려고 한다
D 남자는 다른 사람과 집을 공동 임차하려고 한다

단어 租 zū 동 임차(임대)하다 | 套 tào 양 벌 [집 혹은 세트로 이루어진 것을 세는 단위] | 房子 fángzi 명 집 | 另外 lìngwài 대 다른 | 合租 hézū 동 공동 임차(임대)하다 | 吸烟 xīyān 담배를 피우다 | 不准 bù zhǔn ~해서는 안 된다 | 养 yǎng 동 기르다 | 宠物 chǒngwù 명 애완동물

해설 집을 임차할 것인지 묻는 여자의 말에, 남자는 '我和另外一个朋友要一起合租(나와 다른 친구 한 명이 공동 임차할 것이다)'라고 대답하므로, 보기에서 이와 일치하는 것은 '男的要和别人合租房子(남자는 다른 사람과 집을 공동 임차하려고 한다)'이다. '卖房子(집을 팔다)'와 '租房子(집을 임대(임차)한다)'를 혼동하여서는 안 된다. 따라서 정답은 D이다.

Tip 不准 bù zhǔn / 不允许 bù yǔnxǔ / 禁止 jìnzhǐ ~해서는 안 된다, ~을 불허하다

31 – 33

有一个人叫曾子，[31]一天他的妻子要出门，他的小儿子拉着妈妈的衣服又哭又闹，一定要跟着去。妻子没办法，就弯下腰哄他说："宝贝，回去吧，妈妈回家来就杀猪给你吃。"小儿子这才不闹了。

妻子回到家，看见丈夫正在磨刀，准备杀猪的。[32]这时妻子慌了，连忙跑上去拉住曾子说："你疯啦！[32]我是故意骗小孩子的。没有必要真的杀一头猪。"曾子严肃地说："怎么能欺骗小孩子呢？小孩子什么也不懂，只会学父母的样子，现在你欺骗孩子，就是在叫孩子以后去欺骗别人，[33]做妈妈不讲信用，就得不到孩子的信任。"说完，曾子转身杀猪去了。

증자(曾子)라는 사람이 있었다. [31]하루는 그의 아내가 외출을 하려 하자 어린 아들이 엄마의 옷을 당기면서 울고 떼를 쓰며 반드시 따라가겠다고 했다. 아내는 어쩔 수 없이 허리를 숙여 아들을 달래며 말했다. "아가야, 들어가렴. 엄마가 집에 와서 돼지를 잡아 줄게." 아들은 그제서야 떼를 쓰지 않았다.

아내가 집에 도착했고, 남편이 칼을 갈며 돼지 잡을 준비를 하는 것을 보았다. [32]이때 아내는 당황하여 급히 달려가 증자를 붙잡으며 말했다. "미쳤군요! [32]난 일부러 아이를 속인 거예요. 돼지를 진짜 잡을 필요는 없어요." 증자가 엄숙하게 말했다. "어찌 아이를 속일 수 있단 말이오? 아이는 아무것도 모르고 단지 부모의 모습을 따라 배울 뿐인데, 당신이 지금 아이를 속이면 아이더러 나중에 다른 사람을 속이라고 하는 것이잖소. [33]엄마로서 신용을 중시하지 않으면 아이의 신뢰를 얻을 수 없소." 말을 마치고 증자는 몸을 돌려 돼지를 도살했다.

단어 出门 chūmén 동 외출하다 | 拉 lā 동 끌다 | 闹 nào 동 소란을 피우다 | 跟着 gēnzhe 동 따라가다 | 弯 wān 동 굽히다 | 腰 yāo 명 허리 | 哄 hǒng 동 달래다 | 宝贝 bǎobèi 명 귀염둥이 [아이나 사랑하는 사람에 대한 애칭] | 杀 shā 동 죽이다 | 猪 zhū 명 돼지 | 磨 mó 동 갈다 | 慌 huāng 형 당황하다 | 连忙 liánmáng 부 급히 | 拉 lā 동 당기다 | 疯 fēng 동 미치다 | 故意 gùyì 부 일부러 | 骗 piàn 동 속이다 | 必要 bìyào 형 필요로 하다 | 头 tóu 양 마리, 필 [돼지·소·말 등 가축을 세는 단위] | 严肃 yánsù 형 엄숙하다 | 欺骗 qīpiàn 동 속이다 | 样子 yàngzi 명 모습 | 讲 jiǎng 동 중시하다 | 信用 xìnyòng 명 신용 | 得不到 débúdào 얻을 수 없다 | 信任 xìnrèn 동 신뢰하다

31 ★☆☆

小儿子为什么又哭又闹？

A 想跟妈妈出门
B 想跟爸爸出门
C 想吃猪肉
D 想让妈妈生气

어린 아들은 왜 울며 떼를 썼는가?

A 엄마와 외출하고 싶다
B 아빠와 외출하고 싶다
C 돼지고기가 먹고 싶다
D 엄마를 화나게 하고 싶다

해설 '一天他的妻子要出门，他的小儿子拉着妈妈的衣服又哭又闹，一定要跟着去(하루는 그의 아내가 외출을 하려 하자 어린 아들이 엄마의 옷을 당기면서 울고 떼를 쓰며 반드시 따라가겠다고 했다)'라고 한다. 아들은 엄마와 함께 외출을 하고 싶어서 울며 떼를 쓴 것이므로 정답은 A이다.

C. 엄마는 울며 떼쓰는 아들을 달래고자 돼지를 잡아 주겠다고 했을 뿐, 아들이 돼지고기가 먹고 싶다고 한 것은 아니다.

32 ★☆☆

曾子的妻子看见曾子准备杀猪，什么反应?

A 很慌张　B 很遗憾　C 很高兴　D 很惊喜

증자가 돼지를 도살하려고 준비하는 것을 본 아내의 반응은 어떠한가?

A 매우 당황하다　B 매우 유감이다　C 매우 기쁘다　D 매우 놀랍고 기쁘다

단어 **慌张** huāngzhāng 형 당황하다 | **遗憾** yíhàn 형 유감이다 | **惊喜** jīngxǐ 형 놀라고도 기뻐하다

해설 '**这时妻子慌了，连忙跑上去拉住曾子说**(이때 아내는 당황하여 급히 달려가 증자를 붙잡으며 말했다)'라고 한다. 이 문장에서 쓰인 '慌'과 A의 '慌张'은 동의어로, '당황하다', '허둥대다'라는 뜻이다. 또한, 아내가 '**我是故意骗小孩子的。没有必要真的杀一头猪**(난 일부러 아이를 속인 거다. 돼지를 진짜 잡을 필요는 없다)'라고 말하는 것으로 보아, 증자가 진심이 아니었던 말을 듣고 행동으로 옮기는 것에 당황해하는 것을 알 수 있다. 그러므로 정답은 A이다.

33 ★★☆

曾子认为什么是对的?

A 做父母要勤劳

B 做父母要严肃

C 做父母要守信用

D 做父母要哄小孩

증자는 무엇이 옳다고 여기는가?

A 부모로서 근면해야 한다

B 부모로서 엄숙해야 한다

C 부모로서 신용을 지켜야 한다

D 부모로서 아이를 달래야 한다

단어 **勤劳** qínláo 형 열심히 일하다 | **守** shǒu 동 지키다

해설 증자는 단지 아이를 달래려고 일부러 속인 것이라고 하는 아내에게, 아이는 아무것도 모르고 단지 부모의 모습을 따라 배울 뿐이라며, '**做妈妈不讲信用，就得不到孩子的信任**(엄마로서 신용을 중시하지 않으면 아이의 신뢰를 얻을 수 없다)'이라고 한다. 이는 부모가 먼저 신용을 중시하여야 아이의 신임을 얻을 수 있다는 의미이므로 정답은 C이다.

34 – 35

8岁的女儿今天有英语课，回家的路上，我问她，今天英语课学了什么内容，她说："[34]今天老师教我们怎样说时间，还教我们怎样说'迟到'。"于是，我问她："那么你能用英语说一说'今天我迟到了'吗?"她说不会。我很生气，问她为什么不好好上课，她回答说："[35]如果我跟老师说，那不就变成我迟到了吗?"

8세 딸 아이는 오늘 영어 수업이 있었다. 집에 오는 길에 오늘 영어 수업에서 어떤 내용을 배웠는지 딸에게 물었다. 딸이 말했다. "[34]오늘 선생님이 시간을 어떻게 말하는지 우리에게 가르쳐 주셨어요. 그리고 '지각하다'도 어떻게 말하는지 가르쳐 주셨어요." 그래서 나는 딸에게 물었다. "그러면 영어로 '오늘 나는 지각했다'를 말할 수 있겠니?" 딸은 못 한다고 했다. 나는 매우 화가 나서 왜 열심히 수업을 듣지 않았냐고 물었다. 딸이 대답했다. "[35]만약 제가 선생님께 말하면 내가 지각한 게 되는 거 아니에요?"

단어 **内容** nèiróng 명 내용 | **迟到** chídào 동 지각하다 | **于是** yúshì 접 그래서 | **好好** hǎohǎo 부 열심히

34 ★☆☆

女儿今天的英语课有什么内容?		딸의 오늘 영어 수업은 무슨 내용인가?	
A 说时间	B 说空间	A 시간 말하기	B 공간 말하기
C 说食物	D 说人物	C 음식 말하기	D 인물 말하기

단어 空间 kōngjiān 명 공간 | 食物 shíwù 명 음식물 | 人物 rénwù 명 인물

해설 오늘 수업 시간에 무엇을 배웠냐는 질문에, 딸은 '今天老师教我们怎样说时间(선생님이 시간을 어떻게 말하는지 우리에게 가르쳐 주셨다)'이라고 하므로, '说时间(시간 말하기)'에 대해서 배웠다는 것을 알 수 있다. 따라서 정답은 A이다.

35 ★☆☆

为什么女儿不会说"今天我迟到了"?	왜 딸은 '오늘 나는 지각했다'라고 말할 수 없는가?
A 不愿意上课	A 수업을 듣고 싶지 않다
B 不愿意说英语	B 영어를 말하고 싶지 않다
C 不愿意说给妈妈听	C 엄마에게 들려주고 싶지 않다
D 不愿意迟到	D 지각하고 싶지 않다

해설 왜 열심히 수업을 듣지 않았냐는 엄마의 말에 딸은 '如果我跟老师说, 那不就变成我迟到了吗?(만약 내가 선생님에게 말하면 내가 지각한 게 되는 거 아닌가?)'라고 대답한다. 이 문장의 '不就…吗?'는 '~가 아니냐?'라는 의미의 반어적인 표현으로 '~이다'라는 의미이다. 딸 아이의 생각에 '今天我迟到了(오늘 나는 지각했다)'라는 말을 하게 되는 상황은 지각했을 때뿐이므로, 자신은 지각하고 싶지 않다는 것을 나타낸다. 그러므로 정답은 D이다.

36 – 37

[36]电视机前的观众朋友们，晚上好，欢迎收看今天的《社会论坛》栏目，现在，随着城市的不断发展，一些历史建筑和现代建筑之间的矛盾越来越突出，那么我们[37]应该怎样化解矛盾，如何使城市建设平衡发展呢？今天我们非常荣幸地请到了城市规划工程师——李清先生和我们一起谈谈这个问题。	[36]텔레비전 앞에 계신 시청자 여러분, 안녕하십니까. 오늘의 〈사회토론〉을 시청해 주셔서 감사합니다. 오늘날 도시가 끊임없이 발전함에 따라, 일부 전통 건축물과 현대 건축물 사이의 갈등이 점점 두드러지고 있습니다. 그렇다면 우리는 [37]갈등을 어떻게 풀어야 하며, 어떻게 도시 건설을 균형 있게 발전시킬 수 있을까요? 오늘 우리는 매우 영광스럽게도 도시 계획 엔지니어 리칭(李清)씨를 모시고, 이 문제에 관하여 함께 이야기해 보도록 하겠습니다.

단어 电视机 diànshìjī 명 텔레비전 | 观众 guānzhòng 명 시청자 | 收看 shōukàn 동 시청하다 | 社会 shèhuì 명 사회 | 论坛 lùntán 명 토론 | 栏目 lánmù 명 코너, 항목 | 随着 suízhe 개 ~에 따라 | 不断 búduàn 부 끊임없이 | 发展 fāzhǎn 동 발전하다 | 建筑 jiànzhù 명 건축 | 现代 xiàndài 명 현대 | 矛盾 máodùn 명 모순 | 突出 tūchū 형 두드러지다 | 化解 huàjiě 동 풀리다 | 如何 rúhé 대 어떻게 | 使 shǐ 동 ~하게 하다 | 建设 jiànshè 명 건축 | 平衡 pínghéng 형 균형이 맞다 | 荣幸 róngxìng 형 영광스럽다 | 城市规划 chéngshì guīhuà 명 도시 계획 | 工程师 gōngchéngshī 명 엔지니어 | 谈 tán 동 담화하다

36 ★☆☆	
这段话最可能发生在哪里？ A 电话里　　B 电视台 C 杂志社　　D 电台	이 대화는 어디에서 일어났을 가능성이 가장 큰가? A 전화　　B 텔레비전 방송국 C 잡지사　　D 라디오 방송국

단어 **电视台** diànshìtái 명 텔레비전 방송국 | **杂志社** zázhìshè 명 잡지사 | **电台** diàntái 명 라디오 방송국

해설 녹음 내용의 첫 시작에서 '**电视机前的观众朋友们，晚上好，欢迎收看今天的《社会论坛》栏目**(텔레비전 앞에 계신 시청자 여러분, 안녕하십니까. 오늘의 〈사회토론〉을 시청해 주셔서 감사합니다)'라고 한다. 이 문장은 '**电视机前**(텔레비전 앞)'에 있는 '**观众**(시청자)'에게 인사를 하고, '**收看**(시청하다)'이라는 단어를 사용한 것으로 보아, 텔레비전 방송 사회자의 멘트임을 짐작할 수 있다. 그러므로 정답은 B이다.

37 ★★☆	
他们将要讨论什么话题？ A 历史建筑的优点 B 现代建筑的优点 C 两者的平衡发展 D 两者怎样斗争	그들이 논의하려고 하는 주제는 무엇인가? A 전통 건축물의 장점 B 현대 건축물의 장점 C 둘 사이의 균형 발전 D 둘 사이의 투쟁 방법

단어 **优点** yōudiǎn 명 장점 | **斗争** dòuzhēng 동 투쟁하다

해설 사회자는 전통 건축물과 현대 건축물의 두드러지는 갈등 현상에 대해 문제를 제기하며, '**应该怎样化解矛盾**(갈등을 어떻게 풀어야 하나)', '**如何使城市建设平衡发展呢?**(어떻게 도시 건설을 균형 있게 발전시킬 수 있는가?)'에 대한 해결책을 찾고 있다. C에서는 '**两者**(양자)'라는 단어로 '**历史建筑**(전통 건축물)'과 '**现代建筑**(현대 건축물)'를 대신하였다. 그러므로 정답은 C이다.

38 – 40	
传说古时候，有一位叫愚公的老人，他家门前有两座大山，一座叫太行山，一座叫王屋山。全家人每次出门都被这两座大山阻挡。一天，他对家里人说："[38]这两座大山，挡住了我们，我准备修一条通向南方的大道，大家看怎么样？"大家都表示赞成。第二天，愚公带着一家人开始挖山了，但愚公一家搬山的工具只有锄头和背篓，一个月干下来，大山看起来跟原来没有什么两样。 有个名叫智叟的老人听到这件事后，特地赶来劝愚公说："你这样做太不聪明了，你年纪这么大了，怎么能把这两座山挖平呢？"愚公回答说："我虽然快要死了，但是我还有儿子。儿子死了，还有孙子，子子孙孙可以一直挖下去。山上的石头搬一点少一点，不会再增高了，为什么搬不走呢？"[39]自以为聪明的智叟听了，也无话可说了。[40]愚公带领一家人，不论夏天还是冬天，每天起早贪黑挖山不止。玉帝被愚公的精神感动，派了两个神仙帮他们把两座山搬走了。从此，他们外出非常方便了。	옛날에 우공(愚公)이라는 노인이 있었다. 그의 집 앞에는 두 개의 큰 산이 있었는데, 하나는 태행산(太行山), 또 하나는 왕옥산(王屋山)이었다. 가족들은 외출할 때마다 이 두 산에 가로막혔다. 어느 날 그가 가족들에게 말했다. "[38]이 두 큰 산이 우리를 막고 있어서 내가 남쪽으로 이어지는 길을 내려고 하는데 다들 어떻게 생각하는가?" 가족들은 모두 찬성했다. 이튿날, 우공은 가족들을 데리고 산을 깎기 시작했다. 그러나 우공이 산을 옮기는데 쓰는 도구는 고작 괭이와 광주리뿐이어서, 한 달 동안 일을 했지만, 산은 원래와 별로 달라진 게 없어 보였다. 지수(智叟)라는 노인이 이 일을 듣고 일부러 황급히 와서 그를 설득했다. "이렇게 하는 것은 너무나도 현명하지 못한 일이오. 나이도 많이 든 양반이 어찌 이 산 두 개를 깎을 수 있단 말이오?" 우공은 대답했다. "나는 비록 곧 죽겠지만, 아들이 있잖소. 아들이 죽으면 손자가 있고, 대대손손 산을 깎을 수 있소. 산 위의 돌은 하나를 옮기면 하나가 적어지고 더는 높아지지는 않을 텐데 어찌 옮길 수 없단 말이오?" [39]스스로 지혜롭다 여겨왔던 지수가

들고서는 할 말이 없어졌다. [40]우공은 가족들을 데리고 여름 겨울 할 것 없이 매일 아침저녁으로 부지런히 산을 옮기는 것을 멈추지 않았다. 옥황상제는 우공의 정신에 감동하여 두 신선을 보내 그들을 도와 두 산을 옮기도록 하였다. 이후, 우공의 가족들은 편하게 밖을 나갈 수 있게 되었다.

단어 传说 chuánshuō 명 전설 | 古 gǔ 명 옛날 | 愚公 Yúgōng 명 우공 [인명] | 座 zuò 양 좌, 동, 채 [부피가 크거나 고정된 물체를 세는 단위] | 太行山 Tàihángshān 명 태행산 [지명] | 王屋山 Wángwūshān 명 왕옥산 [지명] | 阻挡 zǔdǎng 동 가로막다 | 挡 dǎng 동 막다 | 修 xiū 동 건설하다 | 大道 dàdào 명 큰길 | 表示 biǎoshì 동 나타내다 | 赞成 zànchéng 동 찬성하다 | 挖 wā 동 깎다 | 工具 gōngjù 명 도구 | 锄头 chútou 명 곡괭이 | 背篓 bèilǒu 명 광주리 | 干 gàn 동 일을 하다 | 看起来 kànqǐlái 보기에 ~하다 | 原来 yuánlái 형 원래의 | 两样 liǎngyàng 형 다르다 | 智叟 Zhìsǒu 명 지수 [인명] | 特地 tèdì 부 일부러 | 赶 gǎn 동 서두르다 | 劝 quàn 동 설득하다 | 年纪 niánji 명 연령 | 平 píng 형 평평하다 | 死 sǐ 동 죽다 | 孙子 sūnzi 명 손자 | 子子孙孙 zǐzǐ sūnsūn 성 대대손손 | 石头 shítou 명 돌 | 增高 zēnggāo 동 높아지다 | 以为 yǐwéi 동 여기다 | 无话可说 wúhuà kěshuō 성 할 말이 없다 | 带领 dàilǐng 동 이끌다 | 不论 búlùn 접 ~을 막론하고 | 起早贪黑 qǐzǎo tānhēi 성 매우 부지런하고 근면하다 | 不止 bùzhǐ 동 멈추지 않다 | 玉帝 Yùdì 명 옥황상제 | 精神 jīngshén 명 정신 | 感动 gǎndòng 동 감동하다 | 派 pài 동 파견하다 | 神仙 shénxiān 명 신선 | 从此 cóngcǐ 부 이후로

38 ★☆☆

愚公为什么要搬山?	우공은 왜 산을 옮기려 하는가?
A 山挡住了他们全家出行的道路	A 산이 그의 가족들이 밖으로 나가는 길을 막았다
B 搬山上的泥土用来铺路	B 산 위의 진흙을 옮겨 길을 닦는데 쓴다
C 这是两座没有树木的山	C 이 두 산 모두 나무가 없는 산이다
D 愚公喜欢带着全家人劳动	D 우공은 온 가족을 데리고 일하는 것을 좋아한다

단어 出行 chūxíng 동 외출하다 | 道路 dàolù 명 길 | 泥土 nítǔ 명 진흙 | 铺路 pūlù 길을 닦다 | 树木 shùmù 명 나무 | 劳动 láodòng 동 노동하다

해설 녹음 내용이 비교적 길어 본문을 듣기 전에 먼저 보기를 훑어보고 내용을 예상해야 한다. '这两座大山, 挡住了我们, 我准备修一条通向南方的大道(두 큰 산이 우리를 막고 있어서 내가 남쪽으로 이어지는 길을 내려고 한다)'라고 한다. 따라서 우공은 산이 길을 막아서 옮기려 하는 것이므로 정답은 A이다.

39 ★☆☆

关于智叟, 哪项是正确的?	지수에 관하여 다음 중 옳은 것은?
A 他认为这两座山特别不方便	A 그는 이 두 산이 정말 불편하다고 생각한다
B 他一直反对愚公的行动	B 그는 우공의 행동을 계속해서 반대한다
C 他帮助愚公挖山	C 그는 우공을 도와 산을 깎았다
D 他是一个自以为聪明的人	D 그는 스스로 현명하다고 여기는 사람이다

해설 녹음 내용의 후반부에서 '自以为聪明的智叟(스스로 지혜롭다 여겨왔던 지수)'라고 언급하였다. 그러므로 정답은 D이다.
B. 지수는 우공의 행동에 처음에는 반대하지만, 나중에는 '无话可说了(할 말이 없어졌다)'라는 것으로 보아 생각에 변화를 보였다는 것을 알 수 있다.

40 ★★☆

从这个故事可以知道什么?
A 愚公家的门前有一座山
B 愚公的朋友也来帮助他挖山
C 愚公一家把山搬掉了
D 只要有坚强的毅力，任何事情都能成功

이 이야기를 통해 알 수 있는 것은 무엇인가?
A 우공의 집 앞에는 산이 하나 있다
B 우공의 친구도 그가 산을 옮기는 것을 도왔다
C 우공의 가족들이 산을 모두 옮겼다
D 끝까지 포기하지 않는 의지가 있으면 어떤 일도 성공할 수 있다

단어 **只要** zhǐyào 접 ~하기만 하면 | **坚强** jiānqiáng 형 꿋꿋하다 | **毅力** yìlì 명 굳센 의지 | **任何** rènhé 대 어떠한 | **成功** chénggōng 동 성공하다

해설 우공은 돌을 하나씩 옮기면 하나씩 적어진다는 마음가짐으로, 매일 아침저녁으로 산을 옮기는 일을 하였다. 이에 감동한 옥황상제는 신선을 보내 산을 옮기게 하였고, 결국 우공의 가족들은 편하게 밖을 나갈 수 있게 되었다. 이 이야기를 통해 우리는 끝까지 포기하지 않으면 산을 옮기는 일도 가능하다는 것을 알 수 있으므로 정답은 D이다.

41 – 43

如今的社会中，年轻夫妇越来越流行"[41]丁克家庭"，即不要小孩子。不少女性拒绝生孩子，很多国家非常担心，一方面如果很多家庭不要孩子，国家就没有劳动力，另一方面，女性不生孩子也不利于健康。

[42]那么为什么很多女性不愿意要孩子呢？主要有三个原因。一是因为很多女性对生育具有恐惧症；二是要了孩子会占用很多时间，不能与丈夫保持两人的自由；三是现代社会生活压力很大，很多女性认为不能给孩子创造很好的条件，干脆就不要了。

然而，这些观点是不对的。生育对女性来说是最重要的事情，[43]这不仅关系着国家、家庭，也关系着自己的生理健康。

요즘 사회의 젊은 부부들에게 [41]'딩크족'이 점점 유행하고 있다. 즉, 아이를 원하지 않는 것이다. 적지 않은 여성이 아이 낳는 것을 거부하고 있으며, 많은 나라는 대단히 걱정하고 있다. 우선 만약 여러 가정에서 아이를 원하지 않으면 나라는 노동력을 잃게 되고, 또 다른 방면으로, 여성이 아이를 낳지 않는 것은 건강에도 해롭다.

[42]그렇다면 왜 많은 여성은 아이를 원하지 않는 것일까? 세 가지 주요 원인이 있다. 첫째는 많은 여성이 출산을 두려워하기 때문이다. 둘째는 아이를 낳으면 시간이 많이 할애되어 남편과 둘만의 자유를 유지할 수 없기 때문이다. 셋째는 현대 사회의 생활 속 스트레스가 매우 커, 많은 여성이 아이에게 좋은 여건을 마련해 주지 못할 것이라고 여겨 아예 원하지 않는 것이다.

그러나 이런 생각들은 잘못된 것이다. 출산은 여성에게 있어 가장 중요한 일이며, [43]이는 국가, 가정과 연관될 뿐 아니라, 자신의 신체적 건강과도 연관된다.

단어 **如今** rújīn 명 오늘날 | **社会** shèhuì 명 사회 | **夫妇** fūfù 명 부부 | **流行** liúxíng 동 유행하다 | **丁克家庭** Dīngkè jiātíng 딩크(DINK)족 | **即** jí 부 즉 | **拒绝** jùjué 동 거절하다 | **家庭** jiātíng 명 가정 | **劳动力** láodònglì 명 노동력 | **不利于** búlìyú ~에 해롭다 | **原因** yuányīn 명 원인 | **生育** shēngyù 동 출산하다 | **具有** jùyǒu 동 가지다 | **恐惧症** kǒngjùzhèng 명 공포증 | **占用** zhànyòng 동 점용하다 | **与** yǔ 개 ~와 | **保持** bǎochí 동 유지하다 | **自由** zìyóu 명 자유 | **现代** xiàndài 명 현대 | **生活** shēnghuó 명 생활 | **压力** yālì 명 스트레스 | **创造** chuàngzào 동 만들다 | **条件** tiáojiàn 명 조건 | **干脆** gāncuì 부 아예 | **然而** rán'ér 접 그러나 | **观点** guāndiǎn 명 관점 | **不仅** bùjǐn 접 ~뿐만 아니라 | **生理健康** shēnglǐ jiànkāng 명 신체적 건강

41 ★☆☆	
"丁克家庭"是指什么样的家庭?	'딩크족'은 어떤 가정을 가리키는가?
A 家里只有两个人	A 집에 두 사람만 있다
B 只有两个小孩	B 자녀 두 명만 있다
C 只有两位长辈	C 어르신 두 분만 있다
D 不要孩子	D 아이를 원하지 않는다

단어 长辈 zhǎngbèi 명 집안 어른

해설 녹음 내용의 초반부에서 '丁克家庭(딩크족)'을 언급하며, 이어서 '即不要小孩子(즉 아이를 원하지 않는 것이다)'라고 부연 설명을 하였으므로 정답은 D이다.

Tip
설명문에서 " "를 사용하여 단어를 제시할 때, 반드시 그 뒤에 단어에 대한 구체적인 설명이 나온다. 예를 들어, '意思是说(뜻으로 말하자면)', '也就是说(다시 말하자면)', '即(즉)'와 같은 어구나 단어를 사용하여 부연 설명을 한다. 그러므로 지문이나 문제의 핵심 단어가 무슨 뜻인지 모른다 할지라도, 그 뒤에 나오는 부연 설명을 잘 듣는다면 큰 어려움 없이 문제를 풀 수 있다.

42 ★☆☆	
很多女性为什么不要孩子?	많은 여성은 왜 아이를 원하지 않는가?
A 不喜欢孩子	A 아이를 좋아하지 않는다
B 孩子不听话	B 아이는 말을 듣지 않는다
C 为了健康	C 건강을 위해서이다
D 孩子带来很多问题	D 아이는 아주 많은 문제를 야기한다

단어 听话 tīnghuà 동 말을 잘 듣다

해설 여성이 왜 아이를 원하지 않는지 문제를 제기하며, 주된 요인 세 가지를 언급한다. 첫째는 '对生育具有恐惧症(출산을 두려워한다)', 둘째는 '不能与丈夫保持两人的自由(남편과 둘만의 자유를 유지할 수 없다)', 셋째는 '很多女性认为不能给孩子创造很好的条件, 干脆就不要了(아이에게 좋은 여건을 마련해 주지 못할 것이라 여겨 아예 낳지 않는다)'라는 생각을 하기 때문이다. 이것은 아이가 있을 때 가지게 되는 문제에 대해 언급하는 것이므로 정답은 D이다.

Tip
녹음 내용에서 순서대로 원인이나 이유를 제시하는 경우, 문제의 보기와 녹음의 내용이 일치하는 부분을 가려내기 위해 필기를 하면서 보기와 대조하며 듣는 것도 좋은 방법이다.

43 ★★☆	
关于女性生育问题, 哪项是错的?	여성의 출산 문제에 관하여 틀린 것은?
A 不生孩子影响国家	A 아이를 낳지 않는 것은 국가에 영향을 준다
B 生孩子不利于生理健康	B 아이를 낳는 것은 신체적 건강에 해롭다
C 不生孩子会影响家庭	C 아이를 낳지 않는 것은 가정에 영향을 줄 것이다
D 女性对生孩子感到压力	D 여성은 아이를 낳는 것에 부담을 느낀다

해설 출산은 '这不仅关系着国家、家庭, 也关系着自己的生理健康(이는 국가, 가정과 연관될 뿐 아니라, 자신의 신체적 건강과도 연관된다)'이라고 한다. 이는 아이를 낳아야 국가와 가정, 그리고 여자의 신체 건강에도 좋다는 의미이므로 정답은 B이다.

44 – 45

暑假，[44]明明和爸爸一起到中国的南方去旅行，一路上明明高兴地看着窗外迷人的景色。广阔的田野上，到处是水田，农民伯伯正在忙着为水稻除去杂草，还经常看到许多水牛浸在水里，自由自在地游泳。明明问爸爸："为什么水牛喜欢浸在水里呢？"爸爸指着几头正在游泳的水牛说："它的祖先生活在很热很热的热带和亚热带，那些地区气温特别高，而水牛的皮又特别厚，汗腺不发达，不能利用出汗来维持正常的体温，所以就[45]把身体浸在水里，来散发一部分热量，维持正常的体温。久而久之，就形成了水牛喜欢水的习惯。"

여름 방학 때, [44]밍밍(明明)과 아빠는 함께 중국 남쪽 지역으로 여행을 갔다. 여행 중 밍밍은 기뻐하며 창밖의 매력적인 경치를 보고 있었다. 광활한 들에 곳곳이 논이었으며, 농부 아저씨들은 바쁘게 벼의 잡초를 제거하고 있었다. 또한, 아주 많은 물소가 물에 들어가 자유롭게 수영하는 모습이 종종 보였다. 밍밍은 아빠에게 물었다. "물소는 왜 물에 들어가 있는 것을 좋아해요?" 아빠는 수영하는 몇 마리 물소를 가리키며 말했다. "물소의 조상은 몹시 더운 열대 지역과 아열대 지역에서 생활했어. 그런 지역은 기온이 너무 높은 데다가 물소는 피부도 특히나 두껍고 땀샘이 발달하지 않아서, 땀을 흘려 정상 체온을 유지할 수 없었어. 그래서 [45]물속에 몸을 담가 일부 열을 발산하여 정상 체온을 유지하였단다. 그렇게 오랜 시간이 지나서 물소가 물을 좋아하는 습관이 형성된 거지."

단어 暑假 shǔjià 명 여름 방학 | 南方 nánfāng 명 남쪽 | 旅行 lǚxíng 동 여행하다 | 迷人 mírén 동 매력적이다 | 景色 jǐngsè 명 경치 | 广阔 guǎngkuò 형 광활하다 | 田野 tiányě 명 논밭과 들판 | 到处 dàochù 명 곳곳 | 水田 shuǐtián 명 논 | 农民 nóngmín 명 농민 | 伯伯 bóbo 명 아저씨 | 水稻 shuǐdào 명 벼 | 除去 chúqù 동 제거하다 | 杂草 zácǎo 명 잡초 | 许多 xǔduō 형 매우 많다 | 水牛 shuǐniú 명 물소 | 浸 jìn 동 (물에) 담그다 | 自由自在 zìyóu zìzài 성 자유자재하다 | 指 zhǐ 동 가리키다 | 头 tóu 양 마리, 필 [가축을 세는 단위] | 祖先 zǔxiān 명 선조 | 生活 shēnghuó 동 생활하다 | 热带 rèdài 명 열대 | 亚热带 yàrèdài 명 아열대 | 地区 dìqū 명 지역 | 而 ér 접 그리고 | 皮 pí 명 피부 | 厚 hòu 형 두껍다 | 汗腺 hànxiàn 명 땀샘 | 发达 fādá 형 발달하다 | 利用 lìyòng 동 이용하다 | 出汗 chūhàn 땀이 나다 | 维持 wéichí 동 유지하다 | 正常 zhèngcháng 형 정상적인 | 体温 tǐwēn 명 체온 | 散发 sànfā 동 발산하다 | 热量 rèliàng 명 열량 | 久而久之 jiǔ'ér jiǔzhī 성 긴 시간이 지나다 | 形成 xíngchéng 동 형성되다 | 习惯 xíguàn 명 습관

44 ★☆☆

明明和爸爸去了中国的哪里旅行？

A 南方　　B 东方
C 西方　　D 北方

밍밍과 아빠는 중국의 어디로 여행을 갔는가?

A 남쪽 지역　　B 동쪽 지역
C 서쪽 지역　　D 북쪽 지역

단어 东方 dōngfāng 명 동쪽 | 西方 xīfāng 명 서쪽 | 北方 běifāng 명 북쪽

해설 장소를 묻는 문제로, 녹음 내용의 첫 문장에서 '明明和爸爸一起到中国的南方去旅行(밍밍과 아빠는 함께 중국 남쪽 지역으로 여행을 갔다)'이라고 한다. 그러므로 정답은 A이다.

45 ★★☆

水牛为什么喜欢浸在水里？

A 它们喜欢游泳
B 它们喜欢玩水
C 为了休息
D 为了维持体温

물소는 왜 물속에 들어가는 것을 좋아하는가?

A 그들은 수영을 좋아한다
B 그들은 물놀이를 좋아한다
C 휴식하기 위해서이다
D 체온을 유지하기 위해서이다

해설 밍밍의 질문에 대한 아빠의 설명을 들었다면 질문에 대한 대답을 알 수 있다. 녹음 내용의 마지막 부분에서 '把身体浸在水里，来散发一部分热量，维持正常的体温(물속에 몸을 담가 일부 열을 발산하여 정상 체온을 유지한다)'이라고 언급하므로, D가 정답이다.

46 – 48

开学不久，他收到一笔500元钱的稿费，[46]决定把这笔钱寄回乡下老家。为了不让父母多想，他在汇款人姓名这一栏写上"真心帮助你的陌生人"。回去的路上，他想到家里能买种子、农药和化肥了，父母能松一口气了，心中不禁一阵[47]轻松。不到半个月，传达室又送来了一张500元钱的汇款单，原来钱是家里寄来的，上面写着：[48]不要为家里担心。	개학하고 얼마 지나지 않아, 그는 원고료 500위안을 받았고 이 돈을 시골 고향 집에 부치기로 [46]결정했다. 부모님이 마음 쓰지 않게 하기 위해서, 그는 송금인 성명 칸에 '당신을 진심으로 돕고자 하는 낯선 사람'이라고 적었다. 돌아가는 길에 그는 집에서 종자와 농약, 그리고 화학 비료를 살 수 있어 부모님이 한시름 놓을 거란 생각이 들어, [47]홀가분함을 금치 못했다. 보름이 되지 않아, 접수처에서 또 500위안의 송금 영수증을 보내왔다. 알고 보니 돈은 집에서 부친 것으로, '[48]집안 걱정은 하지 말아라'라고 적혀있었다.

단어 收 shōu 동 받다 | 笔 bǐ 양 몫 [돈이나 그와 관련된 것에 쓰임] | 稿费 gǎofèi 명 원고료 | 寄 jì 동 부치다 | 乡下 xiāngxia 명 시골 | 老家 lǎojiā 명 고향 | 汇款人 huìkuǎnrén 명 송금인 | 栏 lán 명 (표의) 칸 | 真心 zhēnxīn 명 진심 | 陌生人 mòshēngrén 명 낯선 사람 | 种子 zhǒngzi 명 종자 | 农药 nóngyào 명 농약 | 化肥 huàféi 명 화학 비료 | 松一口气 sōng yìkǒuqì 한시름 놓다 | 不禁 bùjīn 부 금치 못하다 | 阵 zhèn 양 바탕 [어떠한 사건이나 동작이 지나가는 순간을 나타냄] | 传达室 chuándáshì 명 접수처 | 汇款单 huìkuǎndān 명 송금 영수증 | 原来 yuánlái 부 알고 보니

46 ★★★

A 决心	B 认定	A 결심하다	B 인정하다
C 决定	D 肯定	C 결정하다	D 확신하다

단어 决心 juéxīn 동 결심하다 | 认定 rèndìng 동 인정하다 | 决定 juédìng 동 결정하다 | 肯定 kěndìng 동 확신하다

해설 빈칸은 술어 자리로 빈칸이 포함된 문장은 '______把这笔钱寄回乡下老家(이 돈을 시골 고향 집에 부치기로______)'라는 의미이다. '把자문'을 목적어로 가질 수 있는 술어가 와야 하므로, 보기 중에서 A의 '决心(결심하다)'과 C의 '决定(결정하다)'이 올 수 있다. 그러나 '决心(결심하다)'은 '마음으로 확고하게 결의를 다짐함'의 의미이고, '决定(결정하다)'은 '어떠한 행동을 취할 것인지 결정함'의 의미이다. 따라서 빈칸에는 '决定(결정하다)'이 적합하므로 정답은 C이다.

47 ★★☆

A 轻松	B 放松	A 홀가분하다	B 정신적 긴장을 풀다
C 轻视	D 放弃	C 경시하다	D 포기하다

단어 轻松 qīngsōng 동 홀가분하다 | 放松 fàngsōng 동 정신적 긴장을 풀다 | 轻视 qīngshì 동 경시하다 | 放弃 fàngqì 동 포기하다

해설 빈칸은 술어 자리로 빈칸이 포함된 문장은 '父母能松一口气了，心中不禁一阵______(부모님이 한시름 놓을 거란 생각이 들어, ______을 금치 못하다)'이라는 의미이다. 부모님의 경제적 부담을 덜어 주어 화자의 마음이 가벼워졌다는 것으로, 보기에서 의미상 가장 적절한 것은 '轻松(홀가분하다)'이다. 따라서 정답은 A이다.

B. '放松'은 스트레스가 많은 상황이나 긴장감이 있던 때로부터 해방이 될 때 '정신적 긴장을 풀다'라는 뜻이므로 빈칸에 적절하지 않다.

48 ★★☆

A 不要为家里担心	A 집안 걱정은 하지 말아라
B 谢谢	B 감사하다
C 感谢好心人	C 마음씨 좋은 분께 감사하다
D 这不是我的钱	D 이것은 내 돈이 아니다

단어 **感谢** gǎnxiè 동 감사하다 | **好心** hǎoxīn 형 착한

해설 빈칸 앞의 내용을 보면, 접수처에서 500위안의 송금 영수증을 보내왔고 알고 보니 그 돈은 집에서 보낸 것이라는 사실을 알 수 있다. 그의 부모님은 아들이 집안 걱정을 하여 돈을 보낸 것임을 알고 다시 아들에게 돈을 부친 것이다. 따라서 정답은 A이다.

49 – 52

一位女士对一位陌生人笑了笑，陌生人感觉很好，让他想起了过去与一位朋友的[49]友谊，于是他给这位朋友写了一[50]封信。朋友看到信后很高兴，用完午餐后给了服务生很多小费。服务生惊喜万分，就用小费买了彩票并且中奖了，他把一部分钱给了街上的流浪汉。流浪汉非常[51]感激，因为他已经好几天没吃东西了。吃过东西，在回家的路上他看见一只小狗，就把它抱回自己的小房间取暖。当晚房子着火了，小狗大叫直到叫醒了房子里所有的人，大家得救了。被小狗叫起的孩子中有一个后来当了总统。所有这一切都因为一个[52]简单的微笑。

한 숙녀가 한 낯선 사람을 향해 미소 지었다. 낯선 사람은 기분이 매우 좋아졌고, 그로 하여금 과거 한 친구와의 [49]우정을 떠올리게 했다. 그래서 그는 친구에게 편지 한 [50]통을 썼다. 친구는 편지를 보고 매우 기뻐서, 점심을 다 먹은 후 종업원에게 팁을 아주 많이 주었다. 종업원은 대단히 놀라고도 기뻤고, 그 팁으로 복권을 사 당첨까지 되었다. 그는 돈의 일부를 길거리의 유랑자에게 주었고, 유랑자는 매우 [51]감격했다. 왜냐하면 그는 벌써 며칠 동안 음식을 먹지 못했기 때문이다. 음식을 먹은 후 집으로 돌아오는 길에 그는 강아지 한 마리를 보고 그것을 안고 자신의 방으로 가 따뜻하게 해 주었다. 그날 저녁 집에 불이 났고, 강아지는 집안의 모든 사람이 깰 때까지 짖어서 모두 구조되었다. 강아지가 짖어서 깨어난 아이 중 한 명은 이후에 대통령이 되었다. 이 모든 것은 전부 하나의 [52]간단한 미소 때문이다.

단어 **女士** nǚshì 명 숙녀 | **陌生人** mòshēngrén 명 낯선 사람 | **感觉** gǎnjué 동 느끼다 | **与** yǔ 개 ~와 | **于是** yúshì 접 그래서 | **用** yòng 동 들다 ['먹다'의 경어] | **午餐** wǔcān 명 점심 | **服务生** fúwùshēng 명 종업원 | **小费** xiǎofèi 명 팁 | **惊喜** jīngxǐ 형 놀라고도 기뻐하다 | **万分** wànfēn 부 대단히 | **彩票** cǎipiào 명 복권 | **并且** bìngqiě 접 게다가 | **中奖** zhòngjiǎng 동 당첨되다 | **一部分** yíbùfēn 일부분 | **流浪汉** liúlànghàn 명 유랑자 | **抱** bào 동 안다 | **取暖** qǔnuǎn 동 따뜻하게 하다 | **着火** zháohuǒ 동 불이 나다 | **直到** zhídào 동 ~까지 이르다 | **叫醒** jiàoxǐng 깨우다 | **所有** suǒyǒu 형 모든 | **得救** déjiù 동 구조되다 | **当** dāng 동 ~이 되다 | **总统** zǒngtǒng 명 대통령 | **一切** yíqiè 대 모든 | **微笑** wēixiào 명 미소

49 ★☆☆

A 友好	B 友谊	A 우호	B 우정
C 友爱	D 爱情	C 우애	D 애정

단어 **友好** yǒuhǎo 명 우호 | **友谊** yǒuyì 명 우정 | **友爱** yǒu'ài 명 우애 | **爱情** àiqíng 명 애정

해설 빈칸은 구조조사 '的' 뒤의 명사 목적어 자리이다. 빈칸이 포함된 문장은 '让他想起了过去与一位朋友的______(그로 하여금 과거 한 친구와의______을 떠올리게 했다)'라는 의미이다. 여기서 '朋友(친구)'와 가장 어울리는 단어는 보기의 '友谊(우정)'이므로 정답은 B이다.

50 ★☆☆

A 张	B 封	A 장	B 통
C 个	D 打	C 개	D 다스

단어 张 zhāng 양 장 [종이나 가죽 등을 세는 단위] | 封 fēng 양 통, 꾸러미 [편지나 서류 등을 세는 단위] | 个 gè 양 개, 사람 [물건이나 개개의 사람을 세는 단위] | 打 dá 양 다스 [12개를 한 묶음으로 하여 세는 단위]

해설 빈칸은 수사 뒤의 양사 자리로, '信(편지)'을 세는 단위가 들어가야 한다. '他给这位朋友写了一______信(그는 친구에게 편지 한______을 썼다)'이라는 의미이므로 보기에서 '封(통)'이 빈칸의 단어로 가장 적절하다. 따라서 정답은 B이다.

51 ★★☆

A 感激	B 感受	A 감격하다	B 느끼다
C 感悟	D 感想	C 깨닫다	D 감상

단어 感激 gǎnjī 동 감격하다 | 感受 gǎnshòu 동 느끼다 | 感悟 gǎnwù 동 깨닫다 | 感想 gǎnxiǎng 명 감상, 느낌

해설 빈칸은 술어 자리로 동사나 형용사가 와야 한다. 빈칸 앞부분의 내용에서 종업원은 돈을 길거리의 유랑자에게 주었다고 한다. 이어서 '流浪汉非常______, 因为他已经好几天没吃东西了(유랑자는 매우______. 왜냐하면 그는 벌써 며칠 동안 음식을 먹지 못했기 때문이다)'라고 한다. 여기서 돈을 받은 유랑자가 느낄 감정을 나타내는 가장 적절한 단어는 '感激(감격하다)'이므로 정답은 A이다.

B, C. 두 단어 모두 무엇을 느꼈는지 뒤이은 서술이 필요하다.

52 ★★☆

A 复杂	B 独有	A 복잡하다	B 독점하다
C 牵强	D 简单	C 억지스럽다	D 간단하다

단어 复杂 fùzá 형 복잡하다 | 独有 dúyǒu 동 독점하다 | 牵强 qiānqiǎng 형 억지스럽다 | 简单 jiǎndān 형 간단하다

해설 지문의 이야기는 어떤 숙녀의 미소를 시작으로 좋은 일이 계속 이어져 마지막에는 한 아이가 대통령이 된다는 내용이다. 즉, 하나의 선하고 작은 영향력이 큰일을 만들어 낸다는 의미를 내포한 이야기로, 마지막 문장에서 글의 중심 내용을 언급한다. '所有这一切都因为一个______的微笑(이 모든 것은 전부 하나의______미소 때문이다)'라고 하는데, 이때 빈칸에 들어갈 가장 적절한 단어는 '简单(간단하다)'이다. 따라서 정답은 D이다.

53 – 56

魏文王问名医扁鹊："你们家兄弟三人，都精于医术，[53]到底哪一位最好呢？"扁鹊答："长兄最好，中兄次之，我最差。"文王再问："那么为什么你最出名呢？"扁鹊答："长兄治病，是治于病情[54]发作之前。一般人不知道他[55]事先能铲除病因，所以名气无法传出；中兄治病，是治于病情初起时。一般人以为他只能治小病，所以名气只及乡里；而我是治于病情[56]严重时。一般人都看到我做大手术，所以以为我的医术高明，名气因此响遍全国。"

위(魏)나라 문왕(文王)이 명의인 편작(扁鹊)에게 물었다. "너희 집 세 형제는 모두 의술에 정통한데, [53]도대체 누가 가장 뛰어나느냐?" 편작이 대답했다. "큰형님이 가장 뛰어납니다. 둘째 형님이 그다음이고, 제가 가장 부족합니다." 문왕이 또 물었다. "그렇다면 왜 네가 가장 유명한 것이냐?" 편작이 대답했다. "큰형님은 병세가 [54]나타나기 전에 병을 치료합니다. 보통 사람은 그가 발병의 원인을 [55]미리 제거할 수 있는지 몰라서, 명성이 퍼질 수 없는 겁니다. 둘째 형님은 병세 초기에 치료합니다. 보통 사람은 그가 작은 병만 치료할 수 있다고 여기기 때문에, 명성이 단지 마을까지밖에 미치지 못합니다. 하지만 저는 병세가 [56]심할 때 치료를 합니다. 보통 사람은 모두 제가 큰 수술을 하는 것을 보고, 제 의술이 뛰어나다고 생각합니다. 이로 인해 제 명성이 전국에 퍼져 나간 것입니다."

단어 魏 Wèi 명 위나라 [주(周)대의 나라 이름] | 名医 míngyī 명 명의 | 兄弟 xiōngdì 명 형제 | 精于 jīngyú ~에 정통하다 | 医术 yīshù 명 의술 | 答 dá 동 대답하다 | 长兄 zhǎngxiōng 명 큰형 | 次之 cìzhī 동 ~의 다음가다 | 出名 chūmíng 형 유명하다 | 治 zhì 동 치료하다 | 病情 bìngqíng 명 병세 | 铲除 chǎnchú 동 뿌리 뽑다 | 病因 bìngyīn 명 발병의 원인 | 名气 míngqì 명 명성 | 无法 wúfǎ 동 방법이 없다 | 传 chuán 동 전파하다 | 初起 chūqǐ 명 초기 | 以为 yǐwéi 동 여기다 | 及 jí 동 이르다 | 乡里 xiānglǐ 명 마을 | 而 ér 접 그러나 | 大手术 dàshǒushù 명 대수술 | 高明 gāomíng 형 뛰어나다 | 因此 yīncǐ 접 이로 인하여 | 响 xiǎng 동 울려 퍼지다 | 遍 biàn 동 두루 퍼지다

53 ★★☆

A 最终	B 终于	A 최후	B 마침내
C 到底	D 但是	C 도대체	D 그러나

단어 最终 zuìzhōng 명 최후 | 终于 zhōngyú 부 마침내 | 到底 dàodǐ 부 도대체 | 但是 dànshì 접 그러나

해설 빈칸은 부사 자리로, 문왕이 편작에게 '_____哪一位最好呢?(_____누가 가장 뛰어난가?)'라고 묻는다. 보기 중에서 뒤에 의문대명사 '哪(어느)'와 어울릴 수 있는 부사는 '到底(도대체)'이다. '到底(도대체)' 뒤에는 반드시 의문의 어기가 와야하며, '究竟(도대체)'과 자주 바꿔서 표현되므로 알아두는 것이 좋다. 정답은 C이다.

54 ★★★

A 发生	B 发展	A 발생하다	B 발전하다
C 劳作	D 发作	C 노동하다	D 나타나다

단어 发生 fāshēng 동 발생하다 | 发展 fāzhǎn 동 발전하다 | 劳作 láozuò 동 노동하다 | 发作 fāzuò 동 나타나다

해설 빈칸은 술어 자리이고, 빈칸이 포함된 문장은 '长兄治病，是治于病情_____之前(큰형님은 병세가_____전에 병을 치료한다)'이라는 의미이다. 이때 '病情(병세)'과 가장 어울리는 술어는 '发作'로, 이는 '(잠복하여 있던 일 · 병 등이) 발작하다', '(약효 등이) 나타나다'라는 뜻이다. 따라서 정답은 D이다.

A. '发生(발생하다)'은 뒤에 목적어를 가진다.

B. '发展'은 '(주로 경제나 상황이) 발전하다'라는 뜻으로, 주로 좋은 쪽으로 나아감을 가리킨다.

55 ★★☆

A 事先	B 以前	A 미리	B 이전
C 从前	D 后来	C 종전	D 그 후

단어 事先 shìxiān 명 미리 | 以前 yǐqián 명 이전 | 从前 cóngqián 명 종전 | 后来 hòulái 명 그 후

해설 보기는 모두 시간명사이다. 빈칸이 포함된 문장의 앞부분에서 큰형님은 병세가 나타나기 전에 병을 치료한다고 한다. 뒤이어 '一般人不知道他______能铲除病因(보통 사람은 그가 발병의 원인을______ 제거할 수 있는지 모른다)'이라고 한다. 의미상 빈칸에 들어갈 가장 적절한 단어는 '事先(미리)'이다. 그러므로 정답은 A이다.

Tip

'以前'과 '从前'

'以前'과 '从前'은 모두 '이전'이라는 뜻으로 구체적인 시간 표현 없이 단독으로 쓸 수 있는 공통점이 있다. 그러나 '以前'은 시간 표현과 함께 쓸 수 있지만, '从前'은 시간 표현과 함께 쓸 수 없다.

예 시간 표현 없이 단독으로 쓰이는 경우
我以前在这里住过。나는 이전에 여기에서 살았다. (O)
我从前在这里住过。나는 이전에 여기에서 살았다. (O)

예 시간 표현과 함께 쓰이는 경우
2006年以前我一直住在中国。2006년 이전에 나는 계속 중국에서 살았다. (O)
2006年从前我一直住在中国。(X)

56 ★★★

A 严肃	B 严格	A 엄숙하다	B 엄격하다
C 严厉	D 严重	C 단호하다	D 심각하다

단어 严肃 yánsù 형 엄숙하다 | 严格 yángé 형 엄격하다 | 严厉 yánlì 형 단호하다 | 严重 yánzhòng 형 심각하다

해설 빈칸이 포함된 문장에서 주어인 '病情(병세)'에 대한 술어를 찾는 문제이다. 보기에서 '病情(병세)'과 의미상 가장 어울리는 단어는 '严重(심각하다)'이므로 정답은 D이다.
A. '严肃'는 '(표정 · 기분 · 말투 등이) 엄숙하다'라는 뜻이다.
B. '严格'는 '(요구하는 바나 사람이) 엄격하다'라는 뜻이다.
C. '严厉'는 '(다른 사람에 대한 태도나 조치가) 호되다', '단호하다'라는 뜻이다.

57 – 60

气候与人的性格[57]形成有很大的关系。研究[58]发现，生活在热带地区的人，为了躲避酷暑，在室外活动的时间比较多，所以那里的人性格比较容易激动。居住在寒冷地带的人，因为室外活动不多，大部分时间在一个不太大的空间里与别人朝夕相处，养成了能[59]控制自己的情绪，具有较强的耐心和忍耐力，比如生活在北极的爱斯基摩人，被人们[60]称为"世界上永不发怒的人"。

기후와 사람의 성격 [57]형성은 밀접한 관련이 있다. 연구에서 [58]발견하길, 열대 지역에서 생활하는 사람은 무더위를 피하기 위한 실외 활동 시간이 비교적 많다. 그래서 그곳 사람은 비교적 쉽게 흥분한다. 한랭 지대에 사는 사람은 실외 활동이 많지 않기 때문에 대부분 시간을 그리 넓지 않은 공간 안에서 다른 사람과 늘 함께 지내고, 자기의 감정을 [59]통제할 수 있도록 길러져 강한 참을성과 인내력을 갖는다. 예를 들어, 북극에서 생활하는 에스키모는 사람들에게 '세상에서 평생 화내지 않는 사람'이라고 [60]불린다.

단어 气候 qìhòu 명 기후 | 与 yǔ 개 ~와 | 性格 xìnggé 명 성격 | 研究 yánjiū 동 연구하다 | 生活 shēnghuó 동 생활하다 | 热带 rèdài 명 열대 | 地区 dìqū 명 지역 | 躲避 duǒbì 동 피하다 | 酷暑 kùshǔ 명 무더위 | 室外 shìwài 명 실외 | 活动 huódòng 동 활동하다 | 激动 jīdòng 형 흥분하다 | 居住 jūzhù 동 거주하다 | 寒冷 hánlěng 형 한랭하다 | 地带 dìdài 명 지대 | 空间 kōngjiān 명 공간 | 朝夕相处 zhāoxī xiāngchǔ 성 늘 함께 지내다 | 养成 yǎngchéng 동 길러지다 | 情绪 qíngxù 명 감정 | 具有 jùyǒu 동 가지다 | 耐心 nàixīn 명 참을성 | 忍耐力 rěnnàilì 명 인내력 | 比如 bǐrú 동 예를 들다 | 北极 běijí 명 북극 | 爱斯基摩人 Àisījīmórén 명 에스키모 | 永 yǒng 부 영원히 | 发怒 fānù 동 화내다

57 ★★★

A 造成	B 组成	A 조성하다	B 조직하다
C 构成	D 形成	C 구성하다	D 형성되다

단어 造成 zàochéng 동 조성하다 | 组成 zǔchéng 동 조직하다 | 构成 gòuchéng 동 구성하다 | 形成 xíngchéng 동 형성되다

해설 빈칸은 주어 자리이다. 빈칸이 포함된 문장은 '气候与人的性格_____有很大的关系(기후와 사람의 성격_____은 밀접한 관련이 있다)'라는 의미이다. '形成'은 '(어떤 사물이나 기풍 · 국면 등이) 형성되다', '이루어지다'라는 뜻이므로, '性格(성격)'와의 조합으로 가장 적절하다. 따라서 정답은 D이다.

A. '造成'은 '(나쁜 결과를) 초래하다', '조성하다'라는 뜻이다.

B. '组成'은 '由+사람+组成(~한 사람들로 구성하다)' 구조로 자주 사용된다.

C. '构成'은 '由+사물+构成(~한 사물로 구성하다)' 구조로 자주 사용된다.

58 ★★☆

A 发明	B 结果	A 발명하다	B 결과
C 发现	D 发觉	C 발견하다	D 알아차리다

단어 发明 fāmíng 동 발명하다 | 结果 jiéguǒ 명 결과 | 发现 fāxiàn 동 발견하다 | 发觉 fājué 동 알아차리다

해설 빈칸 앞에는 '研究(연구)', 뒤에는 연구로 발견한 결과가 문장으로 나오는 것으로 보아, 문장을 목적어로 가질 수 있는 '发现(발견하다)'이 빈칸에 가장 적절하다. '研究发现(연구에서 발견하다)'은 자주 쓰이는 단어 조합이다. 따라서 정답은 C이다.

D. '发觉'는 '(몰랐거나 숨겨진 사실을) 알아차리다', '깨닫다'라는 뜻이다.

59 ★★☆

A 管理	B 阻止	A 관리하다	B 저지하다
C 限制	D 控制	C 제한하다	D 통제하다

단어 管理 guǎnlǐ 동 관리하다 | 阻止 zǔzhǐ 동 저지하다 | 限制 xiànzhì 동 제한하다 | 控制 kòngzhì 동 통제하다

해설 빈칸은 술어 자리로, 빈칸이 포함된 문장은 '养成了能______自己的情绪(자기의 감정을______수 있도록 길러졌다)'라는 의미이다. 그리고 다음 문장에서 '具有较强的耐心和忍耐力(강한 참을성과 인내력을 갖는다)'라고 언급하므로 문맥상 빈칸에 가장 알맞은 단어는 감정을 '控制(통제하다)'라는 뜻의 D가 정답이다.

C. '限制'은 시간이나 범위를 한정시키는 의미의 '제한하다'라는 뜻이다.

60 ★★☆

A 称呼	B 称为	A ~라고 부르다	B ~라고 부르다
C 叫	D 冠名	C 부르다	D 제목을 붙이다

단어 称呼 chēnghu 동 ~라고 부르다 | 称为 chēngwéi ~라고 부르다 | 叫 jiào 동 부르다 | 冠名 guànmíng 동 제목을 붙이다

해설 빈칸은 '被(~에게 ~당하다)' 뒤의 술어 자리로, 지문에서 에스키모는 '被人们______"世界上永不发怒的人"(사람들에게 '세상에서 평생 화내지 않는 사람'이라고______)'이라고 한다. A와 B 모두 '~라고 부르다'라는 뜻이지만, '称呼'는 사람 사이의 관계나 호칭을 말한다. 또한, '~라고 불리다'라는 피동의 의미로 자주 쓰는 것은 '称为'이다. '被称为'는 하나의 구조로 알아두도록 한다. 그러므로 정답은 B이다.

독해 阅读 제2부분

61 ★★☆

夏天，很多人都选择撑一把伞来抵挡太阳的紫外线。很多人都会选一把深色的伞出门，特别是黑色，因为一般人觉得黑色能挡住阳光，也一定能挡住紫外线。可事实却是：能够反射紫外线的白色，才是炎炎夏日的最好选择。

많은 사람은 여름에 우산 하나로 태양의 자외선을 막으려 한다. 사람들은 모두 짙은 색의 우산을 골라서 외출하며 특히 검은색을 선택할 것이다. 왜냐하면, 보통 사람들은 검은색이 햇빛을 막을 수 있고, 틀림없이 자외선도 막는다고 생각하기 때문이다. 하지만 사실은, 자외선을 반사할 수 있는 흰색이야말로 무더운 여름에 가장 좋은 선택이다.

A 一般人的选择是正确的
B 白色比黑色更能挡住紫外线
C 夏天，阳光中紫外线最多
D 挡住阳光，就一定能挡住紫外线

A 보통 사람들의 선택이 옳은 것이다
B 흰색이 검은색보다 자외선을 더 잘 막는다
C 여름에 햇빛의 자외선이 가장 많다
D 햇빛을 막으면 반드시 자외선을 막을 수 있다

단어 撑 chēng 동 펼치다 | 抵挡 dǐdǎng 동 막다 | 紫外线 zǐwàixiàn 명 자외선 | 深色 shēnsè 명 짙은 색 | 出门 chūmén 동 외출하다 | 挡 dǎng 동 막다 | 阳光 yángguāng 명 햇빛 | 事实 shìshí 명 사실 | 却 què 부 오히려 | 反射 fǎnshè 동 반사하다 | 炎炎 yányán 형 (태양이) 몹시 뜨겁다 | 正确 zhèngquè 형 정확하다

해설 지문의 중반에서 검은색이 햇빛을 막고 자외선도 막을 것이라는 보통 사람들의 생각을 언급하지만, 마지막 문장에서 상반되는 내용이 나온다. '**可事实却是: 能够反射紫外线的白色, 才是炎炎夏日的最好选择**(하지만 사실은, 자외선을 반사할 수 있는 흰색이야말로 무더운 여름에 가장 좋은 선택이다)'라고 하므로 정답은 B이다.

C, D. 지문은 자외선을 막는 우산 색깔에 대한 내용으로, 햇빛과 자외선의 관계를 설명한 내용이 아니며, 또한 그것에 관한 것은 언급하지 않았다.

62 ★★☆	
一位市民向自来水公司反映，挖马路的推土机把他们家门前的水管弄裂了，漏掉了许多水。自来水公司里领导安慰市民说："不必担心，水也不会漏掉，都记在你下个月的账单里了。"	한 시민이 상수도 회사에 보고하기를, 큰길을 파는 불도저가 그들 집 앞의 수도관을 터뜨려 많은 물이 샌다고 하였다. 상수도 회사의 대표가 그 시민을 위로하며 말했다. "걱정하실 필요 없습니다. 물도 새지 않을 겁니다. 당신의 다음 달 명세서에 모두 기록해 놓았습니다."
A 领导帮助市民解决了问题 B 一位市民把水管弄裂了 C 自来水公司节约用水 D 市民下个月要多交水费	A 대표는 시민이 문제를 해결하도록 도왔다 B 한 시민이 수도관을 터뜨렸다 C 상수도 회사는 용수를 절약한다 D 시민은 다음 달에 수도 요금을 많이 내야 한다

단어 **市民** shìmín 명 시민 | **自来水公司** zìláishuǐ gōngsī 명 상수도 회사 | **反映** fǎnyìng 동 보고하다 | **挖** wā 동 파다 | **马路** mǎlù 명 큰길 | **推土机** tuītǔjī 명 불도저 | **水管** shuǐguǎn 명 수도관 | **弄** nòng 동 하다 | **裂** liè 동 터지다 | **漏掉** lòudiào (액체 등이) 새어버리다 | **许多** xǔduō 형 매우 많다 | **领导** lǐngdǎo 명 대표 | **安慰** ānwèi 동 위로하다 | **不必** búbì 부 ~할 필요 없다 | **账单** zhàngdān 명 명세서 | **节约** jiéyuē 동 절약하다 | **用水** yòngshuǐ 명 용수 | **交** jiāo 동 내다 | **水费** shuǐfèi 명 수도 요금

해설 지문의 마지막 부분에서 정답을 찾을 수 있다. 한 시민이 상수도 회사의 불도저가 수도관을 터뜨려 물이 샌다고 한다. 회사 대표는 걱정할 필요가 없다고 하며, '**都记在你下个月的账单里了**(당신의 다음 달 명세서에 모두 기록해 놓았다)'라고 말한다. 그러므로 정답은 D이다.

63 ★★☆	
当明星是很多人小时候的梦想，如果真正当了明星，就要面对不得不一大堆困扰。比如说明星的私人生活吧，往往平常人做的小事，如果在明星身上发生，就有可能被放大，被大家观察、评论。	스타가 되는 것은 많은 이들의 어릴 적 꿈이다. 만약 정말로 스타가 된다면 어쩔 수 없는 아주 많은 성가심에 직면하게 된다. 스타의 사생활을 예로 들어 보자. 일반 사람들이 자주 하는 사소한 일이 만일 스타에게 발생한다면, 아마 크게 확대되어 사람들에게 관찰과 평가를 받을 것이다.
A 当明星什么都好 B 明星不做平常人做的事情 C 明星的私人生活往往被议论 D 私人空间只有明星才有	A 스타가 되면 모든 것이 다 좋다 B 스타는 일반 사람들이 하는 일은 하지 않는다 C 스타의 사생활은 종종 논란이 된다 D 사적인 공간은 오로지 스타에게만 있는 것이다

단어 当 dāng 동 ~이 되다 | 明星 míngxīng 명 스타 [유명 연예인 · 운동 선수 · 기업인 등] | 梦想 mèngxiǎng 명 꿈 | 真正 zhēnzhèng 부 정말로 | 面对 miànduì 동 직면하다 | 不得不 bùdébù 어쩔 수 없이 | 堆 duī 양 무더기 | 困扰 kùnrǎo 동 성가시게 하다 | 比如 bǐrú 동 예를 들다 | 私人生活 sīrén shēnghuó 명 사생활 | 往往 wǎngwǎng 부 종종 | 平常人 píngchángrén 명 일반 사람 | 发生 fāshēng 동 발생하다 | 放大 fàngdà 동 확대하다 | 观察 guānchá 동 관찰하다 | 评论 pínglùn 동 평론하다 | 议论 yìlùn 동 논의하다 | 空间 kōngjiān 명 공간

해설 지문의 마지막 부분에서 스타의 사생활을 예로 들어 '往往平常人做的小事，如果在明星身上发生，就有可能被放大，被大家观察、评论(일반 사람들이 자주 하는 사소한 일이 만일 스타에게 발생한다면, 아마 크게 확대되어 사람들에게 관찰과 평가를 받을 것이다)'이라고 한다. 지문의 '被大家观察、'评论(사람들에게 관찰과 평가를 받다)'이 보기에서는 '被议论(논의하다)'으로 쓰였다. 따라서 정답은 C이다.

Tip
'只有 A 才 B'는 'A해야만 비로소 B하다'라는 뜻으로, B하려면 A라는 조건이 있어야 한다는 의미이다.
예 只有付出努力，才能得到高分数。노력을 기울여야만 비로소 높은 점수를 얻을 수 있다.

64 ★★★

中国的房子有很多样式，屋顶也有所不同。一般在北方，屋顶都是平的，因为北方冬天冷，平顶可以收集更多的热量。而南方的屋顶一般都是三角形，因为南方雨水多，这样的屋顶可以使雨水从房顶流下来。

중국의 집은 다양한 양식이 있으며 지붕 역시 다소 다르다. 보통 북방은 지붕이 모두 평평하다. 왜냐하면 북방은 겨울이 춥기 때문에 평평한 지붕이 더 많은 열을 모을 수 있기 때문이다. 반대로 남방의 지붕은 보통 삼각형이다. 왜냐하면 남방은 비가 많이 오기 때문에, 이러한 양식의 지붕이 빗물을 지붕에서부터 흘러내려 갈 수 있게 하기 때문이다.

A 北方气候多雨
B 平顶能够储存水分
C 南方北方的房顶都一样
D 雨水能顺着三角形的屋顶流下来

A 북방의 기후는 비가 많이 내린다
B 평평한 지붕은 수분을 저장할 수 있다
C 남방과 북방의 지붕은 모두 같다
D 빗물은 삼각형의 지붕을 따라 흘러 내린다

단어 房子 fángzi 명 집 | 样式 yàngshì 명 양식 | 屋顶 wūdǐng 명 지붕 | 平 píng 형 평평하다 | 顶 dǐng 명 꼭대기 | 收集 shōují 동 모으다 | 热量 rèliàng 명 열량 | 而 ér 접 그러나 | 三角形 sānjiǎoxíng 명 삼각형 | 雨水 yǔshuǐ 명 빗물 | 使 shǐ 동 ~하게 하다 | 气候 qìhòu 명 기후 | 储存 chǔcún 동 저장하여 두다 | 水分 shuǐfèn 명 수분 | 顺着 shùnzhe ~에 따르다

해설 중국의 북방과 남방의 지붕 양식이 다르다는 것을 설명하면서, '南方的屋顶一般都是三角形(남방의 지붕은 보통 삼각형이다)'이라고 한다. 그 이유는 남방에는 비가 많이 오는 기후적인 특성 때문에, '这样的屋顶可以使雨水从房顶流下来(이러한 양식의 지붕이 빗물을 지붕에서부터 흘러내려 갈 수 있게 하기 때문이다)'라고 한다. 그러므로 D가 정답이다.

65 ★★☆

梅花是中国画中经常出现的题材，也是很多古代诗人喜欢的植物。因为梅花在寒冷的冬天开放，而且香气宜人，人们认为梅花代表了一种不畏惧困境，在困难的条件下依然保持自己品格的精神。	매화는 중국화에서 자주 나타나는 소재이자, 많은 고대 시인이 좋아한 식물이기도 하다. 왜냐하면 매화는 추운 겨울에 꽃을 피우고, 향기 또한 매혹적이기 때문이다. 사람들은 매화가 곤경을 두려워하지 않고, 힘든 조건에서도 여전히 자신의 품격을 유지하는 정신을 대표한다고 여긴다.
A 梅花代表了一种坚强的品质 B 梅花因为香气而受欢迎 C 中国画和诗歌里的植物只有梅花 D 梅花非常孤独	A 매화는 일종의 강인한 품성을 대표한다 B 매화는 향기 때문에 인기가 많다 C 중국화와 시가 속의 식물은 매화뿐이다 D 매화는 매우 고독하다

단어 梅花 méihuā 명 매화 | 中国画 zhōngguóhuà 명 중국화 | 出现 chūxiàn 동 나타나다 | 题材 tícái 명 문학이나 예술 작품의 소재 | 古代 gǔdài 명 고대 | 诗人 shīrén 명 시인 | 植物 zhíwù 명 식물 | 寒冷 hánlěng 형 매우 춥다 | 开放 kāifàng 동 (꽃이) 피다 | 香气 xiāngqì 명 향기 | 宜人 yírén 동 매혹적이다, 사람에게 좋은 느낌을 주다 | 代表 dàibiǎo 동 대표하다 | 畏惧 wèijù 동 두려워하다 | 困境 kùnjìng 명 곤경 | 困难 kùnnan 형 힘들다 | 条件 tiáojiàn 명 조건 | 依然 yīrán 부 여전히 | 保持 bǎochí 동 유지하다 | 品格 pǐngé 명 품격 | 精神 jīngshen 명 정신 | 坚强 jiānqiáng 형 강인하다 | 品质 pǐnzhì 명 품성 | 诗歌 shīgē 명 시가 | 孤独 gūdú 형 고독하다

해설 지문의 마지막에서 '梅花代表了一种不畏惧困境，在困难的条件下依然保持自己品格的精神(매화는 곤경을 두려워하지 않고, 힘든 조건에서도 여전히 자신의 품격을 유지하는 정신을 대표한다)'이라고 한다. 여기서 '在困难的条件下依然保持自己品格的精神(힘든 조건에서도 여전히 자신의 품격을 유지하는 정신)'은 '坚强的品质(강인한 품성)'로 쓰였다. 그러므로 정답은 A이다.

B. 매화의 향기는 매혹적이고 사람들에게 좋은 느낌을 주지만, 그것은 한 특성일 뿐이다.

66 ★★☆

经常受伤的人都知道，一般伤口开始发痒，就代表着伤口就快愈合了。在伤口愈合的过程中，皮肤表层的神经末梢也逐渐恢复，"发痒"的信号就是由它们传达的。所以一旦能感觉到伤口发痒，就说明伤口快愈合了。	자주 다치는 사람들은 보통 상처가 가렵기 시작하면 곧 아문다는 것을 안다. 상처가 아무는 과정에서 피부 표층의 말초신경도 점점 회복하는데, '가려움'의 신호는 바로 그것들이 전달해 오는 것이다. 그러므로 일단 상처가 가렵다는 것을 느낀다면 상처가 곧 아문다고 할 수 있다.
A 神经末梢发送"痒"的信号 B 伤口愈合以后开始发痒 C 神经末梢能马上恢复 D 发痒一定表示伤口愈合	A 말초신경이 '가려움'의 신호를 보낸다 B 상처가 아문 이후 가렵기 시작한다 C 말초신경은 금방 회복할 수 있다 D 가려움은 반드시 상처가 회복한다는 것을 의미한다

단어 受伤 shòushāng 동 다치다 | 伤口 shāngkǒu 명 상처 | 痒 yǎng 동 가렵다 | 代表 dàibiǎo 동 대표하다 | 愈合 yùhé 동 아물다 | 过程 guòchéng 명 과정 | 皮肤 pífū 명 피부 | 表层 biǎocéng 명 표층 | 神经末梢 shénjīng mòshāo 명 말초신경 | 逐渐 zhújiàn 부 점점 | 恢复 huīfù 동 회복하다 | 信号 xìnhào 명 신호 | 由 yóu 개 ~로부터 | 传达 chuándá 동 전달하다 | 一旦 yídàn 부 일단 ~한다면 | 感觉 gǎnjué 동 느끼다 | 说明 shuōmíng 동 설명하다 | 发送 fāsòng 동 보내다 | 表示 biǎoshì 동 의미하다

해설 지문의 마지막 부분에서 '"发痒"的信号就是由它们传达的('가려움'의 신호는 바로 그것들이 전달해 오는 것이다)'라고 한다. 바로 앞의 문장을 통해 여기서 가리키는 '它们(그것들)'은 '神经末梢(말초신경)'라는 것을 알 수 있다. 결국 말초신경이 가려움의 신호를 보내는 것이므로, 정답은 A이다.

C. 지문에서 회복의 속도에 대한 내용은 없다.

D. 가려움과 상처 회복을 '一定(반드시)'이라고 확정하지는 않는다.

67 ★★☆

每年农历九月九日是中国的"重阳节"。重阳节有登高望远，思念亲人的习俗。可是最初的重阳节源于一个救人的传说故事，当初，人们一起登高、爬上山顶，不是为了在高处欣赏风景，而是为了和亲人们远离灾难。	매년 음력 9월 9일은 중국의 '중양절'이다. 중양절은 높은 곳에 올라가 멀리 바라보며 가족을 그리워하는 풍습이 있다. 하지만 최초의 중양절은 사람을 구조하는 전설에서 기인한다. 당시, 사람들이 함께 높은 곳에 올라가거나 산꼭대기에 오르는 것은 높은 곳에서 경치를 감상하기 위함이 아니라, 가족과 함께 재난으로부터 멀어지기 위함이었다.
A 重阳节的天气适合爬山 B 重阳节人们一起表达喜悦之情 C 重阳节爬山最初是为了逃难 D 古代重阳节登上不准看风景	A 중양절의 날씨는 산에 오르기 적합하다 B 중양절에 사람들은 기쁜 마음을 함께 표현한다 C 중양절에 산을 오르는 것은 최초에는 피난하기 위함이었다 D 고대 중양절에는 올라서서 풍경을 봐서는 안 됐다

단어 农历 nónglì 명 음력 | 重阳节 Chóngyáng Jié 명 중양절 | 登高望远 dēnggāo wàngyuǎn 높은 곳에 올라 멀리 바라보다 | 思念 sīniàn 동 그리워하다 | 亲人 qīnrén 명 직계 친속 또는 배우자 | 习俗 xísú 명 풍습 | 最初 zuìchū 명 최초 | 源于 yuányú ~에서 기인하다 | 救 jiù 동 구조하다 | 传说 chuánshuō 명 전설 | 当初 dāngchū 명 당시 | 登高 dēnggāo 동 높은 곳에 오르다 | 山顶 shāndǐng 명 산꼭대기 | 高处 gāochù 높은 곳 | 欣赏 xīnshǎng 동 감상하다 | 风景 fēngjǐng 명 경치 | 灾难 zāinàn 명 재난 | 适合 shìhé 동 적합하다 | 表达 biǎodá 동 표현하다 | 喜悦之情 xǐyuè zhīqíng 형 기쁘고 반가운 마음 | 逃难 táonàn 동 피난하다 | 古代 gǔdài 명 고대 | 不准 bùzhǔn 동 ~해서는 안 된다

해설 마지막 문장에서 사람들이 높은 곳에 올라가는 이유에 대하여 '不是为了在高处欣赏风景，而是为了和亲人们远离灾难(높은 곳에서 경치를 감상하기 위함이 아니라, 가족과 함께 재난으로부터 멀어지기 위함이다)'이라고 한다. '不是A，而是B'는 'A가 아니고 B이다'의 뜻으로 '而是'의 뒤에 나오는 문장에 더 중점을 두어야 한다. 그러므로 재난을 피하는 것이 높은 곳에 올라가는 이유인 것이다. 이때 지문의 '远离灾难(재난으로부터 멀어지다)'은 '逃难(피난하다)'으로 쓰였다. 그러므로 정답은 C이다.

68 ★★☆

一个销售员在推销他们公司的锅："我们公司的新产品，炒菜、煮饭样样行，它由一种最新的材料制成，重量轻，而且怎么摔也不会破。"为了证明自己说的是事实，他当众把锅往地上一摔，锅从中间破成两半，销售员立即捡起破掉的锅，说："大家请看，这就是锅的内部构造。"

한 판매원이 그들 회사의 냄비를 팔고 있었다. "저희 회사의 신제품은 요리, 밥 짓기 등 여러 가지가 가능합니다. 최신 자재로 만들어서 중량이 가볍고, 아무리 내던져도 파손되지 않습니다." 자신의 말이 사실임을 증명하기 위해 그는 대중 앞에서 냄비를 바닥을 향해 던졌고, 냄비는 가운데부터 두 동강이 났다. 판매원은 즉시 깨진 냄비를 주우며 말했다. "여러분 보십시오. 이것이 바로 냄비의 내부 구조입니다."

A 销售员故意把锅摔破
B 这个锅质量非常好
C 销售员原来就计划好解释内部构造
D 销售员的宣传很失败

A 판매원은 고의로 냄비를 던져서 깨뜨렸다
B 이 냄비의 품질은 매우 좋다
C 판매원은 원래 내부 구조를 설명하기로 계획했었다
D 판매원의 홍보는 실패했다

단어 销售员 xiāoshòuyuán 명 판매원 | 推销 tuīxiāo 동 판매하다 | 锅 guō 명 냄비 | 产品 chǎnpǐn 명 제품 | 炒菜 chǎocài 요리하다 | 煮饭 zhǔfàn 밥을 짓다 | 样样 yàngyàng 대 여러 가지 | 材料 cáiliào 명 자재 | 由 yóu 개 ~으로 | 制 zhì 동 제조하다 | 重量 zhòngliàng 명 중량 | 轻 qīng 형 가볍다 | 摔 shuāi 동 내던지다 | 破 pò 형 파손되다 | 证明 zhèngmíng 동 증명하다 | 事实 shìshí 명 사실 | 当众 dāngzhòng 부 대중 앞에서 | 立即 lìjí 부 즉시 | 捡 jiǎn 동 줍다 | 内部 nèibù 명 내부 | 构造 gòuzào 명 구조 | 故意 gùyì 부 고의로 | 质量 zhìliàng 명 품질 | 原来 yuánlái 부 원래 | 计划 jìhuà 동 계획하다 | 解释 jiěshì 동 설명하다 | 宣传 xuānchuán 동 홍보하다 | 失败 shībài 동 실패하다

해설 판매원이 한 말에서 정답의 힌트를 찾을 수 있다. 판매원은 '怎么摔也不会破(아무리 내던져도 파손되지 않는다)'라고 하고 이것을 증명하기 위해 냄비를 땅에 던졌으나 결국 '锅从中间破城两半(냄비는 가운데부터 두 동강이 났다)'이라고 한다. 마지막에 판매원은 이것이 냄비의 내부 구조라고 변명을 하지만, 원래의 목적은 아니었음을 알 수 있다. 따라서 정답은 D이다.

69 ★★☆

把马桶和餐厅结合在一起，不免令人反感。不过最近，"马桶餐厅"在一些城市开张，而且受到了很多年轻人的青睐，不仅这里的装修模仿卫生间的样子，甚至餐厅用来装食物的餐具也模仿了马桶的样子。

변기와 식당을 함께 두면 사람들의 반감을 면할 수 없다. 하지만 최근 일부 도시에 '변기 식당'이 개업했으며, 수많은 젊은이에게 인기를 얻고 있다. 이곳의 인테리어는 화장실 모양을 모방했을 뿐만 아니라, 식당에서 음식을 담을 때 쓰는 식기 조차도 변기의 모양을 모방했다.

A 马桶餐厅其实就是洗手间
B 餐厅的东西都有洗手间的特色
C 很多人对马桶餐厅反感
D 年轻人喜欢马桶

A 변기 식당은 사실 화장실이다
B 식당의 물건은 모두 화장실의 특색이 있다
C 많은 사람이 변기 식당에 반감이 있다
D 젊은이는 변기를 좋아한다

단어 马桶 mǎtǒng 명 변기 | 餐厅 cāntīng 명 식당 | 结合 jiéhé 동 결합하다 | 不免 bùmiǎn 부 면할 수 없다 | 令 lìng ~하게 하다 | 反感 fǎngǎn 동 반감을 가지다 | 不过 búguò 접 그러나 | 开张 kāizhāng 동 개업하다 | 受到 shòudào 동 얻다 | 年轻人 niánqīngrén 명 젊은이 | 青睐 qīnglài 동 인기를 얻다 | 不仅 bùjǐn 접 ~뿐만 아니라 | 装修 zhuāngxiū 동 인테리어를 하다 | 模仿 mófǎng 동 모방하다 | 卫生间 wèishēngjiān 명 화장실 | 样子 yàngzi 명 모양 | 甚至 shènzhì 접 ~조차도 | 装 zhuāng 동 담다 | 食物 shíwù 명 음식물 | 餐具 cānjù 명 식기 | 特色 tèsè 명 특색

해설 지문에서 변기 식당에 대해 '不仅这里的装修模仿卫生间的样子，甚至餐厅用来装食物的餐具也模仿了马桶的样子(이곳의 인테리어는 화장실 모양을 모방했을 뿐만 아니라, 식당에서 음식을 담을 때 쓰는 식기 조차도 변기의 모양을 모방했다)'라고 한다. 그러므로 정답은 B이다.

D. 젊은이는 변기 식당의 특색 있는 모습을 좋아하는 것이지, 변기를 좋아하는 것은 아니다.

70 ★★☆

恋爱中的情侣们，往往喜欢在独立的空间里或幽暗的环境里，不希望被其他人打扰。如果有一个人在他们周围，情侣们就会有被打扰的感觉，谈恋爱的气氛也许就消失了，这样的人，我们把他比喻成"电灯泡"。	연애 중인 연인들은 종종 독립적인 공간이나 어두운 환경 안에 있는 것을 좋아하며, 다른 사람에게 방해를 받기 바라지 않는다. 만약 한 사람이 그들 주위에 있으면 연인들은 방해받는 느낌이 들 것이고, 연애하는 분위기도 어쩌면 사라져 버린다. 이런 사람을 우리는 '전구(훼방꾼)'에 비유한다.
A 谈恋爱的人会喜欢"电灯泡" B "电灯泡"是制作电灯的材料 C 情侣们不希望身边有"电灯泡" D 情侣们不喜欢开灯	A 연애 중인 사람은 '전구(훼방꾼)'를 좋아할 것이다 B '전구(훼방꾼)'는 전등을 만드는 재료이다 C 연인들은 곁에 '전구(훼방꾼)'가 있는 것을 바라지 않는다 D 연인들은 불을 켜는 것을 좋아하지 않는다

단어 恋爱 liàn'ài 동 연애하다 | 情侣 qínglǚ 명 연인 | 往往 wǎngwǎng 부 종종 | 独立 dúlì 동 독립하다 | 空间 kōngjiān 명 공간 | 幽暗 yōu'àn 형 어둡다 | 打扰 dǎrǎo 동 방해하다 | 周围 zhōuwéi 명 주위 | 感觉 gǎnjué 명 느낌 | 谈恋爱 tán liàn'ài 연애하다 | 气氛 qìfēn 명 분위기 | 也许 yěxǔ 부 어쩌면 | 消失 xiāoshī 동 사라지다 | 比喻 bǐyù 동 비유하다 | 电灯泡 diàndēngpào 명 전구, 훼방꾼 | 制作 zhìzuò 동 제작하다 | 电灯 diàndēng 명 전등 | 材料 cáiliào 명 재료

해설 지문에서 연인들은 '不希望被其他人打扰(다른 사람에게 방해를 받기 바라지 않는다)'라고 한다. 이어서 연인들 주위에서 분위기를 해치는 사람은 '这样的人，我们把他比喻成"电灯泡"(이런 사람을 우리는 '전구(훼방꾼)'에 비유한다)'라고 한다. 이를 종합해 보면 '情侣们不希望身边有"电灯泡"(연인들은 '전구(훼방꾼)'가 곁에 있는 것을 바라지 않는다)'라는 말이므로 정답은 C이다.

71 – 74

有一个小职员正赶着去开会，离会议开始只有二十分钟了，于是，小职员截住了一辆出租车，他对司机说："我赶时间，拜托你走最短的路！"司机问道："先生，是走最短的路，还是走最快的路？"小职员好奇地问："[71]最短的路不是最快的吗？"司机说："当然不是，[72]现在是繁忙时间，最短的路都会交通堵塞。你要是赶时间的话便得绕道走，虽然多走一点儿路，但这却是最快的方法。"

结果，小职员选择走最快的路。途中他看见不远处有一条街道堵塞得水泄不通，司机解释说那条正是最短的路。最终，小职员赶上了会议，还升了职当部门主任。人总喜欢走捷径，[74]以为走捷径可以用最少的精力最快到达目的地，但是捷径并不好走，[73]有时不但荆棘满途，而且充满危险。

막 입사한 한 직원이 서둘러 회의에 참석하러 가고 있었다. 회의 시작까지 20분밖에 남지 않아, 그 직원은 택시를 잡았다. 그는 택시기사에게 말했다. "제가 시간이 없어서요, 가장 가까운 길로 가 주세요!" 기사가 물었다. "선생님, 가장 가까운 길로 갈까요, 아니면 가장 빠른 길로 갈까요?" 직원이 궁금하다는 듯 물었다. "[71]가장 가까운 길이 가장 빠른 것 아닌가요?" 기사가 말했다. "당연히 아니죠. [72]지금은 러시아워기 때문에, 가장 가까운 길은 굉장히 막힐 거예요. 시간이 없으시면 길을 좀 돌아서 가시죠. 조금 걸어야 하지만 이게 가장 빠른 방법입니다."

결국, 그 직원은 가장 빠른 길을 선택했다. 도중에 그는 멀지 않은 곳에 있는 길에 차가 꽉 막혀있는 것을 보았다. 택시기사는 바로 저 길이 가장 가까운 길이라고 설명했다. 마침내 직원은 회의 시간에 맞춰 도착할 수 있었고, 이후 부서의 주임으로 승진했다. 사람들은 항상 지름길을 좋아한다. [74]지름길로 가면 힘을 가장 덜 들이고 가장 빨리 목적지에 도착할 수 있다고 여긴다. 하지만 지름길이 결코 좋은 것만은 아니다. [73]길에 가시나무가 가득할 뿐 아니라 위험이 도사리고 있을 때도 있다.

단어 **赶** gǎn 동 서두르다 | **于是** yúshì 접 그래서 | **截** jié 동 멈추게 하다 | **拜托** bàituō 동 부탁드리다 | **好奇** hàoqí 형 호기심을 갖다 | **繁忙时间** fánmáng shíjiān 명 러시아워 | **交通** jiāotōng 명 교통 | **堵塞** dǔsè 동 막히다 | **要是** yàoshi 접 만약 | **便** biàn 부 곧 | **绕道** ràodào 동 (먼 길로) 돌아가다 | **却** què 부 오히려 | **结果** jiéguǒ 접 결국 | **途中** túzhōng 도중 | **水泄不通** shuǐxiè bùtōng 성 물 샐 틈이 없다 | **升职** shēngzhí 동 승진하다 | **当** 동 ~이 되다 | **部门** bùmén 명 부서 | **主任** zhǔrèn 명 주임 | **捷径** jiéjìng 명 지름길 | **以为** yǐwéi 동 여기다 | **精力** jīnglì 명 정신과 체력 | **到达** dàodá 동 도착하다 | **目的地** mùdìdì 명 목적지 | **并不** bìngbù 결코 ~하지 않다 | **荆棘** jīngjí 명 가시나무 | **满** mǎn 형 가득하다 | **充满** chōngmǎn 동 가득 차다 | **危险** wēixiǎn 명 위험

71 ★★☆

为什么小职员要走短路？
A 他认为走短路最快
B 计程车太贵
C 开会的地点在短路上
D 司机不愿意走长路

왜 직원은 가까운 길로 가려고 했는가?
A 가까운 길이 가장 빠르다고 생각한다
B 택시비가 너무 비싸다
C 회의 장소가 가까운 길로 가는 길에 있다
D 택시기사가 먼 길로 가려 하지 않는다

단어 **计程车** jìchéngchē 명 택시 | **地点** dìdiǎn 명 장소

해설 첫 번째 단락에서 직원은 회의에 늦어서 시간이 없으니 택시기사에게 가장 가까운 길로 가 달라고 한다. 이는 빨리 가고 싶은 직원의 마음을 반영하고 있다. 또한 '最短的路不是最快的吗?(가장 가까운 길이 가장 빠른 것 아닌가?)'라고 말한다. '不是…吗?(~이 아닌가?)'는 반어적 표현으로 '是…(~이다)'의 의미이다. 이로 보아 직원은 가장 가까운 길이 가장 빠른 길이라고 생각한 것을 알 수 있으므로 정답은 A이다.

72 ★☆☆

司机选择绕道走的原因是什么?	택시기사가 길을 돌아간 이유는 무엇인가?
A 更省油	A 기름을 더 아낀다
B 短路不熟悉	B 가까운 길은 익숙지 않다
C 挣的钱比短路多	C 가까운 길로 가는 것보다 돈을 더 번다
D 短路很堵车	D 가까운 길은 차가 매우 막힌다

단어 **省** shěng 동 아끼다 | **熟悉** shúxī 형 익숙하다 | **挣** zhèng 동 벌다 | **堵车** dǔchē 동 차가 막히다

해설 첫 번째 단락에서 택시기사는 '**现在是繁忙时间，最短的路都会交通堵塞**(지금은 러시아워기 때문에, 가장 가까운 길은 굉장히 막힐 것이다)'라고 한다. 시간이 없어 가장 가까운 길로 가 달라고 하는 직원을 보며, 기사는 가장 가까운 길은 차가 많아 오히려 시간에 늦을 것을 염려하여 길을 돌아가려 한 것이다. 이 문장의 '**交通堵塞**'와 보기의 '**堵车**'는 모두 '차가 막히다'라는 뜻이다. 따라서 정답은 D이다.

73 ★★☆

为什么捷径并不好走?	왜 지름길이 결코 좋은 것만은 아닌가?
A 车一定会很多	A 차가 분명히 많을 것이다
B 路程太短	B 거리가 너무 짧다
C 捷径一般都不正确	C 지름길은 보통 정확하지 않다
D 有时困难很大	D 어려움이 클 때가 있다

단어 **路程** lùchéng 명 노선 거리 | **正确** zhèngquè 형 정확하다 | **困难** kùnnan 명 어려움

해설 두 번째 단락에서 지름길이 결코 좋은 것만은 아니라고 하며, '**有时不但荆棘满途，而且充满危险**(길에 가시나무가 가득할 뿐 아니라 위험이 도사리고 있을 때도 있다)'이라고 한다. '**荆棘**(가시나무)'와 '**危险**(위험)'을 보기에서는 '**困难**(어려움)'이라는 단어로 대체하였다. 그러므로 정답은 D이다.

74 ★★☆

本文告诉我们一个什么道理?	이 글이 우리에게 말하는 이치는 무엇인가?
A 捷径车很多	A 지름길은 차가 많다
B 最短的路都会交通堵塞	B 가장 짧은 길은 모두 차가 막힌다
C 捷径不一定是最快成功的路	C 지름길이 반드시 가장 빨리 성공하는 길은 아니다
D 捷径路程很短	D 지름길은 거리가 매우 짧다

단어 **成功** chénggōng 동 성공하다

해설 이치나 교훈을 말하는 주제문은 보통 지문의 가장 첫 번째 문장이나 마지막 문장에서 찾을 수 있다. 마지막 문장에서 사람들은 '**以为走捷径可以用最少的精力最快到达目的地**(지름길로 가면 힘을 가장 덜 들이고 가장 빨리 목적지에 도착할 수 있다고 여긴다)'라고 한다. 여기서 '**到达目的地**(목적지에 도착하다)'는 다시 말해 '**成功**(성공)'이라고 볼 수 있다. 또한 '**以为**'는 '~라고 여기다'라는 의미로 그 생각이 틀렸을 때 사용하는 동사이다. 그러므로 '**捷径不一定是最快成功的路**(지름길이 반드시 가장 빨리 성공하는 길은 아니다)'인 C가 정답이다.

75 – 78

[75]在长期的进化中，很多动物学会了巧妙用水，其节水“智慧”令人类惊叹。生活在非洲地区半沙漠地带的弯角大羚羊善于节约有限的水分。为此，它们错时饮水，[76]只在黄昏和夜间进食，最大限度地吸取食物中的水分。[77]因为晚上草的水分含量会增加20倍。晚上空气的湿度较大，所以大羚羊会不停地深呼吸，吸收水分，补偿白天呼出气体时带出的过多水分。

骆驼能在驼峰里储存40公斤左右的脂肪，缺水的时候，[78]这些脂肪会慢慢分解成所需的营养和水分。骆驼还能在10分钟内喝下100多升水，把大量的水储存在胃里。骆驼在节水方面很有智谋，它排出的水极少，它不轻易张开嘴巴，这样可以保持口腔的湿润，减少水分散失。这些本领使骆驼在沙漠中8天不喝水也不会渴死。

[75]오랜 진화에서 매우 많은 동물들이 교묘한 물 사용법을 습득했으며, 그 절수의 '지혜'는 인류를 감탄하게 했다. 아프리카 반 사막 지대에서 생활하는 긴칼뿔오릭스(弯角大羚羊)는 한정된 수분을 절약하는 데 능하다. 이를 위해서 그들은 시간을 엇갈리게 하여 물을 마시는데, [76]해 질 무렵과 야간에만 먹이를 먹으며 음식물의 수분을 최대한 흡수한다. [77]왜냐하면 밤의 풀은 수분 함량이 20배가 증가하기 때문이다. 밤공기의 습도는 비교적 높아서 긴칼뿔오릭스는 계속해서 심호흡하여 수분을 섭취하며, 낮에 숨을 내뱉을 때 나간 과다한 수분을 보충한다.

낙타는 혹 속에 40kg가량의 지방을 저장할 수 있다. 물이 부족할 때 [78]이 지방들은 천천히 분해되어 필요한 영양과 수분이 된다. 낙타는 또한 10분 안에 100L 이상의 물을 마실 수 있어 다량의 물을 위에 저장할 수 있다. 낙타는 절수 방면에 매우 지혜가 있다. 그가 배출하는 물은 극히 적으며 함부로 입을 벌리지 않는다. 이렇게 해야 구강의 습기를 유지해서 수분이 사라지는 것을 줄일 수 있다. 이런 능력은 낙타가 사막에서 8일 동안 물을 마시지 않아도 목이 말라 죽지 않게 한다.

단어 **长期** chángqī 명 장기간 | **进化** jìnhuà 동 진화하다 | **学会** xuéhuì 동 습득하다 | **巧妙** qiǎomiào 형 교묘하다 | **其** qí 대 그 | **节** jié 동 절약하다 | **智慧** zhìhuì 명 지혜 | **令** lìng 동 ~하게 하다 | **人类** rénlèi 명 인류 | **惊叹** jīngtàn 동 몹시 놀라며 감탄하다 | **生活** shēnghuó 명 생활 | **非洲** Fēizhōu 명 아프리카 | **地区** dìqū 명 지역 | **半沙漠** bànshāmò 명 반사막 | **地带** dìdài 명 지대 | **弯角大羚羊** Wānjiǎo dàlíngyáng 명 긴칼뿔오릭스 | **善于** shànyú 동 ~에 능하다 | **节约** jiéyuē 동 절약하다 | **有限** yǒuxiàn 형 한정되다 | **水分** shuǐfèn 명 수분 | **为此** wèicǐ 접 이를 위해서 | **错时** cuòshí 동 시간을 엇갈리게 하다 | **饮** yǐn 동 마시다 | **黄昏** huánghūn 명 해질 무렵 | **夜间** yèjiān 명 야간 | **进食** jìnshí 동 식사를 하다 | **限度** xiàndù 명 한도 | **吸取** xīqǔ 동 흡수하다 | **食物** shíwù 명 음식물 | **含量** hánliàng 명 함량 | **增加** zēngjiā 동 증가하다 | **倍** bèi 양 배, 곱절 | **空气** kōngqì 명 공기 | **湿度** shīdù 명 습도 | **深呼吸** shēnhūxī 동 심호흡하다 | **吸收** xīshōu 동 흡수하다 | **补偿** bǔcháng 동 보충하다 | **呼出** hūchū 숨을 내쉬다 | **气体** qìtǐ 명 기체 | **过多** guòduō 형 과다하다 | **骆驼** luòtuo 명 낙타 | **驼峰** tuófēng 명 낙타의 혹 | **储存** chǔcún 동 저장하여 두다 | **左右** zuǒyòu 명 가량 | **脂肪** zhīfáng 명 지방 | **缺** quē 동 모자라다 | **分解** fēnjiě 동 분해하다 | **所需** suǒxū 필요한 바 | **营养** yíngyǎng 명 영양 | **升** shēng 양 리터(L) | **大量** dàliàng 형 다량의 | **胃** wèi 명 위 | **方面** fāngmiàn 명 방면 | **智谋** zhìmóu 명 지혜와 계략 | **排出** páichū 배출하다 | **轻易** qīngyì 형 함부로 하다 | **张** zhāng 동 열다 | **嘴巴** zuǐba 명 주둥이 | **保持** bǎochí 동 유지하다 | **口腔** kǒuqiāng 명 구강 | **湿润** shīrùn 형 습윤하다 | **减少** jiǎnshǎo 동 줄이다 | **散失** sànshī 동 사라지다 | **本领** běnlǐng 명 능력

Tip '弯角大羚羊(긴칼뿔오릭스)'는 '大羚羊' 혹은 '羚羊'으로 불리기도 한다.

75 ★★★

文章主要讲的是什么?	글이 주로 이야기하고자 하는 것은 무엇인가?
A 羚羊的优点	A 긴칼뿔오릭스의 장점
B 骆驼的优点	B 낙타의 장점
C 动物怎样节水	C 동물은 어떻게 물을 절약하는가
D 动物进化的成果	D 동물 진화의 성과

단어 **优点** yōudiǎn 명 장점 | **成果** chéngguǒ 명 성과

해설 지문의 주제를 찾는 문제로, 보통 주제는 첫 단락이나 마지막 단락에 나온다. 첫 번째 단락 첫 번째 문장에서 '**在长期的进化中，很多动物学会了巧妙用水**(오랜 진화에서 매우 많은 동물들이 교묘한 물 사용법을 습득했다)'라고 하고 동물들의 절수 방법을 서술한다. 아프리카 지역의 긴칼뿔오릭스와 낙타의 수분 보충 방법을 예를 들어 설명하는 것으로 보아, 보기에서 지문의 주제로 가장 적절한 것은 '**动物怎样节水**(동물은 어떻게 물을 절약하는가)'이다. 따라서 정답은 C이다.

76 ★★☆

第1段中的画线部分"错时"指的是什么?	첫 번째 단락에서 밑줄 친 '착시'가 가리키는 것은?
A 在不对的时间做事情	A 잘못된 시간에 일한다
B 在不同的时间做事情	B 다른 시간에 일한다
C 只在晚上做事情	C 밤에만 일한다
D 只在白天做事情	D 낮에만 일한다

해설 첫 번째 단락에서 긴칼뿔오릭스는 한정된 수분을 절약하는 데 능숙하다고 하며, 그 이유로 '**错时**(시간을 엇갈리게 하다)'를 언급한다. 이어서 '**只在黄昏和夜间进食，最大限度地吸取食物中的水分**(해 질 무렵과 야간에만 먹이를 먹으며 음식물의 수분을 최대한 흡수한다)'이라고 부연 설명을 한다. 이는 낮에는 수분을 섭취하지 않고, 밤에만 음식물의 수분을 섭취하는 긴칼뿔오릭스의 특징으로, 시간을 서로 겹치지 않게, 즉 엇갈리게 하여 수분을 흡수하는 것이다. 따라서 정답은 B이다.

77 ★★☆

为什么羚羊要晚上饮食?	왜 긴칼뿔오릭스는 밤에 먹이를 먹는가?
A 晚上没有敌人追赶	A 밤에는 적이 쫓아오지 않는다
B 晚上草的水分很多	B 밤의 풀은 수분이 매우 많다
C 白天羚羊在睡觉	C 낮에는 긴칼뿔오릭스가 잠을 잔다
D 白天的没有水分	D 낮의 먹이에는 수분이 없다

단어 **敌人** dírén 명 적 | **追赶** zhuīgǎn 동 뒤쫓다

해설 첫 번째 단락에서 긴칼뿔오릭스가 해 질 무렵과 밤에만 먹이를 먹으며 음식물의 수분을 최대한 흡수한다고 설명하는데, 이어서 그 이유로 '**因为晚上草的水分含量会增加20倍**(왜냐하면 밤의 풀은 수분 함량이 20배가 증가하기 때문이다)'라고 한다. 그러므로 정답은 B이다.

D. 밤의 풀에 수분 함량이 더욱 증가할 뿐, 낮의 먹이에 수분이 없다는 것은 아니다.

78 ★★☆

骆驼8天不喝水也不会死，不是因为：	낙타는 8일 동안 물을 마시지 않아도 죽지 않는데, 그 이유가 아닌 것은:
A 喝进去的水多	A 마신 물이 많다
B 排出来的水少	B 배출하는 물이 적다
C 脂肪马上分解成水分	C 지방이 바로 수분으로 분해된다
D 不经常张开嘴巴	D 자주 입을 벌리지 않는다

해설 두 번째 단락에서 낙타는 혹 속에 40kg가량의 지방을 저장할 수 있다고 하며, '这些脂肪会慢慢分解成所需的营养和水分(이 지방들은 천천히 분해되어 필요한 영양과 수분이 된다)'이라고 한다. 이는 낙타가 8일 동안 물을 마시지 않아도 죽지 않는 원인 중의 하나이다. 그러나 보기에서는 '脂肪马上分解成水分(지방이 바로 수분으로 분해된다)'이라고 하며, 천천히 분해된다는 지문의 내용과 일치하지 않으므로 정답은 C이다.

79 – 82

朋友去南方做事，把他在山中的房子交给我留守。朋友是个勤快的人，院子里常常收拾得干干净净。而我很懒，[79]除了偶尔扫扫随风飘进院子的落叶，那些自己长出来的草，我从来不去拔它们。

初春时，院子里冒出了一簇叶子尖尖的、薄薄的小草，夏天开花了。我采了一朵和几片叶子，去山下找一位研究植物的朋友。朋友一看，连忙恭喜我说："你发财了！这是兰花的稀有品种，在花市上值几十万呢！"我马上打电话告诉了在南方的朋友，[81]他听了也愣了，轻轻地说，其实那株兰花每年都会发芽，只不过把它当成普通的野草，每年春天刚发芽，就把头给剪掉了。

[80]现实生活中，我们总是拔掉没来得及开花的野草，不给他们证明自己的时间。给每一株草开花的时间，[82]给每一个人证明价值的机会，将给人生带来更多美丽的意外。

친구가 남방에 일하러 가면서 산 중턱에 있는 그의 집을 나에게 부탁하였다. 친구는 부지런한 사람이어서 정원은 항상 깨끗이 청소되어 있었다. 하지만 나는 무척 게을러서, [79]바람에 날아와 떨어진 정원의 낙엽을 이따금 쓸어주는 것 외에, 자라난 풀들은 한 번도 뽑아준 적이 없었다.

초봄에, 정원에는 잎이 뾰족하고 얇은 작은 풀들이 자라났고, 여름에는 꽃이 피었다. 나는 꽃 한 송이와 풀잎 몇 개를 따서 산 아래 식물을 연구하는 친구를 찾아갔다. 친구는 그것을 보자마자 나를 축하해 주며 말했다. "넌 부자가 됐어! 이건 난초의 희귀한 품종이야. 꽃 시장에서는 가치가 몇십만 위안에 달한다니까!" 나는 바로 남방에 있는 친구에게 전화로 알려주었다. [81]그는 멍하니 듣더니, 사실 그 난초는 매년 자라고 있었지만 그저 평범한 야생초라고 여겨, 매년 봄에 싹이 트면 바로 잘라버렸다고 차분히 이야기했다.

[80]현실에서 우리는 항상 꽃이 채 피지 않은 야생초를 뽑아버리고, 그들에게 자신을 증명할 시간을 주지 않는다. 모든 풀들에게 꽃 피울 시간을 주고, [82]모든 이들에게 가치를 증명할 기회를 준다면, 인생에는 멋진 놀라움이 더 많이 찾아올 것이다.

단어 留守 liúshǒu 동 남아서 지키다 | 勤快 qínkuai 형 부지런하다 | 院子 yuànzi 명 정원 | 收拾 shōushi 동 정돈하다 | 而 ér 접 그러나 | 懒 lǎn 형 게으르다 | 偶尔 ǒu'ěr 부 이따금 | 随 suí 개 ~에 따라 | 飘 piāo 동 흩날리다 | 落叶 luòyè 명 낙엽 | 从来 cónglái 부 여태껏 | 拔 bá 동 뽑다 | 初春 chūchūn 명 초봄 | 冒出 màochū 돋아나다 | 簇 cù 양 떨기 | 叶子 yèzi 명 잎 | 尖 jiān 형 뾰족하다 | 薄 báo 형 얇다 | 采 cǎi 동 따다 | 朵 duǒ 양 송이 | 片 piàn 양 편평하고 얇은 모양의 것을 세는 양사 | 研究 yánjiū 동 연구하다 | 植物 zhíwù 명 식물 | 连忙 liánmáng 부 급히 | 恭喜 gōngxǐ 동 축하하다 | 发财 fācái 동 부자가 되다 | 兰花 lánhuā 명 난초 | 稀有 xīyǒu 형 희귀하다 | 品种 pǐnzhǒng 명 품종 | 花市 huāshì 명 꽃 시장 | 值 zhí 동 ~한 가치에 상당하다 | 愣 lèng 동 멍해지다 | 轻 qīng 형 조용하다 | 刚 gāng 부 막 | 发芽 fāyá 동 싹

이 트다 | **只不过** zhǐbúguò 단지 ~에 불과하다 | **当成** dàngchéng ~로 여기다 | **普通** pǔtōng 형 평범하다 | **野草** yěcǎo 명 야생초 | **剪掉** jiǎndiào 잘라 버리다 | **现实** xiànshí 명 현실 | **来得及** láidejí 동 늦지 않다 | **证明** zhèngmíng 동 증명하다 | **株** zhū 양 포기 | **价值** jiàzhí 명 가치 | **人生** rénshēng 명 인생 | **意外** yìwài 형 뜻밖의 일

79 ★☆☆	
"我"怎样整理院子?	'나'는 어떻게 정원을 정리했는가?
A 天天拔草	A 매일 풀을 뽑았다
B 经常采花	B 자주 꽃을 땄다
C 偶尔扫落叶	C 이따금 낙엽을 쓸었다
D 从来不管	D 관리한 적이 없다

단어 **管** guǎn 동 관리하다

해설 첫 번째 단락에서 친구가 부지런하다고 언급한 후, 역접의 의미를 나타내는 '而'을 사용하여 문장을 이어나가고 있으므로, 부지런함과 연관 지을 수 있는 A와 B는 답이 될 수 없다. '**除了偶尔扫扫随风飘进院子的落叶，那些自己长出来的草，我从来不去拔它们**(바람에 날아와 떨어진 정원의 낙엽을 이따금 쓸어주는 것 외에, 자라난 풀들은 한 번도 뽑아준 적이 없었다)'에서 '**除了**(~을 제외하고)'가 뒤 절에서 '**从来不**(여태껏 ~한 적이 없다)'라는 부정과 결합하였으므로 '**除了**(~을 제외하고)'가 이끄는 절의 행동만을 했다는 뜻이 된다. 그러므로 정답은 C이다.

80 ★★☆	
为什么去找研究植物的朋友?	왜 식물을 연구하는 친구를 찾아갔는가?
A 我找到珍贵的兰花很高兴	A 나는 진귀한 난초를 발견하여 매우 기뻤다
B 我对这株花不了解	B 나는 그 꽃에 대해서 알지 못했다
C 我觉得我要发财了	C 나는 곧 부자가 될 것이라고 생각했다
D 我要告诉朋友开花了	D 친구에게 꽃이 폈다는 걸 알리려고 했다

단어 **珍贵** zhēnguì 형 진귀하다

해설 이유가 직접 언급되지 않아, 전반적인 내용을 이해한 후 풀어야 하는 문제이다. 마지막 단락에서 '**现实生活中，我们总是拔掉没来得及开花的野草，不给他们证明自己的时间**(현실에서 우리는 항상 꽃이 채 피지 않은 야생초를 뽑아버리고, 그들에게 자신을 증명할 시간을 주지 않는다)'이라고 한다. 이는 진가를 알기 전에 잘 모르면서 더 보려고 하지 않는 행동을 말하는 것이므로 '**我对这株花不了解**(나는 그 꽃에 대해서 알지 못했다)'를 답으로 유추할 수 있다. 그러므로 정답은 B이다.

81 ★★☆			
南方的朋友愣住了，是因为:		남방의 친구가 멍해진 이유는:	
A 伤心	B 反对	A 슬퍼하다	B 반대하다
C 惊讶	D 紧张	C 놀라다	D 긴장하다

단어 **伤心** shāngxīn 형 슬퍼하다 | **反对** fǎnduì 동 반대하다 | **惊讶** jīngyà 형 놀라다 | **紧张** jǐnzhāng 형 긴장하다

해설 두 번째 단락의 '**他听了也愣了**(그는 멍하니 듣다)'에서 '**愣**(멍하다)'의 행동은 놀라고 충격을 받았을 때 나오는 행동이다. 매년 자라고 있던 것을 '**每年春天刚发芽，就把头给剪掉了**(매년 봄에 싹이 트면 바로 잘라버렸다)'라고 한 것으로 보아 꽃 시장에서는 아주 가치 있는 희귀한 품종이라는 말을 듣고 아주 놀랐음을 짐작할 수 있다. 그러므로 정답은 C이다.

82 ★★☆

作者认为，哪个是对的？
A 不应该清理院子
B 应该给一个人证明自己的时间
C 种花会有意外的收获
D 从没有人错过人生的机会

저자가 옳다고 여기는 것은 무엇인가?
A 정원을 청소해서는 안 된다
B 누군가에게 스스로를 증명할 시간을 줘야 한다
C 꽃을 심으면 예상 외의 수확이 있을 것이다.
D 인생의 기회를 놓친 사람은 없었다

단어 **清理** qīnglǐ 동 깨끗이 정리하다 | **收获** shōuhuò 명 수확 | **错过** cuòguò 동 놓치다

해설 주제문은 지문의 처음이나 마지막에 나오는 경우가 많다. 마지막 문장에서 '**给每一个人证明价值的机会，将给人生带来更多美丽的意外**(모든 이들에게 가치를 증명할 기회를 준다면, 인생에는 멋진 놀라움이 더 많이 찾아올 것이다)'라고 한다. 따라서 정답은 B이다.

83 – 86

2010年上海世博会设立的"生命阳光馆"是世博会159年来首个残疾人馆，人们希望通过这样的方式，[83]提高全社会对残疾人能力和贡献的认识，思考如何帮助残疾人解决生存、发展等方面的困难和问题。

[84]生命阳光馆位于上海世博会园区主题馆中，面积1200平方米。馆外超大的彩色屏幕，播放全景动画《走到一起来》。这寓意地球上的生命不分物种、不分地域、不分性别和谐相处，在阳光的普照下，走到一起来，走进世博会。

开馆以后，来自全国的400多名残疾人将向参观者展示各类才艺。盲人、聋哑人等在这里担任志愿者，为参观者提供引导、讲解等服务。残疾人士对世博会有着温暖而美好的回忆，其中最感人的事例就是：[85, 86]美国盲人女作家海伦·凯勒以抚摸的方式参观了1893年芝加哥世博会。后来，她在《假如给我三天光明》的传世名篇中深情地写道：如果给我三天光明，我要把最宝贵的第三天留给博物馆。

2010년 상하이(上海) 엑스포에 설립된 '생명햇빛관'은 159년 엑스포 사상 최초의 장애인관이다. 사람들은 이러한 방식을 통해 [83]장애인의 능력과 공헌에 대한 사회 전체의 인식을 제고시키고, 장애인이 생존과 발전 등 방면의 어려움과 문제를 해결하는데 어떻게 도울지 생각해 보길 희망한다.

[84]생명햇빛관은 상하이 엑스포 단지의 주제관에 위치하며, 면적은 1200m^2이다. 관 외부의 초대형 컬러 스크린에서는 만화 영화인 〈함께 나아가자〉가 전경으로 상영된다. 이는 지구의 생명은 종족, 지역, 성별을 구분하지 않고 서로 더불어 살며, 햇빛이 두루 비추는 가운데 함께 나아가 엑스포에 참여하자는 의미를 함축한다.

개관 후에는 전국에서 온 400여 명의 장애인이 참관객에게 각종 기예를 선보일 것이다. 시각 장애인과 청각 장애인 등이 이곳에서 자원봉사자를 하며 참관인에게 안내 및 해설 등의 서비스를 제공한다. 장애인들은 엑스포에 대해 따뜻하고 아름다운 추억을 갖게 될 것이다. 그중 가장 감동적인 사례는, [85, 86]미국의 여성 시각 장애인 작가 헬렌 켈러(海伦·凯勒)가 만지는 방식으로 1893년 시카고(芝加哥) 엑스포를 참관한 것이다. 그 후, 그녀는 후세에 명작으로 전해지는 〈사흘만 볼 수 있다면〉에서 간절하게 썼다. "만약 내가 사흘 동안 볼 수 있다면, 가장 소중한 삼 일째 날을 박물관에 남겨 둘 것이다."

단어 **上海** Shànghǎi 명 상하이 [지명] | **世博会** Shìbóhuì 명 엑스포 ['世界博览会'의 약칭] | **设立** shèlì 동 설립하다 | **生命** shēngmìng 명 생명 | **阳光** yángguāng 명 햇빛 | **首** shǒu 명 최초 | **残疾人** cánjírén 명 장애인 | **通过** tōngguò 개 ~을 통해 | **方式** fāngshì 명 방식 | **社会** shèhuì 명 사회 | **能力** nénglì 명 능력 | **贡献** gòngxiàn 명 공헌 | **思考** sīkǎo 동 깊이 생각하다 | **如何** rúhé 대 어떻게 | **生存** shēngcún 명 생존 | **发展** fāzhǎn 명 발전 | **方面** fāngmiàn 명 방면 | **困难** kùnnan 명 어려움 | **位于** wèiyú 동 ~에 위치하다 | **园区** yuánqū 명 단지 | **主题** zhǔtí 명 주제 | **面积** miànjī 명 면적 | **平方米** píngfāngmǐ 양 제곱미터(m^2) | **彩色** cǎisè 명 컬러 | **屏幕** píngmù 명 스크린 | **播放** bōfàng 동 방송하다 |

全景 quánjǐng 명 전경 | 动画 dònghuà 명 만화 영화 | 寓意 yùyì 명 함축된 의미 | 地球 dìqiú 명 지구 | 物种 wùzhǒng 명 종 | 地域 dìyù 명 지역 | 性别 xìngbié 명 성별 | 和谐 héxié 형 잘 어울리다 | 相处 xiāngchǔ 동 함께 살다 | 普照 pǔzhào 동 두루 비추다 | 开馆 kāiguǎn 동 개관하다 | 来自 láizì 동 ~부터 오다 | 参观者 cānguānzhě 명 참관객 | 展示 zhǎnshì 동 전시하다 | 才艺 cáiyì 명 기예 | 盲人 mángrén 명 맹인 | 聋哑人 lóngyǎrén 명 농아 | 担任 dānrèn 동 담당하다 | 志愿者 zhìyuànzhě 명 자원봉사자 | 提供 tígōng 동 제공하다 | 引导 yǐndǎo 동 안내하다 | 讲解 jiǎngjiě 동 해설하다 | 人士 rénshì 명 인사 [사회적 지위가 높은 사람] | 温暖 wēnnuǎn 형 따뜻하다 | 而 ér 접 그리고 | 美好 měihǎo 형 아름답다 | 回忆 huíyì 명 추억 | 其中 qízhōng 명 그중 | 事例 shìlì 명 사례 | 作家 zuòjiā 명 작가 | 海伦 · 凯勒 Hǎilún kǎilè 명 헬렌 켈러 [인명] | 以 yǐ 개 ~로써 | 抚摸 fǔmō 동 어루만지다 | 芝加哥 Zhījiāgē 명 시카고 [지명] | 假如 jiǎrú 명 만약 | 光明 guāngmíng 명 광명 | 传世 chuánshì 동 후세에 전해지다 | 名篇 míngpiān 명 명작 | 深情 shēnqíng 형 감개가 깊다 | 宝贵 bǎoguì 형 소중한 | 留 liú 동 남기다 | 博物馆 bówùguǎn 명 박물관

83 ★★☆	
为什么要建生命阳光馆?	왜 생명햇빛관이 설립되었는가?
A 残疾人提议	A 장애인이 제의했다
B 让社会关心残疾人	B 사회가 장애인에게 관심을 갖게 한다
C 丰富大家的知识	C 사람들의 지식을 풍부하게 한다
D 让残疾人走到一起	D 장애인으로 하여금 함께 나아가게 한다

단어 提议 tíyì 동 제의하다 | 丰富 fēngfù 동 풍부하게 하다 | 知识 zhīshi 명 지식

해설 첫 번째 단락에서 처음에 '生命阳光馆(생명햇빛관)'이 상하이 엑스포에 설립됐다고 하고, 이어서 '提高全社会对残疾人能力和贡献的认识(장애인의 능력과 공헌에 대한 사회 전체의 인식을 제고시키다)', '思考如何帮助残疾人解决生存、发展等方面的困难和问题(장애인이 생존과 발전 등 방면의 어려움과 문제를 해결하는데 어떻게 도울지 생각해 보다)'라고 그 설립 이유를 설명한다. 이 이유를 요약하면 보기의 '让社会关心残疾人(사회로 하여금 장애인에게 관심을 갖게 한다)'과 일치하므로 정답은 B이다.

84 ★★☆	
关于生命阳光馆，哪项是正确的?	생명햇빛관에 관하여 다음 중 옳은 것은?
A 可以观看到黑白动画	A 흑백 만화 영화를 볼 수 있다
B 里面有太阳	B 안에는 태양이 있다
C 里面展示很多不同的生物	C 안에는 다양한 생물을 전시한다
D 可以在世博会主题馆内找到	D 엑스포 주제관 안에서 찾을 수 있다

단어 观看 guānkàn 동 참관하다 | 黑白 hēibái 명 흑백 | 生物 shēngwù 명 생물

해설 두 번째 단락에서 생명햇빛관에 대한 구체적인 소개를 하며, '生命阳光馆位于上海世博会园区主题馆中(생명햇빛관은 상하이 엑스포 단지의 주제관에 위치한다)'이라고 한다. 그러므로 보기 중에서 이 내용과 일치하는 것은 '可以在世博会主题馆内找到(엑스포 주제관 안에서 찾을 수 있다)'이므로 정답은 D이다.

85 ★★☆

在2010世博会，不可能看到的是什么？	2010년 엑스포에서 볼 수 없는 것은 무엇인가?
A 美国盲人女作家海伦·凯勒	A 미국의 여성 시각 장애인 작가 헬렌 켈러
B 残疾人的才艺表演	B 장애인의 기예 공연
C 残疾人引导员	C 장애인 안내원
D 残疾人讲解员	D 장애인 해설자

단어 **表演** biǎoyǎn 명 공연

해설 마지막 단락에서 생명햇빛관의 개관 후에 대한 구체적인 내용을 소개한다. 보기 B, C, D는 모두 지문에서 언급되었다. 그러나 지문에서 '美国盲人女作家海伦·凯勒以抚摸的方式参观了1893年芝加哥世博会(미국의 여성 시각 장애인 작가 헬렌 켈러가 만지는 방식으로 1893년 시카고 엑스포를 참관했다)'라고 했지, 그녀가 상하이 엑스포에 전시 되어 있는 것은 아니므로 정답은 A이다.

86 ★★☆

盲人女作家是怎样参观世博会的？	여성 시각 장애인 작가는 어떻게 엑스포를 참관했는가?
A 用耳朵听　　B 用手摸	A 귀로 듣다　　B 손으로 더듬다
C 用鼻子闻　　D 用眼睛看	C 코로 냄새를 맡다　　D 눈으로 보다

단어 **摸** mō 동 더듬다 | **闻** wén 동 냄새를 맡다

해설 마지막 단락에서 시각 장애인의 감동적인 사례로 헬렌 켈러를 이야기한다. '美国盲人女作家海伦·凯勒以抚摸的方式参观了1893年芝加哥世博会(미국의 여성 시각 장애인 작가 헬렌 켈러는 만지는 방식으로 1893년 시카고 엑스포를 참관했다)'라고 한다. 따라서 그녀는 '用手(손을 사용하다)'하여 '摸(더듬어 만지다)'의 방식으로 엑스포를 참관했으므로 정답은 B이다.

87 – 90

在很多人的观念里，一套属于自己的房子是人生的必备品。年轻人开始工作以后，考虑到要独立居住，接下来要结婚、生孩子，[87]最大的愿望可能就是首先有一套自己的房子。可是[88]对于大多数年轻人来说，刚踏入社会不久，就拥有存款买房子，那是不现实的。那么到底租房好还是买房好？

赞成租房子的人们认为，年轻人应该根据自己的收入安排自己的生活条件，暂时租房子，经济压力比较小，还能用钱干点别的事情。另一方面，[89]年轻人容易换工作，租房子更加适合变动的状态。

赞成买房子的人则认为，[90]以后房价一定还会上涨，等着以后有了存款再买房子，还不如先向银行贷款，早点买下房子，省的以后"花冤枉钱"。而且，租房子，房子毕竟还是别人的，很不稳定，有了自己的房子，才觉得有安全感。

많은 사람의 관념 속에는 자기 소유의 집이 인생의 필수품이라는 생각이 있다. 젊은이는 일을 시작한 이후, 독립해서 사는 것과 다음으로 결혼을 하고 아이 낳는 것을 생각하는데, [87]가장 큰 바람은 아마도 가장 먼저 자기 자신의 집을 갖는 것이다. 하지만 [88]대다수 젊은이로 말하자면, 막 사회에 발을 디딘 지 오래지 않아 저축한 돈으로 집을 사는 것은 비현실적이다. 그렇다면 도대체 집을 임차하는 것이 좋은가, 아니면 구매하는 것이 좋은가?

집을 임차하는 것에 찬성하는 사람들은 젊은이가 자기의 수입에 따라 생활 조건을 안배해야 한다고 생각하며, 집을 일시 임차하면 경제적 부담이 비교적 적어, 돈으로 다른 일을 할 수 있다고 생각한다. 또 다른 방면으로는, [89]젊은이는 쉽게 직업을 바꾸기 때문에 집을 임차하는 것이 변동의 상태에 더욱 적합하다는 것이다.

집을 사야 한다는 것에 찬성하는 사람들은 오히려 [90]나중에 집값이 분명히 더 오를 것이기 때문에, 기다렸다가 나중에 저축한 돈으로 집을 사는 것보다, 먼저 은행 대출

로 일찍이 집을 사 두어 나중에 '헛돈 쓰는 것'을 아끼는 편이 더 낫다고 여긴다. 게다가 집을 임차해도 결국 다른 사람의 집이기 때문에 매우 불안정하며, 자기의 집이 있어야 비로소 안정감을 느낀다는 것이다.

단어 观念 guānniàn 명 관념 | 套 tào 양 채, 세트 [세트로 이루어진 것을 세는 단위] | 属于 shǔyú 동 ~에 속하다 | 房子 fángzi 명 집 | 人生 rénshēng 명 인생 | 必备品 bìbèipǐn 명 필수품 | 年轻人 niánqīngrén 명 젊은이 | 考虑 kǎolǜ 동 생각하다 | 独立 dúlì 동 독립하다 | 居住 jūzhù 동 거주하다 | 接下来 jiēxiàlái 다음으로 | 愿望 yuànwàng 명 바람 | 首先 shǒuxiān 부 가장 먼저 | 对于 duìyú 개 ~에 대해 | 大多数 dàduōshù 명 대다수 | 刚 gāng 부 막 | 踏 tà 동 디디다 | 社会 shèhuì 명 사회 | 拥有 yōngyǒu 동 보유하다 | 存款 cúnkuǎn 명 저금 | 现实 xiànshí 형 현실적이다 | 到底 dàodǐ 부 도대체 | 租房 zūfáng 동 임차하다 | 赞成 zànchéng 동 찬성하다 | 收入 shōurù 명 수입 | 安排 ānpái 동 안배하다 | 生活 shēnghuó 명 생활 | 条件 tiáojiàn 명 조건 | 暂时 zànshí 명 일시 | 经济 jīngjì 명 경제 | 压力 yālì 명 부담 | 干 gàn 동 (일을) 하다 | 更加 gèngjiā 부 더욱 | 适合 shìhé 동 적합하다 | 变动 biàndòng 동 변동하다 | 状态 zhuàngtài 명 상태 | 则 zé 접 오히려 | 房价 fángjià 명 집값 | 上涨 shàngzhǎng 동 (수위 · 물가 등이) 오르다 | 不如 bùrú 동 ~만 못하다 | 贷款 dàikuǎn 동 대출하다 | 省 shěng 동 아끼다 | 冤枉钱 yuānwangqián 명 헛돈 | 毕竟 bìjìng 부 결국 | 稳定 wěndìng 형 안정적이다 | 安全感 ānquángǎn 명 안도감

87 ★★☆

文章认为年轻人工作以后，首要的愿望是什么?	글에서 젊은이가 일을 시작한 후, 가장 먼저 바라는 것이 무엇이라고 생각하는가?
A 自己独立居住	A 스스로 독립해서 산다
B 结婚	B 결혼한다
C 生孩子	C 아이를 낳는다
D 有自己的房子	D 자신의 집을 갖는다

해설 첫 번째 단락에서 젊은이가 일을 시작한 후 바라는 것들을 나열한다. 그중에서 '最大的愿望可能就是首先有一套自己的房子(가장 큰 바람은 아마도 가장 먼저 자기 자신의 집을 갖는 것이다)'라고 하므로, 정답은 D이다.

88 ★★☆

为什么年轻人买房子不现实?	왜 젊은이가 집을 사는 것이 비현실적인가?
A 没有足够的存款	A 충분히 저축한 돈이 없다
B 工作时间不够长	B 업무 시간이 충분히 길지 않다
C 工作不够努力	C 일을 열심히 하지 않는다
D 对社会认识不深	D 사회에 대한 인식이 깊지 않다

단어 足够 zúgòu 형 충분하다 | 够 gòu 형 충분하다 | 深 shēn 형 깊다

해설 첫 번째 단락에서 '对于大多数年轻人来说，刚踏入社会不久，就拥有存款买房子，那是不现实的(대다수 젊은이로 말하자면, 막 사회에 발을 디딘 지 오래지 않아 저축한 돈으로 집을 사는 것은 비현실적이다)'라고 하는데, 이는 이제 막 돈을 벌기 시작하여 저축한 돈이 부족하다는 의미이므로 정답은 A이다.

89 ★★☆	
租房子有什么优势?	집을 임차하는 것은 무슨 장점이 있는가?
A 能够更快地换工作	A 직업을 더 빨리 바꿀 수 있다
B 完全不用担心钱的问题	B 돈 걱정을 전혀 할 필요가 없다
C 更能适应工作变动	C 직업 변동에 더 잘 적응할 수 있다
D 有安全感	D 안정감이 있다

단어 **完全** wánquán 부 전혀 | **适应** shìyìng 동 적응하다

해설 두 번째 단락에서 집을 임차하는 것의 장점을 설명하는 내용으로, '**年轻人容易换工作，租房子更加适合变动的状态**(젊은이는 쉽게 직업을 바꾸기 때문에 집을 임차하는 것이 변동의 상태에 더욱 적합하다)'라는 장점을 언급한다. 이는 보기의 '**更能适应工作变动**(직업 변동에 더 잘 적응할 수 있다)'과 같은 내용이므로 정답은 C이다.

90 ★★☆	
根据文章内容，"花冤枉钱"是什么意思?	글의 내용에 근거하여 '화원왕전'은 무슨 의미인가?
A 比原来少花一些钱	A 원래보다 얼마의 돈을 적게 쓰다
B 用银行的钱	B 은행의 돈을 쓰다
C 比原来多花一些钱	C 원래보다 얼마의 돈을 더 쓰다
D 用自己的钱	D 자신의 돈을 쓰다

단어 **原来** yuánlái 부 원래

해설 마지막 단락에서 '**花冤枉钱**(헛돈을 쓰다)' 앞부분을 보면 '**以后房价一定还会上涨，等着以后有了存款再买房子，还不如先向银行贷款，早点买下房子，省的以后"花冤枉钱"**(나중에 집값이 분명히 더 오를 것이기 때문에, 기다렸다가 나중에 저축한 돈으로 집을 사는 것보다, 먼저 은행 대출로 일찍이 집을 사 두어, 나중에 '헛돈 쓰는 것'을 아끼는 편이 더 낫다고 여긴다)'이라고 한다. 이는 값이 오른 후에 집을 사면 그만큼 돈을 더 쓰게된다는 것으로, 이로 미루어 보아 '**花冤枉钱**(헛돈을 쓰다)'은 원래보다 더 쓰이는 돈을 의미하므로 정답은 C이다.

쓰기 书写 제1부분

91 ★★☆	
要 谎言 揭穿 被 最终	
정답 谎言最终要被揭穿。	거짓말은 끝내 밝혀질 것이다.

단어 **谎言** huǎngyán 명 거짓말 | **揭穿** jiēchuān 동 폭로하다 | **被** bèi 개 ~에게 ~당하다 | **最终** zuìzhōng 명 끝내, 최종

해설 **1. 술어와 목적어 찾기 :** 동사 '**揭穿**'은 '폭로하다', '들추어내다'라는 뜻으로 술어가 된다. 그리고 제시된 단어 중 '**被**(~에게 ~당하다)'가 보이므로, '**被**자문'의 '주어 + 被 + 목적어 + 동사 (+ 기타 성분)' 순서를 떠올릴 수 있어야 한다. 또한, '**被**자문'은 목적어를 말할 필요가 없을 경우, 생략이 가능하므로 이 문장에서는 목적어가 보이지 않는다. 그러므로 '**被**' 뒤에는 술어인 '**揭穿**(폭로하다)'이 바로 위치한다.

2. 주어 찾기 : '**被**자문'에서는 동작의 객체가 주어이므로, 밝혀지는 명사 '**谎言**(거짓말)'이 이 문장의 주어이다.

3. **부사어 찾기 :** 시간명사 '最终(끝내)'과 조동사 '要(~해야 한다)', 개사 '被(~에게 ~당하다)'는 순서대로 술어 앞에 위치하여 술어를 수식하는 부사어 역할을 한다.

谎言	最终要被	揭穿。
주어	부사어	술어

Tip

'被(~에게 ~당하다)'는 개사이지만 동작의 주체(목적어)가 누구인지 모두가 알거나, 혹은 아무도 모를 때 생략이 가능하다. 그때는 동작의 주체에 해당하는 목적어가 없이 술어를 바로 수식할 수 있다.

예 钱包被偷走了。 지갑을 (도둑에게) 도둑맞았다.

예 这本书被借了。 이 책은 (사람에게) 대출되었다.

92 ★★☆

放慢 雨天 应该 速度 驾驶

정답 雨天应该放慢驾驶速度。 | 비가 오는 날에는 운전 속도를 늦춰야 한다.

단어 放慢 fàngmàn 동 (속도를) 늦추다 | 雨天 yǔtiān 명 비 오는 날 | 应该 yīnggāi 조동 마땅히 ~해야 한다 | 速度 sùdù 명 속도 | 驾驶 jiàshǐ 동 운전하다

해설 1. **술어 찾기 :** 동사 '放慢'은 '(속도를) 늦추다'라는 뜻으로 술어 자리에 배치한다.

2. **주어와 목적어 찾기 :** 술어 '放慢(늦추다)'은 '速度(속도)'와 조합하여 술목구조의 '放慢速度(속도를 늦추다)'를 만들고, 의미상 '雨天(비가 오는 날)'은 이 문장의 주어가 된다.

3. **관형어와 부사어 찾기 :** 조동사 '应该(마땅히 ~해야 하다)'는 술어 앞에서 술어를 수식하는 부사어 역할을 하며, '驾驶(운전하다)'는 목적어 '速度(속도)'를 수식하는 관형어 역할을 한다.

雨天	应该	放慢	驾驶	速度。
주어	부사어	술어	관형어	목적어

93 ★★☆

越来越 她的 沉重 心情

정답 她的心情越来越沉重。 | 그녀의 기분이 점점 우울해진다.

단어 沉重 chénzhòng 형 우울하다 | 心情 xīnqíng 명 기분

해설 1. **술어 찾기 :** 형용사 '沉重'은 '우울하다', '마음이 무겁다'라는 뜻으로 술어 자리에 배치한다.

2. **주어와 목적어 찾기 :** '沉重(우울하다)'은 형용사이기 때문에 목적어를 가질 수 없으며, 우울한 주체는 '心情(기분)'이 된다.

3. **관형어와 부사어 찾기 :** 구조조사 '的'는 명사를 수식하므로 '她的(그녀의)'는 명사 '心情(기분)'을 수식하는 관형어 역할을 한다. '越来越(점점)'는 술어 앞에서 술어를 수식하는 부사어가 된다.

她的	心情	越来越	沉重。
관형어	주어	부사어	술어

94 ★★☆					
才能	老顾客	优惠	享受到	双重的	只有

정답 只有老顾客才能享受到双重的优惠。 | 단골손님만 비로소 이중의 혜택을 누릴 수 있다.

단어 **老顾客** lǎogùkè 명 단골손님 | **优惠** yōuhuì 형 혜택의 | **享受** xiǎngshòu 동 누리다 | **双重** shuāngchóng 형 이중의 | **只有** zhǐyǒu 접 ~해야 한다

해설 **1. 술어 찾기 :** 결과보어 '到'와 함께 쓰인 동사 '享受(누리다)'가 술어임을 알 수 있다.

2. 주어와 목적어 찾기 : '优惠(혜택의)'는 술어 '享受(누리다)'와 조합하여 술목구조인 '享受优惠(혜택을 누리다)'가 된다. '只有 A 才 B'는 'A해야만 비로소 B하다'라는 의미이므로, B자리에 이 문장의 술어를 넣으면 'A해야만 비로소 누린다'가 된다. 여기에 초점을 두고 단어를 조합하면 누리는 주체는 사람이므로 A자리에 명사 '老顾客(단골)'를 배치할 수 있다.

3. 관형어 찾기 : 조동사 '能(~할 수 있다)'은 동사 술어 앞에 와야 하므로, '才能(비로소 ~할 수 있다)'은 술어 앞에서 부사어 역할을 한다. '双重的(이중의)'는 '优惠(혜택의)'를 수식하는 관형어이다.

只有	老顾客	才能	享受到	双重的	优惠。
부사어	주어	부사어	술어	관형어	목적어

95 ★★☆				
湖里	鲤鱼	珍贵的	养着	很多

정답 湖里养着很多珍贵的鲤鱼。 | 호수에서 아주 많은 진귀한 잉어를 기르고 있다.

단어 **湖** hú 명 호수 | **鲤鱼** lǐyú 명 잉어 | **珍贵** zhēnguì 형 진귀하다 | **养** yǎng 동 기르다

해설 **1. 술어 찾기 :** 동태조사 '着'가 함께 쓰인 동사 '养'은 '기르다'라는 뜻으로 이 문장의 술어가 된다.

2. 주어와 목적어 찾기 : '养(기르다)'은 목적어 '鲤鱼(잉어)'와 함께 조합할 수 있다. 또한 장소를 나타내는 명사 '湖里(호수)'가 주어 자리에 오는 것으로 보아 이 문장은 존현문임을 알 수 있다.

3. 관형어 찾기 : '很多(아주 많은)'와 '珍贵的(진귀한)'는 모두 목적어 '鲤鱼(잉어)'를 수식하는 관형어이다.

湖里	养着	很多珍贵的	鲤鱼。
주어	술어	관형어	목적어

96 ★★☆				
怎么样	呢	究竟	要我	你

정답 你究竟要我怎么样呢? | 당신은 도대체 내가 어떻게 하기를 바라는 것인가?

단어 **究竟** jiūjìng 부 도대체

해설 **1. 술어 찾기 :** '怎么样(어떻다)'과 동사 '要(바라다)'는 문장의 술어 역할을 할 수 있다.

2. 주어와 목적어 찾기 : '要(바라다)'의 목적어는 '我(나)'이고 '怎么样(어떻다)'의 주어 역시 '我(나)'이므로, 이 문장은 겸어문임을 알 수 있다. 이때 '要(바라다)'의 주어는 '你(당신)'이다.

3. 부사어 찾기 : '究竟(도대체)'은 의문을 나타내는 부사로, 술어 앞의 부사어 자리에 위치한다. 어조사 '呢'는 문장 끝에 위치하여 의문을 나타낸다.

你	究竟	要	我	怎么样	呢？
주어1	부사어	술어1	목적어 주어2	술어2	

97 ★★☆

说明书　　安装　　按照　　进行

정답 按照说明书进行安装。　설명서에 따라서 설치를 진행한다.

단어 **说明书** shuōmíngshū 명 설명서 | **安装** ānzhuāng 동 설치하다 | **按照** ànzhào 개 ~에 따라 | **进行** jìnxíng 동 진행하다

해설 **1. 술어와 목적어 찾기 :** 동사 '进行(진행하다)'은 동사를 목적어로 가질 수 있는 특징이 있으므로, 동사 '安装(설치하다)'과 함께 조합하여 '进行安装(설치를 진행하다)'이 된다.

2. 부사어 찾기 : 개사 '按照(~에 따라)'는 명사 '说明书(설명서)'와 함께 개사구를 이루며, 술어 '进行(진행하다)' 앞에서 술어를 수식하는 부사어 역할을 한다.

按照说明书	进行	安装。
부사어	술어	목적어

98 ★★★

有效　　不见得　　也　　书上的　　方法

정답 书上的方法也不见得有效。　책의 방법도 반드시 효과가 있는 것은 아니다.

단어 **有效** yǒuxiào 형 효과가 있다 | **不见得** bújiànde 부 반드시 ~한 것은 아니다 | **方法** fāngfǎ 명 방법

해설 **1. 술어 찾기 :** 형용사 '有效'는 '효과가 있다'라는 뜻으로 이 문장의 술어로 쓰였다. 형용사 술어는 목적어를 가지지 못한다.

2. 주어 찾기 : 술어가 '有效(효과가 있다)'이므로 여기에 어울리는 주어는 명사 '方法(방법)'이며, 이를 조합하면 '方法有效(방법은 효과가 있다)'가 된다.

3. 관형어와 부사어 찾기 : 부사 '不见得'는 '반드시 ~한 것은 아니다'라는 뜻으로 부사 '也(~도)'와 함께 술어를 수식하는 부사어 역할을 한다. '书上的(책의)'는 주어 '方法(방법)'를 수식하는 관형어이다.

书上的	方法	也不见得	有效。
관형어	주어	부사어	술어

99 ★★☆

跑步　　紧张　　终点　　坚持　　等待

모범 답안

		上	周	，	我	参	加	了	学	校	举	行	的	**跑**	**步**
比	赛	。	刚	开	始	我	非	常	**紧**	**张**	，	害	怕	自	己
坚	**持**	不	下	来	。	但	是	在	**终**	**点**	**等**	**待**	我	的	同
学	们	为	我	加	油	，	我	一	直	**坚**	**持**	下	来	了	。
通	过	这	次	**跑**	**步**	比	赛	，	我	得	到	了	很	大	的
锻	炼	。													

지난주 나는 학교에서 개최한 달리기 시합에 참가했다. 처음에 나는 무척 긴장해서 끝까지 버티지 못할까봐 두려웠다. 하지만 결승점에서 나를 기다리던 학우들이 나를 응원해줘서 나는 끝까지 버텼다. 이번 달리기 시합을 통해 나는 많은 단련을 얻을 수 있었다.

단어 **跑步** pǎobù 동 달리다 | **紧张** jǐnzhāng 형 긴장하다 | **终点** zhōngdiǎn 명 결승점 | **坚持** jiānchí 동 끝까지 버티다 | **等待** děngdài 동 기다리다 | **举行** jǔxíng 동 개최하다 | **刚** gāng 부 막 | **加油** jiāyóu 동 응원하다 | **得到** dédào 동 얻다 | **锻炼** duànliàn 동 단련하다

해설 **1. 단어의 뜻과 품사 파악하기**

2. 단어 조합하기

- 跑步 : 跑步比赛(달리기 시합) / 短距离跑步(단거리 달리기) / 停止跑步(달리기를 멈추다)
- 紧张 : 非常紧张(매우 긴장하다) / 紧张的气氛(긴장된 분위기) / 别紧张(긴장하지 말아라)
- 终点 : 跑到终点(달려서 결승점에 도착하다) / 达到终点(결승점에 도착하다)
- 坚持 : 一直坚持(줄곧 견지하다) / 继续坚持(계속 견지하다) / 坚持下来(견지해 오다) / 坚持下去(견지해 가다)
- 等待 : 等待我(나를 기다리다) / 等待机会(기회를 기다리다) / 等待机遇(기회를 기다리다)

3. 주제와 글의 종류 정하기

- 주제 : 参加跑步比赛(달리기 시합에 참가하다)
- 서술문(원인–과정–결과) or 논설문(문제 제기–분석–해결 방법)

4. 답안 윤곽 잡기(서술문)

- 원인 : 参加了跑步比赛 / 学校举行比赛
- 과정 : 非常紧张 / 害怕自己坚持不下来 / 等待我的同学们 / 为我加油 / 一直坚持
- 결과 : 通过跑步比赛 / 得到锻炼

5. 문형 활용하기

- 为…加油 ~를 위해 응원하다

6. 문장에서 글로 완성하기

上周，我参加了学校举行的跑步比赛。刚开始我非常紧张，害怕自己坚持不下来。但是在终点等待我的同学们为我加油，我一直坚持下来了。通过这次跑步比赛，我得到了很大的锻炼。

100 ★★☆

모범 답안

		现	在	地	球	的	污	染	越	来	越	多	，	树	木
也	越	来	越	少	，	我	们	一	定	要	好	好	爱	护	树
木	，	每	年	要	种	一	些	树	。	要	不	然	我	们	的
环	境	就	会	越	来	越	差	，	地	球	就	会	越	来	越
不	安	全	。	因	此	，	我	们	每	个	人	都	有	责	任
多	种	树	、	保	护	环	境	、	保	护	我	们	的	地	球。

현재 지구의 오염은 점점 심해지며 나무도 점점 적어지고 있다. 우리는 반드시 나무를 잘 보살피고 해마다 조금씩 나무를 심어야 한다. 그렇지 않으면, 우리의 환경은 점점 악화되고 지구는 점점 불안전해질 것이다. 그러므로 모든 사람은 나무를 많이 심고 환경을 보호하며, 우리의 지구를 보호해야 할 책임이 있다.

단어 地球 dìqiú 명 지구 | 污染 wūrǎn 명 오염 | 树木 shùmù 명 나무 | 爱护 àihù 동 잘 보살피다 | 种 zhòng 동 심다 | 要不然 yàoburán 그렇지 않으면 | 安全 ānquán 형 안전하다 | 因此 yīncǐ 접 그러므로 | 责任 zérèn 명 책임 | 保护 bǎohù 동 보호하다

해설 **1. 사진보고 주제와 글의 종류 정하기**

- 주제 : 多种树、保护环境、保护我们的地球(나무를 많이 심고 환경을 보호하고 우리의 지구를 보호하다)
- 서술문(원인–과정–결과) or 논설문(문제 제기–문제 분석–해결 방법)

2. 관련 단어 조합하기

地球的污染(지구의 오염) / 爱护树木(나무를 잘 보살피다) / 地球不安全(지구는 불안전하다) / 有责任(책임이 있다) / 多种树(나무를 많이 심다) / 保护环境(환경을 보호하다) / 保护地球(지구를 보호하다)

3. 답안 윤곽 잡기(논설문)

- 문제 제기 : 地球的污染越来越多 / 树木越来越少
- 문제 분석 : 爱护树木 / 要种树 / 要不然环境就会越来越差 / 地球就会越来越不安全
- 해결 방법 : 多种树 / 保护环境 / 保护地球

4. 문형 활용하기

- 越来越 점점
- 要不然 그렇지 않으면(= 要不 = 不然(的话) = 否则)

5. 문장에서 글로 완성하기

现在地球的污染越来越多，树木也越来越少，我们一定要好好爱护树木，每年要种一些树。要不然我们的环境就会越来越差，地球就会越来越不安全。因此，我们每个人都有责任多种树、保护环境、保护我们的地球。

실전 모의고사 2

》 모의고사 26p

듣기 听力

제1부분

1 D	2 C	3 A	4 A	5 C
6 A	7 D	8 B	9 B	10 B
11 C	12 A	13 B	14 B	15 C
16 C	17 B	18 B	19 A	20 C

제2부분

21 C	22 D	23 B	24 A	25 B
26 B	27 B	28 B	29 A	30 A
31 B	32 C	33 B	34 C	35 D
36 C	37 A	38 C	39 B	40 D
41 B	42 B	43 C	44 D	45 C

독해 阅读

제1부분

46 A	47 C	48 C	49 A	50 D
51 C	52 D	53 B	54 D	55 C
56 D	57 A	58 C	59 D	60 B

제2부분

61 B	62 A	63 B	64 C	65 D
66 B	67 C	68 B	69 A	70 C

제3부분

71 C	72 C	73 D	74 C	75 C
76 C	77 B	78 A	79 C	80 D
81 C	82 B	83 A	84 A	85 D
86 D	87 A	88 B	89 D	90 C

쓰기 书写

제1부분

91 连他都被误会了。

92 美国为什么能成为世界强国?

93 这可把奶奶累坏了。

94 怎么才能提高学习成绩呢?

95 小镇上一直流传着一个说法。

96 老板派林经理去考察投资环境。

97 今天的阳光特别灿烂。

98 请同学们积极开动脑筋。

제2부분

99 今天是中秋节，晚上月亮又大又圆。每年这个时候，我都是一个人在中国。我盼望着自己能够早日回国，感受爸爸妈妈的爱，我经常想起他们，想起我们在一起跳舞的样子，我很想念他们，我也很爱他们。

100 现在，我们的地球压力很大，人越来越多，车也越来越多，地球环境越来越不好。因此，我们要爱护环境，节约用水，从身边的小事做起，这样我们的地球才会变得更加美好。

1 ★★☆	
男：我想让林伟来我家玩儿，但是他说没时间。 女：他最近刚找了一份工作。	남: 나는 린웨이(林伟)한테 우리 집에 와서 놀자고 하고 싶지만, 그는 시간이 없다고 하더라고요. 여: 그는 최근에 막 직장을 구했거든요.
问：女的主要意思是什么？ A 林伟会去男的家里玩儿 B 女的找到了一份工作 C 女的没有时间 D 林伟不能去男的家里玩儿	질문: 여자의 말은 주로 무슨 의미인가? A 린웨이는 남자의 집에 가서 놀 것이다 B 여자는 일자리를 하나 찾았다 C 여자는 시간이 없다 D 린웨이는 남자의 집에 가서 놀 수 없다

단어 刚 gāng 부 막 | 份 fèn 양 [일을 세는 단위]

해설 남자는 린웨이가 본인의 집에 와서 놀기를 바라지만, 여자가 말하길 '他最近刚找了一份工作(그는 최근에 막 직장을 구했다)'라고 한다. 이는 린웨이가 최근에 일자리를 구해서 시간이 없기 때문에 놀러 갈 수 없다는 의미이므로 정답은 D이다.

2 ★★☆	
女：我家附近噪音太大了，简直没办法住。 男：是挺麻烦的，不过新的公路就要开通了，你家附近就清净了。	여: 우리 집 근처는 소음이 너무 심해서 정말이지 살 수가 없어요. 남: 정말 성가시네요. 하지만 새로운 도로가 곧 개통되면, 당신 집 근처는 바로 안정될 거예요.
问：男的主要意思是什么？ A 要建新的公路 B 噪音是没有办法的事情 C 女的问题很快就会解决 D 他讨厌噪音	질문: 남자의 말은 주로 무슨 의미인가? A 새로운 도로를 건설해야 한다 B 소음은 어쩔 수 없는 일이다 C 여자의 문제는 곧 해결될 것이다 D 남자는 소음을 싫어한다

단어 噪音 zàoyīn 명 소음 | 简直 jiǎnzhí 부 정말로 | 挺 tǐng 부 매우 | 麻烦 máfan 형 성가시다 | 不过 búguò 접 하지만 | 公路 gōnglù 명 도로 | 开通 kāitōng 동 개통하다 | 清净 qīngjìng 형 안정되다 | 建 jiàn 동 건설하다 | 讨厌 tǎoyàn 동 싫어하다

해설 여자가 소음 때문에 살 수가 없다고 말하자, 남자는 '新的公路就要开通了，你家附近就清净了(새로운 도로가 곧 개통되면, 당신 집 근처는 바로 안정될 것이다)'라고 한다. '就清净了(곧 안정될 것이다)'는 소음 문제가 곧 해결될 것이라는 의미이므로, 보기 중에서 질문에 대한 대답으로 가장 적절한 것은 '女的问题很快就会解决(여자의 문제는 곧 해결될 것이다)'이다. 따라서 정답은 C이다.

Tip
就要…了 곧 ~하다
예 比赛马上就要开始了。경기가 곧 시작된다.

3 ★☆☆	
男：我听说商场的衣服在打折。 女：太好了，终于打折了！ 问：女的是什么语气？ A 兴奋　　B 失望 C 难过　　D 无所谓	남: 내가 듣기로는 백화점 옷이 지금 할인 중이라던데요. 여: 정말 잘 됐어요. 마침내 할인을 하네요! 질문: 여자는 어떤 어투인가? A 흥분하다　　B 실망하다 C 괴롭다　　D 상관없다

단어 **商场** shāngchǎng 명 백화점 | **打折** dǎzhé 동 할인하다 | **终于** zhōngyú 부 마침내 | **兴奋** xīngfèn 형 흥분하다 | **失望** shīwàng 형 실망하다 | **难过** nánguò 형 괴롭다 | **无所谓** wúsuǒwèi 상관없다

해설 백화점에서 할인을 하고 있다는 남자의 말에 여자는 '太好了，终于打折了(정말 잘 됐다. 마침내 할인을 한다)'라고 말한다. '终于(마침내)'는 긴 시간 바라던 일이 이루어졌을 때 사용하는 부사이므로, 여자가 현재 매우 기쁘고 흥분된 상태임을 알 수 있다. 따라서 정답은 A이다.

4 ★★☆	
女：小陈会和我们一起去打球吗？ 男：只要做完作业就可以了。 问：关于小陈，可以知道什么？ A 先要写完作业 B 很喜欢学习 C 不想出去打球 D 想玩游戏	여: 샤오천(小陈)도 우리와 함께 공놀이하러 가니? 남: 숙제를 다 하기만 하면 가능해. 질문: 샤오천에 관하여 알 수 있는 것은 무엇인가? A 우선 숙제를 다 해야 한다 B 공부를 매우 좋아한다 C 공놀이를 하러 나가고 싶지 않다 D 게임이 하고 싶다

단어 **打球** dǎqiú 공놀이하다 | **只要** zhǐyào 접 ~하기만 하면

해설 샤오천이 우리와 공놀이를 하러 가냐는 여자의 질문에 남자는 '只要做完作业就可以了(숙제를 다 하기만 하면 가능하다)'라고 말하는 것으로 보아, 샤오천은 우선 숙제를 다 해야 공놀이를 하러 갈 수 있다는 것을 알 수 있다. 따라서 정답은 A이다.

Tip
只要 A，就 B　A하기만 하면 B하다
예 只要多穿点儿就好了。 옷을 많이 입기만 하면 된다.
예 只要吃点药、打几针就好了。 약을 좀 먹고 주사를 몇 대 맞으면 된다.

5 ★★☆	
男：我打算明年考中文系的研究生。 女：什么学校？我打算考经济学的。 问：女的打算做什么？ A 考中文系研究生 B 读中文学校 C 考经济学的 D 申请学校	남: 나는 내년에 중문과 대학원생 시험을 볼 계획이에요. 여: 무슨 학교요? 나는 경제학과 시험을 볼 계획이에요. 질문: 여자는 무엇을 하려고 계획하는가? A 중문과 대학원생 시험을 본다 B 중문 대학에서 공부한다 C 경제학과 시험을 본다 D 학교를 신청한다

단어 考 kǎo 동 시험을 보다 | 中文系 zhōngwénxì 명 중문과 | 研究生 yánjiūshēng 명 대학원생 | 经济学 jīngjìxué 명 경제학과 | 申请 shēnqǐng 동 신청하다

해설 남자가 중문과 대학원생 시험을 볼 계획이라고 하자, 여자는 무슨 학교인지 물어보면서 '我打算考经济学的(나는 경제학과 시험을 볼 계획이다)'라고 한다. 따라서 여자가 계획하는 것은 '考经济学的(경제학과 시험을 본다)'이다. 또한, 남자가 '研究生(대학원생)'을 언급하며 대화를 시작하므로, '经济学的(경제학)' 뒤에 '研究生(대학원생)'이 생략되었음을 알 수 있다. 따라서 정답은 C이다.

Tip 문제에서 남녀가 각각 중문과와 경제학과 시험을 본다고 말한다. 하지만 문제를 듣기 전에는 누구에 관한 질문이 나올지 알 수 없으므로, 간단한 필기를 통해 기억할 수 있도록 한다.

6 ★★☆

女：小李一直占线，到底怎么回事？电影快开始了。
男：如果再联系不上他，就算了吧。

问：女的为什么要联系小李？
A 小李还没到电影院
B 小李在电影院工作
C 小李的电话关机了
D 小李要看电视剧

여: 샤오리(小李)가 계속 통화 중이에요. 도대체 어떻게 된 일이죠? 영화가 곧 시작하는데 말이에요.
남: 만약 그와 또 연락이 안 되면, 그냥 됐어요.

질문: 여자는 왜 샤오리에게 연락하려고 했는가?
A 샤오리가 아직 영화관에 도착하지 않았다
B 샤오리는 영화관에서 일한다
C 샤오리의 전화는 꺼져있다
D 샤오리는 드라마를 보려고 한다

단어 占线 zhànxiàn 동 통화 중이다 | 到底 dàodǐ 부 도대체 | 联系 liánxì 동 연락하다 | 不上 búshàng 접미 ~못하다

해설 여자는 샤오리가 계속 통화 중이라고 하며 '电影快开始了(영화가 곧 시작한다)'라고 한다. 이로 미루어 보아, 샤오리와 영화를 보기로 해서 계속 연락을 취하는 중이며, 영화의 시작 시간이 다 되도록 샤오리는 영화관에 도착하지 않았음을 알 수 있다. 그러므로 정답은 A이다.

7 ★★☆

男：你的这次演讲很不错！
女：多谢，多亏了老师您的帮助！

问：根据对话，可以知道什么？
A 女的很喜欢演讲
B 男的参加演讲了
C 他们是师生关系
D 男的帮助女的完成演讲

남: 당신의 이번 연설은 아주 멋졌어요!
여: 정말 감사합니다. 전부 선생님께서 도와주신 덕분이에요!

질문: 대화에 근거하여 알 수 있는 것은 무엇인가?
A 여자는 연설을 매우 좋아한다
B 남자는 연설에 참가했다
C 그들은 사제지간이다
D 남자는 여자가 연설을 마치도록 도왔다

단어 演讲 yǎnjiǎng 명 연설 | 多亏 duōkuī 동 덕택이다 | 师生 shīshēng 명 스승과 제자

해설 여자의 '演讲(연설)'을 칭찬하는 남자에게 여자는 감사를 표하며 '多亏了老师您的帮助(전부 선생님께서 도와준 덕분이에요)'라고 말하는 것으로 미루어 보아, 남자가 여자의 연설을 도와주었다는 것을 알 수 있다. 따라서 정답은 D이다.
C. 여자가 말하는 '老师(선생님)'는 성인에 대한 일반적인 존칭도 되므로 사제지간이라고 단정 지을 수 없다.

8 ★★☆	
女：如果我回家再找不到钱包，就只好去报案了。 男：别急，你回家看看再说。 问：女的接下来要做什么？ A 报案 B 回家找钱包 C 买钱包 D 打电话	여: 만약 내가 집에 돌아가서도 지갑을 찾지 못하면, 어쩔 수 없이 신고해야 해요. 남: 조급해 마세요. 집에 돌아가서 한 번 보고 다시 얘기해요. 질문: 여자는 이어서 무엇을 할 것인가? A 신고한다 B 집에 돌아가서 지갑을 찾는다 C 지갑을 산다 D 전화를 건다

단어 **找不到** zhǎobúdào 찾을 수 없다 | **钱包** qiánbāo 명 지갑 | **只好** zhǐhǎo 부 어쩔 수 없이 | **报案** bào'àn 동 신고하다

해설 여자는 집에 가서도 지갑을 찾지 못하면 신고해야겠다고 하자, 남자는 '你回家看看再说(집에 돌아가서 한 번 보고 다시 얘기하자)'라고 한다. 이로 보아 여자는 일단 집에 돌아가서 지갑을 찾아볼 것임을 알 수 있다. 그러므로 정답은 B이다.

9 ★☆☆	
男：你好，两张今天演出的票。 女：对不起，票已经卖完了。明天的，您要吗？ 问：女的主要意思是什么？ A 今天的演出票还有 B 明天有票 C 今天的票不多了 D 这几天都没有票	남: 안녕하세요. 오늘 공연 표 두 장이요. 여: 죄송합니다. 표가 이미 매진됐어요. 내일 표는 어떠세요? 질문: 여자의 말은 주로 무슨 의미인가? A 오늘 공연 표가 아직 있다 B 내일은 표가 있다 C 오늘 공연 표가 많지 않다 D 요 며칠은 전부 표가 없다

단어 **演出** yǎnchū 동 공연하다

해설 남자가 오늘 공연 표 두 장을 달라고 하자, 여자는 표가 매진됐다고 하며 '明天的，您要吗?(내일 표는 어떠세요?)'라고 물어본다. 여자의 말로 보아 '明天有票(내일은 표가 있다)'라는 사실을 알 수 있으므로 정답은 B이다.

10 ★☆☆	
女：你好，请问几楼是卖鞋的？ 男：您上二楼就能找到了。 问：根据对话，他们最有可能在哪里？ A 鞋店　　B 商场 C 餐厅　　D 邮局	여: 안녕하세요. 신발 파는 곳은 몇 층인가요? 남: 2층으로 올라가시면 찾을 수 있습니다. 질문: 대화에 근거하여 그들은 어디에 있을 가능성이 가장 큰가? A 신발 가게　　B 백화점 C 식당　　D 우체국

단어 **鞋店** xiédiàn 명 신발 가게 | **商场** shāngchǎng 명 백화점 | **餐厅** cāntīng 명 식당 | **邮局** yóujú 명 우체국

해설 여자는 신발을 파는 곳이 몇 층인지 물어보고, 남자는 2층으로 올라가라고 한다. 두 사람의 대화에 근거하면 그들은 '商场(백화점)'에서 이야기를 나누는 고객과 안내원의 관계라는 것을 짐작할 수 있다. 따라서 정답은 B이다.

11 ★★☆

男：小林，这是你借给我的书，不好意思，我现在才还给你。 女：没关系，反正我也看完了。 问：根据对话，可以知道什么？ A 女的从不借书给别人 B 男的没有把书还给女的 C 女的已经看完了 D 女的把书送给男的了	남: 샤오린(小林), 이거 당신이 나에게 빌려준 책이에요. 미안해요. 내가 이제서야 당신에게 돌려주네요. 여: 괜찮아요. 나도 어차피 다 봤어요. 질문: 대화에 근거하여 알 수 있는 것은 무엇인가? A 여자는 지금까지 다른 사람에게 책을 빌려주지 않았다 B 남자는 책을 여자에게 돌려주지 않았다 C 여자는 이미 책을 다 봤다 D 여자는 책을 남자에게 선물했다

단어 不好意思 bù hǎoyìsi 죄송합니다 | 反正 fǎnzhèng 부 어차피 | 从不 cóngbù 부 지금까지 ~않다

해설 빌린 책을 이제서야 돌려줘서 미안하다는 남자의 말에 여자는 '反正我也看完了(나도 어차피 다 봤다)'라고 한다. 이로 보아, 여자는 이미 책을 다 읽었음을 알 수 있으므로 정답은 C이다.

12 ★★☆

女：我听说你小提琴拉得很好。 男：别提了，好多年不练了。 问：关于男的，可以知道什么？ A 男的会拉小提琴 B 男的不会拉小提琴 C 女的喜欢男的拉小提琴 D 男的不喜欢小提琴	여: 듣자하니 당신이 바이올린을 아주 잘 켠다던데요. 남: 그런 소리 마요. 연습 안 한 지 오래 됐는걸요. 질문: 남자에 관하여 알 수 있는 것은 무엇인가? A 남자는 바이올린을 켤 줄 안다 B 남자는 바이올린을 켤 줄 모른다 C 여자는 남자가 바이올린 켜는 것을 좋아한다 D 남자는 바이올린을 좋아하지 않는다

단어 小提琴 xiǎotíqín 명 바이올린 | 拉 lā 동 (악기를) 켜다 | 别提 biétí 말도 마라 | 练 liàn 동 연습하다

해설 '你小提琴拉得很好(당신이 바이올린을 아주 잘 켠다)'라고 칭찬하는 여자에게 남자는 '好多年不练了(연습 안 한 지 오래 됐다)'라고 하는 것으로 보아, 남자는 오랫동안 연습하지는 않았지만 바이올린을 연주할 줄 안다는 것을 의미한다. 그러므로 정답은 A이다.

13 ★★☆

男：你有没有去看这次的展览会？ 女：还没有，听说这个展览会一直开到6月底。 问：女的主要意思是什么？ A 不想去展览会 B 还有时间去展览会 C 和男的一起去展览会 D 展览会一直会有	남: 당신 이번 전시회 보러 갔었어요? 여: 아직이요. 듣자하니 이 전시회는 6월 말까지 계속 열린다고 해요. 질문: 여자의 말은 주로 무슨 의미인가? A 전시회에 가고 싶지 않다 B 전시회에 갈 시간이 아직 있다 C 남자와 함께 전시회에 간다 D 전시회는 계속 있을 것이다

단어 **展览会** zhǎnlǎnhuì 명 전시회 | **月底** yuèdǐ 명 월말

해설 전시회를 보러 갔었냐는 남자의 질문에 여자는 아직이라고 하며 '这个展览会一直开到6月底(이 전시회는 6월 말까지 계속 열린다)'라고 한다. 이 말은 전시회를 보러 갈 시간이 아직 남아 있음을 의미하는 것이므로, 정답은 B이다.

14 ★★☆

女：你看完这本书之后能借给我吗？ 男：不好意思，我已经约好把它借给小张了。	여: 당신 이 책을 다 본 후에 나에게 빌려줄 수 있나요? 남: 미안해요. 이미 책을 샤오장(小张)에게 빌려주기로 약속했어요.
问：男的把这本书会借给谁？ A 女的 B 小张 C 不借给别人 D 别人	질문: 남자는 이 책을 누구에게 빌려줄 것인가? A 여자 B 샤오장 C 다른 사람에게 빌려주지 않는다 D 다른 사람

단어 **之后** zhīhòu 명 ~후 | **不好意思** bù hǎoyìsi 죄송합니다

해설 책을 빌려줄 수 있냐는 여자의 물음에, 남자는 '我已经约好把它借给小张了(이미 샤오장에게 빌려주기로 약속했다)'라고 하는 것으로 보아, 책은 '小张(샤오장)'이 빌려 갈 것임을 알 수 있다. 따라서 정답은 B이다.

15 ★★☆

男：别忘了去洗衣店把我的衣服拿回来。 女：我记着呢，只是我的车坏了，走不了。	남: 세탁소에 가서 내 옷 찾아오는 걸 잊지 마세요. 여: 기억하고 있어요. 다만 내 차가 고장이 나서 갈 수 없을 뿐이에요.
问：根据对话，下列正确的是什么？ A 男的要去洗衣店拿衣服 B 女的忘了去拿衣服 C 女的没办法去洗衣店 D 男的没有车	질문: 대화에 근거하여 다음 중 옳은 것은? A 남자는 세탁소에 가서 옷을 찾아와야 한다 B 여자는 옷 찾으러 가는 것을 잊었다 C 여자는 세탁소에 갈 방법이 없다 D 남자는 차가 없다

단어 **洗衣店** xǐyīdiàn 명 세탁소 | **只是** zhǐshì 부 단지 | **不了** bùliǎo ~할 수 없다 [동사의 뒤에 쓰여 동작을 완료할 수 없음을 강조함]

해설 남자는 여자에게 세탁소에서 옷 찾아오는 것을 잊지 말라고 한다. 이에 여자는 '只是我的车坏了，走不了(다만 내 차가 고장이 나서 갈 수 없을 뿐이다)'라고 하므로 여자는 현재 옷을 찾아올 상황이 아니라는 것을 알 수 있다. '没办法去'는 '갈 방법이 없다'라는 의미로 녹음 내용의 '走不了(갈 수 없다)'와 같은 의미이다. 따라서 정답은 C이다.

16 ★★☆

女：我还是觉得不舒服，怎么办呢！ 男：要不我陪你去一下医院吧。	여: 나 아직도 아픈 것 같아요. 어떡하죠! 남: 아니면 내가 당신과 병원에 같이 가 줄게요.
问：根据对话，可以知道什么？ A 女的不想去医院 B 男的不舒服，要去医院 C 男的打算陪女的去医院 D 女的心情不好	질문: 대화에 근거하여 알 수 있는 것은 무엇인가? A 여자는 병원에 가고 싶지 않다 B 남자는 아파서 병원에 가려고 한다 C 남자는 여자와 같이 병원에 갈 계획이다 D 여자는 기분이 좋지 않다

단어 不舒服 bù shūfu 아프다 | 要不 yàobù 접 아니면 | 陪 péi 동 동반하다 | 心情 xīnqíng 명 기분

해설 여자가 아프다고 하자, 남자는 '我陪你去一下医院吧(내가 당신과 병원에 같이 가 주겠다)'라고 하므로, 정답은 C이다.

Tip
要不 / 要不然 / 不然 / 不然的话 / 否则 안 그러면, 그렇지 않으면
뒤 절의 제일 앞에서 전환의 의미를 나타내는 접속사로 쓰인다.
예 快点起床，要不你就会迟到的。 빨리 일어나요. 그렇지 않으면 당신은 지각할 거예요.

17 ★★☆

男：你能相信吗？小李居然送了这么一份大礼给你。 女：是啊，要知道他小气可是出了名的。	남: 당신 믿을 수 있겠어요? 샤오리(小李)가 뜻밖에도 당신에게 이렇게나 큰 선물을 줬다는 걸 말이에요. 여: 그러니까요. 그가 인색하기로 유명한 건 알아줘야 하는데.
问：关于小李，可以知道什么？ A 小李很有名 B 小李很小气 C 小李没有送礼物给女的 D 女的打算送礼物给小李	질문: 샤오리에 관하여 알 수 있는 것은 무엇인가? A 샤오리는 매우 유명하다 B 샤오리는 매우 인색하다 C 샤오리는 여자에게 선물을 주지 않았다 D 여자는 샤오리에게 선물을 줄 계획이다

단어 居然 jūrán 부 뜻밖에 | 送礼 sònglǐ 동 선물을 주다 | 份 fèn 양 [조각을 세는 단위] | 小气 xiǎoqi 형 인색하다 | 可 kě 부 [평서문에 쓰여 강조를 나타냄] | 出名 chūmíng 동 유명하다

해설 샤오리가 큰 선물을 준 게 믿기냐는 남자의 말에 여자는 동의하며 '他小气可是出了名的(그는 인색하기로 유명하다)'라고 한다. '出了名'의 '出名'은 '유명하다'라는 이합동사이다. 따라서 보기에서 정답은 B이다.
A. 샤오리는 인색한 것으로 알려진 것일 뿐, 유명하다는 걸 말하는 것은 아니다.

Tip
居然 / 竟然 / 没想到 / 出人意料 / 出乎意料 / 不料 뜻밖에, 예상 외로

18 ★★☆	
女：今年的天气跟往年比大不一样了。 男：对啊，一会儿冷一会儿热的。 问：男的主要意思是什么？ A 天气很冷 B 天气变化很大 C 他很热 D 他又冷又热	여: 올해 날씨는 예년과 크게 다르네요. 남: 맞아요. 추웠다가 더웠다가 하네요. 질문: 남자의 말은 주로 무슨 의미인가? A 날씨가 매우 춥다 B 날씨 변화가 매우 크다 C 그는 매우 덥다 D 그는 춥기도 하고 덥기도 하다

단어 **往年** wǎngnián 명 옛날 | **一会儿…一会儿…** yíhuìr…yíhuìr… 이랬다가 저랬다가

해설 올해 날씨가 예년과 크게 다르다는 여자의 말에 남자는 날씨가 '一会儿冷一会儿热的(추웠다가 더웠다가 한다)'라고 한다. '一会儿…一会儿…'은 '이랬다가 저랬다가'라는 구어체이다. 보기에서 남자 말의 의미로 가장 적절한 것은 '**天气变化很大**(날씨 변화가 매우 크다)'이므로 정답은 B이다.

D. 그 자신이 춥기도 하고 덥기도 하다는 '그'에 대한 설명이다.

19 ★☆☆	
男：你的新发型不错嘛，你换了个理发店？ 女：没有，还是老地方，只是换了个理发师而已。 问：根据对话，可以知道什么？ A 女的去理发店了 B 男的想要去理发店 C 女的换了理发店 D 男的想要换个理发师	남: 당신 새로운 머리 모양이 멋지네요. 미용실 바꿨어요? 여: 아니요, 늘 가던 곳이에요. 단지 미용사를 바꿨을 뿐이에요. 질문: 대화에 근거하여 알 수 있는 것은 무엇인가? A 여자는 미용실에 갔다 B 남자는 미용실에 가고 싶어 한다 C 여자는 미용실을 바꿨다 D 남자는 미용사를 바꾸고 싶어 한다

단어 **发型** fàxíng 명 머리 모양 | **嘛** ma 조 [문장 끝에서 당연함을 나타냄] | **理发店** lǐfàdiàn 명 이발소, 미용실 | **老地方** lǎo dìfang 늘 가는 곳 | **只是** zhǐshì 부 단지 | **理发师** lǐfàshī 명 이발사, 미용사 | **而已** éryǐ 조 ~일 뿐이다

해설 미용실을 바꿨냐고 묻는 남자의 말에 여자가 '**只是换了个理发师而已**(단지 미용사를 바꿨을 뿐이다)'라고 하는 것으로 보아 여자가 미용실에 간 사실을 알 수 있다. 그러므로 정답은 A이다.

Tip

只是…而已 단지 ~일 뿐이다

예 这次我们的成功只是开始而已。이번 우리의 성공은 단지 시작일 뿐이다.

20 ★★☆

女：你妹妹到了吗？
男：还没，我都等不及了，都快三个月没见到她了。

问：男的主要意思是什么？
A 不想见妹妹
B 不想再等了
C 很想见到妹妹
D 去接妹妹

여: 당신 여동생 도착했어요?
남: 아직이요. 나는 정말 손꼽아 기다리고 있어요. 거의 3개월 동안 그녀를 못 만났거든요.

질문: 남자의 말은 주로 무슨 의미인가?
A 여동생을 만나고 싶지 않다
B 더는 기다리고 싶지 않다
C 여동생을 매우 만나고 싶다
D 여동생을 마중하러 간다

단어 **等不及** děngbují 기다릴 수 없다 | **接** jiē 동 마중하다

해설 여자가 여동생에 관하여 묻자 남자는 '我都等不及了(나는 정말 손꼽아 기다리고 있다)'라고 한다. '等不及了'는 '기다릴 수 없다'는 뜻으로, 만나고 싶지 않다거나 더 기다리고 싶지 않다는 의미가 아니라 3개월간 못 봐서 '기다릴 수 없을 정도로 기대하고 있다'는 긍정적인 의미이다. 따라서 정답은 C이다.

듣기 听力 제2부분

21 ★★☆

男：下学期有中国历史课，不知道有没有意思？
女：这个课很值得上的，中国历史很有意思。
男：是吗？那肯定能学到很多知识。
女：那当然。

问：男的会怎么做？
A 不学中国历史
B 去历史博物馆
C 选中国历史课
D 和女的一起去听中国历史课

남: 다음 학기에 중국 역사 과목이 있는데, 재미있을지 모르겠네요?
여: 이 과목은 아주 들을만 해요. 중국 역사는 정말 재미있거든요.
남: 그래요? 그럼 분명 굉장히 많은 지식을 배울 수 있겠네요.
여: 그거야 당연하죠.

질문: 남자는 어떻게 할 것인가?
A 중국 역사를 배우지 않는다
B 역사박물관에 간다
C 중국 역사 과목을 선택한다
D 여자와 함께 중국 역사 과목을 들으러 간다

단어 **学期** xuéqī 명 학기 | **值得** zhídé 동 ~할 만하다 | **肯定** kěndìng 부 분명히 | **知识** zhīshi 명 지식 | **博物馆** bówùguǎn 명 박물관 | **选** xuǎn 동 선택하다

해설 여자는 중국 역사 과목에 대해 '这个课很值得上的(이 과목은 아주 들을만 하다)'라고 하며 재미있다고 한다. 남자는 여자의 말을 듣고 '肯定能学到很多知识(분명 굉장히 많은 지식을 배울 수 있겠다)'라고 하는 것으로 보아, 남자는 중국 역사 과목을 선택할 것임을 짐작할 수 있다. 그러므로 정답은 C이다.

22 ★★☆	
女：老板说如果我出去培训，公司可以给我负责一切费用。 男：那可真不错，这是你们公司的福利吗？ 女：算是吧，现在只有一部分公司会这样做。 男：你可真幸运。 问：男的主要意思是什么？ A 男的要去女的公司 B 女的应该离开公司去培训 C 男的想要去培训 D 女的公司不错	여: 사장님께서 말씀하시길 만약 내가 교육을 받으러 가면 회사에서 모든 비용을 부담해 줄 수 있대요. 남: 정말 좋네요. 이게 당신 회사 복지인 거예요? 여: 그런 셈이죠. 지금은 일부 회사만 이렇게 할 거예요. 남: 당신은 정말 운이 좋네요. 질문: 남자의 말은 무슨 의미인가? A 남자는 여자의 회사에 가려고 한다 B 여자는 회사를 떠나 교육을 받으러 가야 한다 C 남자는 교육을 받으러 가고 싶다 D 여자의 회사는 좋다

단어 **老板** lǎobǎn 명 사장 | **培训** péixùn 동 훈련하다 | **负责** fùzé 동 책임지다 | **一切** yíqiè 대 모든 | **费用** fèiyòng 명 비용 | **可** kě 부 [평서문에 쓰여 강조를 나타냄] | **福利** fúlì 명 복지 | **算是** suànshì 동 ~인 셈이다 | **一部分** yíbùfēn 일부의 | **幸运** xìngyùn 형 운이 좋다

해설 여자가 교육을 받으러 가면 '**公司可以给我负责一切费用**(회사에서 모든 비용을 부담해 줄 수 있다)'이라고 하자, 남자는 '**那可真不错**(정말 좋다)', '**你可真幸运**(당신은 정말 운이 좋다)'라고 한다. 이는 '**女的公司不错**(여자의 회사는 좋다)'라는 의미이므로 정답은 D이다.

23 ★★☆	
男：对不起，这些书你不能借。 女：为什么？ 男：你还有超期的书还没有还，所以现在你还不能借别的书。 女：哦，好的，我会尽快还的。 问：女的为什么不能借书？ A 她没有借书证 B 她必须先还书 C 她的借书证是别人的 D 这些书只能在图书馆看	남: 죄송합니다. 당신은 이 책들을 빌릴 수 없어요. 여: 왜요? 남: 당신은 기한이 지났는데 반납하지 않은 책이 있어요. 그래서 아직 다른 책을 빌릴 수 없습니다. 여: 아, 알겠습니다. 제가 최대한 빨리 반납할게요. 질문: 여자는 왜 책을 빌릴 수 없는가? A 그녀는 도서 대출증이 없다 B 그녀는 반드시 먼저 책을 반납해야 한다 C 그녀의 도서 대출증은 다른 사람의 것이다 D 이 책들은 도서관에서만 볼 수 있다

단어 **超期** chāoqī 동 기한이 넘다 | **尽快** jǐnkuài 부 최대한 빨리 | **借书证** jièshūzhèng 명 도서 대출증 | **必须** bìxū 부 반드시 ~해야 한다

해설 남자는 여자에게 책을 빌릴 수 없다고 하며 '**你还有超期的书还没有还，所以现在你还不能借别的书**(당신은 기한이 지났는데 반납하지 않은 책이 있다. 그래서 아직 다른 책을 빌릴 수 없다)'라고 한다. 이는 여자가 이전에 빌린 책을 반납하지 않아서 그 책을 먼저 반납해야 다른 책을 빌릴 수 있다는 의미이다. 따라서 정답은 B이다.

24 ★★☆

女：请问这件衣服有大一点的吗？ 男：我看一下，不好意思，没有了。这个款式您喜欢吗？ 女：我不喜欢这种款式，我去别的地方看看吧。 男：好的，您慢走。	여: 실례지만 이 옷 좀 더 큰 것이 있나요? 남: 한번 확인해 볼게요. 죄송합니다, 없네요. 이 스타일은 마음에 드세요? 여: 저는 이런 스타일은 안 좋아해서요. 다른 곳에 가 볼게요. 남: 네, 안녕히 가세요.
问：他们最有可能在什么地方？ A 服装店　B 超市 C 餐厅　D 公司	질문: 그들은 어디에 있을 가능성이 가장 큰가? A 옷 가게　B 슈퍼마켓 C 식당　D 회사

단어 **款式** kuǎnshì 명 스타일 | **慢走** mànzǒu 동 안녕히 가세요 | **服装** fúzhuāng 명 의류 | **餐厅** cāntīng 명 식당

해설 보기를 먼저 훑어보면 장소 문제라는 것을 알 수 있으므로, 녹음 내용의 핵심 단어를 집중해서 들어야 한다. 여자가 처음에 '这件衣服有大一点的吗?(이 옷 좀 더 큰 것이 있는가?)'라고 물어보자, 남자는 여자가 찾는 것은 없다고 하며 다른 스타일을 추천한다. 이로 보아 대화가 이루어지는 곳은 '服装店(옷 가게)'임을 알 수 있으므로 정답은 A이다.

25 ★★☆

男：听说你要去旅游？ 女：还旅游呢，我都没钱吃饭了。 男：你不是在兼职当老师吗？ 女：那点钱怎么够！	남: 듣자 하니 당신은 여행을 갈 거라면서요? 여: 여행이라니요. 밥 먹을 돈도 없어요. 남: 당신 교사로 겸직하고 있지 않아요? 여: 그 적은 돈으로 어떻게 충분하겠어요!
问：关于女的，可以知道什么？ A 她要去旅游 B 她没有很多钱 C 她不想吃饭 D 她是一名专职教师	질문: 여자에 관하여 알 수 있는 것은 무엇인가? A 그녀는 여행을 가려고 한다 B 그녀는 돈이 많지는 않다 C 그녀는 밥이 먹고 싶지 않다 D 그녀는 전임 교사이다

단어 **兼职** jiānzhí 동 겸직하다 | **当** dāng 동 맡다 | **够** gòu 형 충분하다 | **专职** zhuānzhí 명 전임 | **教师** jiàoshī 명 교사

해설 여행을 가는지 묻는 남자의 질문에, 여자는 '还旅游呢, 我都没钱吃饭了(여행이라니. 밥 먹을 돈도 없다)'라고 한다. 여기서 '还…呢'는 '하물며 ~라니'라는 의미로 그만큼의 여력이 되지 않음을 나타낸다. 또한, '那点钱怎么够(그 적은 돈으로 어떻게 충분하겠는가)'라고 말하는 것은 돈이 많지 않다는 의미이다. 그러므로 정답은 B이다.

D. '兼职(겸직하다)'는 '专职(전임하다)'와 반대되는 뜻이다.

26 ★★☆	
女：不好意思，你词典我今天又忘带了。 男：没关系，星期天之前给我就可以。 女：那我明天一定带过来吧！ 男：好的。 问：男的主要意思是什么？ A 明天就把词典还给他 B 现在不用把词典还给他 C 星期天之后他要用词典 D 他要把词典送给女的	여: 미안해요. 당신 사전을 가져오는 걸 오늘 또 잊었어요. 남: 괜찮아요. 일요일 전에 나한테 주면 돼요. 여: 그럼 내가 내일 꼭 가져올게요! 남: 그래요. 질문: 남자의 말은 주로 무슨 의미인가? A 내일 사전을 그에게 돌려준다 B 지금 사전을 그에게 돌려줄 필요가 없다 C 일요일 이후에 그는 사전을 쓰려고 한다 D 그는 사전을 여자에게 선물 주려고 한다

단어 **之前** zhīqián 명 ~이전 | **之后** zhīhòu 명 ~후

해설 여자가 사전을 가져오지 않았다고 사과하자, 남자는 괜찮다고 하며 '**星期天之前给我就可以**(일요일 전에 나한테 주면 된다)'라고 한다. 남자는 지금 사전이 필요한 것이 아니므로, 보기에서 남자 말의 의미로 적절한 것은 '**现在不用把词典还给他**(지금 사전을 그에게 돌려줄 필요가 없다)'이다. 따라서 정답은 B이다.

C. 일요일 전에 사전을 돌려달라고 하지만, 그가 언제 사전을 쓸지에 대해서는 언급하지 않았다.

27 ★☆☆	
男：今天我有很多课，还有很多作业，快忙死了。 女：呵呵，汉语比较难，要好好学，过一段时间你会习惯的。 男：看来你已经很适应了。 女：还好，已经在这里两年了嘛。 问：他们是做什么的？ A 教师　B 学生 C 公司职员　D 司机	남: 오늘 수업이 정말 많고, 숙제도 아주 많아서 바빠 죽겠어요. 여: 하하, 중국어가 어려운 편이죠. 열심히 공부해야 해요. 시간이 좀 지나면 당신은 익숙해질 거예요. 남: 보아하니 당신은 이미 적응한 것 같네요. 여: 그런대로 괜찮아요. 이미 여기서 지낸 지 2년이나 되었잖아요. 질문: 그들은 무슨 일을 하는가? A 교사　B 학생 C 회사 직원　D 운전기사

단어 **呵呵** hēhē 의성 하하 | **看来** kànlái 동 보아하니 ~하다 | **适应** shìyìng 동 적응하다 | **还好** háihǎo 그런대로 괜찮다 | **嘛** ma 조 [문장 끝에서 당연함을 나타냄] | **教师** jiàoshī 명 교사 | **职员** zhíyuán 명 직원

해설 보기를 먼저 훑어보면 직업을 묻는 문제라는 것을 알 수 있다. 남자는 '**今天我有很多课，还有很多作业**(오늘 수업이 정말 많고, 숙제도 아주 많다)'라고 하자, 여자는 '**要好好学**(열심히 공부해야 한다)'라고 하며, 시간이 좀 지나면 익숙해질 거라고 남자를 위로하고 있다. 이어서 또 여자는 여기서 지낸 지 2년이 되었다고 말하는 것으로 보아, 그들은 중국어를 공부하는 '**学生**(학생)'임을 알 수 있다. 따라서 정답은 B이다.

A. 녹음 내용에서 '**很多作业**(많은 숙제)'와 '**好好学**(열심히 공부하다)'라는 단어로 미루어 보아, 그들이 교사는 아님을 알 수 있다.

28 ★★☆

女：你退出篮球队了？篮球不是你的生命吗？
男：我的确很喜欢，不过快毕业考试了，要好好学习了。
女：原来如此，那可要抓紧了。
男：对啊，先把学习搞好再说。

问：男的为什么不打篮球了？
A 不喜欢篮球
B 想要努力学习
C 他更喜欢学习
D 他打得不好

여: 당신 농구팀을 탈퇴했어요? 농구는 당신의 목숨 아니었어요?
남: 나는 정말 좋아하죠. 하지만 곧 졸업시험이라 열심히 공부해야 해요.
여: 그렇군요. 그럼 정말 서둘러야겠네요.
남: 맞아요. 우선 공부부터 잘하고 다시 얘기해야죠.

질문: 남자는 왜 농구를 하지 않는가?
A 농구를 좋아하지 않는다
B 공부를 열심히 하고 싶어 한다
C 그는 공부를 더 좋아한다
D 그는 잘 못한다

단어 退出 tuìchū 동 탈퇴하다 | 生命 shēngmìng 명 목숨 | 的确 díquè 부 정말 | 毕业 bìyè 명 졸업 | 原来如此 yuánlái rúcǐ 과연 그렇다 | 可 kě 부 [평서문에 쓰여 강조를 나타냄] | 抓紧 zhuājǐn 동 서둘러 하다 | 搞好 gǎohǎo 잘 해내다

해설 농구는 당신의 목숨이 아니냐는 여자의 질문에 남자는 그렇다고 긍정하지만 '快毕业考试了，要好好学习了(곧 졸업시험이라 열심히 공부해야 한다)'라고 한다. 이로 보아 남자가 농구를 하지 않는 이유는 곧 다가오는 졸업시험을 위해 공부에 매진하고자 하는 것이므로 정답은 B이다.

C. 농구와 공부를 비교하는 내용은 없다. 또한, 남자는 마지막에 우선 공부부터 잘하고 다시 얘기하자고 하므로 공부를 더 좋아한다고 볼 수는 없다.

Tip
'不是…吗?(~가 아닌가?)'는 반어적 표현으로 '~이다'와 같은 의미로 쓰인다.
예 不是明天走吗？ 내일 가는 것 아닌가? ▶ 是明天走。 내일 가는 것이다.

29 ★★☆

男：说真的，我不喜欢女生吸烟。
女：难道只有男生才可以吸烟吗？
男：我觉得女生不雅观。
女：你这是男女不平等的言论。

问：女的对女生吸烟的态度是什么？
A 赞成　　B 反对
C 讨厌　　D 无所谓

남: 진심으로 난 여자들이 담배 피우는 것을 좋아하지 않아요.
여: 설마 남자만 담배를 피울 수 있다는 거예요?
남: 내 생각에 여자는 보기 안 좋은 것 같아요.
여: 당신 이거 남녀 불평등적인 언사예요.

질문: 여성흡연에 대한 여자의 태도는 어떠한가?
A 찬성한다　　B 반대한다
C 싫어한다　　D 상관없다

단어 说真的 shuō zhēnde 진실을 말하다 | 吸烟 xīyān 동 흡연하다 | 难道 nándào 부 설마 ~란 말인가? | 雅观 yǎguān 형 보기 좋다 | 平等 píngděng 형 평등하다 | 言论 yánlùn 명 언론 | 赞成 zànchéng 동 찬성하다 | 反对 fǎnduì 동 반대하다 | 讨厌 tǎoyàn 동 싫어하다 | 无所谓 wúsuǒwèi 상관없다

해설 여성흡연을 좋아하지 않는다는 남자의 말에 여자는 '这是男女不平等的言论(이것은 남녀 불평등적인 언사이다)'이라고 하는 것으로 보아, 여자는 여성흡연 대해 '赞成(찬성하다)'의 태도를 가지고 있는 것을 알 수 있다. 따라서 정답은 A이다.

D. 여자가 여성흡연에 대해 상관이 없다는 태도였다면, 남자의 말에 남녀 불평등적인 언사라고 하지 않았을 것이다.

Tip

难道…吗? 설마 ~란 말인가?

예 连孩子都知道，难道你还不知道吗? 아이도 아는데, 설마 당신은 아직 모른다는 말인가?

30 ★★☆

男：你不觉得这个化妆品太贵了吗？我妈肯定用不惯。

女：说心里话，是有点贵。

男：那就别买了。

女：你妈可是我未来的婆婆，贵就贵点吧。

问：根据对话，下列哪项是正确的？

A 女的要给男的妈妈买化妆品

B 男的觉得化妆品不太好

C 他们俩是夫妻

D 女的不想买这个化妆品

남: 당신은 이 화장품 너무 비싸다고 생각하지 않아요? 내 어머니는 틀림없이 쓰는 데 익숙지 않을 거예요.

여: 솔직히 말해서 조금 비싸긴 하죠.

남: 그럼 사지 마요.

여: 그렇지만 당신 어머니는 제 미래의 시어머니인걸요. 비쌀테면 비싸라죠.

질문: 대화에 근거하여 다음 중 옳은 것은?

A 여자는 남자의 어머니에게 화장품을 사 주려고 한다

B 남자는 화장품이 그리 좋지 않다고 생각한다

C 그들은 부부이다

D 여자는 이 화장품을 사고 싶지 않다

단어 化妆品 huàzhuāngpǐn 명 화장품 | 肯定 kěndìng 부 틀림없이 | 用不惯 yòngbúguàn 쓰는 데 익숙하지 않다 | 说心里话 shuō xīnlihuà 솔직히 말해서 | 未来 wèilái 명 미래 | 婆婆 pópo 명 시어머니

해설 남자가 화장품 가격이 너무 비싸면 사지 말라고 하자, 여자는 '你妈可是我未来的婆婆(그렇지만 당신 어머니는 내 미래의 시어머니이다)'라고 한다. 이로 미루어 보아, 여자는 현재 남자의 어머니에게 줄 선물을 사려고 함을 알 수 있다. 또한, 두 사람은 현재 부부가 아닌 예비부부라는 것도 알 수 있다. 그러므로 정답은 A이다.

31－33

河的中央有一个小岛，[31]岛上长着一株桃树，树上结满了桃子。狐狸想吃桃子，可是过不了河。猴子想吃桃子，也过不了河。

[31]狐狸便和猴子商量，一起想办法架桥过去，摘下桃子，各分一半。狐狸和猴子一同花了很大力气，去扛了一根木头来，从这边架到河的小洲上，[32]成了一座独木桥。这座桥太窄了，两个不能同时走，只能一个一个过去。

狐狸对猴子说："让我先过去，你再过去吧！"狐狸走过去了。狐狸想独自一个人吃桃子，便故意把木头推到河中去了。接着，狐狸哈哈笑起来，说："猴子，请你回去吧，你吃不到桃子了！"

猴子非常生气，可是它也马上笑起来说："[33]哈哈！你能够吃到桃子，可是你永远回不来啦！"

강 가운데 작은 섬이 하나 있었다. [31]섬에는 복숭아나무가 한 그루 있었고, 나무에는 복숭아가 가득 열려 있었다. 여우는 복숭아가 먹고 싶었지만, 강을 건널 수 없었다. 원숭이도 복숭아가 먹고 싶었지만 역시 강을 건널 수 없었다.

[31]여우는 원숭이와 다리를 놓고 강을 건너갈 방법을 함께 찾은 뒤, 복숭아를 따고 반으로 나누기로 했다. 여우와 원숭이는 함께 큰 힘을 들여 나무토막 하나를 메고 와서, 이쪽에서부터 강의 모래톱까지 다리를 놓아 [32]외나무다리를 만들었다. 이 다리는 너무 좁아서 둘이 함께 건너갈 수 없고 한 마리씩 건너갈 수밖에 없었다.

여우가 원숭이에게 말했다. "내가 먼저 건너갈게, 네가 다음에 건너와!" 여우는 다리를 건너갔다. 여우는 복숭아를 혼자 먹고 싶어 나무토막을 강 속으로 밀었다. 이어서

狐狸听了非常着急，没有办法，只好苦苦哀求猴子："猴子，我们是好朋友，请你替我想个法子让我回去吧！"	여우는 크게 웃으며 말했다. "원숭이야 돌아가렴. 넌 이제 복숭아를 먹을 수 없게 됐어!" 원숭이는 매우 화가 났지만, 곧바로 웃으며 말했다. "[33]하하! 너는 복숭아를 먹을 수 있지만, 영원히 돌아올 수 없는 걸!" 여우는 그 말을 듣고 매우 조급해졌다. 어쩔 수 없이 원숭이에게 애걸복걸했다. "원숭이야 우리는 좋은 친구잖아. 내가 돌아갈 방법을 생각해 주렴!"

단어 中央 zhōngyāng 명 중앙 | 株 zhū 양 그루 | 桃树 táoshù 명 복숭아 나무 | 结 jié 동 맺다 | 满 mǎn 형 가득차다 | 狐狸 húli 명 여우 | 不了 bùliǎo ~할 수 없다 [동사의 뒤에 쓰여 동작을 완료할 수 없음을 강조함] | 便 biàn 부 곧 | 猴子 hóuzi 명 원숭이 | 商量 shāngliang 동 상의하다 | 架桥 jiàqiáo 다리를 놓다 | 摘 zhāi 동 따다 | 各 gè 대 각 | 一半 yíbàn 수 절반 | 一同 yìtóng 부 함께 | 力气 lìqi 명 힘 | 扛 káng 동 메다 | 根 gēn 양 개, 가닥 [가늘고 긴 것을 세는 단위] | 木头 mùtou 명 나무 | 架 jià 동 받치다 | 洲 zhōu 명 모래톱 | 座 zuò 양 좌, 동, 채 [부피가 크거나 고정된 물체를 세는 단위] | 桥 qiáo 명 다리, 교량 | 窄 zhǎi 형 (폭이) 좁다 | 独自 dúzì 부 혼자서 | 故意 gùyì 부 일부러 | 推 tuī 동 밀다 | 接着 jiēzhe 부 이어서 | 哈哈 hāha 의성 하하 | 永远 yǒngyuǎn 부 영원히 | 只好 zhǐhǎo 부 어쩔 수 없이 | 苦苦 kǔkǔ 부 간절히 | 哀求 āiqiú 동 애원하다 | 替 tì 개 ~을 위하여 | 法子 fǎzi 명 방법

31 ★☆☆	
它们为什么要去小岛？	그들은 왜 섬에 가려 하는가?
A 要去玩耍	A 놀러 간다
B 要去摘桃子吃	B 복숭아를 따 먹으러 간다
C 要去找兔子	C 토끼를 찾으러 간다
D 它们住在小岛	D 그들은 섬에 산다

단어 玩耍 wánshuǎ 동 놀다 | 兔子 tùzi 명 토끼

해설 '岛上长着一株桃树，树上结满了桃子(섬에는 복숭아나무가 한 그루 있었고, 나무에는 복숭아가 가득 열려 있었다)'라고 한다. 여우와 원숭이는 그것을 아주 먹고 싶어서, '狐狸便和猴子商量，一起想办法架桥过去，摘下桃子，各分一半(여우는 원숭이와 다리를 놓고 강을 건너갈 방법을 함께 찾은 뒤, 복숭아를 따고 반으로 나누기로 했다)'이라고 한다. 계속해서 복숭아를 언급하고 있으므로 쉽게 정답을 찾을 수 있다. 그러므로 정답은 B이다.

32 ★☆☆	
它们为什么只能一个一个过去？	그들은 왜 한 마리씩 건널 수 밖에 없었는가?
A 狐狸太重了	A 여우가 너무 무겁다
B 猴子不会游泳	B 원숭이는 수영할 줄 모른다
C 独木桥太窄了	C 외나무다리가 너무 좁다
D 它们吵架了	D 그들은 싸웠다

단어 吵架 chǎojià 동 말다툼하다

해설 그들은 강을 건너기 위해 '成了一座独木桥(외나무다리를 만들었다)'라고 하며, '这座桥太窄了，两个不能同时走，只能一个一个过去(이 다리는 너무 좁아서 둘이 함께 건너갈 수 없고 한 마리씩 건너갈 수밖에 없었다)'라고 한다. 그러므로 정답은 C이다.

33 ★★☆

猴子为什么也大笑起来?	왜 원숭이 역시 크게 웃었는가?
A 因为桃子是坏的	A 복숭아가 상했기 때문이다
B 因为狐狸回不来了	B 여우가 돌아올 수 없기 때문이다
C 因为狐狸很可爱	C 여우가 매우 귀엽기 때문이다
D 因为猴子不想吃桃子了	D 원숭이는 복숭아가 먹고 싶지 않아졌기 때문이다

해설 복숭아를 혼자 먹고 싶었던 여우는, 원숭이가 건너오지 못하게 나무토막을 강 속으로 밀어 없애버린다. 그러나 그렇게 하면 여우가 돌아오는 길도 없어지게 되는 것이므로, 원숭이 역시 크게 웃으며 '哈哈! 你能够吃到桃子, 可是你永远回不来啦(하하! 너는 복숭아를 먹을 수 있지만, 영원히 돌아올 수 없다)'라고 한다. 그러므로 정답은 B이다.

34 – 35

1999年2月28日21时，中国“文坛祖母”冰心老人去世，享年99岁。[34]冰心坚持写作了七十五年，是新文学运动的元老。她开创了多种“冰心体”的文学样式，进行了文学现代化的实践。[35]她还是中国第一代儿童文学作家，是著名的中国现代小说家、散文家、诗人、翻译家。她的译作都是文学翻译精品，她的文学影响超越国界。冰心的纯真、坚定、勇敢和正直，使她在国内外广大读者中享有崇高的威望，受到普遍的爱戴。萧乾说，80年代的冰心，是中国知识分子良知的光辉代表。

1999년 2월 28일 21시, 중국 '문학계의 대모'라 불리는 빙신(冰心)이 세상을 떠났다. 향년 99세였다. [34]빙신은 75년간 지속해서 글을 쓴 신문학 운동의 원로이다. 그녀는 '빙신체'의 다양한 문학 스타일을 창조해 냈으며, 문학 현대화 실현을 추진했다. [35]그녀는 중국의 1세대 아동문학 작가이며, 저명한 중국 현대 소설가이자 산문가, 시인, 번역가였다. 그녀의 번역작품은 문학 번역의 최고봉이며, 그녀가 문학에 끼친 영향은 국경을 초월했다. 빙신의 진실함, 확고함, 용감함, 정직함으로 인해 그녀는 국내외 방대한 독자들 사이에 숭고한 명성을 누렸으며, 두루 사랑을 받았다. 샤오첸(萧乾)은 80년대의 빙신이 중국 지식인의 양심을 대표한다고 말했다.

단어 **文坛** wéntán 명 문학계 | **祖母** zǔmǔ 명 대모 | **冰心** Bīngxīn 명 빙신 [인명] | **去世** qùshì 동 세상을 뜨다 | **享年** xiǎngnián 명 향년 | **坚持** jiānchí 동 지속하다 | **写作** xiězuò 동 글을 짓다 | **新文学运动** xīnwénxué yùndòng 명 신문학 운동 | **元老** yuánlǎo 명 원로 | **开创** kāichuàng 동 창립하다 | **体** tǐ 명 서체 | **文学** wénxué 명 문학 | **样式** yàngshì 명 스타일 | **进行** jìnxíng 동 진행하다 | **现代化** xiàndàihuà 명 현대화 | **实践** shíjiàn 동 실천하다 | **儿童** értóng 명 아동 | **作家** zuòjiā 명 작가 | **著名** zhùmíng 형 저명하다 | **散文** sǎnwén 명 산문 | **诗人** shīrén 명 시인 | **翻译** fānyì 동 번역하다 | **译作** yìzuò 명 번역 작품 | **精品** jīngpǐn 명 우수한 작품 | **超越** chāoyuè 동 초월하다 | **国界** guójiè 명 국경선 | **纯真** chúnzhēn 형 진솔하다 | **坚定** jiāndìng 형 확고하다 | **勇敢** yǒnggǎn 형 용감하다 | **正直** zhèngzhí 형 정직하다 | **使** shǐ 동 ~하게 하다 | **广大** guǎngdà 형 광대하다 | **读者** dúzhě 명 독자 | **享有** xiǎngyǒu 동 누리다 | **崇高** chónggāo 형 숭고하다 | **威望** wēiwàng 명 명성 | **普遍** pǔbiàn 형 보편적인 | **爱戴** àidài 동 추대하다 | **萧乾** Xiāoqián 명 샤오첸 [인명] | **年代** niándài 명 연대 | **知识分子** zhīshi fènzǐ 명 지식인 | **良知** liángzhī 명 타고난 지혜 | **光辉** guānghuī 명 눈부신 빛 | **代表** dàibiǎo 동 대표하다

34 ★☆☆

冰心写作写了几年?	빙신(冰心)은 몇 년간 글을 썼는가?
A 70年　　B 73年	A 70년　　B 73년
C 75年　　D 78年	C 75년　　D 78년

해설 녹음 내용의 초반부에서 '冰心坚持写作了七十五年, 是新文学运动的元老(빙신은 75년간 지속해서 글을 쓴 신문학 운동의 원로이다)'라고 언급하므로, '七十五(75)'라는 숫자를 잘 들었다면 쉽게 풀 수 있다. 그러므로 정답은 C이다.

35 ★★☆

下列哪项不是冰心的职业?

A 散文家　　B 小说家
C 翻译家　　D 哲学家

다음 중 빙신의 직업이 아닌 것은?

A 산문가　　B 소설가
C 번역가　　D 철학가

단어 职业 zhíyè 명 직업 | 哲学家 zhéxuéjiā 명 철학가

해설 녹음 내용의 중반부에서 '她还是中国第一代儿童文学作家，是著名的中国现代小说家、散文家、诗人、翻译家(그녀는 중국의 1세대 아동 문학 작가이며, 저명한 중국 현대 소설가이자 산문가, 시인, 번역가였다)'라고 한다. 이처럼 정보가 나열된다면, 다 외울 수 없으므로 간단한 필기를 하면서 듣도록 한다. 따라서 빙신의 직업으로 언급되지 않은 것은 '哲学家(철학가)'이므로 정답은 D이다.

36 – 37

有个妇女丢了手提包，一个年轻人捡到并还给了她。"真奇怪!"妇女边查看钱包边说，"[36]我钱包里只有一张百元钱，现在却变成10张10元的了!"年轻人说："是这样的，[37]上次我捡到一位阿姨的钱包，可她竟然没有零钱给我感谢费!"

핸드백을 잃어버린 중년 여성이 있었다. 한 청년이 그것을 주워 그 여성에게 돌려주었다. "정말 이상하네!" 중년 여성이 지갑을 살펴보며 말했다. "[36]내 지갑에는 100위안 한 장이 있었는데, 지금은 10위안 열 장이 있어요!" 청년은 말했다. "아, 그거는요, [37]저번에 한 아주머니의 지갑을 주워드렸는데, 저에게 사례비를 줄 잔돈이 없으시더라고요!"

단어 妇女 fùnǚ 명 성인 여성 | 丢 diū 동 잃어버리다 | 手提包 shǒutíbāo 명 핸드백 | 年轻人 niánqīngrén 명 젊은이 | 捡 jiǎn 동 줍다 | 并 bìng 접 그리고 | 查看 chákàn 동 살펴보다 | 钱包 qiánbāo 명 지갑 | 却 què 접 도리어 | 变成 biànchéng ~이 되다 | 上次 shàngcì 명 지난번 | 可 kě 접 [이어진 단문에서 사건의 전환을 나타냄] | 竟然 jìngrán 부 뜻밖에도 | 零钱 língqián 명 잔돈 | 感谢费 gǎnxièfèi 명 사례비

36 ★☆☆

妇女的包里有多少钱?

A 10元　　B 50元
C 100元　　D 200元

중년 여성의 지갑에는 얼마가 있는가?

A 10위안　　B 50위안
C 100위안　　D 200위안

해설 핸드백을 찾은 중년 여성이 자신의 지갑을 보며 '我钱包里只有一张百元钱，现在却变成10张10元的了(내 지갑에는 100위안 한 장이 있었는데, 지금은 10위안 열 장이 있다)'라고 한다. 돈이 바뀌었다고 하지만, 100위안 한 장과 10위안 열 장은 같은 100위안이므로, 여성의 지갑에는 100위안이 있는 것을 알 수 있다. 따라서 정답은 C이다.

37 ★★☆

妇女钱包里的钱是谁换了?

A 年轻人　　B 小偷
C 妇女自己　　D 警察

중년 여성의 지갑 속 돈은 누가 바꿨는가?

A 청년　　B 좀도둑
C 중년 여성 자신　　D 경찰

단어 小偷 xiǎotōu 명 좀도둑 | 警察 jǐngchá 명 경찰

해설 돈이 바뀌어 있다는 여자의 말에, 청년은 '上次我捡到一位阿姨的钱包，可她竟然没有零钱给我感谢费(저번에 한 아주머니의 지갑을 주워줬는데, 나에게 사례비를 줄 잔돈이 없었다)'라고 한다. 남자가 한 말은 사례비를 원하는데, 잔돈이 없어서 사례비를 못 받을까 봐 본인이 직접 잔돈으로 바꿔 놓았다는 의미이다. 따라서 지갑 속의 돈을 바꿔 놓은 사람은 청년이므로 정답은 A이다.

38 – 40

开学初，一位校长把三位教师叫进办公室，对他们说："[38]根据你们过去的教学表现，你们是本校最优秀的老师。因此，[39]我们特意挑选了100名全校最聪明的学生组成三个班让你们执教。这些学生比其他孩子都聪明，希望你们能让他们取得更好的成绩。"三位老师都高兴地表示一定尽力。

一年之后，[40]这三个班的学生成绩果然排在整个学区的前列。

这时，校长告诉了老师真相：[40]这些学生其实和其他学生一样，都是很普通的学生。老师们没想到会是这样，都认为自己的教学水平确实高。

这时校长又告诉他们另一个真相，那就是，[40]他们也不是被特意挑选出的全校最优秀的教师，也是随便选的普通老师。

개학 초 교장 선생님이 세 교사를 교장실로 불러 말했다. "[38]여러분의 과거 수업 성과에 의하면, 여러분들은 우리 학교에서 가장 우수한 교사입니다. 이 때문에 [39]우리는 특별히 학교 전체에서 가장 똑똑한 학생 100명을 선발하여 세 반으로 나누고, 여러분께 지도를 맡기려 합니다. 이 학생들은 다른 아이들보다 더 똑똑하니 그 학생들이 더 높은 성적을 거둘 수 있도록 해주길 바랍니다." 교사 세 명은 기뻐하며 반드시 최선을 다하겠다고 말했다.

1년 후, [40]세 반에 속한 학생들의 성적은 아니나 다를까 학교 전체에서 상위권을 차지했다.

이때 교장이 교사들에게 진실을 알려주었다. [40]이 학생들은 사실 다른 학생들과 같이 매우 평범한 학생들이었다. 교사들은 이럴 줄 생각지 못했고, 자신의 수업 수준이 정말로 높다고 여겼다.

이때 교장이 또 다른 사실을 알려주었다. 그것은 바로 [40]교사들 역시 학교 전체에서 가장 우수하다고 선발된 교사들이 아니었으며, 무작위로 선발된 일반 교사들이었다는 것이다.

단어 **教师** jiàoshī 명 교사 | **教学** jiàoxué 동 가르치다 | **表现** biǎoxiàn 동 표현하다 | **优秀** yōuxiù 형 우수하다 | **因此** yīncǐ 접 이 때문에 | **特意** tèyì 부 특별히 | **挑选** tiāoxuǎn 동 선발하다 | **组成** zǔchéng 동 구성하다 | **执教** zhíjiào 동 지도하다 | **取得** qǔdé 동 취득하다 | **表示** biǎoshì 동 표명하다 | **尽力** jìnlì 동 온 힘을 다하다 | **果然** guǒrán 부 아니나 다를까 | **排** pái 동 차례로 놓다 | **整个** zhěnggè 명 온 | **学区** xuéqū 명 학군 | **前列** qiánliè 명 상위권 | **真相** zhēnxiàng 명 실상 | **普通** pǔtōng 형 평범하다 | **没想到** méi xiǎngdào 생각지 못하다 | **确实** quèshí 부 정말로 | **另** lìng 대 그 밖의 | **随便** suíbiàn 부 무작위로

38 ★★☆

三位教师为什么很高兴？
A 校长给他们涨工资
B 校长让他们休息
C 他们觉得很光荣
D 学生很喜欢他们

세 교사는 왜 매우 기뻤는가?
A 교장은 그들에게 월급을 올려 주었다
B 교장은 그들에게 쉬도록 했다
C 그들은 매우 영광이라 여겼다
D 학생이 그들을 좋아한다

단어 **涨** zhǎng 동 (수위 · 물가 등이) 오르다 | **工资** gōngzī 명 월급 | **光荣** guāngróng 형 영광스럽다

해설 교장 선생님이 세 교사를 불러 '根据你们过去的教学表现，你们是本校最优秀的老师(여러분의 과거 수업 성과에 의하면, 여러분들은 우리 학교에서 가장 우수한 교사이다)'라고 한다. 이러한 교장의 발언으로 세 교사는 매우 자부심을 느껴 기뻐하는 것임을 짐작할 수 있다. 그러므로 교사들이 기뻐하는 이유로 가장 적절한 정답은 C이다.

Tip
果然 / 不出意料 과연, 예상 대로

예 亲眼一看，果然是个美丽的地方啊！ 직접 보니, 과연 아름다운 곳이구나!

39 ★★☆

校长给了三位教师什么任务?	교장은 세 교사에게 어떤 임무를 주었는가?
A 教最笨的三个班	A 가장 열등한 세 반을 가르친다
B 教最优秀的学生	B 가장 우수한 학생을 가르친다
C 把最优秀的学生分成三个班	C 가장 우수한 학생을 세 반으로 나눈다
D 把三个班学生带出去	D 세 반의 학생들을 데리고 나간다

단어 **笨** bèn 형 멍청하다 | **分成** fēnchéng 동 나누다

해설 교장 선생님은 세 교사에게 가장 우수한 교사라 말하며, '**我们特意挑选了100名全校最聪明的学生组成三个班让你们执教**(우리는 특별히 학교 전체에서 가장 똑똑한 학생 100명을 선발하여 세 반으로 나누고, 여러분에게 지도를 맡기려 한다)'라고 한다. 나머지 보기에 유사어나 반의어 등 헷갈리는 요소들이 섞여 있어 한눈에 들어오지 않을 수 있으니, 보기를 주의하여 보도록 한다. 정답은 B이다.

40 ★★☆

根据这段话，下面哪项是正确的?	이 글에 근거하여 다음 중 옳은 것은?
A 100名学生是最优秀的	A 100명의 학생은 가장 우수하다
B 三位老师是全校最优秀的	B 세 교사는 전교에서 가장 우수하다
C 老师和学生都很聪明	C 교사와 학생은 모두 똑똑하다
D 每个人都可以成为最好的	D 누구나 최고가 될 수 있다

단어 **成为** chéngwéi 동 ~이 되다

해설 1년 후 '**这三个班的学生成绩果然排在整个学区的前列**(세 반에 속한 학생들의 성적은 아니나 다를까 학교 전체에서 상위권을 차지했다)'라고 한다. 이어서 교장은 교사들에게 진실을 알려 주며 '**这些学生其实和其他学生一样，都是很普通的学生**(이 학생들은 사실 다른 학생들과 같이 매우 평범한 학생들이다)'이라고 하는 것으로 보아, 이 글은 스스로 우수하다고 믿으면 우수한 결과를 낼 수 있다는 이치를 말하고 있다. 또한, 마지막에 언급하는 '**他们也不是被特意挑选出的全校最优秀的教师，也是随便选的普通老师**(그들 역시 학교 전체에서 가장 우수하다고 선발된 교사들이 아니었으며, 무작위로 선발된 일반 교사들이었다)'이라는 문장도 같은 이치를 설명한다. 따라서 '**每个人都可以成为最好的**(누구나 최고가 될 수 있다)'라는 D가 정답이다.

41 – 42

[41]有个太太多年来不断抱怨对面的太太很懒惰，“那个女人的衣服永远洗不干净，看，她晾在外院子里的衣服，总是有斑点，我真的不知道，她怎么连洗衣服都洗成那个样子……”直到有一天，有个朋友到她家，才发现不是对面的太太衣服洗不干净。[42]细心的朋友拿了一块抹布，把这个太太的窗户上的污渍抹掉，说：“看，这不就干净了吗？”

[41]한 중년 여성은 앞집 부인이 매우 게으르다고 몇 년 동안 끊임없이 불평했다. “저 여자는 옷을 언제나 깨끗하게 빨지 않아. 봐봐, 정원에 널어놓은 옷이 늘 얼룩이 있잖아. 나는 그녀가 어째서 빨래조차 그 모양으로 하는 건지 정말 모르겠어...” 어느 날 친구 한 명이 그녀의 집에 가서야 앞집 부인이 옷을 깨끗하게 빨지 않은 것이 아니라는 것을 알았다. [42]꼼꼼한 친구가 걸레를 들고, 이 중년 여성의 창문에 있는 때 자국을 지우고 말했다. “봐, 이제 깨끗해지지 않았니?”

단어 **太太** tàitai 명 중년 여성, 부인 | **不断** búduàn 부 끊임없이 | **抱怨** bàoyuàn 동 불평하다 | **对面** duìmiàn 명 맞은편 | **懒惰** lǎnduò 형 게으르다 | **永远** yǒngyuǎn 부 언제나 | **晾** liàng 동 널다 | **院子** yuànzi 명 정원 | **斑点** bāndiǎn 명 얼룩 | **连** lián 개 ~조차도 | **样子** yàngzi 명 모양 | **直到** zhídào 동 ~까지 이르다 | **细心** xìxīn 형 세심하다 | **抹布** mābù 명 걸레 | **窗户** chuānghu 명 창문 | **污渍** wūzì 명 땟자국 | **抹掉** mǒdiào 지우다

41 ★☆☆

这个太太抱怨对面的太太什么？
A 常常洗地毯
B 很懒惰
C 菜做得不好
D 很爱说话

이 중년 여성은 앞집 부인의 무엇을 불평하는가?
A 자주 카펫을 세탁한다
B 매우 게으르다
C 음식을 못한다
D 말하기를 좋아한다

단어 **地毯** dìtǎn 명 카펫

해설 녹음 내용의 첫 문장에서 ‘有个太太多年来不断抱怨对面的太太很懒惰(한 중년 여성은 앞집 부인이 매우 게으르다고 몇 년 동안 끊임없이 불평했다)’라고 한다. ‘懒惰(게으르다)’라는 단어를 들었다면 쉽게 풀 수 있다. 따라서 정답은 B이다.

42 ★★☆

为什么这位太太看到对面太太晾的衣服永远有斑点？
A 对面太太衣服洗不干净
B 窗户上有污渍
C 对面太太很懒惰
D 视力不太好

왜 이 중년 여성은 앞집 부인이 널어놓은 옷이 언제나 얼룩이 있게 보았는가?
A 앞집 부인이 옷을 깨끗하게 빨지 않는다
B 창문에 때가 있다
C 앞집 부인이 매우 게으르다
D 시력이 그리 좋지 않다

단어 **视力** shìlì 명 시력

해설 녹음 내용의 마지막 부분에서 ‘细心的朋友拿了一块抹布，把这个太太的窗户上的污渍抹掉，说：“看，这不就干净了吗？”(꼼꼼한 친구가 걸레를 들고, 이 중년 여성의 창문에 있는 때 자국을 지우고 말했다. “봐, 이제 깨끗해지지 않았니?”)’라고 말하는 것으로 미루어 보아, 이 중년 여성의 집 창문이 더러워서 앞집 여자 옷에 얼룩이 있다고 여긴 것임을 알 수 있다. 따라서 정답은 B이다.

43 – 45

有一个人去买鹦鹉，看到一只鹦鹉前面标着：此鹦鹉会两门语言，售价二百元。另一只鹦鹉前则标着：此鹦鹉会四门语言，售价四百元。该买哪只呢？两只都毛色光鲜，非常灵活可爱。这人转啊转，拿不定主意。结果突然[43, 45]发现一只老掉牙的鹦鹉，毛色暗淡散乱，标价八百元。这人赶紧将老板叫来问："这只鹦鹉是不是会说八门语言？"店主说："不。"这人奇怪了："那为什么它又老又丑，又没有能力，会值这个数呢？"店主回答："因为[44]另外两只鹦鹉叫这只鹦鹉老板。"

어떤 한 사람이 앵무새를 사러 갔다가 앵무새 앞면에 쓰여 있는 것을 보았다. '이 앵무새는 2개 국어를 할 줄 알고, 판매 가격은 200위안입니다.' 또 다른 앵무새 앞면에는 '이 앵무새는 4개 국어를 할 줄 알고, 판매 가격은 400위안입니다' 라고 쓰여 있었다. 어떤 것을 사야할까? 두 마리 모두 털빛이 아름답고, 대단히 민첩하고 귀여웠다. 이 사람은 계속 돌아다니며 생각을 정하지 못했다. 그러다 문득 [43, 45]늙고 볼품없는 앵무새 한 마리를 발견했다. 털빛은 어둡고 어지럽혀져 있었고, 표시 가격은 800위안이었다. 이 사람은 서둘러 사장을 불러 "이 앵무새는 8개 국어를 하는 거죠?"라고 물었다. 사장은 "아니요."라고 말했다. 이 사람은 이상하게 생각하며 "그럼 왜 늙고 못생긴 데다 능력도 없는데, 이만한 값이 나가는 거요?" 라고 하자, 사장은 대답했다. "왜냐하면 [44]다른 두 마리의 앵무새가 이 앵무새를 사장님이라고 부르거든요."

단어 鹦鹉 yīngwǔ 명 앵무새 | 标 biāo 동 표시하다 | 此 cǐ 대 이 | 语言 yǔyán 명 언어 | 售价 shòujià 명 판매 가격 | 另 lìng 대 다른 | 则 zé 접 그러나 | 毛 máo 명 털 | 光鲜 guāngxiān 형 선명하고 아름답다 | 灵活 línghuó 형 민첩하다 | 转 zhuàn 동 돌아다니다 | 拿主意 ná zhǔyi 생각을 정하다 | 结果 jiéguǒ 접 결과적으로 | 老掉牙 lǎodiàoyá 형 낡아 빠지다 | 暗淡 àndàn 형 어둡고 희미하다 | 散乱 sǎnluàn 가지런하지 않다 | 标价 biāojià 명 표시 가격 | 赶紧 gǎnjǐn 부 서둘러 | 老板 lǎobǎn 명 사장 | 店主 diànzhǔ 명 주인 | 丑 chǒu 형 못생기다 | 能力 nénglì 명 능력 | 值 zhí 동 ~의 값어치가 나가다 | 另外 lìngwài 대 다른

43 ★☆☆

哪只鹦鹉的价格最贵？

A 会两门语言的
B 会四门语言的
C 又老又丑的
D 都一样

어떤 앵무새의 가격이 가장 비싼가?

A 2개 국어를 할 줄 아는 것
B 4개 국어를 할 줄 아는 것
C 늙고 못생긴 새
D 모두 같다

해설 2개 국어를 할 줄 아는 것은 200위안, 4개 국어를 할 줄 아는 것은 400위안이다. 그러나 '发现一只老掉牙的鹦鹉，毛色暗淡散乱，标价八百元(늙고 볼품없는 앵무새 한 마리를 발견했다. 털빛은 어둡고 어지럽혀져 있었고, 표시 가격은 800위안이다)'이라고 한다. 여기서 쓰인 '老掉牙(낡아 빠지다)'는 '又老又丑(늙고 못생기다)'와 상응하는 의미로, 늙고 볼품없는 앵무새의 가격이 가장 비싸다는 것을 알 수 있다. 따라서 정답은 C이다.

44 ★★☆

老鹦鹉为什么值钱?
A 它会八门语言
B 它年纪最小
C 它聪明
D 它被叫老板

늙은 앵무새는 왜 값이 비싼가?
A 그것은 8개 국어를 할 줄 안다
B 그것은 나이가 가장 어리다
C 그것은 똑똑하다
D 그것은 사장님이라고 불린다

단어 **年纪** niánjì 명 나이

해설 화자는 볼품없는 늙은 앵무새가 비싼 것을 의아해하며 사장에게 그 이유를 물어보자, 사장은 '另外两只鹦鹉叫这只鹦鹉老板(다른 두 마리의 앵무새가 이 앵무새를 사장님이라고 부른다)'이라고 한다. D에서는 '被자문'을 써서 늙은 앵무새를 동작의 객체로 놓았다. 따라서 정답은 D이다.

45 ★★☆

根据对话，下列哪项正确?
A 会两门语言的，售价四百元
B 会语言的鹦鹉，售价都一样
C 老鹦鹉毛色暗淡散乱，标价八百元
D 老鹦鹉会八门语言

대화에 근거하여 다음 중 옳은 것은?
A 2개 국어를 할 줄 아는 것은 판매 가격이 400위안이다
B 말할 줄 아는 앵무새는 판매 가격이 모두 같다
C 늙은 앵무새는 털빛이 어둡고 어지럽혀져 있었고 표시 가격이 800위안이다
D 늙은 앵무새는 8개 국어를 할 줄 안다

해설 녹음 내용의 중반부에서 '发现一只老掉牙的鹦鹉，毛色暗淡散乱，标价八百元(늙고 볼품없는 앵무새 한 마리를 발견했다. 털빛은 어둡고 어지럽혀져 있었고, 표시 가격은 800위안이었다)'고 한다. 그러므로 정답은 C이다.

독해(阅读) 제1부분

46 – 48

中国有一位很有名的教育家——孔子。孔子有三千个学生，[46]其中七十二个学生成了有名的人。孔子的教学方法很好，他要求学生们学习的[47]时候能够学会联想。孔子曾经对他的学生说：我上课的时候，举出一个例子，你们应该要能灵活地推想到另外三个例子，这就是[48]举一反三。

중국에 공자(孔子)라는 명성 높은 교육가가 있었다. 공자에게는 3천 명의 제자가 있었으며 [46]그중 72명은 유명한 사람이 되었다. 공자의 교육법은 아주 우수하다. 그는 학생들이 공부할 [47]때 연상하는 법을 습득하도록 요구했다. 공자는 일찍이 학생에게 말했다. "내가 수업을 할 때 예시를 하나 들면, 너희들은 재빨리 다른 예시 세 가지를 추론해 내야 한다. 이것이 바로 [48]하나를 들으면 열을 아는 것이다."

단어 **教育家** jiàoyùjiā 명 교육가 | **孔子** Kǒngzǐ 명 공자 [인명] | **教学** jiàoxué 동 학생을 가르치다 | **方法** fāngfǎ 명 방법 | **学会** xuéhuì 동 습득하다 | **联想** liánxiǎng 동 연상하다 | **曾经** céngjīng 부 일찍이 | **举** jǔ 동 들다 | **例子** lìzi 명 예시 | **灵活** línghuó 형 재빠르다 | **推想** tuīxiǎng 동 추론하다 | **另外** lìngwài 대 다른

46 ★★☆			
A 其中	B 其余	A 그중	B 나머지
C 很多	D 有的	C 매우 많다	D 어떤 것

단어 **其中** qízhōng 대 그중 | **其余** qíyú 대 나머지 | **有的** yǒude 대 어떤 것

해설 빈칸 앞부분의 내용을 보면 '孔子有三千个学生(공자에게는 3천 명의 제자가 있다)'이라고 하고, 빈칸 뒤에서 '七十二个学生成了有名的人(72명은 유명한 사람이 되었다)'이라고 한다. 3천 명의 학생 가운데 72명의 학생이 유명한 사람이 된 것으로 빈칸에 들어갈 적절한 단어는 '其中(그중)'이다. 따라서 정답은 A이다.
D. '有的(어떤 것)' 뒤에는 명사가 오며 수사는 올 수 없다.

47 ★★☆			
A 时期	B 时代	A 시기	B 시대
C 时候	D 时刻	C 때	D 순간

단어 **时期** shíqī 명 시기 | **时代** shídài 명 시대 | **时候** shíhou 명 때 | **时刻** shíkè 명 순간

해설 빈칸은 명사 자리로 문제의 보기는 모두 시간을 나타내는 명사들이다. 빈칸의 앞뒤 내용을 살펴보면 공자는 '他要求学生们学习的______能够学会联想(그는 학생들이 공부할______연상하는 법을 습득할 수 있도록 요구했다)'이라고 한다. 문맥상 빈칸에는 '때'라는 해석이 가장 자연스러우므로 '时候(때)'가 들어가야 한다. 따라서 정답은 C이다.

Tip

단어	뜻	설명
时期	시기	사물의 발전 과정 중에 일정한 특징을 가지거나 비교적 긴 시간을 가리킴
时代	시대	역사상 경제 · 정치 · 문화 등의 상황을 근거로 나눈 시기 혹은 일생 중 어떠한 시기를 가리킴
时候	때	계절 · 날씨 · 사건과 과정 혹은 상황의 경과에 대한 시간을 가리킴
时刻	순간	특정한 시간, 구체적인 어떠한 시점, 시시각각(매시간, 실시간)

48 ★★★	
A 说三道四	A 멋대로 지껄이다
B 熟能生巧	B 익숙해지면 요령이 생긴다
C 举一反三	C 하나를 들으면 열을 알다
D 三心二意	D 마음속으로 확실히 정하지 못하다

단어 **说三道四** shuōsān dàosì 성 멋대로 지껄이다 | **熟能生巧** shúnéng shēngqiǎo 성 익숙해지면 요령이 생긴다 | **举一反三** jǔyī fǎnsān 성 하나를 들으면 열을 알다 | **三心二意** sānxīn èryì 성 마음속으로 확실히 정하지 못하다

해설 빈칸 앞부분에서 공자가 한 말을 보면 '我上课的时候，举出一个例子，你们应该要能灵活地推想到另外三个例子(내가 수업을 할 때 예시를 하나 들면, 너희들은 재빨리 다른 예시 세 가지를 추론해 내야 한다)'라고 한다. 하나를 알려 주면 여러 개를 알아내야 한다는 의미로, 보기에서 '举一反三(하나를 들으면 열을 알다)'이라는 C가 정답이다.

49 – 52

很久以前，有一个国王，他[49]统治着一个富裕的国家。有一次，他到一个很远的地方去旅行。回到王宫后，他不停地抱怨脚非常疼。他以前从未走过那么长的路，更何况他所走的路又非常难走。于是，[50]愤怒的国王向天下发布诏令，让百姓用皮铺好每条道路。很[51]明显，这要用掉无数张牛皮，花费巨额的金钱。这时，一位大臣冒着被国王训斥的危险进言道："国王，你为什么要花那么多金钱呢？[52]您何不用牛皮做鞋子穿呢？听了大臣的话，国王很惊讶，但他思考了一下，接受了大臣的建议，也为国家节省了巨额的金钱。

아주 먼 옛날, 국왕이 있었는데 그는 한 부유한 국가를 [49]통치하고 있었다. 한번은 그가 아주 먼 곳으로 여행을 갔다. 궁궐에 돌아온 후 그는 발이 너무 아프다고 계속해서 불평했다. 그는 지금까지 그렇게 장거리를 걸어본 적이 없었고, 게다가 그가 걸었던 모든 길은 걷기도 매우 힘들었다. 그리하여 [50]분노한 국왕은 천하에 명령을 발포하여 백성에게 가죽으로 모든 도로를 깔도록 했다. 이는 무수히 많은 소가죽을 써야 하며, 거액의 돈이 쓰일 것이 아주 [51]분명했다. 이때 한 대신이 국왕의 질책을 무릅쓰고 아뢰었다. "국왕님, 어찌하여 그렇게 많은 돈을 쓰려고 하십니까? [52]국왕님께서는 어찌 소가죽으로 신발을 만들어 신지는 않으십니까?" 대신의 말을 듣고 국왕은 매우 놀랐다. 하지만 그는 잠시 생각을 한 후 대신의 건의를 받아들였고, 국가를 위해 거액의 돈을 절약하였다.

단어 国王 guówáng 명 국왕 | 富裕 fùyù 형 부유하다 | 旅行 lǚxíng 동 여행하다 | 王宫 wánggōng 명 궁궐 | 不停 bùtíng 계속해서 | 抱怨 bàoyuàn 동 원망하다 | 从未 cóngwèi 부 지금까지 ~한 적이 없다 | 何况 hékuàng 접 더군다나 | 于是 yúshì 접 그래서 | 天下 tiānxià 명 천하 | 发布 fābù 동 발포하다 | 诏令 zhàolìng 명 천자의 명령 | 百姓 bǎixìng 명 백성 | 皮 pí 명 가죽 | 铺 pū 동 깔다 | 道路 dàolù 명 도로 | 用掉 yòngdiào 다 써버리다 | 无数 wúshù 형 무수하다 | 花费 huāfèi 동 (돈 · 시간 등을) 쓰다 | 巨额 jù'é 형 거액의 | 金钱 jīnqián 명 돈 | 大臣 dàchén 명 대신 | 冒 mào 동 무릅쓰다 | 训斥 xùnchì 동 질책하다 | 危险 wēixiǎn 명 위험 | 进言 jìnyán 동 진언하다 | 惊讶 jīngyà 형 놀랍다 | 思考 sīkǎo 동 깊이 생각하다 | 接受 jiēshòu 동 받아들이다 | 建议 jiànyì 명 건의 | 节省 jiéshěng 동 절약하다

49 ★★☆

A 统治　B 统一
C 修理　D 整理

A 통치하다　B 통일하다
C 수리하다　D 정리하다

단어 统治 tǒngzhì 동 통치하다 | 统一 tǒngyī 동 통일하다 | 修理 xiūlǐ 동 수리하다 | 整理 zhěnglǐ 동 정리하다

해설 빈칸 뒤의 동태조사 '着'는 동사 뒤에서 상태의 지속을 나타내므로 빈칸은 동사 자리이다. 빈칸이 포함된 문장은 '他______着一个富裕的国家(그는 한 부유한 국가를______)'라는 의미로, 빈칸은 목적어 '国家(국가)'와 조합을 이룰 수 있는 동사가 와야 한다. '국가를 통치하다'라는 의미의 '统治(통치하다)'가 가장 어울리므로 정답은 A이다.

50 ★★☆

A 高兴　B 难过
C 好看　D 愤怒

A 기쁘다　B 괴롭다
C 아름답다　D 분노하다

단어 高兴 gāoxìng 형 기쁘다 | 难过 nánguò 형 괴롭다 | 好看 hǎokàn 형 아름답다 | 愤怒 fènnù 형 분노하다

해설 빈칸은 뒤의 '国王(국왕)'을 꾸미는 관형어 자리로, C를 제외하고 나머지 보기는 모두 심정을 나타내는 단어이다. 빈 칸의 앞에 접속사 '于是(그래서)'로 연결하였으므로, 접속사 앞부분에서 국왕의 감정이 어떠한지 찾을 수 있다. '他不停地抱怨脚非常疼(그는 발이 너무 아프다고 계속해서 불평했다)'이라고 하였다. 따라서 보기에서 국왕의 심정으로 나타내는 단어로 가장 적절한 것은 '愤怒(분노하다)'이므로 정답은 D이다.

51 ★★★			
A 明白	B 明晰	A 명백하다	B 명료하다
C 明显	D 明确	C 분명하다	D 명확하다

단어 明白 míngbai 형 명백하다 | 明晰 míngxī 형 명료하다 | 明显 míngxiǎn 형 분명하다 | 明确 míngquè 형 명확하다

해설 빈칸은 정도부사 '很' 뒤의 형용사 자리로 빈칸 다음 문장을 보면 '这要用掉无数张牛皮, 花费巨额的金钱(이는 무수히 많은 소가죽을 써야 하며, 거액의 돈이 쓰일 것이다)'이라고 한다. 좋지 않은 앞날이 확연히 드러날 것을 얘기하는 것으로 의미상 빈칸에 들어갈 단어로 가장 적절한 것은 '明显(분명하다)'이다. 따라서 정답은 C이다.

Tip

단어	뜻	설명
明白	명백하다, 명확하다	분명하고 명확하게 이해함을 나타냄 예 明白事理 | 明白晓谕 | 突然明白 | 明白道理
明晰	명료하다, 또렷하다	모호하지 않고 일목요연하다는 의미로 명료함을 나타냄 예 思路明晰 | 发音明晰
明显	분명하다, 뚜렷하다	분명하게 밖으로 드러나 차이나 변화가 확연히 보임을 나타냄 예 问题明显 | 效果明显 | 差距明显 | 进步明显 | 风格明显 功能明显 | 明显改善 | 明显下降 | 明显恢复 | 明显提高
明确	명확하다, 확실하다	정확하며 확정되어 변하지 않음을 나타냄 예 观点明确 | 目的明确 | 明确表示态度 | 大家明确分工

52 ★★☆	
A 您可以不再出远门啊	A 국왕님께서는 다시는 멀리 가지 않으시면 됩니다
B 您可以坐在车上去旅行啊	B 국왕님께서는 마차를 타고 여행을 가시면 됩니다
C 您何不找一条平坦道路呢	C 국왕님께서는 어찌 평평한 길을 찾지 않으셨습니까
D 您何不用牛皮做鞋子穿呢	D 국왕님께서는 어찌 소가죽으로 신발을 만들어 신지는 않으십니까

단어 出门 chūmén 동 외출하다 | 何不 hébù 부 어찌 ~하지 않느냐? | 平坦 píngtǎn 형 평평하다

해설 빈칸에는 한 대신이 국왕의 질책을 무릅쓰고 거액이 들어가는 명령을 막는 방법을 제시하는 내용이 들어가야 하기 때문에, 대신은 국왕에게 온 바닥에 소가죽을 까는 것이 아닌 다른 방법을 제시해야 한다. 따라서 보기 중 대신이 하는 말로 가장 적절한 것은 '您何不用牛皮做鞋子穿呢(국왕님께서는 어찌 소가죽으로 신발을 만들어 신지는 않으십니까)'이므로 정답은 D이다.

53 – 56

几年前，中国的网站没有什么收入，有的甚至是亏钱的。各种网站为了[53]矿大自己的影响力，都花了很多钱，用各种办法来吸引大家的注意。于是，网站上几乎所有的东西都是免费的，从电子邮箱到下载音乐再到下载电影，这些都是"免费的午餐"。但是现在可不一样了，各种网站开始[54]取消这些免费午餐，用它们来[55]赚钱。以前免费的服务现在只能先付费才能得到了。由于人们已经长时间习惯了这些服务，上网已成为很多人生活中很重要的一部分，因此他们[56]不得不花钱得到这些服务。	몇 년 전, 중국의 웹 사이트는 별다른 수입이 없었고 심지어 어떤 곳은 손해를 보기도 했다. 여러 웹 사이트는 영향력을 [53]확대하기 위해 많은 돈을 들였고, 각종 방법으로 사람들의 주의를 끌었다. 그래서 웹 사이트상의 거의 모든 것은 무료였고, 이메일부터 음악 다운로드, 영화 다운로드까지 전부 '공짜 점심'이었다. 하지만 지금은 아주 달라졌다. 각종 웹 사이트는 이런 공짜 점심을 [54]취소하기 시작했고, 그것을 이용해 돈을 [55]벌었다. 이전에는 무료였던 서비스가 지금은 선 결제를 해야만 비로소 얻을 수 있게 되었다. 사람들은 이미 오랜 시간 동안 이런 서비스들에 익숙해졌고, 인터넷은 벌써 많은 사람의 생활에 아주 중요한 일부분이 되었다. 그리하여 그들은 [56]어쩔 수 없이 돈을 써서 이런 서비스를 얻는다.

단어 网站 wǎngzhàn 명 웹 사이트 | 收入 shōurù 명 수입 | 甚至 shènzhì 접 심지어 | 亏 kuī 동 손해보다 | 吸引 xīyǐn 동 끌어당기다 | 于是 yúshì 접 그래서 | 所有 suǒyǒu 형 모든 | 免费 miǎnfèi 동 무료로 하다 | 电子邮箱 diànzǐ yóuxiāng 명 이메일 | 下载 xiàzài 동 다운로드하다 | 午餐 wǔcān 명 점심 | 可 kě 부 [평서문에 쓰여 강조를 나타냄] | 付费 fùfèi 비용을 지불하다 | 由于 yóuyú 접 ~때문에 | 成为 chéngwéi 동 ~이 되다 | 生活 shēnghuó 명 생활 | 一部分 yíbùfen 명 일부분 | 因此 yīncǐ 접 그리하여

53 ★★★

A 扩展	B 扩大	A 확장하다	B 확대하다
C 扩充	D 发展	C 확충하다	D 발전하다

단어 扩展 kuòzhǎn 동 확장하다 | 扩大 kuòdà 동 확대하다 | 扩充 kuòchōng 동 확충하다 | 发展 fāzhǎn 동 발전하다

해설 빈칸은 술어 자리로 빈칸 뒤의 목적어 '影响力(영향력)'와 호응해야 한다. 의미상 가장 어울리는 단어는 '扩大(확대하다)'로, 범위나 규모를 넓히고 확대한다는 의미이다. 따라서 정답은 B이다.

A. '扩展(확장하다)'은 범위나 토지 등을 확장하는 의미로 영역을 바깥으로 펼쳐나가서 발전시키는 의미이다.

54 ★★★

A 取缔	B 消灭	A 금지하다	B 소멸시키다
C 除去	D 取消	C 제거하다	D 취소하다

단어 取缔 qǔdì 동 금지를 명하다 | 消灭 xiāomiè 동 소멸시키다 | 除去 chúqù 동 제거하다 | 取消 qǔxiāo 동 취소하다

해설 빈칸 뒷부분에서 '以前免费的服务现在只能先付费才能得到了(이전에는 무료였던 서비스가 지금은 선 결제를 해야만 비로소 얻을 수 있게 되었다)'라고 하는 것으로 보아, 웹 사이트가 지금은 돈을 받고 서비스를 제공한다는 것을 알 수 있다. 문맥상 각종 사이트가 무료 서비스를 취소하기 시작했다는 의미이므로 가장 적절한 단어는 '取消(취소하다)'이다. 따라서 정답은 D이다.

55 ★★☆

A 拿	B 得	A 쥐다	B 얻다
C 赚	D 吸	C 벌다	D 빨아들이다

단어 拿 ná 동 쥐다 | 得 dé 동 얻다 | 赚 zhuàn 동 벌다 | 吸 xī 동 빨아들이다

해설 빈칸은 목적어인 '钱(돈)'과 함께 호응하는 술어 자리로, 빈칸 앞뒤의 내용은 웹 사이트가 무료 서비스를 취소하고, 그것을 이용해 돈을 번다는 내용이다. '赚(벌다)'은 '钱(돈)'과 함께 쓰여 '赚钱(돈을 벌다)'으로 자주 쓰인다. 따라서 정답은 C이다.

56 ★★☆

A 不见得	B 不耐烦	A 반드시 ~한 것은 아니다	B 성가시다
C 不要紧	D 不得不	C 문제 될 것이 없다	D 어쩔 수 없이

단어 不见得 bújiànde 부 반드시 ~한 것은 아니다 | 不耐烦 bú nàifán 성가시다 | 不要紧 búyàojǐn 형 문제 될 것이 없다 | 不得不 bùdébù 어쩔 수 없이

해설 빈칸은 주어 뒤, 술어 앞의 부사어 자리이다. 빈칸이 포함된 문장을 보면 '上网已成为很多人生活中很重要的一部分，因此他们_____花钱得到这些服务(인터넷은 벌써 많은 사람의 생활에 아주 중요한 일부분이 되었다. 그리하여 그들은 _____ 돈을 써서 이런 서비스를 얻는다)'라고 한다. 인터넷은 이미 생활 일부가 되어버렸기 때문에 유료화되어도 어쩔 수 없이 돈을 쓰는 상황을 의미한다. 문맥상 빈칸에 들어갈 부사어로 가장 적절한 것은 '不得不(어쩔 수 없이)'이므로 정답은 D이다.

57 – 60

一提到被子，我们首先想到的是白色。白色看起来干净整洁，还有催眠的作用。虽然也有其他颜色的被子，但大多数都是很浅的颜色。这是为什么呢？[57]其实道理很简单，想象一下，如果盖深红色的被子睡觉，血压[58]不断升高，精神也紧张起来，还怎么睡觉呢？[59]因此，被子不能使用令人清醒的颜色。此外，被子上最好不要有太多图案和花纹，以单色为佳。有人说，睡觉时都闭着眼睛，被子的颜色能有什么影响呢？其实不然，肌肤对色彩同样有[60]感觉，和我们用眼睛看是一样的效果。

이불에 대해 언급하면, 우리가 가장 먼저 떠올리는 것은 흰색이다. 흰색은 단정하고 깨끗해 보이며 수면을 촉진하는 작용 또한 한다. 비록 다른 색의 이불도 있기는 하지만 대다수는 매우 옅은 색이다. 이것은 왜일까? [57]사실 이치는 매우 간단하다. 상상해보라. 만약 짙은 빨간색 이불을 덮고 잔다면, 혈압이 [58]계속해서 상승하고 정신 역시 긴장되기 시작하는데 어떻게 잠을 잘 수 있겠는가? [59]이 때문에 이불은 사람의 정신을 또렷하게 하는 색을 사용할 수 없다. 이 밖에 이불에는 너무 많은 도안이나 무늬가 없는 것이 가장 바람직하며 단색이 좋다. 어떤 이는 '잠을 잘 때는 전부 눈을 감고 있는데 이불의 색이 무슨 영향이 있겠나?'라고 말한다. 사실은 그렇지 않다. 근육과 피부도 색채에 대해 마찬가지의 [60]감각이 있으며, 우리가 눈으로 보는 것과 같은 효과가 있다.

단어 提到 tídào 언급하다 | 被子 bèizi 명 이불 | 首先 shǒuxiān 부 가장 먼저 | 看起来 kànqǐlái 보기에 ~하다 | 整洁 zhěngjié 형 단정하고 깨끗하다 | 催眠 cuīmián 동 잠들게 하다 | 作用 zuòyòng 명 작용 | 大多数 dàduōshù 명 대다수 | 浅 qiǎn 형 옅다 | 道理 dàolǐ 명 이치 | 想象 xiǎngxiàng 동 상상하다 | 盖 gài 동 덮다 | 深 shēn 형 짙다 | 血压 xuèyā 명 혈압 | 升 shēng 동 오르다 | 精神 jīngshén 명 정신 | 紧张 jǐnzhāng 형 긴장해 있다 | 使用 shǐyòng 동 사용하다 | 令 lìng 동 ~하게 하다 | 清醒 qīngxǐng 형 또렷하다 | 此外 cǐwài 접 이 밖에 | 最好 zuìhǎo 부 가장 좋다 | 图案 tú'àn 명 도안 | 花纹 huāwén 명 각종 무늬와 도안 | 以 A 为 B yǐ A wéi B A를 B로 삼다 | 单色 dānsè 명 단색 | 佳 jiā 형 좋다 | 闭 bì 동 감다 | 不然 bùrán 동 그렇지 않다 | 肌肤 jīfū 명 근육과 피부 | 色彩 sècǎi 명 색채 | 同样 tóngyàng 형 마찬가지이다 | 效果 xiàoguǒ 명 효과

57 ★★☆			
A 其实	B 其次	A 사실	B 다음
C 虽然	D 确实	C 비록 ~하지만	D 정말로

단어 **其实** qíshí 부 사실 | **其次** qícì 대 다음 | **虽然** suīrán 접 비록 ~하지만 | **确实** quèshí 부 정말로

해설 빈칸은 부사어 자리로 접속사 혹은 부사가 올 수 있다. 빈칸 앞에서 이불이 옅은 색을 띤다고 하면서 '这是为什么呢?(이것은 왜일까?)'라고 문제를 제기한다. 그리고 바로 다음에서 '______道理很简单(______이치는 매우 간단하다)'이라고 한다. 이는 앞서 나온 내용을 전환하는 의미이므로 문맥상 빈칸에 가장 적절한 단어는 '其实(사실)'이다. 따라서 정답은 A이다.

B. '其次'는 '(순서 상에서의) 다음'이라는 뜻으로 '首先 A, 其次 B(우선 A하고, 그다음 B하다)'의 형태로 자주 쓰인다.

C. '虽然'은 '비록 ~하지만'이라는 뜻의 접속사로, 뒤에 전환의 의미를 나타내는 '但是(그러나)', '可是(그러나)', '却(오히려)' 등과 함께 호응한다.

58 ★★☆			
A 不仅	B 不会	A ~뿐만 아니라	B ~일 리 없다
C 不断	D 继续	C 계속해서	D 계속하다

단어 **不仅** bùjǐn 접 ~뿐만 아니라 | **不会** búhuì ~일 리 없다 | **不断** búduàn 부 계속해서 | **继续** jìxù 동 계속하다

해설 빈칸은 부사어 자리로 혈압이 어떻게 오르는지를 꾸며 주는 단어가 와야 한다. 빈칸 뒷부분 내용과 함께 보면, 혈압이 계속 오르고 정신마저 긴장되기 시작하면 잠을 잘 수 없다는 의미이므로, '升高(높이 오르다)'를 꾸며 주는 부사어로 가장 적절한 것은 '不断(계속해서)'이다. 중간에 멈춤 없이 지속하는 것을 나타내므로 정답은 C이다.

A. '不仅(~뿐만 아니라)'은 접속사로, 만약 주어인 '血压(혈압)' 뒤에 놓인다면, 뒤 절의 주어도 같아야 한다.

D. '继续(계속하다)'는 동사로써 술어를 수식해 주는 부사어가 될 수 있기는 하나, 뒤에 주로 동작이 나오며 중간에 잠시 멈추었다가 다시 계속한다는 의미이다.

59 ★★☆			
A 于是	B 终于	A 그래서	B 마침내
C 然而	D 因此	C 하지만	D 이 때문에

단어 **于是** yúshì 접 그래서 | **终于** zhōngyú 부 마침내 | **然而** rán'ér 접 그러나 | **因此** yīncǐ 접 이 때문에

해설 빈칸은 접속사 자리로 빈칸 뒤의 내용에서 이불은 정신을 또렷하게 하는 색을 사용할 수 없다는 결론을 말하고 있다. 결론을 도출할 수 있는 접속사로 적절한 것은 '因此(그래서)'이므로 정답은 D이다.

A. '于是(그래서)'는 뒤 절에 쓰여 앞 절과 이어주는 관계를 나타내므로 정답으로 적절하지 않다.

60 ★★☆			
A 感受	B 感觉	A 느낌	B 감각
C 感想	D 感动	C 감상	D 감동하다

단어 **感受** gǎnshòu 명 느낌 | **感觉** gǎnjué 명 감각 | **感想** gǎnxiǎng 명 감상 | **感动** gǎndòng 동 감동하다

해설 빈칸은 목적어 자리이고 문제의 보기들은 전부 느낌과 관련된 단어이다. 빈칸의 앞부분에서 어떤 이는 잠을 잘 때는 눈을 감고 있는데 이불의 색이 무슨 영향이 있겠느냐고 하지만, 바로 다음에서 그렇지 않다고 부정하며 '肌肤对色彩同样有______(근육과 피부도 색채에 대해 마찬가지의______이 있다)'라고 한다. 근육과 피부 역시 색에 느낌을 가진다는 내용을 파악했다면 보기 중 빈칸에 가장 적절한 단어는 '感觉(감각)'이다. 따라서 정답은 B이다.

Tip

단어	뜻	설명
感受	느끼다, 느낌	체험을 통해서 얻은 느낌 · 경험을 받아들임을 나타냄 예 亲身感受 l 内心的感受
感觉	느끼다, 감각	사물과 접촉하여 생긴 지각, 감각을 나타냄 예 感觉灵敏 l 培养感觉
感想	감상, 소감	사물과 접촉으로 야기되는 사고의 반응을 나타냄 예 获奖感想 l 当选感想 l 发表感想

독해 阅读 제2부분

61 ★★☆

健康专家指出，听音乐最好在夜间9-11点，此时是身体免疫系统调节时间，听古典音乐等平静的音乐能使心情平和，让免疫系统的调节更好地完成。

A 听流行音乐最有益身心健康
B 古典音乐能使人心情平和
C 音乐只有在晚上听才有用处
D 只有听音乐才能让人放松

건강 전문가가 말하길 밤 9~11시 사이에 음악을 듣는 것이 가장 좋다고 한다. 이때가 신체 면역 체계의 조절 시간이므로, 고전 음악 등의 평온한 음악을 듣는 것이 마음을 평안하게 하면서, 면역 체계의 조절을 더욱 잘 이루어지게 한다는 것이다.

A 대중음악을 듣는 것이 심신 건강에 가장 유익하다
B 고전 음악은 사람의 마음을 평온하게 한다
C 음악은 밤에 들어야만 비로소 쓸모가 있다
D 음악을 들어야만 비로소 사람이 긴장을 풀 수 있다

단어 专家 zhuānjiā 명 전문가 | 指 zhǐ 동 지적하다 | 夜间 yèjiān 명 밤 | 此时 cǐshí 명 이때 | 免疫 miǎnyì 명 면역 | 系统 xìtǒng 명 체계 | 调节 tiáojié 동 조절하다 | 古典 gǔdiǎn 형 고전적 | 平静 píngjìng 형 평온하다 | 使 shǐ 동 ~하게 하다 | 心情 xīnqíng 명 마음 | 平和 pínghé 형 평온하다 | 流行 liúxíng 동 유행하다 | 有益 yǒuyì 동 유익하다 | 用处 yòngchu 명 쓸모 | 放松 fàngsōng 동 정신적 긴장을 풀다

해설 지문에서 '听古典音乐等平静的音乐能使心情平和(고전 음악 등의 평온한 음악을 듣는 것이 마음을 평안하게 한다)'라고 하며 면역 체계 조절에 도움이 된다고 한다. 보기에서 이 내용과 일치하는 정답은 B이다.

C. 지문에서 밤에 음악을 듣는 것이 가장 좋다고 했지, 밤에 들어야만 좋다고 한 것은 아니다. '只有…才…(~해야만 ~비로소이다)'의 의미를 알고 있었다면 정답이 될 수 없다는 것을 쉽게 알 수 있다.

62 ★☆☆

中国现在就处于“变化期”，这个时代问题很多，中国人对待事物等过于浮躁、敏感。从股市热、楼市热，期待一夜暴富、一夜成名，害怕失去青春，社会价值观和世界观大大改变。

중국은 현재 '변화기'에 놓여 있다. 이 시대에는 많은 문제가 있으며 중국인은 사물을 대하는 것 등에 지나치게 경솔하고 민감하다. 주식 시장과 부동산 시장 과열부터 시작하여, 하룻밤 사이에 벼락부자가 되고 명성을 얻기를 기대하며, 청춘을 잃는 것을 두려워한다. 사회적 가치관과 세계관이 크게 변하고 있다.

A 中国每个人都处于“变化期”
B 中国人做事很细心
C 很多东西在中国很流行
D 中国人的处事态度一直没有变化

A 모든 중국인은 '변화기'에 놓여 있다
B 중국인은 일하는 데 매우 세심하다
C 많은 것들이 중국에서 아주 유행하고 있다
D 중국인들의 일 처리 태도는 줄곧 변화가 없다

단어 处于 chǔyú 동 놓이다 | 时代 shídài 명 시대 | 对待 duìdài 동 대하다 | 事物 shìwù 명 사물 | 过于 guòyú 부 지나치게 | 浮躁 fúzào 형 경솔하다 | 敏感 mǐngǎn 형 민감하다 | 股市 gǔshì 명 주식 시장 | 楼市 lóushì 명 부동산 시장 | 期待 qīdài 동 기대하다 | 暴富 bàofù 동 벼락부자가 되다 | 成名 chéngmíng 동 명성을 얻다 | 失去 shīqù 동 잃다 | 青春 qīngchūn 명 청춘 | 社会 shèhuì 명 사회 | 价值观 jiàzhíguān 명 가치관 | 世界观 shìjièguān 명 세계관 | 大大 dàdà 부 크게 | 改变 gǎibiàn 동 변하다 | 细心 xìxīn 형 세심하다 | 流行 liúxíng 동 유행하다 | 处事 chǔshì 동 일을 처리하다 | 态度 tàidu 명 태도

해설 첫 문장에서 '中国现在就处于“变化期”(중국은 현재 '변화기'에 놓여 있다)'라고 글을 시작한다. 이는 보기의 '中国每个人都处于“变化期”(모든 중국인은 '변화기'에 놓여 있다)'와 같은 의미이며, 나머지 보기의 내용은 지문과 일치하지 않거나 언급되지 않은 것들이다. 따라서 정답은 A이다.

63 ★★☆

在韩国，作为长期投资，土地等固定资产仍是最受欢迎的选择。调查显示，选择山林、土地的占33.1%，选择公寓住宅的占28.4%，选择商业街和办公楼的占20.6%；相反，选择股票等投资的只占5.3%。

한국에서는 장기 투자로 토지 등의 고정 자산이 여전히 가장 인기 있는 선택이다. 조사에 의하면 산림, 토지 선택이 33.1%를 차지하고, 아파트 및 주택 선택이 28.4%, 상가와 사무실 빌딩 선택이 20.6%를 차지한다. 반대로 주식 등에 대한 투자를 선택하는 사람은 단지 5.3%를 차지했다.

A 韩国人都喜欢炒股票
B 固定资产投资在韩国很受欢迎
C 韩国人对公寓住宅的投资比重最大
D 韩国人对固定资产的投资都是短期的

A 한국인은 모두 주식 투자를 좋아한다
B 고정 자산 투자는 한국에서 매우 인기가 있다
C 한국인은 아파트와 주택에 대한 투자 비중이 가장 크다
D 한국인의 고정 자산 투자는 모두 단기적인 것이다

단어 作为 zuòwéi 동 ~로 여기다 | 长期 chángqī 명 장기간 | 投资 tóuzī 명 투자 | 土地 tǔdì 명 토지 | 固定资产 gùdìng zīchǎn 명 고정 자산 | 仍 réng 부 여전히 | 受欢迎 shòu huānyíng 인기 있다 | 选择 xuǎnzé 명 선택 | 调查 diàochá 동 조사하다 | 显示 xiǎnshì 동 내보이다 | 山林 shānlín 명 산림 | 占 zhàn 동 차지하다 | 公寓 gōngyù 명 아파트 | 住宅 zhùzhái 명 주택 | 商业街 shāngyèjiē 명 상가 | 办公楼 bàngōnglóu 명 사무실 빌딩 | 相反 xiāngfǎn 접 반대로 | 股票 gǔpiào 명 주식 | 炒 chǎo 동 투기하다 | 比重 bǐzhòng 명 비중 | 短期 duǎnqī 명 단기

해설 지문의 첫 번째 문장에서 쉽게 정답을 찾을 수 있다. '在韩国，作为长期投资，土地等固定资产仍是最受欢迎的选择(한국에서는 장기 투자로 토지 등의 고정 자산이 여전히 가장 인기 있는 선택이다)'라고 하는데, 이는 보기의 '固定资产投资在韩国很受欢迎(고정 자산 투자는 한국에서 매우 인기가 있다)'과 일치하는 내용이므로 정답은 B이다.

64 ★★☆

随着毕业生的不断增长，有关部门不断推出鼓励大学生资助创业的政策。一些专家和毕业生总结出创业的六大绝招：第一招，自信；第二招，创新；第三招，求实；第四招，知识；第五招，艰苦奋斗；第六招，获取风险投资的重要能力。

졸업생의 계속되는 증가에 따라 관련 부처는 대학생 창업 지원 장려 정책을 끊임없이 내놓고 있다. 몇몇 전문가와 졸업생들이 창업의 여섯 가지 비결을 총정리해 보았다. 첫째는 자신감, 둘째는 창의성, 셋째는 현실 추구, 넷째는 지식, 다섯째는 각고의 노력, 여섯째는 위험성이 큰 투자를 얻어내는 중요한 능력이다.

A 国家不支持大学生自己创业
B 大学生创业需要很多金钱的支持
C 创业需要大学生拥有很多优秀品质
D 大学毕业生人数与往年一样

A 국가는 대학생 혼자 창업하는 것을 지지하지 않는다
B 대학생 창업은 많은 자금 지원을 필요로 한다
C 창업은 대학생의 여러 우수한 자질을 필요로 한다
D 대학 졸업생 수가 예전과 같다

단어 随着 suízhe 개 ~에 따라 | 毕业生 bìyèshēng 명 졸업생 | 不断 búduàn 부 계속해서 | 增长 zēngzhǎng 동 증가하다 | 有关 yǒuguān 동 관련이 있다 | 部门 bùmén 명 부서 | 推出 tuīchū 동 내놓다 | 鼓励 gǔlì 동 격려하다 | 资助 zīzhù 동 지원하다 | 创业 chuàngyè 동 창업하다 | 政策 zhèngcè 명 정책 | 专家 zhuānjiā 명 전문가 | 总结 zǒngjié 동 총정리하다 | 绝招 juézhāo 명 비결 | 招 zhāo 명 수단 | 自信 zìxìn 명 자신감 | 创新 chuàngxīn 명 창의성 | 求实 qiúshí 동 실제적인 것을 추구하다 | 知识 zhīshi 명 지식 | 艰苦奋斗 jiānkǔ fèndòu 성 어렵고 고통스러운 조건 아래에서 완강한 투쟁을 하다 | 获取 huòqǔ 동 얻다 | 风险 fēngxiǎn 명 위험 | 投资 tóuzī 동 투자하다 | 能力 nénglì 명 능력 | 支持 zhīchí 동 지지하다 | 金钱 jīnqián 명 돈 | 拥有 yōngyǒu 동 가지다 | 优秀 yōuxiù 형 우수하다 | 品质 pǐnzhì 명 자질 | 与 yǔ 접 ~과 | 往年 wǎngnián 명 옛날

해설 지문에서 대학 졸업생의 여섯 가지 창업 비결에 대해 알려 주고 있다. '总结出创业的六大绝招(창업의 여섯 가지 비결을 총정리해 보았다)'라고 하고, 이어서 그 비결을 나열한다. 이 비결들은 대학 졸업생들의 우수한 자질을 가리키는 것이므로, 지문의 내용과 일치하는 것은 C의 '创业需要大学生拥有很多优秀品质(창업은 대학생의 여러 우수한 자질을 필요로 한다)'이므로 정답은 C이다.

65 ★★☆

蘑菇是一种鲜美可口的菌类。全世界可供食用的蘑菇有500多种，在中国也有300种左右。人类食用蘑菇的历史已有5000多年，因为它含有丰富的蛋白质，营养价值高，又因它对不少疾病有一定疗效，故被称为“健康食品”。

버섯은 일종의 맛있는 균류이다. 전 세계에서 공급되는 식용 가능한 버섯은 500종에 달하며, 중국에도 300종 가량이 있다. 인류가 버섯을 식용한 역사는 이미 5000년이 넘는다. 그것은 풍부한 단백질을 함유하고 영양가가 높기 때문이다. 또한, 여러 질병에도 상당한 치료 효과가 있어, '건강식품'이라고 불린다.

A 在中国有500多种蘑菇可食用
B 蘑菇含有和肉相同的元素
C 蘑菇对治病并没有什么帮助
D 5000年前，人类已经开始食用蘑菇了

A 중국에는 500종에 달하는 식용 가능한 버섯이 있다
B 버섯은 고기와 같은 요소를 함유하고 있다
C 버섯은 질병에 결코 어떤 도움도 되지 않는다
D 5000년 전에 인류는 이미 버섯을 식용하기 시작했다

단어 **蘑菇** mógu 명 버섯 | **鲜美** xiānměi 형 맛이 좋다 | **可口** kěkǒu 형 입에 맞다 | **菌类** jūnlèi 명 균류 | **供** gōng 동 공급하다 | **食用** shíyòng 형 식용의 | **左右** zuǒyòu 명 가량 | **人类** rénlèi 명 인류 | **含有** hányǒu 동 함유하다 | **丰富** fēngfù 형 풍부하다 | **蛋白质** dànbáizhì 명 단백질 | **营养价值** yíngyǎng jiàzhí 명 영양가 | **疾病** jíbìng 명 질병 | **疗效** liáoxiào 명 치료 효과 | **故** gù 접 그러므로 | **称为** chēngwéi ~라고 부르다 | **食品** shípǐn 명 식품 | **相同** xiāngtóng 형 서로 같다 | **元素** yuánsù 명 요소 | **治病** zhìbìng 동 질병을 치료하다 | **并** bìng 부 결코

해설 지문에서 '**人类食用蘑菇的历史已有5000多年**(인류가 버섯을 식용한 역사는 이미 5000년이 넘는다)'이라고 한다. 이는 보기의 '**5000年前，人类已经开始食用蘑菇了**(5000년 전에 인류는 이미 버섯을 식용하기 시작했다)'와 같은 내용으로 정답은 D이다.

B. 버섯이 풍부한 단백질을 함유하고 있다고 했지만, B의 내용처럼 고기와 같은 요소가 함유되어있다고 직접 언급하지는 않았다. 내용을 추측하여 오답을 고르는 실수를 하지 않도록 한다.

66 ★★☆

经常过分饱食者，很少有长寿的。相反，生活有规律，适当节食，却有很多高寿的人。国外有人通过动物实验也证实，节食能延长寿命。因为过分饱食者，容易造成消化不良，导致急、慢性胃肠疾病。摄入的热量过多，剩余部分可转变成脂肪，堆积体内，引起肥胖。

자주 과도하게 포식하는 사람 중에는 장수하는 사람이 매우 적다. 반대로 규칙적으로 생활하고 적절히 음식을 절제하면 오히려 장수하는 사람이 많다. 해외의 어떤 사람은 동물 실험을 통해 절식이 수명을 연장한다는 사실도 증명했다. 포식하는 사람은 쉽게 소화 불량을 야기하여 급성 및 만성의 위장 질병을 초래하기 때문이다. 열량을 과다하게 섭취하면 남은 부분은 지방으로 바뀌어 체내에 쌓이고 비만을 일으킨다.

A 吃得过饱的人往往能够长寿
B 过分饱食者的肠胃容易生病
C 吃得过饱的人摄入的热量全都转化成了脂肪
D 节食会使人的寿命减少

A 포식하는 사람은 대개 장수할 수 있다
B 포식하는 사람의 위장은 쉽게 병이 난다
C 포식하는 사람이 섭취한 열량은 전부 지방으로 전환된다
D 절식은 사람의 수명을 줄일 것이다

단어 **过分** guòfèn 형 과도하다 | **饱食** bǎoshí 동 포식하다 | **长寿** chángshòu 형 장수하다 | **相反** xiāngfǎn 접 반대로 | **生活** shēnghuó 명 생활 | **规律** guīlǜ 명 규칙 | **适当** shìdàng 형 적절하다 | **节食** jiéshí 동 음식을 절제하다 | **却** què 부 오히려 | **高寿** gāoshòu 형 장수하다 | **通过** tōngguò 개 ~을 통해 | **实验** shíyàn 명 실험 | **证实** zhèngshí 동 사실을

증명하다 | 延长 yáncháng 동 연장하다 | 寿命 shòumìng 명 수명 | 造成 zàochéng 동 야기하다 | 消化不良 xiāohuà bùliáng 명 소화 불량 | 导致 dǎozhì 동 초래하다 | 急性 jíxìng 형 급성의 | 慢性 mànxìng 형 만성의 | 胃肠 wèicháng 명 위장 | 疾病 jíbìng 명 질병 | 摄入 shèrù 동 섭취하다 | 热量 rèliàng 명 열량 | 过多 guòduō 형 과다하다 | 剩余 shèngyú 동 남기다 | 部分 bùfen 명 부분 | 转变 zhuǎnbiàn 동 바뀌다 | 脂肪 zhīfáng 명 지방 | 堆积 duījī 동 쌓이다 | 体内 tǐnèi 명 체내 | 引起 yǐnqǐ 동 야기하다 | 肥胖 féipàng 형 뚱뚱하다 | 往往 wǎngwǎng 부 흔히 | 肠胃 chángwèi 명 위장 | 全都 quándōu 부 전부 | 转化 zhuǎnhuà 동 바꾸다 | 使 shǐ 동 ~하게 하다 | 减少 jiǎnshǎo 동 줄이다

해설 지문에서 '过分饱食者，容易造成消化不良，导致急、慢性胃肠疾病(포식하는 사람은 쉽게 소화 불량을 야기하여 급성 및 만성의 위장 질병을 초래한다)'이라고 한다. 이는 '肠胃容易生病(위장은 쉽게 병이 난다)'이라는 내용과 같은 의미이므로 정답은 B이다.

67 ★★☆

广东人爱旅行的多，爱旅行的女人更多。在不少关于广东游客的调查中显示，女人的比例要高于男人。和其他地方的女人相比，广东女人更爱把钱花在吃喝旅行上，对买衣打扮虽然也关注，但绝不会如上海女人那样精致。在旅行中，穿得花枝招展的女性多半不是广东人，而全套专业冲锋衣裤，脚踩登山鞋，头围方巾的女人很可能来自广东。

여행을 좋아하는 광둥(广东) 사람이 많으며 여행을 좋아하는 여성은 더 많다. 광둥 여행객에 관한 적지 않은 조사에서 보여주는 바로는 여성의 비율이 남성보다 높았다. 다른 지방의 여성과 비교하면, 광둥 여성은 먹고 마시는 여행에 돈 쓰기를 더 좋아한다. 비록 옷을 사고 치장하는 것에도 관심을 가지지만, 결코 상하이(上海) 여성만큼 섬세할 리는 없다. 여행 중에 유달리 아름답게 치장한 여성들은 아마도 광둥 사람이 아니지만, 한 벌로 전문 기능성 상 · 하의에 등산화를 신고 머리에 스카프를 두른 여성은 광둥에서 왔을 가능성이 크다.

A 广东的女人不懂得如何打扮自己
B 上海女人更喜欢把钱花在吃喝旅行上
C 广东的女人比广东的男人更喜欢旅游
D 旅行中打扮得很专业的女人很可能是上海人

A 광둥 여성은 자신을 어떻게 꾸며야 할지 모른다
B 상하이 여성은 먹고 마시는 여행에 돈 쓰기를 더 좋아한다
C 광둥 여성은 광둥 남성보다 여행을 더 좋아한다
D 여행 중에 전문적인 치장을 한 여성은 아마 상하이 사람일 것이다

단어 广东 Guǎngdōng 명 광둥 [지명] | 旅行 lǚxíng 명 여행 | 女人 nǚrén 명 여성 | 游客 yóukè 명 여행객 | 调查 diàochá 동 조사하다 | 显示 xiǎnshì 동 내보이다 | 比例 bǐlì 명 비율 | 高于 gāoyú ~보다 높다 | 男人 nánrén 명 남성 | 相比 xiāngbǐ 동 비교하다 | 打扮 dǎban 동 치장하다 | 关注 guānzhù 동 관심을 가지다 | 绝 jué 부 결코 | 如 rú 동 ~와 같다 | 上海 Shànghǎi 명 상하이 [지명] | 精致 jīngzhì 형 섬세하다 | 花枝招展 huāzhī zhāozhǎn 성 여자가 유달리 아름답게 치장하다 | 女性 nǚxìng 명 여성 | 多半 duōbàn 부 아마 | 而 ér 접 그러나 | 套 tào 양 벌, 세트 [세트로 이루어진 것을 세는 단위] | 专业 zhuānyè 형 전문의 | 冲锋 chōngfēng 명 기능성 바람막이 | 衣裤 yīkù 명 상하의 | 踩 cǎi 동 밟다 | 登山鞋 dēngshānxié 명 등산화 | 围 wéi 동 둘러싸다 | 方巾 fāngjīn 명 스카프 | 来自 láizì 동 ~에서 오다 | 懂得 dǒngde 동 알다 | 如何 rúhé 대 어떻게

해설 지문의 초반에서 정답과 일치하는 내용을 찾을 수 있다. 여행을 좋아하는 광동 사람이 많다고 하며 '在不少关于广东游客的调查中显示，女人的比例要高于男人(광둥 여행객에 관한 적지 않은 조사에서 보여주는 바로는 여성의 비율이 남성보다 높았다)'이라고 한다. 이와 일치하는 정답은 C이다.

A. 상하이 여성만큼 섬세하지 못한다고 했지, 광둥 여성이 꾸미는 법을 모른다는 내용은 언급하지 않았다.

68 ★★☆

丹麦一年的旅游季节通常由4月开始，气候回暖，日光时间也慢慢增长，一直到10月左右，游客才会又开始减少。综合来看，5月和6月是最适合的时节，也是田园风光最美的时候。7、8月的丹麦会有许多的露天音乐会、街头活动，博物馆以及景点的开放时间几乎都会延长到晚间，缺点是游客太多。

A 7、8月份是最适合去丹麦旅游的时节
B 7、8月份去丹麦的人很多
C 丹麦的旅游季节一般是从3月开始
D 去丹麦的旅游的人都是热爱生活的人

덴마크(丹麦)의 관광 시즌은 보통 4월부터 시작된다. 날씨가 따뜻해지고 일조 시간 역시 차츰 늘어난다. 죽 이어져서 10월쯤이 되면 여행객이 비로소 다시 감소하기 시작한다. 종합해 보면, 5월과 6월이 가장 적합한 시기이며 전원 풍경이 제일 아름다운 때이기도 하다. 7, 8월의 덴마크에는 아주 많은 노천 음악회와 길거리 행사가 있을 것이고, 박물관 및 명승지의 개방 시간이 거의 모두 밤까지 연장된다. 단점은 관광객이 너무 많다는 것이다.

A 7, 8월은 덴마크 여행에 가장 적합한 시기이다
B 7, 8월은 덴마크에 가는 사람이 매우 많다
C 덴마크의 관광 시즌은 보통 3월부터 시작한다
D 덴마크에 가서 여행하는 사람은 모두 생활을 즐기는 사람이다

단어 丹麦 Dānmài 명 덴마크 | 通常 tōngcháng 부 일반적으로 | 由 yóu 개 ~로 부터 | 气候 qìhòu 명 기후 | 回暖 huínuǎn 동 따뜻해지다 | 日光 rìguāng 명 일광 | 增长 zēngzhǎng 동 늘어나다 | 直到 zhídào 동 ~까지 이르다 | 左右 zuǒyòu 명 가량 | 游客 yóukè 명 여행객 | 减少 jiǎnshǎo 동 감소하다 | 综合 zōnghé 동 종합하다 | 适合 shìhé 동 적합하다 | 时节 shíjié 명 시기 | 田园 tiányuán 명 전원 | 风光 fēngguāng 명 풍경 | 许多 xǔduō 형 매우 많다 | 露天 lùtiān 명 노천 | 音乐会 yīnyuèhuì 명 음악회 | 街头 jiētóu 명 길거리 | 活动 huódòng 명 행사 | 博物馆 bówùguǎn 명 박물관 | 以及 yǐjí 접 및 | 景点 jǐngdiǎn 명 명승지 | 开放 kāifàng 동 개방하다 | 延长 yáncháng 동 연장하다 | 晚间 wǎnjiān 명 밤 | 缺点 quēdiǎn 명 단점 | 月份 yuèfèn 명 (특정한) 월 | 热爱 rè'ài 동 뜨겁게 사랑하다 | 生活 shēnghuó 명 생활

해설 덴마크 관광 시즌에 대한 내용으로 지문에서 7, 8월에는 '缺点是游客太多(단점은 관광객이 너무 많다는 것이다)'라고 한다. 이는 이 시기에 덴마크로 여행을 가는 사람이 매우 많다는 의미이므로 정답은 B이다.

69 ★★☆

每年的热门专业，英语都能占据一席之地，但根据麦可思等报告数据显示，英语成为继法学之后失业率第二高的热门专业。高校盲目招生，用人市场供过于求，加上熟练掌握英语的毕业生越来越多，使英语专业学生在求职过程中并不占据优势。

A 英语专业已不像以前那么好就业
B 英语是失业率最高的热门专业
C 现在很多人都不学英语了
D 法学专业很冷门

매년 인기 전공에서 영어는 항상 한자리를 차지한다. 하지만 마이코스(麦可思, MyCOS) 등에서 보고한 데이터에 의하면, 영어는 법학에 이어서 실업률이 두 번째로 높은 인기 전공이 되었다. 대학은 맹목적으로 학생들을 모집하고, 취업 시장에서 공급은 수요를 넘어선다. 게다가 영어에 능통한 졸업생이 점점 많아져, 영어 전공 학생은 구직 과정에서 결코 우위를 차지하지 못한다.

A 영어 전공은 이미 예전처럼 취업하기 좋지 않다
B 영어는 실업률이 가장 높은 인기 전공이다
C 현재 많은 사람은 영어를 공부하지 않는다
D 법학 전공은 매우 인기가 없는 분야이다

단어 热门 rèmén 명 인기 있는 것 | 专业 zhuānyè 명 전공 | 占据 zhànjù 동 점유하다 | 一席之地 yìxí zhīdì 성 한자리 | 麦可思 Màikěsī 마이코스(MyCOS) [중국의 교육 데이터 자문 및 평가 기관] | 报告 bàogào 동 보고하다 | 数据 shùjù 명 데이터 | 显示 xiǎnshì 동 내보이다 | 成为 chéngwéi 동 ~이 되다 | 继 jì 동 잇다 | 法学 fǎxué 명 법학 | 之后 zhīhòu 명 그다음 | 失业率 shīyèlǜ 명 실업률 | 高校 gāoxiào 명 대학교 | 盲目 mángmù 형 맹목적인 | 招生 zhāoshēng 동 신입

생을 모집하다 | 用人 yòngrén 동 인재를 임용하다 | 市场 shìchǎng 명시장 | 供过于求 gōngguò yúqiú 성 공급이 수요를 초과하다 | 加上 jiāshàng 접 게다가 | 熟练 shúliàn 형 능숙하다 | 掌握 zhǎngwò 동 정통하다 | 毕业生 bìyèshēng 명 졸업생 | 使 shǐ 동 ~하게 하다 | 求职 qiúzhí 동 구직하다 | 过程 guòchéng 명 과정 | 并不 bìngbù 결코 ~하지 않다 | 优势 yōushì 명 우위 | 就业 jiùyè 동 취업하다 | 冷门 lěngmén 명 비인기 분야

해설 지문의 마지막 문장에서 '使英语专业学生在求职过程中并不占据优势(영어 전공 학생은 구직 과정에서 결코 우위를 차지하지 못한다)'라고 한다. 여기서 '결코 우위를 차지하지 못한다'는 것은 '不像以前那么好就业(예전처럼 취업하기 좋지 않다)'라는 의미이므로 정답은 A이다.

70 ★★☆

这个时代的年轻人，有千万个梦想和同一个梦中情人——大都市。他们心目中的大都市，通常被称为一线城市。人人都想成为一线城市体面的一份子，在城中扎下根来，获得幸福、尊严与好未来，即使他们碰到大都市的残酷与冷血。

이 시대의 젊은이들은 수많은 꿈과 모두 같은 이상을 가지고 있다. 바로 대도시이다. 그들 마음속의 대도시는 보통 일선 도시라고 불린다. 모든 사람이 일선도시의 떳떳한 일원이 되어, 도시에 뿌리를 내려 행복과 존엄, 그리고 밝은 미래를 얻고 싶어 한다. 그들이 대도시의 잔혹함과 냉혈을 맞닥뜨릴지라도 말이다.

A 年轻人都喜欢安静的生活
B 年轻人喜欢在大城市拼搏
C 年轻人期待大城市会给他们幸福和尊严
D 一线城市是现代生活最理想的去处

A 젊은이들은 모두 안정된 생활을 좋아한다
B 젊은이들은 대도시에서 전력을 다해 분투하는 것을 좋아한다
C 젊은이들은 대도시가 그들에게 행복과 존엄을 줄 것이라고 기대한다
D 일선도시는 현대 생활에 가장 이상적인 곳이다

단어 时代 shídài 명 시대 | 年轻人 niánqīngrén 명 젊은이 | 梦想 mèngxiǎng 명 꿈 | 同 tóng 형 동일하다 | 梦中情人 mèngzhōng qíngrén 명 이상형 | 大都市 dàdūshì 명 대도시 | 心目 xīnmù 명 마음속 | 通常 tōngcháng 부 일반적으로 | 称为 chēngwéi ~라고 부르다 | 一线 yíxiàn 명 일선 | 城市 chéngshì 명 도시 | 成为 chéngwéi 동 ~이 되다 | 体面 tǐmiàn 형 떳떳하다 | 一份子 yífènzǐ 명 일원 | 扎根 zhāgēn 동 뿌리를 내리다 | 获得 huòdé 동 얻다 | 幸福 xìngfú 명 행복 | 尊严 zūnyán 명 존엄 | 与 yǔ 개 ~와 | 未来 wèilái 명 미래 | 即使 jíshǐ 접 설령 ~일지라도 | 碰 pèng 동 맞닥뜨리다 | 残酷 cánkù 형 잔혹하다 | 冷血 lěngxuè 명 냉혈 | 生活 shēnghuó 명 생활 | 拼搏 pīnbó 동 전력을 다해 분투하다 | 期待 qīdài 동 기대하다 | 现代 xiàndài 명 현대 | 理想 lǐxiǎng 형 이상적이다 | 去处 qùchù 명 장소

해설 '人人都想成为一线城市体面的一份子，在城中扎下根来，获得幸福、尊严与好未来(모든 사람이 일선도시의 떳떳한 일원이 되어, 도시에 뿌리를 내려 행복과 존엄, 그리고 밝은 미래를 얻고 싶어 한다)'라고 한다. 이 문장으로 미루어보아 젊은이들은 대도시가 행복과 존엄을 줄 것이라고 기대하고 있음을 알 수 있다. 그러므로 정답은 C이다.

71 – 74

在一个大花园里有一间小屋子，屋里住着一个盲人。他把所有的时间都用来照料这个花园，虽然他的眼睛看不见，花园却管理得非常好。无论春天、夏天或者秋天，花园里总是一片花海。

一个过路人非常惊奇地问道："[73]你这样做是为了什么呢？你根本就看不见这些美丽的花呀！"盲人笑了，他说："我可以告诉你四个理由：[71]第一，我喜欢我的工作；第二，我可以抚摸我的花；第三，我可以闻到它们的香味；至于第四个理由则是你！

"我？但是[72]你本来不认识我啊！"路人说。

"是的，我是不认识你，[71]但是我知道有一些像你一样的人会在某个时间从这儿经过，这些人会因为看到我美丽的花园而心情愉快，而我也因此能有机会和你在这儿谈这件事。"

큰 화원에 작은 집이 있었는데, 그 집에는 한 시각장애인이 살고 있었다. 그는 모든 시간을 이 화원을 돌보는 데 쏟았다. 비록 그는 앞을 볼 수는 없지만, 화원은 매우 잘 관리했다. 봄, 여름 혹은 가을 할 것 없이 화원은 언제나 꽃의 바다였다.

한 행인이 매우 의아해하며 물었다. "[73]당신은 무엇을 위해서 이렇게 하는 건가요? 당신은 이 아름다운 꽃을 전혀 볼 수가 없는데!" 시각장애인은 웃으며 말했다. "제가 당신에게 네 가지 이유를 말해줄 수 있습니다. [71]첫째, 나는 나의 일을 좋아하고, 둘째, 나는 나의 꽃을 만질 수 있고, 셋째, 나는 향기를 맡을 수 있죠. 네 번째 이유로 말할 것 같으면 바로 당신입니다!"

"저요? 하지만 [72]당신은 원래 저를 알지 못하잖아요!" 행인이 말했다.

"맞아요. 나는 당신을 알지 못하죠. 하지만 나는 [71]당신과 같은 사람들이 어느 시간에 이곳을 지나갈 때, 나의 아름다운 화원을 보고 기분이 좋아지는 것을 알죠. 그래서 나도 이렇게 당신과 여기에서 이 일을 이야기할 기회가 생기는 거고요."

단어 花园 huāyuán 명 화원 | 屋子 wūzi 명 집 | 盲人 mángrén 명 시각장애인 | 所有 suǒyǒu 형 모든 | 照料 zhàoliào 동 돌보다 | 却 què 접 오히려 | 管理 guǎnlǐ 동 관리하다 | 无论 wúlùn 접 ~을 막론하고 | 花海 huāhǎi 명 꽃이 많은 모양 | 惊奇 jīngqí 형 이상하여 놀라다 | 根本 gēnběn 부 전혀 | 美丽 měilì 형 아름답다 | 理由 lǐyóu 명 이유 | 抚摸 fǔmō 동 어루만지다 | 闻 wén 동 냄새를 맡다 | 香味 xiāngwèi 명 향기 | 至于 zhìyú 개 ~으로 말하면 | 则 zé 부 바로 ~이다 | 本来 běnlái 부 본래 | 某 mǒu 대 아무 | 经过 jīngguò 동 지나다 | 心情 xīnqíng 명 기분 | 愉快 yúkuài 형 기쁘다 | 而 ér 접 [목적 또는 원인 등을 나타내는 성분을 연결시킴] | 因此 yīncǐ 접 이 때문에 | 谈 tán 동 이야기하다

71 ★★☆

下列哪项不是盲人管理花园的理由？

A 因为他喜欢种花
B 虽然他看不见花，但他能感受花
C 他想得到路人的感谢
D 他可以闻到花的香味

다음 중 시각장애인이 화원을 관리하는 이유가 아닌 것은?

A 그는 꽃 재배를 좋아하기 때문이다
B 비록 그는 꽃을 볼 수 없지만 꽃을 느낄 수 있다
C 그는 행인의 감사를 받고 싶다
D 그는 꽃의 향기를 맡을 수 있다

단어 种花 zhònghuā 동 꽃을 재배하다 | 感受 gǎnshòu 동 느끼다 | 感谢 gǎnxiè 동 감사하다

해설 두 번째 단락에서, 행인의 질문에 시각장애인은 꽃을 키우는 이유에 대하여 '첫째, 나는 나의 일을 좋아하고(A), 둘째, 나는 나의 꽃을 만질 수 있고(B), 셋째는 나는 향기를 맡을 수 있다(C)'고 한다. 그러나 마지막 단락에서 '但是我知道有一些像你一样的人会在某个时间从这儿经过，这些人会因为看到我美丽的花园而心情愉快(당신과 같은 사람들이 어느 시간에 이곳을 지

나갈 때, 나의 아름다운 화원을 보고 기분이 좋아지는 것을 알고 있다)'라고 하므로 시각장애인은 행인의 감사를 받고 싶은 것이 아니라 그저 행인의 기분을 좋게 해 주고 싶은 것이다. 그러므로 정답은 C이다.

72 ★★☆	
盲人和过路人是什么关系? A 老朋友　B 曾经的邻居 C 陌生人　D 战友	시각장애인과 행인은 어떤 관계인가? A 오랜 친구　B 예전 이웃 C 낯선 사람　D 전우

단어 曾经 céngjīng 부 이전에 | 邻居 línjū 명 이웃 | 陌生人 mòshēngrén 명 낯선 사람 | 战友 zhànyǒu 명 전우

해설 세 번째 단락에서 행인의 '你本来不认识我啊(당신은 나를 원래 알지 못한다)'라는 말에 이어서 시각장애인이 그렇다고 대답하는 것으로 보아, 그들은 모르는 사이임을 알 수 있다. 그러므로 정답은 C이다.

73 ★★☆	
本文中画出来的"这件事"指的是什么? A 他想和别人做朋友 B 他很善良 C 他很喜欢养花 D 他为什么养花	이 글에서 밑줄 친 '이 일'이 가리키는 것은 무엇인가? A 그는 타인과 친구가 되고 싶다 B 그는 매우 착하다 C 그는 꽃을 기르는 것을 좋아한다 D 그가 왜 꽃을 기르는가

단어 养 yǎng 동 기르다

해설 행인은 시각장애인에게 '你这样做是为了什么呢? 你根本就看不见这些美丽的花呀(당신은 무엇을 위해서 이렇게 하는 것인가? 당신은 이 아름다운 꽃을 전혀 볼 수가 없다)'라며 앞이 보이지 않는데도 꽃을 기르는 이유를 물었다. 그리고 마지막 단락에서 시각장애인은 여러 이유 가운데 네 번째 이유에 관해 설명하며, '这件事(이 일)'를 언급한다. 따라서 '이 일'은 시각장애인이 꽃을 키우는 이유를 가리키는 것이므로 정답은 D이다.

74 ★★☆	
这篇文章告诉我们什么道理? A 盲人是最善良的人 B 只有先帮助别人，别人才会帮助你 C 善良的人自己也会得到回报 D 陌生人之间是没有任何感情可言的	이 글이 우리에게 알려 주는 이치는 무엇인가? A 시각장애인이 가장 착한 사람이다 B 먼저 타인을 도와야 타인도 당신을 돕는다 C 착한 사람은 스스로도 보답을 받을 수 있다 D 낯선 사람 사이에는 말할 만한 어떠한 감정도 없다

단어 善良 shànliáng 형 착하다 | 回报 huíbào 동 보답하다 | 陌生人 mòshēngrén 명 낯선 사람 | 之间 zhījiān 명 사이 | 任何 rènhé 대 어떠한 | 感情 gǎnqíng 명 감정 | 可言 kěyán 동 말할 만하다

해설 주제를 묻는 문제이다. 비록 눈이 보이지는 않지만, 꽃을 가꾸어 사람들을 기분 좋게 해주는 행동으로 사람들과 이야기할 기회를 얻는 착한 시각장애인에 대한 이야기로, 자신의 행동으로 자신에게 보답할 수 있다는 이치를 말하고 있다. 따라서 이 글의 주제로 가장 적절한 정답은 C이다.

75 – 78

美国通用电气公司的总裁杰克·韦尔奇，是20世纪最伟大的CEO之一，被誉为“经理人中的骄傲”。在一次全球500强经理人员大会上，他与同行们进行了一次精彩的对话交流。

有人说：“请您用一句话说出通用公司成功的最重要的原因。”他回答：“[75]是用人的成功。”

有人说：“请您用一句话来概括高层管理者最重要的职责。”他回答：“是把世界各地最优秀的人才招到自己的身边。”

有人说：“请您用一句话来概括自己最重要的工作。”他回答：“[76]把50%以上的工作时间花在选人用人上。”

有人说：“请您用一句话说出自己最大的兴趣。”他回答：“[78]是发现、使用、爱护和培养人才。”

有人说：“请您总结一个最重要的用人规律。”他回答：“一般来说，在一个组织中，有20%的人是最好的，70%的人是一般的，10%的人是最差的。一个善于用人的领导者，[77]必须随时掌握那20%和10%的人的姓名和职位，以便实施准确的措施，进而带动中间的70%。”

有人说：“请您用一句话来概括自己的领导艺术。”他回答：“让合适的人做合适的工作。”

미국 GE(通用电气, General Electric) 회사의 잭 웰치(杰克 · 韦尔奇) 회장은 20세기 가장 위대한 CEO 중 한 사람으로, '경영인의 자랑'이라고 불린다. 전 세계 500대 경영인 총회에서 그는 동종 업계 인사들과 훌륭한 대화 교류의 시간을 가졌다.

누군가 말했다. "GE 회사 성공의 가장 중요한 원인을 한마디로 말씀해 주십시오." 그가 대답했다. "[75]인재 활용의 성공입니다."

누군가 말했다. "고위급 관리자의 가장 중요한 직책을 한마디로 요약해 주십시오." 그가 대답했다. "세계 각지의 가장 우수한 인재를 채용하여 자신의 곁에 두는 것입니다."

누군가 말했다. "본인의 가장 중요한 업무를 한마디로 요약해 주십시오." 그가 대답했다. "[76]50% 이상의 업무 시간을 인재를 채용하는 데 씁니다."

누군가 말했다. "본인의 가장 큰 관심사를 한마디로 말씀해 주십시오." 그가 대답했다. "[78]인재를 발굴하고, 임용하고, 소중히 여기며, 양성하는 것입니다."

누군가 말했다. "가장 중요한 인재 활용 법칙을 총괄해 주십시오." 그가 대답했다. "보통 한 조직에서 20%의 사람은 우수하고, 70%의 사람은 보통이며, 10%의 사람은 부족합니다. 인재 활용을 잘하는 지도자는 [77]반드시 그 20%와 10%의 사람의 이름과 직위를 수시로 파악함으로써 정확한 조치를 취하고, 더 나아가 중간의 70%를 이끌어야 합니다.

누군가 말했다. "본인의 리더십을 한마디로 요약해 주십시오." 그가 대답했다. "적합한 사람에게 적합한 업무를 시키는 것입니다."

단어 通用电气 Tōngyòng diànqì 명 제너럴일렉트릭 (GE, General Electric) | 总裁 zǒngcái 명 회장 | 杰克 · 韦尔奇 Jiékè Wéi'ěrqí 명 잭 웰치(Jack Welch) [인명] | 世纪 shìjì 명 세기 | 伟大 wěidà 형 위대하다 | 之一 zhīyī ~중의 하나 | 被誉为 bèi yùwéi ~라고 칭송되다 | 经理人 jīnglǐrén 명 경영인 | 骄傲 jiāo'ào 명 자랑 | 全球 quánqiú 명 전세계 | 大会 dàhuì 명 총회 | 同行 tóngháng 명 동종업계의 사람 | 进行 jìnxíng 동 진행하다 | 精彩 jīngcǎi 형 훌륭하다 | 对话 duìhuà 동 대화하다 | 交流 jiāoliú 동 교류하다 | 成功 chénggōng 동 성공하다 | 原因 yuányīn 명 원인 | 用人 yòngrén 동 인재를 임용하다 | 概括 gàikuò 동 요약하다 | 高层管理者 gāocéng guǎnlǐzhě 명 고위급 관리자 | 职责 zhízé 명 직책 | 世界 shìjiè 명 세계 | 优秀 yōuxiù 형 우수하다 | 人才 réncái 명 인재 | 招 zhāo 동 모집하다 | 身边 shēnbiān 명 곁 | 选 xuǎn 동 고르다 | 兴趣 xìngqù 명 흥미 | 使用 shǐyòng 동 사용하다 | 爱护 àihù 동 소중히 하다 | 培养 péiyǎng 동 양성하다 | 总结 zǒngjié 동 총괄하다 | 规律 guīlǜ 명 법칙 | 组织 zǔzhī 명 조직 | 善于 shànyú 동 ~를 잘하다 | 领导者 lǐngdǎozhě 명 지도자 | 必须 bìxū 부 반드시 ~해야 한다 | 随时 suíshí 부 수시로 | 掌握 zhǎngwò 동 파악하다 | 姓名 xìngmíng 명 성명 | 职位 zhíwèi 명 직위 | 以便 yǐbiàn 접 ~하기 위하여 | 实施 shíshī 동 실시하다 | 准确 zhǔnquè 형 정확하다 | 措施 cuòshī 명 조치 | 进而 jìn'ér 접 더 나아가 | 带动 dàidòng 동 이끌다 | 领导 lǐngdǎo 동 지도하다 | 艺术 yìshù 명 기술 | 合适 héshì 형 적합하다

75 ★☆☆

通用公司成功的最重要的原因是什么?	GE 회사의 성공에 가장 중요한 원인은 무엇인가?
A 员工的忠诚　B 设施的先进	A 직원의 충성　B 시설의 선진화
C 用人的成功　D 管理的完善	C 인재 활용의 성공　D 관리의 완벽함

단어 员工 yuángōng 명 직원 | 忠诚 zhōngchéng 형 충성하다 | 设施 shèshī 명 시설 | 先进 xiānjìn 형 선진의 | 管理 guǎnlǐ 동 관리하다 | 完善 wánshàn 형 완벽하다

해설 질문에서 쓰인 표현과 일치하는 문장을 지문에서 찾을 수 있다. 두 번째 단락에서 누군가 GE 회사 성공의 가장 중요한 원인을 한마디로 말해 달라고 하자, 그는 '是用人的成功(인재 활용의 성공이다)'이라고 대답한다. 그러므로 정답은 C이다.

76 ★★☆

杰克・韦尔奇最重要的工作是什么?	잭 웰치의 가장 중요한 업무는 무엇인가?
A 浏览文件　B 观察市场	A 서류 열람　B 시장 관찰
C 培养人才　D 学习知识	C 인재 양성　D 지식 학습

단어 浏览 liúlǎn 동 열람하다 | 文件 wénjiàn 명 서류 | 观察 guānchá 동 관찰하다 | 市场 shìchǎng 명 시장 | 知识 zhīshi 명 지식

해설 질문에서 쓰인 표현과 일치하는 문장을 지문에서 찾을 수 있다. 네 번째 단락에서 누군가 본인의 가장 중요한 업무를 한마디로 요약해 달라고 하자, 그는 '把50%以上的工作时间花在选人用人上(50% 이상의 업무 시간을 인재를 채용하는 데 쓴다)'이라고 대답한다. 보기에서 잭 웰치 회장의 이 대답을 요약한 내용으로 가장 적절한 것은 '培养人才(인재 양성)'이므로 정답은 C이다.

77 ★★★

关于杰克・韦尔奇所说的用人规律, 哪项是错误的?	잭 웰치가 말한 인재 활용의 법칙에 관하여 다음 중 잘못된 것은?
A 密切关注20%的人	A 20%의 사람을 세심하게 주시한다
B 通过20%的和10%的人来带动70%的人	B 20%와 10%의 사람을 통해 70%를 이끈다
C 把重点放在70%的人身上	C 중점을 70%의 사람에게 둔다
D 重视10%的人	D 10%의 사람을 중시한다

단어 密切 mìqiè 형 세심하다 | 关注 guānzhù 동 주시하다 | 通过 tōngguò 개 ~를 통해 | 重点 zhòngdiǎn 명 중점 | 重视 zhòngshì 동 중시하다

해설 지문에서 질문의 핵심 단어인 '用人规律(인재 활용의 법칙)'가 쓰인 단락을 찾는다. 여섯 번째 단락에서 잭 웰치 회장은 '必须随时掌握那20%和10%的人的姓名和职位, 以便实施准确的措施, 进而带动中间的70%(반드시 그 20%와 10%의 사람의 이름과 직위를 수시로 파악함으로써 정확한 조치를 취하고, 더 나아가 중간의 70%를 이끌어야 한다)'라고 한다. 따라서 정답은 B이다.

실전 모의고사 | 2회

78 ★★☆

下列哪项最适合做本文的标题?

A 用人的艺术

B 总裁的秘诀

C 向人才看齐

D 用人规律的运用

다음 중 이 글의 제목으로 가장 적합한 것은?

A 인재 활용의 기술

B 회장의 비결

C 인재를 본받다

D 인재 활용 법칙의 운용

단어 **秘诀** mìjué 명 비결 | **看齐** kànqí 동 본받다 | **运用** yùnyòng 동 운용하다

해설 지문은 잭 웰치 회장과의 인터뷰 내용으로, 인재 활용의 기술을 전반적으로 이야기하고 있다. 회장은 인재 활용이 회사의 성공의 원인이라 말하며, 다섯 번째 단락에서 자신이 가장 흥미 있는 것이 '**是发现、使用、爱护和培养人才**(인재를 발굴하고, 임용하고, 소중히 여기며, 양성하는 것이다)'라고 한다. 이러한 내용으로 미루어 이 글의 제목으로 가장 적절한 것은 '**用人的艺术**(인재 활용의 기술)'이다. 따라서 정답은 A이다.

D. 인재 활용 법칙은 인재 활용 기술의 하나로, 전체 내용을 아우르는 제목이 될 수 없다.

79－82

她爱他，但不能下决心嫁给他。似乎，嫁给他有些不甘心，[79]因为他只是一个教书匠，除非买彩票中大奖，否则不可能给她非常富足的生活。他知道她的想法，[81]也并不要求她什么，只是一如既往地爱着她、呵护她。

他们上下班正好可以乘同一路公交车，没有特殊情况，他便会来等她，然后一起坐公交车回家。她总是磨磨蹭蹭到最后才离开办公室，她不希望别人看到她的男朋友不是开车来接她，而是接她去乘公交车。[81]他心里明白，但不计较。

那天，她因为连着忙了几天，很累，上了公交车后不一会儿就困得摇摇晃晃地打起了瞌睡。他尽量把身子站稳，一手抓着吊环，一手揽着她的腰，让她把她的头靠在他的肩上，以便她睡得更安稳。过了几站，有了两个座位，他扶着她坐下，她靠在他的肩上继续睡。[80]这一觉睡得真香，等她一觉醒来，车已过了他们要下的那个站。她委屈又生气地问他："你也睡着了？怎么坐过站了都不知道？坐车都能坐过站，还能指望你什么？"[81]他宽厚地笑笑。她愈发生气地嚷道："我讨厌你总是傻笑，连吵架都吵不起来，这日子太闷了！"

那天，她因为连着忙了几天，很累，上了公交车后不一会儿就困得摇摇晃晃地打起了瞌睡。他尽量把身子站稳，一手抓着吊环，一手揽着她的腰，让她把她的头靠在他的肩上，以便她睡得更安稳。过了几站，有了两个座位，他扶着她坐下，她靠在他的肩上继续睡。[80]这一觉睡得真香，

그녀는 그를 사랑하지만, 그에게 시집갈 결심을 할 수 없었다. 그에게 시집가는 게 달갑지 않은 것 같았다. [79]왜냐하면 그는 단지 선생일 뿐, 복권을 사서 1등에 당첨되는 것이 아니라면 그녀에게 풍족한 생활을 줄 수 없기 때문이었다. 그는 그녀의 생각을 알았지만, [81]그녀에게 어떠한 요구도 하지 않고, 단지 예전처럼 그녀를 사랑하고 아껴주었다.

그들은 출퇴근 시간에 마침 같은 버스를 탈 수 있어서, 특별한 일이 없으면 그는 그녀를 기다렸다가 함께 버스를 타고 집으로 돌아왔다. 그녀는 늘 꾸물거리다 제일 마지막이 되어서야 사무실을 떠났다. 남자친구가 운전해서 그녀를 데리러 오지 않고, 버스를 타고 데리러 오는 것을 다른 사람이 보는 걸 원치 않았기 때문이다. [81]그는 마음속으로 알고 있었지만 따지지는 않았다.

그날 그녀는 며칠 동안 계속 바쁜 탓에 너무 피곤하여, 버스를 탄 후, 얼마 지나지 않아 꾸벅꾸벅 졸기 시작했다. 그는 최대한 자신의 몸을 똑바로 세워, 한 손으로 손잡이를 꽉 잡고, 다른 한 손으로는 그녀의 허리를 끌어안아, 그녀의 머리를 자신의 어깨에 기대어 그녀가 편안히 잘 수 있게 했다. 몇 정거장을 지나 두 자리가 생기자 그는 그녀를 앉게 하였고, 그녀는 그의 어깨에 기대어 계속 잤다. [80]너무 달콤하게 잠을 자서 그녀가 깨기를 기다리다 보니 차는 이미 그들이 내려야 하는 그 정류장을 지나쳤다. 그녀는 억울해하고 화를 내며 그에게 물었다. "당신도 잠들었어요? 어째서 역을 지나치는 것도 몰라요? 버스 역도 지나치는데, 당신에게 뭘 바랄 수 있겠어요?" [81]그는 너그럽게 웃었다. 그녀는 한층 더 화내며 소리쳤다. "난 당신이 언제나 바보처럼 웃는 게 싫어요. 싸울 때

等她一觉醒来，车已过了他们要下的那个站。她委屈又生气地问他："你也睡着了？怎么坐过站了都不知道？坐车都能坐过站，还能指望你什么？" [81]他宽厚地笑笑。她愈发生气地嚷道："我讨厌你总是傻笑，连吵架都吵不起来，这日子太闷了！"

正在她无理取闹的时候，后座一位老妇人说道："姑娘，你可冤枉你男朋友了。他可没睡觉。售货员问他下不下车，他说你这几天很累，好不容易睡着了，就让你好好睡一会儿。他连动都不舍得动一下儿，这么体贴的男朋友，你还不珍惜！"

她脸红了，到站，他们下了车，跑到对面再往回坐。她的手被他握着，[82]她第一次觉得，有一个可以踏实地依靠一生的肩膀，才是最重要的，这和坐的是公交车还是汽车无关。

조차 싸움도 안 되고, 이젠 너무 답답해요!"

그녀가 이유 없이 화를 내고 있을 때, 뒤에 앉은 노부인이 말했다. "아가씨, 당신은 정말 남자친구를 억울하게 하는군요. 그는 잠을 자지 않았어요. 안내원이 그에게 내릴지 말지 물었을 때, 그는 당신이 요 며칠 피곤해서 가까스로 잠들었다고 말했어요. 당신이 잠시 푹 자도록 한 것이라오. 그는 꼼짝도 안 하려고 했는데, 이렇게 자상한 남자친구를 당신은 소중히 여기지 않는군요!"

그녀는 얼굴이 빨개졌다. 역에 도착해서 그들은 차에서 내려 맞은편으로 달려가 다시 돌아오는 버스를 탔다. 그녀의 손이 그에게 잡혀 있는 것을 보고, [82]그녀는 처음으로 일생을 편안히 기댈 수 있는 어깨가 있는 것이 가장 중요한 것이고, 이것은 버스를 타느냐 차를 타느냐와는 상관이 없다는 것을 느끼게 되었다.

단어 下决心 xià juéxīn 결심하다 | 嫁 jià 동 시집가다 | 似乎 sìhū 부 마치 ~인 것 같다 | 甘心 gānxīn 동 달가워하다 | 教书匠 jiāoshūjiàng 선생 [해학적 의미를 내포함] | 除非 chúfēi 접 ~한다면 몰라도 | 彩票 cǎipiào 명 복권 | 中奖 zhòngjiǎng 동 당첨되다 | 否则 fǒuzé 접 만약 그렇지 않으면 | 富足 fùzú 동 풍족하다 | 生活 shēnghuó 명 생활 | 并不 bìngbù 결코 ~하지 않다 | 一如既往 yìrú jìwǎng 성 지난날과 다름없다 | 呵护 hēhù 동 애지중지하다 | 正好 zhènghǎo 부 마침 | 乘 chéng 동 타다 | 公交车 gōngjiāochē 명 버스 | 特殊 tèshū 형 특수하다 | 情况 qíngkuàng 명 상황 | 便 biàn 부 곧 | 磨磨蹭蹭 mómo cèngcèng 형 꾸물거리다 | 计较 jìjiào 동 따지다 | 连 lián 동 이어지다 | 摇摇晃晃 yáoyáo huànghuàng 형 비틀비틀하다 | 打瞌睡 dǎ kēshuì 졸다 | 尽量 jǐnliàng 부 최대한 | 身子 shēnzi 명 몸 | 站稳 zhànwěn 똑바로 서다 | 抓 zhuā 동 꽉 쥐다 | 吊环 diàohuán 명 손잡이 | 揽 lǎn 동 끌어안다 | 腰 yāo 명 허리 | 靠 kào 동 기대다 | 肩 jiān 명 어깨 | 以便 yǐbiàn 접 ~하기 위하여 | 安稳 ānwěn 형 안정되다 | 座位 zuòwèi 명 좌석 | 抚 fǔ 동 돌보다 | 继续 jìxù 동 계속하다 | 香 xiāng 형 (잠이) 달콤하다 | 醒 xǐng 동 잠에서 깨다 | 委屈 wěiqu 형 억울하다 | 指望 zhǐwàng 동 기대하다 | 宽厚 kuānhòu 형 관대하다 | 愈 yù 부 더욱 | 嚷 rǎng 동 외치다 | 讨厌 tǎoyàn 동 싫어하다 | 傻笑 shǎxiào 동 실없이 웃다 | 连 lián 개 ~마저도 | 吵架 chǎojià 동 말다툼하다 | 闷 mēn 형 답답하다 | 无理取闹 wúlǐ qǔnào 성 아무런 까닭 없이 남과 다투다 | 妇人 fùrén 명 기혼 여성 | 姑娘 gūniang 명 아가씨 | 可 kě 부 [평서문에 쓰여 강조를 나타냄] | 冤枉 yuānwang 동 억울한 누명을 씌우다 | 售货员 shòuhuòyuán 명 안내원 | 好不容易 hǎo bu róngyì 가까스로 | 舍得 shěde 동 기꺼이 하다 | 体贴 tǐtiē 동 자상하게 돌보다 | 珍惜 zhēnxī 동 귀중히 여기다 | 脸红 liǎnhóng 동 얼굴이 빨개지다 | 对面 duìmiàn 명 맞은편 | 握 wò 동 잡다 | 踏实 tāshi 형 편안하다 | 依靠 yīkào 동 의지하다 | 一生 yìshēng 명 일생 | 肩膀 jiānbǎng 명 어깨 | 无关 wúguān 동 상관없다

79 ★☆☆	
她为什么不能下决心嫁给他?	그녀는 왜 그에게 시집갈 결심을 할 수 없었는가?
A 因为她还喜欢着另一个人	A 그녀가 여전히 다른 사람을 좋아하기 때문이다
B 因为他不爱她	B 그가 그녀를 사랑하지 않기 때문이다
C 因为他的收入少	C 그의 소득이 적기 때문이다
D 因为她还不想结婚	D 그녀가 아직 결혼하고 싶지 않기 때문이다

단어 **另** lìng 대 다른 | **收入** shōurù 명 소득

해설 첫 번째 단락에서 여자가 남자에게 시집갈 결심을 하지 못하는 원인으로, '**因为他只是一个教书匠，除非买彩票中大奖，否则不可能给她非常富足的生活**(왜냐하면 그는 단지 선생일 뿐, 복권을 사서 1등에 당첨되는 것이 아니라면 그녀에게 풍족한 생활을 줄 수 없기 때문이다)'라고 한다. 이로 보아 남자가 수입이 많지 않아서 결혼을 결심하지 못한다는 것을 알 수 있으므로 보기 중 질문에 대한 대답으로 가장 적절한 답안은 C이다.

80 ★★☆	
他们怎么会坐过站的?	그는 어째서 역을 지나쳤는가?
A 他们两个都睡着了	A 둘 다 잠들었다
B 他们喜欢坐公交车	B 그들은 버스 타는 것을 좋아한다
C 她喜欢看窗外的风景	C 그녀는 창밖 풍경 보는 것을 좋아한다
D 他不想打扰她睡觉	D 그는 그녀가 잠자는 것을 방해하고 싶지 않았다

단어 **风景** fēngjǐng 명 풍경 | **打扰** dǎrǎo 동 방해하다

해설 세 번째 단락에서 '**这一觉睡得真香，等她一觉醒来，车已过了他们要下的那个站**(너무 달콤하게 잠을 자서 그녀가 깨기를 기다리다 보니 차는 이미 그들이 내려야 하는 그 정류장을 지나쳤다)'이라고 하므로, 남자는 여자가 자는 것을 방해하지 않으려고 한 것임을 알 수 있다. 그러므로 정답은 D이다.

81 ★★☆	
他对她的态度是什么样的?	그가 그녀를 대하는 태도는 어떠한가?
A 难以忍受	A 견디기 힘들다
B 不耐烦	B 귀찮다
C 爱护关心	C 사랑과 관심을 보인다
D 无法沟通	D 소통할 수 없다

단어 **难以** nányǐ 부 ~하기 어렵다 | **忍受** rěnshòu 동 참다 | **不耐烦** bú nàifán 형 귀찮다 | **无法** wúfǎ 동 ~할 수 없다 | **沟通** gōutōng 동 소통하다

해설 글의 전반적인 내용을 읽어야 하는 문제이다. 첫 번째 단락에서는 '**也并不要求她什么，只是一如既往地爱着她、呵护她**(그녀에게 어떠한 요구도 하지 않고, 단지 예전처럼 그녀를 사랑하고 아껴주었다)'라고 하고, 두 번째 단락에서는 '**他心里明白，但不计较**(그는 마음속으로 알고 있었지만 따지지는 않았다)'라고 하며, 세 번째 단락에서는 여자가 남자에 화를 내지만 '**他宽厚地笑笑**(그는 너그럽게 웃었다)'라고 한다. 이로 미루어 보아 남자는 여자에게 사랑과 관심을 보이는 것을 알 수 있으므로 정답은 C이다.

82 ★☆☆

这件事以后，她会怎么做?
A 跟他分手
B 决定嫁给他
C 更加讨厌他
D 再也不跟他一起坐公交车

이 일이 있고 난 뒤, 그녀는 어떻게 하였겠는가?
A 그와 이별한다
B 그에게 시집가기로 결심한다
C 그를 더욱 싫어한다
D 다시는 그와 함께 버스를 타지 않는다

단어 **更加** gèngjiā 부 더욱 | **分手** fēnshǒu 동 이별하다

해설 마지막 단락에서 노부인의 이야기를 듣고 얼굴이 빨개진 그녀는 '**她第一次觉得，有一个可以踏实地依靠一生的肩膀，才是最重要的，这和坐的是公交车还是汽车无关**(그녀는 처음으로 일생을 편안히 기댈 수 있는 어깨가 있는 것이 가장 중요한 것이고, 이것은 버스를 타느냐 차를 타느냐와는 상관이 없다는 것을 느끼게 되었다)'이라고 생각한다. 이로 보아 남자에 대한 여자의 심경에 변화가 생겼다는 것을 짐작할 수 있으므로, 여자는 남자에게 시집을 갈 것임을 알 수 있다. 그러므로 정답은 B이다.

83 – 86

他是一位出色的化工专家，也是一位功绩显著的化工实业家。早在1920年前后，[83]他就参与创建了亚洲第一座化工厂。后来，他还冒着生命危险，独自创建了永明漆厂，研制生产了著名的"永明牌"等漆料。

但是，令所有人感到惊讶的是，他这样一位爱国志士，却干出了一件让人"不可思议"的事——1934年，他的爱妻因病不治去世。

他在极度悲伤的情况下为妻子举行了一场追悼会，并遍发通告，在通告中写下了这样一句令人难以置信的话："来人悼念，一律只收现金。"在当时，谁家若有丧事，亲朋好友几乎不可能送钱，他却出人意料地喊出了"一律只收现金"的口号！这无疑是遭人耻笑的事情。但是，很多人考虑到他为人正直，因此还是准备了现金。[84]对于油漆大王如此"出格"的举动，所有的亲朋好友都背后在议论。直到他做了一件事后，人们才明白，并对他赞不绝口。

原来，他并不是爱财之人，[85]而是用收来的现金加上个人的积蓄，以亡妻的名字命名，开办了一家幼儿园，[86]免费让他那个厂的职工的子女进入学习。

他就是苏州化学家陈调甫。他在爱妻去世的悲痛中，仍不忘发展教育、造福他人的做法，不禁让人由衷地敬佩。

그는 뛰어난 화학 공업 전문가이자 공적이 두드러진 화학 공업 사업가이다. 일찍이 1920년 전후, [83]그는 아시아 최초의 화학 공장을 창립하는 데 참여했다. 후에 그는 생명의 위협을 무릅쓰고 영명(永明) 페인트 공장을 독자적으로 창립하여 유명한 '영명 브랜드' 등의 페인트 제품을 연구 제작 및 생산하였다.

하지만 모든 사람을 놀라게 한 것은, 애국지사인 그가 도리어 사람들이 '이해할 수 없는' 일을 했다는 것이다. 1934년, 그의 사랑하는 아내가 불치병으로 세상을 떠났다. 그는 극도로 비탄한 상황에서 아내를 위해 한 차례 추도회를 열고 통지문을 널리 퍼트렸다. 통지문에는 사람들이 믿을 수 없는 한 구절이 이렇게 써 있었다. '추도를 위해 오시는 분들께 예외 없이 현금만 받겠습니다.' 당시에 누군가의 집에서 장례를 치르면 가까운 친지와 친구들은 대부분 돈을 내지 않았는데, 그는 뜻밖에도 '예외없이 현금만 받겠습니다'고 외친 것이다! 이는 틀림없이사람들이 비웃을 일이었다. 하지만 많은 이들은 그의 됨됨이가 정직하다는 것을 생각하여 그래도 현금을 준비해 갔다. [84]페인트 업계 거물의 이런 '남다른' 행동에 대해 친지와 친구들은 모두 뒤에서 수군거렸다. 그러나 그가 어떠한 일을 행하고 나서야 비로소 사람들은 이해하게 되었고, 그에 대한 칭찬을 아끼지 않았다.

알고 보니 그는 결코 재물을 탐내는 사람이 아니었고, [85]거둔 현금에 개인이 저축한 돈을 더하여 세상을 떠난 아내의 이름으로 유치원을 설립하여, [86]그의 공장 직원 자녀들을 무료로 입학시켜 공부하도록 한 것이었다.

그가 바로 쑤저우(苏州)의 화학자 진조보(陈调甫)이다. 그는 사랑하는 아내를 떠나 보낸 비통함 속에서도 여전히 교육의 발전과 타인을 행복하게 하는 법을 잊지 않았고, 이는 사람들로 하여금 진심으로 탄복을 금치 못하게 했다.

단어 出色 chūsè 형 대단히 뛰어나다 | 化工 huàgōng 명 화학 공업 | 专家 zhuānjiā 명 전문가 | 功绩 gōngjì 명 공적 | 显著 xiǎnzhù 형 두드러지다 | 实业家 shíyèjiā 명 사업가 | 前后 qiánhòu 명 전후 | 参与 cānyù 동 참여하다 | 创建 chuàngjiàn 동 창립하다 | 亚洲 Yàzhōu 명 아시아 | 座 zuò 양 채 [부피가 크거나 고정된 물체를 세는 단위] | 化工厂 huàgōngchǎng 명 화학 공장 | 冒 mào 동 무릅쓰다 | 生命 shēngmìng 명 생명 | 危险 wēixiǎn 명 위험 | 独自 dúzì 부 독자적으로 | 漆厂 qīchǎng 명 페인트 공장 | 研制 yánzhì 동 연구 제작하다 | 生产 shēngchǎn 동 생산하다 | 著名 zhùmíng 형 유명하다 | 牌 pái 명 브랜드 | 漆料 qīliào 명 페인트 | 令 lìng 동 ~하게 하다 | 所有 suǒyǒu 형 모든 | 惊讶 jīngyà 형 놀랍다 | 爱国志士 àiguó zhìshì 명 애국지사 | 却 què 접 오히려 | 干 gān 동 일을 하다 | 不可思议 bùkě sīyì 성 이해할 수 없다 | 爱妻 àiqī 명 애처 | 不治 búzhì 동 완치할 수 없다 | 去世 qùshì 동 세상을 뜨다 | 极度 jídù 부 극도로 | 悲伤 bēishāng 형 비탄에 잠기다 | 情况 qíngkuàng 명 상황 | 举行 jǔxíng 동 거행하다 | 场 chǎng 양 번 [큰 활동의 한 차례를 셀 때 쓰임] | 追悼会 zhuīdàohuì 명 추도회 | 遍 biàn 부 두루 | 通告 tōnggào 명 통지문 | 难以置信 nányǐ zhìxìn 성 매우 믿기 어렵다 | 悼念 dàoniàn 동 추모하다 | 一律 yílǜ 부 예외 없이 | 收 shōu 동 받다 | 现金 xiànjīn 명 현금 | 当时 dāngshí 명 당시 | 若 ruò 접 만약 | 丧事 sāngshì 명 장례 | 亲朋好友 qīnpéng hǎoyǒu 명 친지와 친구 | 出人意料 chūrén yìliào 성 예상 밖이다 | 喊 hǎn 동 외치다 | 口号 kǒuhào 명 구호 | 无疑 wúyí 형 틀림이 없다 | 遭 zāo 동 당하다 | 耻笑 chǐxiào 동 비웃다 | 考虑 kǎolǜ 동 고려하다 | 为人 wéirén 명 됨됨이 | 正直 zhèngzhí 형 정직하다 | 因此 yīncǐ 접 그래서 | 对于 duìyú 개 ~에 대해 | 大王 dàwáng 명 거물 | 如此 rúcǐ 대 이와 같다 | 出格 chūgé 동 남다르다 | 举动 jǔdòng 명 행동 | 背后 bèihòu 부 뒤에서 | 议论 yìlùn 동 논의하다 | 直到 zhídào 동 ~까지 이르다 | 赞不绝口 zànbù juékǒu 성 칭찬하여 마지않다 | 原来 yuánlái 부 알고 보니 | 并不 bìngbù 결코 ~하지 않다 | 爱财 àicái 동 재물을 좋아하다 | 个人 gèrén 명 개인 | 积蓄 jīxù 명 저금 | 以 yǐ 개 ~을 가지고 | 亡 wáng 동 죽다 | 命名 mìngmíng 명 이름 짓다 | 开办 kāibàn 동 설립하다 | 幼儿园 yòu'éryuán 명 유치원 | 免费 miǎnfèi 동 무료로 하다 | 职工 zhígōng 명 직원 | 进入 jìnrù 동 들다 | 苏州 Sūzhōu 명 쑤저우 [지명] | 陈调甫 Chén Diàofǔ 명 진조보 [인명] | 悲痛 bēitòng 형 비통해하다 | 仍 réng 부 여전히 | 发展 fāzhǎn 동 발전시키다 | 教育 jiàoyù 명 교육 | 造福 zàofú 동 행복하게 하다 | 他人 tārén 명 타인 | 做法 zuòfǎ 명 방법 | 不禁 bùjīn 부 자기도 모르게 | 由衷 yóuzhōng 형 마음속에서 우러나오는 | 敬佩 jìngpèi 동 탄복하다

83 ★★☆	
关于陈调甫，哪项是错的?	진조보에 관하여 다음 중 잘못된 것은?
A 他创建了世界第一座化工厂	A 그는 세계 최초의 화학 공장을 세웠다
B 他艰难地创建了永明漆厂	B 그는 어렵게 영명 페인트 공장을 창립했다
C 他拥有爱国热情和实干的精神	C 그는 애국심과 착실하게 일하는 정신을 갖고 있다
D 他为祖国的化工事业做出了卓越的贡献	D 그는 조국의 화학 공업 사업을 위해 출중한 공헌을 했다

단어 艰难 jiānnán 형 어렵다 | 拥有 yōngyǒu 동 가지다 | 实干 shígàn 동 착실하게 일하다 | 精神 jīngshén 명 정신 | 祖国 zǔguó 명 조국 | 事业 shìyè 명 사업 | 卓越 zhuóyuè 형 출중하다 | 贡献 gòngxiàn 동 공헌

해설 지문의 첫 번째 단락에서 '他就参与创建了亚洲第一座化工厂(그는 아시아 최초의 화학 공업 공장을 창립하는 데 참여했다)'이라고 한다. 이에 근거하면 진조보는 세계 최초가 아닌, 아시아 최초의 화학 공장 창립에 참여한 것이다. 따라서 정답은 A이다.

84 ★★★	
本文中的“出格”是什么意思? A 不同寻常　　B 古怪 C 艰难　　D 疯狂	이 글의 '출각'은 무슨 의미인가? A 일반적이지 않다　　B 괴상하다 C 어렵다　　D 미치다

단어 不同寻常 bùtóng xúncháng 성 일반적이지 않다 | 古怪 gǔguài 형 괴상하다 | 艰难 jiānnán 형 어렵다 | 疯狂 fēngkuáng 형 미치다

해설 두 번째 단락에서 쓰인 '出格(남다르다)'의 뜻을 묻는 문제이다. 이 단어가 포함된 문장에서 '对于油漆大王如此“出格”的举动，所有的亲朋好友都背后在议论(페인트 업계 거물의 이런 '남다른' 행동에 대해 친지와 친구들은 모두 뒤에서 수군거렸다)'이라고 하는 것으로 보아, 진조보가 일반적으로 하지 않을 행동과 뒤에서 사람들이 수군거릴 일을 했다는 것을 짐작할 수 있다. 따라서 '出格'는 문장에서 '격식에서 벗어나다', '상식 밖이다'라는 의미를 내포하므로, 보기 중에서 '일반적이지 않다'라는 뜻의 성어인 '不同寻常'이 정답으로 가장 적절하다. 그러므로 정답은 A이다.

85 ★★☆	
陈调甫为什么要收现金? A 给亡妻买东西 B 喜欢钱 C 积聚钱财给孩子们买吃的 D 建幼儿园	진조보는 왜 현금을 받고자 했는가? A 세상을 떠난 아내에게 물건을 사 준다 B 돈을 좋아한다 C 돈을 모아 아이들에게 먹을 것을 사 준다 D 유치원을 설립하다

단어 积聚 jījù 동 모으다 | 钱财 qiáncái 명 돈

해설 네 번째 단락에서 '而是用收来的现金加上个人的积蓄，以亡妻的名字命名，开办了一家幼儿园(거둔 현금에 개인이 저축한 돈을 더하여 세상을 떠난 아내의 이름으로 유치원을 설립했다)'이라고 한다. 따라서 진조보가 추도회에서 현금을 받고자 한 이유는 '建幼儿园(유치원을 짓다)'이다. 지문의 '开办'과 보기의 '建'은 모두 '설립하다'라는 뜻이므로 정답은 D이다.

86 ★★☆	
陈调甫开办幼儿园的目的是什么? A 让大家把孩子送过来 B 免费让孩子来玩 C 给自己的孩子一个温暖的家 D 让厂里职工的子女免费学习	진조보가 유치원을 설립한 목적은 무엇인가? A 모두에게 아이들을 보내게 한다 B 아이를 무료로 와서 놀 수 있게 한다 C 자신의 아이에게 따뜻한 집을 준다 D 공장 직원 자녀에게 무료로 공부하게 한다

단어 温暖 wēnnuǎn 형 따뜻하다

해설 네 번째 단락에서 진조보는 유치원을 세워 '免费让他那个厂的职工的子女进入学习(그의 공장 직원 자녀들을 무료로 입학시켜 공부하도록 했다)'라고 하므로 정답은 D이다.

87 – 90

我工作的一所学校在郊区，学校通往城里的公交车不是特别好坐，人总是很多。有一次我和一名学生进城，上车的时候，车里的人很少，学生却一定要拉我到最后一排去坐，我很诧异，问她说："前面有位置，为什么我们要坐最后呢?"她眨眨眼睛，悄悄地对我说："这趟车人特别多，我敢保证，[87]我们坐在前排的话，迟早都是要站起来给别人让座的，坐后排，就没事了。看着这个诚实的孩子，我很吃惊，没想到坐公交车居然有这样的讲究。

后来有一天，我和一位叫汉克的留学生去办事，也坐公交车，大概要坐三站路，很近。我上车后准备坐前排的，但是汉克拉着我就坐到后排去了。我想起那位学生，然后很悲哀地想，汉克该不会这么快就知道了往后坐的道理了吧!

我提醒汉克说："我们只坐三站就到了，为什么不坐前排呢?"汉克很吃惊地看着我说："难道我们先上公交车的人不应该先坐后排吗?"我疑惑了，我问："为什么先上来的就要坐后排呢?"汉克说："在我们英国，[88, 89]先上公交车的人都是从后排坐起的，因为这样可以方便后面的人上车啊!"我顿时没有话说了。

回去之后，我找了一个在伦敦生活过的教授一问，教授笑着告诉我："没错，是这样的，这是他们遵守的规矩，这样可以让车厢不那么拥挤。"

我听着听着，渐渐感觉美好起来。末了，教授笑着问我："这下你知道为什么伦敦人开着巴士来北京迎奥运了吧?"我猛地恍然大悟，很肯定地回答说："[90]一定是因为巴士里藏着他们国家美好友爱和谐的文化。"

내가 일하는 학교는 교외에 있다. 학교에서 시내로 통하는 버스는 그리 편하지 않고 사람도 항상 많다. 한 번은 나와 한 학생이 시내로 가고자 버스에 탔을 때 사람이 매우 적었음에도 학생이 끝줄의 자리까지 나를 끌고 가려고 했다. 나는 매우 의아해하며 그녀에게 물었다. "앞쪽에도 자리가 있는데 왜 맨 뒤에 앉아야 해?" 그녀는 눈을 깜박이며 몰래 나에게 말했다. "이 버스에는 사람이 아주 많아서, 제가 감히 보증하건대 [87]우리가 앞줄에 앉으면 조만간 모두 일어나 다른 사람에게 자리를 양보해야 해요. 뒷줄에 앉으면 괜찮죠." 이 솔직한 아이를 보고 나는 매우 놀랐다. 버스 타는 것에 이런 신경을 쓸 줄은 생각지도 못했다.

이후 어느 날, 나와 한커(汉克)라는 한 유학생이 일을 보러 가는 길에 역시 버스를 탔다. 대략 세 정거장 되는 가까운 거리였다. 나는 버스에 타서 앞줄에 앉으려 했지만 한커는 나를 뒷줄로 끌고 갔다. 나는 그 학생이 떠올랐고, 한커는 뒷줄에 가서 앉는 이유를 이렇게 빨리 알지는 못하겠지! 라고 생각하였다.

나는 한커에게 일러주었다. "우리는 세 정거장만 가면 도착하는데 왜 앞줄에 앉지 않는 거야?" 한커는 놀란듯이 나를 보며 말했다. "먼저 탄 사람이 뒷줄부터 앉아야 하는 거 아니에요?" 나는 미심쩍었고, 그에게 물었다. "왜 먼저 탄 사람이 뒷줄에 앉아야 하지?" 한커가 말했다. "우리 영국에서는 [88, 89]먼저 버스에 탄 사람은 전부 뒷줄부터 앉아요. 이렇게 해야 나중에 사람들이 편하게 탈 수 있기 때문이죠!" 나는 순간 할 말을 잃었다.

학교로 돌아가 나는 런던(伦敦)에서 살았던 한 교수를 찾아가 물었다. 교수는 웃으며 알려주었다. "맞아요. 이렇게 하죠. 이것은 그들이 준수하는 규칙이에요. 이렇게 해야 버스 안이 그만큼 혼잡하지 않죠."

나는 듣다 보니 점점 기분이 좋아졌다. 마지막으로 교수가 웃으며 나에게 물었다. "이번에 런던 사람이 왜 버스를 몰고 올림픽을 맞이하러 베이징(北京)에 온 줄 아시겠죠?" 나는 갑자기 모든 것을 알게 되어 매우 확고하게 대답했다. "[90]분명 버스에 그들 국가의 아름다운 우애와 조화로운 문화를 간직하고 있기 때문이겠죠."

단어 **所** suǒ 양 채 [건물 등을 세는 단위] | **郊区** jiāoqū 명 교외 | **城里** chénglǐ 명 시내 | **进城** jìnchéng 시내에 들어가다 | **却** què 부 오히려 | **拉** lā 동 끌다 | **排** pái 양 줄 | **诧异** chàyì 동 의아해하다 | **位置** wèizhi 명 자리 | **眨** zhǎ 동 (눈을) 깜박거리다 | **悄悄** qiāoqiāo 부 몰래 | **趟** tàng 양 번 [정기적인 교통 수단의 운행 횟수를 세는 데 쓰임] | **敢** gǎn 조동 감히 ~하다 | **保证** bǎozhèng 동 보증하다 | **迟早** chízǎo 부 조만간 | **让座** ràngzuò 동 (좌석을) 양보하다 | **诚实** chéngshí 형 진실되다 | **吃惊** chījīng 동 놀라다 | **没想到** méi xiǎngdào 생각지 못하다 | **居然** jūrán 부 놀랍게도 | **讲究** jiǎngjiu 동 신경 쓰다 | **办事** bànshì 동 일을 처리하다 | **大概** dàgài 부 대략 | **悲哀** bēi'āi 형 슬프고 애통하다 | **道理** dàolǐ 명 이치 | **提醒** tíxǐng 동 일깨우다 | **难道** nándào 부 설마 ~란 말인가? | **疑惑** yíhuò 동 의심하다 | **顿时** dùnshí 부 순간적으로 |

之后 zhīhòu 명 ~후 | 伦敦 Lúndūn 명 런던 [지명] | 生活 shēnghuó 동 생활하다 | 教授 jiàoshòu 명 교수 | 遵守 zūnshǒu 동 준수하다 | 规矩 guīju 명 규율 | 车厢 chēxiāng 명 객실 | 拥挤 yōngjǐ 형 붐비다 | 渐渐 jiànjiàn 부 점점 | 感觉 gǎnjué 동 느끼다 | 美好 měihǎo 형 좋다 | 末了 mòliǎo 명 마지막 | 巴士 bāshì 명 버스 | 迎 yíng 동 맞이하다 | 奥运 Àoyùn 명 올림픽 ['奥运会'의 약칭] | 猛 měng 부 갑자기 | 恍然大悟 huǎngrán dàwù 성 문득 모든 것을 깨치다 | 肯定 kěndìng 형 확신하다 | 藏 cáng 동 간직하다 | 友爱 yǒu'ài 형 우애롭다 | 和谐 héxié 형 조화롭다

87 ★★☆

文中第一段中的学生为什么要拉着"我"到后排去坐?	글의 첫 번째 단락에서 학생은 왜 '나'를 뒷줄로 끌고 가서 앉으려 했는가?
A 为了不让座	A 자리를 양보하지 않기 위해서이다
B 为了不晕车	B 차멀미를 하지 않기 위해서이다
C 为了更舒适	C 더 편하기 위해서이다
D 为了看更美的风景	D 더 아름다운 풍경을 보기 위해서이다

단어 晕车 yùnchē 동 차멀미하다 | 舒适 shūshì 형 편안하다 | 风景 fēngjǐng 명 풍경

해설 첫 번째 단락에서 함께 버스를 탄 학생은 '我们坐在前排的话, 迟早都是要站起来给别人让座的(우리가 앞줄에 앉으면 조만간 모두 일어나 다른 사람에게 자리를 양보해야 한다)'라고 한다. 따라서 보기 중에서 질문에 대한 대답으로 가장 적절한 것은 '为了不让座(자리를 양보하지 않기 위해서)'이므로 정답은 A이다.

88 ★★☆

汉克为什么要拉着"我"去后排坐?	한커는 왜 '나'를 뒷줄로 끌고 가서 앉으려 했는가?
A 为了宽敞的后排	A 넓은 뒷줄을 위해서이다
B 为了方便后上的乘客	B 나중에 타는 승객의 편의를 위해서이다
C 为了方便说话	C 편하게 대화하기 위해서이다
D 为了下车的方便	D 내리는 편리함을 위해서이다

단어 宽敞 kuānchang 형 넓다 | 乘客 chéngkè 명 승객

해설 세 번째 단락에서 한커는 영국에서는 '先上公交车的人都是从后排坐起的, 因为这样可以方便后面的人上车啊(먼저 버스에 탄 사람은 전부 뒷줄부터 앉는다. 이렇게 해야 나중에 사람들이 편하게 탈 수 있기 때문이다)'라고 한다. 따라서 한커가 화자를 뒤로 끌고 가서 앉은 이유는 '为了方便后上的乘客(나중에 타는 승객의 편의를 위해서이다)'이므로 정답은 B이다.

89 ★★☆	
关于伦敦的公交车情况，哪项是错的？	런던 버스의 상황에 관하여 다음 중 잘못된 것은?
A 伦敦人乘公交车肯定先去坐后排的座位	A 런던 사람은 버스를 탈 때 반드시 뒷줄의 자리부터 앉는다
B 伦敦人乘公交车会有意识地去方便后上的乘客	B 런던 사람은 버스를 탈 때 의식적으로 나중에 탈 승객의 편의를 위한다
C 伦敦人遵守他们的规矩是为了不让车厢拥挤	C 런던 사람은 버스 안이 혼잡하지 않게 하기 위하여 규칙을 준수한다
D 伦敦的公交车有前后等级之分	D 런던의 버스에는 전후 등급의 분류가 있다

단어 乘 chéng 동 타다 | 意识 yìshí 명 의식 | 等级 děngjí 명 등급 | 分 fēn 명 분류

해설 세 번째 단락에서 한커는 영국에서는 '先上公交车的人都是从后排坐起的，因为这样可以方便后面的人上车啊(먼저 버스에 탄 사람은 전부 뒷줄부터 앉는다. 이렇게 해야 나중에 사람들이 편하게 탈 수 있기 때문이다)'라고 한다. 보기 중에서 한커가 한 이 말과 일치하지 않는 것은 '伦敦的公交车有前后等级之分(런던의 버스에는 전후 등급의 분류가 있다)'이다. 편의를 위해서 규칙을 준수하는 것이지 등급이 분류되어있다는 것은 지문에서 언급되지 않았으므로 정답은 D이다.

90 ★★☆	
伦敦人为什么要开着巴士迎奥运？	런던 사람은 왜 버스를 몰고 올림픽을 맞이했는가?
A 因为巴士是伦敦人发明的	A 버스는 런던 사람이 발명한 것이기 때문이다
B 因为巴士代表着伦敦	B 버스는 영국을 대표하기 때문이다
C 因为巴士蕴含着伦敦的文化	C 버스는 영국의 문화를 지니고 있기 때문이다
D 因为巴士很有观众缘	D 버스는 관중과 인연이 매우 있기 때문이다

단어 发明 fāmíng 동 발명하다 | 代表 dàibiǎo 동 대표하다 | 蕴含 yùnhán 동 지니고 있다 | 观众 guānzhòng 명 관중 | 缘 yuán 명 인연

해설 마지막 단락에서 교수의 질문에 저자는 확고하게 '一定是因为巴士里藏着他们国家美好友爱和谐的文化(분명 버스에 그들 국가의 아름다운 우애와 조화로운 문화를 간직하고 있기 때문이다)'라고 대답한다. 지문의 '藏着文化(문화를 간직하다)'는 보기에서 '蕴含文化(문화를 지니고 있다)'로 바뀌어 쓰였다. 따라서 정답은 C이다.

91 ★★★

连　　被　　误会　　他　　了　　都

정답 连他都被误会了。	그 조차도 오해를 받았다.

단어 **连** lián 개 ~조차도 | **被** bèi 개 ~에게 ~당하다 | **误会** wùhuì 동 오해하다

해설 **1. 술어와 주어 찾기 :** 제시된 단어 중에 '被(~에게 ~당하다)'가 보이므로 '被자문'의 구조를 떠올릴 수 있어야 한다. 기본 구조는 '주어(동작의 객체) + 被 + 목적어(동작의 주체) (+ 기타 성분)'이지만, 이 문장에서는 목적어(동작의 주체)가 생략되었다. 따라서 개사 '被' 뒤에는 동사 '误会(오해하다)'가 위치하고, '误会(오해하다)'는 이 문장의 술어가 된다. 또한, 오해를 받은 사람은 '他(그)'이므로 주어(동작의 객체)가 되고, 동태조사 '了'는 술어 뒤에 배치한다.

2. 부사어 찾기 : '连…都…'는 '~조차도 다 ~하다'라는 의미로, 1번에서 완성한 문장인 '他被误会了(그는 오해를 받았다)'에 대입시키면, 개사 '连(~조차도)'은 '他(그)' 앞에, 부사 '都(다)'는 '被(~에게 ~당하다)' 앞에 배치할 수 있다.

连	他	都被	误会	了。
부사어	주어	부사어	술어	

92 ★★☆

成为　　世界　　能　　为什么　　美国　　强国

정답 美国为什么能成为世界强国?	미국이 왜 세계 강대국이 될 수 있었는가?

단어 **成为** chéngwéi 동 ~이 되다 | **世界** shìjiè 명 세계 | **强国** qiángguó 명 강대국

해설 **1. 술어 찾기 :** 동사 '成为'는 '~이 되다'라는 뜻으로 이 문장의 술어가 된다.

2. 주어와 목적어 찾기 : '美国(미국)'와 '强国(강대국)'는 의미상 각각 주어와 목적어 자리에 배치하고, 술어와 결합하여 '美国成为强国(미국이 강대국이 되다)'가 된다.

3. 관형어와 부사어 찾기 : '为什么(왜)'와 '能(~할 수 있다)'은 의문사와 조동사 순으로 나열하여, '为什么能'은 '왜 ~할 수 있는가?'라는 의미를 만든다. 그리고 이것은 술어인 '成为(~가 되다)' 앞에서 부사어 역할을 한다. '世界(세계)'는 목적어 '强国(강대국)'를 꾸며주는 관형어 역할을 한다.

美国	为什么能	成为	世界	强国?
주어	부사어	술어	관형어	목적어

93 ★★☆

这	可	累	奶奶	把	坏	了

정답 这可把奶奶累坏了。 | 이것이 할머니를 몹시 지치게 했다.

단어 可 kě 부 [평서문에 쓰여 강조를 나타냄] | 把 bǎ 개 ~를 | 坏 huài 형 너무 ~하다

해설 1. **술어와 보어 찾기 :** 제시된 단어 중에 유일한 동사 '累(지치게 하다)'는 이 문장의 술어가 된다. 형용사 '坏'는 원래 '나쁘게 하다'라는 뜻이지만, 동사나 형용사 뒤에서 '坏了' 형태로 '너무 ~하다'라는 뜻의 정도보어로 쓰이기도 한다. 따라서 이를 모두 조합하면 '累坏了(몹시 지치게 하다)'가 된다.

2. **주어 찾기 :** 이 문장은 '把자문'으로 '주어 + 把 + 목적어 + 동사 + 기타 성분' 순서로 나열할 수 있다. 지시대명사 '这(이것)'는 주어, 명사 '奶奶(할머니)'는 목적어가 된다.

3. **부사어 찾기 :** '把자문'이므로 목적어인 '奶奶(할머니)'를 술어 앞에 위치시켜 강조하는 것이 특징이다. 부사 '可'는 개사 '把' 앞에서 강조를 나타내는 부사어가 된다.

这	可把奶奶	累	坏	了。
주어	부사어	술어	보어	

94 ★★☆

才	成绩	怎么	提高	呢	学习	能

정답 怎么才能提高学习成绩呢? | 어떻게 해야 비로소 학습 성적을 향상시킬 수 있는가?

단어 才 cái 부 비로소 | 成绩 chéngjì 명 성적 | 提高 tígāo 동 향상시키다

해설 1. **술어 찾기 :** 동사 '提高'는 '향상시키다', '끌어올리다'라는 뜻으로 이 문장의 술어가 된다.

2. **목적어 찾기 :** 술어 '提高(향상시키다)'의 목적어는 '成绩(성적)'로, '提高成绩(성적을 향상시키다)'는 자주 출제되는 단어 조합이다.

3. **관형어와 부사어 찾기 :** '学习(학습)'는 목적어를 수식하는 관형어로 '成绩(성적)'를 수식하여 '学习成绩(학습 성적)'가 된다. 역할을 한다. 또한, '怎么才能…呢?' 문형은 '어떻게 해야 비로소 ~할 수 있는가?'라는 의미이다. 여기서 어기조사 '呢'는 문장 끝에 위치하여 의문을 나타낸다.

怎么才能	提高	学习	成绩	呢?
부사어	술어	관형어	목적어	

95 ★★☆

流传着　上　一个　说法　小镇　一直

정답 小镇上一直流传着一个说法。	작은 마을에 한 이야기가 줄곧 전해지고 있다.

단어 **流传** liúchuán 동 전해 내려오다 | **说法** shuōfa 명 이야기 | **小镇** xiǎozhèn 명 작은 마을 | **一直** yìzhí 부 줄곧

해설 **1. 술어 찾기 :** 동태조사 '着'가 붙어 있는 '流传(전해 내려오다)'이 이 문장의 술어임을 알 수 있다.

2. 주어와 목적어 찾기 : 술어 '流传(전해 내려오다)'의 목적어는 의미상 '说法(이야기)'가 되고, 주어는 장소명사 '小镇(작은 마을)'이다. 방위 명사 '上'은 장소 명사 뒤에 놓여 장소를 더 구체적으로 나타낸다.

3. 관형어와 부사어 찾기 : '一个(한 개)'는 '수사 + 양사' 형태로 명사를 꾸며주므로 목적어 '说法(이야기)' 앞에서 관형어 역할을 하고, 부사 '一直(줄곧)'은 술어 앞에서 술어를 수식하는 부사어 역할을 한다.

小镇上	一直	流传着	一个	说法。
주어	부사어	술어	관형어	목적어

96 ★★☆

派　林经理　老板　环境　考察　投资　去

정답 老板派林经理去考察投资环境。	사장은 린(林)매니저를 파견하여 투자 환경을 현지 조사를 하게 했다.

단어 **派** pài 동 파견하다 | **经理** jīnglǐ 명 매니저 | **老板** lǎobǎn 명 사장 | **环境** huánjìng 명 환경 | **考察** kǎochá 동 현지 조사하다 | **投资** tóuzī 명 투자

해설 **1. 술어 찾기 :** 동사 '派'는 사역동사로 '(~하도록) 파견하다'라는 뜻이고, 나머지 동사 '去(가다)'와 '考察(현지 조사하다)'는 동작이 발생하는 순서대로 각각 술어 자리에 배치한다.

2. 주어와 목적어 찾기 : '老板(사장)'이 '林经理(린 매니저)'를 파견한 것이므로, 첫 번째 술어 '派(파견하다)'의 목적어는 '林经理(린 매니저)'이다. 또한, '林经理(린 매니저)'는 첫 번째 술어의 목적어이자 두 번째 술어 '去考察(가서 현지 조사하다)'의 주어가 된다. 따라서 이 문장은 겸어문이다. 나머지 '投资(투자)'는 '环境(환경)'과 조합하여 '投资环境(투자 환경)'으로 두 번째 술어의 목적어가 된다.

老板	派	林经理	去考察	投资环境。
주어1	술어1	목적어1		
		주어2	술어2	목적어2

97 ★★☆

今天的　　灿烂　　特别　　阳光

정답 今天的阳光特别灿烂。	오늘의 햇빛은 유달리 눈부시다.

단어 **灿烂** cànlàn 형 눈부시다 | **特别** tèbié 부 유달리 | **阳光** yángguāng 명 햇빛

해설 **1. 술어 찾기 :** 형용사 '灿烂'은 '눈부시다'라는 뜻으로 이 문장의 술어가 된다.

2. 주어 찾기 : 눈부신 주체는 '阳光(햇빛)'이므로 술어와 조합하면 '阳光灿烂(햇빛이 눈부시다)'이 된다.

3. 관형어와 부사어 찾기 : 구조조사 '的'와 함께 쓰인 '今天的(오늘의)'는 명사 '阳光(햇빛)'을 수식하는 관형어이고, 부사 '特别(유달리)'는 술어 '灿烂(눈부시다)'을 수식하는 부사어 역할을 한다.

今天的	阳光	特别	灿烂。
관형어	주어	부사어	술어

98 ★★☆

同学们　　积极　　脑筋　　请　　开动

정답 请同学们积极开动脑筋。	학우 여러분은 적극적으로 머리를 써 주세요.

단어 **积极** jījí 형 적극적이다 | **脑筋** nǎojīn 명 머리, 두뇌 | **开动** kāidòng 동 움직이다

해설 **1. 술어 찾기 :** 동사 '开动'은 '움직이다'라는 뜻으로 술어 자리에 배치한다. '请'은 주어의 앞 혹은 뒤에 놓여 '~해 주세요'라는 의미를 가지며 주어를 생략할 수도 있다. 또한, 뒤에 오는 문장 전체를 목적어로 가진다.

2. 주어와 목적어 찾기 : '开动(움직이다)'의 목적어는 '脑筋(머리)'이므로, 조합하면 '开动脑筋(머리를 쓰다)'가 되며, 이것의 주체는 '同学们(학우 여러분)'이다.

3. 부사어와 관형어 찾기 : '积极'는 '적극적이다'라는 형용사로, 술어를 수식하는 부사어 자리에 배치하여 '积极开动脑筋(적극적으로 머리를 쓰다)'의 순서가 된다.

请	同学们	积极	开动	脑筋。
请	주어	부사어	술어	목적어

99 ★★☆

晚上　月亮　盼望　感受　跳舞

모범 답안

		今	天	是	中	秋	节	，	晚	上	月	亮	又	大	又
圆	。	每	年	这	个	时	候	，	我	都	是	一	个	人	在
中	国	。	我	盼	望	着	自	己	能	够	早	日	回	国	，
感	受	爸	爸	妈	妈	的	爱	，	我	经	常	想	起	他	们，
想	起	我	们	在	一	起	跳	舞	的	样	子	，	我	很	想
念	他	们	，	我	也	很	爱	他	们	。					

오늘은 중추절이다. 밤의 달이 크고도 둥글다. 매년 이맘때 나는 항상 중국에 혼자 있다. 나는 어서 귀국해서 아빠, 엄마의 사랑을 느낄 수 있기를 간절히 바란다. 나는 그들을 자주 떠올리고, 우리가 함께 춤을 추던 모습을 떠올린다. 나는 그들이 무척 그립고, 그들을 매우 사랑한다.

단어 **晚上** wǎnshang 명 밤 | **月亮** yuèliang 명 달 | **盼望** pànwàng 동 간절히 바라다 | **感受** gǎnshòu 동 느끼다 | **跳舞** tiàowǔ 동 춤을 추다 | **中秋节** Zhōngqiū Jié 명 중추절 | **圆** yuán 형 둥글다 | **早日** zǎorì 부 일찍이 | **想起** xiǎngqǐ 떠올리다 | **样子** yàngzi 명 모습 | **想念** xiǎngniàn 동 그리워하다

해설 **1. 단어의 뜻과 품사 파악하기**

2. 단어 조합하기

- 晚上, 月亮 : 晚上月亮(밤의 달) / 月亮升起(달이 떠오르다)
- 盼望 : 盼望回国(귀국하기를 간절히 바라다) / 盼望合格(합격을 간절히 바라다)
- 感受 : 感受爸爸妈妈的爱(아빠, 엄마의 사랑을 느끼다) / 感受情趣(정취를 느끼다) / 表达感受(느낌을 표현하다)
- 跳舞 : 一起跳舞(함께 춤을 추다) / 跳舞的样子(춤을 추는 모습)

3. 주제와 글의 종류 정하기

- 주제 : 中秋节时，想念父母(중추절에 부모님을 그리워하다)
- 서술문(원인–과정–결과) or 논설문(문제 제기–문제 분석–해결 방법)

4. 답안 윤곽 잡기(서술문)

- 원인 : 今天是中秋节 / 晚上月亮 / 又大又圆
- 과정 : 一个人在中国 / 盼望回国 / 感受爸爸妈妈的爱 / 我想起他们 / 一起跳舞的样子
- 결과 : 我想念他们 / 我很爱他们

5. 문형 활용하기

- 又 A 又 B　A하기도 하고 B하기도 하다

6. 문장에서 글로 완성하기

今天是中秋节，晚上月亮又大又圆。每年这个时候，我都是一个人在中国。我盼望着自己能够早日回国，感受爸爸妈妈的爱，我经常想起他们，想起我们在一起跳舞的样子，我很想念他们，我也很爱他们。

100 ★★☆

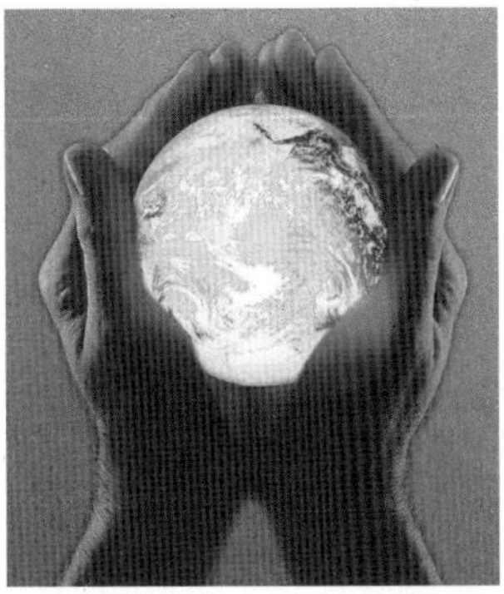

모범 답안

		现	在	，	我	们	的	地	球	压	力	很	大	，	人
越	来	越	多	，	车	也	越	来	越	多	，	地	球	环	境
越	来	越	不	好	。	因	此	，	我	们	要	爱	护	环	境，
节	约	用	水	，	从	身	边	的	小	事	做	起	，	这	样
我	们	的	地	球	才	会	变	得	更	加	美	好	。		

현재 지구는 스트레스가 아주 많다. 사람이 많아지고, 차도 많아지면서 지구의 환경이 점점 나빠지고 있다. 그러므로 우리는 환경을 소중히 하고 물을 절약하며 주변의 작은 일부터 시작해야 한다. 이렇게 해야 비로소 우리의 지구가 더욱 아름답게 변할 것이다.

단어 **地球** dìqiú 명 지구 | **压力** yālì 명 스트레스 | **因此** yīncǐ 접 그러므로 | **爱护** àihù 동 소중히 하다 | **节约** jiéyuē 동 절약하다 | **用水** yòng shuǐ 명 용수 | **身边** shēnbiān 명 곁 | **小事** xiǎoshì 명 작은 일 | **变得** biànde ~로 되다 | **更加** gèngjiā 부 더욱 | **美好** měihǎo 형 아름답다

해설 **1. 사진 보고 주제와 글의 종류 정하기**

- 주제 : 保护地球(지구를 보호하다)
- 주제 : 서술문(원인-과정-결과) or 논설문(문제 제기-문제 분석-해결 방법)

2. 관련 단어 조합하기

地球压力很大(지구의 스트레스가 아주 많다) / 地球环境(지구의 환경) / 爱护环境(환경을 소중히 하다) / 节约用水(물을 절약해서 쓰다) / 变得更加美好(더욱 아름답게 변하다)

3. 답안 윤곽 잡기(논설문)

- 문제 제기 : 我们的地球压力很大
- 문제 분석 : 人越来越多 / 车越来越多 / 地球环境越来越不好
- 해결 방법 : 我们要爱护环境 / 节约用水 / 从小事做起 / 地球才会变得更加美好

4. 문형 활용하기

- 越来越 점점
- 从…做起 ~에서부터 하기 시작하다

5. 문장에서 글로 완성하기

现在，我们的地球压力很大，人越来越多，车也越来越多，地球环境越来越不好。因此，我们要爱护环境，节约用水，从身边的小事做起，这样我们的地球才会变得更加美好。

실전 모의고사 3

》 모의고사 50p

듣기 听力

제1부분

1 B	2 B	3 D	4 A	5 B
6 C	7 B	8 B	9 D	10 D
11 D	12 C	13 C	14 C	15 C
16 C	17 C	18 A	19 D	20 C

제2부분

21 B	22 C	23 C	24 A	25 C
26 B	27 D	28 C	29 D	30 B
31 C	32 C	33 B	34 C	35 C
36 B	37 D	38 B	39 B	40 C
41 C	42 A	43 A	44 B	45 C

독해 阅读

제1부분

46 B	47 C	48 C	49 C	50 B
51 A	52 C	53 B	54 C	55 D
56 B	57 A	58 B	59 D	60 B

제2부분

61 C	62 A	63 A	64 C	65 B
66 C	67 D	68 C	69 A	70 A

제3부분

71 B	72 D	73 C	74 C	75 B
76 D	77 C	78 D	79 C	80 A
81 A	82 D	83 B	84 C	85 A
86 C	87 D	88 D	89 A	90 B

쓰기 书写

제1부분

91 您想要的饮料卖完了。

92 外婆的房间总是被打扫得非常干净。

93 他们之间的矛盾通过交流的方式解决。

94 这班公交车从哪里开过来的?

95 帮我把门关上。

96 坚持是获得成功最为重要的保证。

97 翻译人员常常要与外国人打交道。

98 路上堵车耽误了不少时间。

제2부분

99 昨天我去火车站买票，因为不会说中文，所以售票员不明白我在说什么。正在这时，旁边的一位大学生走过来很耐心地帮我翻译。我很感谢他，因为在他的帮助下，我买到了火车票。

100 抽烟是一种害人害己的不良习惯。烟草中含有大量有害物质，长时间抽烟会引发各类疾病。抽烟时散发的烟雾也会危害他人的健康。为了自己和他人的健康，杜绝吸烟，还生命一片纯洁的天空。

1 ★★☆

男：今天下午我要去给学生补课，你自己去买菜吧。 女：知道了，快走吧，你都快迟到了。	남: 오늘 오후에 나는 학생들 보충 수업을 해 주러 가야 해요. 당신 혼자 장 보러 가요. 여: 알겠어요. 어서 가요. 당신 지각하겠어요.
问：根据对话，男的是做什么工作的？ A 会计　B 教师 C 医生　D 司机	질문: 대화에 근거하여 남자는 무슨 일을 하는가? A 회계사　B 교사 C 의사　D 운전사

단어 **补课** bǔkè 동 보충 학습을 하다 | **会计** kuàijì 명 회계사

해설 녹음에서 남자는 '**我要去给学生补课**(나는 학생들 보충 수업을 해 주러 가야 한다)'라고 말하는 것으로 보아, 남자는 직업은 '**教师**(교사)'인 것을 알 수 있다. 따라서 정답은 B이다.

2 ★★☆

女：现在的小姑娘穿衣服，颜色都非常鲜艳。 男：这是时尚，符合年轻人性格，我看也不错。	여: 요즘 젊은 아가씨들이 입는 옷은 색깔이 모두 정말 화려해요. 남: 이게 유행이잖아요. 젊은이들의 성격에 맞고, 내가 보기에도 아주 멋져요.
问：男的是什么意思？ A 颜色鲜艳不对 B 颜色鲜艳挺好 C 老人爱颜色鲜艳 D 小孩爱颜色鲜艳	질문: 남자의 말은 무슨 의미인가? A 색깔이 화려한 것은 옳지 않다 B 색깔이 화려한 것이 매우 좋다 C 노인은 색깔이 화려한 것을 좋아한다 D 어린아이는 색깔이 화려한 것을 좋아한다

단어 **小姑娘** xiǎogūniang 명 아가씨 | **鲜艳** xiānyàn 형 화려하다 | **时尚** shíshàng 명 시대적 유행 | **符合** fúhé 동 부합하다 | **年轻人** niánqīngrén 명 젊은이 | **性格** xìnggé 명 성격 | **挺** tǐng 부 매우 | **老人** lǎorén 명 노인

해설 젊은 아가씨들이 입는 옷의 색깔이 화려하다는 여자의 말에, 남자는 '**我看也不错**(내가 보기에도 아주 멋지다)'라고 말한다. 이는 여자의 말에 긍정의 표현을 한 것으로, 색깔이 화려한 것이 좋다는 의미이다. 그러므로 정답은 B이다.

3 ★★☆

男：你好，我想参加你们的篮球俱乐部，可以吗？ 女：当然欢迎，这个周末我们有测试，只要通过就能加入。	남: 안녕하세요. 저 농구 동아리에 가입하고 싶은데, 가능한가요? 여: 당연히 환영이죠. 이번 주말에 테스트가 있어요. 통과하기만 하면 바로 가입할 수 있어요.
问：怎样才能加入俱乐部？ A 报名　B 交学费 C 参加考试　D 通过考试	질문: 어떻게 해야 동아리에 가입 할 수 있는가? A 등록한다　B 수업료를 낸다 C 시험에 참가한다　D 시험에 통과한다

단어 **俱乐部** jùlèbù 명 동아리 | **测试** cèshì 동 테스트하다 | **只要** zhǐyào 접 ~하기만 하면 | **通过** tōngguò 동 통과하다 | **加入** jiārù 동 가입하다 | **报名** bàomíng 동 등록하다 | **交** jiāo 동 내다 | **学费** xuéfèi 명 수업료

해설 동아리에 가입하고 싶다는 남자의 말에, 여자는 '只要通过就能加入(통과하기만 하면 바로 가입할 수 있다)'라고 한다. 따라서 '通过考试(시험에 통과하다)'만 하면 가입이 가능하다는 의미이므로 정답은 D이다.

4 ★★☆	
女：这次你去杭州，给我带几条丝绸的裙子吧。 男：你搞错了，我不是去杭州，是去广州。	여: 당신 이번에 항저우(杭州)에 가면, 실크 치마 몇 벌 가져다주세요. 남: 당신 착각했네요. 나는 항저우에 가는 게 아니라 광저우(广州)에 가요.
问：男的要去哪里？ A 广州　B 苏州 C 杭州　D 温州	질문: 남자는 어디에 가려고 하는가? A 광저우　B 쑤저우 C 항저우　D 원저우

단어 **杭州** Hángzhōu 명 항저우 [지명] | **丝绸** sīchóu 명 실크 | **搞错** gǎocuò 실수하다 | **广州** Guǎngzhōu 명 광저우 [지명] | **苏州** Sūzhōu 명 쑤저우 [지명] | **温州** Wēnzhōu 명 원저우 [지명]

해설 남자는 '我不是去杭州，是去广州(나는 항저우에 가는 게 아니라 광저우에 간다)'고 한다. 여기서 '不是 A，是 B(A가 아니라, B이다)' 문형을 파악하여 '杭州(항저우)'로 혼동하지 않도록 한다. 따라서 정답은 A이다.

5 ★☆☆	
男：太热了，开空调可以吗？ 女：这么热的天，当然同意开空调，可今天停电啊。	남: 너무 더운데, 에어컨을 틀어도 될까요? 여: 이렇게 더운 날은 당연히 에어컨을 켜는 것에 동의하지만, 오늘 정전이 되었어요.
问：根据对话，可以知道什么？ A 空调坏了 B 今天停电了 C 女的不同意开空调 D 男的不觉得热	질문: 대화에 근거하여 알 수 있는 것은 무엇인가? A 에어컨이 고장 났다 B 오늘 정전이 되었다 C 여자는 에어컨을 켜는 것에 동의하지 않는다 D 남자는 덥다고 느끼지 않는다

단어 **可** kě 접 [이어진 단문에서 사건의 전환을 나타냄] | **停电** tíngdiàn 정전되다

해설 여자도 이렇게 더운 날은 에어컨을 켜는 것에 동의하지만 이어서 '今天停电啊(정전이 되었다)'라고 한다. 그러므로 정답은 B이다.

6 ★★☆	
女：明天天气很好，我们一家三口出去郊游，怎么样？ 男：好主意，再叫上小李他们两口子吧。 问：一共有几个人去郊游？ A 3人　　B 4人 C 5人　　D 6人	여: 내일 날씨가 매우 좋다는데, 우리 세 식구 교외로 소풍 가는 거 어때요? 남: 좋은 생각이에요. 샤오리(小李) 부부도 불러요. 질문: 총 몇 명이 교외로 소풍을 가는가? A 3명　　B 4명 C 5명　　D 6명

단어 **郊游** jiāoyóu 동 교외로 소풍 가다 | **主意** zhǔyi 명 생각 | **两口子** liǎngkǒuzi 명 부부

해설 숫자가 들린다면 받아 적으며 듣는 것이 좋다. '**我们一家三口出去郊游**(우리 세 식구 교외로 소풍 가다)'라는 여자의 말에 '**再叫上小李他们两口子吧**(샤오리 부부도 부르자)'라고 대답한다. '**一家三口**(세 식구)'에서 '**口**'는 가족 구성원을 세는 단위로, 세 명을 말하며, '**两口子**'는 '부부'로, 즉 두 명을 말한다. 따라서 모두 합하면 5명이 함께 교외로 소풍 간다는 것을 알 수 있다. 그러므로 정답은 C이다.

Tip '**两口子**'는 '부부'라는 뜻으로, 동의어로는 '**夫妇**(부부)', '**夫妻**(남편과 아내)'가 있다.

7 ★☆☆	
男：我看我们找个酒店住一晚上吧，开了一天的车太累了。 女：当然可以，你开车时间太长了，休息一晚上再走吧。 问：他们为什么要找酒店住？ A 车坏了 B 男的累了 C 女的累了 D 他们要旅游	남: 내가 보기에 우리는 호텔을 찾아 하룻밤 묵는 게 좋겠어. 온종일 운전해서 너무 피곤해. 여: 당연히 되지. 운전 시간이 너무 길었으니 하룻밤 쉬었다가 가자. 질문: 그들은 왜 묵을 호텔을 찾으려 하는가? A 차가 고장 났다 B 남자가 피곤하다 C 여자가 피곤하다 D 그들은 여행을 가려고 한다

단어 **酒店** jiǔdiàn 명 호텔

해설 남자는 '**开了一天的车太累了**(온종일 운전해서 너무 피곤하다)'라고 말하는데, 여자가 이에 동의하며 쉬었다가 가자고 한다. 따라서 그들이 묵을 호텔을 찾는 이유는 '**男的累了**(남자가 피곤하다)'이다. 이합동사 '**开车**(자동차를 운전하다)'에서 시량보어 '**一天**(하루)'의 위치는 동사 '**开**(운전하다)' 뒤이다. 정답은 B이다.

8 ★★☆

女：这些数据好像不太对，你再仔细看看。
男：哎！真不好意思，都怪我，这次太马虎了！

问：根据对话，男的怎么样？
A 不懂电脑
B 不够细心
C 不喜欢马
D 不喜欢老虎

여: 이 통계 수치들이 잘 맞지 않는 것 같아요. 다시 한번 자세히 보세요.
남: 아휴! 정말 죄송합니다. 모두 제 탓이에요. 이번에 너무 세심하게 못했어요.

질문: 대화에 근거하여 남자는 어떠한가?
A 컴퓨터를 모른다
B 세심함이 부족하다
C 말을 좋아하지 않는다
D 호랑이를 좋아하지 않는다

단어 **数据** shùjù 명 통계 수치 | **好像** hǎoxiàng 부 마치 ~과 같다 | **仔细** zǐxì 형 자세하다 | **哎** āi 감 (놀람이나 불만을 나타내어) 아휴, 에이 | **怪** guài 동 책망하다 | **马虎** mǎhu 형 세심하지 못하다 | **不够** búgòu 부 부족하다 | **细心** xìxīn 형 세심하다 | **老虎** lǎohǔ 명 호랑이

해설 통계 수치가 잘 맞지 않는 것 같다는 여자의 말에 남자는 '这次太马虎了(이번에 너무 세심하지 못했다)'라고 한다. 여기서 '马虎'는 '건성으로 하다', '적당히 하다'라는 뜻으로, '不够细心(세심함이 부족하다)'과 같으므로 정답은 B이다.
C, D. '马虎'를 듣고 '马(말)'이나 '老虎(호랑이)'가 들어간 것을 답으로 고르지 않도록 주의한다.

Tip
'马虎(건성으로 하다, 적당히 하다, 세심하지 못하다)'의 동의어

粗心 cūxīn 세심하지 못하다
粗心大意 cūxīn dàyì 부주의하다
丢三落四 diūsān làsì 이것저것 빠뜨리다
马大哈 mǎdàhā 덜렁대다

9 ★☆☆

男：我感冒了，吃了很多药，但是现在还没有好转。
女：你感冒太严重了，应该马上去医院，那样比较保险。

问：男的接下来最可能做什么？
A 去买保险
B 去上班
C 去买药
D 去医院

남: 나는 감기에 걸려서 약을 많이 먹었지만, 아직 호전되지 않았어요.
여: 당신 감기가 너무 심하네요. 바로 병원에 가야 해요. 그게 비교적 안전해요.

질문: 남자는 이어서 아마도 무엇을 할 것인가?
A 보험에 가입하러 간다
B 출근하러 간다
C 약을 사러 간다
D 병원에 간다

단어 **好转** hǎozhuǎn 동 호전되다 | **严重** yánzhòng 형 심각하다 | **保险** bǎoxiǎn 형 안전하다

해설 남자가 감기가 호전되지 않는다고 하자 여자는 '应该马上去医院(바로 병원에 가야 한다)'이라고 하므로 남자는 이어서 병원에 갈 것임을 알 수 있다. 그러므로 정답은 D이다.

10 ★★☆	
女：我不在家，你不要忘了给家里的花浇水。 男：最近记性不好，你到时候给我发短信提醒我吧。	여: 내가 집에 없으니 당신은 집에 있는 꽃에 물 주는 것 잊지 마세요. 남: 요즘 기억력이 좋지 않으니, 당신이 그때 가서 나한테 문자 메시지를 보내서 상기시켜 줘요.
问：根据对话，可以知道什么？ A 男的不浇花 B 男的不在家 C 女的喜欢花 D 男的常常忘事情	질문: 대화에 근거하여 알 수 있는 것은 무엇인가? A 남자는 꽃에 물을 주지 않는다 B 남자는 집에 있지 않다 C 여자는 꽃을 좋아한다 D 남자는 할 일을 자주 잊어버린다

단어 **浇水** jiāoshuǐ 물을 주다 | **记性** jìxing 명 기억력 | **到时候** dàoshíhou 그때 가서 | **短信** duǎnxìn 명 문자 메시지 | **提醒** tíxǐng 동 상기시키다

해설 꽃에 물을 주라는 여자의 말에 남자는 '最近记性不好(요즘 기억력이 좋지 않다)'라고 하며, 그때 가서 문자 메시지를 보내서 상기시켜 달라고 한다. '记性不好(기억력이 좋지 않다)'는 '常常忘事情(할 일을 자주 잊어버리다)'의 의미이다. 그러므로 정답은 D이다.

C. 집에 꽃이 있지만 그것으로 여자가 꽃을 좋아한다고 단정할 수는 없다.

11 ★★☆	
男：好久不见！你换号码了吗？我一直没你的消息啊。 女：真对不起，我的手机坏了，我把邮箱给你吧！	남: 오랜만이에요! 번호 바꿨어요? 계속 당신 소식이 없었어요. 여: 정말 미안해요. 내 휴대 전화가 고장 났거든요. 이메일 주소를 알려 줄게요!
问：男的为什么没有女的的消息？ A 男的换手机了 B 女的没有邮箱 C 男的没有邮箱 D 女的手机坏了	질문: 남자에게 왜 여자의 소식이 없었는가? A 남자는 휴대 전화를 바꿨다 B 여자는 이메일이 없다 C 남자는 이메일이 없다 D 여자의 휴대 전화가 고장 났다

단어 **号码** hàomǎ 명 번호 | **消息** xiāoxi 명 소식 | **邮箱** yóuxiāng 명 이메일

해설 번호를 바꾸었냐는 남자의 질문에 여자는 '我的手机坏了(내 휴대 전화가 고장 났다)'라고 하고, 이메일 주소를 알려 준다. 따라서 남자에게 여자의 소식이 없었던 이유는 여자의 휴대 전화가 고장 났기 때문이므로 정답은 D이다.

12 ★★☆	
女：你的朋友口才这么好，我想他不是老师，就是主持人吧！ 男：错啦，他是卖东西的，天天推销商品，口才能不好吗？	여: 당신 친구 말재주가 이렇게 좋은 걸 보니, 내 생각에 그는 선생님이 아니면, 사회자이죠! 남: 틀렸어요. 그는 물건을 팔아요. 매일 상품을 판매하니 말재주가 안 좋을 수 있겠어요?

问：根据对话，男的的朋友是什么职业？	질문: 대화에 근거하여 남자의 친구 직업은 무엇인가?
A 老师　　B 律师 C 销售员　　D 理发师	A 선생님　　B 변호사 C 판매원　　D 이발사

단어 口才 kǒucái 명 말재주 | 主持人 zhǔchírén 명 사회자 | 推销 tuīxiāo 동 판매하다 | 商品 shāngpǐn 명 상품 | 律师 lǜshī 명 변호사 | 销售员 xiāoshòuyuán 명 판매원 | 理发师 lǐfàshī 명 이발사

해설 여자는 남자의 친구가 말재주가 좋아서 선생님이 아니면 사회자일 거라고 한다. 이에 남자는 부정하며 '他是卖东西的(그는 물건을 판다)'라고 한다. '卖东西(물건을 팔다)'는 '推销(판매하다)'와 같으므로 정답은 C이다.

13 ★★☆

男：导游，那座漂亮的建筑是什么？ 女：那就是我们下午要参观的寺庙，它有1500年的历史了。	남: 가이드님, 저 아름다운 건축물은 무엇인가요? 여: 저것은 바로 우리가 오후에 참관할 사원이에요. 1500년의 역사를 지니고 있죠.
问：根据对话，可以知道什么？ A 寺庙很新 B 寺庙很破 C 下午去寺庙 D 寺庙有150年历史了	질문: 대화에 근거하여 알 수 있는 것은 무엇인가? A 사원은 새것이다 B 사원은 파손되었다 C 오후에 사원에 간다 D 사원은 150년의 역사를 지니고 있다

단어 导游 dǎoyóu 명 가이드 | 座 zuò 양 좌, 동, 채 [부피가 크거나 고정된 물체를 세는 단위] | 建筑 jiànzhù 명 건축물 | 参观 cānguān 동 참관하다 | 寺庙 sìmiào 명 사원 | 破 pò 형 파손되다

해설 남자의 질문에 여자는 '那就是我们下午要参观的寺庙(저것은 바로 우리가 오후에 참관할 사원이다)'라고 한다. 따라서 오후에 사원에 간다는 것을 알 수 있으므로 정답은 C이다.

B. 사원의 상태에 대해서는 언급하지 않으므로, 1500년의 역사를 지녔다는 것만 듣고 파손되었다고 추측해서는 안 된다.

14 ★★☆

女：我的围巾呢？我记得昨天放在卧室的，怎么不见了？ 男：女儿早上帮你拿出来了，在客厅沙发上放着呢。	여: 내 목도리는요? 어제 침실에 놔둔 걸 기억하는데 어째서 안 보이죠? 남: 딸이 아침에 당신에게 꺼내 줬잖아요. 거실 소파 위에 놓여 있어요.
问：围巾在哪里？ A 床上　　B 卧室 C 客厅　　D 餐厅	질문: 목도리는 어디에 있는가? A 침대 위　　B 침실 C 거실　　D 식당

단어 围巾 wéijīn 명 목도리 | 卧室 wòshì 명 침실 | 帮 bāng 동 돕다 | 客厅 kètīng 명 거실 | 沙发 shāfā 명 소파 | 餐厅 cāntīng 명 식당

해설 여자가 목도리를 찾자 남자는 '在客厅沙发上放着呢(거실 소파 위에 놓여 있다)'라고 한다. 그러므로 현재 목도리는 '客厅(거실)'에 있는 것이므로 정답은 C이다.

15 ★☆☆

男：怎么样？这可是我第一次做西红柿炒鸡蛋，你尝尝看。 女：不错，就是盐放太多了，第一次做成这样已经相当不错了。 问：根据对话，可以知道什么？ A 男的很会做饭 B 西红柿炒鸡蛋不好吃 C 男的菜做得不错 D 菜太甜了	남: 어때요? 이건 내가 처음으로 만든 토마토 달걀 볶음이에요. 맛 좀 봐요. 여: 훌륭한데 소금을 너무 많이 넣었어요. 처음 만든 게 이 정도면 상당히 잘했어요. 질문: 대화에 근거하여 알 수 있는 것은 무엇인가? A 남자는 요리를 아주 잘한다 B 토마토 달걀 볶음은 맛이 없다 C 남자가 한 요리는 매우 맛있다 D 요리가 너무 달다

단어 **可** kě 부 [평서문에 쓰여 강조를 나타냄] | **西红柿炒鸡蛋** xīhóngshì chǎo jīdàn 명 토마토 달걀 볶음 | **尝** cháng 동 맛보다 | **盐** yán 명 소금 | **相当** xiāngdāng 부 상당히

해설 남자가 처음 만든 요리에 대해 여자는 '**不错**(훌륭하다)'라고 하며, '**第一次做成这样已经相当不错了**(처음 만든 게 이 정도면 상당히 잘했다)'라고 칭찬했으므로, '**男的菜做得不错**(남자가 한 요리는 매우 맛있다)'라는 사실을 알 수 있다. 따라서 정답은 C이다.

A. 처음 만든 것 치고 잘한 것이지, 남자가 요리를 아주 잘한다고 할 수는 없다.

16 ★★☆

女：我的现金不够了，能用信用卡吗？ 男：当然可以，用信用卡还可以送您小礼品呢。 问：根据对话，可以知道什么？ A 女的没带现金 B 商场不能用信用卡 C 使用信用卡，还送礼品 D 使用信用卡送现金	여: 제가 현금이 부족한데 신용카드를 사용해도 되나요? 남: 당연히 되죠. 신용카드를 사용하시면 작은 선물도 드립니다. 질문: 대화에 근거하여 알 수 있는 것은 무엇인가? A 여자는 현금을 가져오지 않았다 B 백화점에서 신용카드를 사용할 수 없다 C 신용카드를 사용하면 선물도 준다 D 신용카드를 사용하면 현금을 준다

단어 **现金** xiànjīn 명 현금 | **不够** búgòu 동 부족하다 | **礼品** lǐpǐn 명 선물 | **商场** shāngchǎng 명 백화점

해설 여자가 현금이 부족하여 신용카드로 결제를 원하자, 남자는 '**用信用卡还可以送您小礼品呢**(신용카드를 사용하면 작은 선물도 준다)'라고 한다. 녹음에서 '**送您小礼品**(작은 선물을 준다)'을 들었다면 정답을 쉽게 고를 수 있다. 따라서 정답은 C이다.

Tip

결제 수단 관련 표현

- **付款** fùkuǎn 돈을 지불하다
- **付钱** fùqián 돈을 지불하다
- **结账** jiézhàng 계산하다
- **买单** mǎidān 계산하다
- **付现金** fù xiànjīn 현금을 지불하다
- **刷卡** shuākǎ 카드로 결제하다
- **积分** jīfēn 포인트 적립하다
- **礼品赠送** lǐpǐn zèngsòng 선물을 증정하다
- **用信用卡结算** yòng xìnyòngkǎ jiésuàn 신용카드로 결제하다

17 ★★☆

男：我听说，你已经决定去食品公司上班了。
女：我还没决定呢。我爸希望我去食品公司，可我还是想去电脑公司。

问：关于女的，可以知道什么？
A 已经做好决定
B 爸爸在食品公司上班
C 想去电脑公司
D 已经上班了

남: 듣자 하니 당신은 이미 식품 회사에 다니기로 결정했다던데요.
여: 아직 결정하지 않았어요. 우리 아버지는 제가 식품 회사에 가기를 바라시지만, 저는 여전히 컴퓨터 회사에 가고 싶어요.

질문: 여자에 관하여 알 수 있는 것은 무엇인가?
A 이미 결정을 내렸다
B 아버지가 식품 회사에 다닌다
C 컴퓨터 회사에 가고 싶다
D 이미 출근했다

단어 **食品** shípǐn 명 식품 | **可** kě 접 [이어진 단문에서 사건의 전환을 나타냄]

해설 여자는 아직 결정하지 않았다고 하며, 아버지는 식품 회사에 가기를 바라지만, '**我还是想去电脑公司**(나는 여전히 컴퓨터 회사에 가고 싶다)'라고 한다. '**食品公司**(식품 회사)'가 많이 나오지만, 사건의 전환을 나타내는 접속사 '**可**' 뒤에서 답을 찾을 수 있으므로 녹음을 끝까지 들어야 한다. 그러므로 정답은 C이다.

18 ★★☆

女：我最爱看爱情小说，故事太浪漫了，很感人。
男：那些都是假的，要我说，还是武侠小说好看。

问：男的是什么意思？
A 爱情小说不真实
B 爱情小说不感人
C 爱情小说不浪漫
D 爱情小说看不懂

여: 나는 연애 소설 보는 것을 제일 좋아해요. 스토리가 정말 낭만적이고 감동적이거든요.
남: 그건 다 거짓이에요. 나는 그래도 무협 소설이 재미있더라고요.

질문: 남자의 말은 무슨 의미인가?
A 연애 소설은 진실하지 않다
B 연애 소설은 감동적이지 않다
C 연애 소설은 낭만적이지 않다
D 연애 소설을 알아볼 수 없다

단어 **爱情小说** àiqíng xiǎoshuō 명 연애 소설 | **浪漫** làngmàn 형 낭만적이다 | **感人** gǎnrén 형 감동시키다 | **假** jiǎ 형 거짓의 | **武侠小说** wǔxiá xiǎoshuō 명 무협 소설 | **真实** zhēnshí 형 진실하다

해설 연애 소설이 낭만적이고 감동적이다는 여자의 말에 남자는 '**那些都是假的**(그건 다 거짓이다)'라고 한다. 여기서 '**假的**(가짜이다)'는 '**不真实**(진실하지 않다)'와 같은 의미이므로 정답은 A이다.

19 ★★☆

男: 你的新笔记本电脑可真漂亮，用起来怎么样呢?	남: 당신의 새 노트북 컴퓨터 정말 예쁘네요. 써 보니까 어때요?
女: 这个还不好说，我刚买两天，很多东西还没用过。	여: 그건 아직 말하기 어렵네요. 나는 산 지 이제 이틀밖에 안 되어서 많은 것들을 아직 써 보지 않았어요.
问: 女的新买了什么?	질문: 여자가 새로 산 것은 무엇인가?
A 笔　B 笔记本	A 펜　B 노트
C 台式电脑　D 笔记本电脑	C 데스크톱 컴퓨터　D 노트북 컴퓨터

단어 **笔记本电脑** bǐjìběn diànnǎo 명 노트북 컴퓨터 | **可** kě 부 [평서문에 쓰여 강조를 나타냄] | **好说** hǎoshuō 동 말하기 쉽다 | **刚** gāng 부 막 | **台式电脑** táishì diànnǎo 명 데스크톱 컴퓨터

해설 남자는 여자에게 '你的新笔记本电脑可真漂亮(당신의 새 노트북 컴퓨터 정말 예쁘다)'이라고 한다. 여기서 '笔记本电脑(노트북 컴퓨터)'를 잘 들었다면 여자가 새로 산 것은 노트북임을 알 수 있으므로 정답은 D이다. '笔记本(노트)'과 혼동하지 않도록 주의한다. 따라서 정답은 D이다.

20 ★★☆

女: 你今天上午的应聘还顺利吗?	여: 당신 오늘 오전에 입사 지원한 건 순조로웠나요?
男: 别提了，糟透了，面试的时候，我不小心摔了一跤。	남: 말도 마세요. 엉망이었어요. 면접 볼 때 나는 실수로 넘어졌어요.
问: 根据对话，下面哪项是正确的?	질문: 대화에 근거하여 다음 중 옳은 것은?
A 应聘很顺利	A 입사 지원이 매우 순조로웠다
B 男的很幸运	B 남자는 매우 운이 좋다
C 男的摔倒了	C 남자는 넘어졌다
D 面试在下午	D 면접이 오후에 있다

단어 **应聘** yìngpìn 동 입사 지원하다 | **顺利** shùnlì 형 순조롭다 | **别提** biétí 말도 마라 | **糟透** zāotòu 형 엉망진창이다 | **面试** miànshì 동 면접 시험 보다 | **摔跤** shuāijiāo 동 넘어지다 | **幸运** xìngyùn 형 운이 좋다 | **摔倒** shuāidǎo 넘어지다

해설 여자의 질문에 남자는 '我不小心摔了一跤(나는 실수로 넘어졌다)'라고 한다. 여기서 쓰인 '摔了一跤'는 '넘어지다'라는 의미로, '摔倒(넘어지다)'와 의미가 일치하므로 정답은 C이다.

21 ★★☆

女：等一会儿我们经过花店的时候，我要买束鲜花。
男：买假的花也一样嘛，而且不会枯，还不用换水。
女：鲜花是有生命的，有活力。
男：说的也对，就是养花比较麻烦。

问：女的为什么喜欢鲜花？
A 价格便宜
B 鲜花有活力
C 鲜花要换水
D 鲜花能经常换

여: 이따 우리 꽃집 지나갈 때, 난 생화 한 다발을 살래요.
남: 조화를 사도 똑같잖아요. 게다가 시들 리도 없고 물을 갈아 줄 필요도 없어요.
여: 생화는 생명이 있는 것이라서, 활기가 있다고요.
남: 당신 말도 맞아요. 단지 꽃을 가꾸는 게 좀 번거로울 뿐이죠.

질문: 여자는 왜 생화를 좋아하는가?
A 가격이 저렴하다
B 생화는 활기가 있다
C 생화는 물을 갈아 줘야 한다
D 생화는 자주 바꿀 수 있다

단어 花店 huādiàn 명 꽃집 | 束 shù 양 다발 | 鲜花 xiānhuā 명 생화 | 假 jiǎ 형 가짜의 | 嘛 ma 조 [서술문 뒤에 쓰여 당연함을 나타냄] | 枯 kū 형 시들다 | 生命 shēngmìng 명 생명 | 活力 huólì 명 활기 | 养花 yǎnghuā 꽃을 가꾸다 | 麻烦 máfan 형 번거롭다 | 价格 jiàgé 명 가격

해설 생화를 산다는 여자의 말에 남자는 조화를 사라고 제안한다. 하지만 여자는 '鲜花是有生命的, 有活力(생화는 생명이 있는 것이라서, 활기가 있다)'라고 말하므로, 여자가 생화를 좋아하는 이유는 '鲜花有活力(생화에는 활기가 있다)'임을 알 수 있다. 따라서 정답은 B이다.

22 ★★☆

男：今天收到一个短信，要我给一个银行账户汇一万元钱。
女：是不是还说让你三天之内汇到？
男：是呀，你怎么知道？你也收到了吗？
女：对，这是骗人的短信，可千万别相信！

问：关于这个短信，可以知道什么？
A 要求汇款3000元
B 只发给了男的
C 短信是骗人的
D 短信是女的发的

남: 오늘 문자 메시지를 받았는데, 나더러 은행 계좌에 1만 위안을 송금하라는 거예요.
여: 또 당신에게 3일 안에 송금하라는 말도 하지 않았어요?
남: 맞아요. 어떻게 알아요? 당신도 받았어요?
여: 네, 이건 사기 문자 메시지예요. 절대로 믿지 마세요!

질문: 이 문자 메시지에 관하여 알 수 있는 것은 무엇인가?
A 3천 위안 송금을 요구했다
B 남자에게만 보냈다
C 문자 메시지는 사기이다
D 문자 메시지는 여자가 보낸 것이다

단어 收 shōu 동 받다 | 短信 duǎnxìn 명 문자 메시지 | 账户 zhànghù 명 계좌 | 汇 huì 동 송금하다 | 之内 zhīnèi 명 ~의 안 | 骗 piàn 동 속이다 | 可 kě 부 [평서문에 쓰여 강조를 나타냄] | 千万 qiānwàn 부 절대로 | 汇款 huìkuǎn 동 송금하다

해설 남자와 여자는 계좌로 돈을 송금하라는 똑같은 문자 메시지를 받았다. 이어서 여자는 남자에게 '这是骗人的短信(이건 사기 문자 메시지이다)'이라며 절대로 믿지 말라고 당부한다. 그러므로 정답은 C이다.

23 ★★☆	
女：新版电视剧《红楼梦》，你看过吗？ 男：什么？《红楼梦》有新版的电视剧了吗？ 女：是呀，我觉得很好看，听说是个女导演拍的。 男：哦，是李少红，你一说导演，我就知道了。	여: 새 버전의 〈홍루몽(红楼梦)〉 드라마 봤어요? 남: 뭐라고요? 새로운 버전의 〈홍루몽〉 드라마가 나왔어요? 여: 네, 아주 재미있더라고요. 여자 감독이 찍은 거래요. 남: 아, 리샤오홍(李少红)이구나. 당신이 감독을 얘기하니 바로 알겠네요.
问：对话中说的《红楼梦》是什么？ A 诗歌　B 电影 C 电视剧　D 话剧	질문: 대화에서 말한 〈홍루몽〉은 무엇인가? A 시가　B 영화 C 드라마　D 연극

단어 **新版** xīnbǎn 새 버전 | **电视剧** diànshìjù 명 드라마 | **导演** dǎoyǎn 명 감독 | **拍** pāi 동 촬영하다 | **诗歌** shīgē 명 시가 | **话剧** huàjù 명 연극

해설 여자의 첫마디에서 정답을 쉽게 찾을 수 있다. 여자는 '**新版电视剧≪红楼梦≫**(새 버전의 〈홍루몽〉 드라마)'을 봤냐고 남자에게 물어본다. 이를 통해 〈홍루몽〉은 '**电视剧**(드라마)'라는 것을 알 수 있으므로 정답은 C이다.

24 ★★☆	
男：好久没有运动了，我今天约了隔壁的老李一起去公园跑步。 女：老李一定也很久没有运动了。 男：说的没错，你怎么知道？ 女：公园两个月以前开始重新建造，关闭了，现在还没弄好呢。	남: 오랫동안 운동을 안 해서, 나는 오늘 이웃 라오리(老李)와 함께 공원에 가서 조깅하기로 했어요. 여: 라오리도 분명 오랫동안 운동을 안 했겠네요. 남: 맞아요. 당신이 어떻게 알죠? 여: 공원은 두 달 전에 재건축을 시작해서 문을 닫았어요. 아직 완성이 안 됐는걸요.
问：根据对话，可以知道什么？ A 公园最近不能跑步 B 男的一个人去跑步 C 老李家离男的家很远 D 女的天天去公园跑步	질문: 대화에 근거하여 알 수 있는 것은 무엇인가? A 요즘 공원에서 조깅할 수 없다 B 남자는 혼자 조깅하러 간다 C 라오리의 집은 남자의 집에서 아주 멀다 D 여자는 매일 공원에 가서 조깅한다

단어 **约** yuē 동 약속하다 | **隔壁** gébì 명 이웃 | **重新** chóngxīn 부 새로 | **建造** jiànzào 동 건축하다 | **关闭** guānbì 동 문을 닫다 | **弄** nòng 동 하다

해설 남자가 라오리와 공원에 조깅하러 간다고 하자 여자는 '**公园两个月以前开始重新建造，关闭了，现在还没弄好呢**(공원은 두 달 전에 재건축을 시작해서 문을 닫았다. 아직 완성이 안 되었다)'라고 한다. 공원이 아직 닫혀 있으므로 요즘 공원에서 조깅할 수 없다는 사실을 알 수 있다. 따라서 정답은 A이다.

25 ★★☆	
女：我想买一条高大一点的狗，养在家里热闹热闹。你同意吗？ 男：恐怕不能，我觉得现在养狗不适合你。两个月以后我们出国，谁来照顾它呀！	여: 나는 좀 큰 개를 한 마리 사고 싶어요. 집 안에서 키우면 북적북적하잖아요. 당신도 찬성해요? 남: 안될 것 같아요. 내 생각에 지금 개를 키우는 건 당신에게 적합하지 않아요. 두 달 후에 우리 출국하는데, 누가 와서 돌봐 주겠어요!

女：对啊，我把这事儿给忘了。 男：你要是真喜欢，出国回来再养，也不迟。	여：맞네요. 내가 이 일을 깜박했네요. 남：만약 당신이 정말 좋아한다면, 귀국해서 키워도 늦지 않아요.
问：男的为什么反对养狗？ A 养狗太麻烦 B 他怕高大的狗 C 没有人照顾狗 D 女的不会养狗	질문：남자는 왜 개를 키우는 것에 반대하는가? A 개를 키우는 것은 매우 번거롭다 B 그는 큰 개를 무서워한다 C 개를 돌봐 줄 사람이 없다 D 여자는 개를 키울 줄 모른다

단어 **养** yǎng 동 키우다 | **热闹** rènao 형 시끌벅적하다 | **恐怕** kǒngpà 부 아마 ~일 것이다 | **适合** shìhé 동 적합하다 | **要是** yàoshi 접 만약 | **迟** chí 형 늦다 | **麻烦** máfan 형 번거롭다

해설 개를 키우자는 여자의 말에 남자가 '两个月以后我们出国，谁来照顾它呀(두 달 후에 우리 출국하는데, 누가 와서 돌봐 주겠는가)'라고 말하는 것으로 보아, 개를 돌봐 줄 사람이 없다는 것을 알 수 있다. 따라서 정답은 C이다.

Tip

'把자문'의 동사 술어 앞에 '给'를 사용하여 그 의미를 강조할 수 있다.

예 我把这事儿(给)忘了。 나는 이 일을 잊었다.

26 ★★☆

男：这部科幻电影特别好看，我还想再看一遍。 女：我听说很不错，想去看看，什么时候去？到时候别忘了叫上我。 男：要不现在就去吧？ 女：那就对不起了，现在都晚上11点了，要去看，你自己一个人去吧。	남：이 공상 과학 영화 정말 재미있어요. 한 번 더 보고 싶어요. 여：나도 재미있다고 들었어요. 보러 가고 싶은데, 언제 가세요? 그때 나 부르는 거 잊지 말아요. 남：아니면 지금 바로 갈까요? 여：그건 안될 것 같아요. 지금 밤 11시나 된 걸요. 보러 갈 거면 당신 혼자 가야겠어요.
问：根据对话，下面哪项是正确的？ A 男的没有看过电影 B 女的没有看过电影 C 他们一起去看电影 D 现在是上午十一点	질문：대화에 근거하여 다음 중 옳은 것은? A 남자는 영화를 보지 않았다 B 여자는 영화를 보지 않았다 C 그들은 함께 영화를 보러 간다 D 지금은 오전 11시이다

단어 **科幻电影** kēhuàn diànyǐng 명 공상 과학 영화 | **遍** biàn 양 번, 차례 [한 동작의 처음부터 끝까지의 전 과정을 가리켜 세는 단위] | **到时候** dàoshíhou 그때 되면 | **要不** yàobù 접 아니면

해설 영화가 재미있어서 또 보러 가고 싶다는 남자의 말에 여자도 '我听说很不错，想去看看(나도 재미있다고 들었다. 보러 가고 싶다)'이라고 한다. 이를 통해 여자는 영화를 보지 않았다는 것을 알 수 있다. 또한, 지금 보러 가자는 남자의 말에 여자는 밤 11시라 남자 혼자 가라고 하므로 C와 D는 모두 오답이다. 따라서 정답은 B이다.

Tip

가정을 나타내는 접속사

要不 / 要不然 / 不然 / 不然的话 / 否则 안 그러면, 그렇지 않으면

27 ★★☆

女：现在在电视上找男女朋友的节目可流行了。 男：这叫电视相亲。年轻人通过简短的介绍了解对方，如果双方觉得不错，就开始约会。要不你也去试试？ 女：看电视可以，上电视节目我可接受不了。 男：看来你还是比较传统的女性嘛。	여: 요즘 텔레비전에서 애인을 찾는 프로그램이 아주 유행이에요. 남: 이걸 텔레비전 맞선이라고 불러요. 젊은이들이 간단한 소개를 통해 상대방을 알아 가는 거예요. 만약 서로가 마음에 들면 데이트를 시작하죠. 아니면 당신도 한번 해 보는 게 어때요? 여: 텔레비전을 보는 건 괜찮은데, 텔레비전 프로그램에 출연하는 건 정말 못 하겠어요. 남: 보아하니 당신은 아직 비교적 보수적인 여성이군요.
问：关于电视相亲，可以知道什么？ A 收看的人不多 B 参加的人不多 C 参加的人已经结婚了 D 参加的年轻人比较多	질문: 텔레비전 맞선에 관하여 알 수 있는 것은 무엇인가? A 시청하는 사람이 많지 않다 B 참가하는 사람이 많지 않다 C 출연자는 이미 결혼했다 D 출연하는 젊은이들이 비교적 많다

단어 节目 jiémù 명 프로그램 | 流行 liúxíng 동 유행하다 | 相亲 xiāngqīn 동 맞선을 보다 | 年轻人 niánqīngrén 명 젊은이 | 通过 tōngguò 개 ~을 통해 | 简短 jiǎnduǎn 형 간단하고 짧다 | 对方 duìfāng 명 상대방 | 双方 shuāngfāng 명 양쪽 | 约会 yuēhuì 동 데이트하다 | 要不 yàobù 접 아니면 | 可 kě 접 [이어진 단문에서 사건의 전환을 나타냄] | 接受 jiēshòu 동 받아들이다 | 不了 bùliǎo ~할 수 없다 [동사의 뒤에 쓰여 동작을 완료할 수 없음을 강조함] | 看来 kànlái 동 보아하니 ~하다 | 传统 chuántǒng 형 보수적이다 | 嘛 ma 조 [서술문 뒤에 쓰여 당연함을 나타냄] | 收看 shōukàn 동 시청하다

해설 여자가 '现在在电视上找男女朋友的节目可流行了(요즘 텔레비전에서 애인을 찾는 프로그램이 아주 유행이다)'라고 하고, 남자가 이어서 '年轻人通过简短的介绍了解对方(젊은이들이 간단한 소개를 통해 상대방을 알아 가는 것이다)'이라고 한다. 이로 미루어 보아, 출연자는 젊은이들임을 알 수 있고, 요즘 유행이라고 했으므로 그 수가 많다는 것 또한 추측할 수 있다. 그러므로 정답은 D이다.

28 ★★☆

男：明天我要去做身体检查，可是不知道路怎么走。你知道吗？ 女：我也没去过，不过我这儿有他们的名片，你可以带上。 男：谢谢了，我再去问一问怎么坐公共汽车。 女：虽然我没去过，不过听说那里比较远，没有公共汽车到达，要打的。	남: 나는 내일 신체검사를 받으러 가야 하는데, 어떻게 가는지 모르겠어요. 당신 알아요? 여: 나도 가 본 적이 없어요. 하지만 나한테 그들의 명함이 있어요. 당신이 가지고 가세요. 남: 고마워요. 어떻게 버스를 타고 가는지도 좀 물어볼게요. 여: 가 본 적은 없지만, 거기는 좀 멀다고 들었어요. 거기까지 가는 버스가 없어서 택시를 타야 해요.
问：男的明天会怎么去做身体检查？ A 骑自行车 B 开汽车 C 坐出租车 D 坐公共汽车	질문: 남자는 내일 어떻게 신체검사를 받으러 갈 것인가? A 자전거를 탄다 B 차를 운전한다 C 택시를 탄다 D 버스를 탄다

단어 身体检查 shēntǐ jiǎnchá 명 신체검사 | 名片 míngpiàn 명 명함 | 到达 dàodá 동 도달하다 | 打的 dǎdī 동 택시를 타다

해설 여자는 마지막 말에서 '不过听说那里比较远，没有公共汽车到达，要打的(거기는 좀 멀다고 들었다. 거기까지 가는 버스가 없어서 택시를 타야 한다)'라고 한다. 여기서 쓰인 '打的(택시를 타다)'는 '坐出租车(택시를 탄다)'와 같은 의미이므로 정답은 C이다.

29 ★★☆	
女：你们新家装修好了吗？什么时候邀请我们去玩儿呢？	여: 당신들 새집 인테리어는 다 했어요? 우리 언제 초대해서 놀 거예요?
男：一个月以后一定可以完成了，两个月以后我们就打算搬家了，到时候一定叫你们。	남: 한 달 후면 분명 완성될 수 있을 거예요. 두 달 뒤에 우리는 이사할 예정인데 그때 꼭 당신들을 부를게요.
女：这么快？装修材料有气味，对身体不好，你们怎么不等几个月再搬家呢？	여: 그렇게 빨리요? 인테리어 자재에서 냄새나잖아요. 몸에 해로워요. 어째서 몇 달 더 기다렸다가 이사하지 않는 거예요?
男：没问题，当初我们也想到这个问题，所以用的都是环保材料。	남: 괜찮아요. 애초에 우리도 이 문제를 생각했어요. 그래서 전부 친환경 자재만 사용했어요.
问：为什么男的用环保材料？	질문: 남자는 왜 친환경 자재를 사용했는가?
A 比较省钱	A 비교적 돈을 절약한다
B 妻子的要求	B 아내의 요구이다
C 女的给男的建议	C 여자가 남자에게 제안했다
D 对身体没有伤害	D 몸에 해롭지 않다

단어 装修 zhuāngxiū 동 인테리어 공사를 하다 | 邀请 yāoqǐng 동 초대하다 | 搬家 bānjiā 동 이사하다 | 到时候 dàoshíhou 그때 되면 | 材料 cáiliào 명 자재 | 气味 qìwèi 명 냄새 | 当初 dāngchū 명 애초 | 环保 huánbǎo 명 환경 보호 [环境保护의 약칭] | 省 shěng 동 절약하다 | 建议 jiànyì 동 제안하다 | 伤害 shānghài 동 해치다

해설 여자가 새집으로 이사하는 남자에게 '装修材料有气味，对身体不好(인테리어 자재에서 냄새난다. 몸에 해롭다)'라고 하자, 남자는 '当初我们也想到这个问题，所以用的都是环保材料(애초에 우리도 이 문제를 생각했다. 그래서 전부 친환경 자재만 사용했다)'라고 한다. 따라서 남자가 새집 인테리어에 친환경 자재를 사용한 이유는 몸에 해롭지 않기 때문이므로 정답은 D이다.

30 ★★☆

男：你知道吗？我的同事说，这本书的作者是一个年轻的家庭主妇。
女：啊！太出乎意料了，我还以为是个50岁以上的人呢。我非常喜欢她的文章，就是从来没有看过她本人是什么样子。
男：下个月，我要去采访她，可以给你带一本她的签名书。
女：那真是太好了，我先在这里谢谢你了！

问：根据对话，可以知道男的的职业是什么？

A 作家　　B 记者
C 评论家　　D 书店老板

남: 그거 알아요? 내 동료가 그러는데, 이 책의 저자가 한 젊은 가정주부래요.
여: 아! 정말 의외네요. 나는 50세 이상의 사람인 줄 알았어요. 나는 그녀의 글을 아주 좋아해요. 여태껏 그녀가 어떤지 본 적은 없어도요.
남: 다음 달에 나는 그녀를 인터뷰하러 가는데, 당신한테 그녀의 사인이 적힌 책을 가져다줄게요.
여: 그럼 정말 너무 좋죠. 미리 고마워요!

질문: 대화에 근거하여 알 수 있는 남자의 직업은 무엇인가?

A 작가　　B 기자
C 평론가　　D 서점 사장

단어 作者 zuòzhě 명 저자 | 家庭主妇 jiātíng zhǔfù 명 가정주부 | 出乎意料 chūhū yìliào 성 예상 밖이다 | 文章 wénzhāng 명 글 | 从来 cónglái 부 지금껏 | 本人 běnrén 명 본인 | 样子 yàngzi 명 모양 | 采访 cǎifǎng 동 인터뷰하다 | 签名 qiānmíng 동 서명하다 | 作家 zuòjiā 명 작가 | 记者 jìzhě 명 기자 | 评论家 pínglùnjiā 명 평론가 | 书店 shūdiàn 명 서점 | 老板 lǎobǎn 명 사장

해설 한 책의 저자에 대하여 대화하던 중, 남자는 '下个月，我要去采访她(다음 달에 나는 그녀를 인터뷰하러 간다)'라고 한다. 여기서 '采访(인터뷰하다)'이라는 단어를 알아들었다면, 남자의 직업이 '记者(기자)'라는 것을 쉽게 알 수 있다. 따라서 정답은 B이다.

Tip '뜻밖에도'의 뜻을 가진 단어와 성어

居然 jūrán 놀랍게도
竟然 jìngrán 뜻밖에도
没想到 méi xiǎngdào 생각지 못하다
意外 yìwài 의외의
出人意料 chūrén yìliào 예상 밖이다
出乎意料 chūhū yìliào 예상이 빗나가다
不料 búliào 뜻밖에

31－33

古时候有一个贵族，请了很多人来家里帮忙，事后，他把一壶酒分给前来帮忙的客人喝。客人们互相商量说："[31]这壶酒大家都来喝是不够的。这样吧，咱们来比赛，各自在地上画一条蛇，谁先画好，谁就喝这壶酒。"有一个人最先把蛇画好了。他端起酒壶正要喝，发觉周围的人都没有画好。[32]他以为自己画错了，于是左手拿着酒壶，右手继续画，在原来的蛇上又画上了四只脚。可是没等他把脚画完，另一个人已经把蛇画好了。那人把壶抢过去，说："[33]蛇本来是没有脚

먼 옛날 한 귀족이 많은 사람을 집으로 불러 도움을 요청하였다. 일이 끝난 후 그는 술 한 주전자를 가져와 도와주러 온 손님들이 마시게 나누어 주었다. 손님들은 상의하여 "[31]이 술은 모두가 마시기에 부족합니다. 그러니 이렇게 합시다. 우리가 시합을 해요. 각자 바닥에 뱀을 그려서, 먼저 다 그린 사람이 이 술을 마시는 거죠."라고 말했다. 한 사람이 가장 먼저 뱀을 다 그렸다. 그가 술 주전자를 들어서 마시려는 찰나, 주변 사람들 모두 아직 다 그리지 않은 것을 알아차렸다. [32]그는 자기가 잘못 그렸다고 생각하여 왼손에는 술 주전자를 들고 오른손으로는

的，你怎么能给它画上脚呢？”说完，拿过酒壶，就把壶中的酒喝了下去。那个给蛇画上脚的人就这样失去本来已经得到的酒。	계속 그림을 그려, 원래 뱀에 다시 다리 4개를 그려 넣었다. 하지만 그가 다리를 다 그리기 전에 또 다른 사람이 뱀을 다 그렸다. 그 사람은 주전자를 빼앗으면서 “[33]뱀은 본래 다리가 없거늘 당신은 어찌 뱀에 다리를 그려 넣을 수 있단 말이오?”라고 말했다. 그는 말을 마치고는 술 주전자를 가지고 가 안에 담긴 술을 마셔 버렸다. 뱀에 다리를 그려 넣은 그 사람은 이렇게 이미 다 얻은 술을 잃게 되었다.

단어 古 gǔ 명 옛날 | 贵族 guìzú 명 귀족 | 事后 shìhòu 명 일이 끝난 후 | 壶 hú 명 주전자 | 前来 qiánlái 동 이쪽으로 오다 | 互相 hùxiāng 부 서로 | 商量 shāngliang 동 상의하다 | 够 gòu 동 충분하다 | 咱们 zánmen 대 우리 | 各自 gèzì 대 각자 | 蛇 shé 명 뱀 | 端 duān 동 받쳐 들다 | 正 zhèng 부 마침 | 发觉 fājué 동 알아차리다 | 周围 zhōuwéi 명 주변 | 以为 yǐwéi 동 여기다 | 于是 yúshì 접 그래서 | 继续 jìxù 동 계속하다 | 原来 yuánlái 형 원래의 | 另 lìng 대 다른 | 抢 qiǎng 동 빼앗다 | 本来 běnlái 부 본래 | 失去 shīqù 동 잃다

31 ★★☆

这些人为什么要进行比赛？	이들은 왜 시합을 하려고 하는가?
A 他们没有见过蛇	A 그들은 뱀을 본 적이 없다
B 他们给贵族帮忙	B 그들은 귀족을 도와준다
C 他们要争一壶酒	C 그들은 술 한 주전자를 쟁탈하려고 한다
D 他们没有喝过酒	D 그들은 술을 마신 적이 없다

단어 争 zhēng 동 쟁탈하다

해설 손님들이 상의하여 말하기를, ‘这壶酒大家都来喝是不够的(술 주전자는 모두가 마시기에 부족하다)’라고 하며 ‘咱们来比赛，各自在地上画一条蛇，谁先画好，谁就喝这壶酒(우리가 시합을 하자. 각자 바닥에 뱀을 그려서, 먼저 다 그린 사람이 이 술을 마신다)’라고 시합을 제안한다. 그러므로 술 주전자를 쟁탈하기 위해 시합을 하는 것임을 알 수 있다. 따라서 정답은 C이다.

32 ★★☆

为什么那个人给蛇画上了脚？	그는 왜 뱀에게 다리를 그려 넣었는가?
A 他看见了蛇的脚	A 그는 뱀의 다리를 보았다
B 别人都画上了脚	B 다른 사람들이 모두 다리를 그려 넣었다
C 他觉得没脚的蛇是错的	C 그는 다리가 없는 뱀은 틀린 것이라고 생각한다
D 他觉得有脚的蛇好看	D 그는 다리가 있는 뱀이 보기 좋다고 생각한다

해설 녹음 내용의 중반부에서 ‘他以为自己画错了，于是左手拿着酒壶，右手继续画，在原来的蛇上又画上了四只脚(그는 자기가 잘못 그렸다고 생각하여 왼손에는 술 주전자를 들고 오른손으로는 계속 그림을 그려, 원래 뱀에 다시 다리 4개를 그려 넣었다)’라고 한다. 남자는 뱀이 다리가 없는 것이 틀렸다고 생각하는 것이므로 정답은 C이다.

33 ★★☆	
最先把蛇画好的人为什么没有得到奖品? A 他不喜欢喝酒 B 他给蛇画上了脚 C 他没有告诉别人 D 奖品被人抢走了	가장 먼저 뱀을 다 그린 사람은 왜 상을 받지 못하였는가? A 그는 술 마시는 것을 좋아하지 않는다 B 그는 뱀에 다리를 그려 넣었다 C 그는 다른 사람에게 알리지 않았다 D 상품을 다른 사람에게 빼앗겼다

단어 **奖品** jiǎngpǐn 명 상품 | **抢** qiǎng 동 빼앗다

해설 녹음 내용의 마지막 부분에서, '蛇本来是没有脚的，你怎么能给它画上脚呢(뱀은 본래 다리가 없거늘 당신은 어찌 뱀에게 다리를 그려 넣을 수 있단 말이요)'라고 하며, 가장 먼저 뱀을 그린 사람이 들고 있던 술을 빼앗았다. 그러므로 정답은 B이다.

34 – 35	
各位观众，现在报送一个通知。[34]本台体育频道今天晚上21:00因直播南非世界杯比赛，原定的节目将推迟播出。[35]原定在21:00开始的《晚间体育新闻》将推迟到24:00播出，原定于21:40播出的《体育人生》将在明天早上10:00播出，原定于22:30播出的《篮球欣赏》将暂停播出，给您带来的不便敬请谅解。欢迎您收看我台的世界杯直播和其他节目，谢谢!	시청자 여러분, 소식 전해드립니다. [34]본 스포츠 채널은 오늘 밤 21시 남아공 월드컵 경기 생중계로 인해 기존 편성 프로그램 방송이 지연됩니다. [35]21시에 시작되는 〈나이트 스포츠 뉴스〉는 24시로 미뤄져 방송되고, 21시 40분에 방송되는 〈스포츠 인생〉은 내일 아침 10시에 방송될 예정입니다. 22:30에 방송되는 〈농구 감상〉은 결방됩니다. 불편을 드리는 점 양해 부탁드립니다. 본 채널의 월드컵 생중계 및 다른 프로그램 많은 시청 바랍니다. 감사합니다!

단어 **观众** guānzhòng 명 시청자 | **报送** bàosòng 동 보고하다 | **通知** tōngzhī 명 통지 | **频道** píndào 명 채널 | **直播** zhíbō 동 생중계하다 | **南非** Nánfēi 명 남아프리카공화국 | **世界杯** Shìjièbēi 명 월드컵 | **原定** yuándìng 동 원래 정하다 | **推迟** tuīchí 동 연기하다 | **播** bō 동 방송하다 | **人生** rénshēng 명 인생 | **欣赏** xīnshǎng 동 감상하다 | **暂停** zàntíng 동 잠시 중지하다 | **不便** búbiàn 형 불편하다 | **敬请** jìngqǐng 정중히 부탁하다 | **谅解** liàngjiě 동 양해하다 | **收看** shōukàn 동 시청하다

34 ★★☆	
因为什么节目，要推迟其他节目的播出时间? A 南非之旅　　B 足球之夜 C 世界杯比赛　　D 世界杯开幕式	무슨 프로그램 때문에 다른 프로그램의 방송 시간이 지연되는가? A 남아공 여행　　B 축구의 밤 C 월드컵 경기　　D 월드컵 개막식

단어 **开幕式** kāimùshì 명 개막식

해설 녹음 도입부에서 '本台体育频道今天晚上21:00因直播南非世界杯比赛，原定的节目将推迟播出(본 스포츠 채널은 오늘 밤 21시 남아공 월드컵 경기 생중계로 인해 기존 편성 프로그램 방송이 지연된다)'라고 한다. 월드컵 경기 때문에 방송이 지연된다는 것을 알 수 있으므로 정답은 C이다.

35 ★★★	
根据语段，可以知道什么?	이 글에 근거하여 알 수 있는 것은 무엇인가?
A《晚间体育新闻》暂停	A 〈나이트 스포츠 뉴스〉가 결방된다
B《体育人生》今天播出	B 〈스포츠 인생〉이 오늘 방송된다
C《篮球欣赏》暂停	C 〈농구 감상〉이 결방된다
D 世界杯比赛持续四小时	D 월드컵 경기는 네 시간 동안 지속된다

단어 持续 chíxù 동 지속하다

해설 여러 프로그램과 시간이 나와 헷갈릴 수 있으니 간단한 메모를 하며 듣도록 한다. '原定在21:00开始的《晚间体育新闻》将推迟到24:00播出(21시에 시작되는 〈나이트 스포츠 뉴스〉가 24시 방송으로 지연되었다)'에서 A가 오답인 것을 알 수 있다. '原定于21:40播出的《体育人生》将在明天早上10:00播出(21시 40분에 방송되는 〈스포츠 인생〉은 내일 아침 10시에 방송될 예정이다)'에서 B가 오답인 것을 알 수 있다. '原定于22:30播出的《篮球欣赏》将暂停播出(22:30에 방송되는 〈농구 감상〉은 결방된다)'라고 하므로 정답은 C이다.

36－37	
各位亲爱的顾客，欢迎光临花容百货公司。为了庆祝花容百货开业5周年，我公司[36]将在6月25日到6月30日进行各种优惠活动。凡是在此期间在花容百货消费的顾客就有机会参加我们的抽奖活动，百分之百有奖。[37]一等奖双人双飞法国10日游，二等奖海南双人5日游，三等奖现金300元，四等奖花容小礼物一份。欢迎您的光临。	친애하는 고객 여러분, 화용 백화점에 오신 것을 환영합니다. 화용 백화점의 개점 5주년을 축하하기 위해, [36]오는 6월 25일부터 6월 30일까지 각종 할인 행사를 진행할 예정입니다. 이 기간에 화용 백화점에서 제품을 구매하신 고객님이면 100% 당첨을 보장하는 추첨 행사에 참여할 기회가 있습니다. [37]1등 상은 프랑스 10일 왕복 2인 여행권, 2등 상은 하이난 5일 2인 여행권, 3등 상은 현금 300위안, 4등 상은 화용의 작은 선물 한 세트를 드립니다. 고객님의 참여를 환영합니다!

단어 亲爱 qīn'ài 형 친애하다 | 顾客 gùkè 명 고객 | 光临 guānglín 동 광림하다 | 百货公司 bǎihuò gōngsī 명 백화점 | 庆祝 qìngzhù 동 경축하다 | 开业 kāiyè 동 개업하다 | 周年 zhōunián 명 주년 | 进行 jìnxíng 동 진행하다 | 优惠 yōuhuì 형 특혜의 | 活动 huódòng 명 행사 | 凡是 fánshì 부 무릇 | 期间 qījiān 명 기간 | 消费 xiāofèi 동 소비하다 | 抽奖 chōujiǎng 동 추첨하다 | 奖 jiǎng 명 상 | 海南 Hǎinán 명 하이난 [지명] | 现金 xiànjīn 명 현금 | 份 fèn 양 세트 [배합하여 한 벌이 되는 것을 세는 단위]

36 ★☆☆			
优惠活动持续几天?		할인 행사는 며칠 동안 계속되는가?	
A 5天	B 6天	A 5일	B 6일
C 7天	D 8天	C 7일	D 8일

해설 날짜나 숫자에 관한 문제는 직접 계산을 해야 하는 경우가 있으므로 필기를 통해 녹음의 내용을 기억하도록 한다. 녹음에서 '将在6月25日到6月30日进行各种优惠活动(오는 6월 25일부터 6월 30일까지 각종 할인 행사를 진행할 예정이다)'이라고 하므로 정답은 B이다.

37 ★★☆

关于奖品，可以知道什么?
A 一等奖去海南旅行
B 二等奖现金300元
C 三等奖双人旅行
D 四等奖一份小礼物

상품에 관하여 알 수 있는 것은 무엇인가?
A 1등 상은 하이난 여행이다
B 2등 상은 현금 300위안이다
C 3등 상은 2인 여행이다
D 4등 상은 작은 선물 한 세트이다

단어 旅行 lǚxíng 동 여행하다

해설 녹음에서 상품을 언급하는 부분을 받아 적으며 듣도록 한다. '一等奖双人双飞法国10日游(1등 상은 프랑스 10일 왕복 2인 여행권)', '二等奖海南双人5日游(2등 상은 하이난 5일 2인 여행권)', '三等奖现金300元(3등 상은 현금 300위안)', '四等奖花容小礼物一份(4등 상은 화용의 작은 선물 한 세트)'이라고 한다. 그러므로 정답은 D이다.

38 – 40

有一个人射箭很厉害，[38]当时没有人比得上他，于是他非常骄傲。有一次，他在表演射箭的本领，射出十支箭，每次都能射中八九支，周围的人看了都大声鼓掌。有个卖油的老头儿也在旁边看，可是他对于这种射箭的技术，只是微微地点头。射箭的人问老头儿："难道我的射箭技术不好吗?"老头儿说："[39]这没有什么别的技巧，只不过是熟练而已。"

射箭的人不服气。于是老头儿拿出一个中间有小孔的铜板，放在油壶上，取出一勺油，慢慢地把油从小孔倒入装油的壶里。油从小孔进入，一点儿也没有滴在壶外面。周围的人连连赞叹，老头儿说："[40]我也没有什么特殊的技巧，只不过是熟练而已。"

궁술이 뛰어난 한 사람이 있었다. [38]당시에 그와 견줄 만한 사람이 없어서 그는 대단히 거만했다. 한번은 그가 자신의 활쏘기 실력을 뽐내고 있었다. 그가 10개 화살을 쏘면 항상 8, 9개는 명중하였고, 주변 사람들은 보고 모두 큰 소리로 박수를 쳤다. 기름을 파는 한 노인도 옆에서 구경하고 있었지만, 그는 그저 가볍게 고개만 끄덕일 뿐이었다. 활을 쏜 사람이 노인에게 "설마 제 궁술 실력이 형편없는 것은 아니겠죠?"라고 물었다. 노인은 "[39]딱히 특별한 기술은 없구먼. 그저 숙련되었을 뿐인 게지."라고 말했다.

활 쏘는 사람은 인정하지 않았다. 그러자 노인은 중간에 작은 구멍이 뚫린 동전을 꺼내 기름통에 올렸다. 그리고 기름 한 국자를 퍼 올려 그 작은 구멍을 통해 기름통으로 천천히 기름을 부어 넣었다. 기름이 작은 구멍을 통해 들어가면서 한 방울도 기름통 밖으로 떨어지지 않았다. 주변 사람들은 연이어 탄사를 보냈다. 이에 노인은 "[40]나도 딱히 특별한 기술은 없소. 그저 숙련되었을 뿐이지."라고 말했다.

단어 射箭 shèjiàn 동 활을 쏘다 | 厉害 lìhai 형 대단하다 | 当时 dāngshí 명 당시 | 比得上 bǐdeshàng ~와 견줄 만하다 | 于是 yúshì 접 그래서 | 骄傲 jiāo'ào 형 거만하다 | 表演 biǎoyǎn 동 공연하다 | 本领 běnlǐng 명 솜씨 | 射 shè 동 쏘다 | 支 zhī 양 자루, 개피 [막대 모양의 물건을 세는 단위] | 箭 jiàn 명 화살 | 中 zhòng 동 명중하다 | 周围 zhōuwéi 명 주위 | 大声 dàshēng 명 큰 소리 | 鼓掌 gǔzhǎng 동 박수를 치다 | 老头儿 lǎotóur 명 노인 | 对于 duìyú 개 ~에 대해 | 技术 jìshù 명 실력 | 微微 wēiwēi 부 살짝 | 点头 diǎntóu 동 고개를 끄덕이다 | 难道 nándào 부 설마 ~란 말인가 | 技巧 jìqiǎo 명 기술 | 只不过 zhǐbúguò 부 그저 ~에 불과하다 | 熟练 shúliàn 형 숙련되어 있다 | 而已 éryǐ 조 ~뿐이다 | 不服气 bù fúqì 인정하지 않다 | 孔 kǒng 명 구멍 | 铜板 tóngbǎn 명 동전 | 油 yóu 명 기름 | 壶 hú 명 주전자 | 取 qǔ 동 가지다 | 倒 dào 동 따르다 | 滴 dī 동 한 방울씩 떨어지다 | 连连 liánlián 부 끊임없이 | 赞叹 zàntàn 동 찬탄하다 | 特殊 tèshū 형 특별하다

38 ★☆☆

射箭的人觉得自己的技术怎么样?	활 쏘는 사람은 자신의 실력이 어떻다고 생각하는가?
A 不太好 B 非常好	A 그다지 좋지 않다 B 매우 좋다
C 只是一般 D 熟练而已	C 그저 그렇다 D 숙련되었을 뿐이다

해설 녹음에서 '当时没有人比得上他, 于是他非常骄傲(당시에 그와 견줄 만한 사람이 없어서 그는 대단히 거만했다)'라고 하므로 활 쏘는 사람은 스스로 자신의 실력이 아주 좋다고 생각한 것이다. 그러므로 정답은 B이다.

Tip 比得上 ~와 비교할 수 있다(↔ 比不上)
예 没有人比得上他。그와 비교할 수 있는 사람은 없다.

39 ★★☆

老头儿为什么只是微微点头, 没有鼓掌?	노인은 왜 가볍게 고개만 끄덕이고, 박수 치지 않았는가?
A 他拿着东西	A 그는 물건을 들고 있었다
B 他觉得不奇怪	B 그는 이상할 것도 없다고 생각했다
C 他没有看清楚	C 그는 정확하게 보지 못했다
D 他射箭也很好	D 그도 활을 잘 쏜다

단어 奇怪 qíguài 형 이상하다 | 清楚 qīngchu 형 분명하다 | 射箭 shèjiàn 동 활을 쏘다

해설 녹음에서 노인은 '这没有什么别的技巧, 只不过是熟练而已(딱히 특별한 기술은 없다. 그저 숙련되었을 뿐이다)'라고 하는 것으로 미루어 보아, 그가 활을 잘 쏘는 것이 특별할 것도 없다는 것이므로 정답은 B이다.

Tip 只不过是…而已 다만 ~에 불과하다
예 只不过是借口而已。다만 핑계에 불과하다.

40 ★☆☆

老头儿对自己的技术怎样评价?	노인은 자신의 실력에 대해 어떻게 평가하는가?
A 他认为自己很厉害	A 그는 자신이 대단하다고 생각한다
B 他认为值得被赞美	B 그는 칭찬받을 만하다고 생각한다
C 这只不过是因为熟练	C 그저 숙련되었을 뿐이다
D 这让他觉得非常自豪	D 그가 자부심을 느끼게 한다

단어 值得 zhídé 동 ~할 만하다 | 赞美 zànměi 동 칭찬하다 | 自豪 zìháo 형 스스로 긍지를 느끼다

해설 노인은 기름을 한 방울 떨어트리지 않고 작은 구멍에 넣었음에도 '我也没有什么特殊的技巧, 只不过是熟练而已(나도 딱히 특별한 기술은 없다. 그저 숙련되었을 뿐이다)'라고 한다. 그러므로 보기 중 일치하는 답안은 C이다.

Tip 단문 듣기 형식의 문제에서는 녹음 지문에서 쓰인 문장이 동일하게 보기에 주어져 정답이 되는 경우가 많다. 따라서 시선은 늘 문제의 보기에 두고 녹음을 듣도록 한다.

41 – 43

电视台有一天采访一名小朋友，问他说："你长大后想当什么呀？"这个小朋友天真地回答："嗯……[41]我要当飞机的驾驶员！"主持人接着问："如果有一天，你的飞机飞到太平洋上空所有引擎都熄火了，你会怎么办？"小朋友想了想："我会先告诉坐在飞机上的人绑好安全带，然后我挂上我的降落伞跳出去。"[42]在场的大人都笑得东倒西歪，觉得这个孩子太自私了，没想到，这个孩子哭了出来。于是主持人问他说："为什么你要这么做？"小孩儿的答案透露了这个孩子真挚的想法："[43]我要去拿燃料，我还要回来救他们！"	방송국에서 어느 날 한 꼬마 아이를 인터뷰했다. 그에게 "너는 자라서 무엇이 되고 싶니?"라고 물었다. 이 꼬마 아이는 천진난만하게 "음…[41]저는 비행기 조종사가 되고 싶어요!"라고 대답했다. 사회자는 계속해서 "만약 어느 날 너의 비행기가 태평양 상공까지 날아갔는데 모든 엔진이 다 꺼진다면 너는 어떻게 할 거니?"라고 물었다. 꼬마는 생각하더니, "저는 먼저 비행기에 앉아 있는 사람들에게 안전띠를 꽉 메라고 알린 뒤, 제 낙하산을 메고 뛰어내릴 거예요." [42]그 자리에 있던 어른들은 모두 배꼽을 잡고 웃으며, 이 꼬마 아이가 정말 이기적이라고 생각했다. 뜻밖에도 이 꼬마는 울음을 터트렸다. 그래서 사회자가 그에게 "너는 왜 이렇게 하려는 거니?"라고 물었다. 꼬마 아이의 대답은 이 아이의 진실한 생각을 보여주었다. "[43]저는 연료를 가지러 갔다가 다시 돌아와서 그들을 구할 거예요!"

단어 **电视台** diànshìtái 명 텔레비전 방송국 | **小朋友** xiǎopéngyǒu 명 꼬마 아이 | **采访** cǎifǎng 동 인터뷰하다 | **当** dāng 동 ~이 되다 | **天真** tiānzhēn 형 천진난만하다 | **驾驶员** jiàshǐyuán 명 조종사 | **主持人** zhǔchírén 명 사회자 | **接着** jiēzhe 부 계속하여 | **太平洋** Tàipíngyáng 명 태평양 | **上空** shàngkōng 명 상공 | **引擎** yǐnqíng 명 엔진 | **熄火** xīhuǒ 동 엔진이 꺼지다 | **绑** bǎng 동 단단히 묶다 | **安全带** ānquándài 명 안전띠 | **挂** guà 동 걸다 | **降落伞** jiàngluòsǎn 명 낙하산 | **场** chǎng 명 장소 | **东倒西歪** dōngdǎo xīwāi 성 이리저리 나뒹굴다 | **自私** zìsī 형 이기적이다 | **没想到** méi xiǎngdào 생각지 못하다 | **于是** yúshì 접 그래서 | **答案** dá'àn 명 대답 | **透露** tòulù 동 나타내다 | **真挚** zhēnzhì 형 참된 | **想法** xiǎngfǎ 명 생각 | **燃料** ránliào 명 연료 | **救** jiù 동 구하다

41 ★★☆

小朋友长大想当什么?	꼬마 아이는 커서 무엇이 되고 싶은가?
A 厨师　B 司机	A 요리사　B 운전기사
C 飞行员　D 乘务员	C 조종사　D 승무원

단어 **厨师** chúshī 명 요리사 | **飞行员** fēixíngyuán 명 조종사 | **乘务员** chéngwùyuán 명 승무원

해설 사회자의 질문에 꼬마 아이는 '我要当飞机的驾驶员(나는 비행기 조종사가 되고 싶다)'이라고 대답한다. '驾驶'은 '자동차', '선박', '비행기' 등을 조종하다'라는 뜻으로 C의 '飞行(비행하다)'를 포함하는 단어이다. 그러므로 정답은 C이다.

42 ★★☆

听到小朋友的回答，在场的大人都有什么反应?	꼬마 아이의 대답을 듣고 그 자리에 있던 어른들은 어떠한 반응을 보였는가?
A 大笑　B 遗憾	A 크게 웃다　B 유감이다
C 在乎　D 失望	C 신경 쓰다　D 실망하다

단어 **遗憾** yíhàn 동 유감이다 | **在乎** zàihu 동 신경 쓰다 | **失望** shīwàng 동 실망하다

해설 낙하산을 메고 뛰어내리겠다는 꼬마 아이의 대답을 듣고, '在场的大人都笑得东倒西歪(그 자리에 있던 어른들이 모두 배꼽을 잡고 웃다)'라고 한다. '东倒西歪'는 중심을 잡지 못하고 이리저리 비틀거리는 모습을 비유한 것으로, 녹음 내용에서는 크게 웃는 것을 말한다. 그러므로 정답은 A이다.

43 ★★☆

小朋友为什么要自己逃出去?	꼬마 아이는 왜 스스로 탈출하려고 하는가?
A 他以后回来救人	A 그는 돌아와서 사람들을 구해 준다
B 他害怕	B 그는 두렵다
C 他想回家	C 그는 집에 돌아가고 싶다
D 他自私	D 그는 이기적이다

단어 害怕 hàipà 동 두려워하다

해설 낙하산을 메고 탈출한다는 꼬마 아이에게 사회자가 그 이유를 묻자 '我要去拿燃料, 我还要回来救他们(나는 연료를 가지러 갔다가 다시 돌아와서 그들을 구할 거다)'이라고 한다. 그러므로 정답은 A이다.

44 – 45

孔子的一位学生在煮粥的时候，发现有脏的东西掉进锅里去了。他连忙用汤匙把它捞起来，正想把它倒掉时，忽然想到，[44]一粥一饭都来之不易啊，于是便把它吃了。刚巧孔子走进厨房，以为他在偷吃食物，便教训了那位负责煮食的同学。经过解释，大家才知道原因。孔子很感慨地说:"[45]我亲眼看见的事情也不确实，何况是听别人说的呢?"

공자의 한 제자가 죽을 끓이고 있을 때, 더러운 것이 냄비 안에 들어간 것을 발견했다. 그가 급하게 국자로 그것을 건져 올려 쏟아 버리려던 참에, 순간 [44]죽 한 공기 밥 한 그릇도 쉽게 온 것이 아니라는 생각이 들어, [44]그것을 바로 먹어 버렸다. 그때 마침 공자가 주방으로 들어왔고, 그가 음식을 훔쳐 먹고 있다고 여겨 음식을 담당하는 그 제자를 꾸짖었다. 설명을 하고서야 모두가 그 원인을 알게 되었다. 공자는 탄식하며 "[45]내가 직접 본 일도 정확하지 않은데, 하물며 다른 사람이 하는 말을 듣는 것은 어떠하겠는가?"라고 말했다.

단어 孔子 Kǒngzǐ 명 공자 [인명] | 煮 zhǔ 동 끓이다 | 粥 zhōu 명 죽 | 脏 zāng 형 더럽다 | 掉 diào 동 빠뜨리다 | 锅 guō 명 냄비 | 连忙 liánmáng 부 황급히 | 汤匙 tāngchí 명 국자 | 捞 lāo 동 건지다 | 正 zhèng 부 마침 | 倒 dǎo 동 엎어지다 | 忽然 hūrán 부 갑자기 | 来之不易 láizhī bùyì 성 얻기 쉽지 않다 | 于是 yúshì 접 그래서 | 便 biàn 부 바로 | 刚巧 gāngqiǎo 부 때마침 | 厨房 chúfáng 명 주방 | 以为 yǐwéi 동 여기다 | 偷 tōu 동 훔치다 | 食物 shíwù 명 음식 | 教训 jiàoxùn 동 꾸짖다 | 负责 fùzé 동 담당하다 | 解释 jiěshì 동 해명하다 | 原因 yuányīn 명 원인 | 感慨 gǎnkǎi 동 탄식하다 | 亲眼 qīnyǎn 부 직접 자신의 눈으로 | 确实 quèshí 형 확실하다 | 何况 hékuàng 접 하물며

44 ★★☆

孔子的学生为什么吃了倒掉的粥?	공자의 제자는 왜 쏟아 버린 죽을 먹었는가?
A 他饿了	A 그는 배가 고팠다
B 他珍惜食物	B 그는 음식을 소중히 여긴다
C 他在偷吃	C 그는 훔쳐 먹고 있다
D 粥很好吃	D 죽이 매우 맛있다

단어 珍惜 zhēnxī 동 소중히 여기다

해설 제자가 죽을 쏟아 버리고, '一粥一饭都来之不易啊, 于是便把它吃了(죽 한 공기 밥 한 그릇도 쉽게 온 것이 아니다. 그것을 바로 먹어 버렸다)'라고 한다. '来之不易'는 '얻기 쉽지 않다'라는 성어로, 제자가 쏟아 버린 죽을 먹은 것은 음식을 소중히 여기기 때문임을 알 수 있다. 그러므로 정답은 B이다.

45 ★★☆	
这个故事说明了什么道理? A 不能相信别人说的话 B 不能偷吃食物 C 在确认事实之前不要轻易误会别人 D 不能浪费食物	이 이야기가 알려 주고자 하는 이치는 무엇인가? A 다른 사람이 하는 말을 믿어서는 안 된다 B 음식을 훔쳐 먹어서는 안 된다 C 사실을 확인하기 전에 다른 사람을 함부로 오해해서는 안 된다 D 음식을 낭비해서는 안 된다

단어 确认 quèrèn 동 확인하다 | 事实 shìshí 명 사실 | 之前 zhīqián 명 ~이전 | 轻易 qīngyì 형 함부로 하다 | 误会 wùhuì 동 오해하다 | 浪费 làngfèi 동 낭비하다

해설 공자는 제자가 음식을 훔쳐 먹는다고 생각해서 꾸짖었는데, 후에 해명을 듣고 탄식했다. 마지막 문장에서 '我亲眼看见的事情也不确实, 何况是听别人说的呢?(내가 직접 본 일도 정확하지 않은데, 하물며 다른 사람이 하는 말을 듣는 것은 어떠하겠는가?)'라고 한다. '何况…呢'는 '하물며 ~는 더 말할 것도 없다'는 강한 긍정의 어감으로, 내가 직접 본 일도 정확하지 않으니, 다른 사람이 하는 말을 듣는 것은 더욱 정확하지 않다는 뜻이다. 그러므로 정답은 C이다.

독해 阅读 제1부분

46 – 48	
新鲜牛奶的保质期一般为七天，有的时候，我们买了牛奶，却[46]来不及喝完，牛奶就过期了。直接扔掉太[47]可惜，其实过期牛奶还有许多其他的用处。比如，过期的牛奶加一点清水，可以拿来擦皮鞋，不但可以利用将要变成[48]垃圾的牛奶，而且还可以使皮鞋干净发亮，不开裂，同时也节省了鞋油。再比如，严重过期的牛奶还可以用来浇花，对一些花来说，过期牛奶是非常有营养的。	신선한 우유의 유통기한은 보통 7일이다. 어떤 때는 우유를 샀지만 다 마실 [46]겨를이 없어서 우유의 유통기한이 지난다. 그대로 버리기에는 너무 [47]아깝다. 사실 유통기한이 지난 우유는 다른 용도가 매우 많다. 예를 들어, 유통기한이 지난 우유에 깨끗한 물을 약간 더한 것을 가지고 가죽 신발을 닦을 수 있다. [48]쓰레기가 될 뻔한 우유를 활용할 수 있을 뿐만 아니라, 가죽 신발을 깨끗이 닦아 윤기를 내고 갈라지지 않게도 할 수 있다. 동시에 구두약도 절약할 수 있다. 또 예를 들면, 유통기한이 아주 오래 지난 우유는 꽃에 줄 수도 있다. 일부 꽃에게는 유통기한이 지난 우유가 굉장히 영양가가 있다.

단어 保质期 bǎozhìqī 명 유통기한 | 却 què 부 그러나 | 过期 guòqī 동 기한을 지나다 | 直接 zhíjiē 형 직접적인 | 扔 rēng 동 버리다 | 许多 xǔduō 형 매우 많다 | 用处 yòngchu 명 용도 | 比如 bǐrú 동 예를 들다 | 清 qīng 형 깨끗하다 | 擦 cā 동 닦다 | 皮鞋 píxié 명 가죽 신발 | 利用 lìyòng 동 이용하다 | 使 shǐ 동 ~하게 하다 | 发亮 fāliàng 동 빛나다 | 开裂 kāiliè 동 갈라지다 | 同时 tóngshí 접 동시에 | 节省 jiéshěng 동 절약하다 | 鞋油 xiéyóu 명 구두약 | 严重 yánzhòng 형 매우 심하다 | 浇 jiāo 동 물을 주다 | 营养 yíngyǎng 명 영양

46 ★★☆			
A 来得及	B 来不及	A 늦지 않다	B 겨를이 없다
C 来得快	D 来得慢	C 빨리 오다	D 늦게 오다

단어 来得及 láidejí 동 늦지 않다 | 来不及 láibují 동 겨를이 없다

해설 빈칸은 술어 '喝完(다 마시다)'를 수식하는 부사어 자리이다. 빈칸 앞뒤를 살펴보면 '我们买了牛奶，却______喝完，牛奶就过期了(우유를 샀지만 다 마실______우유의 유통기한이 지난다)'라고 하는 것으로 보아, 문맥상 우유를 다 마실 겨를이 없다는 내용임을 알 수 있다. 보기 중 '来得及'는 '시간 안에 맞출 수 있음'을 가리키고, '来不及'는 '시간 안에 맞출 수 없음'을 가리키므로 빈칸에 들어갈 적절한 것은 '来得及(겨를이 없다)'이다. 따라서 정답은 B이다.

47 ★★☆			
A 珍贵	B 珍惜	A 진귀하다	B 소중히 여기다
C 可惜	D 可爱	C 아깝다	D 귀엽다

단어 珍贵 zhēnguì 형 진귀하다 | 珍惜 zhēnxī 동 소중히 여기다 | 可惜 kěxī 형 아깝다 | 可爱 kě'ài 형 귀엽다

해설 빈칸은 정도부사 '太(너무)' 뒤에 오는 형용사 술어 자리이다. '直接扔掉太______(그대로 버리기에는 너무______)'라고 하므로, 문맥상 가장 적절한 단어는 '可惜(아깝다)'이다. 따라서 정답은 C이다.

48 ★★☆			
A 宝贝	B 新鲜	A 보물	B 신선하다
C 垃圾	D 自来水	C 쓰레기	D 수돗물

단어 宝贝 bǎobèi 명 보물 | 新鲜 xīnxiān 형 신선하다 | 垃圾 lājī 명 쓰레기 | 自来水 zìláishuǐ 명 수돗물

해설 빈칸은 목적어를 수식하는 관형어 자리로, 적절한 명사를 찾아야 한다. '过期的牛奶加一点清水，可以拿来擦皮鞋，不但可以利用将要变成______的牛奶，而且还可以使皮鞋干净发亮(유통기한이 지난 우유에 깨끗한 물을 약간 더한 것을 가지고 가죽 신발을 닦을 수 있다. ______가 될 뻔한 우유를 활용할 수 있을 뿐만 아니라, 가죽 신발을 깨끗이 닦아 윤기를 내고 갈라지지 않게도 할 수 있다)'이라고 하는 것으로 미루어 보아, 유통기한이 지나 쓸모없게 될 우유의 활용에 대해 말하고 있다. 따라서 목적어를 수식하는 관형어 명사로 어울리는 것은 '垃圾(쓰레기)'이므로 정답은 C이다.

49 – 52

一天，三个心理医生相约一起散步。第一个心理医生说："能跟你们成为朋友，我感到特别高兴。人们经常来找我为他们解决[49]心理问题，但我自己内心也有很多严重的心理问题，却找不到人倾诉。"另外两个医生说："我们也有同感，[50]既然这样，我们为什么不说出心里的秘密，相互倾诉一下呢？""我先说。"第一个心理医生说，"我有[51]购物强迫症，一到商店就无法控制自己买东西，因此我欠下了很多钱。"第二个心理医生说："我的问题更严重，我对毒品产生了依赖，因此我找我的病人购买毒品。"第三个说："请别怪我，我知道这是我的不对，但我怎么努力都[52]无法改变，我最大的问题就是一定要说出秘密。"

어느 날, 세 명의 정신과 의사가 함께 산책하기로 약속했다. 첫 번째 정신과 의사가 "너희들과 친구 할 수 있어서 나는 정말 기뻐. 사람들은 그들의 [49]심리 문제를 해결하기 위해 자주 나를 찾아오지. 그런데 나 자신도 마음속에 심각한 심리적 문제가 많이 있지만 털어놓을 사람을 찾지 못했어."라고 말했다. 다른 두 의사가 "우리도 공감하네. [50]이왕 이렇게 된 거 우리가 왜 마음속 비밀을 말하지 않고 서로 털어놓지 않겠는가?"라고 말했다. "내가 먼저 말하지." 첫 번째 정신과 의사가 말했다. "나는 [51]쇼핑 강박증이 있네. 백화점에 가기만 하면 물건 사는 것을 통제할 수 없어서 나는 많은 돈을 빚졌네." 두 번째 정신과 의사가 말했다. "내 문제는 더 심각해. 나는 마약에 의지하기 시작했어. 그래서 나는 내 환자에게 마약을 구매하지." 세 번째 의사가 말했다. "나를 원망하지 말게나. 이게 내 잘못이라는 걸 알지만, 내가 어떻게 노력해도 고칠 [52]방법이 없어. 나의 가장 큰 문제는 바로 비밀을 반드시 말해야 한다는 걸세."

단어 心理医生 xīnlǐ yīshēng 명 정신과 의사 | 相约 xiāngyuē 동 약속하다 | 散步 sànbù 동 산책하다 | 成为 chéngwéi 동 ~이 되다 | 内心 nèixīn 명 마음 속 | 严重 yánzhòng 형 심각하다 | 心理 xīnlǐ 명 심리 | 却 què 부 오히려 | 倾诉 qīngsù 동 다 털어놓다 | 另外 lìngwài 대 다른 | 同感 tónggǎn 명 공감 | 秘密 mìmì 명 비밀 | 相互 xiānghù 부 서로 | 强迫症 qiǎngpòzhèng 명 강박증 | 无法 wúfǎ 동 방법이 없다 | 控制 kòngzhì 동 통제하다 | 因此 yīncǐ 접 그래서 | 欠 qiàn 동 빚지다 | 毒品 dúpǐn 명 마약 | 产生 chǎnshēng 동 생기다 | 依赖 yīlài 동 의지하다 | 病人 bìngrén 명 환자 | 购买 gòumǎi 동 구매하다 | 怪 guài 동 원망하다 | 改变 gǎibiàn 동 고치다

49 ★★☆

A 皮肤	B 观念	A 피부	B 관념
C 心理	D 生活	C 심리	D 생활

단어 皮肤 pífū 명 피부 | 观念 guānniàn 명 관념 | 心理 xīnlǐ 명 심리 | 生活 shēnghuó 명 생활

해설 빈칸은 목적어인 '问题(문제)'를 수식하는 관형어 자리로, 적절한 명사를 찾아야 한다. 첫 번째 정신과 의사가 '人们经常来找我为他们解决______问题，但我自己内心也有很多严重的心理问题(사람들은 그들의______문제를 해결하기 위해 자주 나를 찾아온다. 그런데 나 자신도 마음 속에 심각한 심리 문제가 많이 있다)'라고 한다. 뒤 절의 내용으로 보아, 앞 절과 뒤 절은 대응되는 목적어가 와야 함을 알 수 있다. 따라서 정답은 C이다.

50 ★★☆

A 因为	B 既然	A ~때문에	B ~된 바에야
C 虽然	D 由于	C 비록 ~하지만	D ~때문에

단어 因为 yīnwèi 접 ~때문에 | 既然 jìrán 접 이왕 ~된 바에야 | 虽然 suīrán 접 비록 ~하지만 | 由于 yóuyú 접 ~때문에

해설 빈칸은 접속사 자리이다. 빈칸 앞에서 '我们也有同感(우리도 공감한다)'이라고 하고, 빈칸 다음 문장에서 '我们为什么不说出心里的秘密，相互倾诉一下呢?(우리가 왜 마음속 비밀을 말하지 않고 서로 털어놓지 않겠는가?)'라고 하는 것으로 보아, '既然(~된 바에야)'이 들어가야 내용이 문맥상 자연스럽다. 따라서 정답은 B이다.

Tip

접속사 '因为'와 '由于'

단어	뜻	설명	예 문
因为	~때문에, ~로 인하여	• 주로 구어에서 사용하고, 앞 절과 뒤 절에 모두 쓸 수 있다. • 뒤 절에 '所以'와 함께 호응하고, '于是 / 因而 / 因此 / 以致'와 함께 사용할 수 없다.	因为你是学生，所以不能打工。(○) 당신은 학생이기 때문에, 아르바이트를 할 수 없다. 今天不能给你打电话，因为我的手机坏了。(○) 오늘 당신에게 전화를 할 수 없다. 왜냐하면 휴대 전화가 고장 났기 때문이다.
由于		• 주로 서면어에서 사용하고, 앞 절에만 쓸 수 있다. • 뒤 절에 '于是 / 因而 / 因此 / 以致'와 함께 사용할 수 있다.	由于健康的原因，他不参加这次比赛。(○) 건상 상의 이유로, 그는 이번 대회에 참가하지 않는다. 他考不上大学，由于他不努力学习。(X) 그는 대학에 합격하지 못했다. 그가 열심히 공부하지 않았기 때문이다.

51 ★★☆

A 购物　B 散步　C 存钱　D 收钱

A 쇼핑하다　B 산책하다　C 저금하다　D 수금하다

단어 **购物** gòuwù 동 쇼핑하다 | **散步** sànbù 동 산책하다 | **存钱** cúnqián 저금하다 | **收钱** shōuqián 수금하다

해설 빈칸은 목적어 '强迫症(강박증)'을 수식하는 관형어 자리로, 적절한 명사를 찾아야 한다. 빈 칸 다음 문장에서 '一到商店就无法控制自己买东西(백화점에 가기만 하면 물건 사는 것을 통제할 수 없다)'라고 한다. '买东西(물건을 사다)'가 '购物(구매하다)'와 호응하므로, 이 의사는 '购物强迫症(쇼핑 강박증)'이 있음을 추측할 수 있다. 그러므로 정답은 A이다.

52 ★★☆

A 一般　B 一定　C 无法　D 必须

A 일반적이다　B 반드시　C 방법이 없다　D 반드시 ~해야 한다

단어 **一般** yìbān 형 일반적이다 | **一定** yídìng 부 반드시 | **无法** wúfǎ 동 방법이 없다 | **必须** bìxū 부 반드시 ~해야 한다

해설 빈칸은 술어 앞의 부사어 자리이다. '怎么…都' 문형 뒤에는 주로 부정부사 '不'나 '没'가 온다. 또한, '我怎么努力都＿＿＿改变(내가 어떻게 노력해도 고칠＿＿＿)'이라고 하는 것으로 보아 문맥상 '无法(방법이 없다, ~할 수 없다)'가 빈칸에 가장 적절하다. 따라서 정답은 C이다.

53 – 56

世界上有很多动物都有一种特别的习惯——晚上是站着睡觉的，马就是其中一种。[53]无论夜里什么时候去看马，它始终站着，闭着眼睛。其实这个特性是继承了野马的生活习性。野马生活在广阔的草原，不仅是人类捕猎的目标，也是一些动物捕杀的对象，它不像牛羊，可以用头上的角和敌人进行斗争，[54]所以它们只能用奔跑的办法来躲避敌人的伤害。站着睡觉，能使野马保持警惕，万一有敌人到来，它们就能做出最快速的反应，[55]从而逃避伤害。现在我们养的马都经过了人类的训练，没有人类和其他动物的[56]威胁，可是这些马是从野马进化而来的，所以也保留了野马站着睡觉的习性。

전 세계 많은 동물들은 모두 일종의 특별한 습관이 있다. 밤새 서서 자는 말이 그중 하나이다. 밤중에 어느 때든지 [53]관계 없이 말을 보러 가면, 그는 시종일관 서서 눈을 감고 있다. 사실 이 특성은 야생말의 생활 습성을 이어받은 것이다. 야생말은 광활한 초원에서 생활하는데, 인간의 사냥 표적일 뿐만 아니라, 일부 동물의 사냥 대상이기도 하다. 야생말은 소나 양처럼 머리 위의 뿔을 사용하여 적과 싸울 수 없다. [54]그래서 그들은 단지 내달리는 방법으로 적의 공격을 피하는 수밖에 없다. 서서 잠을 자는 것은 야생말이 경계심을 유지하도록 하며, 만약 적이 다가와도 그들은 가장 빠른 속도로 반응할 수 있다. [55]그리하여 공격으로부터 도망치는 것이다. 현재 우리가 기르는 말은 모두 사람의 훈련을 거쳐서 인류와 다른 동물의 [56]위협이 없다. 하지만 이러한 말들은 야생말에서 진화되어 온 것이라 서서 잠을 자는 야생말의 습성을 간직하고 있다.

단어 其中 qízhōng 대 그중에 | 夜里 yèli 명 밤 | 始终 shǐzhōng 부 시종일관 | 闭 bì 동 (눈을) 감다 | 特性 tèxìng 명 특성 | 继承 jìchéng 동 이어받다 | 野马 yěmǎ 명 야생마 | 生活 shēnghuó 명 생활 | 习性 xíxìng 명 습성 | 广阔 guǎngkuò 형 광활하다 | 草原 cǎoyuán 명 초원 | 不仅 bùjǐn 접 ~뿐만 아니라 | 人类 rénlèi 명 인류 | 捕猎 bǔliè 동 사냥하다 | 目标 mùbiāo 명 표적 | 捕杀 bǔshā 동 잡아 죽이다 | 对象 duìxiàng 명 대상 | 敌人 dírén 명 적 | 进行 jìnxíng 동 진행하다 | 斗争 dòuzhēng 동 투쟁하다 | 奔跑 bēnpǎo 동 내달리다 | 躲避 duǒbì 동 피하다 | 伤害 shānghài 동 해치다 | 使 shǐ 동 ~하게 하다 | 保持 bǎochí 동 유지하다 | 警惕 jǐngtì 동 경계심을 갖다 | 万一 wànyī 접 만약 | 到来 dàolái 동 닥쳐오다 | 快速 kuàisù 형 빠르다 | 反应 fǎnyìng 명 반응 | 养 yǎng 동 기르다 | 训练 xùnliàn 동 훈련하다 | 进化 jìnhuà 동 진화하다 | 保留 bǎoliú 동 간직하다

53 ★★☆

A 尽管　B 无论
C 如果　D 即使

A 비록 ~라 하더라도　B ~에 관계 없이
C 만약　D 설령 ~하더라도

단어 尽管 jǐnguǎn 접 비록 ~라 하더라도 | 无论 wúlùn 접 ~에 관계없이 | 如果 rúguǒ 접 만약 | 即使 jíshǐ 접 설령 ~하더라도

해설 빈칸은 접속사 자리이다. 접속사를 찾는 문제는 주절과 종속절의 호응 구조를 주의 깊게 살펴봐야 한다. 빈칸이 포함된 문장에서 '______夜里什么时候去看马，它始终站着，闭着眼睛(밤중에 어느 때든지______말을 보러 가면, 그는 시종일관 서서 눈을 감고 있다)'이라고 한다. B의 '无论(~에 관계없이)'은 종속절에서 '都(모두)'와 함께 호응하거나 뒤에 반드시 의문의 어기가 온다. 뒤에 의문대명사 '什么时候(언제)'를 사용하여 '밤중에 어느 때든지'라는 의미로 말하고 있으므로 정답은 B이다.

Tip

자주 나오는 접속사의 호응 관계

	호응 관계	의 미
전환 관계	虽然/尽管 A 但是 B	비록 A할지라도 그러나 B하다
가정 관계	如果 A 那么/就 B	만약 A라면 B하다
	即使 A 也 B	설령 A하더라도 B하다
조건 관계	不管/无论 A 还是/都 B	A에도 불구하고 여전히 B하다

54 ★★☆

A 怪不得	B 来不及	A 어쩐지	B 제시간에 댈 수 없다
C 所以	D 没想到	C 그래서	D 생각지 못하다

단어 怪不得 guàibude 부 어쩐지 | 来不及 láibují 동 제시간에 댈 수 없다 | 所以 suǒyǐ 접 그래서 | 没想到 méi xiǎngdào 생각지 못하다

해설 빈칸은 주어 앞에 올 수 있는 부사어 자리이다. 빈칸이 포함된 문장의 앞에서 '它不像牛羊，可以用头上的角和敌人进行斗争(야생말은 소나 양처럼 머리 위의 뿔을 사용하여 적과 싸울 수 없다)'이라고 하고, 이어서 '______它们只能用奔跑的办法来躲避敌人的伤害(______그들은 단지 내달리는 방법으로 적의 공격을 피하는 수밖에 없다)'라고 하는 것으로 미루어 보아, 앞뒤 문맥의 흐름이 인과 관계라는 것을 알 수 있다. 따라서 '所以(그래서)'가 빈칸에 가장 적절하므로 정답은 C이다.

Tip
'怪不得'는 '과연', '어쩐지'라는 뜻이다. '원인을 알고 나니 결과가 이상할 것이 없다'는 어감을 가지며 '果然(과연)'과 같은 의미이다.
예 怪不得我觉得你很面熟。어쩐지 낯이 익었다.

55 ★★☆

A 从而保护孩子	A 그리하여 새끼를 보호한다
B 从而认出敌人	B 그리하여 적을 알아본다
C 从而面对战斗	C 그리하여 싸움에 직면한다
D 从而逃避伤害	D 그리하여 공격으로부터 도망친다

단어 从而 cóng'ér 접 그리하여 | 保护 bǎohù 동 보호하다 | 认 rèn 동 식별하다 | 面对 miànduì 동 직면하다 | 战斗 zhàndòu 명 전투 | 逃避 táobì 동 도피하다

해설 지문 전체의 내용을 이해해야 풀 수 있는 문제이다. 빈칸이 있는 문장의 앞 문장을 보면, '它们只能用奔跑的办法来躲避敌人的伤害(그들은 단지 내달리는 방법으로 적의 공격을 피한다)'라고 한다. 이 내용으로 미루어 보았을 때 야생말이 빠르게 반응하는 이유는 함께 싸우거나 적을 알아보기 위해서가 아닌 빠르게 도망가기 위해서이다. 그러므로 정답은 D이다.

56 ★★★

A 帮助	B 威胁	A 돕다	B 위협하다
C 迫使	D 使得	C 강요하다	D 사용하다

단어 帮助 bāngzhù 동 돕다 | 威胁 wēixié 동 위협하다 | 迫使 pòshǐ 동 강요하다 | 使得 shǐde 동 사용할 수 있다

해설 빈칸은 목적어 자리이다. 빈칸이 포함된 문장을 보면, '没有人类和其他动物的______(인류와 다른 동물의 ______이 없다)'라고 하며, 이어서 '可是这些马是从野马进化而来的，所以也保留了野马站着睡觉的习性(하지만 이러한 말들은 야생말에서 진화되어 온 것이라 서서 잠을 자는 야생말의 습성을 간직하고 있다)'이라고 한다. 이는 문맥상 서서 자는 습관을 만든 외부적 요인이 현재는 없음에도 불구하고 계속해서 서서 잔다는 뜻이다. 그러므로 말을 서서 자게 했던 '威胁(위협)'이 들어가야 한다. 정답은 B이다.

57 – 60	
宋朝有一位皇帝，常常出一些题目让画家们画。有一回，他让画家们画出深山里的寺庙。这下画家们[57]忙开了，他们有的把寺庙画在高高的山上，有的呢，把寺庙画在丛林深处，有的寺庙[58]完整，有的只有一个角。皇帝看来看去，都不怎么满意。正当他感到[59]失望的时候，他的眼睛突然被一幅画吸引了。那幅画上到底画着什么呢？那位高明的画家[60]根本没有画寺庙，画的是深山之间一股泉水从高处飞流而下，一个年老的和尚正在泉边装水呢。	송나라에 한 황제가 자주 주제를 주고 화가들에게 그림을 그리게 했다. 한번은 그가 화가들에게 깊은 산 속에 있는 사원을 그리게 했다. 이에 화가들은 [57]바빠졌다. 그들 중 어떤 이는 사원을 높은 산 위에 그렸고, 또 어떤 이는 사원을 무성한 숲의 깊은 곳에 그렸다. 어떤 사원은 [58]완전하였고, 또 어떤 사원은 한 각도만 그려져 있었다. 황제는 이리저리 살펴보았지만 그다지 만족스럽지 못했다. 그가 [59]실망하려던 참에 그의 눈이 갑자기 그림 하나에 매료되었다. 그 그림에는 도대체 무엇이 그려져 있었을까? 그 출중한 화가는 [60]아예 사원을 그리지 않았다. 그가 그린 것은 깊은 산 사이의 한 줄기 샘물이 아주 높은 곳에서 폭포가 되어 세차게 떨어지는 모습과 한 연로한 승려가 샘터에서 물을 긷는 모습이었다.

단어 宋朝 Sòngcháo 명 송나라 | 皇帝 huángdì 명 황제 | 题目 tímù 명 주제 | 画家 huàjiā 명 화가 | 深山 shēnshān 명 깊은 산 | 寺庙 sìmiào 명 사원 | 丛林 cónglín 명 무성한 숲 | 深处 shēnchù 명 깊숙한 곳 | 不怎么 bù zěnme 그다지 | 正 zhèng 부 마침 | 幅 fú 양 폭 [옷감 · 종이 · 그림 등을 세는 단위] | 吸引 xīyǐn 동 매료시키다 | 到底 dàodǐ 부 도대체 | 高明 gāomíng 형 출중하다 | 股 gǔ 양 가닥, 줄기 [한 줄기를 이룬 물건을 세는 단위] | 泉水 quánshuǐ 명 샘물 | 飞流 fēiliú 명 아주 높은 곳에서 세차게 떨어지는 폭포 | 年老 niánlǎo 형 연로하다 | 和尚 héshang 명 승려 | 装 zhuāng 동 담다

57 ★★☆			
A 忙开了	B 累坏了	A 바빠지다	B 피곤에 지치다
C 乐疯了	D 愁死了	C 즐거워 미치다	D 죽도록 걱정하다

단어 开 kāi 동 ~하기 시작하다 | 坏 huài 형 ~하여 죽겠다 | 乐 lè 형 즐겁다 | 疯 fēng 형 미치다 | 愁 chóu 동 걱정하다 | 死 sǐ 형 죽도록 ~하다

해설 빈칸은 술어 자리이다. 빈칸의 앞에서 '他让画家们画出深山里的寺庙。这下画家们______(그가 화가들에게 깊은 산 속에 있는 사원을 그리게 했다. 이에 화가들은______)'라고 한다. 빈칸 다음에는 화가들이 저마다 그림을 그리는 내용이 나온다. 이로 미루어 화가들이 '忙开了(바빠졌다)'라는 것을 알 수 있으므로 정답은 A이다.

58 ★★☆			
A 整齐	B 完整	A 가지런하다	B 완전하다
C 完美	D 完好	C 완벽하다	D 온전하다

단어 整齐 zhěngqí 형 가지런하다 | 完整 wánzhěng 형 완전하다 | 完美 wánměi 형 완벽하다 | 完好 wánhǎo 형 온전하다

해설 빈칸은 술어 자리이다. 빈 칸의 앞에서 '他们有的把寺庙画在高高的山上, 有的呢, 把寺庙画在丛林深处, 有的寺庙______, 有的只有一个角(그들 중 어떤 이는 사원을 높은 산 위에 그렸고, 또 어떤 이는 사원을 무성한 숲의 깊은 곳에 그렸다. 어떤 사원은______였고, 또 어떤 사원은 한 각도만 그려져 있었다)'라고 한다. 보기를 보면 사원이 완벽하게 그려진 것을 표현하려 한다는 것을 알 수 있다. 그중 가장 적절한 것은 '完整(완전하다)'이므로 정답은 B이다.

Tip 형용사 '完整'과 '完美'

단어	뜻	설명	예문
完整	완전하다, 나무랄 데가 없다	• 추상적인 것과 구체적인 사물에 모두 사용할 수 있다. • 마땅히 있어야 하는 것을 소유 및 유지하고 있고, 손상되거나 모자라는 부분이 없음을 나타낸다.	把松茸完整地取出来。 송이버섯을 (통째로) 완전하게 채취해 내다. 恢复完整 회복이 완전히 다 되다 信息不完整 정보가 완벽하지 않다 很难再完整地回忆起来了。 완벽하게 기억을 떠올리기가 매우 어렵다.
完美	완미하다, 매우 훌륭하다	• 주로 사람들이 얻고자 희망하는 것이나 심리적인 것, 혹은 일종의 사상 속 이념 같은 추상적인 것에 사용한다. • 모든 것을 다 갖추고 있으며, 부족하거나 모자라는 부분이 없음을 나타낸다	追求完美 완벽함을 추구하다 完美无缺 완전무결하다 力求完美 있는 힘껏 완벽함을 추구하다

59 ★★☆

A 伤心	B 失败	A 상심하다	B 실패하다
C 着急	D 失望	C 조급하다	D 실망하다

단어 **伤心** shāngxīn 형 상심하다 | **失败** shībài 형 실패하다 | **着急** zháojí 형 조급해하다 | **失望** shīwàng 동 실망하다

해설 빈칸은 술어 자리로 감정을 나타내는 적절한 단어를 찾아야 한다. '皇帝看来看去，都不怎么满意。正当他感到______的时候(황제는 이리저리 살펴보았지만 그다지 만족스럽지 못했다. 그가 ______하려던 참에)'라고 한다. 기대에 미치지 못해서 만족하지 못하는 내용이므로 '不怎么满意(별로 만족스럽지 못했다)'와 호응하는 '失望(실망하다)'이 황제가 느꼈을 감정임을 알 수 있다. 따라서 정답은 D이다.

60 ★★☆

A 彻底	B 根本	A 철저히	B 아예
C 本来	D 根据	C 본래	D ~에 의거하여

단어 **彻底** chèdǐ 형 철저히 하다 | **根本** gēnběn 부 아예 | **本来** běnlái 부 본래 | **根据** gēnjù 개 ~에 의거하여

해설 빈칸은 부사어 자리이다. '那位高明的画家______没有画寺庙(그 출중한 화가는______사원을 그리지 않았다)'라고 하고, 이어서 한 줄기 샘물이 아주 높은 곳에서 폭포가 되어 세차게 떨어지는 모습과 한 연로한 승려가 샘터에서 물을 긷는 모습을 그렸다고 한다. 따라서 절은 그리지 않았다는 것을 알 수 있다. '根本(아예)'은 주로 뒤에 부정부사 '不'나 '没'와 함께 나와 '아예 ~하지 않다'라는 의미로 자주 출제된다. 정답은 B이다.

61 ★★☆

在商场上要获得成功，首先要学会处理自己的金钱，明白金钱得来不易，一定要好好地爱惜它、保管它，切忌花天酒地，花个精光。因为金钱本身也好像有灵性似的，你不理会、不爱惜它时，它会无情地和你分手。	상업계에서 성공하려면 우선 자신의 돈을 관리하는 방법을 습득해야 한다. 돈 벌기가 매우 어렵다는 것을 이해하고, 반드시 그것을 소중히 여기고 보관해야 하며, 사치스러운 생활로 흥청망청 다 써 버리는 것을 절대 삼가야 한다. 돈은 그 자체에 감지 능력과 같은 것이 있는 것 같아서 당신이 그것을 무시하고 소중히 여기지 않을 때, 그것은 냉정하게 당신과 이별할 것이다.
A 花钱要大方，有多少花多少 B 只有爱惜金钱，才能得到金钱的回报 C 金钱得来不易，要爱惜它、保管它 D 金钱是万能的，要想尽一切办法赚钱	A 돈은 대범하게 쓰며, 있는 만큼 다 쓴다 B 돈을 소중히 여겨야 비로소 돈의 보답을 얻을 수 있다 C 돈 벌기가 매우 어려우므로 그것을 소중히 여기고 보관해야 한다 D 돈은 만능이므로 모든 수단을 다 생각하여 돈을 벌어야 한다

단어 **商场** shāngchǎng 명 상업계 | **获得** huòdé 동 얻다 | **成功** chénggōng 동 성공하다 | **首先** shǒuxiān 부 우선 | **学会** xuéhuì 동 습득하다 | **处理** chǔlǐ 동 처리하다 | **金钱** jīnqián 명 돈 | **得来不易** délái bùyì 성 어떤 물건이나 성과를 얻기가 매우 어렵다 | **爱惜** àixī 동 소중히 여기다 | **保管** bǎoguǎn 동 보관하다 | **切忌** qièjì 동 절대 삼가다 | **花天酒地** huātiān jiǔdì 성 먹고 마시고 즐기는 부패하고 사치스런 생활 | **精光** jīngguāng 형 아무것도 없다 | **本身** běnshēn 명 그 자체 | **好像** hǎoxiàng 부 마치 ~와 같다 | **灵性** língxìng 명 영리함 | **似的** shìde 조 ~와 같다 | **理会** lǐhuì 거들떠보다 | **无情** wúqíng 형 냉정하다 | **分手** fēnshǒu 동 이별하다 | **大方** dàfang 형 대범하다 | **回报** huíbào 동 보답하다 | **万能** wànnéng 형 만능하다 | **尽** jìn 동 할 수 있는 한 | **一切** yíqiè 대 모든 | **赚** zhuàn 동 (돈을) 벌다

해설 지문의 두 번째 줄에서 '**明白金钱得来不易，一定要好好地爱惜它、保管它**(돈 벌기가 매우 어렵다는 것을 이해하고, 반드시 그것을 소중히 여기고 보관해야 한다)'라고 하므로 정답이 C임을 쉽게 찾을 수 있다.

B. 돈을 소중히 여겨야 한다는 것은 일치하지만, 소중히 여겨서 얻게 되는 보답에 관한 내용은 언급하지 않는다.

62 ★★☆

我接触的出国的中国作家，完全依赖汉语，连一句外语都不会说，而以前那些作家的外语都不错，张爱玲、林语堂、胡适都能用外语写作。因此深受外国读者的欢迎。	내가 만난 해외의 중국 작가는 전부 중국어에 의지하고, 외국어는 한마디도 하지 못한다. 그러나 과거 작가들의 외국어 실력은 상당히 좋았으며 장애령(张爱玲), 임어당(林语堂), 호적(胡适)은 모두 외국어로 글을 쓸 수 있었다. 이 때문에 해외 독자들의 깊은 사랑을 받았다.
A 以前的中国作家的外语水平很高 B 中国人很喜欢自己的中国文化 C 现在的中国作家外语很厉害 D 外国人看不起中国文化	A 과거 중국 작가들의 외국어 수준은 매우 높았다 B 중국인은 자신의 중국 문화를 매우 좋아한다 C 현재 중국 작가의 외국어 실력은 굉장하다 D 외국인은 중국 문화를 무시한다

단어 接触 jiēchù 동 접촉하다 | 作家 zuòjiā 명 작가 | 完全 wánquán 부 전부 | 依赖 yīlài 동 의지하다 | 连 lián 개 ~조차도 | 而 ér 접 그러나 | 写作 xiězuò 동 글을 쓰다 | 因此 yīncǐ 접 이 때문에 | 深受 shēn shòu 깊이 받다 | 读者 dúzhě 명 독자 | 厉害 lìhai 형 굉장하다 | 看不起 kànbuqǐ 경시하다

해설 지문의 두 번째 줄에서 '以前那些作家的外语都不错, 张爱玲、林语堂、胡适都能用外语写作(과거 작가들의 외국어 실력은 상당히 좋았으며 장애령, 임어당, 호적은 모두 외국어로 글을 쓸 수 있었다)'라고 한다. 그들의 외국어 실력에 대하여 '不错(좋다)'라고 표현한 것과, 외국어로 글도 썼다는 것은 그들의 외국어 수준이 매우 높다는 것이므로 정답은 A이다.

63 ★★☆

研究人员发现，在英国，养猫者比养狗者的学历高。这是因为狗比猫更黏人，主人需要投入大量的时间和精力去照顾它们。而高学历、高收入阶层的人工作相对繁忙，没有足够的时间花在遛狗上，不如养猫来得省心。

연구원은 영국에서 고양이를 키우는 사람이 개를 키우는 사람보다 학력이 높다는 것을 발견했다. 이는 개가 고양이보다 훨씬 사람에게 달라붙어서, 주인이 많은 시간과 정성을 들여 개를 돌봐야 하기 때문이다. 그러나 고학력, 고소득층의 사람은 일이 상대적으로 많고 바빠서 개를 데리고 산책할 충분한 시간이 없으므로 고양이를 키우는 것이 근심을 덜 수 있다.

A 养狗者的学历比不上养猫者的学历
B 养狗者不需要花太多的精力去照顾狗
C 高学历高收入的人往往会选择养狗
D 猫比狗更依赖主人

A 개를 키우는 사람의 학력은 고양이를 키우는 사람의 학력보다 못하다
B 개를 키우는 사람은 많은 정성을 들여 개를 돌볼 필요는 없다
C 고학력, 고소득자가 주로 개를 키울 것이다
D 고양이는 개보다 주인에게 더 의지한다

단어 研究人员 yánjiū rényuán 명 연구원 | 养 yǎng 동 키우다 | 者 zhě 명 사람 | 学历 xuélì 명 학력 | 黏 nián 형 끈적끈적하다 (黏人 niánrén 사람에게 보채어 달라붙거나 귀찮게 하는 것을 나타냄) | 主人 zhǔrén 명 주인 | 投入 tóurù 동 몰두하다 | 大量 dàliàng 형 많은 양의 | 精力 jīnglì 명 정신과 체력 | 而 ér 접 그러나 | 收入 shōurù 명 소득 | 阶层 jiēcéng 명 계층 | 相对 xiāngduì 부 상대적으로 | 繁忙 fánmáng 형 일이 많고 바쁘다 | 足够 zúgòu 형 충분하다 | 遛 liù 동 가축을 끌고 다니다 | 不如 bùrú 접 ~하는 편이 낫다 | 来得 láide 동 ~이 더 ~하다 | 省心 shěngxīn 동 근심을 덜다 | 比不上 bǐbúshàng ~보다 못하다 | 往往 wǎngwǎng 부 자주 | 依赖 yīlài 동 의지하다

해설 지문의 첫 부분에서 '养猫者比养狗者的学历高(고양이를 키우는 사람이 개를 키우는 사람보다 학력이 높다)'라고 하고 이어서 그 이유를 언급한다. 'A 比 B+형용사(A가 B보다 ~하다)'는 'B 比不上 A(B는 A만 못하다)'와 의미가 같다. 이것을 이해하여 정확히 해석한다면 답을 어렵지 않게 찾을 수 있으므로 정답은 A이다.

64 ★★☆

猕猴桃又叫奇异果、长寿果、猴子梨等，它的表皮有很多毛，形、色均如桃。它不仅酸甜可口，而且有很高的营养和医疗价值，所以被推崇为“世界水果之王”。在世界各地，猕猴桃及其制品不仅是老人、儿童、体弱多病者的良好滋补品，而且备受航空、航海、高原和高温工作人员的喜爱，因其富含维生素C、葡萄糖、果糖以及蛋白质等。

키위는 신기한 과일, 장수의 과일, 원숭이의 배(梨) 등으로도 불린다. 키위의 껍질에는 털이 많으며, 모양과 색깔이 모두 복숭아와 비슷하다. 키위는 새콤달콤해서 맛있을 뿐만 아니라 영양가와 의료 가치 또한 높아, '세계 과일의 왕'으로 칭송된다. 세계 각지에서 키위와 그에 따르는 제품은 노인과 어린이, 몸이 약하고 자주 병에 걸리는 사람에게 좋은 보양 식품일 뿐 아니라, 항공, 항해, 고원과 고온에서 일을 하는 사람들에게도 인기가 있다. 그 이유는 키위가 비타민C, 포도당, 과당 및 단백질 등을 대량 함유하고 있기 때문이다.

A 猕猴桃的表皮非常光滑
B 猕猴桃在中国很受欢迎
C 猕猴桃富含很多营养成分
D 猕猴桃长相很奇特

A 키위의 껍질은 매우 반들반들하다
B 키위는 중국에서 매우 인기가 많다
C 키위는 많은 영양 성분을 대량 함유하고 있다
D 키위는 생김새가 매우 독특하다

단어 **猕猴桃** míhóutáo 명 키위 | **奇异** qíyì 형 신기하다 | **长寿** chángshòu 형 장수하다 | **猴子** hóuzi 명 원숭이 | **梨** lí 명 배(과일) | **表皮** biǎopí 명 껍질 | **毛** máo 명 털 | **形** xíng 명 모양 | **色** sè 명 색깔 | **均** jūn 부 모두 | **如** rú 동 ~와 비슷하다 | **桃** táo 명 복숭아 | **不仅** bùjǐn 접 ~뿐만 아니라 | **酸甜** suāntián 형 새콤달콤하다 | **可口** kěkǒu 형 맛있다 | **营养** yíngyǎng 명 영양 | **医疗** yīliáo 명 의료 | **价值** jiàzhí 명 가치 | **推崇** tuīchóng 동 추앙하다 | **及其** jíqí 접 ~및 그에 따르는 | **制品** zhìpǐn 명 제품 | **老人** lǎorén 명 노인 | **儿童** értóng 명 어린이 | **体弱多病** tǐruò duōbìng 성 몸이 허약하고 자주 병에 걸리다 | **者** zhě 명 사람 | **良好** liánghǎo 형 좋다 | **滋补** zībǔ 동 보양하다 | **备** bèi 부 아주 | **航空** hángkōng 동 비행하다 | **航海** hánghǎi 동 항해하다 | **高原** gāoyuán 명 고원 | **高温** gāowēn 명 고온 | **喜爱** xǐ'ài 동 애호하다 | **富含** fùhán 동 대량으로 함유하다 | **维生素** wéishēngsù 명 비타민 | **葡萄糖** pútáotáng 명 포도당 | **果糖** guǒtáng 명 과당 | **以及** yǐjí 접 및 | **蛋白质** dànbáizhì 명 단백질 | **光滑** guānghuá 형 반들반들하다 | **成分** chéngfèn 명 성분 | **长相** zhǎngxiàng 명 생김새 | **奇特** qítè 형 독특하다

해설 지문의 마지막 줄에서 여러 분야의 사람들이 좋아하는 이유로, '因其富含维生素C、葡萄糖、果糖以及蛋白质等(그 이유는 키위가 비타민C, 포도당, 과당 및 단백질 등을 대량 함유하고 있기 때문이다)'이라고 한다. 비타민C, 포도당, 과당, 단백질 등을 '营养成分(영양 성분)'이라고 하므로 C가 정답이다.

Tip

不仅 A，而且 B A뿐만 아니라, 게다가 B하다

예 不仅无用，而且有害。 쓸모가 없을 뿐만 아니라, 게다가 해롭다.

65 ★★☆

在中国，很多城市正在进入老龄化，老年人的生活品质正越来越受到关注。老人们要学会发展自己的兴趣爱好，趁自己还走得动的时候多出去走走，拓展自己的社交圈子，也可以学习使用电脑，通过网络获得各种资讯等。

중국에서 많은 도시가 고령화에 진입하면서, 노인 생활의 질이 점차 관심을 받고 있다. 노인들은 자신을 발전시킬 취미를 배우고, 스스로 움직일 수 있을 때 자주 나가서 돌아다니며 자신의 사교 범위를 넓혀야 한다. 컴퓨터 사용법을 배워 인터넷을 통해 각종 정보 등을 얻을 수도 있다.

A 老人们应该待在家里颐养天年	A 노인들은 집에서 보양하며 장수해야 한다
B 老年人应该通过网络加强与外面的沟通	B 노인은 인터넷을 통해 외부와의 소통을 강화해야 한다
C 电脑并不适合老年人使用	C 컴퓨터는 노인이 사용하기에 결코 적합하지 않다
D 老年人的生活品质正在逐年下降	D 노인 생활의 질이 해마다 떨어지고 있다

단어 **进入** jìnrù 동 진입하다 | **老龄化** lǎolínghuà 동 고령화되다 | **老年人** lǎoniánrén 명 노인 | **生活** shēnghuó 명 생활 | **品质** pǐnzhì 명 질 | **正** zhèng 부 마침 | **受到** shòudào 동 받다 | **关注** guānzhù 동 관심을 가지다 | **学会** xuéhuì 동 습득하다 | **发展** fāzhǎn 동 발전하다 | **兴趣** xìngqù 명 흥미 | **趁** chèn 개 ~을 틈타 | **拓展** tuòzhǎn 동 넓히다 | **社交** shèjiāo 명 사교 | **圈子** quānzi 명 범위 | **使用** shǐyòng 동 사용하다 | **通过** tōngguò 개 ~를 통해 | **网络** wǎngluò 명 인터넷 | **获得** huòdé 동 얻다 | **资讯** zīxùn 명 정보 | **待** dài 동 머무르다 | **颐养天年** yíyǎng tiānnián 성 몸과 마음을 보양하여 수명을 연장하다 | **加强** jiāqiáng 동 강화하다 | **与** yǔ 개 ~와 | **外面** wàimiàn 명 바깥 | **沟通** gōutōng 동 소통하다 | **并不** bìngbù 결코 ~하지 않다 | **适合** shìhé 동 적합하다 | **逐年** zhúnián 부 해마다 | **下降** xiàjiàng 동 내리다

해설 지문에서 노인들의 삶의 질을 높일 수 있는 예를 여러 가지 언급한다. 그중 마지막 문장에서 '**也可以学习使用电脑，通过网络获得各种资讯等**(컴퓨터 사용법을 배워 인터넷을 통해 각종 정보 등을 얻을 수도 있다)'이라고 한다. 지문의 '**获得各种资讯**(각종 정보를 얻는다)'을 보기에서 '**加强与外面的沟通**(외부와의 소통을 강화하다)'으로 바꾸어 표현했다. 따라서 정답은 B이다.
D. 지문에서 노인 생활의 질이 점차 관심을 받고 있다고는 하지만, 해마다 그 질에 떨어진다는 내용은 언급하지 않는다.

66 ★★☆

安徒生的故居位于素有"乞丐城"之称的贫民区的一条街道上。1905年，为纪念安徒生诞辰100周年，人们在这里建起了安徒生博物馆，之后博物馆又经过两次扩建。虽然他的出生地简朴，但在这里才能最近距离地感受这位童话大师的生活点滴和他的贡献。	안데르센(安徒生)이 예전에 살던 집은 본래 '거지마을'이라고 불리는 빈민촌의 한 거리에 위치한다. 1905년, 안데르센 탄신 100주년을 기념하기 위하여 사람들은 이곳에 안데르센 박물관을 지었고, 그 후 박물관은 또 두 차례 증축을 거쳤다. 비록 그의 출생지는 소박하지만, 이곳이야말로 가장 가까이에서 동화계 거장 생활의 소소한 것들과 그의 업적을 느낄 수 있는 곳이다.
A 距离安徒生出世已有一百多年的时间了	A 안데르센이 태어난 지 100여년이 되었다
B 安徒生的家乡很富裕	B 안데르센의 고향은 매우 부유하다
C 安徒生博物馆总共扩建过两次	C 안데르센 박물관은 모두 두 차례 증축한 적이 있다
D 安徒生是一位著名的哲学家	D 안데르센은 저명한 철학가이다

단어 **安徒生** Āntúshēng 명 안데르센 [인명] | **故居** gùjū 명 예전에 살던 집 | **位于** wèiyú 동 ~에 위치하다 | **素** sù 형 본래의 | **乞丐** qǐgài 명 거지 | **贫民区** pínmínqū 명 빈민가 | **纪念** jìniàn 동 기념하다 | **诞辰** dànchén 명 탄신 | **周年** zhōunián 명 주년 | **博物馆** bówùguǎn 명 박물관 | **扩建** kuòjiàn 동 증축하다 | **之后** zhīhòu 명 그 후 | **出生地** chūshēngdì 명 출생지 | **简朴** jiǎnpǔ 형 소박하다 | **距离** jùlí 명 거리 | **感受** gǎnshòu 동 느끼다 | **童话** tónghuà 동 동화 | **大师** dàshī 명 거장 | **生活** shēnghuó 명 생활 | **点滴** diǎndī 명 사소한 것 | **贡献** gòngxiàn 명 공헌 | **出世** chūshì 동 출생하다 | **家乡** jiāxiāng 명 고향 | **富裕** fùyù 형 부유하다 | **总共** zǒnggòng 부 모두 | **著名** zhùmíng 형 저명하다 | **哲学家** zhéxuéjiā 명 철학가

해설 지문에서 안데르센의 탄생을 기념하기 위해 박물관을 지었고 '**博物馆又经过两次扩建**(박물관은 또 두 차례 증축을 거쳤다)'이라고 한다. 지문의 '**经过扩建**(증축을 거쳤다)'을 보기에서 '**扩建过**(증축한 적이 있다)'로 바꾸어 표현했다. 따라서 정답은 C이다.
A. 1905년에 탄생 100주년을 기념했다고 하므로 현재는 안데르센이 태어난 지 200년이 넘었다.

67 ★★☆	
拍打头部这个动作，多数时候的意义是，表示对某件事突然有了新的认识，如果说刚才还陷入困境，现在则走出迷雾，找到了处理事情的办法。拍打的部位如果是后脑勺，表明这种人敬业；拍打脑部只是放松一下自己；时时拍打前额的人是个直肠子，有什么说什么，不怕得罪人。	머리 부위를 가볍게 두드리는 이 동작은, 대부분 어떤 일에 대해 갑자기 새로운 인식이 생긴 것을 의미한다. 예를 들어 방금까지 곤경에 빠져있다가, 이제는 짙은 안개를 걸어나가 사건을 처리하는 방법을 찾은 것이다. 가볍게 두드리는 부위가 만약 뒤통수라면, 이 사람이 자기 일에 최선을 다한다는 것을 나타내는데, 뇌 부위를 가볍게 두드리면서 단지 스스로 긴장을 푸는 것이다. 늘 이마를 가볍게 두드리는 사람은 솔직한 사람으로, 있는 것을 그대로 이야기하며 사람들의 미움을 받는 것을 두려워하지 않는다.
A 拍打头部是非常愚蠢的行为 B 拍打后脑勺的人非常懒惰 C 拍打脑部的人非常直爽 D 拍打前额的人不喜欢拍马屁	A 머리 부위를 가볍게 두드리는 것은 대단히 어리석은 행위이다 B 뒤통수를 가볍게 두드리는 사람은 매우 게으르다 C 뇌 부위를 가볍게 두드리는 사람은 매우 솔직하다 D 이마를 가볍게 두드리는 사람은 아첨을 싫어한다

단어 **拍打** pāida 동 가볍게 두드리다 | **动作** dòngzuò 명 동작 | **意义** yìyì 명 의미 | **表示** biǎoshì 동 의미하다 | **某** mǒu 대 아무개 | **陷入** xiànrù 동 빠지다 | **困境** kùnjìng 명 곤경 | **则** zé 접 그러나 | **迷雾** míwù 명 짙은 안개 | **处理** chǔlǐ 동 처리하다 | **部位** bùwèi 명 부위 | **后脑勺** hòunǎosháo 명 뒤통수 | **表明** biǎomíng 동 표명하다 | **敬业** jìngyè 동 자기의 일에 최선을 다하다 | **放松** fàngsōng 동 정신적 긴장을 풀다 | **时时** shíshí 부 늘 | **前额** qián'é 명 이마 | **直肠子** zhíchángzi 명 솔직한 사람 | **得罪** dézuì 동 미움을 사다 | **愚蠢** yúchǔn 형 어리석다 | **行为** xíngwéi 명 행위 | **懒惰** lǎnduò 형 게으르다 | **直爽** zhíshuǎng 형 솔직하다 | **拍马屁** pāi mǎpì 아첨하다

해설 마지막 문장에서 '时时拍打前额的人是个直肠子(늘 이마를 가볍게 두드리는 사람은 솔직한 사람이다)'라고 한다. D에서 쓰인 '拍马屁'는 '아첨하다'라는 뜻으로, '直肠子(솔직한 사람)'이 지닌 성향과 상반된다. 그러므로 정답은 D이다.

68 ★★☆	
人类和地球上其他生物有一种相互依存的生态关系。然而，这一良性关系有被破坏的趋势。去年，世界自然保护联盟对全球约4.8万种和人类依存关系较大的一些生物展开调查，结果发现约有1.7万种生物存在灭绝危险。该组织表示，人类超越正常范围的活动是加速物种危机的最大推力。	인류와 지구의 기타 생물은 일종의 상호 의존적인 생태 관계를 가지고 있다. 그러나 이러한 양성 관계가 파괴되는 추세이다. 작년 세계자연보전연맹(IUCN)이 인류와 의존 관계가 비교적 밀접한 전 세계 약 4만 8천 종의 생물들에 대한 조사를 진행한 결과, 약 1만 7천 종의 생물이 멸종 위기에 놓인 것으로 나타났다. 연맹은 인류의 정상적인 범위를 넘어선 활동들이 종의 위기를 가속하는 가장 큰 주범이라고 밝혔다.
A 人类不需要依靠其他生物 B 已有1.7万种生物灭绝 C 人类的活动加速了物种的灭绝 D 生物可以不依靠人类自己活下去	A 인류는 기타 생물에 의존할 필요가 없다 B 이미 1만 7천 종에 달하는 생물이 멸종되었다 C 인류의 활동이 종의 멸종을 가속했다 D 생물은 인류에 의존하지 않고 스스로 살아갈 수 있다

단어 人类 rénlèi 명 인류 | 地球 dìqiú 명 지구 | 生物 shēngwù 명 생물 | 相互 xiānghù 부 상호 | 依存 yīcún 동 의존하다 | 生态 shēngtài 명 생태 | 然而 rán'ér 접 그러나 | 良性 liángxìng 형 양성의 | 破坏 pòhuài 동 파괴하다 | 趋势 qūshì 명 추세 | 世界自然保护联盟 Shìjiè zìrán bǎohù liánméng 명 세계자연보전연맹(IUCN) | 约 yuē 부 대략 | 展开 zhǎnkāi 동 펼치다 | 调查 diàochá 동 조사하다 | 结果 jiéguǒ 접 결과 | 存在 cúnzài 동 존재하다 | 灭绝 mièjué 동 멸종하다 | 危险 wēixiǎn 명 위험 | 组织 zǔzhī 명 기구 | 表示 biǎoshì 동 표명하다 | 超越 chāoyuè 동 넘어서다 | 正常 zhèngcháng 형 정상적인 | 范围 fànwéi 명 범위 | 活动 huódòng 명 활동 | 加速 jiāsù 동 가속하다 | 物种 wùzhǒng 명 종 | 危机 wēijī 명 위기 | 推力 tuīlì 명 추진력 | 依靠 yīkào 동 의존하다

해설 마지막 문장에서 '人类超越正常范围的活动是加速物种危机的最大推力(인류의 정상적인 범위를 넘어선 활동들이 종의 위기를 가속하는 가장 큰 주범이다)'라고 한다. 여기서 쓰인 '物种危机(종의 위기)'가 바로 C에서 쓰인 '物种的灭绝(종의 멸종)'를 의미하는 것이므로, C가 정답이다.

B. 1만 7천 종의 생물이 멸종 위기에 놓인 것이지, 이미 멸종된 것은 아니다.

69 ★★☆

医师建议吃番茄，它可以对抗癌症，保护心脏健康，还能促进免疫能力。不过，关于番茄你还必须知道两件事，一是番茄越红的越好，因为这种番茄含有更多抗氧化番茄红素；二是烹煮过后的番茄对人体更有好处，因为如此一来，身体更容易吸收番茄红素。

의사는 토마토 섭취를 권장한다. 그것은 항암 효과가 있고 심장 건강을 보호하며, 면역력도 촉진할 수 있다. 그러나 토마토에 대해 당신이 반드시 알아 두어야 할 두 가지가 있다. 첫째, 토마토는 붉을수록 더 좋은데, 이런 토마토는 항산화 물질인 리코펜을 훨씬 많이 함유하기 때문이다. 둘째, 익힌 토마토는 인체에 이로운 점이 더 많다. 이렇게 하면 몸이 더 쉽게 리코펜을 흡수하기 때문이다.

A 吃番茄有益健康
B 番茄越红，价值越低
C 吃生番茄对人体更有益
D 番茄是蔬菜中营养最好的

A 토마토 섭취는 건강에 유익하다
B 토마토는 붉을수록 가치가 떨어진다
C 생토마토를 먹는 것이 인체에 더 유익하다
D 토마토는 채소 중에 영양이 가장 좋다

단어 医师 yīshī 명 의사 | 建议 jiànyì 동 건의하다 | 番茄 fānqié 명 토마토 | 对抗 duìkàng 동 저항하다 | 癌症 áizhèng 명 암 | 保护 bǎohù 동 보호하다 | 心脏 xīnzàng 명 심장 | 促进 cùjìn 동 촉진시키다 | 免疫 miǎnyì 동 면역이 되다 | 能力 nénglì 명 능력 | 含 hán 동 함유하다 | 抗氧化 kàngyǎnghuà 명 항산화 | 番茄红素 fānqié hóngsù 명 리코펜(붉은 색소) | 烹煮 pēngzhǔ 동 익히다 | 人体 réntǐ 명 인체 | 好处 hǎochu 명 장점 | 如此 rúcǐ 대 이와 같다 | 吸收 xīshōu 동 흡수하다 | 有益 yǒuyì 동 유익하다 | 价值 jiàzhí 명 가치 | 蔬菜 shūcài 명 채소 | 营养 yíngyǎng 명 영양

해설 지문은 전반적으로 토마토 섭취의 장점을 구체적으로 나열하고 있다. 초반에 '它可以对抗癌症，保护心脏健康，还能促进免疫能力(그것은 항암 효과가 있고 심장 건강을 보호하며, 면역력도 촉진할 수 있다)'라고 한다. 이는 '有益健康(건강에 유익하다)'으로 종합할 수 있으므로 정답은 A이다.

D. 지문에서 토마토의 영양에 관하여 다른 채소와 비교하는 내용은 언급하지 않는다.

70 ★★☆

我身边那些习惯了中国大马路上随手拦车的“打的族”们，出国之后却清一色成了公共交通的忠实簇拥者。这个转变至少说明几个问题：中国客的安全意识很强，在对国外出租行业不了解的前提下，始终保持着敬而远之的心态，绝对不会轻易试水；中国客的节约观念根深蒂固，绝大部分出国旅行的人不是跟团就是自助大巴或者公车，一般不用打的。

내 주변에 있는 중국 대로변에서 쉽게 손을 뻗어 택시를 잡는 ‘택시족’들이, 해외에서는 오히려 한결같이 빽빽한 대중교통의 충실한 신봉자가 된다. 이러한 변화는 최소 몇 가지 문제를 설명한다. 중국 여행객의 안전 의식은 매우 강해서 외국의 택시 업계에 대해 잘 알지 못한다는 전제하에 시종일관 경계하는 심리 상태를 유지하며, 절대로 경솔하게 시도하지 않을 것이다. 또한, 중국 여행객은 절약 정신이 뿌리 깊어, 절대 대부분의 해외 여행객들은 여행사나 개인의 대형 버스를 타거나 혹은 대중교통을 이용해, 보통 택시를 탈 필요가 없다.

A 中国人在国外旅行很谨慎
B 在中国，打的的人很少
C 中国人在国外很豪放，给人一种很“浪费”的感觉
D 中国人对国外的出租行业很了解

A 중국인은 해외여행을 할 때 매우 신중하다
B 중국에서 택시를 타는 사람은 매우 적다
C 중국인은 해외에서 아주 호탕하여 사람들에게 일종의 ‘낭비’를 하는 느낌을 준다
D 중국인은 해외 택시 업계에 대해 잘 이해하고 있다

단어 身边 shēnbiān 명 곁 | 马路 mǎlù 명 대로 | 随手 suíshǒu 동 즉석에서 하다 | 拦 lán 동 저지하다 | 打的 dǎdī 동 택시를 타다 | 却 què 부 오히려 | 清一色 qīngyísè 형 한결같다 | 公共交通 gōnggòng jiāotōng 명 대중교통 | 忠实 zhōngshí 형 충실하다 | 簇拥 cùyōng 빽빽하게 둘러싸다 | 转变 zhuǎnbiàn 동 바꾸다 | 至少 zhìshǎo 부 최소한 | 说明 shuōmíng 동 설명하다 | 安全 ānquán 형 안전하다 | 意识 yìshí 명 의식 | 行业 hángyè 명 업계 | 前提 qiántí 명 전제 | 始终 shǐzhōng 명 시종 | 保持 bǎochí 동 유지하다 | 敬而远之 jìng'ér yuǎnzhī 성 겉으로는 공경하는 체하면서 실제로는 꺼리어 멀리하다 | 心态 xīntài 명 심리 상태 | 绝对 juéduì 부 절대로 | 轻易 qīngyì 형 경솔하다 | 试水 shìshuǐ 동 실험하여 보다 | 节约 jiéyuē 동 절약하다 | 观念 guānniàn 명 관념 | 根深蒂固 gēnshēn dìgù 성 기초가 튼튼하여 쉽게 흔들리지 않다 | 团 tuán 명 단체 | 自助 zìzhù 동 스스로 하다 | 大巴 dàbā 명 대형 버스 | 公车 gōngchē 명 대중교통 | 谨慎 jǐnshèn 형 신중하다 | 豪放 háofàng 형 호탕하다 | 浪费 làngfèi 동 낭비하다 | 感觉 gǎnjué 명 느낌

해설 지문의 중반부에서 중국 여행객의 안전 의식은 매우 강하다고 하면서 ‘在对国外出租行业不了解的前提下，始终保持着敬而远之的心态，绝对不会轻易试水(외국의 택시 업계에 대해 잘 알지 못한다는 전제하에 시종일관 경계하는 심리 상태를 유지하며, 절대로 경솔하게 시도하지 않을 것이다)’라고 한다. 이는 해외여행을 할 때 매우 신중함을 의미하는 것이므로, ‘谨慎(신중하다)’과 의미가 통한다. 따라서 정답은 A이다.

71 – 74

在护士节前后，许多报刊上有护士的照片。同为年轻女子，护士的照片与模特、演员、歌星乃至工人、学生的照片不同，后者多半是笑着的，以笑为美。而护士则正好相反，护士的照片也有笑的，但[71]最美的是不笑的。不笑的护士恬静而神圣，显出惊人的美。

护士不笑是不是因为她要面对太多的痛楚与苦难？最近认识一位刚从医学院毕业的女孩，当她告诉我即将走上工作岗位，我问她是否都准备好了的时候，这个十七八岁的女孩说出了令我肃然起敬的话。她说当然，[72]作为一名护士，她不仅要照顾病人，她还要准备受伤。她说在实习时曾因为手指受伤出血而大惊小怪，快要退休的护士长帮她处理完伤口后，伸出自己伤痕累累的手让她看。[74]护士长指着手上的小疤痕说，这些是为病人注射时，被针尖误伤或者被药瓶碎片划伤的。

说着这些，女孩下意识地抚摸自己白白的手。她没有笑，但她很美。

간호사의 날 전후에, 많은 간행물에는 간호사의 사진이 실린다. 모두 젊은 여자로, 간호사의 사진은 모델, 배우, 가수 나아가 노동자나 학생들의 사진과는 다르다. 후자는 대체로 웃고 있고, 미소를 아름다움으로 여긴다. 그러나 간호사는 정반대이다. 간호사의 사진 또한 웃고 있는 것이 있지만, [71]가장 아름다운 것은 웃지 않는 것이다. 웃지 않는 간호사는 고요하고 신성하며, 놀랄만한 아름다움을 보여준다.

간호사가 웃지 않는 것은 그녀가 매우 많은 고통과 고난을 직면해야 하기 때문이 아닐까? 최근 막 의대를 졸업한 여자아이를 알게 되었다. 그녀가 곧 일을 하러 간다고 해서 내가 모두 준비가 잘 되었냐고 물었을 때 이 열일곱 살 소녀는 나로 하여금 경건한 마음이 들게 하는 말을 했다. 그녀는 당연하다고 말하며, [72]간호사로서 환자를 잘 돌봐야 할 뿐만 아니라, 상처 입을 준비도 해야 한다고 말했다. 그녀가 실습할 때에 손가락 부상으로 피가 나서 별것 아닌 것에 매우 놀랐는데, 곧 퇴직할 수간호사님이 그녀의 상처를 처리해 준 후, 본인의 상처 자국이 많은 손을 뻗어 그녀에게 보여 주었다고 한다. [74]수간호사는 흉터를 가리키며 이것들은 환자들에게 주사를 놓을 때 바늘 끝에 상처를 입거나 약병의 깨진 조각에 베인 상처라고 말했다고 했다.

이런 말을 하면서 여자아이는 무의식적으로 자신의 새하얀 손을 어루만졌다. 그녀는 웃지 않았지만, 매우 아름다웠다.

단어 护士节 hùshìjié 명 간호사의 날 | 前后 qiánhòu 명 전후 | 许多 xǔduō 형 매우 많다 | 报刊 bàokān 명 신문 · 잡지 등의 간행물 | 护士 hùshi 명 간호사 | 同 tóng 개 ~와 같이 | 女子 nǚzǐ 명 여자 | 与 yǔ 개 ~와 | 模特 mótè 명 모델 | 演员 yǎnyuán 명 배우 | 歌星 gēxīng 명 유명 가수 | 乃至 nǎizhì 접 더 나아가서 | 工人 gōngrén 명 노동자 | 后者 hòuzhě 대 후자 | 多半 duōbàn 부 대체로 | 而 ér 접 그러나 | 则 zé 부 오히려 | 正好 zhènghǎo 부 마침 | 相反 xiāngfǎn 동 상반되다 | 恬静 tiánjìng 형 평안하고 고요하다 | 而 ér 접 그리고 | 神圣 shénshèng 형 신성하다 | 显 xiǎn 동 드러나다 | 惊人 jīngrén 형 사람을 놀라게 하다 | 面对 miànduì 동 직면하다 | 痛楚 tòngchǔ 형 고통스럽다 | 苦难 kǔnàn 명 고난 | 刚 gāng 부 막 | 医学院 yīxuéyuàn 명 의과대학 | 即将 jíjiāng 부 곧 | 岗位 gǎngwèi 명 근무처 | 是否 shìfǒu 부 ~인지 아닌지 | 令 lìng 동 ~하게 하다 | 肃然起敬 sùrán qǐjìng 성 경건한 마음이 생기다 | 作为 zuòwéi 동 ~의 신분으로서 | 不仅 bùjǐn 접 ~뿐만 아니라 | 病人 bìngrén 명 환자 | 受伤 shòushāng 동 상처를 입다 | 实习 shíxí 동 실습하다 | 手指 shǒuzhǐ 명 손가락 | 血 xiě 명 피 | 大惊小怪 dàjīng xiǎoguài 성 별것 아닌 일에 매우 놀라다 | 退休 tuìxiū 동 퇴직하다 | 帮 bāng 동 돕다 | 处理 chǔlǐ 동 처리하다 | 伤口 shāngkǒu 명 상처 | 伸 shēn 동 펴다 | 伤痕 shānghén 명 흉터 | 累累 léiléi 형 아주 많이 쌓인 모양 | 疤痕 bāhén 명 흉터 | 注射 zhùshè 동 주사하다 | 针尖 zhēnjiān 명 바늘 끝 | 误伤 wùshāng 동 잘못하여 상처를 입히다 | 碎 suì 동 부서지다 | 片 piàn 명 조각 | 划 huá 동 베이다 | 意识 yìshí 명 의식 | 抚摸 fǔmō 동 어루만지다

71 ★☆☆	
护士最美的是什么时候? A 大笑的时候　　B 不笑的时候 C 微笑的时候　　D 工作的时候	간호사가 가장 아름다울 때는 언제인가? A 크게 웃을 때　　B 웃지 않을 때 C 미소 지을 때　　D 일할 때

해설 첫 번째 단락 마지막 문장에서 '最美的是不笑的。不笑的护士恬静而神圣，显出惊人的美(가장 아름다운 것은 웃지 않는 것이다. 웃지 않는 간호사는 고요하고 신성하며, 놀랄만한 아름다움을 보여준다)'라고 한다. 보기 중 질문에 대한 답안으로 가장 적합한 것은 B이다.

72 ★★☆	
为什么女孩的话令"我"肃然起敬? A 女孩说话的声音很好听 B 女孩已经做好了死的准备 C 女孩准备受伤 D 女孩说的话很有道理	'나'는 왜 여자아이의 말에 경건해졌는가? A 그녀의 목소리가 매우 듣기 좋다 B 그녀가 이미 죽을 준비를 하였다 C 그녀가 다칠 준비를 한다 D 그녀가 한 말이 매우 이치에 맞다

단어 **死** sǐ 동 죽다 | **道理** dàolǐ 명 이치

해설 두 번째 단락 중간 부분에서 여자아이가 '作为一名护士，她不仅要照顾病人，她还要准备受伤(간호사로서 환자를 잘 돌봐야 할 뿐만 아니라, 상처 입을 준비도 해야 한다고 말했다)'이라고 한다. 여자아이가 단지 다칠 준비가 되어서 경건해진 것이 아니라, 그 마음가짐이 간호사의 도리이고 매우 이치에 맞아서 경건한 마음이 든 것이므로 정답은 D이다.

73 ★★☆	
下列哪项最适合形容护士? A 辛勤的园丁　　B 绿衣使者 C 白衣天使　　D 勤劳的女孩	다음 중 간호사를 묘사한 것으로 가장 적합한 것은? A 근면한 교육자　　B 우편 집배원 C 백의의 천사　　D 부지런한 여자아이

단어 **辛勤** xīnqín 형 근면하다 | **园丁** yuándīng 명 교육자 | **绿衣使者** lǜyī shǐzhě 명 우편 집배원 | **天使** tiānshǐ 명 천사 | **勤劳** qínláo 동 부지런히 일하다

해설 전체적인 내용을 읽고 풀 수 있는 문제이다. 환자를 위해 다치는 것도 감수하며 열심히 일하는 간호사를 가장 잘 묘사한 것은 '天使(천사)'이다. 간호사는 흰옷을 입고 일을 하므로, '白衣天使(백의의 천사)'라고 표현할 수 있다. 따라서 정답은 C이다.

74 ★★☆	
为什么这个女孩说"作为一名护士，不仅要照顾病人，还要准备受伤"? A 做护士很危险 B 她很粗心 C 给病人注射时，有可能被误伤 D 她很年轻，技术不好	여자아이는 왜 "간호사로서 환자를 잘 돌볼 뿐만 아니라 다칠 준비도 해야 한다"라고 말하는가? A 간호사가 되는 것은 매우 위험하다 B 그녀는 부주의하다 C 환자에게 주사를 놓을 때 상처가 날 수 있다 D 그녀가 어려서 기술이 좋지 않다

단어 **危险** wēixiǎn 형 위험하다 | **粗心** cūxīn 형 부주의하다

해설 두 번째 단락 마지막 문장에서 '护士长指着手上的小疤痕说，这些是为病人注射时，被针尖误伤或者被药瓶碎片划伤的(수간호사는 흉터를 가리키며 이것들은 환자들에게 주사를 놓을 때 바늘 끝에 상처를 입거나 약병의 깨진 조각에 베인 상처라고 말했다)'라고 했다. 여자아이는 수간호사의 말을 듣고 환자를 돌볼 때 다칠 준비도 해야 한다는 것을 알게 되었으므로 정답은 C이다.

75 – 78

父亲抽烟有些年头了，他最近咳嗽得越来越厉害，母亲给我使了个眼色，我便埋怨父亲说："别抽烟了。你看我都要高考了，你每次吸烟我都没法专心看书!"

父亲是最疼我的，一听我这话，无奈地说："好吧，那我戒烟吧。"

可是，第四天，挑战来了。父亲的一位老朋友来看他，我给叔叔点上烟后，就把烟盒紧紧抓在手里，叔叔吸了两口，才发现父亲没点烟。他很好奇地问："老刘，你戒烟了？"父亲笑着点了点头。可我分明看见他的喉咙动了动。

晚上复习完功课，经过父母房间时，听见他们还在说话，妈妈说："我也知道难为你了，[75]你这辈子也没啥爱好，就喜欢抽烟，可为了孩子上大学……"听着母亲的话，我笑了笑。

高考成绩下来，我考上了一所有名的大学，父母非常高兴。转眼就开学了，父亲帮我整理好了行李，再三叮嘱我路上要小心。他小心翼翼地说："本来我和你妈也想到你的学校去看看，可我们都老啦，路上受不了，你就一个人去吧!"[76]其实我知道爸妈是因为家里条件不好，他们才不去的。

车快要开了，[77]我偷偷地从早就准备好的袋子里掏出一盒烟，拆开递给父亲一支。父亲显然被这个礼物给弄懵了，愣了老半天才接过去，放在鼻端深深地闻了一下，接着[77]转身擦了一下眼睛。

아버지는 여러 해 동안 담배를 피우셨다. 아버지는 최근에 기침이 점점 심해져서 어머니는 나에게 눈짓하셨다. 나는 바로 아버지를 탓하며 "그만 피우세요. 저 대입 시험 봐야 한다고요. 아버지께서 매번 담배를 피우셔서 제가 공부에 전념할 수가 없어요!"라고 말했다.

나를 굉장히 아끼시는 아버지는 내 말을 듣자마자 어쩔 수 없다는 듯이 "알았다. 그럼 내가 담배를 끊도록 하마."라고 말씀하셨다.

그러나 나흘 째 되는 날 도전이 찾아왔다. 아버지 친구 한 분이 그를 보러 온 것이다. 나는 아저씨께 담뱃불을 붙여 드린 후 담뱃갑을 손에 꽉 쥐었다. 아저씨는 두 모금을 빨아들이고 나서야 아버지에게 담뱃불이 없다는 것을 발견했다. 아저씨가 신기한 듯 "라오리우(老刘), 자네 담배 끊었나?"라고 물었다. 아버지는 웃으며 고개를 끄덕였다. 그러나 나는 아버지의 목구멍이 움직이는 걸 분명히 보았다.

저녁에 수업 내용을 다 복습하고 부모님 방을 지나갈 때 두 분이 아직 대화하시는 것이 들렸다. 어머니께서 "나도 당신이 얼마나 힘들지 알아요. [75]당신은 이 한평생 별다른 취미도 없이 그저 담배 피우는 것만 좋아했는데, 아들을 대학 보내기 위해서..."라고 말씀하셨고, 어머니의 말을 듣고 나는 웃었다.

대입 시험 성적이 나오고 나는 한 유명한 대학교에 합격해서 부모님은 굉장히 기뻐하셨다. 눈 깜짝할 사이에 개학을 했고, 아버지는 짐 정리를 도와주시면서, 길 조심해야 한다고 거듭 신신당부하셨다. 아버지는 조심스럽게 "원래 나와 네 엄마도 네 학교를 가서 보고 싶었지만, 우린 이미 늙었잖니. 가는 길이 힘들 것 같구나. 너 혼자 가렴!"이라고 말씀하셨다. [76]사실 나는 아버지와 어머니는 가정 형편이 좋지 않아서 가지 않는다는 것을 알고 있었다.

차가 막 출발하려고 할 때, [77]나는 몰래 미리 준비해 둔 담배 한 갑을 주머니에서 꺼낸 후, 뜯어서 아버지께 한 개피를 건네 드렸다. 아버지는 이 선물에 얼떨떨해 하시면서 한참 동안 어리둥절하시다가 받으셨다. 담배를 코끝에 대고 냄새를 깊게 맡아 보시고는 이어서 [77]몸을 돌려 눈가를 닦으셨다.

단어 父亲 fùqīn 명 아버지 | 抽烟 chōuyān 동 담배를 피우다 | 年头 niántóu 명 햇수 | 咳嗽 késou 동 기침하다 | 厉害 lìhai 형 심각하다 | 母亲 mǔqīn 명 어머니 | 使眼色 shǐ yǎnsè 눈짓하다 | 便 biàn 부 바로 | 埋怨 mányuàn 동 탓하다 | 高考 gāokǎo 명 중국 대학 입학 시험 ['高等学校招生考试'의 약칭] | 吸 xī 동 들이마시다 | 烟 yān 명 담배 | 专心 zhuānxīn 형 전념하다 | 疼 téng 동 끔찍이 아끼다 | 无奈 wúnài 동 어찌해 볼 도리가 없다 | 戒 jiè 동 끊다 | 挑战 tiǎozhàn 명 도전 | 点 diǎn 동 불을 붙이다 | 烟盒 yānhé 명 담뱃갑 | 紧 jǐn 형 죄다 | 抓 zhuā 동 꽉 쥐다 | 好奇 hàoqí 형 신기하게 생각하다 | 点头 diǎntóu 동 고개를 끄덕이다 | 分明 fēnmíng 부 분명히 | 喉咙 hóulóng 명 목구멍 | 功课 gōngkè 명 수업 | 难为 nánwei 동 힘들게 하다 | 辈子 bèizi 명 평생 | 啥 shá 대 무슨 | 考上 kǎoshàng 시험에 합격하다 | 所 suǒ 양 채 [집이나 학교 · 병원 따위의 건축물을 세는 단위] | 转眼 zhuǎnyǎn 동 눈 깜짝하다 | 帮 bāng 동 돕다 | 整理 zhěnglǐ 동 정리하다 | 行李 xíngli 명 짐 | 再三 zàisān 부 거듭 | 叮嘱 dīngzhǔ 동 신신당부하다 | 小心翼翼 xiǎoxīn yìyì 성 매우 조심스럽다 | 本来 běnlái 부 원래 | 受不了 shòubuliǎo 견딜 수 없다 | 条件 tiáojiàn 명 조건 | 偷偷 tōutōu 부 몰래 | 袋子 dàizi 명 주머니 | 掏 tāo 동 꺼내다 | 盒 hé 양 갑 | 拆 chāi 동 뜯다 | 递 dì 동 건네다 | 支 zhī 양 개피 [막대 모양의 물건을 세는 단위] | 显然 xiǎnrán 형 명백하다 | 懵 měng 형 멍하다 | 愣 lèng 동 어리둥절하다 | 老半天 lǎobàntiān 한참 동안 | 端 duān 동 받쳐 들다 | 深 shēn 형 깊다 | 闻 wén 동 냄새를 맡다 | 接着 jiēzhe 부 이어서 | 转身 zhuǎnshēn 동 몸을 돌리다 | 擦 cā 동 닦다

75 ★★☆	
父亲的爱好是什么？	아버지의 취미는 무엇인가?
A 读书　　B 吸烟	A 독서　　B 흡연
C 聊天　　D 工作	C 대화　　D 일

해설 네 번째 단락에서 어머니가 아버지를 위로하며 '你这辈子也没啥爱好，就喜欢抽烟(당신은 이 한평생 별다른 취미도 없이 그저 담배를 피우는 것만 좋아했다)'이라고 하는 것으로 보아, 아버지의 취미는 '吸烟(흡연)'임을 알 수 있다. 따라서 정답은 B이다.

76 ★★☆	
父亲和母亲为什么没有陪"我"去大学？	아버지와 어머니는 왜 '나'와 함께 대학교에 가지 않았는가?
A 他们都老了	A 그들은 모두 늙었다
B 他们不喜欢坐火车	B 그들은 기차 타는 것을 좋아하지 않는다
C 他们很忙	C 그들은 너무 바쁘다
D 他们没有钱	D 그들은 돈이 없다

해설 다섯 번째 단락에서 아버지는 나이가 들어서 못 간다고 하지만 이어서 화자가 '其实我知道爸妈是因为家里条件不好，他们才不去的(사실 나는 아버지와 어머니는 가정 형편이 좋지 않아서 가지 않는다는 것을 알고 있었다)'라고 한다. '家里条件不好'는 '가정 형편이 좋지 않다'라는 의미로 보기의 '没有钱(돈이 없다)'과 서로 의미가 통한다고 볼 수 있다. 따라서 정답은 D이다.

77 ★★☆	
父亲最后哭的原因是什么? A 孩子要读大学了 B 孩子能理解他的爱好了 C 孩子的孝心让他感动了 D 孩子要走了	아버지가 마지막에 눈물을 흘린 이유는 무엇인가? A 아들이 대학에 가게 되었다 B 아들이 그의 취미를 이해하게 되었다 C 아들의 효심에 감동했다 D 아들이 떠난다

단어 孝心 xiàoxin 명 효심

해설 '我偷偷地从早就准备好的袋子里掏出一盒烟，拆开递给父亲一支(나는 몰래 미리 준비해 둔 담배 한 갑을 주머니에서 꺼낸 후, 뜯어서 아버지께 한 개피를 건네 드렸다)'이라고 하자, 아버지는 '转身擦了一下眼睛(몸을 돌려 눈가를 닦으셨다)'이라고 한다. 아들을 위해 금연해 준 아버지께 선물을 준비하는 효심에 감동한 것이다. 그러므로 정답은 C이다.

78 ★★☆	
这篇文章主要描述的是什么情感? A 母子之情　　B 友情 C 爱情　　D 父子之情	이 글이 주로 묘사하는 것은 어떤 감정인가? A 모자의 정　　B 우정 C 애정　　D 부자의 정

단어 友情 yǒuqíng 명 우정 | 爱情 àiqíng 명 (남녀 간의) 애정

해설 지문의 전체적인 내용을 살펴보면 아들은 아버지의 건강이 걱정되어서 자신의 시험을 핑계로 아버지 금연을 주도했다. 그리고 아버지는 아들의 대학 합격을 위해 금연하였고, 마지막에 그 마음이 감사하여 아버지께 담배 한 개피를 드린다. 이러한 내용으로 미루어 보아, '父子之情(부자의 정)'을 서술한 글임을 알 수 있다. 따라서 정답은 D이다.

79 – 82

[79, 82]现代的阅读正在发生变化，电子媒体似乎取代了一切，跳跃的文字，不断出现的画面，它会影响我们的思考吗？一个有关电视的实验，让我们这些在电视下成长的人忧虑。加拿大的两位科学家将观看电视的人的大脑神经与测试仪器连在一起，得出结论电视主要是在和我们的身体而不是内心对话。因此，对于习惯电视画面的孩子来说，阅读纸质媒体是痛苦的，几乎令他们无法忍受——印刷媒体无法适应他们目光跳动的习惯。

[80]电视使我们肤浅，为了迎合我们短暂的注意力，电视节目必须抛开深度。[80]电视是一种口语化的媒体，[80]更接近我们的日常生活，也更琐碎。除此之外，[81]计算机培养了我们新的阅读习惯。这是世界上空前强大的图书馆，你可以找到各种各样的资料，比我们更小的孩子将依靠它们提供的资料成长。

我们不得不承认那些阅读纸质书的习惯可能被抛弃。尽管我们可能依旧在昏黄的灯光下，躺在床上，拿着一本印刷精美的书，去享受纸质文字的快乐。但是，这幅动人的图景是不是会一去不复返呢？而我们的孩子更会怎么样呢？他们还会好好读书，欣赏古典名著吗？

[79, 82]현대의 독서는 변화가 일어나고 있으며, 전자 매체가 거의 모든 것을 대체하는 듯하다. 발전하는 문자, 끊임없이 출현하는 화면, 그것들이 과연 우리의 사고에 영향을 미칠 것인가? TV와 관련된 한 실험은, 우리와 같이 TV를 보고 자라 온 사람들을 우려하게 하였다. 캐나다의 두 명의 과학자가 TV를 본 사람의 대뇌 신경을 측정 기계와 연결해, TV는 사람의 내면 대화가 아닌 신체적 대화라는 결론을 얻었다. 그러므로 TV 화면에 길든 아이에게 있어, 종이로 된 매체를 읽는 것은 고통이고, 거의 그들을 견딜 수 없게 만든다. 즉, 인쇄 매체는 그들의 시선이 빠르게 옮겨 다니는 습관에 부합할 수 없는 것이다.

[80]TV는 우리의 식견을 얕게 만든다. 우리의 짧은 집중력에 맞추기 위해, 프로그램은 반드시 깊이를 버려야만 한다. [80]TV는 일종의 구어화된 매체로써, [80]우리의 일상생활과 훨씬 가까우며, 또한 더욱 소소하다. 이 밖에, [81]컴퓨터는 우리의 새로운 독서 습관을 길러냈다. 이는 세상에서 전례 없이 막강한 도서관으로, 당신은 각종 자료를 찾을 수 있다. 우리보다 훨씬 어린아이들은 그것이 제공하는 자료에 의지하며 성장할 것이다.

우리는 종이 책 독서의 습관이 버림받을 수 있다는 것을 인정할 수밖에 없다. 비록 우리는 여전히 희미한 불빛 아래, 침대에 누워 정교하게 인쇄된 서적을 들고, 종이 문자의 기쁨을 즐기고 있겠지만, 이 감동적인 풍경은 한번 지나가면 다시는 돌아오지 않는 것은 아닌가? 게다가 우리의 아이들은 또 어떻게 될까? 그들은 여전히 책을 잘 읽고, 고전 명작을 감상하게 될까?

단어 阅读 yuèdú 동 읽다 | 发生 fāshēng 동 생기다 | 电子 diànzǐ 명 전자 | 媒体 méitǐ 명 대중 매체 | 似乎 sìhū 부 마치 ~인 것 같다 | 取代 qǔdài 동 대체하다 | 跳跃 tiàoyuè 동 도약하다 | 文字 wénzì 명 문자 | 不断 búduàn 부 끊임없이 | 出现 chūxiàn 동 나타나다 | 画面 huàmiàn 명 화면 | 思考 sīkǎo 동 사고하다 | 有关 yǒuguān 동 관련이 있다 | 实验 shíyàn 명 실험 | 成长 chéngzhǎng 동 성장하다 | 忧虑 yōulǜ 동 우려하다 | 加拿大 Jiānádà 명 캐나다 | 科学家 kēxuéjiā 명 과학자 | 观看 guānkàn 동 보다 | 大脑 dànǎo 명 대뇌 | 神经 shénjīng 명 신경 | 与 yǔ 개 ~와 | 测试 cèshì 동 테스트하다 | 仪器 yíqì 명 측정기 | 连 lián 동 연결하다 | 得 dé 동 얻다 | 结论 jiélùn 명 결론 | 对话 duìhuà 명 대화 | 因此 yīncǐ 접 그러므로 | 纸质 zhǐzhì 종이로 된 | 痛苦 tòngkǔ 형 고통스럽다 | 令 lìng 동 ~하게 하다 | 无法 wúfǎ 동 방법이 없다 | 忍受 rěnshòu 동 참다 | 印刷 yìnshuā 동 인쇄하다 | 适应 shìyìng 동 적응하다 | 目光 mùguāng 명 시선 | 跳动 tiàodòng 동 깡충 뛰다 | 使 shǐ 동 ~하게 하다 | 肤浅 fūqiǎn 형 얕다 | 迎合 yínghé 동 비위를 맞추다 | 短暂 duǎnzàn 형 짧다 | 注意力 zhùyìlì 명 주의력 | 抛 pāo 동 버리다 | 深度 shēndù 명 깊이 | 口语 kǒuyǔ 명 구두어 | 接近 jiējìn 동 인접하다 | 日常 rìcháng 형 일상의 | 生活 shēnghuó 명 생활 | 琐碎 suǒsuì 형 소소하고 잡다하다 | 除此之外 chúcǐ zhīwài 이 밖에 | 计算机 jìsuànjī 명 컴퓨터 | 培养 péiyǎng 동 길러 내다 | 空前 kōngqián 동 전례 없다 | 各种各样 gèzhǒng gèyàng 성 각양각색 | 资料 zīliào 명 자료 | 依靠 yīkào 동 의지하다 | 提供 tígōng 동 제공하다 | 不得不 bùdébù 어쩔 수 없이 | 承认 chéngrèn 동 인정하다 | 抛弃 pāoqì 동 버리다 | 尽管 jǐnguǎn 접 설령 ~라 하더라도 | 依旧 yījiù 부 여전히 | 昏黄 hūnhuáng 형 어슴푸레하다 | 灯光 dēngguāng 명 불빛 | 躺 tǎng 동 눕다 | 精美 jīngměi 형 정교하다 | 享受 xiǎngshòu 동 누리다 | 幅 fú 양 폭 [옷감 · 종이 · 그림 등을 세는 단위] | 动人 dòngrén 형 감동적이다 | 图景 tújǐng 명 경치 | 一去不复返 yíqù bùfùfǎn 성 한번 가면 다시 돌아오지 않는다 | 而 ér 접 그리고 | 欣赏 xīnshǎng 동 감상하다 | 古典 gǔdiǎn 형 고전적 | 名著 míngzhù 명 명작

79 ★★☆

为什么我们与电子媒体越来越紧密?
A 我们的生活很无聊
B 我们不喜欢思考
C 电子媒体取代纸质媒体
D 最近不好找古典名著

우리는 왜 점점 전자 매체와 가까워지는가?
A 우리의 생활이 매우 지루하다
B 우리는 사고하는 것을 싫어한다
C 전자 매체가 종이로 된 매체를 대체하고 있다
D 고전 명작을 구하기가 어렵다

단어 无聊 wúliáo 형 지루하다

해설 첫 문장에서 '现代的阅读正在发生变化，电子媒体似乎取代了一切(현대의 독서는 변화가 일어나고 있으며, 전자 매체가 거의 모든 것을 대체하는 듯하다)'라고 한다. 이 문장의 '阅读(읽다)'와 C의 '纸质媒体(종이로 된 매체)'가 상응한다. 그러므로 정답은 C이다.

80 ★★☆

根据上文，下面哪项是错误的?
A 电子书比纸质书更方便
B 电视更加口语化
C 电视使我们肤浅
D 电视更接近我们的日常生活

본문에 근거하여 다음 중 옳지 않은 것은?
A 전자책이 종이책보다 편리하다
B TV가 훨씬 구어화되었다
C TV는 우리의 식견을 얕게 만든다
D TV는 우리의 일상생활에 인접해있다

단어 改变 gǎibiàn 동 변하다

해설 두 번째 단락을 보면, '电视使我们肤浅(TV는 우리의 식견을 얕게 만든다)'이라고 한다. 이어서 '电视是一种口语化的媒体(TV는 일종의 구어화된 매체이다)'라고 하며, '更接近我们的日常生活(우리의 일상생활과 훨씬 가깝다)'라고 한다. 반면에 A는 언급되지 않았으므로 정답은 A이다.

81 ★★☆

最后一段画出来的"抛弃"是什么意思?
A 丢掉 B 扔
C 放松 D 延续

마지막 단락 밑줄 친 "抛弃"는 무슨 뜻인가?
A 버리다 B 포기하다
C 긴장을 풀다 D 지속하다

단어 丢 diū 동 버리다, 내던지다 | 扔 rēng 동 포기하다 | 延续 yánxù 동 지속하다

해설 두 번째 단락에서, '计算机培养了我们新的阅读习惯(컴퓨터는 우리의 새로운 독서 습관을 길러냈다)'이라고 직접 언급한다. 그것을 뒷받침하는 문장으로 '这是世界上空前强大的图书馆，你可以找到各种各样的资料，比我们更小的孩子将依靠它们提供的资料成长(이는 세상에서 전례 없이 막강한 도서관으로, 당신은 각종 자료를 찾을 수 있다. 우리보다 훨씬 어린아이들은 그것이 제공하는 자료에 의지하며 성장할 것이다)'이라고 한다. 그러므로 밑줄 친 단어가 있는 문장은 '우리는 종이 책 독서의 습관이 버림받을 수 있다는 것을 인정할 수밖에 없다'는 내용이 자연스럽다. 따라서 정답은 A이다.

82 ★★☆

这篇文章主要讲的是什么?
A 我们应该多看电视了解国家大事
B 多看纸质书有益于我们的思考
C 我们的孩子必须学习如何上网
D 电视、电脑正在改变我们的阅读习惯

이 글이 주로 이야기하고자 하는 것은 무엇인가?
A 우리는 TV를 많이 보고 나라의 큰일들을 이해해야 한다
B 종이책을 많이 읽으면 우리의 사고에 유익하다
C 우리의 아이들은 어떻게 인터넷을 하는지 반드시 배워야 한다
D TV와 컴퓨터가 우리의 독서 습관을 바꾸고 있다

단어 **有益于** yǒuyìyú ~에 유익하다 | **如何** rúhé 대 어떻게

해설 지문의 첫 번째 줄에서 주제를 찾을 수 있다. '**现代的阅读正在发生变化，电子媒体似乎取代了一切**(현대의 독서는 변화가 일어나고 있으며, 전자 매체가 거의 모든 것을 대체하는 듯하다)'라고 한다. 이 문장의 '**电子媒体**(전자매체)'를 '**电视**(TV)'과 '**电脑**(컴퓨터)'로 예를 들어 글을 전개해 나가고 있다. 따라서 정답은 D이다.

83 – 86

说起林徽因，[83]让人们津津乐道的更多的是她的情感世界。其实，她还有很多事情令人敬佩。

她自小随父游历欧洲，有着良好的中西方文化素养，[84, 85, 86]成为一位新派诗人的代表。她一生写过几十首诗，她的诗曾一度引起文学界的关注。

但在文学界崭露头角的她，从小对建筑就有一份独到的热爱，因此远赴美国学习建筑学，并且在父亲的安排下与梁启超之子梁思成结合，婚后即随夫赴欧洲考察建筑。这让她不仅具有文学家的浪漫气质，也不乏建筑家的审美眼光。[85]作为中国建筑学开创者之一，林徽因大部分时间都伴随着梁思成考察不计其数的荒郊野地里的民宅古寺，[84, 86]流下了不朽的传世之作——中华人民共和国国徽和人民英雄纪念碑(她是主要的设计者之一)。

임휘인(林徽因)을 말할 때, [83]사람들이 더욱 흥미진진하게 이야기하는 것은 그녀의 감정 세계이다. 그러나 사실 그녀는 사람들을 놀라게 할 만한 일이 더욱 많다.

그녀는 어려서부터 아버지를 따라 유럽 곳곳을 돌아다니면서 훌륭한 동서양의 문화적 소양을 길렀고 [84, 85, 86]신파의 대표적인 시인이 되었다. 그녀는 평생 수십 수의 시를 썼고, 그녀의 시는 일찍이 문학계의 큰 관심을 불러일으키기도 했다.

그러나 문학계에서 두각을 나타낸 그녀는 어릴 때부터 건축물에 대해 남다른 열정이 있었다. 그리하여 멀리 미국으로 가서 건축학을 공부했고 게다가 아버지 말씀에 따라 양계초(梁启超)의 아들 양사성(梁思成)과 부부가 되었다. 결혼 후에는 바로 남편을 따라 유럽에 가서 건축물을 고찰하였다. 이로 인해 그녀는 문학가의 낭만적인 기질과 적지 않은 건축가의 심미적 안목도 갖추었다. [85]중국 건축학의 창시자 중 한 명으로서, 임휘인은 대부분 시간은 양사성을 따라 황량한 교외의 민가와 오래된 사찰을 헤아릴 수 없을 만큼 고찰하였고, [84, 86]후세에 전해질 불후의 명작인 중화인민공화국 국장과 인민영웅기념비를 남겼다(그녀는 주요 설계자 중 한 명이다).

단어 **林徽因** Lín Huīyīn 명 임휘인 [인명] | **津津乐道** jīnjīn lèdào 성 흥미진진하게 이야기하다 | **情感** qínggǎn 명 감정 | **令** lìng 동 ~하게 하다 | **敬佩** jìngpèi 동 탄복하다 | **自** zì 개 ~에서부터 | **随** suí 동 따르다 | **游历** yóulì 동 여러 곳을 돌아다니다 | **欧洲** Ōuzhōu 명 유럽 | **良好** liánghǎo 형 훌륭하다 | **素养** sùyǎng 명 소양 | **成为** chéngwéi 동 ~이 되다 | **新派** xīnpài 명 신파 | **诗人** shīrén 명 시인 | **代表** dàibiǎo 명 대표 | **一生** yìshēng 명 평생 | **首** shǒu 수 [시·사·노래 등을 세는 단위] | **诗** shī 명 시 | **曾** céng 부 일찍이 | **一度** yídù 수량 한 차례 | **引起** yǐnqǐ 동 불러일으키다 | **文学界** wénxuéjiè 명 문학계 | **关注** guānzhù 동 관심을 가지다 | **崭露头角** zhǎnlù tóujiǎo 성 두각을 나타내다 | **建筑** jiànzhù 명 건축물 | **份** fèn 양 편, 조각 | **独到** dúdào 형 남다르다 | **热爱** rè'ài 동 뜨겁게 사랑하다 | **因此** yīncǐ 접 그래서 | **赴**

fù 동 향하다 | 并且 bìngqiě 접 게다가 | 父亲 fùqīn 명 아버지 | 安排 ānpái 동 안배하다 | 与 yǔ 개 ~와 | 结合 jiéhé 동 부부가 되다 | 即 jí 부 곧 | 考察 kǎochá 동 고찰하다 | 不仅 bùjǐn 접 ~뿐만 아니라 | 具有 jùyǒu 동 가지다 | 浪漫 làngmàn 형 낭만적이다 | 气质 qìzhì 명 기질 | 不乏 bùfá 동 적지 않다 | 审美 shěnměi 형 심미적 | 眼光 yǎnguāng 명 안목 | 作为 zuòwéi 동 ~로서 | 开创者 kāichuàngzhě 명 창시자 | 之一 zhīyī 명 ~중의 하나 | 伴随 bànsuí 동 동행하다 | 不计其数 bújì qíshù 성 이루 헤아릴 수가 없다 | 荒郊 huāngjiāo 명 황량한 교외 | 野地 yědì 명 황무지 | 民宅 mínzhái 명 민가 | 古寺 gǔsì 명 오래된 사찰 | 不朽 bùxiǔ 형 불후하다 | 传世 chuánshì 후세에 전해지다 | 国徽 guóhuī 명 국장 | 英雄 yīngxióng 명 영웅 | 纪念碑 jìniànbēi 명 기념비 | 设计 shèjì 명 설계

83 ★★★

第1段画线词语“津津乐道”是什么意思?	첫 번째 단락에서 밑줄 친 ‘진진락도’는 무슨 뜻인가?
A 东西好吃	A 음식이 맛있다
B 愿意谈论	B 논의하는 것을 좋아한다
C 很高兴	C 매우 즐겁다
D 随处可见	D 어디서나 볼 수 있다

단어 谈论 tánlùn 동 논의하다 | 随处 suíchù 부 어디서나 | 可见 kějiàn 접 ~을 볼 수 있다

해설 첫 번째 단락에서 ‘让人们津津乐道的更多的是她的情感世界(사람들이 더욱 흥미진진하게 이야기하는 것은 그녀의 감정 세계이다)’라고 한다. 여기서 ‘津津乐道’는 ‘흥미진진하게 이야기하다’라는 성어이다. 하지만 성어의 뜻을 모르더라도 바로 뒤이어 나오는 ‘其实, 她还有很多事情令人敬佩(사실 그녀는 사람들을 놀라게 할 만한 일이 더욱 많다)’를 통해, 사람들이 임휘인에 대한 이야기가 나오면 그녀와 관련된 많은 이야기를 한다는 것을 추측할 수 있다. 그러므로 보기의 ‘愿意谈论(논의하는 것을 좋아한다)’이 그 의미가 가장 가까우므로 정답은 B이다.

84 ★★☆

林徽因在哪方面有成就?		임휘인은 어느 방면에 업적이 있는가?	
A 文学	B 建筑	A 문학	B 건축
C 文学和建筑	D 爱情	C 문학과 건축	D 사랑

단어 爱情 àiqíng 명 애정

해설 두 번째 단락에서 그녀는 ‘成为一位新派诗人的代表(신파의 대표적인 시인이 되었다)’라고 하고, 마지막 단락에서 ‘流下了不朽的传世之作______中华人民共和国国徽和人民英雄纪念碑(후세에 전해질 불후의 명작인 중화인민공화국 국장과 인민영웅기념비를 남겼다)’라고 하는 것으로 보아 문학과 건축에 두루 업적을 남긴 것을 알 수 있다. 따라서 보기 중 일치하는 것은 ‘文学和建筑(문학과 건축)’이므로 정답은 C이다.

85 ★★☆

对于林徽因的描述，下面哪项是正确的?

A 诗人和建筑学家

B 音乐爱好者和诗人

C 爱情至上者和浪漫的女人

D 听父亲命令的女儿和浪漫的女诗人

임휘인에 대한 묘사로 다음 중 옳은 것은?

A 시인이자 건축학자이다

B 음악 애호가이자 시인이다

C 애정 지상주의자이며 낭만적인 여성이다

D 아버지 말을 잘 듣는 딸이자 낭만적인 여류 시인이다

단어 **至上** zhìshàng 형 가장 높다 | **命令** mìnglìng 명 명령

해설 두 번째 단락에서 '成为一位新派诗人的代表(신파의 대표적인 시인이 되었다)'라고 하고, 마지막 단락에서 '作为中国建筑学开创者之一(중국 건축학의 창시자 중 한 명으로서)'라고 하는 것으로 보아, 시인이자 건축학자임을 알 수 있다. 따라서 임휘인에 관한 설명으로 보기 중 옳은 것은 '诗人和建筑学家(시인이자 건축학자이다)'이므로 정답은 A이다.

86 ★★☆

下面哪个词语适合描述林徽因?

A 贤惠　　B 豪放

C 才华横溢　　D 多愁善感

다음 중 임휘인을 묘사하는 단어로 적합한 것은?

A 어질고 총명하다　　B 호방하다

C 재능이 넘쳐나다　　D 감상적이다

단어 **贤惠** xiánhuì 형 어질고 총명하다 | **豪放** háofàng 형 호방하다 | **才华横溢** cáihuá héngyì 성 재능이 넘쳐나다 | **多愁善感** duōchóu shàngǎn 성 늘 애수에 잠기고 감상적이다

해설 두 번째 단락에서 그녀는 '成为一位新派诗人的代表(신파의 대표적인 시인이 되었다)'라고 하고, 마지막 단락에서 '流下了不朽的传世之作——中华人民共和国国徽和人民英雄纪念碑(후세에 전해질 불후의 명작인 중화인민공화국 국장과 인민영웅 기념비를 남겼다)'라고 한다. 또한, 본문 전체 내용에 근거하면 어려서부터 동서양의 문화적 소양을 기르고 시와 건축학 모두에 두각을 보였음을 알 수 있다. 이는 그녀가 팔방미인임을 의미하는 것으로 '재능이 넘쳐나다'라는 뜻의 성어인 '才华横溢'가 그녀를 묘사하는 단어로 가장 적절하다. 따라서 정답은 C이다.

87 – 90

"二战"结束后，英国皇家空军统计了在战争中失事的战斗机和牺牲的飞行员以及飞机失事的原因和地点。其结果令人震惊——[87]夺走生命最多的不是敌人猛烈的炮火，也不是大自然的狂风暴雨，而是飞行员的操作失误。更令人费解的是，[88]事故发生最频繁的时段，不是在激烈的交火中，也不是在紧急撤退时，而是在完成任务归来着陆前的几分钟。

心理学家对这个结果丝毫不惊讶，他们说这是典型的心理现象。在高度紧张过后，一旦外界刺激消失，人类心理会产生"几乎不可抑制的放松倾向"。飞行员在枪林弹雨里精神高度集中，[89]虽然外界环境恶劣，但由于大脑正处于极度兴奋状态，反而不容易出现纰漏。

'제2차 세계대전'이 끝난 후, 영국 황실 공군은 전쟁 중에 의외의 사고가 발생한 전투기와 희생된 조종사 및 비행기의 사고 원인과 지점을 조사하였다. 그 결과는 사람들을 깜짝 놀라게 했다. [87]가장 많이 생명을 앗아간 것은 적군의 맹렬한 포화도, 대자연의 세찬 폭풍우도 아닌, 조종사의 조종 실수였다. 더욱 이해하기 어려운 것은 [88]사고 발생이 가장 빈번하게 발생한 때는 맹렬한 교전 중이나 긴박하게 퇴각하는 때가 아닌, 임무를 완수하고 돌아오는 길의 착륙 몇 분 전이라는 것이다.

심리학자는 이 결과에 대해 조금도 놀라지 않았다. 그들은 이것이 전형적인 심리 현상이라고 말했다. 고도의 긴장 상태가 지나간 후 일단 외부 자극이 사라지면 인류는 심리적으로 '거의 억제할 수 없을 정도의 긴장 완화의 경향'이 나타나게 된다. 조종사는 전투가 매우 격렬한 곳

[90]在返航途中，飞行员精神越来越放松，当他终于看到熟悉的地方，自己的飞机离跑道越来越近时，他顿时有了安全感。然而，恰恰是这一瞬间的放松，酿成大祸。因此，人们管这种状态叫“[90]虚假安全”。

在人生的路上，当你通过重重困难，成功近在咫尺时，千万别因放松警惕而放慢你的步伐。记住，没有取得的成功，不是你的成功。

에서 고도로 집중한다. [89]비록 외부의 환경은 열악하나 대뇌가 극도의 흥분 상태에 놓이기 때문에 오히려 실수를 잘 하지 않는다.

[90]귀항하는 도중에 조종사의 정신은 점차 긴장이 풀리게 된다. 그가 마침내 익숙한 곳을 발견하고 자기의 비행기가 활주로와 점차 가까워질 때, 그는 순간적으로 안도감이 생긴다. 그러나 바로 이 찰나의 느슨함 때문에 큰 화를 빚게 된다. 그래서 사람들은 이런 상태를 '[90]거짓된 안전'이라고 부른다.

인생의 길에서 당신은 수많은 어려움을 지나 성공이 눈앞에 있을 때, 절대로 경계를 풀어 당신의 속도가 늦어지게 해서는 안 된다. 얻지 못한 성공은 당신의 성공이 아님을 기억해야 한다.

단어 二战 èrzhàn 명 제2차 세계대전 ['第二次世界大战'의 약칭] | 皇家 huángjiā 명 황실 | 空军 kōngjūn 명 공군 | 统计 tǒngjì 동 통계하다 | 战争 zhànzhēng 명 전쟁 | 失事 shīshì 동 의외의 사고가 발생하다 | 战斗机 zhàndòujī 명 전투기 | 牺牲 xīshēng 동 희생하다 | 飞行员 fēixíngyuán 명 조종사 | 以及 yǐjí 접 및, 그리고 | 原因 yuányīn 명 원인 | 地点 dìdiǎn 명 지점 | 其 qí 대 그 | 结果 jiéguǒ 명 결과 | 令 lìng 동 ~하게 하다 | 震惊 zhènjīng 형 깜짝 놀라게하다 | 夺 duó 동 빼앗다 | 生命 shēngmìng 명 생명 | 敌人 dírén 명 적 | 猛烈 měngliè 형 맹렬하다 | 炮火 pàohuǒ 명 포화 | 狂风暴雨 kuángfēng bàoyǔ 성 세찬 폭풍우 | 操作 cāozuò 동 조작하다 | 失误 shīwù 명 실수 | 费解 fèijiě 형 이해하기 어렵다 | 事故 shìgù 명 사고 | 发生 fāshēng 동 발생하다 | 频繁 pínfán 형 빈번하다 | 时段 shíduàn 명 시간대 | 激烈 jīliè 형 격렬하다 | 交火 jiāohuǒ 동 교전하다 | 紧急 jǐnjí 형 긴박하다 | 撤退 chètuì 동 퇴각하다 | 任务 rènwu 명 임무 | 归来 guīlái 동 돌아오다 | 着陆 zhuólù 동 착륙하다 | 心理 xīnlǐ 명 심리 | 丝毫 sīháo 부 조금도 | 惊讶 jīngyà 형 놀랍다 | 典型 diǎnxíng 형 전형적인 | 现象 xiànxiàng 명 현상 | 高度 gāodù 형 정도가 매우 높다 | 紧张 jǐnzhāng 형 긴장해 있다 | 一旦 yídàn 부 일단 | 外界 wàijiè 명 외부 | 刺激 cìjī 명 자극 | 消失 xiāoshī 동 사라지다 | 人类 rénlèi 명 인류 | 产生 chǎnshēng 동 나타나다 | 抑制 yìzhì 동 억제하다 | 放松 fàngsōng 동 정신적 긴장을 풀다 | 倾向 qīngxiàng 명 경향 | 枪林弹雨 qiānglín dànyǔ 성 전투가 매우 격렬하다 | 精神 jīngshen 명 정신 | 集中 jízhōng 동 집중하다 | 恶劣 èliè 형 열악하다 | 由于 yóuyú 접 ~때문에 | 大脑 dànǎo 명 대뇌 | 正 zhèng 부 마침 | 处于 chǔyú 동 어떤 지위나 상태에 처하다 | 极度 jídù 부 극도로 | 兴奋 xīngfèn 형 흥분하다 | 状态 zhuàngtài 명 상태 | 反而 fǎn'ér 부 오히려 | 出现 chūxiàn 동 나타나다 | 纰漏 pīlòu 명 실수 | 返航 fǎnháng 동 귀항하다 | 途中 túzhōng 명 도중 | 熟悉 shúxī 형 익숙하다 | 跑道 pǎodào 명 비행기 활주로 | 顿时 dùnshí 부 순간적으로 | 安全感 ānquángǎn 명 안도감 | 然而 rán'ér 접 그러나 | 恰恰 qiàqià 부 바로 | 瞬间 shùnjiān 명 순간 | 酿 niàng 동 빚어 내다 | 祸 huò 명 재앙 | 因此 yīncǐ 접 그래서 | 虚假 xūjiǎ 형 거짓의 | 人生 rénshēng 명 인생 | 通过 tōngguò 동 지나가다 | 重重 chóngchóng 형 겹겹의 | 困难 kùnnan 명 어려움 | 成功 chénggōng 명 성공 | 咫尺 zhǐchǐ 명 아주 가까운 거리 | 千万 qiānwàn 부 부디 | 警惕 jǐngtì 명 경계 | 放慢 fàngmàn 동 늦추다 | 步伐 bùfá 명 발걸음

87 ★★☆	
造成飞机失事的最大原因是什么?	비행기 사고가 난 가장 큰 원인은 무엇인가?
A 恶劣的天气	A 열악한 날씨
B 敌人的进攻	B 적군의 공격
C 猛烈的炮火	C 맹렬한 포화
D 飞行员的操作失误	D 조종사의 조종 실수

단어 **进攻** jìngōng 동 공격하다

해설 첫 번째 단락에서 '夺走生命最多的不是敌人猛烈的炮火，也不是大自然的狂风暴雨，而是飞行员的操作失误(가장 많이 생명을 앗아간 것은 적군의 맹렬한 포화도, 대자연의 세찬 폭풍우도 아닌, 조종사의 조종 실수이다)'라고 한다. '不是 A, 而是 B'는 'A가 아니라 B이다'의 뜻으로 '而是' 뒤가 주로 하고자 하는 말이다. 그러므로 정답은 D이다.

Tip

형식	뜻	예문
不是 A，而是 B	A가 아니라 B이다	他不是日本人，而是韩国人。 그는 일본인이 아니라 한국인이다.
不是 A，就是 B	A가 아니면 B이다 (두 가지 중 하나는 틀림 없는 사실)	他不是日本人，就是韩国人。 그는 일본인이 아니면 한국인이다.

88 ★★☆	
飞机发生事故最多的时段是什么时候?	비행기 사고가 가장 많이 발생한 때는 언제인가?
A 起飞的时候	A 이륙할 때
B 和敌人战斗的时候	B 적군과 전투 중일 때
C 被敌人打退的时候	C 적군에 의해 격퇴될 때
D 完成任务返回的时候	D 임무를 완수하고 되돌아갈 때

단어 **打退** dǎtuì 동 격퇴하다 | **返回** fǎnhuí 동 되돌아가다

해설 첫 번째 단락에서 '事故发生最频繁的时段，不是在激烈的交火中，也不是在紧急撤退时，而是在完成任务归来着陆前的几分钟(사고 발생이 가장 빈번하게 일어난 때는 맹렬한 교전 중이나 긴박하게 퇴각하는 때가 아닌, 임무를 완수하고 돌아오는 길의 착륙 몇 분 전이다)'이라고 한다. 이 문장에서 '돌아가다'의 '归来'가 보기에서 '返回'로 쓰였다. 그러므로 정답은 D이다.

89 ★★☆			
第2段画线词语“纰漏”意思相近的词是什么?		두 번째 단락에서 밑줄 친 단어 '비루'와 뜻이 가까운 단어는 무엇인가?	
A 错误	B 瑕疵	A 잘못	B 결함
C 兴奋	D 精神	C 흥분	D 정신

단어 **错误** cuòwù 명 잘못 | **瑕疵** xiácī 명 결함 | **兴奋** xīngfèn 명 흥분 | **精神** jīngshen명 정신

해설 두 번째 단락 마지막 문장에서 '虽然外界环境恶劣，但由于大脑正处于极度兴奋状态，反而不容易出现纰漏(비록 외부의 환경은 열악하나 대뇌가 극도의 흥분 상태에 놓이기 때문에 오히려 실수를 잘 하지 않는다)'라고 한다. 여기서 '纰漏'는 '실수'라는 뜻으로 보기의 '错误(잘못)'와 가장 그 뜻이 가깝다. 따라서 정답은 A이다.

90 ★★☆

什么叫作"虚假安全"?	무엇을 '거짓된 안전'이라고 부르는가?
A 飞行员在飞行的过程中容易产生幻觉	A 조종사는 비행하는 과정에서 쉽게 환각이 생긴다
B 飞行员在完成任务返航的时候以为马上就能成功	B 조종사는 임무를 완수하고 귀항할 때 곧 성공할 수 있다고 생각한다
C 飞行员在和敌人战斗的时候以为把敌人歼灭就安全了	C 조종사는 적과 전투할 때 적을 몰살해야 안전하다고 생각한다
D 飞行员在起飞的时候觉得自己只要飞得慢就是安全的	D 조종사는 이륙할 때 자기가 천천히 날기만 하면 안전하다고 생각한다

단어 **过程** guòchéng 명 과정 | **幻觉** huànjué 명 환각 | **以为** yǐwéi 동 여기다 | **歼灭** jiānmiè 동 몰살하다 | **只要** zhǐyào 접 ~하기만 하면

해설 세 번째 단락에서 '**在返航途中，飞行员精神越来越放松，当他终于看到熟悉的地方，自己的飞机离跑道越来越近时，他顿时有了安全感**(귀항하는 도중에 조종사의 정신은 점차 긴장이 풀리게 된다. 그가 마침내 익숙한 곳을 발견하고 자기의 비행기가 활주로와 점차 가까워질 때, 그는 순간적으로 안도감이 생긴다)'이라고 한다. 이는 안전하다고 생각하지만 사실 긴장을 늦춰서는 안 되는 때로, 이때 조종사가 실수하는 것을 '**虚假安全**(거짓된 안전)'이라고 부른다고 한다. 따라서 정답은 B이다.

쓰기 书写 제1부분

91 ★★☆

想要的 您 卖 了 饮料 完	
정답 您想要的饮料卖完了。	당신이 원하는 음료는 다 판매되었습니다.

단어 **饮料** yǐnliào 명 음료

해설 **1. 술어와 보어 찾기 :** 동사 '**卖**(팔다)'가 이 문장의 술어가 되고, 형용사 '**完**(다 떨어지다)'은 술어 뒤에서 동작의 완성을 보충 설명하는 결과보어의 역할을 하므로, 어기조사 '**了**'와 함께 '**卖完了**(다 팔았다)'의 순서로 배열할 수 있다.

2. 주어 찾기 : 술어 '**卖**(팔다)'의 대상은 '**饮料**(음료)'이므로, '**饮料**(음료)'는 이 문장의 주어가 된다.

3. 관형어 찾기 : 구조조사 '**的**'와 함께 쓰인 '**想要的**(원하는)'는 명사 '**饮料**(음료)'를 수식하는 관형어이며, '**想要**(원하다)'의 주체는 '**您**(당신)'이므로 '**您想要的**(당신이 원하는)' 전체가 '**饮料**(음료)'를 수식하는 관형어가 된다.

您想要的	饮料	卖	完	了。
관형어	주어	술어	결과보어	

92 ★★☆

被 外婆的房间 打扫得 总是 非常干净	
정답 外婆的房间总是被打扫得非常干净。	외할머니의 방은 항상 매우 깨끗하게 청소되어 있다.

단어 **被** bèi 개 ~에게 ~당하다 | **外婆** wàipó 명 외할머니 | **打扫** dǎsǎo 동 청소하다 | **总是** 부 zǒngshì 항상 | **干净** gānjìng 형 깨끗하다

해설 **1. 술어와 보어 찾기 :** 제시된 단어에 '被(~에게 ~당하다)'가 보이므로 '주어(동작의 객체)+被+목적어(동작의 주체)+동사(+기타 성분)'의 '被자문' 구조를 떠올려야 한다. 또한, 구조조사 '得'가 붙어 있는 '打扫得(청소한 정도)'를 보고 '술어+得+정도보어' 구조라는 것을 파악한다면, 동사 '打扫(청소하다)'가 이 문장의 술어가 됨을 알 수 있다. '정도부사+형용사' 구조의 '非常干净(매우 깨끗하다)'은 '得' 뒤에 오는 정도보어가 되므로, 이를 모두 결합하면 '打扫得非常干净(매우 깨끗한 정도로 청소하다)'이다.

2. 주어 찾기 : '被'는 '~에게 ~당하다'라는 뜻이므로, 이 문장의 술어는 '청소되다'라는 의미가 되어야 한다. 따라서 동작의 객체가 되는 주어는 '房间(방)'이다. '被자문'에서 목적어를 언급할 필요가 없을 때는 생략이 가능하다. 이 문장에서는 동작의 주체인 목적어가 생략되어, 개사 '被(~에게 ~당하다)'는 술어 '打扫(청소하다)' 바로 앞에 위치하게 된다.

3. 관형어와 부사어 찾기 : '被자문'에서 부사는 '被(~에게 ~당하다)' 앞에 위치하므로, 부사 '总是(항상)'는 개사 '被(~에게 ~당하다)'와 함께 술어 앞에서 술어를 수식하는 부사어 역할을 한다. 구조조사 '的'와 함께 쓰인 '外婆的(외할머니의)'는 명사 '房间(방)'을 수식하는 관형어이다.

外婆的	房间	总是被	打扫	得	非常干净。
관형어	주어	부사어	술어		정도보어

Tip **'被자문'의 활용**

1. 주어(동작의 객체)+被+목적어(동작의 주체)+동사+기타 성분
   '被자문'의 기타 성분으로 정도보어, 결과보어, 방향보어, 수량보어, 가능보어, 了, 着, 过, 동사의 중첩 등을 쓸 수 있다.
   예 啤酒被舅舅喝完了。 맥주는 외삼촌에 의해 다 마셔졌다(외삼촌이 맥주를 다 마셨다). ▶ 결과보어
2. 부정부사와 시간부사는 '被' 앞에서 부사어로 쓰인다
   예 我从来没被老师批评过。 나는 여태껏 선생님께 꾸중을 들어 본 적이 없다.

93 ★★☆

通过　　方式　　解决　　交流的　　他们之间的　　矛盾

정답 他们之间的矛盾通过交流的方式解决。 | 그들 사이의 갈등은 교류의 방식으로 해결한다.

단어 **通过** tōngguò 개 ~을 통해 | **方式** fāngshì 명 방식 | **解决** jiějué 동 해결하다 | **交流** jiāoliú 명 교류 | **矛盾** máodùn 명 갈등

해설 **1. 술어 찾기 :** 동사 '解决(해결하다)'는 이 문장의 술어가 된다.

2. 주어 찾기 : 해결되는 대상은 '矛盾(갈등)'이므로, 명사 '矛盾(갈등)'이 이 문장의 주어이다.

3. 관형어와 부사어 찾기 : '通过…方式'는 '~의 방식을 통해'라는 개사구로 술어 앞에서 술어를 수식하는 부사어가 된다. 그리고 '交流的(교류의)'와 함께 '通过交流的方式(교류의 방식을 통해)' 순서로 배열할 수 있다. 또한, 의미상 '他们之间的(그들 사이의)'는 명사 '矛盾(갈등)'을 수식하는 관형어가 된다.

他们之间的	矛盾	通过交流的方式	解决。
관형어	주어	부사어	술어

94 ★★☆

过来　　这班公交车　　哪里　　开　　从　　的

정답 这班公交车从哪里开过来的?	이 버스는 어디에서 운전하여 오는 것인가?

단어 班 bān 양 [정시에 운행되는 교통수단에 쓰이는 단위] | 公交车 gōngjiāochē 명 버스

해설 **1. 술어와 보어 찾기 :** 동사 '开'는 '운전하다'라는 뜻으로 이 문장의 술어가 되고, '过来(오다)'는 술어 뒤에서 방향보어로 쓰여 '开过来(운전해서 오다)'를 만들 수 있다.

2. 주어 찾기 : 이 문장의 주어는 '公交车(버스)'이다.

3. 관형어와 부사어 찾기 : 개사 '从(~부터)'은 뒤에 장소명사와 함께 쓰이므로 개사구 '从哪里(어디에서부터)'를 만들고, 술어 앞에서 술어를 수식하는 부사어 역할을 한다. '这班(이)'은 주어를 수식하는 관형어이다. 마지막으로 남은 '的'를 통해 이 문장은 '是…的' 강조문임을 알 수 있다. '어디에서 운전하여 온 것인가?'라고 '是…的' 사이에 쓰인 장소를 강조하는 내용으로 '是'는 생략되었다.

这班	公交车	从哪里	开	过来	的。
관형어	주어	부사어	술어	보어	(강조)

Tip

'是…的' 강조문

'是…的' 강조문은 주어, 술어, 목적어 외에 다른 문장 성분을 강조하는 특수 문형이다.

1. 이미 발생한 과거 사건을 강조하며, 강조하는 내용에는 시간, 장소, 목적, 방식, 동작의 주체 등이 있다.

　예 他(是)昨天来的。 그는 어제 왔다. ▶ 시간 강조

　예 他(是)从北京来的。 그는 베이징에서 왔다. ▶ 장소 강조

　예 他(是)为什么来的？ 그는 왜 왔는가? ▶ 목적 강조

　예 他(是)坐飞机来的。 그는 비행기를 타고 왔다. ▶ 방식 강조

2. '是'는 생략이 가능하고 의미상의 변화는 없다.

3. 부정형은 '不是'이고, 이 경우에는 '是'를 생략할 수 없다.

95 ★☆☆

把　　门　　我　　帮　　关上

정답 帮我把门关上。	나를 도와 문을 닫아 주세요.

단어 把 bǎ 개 ~을 | 帮 bāng 동 돕다 | 关 guān 동 닫다

해설 **1. 술어와 목적어 찾기 :** 이 문장은 하나의 주어에 동사가 두 개 이상 이어지는 연동문으로, 주어가 생략된 연동문이다. 따라서 동사 '帮(돕다)'과 '关(닫다)'은 차례대로 이 문장의 술어1과 술어2가 된다. 이때, '帮(돕다)'의 목적어는 '我(나)'이며, '关(닫다)'의 목적어는 '门(문)'이다. 그러나 제시된 단어 중에 '把(~을)'가 있으므로 '把자문'의 구조(주어+把+목적어+동사+기타 성분)에 따라 목적어 '门(문)'은 술어2 '关(닫다)' 앞에 위치한다.

2. 보어와 부사어 찾기 : '上'은 동사 뒤에 오는 결과보어로 '把자문'의 기타 성분이 되고, '把门(문을)'은 술어2를 수식하는 부사어 역할을 한다.

帮	我	把门	关	上。
술어1	목적어	부사어	술어2	보어

96 ★★☆

保证	坚持	获得成功	是	最为重要的

정답 坚持是获得成功最为重要的保证。 꾸준함은 성공을 얻는 가장 중요한 담보이다.

단어 **保证** bǎozhèng 명 담보 | **坚持** jiānchí 동 견지하다 | **获得** huòdé 동 얻다 | **成功** chénggōng 동 성공하다 | **最为** zuìwéi 부 가장 | **重要** zhòngyào 형 중요하다

해설 **1. 술어 찾기 :** 동사 '是(~이다)'가 이 문장의 술어로 'A 是 B(A는 B이다)' 형태의 문장이다. 이때 주어 A와 목적어 B는 동격이어야 한다.

2. 주어와 목적어 찾기 : '坚持(견지하다)'는 명사형으로 쓰여 '꾸준함'을 뜻하고, 술어 '是(~이다)'의 주어가 된다. 의미상 '坚持(견지하다)'는 성공하는 중요한 '保证(담보)'임을 알 수 있으므로 이 문장의 목적어는 명사 '保证(담보)'이다.

3. 관형어 찾기 : '最为重要的(가장 중요한)'는 '获得成功(성공을 얻다)'과 함께 명사 '保证(담보)'을 수식하는 관형어로, 순서대로 배열하면 '获得成功最为重要的保证(성공을 얻는 가장 중요한 담보)'이 된다.

坚持	是	获得成功最为重要的	保证。
주어	술어	관형어	목적어

97 ★★☆

打交道	翻译人员	常常	与	要	外国人

정답 翻译人员常常要与外国人打交道。 통역가는 외국인과 자주 접촉해야 한다.

단어 **打交道** dǎ jiāodao 접촉하다 | **翻译** fānyì 명 통역 | **人员** rényuán 명 요원 | **与** yǔ 개 ~과

해설 **1. 술어 찾기 :** '打交道'는 '접촉하다'라는 뜻으로 이 문장의 술어가 되고, '与…打交道(~와 접촉하다)'의 형태로 자주 쓰인다.

2. 주어 찾기 : 접촉을 하는 주체는 '翻译人员(통역가)'이므로 '翻译人员(통역가)'은 이 문장의 주어가 된다.

3. 부사어 찾기 : 개사 '与(~과)'는 '外国人(외국인)'과 개사구를 이루어 술어를 수식하는 부사어 역할을 한다. 또한, 부사 '常常(자주)'과 조동사 '要(~해야 한다)' 역시 모두 문장의 부사어로 '부사+조동사+개사구'의 어순에 따라 배치하면 된다.

翻译人员	常常要与外国人	打交道。
주어	부사어	술어

98 ★★☆

堵车	路上	不少	耽误了	时间

정답 路上堵车耽误了不少时间。 길에 차가 막혀서 많은 시간을 허비했다.

단어 **堵车** dǔchē 동 차가 막히다 | **路上** lùshang 명 길 위 | **耽误** dānwu 동 시간을 허비하다

해설 **1. 술어와 목적어 찾기 :** 동태조사 '了'가 붙어 있는 동사 '耽误(시간을 허비하다)'가 이 문장의 술어가 된다. '耽误(시간을 허비하다)'는 그 자체로도 '시간'을 포함하지만, 주로 명사 '时间(시간)'과 조합하여 '耽误时间(시간을 허비하다)'으로 자주 사용한다.

2. 주어 찾기 : 시간을 허비하게 하는 주체는 '堵车(차가 막히다)'이므로 '堵车(차가 막히다)'는 이 문장의 주어가 된다.

3. 관형어 찾기 : 형용사 '不少(많다)'는 목적어 '时间(시간)'을 수식하는 관형어 역할을 할 수 있다. '路上(길에)'은 주어를 수식하는 관형어이다.

路上	堵车	耽误	了	不少	时间。
관형어	주어	술어		관형어	목적어

99 ★★☆

翻译　　火车站　　明白　　耐心　　感谢

모범 답안

		昨	天	我	去	**火**	**车**	**站**	买	票	，	因	为	不	会
说	中	文	，	所	以	售	票	员	不	**明**	**白**	我	在	说	什
么	。	正	在	这	时	，	旁	边	的	一	位	大	学	生	走
过	来	很	**耐**	**心**	地	帮	我	**翻**	**译**	。	我	很	**感**	**谢**	他，
因	为	在	他	的	帮	助	下	，	我	买	到	了	火	车	票。

어제 나는 기차역에 가서 표를 샀다. 내가 중국어를 할 줄 몰라서 매표원은 내가 무슨 말을 하는지 이해하지 못했다. 그러던 중, 옆에 있던 한 대학생이 걸어와서 매우 참을성 있게 나를 도와 통역해 주었다. 나는 그 학생의 도움으로 기차표를 샀기 때문에 그에게 너무 감사했다.

단어 **翻译** fānyì 동 통역하다 | **火车站** huǒchēzhàn 명 기차역 | **明白** míngbai 동 이해하다 | **耐心** nàixīn 형 참을성이 있다 | **感谢** gǎnxiè 동 감사하다 | **售票员** shòupiàoyuán 명 매표원 | **帮** bāng 동 돕다

해설 **1. 단어의 뜻과 품사 파악하기**

2. 단어 조합하기

- 翻译 : 翻译小说(소설을 번역하다) / 翻译成中文(중국어로 통역하다)
- 火车站 : 去火车站买票(기차역에 가서 표를 사다)
- 明白 : 明白道理(이치를 이해하다) / 不明白(이해하지 못하다) / 不明白说什么(무슨 말을 하는지 알지 못하다)
- 耐心 : 耐心地帮我(참을성 있게 나를 돕다) / 耐心地翻译(참을성 있게 통역하다) / 耐心地解释(참을성 있게 설명하다)
- 感谢 : 感谢他(그에게 감사하다) / 向…表示感谢(~에게 감사를 표하다)

3. 주제와 글의 종류 정하기

- 주제 : 耐心地帮我翻译的大学生(참을성 있게 나를 도와 통역한 대학생)
- 서술문(원인–과정–결과) or 논설문(문제 제기–문제 분석–해결 방법)

4. 답은 윤곽 잡기(서술문)

- 원인 : 去火车站买票 / 不会说中文 / 售票员不明白 / 不明白说什么
- 과정 : 一位大学生 / 耐心地帮我翻译
- 결과 : 感谢他 / 在他的帮助下 / 买到了火车票

5. 문형 활용하기

- 因为…所以… ~때문에 그래서 ~하다
- 在…的帮助下 ~의 도움으로

6. 문장에서 글로 완성하기

昨天我去火车站买票，因为不会说中文，所以售票员不明白我在说什么。正在这时，旁边的一位大学生走过来很耐心地帮我翻译。我很感谢他，因为在他的帮助下，我买到了火车票。

100 ★★★

모범 답안

		抽	烟	是	一	种	害	人	害	己	的	不	良	习	惯。
烟	草	中	含	有	大	量	有	害	物	质	，	长	时	间	抽
烟	会	引	发	各	类	疾	病	。	抽	烟	时	散	发	的	烟
雾	也	会	危	害	他	人	的	健	康	。	为	了	自	己	和
他	人	的	健	康	，	杜	绝	吸	烟	，	还	生	命	一	片
纯	洁	的	天	空	。										

흡연은 일종의 남도 해치고 자신도 해치는 좋지 않은 습관이다. 담뱃잎은 다량의 유해물질을 함유하고 있어서 장시간 흡연하면 각종 질병을 일으킬 수 있다. 흡연 시 내뿜는 연기 역시 타인의 건강을 해칠 수 있다. 자신과 타인의 건강을 위해, 흡연을 제지하고 생명에게 깨끗한 하늘을 돌려주어야 한다.

단어 **抽烟** chōuyān 동 흡연하다 | **害** hài 동 해를 끼치다 | **不良** bùliáng 형 좋지 않다 | **烟草** yāncǎo 명 담뱃잎 | **含有** hányǒu 동 함유하다 | **大量** dàliàng 형 다량의 | **有害** yǒuhài 동 유해하다 | **物质** wùzhì 명 물질 | **引发** yǐnfā 동 일으키다 | **疾病** jíbìng 명 질병 | **散发** sànfā 동 내뿜다 | **烟雾** yānwù 명 연기 | **危害** wēihài 동 해치다 | **杜绝** dùjué 동 제지하다 | **吸烟** xīyān 동 흡연하다 | **还** huán 동 돌려주다 | **生命** shēngmìng 명 생명 | **片** piàn 양 편 | **纯洁** chúnjié 형 티 없이 깨끗하다

해설 **1. 사진 보고 주제와 글의 종류 정하기**

- 주제 : 抽烟危害自己和他人的健康(흡연은 자신과 타인의 건강을 해친다)
- 서술문(원인–과정–결과) or 논설문(문제 제기–문제 분석–해결 방법)

2. 관련 단어 조합하기

害人害己(남과 자기에게 해를 끼치다) / 不良习惯(좋지 않은 습관) / 含有有害物质(유해한 물질을 함유하다) / 引发疾病(질병을 일으키다) / 散发的烟雾(내뿜는 연기) / 危害健康(건강을 해치다) / 为了健康(건강을 위해) / 杜绝吸烟(흡연을 제지하다)

3. 답안 윤곽 잡기(논설문)

- 문제 제기 : 抽烟是不良习惯
- 문제 분석 : 烟草中含有有害物质 / 引发疾病 / 危害健康
- 해결 방법 : 为了自己和他人的健康 / 杜绝吸烟 / 还生命纯洁的天空

4. 문형 활용하기

- 为了… ~을 하기 위하여

5. 문장에서 글로 완성하기

抽烟是一种害人害己的不良习惯。烟草中含有大量有害物质，长时间抽烟会引发各类疾病。抽烟时散发的烟雾也会危害他人的健康。为了自己和他人的健康，杜绝吸烟，还生命一片纯洁的天空。

동양북스 추천 교재

일본어 교재의 최강자, 동양북스 추천 교재

회화 코스북

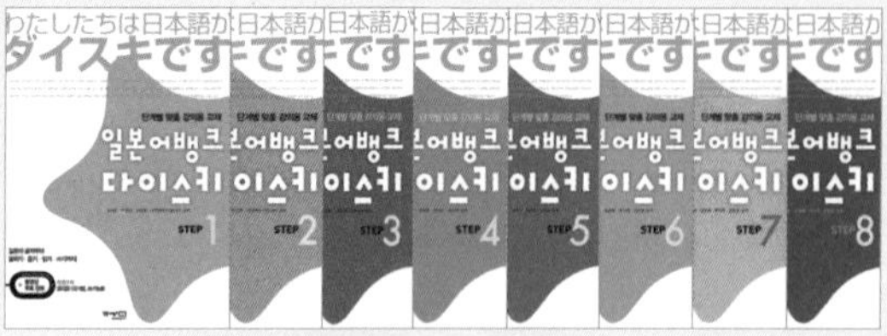

일본어뱅크 다이스키
STEP 1·2·3·4·5·6·7·8

일본어뱅크
좋아요 일본어 1·2·3

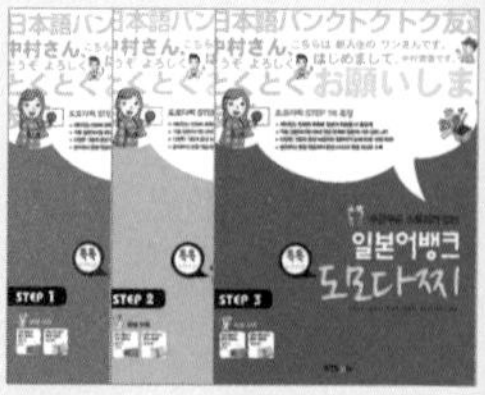

일본어뱅크 도모다찌
STEP 1·2·3

분야서

일본어뱅크
NEW 스타일 일본어 문법

일본어뱅크
일본어 작문 초급

일본어뱅크
사진과 함께하는
일본 문화

일본어뱅크
항공 서비스 일본어

가장 쉬운 독학
일본어 현지회화

수험서

일취월장 JPT
독해·청해

일취월장 JPT
실전 모의고사 500·700

일단 합격하고 오겠습니다
JLPT 일본어능력시험
N1·N2·N3·N4·N5

일단 합격하고 오겠습니다
JLPT 일본어능력시험
실전모의고사 N1·N2·N3·N4/5

단어·한자

특허받은
일본어 한자 암기박사

일본어 상용한자 2136
이거 하나면 끝!

일본어뱅크
New 스타일 일본어 한자 1·2

가장 쉬운 독학
일본어 단어장

일단 합격하고 오겠습니다
JLPT 일본어능력시험
단어장 N1·N2·N3

정 말
반 드시
합 격한다

정반합

新 HSK

편집부 엮음

필수 단어/문장 쓰기 노트

5급

동양북스

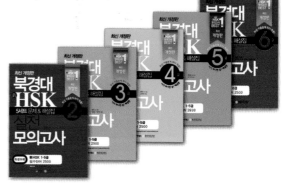

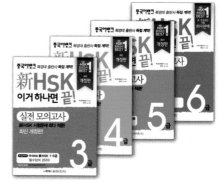

정말
반드시
합격한다

정반합

新HSK

필수 단어/문장 쓰기 노트

5급

동양북스

X1-01

A

0001	爱 ài	동 사랑하다, 좋아하다

B

0002	八 bā	수 8, 여덟
0003	爸爸 bàba	명 아빠, 아버지
0004	杯子 bēizi	명 컵, 잔
0005	北京 Běijīng	명 베이징(중국의 수도)
0006	本 běn	양 권(책을 세는 단위)
0007	不 bù	부 동사·형용사·부사 앞에서 부정을 나타냄
0008	不客气 bú kèqi	천만에요, 별말씀을요

C

0009	菜 cài	명 요리, 음식
0010	茶 chá	명 차, 차로 만든 음료
0011	吃 chī	동 먹다
0012	出租车 chūzūchē	명 택시

D

0013	打电话 dǎ diànhuà	전화를 걸다
0014	大 dà	형 크다, 넓다
0015	的 de	조 ~한, ~의(관형어 뒤에 사용됨)
0016	点 diǎn	양 시(시간의 단위)
0017	电脑 diànnǎo	명 컴퓨터
0018	电视 diànshì	명 텔레비전
0019	电影 diànyǐng	명 영화
0020	东西 dōngxi	명 물건
0021	都 dōu	부 모두, 전부
0022	读 dú	동 읽다, 낭독하다
0023	对不起 duìbuqǐ	동 미안합니다, 죄송합니다
0024	多 duō	형 많다 대 얼마나
0025	多少 duōshao	대 얼마, 몇

E

0026	儿子 érzi	명 아들
0027	二 èr	수 2, 둘

X1-02

F

0028	饭店 fàndiàn	명 호텔, 식당
0029	飞机 fēijī	명 비행기
0030	分钟 fēnzhōng	양 분(시간의 양을 세는 단위)

G

0031	高兴 gāoxìng	형 기쁘다, 즐겁다
0032	个 gè	양 개, 명(개개의 사람이나 물건을 세는 단위)
0033	工作 gōngzuò	동 일하다 명 직업, 일자리
0034	狗 gǒu	명 개(동물)

H

0035	汉语 Hànyǔ	명 중국어
0036	好 hǎo	형 좋다
0037	号 hào	양 번(차례, 순서를 나타내는 단위)
0038	喝 hē	동 마시다
0039	和 hé	접 ~과(와) 개 ~과(와)
0040	很 hěn	부 매우, 대단히

0041	后面 hòumiàn	명 뒤, 뒤쪽
0042	回 huí	동 들어오다, 되돌아가다
0043	会 huì	조동 (배워서) ~를 할 수 있다, ~할 것이다

J

0044	几 jǐ	대 몇 수 몇
0045	家 jiā	명 집, 가정 양 집·회사·공장 등을 세는 단위
0046	叫 jiào	동 외치다, 부르다, ~하게 하다
0047	今天 jīntiān	명 오늘
0048	九 jiǔ	수 9, 아홉

K

0049	开 kāi	동 열다, 켜다
0050	看 kàn	동 보다
0051	看见 kànjiàn	동 보다, 보이다
0052	块 kuài	양 덩이, 조각(덩어리로 된 물건을 세는 단위)

X1-03

L

0053	来 lái	동 오다
0054	老师 lǎoshī	명 선생님
0055	了 le	조 동사 또는 형용사 뒤에 쓰여 동작의 완료, 새로운 상황 출현 나타냄
0056	冷 lěng	형 춥다, 차다
0057	里 lǐ	명 가운데, 안쪽
0058	六 liù	수 6, 여섯

M

0059	妈妈 māma	명 엄마, 어머니
0060	吗 ma	조 문장 끝에 쓰여 의문의 어기를 나타냄
0061	买 mǎi	동 사다, 구매하다
0062	猫 māo	명 고양이
0063	没关系 méi guānxi	괜찮다, 문제 없다
0064	没有 méiyǒu	부 ~않다
0065	米饭 mǐfàn	명 쌀밥
0066	名字 míngzi	명 이름
0067	明天 míngtiān	명 내일

N

0068	哪 nǎ	대 어느
0069	哪儿 nǎr	대 어디, 어느 곳
0070	那 nà	대 그(것), 저(것)
0071	呢 ne	조 문장 끝에 쓰여 동작·상황의 지속, 강조의 어기를 나타냄
0072	能 néng	조동 ~할 수 있다, ~할 줄 안다
0073	你 nǐ	대 너, 당신
0074	年 nián	명 년 양 년, 해
0075	女儿 nǚ'ér	명 딸

P

0076	朋友 péngyou	명 친구
0077	漂亮 piàoliang	형 예쁘다, 아름답다
0078	苹果 píngguǒ	명 사과

Q

0079	七 qī	수 7, 일곱
0080	前面 qiánmiàn	명 앞쪽, 전면

X1-04

0081	钱 qián	명 돈, 화폐
0082	请 qǐng	동 청하다, 부탁하다
0083	去 qù	동 가다

R

0084	热 rè	형 덥다, 뜨겁다
0085	人 rén	명 사람, 인간
0086	认识 rènshi	동 알다, 인식하다

S

0087	三 sān	수 3, 셋
0088	商店 shāngdiàn	명 상점
0089	上 shàng	명 위
0090	上午 shàngwǔ	명 오전
0091	少 shǎo	형 적다
0092	谁 shéi	대 누구
0093	什么 shénme	대 무슨, 무엇
0094	十 shí	수 10, 열
0095	时候 shíhou	명 때, 무렵
0096	是 shì	동 ~이다
0097	书 shū	명 책
0098	水 shuǐ	명 물
0099	水果 shuǐguǒ	명 과일
0100	睡觉 shuìjiào	동 (잠을) 자다
0101	说 shuō	동 말하다
0102	四 sì	수 4, 넷
0103	岁 suì	양 살, 세(나이를 세는 단위)

T

0104	他 tā	대 그(남자), 그 사람
0105	她 tā	대 그녀, 그 여자
0106	太 tài	부 대단히, 너무
0107	天气 tiānqì	명 날씨, 일기
0108	听 tīng	동 듣다
0109	同学 tóngxué	명 학우, 동급생

X1-05

W

0110	喂 wèi	감 이봐, 여보세요
0111	我 wǒ	대 나, 저
0112	我们 wǒmen	대 우리(들)
0113	五 wǔ	수 5, 다섯
0125	谢谢 xièxie	동 감사합니다, 고맙습니다
0126	星期 xīngqī	명 요일, 주
0127	学生 xuésheng	명 학생
0128	学习 xuéxí	동 공부하다, 배우다
0129	学校 xuéxiào	명 학교

X

0114	喜欢 xǐhuan	동 좋아하다, 호감을 가지다
0115	下 xià	명 밑, 아래
0116	下午 xiàwǔ	명 오후
0117	下雨 xiàyǔ	동 비가 내리다
0118	先生 xiānsheng	명 선생님, 씨(성인 남성에 대한 경칭)
0119	现在 xiànzài	명 지금, 현재
0120	想 xiǎng	조동 ~하고 싶다, ~하려고 하다
0121	小 xiǎo	형 작다
0122	小姐 xiǎojiě	명 아가씨, 젊은 여자
0123	些 xiē	양 조금, 약간, 몇
0124	写 xiě	동 글씨를 쓰다

Y

0130	一 yī	수 1, 하나
0131	一点儿 yìdiǎnr	수량 조금, 약간
0132	衣服 yīfu	명 옷, 의복
0133	医生 yīshēng	명 의사
0134	医院 yīyuàn	명 병원
0135	椅子 yǐzi	명 의자
0136	有 yǒu	동 있다, 소유하다
0137	月 yuè	명 월, 달

Z

0138	再见 zàijiàn	동 또 뵙겠습니다, 안녕히 계십시오

X1-06

0139	在 zài	동 ~에 있다, 존재하다 개 ~에(서)
0140	怎么 zěnme	대 어떻게, 어째서
0141	怎么样 zěnmeyàng	대 어떠하다
0142	这 zhè	대 이, 이것
0143	中国 Zhōngguó	명 중국
0144	中午 zhōngwǔ	명 정오
0145	住 zhù	동 살다, 거주하다
0146	桌子 zhuōzi	명 탁자, 테이블
0147	字 zì	명 문자, 글자
0148	昨天 zuótiān	명 어제
0149	坐 zuò	동 앉다, (교통 수단을) 타다
0150	做 zuò	동 하다, 만들다

X2-01

B

0151	吧 ba	조 문장 끝에 쓰여, 추측·제안·기대·명령 등의 어기를 나타냄
0152	白 bái	형 하얗다, 밝다
0153	百 bǎi	수 100, 백
0154	帮助 bāngzhù	동 돕다, 도와주다
0155	报纸 bàozhǐ	명 신문
0156	比 bǐ	개 ~에 비해, ~보다
0157	别 bié	부 ~하지 마라
0158	宾馆 bīnguǎn	명 호텔

C

0159	长 cháng	형 (길이·시간 등이) 길다
0160	唱歌 chànggē	동 노래 부르다
0161	出 chū	동 나가다, 나오다
0162	穿 chuān	동 (옷·신발·양말 등을) 입다, 신다
0163	次 cì	양 차례, 번, 회
0164	从 cóng	개 ~부터, ~을 기점으로
0165	错 cuò	형 틀리다

D

0166	打篮球 dǎ lánqiú	농구를 하다
0167	大家 dàjiā	대 모두, 다들
0168	到 dào	동 도착하다, 도달하다
0169	得 de	조 동사나 형용사 뒤에 쓰여 결과, 정도를 나타내는 보어와 연결시킴
0170	等 děng	동 기다리다
0171	弟弟 dìdi	명 남동생
0172	第一 dì-yī	수 제1, 첫번째
0173	懂 dǒng	동 알다, 이해하다
0174	对 duì	형 맞다, 옳다 개 ~에게, ~에 대하여

F

0175	房间 fángjiān	명 방
0176	非常 fēicháng	부 대단히, 매우
0177	服务员 fúwùyuán	명 종업원

G

0178	高 gāo	형 높다, (키가) 크다

X2-02

0179 告诉 gàosu 동 말하다, 알리다

0180 哥哥 gēge 명 형, 오빠

0181 给 gěi 동 ~에게 ~을 주다

0182 公共汽车 gōnggòng qìchē 명 버스

0183 公司 gōngsī 명 회사

0184 贵 guì 형 (가격이나 가치가) 높다, 비싸다

0185 过 guo 조 동사 뒤에 쓰여 경험을 나타냄

H

0186 还 hái 부 여전히, 아직도

0187 孩子 háizi 명 어린아이, 자녀

0188 好吃 hǎochī 형 맛있다

0189 黑 hēi 형 어둡다, 까맣다

0190 红 hóng 형 붉다, 빨갛다

0191 火车站 huǒchēzhàn 명 기차역

J

0192 机场 jīchǎng 명 공항

0193 鸡蛋 jīdàn 명 계란, 달걀

0194 件 jiàn 양 건, 개, 벌(물건·셔츠·사건 등을 세는 단위)

0195 教室 jiàoshì 명 교실

0196 姐姐 jiějie 명 누나, 언니

0197 介绍 jièshào 동 소개하다

0198 进 jìn 동 (밖에서 안으로) 들다, 나아가다

0199 近 jìn 형 가깝다

0200 就 jiù 부 곧, 바로

0201 觉得 juéde 동 ~라고 생각하다

K

0202 咖啡 kāfēi 명 커피

0203 开始 kāishǐ 동 시작되다, 개시하다

0204 考试 kǎoshì 동 시험을 치다

0205 可能 kěnéng 조동 ~일지도 모른다

0206 可以 kěyǐ 조동 ~할 수 있다

0207 课 kè 명 수업, 강의

0208 快 kuài 형 빠르다

X2-03

0209	快乐 kuàilè	형 즐겁다, 행복하다

L

0210	累 lèi	형 지치다, 피곤하다
0211	离 lí	동 분리하다, 갈라지다
0212	两 liǎng	수 2, 둘
0213	零 líng	수 0, 영
0214	路 lù	명 길, 도로
0215	旅游 lǚyóu	동 여행하다, 관광하다

M

0216	卖 mài	동 팔다, 판매하다
0217	慢 màn	형 느리다
0218	忙 máng	형 바쁘다
0219	每 měi	대 매, 각, ~마다
0220	妹妹 mèimei	명 여동생
0221	门 mén	명 문, (출)입구
0222	面条儿 miàntiáor	명 국수, 면

N

0223	男 nán	형 남자의, 남성의
0224	您 nín	대 당신('你'의 존칭)
0225	牛奶 niúnǎi	명 우유
0226	女 nǚ	형 여성의, 여자의

P

0227	旁边 pángbiān	명 옆, 근처
0228	跑步 pǎobù	동 달리다
0229	便宜 piányi	형 (값이) 싸다
0230	票 piào	명 표, 티켓

Q

0231	妻子 qīzi	명 아내
0232	起床 qǐchuáng	동 (잠자리에서) 일어나다
0233	千 qiān	수 1000, 천
0234	铅笔 qiānbǐ	명 연필
0235	晴 qíng	형 하늘이 맑다

X2-04

0236 **去年** qùnián — 명 작년

R

0237 **让** ràng — 동 ~하게 하다, 양보하다

0238 **日** rì — 양 일(날짜의 단위)

S

0239 **上班** shàngbān — 동 출근하다

0240 **身体** shēntǐ — 명 몸, 신체

0241 **生病** shēngbìng — 동 병이 나다, 병에 걸리다

0242 **生日** shēngrì — 명 생일

0243 **时间** shíjiān — 명 시간

0244 **事情** shìqing — 명 일, 사건

0245 **手表** shǒubiǎo — 명 손목시계

0246 **手机** shǒujī — 명 휴대 전화

0247 **说话** shuōhuà — 동 말하다, 이야기하다

0248 **送** sòng — 동 보내다, 배웅하다

0249 **虽然…但是…** suīrán…dànshì… — 접 비록 ~하지만 ~하다

T

0250 **它** tā — 대 그, 그것(사람 이외의 것을 가리킴)

0251 **踢足球** tī zúqiú — 축구를 하다

0252 **题** tí — 명 문제

0253 **跳舞** tiàowǔ — 동 춤을 추다

W

0254 **外** wài — 명 겉, 바깥

0255 **完** wán — 동 마치다, 끝나다

0256 **玩** wán — 동 놀다

0257 **晚上** wǎnshang — 명 저녁

0258 **往** wǎng — 개 ~쪽으로, ~을 향해

0259 **为什么** wèi shénme — 부 왜, 어째서

0260 **问** wèn — 동 묻다, 질문하다

0261 **问题** wèntí — 명 문제

X

0262 **西瓜** xīguā — 명 수박

X2-05

0263	希望 xīwàng	동 희망하다, 바라다
0264	洗 xǐ	동 씻다, 빨다
0265	小时 xiǎoshí	명 시간
0266	笑 xiào	동 웃다
0267	新 xīn	형 새롭다
0268	姓 xìng	동 성씨가 ~이다
0269	休息 xiūxi	동 휴식하다, 쉬다
0270	雪 xuě	명 눈

Y

0271	颜色 yánsè	명 색, 색깔
0272	眼睛 yǎnjing	명 눈(신체 부위)
0273	羊肉 yángròu	명 양고기
0274	药 yào	명 약, 약물
0275	要 yào	조동 ~할 것이다, ~하려 한다
0276	也 yě	부 ~도, 역시
0277	一起 yìqǐ	부 같이, 함께
0278	一下 yíxià	수량 한 번 ~해보다, 좀~하다
0279	已经 yǐjīng	부 이미, 벌써
0280	意思 yìsi	명 의미, 뜻
0281	因为…所以… yīnwèi…suǒyǐ…	접 ~하기 때문에 ~하다
0282	阴 yīn	형 흐리다
0283	游泳 yóuyǒng	동 수영하다
0284	右边 yòubian	명 오른쪽, 우측
0285	鱼 yú	명 물고기
0286	远 yuǎn	형 (공간적 · 시간적으로) 멀다
0287	运动 yùndòng	동 운동하다 명 운동

Z

0288	再 zài	부 다시, 재차, 또
0289	早上 zǎoshang	명 아침
0290	丈夫 zhàngfu	명 남편
0291	找 zhǎo	동 찾다, 구하다
0292	着 zhe	조 동사 뒤에 쓰여 진행을 나타냄
0293	真 zhēn	부 참으로, 진실로
0294	正在 zhèngzài	부 지금 ~하고 있는 중이다

X2-06

0295	只 zhī	양 마리, 쪽, 짝(짐승을 세거나 쌍으로 이루어진 것 중 하나를 세는 단위)
0296	知道 zhīdào	동 알다, 이해하다
0297	准备 zhǔnbèi	동 준비하다
0298	走 zǒu	동 걷다
0299	最 zuì	부 가장, 제일
0300	左边 zuǒbian	명 왼쪽, 좌측

X3-01

A

0301	阿姨 āyí	명 아주머니, 이모
0302	啊 a	조 문장 끝에 쓰여 긍정·감탄·찬탄의 어기를 나타냄
0303	矮 ǎi	형 (키가) 작다, 낮다
0304	爱好 àihào	명 취미, 애호
0305	安静 ānjìng	형 조용하다, 고요하다

B

0306	把 bǎ	개 ~으로, ~을 가지고
0307	班 bān	명 반, 학급
0308	搬 bān	동 옮기다, 운반하다
0309	办法 bànfǎ	명 방법, 방식
0310	办公室 bàngōngshì	명 사무실, 부서
0311	半 bàn	수 절반, 2분의 1
0312	帮忙 bāngmáng	동 일(손)을 돕다, 도움을 주다
0313	包 bāo	명 (싸거나 포장된) 보따리, 가방
0314	饱 bǎo	형 배부르다
0315	北方 běifāng	명 북방, 북쪽
0316	被 bèi	개 ~에게 ~을 당하다
0317	鼻子 bízi	명 코
0318	比较 bǐjiào	부 비교적, 상대적으로
0319	比赛 bǐsài	명 경기, 시합
0320	笔记本 bǐjìběn	명 노트, 수첩
0321	必须 bìxū	부 반드시 ~해야 한다, 꼭 ~해야 한다
0322	变化 biànhuà	동 변화하다, 달라지다 명 변화
0323	别人 biérén	대 타인, 다른 사람
0324	冰箱 bīngxiāng	명 냉장고
0325	不但…而且… búdàn…érqiě…	접 ~할 뿐만 아니라 ~하다

C

0326	菜单 càidān	명 메뉴, 식단
0327	参加 cānjiā	동 참가하다, 가입하다
0328	草 cǎo	명 풀
0329	层 céng	양 층, 겹(중첩·누적된 물건을 세는 단위)
0330	差 chà	동 부족하다, 모자라다 형 다르다, 차이가 나다
0331	尝 cháng	동 맛보다, 시험삼아 해 보다

X3-02

0332 **超市** chāoshì — 명 슈퍼마켓

0333 **衬衫** chènshān — 명 셔츠, 블라우스

0334 **成绩** chéngjì — 명 성적, 점수

0335 **城市** chéngshì — 명 도시

0336 **迟到** chídào — 동 지각하다

0337 **除了** chúle — 개 ~을 제외하고

0338 **船** chuán — 명 배, 선박

0339 **春** chūn — 명 봄

0340 **词典** cídiǎn — 명 사전

0341 **聪明** cōngmíng — 형 똑똑하다, 총명하다

D

0342 **打扫** dǎsǎo — 동 청소하다

0343 **打算** dǎsuàn — 동 ~하려고 하다, 계획하다 / 명 생각, 계획

0344 **带** dài — 동 (몸에) 지니다, 휴대하다

0345 **担心** dānxīn — 동 염려하다, 걱정하다

0346 **蛋糕** dàngāo — 명 케이크

0347 **当然** dāngrán — 부 당연히, 물론

0348 **地** de — 조 ~하게(관형어로 쓰이는 단어나 구 뒤에 사용)

0349 **灯** dēng — 명 등, 램프

0350 **地方** dìfang — 명 장소, 곳, 자리

0351 **地铁** dìtiě — 명 지하철

0352 **地图** dìtú — 명 지도

0353 **电梯** diàntī — 명 엘리베이터

0354 **电子邮件** diànzǐ yóujiàn — 명 이메일

0355 **东** dōng — 명 동쪽

0356 **冬** dōng — 명 겨울

0357 **动物** dòngwù — 명 동물

0358 **短** duǎn — 형 짧다

0359 **段** duàn — 양 단락, 토막

0360 **锻炼** duànliàn — 동 단련하다

0361 **多么** duōme — 부 얼마나, 어느 정도

E

0362 **饿** è — 형 배고프다

0363 **耳朵** ěrduo — 명 귀

X3-03

F

0364	发 fā	동 보내다, 발생하다	
0365	发烧 fāshāo	동 열이 나다	
0366	发现 fāxiàn	동 발견하다, 알아차리다	
0367	方便 fāngbiàn	형 편리하다	
0368	放 fàng	동 놓다, 넣다	
0369	放心 fàngxīn	동 마음을 놓다, 안심하다	
0370	分 fēn	동 나누다, 분배하다 양 10분의 1, 분(시간의 단위)	
0371	附近 fùjìn	명 부근, 근처	
0372	复习 fùxí	동 복습하다	

G

0373	干净 gānjìng	형 깨끗하다, 청결하다
0374	感冒 gǎnmào	동 감기에 걸리다
0375	感兴趣 gǎn xìngqù	관심이 있다, 흥미가 있다
0376	刚才 gāngcái	명 지금 막, 방금
0377	个子 gèzi	명 (사람의) 키, 체격
0378	根据 gēnjù	명 근거 개 ~에 의거하여
0379	跟 gēn	개 ~와
0380	更 gèng	부 더욱, 훨씬
0381	公斤 gōngjīn	양 킬로그램(kg)
0382	公园 gōngyuán	명 공원
0383	故事 gùshi	명 이야기, 옛날 이야기
0384	刮风 guāfēng	동 바람이 불다
0385	关 guān	동 닫다, 끄다
0386	关系 guānxi	명 관계
0387	关心 guānxīn	동 관심을 갖다
0388	关于 guānyú	개 ~에 관하여
0389	国家 guójiā	명 국가, 나라
0390	过 guò	동 지나다, 건너다, 경과하다
0391	过去 guòqù	명 과거

H

0392	还是 háishi	부 여전히, 아직도 접 또는, 아니면
0393	害怕 hàipà	동 겁내다, 무서워하다
0394	黑板 hēibǎn	명 칠판

X3-04

0395	后来	hòulái	명 그 후, 그 다음
0396	护照	hùzhào	명 여권
0397	花	huā	동 쓰다, 소비하다
0398	花	huā	명 꽃
0399	画	huà	동 (그림을) 그리다 명 그림
0400	坏	huài	형 나쁘다
0401	欢迎	huānyíng	동 환영하다, 기쁘게 맞이하다
0402	还	huán	동 갚다, 반납하다
0403	环境	huánjìng	명 환경
0404	换	huàn	동 교환하다, 바꾸다
0405	黄河	Huáng Hé	명 황허(강)
0406	回答	huídá	동 대답하다
0407	会议	huìyì	명 회의
0408	或者	huòzhě	접 ~이던가 아니면 ~이다(선택 관계를 나타냄)
0409	几乎	jīhū	부 거의
0410	机会	jīhuì	명 기회, 시기
0411	极	jí	부 아주, 극히, 매우
0412	记得	jìde	동 기억하고 있다
0413	季节	jìjié	명 계절
0414	检查	jiǎnchá	동 검사하다, 점검하다
0415	简单	jiǎndān	형 간단하다, 단순하다
0416	见面	jiànmiàn	동 만나다, 대면하다
0417	健康	jiànkāng	형 건강하다
0418	讲	jiǎng	동 말하다, 설명하다
0419	教	jiāo	동 가르치다
0420	角	jiǎo	양 귀퉁이, 4분의 1
0421	脚	jiǎo	명 발
0422	接	jiē	동 연결하다, 받다
0423	街道	jiēdào	명 거리, 큰길
0424	节目	jiémù	명 프로그램, 종목
0425	节日	jiérì	명 기념일, 명절
0426	结婚	jiéhūn	동 결혼하다
0427	结束	jiéshù	동 끝나다, 마치다
0428	解决	jiějué	동 해결하다

X3-05

0429 借 jiè — 동 빌리다, 빌려주다

0430 经常 jīngcháng — 부 언제나, 늘

0431 经过 jīngguò — 동 지나다, 경험하다

0432 经理 jīnglǐ — 명 (기업의) 경영 관리 책임자, 사장

0433 久 jiǔ — 형 오래다, 시간이 길다

0434 旧 jiù — 형 낡다, 옛날의

0435 句子 jùzi — 명 문장

0436 决定 juédìng — 동 결정하다

K

0437 可爱 kě'ài — 형 귀엽다, 사랑스럽다

0438 渴 kě — 형 목마르다, 갈증나다

0439 刻 kè — 양 시간에서 '15분'의 양을 나타내는 단위)

0440 客人 kèrén — 명 손님, 방문객

0441 空调 kōngtiáo — 명 에어컨

0442 口 kǒu — 명 입

0443 哭 kū — 동 (소리내어) 울다

0444 裤子 kùzi — 명 바지

0445 筷子 kuàizi — 명 젓가락

L

0446 蓝 lán — 형 남색의, 남빛의

0447 老 lǎo — 형 늙다, 낡은

0448 离开 líkāi — 동 떠나다, 벗어나다

0449 礼物 lǐwù — 명 선물

0450 历史 lìshǐ — 명 역사

0451 脸 liǎn — 명 얼굴

0452 练习 liànxí — 동 연습하다, 익히다 / 명 연습 문제, 숙제

0453 辆 liàng — 양 대, 량(탈 것을 세는 단위)

0454 聊天儿 liáotiānr — 동 한담하다, 잡담하다

0455 了解 liǎojiě — 동 자세하게 알다, 이해하다

0456 邻居 línjū — 명 이웃집, 이웃 사람

0457 留学 liúxué — 동 유학하다

0458 楼 lóu — 명 건물, 빌딩

0459 绿 lǜ — 형 푸르다

X3-06

M

0460	马 mǎ	명 말
0461	马上 mǎshàng	부 곧, 즉시
0462	满意 mǎnyì	동 만족하다
0463	帽子 màozi	명 모자
0464	米 mǐ	양 미터(m)
0465	面包 miànbāo	명 빵
0466	明白 míngbai	동 알다, 이해하다 형 분명하다, 명백하다

N

0467	拿 ná	동 쥐다, 잡다, 가지다
0468	奶奶 nǎinai	명 할머니
0469	南 nán	명 남쪽
0470	难 nán	형 어렵다, 힘들다
0471	难过 nánguò	형 슬프다, 고통스럽다
0472	年级 niánjí	명 학년
0473	年轻 niánqīng	형 젊다, 어리다
0474	鸟 niǎo	명 새
0475	努力 nǔlì	형 노력하다, 열심히 하다

P

0476	爬山 páshān	동 등산하다, 산을 오르다
0477	盘子 pánzi	명 쟁반
0478	胖 pàng	형 뚱뚱하다, 살찌다
0479	皮鞋 píxié	명 가죽 구두
0480	啤酒 píjiǔ	명 맥주
0481	瓶子 píngzi	명 병

Q

0482	其实 qíshí	부 사실은, 실은
0483	其他 qítā	대 기타, 다른 사람(사물), 그 외
0484	奇怪 qíguài	형 기이하다, 이상하다
0485	骑 qí	동 (동물이나 자전거 등에) 타다
0486	起飞 qǐfēi	동 이륙하다
0487	起来 qǐlái	동 일어나다, 일어서다
0488	清楚 qīngchu	형 분명하다, 뚜렷하다

X3-07

0489 **请假** qǐngjià 동 휴가를 신청하다

0490 **秋** qiū 명 가을

0491 **裙子** qúnzi 명 치마

R

0492 **然后** ránhòu 접 그런 후에, 그 다음에

0493 **热情** rèqíng 형 열정적이다, 친절하다

0494 **认为** rènwéi 동 여기다, 생각하다

0495 **认真** rènzhēn 형 진지하다, 착실하다

0496 **容易** róngyì 형 쉽다, 용이하다

0497 **如果** rúguǒ 접 만약 ~라면

S

0498 **伞** sǎn 명 우산

0499 **上网** shàngwǎng 동 인터넷을 하다

0500 **生气** shēngqì 동 화내다, 성나다

0501 **声音** shēngyīn 명 소리, 목소리

0502 **世界** shìjiè 명 세계, 세상

0503 **试** shì 동 시험삼아 해 보다, 시험하다

0504 **瘦** shòu 형 마르다, 여위다

0505 **叔叔** shūshu 명 삼촌, 아저씨

0506 **舒服** shūfu 형 (몸·마음이) 편안하다, 안락하다

0507 **树** shù 명 나무, 수목

0508 **数学** shùxué 명 수학

0509 **刷牙** shuāyá 동 이를 닦다

0510 **双** shuāng 양 짝, 켤레, 쌍(짝을 이룬 물건을 세는 단위)

0511 **水平** shuǐpíng 명 수준, 능력

0512 **司机** sījī 명 운전사, 기관사

T

0513 **太阳** tàiyáng 명 태양, 해

0514 **特别** tèbié 형 특별하다, 특이하다 부 특별히, 아주

0515 **疼** téng 형 아프다

0516 **提高** tígāo 동 향상시키다, 높이다

0517 **体育** tǐyù 명 체육, 스포츠

0518 **甜** tián 형 달다, 달콤하다

X3-08

0519 **条** tiáo — 양 줄기, 가닥(가늘고 긴 것을 세는 단위)

0520 **同事** tóngshì — 명 동료

0521 **同意** tóngyì — 동 동의하다, 찬성하다

0522 **头发** tóufa — 명 머리카락

0523 **突然** tūrán — 형 (상황이) 갑작스럽다, 의외이다

0524 **图书馆** túshūguǎn — 명 도서관

0525 **腿** tuǐ — 명 다리

W

0526 **完成** wánchéng — 동 완성하다, 끝내다

0527 **碗** wǎn — 명 사발, 그릇

0528 **万** wàn — 수 10000, 만

0529 **忘记** wàngjì — 동 잊어버리다

0530 **为** wèi — 개 ~을 위하여, ~에 대해서

0531 **为了** wèile — 개 ~을 위하여

0532 **位** wèi — 양 명, 분(사람을 공손하게 표현하여 세는 단위)

0533 **文化** wénhuà — 명 문화

X

0534 **西** xī — 명 서쪽

0535 **习惯** xíguàn — 동 습관이 되다, 익숙해지다 / 명 습관, 버릇

0536 **洗手间** xǐshǒujiān — 명 화장실

0537 **洗澡** xǐzǎo — 동 샤워하다, 몸을 씻다

0538 **夏** xià — 명 여름

0539 **先** xiān — 부 우선, 먼저

0540 **相信** xiāngxìn — 동 믿다, 신임하다

0541 **香蕉** xiāngjiāo — 명 바나나

0542 **向** xiàng — 개 ~(으)로, ~을 향하여

0543 **像** xiàng — 동 비슷하다, 닮다, ~와 같다

0544 **小心** xiǎoxīn — 동 조심하다, 주의하다 / 형 조심스럽다, 신중하다

0545 **校长** xiàozhǎng — 명 교장

0546 **新闻** xīnwén — 명 뉴스

0547 **新鲜** xīnxiān — 형 신선하다, 싱싱하다

0548 **信用卡** xìnyòngkǎ — 명 신용 카드

0549 **行李箱** xínglixiāng — 명 여행용 가방, 트렁크

0550 **熊猫** xióngmāo — 명 판다

X3-09

0551	需要 xūyào	동 필요하다, 요구되다
0552	选择 xuǎnzé	동 고르다, 선택하다

Y

0553	要求 yāoqiú	동 요구하다, 요망하다 명 요구, 요망
0554	爷爷 yéye	명 할아버지
0555	一般 yìbān	형 보통이다, 일반적이다
0556	一边 yìbiān	부 ~하면서 ~하다
0557	一定 yídìng	형 상당한, 꽤 부 반드시, 필히
0558	一共 yígòng	부 모두, 전부
0559	一会儿 yíhuìr	수량 짧은 순간, 잠깐
0560	一样 yíyàng	형 같다, 동일하다
0561	一直 yìzhí	부 계속, 줄곧
0562	以前 yǐqián	명 이전, 과거
0563	音乐 yīnyuè	명 음악
0564	银行 yínháng	명 은행
0565	饮料 yǐnliào	명 음료
0566	应该 yīnggāi	조동 마땅히 ~해야 한다
0567	影响 yǐngxiǎng	동 영향을 주다(끼치다) 명 영향
0568	用 yòng	동 쓰다, 사용하다
0569	游戏 yóuxì	명 게임, 놀이
0570	有名 yǒumíng	형 유명하다
0571	又 yòu	부 또, 다시
0572	遇到 yùdào	동 만나다, 마주치다
0573	元 yuán	양 위안(중국 화폐 단위)
0574	愿意 yuànyì	동 바라다, 희망하다
0575	月亮 yuèliang	명 달
0576	越 yuè	부 점점 ~하다

Z

0577	站 zhàn	동 서다, 멈추다
0578	张 zhāng	양 장(종이나 가죽 등을 세는 단위)
0579	长 zhǎng	동 자라다, 생기다
0580	着急 zháojí	형 조급해하다, 초조해하다
0581	照顾 zhàogù	동 보살피다, 돌보다
0582	照片 zhàopiàn	명 사진

X3-10

0583	照相机 zhàoxiàngjī	명 사진기
0584	只 zhǐ	부 단지, 다만
0585	只有…才… zhǐyǒu…cái…	접 ~해야만 비로소 ~하다
0586	中间 zhōngjiān	명 중간, 가운데
0587	中文 Zhōngwén	명 중국어, 중문
0588	终于 zhōngyú	부 마침내, 결국
0589	种 zhǒng	양 종류, 부류
0590	重要 zhòngyào	형 중요하다
0591	周末 zhōumò	명 주말
0592	主要 zhǔyào	형 주요한, 주된
0593	注意 zhùyì	동 주의하다, 조심하다
0594	自己 zìjǐ	대 자기, 자신
0595	自行车 zìxíngchē	명 자전거
0596	总是 zǒngshì	부 줄곧, 언제나
0597	嘴 zuǐ	명 입
0598	最后 zuìhòu	명 최후, 끝
0599	最近 zuìjìn	명 최근, 요즈음
0600	作业 zuòyè	명 숙제, 과제

X4-01

A

0601	爱情 àiqíng	명 애정, 남녀 간의 사랑
0602	安排 ānpái	동 안배하다, 일을 처리하다
0603	安全 ānquán	형 안전하다
0604	按时 ànshí	부 제때에, 시간에 맞추어
0605	按照 ànzhào	개 ~에 의해, ~에 따라

B

0606	百分之 bǎifēnzhī	퍼센트(%)
0607	棒 bàng	형 훌륭하다, (수준이) 높다
0608	包子 bāozi	명 (소가 든) 찐빵, 바오쯔
0609	保护 bǎohù	동 보호하다
0610	保证 bǎozhèng	동 보증하다, 담보하다
0611	报名 bàomíng	동 신청하다, 등록하다
0612	抱 bào	동 안다, 둘러싸다
0613	抱歉 bàoqiàn	형 미안해하다, 죄송합니다
0614	倍 bèi	양 배, 배수
0615	本来 běnlái	부 본래, 원래
0616	笨 bèn	형 멍청하다, 우둔하다
0617	比如 bǐrú	동 예를 들어
0618	毕业 bìyè	동 졸업하다
0619	遍 biàn	양 번, 차례
0620	标准 biāozhǔn	명 표준 형 표준의, 표준적이다
0621	表格 biǎogé	명 표, 양식
0622	表示 biǎoshì	동 의미하다, 나타내다
0623	表演 biǎoyǎn	동 공연하다, 연기하다
0624	表扬 biǎoyáng	동 칭찬하다, 표창하다
0625	饼干 bǐnggān	명 비스킷, 과자
0626	并且 bìngqiě	접 게다가, 나아가
0627	博士 bóshì	명 박사(학위)
0628	不得不 bùdébù	어쩔 수 없이
0629	不管 bùguǎn	접 ~을 막론하고, ~에 관계없이
0630	不过 búguò	접 그런데, 하지만
0631	不仅 bùjǐn	접 ~뿐만 아니라
0632	部分 bùfen	명 (전체 중의) 부분, 일부분

X4-02

C

0633	擦	cā	동 닦다
0634	猜	cāi	동 추측하다, 알아맞히다
0635	材料	cáiliào	명 재료, 자료
0636	参观	cānguān	동 참관하다, 견학하다
0637	餐厅	cāntīng	명 식당
0638	厕所	cèsuǒ	명 화장실, 변소
0639	差不多	chàbuduō	형 비슷하다, 큰 차이가 없다 부 거의, 대체로
0640	长城	Chángchéng	명 만리장성
0641	长江	Cháng Jiāng	명 장강(양쯔강)
0642	场	chǎng	양 회, 번, 차례
0643	超过	chāoguò	동 초과하다, 추월하다
0644	成功	chénggōng	동 성공하다, 이루다 형 성공적이다
0645	成为	chéngwéi	동 ~이 되다, ~으로 되다
0646	诚实	chéngshí	형 진실하다, 성실하다
0647	乘坐	chéngzuò	동 (자동차·배·비행기 등을) 타다
0648	吃惊	chījīng	동 놀라다
0649	重新	chóngxīn	부 다시, 재차
0650	抽烟	chōuyān	동 담배를 피우다, 흡연하다
0651	出差	chūchāi	동 출장 가다
0652	出发	chūfā	동 출발하다, 떠나다
0653	出生	chūshēng	동 출생하다, 태어나다
0654	出现	chūxiàn	동 출현하다, 나타나다
0655	厨房	chúfáng	명 주방
0656	传真	chuánzhēn	명 팩스
0657	窗户	chuānghu	명 창문
0658	词语	cíyǔ	명 단어
0659	从来	cónglái	부 지금까지, 여태껏
0660	粗心	cūxīn	형 세심하지 못하다, 소홀하다
0661	存	cún	동 생존하다, 존재하다
0662	错误	cuòwù	명 착오, 잘못 형 부정확하다, 잘못되다

D

0663	答案	dá'àn	명 답안, 답
0664	打扮	dǎban	동 화장하다, 치장하다
0665	打扰	dǎrǎo	동 방해하다, 지장을 주다

X4-03

0666	打印 dǎyìn	동 인쇄하다, 프린트하다
0667	打招呼 dǎ zhāohu	동 인사하다
0668	打折 dǎzhé	동 가격을 깎다
0669	打针 dǎzhēn	동 주사를 맞다
0670	大概 dàgài	부 아마도, 대개
0671	大使馆 dàshǐguǎn	명 대사관
0672	大约 dàyuē	부 대개는, 대략
0673	大夫 dàifu	명 의사
0674	戴 dài	동 (신체에) 착용하다, 쓰다
0675	当 dāng	개 바로 그 때, 바로 거기
0676	当时 dāngshí	명 당시, 그 때
0677	刀 dāo	명 칼
0678	导游 dǎoyóu	명 관광 안내원, 가이드
0679	到处 dàochù	부 도처에, 곳곳에
0680	到底 dàodǐ	부 도대체
0681	倒 dào	동 넘어지다, 쓰러지다
0682	道歉 dàoqiàn	동 사과하다, 사죄하다
0683	得意 déyì	형 대단히 만족하다
0684	得 děi	조동 ~해야 한다
0685	登机牌 dēngjīpái	명 탑승권
0686	等 děng	조 등, 따위(그 밖에도 같은 것이 더 있음을 나타냄)
0687	低 dī	형 낮다
0688	底 dǐ	명 밑, 바닥
0689	地点 dìdiǎn	명 지점, 장소, 위치
0690	地球 dìqiú	명 지구
0691	地址 dìzhǐ	명 주소, 소재지
0692	调查 diàochá	동 조사하다
0693	掉 diào	동 떨어지다, 떨어뜨리다
0694	丢 diū	동 잃다, 잃어버리다
0695	动作 dòngzuò	명 동작, 행동
0696	堵车 dǔchē	동 교통이 꽉 막히다
0697	肚子 dùzi	명 배, 복부
0698	短信 duǎnxìn	명 문자 메시지
0699	对话 duìhuà	동 대화하다
0700	对面 duìmiàn	명 맞은편, 건너편
0701	对于 duìyú	개 ~에 대해서

X4-04

E

0702 **儿童** értóng — 명 아동, 어린이

0703 **而** ér — 접 ~하고도, 그리고

F

0704 **发生** fāshēng — 동 생기다, 발생하다

0705 **发展** fāzhǎn — 동 발전하다

0706 **法律** fǎlǜ — 명 법률

0707 **翻译** fānyì — 동 번역하다, 통역하다 / 명 번역자, 통역원

0708 **烦恼** fánnǎo — 형 번뇌하다, 걱정하다

0709 **反对** fǎnduì — 동 반대하다

0710 **方法** fāngfǎ — 명 방법, 수단

0711 **方面** fāngmiàn — 명 방면, 분야

0712 **方式** fāngshì — 명 방식, 방법

0713 **方向** fāngxiàng — 명 방향

0714 **房东** fángdōng — 명 집주인

0715 **放弃** fàngqì — 동 포기하다

0716 **放暑假** fàng shǔjià — 여름방학을 하다

0717 **放松** fàngsōng — 동 늦추다, 정신적 긴장을 풀다

0718 **份** fèn — 양 부, 통, 권(신문·잡지·문건 등을 세는 단위)

0719 **丰富** fēngfù — 형 많다, 풍부하다

0720 **否则** fǒuzé — 접 만약 그렇지 않으면

0721 **符合** fúhé — 동 부합하다, 일치하다

0722 **父亲** fùqīn — 명 부친, 아버지

0723 **付款** fùkuǎn — 동 돈을 지불하다

0724 **负责** fùzé — 동 책임지다

0725 **复印** fùyìn — 동 복사하다

0726 **复杂** fùzá — 형 복잡하다

0727 **富** fù — 형 풍부하다, 부유하다

G

0728 **改变** gǎibiàn — 동 변하다, 바뀌다

0729 **干杯** gānbēi — 동 건배하다

0730 **赶** gǎn — 동 뒤쫓다, 따라가다

0731 **敢** gǎn — 조동 과감하게 ~하다

0732 **感动** gǎndòng — 동 감동하다

X4-05

0733	感觉 gǎnjué	동 느끼다, 여기다
0734	感情 gǎnqíng	명 감정
0735	感谢 gǎnxiè	동 고맙다, 감사하다
0736	干 gàn	동 (어떤 일을) 하다
0737	刚 gāng	부 방금, 막, 바로
0738	高速公路 gāosù gōnglù	명 고속도로
0739	胳膊 gēbo	명 팔
0740	各 gè	대 각, 여러
0741	工资 gōngzī	명 월급, 임금
0742	公里 gōnglǐ	양 킬로미터(km)
0743	功夫 gōngfu	명 재주, 솜씨
0744	共同 gòngtóng	형 공동의, 공통의
0745	购物 gòuwù	동 물품을 구입하다
0746	够 gòu	동 충분하다, 만족시키다
0747	估计 gūjì	동 추측하다, 짐작하다
0748	鼓励 gǔlì	동 격려하다, (용기를) 북돋우다
0749	故意 gùyì	부 고의로, 일부러
0750	顾客 gùkè	명 고객, 손님
0751	挂 guà	동 붙어 있다, 걸다
0752	关键 guānjiàn	명 관건, 키포인트
0753	观众 guānzhòng	명 관중, 구경꾼
0754	管理 guǎnlǐ	동 관리하다
0755	光 guāng	형 하나도 남아 있지 않다 부 단지, 오로지
0756	广播 guǎngbō	명 방송 프로그램
0757	广告 guǎnggào	명 광고
0758	逛 guàng	동 돌아다니다, 구경하다
0759	规定 guīdìng	명 규정, 규칙
0760	国籍 guójí	명 국적
0761	国际 guójì	형 국제의, 국제적인
0762	果汁 guǒzhī	명 과일 주스
0763	过程 guòchéng	명 과정

H

0764	海洋 hǎiyáng	명 해양, 바다
0765	害羞 hàixiū	형 부끄러워하다, 수줍어하다
0766	寒假 hánjià	명 겨울 방학

X4-06

0767	汗	hàn	명 땀
0768	航班	hángbān	명 항공편
0769	好处	hǎochù	명 이로운 점, 장점
0770	好像	hǎoxiàng	부 마치 ~와 같다
0771	号码	hàomǎ	명 번호, 숫자
0772	合格	hégé	형 규격에 맞다, 합격이다
0773	合适	héshì	형 적합하다, 알맞다
0774	盒子	hézi	명 작은 상자
0775	后悔	hòuhuǐ	동 후회하다, 뉘우치다
0776	厚	hòu	형 두껍다, 두텁다
0777	互联网	hùliánwǎng	명 인터넷
0778	互相	hùxiāng	부 서로, 상호
0779	护士	hùshi	명 간호사
0780	怀疑	huáiyí	동 의심하다, 의심을 품다
0781	回忆	huíyì	동 회상하다, 추억하다
0782	活动	huódòng	동 활동하다 명 활동
0783	活泼	huópō	형 활발하다, 활기차다
0784	火	huǒ	명 불, 화염
0785	获得	huòdé	동 얻다, 획득하다

J

0786	积极	jījí	형 적극적이다, 열성적이다
0787	积累	jīlěi	동 쌓이다, 누적되다
0788	基础	jīchǔ	명 기초, 토대
0789	激动	jīdòng	형 충동적이다
0790	及时	jíshí	형 시기 적절하다, 때가 맞다 부 즉시, 곧바로
0791	即使	jíshǐ	접 설령 ~할지라도
0792	计划	jìhuà	동 계획하다 명 계획
0793	记者	jìzhě	명 기자
0794	技术	jìshù	명 기술
0795	既然	jìrán	접 ~된 바에야
0796	继续	jìxù	동 계속하다, 끊임없이 하다
0797	寄	jì	동 (우편으로) 부치다, 보내다
0798	加班	jiābān	동 야근하다, 초과 근무를 하다
0799	加油站	jiāyóuzhàn	명 주유소
0800	家具	jiājù	명 가구

X4-07

0801	假 jiǎ	형 거짓의, 가짜의
0802	价格 jiàgé	명 가격, 값
0803	坚持 jiānchí	동 견지하다, 유지하다
0804	减肥 jiǎnféi	동 살을 빼다, 감량하다
0805	减少 jiǎnshǎo	동 감소하다, 줄이다
0806	建议 jiànyì	동 제안하다, 건의하다 명 제안, 제의
0807	将来 jiānglái	명 장래, 미래
0808	奖金 jiǎngjīn	명 상금, 장려금
0809	降低 jiàngdī	동 내리다, 인하하다
0810	降落 jiàngluò	동 착륙하다, 내려오다
0811	交 jiāo	동 왕래하다, 사귀다
0812	交流 jiāoliú	동 서로 소통하다, 교류하다
0813	交通 jiāotōng	명 교통
0814	郊区 jiāoqū	명 (도시의) 변두리, 교외
0815	骄傲 jiāo'ào	형 오만하다, 거만하다
0816	饺子 jiǎozi	명 만두, 교자
0817	教授 jiàoshòu	명 교수
0818	教育 jiàoyù	동 교육하다, 양성하다 명 교육
0819	接受 jiēshòu	동 받아들이다, 받다
0820	接着 jiēzhe	부 이어서, 잇따라
0821	节 jié	양 마디(단계별로 나누어진 것 중의 한 부분을 세는 단위)
0822	节约 jiéyuē	동 절약하다, 줄이다
0823	结果 jiéguǒ	명 결과, 결실
0824	解释 jiěshì	동 설명하다, 해명하다
0825	尽管 jǐnguǎn	접 비록 ~라 하더라도
0826	紧张 jǐnzhāng	형 긴장하다, 불안하다
0827	进行 jìnxíng	동 앞으로 나아가다, 진행하다
0828	禁止 jìnzhǐ	동 금지하다, 불허하다
0829	京剧 jīngjù	명 경극
0830	经济 jīngjì	명 경제
0831	经历 jīnglì	동 몸소 겪다, 경험하다 명 경험, 경력
0832	经验 jīngyàn	명 경험, 체험
0833	精彩 jīngcǎi	형 뛰어나다, 훌륭하다
0834	景色 jǐngsè	명 풍경, 경치
0835	警察 jǐngchá	명 경찰
0836	竞争 jìngzhēng	동 경쟁하다

X4-08

0837 **竟然** jìngrán — 부 뜻밖에도, 의외로

0838 **镜子** jìngzi — 명 거울

0839 **究竟** jiūjìng — 부 도대체

0840 **举** jǔ — 동 들다, 들어올리다

0841 **举办** jǔbàn — 동 거행하다, 개최하다

0842 **举行** jǔxíng — 동 거행하다

0843 **拒绝** jùjué — 동 거절하다, 거부하다

0844 **距离** jùlí — 동 (~로부터) 떨어지다, 사이를 두다 명 거리, 간격

0845 **聚会** jùhuì — 명 모임, 집회

K

0846 **开玩笑** kāi wánxiào — 농담하다, 놀리다

0847 **开心** kāixīn — 형 기쁘다, 즐겁다

0848 **看法** kànfǎ — 명 견해

0849 **考虑** kǎolǜ — 동 고려하다, 생각하다

0850 **烤鸭** kǎoyā — 명 오리구이

0851 **科学** kēxué — 명 과학

0852 **棵** kē — 양 그루, 포기(식물을 세는 단위)

0853 **咳嗽** késou — 동 기침하다

0854 **可怜** kělián — 형 가련하다, 불쌍하다

0855 **可是** kěshì — 접 그러나, 하지만

0856 **可惜** kěxī — 형 아쉽다, 아깝다

0857 **客厅** kètīng — 명 객실, 응접실

0858 **肯定** kěndìng — 형 확실하다, 분명하다 / 부 확실히, 틀림없이

0859 **空** kōng — 형 (속이) 비다, 쓸데없다

0860 **空气** kōngqì — 명 공기

0861 **恐怕** kǒngpà — 부 아마 ~일 것이다

0862 **苦** kǔ — 형 맛이 쓰다

0863 **矿泉水** kuàngquánshuǐ — 명 생수

0864 **困** kùn — 형 졸리다

0865 **困难** kùnnan — 명 빈곤, 곤란 / 형 빈곤하다, 어렵다

L

0866 **垃圾桶** lājītǒng — 명 쓰레기통

0867 **拉** lā — 동 끌다, 당기다

0868 **辣** là — 형 맵다, 얼얼하다

X4-09

0869 **来不及** láibují
동 제시간에 댈 수 없다

0870 **来得及** láidejí
동 늦지 않다

0871 **来自** láizì
동 ~로부터 오다, ~에서 생겨나다

0872 **懒** lǎn
형 게으르다, 나태하다

0873 **浪费** làngfèi
동 낭비하다, 허비하다

0874 **浪漫** làngmàn
형 낭만적이다, 로맨틱하다

0875 **老虎** lǎohǔ
명 호랑이

0876 **冷静** lěngjìng
형 냉정하다, 침착하다

0877 **礼拜天** lǐbàitiān
명 일요일

0878 **礼貌** lǐmào
명 예의

0879 **理发** lǐfà
동 이발하다, 머리를 깎다

0880 **理解** lǐjiě
동 알다, 이해하다

0881 **理想** lǐxiǎng
명 이상, 꿈

0882 **力气** lìqi
명 힘, 역량

0883 **厉害** lìhai
형 대단하다, 심하다

0884 **例如** lìrú
동 예를 들면

0885 **俩** liǎ
수량 두 개, 두 사람

0886 **连** lián
개 ~조차도, ~마저도

0887 **联系** liánxì
동 연락하다, 연결하다

0888 **凉快** liángkuai
형 시원하다, 서늘하다

0889 **零钱** língqián
명 잔돈, 푼돈

0890 **另外** lìngwài
대 다른(그 외의) 사람이나 사물
접 이 외에, 이 밖에

0891 **留** liú
동 보관하다, 머무르다, 남기다

0892 **流利** liúlì
형 유창하다, 막힘이 없다

0893 **流行** liúxíng
동 유행하다, 성행하다

0894 **旅行** lǚxíng
동 여행하다

0895 **律师** lǜshī
명 변호사

0896 **乱** luàn
형 어지럽다, 무질서하다

M

0897 **麻烦** máfan
동 귀찮게하다, 폐를 끼치다
명 말썽, 골칫거리

0898 **马虎** mǎhu
형 대강하다, 조심성이 없다

0899 **满** mǎn
형 가득차다

0900 **毛** máo
양 마오(중국의 화폐 단위로 1위안(元)의 1/10)

0901 **毛巾** máojīn
명 수건, 타월

0902 **美丽** měilì
형 아름답다, 예쁘다

X4-10

0903 **梦** mèng — 명 꿈

0904 **迷路** mílù — 동 길을 잃다

0905 **密码** mìmǎ — 명 비밀번호

0906 **免费** miǎnfèi — 동 돈을 받지 않다, 무료로 하다

0907 **秒** miǎo — 양 초(시간의 단위)

0908 **民族** mínzú — 명 민족

0909 **母亲** mǔqīn — 명 모친, 어머니

0910 **目的** mùdì — 명 목적

N

0911 **耐心** nàixīn — 형 참을성이 있다, 인내심이 강하다

0912 **难道** nándào — 부 설마 ~란 말인가?

0913 **难受** nánshòu — 형 견딜 수 없다, 괴롭다

0914 **内** nèi — 명 안, 속, 내부

0915 **内容** nèiróng — 명 내용

0916 **能力** nénglì — 명 능력

0917 **年龄** niánlíng — 명 연령, 나이

0918 **弄** nòng — 동 하다, 행하다

0919 **暖和** nuǎnhuo — 형 따뜻하다, 따사롭다

O

0920 **偶尔** ǒu'ěr — 부 때때로, 이따금

P

0921 **排队** páiduì — 동 순서대로 정렬하다, 줄을 서다

0922 **排列** páiliè — 동 배열하다, 정렬하다

0923 **判断** pànduàn — 동 판단하다, 판정하다

0924 **陪** péi — 동 모시다, 동반하다

0925 **批评** pīpíng — 동 비평하다, 비판하다

0926 **皮肤** pífū — 명 피부

0927 **脾气** píqi — 명 성격, 성질, 성미

0928 **篇** piān — 양 편, 장(문장·종이 등을 세는 단위)

0929 **骗** piàn — 동 속이다, 기만하다

0930 **乒乓球** pīngpāngqiú — 명 탁구

0931 **平时** píngshí — 명 평소, 평상시

0932 **破** pò — 형 파손된, 깨진, 낡은

X4-11

0933	葡萄 pútao	명 포도
0934	普遍 pǔbiàn	형 보편적인, 일반적인
0935	普通话 pǔtōnghuà	명 현대 중국 표준어

Q

0936	其次 qícì	대 그 다음
0937	其中 qízhōng	명 그 중에, 그 안에
0938	气候 qìhòu	명 기후
0939	千万 qiānwàn	부 부디, 제발, 반드시
0940	签证 qiānzhèng	명 비자, 사증
0941	敲 qiāo	동 치다, 두드리다
0942	桥 qiáo	명 다리, 교량
0943	巧克力 qiǎokèlì	명 초콜릿
0944	亲戚 qīnqi	명 친척
0945	轻 qīng	형 가볍다
0946	轻松 qīngsōng	형 수월하다, 부담이 없다
0947	情况 qíngkuàng	명 상황, 정황
0948	穷 qióng	형 빈곤하다, 궁하다
0949	区别 qūbié	명 구별, 차이
0950	取 qǔ	동 가지다, 취하다, 찾다
0951	全部 quánbù	명 전부, 전체
0952	缺点 quēdiǎn	명 단점, 부족한 점
0953	缺少 quēshǎo	동 부족하다, 모자라다
0954	却 què	부 도리어, 오히려
0955	确实 quèshí	부 절대로, 확실히, 틀림없이

R

0956	然而 rán'ér	접 그러나, 하지만
0957	热闹 rènao	형 번화하다, 시끌벅적하다
0958	任何 rènhé	대 어떠한, 무슨
0959	任务 rènwu	명 임무
0960	扔 rēng	동 던지다, 내버리다
0961	仍然 réngrán	부 변함없이, 여전히
0962	日记 rìjì	명 일기, 일지
0963	入口 rùkǒu	명 입구

X4-12

S

0964	散步	sànbù	동 산책하다, 산보하다
0965	森林	sēnlín	명 숲, 산림
0966	沙发	shāfā	명 소파
0967	伤心	shāngxīn	형 상심하다, 슬퍼하다
0968	商量	shāngliang	동 상의하다, 의논하다
0969	稍微	shāowēi	부 조금, 다소
0970	勺子	sháozi	명 국자, 수저
0971	社会	shèhuì	명 사회
0972	申请	shēnqǐng	동 신청하다
0973	深	shēn	형 깊다
0974	甚至	shènzhì	접 ~까지도, ~조차도
0975	生活	shēnghuó	동 생활하다 명 생활
0976	生命	shēngmìng	명 생명, 목숨
0977	生意	shēngyi	명 장사, 영업
0978	省	shěng	명 성(중국의 행정구역)
0979	剩	shèng	동 남다, 남기다
0980	失败	shībài	동 실패하다, 패배하다
0981	失望	shīwàng	형 낙담하다
0982	师傅	shīfu	명 기사님, 선생님(기예·기능을 가진 사람에 대한 존칭)
0983	十分	shífēn	부 아주, 대단히
0984	实际	shíjì	형 실제적이다, 구체적이다
0985	实在	shízài	부 확실히, 참으로
0986	使	shǐ	동 ~에게 ~하게 하다
0987	使用	shǐyòng	동 사용하다, 쓰다
0988	世纪	shìjì	명 세기
0989	是否	shìfǒu	부 ~인지 아닌지
0990	适合	shìhé	동 적절하다, 적합하다
0991	适应	shìyìng	동 적응하다
0992	收	shōu	동 받다, 용납하다
0993	收入	shōurù	명 수입, 소득
0994	收拾	shōushi	동 정돈하다, 수습하다
0995	首都	shǒudū	명 수도
0996	首先	shǒuxiān	대 첫째로, 먼저
0997	受不了	shòubuliǎo	견딜 수 없다, 참을 수 없다
0998	受到	shòudào	동 얻다, 받다

X4-13

0999	售货员 shòuhuòyuán	명 판매원, 점원
1000	输 shū	동 패하다, 운송하다
1001	熟悉 shúxī	동 숙지하다, 충분히 알다
1002	数量 shùliàng	명 수량, 양
1003	数字 shùzì	명 숫자
1004	帅 shuài	형 잘생기다, 멋지다
1005	顺便 shùnbiàn	부 ~하는 김에, 겸사겸사
1006	顺利 shùnlì	형 순조롭다, 일이 잘 되어가다
1007	顺序 shùnxù	명 순서, 차례
1008	说明 shuōmíng	동 설명하다, 해설하다 명 설명, 해설
1009	硕士 shuòshì	명 석사
1010	死 sǐ	동 죽다, 생명을 잃다
1011	速度 sùdù	명 속도
1012	塑料袋 sùliàodài	명 비닐봉지
1013	酸 suān	형 시큼하다, 시다
1014	随便 suíbiàn	형 무책임하다, 제멋대로이다
1015	随着 suízhe	개 ~에 따르다, ~따라서
1016	孙子 sūnzi	명 손자
1017	所有 suǒyǒu	형 모든, 전부의

T

1018	台 tái	양 대(기계·차량·설비 등을 세는 단위)
1019	抬 tái	동 (두 사람 이상이) 맞들다, 함께 들다
1020	态度 tàidu	명 태도
1021	谈 tán	동 말하다, 이야기하다
1022	弹钢琴 tán gāngqín	피아노를 치다
1023	汤 tāng	명 탕, 국
1024	糖 táng	명 설탕, 사탕
1025	躺 tǎng	동 눕다, 드러눕다
1026	趟 tàng	양 차례, 번(왕래한 횟수를 세는 데 쓰임)
1027	讨论 tǎolùn	동 토론하다
1028	讨厌 tǎoyàn	동 싫어하다, 미워하다
1029	特点 tèdiǎn	명 특징, 특색
1030	提 tí	동 끌어올리다, 들다(쥐다), 제시하다
1031	提供 tígōng	동 제공하다, 공급하다
1032	提前 tíqián	동 (예정된 시간·위치를) 앞당기다

X4-14

1033 **提醒** tíxǐng — 동 일깨우다, 주의를 환기시키다

1034 **填空** tiánkòng — 동 빈 자리를 메우다, 괄호를 채우다

1035 **条件** tiáojiàn — 명 조건

1036 **停** tíng — 동 정지하다, 멈추다

1037 **挺** tǐng — 부 매우, 아주

1038 **通过** tōngguò — 동 통과하다 / 개 ~을 거쳐, ~를 통해

1039 **通知** tōngzhī — 동 통지하다, 알리다 / 명 통지, 통지서

1040 **同情** tóngqíng — 동 동정하다

1041 **同时** tóngshí — 접 그리고, 또한, 게다가

1042 **推** tuī — 동 밀다

1043 **推迟** tuīchí — 동 늦추다, 연기하다

1044 **脱** tuō — 동 벗다

W

1045 **袜子** wàzi — 명 양말, 스타킹

1046 **完全** wánquán — 부 완전히, 전부

1047 **网球** wǎngqiú — 명 테니스

1048 **网站** wǎngzhàn — 명 웹사이트

1049 **往往** wǎngwǎng — 부 자주, 종종

1050 **危险** wēixiǎn — 형 위험하다

1051 **卫生间** wèishēngjiān — 명 화장실

1052 **味道** wèidào — 명 맛

1053 **温度** wēndù — 명 온도

1054 **文章** wénzhāng — 명 문장, 독립된 한 편의 글

1055 **污染** wūrǎn — 동 오염되다, 오염시키다

1056 **无** wú — 동 없다

1057 **无聊** wúliáo — 형 무료하다, 따분하다

1058 **无论** wúlùn — 접 ~을 막론하고, ~에 관계 없이

1059 **误会** wùhuì — 동 오해하다 / 명 오해

X

1060 **西红柿** xīhóngshì — 명 토마토

1061 **吸引** xīyǐn — 동 끌어당기다, 매료(매혹)시키다

1062 **咸** xián — 형 (맛이) 짜다

1063 **现金** xiànjīn — 명 현금

1064 **羡慕** xiànmù — 동 흠모하다, 부러워하다

X4-15

1065	相反 xiāngfǎn	형 상반되다 접 반대로, 도리어	
1066	相同 xiāngtóng	형 서로 같다, 똑같다	
1067	香 xiāng	형 향기롭다	
1068	详细 xiángxì	형 상세하다, 자세하다	
1069	响 xiǎng	동 소리가 나다, 울리다	
1070	橡皮 xiàngpí	명 지우개	
1071	消息 xiāoxi	명 소식, 정보	
1072	小吃 xiǎochī	명 간단한 먹을거리, 간식	
1073	小伙子 xiǎohuǒzi	명 젊은이, 청년	
1074	小说 xiǎoshuō	명 소설	
1075	笑话 xiàohua	명 우스갯소리, 농담	
1076	效果 xiàoguǒ	명 효과	
1077	心情 xīnqíng	명 심정, 감정, 기분	
1078	辛苦 xīnkǔ	형 고생스럽다, 수고롭다	
1079	信封 xìnfēng	명 편지 봉투	
1080	信息 xìnxī	명 소식, 정보	
1081	信心 xìnxīn	명 자신(감), 확신, 신념	
1082	兴奋 xīngfèn	형 흥분하다, 격동하다	

1083	行 xíng	동 걷다, 가다 형 유능하다, 대단하다
1084	醒 xǐng	동 깨다, 깨어나다
1085	幸福 xìngfú	명 행복 형 행복하다
1086	性别 xìngbié	명 성별
1087	性格 xìnggé	명 성격
1088	修理 xiūlǐ	동 수리하다, 수선하다
1089	许多 xǔduō	수 매우 많다
1090	学期 xuéqī	명 학기

Y

1091	压力 yālì	명 스트레스, 압력
1092	牙膏 yágāo	명 치약
1093	亚洲 Yàzhōu	명 아시아
1094	呀 ya	조 문장 끝에 쓰여 놀람·유감을 나타냄
1095	严格 yángé	형 엄격하다, 엄하다
1096	严重 yánzhòng	형 심각하다, 중대하다
1097	研究 yánjiū	동 연구하다, 탐구하다
1098	盐 yán	명 소금

X4-16

1099 **眼镜** yǎnjìng — 명 안경

1100 **演出** yǎnchū — 동 공연하다

1101 **演员** yǎnyuán — 명 배우, 연기자

1102 **阳光** yángguāng — 명 햇빛, 양광

1103 **养成** yǎngchéng — 동 습관이 되다, 길러지다

1104 **样子** yàngzi — 명 모양, 모습

1105 **邀请** yāoqǐng — 동 초청하다, 초대하다

1106 **要是** yàoshi — 접 만약 ~이라면

1107 **钥匙** yàoshi — 명 열쇠

1108 **也许** yěxǔ — 부 어쩌면, 아마도

1109 **叶子** yèzi — 명 잎, 잎사귀

1110 **页** yè — 양 면, 쪽, 페이지

1111 **一切** yíqiè — 대 일체, 전부

1112 **以** yǐ — 개 ~으로써, ~을 가지고

1113 **以为** yǐwéi — 동 여기다, 생각하다

1114 **艺术** yìshù — 명 예술

1115 **意见** yìjiàn — 명 견해, 의견

1116 **因此** yīncǐ — 접 이로 인하여, 그래서

1117 **引起** yǐnqǐ — 동 (주의를) 끌다, 야기하다

1118 **印象** yìnxiàng — 명 인상

1119 **赢** yíng — 동 이기다, 승리하다

1120 **应聘** yìngpìn — 동 초빙에 응하다, 지원하다

1121 **永远** yǒngyuǎn — 부 영원히, 항상

1122 **勇敢** yǒnggǎn — 형 용감하다

1123 **优点** yōudiǎn — 명 장점, 우수한 점

1124 **优秀** yōuxiù — 형 아주 뛰어나다, 우수하다

1125 **幽默** yōumò — 형 유머러스한

1126 **尤其** yóuqí — 부 더욱이, 특히

1127 **由** yóu — 개 ~이, ~에서, ~로부터

1128 **由于** yóuyú — 접 ~로 인해 ~하다 / 개 ~때문에, ~(으)로 인하여

1129 **邮局** yóujú — 명 우체국

1130 **友好** yǒuhǎo — 형 우호적이다

1131 **友谊** yǒuyì — 명 우정, 우의

1132 **有趣** yǒuqù — 형 재미있다, 흥미가 있다

1133 **于是** yúshì — 접 그래서, 이 때문에

1134 **愉快** yúkuài — 형 기쁘다, 유쾌하다, 즐겁다

X4-17

1135	与	yǔ	접 ~와, ~거나 개 ~와, ~함께
1136	羽毛球	yǔmáoqiú	명 배드민턴
1137	语法	yǔfǎ	명 어법
1138	语言	yǔyán	명 언어
1139	预习	yùxí	동 예습하다
1140	原来	yuánlái	형 원래의, 본래의 부 원래, 알고 보니
1141	原谅	yuánliàng	동 용서하다, 양해하다
1142	原因	yuányīn	명 원인
1143	约会	yuēhuì	명 약속
1144	阅读	yuèdú	동 열독하다, (책이나 신문을) 보다
1145	云	yún	명 구름
1146	允许	yǔnxǔ	동 허락하다, 허가하다

Z

1147	杂志	zázhì	명 잡지
1148	咱们	zánmen	대 우리들
1149	暂时	zànshí	명 잠깐, 잠시, 일시
1150	脏	zāng	형 더럽다, 지저분하다
1151	责任	zérèn	명 책임
1152	增加	zēngjiā	동 증가하다, 더하다
1153	占线	zhànxiàn	동 통화 중이다
1154	招聘	zhāopìn	동 모집하다, 채용하다
1155	照	zhào	동 비추다, 비치다
1156	真正	zhēnzhèng	형 진정한, 참된
1157	整理	zhěnglǐ	동 정리하다
1158	正常	zhèngcháng	형 정상적인
1159	正好	zhènghǎo	형 딱맞다, 꼭 맞다 부 마침
1160	正确	zhèngquè	형 정확하다, 올바르다
1161	正式	zhèngshì	형 정식의, 공식의
1162	证明	zhèngmíng	동 증명하다 명 증명서
1163	之	zhī	조 ~의, ~한, ~은
1164	支持	zhīchí	동 지지하다
1165	知识	zhīshi	명 지식
1166	直接	zhíjiē	형 직접적인
1167	值得	zhídé	동 ~할 만하다, ~할 만한 가치가 있다
1168	职业	zhíyè	명 직업

X4-18

1169	植物 zhíwù	명 식물
1170	只好 zhǐhǎo	부 부득이, 어쩔 수 없이
1171	只要 zhǐyào	접 ~하기만 하면
1172	指 zhǐ	동 가리키다, 지시하다
1173	至少 zhìshǎo	부 적어도, 최소한
1174	质量 zhìliàng	명 질, 품질
1175	重 zhòng	형 무겁다, 비중이 크다
1176	重点 zhòngdiǎn	명 중점, 중요한 점
1177	重视 zhòngshì	동 중시하다, 중요시하다
1178	周围 zhōuwéi	명 주위, 주변
1179	主意 zhǔyi	명 방법, 아이디어
1180	祝贺 zhùhè	동 축하하다
1181	著名 zhùmíng	형 저명하다, 유명하다
1182	专门 zhuānmén	부 특별히, 일부러
1183	专业 zhuānyè	명 전공
1184	转 zhuǎn	동 (방향·상황 등이) 바뀌다, 전환하다
1185	赚 zhuàn	동 (돈을) 벌다
1186	准确 zhǔnquè	형 확실하다, 정확하다
1187	准时 zhǔnshí	형 정시에, 제때에
1188	仔细 zǐxì	형 세심하다, 꼼꼼하다
1189	自然 zìrán	명 자연 부 자연히, 당연히
1190	自信 zìxìn	형 자신만만하다, 자신감 있다
1191	总结 zǒngjié	동 총결산하다, 총괄하다 명 총결산, 총괄
1192	租 zū	동 임차하다, 임대하다
1193	最好 zuìhǎo	부 제일 좋기로는
1194	尊重 zūnzhòng	동 존중하다, 중시하다
1195	左右 zuǒyòu	명 가량, 쯤, 왼쪽과 오른쪽
1196	作家 zuòjiā	명 작가
1197	作用 zuòyòng	명 작용, 효과
1198	作者 zuòzhě	명 지은이, 저자
1199	座 zuò	양 좌, 동, 채(부피가 크거나 고정된 물체를 세는 단위)
1200	座位 zuòwèi	명 좌석

X5-01

A

1201	哎 āi	감 어!, 야!(놀람 · 반가움 · 불만 등을 나타냄)
1202	唉 āi	감 후, 에그(애석함 · 안타까움 등을 나타냄)
1203	爱护 àihù	동 소중히 하다, 사랑하고 보호하다
1204	爱惜 àixī	동 아끼다, 소중히 여기다
1205	爱心 àixīn	명 관심과 사랑, 사랑하는 마음
1206	安慰 ānwèi	동 위로하다, 안위하다
1207	安装 ānzhuāng	동 설치하다, 고정하다, 장착하다
1208	岸 àn	명 물가, 해안
1209	暗 àn	형 어둡다
1210	熬夜 áoyè	동 밤새다, 철야하다

B

1211	把握 bǎwò	동 파악하다, (꽉 움켜) 쥐다 명 가망, 자신
1212	摆 bǎi	동 놓다, 배치하다, 흔들다
1213	办理 bànlǐ	동 처리하다, 취급하다, (수속을) 밟다
1214	傍晚 bàngwǎn	명 저녁 무렵
1215	包裹 bāoguǒ	명 소포, 보따리
1216	包含 bāohán	동 포함하다
1217	包括 bāokuò	동 포함하다, 포괄하다
1218	薄 báo	형 엷다, 얇다
1219	宝贝 bǎobèi	명 귀염둥이, 귀여운 아이
1220	宝贵 bǎoguì	형 진귀한, 귀중한, 소중한
1221	保持 bǎochí	동 유지하다, 지키다
1222	保存 bǎocún	동 보존하다, 간수하다
1223	保留 bǎoliú	동 보존하다, 유지하다
1224	保险 bǎoxiǎn	명 보험
1225	报到 bàodào	동 도착하였음을 보고하다
1226	报道 bàodào	동 (뉴스 등을) 보도하다
1227	报告 bàogào	명 보고, 보고서, 리포트
1228	报社 bàoshè	명 신문사
1229	抱怨 bàoyuàn	동 원망하다
1230	背 bēi	동 외우다, 암기하다
1231	悲观 bēiguān	형 비관하다, 비관적이다
1232	背景 bèijǐng	명 배경
1233	被子 bèizi	명 이불

X5-02

1234	本科	běnkē	명 (대학교의) 학부, 본과
1235	本领	běnlǐng	명 능력, 재능, 솜씨
1236	本质	běnzhì	명 본질, 본성
1237	比例	bǐlì	명 비례, 비율
1238	彼此	bǐcǐ	대 피차, 상호, 서로
1239	必然	bìrán	형 필연적이다
1240	必要	bìyào	형 필요로 하다
1241	毕竟	bìjìng	부 결국, 끝내, 필경
1242	避免	bìmiǎn	동 피하다, 모면하다
1243	编辑	biānjí	동 편집하다 명 편집자
1244	鞭炮	biānpào	명 폭죽
1245	便	biàn	부 곧, 바로
1246	辩论	biànlùn	동 변론하다, 논쟁하다
1247	标点	biāodiǎn	명 구두점
1248	标志	biāozhì	동 명시하다, 상징하다 명 상징, 표지
1249	表达	biǎodá	동 (자신의 사상이나 감정을) 나타내다, 표현하다
1250	表面	biǎomiàn	명 표면, 겉, 외관
1251	表明	biǎomíng	동 분명하게 밝히다, 표명하다
1252	表情	biǎoqíng	명 표정
1253	表现	biǎoxiàn	동 나타내다, 표현하다
1254	冰激凌	bīngjīlíng	명 아이스크림
1255	病毒	bìngdú	명 바이러스
1256	玻璃	bōli	명 유리
1257	播放	bōfàng	동 방송하다, 방영하다
1258	脖子	bózi	명 목
1259	博物馆	bówùguǎn	명 박물관
1260	补充	bǔchōng	동 보충하다, 추가하다
1261	不安	bù'ān	형 불안하다, 편안하지 않다
1262	不得了	bùdéliǎo	형 큰일났다, (정도가) 심하다
1263	不断	búduàn	부 계속해서, 부단히, 끊임없이
1264	不见得	bújiàndé	부 반드시 ~한 것은 아니다
1265	不耐烦	bú nàifán	귀찮다, 견디지 못하다
1266	不然	bùrán	접 그렇지 않으면, 아니면
1267	不如	bùrú	동 ~만 못하다
1268	不要紧	búyàojǐn	형 괜찮다, 문제 될 것이 없다
1269	不足	bùzú	동 부족하다 명 부족함, 결핍

X5-03

1270	布 bù	명 천, 베, 포
1271	步骤 bùzhòu	명 순서, 절차
1272	部门 bùmén	명 부문, 부서

C

1273	财产 cáichǎn	명 재산, 자산
1274	采访 cǎifǎng	동 인터뷰하다, 취재하다
1275	采取 cǎiqǔ	동 채택하다, 취하다
1276	彩虹 cǎihóng	명 무지개
1277	踩 cǎi	동 밟다, 짓밟다
1278	参考 cānkǎo	동 참고하다, 참조하다
1279	参与 cānyù	동 참여하다
1280	惭愧 cánkuì	형 부끄럽다
1281	操场 cāochǎng	명 운동장
1282	操心 cāoxīn	동 마음을 쓰다, 걱정하다
1283	册 cè	양 권, 책(책을 세는 단위)
1284	测验 cèyàn	동 테스트하다
1285	曾经 céngjīng	부 일찍이, 이미
1286	叉子 chāzi	명 포크
1287	差别 chābié	명 차별, 차이
1288	差距 chājù	명 격차, 차이
1289	插 chā	동 끼우다, 꽂다
1290	拆 chāi	동 뜯다, 떼어 내다
1291	产品 chǎnpǐn	명 생산품, 제품
1292	产生 chǎnshēng	동 생기다, 발생하다
1293	长途 chángtú	형 장거리의, 먼 거리의
1294	常识 chángshí	명 상식, 일반 지식
1295	抄 chāo	동 베끼다, 베껴 쓰다
1296	超级 chāojí	형 최상급의
1297	朝 cháo	개 ~을 향하여, ~쪽으로
1298	潮湿 cháoshī	형 습하다, 축축하다, 눅눅하다
1299	吵 chǎo	형 시끄럽다, 떠들썩하다
1300	吵架 chǎojià	동 말다툼하다, 다투다
1301	炒 chǎo	동 (기름 따위로) 볶다
1302	车库 chēkù	명 차고
1303	车厢 chēxiāng	명 객실, 화물칸, 트렁크

X5-04

1304 **彻底** chèdǐ 형 철저하다, 철저히 하다

1305 **沉默** chénmò 동 침묵하다, 말을 하지 않다

1306 **趁** chèn 개 (시간 · 기회 등을) 틈타

1307 **称** chēng 동 칭하다, (무게를) 측정하다

1308 **称呼** chēnghu 명 (인간 관계상의) 호칭

1309 **称赞** chēngzàn 동 칭찬하다, 찬양하다

1310 **成分** chéngfèn 명 성분, 요소

1311 **成果** chéngguǒ 명 성과, 결과

1312 **成就** chéngjiù 명 성취, 성과, 업적

1313 **成立** chénglì 동 (조직 · 기구 등을) 결성하다, 성립하다

1314 **成人** chéngrén 명 성인, 어른

1315 **成熟** chéngshú 동 (열매 등이) 익다 형 성숙하다

1316 **成语** chéngyǔ 명 성어

1317 **成长** chéngzhǎng 동 성장하다, 자라다

1318 **诚恳** chéngkěn 형 진실하다, 간절하다

1319 **承担** chéngdān 동 맡다, 담당하다, 책임지다

1320 **承认** chéngrèn 동 승인하다, 인정하다

1321 **承受** chéngshòu 동 받아들이다, 감당하다

1322 **程度** chéngdù 명 정도, 수준

1323 **程序** chéngxù 명 순서, 절차, 프로그램

1324 **吃亏** chīkuī 동 손해를 보다, 손실을 입다

1325 **池塘** chítáng 명 (비교적 작고 얕은) 못

1326 **迟早** chízǎo 부 조만간, 머지않아

1327 **持续** chíxù 동 지속하다

1328 **尺子** chǐzi 명 자

1329 **翅膀** chìbǎng 명 날개

1330 **冲** chōng 동 씻어 내다, 부딪치다

1331 **充电器** chōngdiànqì 명 충전기

1332 **充分** chōngfèn 형 충분하다

1333 **充满** chōngmǎn 동 가득 퍼지다, 충만하다

1334 **重复** chóngfù 동 반복하다, 되풀이하다

1335 **宠物** chǒngwù 명 애완 동물

1336 **抽屉** chōuti 명 서랍

1337 **抽象** chōuxiàng 형 추상적이다

1338 **丑** chǒu 형 추하다, 못생기다

1339 **臭** chòu 형 (냄새가) 지독하다, 구리다

X5-05

1340	出版 chūbǎn	동 (서적 · 음반 등을) 출판하다, 출간하다
1341	出口 chūkǒu	동 수출하다, 말을 꺼내다
1342	出色 chūsè	형 대단히 뛰어나다, 보통을 넘다
1343	出示 chūshì	동 내보이다, 제시하다
1344	出席 chūxí	동 회의에 출석하다
1345	初级 chūjí	형 초급의, 가장 낮은 단계의
1346	除非 chúfēi	접 오직 ~하여야 비로소
1347	除夕 chúxī	명 섣달 그믐날
1348	处理 chǔlǐ	동 처리하다, 해결하다
1349	传播 chuánbō	동 전파하다, 널리 퍼뜨리다
1350	传染 chuánrǎn	동 전염하다, 감염하다
1351	传说 chuánshuō	명 전설
1352	传统 chuántǒng	명 전통 형 전통적이다, 대대로 전해진
1353	窗帘 chuānglián	명 커튼
1354	闯 chuǎng	동 돌진하다, 맹렬하게 돌격하다
1355	创造 chuàngzào	동 창조하다, 발명하다
1356	吹 chuī	동 불다
1357	词汇 cíhuì	명 어휘, 용어
1358	辞职 cízhí	동 사직하다, 직장을 그만두다
1359	此外 cǐwài	접 이 외에, 이 밖에
1360	次要 cìyào	형 부차적인, 이차적인
1361	刺激 cìjī	동 자극하다, 흥분시키다
1362	匆忙 cōngmáng	형 매우 바쁘다
1363	从此 cóngcǐ	부 이후로, 그로부터
1364	从而 cóng'ér	접 따라서, 그렇게 함으로써
1365	从前 cóngqián	명 이전, 옛날
1366	从事 cóngshì	동 종사하다, 몸담다
1367	粗糙 cūcāo	형 거칠다, 서투르다
1368	促进 cùjìn	동 촉진시키다, 재촉하다
1369	促使 cùshǐ	동 ~하도록 (재촉)하다
1370	醋 cù	명 식초, (주로 남녀 관계에서) 질투
1371	催 cuī	동 재촉하다, 다그치다
1372	存在 cúnzài	동 존재하다
1373	措施 cuòshī	명 조치, 대책

X5-06

D

1374 答应 dāying — 동 대답하다, 승낙하다

1375 达到 dádào — 동 달성하다, 도달하다

1376 打工 dǎgōng — 동 아르바이트하다

1377 打交道 dǎ jiāodao — (사람끼리) 왕래하다, 사귀다

1378 打喷嚏 dǎ pēntì — 재채기를 하다

1379 打听 dǎting — 동 물어보다, 알아보다

1380 大方 dàfang — 형 (언행이) 시원시원하다, 대범하다

1381 大厦 dàshà — 명 빌딩, (고층 · 대형) 건물

1382 大象 dàxiàng — 명 코끼리

1383 大型 dàxíng — 형 대형의

1384 呆 dāi — 형 멍청하다, 우둔하다

1385 代表 dàibiǎo — 동 대표하다 / 명 대표, 대표자

1386 代替 dàitì — 동 대체하다, 대신하다

1387 贷款 dàikuǎn — 동 (은행에서) 대출하다 / 명 대부금, 대여금

1388 待遇 dàiyù — 명 대우, 대접

1389 担任 dānrèn — 동 맡다, 담당하다

1390 单纯 dānchún — 형 단순하다

1391 单调 dāndiào — 형 단조롭다

1392 单独 dāndú — 부 단독으로, 혼자서

1393 单位 dānwèi — 명 직장, 부서, 단위

1394 单元 dānyuán — 명 (교재 등의) 단원, (아파트 · 빌딩 등의) 현관

1395 耽误 dānwu — 동 시기를 놓치다, 일을 그르치다

1396 胆小鬼 dǎnxiǎoguǐ — 명 겁쟁이

1397 淡 dàn — 형 싱겁다, (농도가) 낮다

1398 当地 dāngdì — 명 현지, 현장

1399 当心 dāngxīn — 동 조심하다, 주의하다

1400 挡 dǎng — 동 막다, 가리다

1401 导演 dǎoyǎn — 명 연출자, 감독

1402 导致 dǎozhì — 동 야기하다, 초래하다

1403 岛屿 dǎoyǔ — 명 섬

1404 倒霉 dǎoméi — 형 재수 없다, 운수 사납다

1405 到达 dàodá — 동 도달하다, 도착하다

1406 道德 dàodé — 명 도덕, 윤리

1407 道理 dàolǐ — 명 도리, 이치

1408 登记 dēngjì — 동 등록하다, 기재하다

X5-07

1409	等待 děngdài	동 기다리다
1410	等于 děngyú	동 ~와 같다
1411	滴 dī	양 방울
1412	的确 díquè	부 확실히, 분명히
1413	敌人 dírén	명 적
1414	地道 dìdao	형 정통의, 본고장의
1415	地理 dìlǐ	명 지리
1416	地区 dìqū	명 지역, 지구
1417	地毯 dìtǎn	명 양탄자, 카펫
1418	地位 dìwèi	명 (사회적) 지위, 위치
1419	地震 dìzhèn	동 지진이 일어나다
1420	递 dì	동 넘겨주다, 전해 주다
1421	点心 diǎnxin	명 간식
1422	电池 diànchí	명 건전지
1423	电台 diàntái	명 라디오 방송국
1424	钓 diào	동 낚다, 낚시질하다
1425	顶 dǐng	명 꼭대기, 정수리 양 개, 채
1426	动画片 dònghuàpiān	명 만화 영화
1427	冻 dòng	동 얼다, 굳다
1428	洞 dòng	명 구멍, 동굴
1429	豆腐 dòufu	명 두부
1430	逗 dòu	동 놀리다
1431	独立 dúlì	동 독립하다 형 독자적으로 하다
1432	独特 dútè	형 독특하다, 특이하다
1433	度过 dùguò	동 (시간을) 보내다, 지내다
1434	断 duàn	동 자르다, 끊다
1435	堆 duī	동 (사물이) 쌓여 있다, 퇴적되다 양 무더기, 더미
1436	对比 duìbǐ	동 대비하다, 대조하다
1437	对待 duìdài	동 다루다, 대응하다
1438	对方 duìfāng	명 상대방, 상대편
1439	对手 duìshǒu	명 상대, 적수
1440	对象 duìxiàng	명 (연애 · 결혼의) 상대
1441	兑换 duìhuàn	동 환전하다
1442	吨 dūn	양 톤(ton)
1443	蹲 dūn	동 쪼그리고 앉다
1444	顿 dùn	양 끼, 번(식사 · 질책 · 권고 등을 세는 단위)

X5-08

1445	多亏 duōkuī	동 은혜를 입다, 덕택이다
1446	多余 duōyú	형 여분의, 나머지의
1447	朵 duǒ	양 송이, 조각(꽃 · 구름 등을 세는 단위)
1448	躲藏 duǒcáng	동 숨다, 피하다

E

1449	恶劣 èliè	형 아주 나쁘다, 열악하다
1450	耳环 ěrhuán	명 귀고리

F

1451	发表 fābiǎo	동 발표하다
1452	发愁 fāchóu	동 걱정하다
1453	发达 fādá	형 발달하다, 왕성하다
1454	发抖 fādǒu	동 떨다, 떨리다
1455	发挥 fāhuī	동 발휘하다
1456	发明 fāmíng	동 발명하다 명 발명
1457	发票 fāpiào	명 영수증
1458	发言 fāyán	동 의견을 발표하다
1459	罚款 fákuǎn	동 벌금을 부과하다 명 벌금
1460	法院 fǎyuàn	명 법원
1461	翻 fān	동 뒤집다, 뒤집히다
1462	繁荣 fánróng	형 번영하다
1463	反而 fǎn'ér	부 반대로, 오히려
1464	反复 fǎnfù	동 거듭하다, 반복하다 부 거듭, 반복하여
1465	反应 fǎnyìng	동 반응하다 명 반응
1466	反映 fǎnyìng	동 반영하다, (상황이나 의견 등을) 보고하다
1467	反正 fǎnzhèng	부 어쨌든, 여하튼
1468	范围 fànwéi	명 범위
1469	方 fāng	형 사각형의, 육면체의
1470	方案 fāng'àn	명 방안
1471	妨碍 fáng'ài	동 지장을 주다, 방해하다
1472	仿佛 fǎngfú	부 마치 ~인 것 같다
1473	非 fēi	부 ~이 아니다, 반드시, 꼭
1474	肥皂 féizào	명 비누
1475	废话 fèihuà	명 쓸데없는 말
1476	分别 fēnbié	동 헤어지다, 구별하다 부 각각, 따로따로

X5-09

1477 **分布** fēnbù — 동 분포하다

1478 **分配** fēnpèi — 동 분배하다, 할당하다

1479 **分手** fēnshǒu — 동 헤어지다, 이별하다

1480 **分析** fēnxī — 동 분석하다

1481 **纷纷** fēnfēn — 부 잇달아, 계속해서

1482 **奋斗** fèndòu — 동 분투하다

1483 **风格** fēnggé — 명 스타일, 기질

1484 **风景** fēngjǐng — 명 풍경

1485 **风俗** fēngsú — 명 풍속

1486 **风险** fēngxiǎn — 명 위험(성), 모험

1487 **疯狂** fēngkuáng — 형 미치다, 실성하다

1488 **讽刺** fěngcì — 동 (비유·과장 등의 수법으로) 풍자하다

1489 **否定** fǒudìng — 동 부정하다

1490 **否认** fǒurèn — 동 부인하다, 부정하다

1491 **扶** fú — 동 지탱하다, 부축하다, 일으키다

1492 **服装** fúzhuāng — 명 복장, 의류

1493 **幅** fú — 양 폭(옷감·종이·그림 등을 세는 단위)

1494 **辅导** fǔdǎo — 동 (학습을) 도우며 지도하다

1495 **妇女** fùnǚ — 명 부녀(자), 성인 여성

1496 **复制** fùzhì — 동 복제하다

G

1497 **改革** gǎigé — 동 개혁하다

1498 **改进** gǎijìn — 동 개선하다

1499 **改善** gǎishàn — 동 개선하다

1500 **改正** gǎizhèng — 동 (잘못을·착오를) 개정하다, 시정하다

1501 **盖** gài — 동 덮다, 덮어 가리다

1502 **概括** gàikuò — 동 개괄하다, 요약하다

1503 **概念** gàiniàn — 명 개념

1504 **干脆** gāncuì — 부 아예, 차라리

1505 **干燥** gānzào — 형 건조하다, 말리다

1506 **赶紧** gǎnjǐn — 부 서둘러, 재빨리

1507 **赶快** gǎnkuài — 부 황급히, 다급하게

1508 **感激** gǎnjī — 동 감격하다

1509 **感受** gǎnshòu — 동 (영향을) 받다, 느끼다 / 명 느낌, 체험

1510 **感想** gǎnxiǎng — 명 감상, 느낌

X5-10

1511	干活儿 gànhuór	동 일하다	
1512	钢铁 gāngtiě	명 강철	
1513	高档 gāodàng	형 고급의, 상등의	
1514	高级 gāojí	형 고급의	
1515	搞 gǎo	동 하다, 처리하다	
1516	告别 gàobié	동 작별 인사를 하다	
1517	格外 géwài	부 각별히, 특별히	
1518	隔壁 gébì	명 이웃, 이웃집	
1519	个别 gèbié	부 개개의, 개별적인	
1520	个人 gèrén	명 개인	
1521	个性 gèxìng	명 개성	
1522	各自 gèzì	대 각자	
1523	根 gēn	양 가닥, 대(가늘고 긴 것을 헤아리는 단위)	
1524	根本 gēnběn	부 여태껏, 이제까지, 원래	
1525	工厂 gōngchǎng	명 공장	
1526	工程师 gōngchéngshī	명 엔지니어	
1527	工具 gōngjù	명 공구	
1528	工人 gōngrén	명 노동자	
1529	工业 gōngyè	명 공업	
1530	公布 gōngbù	동 공표하다	
1531	公开 gōngkāi	동 공개하다 형 공개적인	
1532	公平 gōngpíng	형 공평하다	
1533	公寓 gōngyù	명 아파트	
1534	公元 gōngyuán	명 서기	
1535	公主 gōngzhǔ	명 공주	
1536	功能 gōngnéng	명 기능, 효능	
1537	恭喜 gōngxǐ	동 축하하다	
1538	贡献 gòngxiàn	명 공헌	
1539	沟通 gōutōng	동 교류하다, 소통하다	
1540	构成 gòuchéng	동 구성하다	
1541	姑姑 gūgu	명 고모	
1542	姑娘 gūniang	명 처녀, 아가씨	
1543	古代 gǔdài	명 고대	
1544	古典 gǔdiǎn	형 고전적	
1545	股票 gǔpiào	명 주식	
1546	骨头 gǔtou	명 뼈	

X5-11

1547	鼓舞 gǔwǔ	동 격려하다, 고무하다
1548	鼓掌 gǔzhǎng	동 손뼉을 치다
1549	固定 gùdìng	동 고정하다, 정착하다
1550	挂号 guàhào	동 등록하다, 접수시키다
1551	乖 guāi	형 얌전하다, 말을 잘 듣다
1552	拐弯 guǎiwān	동 굽이를 돌다, 방향을 틀다
1553	怪不得 guàibude	부 어쩐지
1554	关闭 guānbì	동 닫다, 파산하다
1555	观察 guānchá	동 관찰하다
1556	观点 guāndiǎn	명 관점, 견해
1557	观念 guānniàn	명 관념, 생각
1558	官 guān	명 관리, 공무원
1559	管子 guǎnzi	명 관, 파이프
1560	冠军 guànjūn	명 챔피언, 우승
1561	光滑 guānghuá	형 매끌매끌하다
1562	光临 guānglín	동 오다, 왕림하다
1563	光明 guāngmíng	형 밝게 빛나다
1564	光盘 guāngpán	명 콤팩트디스크(CD)
1565	广场 guǎngchǎng	명 광장
1566	广大 guǎngdà	형 광대하다, 넓다
1567	广泛 guǎngfàn	형 광범위하다
1568	归纳 guīnà	동 귀납하다, 종합하다
1569	规矩 guīju	명 법칙, 규정
1570	规律 guīlǜ	명 규율, 규칙
1571	规模 guīmó	명 규모
1572	规则 guīzé	명 규칙, 규정
1573	柜台 guìtái	명 계산대
1574	滚 gǔn	동 구르다
1575	锅 guō	명 솥, 가마
1576	国庆节 Guóqìng Jié	명 국경절(중국 건국 기념일)
1577	国王 guówáng	명 국왕
1578	果然 guǒrán	부 과연, 아니나다를까
1579	果实 guǒshí	명 성과
1580	过分 guòfèn	형 지나치다, 과분하다
1581	过敏 guòmǐn	동 알레르기 반응을 보이다
1582	过期 guòqī	동 기한을 넘기다

X5-12

H

1583	哈	hā	감 아하!, 하하!(기쁠 때의 놀라움이나 웃는 소리를 나타냄)
1584	海关	hǎiguān	명 세관
1585	海鲜	hǎixiān	명 해산물
1586	喊	hǎn	동 소리치다
1587	行业	hángyè	명 업종
1588	豪华	háohuá	형 호화스럽다
1589	好客	hàokè	형 손님 접대를 좋아하다, 손님을 좋아하다
1590	好奇	hàoqí	형 호기심을 갖다
1591	合法	héfǎ	형 합법적이다
1592	合理	hélǐ	형 도리에 맞다, 합리적이다
1593	合同	hétong	명 계약서
1594	合影	héyǐng	동 함께 사진을 찍다
1595	合作	hézuò	동 합작하다, 협력하다
1596	何必	hébì	부 구태여 ~할 필요가 있는가, ~할 필요가 없다
1597	何况	hékuàng	접 더군다나, 하물며
1598	和平	hépíng	명 평화
1599	核心	héxīn	명 핵심
1600	恨	hèn	동 원망하다
1601	猴子	hóuzi	명 원숭이
1602	后背	hòubèi	명 등(신체 부위)
1603	后果	hòuguǒ	명 (주로 안 좋은) 결과
1604	呼吸	hūxī	동 호흡하다
1605	忽然	hūrán	부 갑자기, 문득
1606	忽视	hūshì	동 소홀히 하다, 경시하다
1607	胡说	húshuō	동 헛소리하다
1608	胡同	hútòng	명 골목
1609	壶	hú	명 항아리, 주전자
1610	蝴蝶	húdié	명 나비
1611	糊涂	hútu	형 애매하다, 어리석다
1612	花生	huāshēng	명 땅콩
1613	划	huá	동 긋다, 가르다
1614	华裔	huáyì	명 화교
1615	滑	huá	동 미끄러지다 형 반들반들하다, 교활하다
1616	化学	huàxué	명 화학
1617	话题	huàtí	명 화제, 논제

X5-13

1618	怀念	huáiniàn	통 회상하다, 그리워하다
1619	怀孕	huáiyùn	통 임신하다
1620	缓解	huǎnjiě	통 (정도가) 완화되다
1621	幻想	huànxiǎng	통 공상하다, 상상하다
1622	慌张	huāngzhāng	형 당황하다, 허둥대다
1623	黄金	huángjīn	명 황금
1624	灰	huī	형 회색의, 잿빛의
1625	灰尘	huīchén	명 먼지
1626	灰心	huīxīn	통 낙담하다, 의기소침하다
1627	挥	huī	통 휘두르다, 흔들다
1628	恢复	huīfù	통 회복하다
1629	汇率	huìlǜ	명 환율
1630	婚礼	hūnlǐ	명 결혼식
1631	婚姻	hūnyīn	명 혼인
1632	活跃	huóyuè	형 활동적이다
1633	火柴	huǒchái	명 성냥
1634	伙伴	huǒbàn	명 동료, 동반자
1635	或许	huòxǔ	부 혹시, 어쩌면

J

1636	机器	jīqì	명 기계
1637	肌肉	jīròu	명 근육
1638	基本	jīběn	형 기본의
1639	激烈	jīliè	형 격렬하다, 치열하다
1640	及格	jígé	통 합격하다
1641	极其	jíqí	부 아주, 매우
1642	急忙	jímáng	부 황급히, 바삐
1643	急诊	jízhěn	명 응급 진료
1644	集合	jíhé	통 집합하다, 모으다
1645	集体	jítǐ	명 집단, 단체
1646	集中	jízhōng	통 집중하다
1647	计算	jìsuàn	통 계산하다, 산출하다
1648	记录	jìlù	통 기록하다
1649	记忆	jìyì	명 기억
1650	纪录	jìlù	명 기록(성적), 다큐멘터리
1651	纪律	jìlǜ	명 기율, 기강
1652	纪念	jìniàn	통 기념하다

X5-14

1653	系领带	jì lǐngdài	넥타이를 매다
1654	寂寞	jìmò	형 외롭다, 쓸쓸하다
1655	夹子	jiāzi	명 집게, 클립
1656	家庭	jiātíng	명 가정
1657	家务	jiāwù	명 가사, 집안일
1658	家乡	jiāxiāng	명 고향
1659	嘉宾	jiābīn	명 귀빈
1660	甲	jiǎ	명 단단한 껍데기, 손·발톱, 순서나 등급의 첫째
1661	假如	jiǎrú	접 만약, 가령
1662	假设	jiǎshè	동 가정하다
1663	假装	jiǎzhuāng	동 가장하다, ~한 척하다
1664	价值	jiàzhí	명 가치
1665	驾驶	jiàshǐ	동 운전(조종·운항)하다
1666	嫁	jià	동 시집가다
1667	坚决	jiānjué	형 단호하다, 결연하다
1668	坚强	jiānqiáng	형 굳세다, 꿋꿋하다
1669	肩膀	jiānbǎng	명 어깨
1670	艰巨	jiānjù	형 어렵고 힘들다, (임무가) 막중하다
1671	艰苦	jiānkǔ	형 어렵고 고달프다
1672	兼职	jiānzhí	동 겸직하다
1673	捡	jiǎn	동 줍다
1674	剪刀	jiǎndāo	명 가위
1675	简历	jiǎnlì	명 이력서
1676	简直	jiǎnzhí	부 그야말로, 정말로
1677	建立	jiànlì	동 창설하다, 건립하다
1678	建设	jiànshè	동 건설하다, 세우다
1679	建筑	jiànzhù	명 건축물
1680	健身	jiànshēn	동 신체를 건강하게 하다
1681	键盘	jiànpán	명 건반, 키보드
1682	讲究	jiǎngjiu	동 중요시하다, ~에 주의하다 형 정교하다, 화려하다
1683	讲座	jiǎngzuò	명 강좌
1684	酱油	jiàngyóu	명 간장
1685	交换	jiāohuàn	동 교환하다
1686	交际	jiāojì	동 교제하다
1687	交往	jiāowǎng	동 왕래하다, 교제하다
1688	浇	jiāo	동 물을 대다, (액체를) 뿌리다

X5-15

1689 **胶水** jiāoshuǐ — 명 풀, 접착제

1690 **角度** jiǎodù — 명 각도

1691 **狡猾** jiǎohuá — 형 교활하다, 간교하다

1692 **教材** jiàocái — 명 교재

1693 **教练** jiàoliàn — 명 감독, 코치

1694 **教训** jiàoxùn — 동 훈계하다 / 명 교훈

1695 **阶段** jiēduàn — 명 단계, 계단

1696 **结实** jiēshi — 형 단단하다, 견고하다

1697 **接触** jiēchù — 동 접촉하다, 왕래하다

1698 **接待** jiēdài — 동 접대하다, 응접하다

1699 **接近** jiējìn — 동 접근하다, 가까이하다

1700 **节省** jiéshěng — 동 절약하다

1701 **结构** jiégòu — 명 구성, 구조

1702 **结合** jiéhé — 동 결합하다, 결부하다

1703 **结论** jiélùn — 명 결론, 결말

1704 **结账** jiézhàng — 동 계산하다

1705 **戒** jiè — 동 경계하다, 타이르다, (좋지 못한 습관을) 끊다

1706 **戒指** jièzhi — 명 반지

1707 **届** jiè — 양 회, 기, 차(정기적인 회의 또는 졸업 등에 쓰임)

1708 **借口** jièkǒu — 명 핑계

1709 **金属** jīnshǔ — 명 금속

1710 **尽快** jǐnkuài — 부 되도록 빨리

1711 **尽量** jǐnliàng — 부 가능한 한

1712 **紧急** jǐnjí — 형 긴급하다

1713 **谨慎** jǐnshèn — 형 신중하다

1714 **尽力** jìnlì — 동 온 힘을 다하다

1715 **进步** jìnbù — 동 진보하다

1716 **进口** jìnkǒu — 동 수입하다

1717 **近代** jìndài — 명 근대

1718 **经典** jīngdiǎn — 형 전형적인, 표준이 되는

1719 **经商** jīngshāng — 동 장사하다

1720 **经营** jīngyíng — 동 운영하다

1721 **精力** jīnglì — 명 정력, 정신과 체력

1722 **精神** jīngshén — 명 정신

1723 **酒吧** jiǔbā — 명 술집

1724 **救** jiù — 동 구하다, 구조하다

X5-16

1725 救护车 jiùhùchē 명 구급차

1726 舅舅 jiùjiu 명 외삼촌

1727 居然 jūrán 부 뜻밖에, 놀랍게도

1728 橘子 júzi 명 귤

1729 巨大 jùdà 형 (규모·수량 등이) 아주 크다

1730 具备 jùbèi 동 (물품 등을) 갖추다, 구비하다

1731 具体 jùtǐ 형 구체적이다

1732 俱乐部 jùlèbù 명 동호회

1733 据说 jùshuō 동 말하는 바에 의하면 ~라 한다

1734 捐 juān 동 헌납하다, 기부하다

1735 决赛 juésài 명 결승

1736 决心 juéxīn 명 결심, 결의

1737 角色 juésè 명 (연극이나 영화·TV의) 배역, 역할

1738 绝对 juéduì 부 절대로, 반드시

1739 军事 jūnshì 명 군사

1740 均匀 jūnyún 형 균등하다, 고르다

K

1741 卡车 kǎchē 명 트럭

1742 开发 kāifā 동 개발하다

1743 开放 kāifàng 동 개방하다 형 개방적이다

1744 开幕式 kāimùshì 명 개막식

1745 开水 kāishuǐ 명 끓인 물

1746 砍 kǎn 동 (도끼 등으로) 찍다, 삭감하다

1747 看不起 kànbuqǐ 동 경시하다, 얕보다

1748 看望 kànwàng 동 방문하다, 문안하다

1749 靠 kào 동 기대다

1750 颗 kē 양 알(둥글고 작은 알맹이 모양과 같은 것을 세는 단위)

1751 可见 kějiàn 접 ~라는 것을 알 수 있다

1752 可靠 kěkào 형 믿을 만하다

1753 可怕 kěpà 형 두렵다

1754 克 kè 양 그램(g)

1755 克服 kèfú 동 극복하다

1756 刻苦 kèkǔ 형 고생을 참아 내다

1757 客观 kèguān 형 객관적이다

X5-17

1758	课程 kèchéng	명 교육 과정
1759	空间 kōngjiān	명 공간
1760	空闲 kòngxián	형 한가하다
1761	控制 kòngzhì	동 통제하다
1762	口味 kǒuwèi	명 입맛, 취향
1763	夸 kuā	동 칭찬하다, 과장하다
1764	夸张 kuāzhāng	형 과장하다
1765	会计 kuàijì	명 회계, 경리
1766	宽 kuān	형 넓다
1767	昆虫 kūnchóng	명 곤충
1768	扩大 kuòdà	동 (범위나 규모를) 확대하다, 넓히다

L

1769	辣椒 làjiāo	명 고추
1770	拦 lán	동 가로막다, 저지하다
1771	烂 làn	형 썩다, 부패하다
1772	朗读 lǎngdú	동 낭독하다
1773	劳动 láodòng	동 노동을 하다
1774	劳驾 láojià	동 실례합니다
1775	老百姓 lǎobǎixìng	명 백성, 국민
1776	老板 lǎobǎn	명 상점 주인, 사장
1777	老婆 lǎopo	명 아내
1778	老实 lǎoshi	형 성실하다, 솔직하다
1779	老鼠 lǎoshǔ	명 쥐
1780	姥姥 lǎolao	명 외할머니
1781	乐观 lèguān	형 낙관적이다
1782	雷 léi	명 천둥, 우레
1783	类型 lèixíng	명 유형
1784	冷淡 lěngdàn	형 쌀쌀하다, 냉담하다
1785	厘米 límǐ	양 센티미터(cm)
1786	离婚 líhūn	동 이혼하다
1787	梨 lí	명 배(과일)
1788	理论 lǐlùn	명 이론
1789	理由 lǐyóu	명 이유, 까닭
1790	力量 lìliang	명 역량, 힘
1791	立即 lìjí	부 곧, 즉시

X5-18

1792	立刻 lìkè	부 즉시, 바로
1793	利润 lìrùn	명 이윤
1794	利息 lìxī	명 이자
1795	利益 lìyì	명 이익, 이득
1796	利用 lìyòng	동 이용하다
1797	连忙 liánmáng	부 급히, 재빨리
1798	连续 liánxù	동 연속하다, 계속하다
1799	联合 liánhé	동 연합하다, 단결하다
1800	恋爱 liàn'ài	동 연애하다
1801	良好 liánghǎo	형 좋다, 양호하다
1802	粮食 liángshi	명 양식, 식량
1803	亮 liàng	형 밝다, 빛나다
1804	了不起 liǎobuqǐ	형 놀랄 만하다, 굉장하다
1805	列车 lièchē	명 열차
1806	临时 línshí	형 잠시의, 일시적인 부 임시로
1807	灵活 línghuó	형 민첩하다, 융통성 있다
1808	铃 líng	명 방울, 종
1809	零件 língjiàn	명 부속품
1810	零食 língshí	명 간식, 군것질
1811	领导 lǐngdǎo	동 지도하다, 이끌고 나가다 명 지도자, 리더
1812	领域 lǐngyù	명 분야, 영역
1813	浏览 liúlǎn	동 대충 훑어보다
1814	流传 liúchuán	동 유전되다, 대대로 전해 내려오다
1815	流泪 liúlèi	동 눈물을 흘리다
1816	龙 lóng	명 용
1817	漏 lòu	동 새다, 빠지다
1818	陆地 lùdì	명 육지, 땅
1819	陆续 lùxù	부 끊임없이, 연이어
1820	录取 lùqǔ	동 고용하다
1821	录音 lùyīn	동 녹음하다
1822	轮流 lúnliú	동 차례로 ~하다
1823	论文 lùnwén	명 논문
1824	逻辑 luójí	명 논리
1825	落后 luòhòu	형 낙후되다

X5-19

M

1826 骂 mà — 동 질책하다, 꾸짖다

1827 麦克风 màikèfēng — 명 마이크

1828 馒头 mántou — 명 만터우, 찐빵

1829 满足 mǎnzú — 동 만족하다, 만족시키다

1830 毛病 máobìng — 명 고장, 결점

1831 矛盾 máodùn — 명 갈등, 대립 / 형 모순적이다

1832 冒险 màoxiǎn — 동 모험하다

1833 贸易 màoyì — 명 무역

1834 眉毛 méimao — 명 눈썹

1835 媒体 méitǐ — 명 대중 매체

1836 煤炭 méitàn — 명 석탄

1837 美术 měishù — 명 미술

1838 魅力 mèilì — 명 매력

1839 梦想 mèngxiǎng — 명 꿈, 몽상

1840 秘密 mìmì — 명 비밀

1841 秘书 mìshū — 명 비서

1842 密切 mìqiè — 형 밀접하다

1843 蜜蜂 mìfēng — 명 꿀벌

1844 面对 miànduì — 동 직면하다

1845 面积 miànjī — 명 면적

1846 面临 miànlín — 동 직면하다, 당면하다

1847 苗条 miáotiao — 형 (여성의 몸매가) 아름답고 날씬하다

1848 描写 miáoxiě — 동 묘사하다

1849 敏感 mǐngǎn — 형 민감하다, 예민하다

1850 名牌 míngpái — 명 유명 상표

1851 名片 míngpiàn — 명 명함

1852 名胜古迹 míngshèng gǔjì — 명 명승고적

1853 明确 míngquè — 동 명확하게 하다 / 형 명확하다

1854 明显 míngxiǎn — 형 뚜렷하다, 확연히 드러나다

1855 明星 míngxīng — 명 스타

1856 命令 mìnglìng — 동 명령하다 / 명 명령

1857 命运 mìngyùn — 명 운명

1858 摸 mō — 동 쓰다듬다, 더듬어 찾다

1859 模仿 mófǎng — 동 모방하다, 본뜨다

1860 模糊 móhu — 형 모호하다

X5-20

1861 **模特儿** móter — 명 모델

1862 **摩托车** mótuōchē — 명 오토바이

1863 **陌生** mòshēng — 형 생소하다, 낯설다

1864 **某** mǒu — 대 아무, 어느

1865 **木头** mùtou — 명 나무, 목재

1866 **目标** mùbiāo — 명 목표

1867 **目录** mùlù — 명 목록

1868 **目前** mùqián — 명 현재

N

1869 **哪怕** nǎpà — 접 설령(비록) ~라 해도

1870 **难怪** nánguài — 부 어쩐지, 과연

1871 **难免** nánmiǎn — 형 피하기 어렵다, ~하게 마련이다

1872 **脑袋** nǎodai — 명 두뇌, 지능

1873 **内部** nèibù — 명 내부

1874 **内科** nèikē — 명 내과

1875 **嫩** nèn — 형 연하다, 여리다

1876 **能干** nénggàn — 형 유능하다, 솜씨 있다

1877 **能源** néngyuán — 명 에너지

1878 **嗯** ǹg — 감 응, 그래

1879 **年代** niándài — 명 시대, 연대

1880 **年纪** niánjì — 명 나이, 연령

1881 **念** niàn — 동 그리워하다, 낭독하다

1882 **宁可** nìngkě — 부 차라리~할지언정, 설령~할지라도

1883 **牛仔裤** niúzǎikù — 명 청바지

1884 **农村** nóngcūn — 명 농촌

1885 **农民** nóngmín — 명 농민

1886 **农业** nóngyè — 명 농업

1887 **浓** nóng — 형 진하다, 짙다

1888 **女士** nǚshì — 명 여사, 숙녀

O

1889 **欧洲** Ōuzhōu — 명 유럽

1890 **偶然** ǒurán — 형 우연하다

X5-21

P

1891	拍 pāi	동 치다, (사진을) 찍다
1892	派 pài	동 파견하다
1893	盼望 pànwàng	동 간절히 바라다
1894	培训 péixùn	동 양성하다
1895	培养 péiyǎng	동 배양하다
1896	赔偿 péicháng	동 배상하다
1897	佩服 pèifú	동 탄복하다, 감탄하다
1898	配合 pèihé	동 협력하다
1899	盆 pén	명 대야, 화분
1900	碰 pèng	동 부딪치다, 우연히 만나다
1901	批 pī	양 무리, 떼, 묶음
1902	批准 pīzhǔn	동 비준하다, 승인하다
1903	披 pī	동 덮다, 걸치다
1904	疲劳 píláo	형 피곤하다
1905	匹 pǐ	양 필(말·비단 등을 세는 단위)
1906	片 piàn	양 편(조각·면적 등을 세는 단위)
1907	片面 piànmiàn	형 일방적이다, 단편적이다
1908	飘 piāo	동 나부끼다, 휘날리다
1909	拼音 pīnyīn	명 병음
1910	频道 píndào	명 채널
1911	平 píng	형 평평하다
1912	平安 píng'ān	형 평안하다
1913	平常 píngcháng	명 평소 형 평범하다, 일반적이다
1914	平等 píngděng	형 평등하다
1915	平方 píngfāng	양 평방미터
1916	平衡 pínghéng	동 균형을 맞추다 형 균형이 맞다
1917	平静 píngjìng	형 조용하다, 평화롭다
1918	平均 píngjūn	형 평균의
1919	评价 píngjià	동 평가하다 명 평가
1920	凭 píng	개 ~에 근거하여, ~에 따라
1921	迫切 pòqiè	형 절박하다
1922	破产 pòchǎn	동 파산하다
1923	破坏 pòhuài	동 훼손시키다, 파괴하다

X5-22

Q

1924 期待 qīdài
동 기대하다

1925 期间 qījiān
명 기간

1926 其余 qíyú
대 나머지

1927 奇迹 qíjì
명 기적

1928 企业 qǐyè
명 기업

1929 启发 qǐfā
동 일깨우다, 영감을 주다

1930 气氛 qìfēn
명 분위기

1931 汽油 qìyóu
명 휘발유

1932 谦虚 qiānxū
형 겸손하다

1933 签 qiān
동 서명하다

1934 前途 qiántú
명 앞길, 전망

1935 浅 qiǎn
형 얕다

1936 欠 qiàn
동 빚지다

1937 枪 qiāng
명 총

1938 强调 qiángdiào
동 강조하다

1939 强烈 qiángliè
형 강렬하다

1940 墙 qiáng
명 담장, 벽

1941 抢 qiǎng
동 빼앗다, 돌격하다

1942 悄悄 qiāoqiāo
부 (소리나 행동을) 은밀히, 몰래

1943 瞧 qiáo
동 보다, 들여다보다

1944 巧妙 qiǎomiào
형 교묘하다

1945 切 qiē
동 (칼로) 썰다, 자르다

1946 亲爱 qīn'ài
형 친애하다

1947 亲切 qīnqiè
형 친절하다

1948 亲自 qīnzì
부 직접, 친히

1949 勤奋 qínfèn
형 꾸준하다, 부지런하다

1950 青 qīng
형 푸르다

1951 青春 qīngchūn
명 청춘

1952 青少年 qīngshàonián
명 청소년

1953 轻视 qīngshì
동 무시하다, 가볍게 보다

1954 轻易 qīngyì
형 경솔하다, 함부로 하다
부 제멋대로, 쉽게

1955 清淡 qīngdàn
형 담백하다

1956 情景 qíngjǐng
명 광경, 장면

1957 情绪 qíngxù
명 정서, 기분

1958 请求 qǐngqiú
동 요청하다, 부탁하다
명 요청, 부탁

X5-23

1959 庆祝 qìngzhù — 동 축하하다

1960 球迷 qiúmí — 명 축구 팬

1961 趋势 qūshì — 명 추세

1962 取消 qǔxiāo — 동 취소하다

1963 娶 qǔ — 동 아내를 얻다, 장가들다

1964 去世 qùshì — 동 세상을 뜨다

1965 圈 quān — 명 주위, 둘레

1966 权力 quánlì — 명 권력

1967 权利 quánlì — 명 권리

1968 全面 quánmiàn — 형 전면적이다, 전반적이다

1969 劝 quàn — 동 권하다

1970 缺乏 quēfá — 동 결핍되다

1971 确定 quèdìng — 동 확정하다

1972 确认 quèrèn — 동 확인하다

1973 群 qún — 양 무리, 떼

R

1974 燃烧 ránshāo — 동 연소하다

1975 绕 rào — 동 돌아서 가다

1976 热爱 rè'ài — 동 뜨겁게 사랑하다

1977 热烈 rèliè — 형 열렬하다

1978 热心 rèxīn — 형 열성적이다

1979 人才 réncái — 명 인재

1980 人口 rénkǒu — 명 인구

1981 人类 rénlèi — 명 인류

1982 人民币 rénmínbì — 명 인민폐

1983 人生 rénshēng — 명 인생

1984 人事 rénshì — 명 인사, 인간사

1985 人物 rénwù — 명 인물

1986 人员 rényuán — 명 인원, 요원

1987 忍不住 rěn bú zhù — 견딜 수 없다, 참을 수 없다

1988 日常 rìcháng — 형 일상의

1989 日程 rìchéng — 명 일정

1990 日历 rìlì — 명 달력

X5-24

1991 日期 rìqī 명 (특정한) 날짜

1992 日用品 rìyòngpǐn 명 일용품

1993 日子 rìzi 명 날짜

1994 如何 rúhé 대 어떻게

1995 如今 rújīn 명 오늘날

1996 软 ruǎn 형 부드럽다

1997 软件 ruǎnjiàn 명 소프트웨어

1998 弱 ruò 형 약하다

S

1999 洒 sǎ 동 뿌리다, 엎지르다

2000 嗓子 sǎngzi 명 목구멍

2001 色彩 sècǎi 명 색채

2002 杀 shā 동 죽이다

2003 沙漠 shāmò 명 사막

2004 沙滩 shātān 명 모래사장

2005 傻 shǎ 형 멍청하다

2006 晒 shài 동 햇볕을 쬐다

2007 删除 shānchú 동 빼다, 삭제하다

2008 闪电 shǎndiàn 명 번개

2009 扇子 shànzi 명 부채

2010 善良 shànliáng 형 선량하다

2011 善于 shànyú 동 ~를 잘하다

2012 伤害 shānghài 동 손상시키다, 해치다

2013 商品 shāngpǐn 명 상품, 제품

2014 商务 shāngwù 명 상무, 상업상의 용무

2015 商业 shāngyè 명 상업

2016 上当 shàngdàng 동 속다, 사기를 당하다

2017 蛇 shé 명 뱀

2018 舍不得 shěbude 동 헤어지기 섭섭해하다

2019 设备 shèbèi 명 설비, 시설

2020 设计 shèjì 동 설계하다, 디자인하다

2021 设施 shèshī 명 시설

2022 射击 shèjī 동 사격하다

2023 摄影 shèyǐng 동 사진을 찍다, 영화를 촬영하다

2024 伸 shēn 동 펴다, 펼치다, 내밀다

X5-25

2025	身材 shēncái	명 몸매, 체격
2026	身份 shēnfèn	명 신분, 지위
2027	深刻 shēnkè	형 (인상이) 깊다
2028	神话 shénhuà	명 신화
2029	神秘 shénmì	형 신비하다
2030	升 shēng	동 오르다, 올리다
2031	生产 shēngchǎn	동 생산하다
2032	生动 shēngdòng	형 생동감 있다
2033	生长 shēngzhǎng	동 성장하다
2034	声调 shēngdiào	명 성조
2035	绳子 shéngzi	명 노끈, 밧줄
2036	省略 shěnglüè	동 생략하다
2037	胜利 shènglì	동 승리하다
2038	失眠 shīmián	동 잠을 이루지 못하다
2039	失去 shīqù	동 잃다
2040	失业 shīyè	동 실직하다
2041	诗 shī	명 시
2042	狮子 shīzi	명 사자
2043	湿润 shīrùn	형 축축하다, 습윤하다
2044	石头 shítou	명 돌
2045	时差 shíchā	명 시차
2046	时代 shídài	명 시대, 시절
2047	时刻 shíkè	명 시각, 때 부 늘, 시시각각
2048	时髦 shímáo	형 유행이다, 최신식이다
2049	时期 shíqī	명 시기
2050	时尚 shíshàng	형 시대적 유행에 부합하다
2051	实话 shíhuà	명 실화, 솔직한 말
2052	实践 shíjiàn	동 실천하다, 실행하다
2053	实习 shíxí	동 실습하다
2054	实现 shíxiàn	동 실현하다
2055	实验 shíyàn	명 실험
2056	实用 shíyòng	형 실용적이다
2057	食物 shíwù	명 음식물
2058	使劲 shǐjìn	동 힘을 쓰다
2059	始终 shǐzhōng	부 시종일관, 한결같이
2060	士兵 shìbīng	명 병사

X5-26

2061 市场 shìchǎng 명 시장

2062 似的 shìde 조 ~와 같다, ~와 비슷하다

2063 事实 shìshí 명 사실

2064 事物 shìwù 명 사물

2065 事先 shìxiān 명 사전에, 미리

2066 试卷 shìjuàn 명 시험지

2067 收获 shōuhuò 동 수확하다 명 소득, 성과

2068 收据 shōujù 명 영수증

2069 手工 shǒugōng 명 수공, 손으로 하는 일

2070 手术 shǒushù 명 수술

2071 手套 shǒutào 명 장갑

2072 手续 shǒuxù 명 수속, 절차

2073 手指 shǒuzhǐ 명 손가락

2074 首 shǒu 양 수(시·노래 등을 세는 단위)

2075 寿命 shòumìng 명 수명, 목숨

2076 受伤 shòushāng 동 다치다, 상처를 입다

2077 书架 shūjià 명 책장

2078 梳子 shūzi 명 빗

2079 舒适 shūshì 형 편안하다, 쾌적하다

2080 输入 shūrù 동 입력하다

2081 蔬菜 shūcài 명 채소

2082 熟练 shúliàn 형 능숙하다

2083 属于 shǔyú 동 ~에 속하다

2084 鼠标 shǔbiāo 명 (컴퓨터의) 마우스

2085 数 shǔ 동 세다, 헤아리다

2086 数据 shùjù 명 데이터, 통계 수치

2087 数码 shùmǎ 형 디지털화 한 기술

2088 摔倒 shuāidǎo 동 쓰러지다, 넘어지다

2089 甩 shuǎi 동 휘두르다, 뿌리치다, 내던지다

2090 双方 shuāngfāng 명 쌍방, 양측

2091 税 shuì 명 세금

2092 说不定 shuōbudìng 부 짐작컨대, 아마

2093 说服 shuōfú 동 설득하다, 납득시키다

2094 丝绸 sīchóu 명 비단, 명주

2095 丝毫 sīháo 형 조금도, 추호도

2096 私人 sīrén 명 개인

X5-27

2097	思考 sīkǎo	동 사고하다, 깊이 생각하다
2098	思想 sīxiǎng	명 사상, 생각
2099	撕 sī	동 찢다
2100	似乎 sìhū	부 마치 ~인 것 같다
2101	搜索 sōusuǒ	동 (인터넷에) 검색하다
2102	宿舍 sùshè	명 기숙사
2103	随身 suíshēn	형 몸에 지니다, 휴대하다
2104	随时 suíshí	부 수시로, 언제든지
2105	随手 suíshǒu	부 ~하는 김에
2106	碎 suì	형 자질구레하다, 온전치 못하다
2107	损失 sǔnshī	동 손해보다 명 손실, 손해
2108	缩短 suōduǎn	동 단축하다
2109	所 suǒ	조 ~되다, ~하는 바
2110	锁 suǒ	동 잠그다 명 자물쇠

T

2111	台阶 táijiē	명 층계, 계단
2112	太极拳 tàijíquán	명 태극권
2113	太太 tàitai	명 아내, 부인(결혼한 여자에 대한 존칭)
2114	谈判 tánpàn	동 담판하다, 협상하다
2115	坦率 tǎnshuài	형 솔직하다, 정직하다
2116	烫 tàng	형 몹시 뜨겁다
2117	逃 táo	동 도망치다
2118	逃避 táobì	동 도피하다
2119	桃 táo	명 복숭아
2120	淘气 táoqì	형 장난이 심하다, 말을 듣지 않다
2121	讨价还价 tǎojià huánjià	값을 흥정하다
2122	套 tào	양 벌, 조, 세트
2123	特色 tèsè	명 특색, 특징
2124	特殊 tèshū	형 특수하다, 특별하다
2125	特征 tèzhēng	명 특징
2126	疼爱 téng'ài	동 매우 사랑하다
2127	提倡 tíchàng	동 제창하다
2128	提纲 tígāng	명 요점, 개요
2129	提问 tíwèn	동 질문하다
2130	题目 tímù	명 제목, 표제

X5-28

2131	体会 tǐhuì	동 체득하다 명 (체험에서 얻은) 느낌, 경험
2132	体贴 tǐtiē	동 자상하게 돌보다
2133	体现 tǐxiàn	동 구현하다
2134	体验 tǐyàn	동 체험하다
2135	天空 tiānkōng	명 하늘
2136	天真 tiānzhēn	형 천진하다, 순진하다
2137	调皮 tiáopí	형 장난스럽다, 짓궂다
2138	调整 tiáozhěng	동 조정하다, 조절하다
2139	挑战 tiǎozhàn	동 도전하다
2140	通常 tōngcháng	형 보통이다, 일반적이다 부 일반적으로
2141	统一 tǒngyī	형 통일된, 단일한
2142	痛苦 tòngkǔ	형 고통스럽다, 괴롭다
2143	痛快 tòngkuài	형 통쾌하다
2144	偷 tōu	동 훔치다
2145	投入 tóurù	동 뛰어들다, 투입하다 형 몰두하다
2146	投资 tóuzī	동 투자하다 명 투자(금)
2147	透明 tòumíng	형 투명하다
2148	突出 tūchū	형 두드러지다, 튀어나오다
2149	土地 tǔdì	명 토지, 땅
2150	土豆 tǔdòu	명 감자
2151	吐 tǔ	동 토하다, 털어놓다
2152	兔子 tùzi	명 토끼
2153	团 tuán	명 집단, 그룹
2154	推辞 tuīcí	동 거절하다, 사양하다
2155	推广 tuīguǎng	동 널리 보급하다
2156	推荐 tuījiàn	동 추천하다
2157	退 tuì	동 후퇴하다
2158	退步 tuìbù	동 퇴보하다, 뒷걸음질하다
2159	退休 tuìxiū	동 은퇴하다

W

2160	歪 wāi	형 바르지 않다, 비스듬하다
2161	外公 wàigōng	명 외할아버지
2162	外交 wàijiāo	명 외교
2163	完美 wánměi	형 완전하여 흠잡을 데가 없다
2164	完善 wánshàn	동 완벽하게 하다 형 완벽하다

X5-29

2165 完整 wánzhěng 형 완전하다

2166 玩具 wánjù 명 장난감

2167 万一 wànyī 접 만일

2168 王子 wángzǐ 명 왕자

2169 网络 wǎngluò 명 조직, 네트워크, 인터넷

2170 往返 wǎngfǎn 동 왕복하다

2171 危害 wēihài 동 해를 끼치다

2172 威胁 wēixié 동 위협하다

2173 微笑 wēixiào 명 미소

2174 违反 wéifǎn 동 위반하다

2175 围巾 wéijīn 명 목도리, 스카프

2176 围绕 wéirào 동 주위를 돌다, 둘러싸다

2177 唯一 wéiyī 형 유일한

2178 维修 wéixiū 동 보수하다, 손보다

2179 伟大 wěidà 형 위대하다

2180 尾巴 wěiba 명 꼬리

2181 委屈 wěiqu 동 억울하게 하다 형 억울하다, 견딜 수 없다

2182 未必 wèibì 부 반드시 ~한 것은 아니다

2183 未来 wèilái 명 미래, 향후

2184 位于 wèiyú 동 ~에 위치하다

2185 位置 wèizhì 명 위치

2186 胃 wèi 명 위(장)

2187 胃口 wèikǒu 명 식욕

2188 温暖 wēnnuǎn 형 따뜻하다, 온난하다

2189 温柔 wēnróu 형 부드럽고 상냥하다

2190 文件 wénjiàn 명 문건, 서류

2191 文具 wénjù 명 문구

2192 文明 wénmíng 명 문명

2193 文学 wénxué 명 문학

2194 文字 wénzì 명 문자

2195 闻 wén 동 냄새를 맡다

2196 吻 wěn 동 입맞춤하다

2197 稳定 wěndìng 동 진정시키다, 가라앉히다 형 안정되다

2198 问候 wènhòu 동 안부를 묻다

2199 卧室 wòshì 명 침실

2200 握手 wòshǒu 동 악수하다

X5-30

2201	屋子 wūzi	명 방
2202	无奈 wúnài	동 어찌 해볼 도리가 없다
2203	无数 wúshù	형 무수하다
2204	无所谓 wúsuǒwèi	동 상관없다, 개의치 않다
2205	武术 wǔshù	명 무술
2206	勿 wù	부 ~해서는 안 된다, ~하지 마라
2207	物理 wùlǐ	명 물리
2208	物质 wùzhì	명 물질
2209	雾 wù	명 안개

X

2210	吸取 xīqǔ	동 흡수하다, 빨아들이다
2211	吸收 xīshōu	동 섭취하다, 흡수하다
2212	戏剧 xìjù	명 희극, 연극
2213	系 xì	명 학과
2214	系统 xìtǒng	명 계통, 시스템 형 체계적이다
2215	细节 xìjié	명 자세한 부분, 세부사항
2216	瞎 xiā	동 눈이 멀다, 실명하다
2217	下载 xiàzài	동 다운로드하다
2218	吓 xià	동 놀라다, 무서워하다
2219	夏令营 xiàlìngyíng	명 여름 학교, 여름 캠프
2220	鲜艳 xiānyàn	형 화려하다, 산뜻하고 아름답다
2221	显得 xiǎnde	동 드러나다
2222	显然 xiǎnrán	형 (상황이나 이치가) 분명하다
2223	显示 xiǎnshì	동 뚜렷하게 나타내 보이다
2224	县 xiàn	명 현(중국 행정 구획 단위의 하나)
2225	现代 xiàndài	명 현대
2226	现实 xiànshí	명 현실 형 현실적이다
2227	现象 xiànxiàng	명 현상
2228	限制 xiànzhì	동 제한하다, 규제하다
2229	相处 xiāngchǔ	동 함께 지내다
2230	相当 xiāngdāng	부 상당히, 꽤
2231	相对 xiāngduì	형 상대적이다
2232	相关 xiāngguān	동 상관이 있다, 서로 관련되다
2233	相似 xiāngsì	형 닮다, 비슷하다
2234	香肠 xiāngcháng	명 소시지

X5-31

2235	享受 xiǎngshòu	동 누리다, 향유하다
2236	想念 xiǎngniàn	동 그리워하다
2237	想象 xiǎngxiàng	동 상상하다
2238	项 xiàng	양 가지, 항목, 조항
2239	项链 xiàngliàn	명 목걸이
2240	项目 xiàngmù	명 항목, 프로젝트
2241	象棋 xiàngqí	명 중국 장기
2242	象征 xiàngzhēng	동 상징하다, 나타내다
2243	消费 xiāofèi	동 소비하다
2244	消化 xiāohuà	동 소화하다
2245	消极 xiāojí	형 소극적이다, 의기소침하다
2246	消失 xiāoshī	동 사라지다
2247	销售 xiāoshòu	동 판매하다
2248	小麦 xiǎomài	명 밀
2249	小气 xiǎoqi	형 인색하다, 박하다
2250	孝顺 xiàoshùn	동 효도하다
2251	效率 xiàolǜ	명 효율
2252	歇 xiē	동 휴식하다, 정지하다
2253	斜 xié	동 기울(이)다 형 기울다, 비스듬하다
2254	写作 xiězuò	동 글을 짓다
2255	血 xiě	명 피
2256	心理 xīnlǐ	명 심리
2257	心脏 xīnzàng	명 심장
2258	欣赏 xīnshǎng	동 감상하다
2259	信号 xìnhào	명 신호
2260	信任 xìnrèn	동 신임하다, 신뢰하다
2261	行动 xíngdòng	동 행동하다 명 행동, 동작
2262	行人 xíngrén	명 행인
2263	行为 xíngwéi	명 행위, 행동
2264	形成 xíngchéng	동 형성되다
2265	形容 xíngróng	동 형용하다
2266	形式 xíngshì	명 형식
2267	形势 xíngshì	명 형편, 상황
2268	形象 xíngxiàng	명 이미지, 형상 형 생동적이다, 구체적이다
2269	形状 xíngzhuàng	명 형상, 생김새
2270	幸亏 xìngkuī	부 다행히, 운 좋게

X5-32

2271	幸运 xìngyùn	형 운이 좋다, 행운이다
2272	性质 xìngzhì	명 성질, 성분
2273	兄弟 xiōngdi	명 아우, 동생
2274	胸 xiōng	명 가슴, 흉부
2275	休闲 xiūxián	동 한가하게 지내다
2276	修改 xiūgǎi	동 고치다, 수정하다
2277	虚心 xūxīn	형 겸손하다, 겸허하다
2278	叙述 xùshù	동 서술하다
2279	宣布 xuānbù	동 선포하다, 공표하다
2280	宣传 xuānchuán	동 선전하다, 홍보하다
2281	学历 xuélì	명 학력
2282	学术 xuéshù	명 학술
2283	学问 xuéwen	명 학문
2284	寻找 xúnzhǎo	동 찾다, 구하다
2285	询问 xúnwèn	동 알아보다, 물어 보다
2286	训练 xùnliàn	동 훈련하다
2287	迅速 xùnsù	형 신속하다, 재빠르다

Y

2288	押金 yājīn	명 보증금
2289	牙齿 yáchǐ	명 이, 치아
2290	延长 yáncháng	동 연장하다, 늘이다
2291	严肃 yánsù	형 엄숙하다, 근엄하다
2292	演讲 yǎnjiǎng	동 강연하다, 연설하다
2293	宴会 yànhuì	명 연회, 파티
2294	阳台 yángtái	명 발코니, 베란다
2295	痒 yǎng	형 가렵다, 간지럽다
2296	样式 yàngshì	명 양식, 스타일
2297	腰 yāo	명 허리
2298	摇 yáo	동 흔들다
2299	咬 yǎo	동 깨물다
2300	要不 yàobù	접 그렇지 않으면
2301	业务 yèwù	명 업무
2302	业余 yèyú	형 여가의, 비전문의
2303	夜 yè	명 밤
2304	一辈子 yíbèizi	명 한평생, 일생

X5-33

2305	一旦 yídàn	부 일단(만약) ~한다면
2306	一律 yílǜ	부 예외 없이, 모두
2307	一再 yízài	부 거듭, 반복해서
2308	一致 yízhì	형 일치하다 부 함께, 같이
2309	依然 yīrán	부 여전히
2310	移动 yídòng	동 옮기다, 움직이다
2311	移民 yímín	동 이민하다 명 이민
2312	遗憾 yíhàn	명 유감 형 유감스럽다, 섭섭하다
2313	疑问 yíwèn	명 의문, 의혹
2314	乙 yǐ	명 을(천간(天干)의 둘째), 두 번째
2315	以及 yǐjí	접 및, 그리고, 아울러
2316	以来 yǐlái	명 이래, 동안
2317	亿 yì	수 억
2318	义务 yìwù	명 의무
2319	议论 yìlùn	동 논의하다
2320	意外 yìwài	명 의외의 사고 형 의외의, 뜻밖의
2321	意义 yìyì	명 의의, 의미
2322	因而 yīn'ér	접 그러므로, 그런 까닭에
2323	因素 yīnsù	명 (구성) 요소, 성분
2324	银 yín	명 은
2325	印刷 yìnshuā	동 인쇄하다
2326	英俊 yīngjùn	형 재능이 출중하다, 준수하다
2327	英雄 yīngxióng	명 영웅
2328	迎接 yíngjiē	동 영접하다, 마중하다
2329	营养 yíngyǎng	명 영양
2330	营业 yíngyè	동 영업하다
2331	影子 yǐngzi	명 그림자
2332	应付 yìngfu	동 대응하다, 대처하다
2333	应用 yìngyòng	동 응용하다
2334	硬 yìng	형 단단하다, 딱딱하다
2335	硬件 yìngjiàn	명 하드웨어
2336	拥抱 yōngbào	동 포옹하다, 껴안다
2337	拥挤 yōngjǐ	동 한데 모이다 형 붐비다, 혼잡하다
2338	勇气 yǒngqì	명 용기
2339	用功 yònggōng	형 공부에 힘쓰는, 열심이다
2340	用途 yòngtú	명 용도

X5-34

2341 优惠 yōuhuì 형 특혜의, 우대의

2342 优美 yōuměi 형 우아하고 아름답다

2343 优势 yōushì 명 우세

2344 悠久 yōujiǔ 형 유구하다, 아득하게 오래다

2345 犹豫 yóuyù 형 머뭇거리다, 망설이다

2346 油炸 yóuzhá 동 기름에 튀기다

2347 游览 yóulǎn 동 유람하다

2348 有利 yǒulì 형 유리하다, 이롭다

2349 幼儿园 yòu'éryuán 명 유치원

2350 娱乐 yúlè 동 오락하다

2351 与其 yǔqí 접 ~하기보다는 차라리

2352 语气 yǔqì 명 말투

2353 玉米 yùmǐ 명 옥수수

2354 预报 yùbào 동 미리 알리다, 예보하다 명 예보

2355 预订 yùdìng 동 예약하다

2356 预防 yùfáng 동 예방하다

2357 元旦 Yuándàn 명 원단(양력 1월 1일)

2358 员工 yuángōng 명 종업원

2359 原料 yuánliào 명 원료

2360 原则 yuánzé 명 원칙

2361 圆 yuán 형 둥글다

2362 愿望 yuànwàng 명 소망, 바람

2363 乐器 yuèqì 명 악기

2364 晕 yūn 동 기절하다

2365 运气 yùnqi 명 운세

2366 运输 yùnshū 동 운송하다

2367 运用 yùnyòng 동 운용하다, 활용하다

Z

2368 灾害 zāihài 명 재해

2369 再三 zàisān 부 재삼, 거듭

2370 在乎 zàihu 동 신경 쓰다

2371 在于 zàiyú 동 ~에 있다

2372 赞成 zànchéng 동 찬성하다, 동의하다

2373 赞美 zànměi 동 찬미하다, 찬양하다

2374 糟糕 zāogāo 형 엉망이 되다, 망치다

X5-35

2375	造成 zàochéng	동 조성하다, 야기하다
2376	则 zé	접 오히려, 그러나
2377	责备 zébèi	동 탓하다, 책망하다
2378	摘 zhāi	동 따다, 떼다
2379	窄 zhǎi	형 협소하다, (폭이) 좁다
2380	粘贴 zhāntiē	동 (풀 따위로) 붙이다, 바르다
2381	展开 zhǎnkāi	동 펴다, 펼치다
2382	展览 zhǎnlǎn	동 전람하다
2383	占 zhàn	동 차지하다
2384	战争 zhànzhēng	명 전쟁
2385	长辈 zhǎngbèi	명 손윗사람, 연장자
2386	涨 zhǎng	동 (수위나 물가 등이) 오르다
2387	掌握 zhǎngwò	동 정복하다, 장악하다
2388	账户 zhànghù	명 계좌
2389	招待 zhāodài	동 (손님이나 고객에게) 접대하다
2390	着火 zháohuǒ	동 불나다, 불붙다
2391	着凉 zháoliáng	동 감기에 걸리다
2392	召开 zhàokāi	동 (회의를) 열다, 개최하다
2393	照常 zhàocháng	부 평소대로
2394	哲学 zhéxué	명 철학
2395	针对 zhēnduì	동 겨누다
2396	珍惜 zhēnxī	동 진귀하게 여겨 아끼다
2397	真实 zhēnshí	형 진실하다
2398	诊断 zhěnduàn	동 진단하다
2399	阵 zhèn	양 바탕, 차례
2400	振动 zhèndòng	동 진동하다
2401	争论 zhēnglùn	동 변론하다, 논쟁하다
2402	争取 zhēngqǔ	동 쟁취하다, 얻어내다
2403	征求 zhēngqiú	동 탐방하여 구하다
2404	睁 zhēng	동 (눈을) 크게 뜨다
2405	整个 zhěnggè	형 전체의
2406	整齐 zhěngqí	형 단정하다, 깔끔하다
2407	整体 zhěngtǐ	명 (한 집단의) 전부, 전체
2408	正 zhèng	형 바르다
2409	证件 zhèngjiàn	명 증명서
2410	证据 zhèngjù	명 증거

X5-36

2411	政府 zhèngfǔ	명 정부
2412	政治 zhèngzhì	명 정치
2413	挣 zhèng	동 (돈이나 재산 등을) 노력하여 벌다
2414	支 zhī	양 자루(막대 모양의 물건을 세는 단위)
2415	支票 zhīpiào	명 수표
2416	执照 zhízhào	명 면허증
2417	直 zhí	형 곧다, 수직의
2418	指导 zhǐdǎo	동 지도하다, 이끌어 주다
2419	指挥 zhǐhuī	동 지휘하다 명 지휘자
2420	至今 zhìjīn	부 지금까지
2421	至于 zhìyú	개 ~으로 말하면, ~에 관해서는
2422	志愿者 zhìyuànzhě	명 지원자
2423	制定 zhìdìng	동 제정하다
2424	制度 zhìdù	명 제도
2425	制造 zhìzào	동 제조하다
2426	制作 zhìzuò	동 제작하다
2427	治疗 zhìliáo	동 치료하다
2428	秩序 zhìxù	명 질서
2429	智慧 zhìhuì	명 지혜
2430	中介 zhōngjiè	명 매개, 중개
2431	中心 zhōngxīn	명 중심, 센터
2432	中旬 zhōngxún	명 중순
2433	种类 zhǒnglèi	명 종류
2434	重大 zhòngdà	형 중대하다
2435	重量 zhòngliàng	명 중량, 무게
2436	周到 zhōudào	형 치밀하다, 꼼꼼하다
2437	猪 zhū	명 돼지
2438	竹子 zhúzi	명 대나무
2439	逐步 zhúbù	부 점차
2440	逐渐 zhújiàn	부 점점, 점차
2441	主持 zhǔchí	동 주최하다, 진행하다
2442	主动 zhǔdòng	형 주동적인, 능동적인
2443	主观 zhǔguān	형 주관적인
2444	主人 zhǔrén	명 주인
2445	主任 zhǔrèn	명 주임
2446	主题 zhǔtí	명 주제

X5-37

2447	主席 zhǔxí	명 주석, 위원장
2448	主张 zhǔzhāng	동 주장하다
2449	煮 zhǔ	동 삶다, 익히다
2450	注册 zhùcè	동 등록하다
2451	祝福 zhùfú	동 축복하다, 기원하다
2452	抓 zhuā	동 꽉 쥐다, 체포하다
2453	抓紧 zhuājǐn	동 서둘러 하다, 급히 하다
2454	专家 zhuānjiā	명 전문가
2455	专心 zhuānxīn	형 전념하다, 몰두하다
2456	转变 zhuǎnbiàn	동 바꾸다, 바뀌다
2457	转告 zhuǎngào	동 (말을) 전하다
2458	装 zhuāng	동 담다, 포장하다
2459	装饰 zhuāngshì	동 장식하다
2460	装修 zhuāngxiū	동 장식하고 꾸미다
2461	状况 zhuàngkuàng	명 상황, 상태
2462	状态 zhuàngtài	명 상태
2463	撞 zhuàng	동 부딪치다, 충돌하다
2464	追 zhuī	동 뒤쫓다
2465	追求 zhuīqiú	동 추구하다, 탐구하다
2466	咨询 zīxún	동 자문하다, 상의하다
2467	姿势 zīshì	명 자세, 모양
2468	资格 zīgé	명 자격
2469	资金 zījīn	명 자금
2470	资料 zīliào	명 자료
2471	资源 zīyuán	명 자원
2472	紫 zǐ	형 자색의, 자줏빛의
2473	自从 zìcóng	개 ~에서, ~부터
2474	自动 zìdòng	형 자동으로 부 자발적으로
2475	自豪 zìháo	형 스스로 자랑스럽게 생각하다
2476	自觉 zìjué	동 자각하다 형 자발적인
2477	自私 zìsī	형 이기적이다
2478	自由 zìyóu	명 자유 형 자유롭다
2479	自愿 zìyuàn	동 자원하다
2480	字母 zìmǔ	명 자모, 알파벳
2481	字幕 zìmù	명 (영화·텔레비전의) 자막
2482	综合 zōnghé	동 종합하다

X5-38

2483	总裁 zǒngcái	명 총재, 총수
2484	总共 zǒnggòng	부 모두, 합쳐서
2485	总理 zǒnglǐ	명 (국가의) 총리
2486	总算 zǒngsuàn	부 겨우, 마침내
2487	总统 zǒngtǒng	명 대통령
2488	总之 zǒngzhī	접 총괄하면, 한마디로 말하면
2489	阻止 zǔzhǐ	동 저지하다
2490	组 zǔ	양 조, 짝, 벌, 세트
2491	组成 zǔchéng	동 구성하다
2492	组合 zǔhé	동 조합하다 명 조합
2493	组织 zǔzhī	동 조직하다, 구성하다 명 조직
2494	最初 zuìchū	명 최초, 맨 처음
2495	醉 zuì	동 취하다
2496	尊敬 zūnjìng	동 존경하다
2497	遵守 zūnshǒu	동 (규정 등을) 준수하다, 지키다
2498	作品 zuòpǐn	명 작품
2499	作为 zuòwéi	개 ~으로써
2500	作文 zuòwén	명 작문, 글

쓰기 书写

X5-39

01 谎言最终要被揭穿。

거짓말은 결국 밝혀질 것이다.

02 雨天应该放慢驾驶速度。

비가 오는 날에는 운전 속도를 늦춰야 한다.

03 她的心情越来越沉重。

그녀의 기분이 점점 우울해진다.

04 只有老顾客才能享受到双重的优惠。

단골 손님만 비로소 이중의 혜택을 누릴 수 있다.

05 湖里养着很多珍贵的鲤鱼。

호수에서 아주 많은 진귀한 잉어를 기르고 있다.

06 你究竟要我怎么样呢?

당신은 도대체 내가 어떻게 하기를 바라는 거예요?

07 按照说明书进行安装。

설명서에 따라서 설치를 진행한다.

08 书上的方法也不见得有效。

책의 방법도 반드시 효과가 있는 것은 아니다.

09 虽然我已经很累了，但是我没有放弃。

비록 나는 이미 아주 지쳤지만, 포기하지 않았다.

10 现在地球的污染越来越多，树木也越来越少。

현재 지구의 오염은 점점 심해지며 나무도 점점 적어지고 있다.

쓰기 书写

X5-41

11 连他都被误会了。

그 조차도 오해를 받았다.

12 美国为什么能成为世界强国?

미국이 왜 세계 강대국이 될 수 있었나요?

13 这可把奶奶累坏了。

이것이 할머니를 몹시 지치게 했다.

14 怎么才能提高学习成绩呢?

어떻게 해야 비로소 학습 성적을 향상시킬 수 있나요?

15 小镇上一直流传着一个说法。

작은 마을에 한 이야기가 줄곧 전해지고 있다.

16 老板派林经理去考察投资环境。

사장은 린(林)매니저를 파견하여 투자 환경을 현지 조사하게 했다.

17 今天的阳光特别灿烂。

오늘의 햇빛은 유달리 눈부시다.

18 请同学们积极开动脑筋。

학우 여러분은 적극적으로 머리를 써 주세요.

19 我盼望着自己能够早日回国。

나는 하루빨리 귀국할 수 있기를 간절히 바란다.

20 这样我们的家园才会变得更加美好。

이렇게 해야 비로소 우리의 보금자리가 더욱 아름답게 변할 것이다.

쓰기 书写

X5-43

21 您想要的饮料卖完了。

당신이 원하는 음료는 다 판매되었어요.

22 外婆的房间总是被打扫得非常干净。

외할머니의 방은 항상 매우 깨끗하게 청소되어 있다.

23 他们之间的矛盾通过交流的方式解决。

그들 사이의 갈등은 교류의 방식으로 해결한다.

24 这班公交车从哪里开过来的?

이 버스는 어디에서 오는 것인가요?

25 帮我把门关上。

저를 도와 문을 닫아 주세요.

26 坚持是获得成功最为重要的保证。

꾸준함은 성공을 얻는 가장 중요한 담보이다.

27 翻译人员常常要与外国人打交道。

통역가는 외국인과 자주 접촉해야 한다.

28 路上堵车耽误了不少时间。

길에 차가 막혀서 많은 시간을 허비했다.

29 旁边的一位大学生走过来很耐心地帮我翻译。

한 대학생이 걸어와서 참을성 있게 나를 도와 통역해 주었다.

30 抽烟时散发的烟雾也会危害他人的健康。

담배연기는 타인의 건강을 해칠 수도 있다.

쓰기 书写

X5-45

31 每年春天放风筝的人可多了。

매년 봄에는 연 날리는 사람이 매우 많다.

32 这盆刚买的花放到哪个位置比较合适呢?

방금 산 이 화분의 꽃은 어느 위치에 놓는 것이 비교적 적당할까요?

33 最让人受不了的是来来往往的车子。

가장 사람을 못 견디게 하는 것은 오고 가는 자동차이다.

34 请给我一杯加冰块的可乐。

얼음을 넣은 콜라 한 잔 주세요.

35 现在我没有多余的零钱。

지금 나는 남아 있는 용돈이 없다.

X5-46

36 宫保鸡丁是我最喜欢的中国菜。

궁바우지딩은 내가 가장 좋아하는 중국 요리이다.

37 您拔打的用户不在服务区。

당신이 전화한 사용자는 서비스 지역에 없습니다.

38 我要一份最新的时刻表。

나는 최신 시간표 한 부가 필요하다.

39 他被汽车撞倒了。

그는 자동차에 부딪혀 넘어졌다.

40 我想把这些礼物带回国去。

나는 이 선물들을 가지고 귀국하고 싶다.

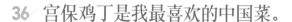

Memo